U0895863

南宁年鉴

NANNING YEARBOOK

2015

《南宁年鉴》编纂委员会　编

主　办　南宁市人民政府

协　办　武鸣县人民政府

宾阳县人民政府

青秀区人民政府

兴宁区人民政府

广西人民出版社

图书在版编目（CIP）数据

南宁年鉴·2015 /《南宁年鉴》编纂委员会编.—
南宁：广西人民出版社，2015.8
ISBN 978-7-219-09564-5

Ⅰ.①南… Ⅱ.①南… Ⅲ.①南宁市—2015—年鉴
Ⅳ. ①Z526.71

中国版本图书馆CIP数据核字（2015）第241764号

责任编辑　李带舅
责任校对　韦洁琳

南宁年鉴（2015）

NANNING NIANJIAN

编辑部地址：广西南宁市竹塘路 13 号
电　　话：0771-5847659　5847661
邮 政 编 码：530023
网　　址：http://www.nndqw.com

出版发行：广西人民出版社
社　　址：广西南宁市桂春路 6 号
邮　　编：530028
网　　址：http://www.gxpph.cn
印　　刷：广西南宁华侨印务有限责任公司
开　　本：890mm × 1240mm　1/16
印　　张：40.25
字　　数：1740 千字
版　　次：2015 年 8 月　第 1 次
印　　次：2015 年 8 月　第 1 次印刷

ISNB　978-7-219-09564-5/Z·423
定　　价：198.00 元

版权所有　翻印必究

编辑说明

一、《南宁年鉴》是南宁市人民政府主办的地方综合年鉴，是系统地记述南宁市自然、政治、经济、文化和社会等方面情况的年度资料性文献，是社会各界和海外人士认知南宁的窗口、成就事业的助手。

二、《南宁年鉴》1996年创刊，每年出版一卷。本年鉴为2015年卷(总第20卷)，着重记载2014年南宁市的基本情况。由《南宁年鉴》编纂委员会主持编纂，《南宁年鉴》编辑部(设在南宁市人民政府地方志编纂办公室)负责编纂出版。载录内容主要由南宁市各有关部门、县(区)、开发区及驻市有关单位供稿并审核。

三、本年鉴分为综合情况、动态信息、辅助资料三大部分。综合情况设特载、特辑、南宁概貌3个专栏。动态信息设中国—东盟博览会·商务与投资峰会·民歌节、南宁与东盟、党政机关、人民团体、法治、军事、城市建设与管理、环境保护·园林绿化、国有资产监管与运营、工业、农业、交通运输与邮政业、信息业、商业贸易、对外经济贸易、旅游业、会展业、个体私营经济、财政·税务、金融、经济管理与监督、教育、科学、文化、卫生、体育、社会生活、开发区·新区、区县、人物30个类目。辅助资料设大事记、城市竞争力、统计资料、专题调研与经济分析、图片专辑、附录6个类目；并在各类目中穿插相关小知识、小资料、图表及彩色照片；图片专辑以彩色照片集中反映全市物质文明、精神文明、政治文明、社会文明、生态文明建设成就。内容层次的设置，利于读者分类系统阅读和检索，并表示类目与条目之间的层次关系，不反映严格的科学分类体系，机构、企事业单位等排序和层次一般亦不表示其地位和规模。

四、本年鉴采用分类编辑法，按类目、分目、条目三个层次的体例编辑，以不同字体、字号及版式设计区分不同层次，条目标题均加【 】表示。

五、本年鉴所记述的“自治区”或“广西”指广西壮族自治区；“自治区党委”指中国共产党广西壮族自治区委员会；“市委”指中国共产党南宁市委员会；“市政府”指南宁市人民政府；“邕”指南宁市；“六县六城区”指南宁市辖武鸣、横县、宾阳、上林、马山、隆安6个县及兴宁、江南、青秀、西乡塘、邕宁、良庆6个城区；“两会一节一赛”指第11届中国—东盟博览会、第11届中国—东盟商务与投资峰会、第16届南宁国际民歌艺术节、第45届世界体操锦标赛；相关单位名称在各类目首次出现时用全称，以后均用简称，如“南宁市安全生产监督管理局”简称“市安监局”。

六、本年鉴涉及历史纪年，清及清以前使用朝代帝王纪年，括注公元纪年；民国纪年使用阿拉伯数字，括注公元纪年。数字、计量用法按国家法定规定书写，面积单位由于记述需要有的地方使用亩。

七、本年鉴主要数据以市统计局编印的《南宁市情统计手册》所公布的数据为准；其他数据以供稿部门提供的为准；少数数据由于部门之间统计口径不尽一致，数值也不尽相同。

八、本年鉴图片专辑、特辑、特载、附录所记述的内容不受年度限制；为保持内容的连贯性和完整性，个别条目记述时间适当上溯或下延。

九、本年鉴所载录的地图，由南宁市勘察测绘地理信息院绘制。

十、本年鉴配备双重检索系统：书前刊有中英文目录，书后备有索引。索引采用内容分析法，款目按汉语拼音字母顺序(同音字按声调)排列，索引范围详及条目、文献、图片、表格等。索引使用方法详见索引说明。

十一、本年鉴配有随书电子版(光盘)，采用先进的多媒体和全文检索技术；主要内容在南宁市政府门户网站和南宁地情网推出。

十二、2015年卷《南宁年鉴》编纂出版得到社会各界的大力支持。在此，编委会表示衷心感谢。由于编辑水平有限，本年鉴的差错和疏漏之处，恳请读者批评指正，以利今后改正提高。

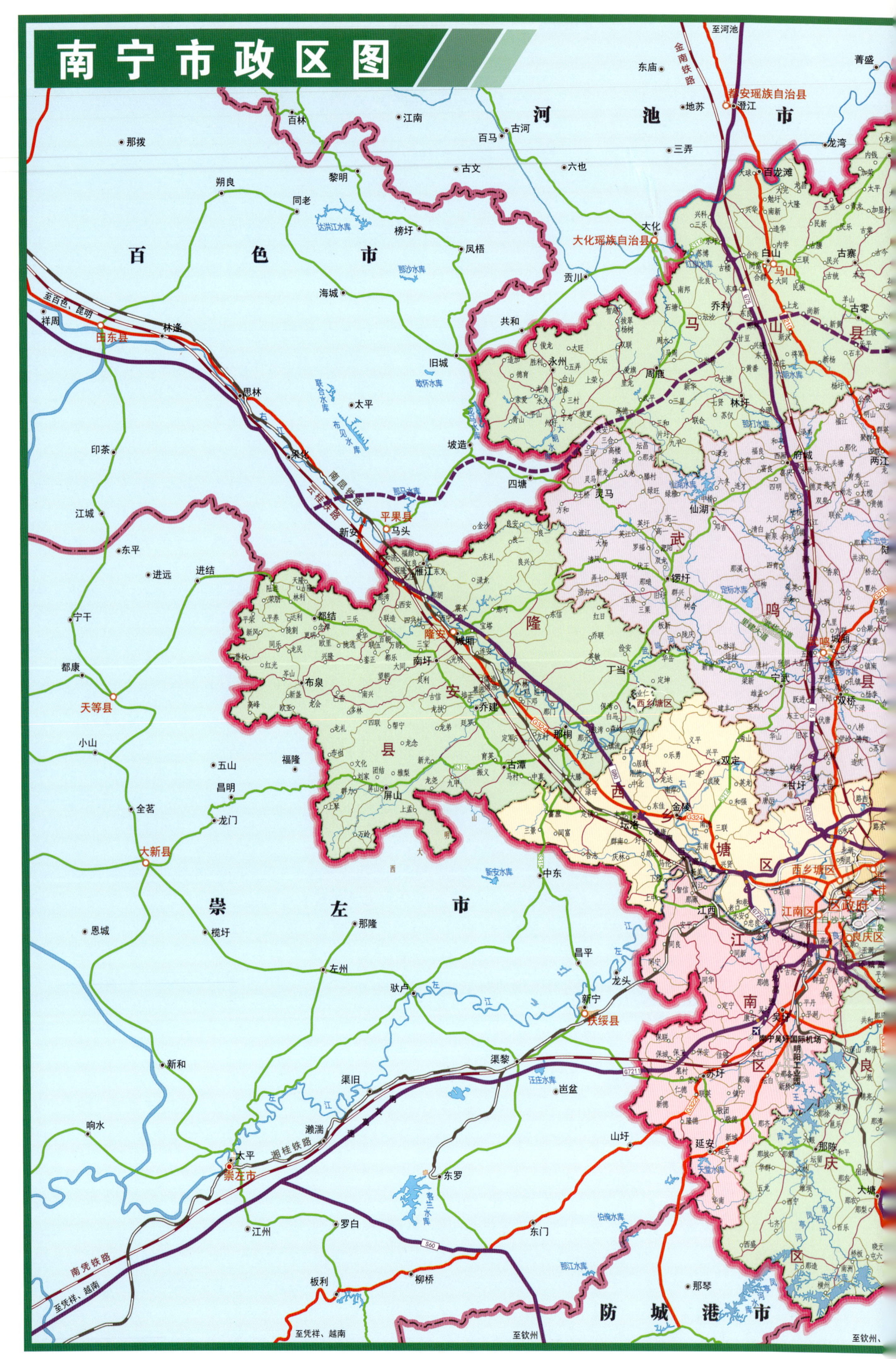
南宁市政区图
至河池
金南铁路
东庙
都安瑶族自治县
地苏
澄江
青盛
河池市
百林
江南
百马
古河
三弄
龙湾
那拨
黎明
古文
六也
百龙滩
朔良
同老
达洪江水库
榜圩
大化
大化瑶族自治县
百色市
凤梧
那沙水库
马山
古寨
海城
贡川
乔利
至百色、昆明
祥周
田东县
林逢
共和
古零
旧城
马山县
周鹿
永州
思林
太平
联合水库
布贝水库
敢怀水库
林圩
印茶
果化
坡造
府城
两江
南昆铁路
右江
四塘
灵马
仙湖
江城
平果县
马头
新安
武鸣县
东平
进远
进结
雁江
锣圩
都结
宁干
隆安县
隆安
城厢
都康
南圩
布泉
丁当
宁武
天等县
乔建
双桥
那桐
小山
五山
福隆
双定
昌明
古潭
屏山
金陵
甘圩
全茗
龙门
坛洛
大新县
西乡塘区
中东
新安水库
崇左市
恩城
榄圩
那隆
江西
江南区
良庆区
左州
昌平
龙头
驮卢
新宁
扶绥县
南宁吴圩国际机场
吴圩
新和
渠黎
渠旧
汪庄水库
岜盆
苏圩
响水
濑湍
湘桂铁路
山圩
延安
那陈
太平
东罗
大塘
罗白
江州
东门
板利
柳桥
那江水库
那琴
防城港市
南凭铁路
至凭祥、越南
至钦州

柳州市
来宾市
贵港市
玉林市
钦州市
上林县
宾阳县
横县
青秀区
邕宁区
合山市
武宣县
灵山县
浦北县
至柳州、河池
至柳州
至梧州
至广州
至钦州
南广铁路
洛湛铁路
柳南铁路
黎钦铁路
南钦铁路
南防铁路
图例
自治区政府
自治区首府
地级市政府
县、区政府
乡、镇、街道办
行政村
机场
山峰
水系
桥
高速路及出入口
规划高速路及出入口
铁路及车站
规划电气化铁路
国道及编号
省道及编号
市区内道路
县乡道
乡村路
地市界
县区界
比例尺 1：700000
本图界线不作权属划界依据。
南宁市勘察测绘地理信息院 审图号：桂S（2015）41号 2015年8月

南宁市街道图
至都安
至武鸣
武鸣县
西乡塘区
江南区
南宁绕城高速
南百高速
水南高速
机场高速
云桂铁路
湘桂铁路
南凭铁路
黎钦铁路
大学东路
大学西路
秀厢大道
高新大道
安武大道
明秀东路
民族大道
江北大道
江南大道
白沙大道
南站大道
五象大道
亭洪路
星光大道
杜锦大道
沙井大道
那历大道
罗文大道
友爱北路
北湖路
石埠路
心圩江
西乡塘区行政中心（规划）
南宁高新技术开发区
南宁经济技术开发区
良庆经济开发区
良庆区政府
江南区政府
西乡塘区政府
区政府
区人大
区政协
民族广场
人民公园
南湖
南宁火车站
南宁南站
五象岭森林公园
良凤江国家森林公园
八桂田园
广西大学
南宁市动物园
江南公园
青秀区
东盟
邕江
相思湖
至机场、凭祥
西津立交
安吉立交
安吉大桥
白沙大桥
英华大桥
凌铁大桥
邕江大桥
葫芦鼎大桥
南宁市铁路林管所
金沙湖水库
龙潭水库
龙门水库
天雹水库
马定水库
罗村水库
鹅鸭井水库
大陆水库
老虎岭水库
凤门岭
象鼻台
千斤岭
盘山
六强
平旺
那丹
苏圩
良庆
坛洛
大塘
罗山寺
金鸡火车站
沙井收费站
那洪收费站
高岭收费站
石埠收费站
安吉收费站

环高速
外环高速
兴宁区
青秀区
邕宁区
良庆区
昆仑大道
民族大道
五象大道
玉洞大道
南宁绕城高速
宁绕城高速
柳南高速
桂海高速
柳南铁路
南广铁路
湘桂铁路
南宁火车东站
南宁火车站
三塘镇政府
五塘镇政府
青秀区政府
邕宁区政府
蒲庙镇政府
良庆镇政府
市人大
至宾阳
至横县
至钦州、北海
图例
区党委、人大、政府、政协
市党委、人大、政府、政协
城区政府
乡镇政府
学校
医院
酒店大厦
火车站
企事业单位
汽车站
河流
快速环路
现状路
铁路
城区界线
比例尺 1：80000
本图界线不作权属划界依据.
南宁市勘察测绘地理信息院 审图号：桂S（2015）41号 2015年8月

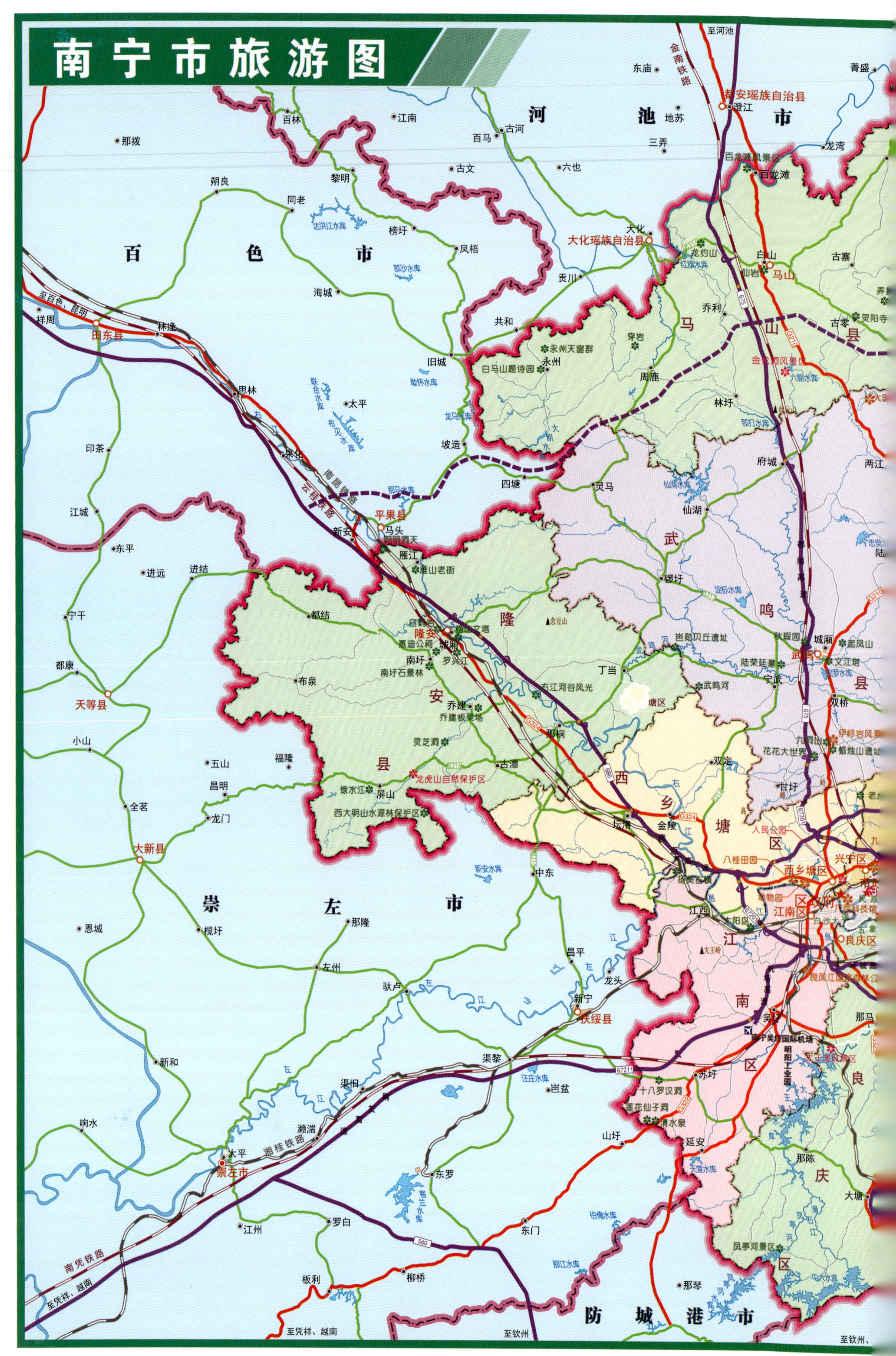
南宁市旅游图
河池市
百色市
崇左市
防城港市
马山县
武鸣县
隆安县
西乡塘区
江南区
良庆区
兴宁区
都安瑶族自治县
大化瑶族自治县
平果县
田东县
天等县
大新县
扶绥县
崇左市
至河池
至百色、昆明
至凭祥、越南
至钦州
南昆铁路
湘桂铁路
南凭铁路
金南铁路
百龙滩风景区
龙虎山自然保护区
西大明山水源林保护区
南宁吴圩国际机场
凤亭河景区
大王滩风景区
右江河谷风光
灵水
百林
江南
古河
百马
古文
六也
那拔
朔良
同老
黎明
榜圩
凤梧
海城
贡川
共和
旧城
太平
坡造
四塘
马头
新安
雁江
都结
布泉
南圩
乔建
那桐
古潭
屏山
丁当
双定
金陵
坛洛
中东
那隆
左州
驮卢
新宁
龙头
昌平
渠黎
渠旧
岜盆
濑湍
太平
东罗
罗白
江州
板利
柳桥
东门
山圩
延安
苏圩
那陈
大塘
那马
那琴
印茶
江城
东平
进远
进结
宁干
都康
小山
五山
福隆
昌明
龙门
全茗
恩城
榄圩
新和
响水
林逢
思林
果化
祥周
灵马
仙湖
锣圩
宁武
府城
林圩
周鹿
乔利
白山
古寨
古零
两江
永州
穿岩
城厢
双桥
甘圩
东庙
地苏
三弄
龙湾
菁盛
澄江
百龙滩

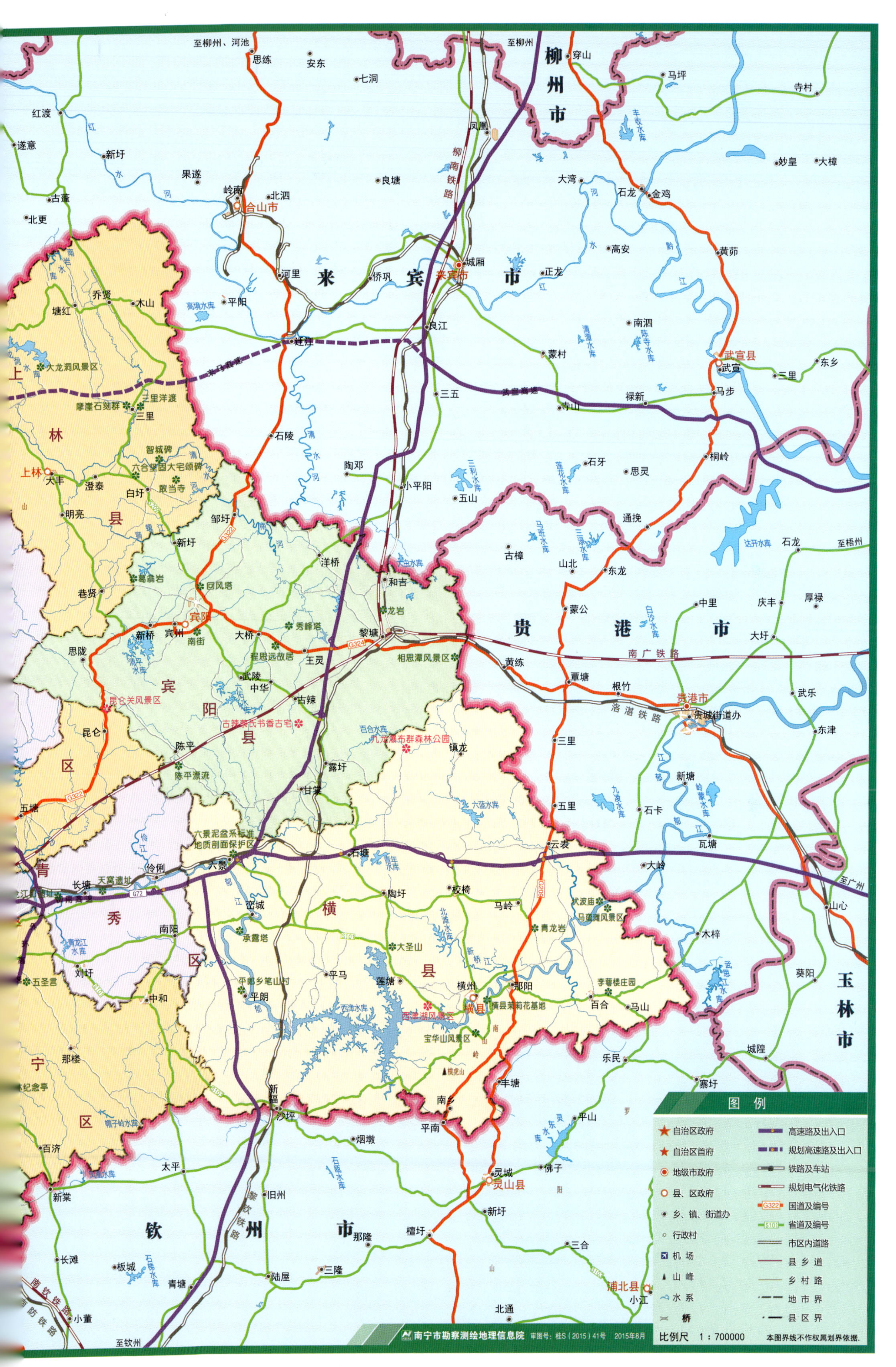

至柳州、河池
思练
安东
七洞
至柳州
柳州市
穿山
马坪
寺村
红渡
遂意
新圩
红水河
果遂
良塘
凤凰
柳南铁路
妙皇
大樟
古蓬
北更
岭南
合山市
北泗
大湾
石龙
金鸡
高安
黔江
黄茆
来宾市
城厢
来宾市
正龙
河里
侨巩
乔贤
木山
塘红
平阳
高境水库
良江
南泗
清潭水库
陈寺水库
武宣县
武宣
东乡
三里
迁江
蒙村
大龙洞风景区
三里洋渡
摩崖石刻群
三里
三五
武宣高速
禄新
马步
寺山
上林县
林
石陵
清水河
智城碑
六合坚固大宅颂碑
上林
大丰
澄泰
白圩
敢当寺
陶邓
石牙
三利水库
莲花水库
思灵
桐岭
明亮
小平阳
五山
邹圩
G322
通挽
新圩
马班水库
三津水库
达开水库
石龙
至梧州
古樟
山北
东龙
洋桥
和吉
大王滩水库
蓦岩
回风塔
巷贤
龙岩
蒙公
中里
庆丰
厚禄
宾阳
秀峰塔
新桥
宾州
南街
大桥
黎塘
白沙水库
贵港市
大圩
思陇
程思远故居
王灵
G324
相思潭风景区
黄练
南广铁路
清平水库
武陵
中华
覃塘
根竹
武乐
宾阳县
古辣
昆仑关风景区
古辣蔡氏书香古宅
百合水库
九龙瀑布群森林公园
洛湛铁路
贵港市
贵城街道办
昆仑
镇龙
东津
陈平
三里
陈平漂流
露圩
郁江
新塘
上林区
G322
甘棠
六蓝水库
九凌湖水库
石卡
五塘
五里
伶江
六景泥盆系标准地质剖面保护区
云表
瓦塘
青秀区
六景
石塘
灵花水库
大岭
至广州
长塘
天窝遗址
伶俐
G72
陶圩
校椅
马岭
山心
峦城
G209
伏波庙
马蹬滩风景区
秀
南阳
承露塔
S101
大圣山
北海水库
青龙岩
木梓
青龙江水库
横县
新桥江
武思江水库
刘圩
平马
葵阳
五圣宫
平郎乡笔山村
莲塘
横州
那阳
李萼楼庄园
玉林市
中和
平朗
西津水库
横县茉莉花基地
百合
马山
西津湖风景区
横县
宝华山风景区
南岭
城隍
邕宁区
那楼
乐民
横岭山
丰塘
寨圩
新福
南乡
沙坪
平山
平南
东水库
烟墩
旧州
石碣水库
太平
灵城
佛子
灵山县
新棠
黎钦铁路
阳
新圩
钦州市
那隆
檀圩
三合
长滩
板城
石梯水库
陆屋
三隆
青塘
浦北县
小江
北通
南钦铁路
防铁路
小董
至钦州
图例
自治区政府
自治区首府
地级市政府
县、区政府
乡、镇、街道办
行政村
机场
山峰
水系
桥
高速路及出入口
规划高速路及出入口
铁路及车站
规划电气化铁路
国道及编号
省道及编号
市区内道路
县乡道
乡村路
地市界
县区界
比例尺 1∶700000
本图界线不作权属划界依据.
南宁市勘察测绘地理信息院 审图号：桂S（2015）41号 2015年8月

县委书记　黄国健

县长　宋日正

2014年，中共武鸣县委、武鸣县人民政府把握“稳中求进”的工作总基调，围绕建设更高水平中国西部强县的战略目标，精准施策，攻坚克难，奋发有为，全县经济社会运行稳中提质、稳中增效、稳中有进，较好地完成各项目标任务。

——经济结构调整进一步加快。全县地区生产总值266.07亿元，比上年增长10%，总量、增速均居全市六县首位。第三产业增加值58.58亿元，增长22.70%，社会消费品零售总额65.02亿元，增长14.98%，增速均居全市首位。三次产业结构优化调整为26.3：51.7：22。

——财税收支结构进一步优化。全年财政收入19.46亿元，增长20.50%，增速居全市六县首位。其中，县本级12.29亿元，增长10.50%。全县会议费、培训费和“三公”经费支出5621万元，下降16.08%。

——工业经济总量进一步壮大。规模以上工业总产值386.92亿元，增长11.20%，增速居全市六县首位。其中，县本级205.73亿元，增长3.50%，提前一年完成工业发展“双百亿”工程目标任务。

——城镇道路设施进一步完善。实施武华大道、绕

2014年8月6日，市长周红波（前中）在武鸣县城南工业园区强达产业园标准厂房项目建设工地了解项目进展情况

2014年2月28日，县四家班子领导在南宁参观邓颖超纪念馆

县城香山大道南段

城大道北段、集镇街道、村屯道路“334”工程等一批项目建设，全年投入3.70亿元，为历年城镇道路建设投入最大的一年。

——人民生活水平进一步提高。城镇居民人均可支配收入25831元，增长9.60%；农民人均纯收入10154元，增长12.30%。“两个收入”总量和增速均居全市六县首位，农民人均纯收入首次突破1万元。

——连续八年获全国生猪调出大县奖励，获全国文化先进县、自治区文明县城、自治区卫生县城、自治区第九届市容“南珠杯”竞赛特等奖、自治区“六五”普法中期先进县、南宁市未成年人思想道德建设工作先进县、南宁市民族团结进步县、创建“五比五争”活动模范县、南宁市平安县等称号。

广西武鸣锦龙建材有限公司位于南宁市伊岭工业集中区城西工业园，占地2.21万平方米，总投资11.60亿元，年产熟料148.50万吨，2011年9月投产。2014年，工业产值7.97亿元，上缴税额7432.35万元

2014年2月，双桥镇下渌村的沙糖橘正整装待运

2014年，武鸣县继续开展“美丽武鸣·清洁乡村”活动。图为干净整洁的府城镇凉粉亭屯

2014年2月，大明山风景区冰凌倒挂

2014年11月，武鸣体育馆落成

2014年3月31日，中国壮乡·武鸣“三月三”歌圩暨骆越文化旅游节开幕

2014 年 1 月 9 日，青秀区委书记钱健（左三）到长塘镇团岩坡检查为民办实事项目

青秀区坚持一切围绕发展、一切为了发展、一切服务于发展，勇于担当，迎难而上，城区经济和社会各项事业得到跨越式发展。2014 年，财政收入 109.68 亿元，总量位居广西各县（区）第一，为广西首个财政突破百亿元县（区）；全城区实现地区生产总值 637.06 亿元，人均地区生产总值 96098 元；全社会固定资产投资 595.54 亿元，总量位居自治区各县（区）之首。入选“2014 年中国最具投资潜力中小城市百强区”；获全国“2014 年民生改善优秀示范城市”称号，为广西唯一入选城市县（区）。几年来，青秀区先后获“全国创先争优活动先进县（市、区、旗）党委”“全国科技进步先进县（市）”等 41 项国家级，“自治区全民科学素质工作先进单位”“自治区平安（市、区）先进集体”等 77 项自治区级，“创建全国文明城市工作先进单位”“南宁市再就业工作先进单位”等 292 项南宁市级称号。

抢抓机遇　实现经济发展新跨越。充分发挥区位优势，突出发展现代服务业，重点打造楼宇经济，2014 年，税收超 500 万元的重点楼宇有 37 栋，其中亿元税收楼宇有 6 栋，入驻世界 500 强企业 17 家、全国 500 强企业 22 家，纳税额 19.07 亿元。金湖中央商务区发展日趋成熟，获批加入“中国商务区联盟”。金融业迅速发展，会展、邮电、通信、贸易、旅游、交通、现代物流、要素市场和房地产等现代服务业的信息化建设积极进展，社会消费品零售总额 332.91 亿元；第三产业增加值 528.78 亿元。

按照“工业强区、产业旺区”战略和“围绕财政抓经济，围绕工业抓产业，围绕税收抓企业”的总体思路，规划建设仙葫开发区和伶俐工业集中区，为客商投资建厂提供土地、厂房、配套设施等各方面条件和服务。2014 年，全部工业总产值 54.87 亿元，其中规模以上工业企业实现工业总产值 49.55 亿元。

推进现代生态休闲农业（核心）示范区建设，采用“政府搭台、企业为主、群众参与、产旅一体”的模式，突出都市休闲功能和生态农业发展；扶持龙头企业，“一村一品”特色种养初具规模，助农增收效果明显。2014 年，农林牧渔总产值 30.46 亿元；农民人均纯收入 10075 元，突破万元大关，高于全市平均水平 1534 元。

示范引领　增添党建工作新活力。围绕中心抓党建，加强党建促发展。在农村，建立便民服务站，实现家门口一站式服务。“产业链上建支部”“耕读文化”等党建创新模式，打造多条“农村党员创业致富示范带”。在社区，阵地规范化建设推进迅速，逐步形成“1+3+x”街道社区服务社会管理功能布局模式，全面提升社会管理服务水平。在企业，打造“楼宇党建”等亮点品牌，使党建工作成为企业发展的助推器。在项目建设一线，开展“工地党旗飘　关爱进工棚”“项目攻坚，一线争先”等系列主题活动。开展创先争优、党的群众路线教育实践活动、“四有”教育等活动，城区全体党员干部切实转变作风，真正成为一支忠诚、干净、担当的党员干部队伍。

挖掘特色　树立文化繁荣新标杆。致力于树立文化标杆，突出民族的价值标识，文化发展焕发勃勃生机。举办首届民族风情文化旅游节，开展壮族芭蕉香火龙民间民俗活动，保护和弘扬壮族斗竹马、麒麟舞、抢花炮等一大批非物质文化遗产，以“品牌节庆战略”为导向，打造“南宁文化旅游中心”。被评为“中国民间文化艺术之乡”。

增进福祉　谱写社会建设新篇章。坚持民生为先，民生为重，民生为本。2014年，全年民生支出15.74亿元，占城区财政支出66.62%；义务教育阶段公办中小学86所，教育年投入5.32亿元，九年义务教育巩固率125.09%；实现城镇新增就业人数16764人，完成目标任务111.76%；完成新增农村劳动力转移就业5146人，完成目标任务127.06%；城乡居民社会养老保险参保总人数63746人，参保率97.60%，全年发放城乡低保金822万元、五保金413万元。

2014年1月31日，青秀区委书记钱健（左一）慰问辖区一线干警

美丽行动　描绘生态文明新蓝图。围绕“中国绿城”“中国水城”建设，迎接第45届世界体操锦标赛，结合“清洁乡村”活动和“整洁畅通有序大行动”，贯彻落实南宁市“六化”“五增”现代生态园林建设理念，全力打造“生态绿城”“多彩花城”“秀美水城”，全面提升绿化、美化、彩化水平，实现城市绿化水平提档升级。园林绿化面积2783.33公顷，人均公园绿地面积31.99平方米。

2014年1月29日，青秀区委书记钱健（前右一）、区长张自英（前左一）慰问环卫工人

2014年12月19日，青秀区委书记钱健（前右三）、区长韦敏宏（前右二）检查超大集团伶俐物流中心项目建设进度

2014年12月19日，南宁市伶俐通用机场项目征地拆迁现场办公室成立。图为青秀区委书记钱健（右二）、区长韦敏宏（左二）为征地拆迁现场办公室揭牌

2014年12月23日，青秀区开展第四季度“公开大接访”活动。图为青秀区区长韦敏宏（左一）在接待来访群众

宾阳县——炮龙之乡

2014年11月19日，市长周红波（前右三）到宾阳县检查生态农村建设

宾阳县位于广西中南部，自治区首府南宁市东北部，面积2308平方千米，人口104.38万人。具有优越的地理环境、区位优势和交通优势。境内大部为平原，踞桂中南交通要冲。湘桂、黎湛、黎钦3条铁路和南广、南柳2条高铁在境内交汇；桂海高速公路及国道322、324线贯通县境。2014年，实现地区生产总值165.18亿元，人均地区生产总值15828元，财政收入15.60亿元。

实现工业总产值158.87亿元，年产值亿元以上企业39家。黎塘工业园区是广西A类产业园，分为黎塘和芦圩两个工业集中区，园区总规划面积36.26平方千米，2014年工业总产值完成108.62亿元，引进项目合同投资额37.01亿元。自古以来宾阳就商贾云集，集市交易繁华，是桂中南重要商品集散地。传统手工业源远流长，民营经济发展日益活跃。2014年有个体工商户近3万户，私营企业3000多家。各类集贸市场齐全，商品交易活跃，社会消费品零售总额83.08亿元。农业资源丰富，主要有莲藕、香米、胡萝卜、甜竹笋等名特优农产品及甘蔗、桑蚕等经济作物产业。稻藕套种栽培技术全国首创，得到袁隆平等院士的高度评价，农业部向全国示范推广。实现农林牧渔业总产值68.51亿元，

宾阳历史悠久，人杰地灵，文化底蕴深厚，拥有众多的人文和自然景观。昆仑关抗日战役遗址、宾州古城文化胜地、大桥程思远故居、古辣蔡氏书香古宅、武陵白鹤观竹海等景点令人流连忘返；游彩架、丝弦戏、宾阳八音、师公戏等地方特色民俗文化也各具特色。每年正月十一举行的"宾阳炮龙节"已有数百年传承，被列入国家非物质文化遗产名录，名扬国内外，每年吸引数十万海内外游客参与。

2014年，宾阳县委、县政府围绕"打造民营经济强县、构建现代化商贸名城、建设宜居宜业中等城市"发展定位，把握"产业升级"和"城市转型"两条基本主线，深入开展"三个年"主题活动，大力推进五大工程，全县各项事业蓬勃发展。宾阳正在抢抓机遇，乘势而上，加速崛起。

今日宾阳，政通人和。炮龙之乡，正在腾飞。

2014年8月20日，县委书记张先进（前中）检查工业园区建设情况

2014年10月17日，县长朱亚明（前左二）到黎塘镇检查项目建设情况

宾阳已步入高铁时代

步入广西百亿元工业园区行列的黎塘工业园区

“中国好人”——中华镇“代理妈妈”群体

宾阳炮龙节

兴宁区

2014年，兴宁区围绕“抓改革、调结构、促发展、惠民生”主基调，以千方百计“保位争先、保障民生、保持稳定、突出特色”为总要求，以产业转型升级为主攻方向，以重大项目建设为重要支撑，以统筹城乡发展为重要载体，以惠民利民为最终目标，深入推进非公经济发展，增强经济发展活力。全年实现地区生产总值299.50亿元，其中第一产业增加值9.80亿元，第二产业增加值60.94亿元（其中工业增加值11.95亿元），第三产业增加值228.77亿元。全社会固定资产投资完成209.92亿元。社会消费品零售总额342.75亿元。实际利用外资3850万美元。财政收入31.59亿元，（公共财政收入7.34亿元），公共财政支出12.65亿元。城镇居民人均可支配收入29939元，比上年同期增长9.20%。农村居民人均纯收入9939元，增长11.60%。兴宁区获全国社区服务型党组织建设示范城区、自治区第七次民族团结进步模范集体、南宁市民族团结进步创建“五比五争”活动模范县（区），2013年度南宁市民政工作目标管理考评第一名，自治区2013年度人口和计划生育党政线目标管理责任制考核先进奖、南宁市2013年度人口和计划生育工作创新奖等。义务教育均衡发展通过自治区督导评估验收；“十里花卉长廊”（核心）示范区通过自治区考评验收；创编优秀剧目参加南宁市乡村社区和谐文艺大展演连续五年获一等奖等。

2014年9月26日，自治区党委书记彭清华（中）到兴宁区慰问革命烈士家属，兴宁区委书记谭玫瑰（右一）陪同

2014年9月26日，自治区主席陈武（左一）到兴宁区慰问革命先烈家属，兴宁区区长朱财斌（右一）陪同

2014 年 6 月 10 日，兴宁区开展“美丽南宁·整洁畅通有序大行动”

2014 年 8 月 11 日，中央媒体采访兴宁区十里花卉长廊

那安综合示范村

三塘总部基地 2014 年建设项目——兴工标准厂房

2014 年 10 月 28 日，兴宁区到五塘镇开展科技文化法律卫生“三下乡“活动

十里花卉长廊鲜花姹紫嫣红

2014 年 3 月 29 日，兴宁区“喜迎世锦赛　同庆三月三”系列活动暨“我们的中国梦·文化志愿服务基层行”兴宁区文化志愿服务走基层活动启动仪式在广西花鸟交易市场举行

南宁市良庆区位于市区南部，区域面积1369平方千米。有耕地面积3.69万公顷，有林面积5.61万公顷，森林覆盖率39.20%。辖5个镇、2个街道，1个省级经济开发区。路网发达、交通便利，是广西内陆向沿海开放扩展的过渡区，是南宁市通往北海市、钦州市、防城港市的门户。2014年，户籍总人口26.35万(农业人口14.48万)；地区生产总值116.21亿元，财政收入14.14亿元；全社会固定资产投资169.3亿元，规模以上工业增加值42.60亿元。

良庆区自然资源丰富，五象岭森林公园、大王滩（凤凰湖）、凤亭湖水库、屯六水库（千岛湖）、那马竹泉岛、那兰白鹭村等风光美不胜收。历史文化深厚，较有名的有：雷帽岭摩崖石刻、香火龙、采茶戏、师公舞、斑鸠舞、嘹啰山歌等，尤其是嘹啰山歌是驰名四方的壮族文化奇葩。城区获“中国嘹啰山歌之乡”称誉。

良庆区加大对农村的发展投入，近年引导建设坛板坡、那团村、茂欣坡等新农村；开展“美丽良庆·清洁乡村”工程,改善农村群众生产生活条件。

良庆区党委政府围绕南宁市“重点向南，建设五象新区，再造一个新南宁”的战略决策，努力做好五象新区建设的服务和保障。2014 年，完成征地面积 1.24 万亩，拆迁面积 69.07 万平方米，服务推进自治区、南宁市重大项目 111 个、五象新区重点项目 176 个，为新区建设创造良好条件。五象新区是面向东盟建设“三基地三中心”的核心区域和广西北部湾经济区的重要组成部分。经过快速发展建设，现在已是一个基础设施完善，服务条件完备，项目建设大规模展开，初具体育、公务写字、居住、物流、休闲、娱乐等功能的现代化城区轮廓。成为广西最具活力的投资热点和地区新经济增长点。

① 竹泉岛游览区
② 2014 年，良庆区完成征地 1.32 万亩（市政府下达 1.20 万亩）。图为南宁市五象新区管委会常务副主任韦力平（左二）、良庆区委书记陈竑（左三）、良庆区区长谷明佳（左四）、良庆区人大常委会主任郑国健（左一）和相关单位负责人在研究推进用地工作
③ 2014 年 9 月 25 日，良庆区举办第六届“香火龙”民俗文化旅游节开幕式暨文艺演出
④ 那马镇开圩 327 周年春牛舞活动
⑤ 南宁保税物流中心
⑥ 五象大道
⑦ 2014 年 11 月 5 日，焕然一新的坛板坡外景
⑧ 五象新区热火朝天的城市建设一角
⑨ 红龙果种植基地

西乡塘区

西乡塘区位于广西首府南宁市中西北部，行政区域面积1298平方千米，辖10个街道（心圩街道、安宁街道由高新技术产业开发区托管），3个镇，77个社区，64个村，2014年，总人口102.06万人（流动人口25.41万人）。

2014年，西乡塘区坚持稳中求进、改革创新，着力稳定增长、调结构、促发展、惠民生，凝心聚力，克难攻坚，全面实现和完成经济社会发展各项目标任务。全年地区生产总值（在地口径）729.56亿元，比上年同期增长11.50%，完成年度任务100%；全社会固定资产投资241.30亿元，增长19.30%，完成年度任务100.27%；社会消费品零售总额299.79亿元，增长12%，完成年度任务98.25%；规模以上工业增加值（在地口径）250亿元，增长15%，完成年度任务100%；农林牧渔业现价总产值34.90亿元，增长6.50%，完成年度任务108.33%；财政收入38.07亿元，增长14.26%，完成年度任务100.41%；城镇居民人均可支配收入24507元，增长9.90%，完成年度任务99.91%；农村居民人均纯收入9171元，增长11.80%，完成年度任务97.16%。科教文体卫计等各项社会事业全面协调发展。

2014年11月26日，自治区主席陈武（前左二）到西乡塘区水街旧城改造项目现场调研，自治区副主席陈刚（后左二）参加调研，市长周红波（前左一）、西乡塘区委书记谭良良（前左四）等陪同

2014年，西乡塘区委、区政府突出抓好八项主要工作：一是加大项目建设和招商引资力度；二是推进现代农业发展和“三农”工作，推进现代工业发展，推进现代服务业发展；三是实施棚户区改造及保障性住房建设；四是深入开展“两项活动”和服务第45届世界体操锦标赛的工作；五是协调发展科教文卫事业；六是持续加大民生保障力度；七是进一步推进平安西乡塘建设；八是全面加强党的建设和着力提高政府行政效能。获全国计划生育优质服务先进单位、全国基层中医药工作先进单位、全国平安农机示范县（区）、中国龙舟文化之乡、自治区双拥模范县（区）、自治区知识产权示范县（区）、自治区未成年人思想道德建设工作先进县（区）、自治区人力资源和社会保障工作先进集体等称号。

2014年7月18日，自治区党委常委、政法委书记、综治委主任温卡华（前左二）到西乡塘北湖街道万秀村调研“平安万秀”建设情况，市委常委、政法委书记朱育兆（前左一）、西乡塘区长廖伟福（前右一）等陪同

2014年9月14日，2014年南宁市西乡塘区投资环境推介会暨项目签约仪式在南宁利泰国际大酒店举行。区委书记谭良良（左二）、区长廖伟福（右二）、人大主任梁英浩（左一）、政协主席费勇（右一）等出席

2014年，位于安吉片区的安吉万达广场主体楼盘建成

2014年，西乡塘区旧城改造项目之一，位于北湖路的原南宁味精厂旧改项目在建

2014年，西乡塘区建成安吉片区标准厂房

2014年，自治区农业科技园区——西乡塘区美丽南方休闲农业（核心）示范区洛克玫瑰园

2014年，西乡塘区在坛洛、金陵、双定三镇香蕉生产基地推广香蕉标准化生产技术

2014年12月18日，西乡塘区“中华经典立德树人，核心价值共筑梦想”阶段性成果展示活动在衡阳路小学举行

2014年9月17日，西乡塘区“绿城歌台”暨香蕉文化旅游节启动仪式在广西财经学院礼堂举行

2014年端午节，西乡塘区坛洛镇下楞民俗文化村举办龙舟比赛

江南区位于南宁市区西南部，邕江南岸。东邻良庆区,南连防城港市上思县,西接崇左市扶绥县,北与兴宁区、青秀区、西乡塘区隔邕江相望。辖江西、吴圩、苏圩、延安4个镇，福建园、江南、沙井、那洪、金凯5个街道，面积1154平方千米。2014年，户籍人口48.22万。其中，南宁经济技术开发区托管那洪街道、金凯街道、代管吴圩镇共504平方千米，户籍人口12.26万。

江南区地处南宁市南大门，区位交通优势明显，南宁吴圩国际机场、西南最大铁路货物编组站——南宁铁路南站位于辖区内。辖区原生态自然风光秀美，旅游资源丰富，有中国历史文化名村——扬美古镇、良凤江国家森林公园以及木村、智信村田园风光、朝阳坡综合示范村等。江南区是南宁市重要的工业、商贸物流基地，南南铝业、绿城水务、南宁供电局等工业企业，以及南宁华南城国际工业原料产品物流城、富士康南宁科技园、广西海吉星国际农产品交易中心等驻辖区，拥有亭洪路“10+1”茶叶销售一条街、白沙—南站大道汽车销售一条街、五一路商业街等特色商业街。

2014年，江南区把握稳中求进工作总基调，以改革创新

2014年12月11日，市长周红波（右二）到江南区调研

2014 年 2 月 28 日，区委书记马南萍（前右一）到富士康南宁科技园调研

2014 年 8 月 26 日，区长黄海韬（左一）陪客商参观标准厂房建设

要活力，以结构调整要动力，主动作为，综合施策，克难攻坚，精准发力，保持经济社会平稳健康发展。全年实现地区生产总值 370.14 亿元（在地口径），比上年增长 14.20%；财政收入 16.43 亿元，减少 10.66%，完成年度人大调整目标的 102.53%;规模以上工业增加值 41.31 亿元，增长 27.80%;全社会固定资产投资 150.11 亿元，增长 17.06%;社会消费品零售总额 153.17 亿元，增长 10.85%;实际到位内资 38.77 亿元，增长 17.48%；直接利用外资（广西全口径）2250 万美元，增长 7.14%。全年城镇居民人均可支配收入 25332 元，增长 10.20%；农民人均纯收入 9903 元，增长 12%。

2014 年 9 月 12 日，广西华电南宁江南分布式能源站投产

2014 年 9 月 18 日，江南区第五届乡村社区和谐大展演总决赛举行

南宁高新技术产业开发区

2014 年 4 月 10 日，高新区党工委书记黄润斌（前左二）深入企业开展“入企纳谏”活动，听取企业意见，帮助企业解决发展难题

南宁高新技术产业开发区地处南宁西北郊，创建于 1988 年，1992 年经国务院批准为国家级高新区，2012 年经中央编办正式批准升格为副厅级机构，为广西首个副厅级高新技术产业开发区。整体规划面积 163.41 平方千米，由规划面积 26.62 平方千米的心圩片区、79.49 平方千米的安宁片区、49.21 平方千米的相思湖片区和 8.09 平方千米的综合保税片区组成。

作为广西发展高新技术的重要基地和自治区重点打造的“千亿元产业园”区，南宁高新区先后被确定为“国家火炬计划软件产业基地”“国家 863 亚热带生物产业基地”“国家电子商务示范基地”“国家广告产业园试点园区”“国家知识产权试点园区”“国家低碳工业试点园区”、广西北部湾经济区“生物医药产业园”、南宁市“国家高技术生物产业基地”重点实施园区。2014 年 12 月，拥有科技企业 2200 多家，其中国家级高新技术企业 108 家。

2014 年，南宁高新区认真贯彻市委、市政府决策部署，以推进体制改革创新为抓手，实施“工业发展攻坚年”“干部作风建设年”活动，深入开展党的群众路线教育实践活动，持续转变工作作风，保持经济社会平稳发展。全年完成工业总产值 806.51 亿元，比上年同期增长 19.02%；完成财政收入 46.06 亿元，增长 16.62%；完成全社会固定资产投资 304.96 亿元，增长 17.21%；完成进出口总额 25.30 亿美元，增长 10%；完成社会消费品零售总额 72.52 亿元，增长 14.01%。先后获国家知识产权试点园区、低碳工业试点园区、创新型特色园区、广告产业试点园区等多个国家级称号。南宁保税物流中心正加速向综合保税区转型升级。11 月 26 日，园区企业广西一铭软件股份有限公司在“新三板”挂牌上市（南宁市首家），高新区自主培育上市企业达 5 家。12 月 3 日，上海同济大学发展研究院发布《2014 中国产业园区持续发展蓝皮书》，揭晓“2013 年中国国家级产业园区持续发展竞争力综合排名百强”名单，南宁高新区在全国 482 家国家级产业园区（含 114 家国家高新区、215 家经济开发区）中位列 64 位，是广西唯一进入百强的园区。

2014年6月16日，南宁高新区管委会主任李晓东（前右一）代表高新区与上海斐讯公司签约

2014年9月26日，南宁高新区召开新闻发布会，介绍服务第45届世界体操锦标赛相关工作情况。年内高新区累计投入5亿元开展“七大工程”

2014年10月23日，南宁高新区召开党的群众路线教育实践活动总结大会，市政协副主席肖志刚出席会议

2014年11月26日，南宁高新区企业广西一铭软件股份有限公司在“新三板”正式挂牌上市

2014年11月，南宁综合保税电子科技园一期、南宁综合保税信息产业园一期项目封顶

南宁经济技术开发区

2014 年 11 月 22 日，"跨国企业南宁行"投资推介洽谈会暨重大项目签约仪式举行

2014 年 10 月 26 日，广西首个行政审批局——经开区行政审批局正式挂牌成立，市委副书记、经开区党工委书记李泽（左二）出席揭牌仪式

南宁经济技术开发区辖区总面积 504 平方千米，人口 25 万人，由中心区和南宁吴圩空港经济区两大部分组成。2014 年，经开区有注册企业 5400 多家，吸引来自美国、法国、香港等 20 多个国家和地区的企业前来投资，形成生物制药、轻工食品、机电制造三大支柱产业。规模以上工业总产值 514.93 亿元，比上年同期增长 25.64%；规模以上工业增加值 145.29 亿元，增长 19.80%；财政收入 27.77 亿元，增长 26.39%；实际到位内资 91.23 亿元，增长 26.21%。工业项目建设成果显著，新开工项目 190 个，总投资 129.81 亿元；续建项目 75 个，总投资 120.61 亿元；竣工投产项目 175 个，累计完成投资 91.09 亿元。百会、普乐唯美、神冠、海王、娃哈哈、台湾三合兴等一大批重大项目相继开竣工，南宁经济技术开发区成为广西改革开放力度最大、发展势头最猛、带动作用最强的区域之一。

目前，南宁经济技术开发区重点发展南宁生物医药产业园和南宁吴圩空港经济区。南宁生物医药产业园占地 7000 亩。2013 年 6 月启动以来已有中恒集团、深圳海王集团、修正药业集团等 10 多家企业落户，项目总投资超过 80 亿元，

2014 年 6 月 29 日，神冠集团群项目暨神农药业南宁项目举行开工仪式

2014 年 2 月 22 日，百会品牌系列药品生产项目开工

全部竣工达产后，年产值将超过 400 亿元，年创税超过 35 亿元。南宁吴圩空港经济区规划总面积 120 平方千米，首期建设 25 平方千米，吴圩空港经济区将打造“一核心四组团”的产业空间结构：即以吴圩国际机场为核心，空港物流、航空维修制造、临空高新和空港商务四组团联动发展的产业发展格局，重点发展临空产业、空港物流园、生命健康和高端装备制造业。

2014 年 10 月，南宁经济技术开发区成立广西首个行政审批局，这是南宁经济技术开发区深入推进行政审批制度改革，加快转变政府职能的重要举措。通过管理体制机制的改革创新，实现审批大精简、流程大整合、效率大提速：审批部门由 16 个精简至 1 个；工业项目审批流程从 14 个环节缩减至 4 个环节；审批时限从 150 个工作日缩短至 36 个工作日。12 月，南宁经济技术开发区启动工商营业执照、组织机构代码证、税务登记证“三证合一”登记制度改革，实现工商营业执照、组织机构代码证、税务登记证“一表申报，一口受理、一天办结、一窗发证”，为南宁市首创。在材料齐全的情况下，克服多次多部门报审，实现一部门报审，审批时限由至少 15 个工作日缩减至 1 个工作日办结，实现审批大提速。

2014 年 12 月 23 日，市委副书记、经开区党工委书记李泽（右三），副市长眭国华（右一）参加经开区工商营业执照、组织机构代码证、税务登记证“三证合一”登记制度改革启动仪式

2014 年 12 月 6 日，台湾三合兴酵素（南宁）生产基地项目举行开工仪式

南宁六景工业园区

2014 年 11 月 13 日上午，副市长覃卫国到南宁港调研考察

2014 年 2 月 21 日，自治区政协调研组到园区开展调研

一、概　况

南宁六景工业园区成立于 2002 年 2 月，同年 12 月升格为自治区级开发区。2010 年 1 月，经自治区人民政府批准，六景工业园区列入广西北部湾经济区 14 个重点产业园区之一。2013 年 7 月，根据市委、市政府统一部署，那阳工业集中区整体并入六景工业园区。在此基础上，六景工业园区格局、规模进一步提升，2014 年，南宁六景工业园区规模以上工业总产值完成 193.09 亿元；固定资产投资完成 26.39 亿元；项目实际到位资金 35 亿元；财政收入 6.50 亿元。

二、项目建设

2014 年，南宁六景工业园区有 6 个列入南宁市领导联系统筹推进的重大项目和重点企业，分别是疏港大道项目，纬八路、纬十一路和经二路等市政道路建设以及祈顺纸业、永凯糖纸等企业。采取领导联系服务、项目服务全程代办等多种保障机制，强力推动园区重点项目建设，促进重大项目的落地、开工、建设。积极开展金鲤水泥二期、万力隆皮业技改项目、南宁港六景港区鹤笋作业区码头一期、南电二期和供热项目等一批重大项目前期工作；推进南宁港六景港区成功开港运营。

三、基础设施建设

2014 年，南宁六景工业园区坚持科学规划设计，完善基础设施建设。加大基础路网建设，新建项目有景江大道（纬八路至污水处理厂段）、经三路污水泵站至景江辅道路口

2014 年 7 月 3 日，举行油脂项目开工仪式

2014 年 2 月 20 日，举行和凯科技项目开工仪式

2014 年 1 月 27 日，和凯科技园项目签约仪式

2014 年 4 月 14 日，园区召开党的群众路线教育实践活动和党风廉政建设专题学习会

污水压力管铺设工程、六景镇区污水管网及提升泵站工程等 16 个工程，续建项目有纬十一路、北经一路、经一路、经二路、纬四路、纬五路等 14 个工程；实施园区美化、亮化工程，沿园区一期主要道路绿化 8 千米、植树 4.80 万株，安装路灯 120 杆；加快商业娱乐设施开发，推动园区现代服务业发展，重点推进福景新城二期项目、六景大酒店、来源·丽景花园小区一期等一批生活配套项目建设；推动园区功能配套，提升城镇服务功能，加大昆仑莲花天然气、南电供热等项目前期工作的推进力度。

四、招商引资与标准厂房建设

2014 年，南宁六景工业园区落实“筑巢引凤”战略，抓好标准厂房建设与招商引资同步开展，引进科技含量较高、资源利用水平较高、附加值较高及富有创新能力的项目和企业，优化整合园区的生产要素，结合园区多元化的产业定位，筛选落实建设投资标准厂房主体，明确建设面积。年内，已确定由南宁市和凯投资有限公司投资建设和凯科技园、由广西港景造船有限公司投资建设港景科技园、由广西乾景投资有限公司投资建设春江产业园，3 个标准厂房项目开工建设总面积达 11.60 万平方米。

2014 年 9 月 24 日，南宁港六景作业区开港运营

五、安全生产与综治维稳

2014 年，南宁六景工业园区把安全生产、环境保护、综治稳定工作作为园区优化发展环境的重要措施，确保园区安全稳定。抓好安全生产工作，保障园区企业的正常生产生活秩序，与 63 家企业签订安全生产责任书，组织安全生产检查大行动 9 次，排查出安全隐患 478 项，已完成整改 452 项、正在整改 26 项；推进企业安全生产标准化建设，已有 31 家企业标准化达标创建通过评审。加大环保督查力度，在各主要污染物排放企业安装在线监测系统，组织环保大检查 9 次，开展督查行动 104 起，排查环保事故隐患 274 起，调查处理环境污染投诉 7 起。加强园区治安巡逻，最大限度地预防和制止违法犯罪案件的发生，加强排查，确保重大节日和重大活动期间园区社会稳定，年内妥善处理园区企业与农民工的劳资纠纷 3 起。

2014 年 7 月 16 日，民建广西区委到园区南宁港、立盛公司开展重大决策课题调研

南宁仙葫经济开发区

仙葫全景

南宁仙葫经济开发区是2001年1月自治区人民政府批准成立的自治区级开发区，地处南宁民族大道东段。辖区面积136.53平方千米（含托管区域），重点开发面积66.35平方千米。辖7个社区（2014年，新成立盘古社区），人口约8.50万人。辖区有工业、学校、商贸业等大型单位160多家，其中，工业企业16家，规模以上工业企业10家（产值亿元以上企业4家），高等院校4所，房地产企业37家。2014年，年实现工业总产值38.56亿元，其中规模以上工业总产值36.81亿元；全社会固定资产投资93.01亿元；招商引资实际到位资金14.8亿元；社会消费品零售总额4.62亿元，辖区商贸活跃，社会稳定，人民安居乐业。

为加快仙葫开发区工业建设步伐，青秀区党委、政府把伶俐工业集中区、二塘工业园区、青秀区现代农业园划归仙葫经济开发区统一管理，解决仙葫开发区发展空间不足、经济结构不合理的重大问题，为更好的推动工业经济持续稳定快速发展，促进仙葫经济结构进一步优化打下良好基础。开发区始终坚持“项目建设第一抓手”理念，通过加大征地拆迁力度、解决开工前后的障碍、加强跟踪服务等措施，扎实推进开发区各类重点项目建设。上海斐讯南宁电子产品生产综合服务园区项目一期6月份开工建设，预计2015年项目一期建成投产。广西景和停车设备生产项目、伶俐工业集中区标准厂房、广西物宝农业科技有限责任公司年产20万吨

2014年12月3日，青秀区区长韦敏宏到斐讯基地调研

复合肥搬迁技改项目和广西超大集团伶俐物流中心项目也已进入施工阶段。全面推进自治区层面统筹项目广西国泰粮食集团有限公司30万吨粮油食品精深加工搬迁技改项目二期工程的建设工作，二期7栋厂房主体建设已完工封顶，目前正在验收。广西中医药大学赛恩斯新医药学院、广西检察官学院、广西外国语学院、广西政法学院仙葫校区、广西师范学院仙葫校区、观澜溪谷楼盘等大项目建设进展顺利。

2015年，开发区招商引资特别是工业项目引进工作成绩显著，呈现出快速发展的良好势头。斐讯通信产品南宁产业基地项目自去年城区党委书记钱健带队赴上海招商对接以来，在市委、市政府的大力支持和城区各部门的大力推进下，成功落户仙葫开发区，项目总投资100亿元。项目竣工正常运营投产后预计实现年产值不低于200亿元。项目的建成将进一步提升青秀区工业发展水平，优化产业结构，促进经济发展起到很大的推动作用。近期，投资31亿元的广西西江木业创新产业基地、投资8亿元的通用航空产业园区签约落户伶俐工业集中区。在大项目效应带动下，北汽延龙汽车、广西卓航水处理膜、通用航空产业园区、汇清科技有限公司的环保产业园、华能风电、龙源电力、广西物资集团有限责任公司物流园等大项目有意落户仙葫，意向投资总额达180亿元，项目前期工作正在大力推进。这些项目的进驻将为开发区的招商引资及产业发展注入强劲的鲜活力量。

广西国泰粮食集团有限公司30万吨粮油食品精深加工搬迁技改项目

景色优美的山景小区

南宁仙葫经济开发区管委会办公大楼

中共南宁市直属机关工作委员会

2014年6月28日，市直机关"'冲刺100天，服务世锦赛，党员作表率'养绿护绿"活动在江北大道举行，市委副书记李泽（右），市委常委、秘书长、市直机关工委书记杨维超（左）等市领导参加

2014年11月28日，市委常委、秘书长、市直机关工委书记黄宁（右二）视察市直机关工委党建文化长廊

2014年，中共南宁市直属机关工作委员会管理党员18173名，管理各级机关党组织963个，其中直接管理机关党组织93个。在市委的正确领导下，市直机关工委认真贯彻落实习近平总书记关于机关党建重要论述以及全国、全区、全市机关党建工作座谈会精神，积极适应经济发展和党的建设新常态，认真履行职责，机关党的建设各项工作取得明显成效。6月，在全区机关党建工作座谈会上，南宁市在大会介绍机关党建工作经验。10月，中央直属机关工委在长沙召开全国机关党建工作座谈会，南宁市作为三个发言的地级市之一，机关党建经验被隆重推出，得到中直机关工委领导和兄弟城市工委领导的高度赞誉。11月，中央直属机关工委主办的《中直党建》杂志重点报道南宁市机关党建工作，南宁机关党建经验再一次走向全国。机关党建理论研究工作取得重大突破，选送的论文首次在自治区机关党建论文评比中获一等奖。另一篇理论文章参加自治区实践办论文评比获优秀奖。在南宁市"唱国歌·共圆中国梦"大型群众歌咏比赛中，由市直机关工委负责组织的市直机关代表队以出色的表现在16个参赛队伍中获总分第一名。

2014年11月24日至27日，"南宁市直机关党务干部学习贯彻落实党的十八届四中全会精神培训班"在市委党校举行

重视理论武装，指导实践有新成效。充分发挥中心组学习的示范带头作用，党员领导干部带头学习、带头宣讲、带头实践。组织开展市直机关"践行群众路线，提升南宁首位度"主题党课巡讲活动，巡讲范围覆盖直属的全部机关党组织。狠抓基层党组织理论学习教育，举办5期领导干部时代前沿知识讲座，努力营造"领导干部讲党课，专家学者讲理论，先进人物讲事迹，党员干部谈体会"的学习氛围，把理论学习成果转化为具体工作的指导思想和工作实践。

践行群众路线，服务中心有新发展。扎实开展党的群众路线教育实践活动，规定动作做到位，自选动作显特色。引导广大党员干部在群众路线教育实践活动中走前头做表率，组织各机关党组织卓有成效地开展"服务世锦赛，党员做表率"活动。据不完全统计，市直机关党员志愿者服务队参加服务世锦赛志愿服务活动和"美丽南宁·整洁畅通有序大行动"10多万人次，参加抢险救灾和各种急难险重行动8300多人次。开展在职党员进社区服务群众活动，挂牌成立南宁市直机关党员志愿服务站200多个。市直机关有8150名党员到285个社区、村报到，市直机关在职党员收集群众"微心愿"5831个，兑现"微心愿"5130个。

强化制度建设，落实《条例》有新作为。中共中央颁发的《中国共产党党和国家机关基层组织工作条例》（简称《条例》）是全面规范机关党的建设的党内法规。购买《条例》单行本发放给一万多名党员，并组织专家到相关单位进行学习辅导，对各机关党组织贯彻落实《条例》情况进行专项检查。按照《条例》要求，审批成立、调整、撤并机关及二层机构党组织 32 个，指导 17 个基层党组织进行换届。举办四期不同专题的党务干部培训班，参训人数 1100 多人次。严格入党程序，发展新党员 128 名。

2014 年 3 月 10 日，南宁市直属机关 2014 年党的工作会议在市委、市政府会议中心召开

加大宣传力度，选树典型有新突破。注重宣传舆论氛围营造，提高机关党建影响力。通过编印《南宁机关党建》、出版专题板报、在南宁机关党建网发布信息、在《南宁日报》开设专版等方式，营造浓厚宣传氛围。选树身边先进典型，影响和带动广大党员干部。推出基层先进典型 123 个，有 30 个典型得到了不同程度的宣传。其中推出的大王滩水库管理处党委围绕中心工作、推动生态文明建设的先进事迹，更是得到了区、市媒体的立体宣传，引起强烈反响。首次运用报告文学的形式将近年来市直机关优秀共产党员的先进事迹汇编成《镜子——市直机关优秀共产党员先进事迹报告文学集》一书在全国公开出版发行，著名作家、书法家潘琦先生题写书名并作序。

严肃党风政纪，廉政建设有新举措。精心组织开展“坚定理想信念，坚守组织纪律”党风廉政主题教育活动，深化廉政文化进机关活动，创建 11 个廉政文化建设示范点，6 个廉政教育基地。市直机关工委直属的 50 个机关党委全部成立机关纪委，得到中直机关工委、自治区直属机关工委领导和市委领导的充分肯定，市委领导还对此作专门批示。成立市直机关作风建设督查组，加强对各单位党员干部“四风”问题督查。设立作风建设举报电话、邮箱、信箱等，接受社会监督。与所属市直 103 个机关党组织签订党风廉政建设责任状，完善党风廉政建设责任制考核办法，加强对党风廉政建设责任制的考核。严肃处理违纪党员，对 6 名违纪党员给予党纪处分，对其中的 3 起违纪违法案件在市直机关各级党组织内进行通报。

党建带动群建，群团工作有新亮点。加大对群团工作的领导力度，将群团工作与党建工作同安排、同部署，纳入党建目标管理责任制内容，指导 50 个基层工青妇组织换届，共举办 3 期业务培训班。在广西地级市率先成立市直机关文化与体育联合会，丰富群团工作内容。把“青年文明号”“巾帼文明岗”的创建活动与党组织创先争优活动紧密结合。开展劳模评选、组织召开青年团干与艺术家励志成才座谈会、请先进人物作先进事迹报告等活动。市直机关工会工委连续十四年组织举办“心系单身职工，牵手寻爱之旅”活动，为单身干部职工搭建婚恋平台。积极开展扶贫帮困活动。工会工委开展“金秋助学”活动，资助困难职工子女 17 人 5.10 万元；妇工委募集“母亲邮包”价值 5 万多元，5 月被中国妇基会和中国邮政总公司评为 2013—2014 年度“母亲邮包”项目先进集体。

2014 年 7 月 9 日，市直机关工委“党的群众路线教育”主题实践活动民主生活会通报会在市人大培训楼二楼会议室举行

2014 年 6 月 27 日，南宁市直机关“践行群众路线，提升南宁首位度”主题演讲比赛在市交通局多功能厅举行

南宁市财政局

2014 年 5 月 25 日，市长周红波（前左一）带队到市财政局绿化责任区检查指导

2014 年 1 月 2 日，市财政局理论学习中心组集中学习党的十八届三中全会精神

2014 年，南宁市财政局设科室 22 个，下设二层机构 12 个；辖县（区）财政局 12 个，开发区财政局 4 个。全系统干部职工 1848 人（市局 271 人）。

财政收支增量提质　2014 年，全市累计完成财政收入 526.59 亿元，增长 11.17%，占自治区比重 24.35%，同比上升 0.67 个百分点，财政首位度进一步提高。一般公共预算收入完成 274.85 亿元，增长 7.26%，其中，税收收入完成 204.65 亿元，增长 12.59%；非税收入完成 70.20 亿元，占一般公共预算收入比重 25.54%，同比下降 3.53 个百分点，财政收入结构不断优化。全市一般公共预算支出 466.33 亿元，增支 49.04 亿元，增长 11.75%。

扶持产业再上台阶　全面贯彻落实市委市政府“工业强市、产业旺市”的战略部署，整合安排现代产业发展专项资金 16.50 亿元，大力支持重点产业发展；安排现代服务业发展专项资金 4.20 亿元，促进现代服务业发展；筹集农业产业扶持资金 2.32 亿元，菜篮子工程项目补助资金 5000 万元，农产品标准化基地建设 1000 万元，扶持现代农业产业发展。

民生支出保障有力　2014 年，全市财政民生支出 338.92 亿元，占全市一般公共预算支出比重 72.68%。全市各级财政共投入 79.58 亿元保障承办自治区、市为民办实事工程，解决一批群众关心的热点难点问题；投入社会保障和就业、医疗卫生支出 90.56 亿元，初步建立起社会保障改革经费稳定增长机制；市本级安排 10.1 亿元保障性安居工程建设资金，支持改善人民群众居住条件。

公共服务积极有为多方筹措城建项目资金 495.25 亿元，确保服务第 45 届世界体操锦标赛项目、火车东站片区路网周边基础设施项目、轨道交通等重点项目有序推进；统筹 86.54 亿元专项资金，大力推进“美丽南宁·清洁乡村”“美丽南宁·整洁畅通有序大行动”；支持融资平台公司市场化运作和可持续融资，全年市属平台公司新增融资到位 210.73 亿元。

财税改革稳步推进 积极推进预算管理制度改革、政府购买服务工作、政府性债务管理、财政国库管理改革、全面清理行政审批事项等系列改革，财政体制运行绩效进一步提升。

2014 年 1 月 22 日，市财政局召开 2014 年反腐倡廉建设工作会议

2014 年 3 月 24 日，市财政局召开服务第 45 届世界体操锦标赛动员大会，教科文科负责人向党组书记、局长李宁递交责任状

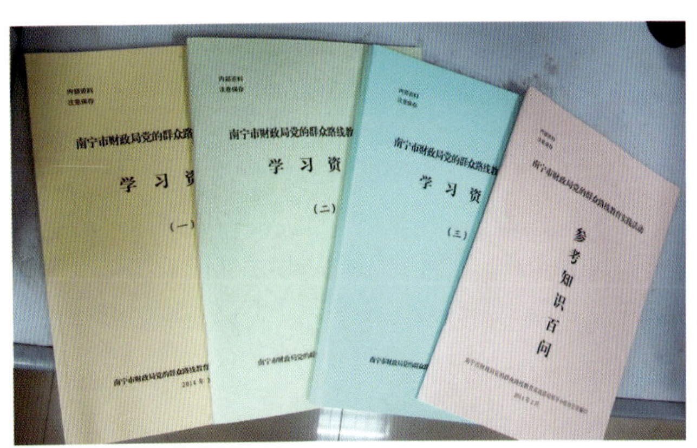

市财政局在开展党的群众路线教育实践活动编印的学习资料

2014 年 3 月 21 日，亚行贷款南宁城市环境改善项目完工检查总结会合影

2014 年 5 月 7 日，党组书记、局长李宁深入广西南南铝加工有限公司调研，召开征求意见座谈会

广西医科大学第一附属医院

医院标志性建筑：东院住院大楼

院领导班子：院长曾志羽（中），党委书记覃远汉（右五），党委副书记刘志明（左五）、陈永斌（右四），副院长肖常青（左四）、李慕军（右三）、陈俊强（左三）、唐卫中（右二）、应燕萍（左二）、李浪（右一）、罗佐杰（左一）

2014年7月10日，院领导在临床一线督查医疗工作

广西医科大学第一附属医院创建于1934年，是广西首家三级甲等综合医院、全国百佳医院、全国百姓放心示范医院、全国爱婴医院、全国综合医院中医药工作示范单位。医院现有职工4863人。其中：具有正高职称317人、副高职称441人，享受国务院特殊津贴专家30人，广西突出贡献科技人员10人，广西优秀专家10人，广西“十百千人才工程”第二层次人选8人，中华医学会全国委员45人，广西医学会各专业委员会主任委员48人、副主任委员50人。医院现有东、西两个院区，有临床科室46个，病区84个，医技科室17个，开放床位3310张。2014年，门诊量300万余人次，住院病人9万余人次，手术5万余台次。医疗服务范围辐射广西区内外乃至东南亚、欧洲、澳大利亚等地，并承担中央首长、外国元首及外宾等来广西视察、访问的医疗保健任务。

医院拥有心血管内科、血液内科等12个卫生部国家临床重点专科建设项目，中医脾胃专科是国家中医药管理局“十二五”重点建设项目，肾内科、神经外科等4个广西临床重点建设专科，创伤骨科中心、儿科学等6个广西医疗卫生重点学科，生殖医学研究中心、急诊医学等6个广西医疗卫生重点建设学科；共有16个广西医疗质量控制中心挂靠医院。医院拥有PET/CT、双源及64排CT、3.0T核磁共振、瓦里安直线加速器及西门子医学影像信息系统（PACS系统）等高端医疗设备，为准确高效地诊疗和承担重大科研课题提供了重要保障。

2014年，医院圆满完成各项教学任务，向学校80周年校庆献礼。完成3210人的临床教学任务共计5.76万学时。全年获批92项继续医学教育项目，其中国家级继续医学教育项目30项。2014年医院成功申报重症医学专业硕士学位和博士学位点获批准，成为自治区唯一有此学位点的医科院校。医院组织完成第一批国家住院医师规范化培训基地的申报，并通过国家认定。

2014年，医院获国家自然基金资助项目35项，受资助经费总计1723万元。省级科研项目立项方面，获广西自然科学基金项目31项，资助金额256万元；广西科学研究与计划项目5项，资助金额151万元。广西医药适宜技术推广项目课题 19 项，资助金额 56 万元；广西中医药管理局立项课题 24 项，资助金额 30 万元；广西卫生计生委自筹经费课题 92 项；广西教育厅课题立项 43 项，资助金额 99 万元；桂财政专项课题 2 项，资助金额 150 万元。全院获广西科技进步奖一等奖 1 项、二等奖 3 项、三等奖 5 项；广西医药卫生适宜技术推广奖一等奖 7 项、二等奖 5 项、三等奖 2 项。医院在 SCI 收录期刊发表论文 267 篇，中文核心期刊论文 308 篇，其中中华系列 84 篇。医院位列“2014 年度中国医院科技影响力排行榜”，综合排名第四十三位，是全国五个少数民族自治区中唯一入围榜单 TOP50 的医院，是广西唯一入围榜单 TOP50、TOP100 的医院。

精湛的医技

2014 年 7 月 7 日，自治区党委常委、政法委书记温卡华（左三）莅临医院调研反恐防暴

2014 年 7 月 10 日，国家卫生计生委副主任陈啸宏（左二）莅临医院考察指导

2014 年 10 月 7 日，缅甸联邦共和国副总统赛茂康一行莅临医院考察交流

广西农村信用社

南宁市区农村信用合作联社

2014年，南宁市区联社被中国银行业协会授予"2014年度中国银行业安全管理先进单位"，为自治区唯一的农合机构；被广西银行业协会授予"2014年度广西银行业安全管理优秀单位"

2014年6月18日，广西农村信用社桂盛·南宁市民卡发卡仪式在南宁市区联社营业部门口举行

南宁市区农村信用合作联社最初成立于1985年，2007年统一法人，隶属广西壮族自治区农村信用社联合社管理，属股份合作制性质的地方银行业金融机构。截至2014年12月，辖内有营业网点58个，在岗员工651人。

近年来，南宁市区农村信用合作联社以支持"民生"、服务"三农"和地方经济为宗旨，秉承"服务、竞争、规范、创新"的经营理念，以增强自身综合实力、抗风险能力和支农服务能力为着力点，坚定不移地把发展作为最大的政治、最硬的道理、最紧迫的任务，坚持支持地方经济建设、发展壮大自身与贯彻有关政策、规定相结合，坚持加强信贷营销与强化信贷管理相结合，坚持推进各项工作与加强外防内控相结合，深化改革，着力解决历史遗留问题，有力夯实向现代金融企业过渡的基础，开创科学发展、和谐发展、跨越发展的新局面，为打造"市民银行、社区银行、中小企业银行、服务地方经济银行"打下坚实基础。2014年，资产总额360.39亿元，各项存款余额达321.44亿元，比年初增32.52亿元，各项贷款余额突破200亿元达228亿元，比年初增37.04亿元，实现经营利润8.59亿元，各项监管指标均达标并持续向好。各项存贷款增量、存量以及盈利水平、纳税额连续十年排在自治区农合机构之首位，并整体获得中国银行业协会"最安全银行"主题活动殊荣，综合实力位居南宁市区金融机构前列。

2014年9月16至19日，南宁市区联社配合自治区联社在南宁国际会展中心做好第十一届中国东盟博览会服务工作

南宁市区联社进新兴苑小区开展金融宣传活动。2014年，南宁市区联社主动深入学校、专业市场、繁华地带（社区）、机关单位、工业园区等开展宣传活动773场

五大优势

在同业中，南宁市区联社“五大优势”明显，一是自治区农合机构实施桂盛卡ATM全球取款免费等6项“让利免费”优惠政策；二是独家发行“桂盛·南宁市民卡”，既加载市民卡标准卡的所有功能，又做银行卡使用，并可在南宁市区联社309家特惠商户刷卡享受优惠。三是作为广西人自己的银行，贷款审批流程短、审批链接少的优势突出，具有短、平、快的特点，对符合条件的贷款可实现“快报、快审、快放”。四是贷款利率定价机制灵活，可自主定价，对保持长期业务合作的重要客户可予利率优惠；五是自建社以来，一直以服务“三农”为己任，十分注重保持与村队、村民情浓于血的鱼水关系，认真建立好重点联系维护制度，与村队和村民同甘共苦、荣辱与共。

2014年7月31日，南宁市区联社第58家营业网点翡翠园分社开业

2014年4月9日至5月19日，南宁市区联社组织全体员工参加“全员服务创优训练营”

2014年4月，南宁市区联社作为市级优秀青年文明号单位之一，参加在江南区香格里拉广场开展的“南宁志愿者服务第45届世界体操锦标赛誓师大会”

南宁市区联社组织全体党员开展“创优争先，党员先行”登山活动

邕宁区

2014 年新建打造风景旖旎的邕宁区新江镇那蒙综合示范村

邕宁区位于南宁市区东南部，邕江南岸。2014 年，辖 4 个镇、1 个乡，65 个村、9 个社区（城市社区 4 个），455 个自然村（坡）；面积 1255 平方千米；总户数 10.10 万户；总人口 34.96 万，壮族人口占总人口 94.45%；人口自然增长率 7.83‰。邕宁区水陆交通便利，物产资源和旅游资源丰富。2014 年，位于邕宁城区的南宁港牛湾作业区正式开港运营，新开通并经过辖区蒲庙镇和新江镇的南宁外环高速公路，有一个火车站和 3 个高速公路出入口，城区路网纵横交错。主要旅游景区（点）有蒲津公园、清水泉、顶蛳山贝丘遗址、灵龟山、雷婆岭摩崖石刻、五圣宫、那莲街古建筑、那蒙示范村等。主要矿产资源有石灰石、铜、铅、锌、重晶石、泥岩、黏土、河砂等。地方特产有甘蔗、桑蚕茧、淮山、火龙果等。

2015 年 5 月 27 日，邕宁区委书记邓娟娟（前左二），区委副书记、代区长许强初（左一），区委副书记黄壮章（前左三）等，到龙岗大道检查园林绿化精品线路标准段提升效果

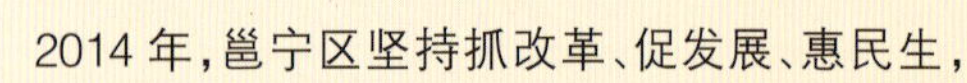

2014 年，邕宁区坚持抓改革、促发展、惠民生，以“园区开发、农村发展”为主战场，深入实施“一港两江三区三带”发展战略，广大干部群众抢抓机遇、破解难题，经济社会平稳健康发展。全年地区生产总值 58.62 亿元，比上年同期增长 8.90%；财政收入 6.65 亿元，增长 13.11%；规模以上工业总产值 16.73 亿元，增长 18.48%；全社会固定资产投资 93.67 亿元，增长 38.38%；城镇居民人均可支配收入 23958 元，增长 10.30%；农民人均纯收入 8873 元，增长 11.50%。经济发展，社会稳定，人民安居乐业，各项事业蓬勃发展。

年内，邕宁区获全国“平安农机”示范县（区）、自治区级平安县（区）、南宁市投资和重大项目建设工作三等奖、2013 年度先进县区工业园区三等奖；南宁市楼顶绿化和蒲庙高速路收费站入口绿化提升工作获全市考核评比第一名；南宁市住房保障工作先进县（区）、南宁市民族团结进步创建“五比五争”活动模范县（区）、南宁市依法行政先进单位。中和乡、百济镇获南宁市清洁乡村“十佳乡镇”，那楼镇、中和乡获“南宁市科学发展进步乡镇”称号。

2014 年 9 月 19 日，邕宁壮族八音文化旅游节开幕式在邕宁区新兴广场举行

2014 年 7 月 10 日，位于邕宁区境内的南宁港举行开港运营仪式

《南宁年鉴》编纂委员会

主　　任	王小东	自治区党委常委、市委书记
	周红波	市长
副主任	班忠柏	市委常委、组织部部长
	吕　洁	市委常委、宣传部部长、副市长
	黄　宁	市委常委、秘书长
	袁曼虹	市人大常委会副主任
	黎四龙	市政协副主席
	雷云久	南宁警备区参谋长
	周如斯	市人大常委会秘书长
	刘志烈	市人民政府秘书长
	储朝晖	市政协秘书长
	王德宾	市人民政府地方志编纂办公室主任
委　　员	梁开景	市委副秘书长
	黎　琳	市人民政府副秘书长
	段寿红	市委组织部副部长
	韦　茵	市委宣传部副部长、市文明办主任
	李　耕	市发展和改革委员会主任
	陈世平	市工业和信息化委员会主任
	潘永钟	市教育局局长
	梁　展	市科学技术局局长
	余仲远	市监察局局长
	黄菊如	市民政局局长
	李　宁	市财政局局长
	刘德宁	市人力资源和社会保障局副局长
	赵志萍	市国土资源局局长
	韦好鹏	市环境保护局局长
	赵红明	市城乡建设委员会主任
	郭维宁	市规划管理局局长

黄宗成　市住房保障和房产管理局局长
蓝　岚　市林业和园林局局长
王永超　市交通运输局局长
李伟进　市水利局局长
杨　敏　市农业委员会主任
梁培正　市商务局局长
魏永泉　市文化新闻出版广电局局长
谢宗务　市卫生和计划生育委员会主任
李建华　市体育局局长
黄南方　市统计局局长
黄永久　市旅游发展委员会主任
宋日正　市人民政府国有资产监督管理委员会主任
胡建华　市社会科学院院长
梁平江　武鸣县县长
唐小若　横县县长
朱亚明　宾阳县县长
蓝宗耿　上林县县长
张自英　马山县县长
甘　诚　隆安县县长
朱财斌　兴宁区区长
黄海韬　江南区区长
韦敏宏　青秀区区长
廖伟福　西乡塘区区长
许强初　邕宁区区长
谷明佳　良庆区区长
韦继更　市人民政府地方志编纂办公室副主任
许杨群　市人民政府地方志编纂办公室副主任
陆玉金　市人民政府地方志编纂办公室副调研员
孙贵寿　市人民政府地方志编纂办公室副调研员

《南宁年鉴》编辑部

主　　　编　王德宾

执行副主编　韦继更

副　主　编　许杨群　陆玉金　孙贵寿

责任编辑　李志楠　陈洪毅　李敬江　周　红　梁　坤　方　明　覃庆梅　卢景林　谢萍萍　陆　靖　黄小真　唐祯麟　钟婉悦　李　康　乃东昇

校　　　对　王德宾　韦继更　许杨群　孙贵寿　李志楠　陈洪毅　李敬江　周　红　梁　坤　方　明　覃庆梅　卢景林　谢萍萍　陆　靖　唐祯麟　李　康　乃东昇

图片策划　陈洪毅　覃庆梅　黄小真

封面封底设计　王德宾

栏题设计　王德宾

封面题字　卢定山

印章篆刻　杨宇云

《南宁年鉴》编写人员(编写组)

(排名不分先后)

中共南宁市委办公厅
编写组
中共南宁市委组织部
编写组
中共南宁市委宣传部
编写组
中共南宁市委统一战线工作部
温从进
中共南宁市直属机关工作委员会
梁敏聪
中共南宁市委政策研究室
周建华
中共南宁市委老干部局
覃光然　李　娟
南宁市精神文明建设委员会办公室
温金华
南宁市人民代表大会常务委员会办公厅
编写组
南宁市人民政府办公厅
编写组
中国人民政治协商会议南宁市委员会
卢远新
中共南宁市纪委、南宁市监察局
欧后智
中国国民党革命委员会南宁市委员会
唐祯泽
中国民主同盟南宁市委员会
覃紫斌
中国民主建国会南宁市委员会
邓　行
中国民主促进会南宁市委员会
刘瀚钟
中国农工民主党南宁市委员会
严用明
中国致公党南宁市委员会
李　茜

中共南宁市委党校
潘育蕾
九三学社南宁市委员会
刘潇潇
南宁市工商业联合会
李增群
南宁市总工会
师　吕　张文苑　韦文宁
共青团南宁市委员会
罗雅熙
南宁市妇女联合会
吴颖妮
南宁市文学艺术界联合会
李　燕
南宁市归国华侨联合会
农　婧
南宁市科学技术协会
姚　丽
南宁市社会科学界联合会
李国燕
中国国际贸易促进委员会广西分会
范燕莹
中国国际贸易促进委员会南宁市支会
刘　毅
南宁市残疾人联合会
曾春玲
南宁市红十字会
郑　静
南宁市关心下一代工作委员会
雷　纪
南宁市民政局
编写组
南宁市机构编制委员会办公室
黄振生　潘羿安　叶　欢
南宁市政务服务中心管理办公室
冯德祥
南宁市外事侨务办公室
编写组

中共南宁市委、南宁市人民政府信访局
雷冬冬
南宁市"中国水城"建设及邕江综合整治和开发利用工作领导办公室
蒋　鸣
南宁市民族事务委员会
刘建安
中共南宁市委台湾工作办公室
朱泽锋
中共南宁市委政法委员会
傅荣华
南宁市法制办公室
黄　玲
南宁市中级人民法院
潘伟坚
南宁市人民检察院
蒙　旗
南宁市公安局
黄俊杰　欧阳秋电　黄静洁
南宁市司法局
袁姝涵
中国人民解放军广西南宁警备区
农正新
中国人民武装警察部队南宁市支队
编写组
南宁市人民防空办公室
乐清林
广西陆军预备役步兵师高炮团
高　翔
南宁高新技术产业开发区管理委员会
蒋春敏
南宁经济技术开发区管理委员会
冯梅丽
广西—东盟经济开发区管理委员会
张向新
广西良庆经济开发区管理委员会
骆　颖

南宁江南工业园区管理委员会
翟初明　徐　昂
南宁仙葫经济开发区管理委员会
蔡光燊　杜慧俭
南宁六景工业园区
李　春　黄永锦
广西南宁五象新区规划建设管理委员会办公室
邢义波
南宁市城乡建设委员会
陈　琳
南宁市规划管理局
吴晓丽
南宁市勘测院
莫惠荃
南宁市住房保障和房产管理局
麦思克
南宁住房公积金管理中心
马　剑
南宁市国土资源局
欧丽琴
南宁市重点项目建设办公室
梁善锋
南宁市邕江防洪大堤修建管理处
吴明全
南宁市环境保护局
编写组
南宁市城市管理局
董　强
南宁市林业和园林管理局
编写组
南宁市工业和信息化委员会
王　艳　黎平平　吴　凯　曾小妮
王建波　张栋木　刘巧稚　白国盛
林　琪　农　刚　朱丹江　乔　可
唐亚亚　邹　平
南宁市人民政府国有资产监督管理委员会
秦　庆
南宁城市建设投资集团有限责任公司
编写组
南宁威宁投资集团有限责任公司
罗春玉　黄　俊　张立亭
南宁建宁水务投资集团有限责任公司
编写组

南宁交通投资集团有限责任公司
编写组
南宁轨道交通集团有限责任公司
编写组
南宁产业投资集团有限责任公司
编写组
南宁大地飞歌文化产业集团有限责任公司
黄龙飞
南宁供电局
苏维富
南宁市二轻集体工业联社
张夏芸
南宁市烟草专卖局
黄建超
广西中烟工业有限责任公司
周丽霞
南宁市大型活动协调办公室
何　涛
广西国际博览事务局
黄　革
南宁国际会议展览有限责任公司
马　骁
南宁市农业委员会
黄　琦　杜　勇　吕校成　田乙凤
廖　芹　苏方平　黄兰芳　梁克非
韦悦妮　黄永贵　徐盛刚　周冠群
马秋莹　罗　蓉　毕晓磊　何明菊
陈立生　周玉峰　李亦菁　马　战
谢文翔　李　芳　黄剑锋　邓积斌
罗昭越　文　亮
南宁市扶贫开发领导小组办公室
谭春兰
南宁市林业局
梁惠萍
南宁市水利局
傅美湖
南宁市农工商集团有限责任公司
陆锡健
南宁市水库移民工作管理局
覃　梦
南宁铁路局史志办公室
徐维春
南宁市交通运输局
杨启福

南宁吴圩国际机场
劳润夏
南宁市邮政局
周俊杰
中国电信股份有限公司南宁分公司
农荣生
中国移动通信集团广西有限公司南宁分公司
黄　英
中国联合网络通信有限公司南宁市分公司
曾建强
南宁市无线电管理处
覃　巍
南宁市商务局
杨户芬　黄祥杰　兰　贞　周　旻
林睦军　张　豪　池李欢　匡亚君
冯立芳
南宁市供销合作联社
蓝　蔚
南宁市粮食局
陆兆强
南宁盐业分公司(南宁盐务管理局)
编写组
中石化南宁石油分公司
陈启慧
南宁市旅游发展委员会
周思伶
青秀山风景名胜旅游区管理委员会
编写组
广西大明山风景旅游区管理委员会
陶靖妍
南宁昆仑关战役遗址保护管理委员会
徐晓芳
南宁市财政局
李　宁　黄志红　陈国栋　马利芳
南宁市国家税务局
虞江军
南宁市地方税务局
黄舒爽
中国人民银行南宁中心支行
陈恒丹

中国工商银行广西分行营业部

尹湘竹

中国农业银行股份有限公司广西分行营业部

曾　敬

中国银行南宁市邕州支行

肖秋梧

中国建设银行股份有限公司广西分行

薛江伟

广西北部湾银行

陈华莲

南宁市区农村信用合作联社

朱茂瑜

中国保险监督管理委员会广西监管局

何腾华

中国证券监督管理委员会广西监管局

编写组

广西银监局

陈　鹤

南宁市发展和改革委员会

李　耕　赖承略　李　泽　周圣果
毕　雯　李　梅　麦智德　刘　炫

南宁市投资促进局

彭金红　吕昭民　王书荣　张　霞
古　文　梁韵泓　杨　青　池清华
蒋　雯

南宁市物价局

滕宗良

南宁市审计局

吴丽霞

南宁市工商行政管理局

潘文启　廖成琇　张　鲁

南宁市人力资源和社会保障局

农　健

南宁市质量技术监督局

梁卉梅

南宁市食品药品监督管理局

梅　倩

南宁市安全生产监督管理局

马　瑛

南宁市统计局

李鸿宽

南宁海关

黄伟文

南宁海事局

黄丽宁

南宁出入境检验检疫局

黄巧玲

南宁市新华书店有限责任公司

谭继来

南宁市档案局

周心龙

南宁日报社

邓家全

南宁市文化新闻出版广电局

刘婷婷　施　鹏　赖克强　张　力
黄国力　赵　颖　黄业润　邓越月
张　静　覃　娜　周梅清　张启敏
姚　彧　杨粒彬　周　明　黄文龙

南宁市教育局

叶　康

南宁学院

韦超才　刘　彪

南宁职业技术学院

赵迪琼　刘可可

南宁市科学技术局

编写组

南宁市气象局

江　雪　张　薇

南宁市地震局

蒙泳杉

南宁市水文水资源局

蒙志豪　胡清凤

南宁市社会科学院

宁春园

南宁市人民政府地方志编纂办公室

王德宾　韦继更　许杨群　陆玉金
孙贵寿　李志楠　陈洪毅　李敬江
周　红　梁　坤　方　明　覃庆梅
卢景林　陆　靖　谢萍萍　黄小真
唐祯麟　钟婉悦　乃东昇　李　康

中共南宁市委党史研究室

廖运山　余朝霞

南宁市卫生局和计划生育委员会

甘洪流

南宁市爱国卫生运动委员会办公室

编写组

南宁市体育局

黄永铁　覃毓芹　赖超宇　朱庆邦
姜碧英　黄佳思　卢业锋

国家统计局南宁调查队

王雪梅

南宁市老龄工作委员会办公室

谭邕生

南宁市机关事务管理局

李雄杰

南宁市政府集中采购中心

黄　波　张祖安

南宁市政府宗教事务局

温　惠

兴宁区地方志办公室

庞庆玉　陆冬英　张　丽　潘宁素

青秀区地方志办公室

蔡光燊

西乡塘区地方志办公室

张增清　陆寿成　黄　源

江南区政府办公室

韦艳玲　梁尚家

邕宁区政府地方志办公室

玉鼎艾

良庆区地方志办公室

潘艳明

武鸣县史志办公室

潘星环

横县地方志办公室

李清俏

宾阳县地方志办公室

卓家林

上林县地方志办公室

樊守辉

马山县地方志办公室

陆惠华

隆安县地方志办公室

黄东明

《南宁年鉴》照片摄影及提供人员

（排名不分先后）

周家志　梁　枫　罗　宁　赖有光　韦　峭　潘勇章　周　旋　徐　冰　钟　情
黄小真　韦超才　欧后智　温从进　侯惠君　潘育蕾　农　健　刘建安　卢远新
唐祯泽　覃紫斌　邓承志　刘瀚钟　严用明　刘潇潇　李增群　朱泽锋　梁善锋
蒋　鸣　吴　军　黄飞飞　雷　纪　吴　斌　杨素颜　梁笑飞　李敬江　钟　颖
肖劲辉　杜　勇　李亦菁　梁克非　董振义　陆锡健　傅美湖　徐维春　卢一方
方　明　许辉坚　黄　涛　崔玉善　韦宣宇　梅　俏　匡亚君　马震宇　张　鲁
李　婧　梁贤智　雷　鸣　梁　凯　甘洪流　黄永锦　骆颖邢　梁　婷　黄祥心
陆惠华　何宏生　温金华　刘广铭

《南宁年鉴》照片提供单位

（排名不分先后）

南宁市人民政府地方志编纂办公室
青秀区地方志办公室
兴宁区地方志办公室
西乡塘区地方志办公室
武鸣县地方志办公室
宾阳县地方志办公室
良庆区地方志办公室
江南区地方志办公室
邕宁区地方志办公室
南宁经济技术开发区管理委员会
南宁六景工业园区
南宁仙葫经济开发区
中共南宁市直属机关工作委员会
南宁市财政局
南宁市民政局
南宁高新技术产业开发区管理委员会
广西南宁五象新区规划建设管理委员会
广西医科大学第一附属医院
南宁市农村信用合作联社
南宁市工业和信息化委员会
南宁市发展和改革委员会
南宁市重点项目建设办公室
南宁市卫生和计划生育委员会
南宁市国土资源局
南宁市商务局
南宁市总工会
青秀山风景名胜旅游区管理委员会
南宁市体育局
南宁市大王滩水库管理处
南宁建宁水务投资集团有限责任公司

南宁市国税局
南宁市地税局
南宁市交通运输局
南宁市投资促进局
南宁市林业和园林局
南宁市人民政府国有资产监督管理委员会
南宁市散装水泥办公室
南宁市城市内河管理处(市"中国水城"建设工作指挥部办公室)
南宁市法制办公室
南宁市精神文明建设委员会办公室
南宁市环境保护局
南宁市科技局
广西—东盟经济开发区管理委员会
南宁市文化新闻出版广电局
南宁市气象局
南宁市外事侨务办公室
共青团广西壮族自治区委员会
中共南宁市委组织部
南宁市妇女联合会
南宁市人大常委会办公厅
南宁市文学艺术界联合会
南宁市社会科学界联合会
南宁市残疾人联合会
邕宁区机关事务管理局
南宁市归国华侨联合会
中国国际贸易促进委员会南宁市支会
中共南宁市委政法委员会
南宁市公安消防支队
南宁市公安局
南宁市中级人民法院
南宁市检察院
南宁市司法局
中国人民解放军广西南宁警务区
中国人民武装警察部队南宁市支队
广西陆军预备役步兵师高炮团
南宁市人民防空办公室
南宁市住房公积金管理中心
南宁威宁投资集团有限责任公司
南宁交通投资集团有限责任公司
南宁轨道交通集团有限责任公司
南宁大地飞歌文化产业集团有限责任公司
南宁市委党史研究室
南宁市艺术剧院
南宁市民族文化艺术研究院
南宁市博物馆
南宁市档案局(市国家档案馆)
南宁市二轻集体工业联社
南宁市无线电管理处
南宁市旅游发展委员会
南宁市昆仑关战役遗址保护管理委员会
南宁国际会议展览有限责任公司
中国银行南宁市邕州支行
广西北部湾银行
南宁市安全生产监督管理局
南宁市工商行政管理局
南宁市质量技术监督局
南宁市食品药品监督管理局
南宁出入境检验检疫局
南宁市第一人民医院
南宁市卫生监督所
南宁糖业股份有限公司
广西中烟工业有限责任公司
南宁南机环保科技有限公司
南宁市教育局
南宁学院
南宁市职业技术学院
南宁市"美丽南宁"乡村建设领导小组办公室
南宁市"美丽南宁·整洁畅通有序大行动"指挥部办公室

目 录

特 载

Special Publication

特 辑

Special Editing

大事记

Memorabilia

南宁概貌

Nanning Overview

中国—东盟博览会·峰会·民歌节
China-ASEAN Expo, Summit & Folk Song Festival

南宁与东盟
Nanning & ASEAN

党政机关
Party & Government Organizations

人民团体
Mass Organizations

政 法
Politics and Law

军 事
Military

城市建设与管理
Urban Construction & Administration

环境保护·园林绿化
Environment Protection & Garden Forestation

国有资产监管与运营
Supervision and Engagement for State-Owned Assets

工 业
Industry

农 业
Agriculture

交通运输与邮政业
Transport and Postal Industry

信息业
Information Industry

商业贸易
Commerce & Trade

对外经济贸易
Foreign Economic & Trade

旅游业
Tourism

会展业
Meeting & Exhibition Industry

个体私营经济
Individual & Private Economy

财政·税务
Finance & Taxation

金融业
Banking

经济管理与监督
Economic Management & Supervision

教 育
Education

科 学
Science

文 化
Culture

卫 生
Health

体　育
Sports

社会生活
Social &People's Life

开发区·新区
Development Zones & New Districts

区 县
Districts & Counties

人　物
Figure

专题调研与经济分析
Special Research and Economic Analysis

城市竞争力
City Competition

统计资料
Statistical Material

图片专辑
Special Photos Collection

附　录
Appendix

索　引
Index

城市荣誉

- 国家卫生城市(2011—2014)(全国爱国卫生运动委员会,2014年)
- 全国“六五”普法中期检查先进城市(全国普法办公室,2014年3月)
- 国家节能减排财政政策综合示范城市(国家财政部、国家发展改革委,2014年12月)
- 2014最佳生态旅游度假目的地(人民网、国际旅游协会)
- “全国十大见义勇为英雄司机评选活动”城市奖(中华见义勇为基金会,2014年12月)
- 《中国法制政府评估报告(2014)》综合评价各直辖市、省会城市及其他地级市共100个城市政府法制建设水平,南宁市排名第八(中国政法大学法治政府研究院,2014年12月)
- 全国文明城市(中央文明委,2015年2月)
- 第45届世界体操锦标赛举办地

城市特征

城市角色：中国—东盟博览会举办地

广西北部湾经济区核心城市

中国面向东盟开放合作的区域性国际城市

宜居的壮乡首府和具有亚热带风情的生态园林城市

南宁精神：能帮就帮　敢做善成

城市名片：全国文明城市　联合国人居奖城市　中国绿城

中国—东盟博览会　南宁国际民歌艺术节

市　　树：扁桃树

市　　花：朱槿花

12月26日，南宁火车东站开通运营

城市数字

土地面积：22099 平方千米
城市建成区面积：285 平方千米
年末户籍人口：7296565 人
地区生产总值：3148.30 亿元
人均地区生产总值：4.33 万元
　第一产业：355.09 亿元
　第二产业：1251.54 亿元
　第三产业：1541.67 亿元
第一、二、三产业构成：11.28∶39.75∶48.97
全社会固定资产投资：2933.87 亿元
基本建设投资：1299 亿元
更新改造投资：853.48 亿元
房地产开发投资：551.82 亿元
货运总量：33146.17 万吨
客运总量：8697.01 万人
社会消费品零售总额：1616.90 亿元
城镇居民年人均可支配收入：27075 元
农民年人均纯收入：8576 元
居民消费价格总指数：101.6%
出口总值：26.17 亿美元
进口总值：21.97 亿美元
自治外境内实际到位内资：856.46 亿元
外商直接投资(广西全口径)：6.40 亿美元
国内旅游人数：6905 万人次
国内旅游收入：585.74 亿元
国际旅游人数：43.30 万人次
国际旅游收入：11.38 亿元
财政收入：526.59 亿元
公共财政预算支出：465.77 亿元
金融机构存款余额：7064.49 亿元
金融机构货款余额：7091.46 亿元
个人储蓄存款余款：2321.74 亿元
森林覆盖率：47.50%
新增绿地面积：483.36 公顷
建成区绿地率：36.82%
建成区绿化覆盖率：42.89%
人均公园绿地面积：14.27 平方米
市区空气质量优良天数：292 天

9 月 16 日，中共中央政治局常委、国务院副总理张高丽巡视中国—东盟博览会展馆。图为张高丽（左四）与新加坡总理李显龙（右五）共同出席新加坡馆开馆仪式

5 月 5 日，中共中央政治局委员、国务院副总理汪洋（前右二）在马山县考察产业扶贫项目

12 月 7 日，全国人大常委会副委员长、农工党中央主席陈竺（前左三）在南宁调研。图为陈竺在兴宁区三塘镇那况村卫生室了解情况

10 月 7 日，全国政协副主席马彪（右十三）在南宁会见国际体联主席布鲁诺·格兰迪（左十二）一行

友 好

2月24日，市长周红波（右三）会见澳大利亚班达伯格市市长摩尔·弗曼（右四）一行

10月8日，市长周红波（前右）会见韩国果川市市长申桂容（前左）

往 来

3 月 13 日，市委副书记李泽(中右)会见桂港青年交流促进会青年代表团

10 月 22 日，副市长田文东(中右)会见澳门民政总署考察团

友 好

3月14日，副市长郭敏(右七)会见泰国孔敬市代表团

9月17日，副市长郭敏(右一)陪同泰国副总理兼外交部长塔纳萨(左二)一行参观青秀山风景名胜旅游区

往来

12 月 18 日，副市长郭敏（右）接待泰国驻华大使代表团披拉维素·温巴（左）一行

12 月 23 日，柬埔寨妇女代表团参观南宁市妇女儿童活动中心

第 11 届中国

2014 年 9 月 16 日至 19 日，第 11 届中国—东盟博览会在南宁举行。中国商务部、东盟 10 国政府经贸主管部门和东盟秘书处共同主办，广西壮族自治区人民政府承办。出席开幕大会的有中共中央政治局常委、国务院副总理张高丽、中国最高人民法院院长周强，新加坡总理李显龙，柬埔寨首相洪森，老挝国家副主席本扬，缅甸副总统年吞，泰国副总理兼外交部长他那萨，越南副总理兼外交部长范平明等。此外，文莱工业和初级资源部部长叶海亚、印尼贸易部副部长巴尤·克利斯纳穆迪、马来西亚贸工部副部长李克亮、菲律宾贸工部副部长诺拉·特拉多、东盟副秘书长年林，以及澳大利亚驻东盟大使、世贸组织副总干事、联合国国际贸易中心代表，以及双方信息网络、科技、环保等部门的部长级官员也出席本次盛会，部长级贵宾 266 位，其中东盟及区域外 110 位。张高丽宣布开幕，并发表主旨演讲；李显龙、洪森、本杨、年吞、他那萨、范平明分别发表演讲；世界贸易组织副总干事易小准和博览会首任特邀贵宾国澳大利亚代表团团长西蒙·梅里菲尔德分别致辞。博览会以“共建 21 世纪海上丝绸之路”为主题，持续推动中国—东盟友好往来、经贸促进和多领域合作，带动广西开放合作和经济社会发展等方面取得新成果。展会设商品贸易、投资合作、服务贸易、先进技术、魅力之城五大专题；设展位 4600 个，参展企业 2330 家，其中东盟和区域外企业展位数 1259 个，在南宁会展中心，外国展位数占 42%。参展参会客商 5.70 万人，采购商团组超过 80 个，比上届增长 14%。投资贸易洽谈会暨重大项目签约仪式现场，现场签约项目 36 个，签约金额 200.22 亿元。其中招商引资项目 34 个，引进资金 197.24 亿元。

9 月 16 日，第 11 届中国—东盟博览会、第 11 届中国—东盟商务与投资峰会开幕大会在南宁国际会展中心举办

一东盟博览会

9月17日，第11届中国—东盟博览会项目签约仪式(国际、国内经济合作项目签约仪式)在南宁鑫伟万豪酒店举行。来自文莱、柬埔寨、印度尼西亚、美国、加拿大、荷兰、丹麦等国家以及中国香港、澳门、台湾和内地各省(市、区)的企业家代表200多人出席签约仪式。图为签约仪式现场

9月17日，中国驻东盟国家使领馆经商参赞与企业家交流会在南宁国际会展中心举行。中国驻越南、柬埔寨、老挝、泰国等东盟国家大使馆的商务参赞出席交流会，并就东盟国家国情、政策、市场需求等方面问题与出席会议的中国企业代表进行交流。图为交流会现场

9月18日，首届中国—东盟网络空间论坛在广西南宁举行，近200名中国及东盟十国的政府、企业、互联网业界代表相聚在一起，以“发展和合作”为主题，共商网络发展管理大计，促进互联网络地交流与合作

“魅力之城”

中国宁夏回族自治区展区

文莱斯里巴加湾市展区

柬埔寨西哈努克省展区

印度尼西亚的南苏门答腊省展区

老挝波乔省展区

专　题　展　区

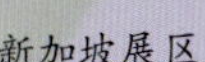
新加坡展区

泰国洛坤府展区

越南平顺省展区

西亚兰卡威展区

缅甸仰光市展区

菲律宾达沃市展区

9月17日，中国—东盟博览会轻工展开展仪式在南宁华南城举行

室内名优水果展区　　室外农业机械展区

9月16日，第11届中国—东盟博览会农业展暨第4届中国—东盟优质水果推介活动在广西展览馆开展。农业展设室内标准展位600个，室外展区2000平方米。参展企业350家，展位908个。展位数比上届增加180个，重复参展率36.70%，展位特装率60%。

9月16日，2014南宁投资贸易洽谈会暨重大项目签约仪式在市委、市政府会议中心举行。图为签约仪式现场

9月4日，2014中国—东盟博览会指定国宾接待用车交车仪式在南宁国际会展中心举行。梅赛德斯-奔驰成为中国—东盟博览会唯一指定国宾就接待用车。广西壮族自治区副主席张晓钦（右）出席交车仪式并向北京梅赛德斯—奔驰销售服务有限公司代表颁发荣誉牌匾

9月11日，第11届中国—东盟博览会、中国—东盟商务与投资峰会志愿者培训上岗仪式在广西大学大礼堂启动。1300名志愿者经过培训正式上岗，志愿者们不仅学习东盟十国的概况及风俗习惯、国情、区情、市情，外交礼仪等基本常识，服务与自护的注意事项等内容，还学习新增的反恐安全课程。图为志愿者们集体宣誓

9月19日，中国—东盟博览会会展中心会场对外开放，来自全国各地的观众尽情逛展

第 11 届中国—东盟

2014 年 9 月 16 日至 19 日，第 11 届中国—东盟商务与投资峰会在南宁举办。峰会配合国家“一带一路”战略，将政治外交与经贸人文交流相结合，主题为共建 21 世纪“海上丝绸之路”。中外政府商官、外交使节、国际组织官员、商协会领袖、企业精英、专家学者、法律专家和媒体人员等 1571 名代表出席峰会活动。期间，举办新加坡共和国总理李显龙与中国企业 CEO 圆桌是话会，中国—东盟商界领袖论坛，第 11 届中国—马来西亚联合商务理事会会议，中国与柬埔寨、老挝和缅甸贸易发展研讨会，中国—东盟商事法律服务合作研讨会，中国贸促会—大华银行促进企业海外投资联盟之夜，中国贸促会与新加坡工商联合总会《谅解备忘录》签署仪式，马中商务理事会代表团考察中与钦州产业园区，商务早餐会等活动。

9 月 16 日，新加坡总理李显龙（左六）与中国企业 CEO 圆桌对话会在南宁举行

9 月 17 日，中国—东盟商界领袖论坛在南宁举行。中国和东盟国家政府有关官员、工商界代表 200 人出席。论坛由新加坡工商联合总会运营总裁郑嘉顺主持。中国国际贸易促进委员会副会长尹宗华、广西壮族自治区副主席蓝天立、新加坡工商联合总会主席张松声分别致辞。马来西亚—中国总商会会长黄汉良、菲律宾菲华新联合会会长戴国安等 10 名中国和东盟工商界领袖、企业高层分别发言

商务与投资峰会

9月17日，中国—东盟商事法律服务合作研讨会在南宁举办

9月18日，第11届中国—马来西亚联合商务理事会会议在南宁召开

9月18日，中国与柬埔寨、老挝和缅甸贸易发展研讨会在南宁举办

9月19日，中国—马来西亚联合商务理事会、马来西亚有关政府官员以及企业代表考察中马钦州产业园、钦州保税港区并与钦州市、中马钦州产业园区管理委员会座谈

2014年9月16日晚，“大地飞歌·2014”第十六届南宁国际民歌艺术节演唱会在广西体育中心主体育场举行。演唱会分“缘”“传”“绿”“梦”4个篇章。民歌节主要文化活动有：南宁国际民歌艺术节“绿城歌台·唱响世锦”广场文化活动(9月16日至17日)；2014南宁·东南亚国际旅游美食节在华南城举办(9月13日至21日)。

宁可、阿比亚斯(蒙古族)演唱歌曲《大地飞歌》

王铮亮演唱歌曲《时间都去哪了》

霍尊演唱歌曲《卷珠帘》

泰国歌手 Nat 演唱歌曲《容易动情的人》

马来西亚歌手罗忆诗演唱马来西亚民歌《Isabella》

南宁籍歌手汪小敏演唱歌曲《一生所爱》

瑶族歌手陈春燕演唱歌曲《梦里家乡》

新加坡组合 By2 演唱歌曲《爱丫爱丫》

祖海、熊汝霖演唱《留客歌》

9月13日，2014南宁·东南亚国际旅游美食节在南宁华南城举行开幕仪式

第 45 届 世 界

2014 年 10 月 3 日至 12 日，第 45 届世界体操锦标赛在南宁市广西体育中心举行，这是广西壮族自治区、南宁市历史上举办的规模最大、规格最高的国际重大体育赛事。设男、女团体，男、女个人全能，以及男子自由体操、鞍马、吊环、跳马、双杠、单杠，女子跳马、高低杠、平衡木、自由体操 14 个比赛项目。有世界各国、各地区的 2300 名运动员、裁判员、中外媒体记者和国际体联大家庭成员参加，其中参赛运动员 604 名，创体操世锦赛参赛运动员人数新纪录。10 月 3 日到 6 日进行资格赛，10 月 7 日举行开幕式。经过 10 天的角逐，决出金牌 14 枚、银牌 14 枚、铜牌 15 枚，其中中国队以 3 金、3 银、1 铜，位列奖牌榜第二名，美国队以 4 金、2 银、4 铜，朝鲜队以 2 金分列金牌榜第一名、第三名。

10 月 7 日晚，第 45 届世界体操锦标赛开幕式在广西体育中心举行。全国政协副主席马飚、国际体联主席布鲁诺·格兰迪、国家体育总局局长刘鹏、缅甸副总统赛茂康、柬埔寨副首相兼内阁办公厅大臣索安及夫人，自治区、南宁市领导彭清华、陈武等出席。马飚副主席宣布世锦赛开幕，彭清华书记、刘鹏局长、布鲁诺·格兰迪主席分别致辞

世锦赛观众席上的外国朋友向记者竖起手指致意

身着壮族服装的礼仪小姐走向颁奖现场

体 操 锦 标 赛

10月7日，第45届世界体操锦标赛开幕式在广西体育中心体育馆举行。图为壮乡女歌手陈春燕领唱歌曲《锦绣壮乡》

10月12日，第45届体操世锦赛在广西体育中心体育馆闭幕。图为闭幕式上的会旗交接仪式

来自意大利的朱莉娅是唯一一位外国志愿者。图为中外志愿者在交流

观众在看台上为选手欢呼

手持壮锦的壮族姑娘小伙欢迎世界各地人民欢聚南宁

第 45 届世界体操锦标赛主比赛馆为广西体育中心体育馆。比赛设置男子八个项目(团体、个人全能、自由体操、鞍马、跳马、吊环、单杠、双杠)、女子六个项目(团体、个人全能、自由体操、平衡木、跳马、高低杠)。10 月 3 日至 6 日举行资格赛,有 74 个代表团 1411 人参赛。经过 4 天的角逐,前 8 名代表团进入团体决赛,前 24 名运动员进入个人全能决赛,前 8 名运动员进入单项决赛。10 月 7 日举行男子团体决赛,中国、日本、英国、美国、俄罗斯、巴西、瑞士、德国 8 个代表团进行角逐,中国、日本和美国分获前三名。10 月 8 日举行女子团体决赛,美国、中国、罗马尼亚、意大利、俄罗斯、英国、澳大利亚、日本 8 个代表团进行角逐,美国、中国、俄罗斯分获前三名。10 月 9 日举行男子全能决赛,日本队 UCHIMURA Kohei 和 TANAKA Yusuke 分获冠军和季军,英国队 WHITLOCK Max 获亚军。10 月 10 日举行女子全能决赛,美国队 BILES Simone、罗马尼亚队 IORDACHE Larisa Andreea、美国队 ROSS Kyla 分获前三名。10 月 11 日举行男子单项决赛,自由体操决赛中,俄罗斯队 ABLIAZIN Denis、日本队 SHIRAI Kenzo、巴西队 HYPOLITO Diego 分获前三名;鞍马决赛中,匈牙利队 BERKI Krisztian、克罗地亚队 UDE Filip、法国队 TOMMASONE Cyril 分获前三名;吊环决赛中,中国队刘洋获第一名,巴西队 NABARRETE ZANETTI Arthur 获第二名,中国队尤浩、俄罗斯队 ABLIAZIN Denis 并列第三名;跳马决赛中,朝鲜队 RI Se Gwang、乌克兰队 RADIVILOV Igor、美国队 DALTON Jacob 分获前三名;双杠决赛中,乌克兰队 VERNIAIEV Oleg、美国队 LEYVA Danell 和 KATO Ryohei 分获前三名;单杠决赛中,荷兰队 ZONDERLAND Epke、日本队 UCHIMURA Kohei、克罗地亚队 MOZNIK Marijo 分获前三名。10 月 11 日,举行女子单项决赛;跳马决赛中,荷兰队 HONG Un Jong、美国队 BILES Simone 和 SKINNER Mykayla 分获前三名;高低杠决赛在,中国队姚金男、黄慧丹分获金牌、银牌,美国队 LOCKLEAR Ashton 获铜牌;平衡木决赛中,美国队 BILES Simone、中国队白雅雯(南宁市籍)、俄罗斯队 MUSTAFINA Aliya 分获前三名;自由体操决赛中,美国队 BILES Simone、罗马尼亚队 IORDACHE Larisa、俄罗斯队 MUSTAFINA Aliya 分获前三名。

奖　牌　榜

金牌排名	国家和地区（代码）	男子				女子				总数				奖牌排名
		金牌	银牌	铜牌	总数	金牌	银牌	铜牌	总数	金牌	银牌	铜牌	总数	
1	美　国（USA）		1	2	3	4	1	2	7	4	2	4	10	1
2	中　国（CHN）	2		1	3	1	3		4	3	3	1	7	2
3	朝　鲜（PRK）	1			1	1			1	2			2	=5
4	日　本（JPN）	1	3	2	6					1	3	2	6	=3
5	乌克兰（UKR）	1	1		2					1	1		2	=5
6	俄罗斯（RUS）	1		1	2			4	4	1		5	6	=3
7	匈牙利（HUN）	1			1					1			1	=10
7	荷　兰（NED）	1			1					1			1	=10
9	罗马尼亚（ROU）						2		2		2		2	=5
10	巴　西（BRA）		1	1	2						1	1	2	=5
10	克罗地亚（CRO）		1	1	2						1	1	2	=5
12	英　国（GBR）		1		1						1		1	=10
13	法　国（FRA）			1	1							1	1	=10
	总　数	8	8	9	25	6	6	6	18	14	14	15	43	

说明：“=”指并列排名。

南宁市继2009年首次获全国文明城市称号后，2011年卫冕全国文明城市称号，2014年蝉联全国文明城市“三连冠”，为自治区唯一获全国文明城市的城市。

近年来，南宁市以解决民生为切入点，全面深化文明城市创建，采取一系列利民惠民有效举措，让百姓从日常生活中感受到生活环境和生活品质的改善，市民群众文明素质和城乡文明程度不断提升。文明城市创建引领全市经济建设、政治建设、文化建设、社会建设和生态文明建设协调俱进；在创建过程中，全市人民既是创建的主体，也是创建的受益者。

2014年10月1日起，《南宁市城市管理领域失信联合惩戒办法（试行）》正式实施。图为失信行为漫画

2014年，南宁市在全市中小学校推进培育和践行社会主义核心价值观，让核心价值观深入童心。图为南宁市中小学培育和践行社会主义核心价值观现场会

南宁市把每月11日定为文明排队日，自觉排队、文明礼成为城市一道风景线，成为市民自觉遵守的公德。图为市民队乘坐出租车

市“三连冠”

南宁市在努力推动解决群众看病难、上学难、养老难等问题，每年向社会公众征集为民办实事项目建议。3 年来，市政府投入 197.05 亿元，实施自治区级 157 个、市级 129 个为民办实事项目。3 月 20 日，南宁市委、市政府主办的“向人民承诺”——电视问政直播节目开播，已播出 14 期，51 个单位“一把手参与问政，节目曝光 40 多个方面 100 多个问题全部得到整改落实”。图为直播现场

南宁市逐步完善志愿服务体系、工作机制和管理办法。每月首个星期六为学雷锋志愿服务活动日；组织志愿者开展文明引导活动等活动。图为全国敬老之星莫丽英爱心驿站免费给老人理发

连续开展 13 年的就业援助月活动是人力资源和社会保障部门专为就业困难人员开展的专项活动，重点帮助就业困难人员、残疾登记失业人员、“零就业”家庭中的登记失业人员、家庭困难的未就业高校毕业生等就业。图为 2014 年就业援助月招聘会现场

“美丽南宁

2014年，南宁市“清洁家园、清洁水源、清洁田园”三清洁活动清运处理垃圾65.38万吨，清理湖泊、河流、池塘5万多处（条），清捡农田面积78.12万公顷，全市农村村容村貌从“脏乱差”逐渐变为“洁齐美”

横县文头村男女老少积极行动起来，清洁家园

2014年，南宁市农村道路硬化200条200千米，贫困村屯级道路硬化建设160条189千米，解决587个村屯“出行难”问题

“清洁乡村”

2014年，南宁市建成12个生态综合示范村之一——西乡塘区忠良村田园风光

2014年，南宁市完成6006户农村推荐户型项目建设，其中77个整村推进项目4303户。图为建成后的美丽新农村——宾阳县水丽新村新景

邕宁区奖励“美丽百济·清洁乡村”集中整治工作先进自然村屯

整洁畅通有序大行动

示范性道路——民族大道双拥路口车辆行人有序通行

2013 年 5 月 27 日，通过开展“美丽南宁从我做起”活动，东葛园湖路口秩序井然

2014 年 2 月 10 日，北湖明秀路口非机动车秩序规范

2014 年 4 月 26 日，整治后埌西菜市变得整洁，卫生，干净，有序

白沙壮锦立交改造提升后交通畅通有序

市城市管理局拆除违法广告

文明程度有序提升，美丽南宁从小做起

2014 年 5 月 17 日，志愿者在行动

葫芦鼎大桥“白改黑”及立面刷新

完善社会救助体系

2014 年，南宁市建立健全社会救助局际联席会议制度，构建社会救助“一门受理、协同办理”机制，全市 127 个乡镇（街道）全部建立社会救助服务窗口，实现 100%受理，100%交办，100%办理的“三个 100%”工作目标。

7 月，马山县城发生洪涝灾害，市县民政部门到现场展开救灾工作

5 月，青秀区在长塘镇开展社会救助政策宣传

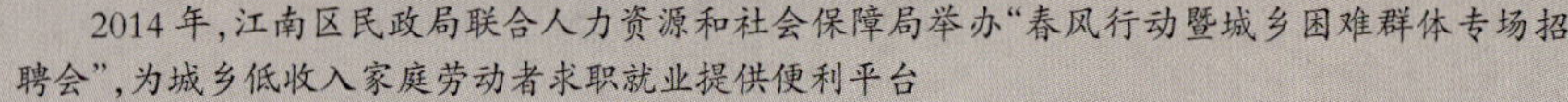

2014 年，江南区民政局联合人力资源和社会保障局举办“春风行动暨城乡困难群体专场招聘会”，为城乡低收入家庭劳动者求职就业提供便利平台

提高社会救助水平

3月26日，民政部门深入村屯困难群众家中，准确核对救助申请

2014年，南宁市全面建立社会救助“一门受理、协同办理”工作平台，依托乡镇（街道）政务大厅等，设立统一社会救助受理窗口，实现群众求助有门，受助及时

宣传社会救助政策，服务百姓民生

2014年4月16日，市长周红波（前左二）在高新区检查标准厂房建设情况

2014年，市工信委领导班子认真贯彻落实中央、自治区及市委市政府各项文件精神，坚定不移地实施“工业强市、产业旺市”战略，以深入开展党的群众路线教育实践活动为牵引，理性分析实体经济转型的常态化趋势，攻坚克难、稳抓稳打，突出抓好重点园区、重点企业、重点项目的建设，着力推进产业结构调整转型，工业经济取得较好成绩。

1、工业为推动全市经济增长发力。全年全部工业总产值完成2984.23亿元。规模以上工业增加值占自治区15.27%，比上年同期提高0.65个百分点。工业占全市GDP的比例29.33%，提高0.06个百分点，工业对GDP的贡献率近四成。

2、开发区主导作用强。16个工业园区完成规模以上工业总产值占全市比重80.47%以上。平均增长21.58%，比全市平均高近9.37个百分点。

3、产业结构进一步优化。六大重点产业全年投资占全市工业投资56.91%，占全市规模以上工业总产值61.73%，增长14.06%。

4、强优企业培育有新突破。富士康集团产值突破200亿元，中烟南宁卷烟厂产值突破100亿元，百亿元企业达到2家。产值超亿元企业592家，企业利润保持较快增长，增长12.5%。

5、标准厂房建设力度大。建成标准厂房主体工程面积206万平方米，安排建设和租赁补助资金2.82亿元。

6、重大项目引进和投资双丰收。富士康二期建设完成，南南铝加工公司全面投产；斐讯、海王、研祥、神冠、柳药、禾田信息港等一批重大项目开工建设；源正、弘信、吉利等项目开展前期洽谈。

7、立足品牌深化技术创新。新增自治区级企业技术中心14家，自治区级研发中心7家，完成自治区立项技术创新项目71项，指标完成量居自治区各市之首；新增1家国家认可实验室，33个广西名牌产品；广西中烟工业有限责任公司成为自治区今年唯一获认定的全国工业企业质量标杆企业，田园生化公司获自治区第二届主席质量奖。

8、软件和信息服务业快速发展。27个项目列入自治区信息产业发展专项资金计划，软件和信息服务业完成主营业务收入82亿元。

2014年1月7日，市工信委领导到南宁—东盟经济开发区召开调研会听取各方意见和建议

南南铝生产车间现场

南宁市发展和改革委员会

2014 年 3 月 4 日，市发展和改革委员会开展“弘扬革命先辈美德　倡导为民务实清廉”活动，参观邓颖超纪念馆

2014 年 3 月 24 日，市发展和改革委员会召开服务第 45 届世界体操锦标赛动员大会

2014 年，南宁市发展和改革委员会在市委、市政府的领导下，围绕中心，服务大局，攻坚克难，奋发有为。

科学谋划发展，规划编制工作实现新突破。启动“十三五”规划编制工作，完成“十三五”规划思路，提出七项重大政策重大工程和 60 个重大项目申请纳入国家“十三五”规划。完成空港经济区、左右江革命老区等发展规划编制，启动大数据建设等一批重点规划编制。探索开展“三规合一”工作。

发挥参谋作用，为决策服务提出新思路。科学研判经济形势，高质量进行经济运行分析。出台 8 大方面、40 条稳增长政策措施。针对重点问题和薄弱环节进行专题研究，16 项年度课题研究基本完成。启动县（区）发展主要目标差异化考核指标体系研究。

狠抓项目建设，投资工作取得新成效。充分发挥项目推进牵头抓总作用，牵头制定《市领导联系重大项目、服务重点企业工作制度》。积极推动项目落地，全市新开工项目 6739 个，比上年同期增加 707 个。进一步拓宽融资渠道，获得国家连续 3 年共 15 亿元节能减排财政政策综合示范城市综合奖励资金，是南宁市历史上获得单项金额最高的奖励；获中央预算内投资 9 亿元，争取自治区重大产业发展专项资金划拨 1 亿元。加强项目策划、储备，全年策划总投资 500 万元以上项目 3271 个，年度计划投资 2820.20 亿元。全年区市层面 577 项重大项目完成投资 795.73 亿元，完成全社会固定资产投资 2933.87 亿元，增长 18.50%，其中固定资产投资 2886.68 亿元，增长 18.66%，圆满完成年度预期目标和自治区目标。固定资产投资总量占自治区 21.72%，提高 1.29 个百分点，投资首位度进一步提高。

着力可持续发展，减排能源建设取得新成果。牵头开展节能减排财政政策综合示范市申报，成功跻身国家第三批 12 个节能减排财政政策综合示范市行列。加强节能减排降碳工作预警调控分析，全年万元生产总值能耗下降 8.50%，万元生产总值二氧化碳排放量下降 8%，超额完成自治区目标任务和“十二五”序时进度任务。获列全国第一批创建国家新能源示范城市，引进华电集团等企业开发建设新能源项目，华电华南城天然气分布式发电项目竣工投产。

积极破解难题，改革试点开创新局面。全面推进行政审批提速提效“六大工程”，牵头实施权力下放工程、中介机构诚信系统工程。实施《南宁市重大项目并联审批实施方案》，组建市重大项目前期审批攻坚站。实施《关于加大简政放权力度　促进行政审批提速提效实施方案》，推行“审管分离”，成立行政审批办公室，行政审批效能提升。启动建设网上审批系统。深化投资体制改革，编制《南宁市政府核准的投资项目目录（2014 年本）》，取消、下放 26 项核准权限，市级层面核准项目数量减少 30%，将房地产项目由核准制改为备案制、审批权限下放至项目属地。深化医药卫生体制改革，初步完成构建全民医保体系，启动城镇居民大病保险补偿工作。

提升民生福祉，社会事业发展迈出新步伐。继续加大财政投入，一批教育、卫生、住房保障、扶贫攻坚等重点领域项目投入使用。推进社会办医（国家）联系点工作，在政策、项目上给予大力支持，形成多元化办医格局。做好信息建设和服务工作，政务信息化发展加快，成功申报成为信息惠民国家试点城市。启动“智慧南宁”建设，推广应用市民卡，累计发卡量约 71.90 万张。加强社会信用管理工作，信用体系建设不断完善。

2014 年 5 月 20 日，党组书记、主任李耕（左二）检查宾阳县中央投资项目情况

南宁市重点项目建设办公室

南宁市重点项目建设办公室是2012年8月撤销市固定资产投资工作办公室后设立的，与南宁市铁路建设办公室实行“一个机构，两个牌子”的体制。2014年8月机构改革，南宁市重点项目建设办公室（南宁市铁路建设办公室）相关职责划入南宁市人民政府办公厅，南宁市人民政府办公厅加挂南宁市重点项目建设办公室牌子。南宁市重点项目建设办公室内设项目综合管理科、项目建设管理科、项目建设协调一科、项目建设协调二科4个科室，下设南宁市城市轨道交通建设服务中心(相当于正科级事业单位)。南宁市城市轨道交通建设指挥部办公室设在南宁市重点项目建设办公室。

2014年，在市委、市政府的正确领导下，在全市各级各部门的大力支持下，市重点办以推进第45届世界体操锦标赛服务项目、火车东站片区基础设施、铁路和轨道交通等全市重点项目建设为突破口，围绕项目重点、难点和热点问题，进一步加强项目建设协调推进和督促检查，组织召开协调会议750多次，解决项目问题3100多个，经过全市上下的共同努力，项目建设取得突出成绩。

——城建计划建设项目（不含前期项目）投资创历史新高。全年完成投资297.20亿元，比上年同期增长34.50%，完成年度任务80.02%，提高3.6个百分点，完成投资额和投资比例均创历史新高。五象大桥、英华大桥、银象立交、五象友谊立交桥、五象壮锦立交桥等8座桥梁和机场高速公路延长线等项目建成通车，促进全市基础设施实现全面升级。

——铁路项目建设实现大升级。全市辖区铁路建设项目完成投资32.59亿元，完成年度任务25.05亿元的130.05%。南广高铁全线开通运营，南宁火车东站同期投入使用。新建云桂铁路主线路基贯通，南昆铁路南宁至百色段增建二线、黎湛铁路电气化改造项目开工建设。

——轨道交通项目建设实现大提速。轨道交通建设工程（1、2号线）全年完成投资56.80亿元，增长64%，超额完

2014年10月29日，市政府副秘书长、市重点办主任梁明志（前右一）向自治区党委常委、常务副主席黄道伟（前右二），市长周红波（前左一）汇报南宁火车东站片区项目建设情况

2014 年 12 月 20 日，市政府副秘书长、市重点办主任梁明志（前右一）陪同市长周红波（前右二）、副市长魏凤君（前右三）检查南宁火车东站片区项目

成区市目标任务。其中，1 号线车站主体土石方工程完成 100%，全线 25 座车站全部完成围护结构施工，24 座车站主体封顶，主体结构完成 96%，盾构区间掘进完成 67%；2 号线各站点均已实现围挡施工，大部分管线迁改工作已完成，全部车站进入围护结构施工阶段，主体结构完成 20%，3 个单线区间盾构始发，其中白沙大道站创造了开工到盾构仅需 250 天的国内地铁建设新速度。南宁市轨道交通第二轮建设获得国家批准。3 号线庆歌路试验站 12 月 28 日开工。

——东站片区项目建设取得大突破。19 个基础设施项目的 18 个进入施工阶段，全年完成投资 41.12 亿元，完成年度任务 97%。其中地面南北广场、快速集散系统工程（B 区、C 区）等多个项目基本建成，有效保障了火车东站的顺利启用。

——项目历史遗留问题解决取得大突破。“断头”8 年的枫林路打通；云景路、北大路、桃源桥等 305 个遗留公共基础设施项目完成验收和移交；铁路项目临时用地问题取得突破性进展。

2014 年 12 月 2 日，市政府副秘书长、市重点办主任梁明志（前左四）陪同自治区住建厅副厅长杨绿峰（前左三）巡查轨道交通项目

2015 年 1 月 20 日，市重点办领导班子集体研究工作

南宁市卫生和计划生育委员会

2014 年 5 月 7 日，国家卫计委基层司司长聂春雷（右一）到武鸣县督查乡村医生政策落实和建设情况

2014 年 11 月 28 日，打击两非“猎狐行动”新闻发布会现场

2014 年 7 月 18 日，原南宁市卫生局和原南宁市人口和计划生育委员会合并成为南宁市卫生和计划生育委员会，机关内设 26 个职能科室，委属事业单位 24 个。市卫生计生委成立以来，一手抓机构改革，一手抓各项工作，以“生命健康，民生之要”为宗旨，不断深化卫生计生体制改革，全面提升卫生计生服务水平，有效疏通服务群众生命健康的最后“一公里”，为卫生计生事业融合发展打下坚实的基础，奏响生命乐章的最强音。

一是凤凰涅槃，开启卫生计生事业新篇章。机构成立后，市卫生计生委致力于建体系、夯基础、提能力、促发展，牢牢把握改革的方向和基本要求，积极推进卫生计生机构改革，实现职能转变、机构合理设置、职责理顺、人员安排“四到位”，确保卫计系统广大干部职工思想不乱、队伍不散、工作不断。2014 年，六县 19 家公立医院综合改革实现 100%覆盖；全市乡镇卫生院实施国家基本药物制度 100%覆盖；住院分娩率、婚检率、地贫筛查率、在孕建册率、新生儿访视率、产妇 AIDS 抗体检测率等均超过 98%。全市艾滋病新报告病例、死亡率连续 2 年下降；全市孕产妇死亡率和婴儿死亡率控制在责任指标以内。全市区间人口自然增长率 8.04‰，区间出生人口性别比为 113.75，区间出生政策符合率 91.74%，均控制在自治区要求的指标之内。“单独两孩”政策稳妥实施，办理《单独二孩生育证》4054 本。为进一步推进社会办医，还出台《南宁市区域卫生规划》《南宁市医疗机构设置规划》《关于进一步鼓励和引导社会资本举办医疗机构实施意见》。

二是勇挑重担，卫生防控体系显威力。2014 年，手足口病、麻疹、登革热疫情相继暴发，埃博拉随时可能来袭，但在南宁市逐步完善的疾病应急防控体系面前，各项疫情的发展得到有效控制并取得良好的效果，即为首府人民生命健康筑起了牢固的“安全阀”，也为南宁市举办“两会一节”、第 45 届世界体操锦标赛等 18 项重大活动及事件提供满意的公共卫生和医疗应急保障，确保各项重大活动成功举办。市卫生计生委还全力做好五年防治艾滋病攻坚战，全市艾滋病新发感染人数比上年同期下降 13.78%，病死率下降 5.26%，全市艾滋病疫情增速连续三年呈现放缓态势。

三是情系民生，让百姓共享改革成果。2014 年，南宁市卫生计生委抓住机构整合的机会，加快医疗改革步伐，提高公共医疗卫生服务水平，让首府人民享受到医疗卫生事业和人口计生事业发展带来的实惠。提前完成承办的自治区及南宁市 9 个为民办实事项目，其中，新农合参保率 99.35%、免费救助 105 名贫困危重孕产妇和 1211 名贫困肺结核患者、建立居民健康档案 579.30 万份、免费为 34720 对夫妇提供孕前优生健康检查、发放农村计生家庭贴息贷款 1410 户和爱心保险项目约 178 万元。

回首南宁市卫生计生工作所取得的成绩，无不深刻着全市卫生计生系统广大干部上下团结奋斗、无私奉献的烙印，印记着卫生计生工作者脚踏实地、干事创业的足迹。展望未来，卫生计生工作责任重大、使命光荣，南宁市卫生和计划生育委员会必将在科学发展的浩荡潮流中扬帆奋进，奋力开创首府卫生计生事业更加美好的明天。

2014年10月14日，南宁市卫生和计划生育委员会挂牌成立

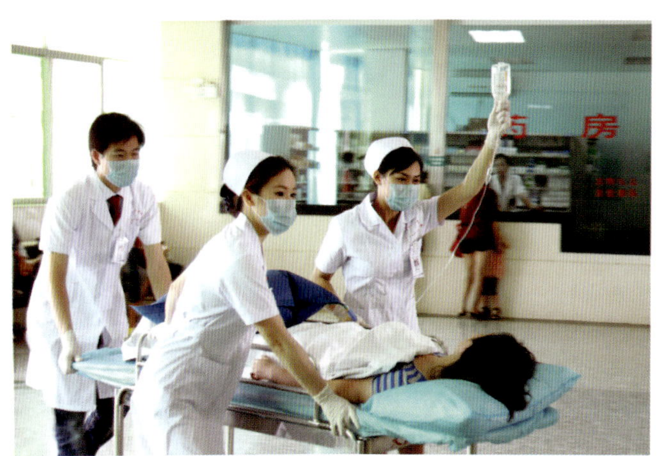

医务人员争分夺秒抢救病人

2014年10月，国际体联医疗官米歇尔先生通过现场视察，对第45届世界体操锦标赛医疗保障组工作给予充分肯定

计生服务站工作人员开展免费孕前优生检查

医疗服务队深入工地为农民工开展健康义诊

南宁市国土资源局

2014 年 1 月 28 日，自治区党委常委、纪委书记邓卫平（前右二）一行到南宁市政务服务中心视察工作

2014 年，南宁市国土资源局准确把握“全力以赴保障发展、尽职尽责保护资源、节约集约利用资源、全心全力维护权益”工作定位，主动作为，通过深入实施“六个提升工程”“一个队伍建设”，确保国土资源工作取得实效，落实新增建设用地指标 2545.06 公顷，用地报批获批量（含往年上报获批）2180.41 公顷。清理征而未供土地 3689 公顷，盘活存量地 1254.50 公顷。供应标准厂房土地面积 97.72 公顷，建筑面积 237 万平方米。补充耕地任务量 126.14 公顷，完成自治区下达南宁市 2014 年度补充耕地任务量 114.68%。通过土地整治项目建成高标准基本农田面积 15608.65 公顷（23.41 万亩），综合财政、农业、水利等部门完成高标准基本农田数据，全市完成高标准基本农田面积 4 万公顷（60 万亩），完成自治区下达南宁市高标准基本农田建设任务 136.36%。完成市本级与县（区）合作的 44 个土地开垦项目的新增耕地质量等级评定。发现并制止土地违法 1502 宗，涉及土地面积 584.35 公顷。处置闲置土地 75 宗，涉及土地面积 105.03 万平方米。完成征地面积 4275.28 公顷（64129.14 亩），完成年度任务 112.51%，比上年同期增长 8.99%；完成拆迁面积 362.27 万平方米。受理、办理信访件 270 件，下降 21%。市本级收储土地 864.08 公顷，完成年度任务 129.61%，增长 51.24%；移交土地 380.14 公顷，完成年度任务 114.04%，增长 16.69%；筹措储备资金约 128.62 亿元，完成全年任务 137.35%，增长 63.84%。市本级土地出让收入 322.56 亿元，完成年度任务 107.52%，其中“招拍挂”出让收入入库额 253.96 亿元，占 78.73%。有偿出让采矿权 55 个，收取采矿权价款 3022.30 万元，增长 77.30%；矿产资源补偿费 1287.48 万元，增长 58.91%。原个人住房土地登记和补办出让业务登记业务办理时限提速 74.14%。

2014 年 3 月 25 日，自治区国土资源厅厅长肖建刚（前右二）到南宁市调研审管分离制度改革情况

2014 年 5 月 19 日，南宁市国土资源局工作人员在“防灾减灾日”宣传活动现场给群众讲解地灾防治知识

2014年6月18日至20日，南宁市国土资源局派员参加“百名科长上热线活动”，在节目现场为听众解答国土资源行政管理知识

2014年6月27日，南宁市国土资源局领导在第二届政务公开日活动现场给群众解答疑问

2014年6月30日，南宁市江南区开展突发地质灾害应急演练活动

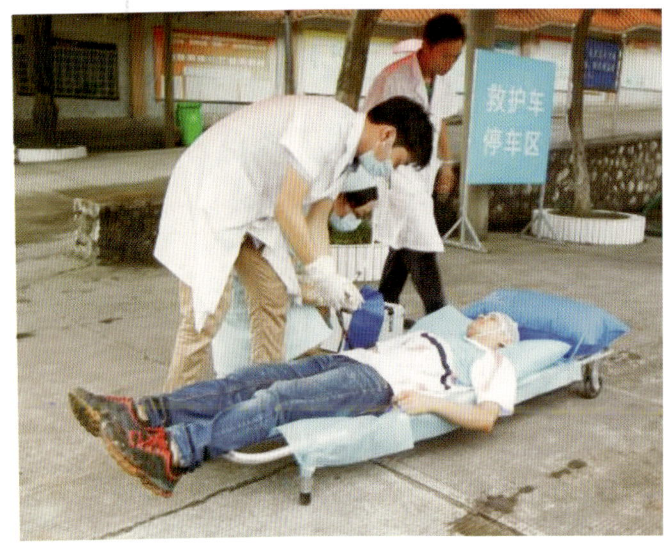

2014年6月30日，南宁市国土资源局工作人员在2014年突发地质灾害应急演练活动现场模拟现场救护

2014年11月25日，南宁市国土资源局工作人员代表广西参加“美丽中国”第二届全国国家版图知识团体决赛获三等奖

2014年9月21日，南宁华南城专业市场俯瞰

2014年3月12日，南宁市商务局局长梁培正（中）陪同副市长眭国华（前右一）考察武鸣县贝格沃家电销售有限公司

2014年11月11日，南宁市商务局副局长许文(左二）陪同自治区商务厅领导和新加坡胜科公司代表团调研南宁富桂精密工业有限公司

2014年，南宁市商务系统积极应对错综复杂的国际形势和国内经济下行压力，有效需求严重不足带来的挑战，坚持稳中求进工作总基调，在攻坚克难中前进，在改革创新中突破，发展基础不断夯实，发展动力不断增强，发展潜能不断释放，市商务局连续三年获自治区商务管理工作一等奖、获2014年度广西加工贸易进步奖，被评为广西服务外包示范城市、2014年南宁市招商引资工作先进单位。一是内贸流通开创新局面。全市实现社会消费品零售总额1616.90亿元，比上年同期增长12.06%。高于全国增速0.06个百分点，低于自治区增速0.44个百分点。二是限上企业实现新突破。全年完成新增限额以上企业163家，超额完成市委、市政府下达全年100家的目标任务。全市限额以上企业实现消费品零售总额728.19亿元，增长7.57%。增速较2013年回落10.16%，占全市社会消费品零售总额45.04%，较2013年下滑0.74个百分点，规模有所收缩。三是对外贸易再上新台阶。外贸进出口总额48.14亿美元，增长9%，对东盟国家出口3.99亿美元,下降2.20%。四是加工贸易倍增。南宁市实施“加工贸易倍增计划”，加大招商引资力度，成功引进从事电子芯片加工的高新科技企业。全市加工贸易进出口再创历史新高，加工贸易进出口26.20亿美元，增长30.35%。其中：出口15.08亿美元,增长25.94%；进口11.12亿美元，增长36.86%。进料加工贸易25.91亿美元，来料加工装配贸易0.29亿美元。加工贸易占全市外贸的比重提高到54.42%，进一步带动电子信息产业的快速发展，促进了全市对外贸易的多元化、高端化、规模化，已经成为南宁市参与国际贸易和全球价值链的主导形式。五是口岸发展呈新优势。南宁空港口岸出入境人员82.27万人次，增长40.84%；出入境飞机6524架次，增长31.00%，南宁口岸外贸进出口货物1.82万吨，减少92.12%。

2014 年 1 月 16 日，市口岸办副主任贺晖（左一）、邕州海关关长龙涛（左三）深入黎塘工业集中区调研

位于五象新区的 NCCE 北部湾国际采购交易中心设计图

2014 南宁欢乐消费季开幕式现场

2015 年 1 月 16 日，大嘉汇汽车城开业典礼

南宁市总工会

2014年1月9日，全国总工会书记处书记、党组成员赵世洪（中）带队到南宁旭东职业技能培训学校看望并慰问校长、全国劳动模范代表黄旭东

2014年2月28日，市总工会召开深入开展党的群众路线教育实践活动动员大会

南宁市总工会辖县（区）、开发区总工会13个，工会工作委员会6个，产业工会3个（其中驻会产业2个），乡镇、街道总工会33个，乡镇、街道工会工作委员会92个，基层工会涵盖法人单位2.60万个，工会会员122万名。2014年，在市委和自治区总工会的正确领导下，南宁市各级工会深入贯彻党的十八大，十八届三中、四中全会精神和习近平总书记系列重要讲话精神，贯彻落实市委和自治区总工会的工作部署，坚定不移地走中国特色社会主义工会发展道路，牢牢把握奋力提升南宁首位度这个工人运动时代主题，大力弘扬工人阶级伟大品格和劳模精神，紧紧围绕全市中心工作，突出抓好固本强基、劳动竞赛、服务农民工、维权帮扶和工会自身建设，特别是组建工会联合会和项目工会，开设职工“道德讲堂”，开展“135工程主题实践活动”，以及建立服务农民工的工会工作站、扎实开展服务农民工工作，自主管理改造建设市工人文化宫等，取得显著成效，全市工会各项工作稳步推进，完成市委和自治区总工会下达的各项工作任务，市总工会以考评总分第一名的优异成绩荣获2014年度自治区工会工作先进单位特等奖。

2014年4月18日，市总工会举行南宁市职工经济技术创新工作会议暨2014年“服务体操世锦赛·技术能手在行动”职工职业技能大赛启动仪式

2014年5月22日，市总工会组织市直属基层单位工会在市第二人民医院会议室举行“迎世锦·学礼仪”文明礼仪培训大讲堂活动

2014年9月26日，自治区党委书记、自治区人大常委会主任彭清华（左）前往南宁五菱桂花车辆有限公司慰问全国劳动模范李统彦

2014年6月12日，市总工会党组书记、常务副主席伦建（前右二），市总工会副主席刘东方（前左二）带队到广西体育中心配套工程建设工地开展“服务世锦赛·服务农民工·送清凉”职工志愿服务活动

2014年5月1日，市人大常委会副主任廖洪涛（右一），市政协副主席、总工会主席梁峰林（右二）与参加“五一”升旗仪式的劳模代表握手，并致节日慰问

2014年11月3日，市总工会在市委党校召开南宁市工会第十八次代表大会。会议选举产生市总工会第十八届委员会、经费审查委员会和市总工会新一届领导班子，李勤当选为主席，伦建、刘东方、陈国任、韦贵乐任副主席，丁维任经费审查委员会主任

2014年12月29日，召开2014年南宁市职工职业技能大赛总结表彰暨劳动模范·技术标兵创新工作室及培训基地命名大会，各县（区）、开发区工会、市直各有关企事业单位等270人参加

青秀山风景区

——国家5A级旅游景区

“山不高而秀，水不深而清”

青秀山风景区位于壮乡首府——南宁城市中心，依傍邕江北岸，总面积13.54平方千米，2014年11月28日获批国家5A级旅游景区。景区内群峰起伏、林木青翠、岩幽壁峭、泉清石奇。年接待游客量超过240万人次，拥有千年苏铁园、雨林大观、兰园等50多个中外著名的景点，被誉为“南宁生态地标、东盟友谊平台”“绿城翡翠、壮乡凤凰”，被评为“全国绿化模范单位”“2014最佳生态旅游度假目的地”。

苏铁园

青秀山是拥有1700年悠久历史的壮乡名山，为壮族先民游憩之地，始于隋唐，盛于明清，遗存有千年古寺古道，百年古塔古渡，历史底蕴深厚、文化资源丰富。

青秀山东盟元素之丰富堪称全国城市景区之最。拥有见证中国与东盟各国友好往来的友谊园、纪念林、首脑名树林、友好城市雕塑园、国树国花园、中泰友谊园等东盟元素景观景点。

青秀山植物种类丰富，现已有植物品种6200多种。拥有世界著名的千年苏铁园以及全国规模最大的城市亚热带植物群落，包括淡雅清幽的兰花园、独具特色的雨林大观、千姿百态的棕榈园和四季飘香的香花园等精品园林景观景点，是国家领导人、东盟国家元首、中外游客喜爱的旅游度假之地。

百年古道谁寻觅，千年古寺云来访。万亩碧波藏苏铁，凤凰翡翠青秀山。

友谊长廊

雨林大观

棕榈园

珍贵树种展示园

兰园

南宁市大王滩水库管理处

2014年3月6日，副市长黄宁（中）到南宁市大王滩水库管理处视察。图为市大王滩水库管理处主任赵国理（前右一）汇报水库防汛准备和水库环境综合整治情况

2014年12月2日，市水利局局长李伟进（右一）到大王滩水电站检查电站增效扩容情况

2014年，南宁市大王滩水库管理处紧扣党的群众路线教育实践活动工作部署，深入学习党的十八大和十八届三中、四中全会精神，不断改进工作作风，提高水库管理建设科学化水平，推进水库环境综合整治，加强水库水政监察力度，抓好水库防汛抗旱和水利工程管理，切实保护水库饮用水源安全和保障水库运行安全。强化防汛抗旱工作中心，抓好水库防汛度汛工作部署和执行，有效抵御2014年超强台风第9号“威马逊”和第15号“海鸥”的袭击，水库安全度汛。科学调度用水，全年输送满足工农业用水20956万立方米，向南宁市五象湖输水100万立方米，为促进南宁市经济发展，保障和改善民生作出贡献。突出水库环境综合整治工作重点，会同相关单位倾力推进库区旅游休闲项目、库区船舶、岸上养殖和库区违法违规捕鱼四个整治项目工作。至年末，拆除库区旅游休闲项目6个；拆解整治船舶38艘，上牌管理船舶1282艘；拆除岸上养殖项目160多户，基本完成年度水库环境综合整治任务，水库整治工作打开新的局面。

水库管理处始终围绕发展抓党建，抓好党建促发展，在水库管理体制改革、水库综合整治和水源保护等工作中坚持改革为群众、工作依靠群众、成果惠及群众，总结出几年来形成的干部与群众同心，生态与经济共存，保护与发展齐飞的典型经验。不断创新思路，深入开展“面对面　心连心　共建生态文明库区”“大手拉小手　共建生态文明家园”等主题实践活动。“党旗飘飘大王滩”大王滩水库系列典型事迹，被多家媒体宣传报道，并在全市党建工作座谈会上进行宣传学习，成为全市党建工作的一面旗帜。

2014年9月18日，市水利局局长叶盛（右二）到大王滩水库检查水库防汛情况

2014年8月29日，市政府副秘书长许强初（右二）到大王滩水库检查水库环境综合整治工作情况。图为市大王滩水库管理处主任赵国理（右一）汇报水库岸上养殖场整治情况

2014 年 12 月 22 日，大王滩水库环境综合整治第一批库区船舶拆解行动现场

大王滩水库岸上养殖整治项目拆除现场

市大王滩水库管理处水政监察大队常态化开展水库水面及岸边垃圾清理

2014 年，市大王滩水库管理处先进典型宣传材料

2014 年 6 月 17 日，市大王滩水库管理处主任、党委副书记赵国理（中）到库区村屯了解民意

2014 年 5 月 27 日，市大王滩水库管理处在连山小学开展“大手拉小手 共建和谐生态家园”活动

大王滩水库景观（主坝）

大王滩水库景观

南宁建宁水务投资集团有限责任公司

2014年10月15日，建宁水务集团迎来建厂80周年

2014年10月15日，建宁水务集团80年发展历史展示厅建成开放

南宁市南站西供水加压站管网管理处抢修工区建成，大大缩短南宁市部分区域（特别是江南区）爆管或漏水事故的抢修时间

南宁建宁水务投资集团有限责任公司是市属国有独资集团公司，主要负责南宁市市区及市辖各县的供水、污水处理、水环境整治及水利项目的投资、建设和运营。

2014年，建宁水务集团围绕以水务业为主体、以环保业务和房地产业务为两翼的“一体两翼”发展战略，全面推进企业四大业务板块发展，企业保持平稳较快发展势头。全年实现营业收入18.92亿元，实现工业总产值9.63亿元，完成固定资产投资20.29亿元，资产总额142.73亿元。公司获全国“安康杯”竞赛优胜单位、广西百强企业、广西优秀企业等称号。

水务业务板块方面，全年完成售水量3.64亿立方米；完成污水处理量2.52亿立方米。供水水质综合合格率、管网水水质综合合格率均达到100%。全年供水及污水处理基础设施固定资产投资完成6.62亿元。环保业务板块方面，集团公司承担环保业务建设项目37个，全年完成投资8.95亿元。其中，水环境基础设施建设项目35项，垃圾处理项目2项。房地产业务板块方面，房地产业务在宏观形势不利的情况下，实现营业收入4.26亿元，完成投资4.72亿元。西乡塘拆迁安置房项目实现销售收入5579万元。其他业务板块方面，旅游业务方面，南宁民歌湖景区被评为4A景区；纯净水业务方面，实施生产线技术改造，进一步提高凉元帅产品质量；对外投资业务实现保值增值。

2014年，水务投融资平台融资功能发挥良好。通过发行私募债、向银行贷款等方式筹措各项资金26.20亿元，实际到位资金20.61亿元。以BO模式建设平里静脉产业园垃圾填埋场、中转站工程和竹排江补水工程项目，新签订BO合同金额11.68亿元，企业发展后劲进一步增强。

江南水厂改扩建工程

南宁市房产业开发总公司开发建设的凤岭新新家园小区获搜房网评比的“2014年度最具人气楼盘”称号

南宁市平里静脉产业园区——垃圾填埋场效果图

南宁市平里静脉产业园区——生活垃圾中转站效果图

五象污水处理厂厂区一角

三塘污水处理厂厂区一角

南宁市国税局

2014 年，面对组织收入工作的复杂形势和严峻挑战，面对经济增速整体放缓等不利因素，南宁市国税局党组确立主动适应经济发展新常态，认真贯彻组织收入原则，提高税收收入质量，防范组织收入风险，保持合理的税收收入增长速度，努力完成收入任务的目标。深入开展税源调查，及时分解落实组织收入计划，做到抓早抓紧抓实。加强税收形势预判，特别是加强对地方经济税源发展现状、结构特点的分析，做到对经济、税收形势心中有数，掌控有度。不断深化税源分级、分类管理，实现征、管、查协作互动，提高 = 管理效能，确保了税收收入与经济发展实现协调、同步增长。2014 年，市国税局实现总局口径税收 231.01 亿元，比上年同期增收 33.56 亿元，增长 17%，完成年度任务 100.44%；实现区口径税收 210.07 亿元，增收 31.86 亿元，增长 17.88%，完成年度任务 104.51%；实现市口径税收 209.35 亿元，增收 32.08 亿元，增长 18.10%，完成年度任务 101.82%。圆满完成三级口径全年收入目标任务。税收收入在自治区率先突破 200 亿元大关，实现了具有里程碑意义的重大跨越。累计为纳税人办理各项减免退税 31.42 亿元。重点抓好小微企业优惠政策落实，累计为 8 万多户纳税人免税 6100 多万元。4 月，国务院督查组对南宁市支持小微企业健康发展政策落实情况进行督查，对市国税局大力宣传和落实政策经验做法给予表扬。

2014 年 3 月 31 日，党的群众路线教育实践活动中央第九巡回督导组组长王金山（前中）、自治区教育实践活动领导小组副组长周新建（右一）一行到市国税局调研

2014 年，市国税局连续八年在南宁市窗口服务行业创城达标竞赛中名列前茅，获全市 2013 年度窗口服务行业创城达标竞赛“十佳单位”。先后获全区“六五”普法中期工作先进单位、广西廉政文化建设示范点、全区国税系统信息宣传标兵单位、全区国税系统第一批廉政文化示范单位、全市党委信息工作先进单位、全市政务信息先进单位、南宁市直机关党建目标管理工作十佳党委等荣誉称号。政府采购管理软件获全区国税系统第二届科技创新项目“最佳科技创新奖”。隆安县局被自治区检察院确定为全区第二批预防职务犯罪工作示范单位等称号。市局被推荐参评全国巾帼建功先进集体。市局纳税服务中心、兴宁区局纳税服务股、江南区局办公室被推荐参评全国巾帼文明岗。12 月 21 日，西乡塘区局作为自治区推荐的第四届全国文明单位，获自治区文明委公示。

2014 年 11 月 5 日，自治区国税局局长王柳德、市长周红波、常务副市长吴炜、自治区国税局副局长欧发明等到市国税局检查指导

市国税局率先设立“营改增”服务专区

南宁市地税局

2014年1月22日，国家税务总局总会计师范坚到南宁市地税局检查指导

2014年，南宁市地税局认真贯彻落实自治区地税局和南宁市委、政府的各项决策部署，认真学习党的十八大，十八届三中、四中全会精神和习近平总书记系列重要讲话精神，围绕“强素质勇于担当，善管理服务首府”总体工作思路，以开展党的群众路线教育实践活动为动力，始终坚持以组织收入为中心，始终坚持服务首府经济大局，始终坚持依法治税，攻坚克难，扎实工作，各项工作取得新成效。2014年组织收入规模突破200亿元大关，实现“五年翻一番”的目标，在自治区地税系统排名第一，其中组织市财政口径地税收入193.90亿元，占全市财政收入36.82%，比上年同期增收16.37亿元，增长9.22%，为自治区地税任务和首府财政目标任务的完成做出积极贡献。同时在服务发展、征管改革、队伍建设等工作中取得明显成效。积极支持“营改增”税制改革，涉及税款10亿元；认真落实各项税收优惠政策为超过5万户纳税人减免（退）税款5.07亿元；主动服务南宁市产业发展、五象新区建设以及重大节庆活动；全面推广网上办税服务、推行同城通办业务，在全区率先出台个人存量房涉税业务十项便民措施，在发票办理上推行“简十加二”等十二项管理措施，纳税人得到实惠；率先在全区开展打击利用虚假住房证明骗取减免税专项整治活动，补缴税款超千万元，与公安部门联合破获制售假发票窝点，涉及税款超6亿元；努力提升队伍素质，进一步转变工作作风，进一步树立了地税部门良好形象，年内先后获3项国家级、64项地厅级奖项。

2014年12月3日，市长周红波（前中）到南宁市地税局调研

2014年10月21日，自治区地税局局长关礼到南宁市重点企业开展“营改增”调研

2014年，首府地税12366纳税服务热线为纳税人提供涉税服务超25万件

2014年7月，南宁市地税局职工书屋获国家级“职工书屋”称号

南宁市交通运输局

南宁市交通运输局是主管全市城乡公共客运交通（公共客运、出租车和旅游交通）及公路、水路交通行政管理和行业管理的市人民政府工作部门。负责交通基础设施建设项目的管理和监督实施；组织公路、水路基础设施的维护；负责公路路政、道路和水路运政管理；监督和维护公路、水路交通行业的平等竞争秩序；制订全市公路、水路交通行业的发展规划，引导交通运输行业优化结构和协调发展。市交通运输局下辖南宁市公路管理处、南宁市道路运输管理处、南宁市港航管理处、南宁市交通工程质量监督站、南宁市西江黄金水道建设工作办公室、南宁市交通运输信息管理中心等6个事业单位。

2014年，全市交通运输系统按照中央、自治区和南宁市“稳增长、促改革、调结构、惠民生”的战略部署，克服困难，主动出击，以奋力提升南宁市首位度为总体目标，加快建设、深化改革、全面发展，努力推进综合交通、智慧交通、绿色交通、平安交通“四个交通”建设，取得较好的成绩。

2014年1月21日，市交通局局长王永超（右一）陪同交通厅副厅长李小林（左三）到客运站检查

2014年5月17日，市交通局局长王永超（中）在“为的哥礼让行为点赞”活动启动仪式上为“的哥”点赞

2014年6月26日，自治区副主席陈刚（左三）到上尧码头检查

2014年4月29日，南宁市开展治理部分道路车辆违法超限超载阶段性联合大行动。图为路政执法人员在西乡塘区石埠收费站检查车辆

2014年10月，南宁市交通运输局服务世锦赛训练馆交通保障组工作人员正在引导穿梭巴士进场

南宁市投资促进局

2014年2月7日，副市长眭国华（左二）到南宁市投资促进局调研

2014年7月1日，市投资促进局党员干部到良庆区大塘镇开展纪念建党93周年活动

南宁市投资促进局是南宁市人民政府工作部门，主要职能是贯彻执行国家、自治区有关投资促进、区域经济合作的法律、法规和政策；拟订全市投资促进和区域经济合作发展战略和规划、计划并组织实施；统筹推进国内外招商引资工作；增进区域经济合作；推动投资项目；组织全市性重大投资促进活动；负责全市外商投资综合管理和外地驻邕办事机构的备案管理；指导县域投资促进工作等。

2014年，南宁市投资促进局在市委、市政府的正确领导下，以科学发展观为指导，深入学习贯彻党的十八届三中、四中全会精神，认真落实中央、自治区经济工作会议以及市委十一届十一次全会精神，以科学招商、精准招商为主题，以促进产业转型升级、经济结构调整为主线，以产业和产业链招商为重点，注重招大商引强企，取得较好成效。全年全市实际到位内资856.46亿元，完成年度任务784亿元的109.24%，比上年同期增长15.63%。其中，实际到位区外境内资金779.62亿元，完成年度任务530亿元的147.10%，增长6.91%。直接利用外资（广西全口径）63950万美元，完成年度任务62700万美元的101.99%，完成自治区年度目标58000万美元的110.26%，增长10.22%。南宁市获“2014年度广西投资促进工作目标考核优秀奖”“2014年度广西招商引资工作利用外资优秀奖”。

2014年12月19日，市投资促进局领导到行政审批大厅投促局窗口调研

2014年全市投资促进工作会议

市投促局主要领导参加跨国企业南宁行投资洽谈会

南宁市林业和园林局

构筑生态林园　成就绿色梦想

2014年1月24日，市委常委、副市长张小宏（左二），副市长魏凤君（右二），市政协副主席卫自光（左四）在金花茶公园调研

2015年1月30日，市林园局局长蓝岚（左一）慰问扶贫点困难群众

南宁市林业和园林局于2014年7月由原市林业局、市园林管理局合并成立，坐落在南宁市葛村路3号，是主管南宁市城市园林绿化、林业行政管理的政府职能部门，负责城市规划区范围内的园林绿化规划、建设、保护和管理工作，包括道路绿化管理、公园管理、古树名木保护、物种多样性保护、单位庭院和居住区绿化管理，指导县区和城镇园林绿化等；负责组织指导全市植树造林、国土绿化、森林经营、森林资源保护、林业产业发展等工作；负责依法开展园林绿化、涉林行政审批及监察。机关内设机构13个，局属单位27个。

2014年，实施城市精品线路、城市立交、城市重要门户、公园景区及城市重要景观节点提升工程、四季鲜花、滨水景观廊道、城市绿道、各城区新增绿地建设八大工程，完成投资10.68亿元，种植各类乔灌木494个品种约195万株，实现“中国绿城”品牌形象大提升，积极参加广西园林园艺博览会，实现园林园艺博览会城市展园造园艺术特等奖五连冠；实施林业生态、林业产业工程，完成山上造林绿化1.88公顷（28.22万亩）、通道绿化152.76千米，全市森林覆盖率达47.50%，活立木蓄积量达4541.39万立方米，实现林业产业总产值583.55亿元。

2014年10月29日，第五届广西园林园艺博览会南宁园活动日开幕

2014年12月26日，市民族事务委员会、市林业和园林局主办，南湖公园承办的南宁市民族团结进步教育基地（南湖公园）主题活动在南湖公园三月三欢歌广场举行

南宁市人民政府国有资产监督管理委员会

南宁市人民政府国有资产监督管理委员会（简称市国资委）成立于2004年7月，为市人民政府直属特设机构，根据市人民政府授权，依照《中华人民共和国公司法》《中华人民共和国企业国有资产法》等法律、法规和市人民政府规章履行出资人职责，监管市属企业的国有资产，加强国有资产的管理工作。

2014年，市国资委重点抓好深化改革、加快发展、完善监管等工作，努力提高国有经济发展质量和效益，国有资产总额不断扩大。年内监管企业资产额、净资产额分别增至1490.7亿元、484.34亿元，比上年同期分别增长9.13%、4.58%；国有资产保值增值率101.53%，连续十年实现国有资产保值增值。

2014年，市国资委落实市委市政府全面深化改革的工作部署，出台市国资委全面深化改革工作方案，从推动国有资本优化配置，大力推进国有企业改革、积极发展混合所有制经济，建立国有企业市场化管理机制，完善以管资本为主的国资监管体系和积极配合有关部门推进相关改革等5个方面深化改革。年内，市属8家集团公司基本组建完毕，并完成14家企业的公司制改革。

2014年，市国资委完成国有经济发展战略和规划(2015–2020)的编制，确定国有经济发展目标、发展方向和措施。同步启动各个集团公司发展战略和规划的编制工作，将国有经济发展落实到各个集团发展之中，解决国有经济发展思路不够清晰问题。

2014年，市国资委继续发挥国有资本引导带动作用，投入2.84亿元国有资本参与通用航空、斐讯通讯、南宁农产品交易中心等重大产业项目，投资5亿元建设江南电子信息产业园30万平方米标准厂房，南南铝加工项目实现产值8.40亿元、收入4.84亿元，南宁金融资产交易中心挂牌交易，南宁股权交易中心获批筹建。

2014年，全市国资国企系统积极履行社会责任。监管企业在轨道交通、城市道路、跨江桥梁、水利枢纽等项目上，累计完成城建类固定资产投资总额253.36亿元，占全市城建投资308.1亿元的82.30%。监管企业年内获批融资额度398.63亿元，到位资金307.60亿元，确保重点项目资金需求。监管企业全年累计供应自来水3.36亿立方米、处理污水2.52亿立方米，累计完成公交客运量2.48亿人次、行驶里程0.91亿千米，服务服务保障民生。监管小额贷款公司累计发放小额贷款3.71亿元，监管担保公司累计为中小企业提供贷款担保余额19.47亿元，助推企业融资。

2014年1月8日，市国资委召开国资国企系统学习党的十八届三中全会全面深化改革决定宣讲会，解读如何深化国资国企改革

2014年2月25日，南宁市2014年度国有资产监督管理工作会议在市委、市政府会议中心召开，市委常委、常务副市长吴炜出席会议并讲话

2014年6月13日，市国资委重新向8家集团公司委派国有产权代表，进一步加强企业重大事项管理

南宁市散装水泥办公室

2014年12月22日，南宁市散装水泥办公室组织市属水泥企业代表、预拌砂浆企业代表、预拌混凝土企业代表学习《广西壮族自治区促进散装水泥发展和应用条例》

2014 年，南宁市散装水泥办公室坚定以党建促进推散发散中心工作的决心。围绕“推广散装水泥，减少粉尘污染”的工作中心，深入开展党的群众路线教育实践活动，通过开展真刀真枪的批评与自我批评系列自查、整改活动，促进工作作风的转变。同时，从加强散装水泥专项资金征管用、促进农村推散、推进预拌砂浆行业建设、增强执法工作力度和积极改革创新散装水泥宣传方式等 5 个方面着手，通过全面布局、统筹兼顾、重点调研，实现南宁市各项发散指标的稳步增长。

2014 年，南宁市供散量 759.09 万吨，比上年同期增长 18.61%，散装率 68.11%；预拌混凝土供应 1040.35 万立方米，增长 17.21%。预拌砂浆供应量 2.70 万吨，增长 15%。散装水泥专项资金年征收额 2150.78 万元，先后向企业投入 502.40 万元，用于扶持、补助农村推散设施设备建设、企业发散以及预拌砂浆推广。

2014 年，南宁市散装水泥办公室投入 9 条线路的公交车广告，用于《条例》及预拌砂浆的宣传。图为 604 路公交车宣传广告

南宁市首个湿拌砂浆企业厂区

南宁市“五象湖”建设工程使用预拌砂浆的施工现场

中共南宁市委常委会2014年工作报告(摘要)

(2015年1月20日)

2014年,市委常委会在自治区党委的坚强领导下,团结带领全市各族人民,认真贯彻党的十八大、十八届三中、四中全会和习近平总书记系列重要讲话精神,以奋力提升南宁首位度为总目标,锁定产业发展和城市建设两大重点,紧抓改革开放和招商引资两大关键,夯实社会稳定和队伍建设两大保障,推进全市经济社会实现持续健康较快发展。经济发展稳中有进,预计全年,全市地区生产总值完成3148.30亿元,比上年同期增长8.50%;发展质量进一步提升,财政收入突破500亿元大关,达到526.60亿元,增长11.20%,非税收入占一般公共预算收入的25.50%,下降3.50个百分点,为自治区14个市最低;发展后劲不断增强,全社会固定资产投资完成2933.87亿元,增长18.50%,规模以上工业总产值完成2872.85亿元,增长12.20%;人民生活水平稳步提高,社会消费品零售总额完成1616.90亿元,增长12.10%,城镇居民人均可支配收入达到27075元,增长9.10%;农村居民人均纯收入达到8576元,增长11.60%。同时,政治建设、文化建设、社会建设、生态文明建设以及党的建设也都取得新进步。

(一)强化理论武装,深入学习贯彻习近平总书记系列重要讲话精神

市委常委会坚持把学习贯彻习近平总书记系列重要讲话精神作为首要政治任务。一年来,市委常委会坚持带头学习,集中传达学习15次,市委中心组分专题研讨交流7次,研究贯彻落实措施50多条。通过印发学习通知、组织宣讲团、观看专题片、交流研讨等多种方式,组织全市干部学习贯彻,轮训了全市县处级以上干部2150人次、乡科级干部1.80万多人次,以多种方式广泛宣传阐释重要讲话精神,不断掀起学习贯彻热潮。通过学习,全市各级党组织和广大党员干部进一步深化了对新一届党中央治国理政思想的理解和把握,增强了中国特色社会主义的道路自信、理论自信、制度自信,更加坚定自觉地在思想上、政治上、行动上同以习近平同志为总书记的党中央保持高度一致。

学以致用、知行合一,自觉用习总书记系列重要讲话精神指导全市工作。坚持将讲话精神落实到推进改革发展全过程,进一步理清工作思路、找准工作着力点,把学习成果转化为适应经济新常态、推动经济又好又快发展的务实措施;落实到保障和改善民生全过程,把"人民对美好生活的向往"作为价值追求和奋斗目标,努力提高人民群众的幸福感;落实到创新社会治理全过程,积极抓好社会治理创新,保持社会和谐稳定的良好局面;落实到从严治党的全过程,持之以恒改进干部作风,不断提升党建工作科学化水平。

(二)加强作风建设,扎实开展党的群众路线教育实践活动

中央部署开展第二批教育实践活动以来,市委常委会以高度的政治责任感和历史使命感,严格按照中央和自治区党委要求组织开展各环节的活动,切实以经济社会发展的成果检验教育实践活动的成效,有力地推动全市上下形成作风建设的新常态。

坚持广泛开展"五个教育"活动,深入学习邓颖超、陈美杏、杜丽群等革命先辈和身边先进典型,夯实广大党员自觉参与活动的思想基础;积极开展"基层调研问计于民、电视问政承诺于民"等活动,直接听取广大群众的意见和建议,大胆亮短揭丑,激发改进作风的内生动力;深入开展典型事例分析,市委常委会带头召开3次典型事例剖析会,从具体事例中反思倒查"四风"问题,并在此基础上召开民主生活会,确保民主生活会动真格、有辣味,达到"团结—批评—进一步增进团结"的目的;坚持边学边改立竿见影,对查找出的"四风"突出问题,明确11项整改措施、31项专项整治任务、32项制度建设计划,每位常委都认真履行牵头责任,带动各级各部门深入整改,产生良好的社会反响。

通过广泛深入开展教育实践活动,全市广大党员干部普遍经受一次严格的党性锤炼,进一步坚定理想信念,切实把劲头鼓了起来,作风实了起来,以踏石留印、抓铁有痕的精神和真抓实干、克难攻坚的良好作风,积极投身全市各项工作中,进一步密切党群干群关系,进一步营造干事创业的浓厚氛围,为全市经济社会发展稳定注入强大动力。

(三)积极应对复杂经济形势,奋力保持经济平稳健康较快发展

面对复杂严峻的经济形势,市委常委会积极主动应对经济新常态,认真分析研判,抢抓发展机遇,切实采取措施,大力破解难题,奋力保持经济平稳健康较快发展。

一是深入实施"工业强市、产业旺市"战略。一年来,市委常委会多次召开专题会议,研究部署促进产业发展的有力举措,积极寻求加快南宁经济发展的新办法、新动力,努力挖掘新的经济增长点。

将工业作为全市经济工作的重中之重来抓,研究出台《关于加快新型工业化实现跨越发展的决定》等政策文件,深入实施六大重点产业发展、强优企业培育、产业园区成长三大行动计划,全年规模以上工业增加值实现881亿元,同比增长10.80%,工业对全市经济的贡献率达40%。重点产业发展取得重大突破,

以中恒、神冠、海王、柳药、百会等为代表的生物医药产业群初步形成，总投资79亿元，预计全部达产后年产值达410亿元，每年贡献利税约37亿元；以斐讯、研祥、禾田信息港等为代表的电子信息产业初步形成集聚，总投资145亿元，预计全部达产后年产值355亿元，每年贡献利税30多亿元，这些重大产业项目，将为南宁的产业发展打下良好的基础。市委明确提出把标准厂房建设作为县区委书记工程来抓，全年建成标准厂房主体工程面积206万平方米，呈现出“边建设、边招商、边进驻”的可喜态势。精心筹备并成功申报“节能减排财政政策综合示范城市”，获得国家连续3年共15亿元综合奖励资金，为南宁市节能减排工作注入新的活力。

大力发展以金融业为核心的现代服务业，“引金入邕”成效显著，东亚银行南宁分行正式落户，南宁金融资产交易中心挂牌成立，南宁股权交易中心获批筹建，五象新区总部基地和金融街落户项目56个，全市银行、证券、保险、小额贷款等金融机构超过260家。做强做优现代商贸业，青秀万达广场、中国—东盟商品交易中心等建成开业，宝能、合景泰富、安吉万达、华润等城市综合体项目加快建设。加快发展电子商务，国家跨境贸易电子商务服务试点城市获批，中国—东盟电子商务产业园落户南宁市。加快发展旅游业，制定了青秀山、大明山、昆仑关风景区保护开发政策，青秀山荣膺国家5A级旅游景区；加快广西特色旅游名县创建，上林龙母湖、马山环弄拉旅游圈等重大旅游项目加快推进。

不断夯实农业基础，着力发展特色现代农业，全面推进农村产权制度改革，大力扶持投资2.50亿元的金穗公司、计划投资6.10亿元的粒粒谷公司、投资8000万元的桂洁公司等一批农业龙头企业发展，加快农业产业化进程，促进农民增收。把全市12个综合示范村建设作为县区长工程来抓，经过一年来的共同努力，取得了预想之外的良好成效，很多新村的建设注重与产业融合发展，进一步增强可持续发展的内生动力，形成良好的示范带动效应。李克强总理前不久还专门给坛板坡村民回信，充分肯定坛板坡的变化，鼓励坛板坡发展成为新农村建设和现代农业发展的“领头羊”。

二是突出抓好产业项目建设和服务企业工作。市委常委会深知项目和企业对南宁发展的极端重要性，健全完善《市领导联系重大项目、服务重点企业工作制度》，成立由市领导担任队长的22支服务队深入项目一线和企业车间，选派一批处级非领导职务干部到企业挂职，协调解决存在的困难和问题，推动重大项目加快建设，帮助重点企业发展壮大。2014年，全市产值超亿元企业592家，比上年增加44家，产值超10亿元企业40家，其中富士康产值223.34亿元，南南铝产值37.15亿元。同时，狠抓重大项目落地和建设，推动双汇、百威啤酒、富士康二期、南车铝材精密加工等一批项目建成投产；推进绿地、万科、恒大、世茂、海尔·青啤、广西建工集团建机公司整体搬迁改造等一批项目加快建设；促进南车轨道、大自然地板、广西文化艺术中心、南宁万达茂等一批项目新开工建设。

三是切实加大招商引资力度。市委常委会充分认识到，单靠南宁自身是难以抓住当前千载难逢的机遇的，必须加大招商引资力度，借力发展。市委常委班子带头落实招商任务，多次组织经贸代表团到上海、广州、深圳、杭州、长春、武汉等地开展专题招商引资活动，引进了斐讯、世茂、禾田、修正、阿里巴巴、京东、中兴、华强、英利、源政等一批世界、国内500强和知名企业落户南宁。借助“两会一节一赛”平台和中国绿公司年会在南宁召开的契机，加强与国内外知名企业的沟通联系，在更大范围宣传推介南宁。通过全市各级各部门的努力，招商引资工作取得了新成绩，全年新签约内资项目568个，新批准成立外商投资企业59家；到位资金亿元以上内资项目203个，到位的千万美元以上的外资企业10家；实际到位内资856.46亿元，其中到位自治区外境内资金779.62亿元；直接利用外资(广西口径)6.40亿美元。

(四)成功举办第45届世界体操锦标赛，极大地提升了城市建设和管理水平

体操世锦赛是南宁乃至广西历史上承办的最高级别的国际体育比赛。市委常委会举全市之力，扎实有序地做好赛事的筹备和组织保障工作，并以此为契机下大力气加强城市规划、建设和管理，成功举办一届“热烈、精彩、难忘、成功”的世锦赛，向世界展现南宁生态文明宜居之城的崭新形象。

举全市之力做好筹办工作，确保世锦赛圆满成功举办。坚持高效务实办赛理念，全市动员、全民参与，协调有序做好各项筹办工作。精心策划并出色完成开闭幕式、开赛仪式等文艺活动，采取有效措施加强安全保卫工作，接待72个国家和地区参赛代表团的运动员、裁判员、教练员、国际体联大家庭成员及国内外嘉宾1400多人，向世界充分展示了高标准的赛事服务水平。借助赛事推介南宁，纽约时代广场播出世锦赛宣传片1470多次，中央电视台多个频道播放南宁城市形象宣传片，120多个国家和地区接转了赛事的转播信号，900多名国内外记者来邕采访报道赛事盛况，极大地提升南宁在世界的知名度和美誉度。各界媒体一致评价体操世锦赛办出了“奥运水准”；国际体联主席布鲁诺·格兰迪认为：此次赛事组织堪称卓越，这是他职业生涯和国际体联历史上举办的最成功、最精彩的赛事之一。自治区党委彭清华书记也对南宁市成功举办世锦赛给予充分肯定。在赛事筹办过程中，全市上下凝聚形成“上下一心、群策群力，争创一流、精益求精，敢于担当、克难攻坚，勤奋敬业、无私奉献”的世锦赛精神，这是我们最宝贵的财富，必将对南宁的现代化建设和各方面的工作产生持久的激励和鼓舞作用。

以举办世锦赛为契机，加快以五象新区建设为重点的基础设施建设。完善基础设施是提高城市服务保障水平的前提。市委常委会坚持把五象新区作为城市建设的重中之重来抓，重点推进总部基地、金融街、五象湖周边及沿江区域项目建设取得新进展，广西体育中心体育馆等一批服务世锦赛的配套项目如期建成，五象大桥、英华大桥、平乐大道建成通车，一批总部基地和金融街重大项目加快建设，启动五象岭森林公园的保护规划工作，新区全年完成固定资产投资276亿元，同比增长79.66%。狠抓城建重大基础设施项目建设，全年新开工项目119个、续建218个，城建计划累计完成投资308.1亿元，同比增长35.70%，投资额及增幅均创历史新高。区域性交通枢纽建设取得重大突破，机场新航站楼、南宁东站建成使用，南宁至北上广等多条高铁线路开通，以南宁为中心的“12310”广西高铁经济圈基本形成；西江黄金水道建设实现新突破，南宁港一期工程开港运营，老口航运枢纽船闸通航，邕宁水利枢纽工程建设加快推进，内河航运迈入新纪元；城市交通基础设施不断完善，南宁外环高速以及五象—壮锦立交等8座城市立交桥建成通车，困扰沿线居民8年的枫林路“断头路”得以打通，地铁1、2号线全面加快建设，3号线庆歌路试验站开工建设，青山大桥、五象—平乐立交、青山—英华立交等一批新的跨江大桥、城市立交桥和主干道过街天桥开工建设，城市交通环境得到进一步改善。

借助世锦赛向世界展示壮乡首府的良好形象，切实加大城市治理力度。深入开展“美丽南宁·整洁畅通有序大行动”，加大

严管重罚力度，重点整治脏乱差等各种社会乱象，查处机动车违规行驶、行人闯红灯、商贩占道经营等违法违规行为90.90万次，拖车6.40万辆次，媒体曝光386家企业及1100多名个人违法违规的不良信用信息4000多条；加强交通疏导力度，提高市区路面停车收费标准，利用价格杠杆改善通行条件，新增路面机动车停车位2万多个，人行道非机动停车位2.60万多个。加大拆迁力度，全年完成拆迁1119.40万平方米（含拆除违法建设面积643.50万平方米），清理违法占地面积997.45万平方米；拆除了市区周边的违章烟囱907根、无证照锅炉462台、违章高杆广告411杆，搬掉社会普遍关注的民族大道"拦路石"。深入推进"中国绿城"提升工程三年行动计划，发动市直机关单位带头参与城市主干道绿化示范段建设，按照生态自然化、多彩化等"六化"原则，进一步扩荫增绿、增花添彩，不断提升城市绿化美化彩化水平。大力开展"美丽南宁·清洁乡村"活动，乡村环境乱象得到有效治理，初步建立起清洁乡村的长效机制。加强农村建设规划，深入推广实施《南宁市农村住宅建设管理及推荐户型奖励办法》《2014年南宁市村民委员会工作用房和村民公益性服务设施项目建设实施方案》《南宁市中小学校建筑风貌设计图则及农村小学建筑设计图则》，全年推广农村住宅新户型5950户。加快推进"老南宁·三街两巷"和水街片区等旧城改造项目建设，不断提升城市品质。

充分激发市民主人翁精神，不断提高城市人文素质。市民文明素质是城市文明水平的主要体现。市委常委会紧紧围绕服务好"两会一节一赛"等重大活动，以深入开展全国文明城市创建为契机，提出一系列规范市民文明行为的有效措施，进一步营造文明有序的城市风尚。扎实推进群众性精神文明创建工作，加大宣传教育力度，引导广大市民文明出行，广泛发动司机朋友"礼让斑马线"，严格督促商家业主做好"门前三包"，组织号召在校学生争当文明先行者；大力推进社会诚信体系建设，建立和完善违法失信惩戒机制，有力整治了一批突出的社会失信行为，有效提高市民遵章守纪的自觉性。特别是世锦赛期间，广大市民在全世界面前表现出的热情、友善、文明、有序，得到了各国嘉宾的高度赞扬，为南宁增了光、添了彩。

（五）全面深化改革，进一步激发加快发展的活力

市委常委会把全面深化改革作为主动适应经济发展新常态、奋力提升南宁首位度的强劲动力，科学把握推进改革的策略、原则和方法，全面深化改革工作实现良好开局。

出台《关于全面深化改革奋力提升南宁首位度的决定》，在自治区较早成立市委全面深化改革领导小组和改革办，成立8个改革专项小组，分别由市委常委担任组长，牵头推进各重点领域改革工作。印发《南宁市深化改革工作要点》，在坚决贯彻执行中央和自治区党委部署改革任务的同时，结合南宁市实际，科学谋划城市长效管理机制、社会信用体系建设、农村规划建设等一批富有南宁特色的改革事项，并将首批改革任务细化成119项改革项目，督促各项改革任务按时按质推进。

抓住"牵一发而动全身"的改革，突出重点，有序推进。扎实推进政府机构改革，推行大部门制，组建市卫生和计划生育委员会、市农业委员会、市林业和园林局、市旅游发展委员会、市金融工作办公室，调整市工商行政管理局、市质量技术监督局、市食品药品监督管理局等单位管理体制，进一步优化政府组织体系、提升行政效能。改革创新开发区管理体制机制，在封闭式管理、推进薪酬分配制度改革、健全考核奖惩机制等方面取得实质性进展。下大力气推进行政审批制度改革，支持五象新区先行先试，实现新区审批"不过江""不过夜"；顺利启动经开区行政审批改革试点工作，挂牌成立自治区首个行政审批局，在自治区率先启动企业"三证合一"登记制度，推行"审管分离"、"并联审批"等方式，行政审批服务效能大幅提高。推进沿边金融综合改革试验区建设，股权交易、金融资产交易、跨境人民币业务平台建设取得实质性突破。深化干部人事制度改革，出台关于支持和鼓励改革创新的实施办法，营造宽容改革失误、激励探索创新的良好氛围。

（六）切实保障和改善民生，维护社会和谐稳定

市委常委会坚持从维护和发展人民群众根本利益出发，把保障和改善民生作为各项工作的出发点和落脚点，努力使发展成果惠及人民群众，实现经济发展与民生改善良性互动、社会和谐稳定为经济建设保驾护航。

大力做好保障和改善民生各项工作。始终把执政为民的理念贯穿于工作之中，投入为民办实事资金79.58亿元，全面完成自治区和南宁市各10项为民办实事项目。实施更加积极的就业政策，全市累计新增就业8.58万人。加快完善城乡社会保障体系建设，推进城乡居民大病保险试点工作，新农合参合率达99.40%。扎实推进保障性住房建设、农村危旧房和棚户区改造，新开工建设保障性住房1.70万套，基本建成2.09万套，棚户区改造完成1.25万套，超额完成年度任务。大力实施整村推进扶贫和精准扶贫，帮助11.90万贫困群众脱贫。

积极推进各项社会事业建设。高度重视社会事业对人的全面发展的支撑作用，不断完善社会事业体系。研究出台一系列推进教育改革创新的政策文件，努力办人民满意的教育，建成邕宁高中新校区等17所中小学、幼儿园。实施创新驱动发展战略，加大重点产业技术创新，加快科技成果转化。县级公立医院改革稳步推进，国家基本药物制度实现乡镇卫生院全覆盖，有效预防和控制登革热等重大传染病疫情，稳妥有序实施单独两孩政策，不断提高人口素质。大力发展文化新闻出版广电事业，南宁博物馆主体工程竣工，创作的壮族群舞《骆越先歌》荣获第九届中国舞蹈"荷花奖"银奖，以南宁重大历史革命题材为背景的大型电视连续剧《兵变1929》在多个电视台热播。成功举办第四十五届世界体操锦标赛、南宁国际半程马拉松赛等重要体育赛事，群众体育、竞技体育、体育产业协调发展。

着力加强和创新社会治理。深入推进"平安南宁"建设，大力推进网格化管理和综治信息化建设社会治理模式。开展反恐维稳专项行动，加大社会矛盾纠纷调处化解和社会治安重点地区整治力度，推进处理一批历史疑难矛盾纠纷案件，严厉打击各类违法犯罪活动，确保"两会一节一赛"等重大活动期间没有出现群体性事件。2014年，全市各类矛盾纠纷调结率96.70%，由市领导包案调处的信访积案化解率100%，有力维护首府大局和谐稳定。

（七）完善制度机制，扎实推进社会主义民主政治建设

加强和改善党对人大工作的领导，支持和保证人大及其常

委会依法履职,积极推进科学立法、民主立法,审议地方性法规15件,通过6件,颁布实施5件。组织人大代表开展7项专题调研和"美丽南宁·清洁乡村"工作专题询问,推动"一府两院"依法行政、公正司法。抓好代表议案建议办理工作,市十三届人大五次会议期间代表提出的议案和建议全部办理完毕。

切实加强党对政协工作的领导,召开全市庆祝中国人民政治协商会议成立65周年座谈会,研究部署推进新时期政协工作。进一步加强协商民主建设,市委常委班子成员积极参加协商会,围绕全市中心工作进行专题协商;支持和推进人民政协工作制度化、规范化和程序化建设,在乡镇建立政协委员联络室,建立政协委员民主监督绿色通道。

充分发挥统一战线优势,开展"同心·四比四看"活动,抓好"统战干部和党外人士"两支队伍建设。深化推进港澳台工作,借助"桂商情系故乡行"等活动,积极牵线招商引资。组织民主党派、工商联和无党派人士开展重点课题调研、建言献策。认真抓好民族宗教领域统战工作,进一步巩固了各民族团结奋斗、共同发展的大好局面。

支持工青妇、文联、科协、侨联、社科联、残联等群团组织开展工作。强化党管武装工作,加强国防动员和国防后备力量建设,支持驻邕人民解放军、武警部队、消防和预备役部队建设。深入开展"双拥"创建活动,实现自治区双拥模范城"七连冠"。

(八)坚持从严治党,不断提高党建科学化水平

在党要管党、从严治党的党建新常态下,市委常委会始终牢牢把握加强党的执政能力建设、先进性和纯洁性建设这条主线,坚持从严治党,落实"两个责任",全面推进党的思想、组织、作风、反腐倡廉和制度建设。

进一步加强宣传思想工作。完善理论学习制度,深入开展中国特色社会主义和中国梦宣传教育,进一步统一全市党员干部的思想,为实现提升南宁首位度目标凝聚强大正能量。深入推进社会主义核心价值体系宣传,推出羊建明等先进典型,全市有9名先进典型荣登"中国好人榜"。抓住举办体操世锦赛契机,积极构建大宣传格局,全方位提升南宁在国内外的知名度。加强互联网宣传管理,强化新媒体管控和网络舆情监控处置,网络舆情信息采用量连续四年居全国17个直报点城市第一位。扎实开展公民道德建设,推动志愿服务制度化、常态化。

切实加强干部队伍和基层组织建设。认真贯彻执行新修订的《党政领导干部选拔任用工作条例》,坚持好干部标准,强化清廉干事的用人导向。把从严管理贯穿干部队伍建设全过程,开展市直机关科长评议和交流等活动,一次性跨部门跨领域交流任职科长245名,对部分"后进科长"进行职务调整或免职。制定实施《市委管理干部失信行为惩戒暂行规定》《南宁市加强管理监督进一步发挥处级非领导职务干部作用暂行办法》《南宁市纠正县乡干部"走读"问题暂行规定》等系列从严管理干部制度,以科学的制度设计着力打造一支清廉干事的干部队伍。研究出台加强基层党建工作三年行动计划,深入推进基层服务型党组织建设,转化提升245个软弱涣散基层党组织,全面完成村(社区)"两委"集中换届。投入8600多万元加强村(社区)阵地建设,投入2496万元加强乡镇政府庭院、周转房、食堂等配套设施建设,着力改善基层干部的工作生活环境。

切实加强党风廉政建设和反腐败斗争。市委常委会严格落实主体责任,制定全市惩治和预防腐败体系五年工作规划的实施办法,加大执纪监督检查和惩戒问责力度,整合各级"两重两问"机构监督力量,全年开展督查3.19万人次,约谈责任单位280个、责任人613人,问责950人。举办14期《向人民承诺——电视问政》电视直播节目,所曝光的107个问题基本整改落实到位。组织开展专项整治,督促违规会所整改,全面清理整治"吃空饷"、多占办公用房、公款送礼、公款吃喝、铺张浪费等问题,通报26起违反中央八项规定精神的案件。全年党纪政纪处分595人,移送司法机关处理36人,有力震慑违纪干部和腐败分子。

一年来,市委常委会高度重视加强自身建设,常委同志自觉讲政治、顾大局、守纪律,坚决维护中央权威,坚定走中国特色社会主义道路。注重议大事、谋全局,加强对重大理论问题、实践问题的学习思考和研究讨论。充分激活班子整体活力,班子成员既认真做好分管工作,又积极参与全局性工作。认真贯彻民主集中制,按规则议事、决策、办事,用好批评和自我批评利器,严肃党内政治生活。带头贯彻中央八项规定精神,自觉践行"三严三实"要求,切实改进调查研究,带头履行公开承诺,严格执行个人有关事项报告制度,自觉接受各方面监督,努力在各方面特别是在改进作风上当好表率。 (市委办公厅)

南宁市人大常委会2014年工作报告(摘要)

(2015年2月6日)

一、2014年主要工作

(一)认真行使地方立法权,充分发挥立法的引领和推动作用

常委会认真行使地方立法权,急改革所急,忧发展之忧,努力将改革决策与立法决策结合起来,立良法、促善治,助推我市全面深化改革沿着法治轨道前行。全年颁布实施法规5件;审议法规9件,通过5件;完成立法项目调研7项。

城乡管理立法促改革。颁布实施违法建设查处条例、城乡规划管理若干规定,审议通过城乡容貌和环境卫生管理条例(修订)、消防条例,初次审议信息系统安全保护条例,开展城市地下空间开发管理、科学技术进步若干规定(修订)立法调研,着力解决城乡管理中违法建设查处难、统筹城乡规划难、城乡容貌环境管理难等问题,推动城乡管理改革进一步深化。

民生立法促发展。审议通过房地产开发项目配套设施建设管理条例、养犬管理条例(修订),初次审议道路交通安全条例、城市轨道交通管理条例、城市公共汽车客运管理条例,开展汽车租赁管理、殡葬管理立法调研,着力解决市民群众"出行难"、学龄儿童"入园难""上学难"等民生问题,推动城市发展、民生改善。

生态立法促和谐。颁布实施饮用水水源保护条例(修改)、郁江流域水污染防治条例、城市供水节水条例,开展西津湿地保护、大明山风景旅游区管理、速生桉种植管理立法调研,着力解决饮用水水源保护难、水污染防治难、生态环境治理难等问

题，推动人与自然和谐相处、经济社会可持续发展。

法规配套重落实。对市人民政府制定法规配套制度情况进行专项检查，督促市、县（区）人民政府及有关单位，加快制定相关法规的配套制度。市人民政府高度重视，对未制定的20件配套制度进行认真研究，加快工作步伐，有13件颁布实施。

立法机制谋完善。强化常委会的主导作用，着重抓好立法四个环节机制的完善。在法规立项环节，完善公众参与机制，广泛征求社会各界意见建议；在法规起草环节，完善提前介入机制，对法规核心制度提出意见；在法规审议环节，完善研究论证机制，积极协调解决立法重点难点问题；在法规报批环节，完善沟通协调机制，提高立法工作效率。2014年，在违法建设查处条例报批后，常委会主动加强与自治区人大常委会的沟通协调，得到自治区人大及相关部门的大力支持，使违法建设查处条例在自治区人大常委会审议中简化程序，实现一审通过，为地方性法规报批制度改革提供经验借鉴。

开门立法接地气。在召开养犬管理条例（修订草案）专家论证会之前，组织媒体宣传解读法规论证重点，并首次公开征集市民代表参加论证，推动公众有序参与立法全过程。在审改道路交通安全条例（草案）前，分别在南国早报、南宁晚报、南宁人大网上全文刊登，向社会征集意见建议，引起社会各界广泛关注，使法规制定更加承接地气，更加体现民意。

法规宣传求创新。坚持法规颁布施行新闻发布会制度，及时向社会宣传解读新颁布的法规，为法规的实施营造良好舆论氛围。积极创新宣传形式，组织开展违法建设查处条例宣传月活动，编写条例释义文本，制发宣传资料11万余份，刊播新闻报道、专访40余篇；举办全市执法人员培训班，参加培训人员500多人次。通过全方位、立体式的法规宣传解读，促进条例的全面实施，有力地推动南宁市“两违”查处工作的深入开展。

（二）认真行使人大监督权，着力推动改革发展和民生改善

常委会坚持发展导向、民生导向、法治导向，综合运用多种监督手段，推动改革决策的实施和民生问题的解决，支持和促进“一府两院”依法行政、公正司法。全年听取和审议专项工作报告18个，开展执法检查7次，开展专题询问1次，开展专项工作评议1次，备案审查规范性文件35件。

关注经济发展，为人民管好“钱袋子”。常委会强化对国民经济和社会发展计划执行情况的监督，听取和审议市人民政府关于2014年上半年国民经济和社会发展计划执行情况的报告，通过各种形式，推进计划审查监督由程序性向实质性转变，助推经济健康平稳运行。强化全口径财政预决算的审查监督，听取和审议市政府2014年上半年全市预算执行情况等报告，审查和批准2013年市本级决算和2014年市本级财政预算调整方案，着力推动政府依法理财，确保财政资金运行安全，提高资金使用效益。强化审计监督，听取和审议市政府关于2013年市本级预算执行和其他财政收支的审计工作报告，以及审计查出问题整改情况的报告，组织跟踪检查，推动有关县（区）政府、市直有关部门认真抓好整改。截至2014年12月，已制定完善制度30多项，整改完成的问题涉及金额8.56亿元，整改率99.60%，维护财政经济秩序。

关注清洁乡村，建设美丽南宁。常委会对开展“美丽南宁·清洁乡村”活动实施情况进行专题询问。加强会前调研，组成6个调研组深入县（区）、乡镇、村屯进行明察暗访，拍摄制作“美丽南宁·清洁乡村”暗访专题片，准确掌握存在的突出问题；注重询问“辣味”，专题询问时，播放明察暗访电视专题片，12位常委会组成人员询问直击问题、一针见血、不遮不掩，同时，对应询情况开展满意度测评，当场公布测评结果，使市政府相关部门“红了脸、出了汗”；抓好跟踪督办，将专题询问审议意见，及时转交市政府及其相关部门研究落实，促进“美丽南宁·清洁乡村”考评体系的优化改进。全面反映这次专题询问经验做法的《让专题询问透出“辣味”来》，被《中国人大》刊载报道。

关注民生改善，回应社会关切。常委会针对“三农”工作薄弱环节，在听取南宁市实施农民增收倍增计划和春耕生产情况报告的基础上，组织常委会组成人员实地视察春耕生产和农业发展情况，使常委会作出的决议更有针对性和可操作性；针对百姓关注的学龄儿童“入园难”“入园贵”问题，组织开展学前教育三年行动计划实施情况专项工作评议，形成评议意见，交市政府办理，推动南宁市学前教育加快发展；针对社会关注的征地拆迁难、安置难，农村危房改造困难群体受益较少，公共文化基础设施比较薄弱，旅游发展层次不高等热点难点问题，先后听取和审议市政府相关工作的专项报告，形成审议意见，交市政府研究办理，促进了民生问题和难点问题的解决。

关注公平正义，推进法治南宁建设。常委会加强执法检查，组织开展了农村土地承包经营法、税收征收管理法、大气污染防治法、档案法、南宁市献血条例、南宁市城市绿化条例等7部法律法规的执法检查；配合自治区人大常委会开展代表法、测绘法、科学技术进步法、道路交通安全法、广西壮族自治区实施代表法办法、广西壮族自治区测绘管理条例、广西壮族自治区道路交通安全条例等7部法律法规的执法检查，确保法律法规在市全面贯彻实施。加强规范性文件备案审查，对市人民政府35件规范性文件进行审查，其中政府规章9件、其他规范性文件26件，上报自治区人大常委会备案2件；加强对各县（区）人大常委会规范性文件报备工作的指导检查，维护法制统一，促进依法行政。加强对“两院”工作监督，听取和审议市中级人民法院关于刑事审判工作情况报告和市人民检察院关于反贪污贿赂工作情况报告，维护公平正义，促进公正司法。

关注群众诉求，促进社会和谐稳定。常委会把信访工作作为联系人民群众、了解社情民意、加强监督的重要渠道。定期分析人民群众来信来访集中反映的问题，依法受理人民群众的申诉和意见，推动信访、申诉事项及时妥善解决。全年共受理人民群众来信来访394件次，其中，接待群众来访186批458人次，处理群众来信180件。

（三）认真行使重大事项决定权和人事任免权，推动市委重大决策部署贯彻落实

常委会坚持议大事、决大事，及时对带有全局性、根本性、长远性的重大事项作出决议决定，及时将市委的主张意图通过法定程序变成全市各族人民的共同意志。全年共组织召开代表大会1次、常委会会议7次、主任会议33次，作出决议、决定23项；任免国家机关工作人员94人次，补选自治区十二届人大代表1人，组织选举和补选市十三届人大代表16人。

对城市轨道交通建设资金安排和筹措计划做出决定。常委会会议审议市人民政府关于南宁市轨道交通3号线及与1号线同步实施工程建设资金年度计划的议案，作出批准执行的决定，涉及资金219多亿元，为加快城市轨道交通建设提供有力的资金保障。

对代表议案作出决定。对市十三届人大五次会议主席团交付审议的8件代表议案，常委会会议均做出决定。市人民政府及相关部门认真执行常委会的决定，采取有力措施，推动相关工作的开展。如，认真执行《关于禁止在南宁市饮用水源地种植桉树的环保问题的议案》《关于严禁用耕地种植速生桉的议案》的决定，加强速生桉种植管理，有效保护了基本农田、耕地和饮用水水源地；认真执行《关于加快南宁区域性国际金融中心建设的议案》的决定，加快金融组织体系建设，促进金融产业的健康发展。

对重大民生工程作出决定。常委会会议听取和审议市人民政府关于我市保障性安居工程与旧城区改建项目纳入2014年国民经济和社会发展计划的报告，作出批准执行的决定，及时将新增的1个保障性安居工程和49个旧城区改建项目，纳入2014年国民经济和社会发展计划，有效推进保障性安居工程建设和旧城改造，促进民生改善。

首次举行新任命人员向宪法宣誓仪式。在十三届人大常委会第二十五次会议上，为弘扬宪法精神，强化宪法意识，常委会首次举行新任命人员公开向宪法宣誓仪式，这是认真贯彻落实党的十八届四中全会精神的具体行动，标志着宪法宣誓制度在南宁市正式实施。

（四）认真做好人大代表工作，夯实人大工作的基础

常委会牢固树立代表主体意识，搭建代表活动平台，创新代表工作载体，完善服务保障机制，充分发挥代表作用。全年组织代表列席常委会会议84人次，参加调研视察1060人次，参加执法检查191人次，参加原选举单位活动851人次，参加代表述职150人次，提出议案、建议意见219件。

代表工作基础不断夯实。坚持联系代表制度，密切常委会组成人员与市人大代表联系，全年走访慰问基层市人大代表190多人次。加大代表培训力度，举办人大代表小组长、街道人大代表活动中心主任履职培训班和基层人大代表暨乡镇人大主席履职培训班，培训362人次。组织召开代表小组活动工作座谈会，6名代表小组长作履职经验交流发言。拓宽代表知情知政渠道，为代表订阅《中国人大》《广西人大》等刊物，向代表寄送常委会公报、《南宁人大》等资料。

代表主题活动富有成效。组织代表围绕筹备服务第四十五届世界体操锦标赛开展专题视察，参加视察活动代表67人次。组织代表围绕工业经济发展、农村土地流转及规模经营、征地拆迁回建安置、公共文化基础设施建设、旅游产业发展、反贪污贿赂工作、立法推动城中村和乡镇容貌及环境卫生工作等7个专题开展年中调研，参加调研活动代表160多人次。组织代表参加市人大常委会开展的"美丽南宁·清洁乡村"专题调研和专题询问，参加专题活动代表112人次。组织代表围绕2014年"一府两院"工作实施情况、重大项目建设和为民办实事项目落实情况等开展年终集中视察，参加视察活动代表150多人次。组织代表参加电视问政、市人民政府和部分政府部门组织的座谈会、市中级人民法院组织的旁听庭审等活动，参加活动代表241人次。

督办代表议案建议敢啃"硬骨头"。认真调查审议代表议案，积极邀请提出议案的代表参与议案调查，形成审议结果报告，提交常委会会议审议并作出决定。加大代表议案建议交办和督办力度，及时交办市十三届人大五次会议代表建议206件，对久拖不决的代表议案建议加强跟踪督办。对十一届人大一次会议以来尚未落实的代表议案紧盯不放，促进了市妇幼保健院、体育运动学校、红十字备灾救灾中心、乡镇圩亭改造等项目建设相关问题的解决落实。对市十三届人大一次会议以来，代表多年连续提出的同一内容的8件建议的办理情况进行检查，督促有关单位认真落实。比如，会同市人民政府对《关于重建青秀山碑廊的建议》《关于尽快解决那洪街道罗村镀锌厂污染问题的建议》等代表建议进行现场督办，责成承办单位抓好落实，提高代表建议的办理实效。

人大规范化建设全面推进。全面启动代表团制度建设和代表小组规范化建设，制定出台了《关于开展市人大代表团制度建设和代表小组规范化建设的意见》，重新将市人大代表划分为37个代表小组、7个代表专业小组，促进代表活动制度化、规范化。深化县（区）、乡镇人大规范化建设，争取市财政投入资金564万元，继续支持县（区）、乡镇人大规范化建设。城区街道人大代表活动中心建设基本完成，人员到位，职责明确，制度上墙。全面反映县（区）、乡镇人大规范化建设经验的《县乡人大建设的"南宁实践"》，经《中国人大》刊载报道后，自治区内外不少兄弟城市人大到我市学习交流。

（五）认真加强自身建设，提升履职能力和水平

常委会以开展党的群众路线教育实践活动为契机，以作风建设为依托，以制度建设为着力点，全面加强自身建设，不断提升依法履职能力和水平。

作风建设进一步升华。根据中央、自治区党委和市委的统一部署，常委会党组和常委会机关参加第二批党的群众路线教育实践活动。常委会党组紧紧围绕"为民务实清廉"的主题，牢牢把握"照镜子、正衣冠、洗洗澡、治治病"总要求，聚焦"四风"问题，突出人大特点，做到"规定动作"不走样，"自选动作"有创新。深入基层调查研究，召开征求意见会、座谈会22次，征集意见建议522条。坚持问题导向，坚持见人见事见思想，召开典型事例剖析会6次。动真碰硬，认真开好专题民主生活会，常委会党组成员相互提出批评意见121条。加强整改落实，对领导班子"四风"方面存在的85个突出问题，制定整改方案，提出整改措施，明确整改期限。通过教育实践活动，机关"文山会海"得到有效整治，2014年常委会机关召开各类会议54次，比上年减少5次；印发文件170件，减少17件；取消《人大信息》和常委会会议简报。清退公务用车38辆，腾退办公用房面积1064平方米；"三公"经费压缩278万元，下降68.60%。公务接待主要安排在机关食堂，以家常菜为主，杜绝"人情消费"和"二次宴请"现象。

学习培训进一步丰富。充分发挥常委会党组中心组学习的表率示范作用，坚持中心组学习制度，开展中心组专题学习会7次；坚持法制讲座制度，举办法制讲座7次；围绕改进工作作风、提高履职能力，学习贯彻四中全会精神和习近平总书记系列重要讲话精神、新预算法专题知识等主题，举办专题研讨班、培训班6期。形成以党组中心组理论学习为龙头，以党支部学习为基础，以党员干部学习为主体的学习教育格局。

制度建设进一步完善。结合党的群众路线教育实践活动，组织对常委会和机关的工作法规制度进行全面清理，新制订、修订完善的工作法规制度73项，其中常委会新制定工作法规22项，修订7项；常委会机关新制定工作制度25项，修订9项；各专委、各部门修订工作制度10项。各项工作法规制度的逐步完善，极大地提升常委会履职和机关工作的制度化、规范化水平。

调查研究进一步加强。对南宁市工业发展、现代服务业发

展、国有资产经营管理、林产品加工业发展、水产畜牧养殖环境建设、农业节水灌溉工程建设、产业化扶贫工作、征地拆迁回建安置、新型农村合作医疗保险、旅游业发展、创建全国民族团结进步示范市等工作开展专题调研，推动有关问题的解决。协助自治区人大常委会开展广西石漠化少数民族聚居地区扶贫开发工作情况、广西重点企业在国外投资经营情况等专题调研，将调研成果汇编成书，促进成果转化运用。

理论研讨进一步深化。结合学习党的十八届三中、四中全会精神，结合党的群众路线教育实践活动，充分发挥人大工作研究会的平台作用，先后两次举办全市人大系统理论研讨活动，征集到研讨论文250多篇，并将优秀论文汇编出版，为推动人民代表大会制度理论与实践创新，推动人大工作与时俱进，提供强有力的理论支撑。

新闻宣传进一步发力。充分发挥《南宁人大》、南宁人大网站和主流媒体作用，进一步加强和改进人大新闻宣传工作。2014年，被《中国人大》、中国人大网、人民网、新华网、光明网、《人民代表报》等全国性报刊网站刊用的人大新闻宣传稿件，达到80余篇；南宁市选送的《出租车管理条例立法后评估系列报道》首次获中国人大新闻奖。

机关文化进一步活跃。积极创建市直机关廉政文化示范点，增强机关干部遵纪守法和反腐倡廉意识，营造廉政文化氛围。充分发挥人大代表活动中心书画院的平台作用，全年组织书画摄影作品展3次，共收到市人大代表、人大系统工作人员书画摄影作品610多幅，展出作品300多幅。

联系交往进一步密切。认真做好全国人大、自治区人大来邕检查和调研的服务保障工作，加强与兄弟城市的联系交流，全年接待来访29批260多人次，派出学习调研组22批130多人次。组团出访马达加斯加首都塔那那利佛市，并与该市签订建立友好城市意向协议；接待澳大利亚班达伯格市代表团等国外城市友好访问团，深化交流，扩大影响。

常委会工作还存在着一些不足，主要有：立法的主导地位有待进一步加强；监督实效与人民群众的期望还有一定差距；重大事项决定权行使还不够充分；服务代表的水平和自身建设还需要提升，等等。对于这些问题，市人大常委会将高度重视，认真研究，努力在今后的工作中加以改进。

二、2015年主要任务

（一）加强和改进立法工作

把改革决策同立法决策紧密结合起来，发挥立法引领和推动作用，为法治南宁建设提供坚实支撑。深入推进科学立法，完善立法体制机制，不断提高立法质量。

抓好法规草案审议。全年安排法规草案审议10件。其中初次审议7件：南宁市制定地方性法规规定（修改）、南宁市五象岭保护条例、南宁大明山风景旅游区管理条例、南宁市西津湿地保护条例、南宁市水库管理条例、南宁市殡葬管理条例（修改）和关于修改《南宁市市政设施管理条例》等地方性法规的决定草案；继续审议3件：南宁市道路交通安全条例、南宁市轨道交通管理条例、南宁市信息系统安全保护条例。

抓好立法调研。全年安排立法调研项目10个：开展南宁市制定地方性法规规定（修改）、南宁市社会急救医疗管理条例（修改）、南宁市环境噪声污染防治条例（修改）、打击非法传销活动、安全生产监督管理、农产品质量安全、城市综合管理、不可移动文物保护管理、壮文社会使用管理、征用集体土地等立法调研，为科学立法储备项目奠定基础。

抓好立法机制创新。继续开展委托立法，委托高等院校或研究机构等进行立法调研、立法起草，促进立法决策科学化。深入推进民主立法，拓宽公民参与立法的渠道，建立健全立法征求上下级人大常委会意见制度，试行在县（区）、街道设立基层立法联系点。改革立法调研制度，扩大立法调研参与面，将立法调研主体覆盖常委会全体组成人员。

通过加大立法工作力度，让立法更加体现公平正义，更加体现民心民意；让全市各族人民享受到立法带来的制度红利、法治红利！

（二）加强和改进监督工作

紧紧围绕人民群众关心的热点、难点问题，综合运用各种监督方式，监督支持“一府两院”依法行政、公正司法。今年，在抓好计划、预决算等法定监督工作的基础上，重点在三个方面下功夫、求实效：

抓好专项工作监督。全年安排专项工作监督10项。其中听取和审议专项工作报告6项，即市人民政府关于南宁市法制宣传教育情况、2015年农业生产计划和春耕生产情况、新型农村合作医疗资金管理情况、农村土地承包经营权确权登记颁证情况、“十二五”水库除险加固和农村饮水安全实施情况的工作报告，以及市中级人民法院关于行政诉讼的工作报告。开展专题询问2项，即结合听取和审议市人民政府关于审计查出问题整改情况的报告，对审计查出问题整改落实情况开展专题询问；结合听取和审议市政府关于旅游产业发展情况的报告，开展专题询问。开展专项工作评议2项，即结合听取和审议市政府关于《南宁市截污治污三年行动攻坚计划（2013-2015）》实施情况的报告，开展专项工作评议；结合听取和审议市人民检察院关于民事诉讼法律监督工作情况的报告，开展专项工作评议。

抓好执法检查。全年安排执法检查10项：对《中华人民共和国行政许可法》《中华人民共和国消费者权益保护法》《中华人民共和国野生动物保护法》《中华人民共和国体育法》《中华人民共和国全国人民代表大会和地方各级人民代表大会代表法》《物业管理条例》《中华人民共和国出境入境管理法》《中华人民共和国行政诉讼法》《广西壮族自治区物业管理条例》《南宁市志愿服务条例》《南宁市中小学幼儿园用地保护条例》开展执法检查。此外，对南宁市现行地方性法规的执行情况进行检查。

抓好调查研究。全年安排专题调研7项：即开展建立健全立法工作机制、社会化养老工作、标准厂房建设管理使用情况、农业观光旅游和林业森林旅游工作、新型城镇化建设、职业教育发展情况、乡村旅游发展情况等专题调研。

通过加大监督工作力度，把权力关进制度的笼子，让政府更加自觉依法行政，让“两院”更加自觉公正司法，推动法治南宁建设迈出坚实步伐！

（三）加强和改进重大事项决定和人事任免工作

按照政府重大决策出台前向人大报告的要求，把决定权与监督权的行使结合起来，适时就各方关注和社会关切的问题作出决议决定，并加强对决议决定执行情况的监督检查。修订出台讨论决定重大事项的规定,进一步保障和规范常委会依法行使讨论、决定重大事项的职权,促进决策科学化、民主化。建立宪法宣誓制度,凡经人大及其常委会选举或者决定任命的国家工作人员正式就职时公开向宪法宣誓,大力弘扬宪法精神,维护宪法权威。

(四)加强和改进代表工作

密切与人民群众的联系,坚持常委会组成人员联系人大代表制度,人大代表联系人民群众制度。全面开展"代表之家"建设,继续深化市人大代表团制度建设和代表小组规范化建设。完善代表服务网络平台的功能,继续开展代表"七个一"活动。改进代表议案审议和建议办理工作,切实提高问题的解决率和落实率,开展代表履职经验交流活动。全面提高代表工作经费,保障代表活动正常开展。加强代表培训,丰富培训内容,创新培训方式,把代表培训阵地拓展到高等院校。通过加大代表工作力度,让代表的主体作用得到充分发挥,让人民群众的诉求渠道更加畅通!

(五)加强和改进自身建设

继续加强常委会自身建设,巩固党的群众路线教育实践活动成果,进一步转变工作作风。以市委召开全市人大工作会议为契机,进一步加强党对人大工作的领导,进一步把人民代表大会制度坚持好、完善好、发展好。继续加强思想建设、队伍建设和机关文化建设,加强人大理论研究和人大宣传工作。建设机关综合管理信息平台,提高人大工作信息化水平。加强对县区人大工作的指导,继续推进街道人大代表活动中心建设工作。

(市人大常委会办公厅)

南宁市人民政府2014年工作报告(摘要)

(2015年2月4日)

一、2014年工作回顾

2014年,面对经济下行压力持续加大的严峻形势和艰巨繁重的改革发展稳定任务,南宁市主动适应经济发展新常态,积极进取,综合施策,克难攻坚,奋力拼搏,统筹做好稳增长、促改革、调结构、惠民生、防风险各项工作,在困难超出预期、压力超乎想象的情况下,保持经济社会平稳发展,实现稳中提质、稳中增效、稳中有进。

——地区生产总值3148.30亿元,同比增长8.50%,与自治区持平。其中,一产增长4.30%,二产增长9.90%,三产增长8.20%。

——财政收入526.60亿元,增长11.20%,比自治区高3.10个百分点;总量占自治区的24.40%,提高0.70个百分点;非税收入占一般公共预算收入的25.50%,低于自治区5.70个百分点。

——规模以上工业总产值2872.85亿元,增长12.20%。规模以上工业增加值881.17亿元,增长10.80%,比自治区高0.10个百分点。

——固定资产投资2886.68亿元,增长18.70%,比自治区高2个百分点。其中,更新改造投资853.48亿元、增长17.20%。

——社会消费品零售总额1616.90亿元,增长12.10%。

——城镇居民人均可支配收入27075元,增长9.10%;农村居民人均纯收入8576元,增长11.60%。居民消费价格上涨1.60%。城镇新增就业8.58万人,城镇登记失业率2.95%。

——万元生产总值能耗下降8.50%,超额完成自治区下达年度目标。化学需氧量、二氧化硫提前完成"十二五"减排任务。提前完成自治区下达的57个淘汰落后产能项目任务。成功申报国家节能减排财政政策综合示范城市。全年环境空气质量(AQI指数)优良率80%,比上年提升5个百分点。

——保障性住房新开工1.70万套、基本建成2.09万套,棚户区改造完成1.25万套,投入财政资金建成拆迁安置房3283套。

——举全市之力举办"热烈、精彩、难忘、成功"的第45届世界体操锦标赛,赢得国际国内社会各界的广泛赞誉,进一步提升南宁的国际形象。

——新农村建设取得新成效。创建良庆坛板、西乡塘美丽南方、隆安金穗等6个自治区级现代特色农业(核心)示范区并通过验收。良庆区坛板坡、隆安县定典屯等12个各具特色的综合示范村建成。全市97%的行政村通水泥路。"美丽南宁·清洁乡村"活动深入开展,农村环境综合整治取得明显成效。

——城市重大基础设施实现新突破。南宁吴圩机场新航站楼建成启用,南广高铁开通运营,南宁火车东站同步启用,南宁外环高速公路、机场高速公路延长线建成通车。

——法治政府建设迈出新步伐。《中国法治政府评估报告(2014)》综合评价各直辖市、省会城市及其他地级市共100个城市政府法治建设水平,南宁市名列第八。

(一)调优结构强产业,质量效益有了新提高

工业支撑作用增强。深入实施"工业强市"战略,推进六大重点产业发展、强优企业培育、产业园区成长三大行动计划,以中恒、海王、柳药等为代表的生物医药产业群初步形成,预计达产后年产值超400亿元,年利税约37亿元;以富士康、研祥、斐讯、禾田信息港等为代表的电子信息产业初步聚集,预计达产后年产值达700亿元,年利税约40亿元。六大重点产业平均增长14.10%,其中,电子信息增长33.50%。产值超亿元企业592家、新增44家,完成产值占全市的94%,对全市规模以上工业增长的贡献率123.80%。富士康南宁公司产值突破200亿元,中烟南宁公司产值首次超过100亿元。企业效益提升,规模以上工业主营业务收入增长10.80%,利润增长8.50%。三大开发区规模以上工业总产值占全市的52.10%,比上年同期提高4.2个百分点。标准厂房完成主体工程206万平方米。现代服务业水平提升。金融业增加值307.61亿元、增长13.20%,对服务业、经济增长的贡献率分别达30.70%、14.20%。全市银行、证券、保险、融资性担保公司等金融机构超260家。现代商贸业加快发展,青秀万达广场、中国—东盟商品交易中心建成开业。国家电子商务示范城市建设加快,中国—东盟电子商务产业园落户五象新区,全市开设网店的企业突破2100家,占自治区45%。重点企业电商交易额1300

亿元，增长28%。超万平方米规模展会增长23%。全年旅游接待总人数6948.50万人次、总收入597亿元，分别增长18.30%、24.90%，新增国家4A级旅游景区5家，青秀山荣膺国家5A级旅游景区。农业结构优化升级。粮食总产量225万吨。新增“双高”糖料蔗示范基地47个、“菜篮子”基地44个、农产品标准化示范基地9个。自治区级林下经济示范项目9个、现代林业产业龙头企业16家。市级以上农业产业化重点龙头企业新增21家，农民专业合作社新增403家，家庭农场新增226家。农业综合机械化水平46.60%。

（二）千方百计抓项目，投资结构实现新优化

全年新开工项目6739个，其中亿元以上项目170个、增长45.30%。工业投资852.10亿元，增长17%，富士康科技园（沙井）二期、南车铝材精密加工、南南铝冷轧中心、双汇、百威啤酒等一批重大工业项目建成投产。城建项目完成投资297.20亿元，增长34.50%，完成率80%，创历史新高。轨道交通1、2号线提速建设，第二轮轨道交通规划正式获国务院批准，3号线庆歌路试验站开工；南昆铁路南宁至百色段增建二线、黎湛铁路电气化改造项目开工；南宁港牛湾作业区、六景转运站、八联作业区试运行，新增泊位21个、年吞吐能力766万吨。“三旧”改造完成投资62亿元，完成率124%。房地产开发投资551.82亿元，增长32.50%。降低民间资本市场准入门槛，民间投资1801.27亿元，增长21.20%。

（三）借助赛事优环境，城市品质提升新水平

高标准推进五象新区建设，全年完成投资276亿元，增长79.70%。“两基地一中心一商圈”建设加快，引进重点项目52个、新开工项目166个，分别增长23%、54.80%；新引进世界500强企业8家、国内500强企业15家、金融保险项目10个、境外上市公司11家；总部基地金融街、文化产业片区、玉洞东片区、龙岗片区和蟠龙片区项目建设加快推进，万达茂、广西艺术中心、市第三中学五象校区等重大项目开工建设；玉洞大道二期等15条市政道路完成建设，“三横三纵” 骨干路网和区域路网初步形成；启动五象岭森林公园规划建设。深入实施城市功能提升等“七大工程”，实施项目394个，完成投资107.10亿元。打通枫林路等10条“断头路”，完成机场路和168条城市道路“白改黑”，改造提升78条人行道，五象大桥、英华大桥及五象—壮锦立交等8座城市立交建成使用。继续推进“中国水城”建设，实施项目43个，完成投资37.40亿元。市中心城区6个码头全部关闭，邕江精品示范段基本建成，老口航运枢纽船闸通航，石埠堤12.50千米防洪堤全线贯通，民歌湖等环城水系进一步提升。深入推进“中国绿城”提升工程三年行动计划，实施项目85个，完成投资10.68亿元。17条市政主干道绿化景观提升工程完工，新种乔木15万株、灌木180万株，新建绿道48.50千米，建成区新增绿地面积411.30公顷，改造提升绿地458公顷；完成山上造林1.88万公顷、村屯绿化190个，“千万珍贵树种送农家”活动赠送珍贵树种72.20万株。深入开展“整洁畅通有序大行动”，严管重罚，查处“五乱”行为90.90万起；组织开展青秀山风景区等集中大规模拆迁拆违行动，全年共完成拆迁1119.40万平方米，其中拆违643.50万平方米，清理违法占地997.45万平方米；拆除烟囱907根、无证照燃煤锅炉462台、违章高杆广告411杆；生活垃圾无害化处理率100%，路灯亮灯率99%，市政设施完好率86%以上；新增路面机动车停车位2万多个，非机动车停车位2.60万多个，实现“让来过南宁的人耳目一新，没来过南宁的人大吃一惊”的目标。

（四）深化改革破难题，体制机制释放新红利

完成市、县（区）政府机构改革工作。全面实施行政审批提速提效“六大工程”，对市本级自行设置的12项行政审批和54项非行政审批事项进行清理和甄别，决定保留行政许可1项、取消10项、调整1项，取消非行政许可审批事项32项，调整或转为告知性备案22项。下放县（区）92项行政审批事项，委托或授权国家级开发区实施245项行政审批事项；617项行政审批事项进驻市级政务中心办理，进驻率96%，群众满意度评议率99%，企业对南宁市投资环境总体评价整体满意度居自治区首位。启动南宁经济技术开发区行政审批制度改革试点工作，挂牌成立自治区首个行政审批局。在自治区率先启动企业“三证合一”登记制度，新登记公司制企业和注册资本分别增长102.20%和157.80%。沿边金融综合改革成效显著，东亚银行南宁分行正式落户，南宁金融资产交易中心挂牌交易，南宁股权交易中心获批筹建，设立创业投资引导基金和北部湾经济区产业基础设施投资（南宁）基金。农村改革稳步推进，以整镇推进为试点的农村土地承包经营权确权登记颁证工作确权8.89万公顷、颁证1.01万本。农村土地流转面积新增5926.67公顷，“小块并大块”耕地整治完成2533.33公顷。城市长效管理机制、社会信用体系建设、农村规划建设等119项改革事项扎实推进。

（五）扩大开放增动力，内外合作拓展新空间

充分发挥“南宁渠道”作用，积极谋划参与21世纪海上丝绸之路、泛北部湾合作和南宁—新加坡经济走廊、珠江—西江经济带建设，优质服务第十一届中国—东盟博览会和商务与投资峰会，中国—东盟技术转移中心落户高新区。推动北部湾经济区通信、金融、社保、户籍同城化。促进投资贸易便利化，中国—东盟信息港建设上升为国家战略，获批国家跨境贸易电子商务服务试点。市四家班子领导带头招大商引强企，纽斯凯荷兰、修正、源正、世茂等一批世界、国内500强和知名企业落户南宁。全年新签约内资项目568个，实际到位内资856.50亿元，直接利用外资（广西全口径）6.40亿美元、增长10.20%。全市外贸进出口总额48.10亿美元，增长9%。

（六）创新治理保民生，社会和谐增添新亮点

公共财政支出更多地向基层和民生倾斜，全市涉民生支出338.90亿元，占一般公共预算支出72.70%。优先发展教育事业。加大教育基础设施建设，促进城乡义务教育均衡发展，建成邕宁高中新校区等10所市区中小学校、7所幼儿园，加快市第三中学国际校区、阳光特殊教育学校等一批重点项目建设；全面完成第一期学前教育三年行动计划，新建、改扩建686个幼儿园；

年内学前三年毛入园率92.80%、九年义务教育巩固率93.80%、高中阶段教育毛入学率93.40%;接收进城务工人员随迁子女13.20万人,占自治区33.60%;全力推进职业教育改革发展,建成2所高等职业教育区域名校,引进桂港职教中心落户南宁职业技术学院,南宁学院成为首批国家应用技术大学建设试点高校。完善社会保障体系。企业退休人员基本养老金"十连升",实施城乡居民大病保险试点,新农合参合率99.40%;发放城乡低保、五保供养补助资金3.50亿元,受益115.50万户次、237.20万人次;城乡医疗救助支出6729.50万元、救助20万人次;实施精准扶贫,减少贫困人口11.90万人。加大卫生计生工作力度。县级公立医院改革稳步推进,国家基本药物制度实现全市乡镇卫生院全覆盖、村卫生室覆盖率99%,落实乡村医生补偿政策;有效预防和控制登革热等重大传染病疫情,加强"两会一节一赛"重大活动卫生保障,公共卫生应急能力进一步增强;超额完成国家免费孕前优生健康检查项目,稳妥有序实施单独二孩政策,持续稳定保持低生育水平,出生人口性别比得到有效遏制,人口素质不断提高。发展文化体育事业。南宁文化艺术创作基地投入使用,南宁博物馆主体工程竣工,建成136个村级公共服务中心,《壮族三月三》等入选第四批国家级非物质文化遗产代表性项目名录,《骆越先歌》斩获第九届中国舞蹈"荷花奖"银奖,成功举办大地飞歌·2014南宁国际民歌艺术节;以南宁重大革命历史题材为背景制作35集大型电视连续剧《兵变1929》,在北京等地热播。群众体育、竞技体育、体育产业协调发展,全市经常参加体育锻炼人口46%。创新社会治理。深入推进社会主义核心价值体系建设,陈美杏等9名先进典型荣登"中国好人"榜;深入开展全国文明城市创建活动,完成387个志愿服务站建设,营造文明有序城市风尚;建立和落实"党政同责、一岗双责、齐抓共管"责任体系,安全生产形势持续好转;狠抓食品生产、餐饮等环节五大专项整治,保障人民群众食品药品安全;创建全国民族团结进步示范市试点工作全面推进,民族宗教工作取得新成效;深入推进"平安南宁"建设,严厉打击"两抢一盗",日均发案下降到6起以下,自治区社会公众安全感调查南宁市单项安全感比上年提高4.63个百分点,提升幅度自治区第一;完成村(社区)"两委"换届选举,市本级财政投入1.30亿元加强村(社区)阵地建设及2064万元加强乡镇庭院、周转房等基础设施建设;积极开展信访工作,接听"市长公开电话"有效来电5.22万个、受理"人民网市长信箱"留言688条,妥善处理群众来信7344件、来访4467批、2.40万人次,各类矛盾纠纷调结率96.70%。全面完成为民办实事工程。投入为民办实事资金79.60亿元,全面完成自治区10项、市级10项为民办实事工程共81个子项。

(七)务实为民转作风,政府建设呈现新气象

扎实开展第二批党的群众路线教育实践活动,严格落实党中央八项规定精神和国务院"约法三章",全面清理整治"吃空饷"、多占办公用房等,切实解决"四风"问题。南府发或南府办印发的文件数量压缩42.50%,南府办名义通知的会议数量下降24.60%,政府性评比项目压缩50%。完善政务服务、政务公开、政府信息公开"三位一体"的管理体系,主动公开政府信息19万条,信息公开量继续保持自治区首位。举办《向人民承诺—电视问政》电视直播节目14期,所曝光的107个问题基本整改落实。加强政府廉政建设,完善对政府投资项目、重大政策执行等审计监督。加强政府立法,完善道路交通安全、养犬管理、餐厨垃圾管理等重点领域制度建设。严格按程序起草、审议、发布文件,提请市人大常委会审议地方性法规草案5件,出台政府规章9件,出台规范性文件30件。集中开展法规规章清理,废止规章2件、修改10件,废止规范性文件118件,确认继续有效的规范性文件323件,提请市人大常委会修改地方性法规9件。认真执行市人大及其常委会的决议、决定,自觉接受市人大及其常委会法律监督和工作监督,主动接受人民政协的民主监督和社会舆论监督,办理自治区和市级人大代表议案、建议214件,政协提案353件,办结率100%。进一步密切与各民主党派、工商联、无党派、人民团体和社会各界人士的联系。

一年来,南宁市外事、侨务、司法、统计、人防、保密、口岸、水库移民、地震、供销、机关事务管理、地方志、档案、消防、海关、海事、检验检疫、税务、工商、质监、通信、邮政、供电、测绘、气象、水文、参事、文史、哲学和社会科学等工作取得新进展,妇女儿童、残疾人、老龄等事业取得新进步。国防教育和后备力量建设深入开展,双拥共建工作取得新成绩,少数民族聚居区繁荣发展。

我们也清醒地看到,发展中还存在不少困难和问题,经济下行压力不断加大,投资增长乏力,稳增长的基础不牢;市场需求持续低迷,企业特别是中小微企业融资难、融资贵;新的增长点不多,提升发展质量和效益的支撑不足;县域经济的质量和水平有待提高;社会治理仍需进一步加强;政府职能转变亟待加大力度等。

二、2015年工作安排

政府工作的总体要求:深入贯彻党的十八大、十八届三中、四中全会和习近平总书记系列重要讲话精神,以邓小平理论、"三个代表"重要思想、科学发展观为指导,深入贯彻落实市委十一届十三次全会精神,坚持稳中求进工作总基调,坚持以提高经济发展质量和效益为中心,深入实施"工业强市、产业旺市"战略,增强投资和消费双拉动,主动适应经济发展新常态,把转方式调结构放到更加重要位置,突出创新驱动,全面深化改革,扩大开放合作,切实保障和改善民生,加快建设法治政府,促进经济平稳健康发展和社会和谐稳定,奋力提升首府南宁在广西经济社会发展中的首位度。

经济和社会发展主要预期目标:地区生产总值增长8%以上,财政收入增长8%以上,固定资产投资增长14%,工业增加值增长10.20%(规模以上工业增加值增长10.70%),建筑业增加值增长10.50%,高技术产业增加值增长16.50%,社会消费品零售总额增长12%,进出口总额增长10%(出口额增长10%),万元生产总值能耗下降4%以上,居民消费价格涨幅控制在3.50%以内,城镇居民人均可支配收入增长8.50%,农村居民人均纯收入增长10%,城镇化率58.50%,城镇登记失业率控制在4%以内,城镇新增就业7.50万人,人口自然增长率11‰以内,城镇保障性住房覆盖率20%以上。

(一)着力转方式调结构,提高经济发展质量和效益

大力推进现代工业扩量提质。筹措30亿元以上重大产业发展资金支持重大工业项目建设,继续安排16.70亿元工业发展资金支持工业发展,力争全部工业增加值占全市地区生产总值30%

以上，占自治区规模以上工业增加值15%以上。一是继续实施六大重点产业发展行动计划。全力推进全铝车身新能源汽车、南车轨道装备等项目年底投产，推动富士康科技园（沙井）二期工程、南南铝合金新材料项目等尽快达产，力争六大重点产业产值突破2000亿元。二是继续实施强优企业培育行动计划。深入开展“抓大壮小扶微”工程，大力扶持一批税收1000万元以上企业成为工业的中坚力量；力争富士康南宁公司产值突破300亿元、南南铝突破50亿元，产值超5亿元工业企业120家以上，亿元工业企业新增40家以上；支持工业品牌建设，力争培育广西名牌产品（著名商标）20个以上，争创中国驰名商标；支持中小工业企业发展，“两台一会”帮助中小企业融资30亿元以上。三是继续实施产业园区成长行动计划。高新区重点推动电子信息产业、高新技术企业孵化基地、总部基地发展，经开区着力推进生物医药、空港产业基地建设，广西—东盟经开区做大做强轻工食品产业基地，江南工业园重点加快电子信息产业和铝合金新材料发展，新兴产业园区重点加快先进装备制造业发展，力争三大国家级开发区规模以上工业总产值占全市57%以上；鼓励社会资金参与标准厂房建设，力争竣工面积突破200万平方米。四是继续推进技术创新及“两化”融合。整合科技创新政策支持重大产业项目开发，力争完成技术创新及“两化”融合项目300项、投资10亿元。推进以智能制造、工业大数据集成为重点的“两化”融合项目建设，新建重点示范项目15个，软件和信息服务业主营业务收入突破100亿元，认定南宁市工业新产品100个以上。

加快推进现代服务业高端发展。力争服务业增加值增长8%以上。一是加快建设区域性金融中心。深入推进沿边金融综合改革，完善以银行、证券、期货、保险等为主体的多层次金融市场体系，五象新区总部基地金融街建设实现新突破，力争中国进出口银行等金融机构落户南宁。加大企业上市培育工作，力争新增5家以上企业实现IPO上市或新三板挂牌。年内金融业增加值增长10%以上。二是加快提升商贸业水平。借力轨道交通建设，完善商业中心地上、地下空间规划，提升朝阳、埌东—凤岭商业中心，打造五象商业中心，建设沙井、安吉等商业中心，壮大华润万象城、万达广场、南宁百货、梦之岛等一批知名品牌流通服务产业集群；优化大型专业交易市场结构，加快建设南宁农产品交易中心、南宁钢材交易中心及海吉星冷链仓储、配送中心。加快建设茧丝、食糖、铝、松香等大宗商品及矿产资源和有色金属电子交易市场。加快国家广告产业园试点建设。支持推动一批商贸主体“个转企”“小上限”，新增优质限额以上商贸企业50家。培育年交易额超50亿元市场2家，超10亿元市场5家。三是加快发展现代物流业。重点建设南宁空港物流园、江南综合物流园、金桥综合物流园，加快建设牛湾临港物流园、黎塘高铁物流园和六景水铁联运物流园，力争建成大型仓储物流配送中心2个，培育引进5家4A级以上物流企业。四是壮大发展会展业。加快建设国际会展中心扩建二期工程，大力推进会展商务区建设；继续发挥中国—东盟博览会的品牌效应，引进和培育专业化会展企业集团，努力申办第三十二届亚洲邮展，办好更多高层次知名展会。五是加快发展旅游业。持续打造“壮乡歌海、中国绿城、东盟风情、养生之都”四大旅游品牌，重点推进南宁东盟文化博览园等30个重大旅游项目建设，规划建设西津国家湿地公园，提升青秀山、大明山等30个重点景区景点，开工建设南宁国际旅游中心。以举办世界反法西斯战争胜利暨中国人民抗日战争胜利70周年纪念活动为契机，加大昆仑关风景区保护开发建设力度。创建全国养生休闲旅游示范城市，力争把上林、马山创建成为广西特色旅游名县，每个县（区）创建1个以上特色旅游名镇乡。坚持农旅融合，大力推广现代特色农业（核心）示范区和生态综合示范村休闲游。抢抓高铁时代旅游发展新机遇，推进泛珠三角区域联动发展，加强与东盟国家知名旅游目的地合作，打造中国国际养生休闲特色旅游目的地。办好“月月旅游节”，力争旅游总收入突破700亿元。六是积极发展总部、楼宇经济。加快建设五象新区总部基地、高新区南宁—东盟企业总部基地、经开区北部湾总部基地。扶持南南铝、南宁百货等本土优质企业以南宁为总部向外扩张发展。研究出台楼宇经济发展计划及相关扶持政策，实施专业化招商、产业链招商，重点将青秀区打造成南宁市楼宇经济示范区。

积极推进农业转型升级。一是引导土地经营权有序流转。推进所有权、承包权和经营权三权分置，争取部分县成为国家“三权”抵押担保试点；抓好农村土地承包经营权确权登记颁证，完成登记颁证25.67万公顷（385亩）；探索创建农村土地股份合作社，引导农户依法流转土地承包经营权，新增流转面积3333.33公顷（5万亩）以上；组建农村产权交易中心，搭建农村资源要素流转市场。二是稳步推进适度规模经营。积极培育专业大户、农民合作社、家庭农场等新型经营主体，新增市级以上农业产业化龙头企业10家、农民专业合作社100家、家庭农场150家。三是以基地建设为载体调整农业结构。抓好“米袋子工程”，以粮食增产增效行动为重点，创建全国粮食高产示范区8000公顷（12万亩）、示范基地18个，确保粮食产量稳定在219万吨以上（新口径）。抓好“菜篮子”工程，稳固18万公顷（270万亩）蔬菜、9.33万公顷（140万亩）水果产业规模，开展特色农业产业“品种品质品牌”提升行动，新建“两高”糖料蔗基地128个、“菜篮子”基地45个。全面实施“桉退果进”“桉退桑进”“桉退药进”工程，大力发展水果、桑蚕、药材等优势特色农业。新增“三品一标”认证15个。四是抓好现代特色农业（核心）示范区和生态综合示范村建设。高标准新建12个“产村互动、农旅融合”的现代特色农业（核心）示范区、13个生态综合示范村。五是提升农业服务水平。加快农业良种、良法推广和农业机械应用步伐，扶持提升龙头企业技术创新中心10家。六是抓好农产品质量安全。创建农产品质量安全示范县，健全农产品质量安全监管体系，确保果蔬、水产畜牧产品质量合格率分别达96%、98%以上。

（二）增强投资和消费双拉动，提高内需对稳增长的贡献力

多管齐下扩大有效投资。统筹推进自治区市层面重大项目建设，力争完成投资800亿元。一是加大产业项目比重。重点加快中恒、研祥、斐讯、海王、神冠、禾田信息港等项目建设，大力推进华润怡宝广西生产基地、统一食品二期等重大项目开工。二是全力推进重大交通基础设施建设。民航方面，开工建设伶俐通用机场，推进南宁吴圩机场第二跑道项目前期工作，力争年内旅客吞吐量突破1000万人次；铁路方面，加快推进云桂铁路沿线坛洛站、隆安东站建设，确保云桂铁路（南宁至百色段）年底前开通运营。加快南昆铁路南宁至百色段增建二线、黎湛铁路电气化改造项目建设，湘桂铁路柳南段电气化改造竣工投产；高速公路方面，推进吴圩至大塘、贵港至隆安和桂林经柳州至南宁、南宁经钦州至防城港段改扩建等项目建设，推动马山至平果、来宾至马山高速公路主体建成，力争完成南宁吴圩机场第二高速公路建设；综合交通运输方面，重点推进凤岭综合客运枢纽站、玉洞交通物流中心等客货运枢纽建设，争创国家综合运输服务示范城市；城市公共交通方面，开工建设火车站至火车东站首条快速公交（BRT）线路，加快建设地铁1、2号线，

力促3号线全面开工,4号线年内开工;城市桥梁方面,罗文大桥、良庆大桥和青山—英华等一批城市立交桥年内实现通车,开工建设青坪大桥,加快建设青山大桥;城市道路方面,完成青环路扩建,加快建设东西向快速路,完善火车东站及凤岭片区路网,打通一批断头路。三是加快建筑业发展。扶持本地建筑业企业发展,吸引资质等级高、综合实力强的建筑业企业落户南宁,提高我市建筑业的规模和效益。四是建立"十三五"重大项目库并筛选一批重大项目,力争列入国家、自治区"十三五"规划。

多措并举促进消费增长。一是实施《南宁市三旧改造攻坚计划(2015—2018)》,启动"老南宁·三街两巷"、南糖片区、良庆镇区等10个旧改及棚户区改造重点项目,力争完成投资100亿元以上。二是加快国家信息消费试点城市建设,推进4G网络等信息消费基础设施升级,加快推动宽带进小区,带动信息消费。三是加快养老综合改革试点城市建设,继续推行"公办民营""民办公助"养老模式,大力引进社会资金特别是保险资金投资健康养老产业。四是大力发展电子商务。加快建设国家电子商务示范城市和高新区电子商务示范基地,重点推进中国联通电子商务产业基地、中国—东盟电子商务产业园等一批重大项目;大力支持美丽湾等本土电商企业做大做强,积极引进阿里巴巴等大型电商在南宁设分支机构;鼓励百盛、华南城、电科广场等有条件的大型商贸企业自建电子商务平台或与成熟的电子商务平台开展线上业务;结合"电商广西、电商东盟"工程,重点推进"电商进社区""电商进农村",在知名电子商务平台开设南宁特产馆,每个县(区)培育1个以上电商专业社区(村),进一步扩大城乡消费。

千方百计培育外贸新优势。一是继续实施加工贸易三年倍增计划,力争2016年加工贸易进出口额突破40亿美元。二是创新企业"走出去"模式。以跨国园区和境外广西商会为载体,加强与东盟国家的经济合作,鼓励优势农业企业和技术输出,重点推进中国—文莱农业产业园项目。三是积极培育南宁出口品牌。依托"南宁渠道",积极打造"平台经济",探索建设服务国内、面向东盟的电子信息、机械装备、中医药等总部信息平台,发展面向东盟的农机等机械装备输出基地、制药业区域性总部基地。

(三)以五象新区、珠江—西江经济带建设为重点,谋划和培育新的增长点

举全市之力加快五象新区建设。全面加速产业招商,以总部基地金融街、国际物流基地等为重点,加快邮储银行、中国人保等项目落地,促进金融业进一步集聚。全力提速项目建设,安排重点项目182个,计划投资205亿元。加快重点片区产业项目建设,总部基地金融街50%以上项目完成地下工程建设,地下空间综合利用工程开工并取得实质性进展,五象湖周边、蟠龙至龙岗片区沿江地带建设初具规模。加快基础设施建设,五象—平乐等立交、玉洞大道拓宽工程等一批重大路桥项目竣工,文化旅游组团等片区路网基本完工。加快推进市政配套设施建设,核心片区污水管网、污水泵站全面完工,五象污水处理厂建成使用,一批垃圾中转站、公厕、邻里中心建成;完成平乐大道等核心片区电力管线迁改工程,实现综合管廊建设零突破。加快公共服务设施建设,全面完成市十四中、四中及三美学校五象校区等项目前期工作,市三中五象校区主体工程基本完工,良庆区医院、邕宁区医院、广西医科大学口腔医院、市五象湖小学等一批项目加快推进。强化征地拆迁安置保障工作,年内新开工2万人安置房建设。

积极参与珠江—西江经济带建设。落实粤桂共同行动计划,围绕交通、产业、生态、城镇化、开放合作、公共服务六大建设,深化与泛珠三角区域城市特别是省会城市合作,主动承接珠三角产业转移。重点推进南宁港二期牛湾作业区、邕江旅游码头、通用机场水上跑道、六景港区及南宁—广州高等级航道扩能等港口及航道建设,开工建设西津枢纽二线船闸。

挖掘经济增长潜力。深入实施北部湾同城化战略,加强北部湾旅游联盟城市合作,在自治区率先实施社保"一卡通"。加快空港经济区规划建设,逐步形成"一核、四组团"的重点产业空间布局。充分发挥火车东站的龙头作用,启动火车东站商务区建设,按照现代、生态、城市田园的要求,推进三塘片区规划建设,加快昆仑片区与东站片区路网建设。发挥轨道交通辐射效应,提前谋划轨道交通相关产业,提升和完善轨道交通沿线商业业态。

(四)做大做强县域经济,推进新型城镇化建设

坚持差异化发展。落实《南宁市主体功能区规划》,完善差异化考评制度。武鸣、横县、宾阳探索采取合资开发、企业运作等模式让企业参与园区基础设施建设;实施"腾笼换鸟",保障重点项目土地供给,以工业园区为平台加快工业发展。武鸣、横县、宾阳、隆安要用发展工业的理念发展农业,推进特色农产品种植上规模、加工提水平,创建国家级香蕉产业研发中心。上林、马山重点加快"三湖一寨"、环弄拉旅游等项目建设,开发健康长寿产品,大力发展露营、骑行、攀岩、徒步等一批对生态环境影响较小的休闲养生旅游业。马山、隆安要抢抓国家实施左右江革命老区振兴规划历史机遇,争取更多基础设施、产业升级、民生改善项目列入国家、自治区的"大盘子"。

加强农村基础设施建设。实施小型农田水利设施建设100项、田间工程及灌区末级渠系建设120千米、"五小"水利工程100项、高效节水灌溉项目666.67公顷(1万亩)、小型病险水库除险加固80座,解决33万农村人口饮水安全问题。推进邕宁防洪工程、仙葫半岛堤、龟山堤、宾阳清水河提水工程和上林、隆安、横县县城防洪堤建设,抓好市区邕江沿岸防洪设施维护,力争完成堤防和护岸41.90千米。全面完成江南、邕宁整县(区)推进高标准基本农田土地整治项目。加快行政村通畅工程建设,确保年内实现"村村通"水泥(柏油)路目标。建设非贫困村通屯水泥路250千米。继续推进水库移民新村建设。加大大王滩库区综合整治力度,加快第二水源建设。

深入开展"美丽南宁·生态乡村"活动。积极开展村屯绿化、饮水净化、道路硬化专项活动和农村住宅推荐户型建设管理、"三清洁"巩固提升行动,建设355个自治区级绿化示范村屯、15个饮水净化示范项目和一批道路硬化示范点。开展农村垃圾处理、生活污水集中处理、农业生产废弃物回收处理设施建设"三大会战",抓好村史陈列室和民俗民居示范村屯"两个建设"。

扎实推进精准扶贫。加大贫困村屯级道路建设力度,年内完成贫困村屯级道路升级硬化250千米以上。发展百香果、中药材、种桑养蚕及桑菇配套、园林苗木4大特色产业200公顷(3万亩)。实施金融扶贫"百千万"工程,推进隆安等县金融扶贫和生态移民搬迁试点工作。继续做好马山、隆安、邕宁、良庆、青秀和经开区异地安置场"二次搬迁"工作。推进"雨露计划",保证贫困家庭"两后生"学历教育做到应补尽补。支持民族乡建设发展。年内减少贫困人口6万人以上。

加快新型城镇化发展。实施大县城战略,坚持扩容提质和凸显特色并重,提升基础设施公共服务水平。修编各县县城总

体规划，围绕重点产业，加快推进“产城融合、以产兴城、以城聚产”的新型城镇化进程。

（五）强化生态环境保护和治理，提升城市建设管理水平

全力抓好节能减排降碳工作。建设国家节能减排财政政策综合示范城市。推进经开区、广西—东盟经开区循环化改造，推动横县造纸、武鸣淀粉节能环保技改和宾阳烟花爆竹行业转产，促进高新区创建国家低碳工业试点园区，加快创建国家环保模范城市。加快平里静脉产业园建设，确保垃圾焚烧发电厂年底前投入使用。推广使用清洁能源和新能源公交车、出租汽车，推进煤改气及畜禽养殖污染治理、机动车污染减排以及自备电厂锅炉的脱硝改造工作。推行环境污染第三方治理。实行环境保护“一岗双责”，加强环境监管执法，完善环境监管和惩戒机制。严格控制新上“两高一剩”项目，支持“两高”企业改造升级，全面完成“十二五”节能减排降碳任务。全年环境空气质量优良率80%左右。

全面完成“中国绿城”提升工程。安排建设项目55个，计划投资34.4亿元，全年种植乔木15万株、灌木200万株。强化城市园林绿化规划设计、建设验收、养护管理，重点打造生态式五象新区和森林式火车东站。以“花样南宁”为主基调，重点推进“多彩花城”提升工程等九大工程建设，大力实施精品线路、屋顶阳台立体绿化美化工程。以“高品质城市森林公园”为目标，推进五象岭森林公园规划建设。加强湿地保护，建设自然保护小区20个。继续实施绿化造林工程，完成山上造林1.33万公顷（20万亩），其中营造乡土树种和珍贵树种666.67公顷（1万亩）。积极申办第十二届中国国际园林博览会，争创国家生态园林城市。

继续推进“中国水城”建设。安排建设项目37个，计划投资28.18亿元。深入推进全国水生态文明城市建设试点工作。积极争取国家“海绵城市”建设试点，探索“海绵城市”建设模式和实现路径。完成邕江两岸综合整治工程自治区党校至三岸大桥段建设，推进邕宁水利枢纽、江北引水干渠工程建设，力争年底前老口航运枢纽工程竣工。加快南湖—竹排江等三大水系提升。继续推进老旧城区居民排水雨、污分流改造，开展雨水收集利用建设试点。加快六县污水管网改造，建设13个重点镇污水处理设施，三塘等污水处理厂建成运行，全面完成《南宁市截污治污三年攻坚计划》目标任务。

强化城市规划管理。修改完善《南宁市土地利用总体规划（2006—2020）》，积极推动国民经济和社会发展规划、城市总体规划、土地利用总体规划“三规合一”，加快编制《南宁空间发展战略规划》《南宁市市域综合交通规划》等综合规划。加强“智慧城市”建设，构建城市规划、建设、管理和服务的智慧体系。加强城市地下管网普查、建设改造和治理，申报国家城市综合管廊建设综合试点。深入推进“美丽南宁·整洁畅通有序大行动”，全力实施“六大提升工程”，推行公交优先、绿色出行，缓解中心城区交通压力，加快推进城市治理“长效化、法治化、精细化、信息化、社会化”建设。推进“城中村”治理、农贸市场管理、志愿者服务等重点领域专项试点工作。推进城镇垃圾分类收集处理。研究制定城市综合管理相关办法，制定道路清洗规范化、精细化操作及考核标准。出台相应奖励政策和曝光机制，通过信息化、智能化手段实现垃圾密闭运输，解决泥头车洒漏问题。出台广告设置规划和广告设置导则，强化城市广告整治。建立“桥长制”“档案制”“巡查制”，加强桥梁安全管理。

（六）以问题为导向全面深化改革，充分激发市场和社会新活力

深化行政审批制度改革。削减前置审批，完善行政审批事项目录管理，进一步做好“接、放、管”工作。深入推进行政审批“三集中”工作，努力实现审批不出政务服务中心目标。开展工业、服务业、建筑工程项目三大领域行政审批流程再造工作。深入推进“三证合一”登记制度改革试点、经开区深化行政审批制度改革试点工作。

强化金融改革创新。整合金融资源，适时组建南宁市金融集团，增强地方金融服务能力。整合财政、金融、产业政策，支持产业发展。引导金融创新，提升金融资产交易中心和股权交易中心运营水平，加快跨境人民币业务发展，推动沿边金融综合改革试验区金融业务同城化。全面深化农村金融改革，支持村镇银行混合制改造和农信社改制，开展农村产权抵押贷款试点。

深化投融资体制改革。创新投融资模式，规范政府投资，构建多渠道融资新常态，争取地方政府债券发行额度政策倾斜。鼓励社会投资，扩大民间资本市场准入范围，降低准入门槛，优化投融资环境，完善政府和社会资本合作（PPP模式）政策体系，建立PPP项目库，大力引导社会资本以合资、独资、特许经营权等方式参与公益性项目建设和运营。

深化财税管理改革。贯彻落实新《预算法》，依法加强收入征管，提高财政收入质量。贯彻中央各项税制改革，落实“营改增”扩面工作。完善市与城区、开发区事权与财权相匹配的财政管理体制。强化预算法治性和约束力，整合财政专项资金，盘活财政存量资金。全面推进预算绩效管理改革，加强绩效评价结果反馈和应用，提高财政资金使用效益。积极推进财政预决算公开，扩大公开范围，细化公开内容。改进年度预算控制方式，建立跨年度预算平衡机制，探索实施中期财政规划。大力推广政府购买服务，优化公共资源配置。进一步规范地方政府债务管理，防范财政风险。

强化土地利用和供给管理。按照“有保有压、保障重点”的原则，统筹安排各类建设用地，优先保障区市统筹推进重大项目、重大民生项目和产业项目，确保自治区下达南宁市年度新增建设用地指标的40%用于工业项目及工业园区基础设施建设。积极支持设施农业发展用地。抓好县（区）城镇配套设施建设，拿出一定比例新增建设用地指标用于县（区）教育和卫生基础设施建设。积极开展存量建设用地调查以及集约节约用地评价工作，建立存量土地数据库。建立建设用地计划指标执行动态管理机制，将县（区）、开发区已批准用地的供地率与安排新增建设用地指标挂钩，盘活存量用地，切实解决供地率偏低问题。争创全国国土资源节约集约示范市。

此外，积极推进国资国企、教育、文化、医药卫生等领域改革。

（七）提升开放水平，拓展经济发展新空间

深化开放合作。积极参与“一带一路”、中国—东盟自贸区升级版建设，继续服务好中国—东盟博览会和商务与投资峰会，办好泛北部湾论坛和中国500强企业高峰论坛。积极争取亚洲基础设施投资银行和丝路基金等投资，推动南宁—新加坡走廊铁路、公路等交通基础设施互联互通。继续深化区域合作，推动南广、贵广高铁经济带规划建设。

提升贸易便利化水平。全面推行通关作业无纸化和关检合作“三合一”通关模式改革，力争年内实现进出口货物在北部湾经济区自由流转。加快推进跨境贸易电子商务服务试点建设，力争6月底完成跨境贸易电子商务综合服务平台建设并投入使用。加快南宁口岸服务体系、服务设施建设，积极推进大通关及电子口岸建设，大力引进外贸综合服务企业。积极发展保税物流，加快推动南宁保税物流中心升级为综合保税区。

加大产业招商引资力度。围绕六大重点产业和标准厂房开展专题招商，对内瞄准珠三角、长三角地区，积极承接产业转移；对外开展外资企业在华总部招商，全面深化面向东盟、拓展欧美日韩的合作。积极推动通用航空、生物医药、铝合金新材料等产业招商。力争全年实际到位内资925亿元，增长8%；直接利用外资6.90亿美元，增长8%。

（八）强化创新驱动和人才建设，增强经济发展动力

充分发挥企业主体作用。加快建设以企业为主体、市场为导向、产学研用紧密结合的技术创新体系，引导科技资源向企业集聚。充分发挥驻邕科研院所和高校集中的优势，引导有条件的企业和科研院所、高校合作建设产业创新研究院、工程技术研究中心、企业技术中心等创新平台，支持南南铝、富士康、田园生化、百洋集团、博世科等企业争创国家级研发机构或技术中心。力争新增市级以上企业技术中心6家、高新技术企业20家、广西创新型试点企业5家。

完善科技创新体制机制。推动建立由市场决定技术创新项目和经费分配、评价成果机制。加快建设中国—东盟技术转移中心，推动与东盟各国技术、标准、检验检测等互认与合作。加快建设国家科技成果转化服务（南宁）示范基地，争取更多的国家科技成果在南宁转化及产业化。继续推进国家创新型试点城市和国家知识产权试点城市建设，力争申请发明专利6500件，每万人口发明专利拥有量增长40%，建成科技企业孵化器13家、创新创业公共服务平台3个。

夯实科技发展人才基础。支持开发区创新型企业与自治区内外高校、科研院所合作共建人才培养基地，加强院士工作站、博士后工作站、研究生工作站建设。大力引进金融业、电子信息、生物医药、航空航天、新能源及节能环保、先进装备制造等领域紧缺人才。举办南宁海内外高层次人才与项目对接会，力争引进一批海内外创业创新领军人才（团队）。实施“百名工科博士硕士入邕企”计划，开通“绿城联合引智”直通车。

（九）更加注重民生改善和社会建设，构建幸福和谐家园

大力推进教育现代化。加快实施“双百”战略，以城市新区和新建小区配套学校、幼儿园建设为重点，强化教育基础设施建设，规划建设南宁东盟文教集中区，年内基本建成8所市区中小学校。积极推动县域教育布局调整，加大县城中小学校建设力度。实施第二期学前教育三年行动计划，加大多元普惠性幼儿园扶持力度，新建公办幼儿园36所，改扩建34所。促进义务教育均衡发展，力争青秀、兴宁通过国家级评估验收，武鸣通过自治区级评估验收。九年义务教育巩固率达96%，学前三年教育毛入园率达93%，高中阶段教育毛入学率达93%。继续在各县实施义务教育学生营养改善计划，膳食补助标准上调为每人每日4元。探索进城务工人员随迁子女凭积分入读义务教育公办学校办法。做大优质教育资源，年内创建市级现代化示范普通高中8所、特色普通高中4所。推进县级中等职业学校综合改革，建设2所国家中等职业教育改革发展示范学校，构建现代职业教育体系，搭建中职、高职到本科职业教育“立交桥”，推进中高职衔接、职教普教融通，实现南宁市五年一贯制中高职一体化人才培养模式。探索校企合作、联合办学等模式，按照现代企业制度要求推进职业教育集团化办学。全面加强教师队伍建设，实施“666”人才培养计划，新增一批农村中小学、中等职业学校特岗教师。实施“民族地区教育信息化示范工程”，建设义务教育阶段学校“宽带网络校校通”150所。

大力推进就业创业。继续实施“就业优先”战略和更加积极的就业政策，全面铺开“创建充分就业县区”活动。启动“绿城南宁产业工人培训三年行动计划”，每年提升培训1万人以上，保障重点劳动密集型企业用工需求。完善创业扶持政策，推进示范性大学生创业孵化基地、人才一站式服务中心建设，研究出台《南宁市进城务工人员小额担保贷款实施管理办法》，推动以大学生、返乡人员等中青年群体为重点的全民创业，努力形成大众创业、全民就业的新局面。

抓好社会保障工作。加快“金保工程”信息化建设。启动实施全民参保登记计划，力争年内城镇“五险”参保420万人次，城乡居民基本养老保险参保210万人次，新农合和城镇居民医保标准从320元提高到380元。继续做好城乡居民大病保险工作，建立健全医疗救助与基本医疗保险、大病保险相衔接的医疗费用结算机制。创新保障性住房建设模式，开工建设保障性住房、棚户区改造住房3.25万套，加强保障性住房分配运营管理。整治改造100个以上无人管理的低收入群体较集中的老旧居住区。完善残疾人社会保障体系和服务体系建设。同步完善工资制度，政策向低职务人员倾斜，向条件艰苦的偏远乡镇和长期在乡镇工作的人员倾斜，实行乡镇工作补贴，在县以下机关建立公务员职务与职级并行制度。进一步提高村干部待遇。

发展卫生计生事业。继续推进以公立医院改革为主的医药卫生体制改革。以南宁市被列为国家鼓励社会办医试点城市为契机，大力支持社会资本举办医疗机构，加大民办医疗机构的管理、协调、服务力度。实施好单独二孩政策，加快计划生育服务管理和计划生育服务证办理制度改革，推进诚信计生。整合市、县、乡卫生和计生业务用房及设备，改善基层卫生计生工作条件。加强县、乡、村三级医疗卫生机构基础设施建设，重点改善乡镇卫生院医疗条件。加强乡村医生培养，提高乡村医生养老待遇。支持中医药和民族医药发展。抓好疾病防控和艾滋病防治攻坚工程。做好迎接“国家卫生城市”年度复查工作。

加快发展文化体育事业。加强公共文化基础设施建设，推进村级公共服务中心建设，大力实施文化惠民工程，提升公共文化服务质量。制定文化产业发展专项规划，实施文化产业精品项目工程，大力发展文化创意、演艺娱乐、文化旅游等新型文化业态，促进文化与科技、旅游、体育等多种业态融合发展，提升文化产业发展水平。加快“大地飞歌”品牌产业化经营。深入挖掘骆越文化、那文化等民族文化，保护非物质文化遗产。办好第三届中国—东盟（南宁）戏剧周，深化对外文化交流。完善全民健身场地设施，推进市体校新校区建设，发展体育产业。

加强食品药品安全监管。深入推进食品药品监管体制改革，加强食品药品安全技术支持和执法监督体系建设。加大专项整治力度，狠抓餐桌污染治理，完善企业主体责任体系、食品安全信用体系和社会共治体系建设。全力创建食品安全城市，确保食品安全综合治理能力全面提升，提高人民群众的食品安全满意度。

加强和创新社会治理。加强精神文明建设，深化全国文明城市创建工作。进一步推进诚信体系建设制度化，落实诚信“红黑榜”发布制度。深入开展平安创建活动，完善立体化社会治安防控体系，严密防范和依法严厉打击各类违法犯罪活动。健全社会稳定风险评估机制、突发事件应急处置机制，有效预防和化解各类社会矛盾。落实政府法律援助制度。推进安全隐患排查治理分类分级监管，坚决遏制重特大事故发生。创建“全国综合减灾示范社区”。实施社区建设提升工程，加强社区网格化管理。培育发展社会组织，支持村（居）委会、业主委员会、社会组织参与社会管理，推进多层次多领域依法治理。

实施为民办实事工程。全力完成自治区为民办实事重点项目和南宁市教育、食安、健康、文化、就业、敬老、强基、市政、畅通、平安10项共39个子项为民办实事工程。（市政府办公厅）

政协南宁市委员会常务委员会2014年工作报告（摘要）

（2015年2月3日）

一、2014年工作回顾

（一）强化学习，夯实团结奋斗的共同思想政治基础

坚持把思想理论建设摆在首位，采取集中培训、专题讲座、主题党课和深入自学等形式，运用“同心书屋”“政协委员阅读工程”“政协委员学习教育基地”等平台，组织政协委员和机关党员干部深入学习中共十八大、十八届三中、四中全会和习近平总书记系列重要讲话精神，深入学习社会主义核心价值观和市委十一届十一次全会精神。协助市委召开庆祝人民政协成立65周年座谈会，认真学习习近平总书记、彭清华书记在全国、自治区庆祝人民政协成立65周年大会上的重要讲话精神。组织市政协常委、市政协委员企业家赴浙江大学培训，举办常委会专题学习讲座2期、委员专题学习7期。

认真按照中央、自治区党委和市委的部署，深入开展党的群众路线教育实践活动，广泛征求意见建议，严格贯彻落实中央八项规定，坚决反对“四风”，专题民主生活会动真格有辣味，深入开展专项整治，解决群众关注的突出问题，杜绝铺张浪费，改进文风会风，密切联系群众，做到立行立改。通过教育实践活动，市政协领导班子和党员干部作风明显转变、服务委员能力进一步提升，管理制度进一步完善，推进了政协工作有效开展。

（二）围绕中心，助推奋力提升南宁首位度

聚焦改革发展献计出力。紧扣市委、市政府实施“工业强市、产业旺市”发展战略，就生物医药、电子信息、铝深加工等重点产业建设和旅游产业开发、总部楼宇经济发展等内容形成一批提案，为优化工业结构、加快金融业创新等产业发展提供决策参考。就加快推进西江经济带建设、园林产业发展、现代职业教育发展、完善立体化社会治安防控体系等开展专题调研，形成4份重点课题调研报告；围绕五象新区建设、重大项目建设、县（区）综合示范村建设等重点工作，深入中恒（南宁）生物医药产业基地、海尔·青啤联合广场等项目及农村开展视察，形成10多份视察报告，许多意见建议被吸纳到《关于加快新型工业化实现跨越式发展的决定》等文件中，促进了相关工作开展。围绕行政审批制度、财政体制、完善土地管理制度等改革发展的重大问题，就“权力清单”的建立、预算绩效管理的加强、农村住宅房屋所有权和宅基地使用权的确权等内容，开展调研视察、协商讨论，形成涉及转变政府职能、健全社会信用体系等方面的提案、建议案，许多意见建议被采纳到“加快推进农业现代化”“建设沿边金融综合改革试验区”等工作部署中，有效促进改革重大事项的落实。

积极助推美丽南宁建设。下发通知要求全市政协组织、政协各参加单位和广大政协委员全力投入到“整洁畅通有序大行动”和“清洁乡村”活动，提出提案近百件，从强化规划引领、加强基础设施建设、加大公交优先力度、提高市民素质等方面进行建言献策，有力促进美丽南宁建设。市政协两位副主席分别担任南宁市“绿化美化彩化亮化”提升工程和“三街两巷”建设办公室常务负责人，为推进这两项工作贡献力量。

深入开展民主监督。坚持寓民主监督于协商、视察、提案等履职活动之中，促进市委、市政府决策部署更好贯彻落实。如婚丧喜庆大操大办专项整治提案的建议被市纪委制定的《南宁市党员干部操办婚丧喜庆事宜暂行规定》采纳，为形成勤俭节约、健康向上的良好风气发挥积极作用。加强与市纪委联系合作，拓展深化政协委员“民主监督绿色通道”平台作用，促进民主监督与党风廉政建设工作优势互补、形成合力。邀请市政府领导、市纪委、市中级人民法院、市人民检察院主要领导在市政协常委会上通报全市经济社会发展、提案办理、党风廉政建设以及法检两院工作情况，首次组织常委、委员就关心的热点问题与到会领导协商探讨、沟通交流，使委员知情明政、形成共识。组织委员对市直窗口部门的“民主评议政风行风”活动进行评议，对《南宁市经济适用房管理办法》等10多部地方性法规草案进行探讨论证；旁听市中级人民法院、自治区人民检察院审理案件。组织特邀监督员对政府信息公开执行、市容市貌整治等工作进行专项监督。通过民主监督，把法治的理念和法治思维贯彻落实到履职全过程，促进政风行风好转、司法公正和机关作风转变。

（三）履职为民，共促民生改善

关注民生反映民意。坚持把改善民生、增进人民福祉作为政协履行职能、发挥作用、体现价值的根本取向。组织委员围绕教育就业、医疗卫生、社会养老、食品安全、住房保障、城市交通等民生热点难点问题提出提案88件，所反映的农贸市场建设、农村留守老人养老、食品药品安全管理等民生问题得到逐步解决。如关于打通市区部分交通节点缓解交通拥堵提案中的建议，被市交通、交警等部门采纳，促进“断头路”打通，缓解交通拥堵。广泛收集社情民意信息，全年共编发《政协信息》41期、《社情民意》10期，收集民意信息300多条，为市委、市政府掌握舆情、化解矛盾提供服务。把委员关注的社会养老、幼儿园及小学生午托问题等相关提案提供给南宁电视台《电视问政》节目组，

提案者亲临现场与职能部门交流,使意见建议转化为利民举措。

同心育才情系瑶乡。“同心育才”工程共筹集到市政协委员和企业家等捐资2100多万元,其中资助镇圩瑶族乡中心学校改扩建1000多万元;资助南宁市3个瑶族乡230名少数民族学生免费就读优质高中、67名就读职业技术学院。截至2014年,已有78名学生高中毕业并参加高考,全部考上了大学。其中考上一本7人、二本40人、三本24人、专科7人。“同心育才”工程实施,让部分瑶乡子弟圆了大学梦,使瑶乡人民深切感受到党的温暖、社会的关心和委员的真情。

(四)务实创新,推动协商民主成果转化

常委会专题协商取得成效。选择“全力举办好第45届世界体操锦标赛”作为常委会专题协商议题,组成调研组围绕城市综合整治、服务世锦赛“七大工程”、食品安全等情况深入调研视察;针对存在问题,征集市直有关部门、各民主党派、人民团体协商材料12份;召开常委会专题协商会,市委、市政府高度重视,市长周红波、市委副书记李泽等领导带领市直有关部门负责人,与常委、委员面对面协商,探讨破解难题方略,融合“协商—监督—议政”于一体,强化协商叠加效应。

深入开展提案办理协商。坚持把协商贯穿于提案办理全过程。认真落实市委办、市政府办出台的《关于进一步加强人民政协提案办理工作的实施意见》,建立常态联系机制,畅通政协组织、提案者和承办单位三方协调互动渠道。落实市委、市政府、市政协领导督办重点提案制度和市政府领导通报政府系统提案办理情况制度,开展提案办理工作民主评议活动,不断提高办理实效。市政协十届四次会议立案提案403件,其中32件被列为市委、市政府、市政协领导督办提案。市委书记牵头督办《关于进一步优化战略性新兴产业发展环境的建议》提案,多次深入相关企业调查研究,解决实际问题,有力推进了战略性新兴产业发展。市长牵头督办《关于大力推进“三旧”改造工作的建议》提案,带领市直有关部门责任人多次现场办公,有力推动“三旧”改造步伐。市政协领导班子成员分别牵头督办《关于禁止大规模种植速生桉,保护生态环境的建议》等重点提案,强化办理协商和跟踪督办,有力推动规范和整治速生桉种植等办理意见的落实。403件提案已全部办复,可行性建议有的融入党政决策,有的转化为工作措施。

积极推进对口协商和界别协商。以专委会为依托、以界别委员为主体,有效开展各种对口协商、界别协商活动。各专委会从自身优势和特点出发,就推进农村土地流转、申报国家历史文化名城、创建全国民族团结进步示范市、重大危险源安全防范体系建设等专题,通过调研视察、座谈交流等方式同有关单位进行对口协商。各界别从委员提案和行业热点中选取协商议题,就水污染状况及水环境保护、解决民营企业用地等课题深入调研,与职能部门开展协商,彰显界别在扩大公民有序政治参与中的渠道和平台优势。

(五)凝心聚力,促进社会和谐稳定

坚持大团结大联合。充分发挥各民主党派、工商联和无党派人士的重要作用,联合民主党派、工商联和无党派人士开展调研视察、提案督办、协商议政等活动,加强工作合作。市政协领导定期走访民主党派、工商联、无党派人士,听取意见建议。一年来,党派团体围绕打击违法犯罪、完善安全防范措施、反腐倡廉等共提交提案、发言材料90多件,社情民意信息200余条。举办港澳委员活动日,支持港澳委员参与和做好社团工作。邀请海内外友好人士来邕考察,牵线搭桥推进招商引资项目的落实。编撰《月是故乡明》,反映和展示南宁市归侨侨眷心系南宁的胸怀和情牵发展的风采。加强同非公经济界人士的联系和交流,促进非公经济发展。加强与民族宗教和侨联界人士的联系,切实维护民族团结、宗教和睦、社会稳定。组织界别委员开展专题调研、协商议政等活动,把社情民意、提案征集的触角延伸到各界群众中,把委员的整体优势融注于服务社会实践中。一年来,开展界别活动60多次,上门走访委员300多人次,收集意见建议100多条,畅通界别反映社情民意的渠道。

开展“委员联系群众”活动。充分发挥委员主体作用,组织政协委员开展联系帮扶困难群众活动,努力为困难群众排忧解难。深入开展送科技知识、送医疗卫生、送法律法规下乡、助推文化教育发展、扶贫济困、美丽南宁建设等“委员六大行动”活动,促进农村经济社会发展和清洁乡村、生态乡村建设。市政协领导带队走访委员和委员企业,开展交心谈心活动,帮助他们解决困难。充分发挥横县、宾阳县政协乡镇委员活动室和民盟市委会委员联络室的作用,为委员密切联系群众、为党委政府化解矛盾搭建新平台。

密切政协系统联系。主动接受自治区政协的指导,认真做好全国政协、自治区政协调研组赴邕调研视察的服务工作,与自治区政协合作出版《我们的民歌节往事》,全面展现民歌节的发展历程和取得的成就。积极参加政协系统经验交流、理论研讨等活动,加强与兄弟城市政协的联系交往。加强对县区政协工作的联系指导,联合县区政协开展重大课题调研,提高政协工作整体水平。

(六)固本强基,提升政协工作科学化水平

继续深入开展委员行动工程、委员素质提升工程、作风建设工程和政协“三化”建设工程,进一步加强常委会的思想、组织、作风和制度建设,充分发挥政协委员主体作用,大力推进履职能力建设,切实提升政协委员的政治把握能力、调查研究能力、联系群众能力、团结共事能力。结合党的群众路线教育实践活动,狠抓机关作风建设,强化政治纪律、政治规矩,坚决贯彻执行中央八项规定、自治区党委和市委有关的要求,践行“三严三实”,坚决反对“四风”,转变会风文风,改进调查研究,精简文件简报,厉行勤俭节约,完善工作制度和岗位职责,积极推进机关数字化平台建设,提高机关工作效率和服务水平。牢固树立政治意识、大局意识、群众意识、服务意识,营造想干事、敢干事、干成事的良好氛围。

工作中的主要不足是:议政建言的质量有待提高,民主监督工作需要加强,委员主体作用发挥还不够充分,深入基层调查研究不够,机关作风建设和服务委员能力需进一步加强等。

二、2015年主要工作

(一)加强思想理论建设,坚定正确政治方向

始终把强化理论武装摆在首要位置。深入学习贯彻中共十八大、十八届三中、四中全会和习近平总书记系列重要讲话精

神，以及市委十一届十三次全会精神，加强中国特色社会主义理论体系主题教育，培育和践行社会主义核心价值观，准确把握全面推进依法治国的指导思想、总体目标、基本原则和重大任务，将法治理念和法治精神贯彻到履职工作之中。深入学习贯彻习近平总书记在庆祝人民政协成立65周年大会上的重要讲话精神，增强做好新形势下政协工作的责任感、使命感和紧迫感，切实把思想和行动统一到中央、自治区党委和市委的决策部署上来，把智慧和力量凝聚到推进全面深化改革、法治南宁建设和奋力提升南宁首位度的伟大实践上来，把牢政治方向，严守政治纪律，严守政治规矩，始终做到心中有党、心中有民、心中有责、心中有戒。

（二）主动适应经济发展新常态，凝聚改革发展正能量

始终把奋力提升南宁首位度作为政协履职为民的第一要务。要把政协工作放到改革发展大局中去谋划推进，围绕行政审批制度、投融资体制、土地利用和管理等改革发展的重点领域和关键环节，就行政审批事项“接、管、放”、深化投融资机制创新、抓好沿边金融改革试验区建设、增加农民财产性收入等突出矛盾和瓶颈问题开展议政建言活动，力促改革在重点领域、关键环节取得实质性突破。

要围绕“工业强市、产业旺市”战略部署，紧扣着力转方式调结构、提升经济发展质量和效益、推进生态宜居城市建设等工作，选择加快现代工业扩量提质、推进五象新区建设、增强投资和消费双拉动、融入“一带一路”沿线基础设施建设规划等课题，通过提案、视察、协商等形式，为培育经济新增长点、保持经济稳定增长建真言、献良策、添助力，促进全市经济有质量、有效益、可持续发展。

要坚持协商在决策之前和决策实施之中，围绕“十三五”规划编制工作，精心选题，找准切入点，组织开展前期调研视察和民意征集活动，建言于决策之前，助力于执行之中，为科学编制南宁市“十三五”规划建诤言、献良策、出实招。

问题是时代的声音，人心是最大的政治。密切同各民主党派、无党派人士、工商联的联系与合作，通过大会发言、提案办理、联合调研视察等多形式，积极搭建履职平台。发挥界别密切联系群众的作用，反映界别群众愿望诉求。密切同少数民族、宗教界代表人士的联系，听取和反映他们的意见和呼声，努力促进民族团结和宗教和睦。加强同新社会阶层的联系，引导他们爱国、敬业、诚信、守法，集聚发展合力，共促社会进步。发挥港澳委员、海外联谊顾问在促进首府发展和维护港澳地区繁荣稳定方面的独特作用，积聚社会正能量。

（三）主动适应依法治国新常态，服务法治南宁建设

要认真贯彻落实市委关于全面推进法治南宁建设的部署要求，坚持建言献策于法有据、合乎法治精神。全体政协委员要树立法治和宪法权威，增强法治理念，自觉遵法、学法、信法、守法、用法、护法，争做法治南宁建设的宣传者、推动者、监督者和实践者。围绕提高司法公信力、提高城市治理法治水平、提高全民守法自觉性等工作，深入开展调研视察、协商论证，推动形成良好的法治环境。围绕地方性法规规章出台开展立法协商，推进立法工作更广泛地集中民智、体现民情、反映民意。

（四）践行为民宗旨，增进民生福祉

始终坚持改善民生是政协履职为民的出发点和落脚点。要牢固树立以人为本、履职为民的理念，围绕就业教育、社会保障、医药卫生、公共服务、住房保障、食品安全、扶贫攻坚等民生重点问题，组织委员开展调查研究、协商议政，深入了解民情，充分反映民意，使建言献策具有更坚实的群众基础。助推精准扶贫工作和生态乡村建设，持续关注留守儿童、留守老人等问题。深入开展“委员联系群众”活动，继续深入实施“同心育才”工程，多为群众办实事办好事。

（五）完善监督机制，增强民主监督实效

要着力提升民主监督工作水平，着力完善监督机制，不断拓宽监督渠道，对党委政府关心、群众关注、社会关切的重要问题，实施有效监督。紧紧围绕党委决策贯彻执行、政府部门依法行政、司法机关公正执法、党政机关作风建设扎实开展民主评议活动，促进党风政风行风和廉政建设健康发展。继续发挥政协委员“民主监督绿色通道”作用，综合运用委员视察、提案、大会发言、反映社情民意等多种监督形式，积极探索部门欢迎、百姓需要、党委支持的民主监督方式。

（六）推进协商民主，发挥重要渠道作用

要按照《中共中央关于加强社会主义协商民主建设的意见》和自治区党委、市委有关规定，紧扣市委、市政府的中心工作，精心制定年度协商计划，拓宽协商渠道，丰富协商内容，推进协商民主广泛多层制度化发展。以常委会议、重点调研、重点提案办理为载体，围绕涉及城市管理、生态环境保护等方面，更加活跃有序地组织开展专题协商、提案办理协商、对口协商和界别协商，为促进全面深化改革助力决策。加强政协协商民主理论研究，更好地发挥理论对实践的指导作用。积极探索立法协商、网络议政、远程协商等新形式，提高协商的科学性和实效性。

（七）转作风强素质，加强履职能力建设

作风建设永远在路上。切实加强政协常委会的思想、作风、组织和廉政建设，健全工作机制，增强常委会组成人员的政治意识、大局意识、责任意识和表率意识，充分发挥集体领导作用。加强委员队伍建设，充分发挥委员主体作用，着力推进履职能力建设。广大政协委员要珍惜自身荣誉，恪守宪法法律，自觉践行社会主义核心价值观，锤炼道德品行，改进工作作风，切实发挥在本职工作中的带头作用、界别群众的代表作用，不负重托，不辱使命。完善界别活动方式，突出界别特色，丰富界别活动，推动界别工作经常活跃地开展。完善专委会工作制度，加强各专委会的协调配合和合作联动，组织开展联合调研和视察考察，形成履行职能整体优势。继续抓好学习教育活动整改工作，加强制度建设，建立长效机制。加强党风廉政建设和干部队伍建设，在机关党员干部中开展“牢记‘四有’，争做忠诚清廉担当好干部”主题教育活动，形成想干事、敢干事、干成事的良好氛围和用人导向，进一步激发机关干部干事创业的活力。

（市政协办公厅）

责任编辑 周 红

特 辑

第45届世界体操锦标赛回顾

【申 办】

申请提出 2010年11月12日，市体育局局长梁桦中陪同市长黄方方在广州参加第12届亚运会开幕式期间，拜会国家体育总局体操运动管理中心主任罗超毅，请罗超毅帮助广西争取办世界锦标赛事宜，同时建议由南宁市承办。11月18日，市体育局向市政府呈报《关于申请承办2014年世界体操锦标赛的请示》附带申请承办2014年世界体操锦标赛意向书，并向自治区体育局报告已呈报请示文。12月9日，体操中心主任罗超毅委托体操中心办公室主任周秋瑞电话告知市体育局：国际体操联合会要求在2011年2月24日前提交申请文件，将在执行委员会会议上研究。12月13日，市政府常务会议决定，向国际体操联合会申请承办2014年世界体操锦标赛。12月30日，市委常委会议决定，同意市政府申请承办2014年世界体操锦标赛。

可行性研究 2010年11月29日，市体育局派专人负责了解申办体操世锦赛的相关事宜，并组织人员进行可行性研究。研究结果表明：南宁市具备举办世界体操锦标赛深厚的人文基础，举办世锦赛顺应全体市民的意愿；南宁市是一个开放包容、极具活力的现代城市，也是中国面向东盟各国举办大型活动的中心，中国—东盟博览会、中国—东盟商务与投资峰会、南宁国际民歌艺术节、国际田联世界半程马拉松锦标赛的举办，积累举办各类大型赛事的成功经验；2013年广西体育中心二期工程应已竣工，通过承办世界大赛，有利于进一步扩大南宁市对外影响，推动经济社会发展和打造区域性国际城市。体操中心领导提出将全力以赴协助南宁做好申办工作，同时指定相关人员负责指导；南宁市领导非常重视申办工作，承诺在协议框架内需要的经费由南宁市负责。

递交申请 2011年1月19日，申报工作领导小组对申请协议书审核完毕，市体育局将申请协议书（电子版样稿）报体育总局，文字版正式报市政府审批。市政府请南宁市法制办对申请协议书提出意见。市法制办1月26日回复市政府，无修改意见。1月27日，南宁市体育局将申请协议书印刷本送达市政府。1月28日，黄方方市长亲自签署申请协议书。总局针对申请协议书提出：训练馆数量由2个改为4个，余无意见。2月12日，体育总局向外交部递交举办世界体操锦标赛备案的函。

申办成功 2011年11月19日，国家体育总局体操运动管理中心主任罗超毅与国际体操联合会秘书长安德烈·盖斯比莱在伯明翰举行的第28届蹦床体操世界锦标赛期间签订协议，将第45届体操世锦赛举办权交予中国城市南宁。第45届体操世锦赛将于2014年10月3日至12日举行，广西体育中心体育馆作为体操世锦赛的主场馆。11月21日，国际体操联合会正式发函至体操中心，中国南宁获2014年第45届世界体操锦标赛举办权。这是中国继1999年天津体操世锦赛后，第二次承办该赛事，也成为首次在边疆少数民族地区举办的重要国际性体育赛事。

会旗交接 2013年10月6日，为期7天的第44届世界体操锦标赛在比利时安特卫普落下帷幕。闭幕式上南宁市代表团团长、市委常委、宣传部部长、副市长吕洁从国际体联官员的手中郑重地接过世界体操锦标赛的会旗，现场观众报以热烈的欢呼声和掌声。在闭幕式上播放了南宁城市宣传短片，向世界展现南宁独特的城市魅力，让世界期待绿城。通过赛事的举办不仅展示南宁城市形象，扩大城市知名度和影响力以及美誉度，更是提高南宁区域中心城市地位，加快建设区域性国际城市的有利契机，对南宁经济社会的发展更将起到积极而又深远的意义。

【筹 办】 第45届世界体操锦标赛的组织机构有锦标赛广西壮族自治区领导小组、锦标赛南宁市领导小组及锦标赛组织委员会，负责锦标赛筹办及举办的各项事务。2013年2月6日，第45届世界体操锦标赛组织委员会经南宁市委、市政府审批成立。组委会是承办第45届世界体操锦标赛的组织机构，负责实施本届体操世锦赛的各项筹备和举办工作。组委会设名誉主任3名、主任3名，执行主任3名、执行副主任9名，名誉主任由国家体育总局、广西壮族自治区人民政府各1名领导担任，主任由国家体育总局1名副局

2011年11月21日，国家体育总局体操运动管理中心主任罗超毅（左）与国际体操联合会秘书长安德烈·盖斯（右）签订协议 市地方志办公室资料

长、广西壮族自治区党委常委、南宁市委书记陈武及自治区人民政府1名分管领导担任，成员75名。组委会设16个内设工作机构，包括组委会办事机构办公室、综合部、监察部、资金管理部、竞赛部、宣传部、电视信号制作及转播部、招商部、志愿者部等。2014年2月8日，第45届世界体操锦标赛广西壮族自治区领导小组（简称自治区领导小组）经自治区党委办公厅、自治区人民政府办公厅审批成立，主要负责做好锦标赛的各项筹备工作。自治区领导小组设组长1名，副组长3名。组长由广西壮族自治区主席担任，副组长由自治区党委常委、宣传部部长，自治区党委常委、南宁市委书记，自治区副主席担任。成员单位31个，包括发展改革委、公安厅、财政厅、文化厅、卫生和计划生育委、外事侨务办、质监局、新闻出版广电局、体育局、食品药品监管局、通信管理局、广西出入境检验检疫局等。领导小组下设办公室，办公室设在南宁市，办公室主任由市长周红波兼任。2014年2月14日，南宁市服务第45届世界体操锦标赛工作领导小组（简称锦标赛南宁市领导小组）经南宁市委、市政府审批成立。设组长2名，副组长28名。组长由南宁市委书记，南宁市长担任。成员单位92个，包括市委、市政府、组织部、宣传部、纪委、统战部、人大常委会、大型活动协调办、重点办（铁建办）、文明办、商务局、文化新闻出版局、食品药品监管局等。

【测试赛】 2014年5月5日至13日，全国体操锦标赛暨第45届世界体操锦标赛测试赛在广西体育中心体育馆举行。赛事由国家体育总局体操运动管理中心主办，广西壮族自治区体育局、南宁市人民政府承办，南宁市体育局、市体育总会协办。按照节俭办会的原则，不举行开、闭幕式，将重点对场地及设施、工作队伍、竞赛流程、场馆流线设计、接待服务、媒体运行服务、志愿者服务等进行针对性的测试和检验。全国体操锦标赛有来自北京、天津、河北、山西、上海、江苏、浙江、香港等23支地方代表队、175名运动员（男97人、女78人）参赛，其中现役国家队选手将回到各自地方队中参赛。组委会邀请国际体联新闻官菲利普·萨拉奇、浪琴实况信息服务官员（CIS）以及国家体育总局竞体司、科教司、宣传司、体操运动管理中心、反兴奋剂中心、体育信息中心等部门派员抵邕观摩和考察赛事，给予工作支持和指导，提出具体实施意见和指导建议；美国、日本体操协会派出代表抵达南宁观摩赛事。

男子团体决赛　5月9日在广西体育中心体育馆举行。贵州、广西、解放军、山东、广东、上海、福建、江苏、四川、河南、天津、云南12个代表队进行角逐，贵州、广西、解放军3个代表队分获前三名。

女子团体决赛　5月10日在广西体育中心体育馆举行。浙江、广东、湖南、上海、福建、江苏、北京、河北、湖北、江西10个代表队进行角逐，浙江、广东、湖南代表队分获前三名。

男子全能决赛　5月11日在广西体育中心体育馆举行。贵州代表队的邓书弟、刘榕冰分获冠军、亚军，福建代表队的林攀超获季军。

女子全能决赛　5月11日在广西体育中心体育馆举行。福建代表队的姚金男、湖南代表队的商春松、北京代表队的王妍分获前三名。

男子单项决赛　自由体操决赛5月12日在广西体育中心体育馆举行，解放军代表队邓晓峰、广西代表队古柏森、贵州代表队邓书弟分获前三名；鞍马决赛5月12日在广西体育中心体育馆举行，解放军代表队王博、肖若腾和福建代表队翁浩分获前三名；吊环决赛5月12日在广西体育中心体育馆举行，解放军代表队刘洋、广西代表队廖俊林、陕西代表队伍冠华分获前三名；跳马决赛5月13日在广西体育中心体育馆举行，湖南代表队的屈瑞阳、广西代表队的黄明淇并列第一名，广西代表队的黄熙获第三名；双杠决赛5月13日在广西体育中心体育馆举行，贵州代表队的邓书弟、江苏代表队的尤浩并列第一名，北京代表队的程然、贵州代表队的刘榕冰并列第三名；单杠决赛5月13日在广西体育中心体育馆举行。贵州代表队的邓书弟、杨胜超并列第一名，广东代表队的朱真泉获第三名。

女子单项决赛　跳马决赛5月12日在广西体育中心体育馆举行，北京代表队的王妍、江西代表队的邓娅兰、河南代表队的刘津茹分获前三名；高低杠决赛5月12日在广西体育中心体育馆举行，福建代表队姚金男获第一名金牌，湖南代表队的商春松、浙江代表队的黄慧丹并列第二名；平衡木决赛5月13日在广西体育中心体育馆举行，湖南代表队的商春松、广西代表队的白雅雯（南宁籍）、广东代表队的刘婷婷分获前三名；自由体操决赛5月13日在广西体育中心体育馆举行，湖南代表队的商春松、福建代表队的姚金男、北京代表队的王妍分获前三名。

（黄小真）

【赛　事】

资格赛　2014年10月3日至6日，在广西体育中心体育馆举行。有74个代表团1411人（团长60人、运动员638人、教练员317人、领队48人、医生91人、其他官员28人、裁判员203人、技术官员15人、输分员11人）参赛。男子组设团体、全能、单杠、双杠、跳马、鞍马、吊环、自由体操8个比赛项目；女子组设团体、全能、高低杠、跳马、平衡木、自由体操6个比赛项目。经过4天的激烈角逐，前8名代表团进入团体决赛，前24名运动员进入个人全能决赛，前8名运动员进入单项决赛争。

男子团体决赛　10月7日，在广西体育中心体育馆举行。中国、日本、英国、美国、俄罗斯、巴西、瑞士、德国8个代表团进行角逐，中国、日本和美国分获前三名。

女子团体决赛　10月8日，在广西体育中心体育馆举行。美国、中国、罗马尼

5月13日，全国体操锦标赛暨第45届世界体操锦标赛测试赛女子平衡木决赛，广西代表队的白雅雯（左）获亚军　　市地方志办公室资料

10月7日，第45届世界体操锦标赛男子团体决赛，中国队总分273.369分获冠军，实现六连冠。图为颁奖仪式　　市体育局提供

亚、意大利、俄罗斯、英国、澳大利亚、日本8个代表团进行角逐，美国、中国、俄罗斯分获前三名。南宁市籍的白雅雯代表中国队参赛。

男子全能决赛　10月9日，在广西体育中心体育馆举行。有24人进入男子全能决赛角逐，日本代表团的UCHIMURA Kohei 和TANAKA·Yusuke分获冠军和季军，英国代表团的WHITLOCK·Max获亚军。

女子全能决赛　10月10日，在广西体育中心体育馆举行。有24人进入女子全能决赛角逐，美国代表团的BILES Simone、罗马尼亚代表团的IORDACHE Larisa Andreea、美国代表团的ROSS Kyla分获前三名。

男子单项决赛　自由体操决赛10月11日在广西体育中心体育馆举行，俄罗斯代表团ABLIAZIN Denis、日本代表团SHIRAI Kenzo和巴西代表团HYPOLITO Diego分获前三名；鞍马决赛10月11日在广西体育中心体育馆举行，匈牙利BERKI Krisztian、克罗地亚UDE Filip和法国TOMMASONE Cyril分获前三名；吊环决赛10月11日在广西体育中心体育馆举行，中国刘洋获第一名，巴西NABARRETE ZANETTI Arthur获第二名，中国尤浩、俄罗斯ABLIAZIN Denis并列第三名；跳马决赛10月12日在广西体育中心体育馆举行，朝鲜RI Se Gwang、乌克兰RADIVILOV Igor、美国DALTON Jacob分获前三名；双杠决赛10月12日在广西体育中心体育馆举行，乌克兰VERNIAIEV Oleg、美国LEYVA Danell和KATO Ryohei分获前三名；单杠决赛10月12日在广西体育中心体育馆举行。金银铜牌荷兰ZONDERLAND Epke、日本UCHIMURA Kohei和克罗地亚MOZNIK Marijo分获前三名。

女子单项决赛　跳马决赛10月11日在广西体育中心体育馆举行，荷兰HONG Un Jong、美国BILES Simone和SKINNER Mykayla分获前三名；高低杠决赛10月11日在广西体育中心体育馆举行，中国姚金男、黄慧丹分获金牌、银牌，美国LOCKLEAR Ashton获铜牌；平衡木决赛10月12日在广西体育中心体育馆举行，美国BILES Simone、中国白雅雯(南宁市籍)、俄罗斯MUSTAFINA Aliya分获前三名；自由体操决赛10月12日在广西体育中心体育馆举行，美国BILES Simone、罗马尼亚IORDACHE Larisa、俄罗斯MUSTAFINA Aliya分获前三名。

(李志楠)

南宁城建大提速

【概　况】 2014年，南宁市安排建设项目503个(新建266个、续建237个)，计划总投资371.42亿元，实际完成投资297.20亿元，比上年同期增长34.54%，占年度投资计划80.02%。项目涉及五象新区、水城建设及邕江综合整治、“中国绿城”提升工程、轨道交通、桥梁、道路、公共建筑、保障性住房、拆迁回建房、污水垃圾处置、市政配套设施、专项计划项目等11类；开工项目337个，其中新开工项目119个，续建218个，开工项目中，年内建成并投入使用52个。

【交通基础设施建设】 南宁市以交通基础设施作为城市建设重要内容，加快建成一批能起到拉动城市新区发展、解决城市拥堵问题的交通基础设施。

吴圩机场新航区与新航站楼　2010年8月25日吴圩机场新航区项目获国家发改委立项批复，2011年10月正式开工建设。项目目标为2020年满足旅客吞吐量1600万人次，货邮吞吐量16.40万吨，飞机起降量13.76万架次。主要项目有新航站楼、2条飞机滑行道、50个机位的停机坪、业务办公用房、消防供电供水制冷道路等辅助设施、空管工程、民航广西监管局工程、场内供油工程、场外供油工程及深航南宁分公司基地工程，总投资68.88亿元。新航站楼建筑面积20万平方米，水平方向长1080米，垂直方向长359米，中心区最高点高度42米，主体建筑形态宛如两只首尾相望比翼齐飞的凤凰，寓意“双凤还巢”。2014年9月25

9月25日，南宁吴圩国际机场新航站楼启用，标志着投资68.88亿元的南宁吴圩国际机场新航区建成使用。图为航班从新跑道起飞　　周家志　摄

日，新航站楼（T2航站楼）正式建成启用，当日进出航班119个，进出港旅客2.50万人。

高铁建设与南宁东站　2013年下半年起，南宁火车站至南宁火车东站（简称“南宁东站”）区间信号系统进行改造。2014年4月18日，南广高铁南宁至梧州段开通运营。8月22日，南宁火车站与南宁东站区间启动为期一个月的信号系统联调联试。9月25日，开行南宁（火车站）直达北京动车，坐火车从南宁直达北京从原来的27小时缩短至13.50小时。12月26日，南广高铁全线贯通运营，乘坐火车从南宁至广州从原来的14小时缩短至3小时。至年末，市辖区开通运营的高铁里程310.08千米，基本形成北通、南达、东进的现代化铁路网络格局。

12月24日，连接南宁东站与市区的重要节点——凤凰岭路—凤岭北路立交桥建成通车　　市重点项目办提供

2014年12月26日，南宁火车东站正式启用。南宁东站是一个以铁路客运为中心，集城市轨道、市域短途公路客运、市区公交、出租车、私家车、其他社会车辆等交通设施及交通方式为一体的特大型区域综合交通枢纽，站房主体高48.25米，长415米，宽186米，高架候车厅宽150米，总建筑面积26.75万平方米，设置13台30线（含6条正线）。站内设施设备齐全，设计人性化，在站内即可实现铁路、公交、地铁、出租车等各种交通方式的换乘。同时，建设南宁东站片区项目19个，18个进入施工阶段，其中基本建成地面南北广场、快速集散系统工程（B区、C区）等12个，保障旅客“进得去，出得来”。

轨道交通项目　轨道交通建设工程（1号线、2号线）全年完成投资56.80亿元，同比增长64%，完成自治区下达任务135%，完成年度投资计划113.60%。其中：1号线建设稳步推进，车站主体土石方工程完成100%，全线25座车站全部完成围护结构施工，24座车站主体封顶，主体结构完成88%，24台盾构始发，累计掘进3.44千米，区间掘进完成67%；2号线建设进度加快，除明秀路站外，完成其余车站围护结构，完成设计量的99%，土方开挖完成设计量的60%，主题结构施工完成设计量的20%，3个单线区间盾构施工始发，其中白沙大道12月2日盾构始发，创造开工到盾构施工仅250天的国内地铁建设新速度，提前工期60天。有序推进第二轮轨道建设规划与3号线前期工作，年内第二轮轨道建设规划通过国家环保部、住建部和发改委审查，并报国务院审定；同时基本完成3号线前期工作，12月28日开工建设庆歌路试验站。

南宁（新）外环示意图

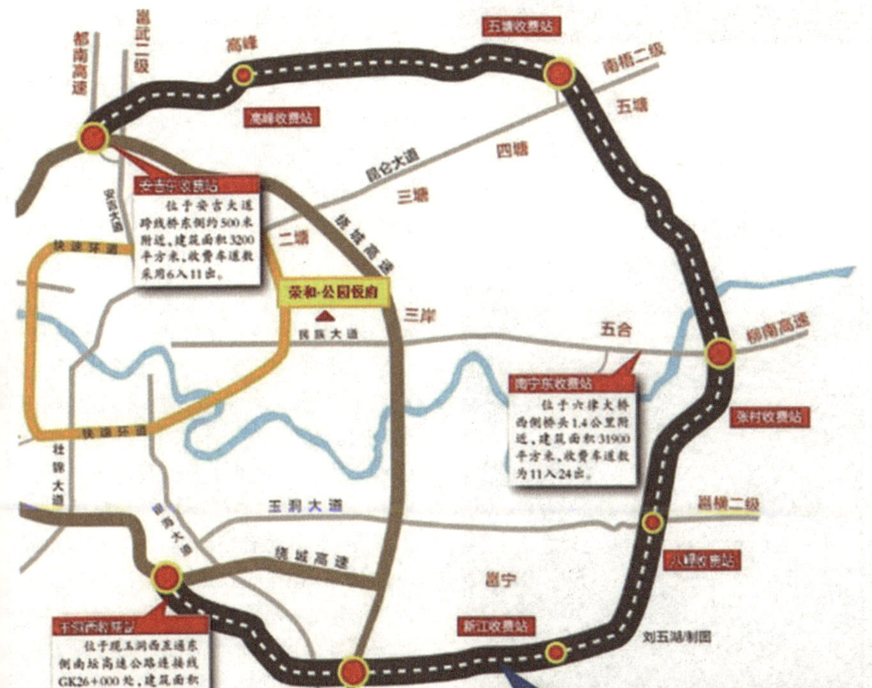

市地方志办公室资料

（新）外环高速公路　12月26日，（新）外环高速公路建成通车。（新）外环高速公路2009年6月23日开工，起于西乡塘区安吉，与环城高速公路安吉互通立交相连接，终点位于良庆区玉洞，与现有的环城高速南段相接，全长81.54千米，设计标准为双向四车道高速公路，行车速度每小时120千米，外环高速公路通车后，现有的环城高速东段将变成城市道路。南宁（新）外环高速建成后，在南宁东面、南面拉出一条半圆形的高速线路，“半圆”区域500多平方千米，为南宁市城市的东向和南向发展留下充足的空间。

城市桥梁道路建设　9月1日，跨（邕）江大桥——五象大桥、6座城市主干道立交桥（五象—玉象立交桥、银象立交桥、五象—友谊立交桥、五象—壮锦立交桥、沙井—亭洪路延长线立交桥、沙井—富乐立交桥）、南宁机场高速改造工程、机场高速往新航站楼方向路段建成通车。12月28日，英华大桥建成通车，青山大桥开工建设。至年末，五象新区有3座大桥连接江北市区（另1座为南宁大桥），较大程度改善城市交通。

【五象新区建设】　2014年，五象新区完成项目投资277.44亿元，比上年同期增长80.60%；开工在建项目275个，在建面积

9月"世锦赛"正式举办前夕，广西体育中心比赛场馆配套工程完工。图为广西体育中心全景　　周家志　摄

10月，五象新区重要片区之一——总部基地金融街初显规模　　五象新区管委会办公室提供

9月，南湖—竹排江水系下游河段治理后景色如画　　市水邕建设办

1345万平方米，增长174%；初步形成"三横三纵"骨干路网和区域路网，城市建区面积35平方千米，新增园林绿化面积183成平方米。

广西体育中心配套工程　服务第45届世界体操锦标赛场馆及配套设施主要有综合训练馆、体育宾馆、新闻中心及周边室外配套工程设施，总建筑面积26万平方米，提供停车位4000个，投资23亿元。工程分不同时期按建设要求交付，保障"世锦赛"10月3日至12日在广西体育中心举行。

重点片区建设　总部基地金融街开工50个项目，建成广西政协会馆、邕州海关、市二十六中等项目，基本完成项目布局。入驻中国移动、绿地集团、交通银行等世界500强企业6家、万科、恒大等中国500强企业16家、上市企业10家；玉洞片区完成投资36.62亿元，建成五象湖公园，基本建成平乐大道、玉洞大道等重点工程，开工建设轨道交通3号线、机场第二高速公路、玉洞大道拓宽工程、平乐—玉洞立交等工程，玉洞西一期、二期路网，玉洞东片路网等道路工程，有全国房地产2014年排名前十的3家企业入驻（万科魅力之城、绿地国际花都、华润二十四城）；蟠龙片区建成五象大桥、蟠龙片区10号路、蟠龙片区51号路等，广西文化艺术中心基本完成，开工建设南宁博物馆；龙岗片区在建房建类项目41项；文旅组团片区完成投资13.55亿元，基本建成良堤路，开工建设青山大桥。

【水城建设】　2014年，南宁市实施"中国水城"建设及邕江综合整治开发项目44个，完成投资36.43亿元。"中国水城"建设基本完成南湖—竹排江水系下游段整治，基本建成相思湖—明月湖水系相思·民族文化风情街、明月湖欧洲风情小镇，环相思湖水系实现连通、蓄水。民歌湖、相思湖、青秀湖、贤宾湖、邕江滨水公园等一批河湖公园建成开放。11月27日，老口航运枢纽成功截流。12月26日，中期评估成果通过验收。后期重点建设南湖—竹排江水系（茶花桥至茅桥湖段）环境综合整治、沙江河环境综合整治工程、朝阳溪（重型机械厂至二十八中段）环境综合整治工程、二坑溪（康美新村至二坑口段）、心圩江及可利江环境综合整治提升工程等。邕江综合整治项目中，基本建成邕江精品示范段，畅游阁封顶并完成工程量90%，后期重点建设柳沙滨江公园、津头滨江公园、平西滨江公园和邕江两岸绿道建设内容、五象新区堤园路滨江公园。　　（陈洪毅）

责任编辑　陈洪毅　黄小真

大事记

1月

1日 南宁市民可通过南宁市房产档案服务部网上查询系统（网址http://cd.nnfcdj.com)查询个人名下房屋登记信息。

△ “2014中国智慧旅游年”广西开年暨南宁月月旅游节启动仪式在广西科技馆前广场举行。

△ 南宁市城乡居民住宅小区公用附属设施用电(不包括从事生产、经营活动用电)不再执行一般工商业电价，改按居民合表户电价执行，市民公摊电费可节省约40%。

2日 南宁市戒毒治疗康复中心在市第一强制隔离戒毒所正式挂牌成立。

3日 市四家班子领导率南宁市党政考察团赴崇左市学习考察，到扶绥县、江州区、凭祥市等地考察产业园区开发、城市基础设施建设、现代工业发展、新区建设、城市规划、党建和社会文化事业发展情况。

6日 中国国民党副主席詹春柏率台湾中华运动传播学会参访交流团访问南宁。交流团与南宁市签署《广西南宁二中与台北景美女中姐妹学校合作意向书》。两校结为姐妹学校。

7日 国家工业和信息化部发布国家首批信息消费试点市(县、区)名单，南宁市成为68个首批国家信息消费试点市之一。

8日 南宁市举行2013年度民主评议科长评议结果新闻发布会，公布评议结果：市发展和改革委员会国民经济综合科科长韦娜等10人获评“十佳科长”、市旅游局政策法规科科长王春梅等50人获评“优秀科长”(包括“十佳科长”)；10人被评议为“后进科长”，在民主评议过程中有违法违纪行为的3名科长被确定为“不满意科长”。

△ 武鸣县获中国文艺家协会颁发“中国歌圩文化之乡”称号。

9日 2014年广西科学技术奖励大会暨第二十三届广西科技活动周开幕式在南宁举行。南宁市17项科技项目获2013年度广西科学技术奖，其中技术发明奖3项、科技进步奖14项。

11日 中国共产党南宁市第十一届委员会第十一次全体会议在市委、市政府会议中心召开。审议通过《中共南宁市委关于全面深化改革　奋力提升南宁首位度的决定》。

△ 南宁市体操协会在南宁市体育场正式挂牌成立。

20日 市委常委会（扩大）会议召开，传达学习习近平总书记在中央党的群众路线教育实践活动第一批总结暨第二批部署会议，学习十八届中央纪委第三次全会、中央政法工作会议上的重要讲话精神，研究部署南宁市党的群众路线教育实践活动、反腐倡廉、政法维稳等工作。

△ 位于南宁市五象新区的广西美术馆开馆一周年。传承经典·收藏文明——中国首届篆刻艺术名家作品收藏展暨中国(广西)篆刻艺术馆二期落成仪式和广西美术馆开馆一周年艺术展同期举办。1月至3月，市民均可免费到广西美术馆观看展览。

22日 南宁市慈善总会启动“慈善情暖万家”温情助困活动，拿出40万元发放给全市特困的城乡低保户、五保户、孤儿、家庭800户，每户发放慰问金500元。

23日 南宁市江南区劳动保障监察大队副大队长陈美杏为农民工讨薪维权专题报道在中央电视台新闻频道《新闻直播间》栏目播出。

26日 自治区党委党的群众路线教育实践活动领导小组、自治区党委组织部、自治区党委宣传部、自治区卫生厅、中共南宁市委举办的南宁市第四人民医院艾滋病科护士长杜丽群先进事迹报告会在武鸣县举行，武鸣县各界人士1000多人聆听报告。

△ 中共南宁吴圩空港经济区工作委员会、南宁吴圩空港经济区管理委员会在南宁经济技术开发区挂牌成立，标志着南宁吴圩空港经济区建设进入全面实施阶段。

27日 第45届世界体操锦标赛英文官方网站（网址：www.nanning2014gymnastics.com)正式上线运行。

27日至2月10日 “中国梦·美丽南宁”南宁市首届美术、书法、摄影优秀作品展在市图书馆举行。集中展示南宁日新月异的新面貌和美丽南宁建设取得的成果。

28日 南宁市召开第45届世界体操锦标赛筹备工作会议。会议强调，要在全市通过全方位策划宣传，调动市民参与迎接、服务盛会的积极性、主动性，争当

广西美术馆用360°幻影成像系统展示篆刻精品　　梁　枫　摄

文明人，做文明事。

△ 南宁铁路局在南宁市区部分街道设置自助售、取票机，将售票窗口“搬”到街道、学校和社区。

29日至2月14日 南宁市第二届新春文化庙会在孔庙举行。庙会包括“春联派送”“文化展演”“文化集市”三大部分。

2月

4日 南宁市在邓颖超纪念馆举行纪念邓颖超同志诞辰110周年暨邓颖超纪念馆陈列改造提升开馆仪式。

8日 市委在市委、市政府会议中心召开全市党的群众路线教育实践活动动员大会。

△ 宾阳县“代理妈妈”群体入选2014年1月“中国好人榜”“助人为乐”好人。援非医生钟日胜、拾金不昧的保洁员黎素娟、见义勇为好的哥黄世国等3人分别入选2014年2月、3月、4月“中国好人榜”。

△ 南宁市食品药品监督所通报“问题叉烧藏身粉店”查处情况。因使用未经动物卫生监督机构检疫的肉类及其制品（叉烧），违法情节严重，市食药监督管理部门依法对8家桂林石户米粉店、1家新一族快餐店给予罚款和吊销《餐饮服务许可证》行政处罚。同时责令桂林石户米粉其他门店停业整顿15天。

△ 青秀山桃花艺术节开幕，活动持续至3月9日。

8日至10日 2014年宾阳炮龙节举行。炮龙节回归传统，主要展示宾阳本土文化的精髓，包括宾阳景点旅游观光、宾阳山歌对唱大赛、宾阳县“魅力宾阳·唱响宾阳好声音”决赛、舞炮龙活动、炮龙表演暨宾阳非物质文化遗产展演活动、庙会、宾阳美食一条街、书画摄影展、灯酒宴、南宁（宾阳）—台南（盐水）双炮交流活动等内容。

10日 第45届世界体操锦标赛自治区领导小组召开第一次会议，听取赛事筹备进展情况汇报和各成员单位提出的意见、建议，协调解决筹备中存在的困难和问题。自治区主席、自治区领导小组组长陈武主持会议并讲话。

△ 广西完成保健食品生产企业信用等级首次评定，南宁市三家企业获评A级企业：广西博科药业有限公司、广西金赛保健品有限责任公司、南宁富莱欣生物科技有限公司。

△ 南宁市73个电动车上牌点电脑里用于登记注册电动车信息的系统统一关闭，延宕近6个月的电动车免费登记注册正式结束。至10日晚11时，全市办理电动车注册登记107.94万辆，其中达标电动车1.34万辆，超标电动车106.60万辆。超标电动车将不能再上牌，符合国标的电动车上牌则需收取费用。电动车在南宁市区内行驶必须悬挂号牌，交警部门将进行交通秩序专项整治，对无牌无证的电动车依法处罚和查扣。

11日至12日 中国人民政治协商会议第十届南宁市委员会第四次会议在南宁人民会堂举行。

12日 南宁市下发《关于严肃整治“会所中歪风”的通知》，各级领导干部不准出入私人会所，不准接受和持有私人会所会员卡，不准设立或入股私人会所，不准用公款报销在私人会所的消费。

12日至13日 南宁市第十三届人民代表大会第五次会议在南宁人民会堂举行。

13日至14日 农历正月十四、十五，南宁宾阳民俗文化代表团一行43人在台湾台南市盐水区参加台南盐水2014年元宵蜂炮活动，拉开2014年两岸民俗文化“台南盐水蜂炮—南宁宾阳炮龙”交流活动帷幕。

15日 澳门特别行政区行政长官崔世安率领特区政府代表团一行考察南宁市。“感受澳门——广西·南宁”澳门旅游推广活动在南宁举行开幕式，自治区主席陈武、澳门特首崔世安出席开幕式，共同为舞龙点睛。旅游推广活动18日至23日在南宁悦荟广场举行。

17日 市委常委、副市长田文东会见到南宁市访问的对华友好人士、菲律宾前副外长、前驻华大使周清琦一行5人。

17日至18日 南宁市党政考察团到吉林长春修正药业集团、长春市高新区长东北核心区和一汽轿车股份有限公司、长春轨道客车股份有限公司等企业考察学习，推进修正药业在邕投资项目落地建设。

18日 国家能源局确定第一批创建新能源示范城市和产业园区名单，南宁市获列其中。

18日至20日 南宁市党政考察团在湖北省武汉市、黄石市就城市建设、工业发展和社区和谐创建、生态文明等进行学习考察。

22日 南宁市举行2014年“开门红”重大项目开（竣）工活动。年内，举办8次重大项目开（竣）工活动，涉及五象新区的南宁恒大国际金融中心项目、广西富雅公司金融中心项目，南宁经济技术开发区的“百会”品牌系列药品生产项目、鸿基标准厂房项目、南宁娃哈哈饮料生产基地二期项目，以及南宁英华大桥、青山大桥、广西文化艺术中心、南宁轨道交通3号线庆歌路试验站等重大项目。

△ 南宁—花莲经贸文化联谊会在台湾花莲县美仑饭店举行。南宁市经贸文化代表团与花莲县海峡两岸少数民族交流协会代表，花莲县部分企业、乡镇村里长、少数民族代表进行交流。

24日 中国共产党南宁市第十一届纪律检查委员会第四次全体会议在市委、市政府会议中心召开。

△ 市长周红波在市政府会见澳大利亚班达伯格市市长摩尔·弗曼率领的经贸代表团一行。

26日 南宁市政府与世界500强企业绿地集团在上海签署战略合作协议，绿地集团参与南宁吴圩空港经济区开发，投资建设大型空港产业新城。

27日 南宁市土地市场集中挂牌出让8幅经营性用地（兴宁区5幅，五象新区3幅）均以底价成交，出让面积63.87万平方米，出让金总额31.51亿元。

28日 南宁市召开服务第45届世界体操锦标赛领导小组城市环境综合整治工作部署会。

△ 南宁市横县桂华茧丝绸有限责任公司生产的桂华蚕丝及其制品获“中国生态原产地产品保护”标志。

3月

2日 中央电视台《新闻联播》在“践行核心价值观”栏目中以《女孩撞人辞职陪护，老人免责助困》为题报道南宁上林女孩石芳丽撞人后勇于担责，老人放弃索赔并为其找工作的故事。

3日 南宁市注册资本登记制度改革营业执照首发仪式在南宁政务服务中心（五象新区分中心）工商窗口举行。广西南宁视乐文化传播有限公司、南宁威宁文化体育发展有限公司的代表拿到新版营业执照。

4日 广西2014年度考试录用公务员和选调生工作正式启动。南宁市计划招考公务员1375名。

6日 第11届中国—东盟博览会高官会在南宁市召开。会议初步确定，第11

届中国—东盟博览会的举办时间9月19日至22日。

7日 南宁市纪念三八国际劳动妇女节104周年暨首府巾帼迎世锦赛作奉献动员大会在新启用的南宁市妇女儿童活动中心举行。表彰一批“三八”红旗手标兵、“三八”红旗手、“三八”红旗集体、岗位建功先进集体、巾帼建功标兵、城乡妇女岗位建功先进个人，命名巾帼文明岗50个、妇女儿童维权岗24个，表彰优秀妇女儿童维权志愿者40名，并为第二批五星级“妇女之家”授牌。市农民工综合服务妇联分中心揭牌仪式同时举行。

△ “先锋绿城·美丽南宁”创建先锋示范城主题摄影比赛优秀作品展在榜样·中国—东盟艺术馆开展，展出作品100幅。

7日至8日 第45届世界体操锦标赛组委会工作汇报会在南宁举行。到南宁考察的国际体联副秘书长尼古拉斯·布尔潘尼肯定南宁市为世锦赛所做的筹备工作。

9日 国家中央财政支持的“全国脑瘫人群社区康复示范项目”正式落户南宁。是自治区首个获中央财政支持的社区脑瘫人群康复项目，由民间公益慈善机构“安琪之家”负责实施。

10日 鲁班路站—广西大学站区间右线成为南宁地铁1号线首条贯通的盾构区间隧道。

△ 南宁市成为自治区未成年人救助保护试点城市。

△ 代表中国队参加比赛的南宁选手蒙珊珊在泰国2014年亚洲青年及青少年举重锦标赛上，获青年组女子举重63公斤级比赛抓举、挺举、总成绩3枚金牌。

11日 2014年南宁市青少年“保护邕江母亲河”植树造林统一行动日活动在仙葫开发区五合大道的邕江边举行，约1100名志愿者参加。

12日 广西—东盟经济开发区引入的首家世界500强企业——美国嘉吉公司(南宁)农标普瑞纳饲料生产销售项目竣工投产。预计项目投产后年产值5亿元，年产饲料10万吨；可提供100个就业岗位。

13日 市政协十届四次会议提案交办会召开。收到提案410件，立案400件。

△ 南宁市在自治区率先建成“教师网络研修社区”网络平台。

14日 南宁市宣传文化系统廉政教育基地揭牌仪式在邓颖超纪念馆举行。

17日 市委常委会召开扩大会议，

3月3日，“零首付”开公司的徐庆拿到新版营业执照　　罗　宁提供

传达学习贯彻十二届全国人大二次会议和全国政协十二届二次会议精神。

△ 市委常委会召开议军会，专题听取南宁警备区、广西陆军预备役步兵师高炮团、武警南宁市支队工作情况汇报，研究进一步加强和改进党管武装工作的有关问题。

△ 南宁市召开“千企评议科长”活动工作部署会，活动在市政务服务中心开设服务窗口具体承办行政审批事项的市直单位业务科室中开展，52个单位198个业务科室接受评议。

18日 南宁市召开迎接第45届世界体操锦标赛动员大会，号召动员全市上下全力以赴、再接再厉，以临战的状态、饱满的热情、昂扬的斗志，奋战200天，全力做好体操世锦赛筹备冲刺阶段各项工作。

△ 南宁车管“行易通·车管家”APP软件平台正式上线。

△ 南宁—广州高铁广西段进入满图试运行阶段，南宁至梧州运行时间约2小时04分。

19日 青秀区与上海斐讯数据通信技术有限公司举行投资100亿元的斐讯通信产品南宁产业基地项目签约仪式。

20日 市委、市政府主办的“向人民承诺——电视问政”直播节目首期开播。全年播出14期，聚焦市容整治、环境质量、城市绿化美化彩化、市政基础设施建设、城市交通拥堵以及打出租车难、食品安全、作风建设、环境整治、服务质量、行政执法等问题。12月17日，南宁市“向人民承诺——电视问政”做法在中央纪委

3月20日，南宁首场电视问政直播节目——《向人民承诺》节目现场

赖有光　摄

宣传部与中央电视台联合制作的电视专题片《作风建设永远在路上——落实八项规定精神正风肃纪纪实》第三集《狠抓节点》中报道。

△ 南宁市出租车运价新政正式实施。出租汽车计价器程序更新、调校分批实施，燃油附加费逐步取消，起步价调整为白天起步价9元，夜间（23:00—次日6:00）起步价11元，起步里程2千米，车公里价2元。

21日 南宁市向社会公布《机关事业单位及国有企业失信人员从业惩戒规定(试行)》，对市本级、县（区）、开发区机关事业单位及国有企业人员实施失信从业惩罚。

22日 南宁市举行“全民学礼仪”活动启动仪式暨社区志愿服务站文明礼仪宣讲服务队培训活动，400多人参加活动。

23日 贵州省委书记赵克志、省长陈敏尔率领的贵州省党政代表团在自治区党委书记、自治区人大常委会主任彭清华，自治区主席陈武陪同下考察南宁市城市规划展示馆、南宁名树博览园等。

26日 广西第二批城乡居民大病保险试点启动，南宁市、北海市、防城港市、百色市、崇左市被列为第二批试点城市。

27日 南宁市武鸣县公安局民警卢基敏在北京中国人民解放军空军总医院为加拿大患者成功捐献造血干细胞，成为给加拿大患者捐献造血干细胞的“广西第一人”。

30日 南宁市城市规划展示馆正式开馆。

31日至4月2日 中央教育实践活动第九巡回督导组在南宁市开展教育实践活动检查督导。

4月

1日 “美丽南宁·整洁畅通有序大行动”2013年“十大最美人物”评选表彰暨服务世锦赛奋战180天主题活动在南宁电视台8号演播厅举行。104位“最美人物”（最美交警、最美城管、最美司机、最美记者、最美物业管理员、最美志愿者、最美环卫（园林）工人、最美工地管理员、最美社区工作者、最美（农贸）市场管理员等）获表彰。

△ 自治区首次免费公益花葬集中安葬仪式在南宁青龙岗长安墓园内白银岭花葬区举行。

△ 南宁市公交车、出租车行业“文明行车·礼让斑马线”活动正式实施，公交车、出租车驾驶员不礼让行人将受重罚。

△ 中国工商银行、中国农业银行、中国银行、中国建设银行、交通银行及中国邮政储蓄银行开始实施北部湾经济区银行服务收费同城化，将南宁市、北海市、钦州市、防城港市视为同一服务区域。

1日至7日 2014年中国壮乡·武鸣“三月三”歌圩暨骆越文化旅游节、2014年“千团万场”群众文化活动·季季赛——“灵水歌圩”广西第六届歌王大赛在武鸣县灵水湖畔举行，自治区各地歌手云集对唱争夺“山歌王”的桂冠。2日，举行“中国歌圩文化之乡”授牌仪式。

4日 南宁市在广西烈士陵园举行以“纪念先烈·报效祖国·圆梦中华”为主题的先烈公祭活动。自治区相关领导、南宁市和各城区四家班子领导、市直单位、机关干部职工、部队官兵、军烈属、青少年等社会各界代表800多人参加。清明节期间，南宁市开展清明节“网上祭英烈”活动，可登录点击进入中华英烈网等网站，进行“鞠躬”“献花”，也可点击“留言”写下对先烈的缅怀与哀思。

9日 市委召开全市群众路线教育实践活动再动员再部署工作会议，学习贯彻习近平总书记在调研指导兰考县教育实践活动时的重要讲话精神，自治区党委书记彭清华在百色市田阳县调研指导教育实践活动时的讲话精神，对南宁市教育实践活动进行再研究、再谋划、再部署、再动员。

10日 南宁市启动第三次全国经济普查个体户抽样调查。

11日 南宁市发布《南宁市市委管理干部失信行为惩戒暂行规定》。

△ 南宁市纪委监察局举报网站正式开通，是南宁市在自治区率先建立市、县（区）两级纪检监察机关统一运行的信访举报网站。

△ 南宁市金花茶公园举行“国际杰出茶花公园”挂匾仪式。

17日 南宁市政府与中国农业银行广西区分行在南宁签署战略合作备忘录。在未来5年内，中国农业银行广西区分行向南宁市提供总额不少于800亿元意向性信用额度。

△ 南宁飞往西宁的CZ6419航班起飞，南宁与最后一个未通航的省会城市西宁实现通航，标志着南宁机场全面实现全国航班“省会通”。

18日 南宁市召开市领导联系重大项目、服务重点企业推进会。会议听取22个服务队工作情况汇报。

△ 南广铁路广西段（南宁至梧州南）首列高铁动车在南宁火车站发车。南宁到梧州的运行时间2小时28分，比现行时间压缩3个小时。南广铁路广西段新开行3对动车，分别是南宁至梧州南、北海至梧州南、梧州南至桂林。

19日 南宁市第二十一届“希望之星”青少年文化艺术节启动暨“蒲公英”青少年读书俱乐部揭牌仪式在市青少年活动中心举行。

△ 中国体育彩票杯ITF国际女子网球巡回赛·南宁站的比赛在广西体育中心网球中心挥拍。12个国家和地区的80余名职业选手参加。

4月18日，搭乘首趟南宁至梧州动车的乘客拍照留影　　市地方志办公室资料

20日至22日 中国绿公司年会在南宁举行。主题"改变的年代:现实与远见"。2014年中国绿公司百强发布,万达、万科、海尔、青岛啤酒等与南宁市有合作项目的企业榜上有名;中国绿公司联盟平行圆桌会议多个论坛同时举行。

23日 南宁市召开迎接、服务第45届世界体操锦标赛工作汇报会。

△ 4月23日是第19个"世界读书日","八桂书香·阅读圆梦"——2014年广西全民阅读活动(创建书香社区)赠书仪式在南宁市望州南社区举行。

△ 市委、市政府召开"建设网上南宁"新闻通气会暨"南宁互联网大使"授予仪式。授予搜房控股集团董事长莫天全"南宁市互联网大使"称号。

25日 南宁市举行首批LNG(液化天然气)公共汽车投放仪式,市长周红波出席仪式并乘坐新车体验绿色出行。首批150辆LNG公共汽车置换到21路、23路、29路、65路、96路、207路6条公交线路营运。

△ 广西北部湾经济区内的北海市、防城港市、钦州市、玉林市、崇左市户籍居民家庭可参照南宁市户籍居民家庭政策在南宁市购房。

26日 "旋转南宁·完美落地"第45届世界体操锦标赛形象大使新闻发布会在南宁李宁体育园举行。"体操王子"李宁应邀担任第45届世界体操锦标赛形象大使,李小鹏等8位体操世界冠军到场代言助威。

27日 西乡塘区人民法院一审公开宣判被列为"广西一号传销大案"的"1·18"组织、领导传销活动系列案,分别判处组织、领导传销活动的被告人李某某、赵某某、常某等118人,1年7个月至10年有期徒刑,并处罚金10万元至200万元不等。

△ 南宁市公安局警务网上服务平台正式启动运行(网址http://www.nngaj.gov.cn)。

29日 南宁市举行党员领导干部集中观看先进典型人物电影活动,观看电影《杨善洲》《生死牛玉儒》《焦裕禄》。

△ 2014年南宁市全民科学素质工作会议召开。

29日至5月8日 隆安县那桐镇举行"四月八"民俗文化节。有山歌演唱比赛、陀螺王竞技赛、斗狗比赛、千人祭拜稻神农具、敬牛仪式、千人特色巡游、风情"四·八"民俗摄影展、非遗原生态表演、拔河、篮球比赛、家具买卖、美食一条街和商品展销等活动。

5月

1日 新修订的《南宁市烟花爆竹经营燃放管理规定》施行。"三月三"被列入可以燃放烟花爆竹的时间段。

4日 市文明委、市直机关工委、团市委等部门联合在悦荟广场举办南宁"服务世锦赛——能帮就帮·人人争做志愿者"广场活动暨首个城市志愿服务站揭牌启用活动。

4日至6日 中共中央政治局委员、国务院副总理汪洋在自治区党委书记、自治区人大常委会主任彭清华,自治区主席陈武等陪同下,调研广西扶贫和农业工作,考察南宁市马山县、武鸣县等。

7日 台湾花莲妇联会代表团一行70人到南宁市参观考察。

9日至13日 2014年全国体操锦标赛暨第45届世界体操锦标赛测试赛在广西体育中心体育馆举行。来自北京、天津、河北、广东、广西、解放军、国家队、香港等23支队伍250多名运动员、教练员参赛。

△ 中国社会科学院发布研究报告显示,在中国生态城市竞争力中,南宁排名第七。

12日 自治区党委书记、自治区人大常委会主任彭清华到南宁火车东站、南宁机场新航站区施工现场调研,要求全力以赴加快建设进度,确保项目如期竣工使用。

15日 第八届泛北部湾经济合作论坛在南宁开幕。以"携手推进泛北合作,共建海上丝绸之路"为主题,围绕共建21世纪海上丝绸之路的战略构想、重点领域、实现路径以及泛北金融创新、泛北智库合作、泛北贸易与投资、泛北港口与物流合作、泛北文化传播合作与创新等6个专题进行研讨。第十届全国人大常委会副委员长蒋正华出席开幕式并致辞,自治区党委书记、自治区人大常委会主任彭清华致欢迎词,自治区主席陈武发表演讲。论坛发布《关于携手共建21世纪海上丝绸之路的共同倡议》。

△ 第45届世界体操锦标赛组委会与中恒集团合作签约。中恒集团向南宁体操世锦赛提供赞助1000万元,成为与组委会合作的最大资金赞助商。

16日 南宁市市直部门科长交流任职培训会在市委、市政府会议中心召开,对参与2014年市直部门科长交流任职工作的全体245名科长进行岗位交流任前培训。

△ 南宁市"安琪之家"康复教育活动中心理事长王芳获"全国助残先进个人"称号。

△ 市公安局交通警察支队在营区内举行佩枪执勤启动仪式,南宁公安交警开始佩枪上路执勤。

16日至17日 南宁市文联第九次代表大会召开,近300名文艺代表参加会议;听取和审议《南宁市文学艺术界联合会第八届委员会工作报告》,审议通过《南宁市文学艺术界联合会章程(修改草案)》,选举产生南宁市文学艺术界联合会第九届委员会委员、主席团。

19日 2014年"中国旅游日"南宁主会场暨上林生态旅游养生节在上林县开幕。

△ 南宁市韦英光、黄连冬、欧阳广、潘运发4户家庭被评为自治区"美丽家庭",韦英光家庭被评为全国"最美家庭"。

21日 位于南宁市五象湖公园东南角的南宁市青少年活动中心通过竣工验收。中心总用地6.07万平方米,建筑面积4.17万平方米,建筑高度25米。

23日 南宁市互联网协会召开成立大会,来自南宁新闻网、老友网、猫扑网、时空网等33家第一批会员单位参会。确定南宁新闻网、老友网、猫扑网、时空网、广西城市网、南方微社区等7家网站和单位为市互联网协会第一届理事会。

27日 南宁市自主择业军转干部李功明被评为"全国模范军队转业干部",并代表广西赴北京参加第六次全国军转表彰大会暨2014年军转安置工作会议,受到习近平总书记、李克强总理的接见。是自治区首个获"全国模范军队转业干部"称号的自主择业军转干部。

29日至6月1日 中国—东盟博览会秘书处与自治区文化厅共同举办的2014中国—东盟博览会文化展在南宁国际会展中心举行。主办方将"展""会""论坛"与活动相结合,集中展示包括中国及东盟民俗风情、婚庆文化、书画艺术、传媒出版、创意休闲、工艺美术和动漫游戏等,参展中外企业800多家。

6月

2日 广西文物保护与考古研究所再次对隆安县大龙潭考古遗址进行抢救性发掘,初步完成3600多平方米的考古发掘,发现大量遗迹及遗物。隆安县大龙潭遗址是目前世界上面积最大的石铲遗址。

3日 南宁口岸实行无纸通关模式，广西中邮物流有限责任公司代理报关的电感器成为首票通关货物。

△ 2014年第一批自治区级农业标准化示范区项目——隆安县雁江镇无公害优质水稻标准化示范区项目正式启动，建设周期3年，示范面积106.67公顷。

4日 南宁市发展改革委首次面向社会有奖征集重大项目。

4日至5日 南宁市委常委会召开党的群众路线教育实践活动专题民主生活会，深入学习领会习近平总书记系列重要讲话精神，按照中央的要求认真开展批评和自我批评。

6日 南宁市首支少年“特警”队伍在清川小学成立。

9日 南宁市区出现入夏以来最强突发性短时强降水，市区东部普降暴雨、局地大暴雨，南宁气象台发布暴雨红色预警。市区最强降雨时段出现在16时至19时，3小时最大降雨量100.70毫米。

10日 南宁市“美丽南宁·整洁畅通有序大行动”诚信体系建设工作会议召开，研究讨论市交警、城管、工商、税务、食药、交通、城建、教育、安监、卫生、住房、园林、环保等13个部门的失信行为惩戒办法。

△ 南宁市市属国有企业外派监事会进驻企业工作正式启动——市国资委代表市人民政府向城建集团、威宁集团、建宁水务集团、交投集团、产投集团、轨道集团、农工商集团、大地飞歌集团等市属国有企业派出监事会。

11日至17日 2014“南宁物流周”在南宁金桥农产品批发市场、南宁电子科技广场、南宁国际会展中心举行。

12日 “中国梦·青年志”2014绿城青春大讲堂——第九届“南宁十大杰出青年”全市巡讲活动正式启动，来自各行业的青年职工代表、青年学生代表300余人聆听巡讲。

13日 市商务局主办，南宁日报社、南宁市餐饮行业协会、广西乐享广告传媒有限公司承办的2014南宁消费美食季开幕式在华润万象城举行。9月12日，在盛天地购物中心举行闭幕式。期间，约有300万人次参加消费美食季，拉动全市餐饮业营业额增长10%。

14日 南宁市召开2014年全国体操锦标赛暨第45届世界体操锦标赛测试赛总结会议，市长周红波出席会议并讲话。

17日 南宁市首次对任职试用期满市管干部进行廉政法规知识测试。

18日至23日 应俄罗斯伊尔库茨克市、大诺夫哥罗德市政府的邀请，南宁市代表团访问俄罗斯，并签署《中国南宁市和俄罗斯伊尔库茨克市合作意向书》。

24日至27日 南宁市进行首次非人大常委会新提拔领导干部任前法律知识考试。考试分为4天16场进行，839名非人大常委会新提拔领导干部参加考试。

25日 市委副书记李泽会见以台湾花莲县县长傅崐萁为团长的参访团一行。

25日至27日 南宁市代表团到深圳走访企业、推介南宁，紧咬项目推进合作，招大商引强企。

26日 南宁市“迎世锦·倒计时100天”活动在广西体操中心举行。

29日 神冠集团集群暨神农药业南宁项目在南宁经济技术开发区开工奠基。神冠集团是世界最大的胶原蛋白肠衣生产制造商。总投资18亿元，打造年产值200亿元集群。

30日 南宁市生活垃圾分类试点启动仪式在市青少年活动中心举行，标志生活垃圾分类试点正式实施。

6月26日，“迎世锦·倒计时100天”活动在广西体育中心举行，“体操王子”李宁（右）参加现场活动　韦峭 摄

7月

1日 《南宁市轻微财产损失道路交通事故快速处理暂行办法》正式实施，在六城区道路上发生的未造成人员伤亡、无事故车辆以外财产损失、车辆可以移动的道路交通事故，适用“快处”机制。

4日 南宁市地铁2号线沿线车站名称正式定名。南起玉洞，北至西津村，全长约20.80千米，设18座地下车站。具体名称：玉洞站、金象站、石子塘站、建设路站、大沙田站、江南客运站站、石柱岭站、亭洪路站、福建园站、南宁剧场站、朝阳广场站、火车站站、明秀路站、秀厢站、三十三中站、苏卢站、安吉客运站站、西津站。

5日 马山县遭强降雨袭击，县城部分街道出现严重内涝，受灾人口约18.10万人，危房倒塌64户123间，1人失踪，直接经济损失2.38亿元。市委、市政府统一部署，市公安局派出各警种警力，调集冲锋舟等抢险救灾设备火速赶往现场救援。

6日 南宁市正式开通“掌上社保”，向群众提供网上业务办理和查询服务。

10日至13日 第18届南宁国际学生用品交易会暨第三届广西教育装备展示会在南宁国际会展中心举行。展览面积3.50万平方米，参展企业800百多家，参会人数近10万人。

14日至18日 全国人大代表和自治区人大代表组、调研组就南宁市旅游业发展开展年中专题调研。

16日 中央人民政府网发布《国务院关于珠江—西江经济带发展规划的批复》，原则同意《珠江—西江经济带发展规划》。标志着珠江—西江经济带发展正式上升为国家战略。

17日至20日 2014第三届广西国际汽车文化节在南宁市会展中心举行。来自自治区各地的24.30万人次参加，现场销售汽车5763辆。

18日至22日 南宁市党政代表团赴贵州省进行为期4天的贵阳、遵义学习考察。

18日 南宁市民歌湖景区经过近三年的创建，被评定为国家4A级旅游景区。

19日至20日 受第9号超强台风“威马逊”影响，南宁市六县六城区、经开区部分乡镇不同程度受灾，受灾人口39.24万人，因灾死亡1人（横县），紧急转移安置2138人，直接经济损失1.77亿元。

22日 南宁市召开全市政府职能转变和机构改革电视电话会议，机构改革涉及20多个部门单位，改革后市本级政府工作部门设置40个。

22日 第45届世界体操锦标赛形象大使宣传片开始在美国纽约时报广场电子屏播出。

23日 邕江迎来今年最大洪峰，洪峰水位74.11米，是2008年以来邕江最高水位。这一水位保持5小时至6小时后回落。

△ 南宁市残疾人联合会第六次代表大会召开。

25日 南宁市举行机动车停放服务收费标准听证会，25位听证代表就此前征求市民意见会拟定的方案进行讨论。主要涉及城市道路机动车停车收费、住宅小区机动车停车收费、路外停车场简化停车场分类。

28日 首府南宁庆祝中国人民解放军建军87周年，在人民大会堂举行大型歌舞剧《百鸟衣》拥军专场演出。

30日 南宁市年中经济工作会议在市委市政府会议中心召开。

△ 南宁市精神文明建设工作表彰暨创建全国文明城市动员大会在市委、市政府会议中心召开，部署深化全国文明城市创建。

8月

1日 平安横县网正式开通。中共横县委员会政法委员会、横县社会管理综合治理委员会主管，广西法制日报社主办，是南宁市首家县级政法综治网站。

△ 第七届香港“摘星计划”助学活动启动仪式在南宁乡村大世界举行，计划资助南宁市贫困大学新生73名。

3日 共青团南宁市委根据南宁市公共场所分布及交通岗亭设置情况建立的40个志愿服务站正式运营。

4日 南宁市启用新版个体工商户和农民专业合作社营业执照。市民陈祝武从琅东工商所拿到南宁市第一张新版个体工商执照。

7日 南宁市青秀区伶俐镇，武鸣县城厢镇、锣圩镇，隆安县那桐镇，上林县大丰镇，宾阳县宾州镇、黎塘镇，横县峦城镇、六景镇9个镇被列为全国重点镇。

8日 南宁市第三批15家农副产品平价商店挂牌运营。全市农副产品平价专营区总数41家，其中马山县、隆安县各1家。

11日 国际体联考察团、国家体育总局体操运动管理中心有关领导抵达南宁市考察和指导第45届世界体操锦标赛筹备工作。

12日 《广西县域特色优势产业及品牌培育发展规划（2014—2020年）》出台，上林大米，横县、上林食用菌，邕宁火龙果，横县茉莉花茶，良庆鳄鱼，马山黑山羊等南宁市特色农业产品（产业）“榜上有名”。

16日 以“城市治理与区域发展”为主题的清华大学第九届公共管理高层论坛在南宁举行。全国各地专家学者、学术界代表、公共管理领导者200多人参加。

17日 台湾花莲少数民族少年儿童代表团与首府南宁的少年儿童在南宁凤岭儿童公园开展“桂台手拉手 共筑中国梦”——“桂花童心林”种植活动。

18日 《南宁市区社区公共服务设施建设规划》出台，对南宁市辖区内25个街道268个社区（包括203个城市社区和65个乡镇社区）的社区管理与服务、社区医疗卫生服务、社区福利与保障、社区文化和体育服务、商业服务等五大类社区公共服务设施进行统筹规划。

18日至20日 市长周红波率团到湖北省武汉市、安徽省芜湖市学习考察两市在城市建设管理、城中村改造、简政放权、县域经济发展、工业倍增计划实施等方面的经验和做法。

19日至22日 全国政协常委、民盟中央副主席、中国科学院院士、北京大学数学科学学院院长、北京国际数学研究中心主任田刚一行6人组成的全国政协调研组，深入马山县、上林县偏远乡村教学点，就农村义务教育资源配置情况进行调研。

20日 南宁市官方交通运输综合信息查询手机APP“等车车”正式上线。软件可以通过刷二维码来辨别出租车是否为“黑车”。

21日 “桂台·南宁少数民族交流周”开幕式在南宁市沛鸿民族中学举行。50多名台湾花莲参访团、台湾苗栗参访团的少数民族同胞与南宁市少数民族代表、少数民族学生700多人出席开幕式。

22日 大连万达集团投资150亿元的大型室内文化、旅游、商业综合体项目“万达茂”、上海世茂集团投资25亿元的城市商务综合体“世茂国际中心”、深圳富德金融控股集团投资15亿元的超5A甲级商务综合体“南宁京华广场”在南宁五象新区开工奠基。

22日至24日 2014年中国（横县）茉莉花文化节举行，以“好一朵茉莉花”为主题。23日，在横县中国茉莉花茶交易中心举行开幕式。24日，国内投资规模最大、质量标准最严、集约化程度最高的茉莉花茶项目——横县张一元茉莉花茶标准化产业园区项目在横县举行奠基仪式；横县投资贸易洽谈会暨项目签约仪式在横县国泰会议中心举行，签约投资贸易合作项目9个，总投资62.86亿元。

8月17日，桂台少年儿童在凤岭儿童公园一起种下“桂花童心树” 潘章勇 摄

25日 副市长郭敏在南宁会见法国斯特拉斯堡第一副市长纳威·哈非克率领的代表团一行。

26日 市委召开全市处级领导干部警示教育大会，通报党的十八大以来全市纪检检察机关查办的党员领导干部违纪违法案件情况。

△ 市民卡不记名卡暨体操世锦赛纪念卡正式发售。首批推出2个版本，限量发售。

△ 第45届世界体操锦标赛组委会在红林大酒店举行世锦赛指定接待酒店授匾仪式。广西红林大酒店、广西沃顿国际大酒店、广西南宁明园新都酒店、南宁阳光财富国际酒店、广西金紫荆国际大酒店、南宁世纪君悦大酒店、广西金旺角国际大酒店、南宁金禾宫大酒店、南宁市邕江宾馆、南宁邕州饭店、广西南宁翔云大酒店等11家酒店被认定为世锦赛指定接待酒店。

27日 第45届世界体操锦标赛自治区领导小组在南宁召开会议。自治区主席、自治区领导小组组长陈武主持会议并讲话。

28日 中国太平保险集团太平金融大厦项目、广西投资集团GIG国际金融资本中心项目分别在五象新区总部基地开工。

31日 华劲南宁纸业60米高的主厂区烟囱爆破倒塌，关停开始。厂区22.67万平方米土地规划为滨江公园、良庆大桥、商业大道、堤路园等项目用地。

9月

1日 新修订的《南宁市郁江流域水污染防治条例》实施。

△ 《南宁市违法建设查处条例》经自治区十二届人大常委会第十一次会议审议批准，正式施行。

△ 市长周红波会见柬埔寨王国驻南宁总领事尹索飞一行。

△ 南宁市召开服务“两会一节一赛”工作会议，检查各项工作筹备情况，研究解决存在困难和问题。

△ 8月南宁市空气质量优良率100%，其中16天良、15天优，无污染。2014年南宁市空气质量优良率100%的还有4月、5月、7月。

2日 市长周红波率团到深圳开展加工贸易产业专题招商，考察金立通信、华强集团、三诺集团等深圳大型产业集团，并与海王、研祥、宝能、华南城等企业高层座谈。

3日 第45届世界体操锦标赛纪念邮资明信片在南宁举行首发仪式。纪念邮资明信片1套1枚，编号JP191，明信片面值80分，售价1.20元，中国邮政全国统一发行。

3日至5日 南宁市第五届乡村社区和谐文艺大展演决赛在南宁电视台举行。

4日 第11届中国—东盟博览会指定国宾接待用车交接仪式在南宁国际会展中心举行。梅赛德斯-奔驰成为博览会唯一指定国宾接待用车。

5日 南宁市召开人才政策专题宣讲会，会议就8月中旬相继出台的《南宁市加快人才特区建设三年行动计划(2014—2016年)》《南宁市引进急需紧缺人才奖励暂行办法》《南宁市人才安家费补贴暂行规定》等人才工作重大举措和政策进行动员部署，推动政策落地。

10日 南宁市举行庆祝2014年教师节活动现场会，全市5.34万名教师通过上党课、优秀教师经验交流等活动，承诺在教学工作中带头践行社会主义核心价值观。

△ 2014年中国—东盟博览会合作伙伴新闻发布会在南宁举行，53家企业成为本届博览会指定产品、服务合作伙伴。

△ 南宁市召开第四届学术年会，主题为“美丽南宁·智能交通”。南宁市属各学会、协会、企业科协、高校师生、科研院所科技人员等300多人参加。

11日 第45届世界体操锦标赛新闻发布会在北京国家体育总局召开。宣布世锦赛10月3日至12日在南宁举行。

△ 第45届世界体操锦标赛300辆官方接待用车正式交付，由国产自主品牌的3种不同型号车型组成，车身统一贴世锦赛标识。

12日 南宁市在南宁大桥北青环路口举行大型环卫车辆新车发放仪式，600多辆环卫用车投入使用，南宁市城市道路机械化清扫率将达80%以上。

12日至13日 中国警察协会主办、自治区公安厅和自治区警察协会承办的第一届中国—东盟警学论坛在南宁市举行。中国、中国香港、澳门特别行政区和东盟十国的代表120余人出席会议。

13日至21日 2014南宁·东南亚国际旅游美食节在南宁华南城举办，接待游客106万人次。

15日 中共中央政治局常委、国务院副总理张高丽在南宁分别会见前来出席第11届中国—东盟博览会、中国—东盟商务与投资峰会的新加坡总理李显龙、柬埔寨首相洪森、老挝国家副主席本扬、缅甸副总统年吞、泰国副总理兼外长他那萨、越南副总理兼外长范平明。

△ 以“国际性艺术节的运营和管理”为主题的第九届中国—东盟文化论坛在南宁开幕。来自中国、东盟十国、东盟秘书处、东盟基金会和中国—东盟中心的代表在论坛上发言。

16日 第11届中国—东盟博览会、中国—东盟商务与投资峰会在南宁开幕。中共中央政治局常委、中国国务院副总理张高丽，第11届中国—东盟博览会主题国新加坡总理李显龙，柬埔寨首相洪森，老挝国家副主席本扬，缅甸副总统

9月1日，市长周红波(右)会见柬埔寨王国驻南宁总领事尹索飞(左)一行

周旋 摄

年吞，泰国副总理兼外交部部长、三军总司令他那萨，越南副总理、外交部部长范平明，文莱工业和初级资源部长叶海亚，印度尼西亚贸易部副部长巴尤·克利斯纳穆迪，马来西亚贸工部副部长李志亮，菲律宾贸工部副部长诺拉·特拉多，东盟秘书处副秘书长年林，中国商务部副部长房爱卿，中国国际贸易促进委员会会长姜增伟，自治区党委书记、自治区人大常委会主任彭清华共同为博览会和商务与投资峰会启幕。设展位4600个，参展企业2330家，其中东盟和区域外企业展位数1259个，外国展位数比例42%，参展参会客商5.70万人，采购商团组超过80个，东盟对中国出口订单显著增多。17日，举行第11届中国—东盟博览会国内、国际经济合作项目集中签约仪式，签订国内经济合作项目100个、国际经济合作项目72个。其中，南宁市参加集中签约国内项目8个，总投资102.61亿元；国际项目4个，引进资金10.03亿美元。19日闭幕。

△ “大地飞歌·2014”第16届南宁国际民歌艺术节演唱会在广西体育中心举行。

△ 市委、市政府举行2014南宁投资贸易洽谈会暨重大项目签约仪式。现场签约项目36个，签约金额200.22亿元。

△ 中国（南宁）—新加坡经济走廊节点城市市长圆桌会议在南宁国际会展中心举行。市长周红波作题为《发挥重要节点城市引擎作用共筑中国—东盟经济合作大动脉》的主旨演讲。

△ 首届中国—东盟电子商务峰会在南宁召开，亚马逊全球副总裁薛小林、阿里巴巴集团副总裁高红冰、京东集团副总裁张建设、艾瑞咨询集团CEO等出席，与中国和东盟各方官员、专家学者等围绕“跨境电商”“数字互联网城市”“互联网新经济趋势”主题展开研讨。

17日 市长周红波会见来南宁参加“两会一节”活动的柬埔寨西哈努克省副省长索克·派恩一行。

△ 南宁市2014年民族团结宣传月暨民族区域自治法颁布实施30周年纪念活动在江南水街广西民俗街区启动。活动持续至10月15日。

△ 第11届中国—东盟博览会轻工展在南宁市华南城会展中心开幕。展会持续至19日，设工艺礼品展区、珠宝产品展区、国际商品展区及东盟特色商品展区等。

18日 中国—东盟博览会高官会议暨第12届中国—东盟博览会魅力之城专题展区抽签仪式在南宁举行。初步确定第12届中国—东盟博览会举办时间2015年9月18日至21日；确定第12届博览会主题国为泰国。

△ 国家互联网信息办公室与自治区人民政府共同举办的首届中国—东盟网络空间论坛在南宁开幕。

20日 南宁市公共自行车二期56个一级新建站点开通使用。

22日 农业部在隆安县那桐镇定江村定典屯举办全国一村一品示范村镇授牌和村企对接活动。

24日 南宁港六景作业区开港运营。

25日 南宁吴圩国际机场新航站区正式启用。

△ 南宁至北京首趟高速动车（G422次）开通，运行时间13.50小时。

10月

2日至3日 2014年第四届南宁·东盟国际自由式轮滑邀请赛在南宁国际会展中心举行，来自新加坡、马来西亚、印度尼西亚、越南、泰国、韩国6个国家，以及东道主中国的31支队伍180名轮滑选手参赛。南宁选手蒙昀获成年女子组花式绕桩第一名、成年女子组速度过桩第一名。

3日 第45届世界体操锦标赛在位于南宁市五象新区的广西体育中心体育馆开赛。国际体联副主席斯拉瓦·科恩致辞并宣布开赛。7日，举行第45届世界体操锦标赛开幕式，全国政协副主席马飚宣布开幕。国际体联主席布鲁诺·格兰迪，国家体育总局局长刘鹏，自治区党委书记、自治区人大常委会主任彭清华，自治区主席陈武，自治区政协主席陈际瓦，柬埔寨副首相兼内阁办公厅大臣索安，缅甸副总统赛茂康等出席。同日，举行第45届世界体操锦标赛男团决赛，中国队以273.369总分获团体金牌，实现六连冠。12日，为期10天的第45届世界体操锦标赛在南宁落幕。来自世界72个国家和地区的1405名运动员、裁判员、教练员和国际体联成员，以及900多名中外记者参加。本届赛事共产生43枚奖牌，其中中国队获金牌3枚、银牌3枚、铜牌1枚，位列奖牌榜第二位。南宁选手白雅雯获平衡木银牌。

8日 俄罗斯伊尔库茨克市杜马主席亚历山大·汉哈耶夫率领代表团访问南宁市。

△ 缅甸副总统赛茂康率考察团到兴宁区五塘镇中心卫生院、青秀区东葛社区卫生服务中心考察。

11日 第二届地中海贫血暨出生缺陷预防国际研讨会在南宁市召开。

13日 南宁市有4家企业院士工作站通过广西院士工作站认定，分别为南宁中诺生物工程有限责任公司、广西田园生化股份有限公司、广西青青农业科技有限公司、广西南宁隆吉维特生物科技有限公司院士工作站。

15日至24日 市长周红波率南宁市代表团应邀访问南宁市国际友好城市柬埔寨西哈努克省、老挝占巴塞省和缅甸仰光市。

15日 《南宁市城市管理领域失信联合惩戒办法（试行）》正式施行。

16日 南宁市劳动能力鉴定中心正式揭牌成立。

△ 南宁市国家档案馆（含南宁方志馆）项目开工建设。

17日 南宁市召开党的群众路线教育实践活动总结大会。

23日 南宁经济技术开发区在全市各县（区）、开发区中率先完成全年社会消费品零售总额目标任务。南宁经开区1至9月社会消费品零售总额81.59亿元，同比增长12.16%，完成年度任务103.68%。

23日至27日 2014年中国—东盟（南宁）戏剧周在南宁举行。来自东盟各国及中国13个艺术团体，18台中外剧目、舞蹈演出在南宁剧场、广西明星剧场、广西艺术学校小桂花剧场、广西杂技剧场、广西桂戏坊、广西民族文物苑等剧场上演。

24日 南宁跻身国家节能减排财政政策综合示范城市。

25日 南宁投放迷你公交车，车身长5.90米，车厢座位12个。

26日 自治区首个行政审批局——南宁经济技术开发区行政审批局正式挂牌成立并对外办公。

27日 第四届中国—东盟国际口腔医学交流与合作论坛在南宁开幕。主题为“以论坛为平台，加强国际合作，促进中国—东盟区域口腔医学的发展”。

28日 总投资15亿元的南宁禾田信息港项目在南宁高新技术产业开发区科技工业园区开工。

△ 南宁市第一人民医院举行百年华诞庆祝大会。

△ 南宁市公安局中山派出所被授予“全国公安机关爱民模范集体”称号，所长莫弦作为代表受到习近平、李克强、刘云山等中央领导接见。

29日 自治区报告登革热12例。其中:南宁市9例,梧州市2例,钦州市1例。1月1日至10月29日24时,自治区报告登革热743例,其中南宁市636例。

30日 自治区首个楼宇经济信息管理服务平台——青秀区楼宇经济信息管理服务平台正式建成启用。

11月

3日 南宁市工会第十八次代表大会在市委党校召开,选举产生南宁市总工会第十八届委员会。

△ 南宁市政府与深圳市源政投资发展有限公司、珠海广通集团签署全铝新能源汽车生产基地项目合作框架协议。

4日 中国农业产业化龙头企业协会广西投资合作洽谈会在南宁国际会展中心举行。南宁市现场签约重大项目与战略合作协议项目22个,签约总额69.97亿元。

5日 南宁市良庆区坛良村坛板坡村民收到中共中央政治局常委、国务院总理李克强的回信,李克强回信寄语南宁市坛板坡乡亲们:努力成为新农村建设和现代农业发展"领头羊"。

△ 台湾中国青年大陆研究文教基金会参访团一行到南宁市昆仑关战役遗址参访。

△ 2014年中国南宁—东盟棋牌国际邀请赛在南宁开赛,文莱、柬埔寨、新加坡等14个国家和地区的16支队伍参赛。

5日至18日 中国商务部主办、中国—东盟博览会秘书处承办的2014中国—东盟会展事务研修班在南宁开班,来自柬埔寨、老挝、马来西亚、缅甸等东盟国家20名学员参加培训。

8日 市科协、市教育局、团市委、市体育局、市文化新闻出版广电局主办的"2014年南宁市青少年科技创新大赛作品展览"在市图书馆开展。

10日至12日 共青团南宁市第十八次代表大会在市委党校召开。各县(区)、市直机关、开发区团(工)委,乡镇、街道团(工)委及部分基层团组织负责人近300名代表参加会议。选举产生共青团南宁市第十八届委员会委员、候补委员。

11日 南宁市举行第45届世界体操锦标赛工作总结暨表彰大会,表彰在筹办工作中涌现出来的先进集体和先进个人。

△ 南宁海关、广西出入境检验局联合在南宁保税物流中心举行关检合作通关"三个一"(一次申报、一次查验、一次放行)改革启动仪式。

12日 市长周红波主持召开专题会议,研究2014年《政府工作报告》落实情况,对主要目标任务落实中存在的问题逐一进行梳理,研究解决办法,推进工作落实。

△ 南宁市举行2014年"我最喜爱的老师"表彰大会,表彰李薇等20名老师;20名老师同时获第十五届"李国伟、荣慕蕴教育园丁奖"。

14日 副市长郭敏在市政府会见泰国驻南宁总领事琶姹妮一行。

15日 市长、五象新区管委会主任周红波主持召开五象新区农民回建安置房项目建设专题会议,要求对五象新区安置房项目建设要优先保障、优先推动,确保实现市委、市政府提出的2年内完成五象新区农民安置问题的目标。

△ 《南宁日报》再次获"党报品牌媒体(省会城市)十强"称号。

△ 淡村农贸市场92家肉类经营户全部使用"良心秤"——统一配发的溯源电子秤。

△ 南宁急救医疗中心进行埃博拉防控演习,来自自治区各地医院的医护人员170余人观摩演练。

16日 中共中央教育实践活动办公室教育实践活动调研小组一行4人,到南宁市就教育实践活动后续工作开展专题调研,了解落实"四风"整治后续工作、开展21项专项整治等情况。

18日 青秀区财政收入突破百亿元,全年累计收入100.48亿元,同期增收14.47亿元,增长16.82%,为自治区首个财政收入破百亿元的城区。

19日至20日 美国新闻代表团到南宁市访问,参观考察南宁市青秀山风景区、武鸣县伊岭岩、双桥镇下渌村等地,了解少数民族地区生活与文化情况。

20日 南宁市志愿服务联合会成立,召开志愿服务联合会第一次代表大会。

△ 南宁市召开地方志资料年报工作推进会,南宁市为自治区首个实施地方志资料年报制度城市。

21日 德耀南宁·第三届南宁市道德模范、美德少年评选表彰活动电视颁奖仪式在南宁人民会堂举行。

△ 南宁市青秀山旅游区入围国家5A级景区公示名单。

21日至23日 首届广西(南宁)住宅产业博览会在南宁国际会展中心举行。

22日 国务院调整城市规模划分标准,将城市规模划分调整为五类七档,并增设超大城市。南宁市属于Ⅰ型大城市。

23日 第五届"喜德盛杯"南宁·东盟国际自行车越野公开赛开幕。中国知名车手封宽杰获男子公开组冠军,邓湖平获女子组冠军。

24日 南宁市召开"美丽南宁·生态乡村"活动电视动员大会,贯彻落实自治区动员大会精神,正式全面启动"美丽南宁·生态乡村"活动。

26日 国家"十二五"内河水运建设重点工程——老口航运枢纽工程截流成功。

△ 广西一铭软件股份有限公司在

11月5日,良庆区坛良村党支部书记黄达章给父老乡亲念读李克强总理来信 徐冰 摄

北京举办全国股份转让系统挂牌仪式。是国产操作系统软件厂商中第一家在“新三板”挂牌上市的软件公司，也是南宁市首家在“新三板”挂牌上市的软件公司。

27日 中国外商投资企业协会、南宁经济技术开发区、南宁市投资促进局主办的“跨国企业南宁行”投资推介会在广西红林酒店开幕。推介会上，13家参会企业（协会）与南宁经开区签订项目投资协议和合作框架协议，签约总金额201亿元。

△ 南宁市首个“电视问政舆情联络站”在青秀区南湖社区正式挂牌。标志着南宁市55个政务服务窗口、社区设立的电视问政舆情联络站陆续启用。

△ 南宁市召开学术类社会团体、民办非企业单位评估动员大会，正式启动南宁市学术类社会团体和民办非企业单位评估。

△ 中国城市竞争力研究会发布的2014中国城市分类优势排行榜中，南宁市以“南国绿城美”的特色排名全国第十三，入选2014中国最美城市。

29日 2014年南宁市青少年科技创新生物能源DIY大赛在市青少年活动中心举行。大赛以“点亮科学梦想”为主题，全市中小学94支队伍、300名青少年参赛。

12月

1日 南宁市逐步对高污染汽车实行限行措施，无环保检验合格标志和粘贴黄色环保检验合格标志的汽车，将不允许在规定区域内行驶，否则将受到处罚。

1日至5日 150多名驻邕全国人大代表、自治区人大代表和市人大代表，在市人大常委会主任谢寿堂，副主任赖贵寿、袁曼虹、温守荣、廖洪涛、刘雄、阮兆丰率领下，组成7个视察组，视察南宁市“一府两院”工作情况、重大项目建设和为民办实事项目落实情况等。

2日 南宁地铁2号线首台盾构机在石柱岭站（原白沙大道站）完成首发，站点从开工到围闭到主体封顶再到盾构始发只用8个半月时间（250天），创造国内地铁建设的新速度。

△ 中共南宁市委宣传部、南宁市文化新闻出版广电局、南宁电视台及北京中外名人影视制作有限公司联合投拍的电视连续剧《兵变1929》在南宁电视台新闻综合频道首播。

4日 市长周红波深入马山县部分乡镇和各级医院、学校，调研县域经济发展和教育、医疗卫生情况，督促完成全年经济社会发展目标。

△ 在2014中国国际友好城市大会暨广州国际城市创新大会的中外友好城市表彰活动中，南宁市获“国际友好城市交流合作奖”，是自治区唯一获此殊荣的城市。南宁市的友好城市澳大利亚班达伯格市获“对华友好城市交流合作奖”。

5日 市委、市政府主办的“美丽广西·绿城翰墨书法篆刻作品晋京展”在北京西长安街民族文化宫开展。

△ 南宁市“重点产业重点领域联合引智·秋季行”武汉站活动在武汉大学举行，南宁市32家企事业单位带着数百个工作岗位，走进大学校园招才引智。7日，2014年南宁市“重点产业重点领域联合引智”重庆站活动在重庆大学举行，南宁市32家企事业单位带着建筑类、医药类、传媒类、地产类等方面的岗位走进大学校园“引才入邕”。

5日至9日 第七届中国—东盟（南宁）国际汽车展览会在南宁国际会展中心举行。设14个室内展厅及室外广场，展出面积7万平方米，近70个国产、合资主流汽车品牌及十余个奢华名车品牌参展。

6日 第七届国际艾滋病临床影像学会议暨第五届全国感染病影像学术会议在南宁召开。

6日至7日 南宁市民卡公司在朝阳广场举行首个市民公众日活动，现场为市民提供办卡、充值、咨询等服务，活动现场为市民办理600多张卡，充值1000余人次。

7日 南宁市火车站开始发售2015年春运第一天（2015年2月4日）的车票。12月1日起，互联网售票、电话订票的预售期由20天延长至60天。

12日 2014“南宁餐饮老字号”名单公布，13家开业平均20多年的南宁餐饮老店获“南宁餐饮老字号”荣誉。

14日 “亚太梦想·共创世纪”中国·南宁—东盟一带一路高峰经济论坛在南宁国际会展中心举行。

17日 自治区第一家专业眼库——南宁爱尔眼库揭牌成立。

23日 南宁经济技术开发区工商营业执照、组织机构代码证、税务登记证“三证合一”登记制度改革启动仪式在南宁经开区政务服务中心举行，实现“一表申报、一口受理、一天办结、一窗发证”，在自治区属首创。

△ 自治区首个公租房共有产权改革试点项目——华盛东盟丽园公共租赁住房接受申购报名。出售1320套建筑面积约40平方米的配套单间。

△ 南宁市被评为“2014最佳生态旅游度假目的地”称号。

25日 第十一届“昆仑奖”全国十大见义勇为英雄司机表彰大会上，梁秀旺和李玉元获“全国见义勇为英雄司机”称号。南宁市连续五年获“全国十大见义勇为英雄司机评选活动城市奖”。

26日 南宁—广州高速铁路及南宁东站正式开通运营。广西高铁运营里程超过1600千米，占全国高铁总里程14%左右，位列全国前三。

△ 南宁外环高速公路建成通车仪式在西乡塘区高峰收费站举行。外环高速公路起于西乡塘区安吉，终点位于良庆区玉洞，途经西乡塘区、兴宁区、青秀区、邕宁区、良庆区。主线全长81.54千米，双向四车道，设计行车时速120千米。

△ 自治区首家金融资产交易机构——南宁金融资产交易中心有限责任公司挂牌成立。

△ 毛泽东同志诞辰121周年，位于人民公园望仙坡上的毛主席接见广西各族人民纪念馆举行开馆仪式。

27日 南宁市朝阳城市候机楼正式启用。位于兴宁区朝阳路76号金和平商街负一层，提供售票、登机牌办理、行李寄存、旅游接待、酒店预订、汽车租赁等服务。

27日至29日 以“山欢水笑好地方，我们一起去马山”为主题的第八届马山文化旅游美食节在马山县城举行。

28日 南宁轨道交通3号线庆歌路试验站开工建设。

△ 市直机关工委直属的50个机关党委成立机关纪委工作完成。

30日 南宁市召开第十三届人大常委会第二十五次会议。会后，市人大常委会举行首次新任命人员向宪法宣誓仪式，副市长刘为民、市人民检察院副检察长孙乡平向宪法宣誓。

31日 广西郁江老口航运枢纽船闸完成通航验收，正式通航。

（罗　宁　李敬江　周　红）

责任编辑　周　红

南宁概貌

基本情况

【地理位置】 南宁市位于广西南部，东经107°45′~108°51′，北纬22°13′~23°32′。总面积22099平方千米，其中城市建成区面积285平方千米。区位具有"两近两沿"特点。"近海"，距钦州、防城港、北海3个沿海城市分别110千米、170千米、200千米；"近边"，距中越边境的东兴、凭祥2个边境城市分别200千米、230千米；"沿(铁路)线"，湘桂、南(宁)广(州)、南(宁)昆(明)、南(宁)防(城港)、黎(塘)钦(州)等铁路在南宁交汇，是华南、西南地区重要的铁路枢纽；"沿江"，横穿南宁的邕江是珠江干流西江的上游段。南宁毗邻粤港澳，背靠云贵川，面向东南亚，为连接东南沿海与西南地区的重要枢纽。在西部大开发、中国—东盟自由贸易区中，南宁具有承东启西、连南接北的区位优势。

（市统计局）

【建制沿革】 南宁古属百越之地。秦始皇三十三年(公元前214年)，秦统一岭南地区，设南海郡、桂林郡、象郡，今南宁市境域秦属桂林郡、象郡(原邕宁县一部分，横县中南部，隆安县)。

汉高祖元年至元鼎元年(公元前206年至公元前116年)，今南宁市境域为南越国地；元鼎六年(公元前111年)，析置领方、安广、增食等三县，隶属郁林郡，辖域相当于今宾阳、横县、隆安、武鸣、南宁(含原邕宁县域)、马山、上思、扶绥等地。其中，领方县治于今宾阳县芦圩镇古城村，安广县治于今横县境西南与原邕宁县（今属南宁市区一部分）毗邻交界一带，增食县治今隆安县东。

三国黄武五年(226年)，领方、安广两县依旧隶吴国广州郁林郡。孙权时(222年至252年)，于今横县地置平山、连道、昌平3个县，隶合浦(珠官)郡。乌兴侯元兴元年(264年)，领方县更名临浦县。

西晋初，临浦县复更名领方县。太康元年(280年)，合浦北部都尉增置辖吴安县，连道县更名兴道县，昌平县更名宁浦县。太康七年(286年)，合浦北部都尉改宁浦郡，并增置涧阳县。元帝大兴元年(318年)，析郁林、合浦等郡部分县地置晋兴郡及其晋兴等县，隶属广州。晋兴郡领晋兴、熙注、广郁、桂林、增翊、安广、晋城、晋阳等县，辖及今南宁、崇左及百色、河池、柳州等部分县地。其中，晋兴县与郡同置，为郡治，旧址在今南宁市武鸣县双桥镇南苏村板苏屯。晋兴县成为南宁的第一个地名，晋兴郡成为今南宁市属地最早的行政建制。东晋年间，宁浦郡亦移治涧阳(今横县新福镇江口村古城)。

南朝齐移宁浦郡治安广县。梁置简阳郡，治辖简阳县(治今横县新福镇江口村古城)；置岭山郡，治辖领岭山县(治今横县西部郁江南岸)；置乐阳郡，治乐山县(今横县东北郁江北岸)。以上三郡均隶龙州(治今柳城县)。梁还置领方郡，治辖领方县（郡县同治今宾阳县芦圩镇古城村)；置安城郡，治辖安城县(天监二年由绥宁县改名，治今宾阳县东)。两郡均隶始置于天监二年(503年)之桂州。梁陈晋兴郡改隶桂州，简阳、岭山、乐阳三郡改隶兴州。

隋开皇八年(588年)，领方、安城两郡废，领方、安城两县改属南定州。次年，两县改隶尹州。开皇十年(590年)，乐阳郡改乐阳县，岭山郡改岭县。次年，废宁浦、简阳两郡改置简州。开皇十四年(594年)，晋兴郡及其晋兴县废。另在今南宁市江南区雷村(白沙)置晋兴县，隶尹州。开皇十八年(598年)，简州更名缘州，乐阳县更名乐山县，岭县更名岭山县，晋兴县更名宣化县。大业二年(606年)，废缘州，岭山、乐山、宁浦、宣化、领方、安城等县均改隶郁州。次年(607年)，岭山等6个县又改隶郁林郡。

唐武德四年(621年)，以原郁林郡之宣化县置南晋州，辖宣化一县，治今南宁市青秀区中山街道一带，是为今南宁市城区属地地方最高行政建制之始。置南方州，州治今上林县澄泰镇古城村。置南尹州，治安城县。复置简州，治宁浦县。置淳州，治永定县(今横县峦城镇北邕江东岸)。武德五年(622年)，南晋州析置横山县于今兴宁区五塘镇，置朗宁县于今西乡塘区那龙，置晋兴县于今武鸣县南，并复置武缘县于今青秀区伶俐圩；于今江南区苏圩镇置如和县，隶钦州。武德六年(623年)，简州更名南简州。贞观五年(631年)，析南方州之岭方、琅琊、思干和南尹州之安城等县置宾州，以州内有宾水而名，治今宾阳县境。贞观六年(632年)，南晋州因其州西南有邕溪水而更名邕州，为邕州都督府，这是南宁成为桂西南地区行政中心的开始，也是南宁简称"邕"之始("邕"字来自唐《元和郡县志》"因州西南邕溪水为名"的记述)。贞观八年(634年)，以横槎江为名，改南简州为横州；南方州更名澄州。景云二年(711年)，邕州增划辖原属钦州之如和县。天宝元年(742年)，邕州、澄州、宾州、横州、淳州分别改朗宁郡、贺水郡、安城郡、宁浦郡、永定郡。乾元元年(758年)，上述五郡又分别复名邕州、澄州、宾州、横州、淳州，由州领县，隶属同年由监察区演变成政区的岭南道(治今广州市)。永贞元年(805年)，为避朝讳，以州内最多山峦为名，将淳州更名峦州。咸通三年(862年)，分岭南为两道节度，以广州为岭南东道，邕州为岭南西道，邕州、澄州、宾州、横州、峦州均隶岭南西道；岭南西道，治邕州，旧址在今南宁市城区，这是南宁相当于今省级政权治所开始。唐末，邕州领宣化、武缘、晋兴、朗宁、思笼、如和、封陵7个县，辖及今南宁市(含原邕宁县)及武鸣、隆安等县地；横州领宁浦、从化、乐山3个县，辖及今横县等地；峦州领永定、武罗、灵竹3个县，辖及今宾阳、横县部分县地；宾州领岭方、琅琊、保城3个县，辖及今宾阳等县地；澄州领上林、无虞、止戈、贺水4个县，辖及今上林、忻城、武鸣等县部分属地。

五代晋天福七年(942年)，邕州因避朝讳改名诚州，仍设建武军节度。南汉(947年至950年)，复名邕州。

宋开宝五年（972年)，峦州废入横州；澄州及其止戈、无虞、贺水等县俱省入上林县，上林县改隶邕州；宾州省废，岭方县改隶邕州；晋兴县更名乐昌县。次年，复置宾州，领岭方县。端拱元年(988年)，邕州、横州、宾州属广南西路；上林县改隶宾州。天禧四年(1020年)，宾州增划辖由思刚羁縻州改置的迁江县。熙宁四年(1071年)，横州废永定县入宁浦县。

元丰三年（1080年），邕州迁治今南宁市兴宁路西二里。元祐三年（1088年），复置永定县并更名永淳县。故宋末，邕州领宣化、武缘两县和48个羁縻州及其8个羁縻县，大致辖及今南宁市、崇左市及其辖县和百色市部分市县；宾州领岭方、上林、迁江3个县；横州领宁浦、永淳2个县。

元至元十三年（1276年），邕州改置邕州安抚司，隶广南西道宣抚司（旧治今桂林市）。次年，横州改设横州安抚司，与宾州同隶广南西道宣慰司。十六年（1279年），邕州安抚司改邕州路，横州安抚司改横州路，宾州改宾州路。元贞元年（1295年），邕州、横州、宾州等三路改属广西两江道宣慰司。元贞（1295年至1297年）初，横州路复横州。大德五年（1301年），宾州路复改宾州。泰定元年（1324年），邕州路改称南宁路（取南疆安宁之意），宣化县隶属南宁路，南宁得名取于此。至正九年（1349年），南宁路和横州、宾州改属广西等处行中书省。元末，南宁路领辖宣化、武缘2个县；横州领宁浦、永淳2个县；宾州领岭方、上林、迁江3个县。

明洪武元年（1368年），南宁路改南宁府，治所在今南宁城；横州改隶浔州路。次年，岭方县省入宾州，宾州改隶柳州府。横州改隶浔州府。洪武十年（1377年）五月，横州降改横县，改隶南宁府。十三年（1380年），横县复改横州。嘉靖七年（1528年），原治今马山县乔利圩的思恩府迁治今武鸣县府城镇，始开今南宁属地同时置有相当于今两个地级行政建制之先河，置领都阳、安定、白山、古零、兴隆、那马、定罗、旧城、下旺等土司和奉议州、上林土县等（这些土司和州县分别治今马山、大化、都安、田阳等县地）。隆庆六年（1572年）二月，南宁府析宣化等县地置新宁州（治今崇左市扶绥县），将武缘县划新宁州领辖。万历七年（1579年），思恩府划辖武缘县。万历三十二年（1604年），思恩府置辖上映土州。明南宁府治今朝阳路市物资局院内。明末，南宁府领宣化、永淳、隆安3个县，横、上思、新宁3个州和归德、果化、忠、下雷4个土州及迁隆峒土巡检司；思恩府领武缘县、奉议州和都阳、安定、白山、古零、兴隆、那马、定罗、旧城、下旺9个土司及上林土县、上映土州。

清朝承袭明朝建置。至清末，南宁府治宣化，辖宣化、隆安、永淳等县，新宁、横州等州及忠、归德、果化等土州；思恩府辖领武缘、上林、迁江等县和那马厅、宾州及白山、兴隆、定罗、旧城、都阳、古零、安定等土司。

1912年（民国元年），宣化县省入南宁府，武缘县废入思恩府，并将思恩府改武鸣府；横州、宾州分别改横县、宾阳县。是年10月，广西军政府自桂林迁治南宁府，省府治今南宁民族大道西头与兴宁路南段西侧（时属中山路），南宁成为广西省会。次年6月，置邕南道，治南宁县（南宁府废改县），隶广西省，领南宁、武鸣（武鸣府废改县）、新宁（今属扶绥县）、那马（今属马山县）、上思、横县、宾阳、永淳（今分属横县、宾阳县和青秀区、邕宁区）、上林、隆安等10个县，归德（今属柳江县）、果化（今属平果县）、忠（今属扶绥县）3个土州，都阳（今属都安瑶族自治县）、安定（今属都安瑶族自治县）、白山（今属马山县）、古零（今属马山县）、兴隆（今属东兰县）、旧城（今属平果县）、定罗（今属马山县）、迁隆峒（今属宁明县）8个土司。1914年1月，南宁县为避云南省南宁县同名而易名邕宁县；6月，邕南道易名南宁道。次年8月，南宁道新置隆山（今属马山县）、都安、果德（今属平果县）3个县。次年九月，南宁道新置绥渌县（今属扶绥县）。1926年，南宁道废，所领14个县改隶广西省政府。1929年7月，设南宁市政府，与邕宁县合置办公；11月，撤市建制。1930年，置邕宁民团区，驻邕宁县，辖扶南（今属扶绥县）、上思、邕宁、绥渌、左县（今属崇左市江洲区）、同正（今属扶绥县）、永淳、横县8个县；置宾阳民团区，驻宾阳县，辖宾阳、武鸣、隆山、果德、隆安、那马、上林、都安、迁江（今属来宾市兴宾区）9个县。1932年4月，邕宁、宾阳两个民团区合并置南宁民团区，治武鸣。并将邕宁民团区的左县划归龙州民团区，原属宾阳民团区的果德县划归百色民团区。不久，又增划辖百色民团区之果德县。1933年，广西省政府迁治今青秀区中山街道植物路广西军区内。1934年3月，南宁民团区改南宁行政监督区，仍治武鸣，辖武鸣、邕宁、扶南、上思、绥渌、永淳、同正、横县、隆安、宾阳、迁江、那马、隆山、上林、都安、果德16个县；11月，南宁行政监督区划辖原属柳州行政监督区的来宾县。1936年10月，南宁行政监督区划辖原属百色行政监督区之平治县；广西省政府由南宁迁治今桂林市。次年，南宁行政监督区析出同正县改属龙州行政监督区；10月，南宁行政监督区又划辖同正县，并析出来宾、迁江两县改属浔州行政监督区。1939年2月，南宁行政监督区析出都安、平治、果德、那马、隆山、上林、武鸣、宾阳8个县另置武鸣行政监督区，治武鸣县。南宁行政监督区因此改驻南宁。次年4月17日，武鸣、南宁两个行政监督区分别改第八区、第九行政督察区，辖县依旧。1942年3月，第八区和第九区合并为第四区，治南宁。1948年10月，第四区析出武鸣、上林、隆山、那马、果德、平治、都安、隆安8个县另置第十一区，治武鸣县。至次年九月止，第四区辖邕宁、永淳、横县、宾阳、上思、同正、扶南、绥渌8个县。

1949年10月下旬，设立武鸣专区，治武鸣，辖武鸣、平治（今属平果县）、果德、那马、隆山、都安等县。12月4日，南宁、邕宁、武鸣解放。邕宁县改治今南宁市江南区（原南宁市糖纸厂一带）。是年，设南宁专区，驻宾阳，辖邕宁、绥渌、横县、同正、上思、永淳、扶南、宾阳8个县。1950年2月8日，广西省人民政府正式成立，确定南宁为省会（1958年3月，广西省改称广西壮族自治区，南宁市为自治区首府）；同月，新置南宁市，直隶广西省。8月，邕宁县迁治今南宁市邕宁区蒲庙镇。1951年1月25日，撤销武鸣专区。所属武鸣、都安、隆山、上林、迁江5个县划归南宁专区管辖，隆安、镇结两县划归龙州专区管辖，平治、果德、那马等3个县划归百色专区管辖，忻城县划归宜山专区管辖。7月9日，南宁专区又划辖原系郁林专区的贵县（今贵港市）。1952年8月11日，南宁专区改名宾阳专区，治宾阳县新宾，辖邕宁、横县、宾阳、上林、武鸣、马山（由隆山、那马两县合并而置）、贵县、永淳、迁江等9个县；12月9日，设置桂西僮族自治区（1956年3月2日，更名桂西僮族自治州），治南宁市（今明秀东路），辖宜山专区、宾阳专区、崇左专区、柳州专区、百色专区及所属辖县和钦州专区所属的上思等34个县或县级自治区。是年，南宁市设立一、二、三、四、五区和郊区。1953年4月23日，宾阳专区、崇左专区合并改称邕宁专区，治原邕宁县（11月，邕宁区专员公署机关迁南宁市）。是年，邕宁专区撤销，其所属的邕宁、宾阳、横县、武鸣、上林、马山、崇左、隆安、龙津（今龙州县）、大新、镇都（今天等县）、扶绥、上思、宁明14个县改由桂西僮族自治区直接管辖。1957年12月20日，撤销桂西僮族自治州，其直辖县市改属复置的邕宁专区，专区驻南宁市（今明秀东路），辖原直隶桂西僮族自治州的14个县和凭祥市、都安瑶族自治县。1958年7月28日，南宁市区分设江宁、兴宁、永宁3个区。9月，南宁市委与邕宁地委实行统一领导，邕宁地委更名南宁地委。11月14日，邕宁专区更名南宁专区。1959年2月6日，南宁市改由南宁专区代管。1961年12月23日，南宁市复改由自治区直辖。1965年5月18日，南宁专区析出都安瑶族自治区，划归河池专区管辖。6月26日，南宁专区析出上思县，划归钦州专区管辖。1971年11月，南宁专区更名南宁地区。1979年2月26日，撤销南宁市郊区，设立新城、永新、江南、朝阳、衡阳等5个市辖区。1980年4月5日，朝阳区更名兴宁区，衡阳区更名城北区。1983年10月8日，南宁地区析出邕宁、武鸣两县划入南宁市；1984年1月26日正式移交南宁市管辖。1984年6月23日，南宁市设立郊区（县级）。2001年12月5日，南宁市郊区撤销。2002年12月23日，南宁地区撤销，原属南宁地区的横县、宾阳县、上林县、马山县、隆安县划入南宁市。2003年6月27日，南宁市正式管辖五县。2004年9月15日，南宁市撤销城北区、永新区和邕宁县，设立西乡塘区、良庆区和邕宁区；新城区更名青秀区。2005年3月18日，正式调整。2005年12月，南宁市辖兴宁、江南、青秀、西乡塘、良庆、邕宁6个区和武鸣、横县、宾阳、上林、马山、隆安6个县。

（书　弄）

【土地资源】 2014年，南宁市行政区域面积22099平方千米，其中耕地68.40万公顷、林地97.33万公顷、建设用地16.10万公顷、水域10.73万公顷，其他用地28.43万公顷。市本级面积6447平方千米，其中耕地20.79万公顷、林地25.29万公顷、建设用地6.90万公顷、水域3.66万公顷、其他用地7.83万公顷。市辖六县面积15652平方千米，其中耕地47.61万公顷、林地72.04万公顷、建设用地9.20万公顷、水域7.07万公顷、其他用地20.60万公顷。

【矿产资源】 2014年，南宁市已勘查发现的矿产资源有63种，主要有：能源矿产褐煤、无烟煤、石煤、地热（热矿水）；黑色金属矿产铁、锰、钒、钛；有色金属矿产铜、铅、锌、铝土矿、镍、钴、钨、铋、钼、锑；贵金属矿产有金、银；化工原料非金属矿产有磷、硫铁矿、芒硝、砷、泥炭、重晶石；冶金辅助原料非金属矿产萤石、耐火黏土；建材和其他非金属矿产压电水晶、熔炼水晶、滑石、叶蜡石、石膏、水泥用石灰岩、建筑石材用灰岩、高岭土、膨润土、陶粒用黏土、砖瓦用黏土、玻璃用砂、玻璃用砂岩、水泥配料用砂岩、粉石英、水泥配料用黏土、砖瓦用页岩、水泥配料用页岩、饰面用花岗岩、建筑用花岗岩、方解石、硅灰岩、建筑用砂（河沙）；水汽矿产矿泉水等。优势矿产有钨、银、钒、铜、金、石灰岩、花岗岩、芒硝、耐火黏土、滑石、水晶、砂岩。平势矿产有煤、锰、铝、铅、锌、硫、铁矿、膨润土、高岭土、石膏。在规划开采区内，根据矿产资源分布特点，综合考虑地质构造及地形上的相对独立性，资源赋存状态，开采技术条件，勘查开采现状等因素，规划开采区块67个，总面积2190.10平方千米。有矿山企业405家（其中大型矿山企业3家、中型矿山企业8家、小型矿山企业及零星矿山306家），行业从业人员1.05万人，年产矿石3605.73万吨，矿业产值6.64亿元（不含矿业冶炼加工），综合利用产值1.31亿元，利润5674.23万元，矿产品销售收入5.25亿元。

（市国土资源局）

2014年南宁市及市辖六县地类面积结构

单位：万公顷

地类／行政	总计	其中				
		耕地	林地	建设用地（城镇村及工矿用地、交通运输用地）	水域及水利设施用地	其他用地
市本级	64.47	20.79	25.29	6.90	3.66	7.83
市辖六县	156.52	47.61	72.04	9.20	7.07	20.60
全市总计	220.99	68.40	97.33	16.10	10.73	28.43
所占比例	100%	30.95%	44.04%	7.29%	4.86%	12.86%

说明："水域及水利设施用地"面积，具体包括河流水面、湖泊水面、水库水面、坑塘水面、沿海滩涂、沟渠、水工建筑用地、冰川及永久积雪。"其他用地"，具体包括设施农用地、园地、草地、田坎、盐碱地、沼泽地、沙地、裸地；数据为2014年度土地利用变更调查上报国土资源部数据，尚未通过国土资源部确认。

【植物资源】 南宁市处于亚热带南缘，北回归线从北部武鸣县、上林县、马山县及大明山穿过，地形多样，有平原、盆地、丘陵、山地，以平原和丘陵为主。良好的水热条件孕育丰富的植物资源。2014年，南宁市有维管束植物244科、1044属、3000余种，其中蕨类植物42科、84属、250种，裸子植物7科、9属、18种，被子植物160科、671属、1755种。乔木树种有600种以上，以壳斗科、茶科、杜鹃花科、樟科、胡桃科、木兰科、大戟科为优势。属国家一级保护的珍稀濒危物种有钟萼木、石山苏铁，属国家二级保护的有桫椤、金毛狗、白豆杉、樟树、任豆、红椿、海南椴、翅荚木、金丝李、马蹄参、格木、蚬木、福建柏、紫荆木、观光木、蝴蝶果、蒜头果、马蹄参等，主要分布在广西大明山国家级自然保护区、广西龙山自治区级自然保护区、广西龙虎山自治区级自然保护区、广西三十六弄—陇均自治区级自然保护区、广西弄拉自治区级自然保护区。

【动物资源】 2014年，南宁市自然分布的野生陆生脊椎动物有31目90科208属400余种。其中：两栖类19种，主要有大鲵、棘胸蛙、虎纹蛙、泽蛙、大绿蛙、斑腿树蛙等；爬行类42种，主要有蟒蛇、山瑞鳖、大壁虎、大头平胸龟、乌龟、百花锦蛇、金环蛇、银环蛇、眼镜王蛇、五步蛇、滑鼠蛇等；鸟类151种，主要有原鸡、林三趾鹑、风头鹃隼、雀雕、猛隼、小鸦鹃、草鸮、长尾阔嘴鸟等；哺乳类60种，主要有黑叶猴、猕猴、小灵猫、大灵猫、林麝、苏门羚、黑熊、穿山甲等。属国家一级保护的物种有黑叶猴、熊猴、蟒、林麝、金钱豹等5种，属国家二级保护的物种有猕猴、苏门羚、河麂、斑林狸、穿山甲、大灵猫、小灵猫、黑熊、原鸡、白鹇、海南虎斑鳽、褐翅鸦鹃、小鸦鹃、冠斑犀鸟、黑翅鸢、黑冠鹃隼、灰背隼、红隼、猛隼、燕隼等117种，主要分布在广西大明山国家级自然保护区、广西龙山自治区级自然保护区、广西龙虎山自治区级自然保护区、广西三十六弄—陇均自治区级自然保护区、广西弄拉自治区级自然保护区、西津湖水库。

（陈仁河　梁惠萍）

【水资源】 南宁市水资源较为丰富，多年平均降水量1298.80毫米。市辖区河系发达，河流众多，流域集水面积在200平方千米以上的河流有郁江、右江、左江、武鸣河、八尺江、清水河、良凤江、香山河、东班江、沙江、镇龙江等39条。市内最

NANNING YEARBOOK

大的河流是郁江，流过南宁市区、横县。右江的下游经过隆安县，在南宁市宋村与左江汇合形成郁江。郁江（南宁水文站）年平均天然径流量375.10亿立方米。熔岩地区地下伏流发育，地下水资源丰富，根据地下水调查和分析，南宁市辖区多年平均地下水量模数为每平方千米11.10万立方米，多年平均浅层地下水资源补给量为25亿立方米。市辖区多年平均水资源总量139.90亿立方米（区域水资源总量是指当地年内降水量形成的地表、地下水总量，不含过境水量）。2014年，南宁市年降水量1225毫米，比上年下降23.30%，比多年平均值下降5.70%；水资源总量95亿立方米，下降53.60%，比多年平均值下降6.20%，属平水年份。有大、中、小型水库748座，其中库容1亿立方米以上的大型水库3座、1000万立方米以上的中型水库26座、小型水库719座，总库容26.41亿立方米。水库的水质基本符合饮水用水标准。

（市水文水资源局　市水利局）

【气　候】 2014年，南宁市各县（区）年平均气温22.0℃，比常年偏高0.2℃，全市平均年降水量1375毫米，较常年偏少26毫米，年日照时数1545小时，与常年相比偏多3%，总体属正常年景。汛期（4月至9月）平均总降雨量1050毫米，比常年偏少43毫米，属略偏少年景。暴雨日数大部偏少，局部偏多，呈现局地性特点。全年受第2号、第4号热带低压、第9号台风"威马逊"、第15号台风"海鸥"影响，属偏少年份。1月至2月有低温阴雨过程2次，霜（冰）冻过程3次；3月有倒春寒天气1次；10月中旬上林县及南宁市局地出现寒露风天气过程；12月中下旬有霜冻过程2次。主要天气气候事件：暴雨洪涝、台风。

（江　雪　张　薇）

【水　文】

降　水　2014年1月至3月，南宁市江河主要控制水文站的降水量与历年均值比较属正常年景。汛期4月至9月，辖区内江河主要控制站降水量766.40毫米~1104.40毫米，降水总量与历年同期相比，除邹圩水文站持平外，其余各站降水量均小于历年均值，属正常偏枯年景。清水河上林县上林水文站偏少26.70%，东班江宾阳县露圩水文站偏少22.80%，右江隆安水文站偏少8.10%，郁江南宁水文站偏少11.70%，武鸣河武鸣县武鸣水文站偏少20.20%，镇龙江横县镇龙水文站偏少7.50%。汛期洪水出现较早，各河段4月上旬出现明显涨水过程；洪水场次数量正常。右江隆安水文站出现洪水5场，武鸣河武鸣水文站10场，东班江露圩水文站、镇龙江镇龙水文站各3场，清水河上林水文站7场，邹圩水文站10场，郁江南宁水文站8场。主干流郁江出现超警戒水位2次，武鸣河、东班江、镇龙江等郁江支流均没有达到警戒水位，距警戒水位尚有1.50米~2米。洪水受水利工程调节影响大。左右江干流上的水利枢纽工程对洪水具有调节功能，洪水的洪峰及传播时间受到影响。

水　质　市水文水资源局监测重要水功能区19个、城市重要饮用水水源地1处、跨设区市界河流交接断面6处。按照《地表水环境质量标准》（GB3838-2002）和《地表水资源质量评价技术规程》（SL395-2007）进行评价，水功能区水质类别为二类至四类、全年水质达标率94.70%，城市饮用水水源地水质类别为二类至三类、全年水质合格率100%，跨设区市界河流交接断面水质类别为二类至三类、全年水质达标率100%。各类水域水质监测评价结果：19个重点水功能区除郁江六景饮用水源区因溶解氧超标、水质不达标外，其余水功能区水质均达标，水功能区个数达标率94.70%；19个水功能区评价总河流长度444千米，其中达标河长438.20千米，不达标河长5.80千米，河长达标率98.70%。市邕江饮用水源地水质类别二类至三类、全年水质合格率100%。6处跨设区市界河流交接断面分别为清水河南宁至来宾、乔建河崇左至南宁、右江百色至南宁、左江崇左至南宁、郁江南宁至贵港、八尺江防城港至南宁，断面水质类别为二类至三类、全年水质达标率100%。

（市水文水资源局）

【人　口】 2014年，南宁市户籍总数2200923户，总人口7296565人，比上年增长0.72%，人口密度每平方千米330人，其中市辖区户籍数871336户，人口2843789人，增长1.66%，人口密度每平方千米441人。全市人口出生率13.10‰，下降0.71个千分点；人口死亡率5.06‰，下降0.38个千分点；人口自然增长率8.04‰，下降0.33个千分点。

（李鸿宽　黄静洁）

【行政区划】 2014年，南宁市行政区划为兴宁区、江南区、青秀区、西乡塘区、邕宁区、良庆区和武鸣县、横县、宾阳县、上林县、马山县、隆安县12个县（区），86个镇、13个乡、3个民族乡、25个街道。

【民　族】 南宁市是一个以壮族为主体、多民族聚居的首府城市。居住着壮、汉、瑶、苗、仫佬、侗、回、满、毛南、土家、布依、水、黎、京、彝、蒙古、白、朝鲜、傈僳、畲、仡佬、傣、哈尼、鄂温克、高山、藏、土、锡伯、纳西、拉祜、羌、维吾尔、达斡尔、景颇、佤、普米、布朗、基诺、东乡、裕固、哈萨克、保安、柯尔克孜、赫哲、俄罗斯、怒、塔塔尔、鄂伦春、德昂、塔吉克50个民族，其中人口总数超过1000人的依次为壮、汉、瑶、苗、仫佬、侗、回、满、毛南、土家、布依、水12个民族。壮族是世代居住在本地的土著民族；汉族为秦汉以后陆续迁入；回族为元朝以后迁入；瑶族和苗族大多为清代以后迁入；其余民族多于南宁解放后尤其是改革开放以后陆续从全国各地迁入。2014年，南宁市总人口729.66万人，其中少数民族人口409.59万人，占总人口56.13%，少数民族人口总数居全国5个少数民族自治区首府城市之首。市区少数民族人口165.28万人，占

白鹭群聚相思湖湿地公园　　周家志　摄

2014年南宁市县(区)、乡镇(街道)情况

县(区)	乡镇(街道)数				乡 镇	街 道
	镇	乡	民族乡	街道		
兴宁区	3			3	三塘镇、五塘镇、昆仑镇	朝阳、民生、兴东
江南区	4			5	吴圩镇、苏圩镇、延安镇、江西镇	江南、福建园、那洪、沙井、金凯
青秀区	4			5	伶俐镇、长塘镇、刘圩镇、南阳镇	建政、新竹、中山、津头、南湖
西乡塘区	3			10	坛洛镇、金陵镇、双定镇	西乡塘、衡阳、北湖、安吉、安宁、新阳、华强、上尧、石埠、心圩
邕宁区	4	1			蒲庙镇、那楼镇、新江镇、百济镇、中和乡	
良庆区	5			2	良庆镇、那马镇、那陈镇、大塘镇、南晓镇	大沙田、玉洞
武鸣县	13				城厢镇、太平镇、双桥镇、宁武镇、锣圩镇、仙湖镇、府城镇、罗波镇、陆斡镇、两江镇、甘圩镇、灵马镇、马头镇	
横　县	14	3			横州镇、石塘镇、云表镇、马岭镇、百合镇、那阳镇、峦城镇、六景镇、陶圩镇、校椅镇、新福镇、莲塘镇、南乡镇、平马镇、镇龙乡、马山乡、平朗乡	
宾阳县	16				宾州镇、思陇镇、新桥镇、新圩镇、邹圩镇、大桥镇、和吉镇、洋桥镇、武陵镇、中华镇、古辣镇、露圩镇、甘棠镇、黎塘镇、王灵镇、陈平镇	
上林县	7	3	1		大丰镇、巷贤镇、白圩镇、三里镇、明亮镇、乔贤镇、西燕镇、澄泰乡、木山乡、塘红乡、镇圩瑶族乡	
马山县	7	2	2		白山镇、周鹿镇、百龙滩镇、古零镇、金钗镇、永州镇、林圩镇、乔利乡、加方乡、古寨瑶族乡、里当瑶族乡	
隆安县	6	4			城厢镇、乔建镇、那桐镇、雁江镇、丁当镇、南圩镇、都结乡、布泉乡、屏山乡、古潭乡	

（市民政局）

市区总人口58.12%。其中：邕宁区少数民族人口33.06万人，占邕宁区总人口94.45%；良庆区少数民族人口23.30万人，占良庆区总人口88.36%；兴宁区少数民族人口19.49万人，占兴宁区总人口63.14%；江南区少数民族人口24.74万人，占江南区总人口51.27%；青秀区少数民族人口31.48万人，占青秀区总人口46.71%；西乡塘区少数民族人口33.21万人，占西乡塘区总人口43.29%。六县少数民族人口258.79万人，占六县总人口58.12%。其中：隆安县少数民族人口40.14万人，占隆安县总人口96.65%；武鸣县少数民族人口60.56万人，占武鸣县总人口86.52%；马山县少数民族人口45.76万人，占马山县总人口82.32%；上林县少数民族人口41.54万人，占上林县总人口84.39%；横县少数民族人口48.71万人，占横县总人口39.10%；宾阳县少数民族人口22.08万人，占宾阳县总人口21.14%。隆安县是壮族人口比例最高的县。汉族在各县(区)均有分布，以宾阳县、横县和除邕宁区、良庆区以外的城区较为集中；瑶族主要聚居在马山县、上林县；苗族在各县(区)均有分布，以城区较为集中；回族、满族、侗族等其他少数民族主要居住在城区。全市有3个民族乡，分别为马山县古寨瑶族乡、里当瑶族乡，上林县镇圩瑶族乡。

【语言文字】 2014年，居住在南宁市的50个少数民族中，除回族、满族已全部转用汉语外，其他少数民族均保留有自己的语言，部分少数民族保留有自己的传统文字。普通话、规范汉字为公务用语用字，国家机关工作人员、教师从业人员实施普通话水平测试。全市推广普通话、推行规范汉字，公共服务行业基本以普通话为服务用语。

汉语方言　主要有白话（粤语）、平话、桂柳话(西南官话)、普通话4种。南宁市近郊农村汉族普遍使用平话，城区内汉族多使用普通话和白话，部分使用桂柳话(西南官话)。中心城区贸易及社会交往的汉语方言以南宁白话和普通话为主。

壮　语　是壮族主要的语言交际工具，使用较为广泛的区域为武鸣县、横县、上林县、马山县、隆安县、邕宁区、良

庆区，以及西乡塘区、兴宁区、江南区、青秀区的边远乡镇。壮语分为南部方言区和北部方言区，大致以邕江为界，并向西北伸展连接右江，江的南部地区属南部方言区，江的北部地区属北部方言区，俗称"南壮""北壮"。南宁壮语分属"南壮""北壮"两大方言及其接合区，即邕江和右江以北为壮族北部方言的邕北土语区，以南为壮族南部方言的邕南左江土语区。北部方言区的壮话与武鸣壮话大同小异；南部方言区的壮话则与邕宁壮话基本相同。壮语南部方言和北部方言语法结构、基本词汇大致相同，而语音差异则比较明显。如南部方言有一套送气的清音声母ph、th、kh等，北部方言一般无送气声母；此外，北部方言有独立的r声类（有多种方音变体，多数地方读Y），而南部方言多无此独立声类。词汇方面，南部方言区的壮语与北部方言区的壮语大约有30%~40%的词汇不相同，在语法上也存在一些差异。南宁市壮族聚居的村庄、圩镇，日常交际用语为当地壮语方言，壮族聚居的县城及乡镇行政驻地集市贸易的主要用语为当地壮语方言，其周边及杂居的汉族居民多数也兼通壮语。由于壮汉民族长期和睦相处，普通话的推广使用，以及广播、电视的普及和覆盖面的日益扩大，南宁市城乡壮族兼通普通话或白话的现象也较为普遍。

壮　文　古壮字和壮语拼音文字的简称。古壮字也叫土俗字，壮语称为Sawndip，萌芽于秦汉时期，产生于唐代，是由壮族一些受汉文化教育的文人（包括巫师）借助汉字或汉字的偏旁部首创造的，其构字方式大体有形声字（即利用汉字的偏旁部首和意符组合而成的字）、会意字（即利用汉字本体的意义，加上一些特殊的符号，或者是以两个以上的汉字合并而成的字）、借汉字（即直接借用汉字音或义，借音是借用汉字的正音或谐音记录壮语字，一经借用，其原来汉语语义不复存在，表示的是壮语语义；另一种是既借音又借义的字）、象形字（即依物赋形，依事描样，以简单而富有概括力的笔画，勾画出物体的基本形象的字）。古壮字兴于唐宋，盛于明清，民间普遍用于记录或书写神话、故事、传说、歌谣、谚语、剧本、楹联、碑刻、药方、家谱、家族、契约、讼诉、经文、记财等。目前，南宁市县（区）的壮族地区民间仍流传有使用古壮字记录、抄录的山歌唱本和师公唱本，大部分的民间老艺人、师公（师公戏）传承人在抄录、创作唱本时也仍然在使用古壮字和沿用古壮字的创字方法。壮文拼音文字是1952年至1955年国家少数民族语言调查工作队到广西，根据壮族地区47个县52个点的壮语方言材料，以拉丁字母为基础，以武鸣双桥音为标准音，创制的拼音壮文，1957年经政务院批准并公布实施，有字母32个（其中非拉丁字母11个），并以z、J、x、q、h等字母分别作第二、三、四、五、六调的调号标注于字尾，20世纪50年代中后期开始在壮族地区推行使用。受"文化大革命"的冲击，壮文推行中断十余年。1980年5月，中共广西壮族自治区委员会、自治区人民政府决定在壮族地区恢复使用壮文。1981年9月起，壮文开始陆续进入壮族地区的小学进行壮汉双语教学试点实验。但由于原壮文方案夹杂有非拉丁字母11个，影响整个文字形体的一致性，造成壮文在学习、运用等方面的困难，1982年在中国社会科学院和中央民族学院的配合下，对原壮文方案进行部分修改，并于当年2月2日获国家民委批准颁布。壮文方案从原来的32个字母减至26个字母，全部为拉丁字母。2004年，南宁市人民政府颁布《南宁市社会用字管理暂行规定》，明确壮文的使用纳入社会用字管理范畴，党政机关、社会团体、企事业单位名称牌匾、公章大都使用壮汉两种文字，公共场所设置的部分挂牌、路牌、标志牌也按规定同时标注有壮文拼音文字。2013年5月15日，《南宁市壮文社会使用管理办法》颁布，明确同时使用壮文、汉文两种文字的场合、设施。2014年4月16日，南宁市印发《南宁市贯彻〈国家中长期语言文化事业改革和发展规划纲要（2012—2020）〉实施方案》（简称《实施方案》），将"科学保护少数民族语言文字及汉语方言文化、启动对南宁世居少数民族语言少数民族濒危语言的调查抢救和保护工作"纳入《实施方案》。

瑶　语　主要属汉藏语系苗瑶语族苗语支或瑶语支，也有一些属壮侗语族（瑶族居地广阔，支系繁多，各语支差异颇大，所以不同语支的瑶族之间语言不通）。由于瑶族长期与壮族、汉族杂居，共同相处，交往密切，故受到其民族语言影响较深。瑶语中借入大量的汉语、壮语词。居住在马山县、上林县一带的瑶族和宾阳县、隆安县的瑶族大都兼通壮语，他们以瑶语、壮语为日常语言交际工具。居住在城区的瑶族兼通汉语，也有部分使用瑶语作为日常语言交际工具。

（刘建安）

【华　侨】　2014年，南宁市在海外的南宁籍华侨、华人有9万多人，主要分布在马来西亚、泰国、越南、印度尼西亚、美国、加拿大、日本、印度、巴西等35个国家和地区，从事职业包括商贸、教育、科研、文化等行业，其中大部分人已加入侨居国国籍。有散居归侨、侨眷14.33万人，其中归侨2.51万人。有华侨农林场4个（广西—东盟经济技术开发区、隆安县浪湾华侨农林场、武鸣县白合华侨农林场、邕宁区五合华侨农林场），总面积222平方千米，总人口4.30万人，其中归侨、侨眷1.10万人，主要安置印尼、越南等东南亚国家归难侨。

（市外侨办）

【宗　教】　2014年，南宁市有佛教、伊斯兰教、天主教、基督教4种宗教，经批准给予登记开放的宗教活动场所45个（含以堂带点6个），分布在除隆安县外的11个县（区）。信教群众20多万人。全市认定备案宗教教职人员90人。成立南宁市佛教协会、南宁市伊斯兰教协会、南宁市天主教爱国会、南宁市基督教"三自"（自治、自养、自律）爱国运动委员会、南宁市基督教协会5个市级宗教团体。各宗教团体协助中国共产党和人民政府贯彻落实宗教方针政策和《宗教事务条例》等法律法规，坚持独立自主自办的方针，办好教务，自我管理，开展社会公益慈善事业，团结广大信教群众，爱国爱教，遵守国家有关法律法规及教义教规，过着正常宗教生活。

（温　惠）

【自然灾害】　2014年，南宁市受低温冰冻、洪涝及第9号台风"威马逊"、第15号台风"海鸥"等自然灾害影响，12个县（区）110个乡镇（街道）遭受不同程度损失。受灾人口144.35万人，因灾死亡11人；农作物受灾面积11.98万公顷，其中成灾面积3.44万公顷，绝收面积0.62万公顷；倒塌农房589户1254间，严重损坏农房186户402间，一般损坏农房358户623间；直接经济损失9.63亿元，其中农业损失7.69亿元，工矿企业损失8042万元，基础设施损失5813.92万元，公益设施损失2985.50万元，家庭财产损失2511.03万元。

（市民政局）

经济与社会发展

综　述

【经济发展概况】　2014年，南宁市以科学发展观为指导，把握好稳中求进的工作总基调，着力推进稳增长、促改革、调结构、惠民生、防风险,经济社会持续平稳健康发展,结构、质量、效益延续向好态势。全市生产总值3148.30亿元,比上年增长8.50%;三次产业比重11.28:39.75:48.97;第一产业增加值355.09亿元,占全市生产总值11.28%,第二产业增加值1251.54亿元,占39.75%,第三产业增加值1541.67亿元,占48.97%。财政收入526.59亿元,增长11.17%;全社会固定资产投资2933.87亿元,增长18.54%,其中固定资产投资2886.68亿元,增长18.66%;规模以上工业增加值881.17亿元,增长10.80%;社会消费品零售总额1616.90亿元,增长12.10%;进出口总额48.14亿美元,增长9%,其中出口26.20亿美元,增长11.30%;外商直接投资(广西全口径)6.40亿美元,增长10.20%;万元生产总值能耗下降8.50%,万元生产总值二氧化碳排放量下降8%,化学需氧量、二氧化硫、氨氮、氮氧化物排放量分别为11.99、3.87、1.31、7.04万吨,控制在预期目标内;居民消费价格上涨1.60%。

农业现代化稳步推进　粮食总产量225万吨,增长0.80%。创建自治区级、市级现代特色农业(核心)示范区14个,其中隆安县金穗香蕉产业(核心)示范区、良庆区坛板特色农业(核心)示范区、西乡塘区美丽南方休闲农业(核心)示范区被授予"广西现代特色农业(核心)示范区"称号。隆安县定江村(香蕉)获"全国一村一品示范村镇"称号;建设蔬菜基地13个,优质高产高糖糖料蔗基地47个,农产品标准化基地9个,标准化生态养殖示范项目21个。市级以上农业产业化重点龙头企业新增21家、累计183家,农民专业合作社新增403家、累计2131家,家庭农场新增226家、累计266家。绿色农产品认证面积增至1880公顷,无公害水产畜牧产品产地认证增至106个,蔬菜、养殖产品质量安全监测合格率分别为99.80%、99.50%。农业耕种收综合机械化水平46.60%。第一产业增加值355.09亿元,增长4.30%。

现代工业提质增量　出台实施《南宁市加快新型工业化实现跨越发展的决定》《南宁市加快新型工业化跨越发展的若干政策措施》等政策,市财政安排工业发展资金16.50亿元。引进南宁禾田信息港、广西源政全铝车身新能源汽车生产基地等重大工业项目,南宁南车年产150辆轨道装备基地等80个重点项目新开工,深圳海王集团药业等90个项目加快建设,南车铝材精密加工等40个项目建成投产。新增亿元产值企业44家、累计592家,富士康南宁公司、广西中烟工业有限责任公司南宁卷烟厂产值分别突破200亿元、100亿元。生物医药、铝深加工、机械装备制造、食品加工、清洁能源、电子信息等六大重点产业规模以上工业总产值占全市规模以上工业总产值52.81%,提高0.90个百分点。南宁高新技术产业开发区、南宁经济技术开发区、广西—东盟经济技术开发区规模以上工业总产值1497.52亿元,占全市规模以上工业总产值52.13%,提高4.20个百分点。标准厂房建设完成主体工程206万平方米。全市规模以上工业总产值2872.85亿元,增长12.21%;规模以上工业增加值881.17亿元,增长10.80%;高技术产业增加值增长22%;规模以上万元工业增加值能耗下降19.80%,建材等五大高耗能行业规模以上工业增加值占全市比重下降1.79个百分点、能耗占比下降1.83个百分点。第二产业增加值1251.54亿元,增长9.90%。

12月18日,南宁青秀万达广场建成开业　钟　情　摄

现代服务业稳步提升　出台实施《南宁市服务业提升发展二年计划》(2014—2015),市财政安排现代服务业发展资金4.20亿元,服务业发展取得成效。推进沿边金融综合改革试验区建设,设立创业投资引导基金、北部湾经济区产业投资(南宁)基金,南宁金融资产交易中心挂牌,南宁股权交易中心获批筹建,东亚银行南宁分行正式落户,区域性跨境人民币业务平台(南宁)上线运行,全市银行金融机构35家、证券营业部50家、证券分公司8家、保险机构34家,金融业增加值307.61亿元,增长13.20%,占第三产业增加值20%,提升2个百分点。实施《关于加快推进限额以上商贸企业发展的若干意见》,市财政安排500万元引导鼓励个体工商户转型升级,新增限额以上批发零售企业137家。南宁万达茂、安吉万达广场、宝能城市广场等一批城市综合体、商务楼宇加快建设,青秀万达广场、中国—东盟商品交易中心建成开业。编制《南宁物流园区发展规划》,玉柴物流成为自治区唯一的全国5A级综合物流服务企业,南宁震洋物流成为国内第一家直通越南的物流企业,南宁国际综合物流园等24个重大项目加快推进,举办"2014首届南宁物流周"。社会消费品零售总额1616.90亿元,增长12.10%。获批国家跨境贸易电子商务服务试点城市,筹建南宁跨境电子商务公共服务平台,南宁经济技术开发区、南宁华南城、南宁泛北城市信息技术有限公司获批自治区电子商务示范基地,中国—东盟电子商务产业园落户五象新区,"万企千店"(2014年起,用3年时间,对南宁市万家以上中小企业进行电子商务培训,扶持千家以上的传统企业、中小企业在网上开店)电子商务推广工程取得突破性进展,全市企业网店数量突破2100家,占自治区企业网店数量45%,重点企业电商交易额1300亿元,增长28%,"电商南宁"发展步入快车道。龙象谷国际旅游度假区等30项重大旅游项目、上林旅游名县建设加快,新增国家4A级景区5家,青秀山风景区获批国家5A级景区,全市旅游总收入597亿元、稳居自治区第一,增长24.90%。举办专业展会109场、增长3.80%,超万平方米展会32场、增长23%。第三产业增加值1541.67亿元,增长8.20%。

固定资产投资平稳增长　全社会固定资产投资2933.87亿元,增长18.54%,其中固定资产投资(不含私人建房)2886.68亿元,增长18.66%。固定资产投资中,基本建设投资1299亿元,增长17.05%;更新改造投资853.48亿元，增长17.18%；房地产开发投资551.82亿元，增长32.53%。

对外经济平稳发展　出台实施《南宁市促进外经贸发展的实施意见》《南宁市加快加工贸易产业发展的若干措施》，进一步完善对外贸易体制机制。跨境电子商务零售出口业务获海关总署批准开展。实施广西加工贸易倍增计划（2014年起，用3年时间自治区加工贸易额突破100亿美元，较2013年实现翻番，用5年时间加工贸易占外贸进出口比重达30%。），新引进广西鸿盛达科技有限公司等加工贸易项目，加工贸易进出口额26.20亿美元，增长30.40%。推进机场新口岸建设改造，口岸开放取得新进展。全市外贸进出口总额48.14亿美元，增长9%，其中出口额26.17亿元，增长11.25%。

区域经济合作不断深化　北部湾同城化进程加快。实施《南宁北海钦州防城港玉林崇左百色区域一体化发展规划》，定期召开"七市一体化"联席会议，"南北钦防"实现医保、电信、购房同城化。西江经济带建设加快。推进西江经济带基础设施建设大会战项目12个，完成投资5.70亿元。招商引资成果丰硕。直接利用外资（自治区全口径）6.40亿美元，增长10.20%，来自香港到位外资占全市81.20%，亿美元以上项目到位外资占全市77.10%；实际到位内资856.50亿元，亿元以上项目到位内资占全市65.80%。上海斐讯通信南宁产业基地、深圳华强南宁东盟文化博览园等重大项目入驻。

城乡居民收入持续增长　城镇居民人均可支配收入27075元，增长9.10%；农村居民人均纯收入8576元，增长11.60%，增速高于城镇居民人均可支配收入增速2.50个百分点。

【重点领域改革】 2014年，南宁市重点领域改革取得新进展。行政审批制度改革取得成效。全市取消、下放、调整行政审批事项238项，梳理市本级行政审批事项643项并向社会公布；推进"审管分离"，设立行政审批办公室，进驻政务服务中心；清理审批环节和缩减审批时限，清理后审批条件在3个以下的审批事项占总数75.20%，全市643项行政审批事项有279项再次提速；开展重大项目集中并联审批，组建前期审批攻坚站，筛选自治区、南宁市级36个重大项目进站，实行联合审查、信息共享、并联审批、限时办结服务；推行市、县、乡三级联动政务服务体系；南宁经济技术开发区设立全市首个行政审批局；工商登记实行注册资本认缴登记制，推行"先照后证"（先申领营业执照后再办理有关许可证）。金融和投融资体制改革进程加快。出台《南宁市建设沿边金融综合改革试验区实施方案》等文件；组建南宁金融资产交易中心、南宁股权交易中心；微型金融机构健康快速发展，小额贷款公司113家、注册资本168亿元，分别占自治区30%、60%；启动区域性跨境人民币业务平台，加快南宁市创业投资引导基金投资运作，基金规模5亿元，推动设立产业投资基金，首期引导基金2亿元，设立总规模10亿元的广西北部湾经济区基础设施投资（南宁）基金；推动企业上市和在新三板（非上市股份有限公司代办股份报价转让系统）、区域股权市场挂牌，推动企业通过债券市场直接融资194.50亿元；编制《政府核准投资项目目录》（南宁市2014本），加强政府投资项目代建管理，将房地产项目由核准改为备案，进一步缩小核准范围，落实企业投资自主权。探索引入社会资金的办法，制订《南宁市利用社会资金投资建设城市基础设施项目管理办法》，采用BT（建设—移交）、BOT（建设—经营—移交）、PPP（公共私营合作制）等模式推进市政供水、保障房等公共设施工程建设。财税体制改革稳步推进。建立由直接补贴向股权投资等方式转变机制，财政专项资金由分散投入向集中投入转变，在民政、人才领域启动试点，率先启动实施广西北部湾经济区医疗和生育保险同城化政策；推动政府购买服务改革，在司法、城管、教育等8个部门13个项目开展试点；推行财政资金竞争性分配制度，加强全口径预算管理，推进预算绩效管理试点，建立完善政府债务管理及风险预警机制。深化财政国库管理改革，2014年起将城建项目资金纳入国库集中支付，扩大预算执行动态管理；制定税源在市县（区）间跨区域流动过程中的税收分配政策和市县（区）范围内企业总分机构的税收分配政策措施，完成有关企业税款缴库，推进"营改增"税制度改革。国有企业和国有资产改革不断深化。推进国资国企整合重组，南宁城市建设投资集团有限责任公司、南宁威宁投资集团有限责任公司等8家集团公司完成工商登记、董事会成员任命；21家企业和事业单位改革为集团公司全资子公司，14家企业改制重组；探索发展混合制和国有资本退出路径，引进外资5570万元，挂牌推介国有企业与非公资本对接合作，17家企业退出市场；推进国有企业的分类监管，向8家集团公司派出国有企业监事会主席和专职监事，实施对监管企业领导班子和成员的综合绩效考核。

【县域经济发展】 2014年，南宁市县域经济平稳发展。六县生产总值816.85亿元，占全市26%；六县规模以上工业增加值242.74亿元，占全市27.60%；六县固定资产投资803.27亿元，占全市27.80%。武鸣县加快推进农村土地经营权流转及规模化经营，重点打造3333.33公顷优质米生产示范基地和1.20万公顷香蕉种植示范基地。宾阳县第三产业增加值60.50亿元，增长11.10%，高于全市2.90个百分点，成为县域经济增长主动力。横县实施茉莉花现代特色农业（核心）示范区、年产20万平方米新型食用菌综合开发项目等重点农业产业化项目，农业现代化步伐加快。隆安县引进广西英利新能源有限公司60兆瓦光伏农业生态示范项目一期建成，成为自治区首个光伏农业生态示范项目。马山县围绕环弄拉旅游资源开发，上林县围绕"三湖一寨"（龙母湖、金莲湖、云里湖、鼓鸣寨）建设，实施旅游及配套基础设施项目，旅游业发展基础加强。

【社会发展概况】 2014年，南宁市深化社会事业领域改革，加快健全基本公共服务体系，推动科技、教育、卫生、文化、就业、社会保障等民生社会事业发展，人民生活水平持续改善，全面建设小康社会事业取得新进展。城镇居民人均可支配收入27075元，增长9.10%，农村居民人均纯收入8576元，增长11.60%。人口自然增长率8.04‰。城镇新增就业8.58万人，下岗失业人员再就业2.02万人，农村劳动力转移就业新增9.10万人，城镇登记失业率2.95%。社会养老保险参保总人次630.50万（不含新农合）；城乡居民社会养老保险参保率89.70%；实现企业基本养老金"十连调"，企业退休人员人均每月增加164.30元。首批试点开通8家定点医院异地就医结算业务。城镇保障性住房覆盖率18.80%。在北部湾经济区南宁市、北海市、防城港市、钦州市实现户口迁移信息网上流转。开展养老机构公建民营、居家养老购买服务试点；创建示范性村级老年人协会84个。下拨城乡低保、五保、医疗救助等补助资金3.36亿元，城乡低保对象月人均补助水平同比分别提高19元、14元。

科学技术　国家创新型试点城市加快建设，新增高新技术企业58家、扶持培育创新型试点企业35家，分别完成目标387%、350%；完成技术创新及"两化"（信息化和工业化）融合项目478项，科技投资12.82亿元；认定南宁市工业新产品188个、市级企业技术中心6家，南南铝加工公司等14家企业技术中心获自治区认定。国家知识产权试点城市创建工作加快推进，每万人口发明专利拥有量3件，有效发明专利拥有量居自治区第一。

教　育　各类教育协调发展，学前三年毛入园率92.80%，九年义务教育巩固率93.80%，高中阶段毛入学率93.40%。现代职业教育加快发展，中等职业学校全日制招生2.13万人，完成年度任务106.30%。特殊教育学校和随班就读吸纳适龄残疾儿童人数2421人。市本级财政教育支出75亿元，其中教育基建支出13.40亿元，实施项目134个，建成中小学校10所、幼儿园7所。接收进城务工人员随迁子女入学14.62万人，占自治区33.60%。投入2.22亿元实施南宁市农村义务教育学生营养改善计划。

医疗卫生　医疗卫生均等化服务水平提高，新型农村合作医疗参合率99.40%，人均筹资标准由340元提高至390元。"单独两孩"政策稳妥实施。艾滋病、登革热、埃博拉等传染病有效防控。医药卫生体制改革深化。在全市范围内开展城乡居民大病保险试点；六县19家公立医院推行药品零差率销售，同步进行医疗服务价格调整和医保支付方式改革；全市123个乡镇卫生院实施国家基本药物制度覆盖率100%，1381个标准化村卫生室实施基本药物制度，占行政村卫生室99%；壮瑶医药振兴计划、中医药发展八大重点工程深入实施；社会办医(国家)联系点扎实推进，南宁埌东医院、凤岭医院等社会办医重大项目加快建设。

文化体育　以南宁重大革命历史题材为背景制作电视连续剧《兵变1929》上映。建成136个村级公共服务中心，广西体育中心综合训练馆、民族影城、市民族艺术基地等项目竣工。获"第五批自治区文化产业示范基地"文化企业16家。南宁印象壮都文化创意产业园、中国—东盟青年艺术品创作大赛项目等14个项目被文化部列为文化产业重点项目。承办第45届世界体操锦标赛、国际半程马拉松等重大赛事。

【经济社会发展的困难与问题】 2014年，南宁市经济社会发展面临的主要困难和问题：1.经济下行压力加大。受国内"三期叠加"(经济增长速度换挡期、结构调整阵痛期、前期刺激政策消化期)、市场波动等因素影响，南宁市地区生产总值比上年增长8.50%，增速回落1.80个百分点，与自治区持平，比全国高1.10个百分点。2.产业发展增速放缓。三次产业中，第一产业增加值355.09亿元，增长4.30%，增速回落0.50个百分点；第二产业增加值1251.54亿元，增长9.90%，增速回落4.70个百分点，其中规模以上工业增加值881.17亿元，增长10.80%，增速回落5.80个百分点；第三产业增加值1541.67亿元，增长8.20%，增速提高0.10个百分点。3.项目建设瓶颈问题仍然突出。征地拆迁、用地规划调整等问题仍然影响重大项目推进。

固定资产投资

【概　况】 2014年，南宁市全社会固定资产投资2933.87亿元，比上年增长18.54%，占自治区20.46%。全社会固定资产投资中，固定资产投资（不含私人建房)2886.68亿元，增长18.66%。其中：基本建设投资1299亿元，增长17.05%；更新改造投资853.48亿元，增长17.18%；房地产开发投资551.82亿元，增长32.53%，固定资产投资施工项目比上年增加。施工项目7930个，增长8.57%，其中投资额5000万元以上项目1558个，增长7.15%(投资额1亿元以上项目515个，增长10.04%)。新开工项目6739个，增长11.72%，其中投资额5000万元以上项目900个，增长13.07%(投资额1亿元以上项目170个，增长45.30%)。竣工投产项目6193个，增长12.46%，其中投资额5000万元以上项目757个，增长20.16%(投资额1亿元以上项目101个，增长26.25%)。

【重点领域项目实施】 2014年，南宁市综合交通体系加快构建。实施重大交通基础设施建设项目65个，完成投资176.62亿元。铁路项目10个，完成投资32.59亿元，火车东站投入使用，柳(州)南(宁)客运专线、南(宁)广(州)铁路开通运行。轨道1号、2号线加紧建设，完成投资56.84亿元，3号线庆歌路试验站开工，轨道交通第二轮建设规划获国务院批准。民航项目完成投资30.65亿元，南宁吴圩国际机场新航站区及配套设施扩建工程投入使用。公路及运输站场项目39个，完成投资87.51亿元，南宁外环高速建成通车，来宾至马山、马山至平果(南宁段)高速公路加快推进，南宁吴圩国际机场至大塘高速公路、凤岭综合客运枢纽站开工建设。航运枢纽及港口项目15个，完成投资25.87亿元，邕宁水利枢纽工程、郁江老口航运枢纽工程分别完成投资4.43亿元、17.32亿元，南宁港一期牛湾、六景转运站、八联联营厂作业区试运行。城市基础设施建设加快推进。下达三期城建计划，建设项目完成投资297.20亿元，比上年增长34.50%，投资量创历史新高。五象大道—壮锦大道立交、英华大桥等8座桥梁建成通车。新建公交候车亭300座，新购LNG(液化天然气)公交车800辆。能源基础设施进一步完善。完成电网投资14亿元，广西华电南宁江南分布式能源站项目竣工投产，横县六景龙源风电项目等15个新能源项目加快建设。自治区、南宁市层面重大项目加快推进。自治区、南宁市层面577项重大项目完成投资795.73亿元，其中自治区层面77个重大项目完成投资187.42亿元，完成年度任务105.90%。

【投资结构】 2014年，南宁市全社会固定资产投资总额2933.87亿元。其中：第一产业投资84.52亿元，比上年增长19.83%，占全社会固定资产投资2.89%；第二产业

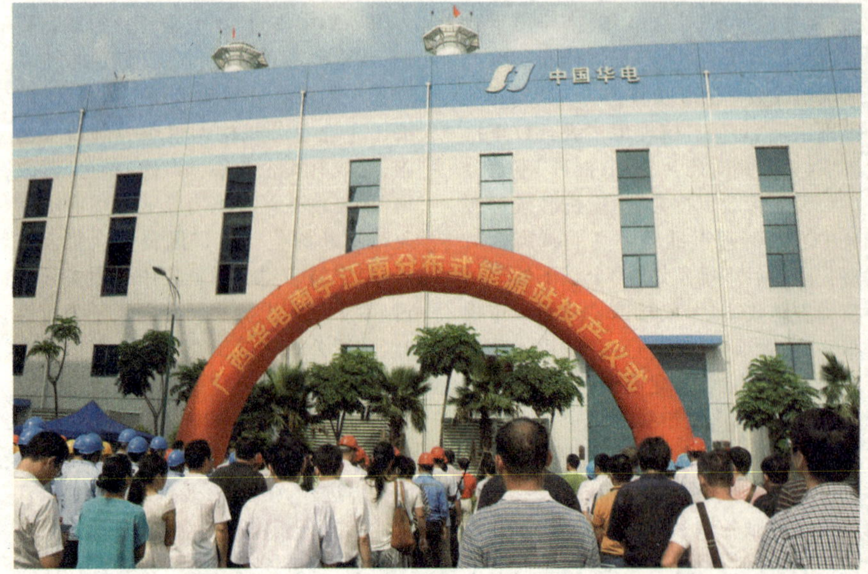

9月11日，广西华电南宁江南分布式能源站竣工投产　市发展和改革委员会提供

投资904.40亿元，增长19.76%，占30.83%，其中工业投资852.05亿元、增长17.02%、占29.04%；第三产业投资1944.96亿元，增长17.93%，占66.29%，其中商业投资195.58亿元、增长4.72%、占6.67%，房地产投资789.32亿元、增长31.74%、占26.90%。房地产投资中，住宅投资453.66亿元，增长25.39%，占全社会固定资产投资15.46%。全社会固定资产投资中，按投资构成划分：建筑工程1779.40亿元，增长18.89%，占60.65%；安装工程200.21亿元，增长27.56%，占6.82%；设备、工具、器具购置635.28亿元，增长19.99%，占21.65%。按经济类型划分：国有经济投资926.70亿元，增长16.71%，占31.58%；集体经济投资60.97亿元，增长23.56%，占2.08%；私营个体投资944.95亿元，增长14.88%，占32.21%；其他经济投资1001.26亿元，增长23.75%，占34.13%。按投资性质划分：固定资产投资（不含私人建房）2886.68亿元，增长18.66%，占98.39%；其他投资47.19亿元，占1.61%。固定资产投资中，基本建设投资1299亿元，增长17.05%，占全社会固定资产投资44.28%；更新改造投资853.48亿元，增长17.18%，占29.09%（工业技术改造投资646亿元，占22.02%）；房地产开发投资551.82亿元，增长32.53%，占18.81%。按社会行业划分：农林牧渔业投资84.52亿元，增长19.83%，占2.88%；采矿业投资33.51元，增长1.31%，占1.14%；制造业投资735.60亿元，增长16.68%，占25.67%；电力、燃气及水的生产和供应业投资82.95亿元，增长28.36%，占2.83%；建筑业投资52.34亿元，增长93.64%，占1.78%；批发和零售业投资150.73亿元，增长14.67%，占5.14%；交通运输、仓储及邮政业投资292.09亿元，增长3.64%，占9.96%；住宿和餐饮业投资44.85亿元，下降18.92%，占1.53%；信息传输、计算机服务和软件业投资29.95亿元，下降16.83%，占1.02%；金融业投资18.41亿元，下降21.93%，占0.63%；房地产业投资789.32亿元，增长31.74%，占26.90%；租赁和商务服务业投资72.90亿元，增长12.63%，占2.48%；科学研究、技术服务和地质勘察业投资27.32亿元，增长9.26%，占0.93%；水利、环境和公共设施管理业投资311.93亿元，增长26.71%，占10.63%；居民服务和其他服务业投资15.19亿元，下降19.51%，占0.52%；教育投资84.51亿元，增长27.54%，占2.88%；卫生、社会保障和社会福利业投资33.82亿元，增长13.81%，占1.15%；文化、体育和娱乐业投资36.72亿元，下降9.35%，占1.25%；公共管理和社会组织投资37.20亿元，增长21.53%，占1.27%。

【投资来源】 2014年，南宁市全社会固定资产投资资金来源总计3501.35亿元，比上年增长19.12%。其中：上年末结余资金209.11亿元，下降1.78%，占资金来源5.97%；本年资金来源3292.23亿元，增长20.75%，占94.03%。本年资金来源中，按来源渠道划分：国家预算内资金231.37亿元，增长122.61%，占本年资金来源7.03%；国内贷款295.63亿元，增长27.95%，占8.97%；债券0.63亿元，下降84.25%，占0.02%；利用外资0.82亿元，增长25.99%，占0.02%（外商直接投资0.73亿元、增长136.01%）；自筹资金2145.26亿元，增长13.04%，占65.16%；其他资金来源618.52亿元，增长26.5%，占18.77%（定金及预付款267.87亿元、增长31.43%）。

【非国有经济投资】 2014年，南宁市民间投资完成1801.27亿元，比上年增长21.15%，占全市固定资产投资62.55%，对南宁市固定资产投资增长贡献率69.25%，拉动南宁市固定资产投资增长12.92个百分点。从经济类型看，私营个体投资897.75亿元，增长15.07%，占30.60%；其他经济投资1001.26亿元，增长23.75%，占34.13%。

【基本建设投资】 2014年，南宁市基本建设投资1299亿元，占全社会固定资产投资44.28%。按产业分：第一产业投资55.93亿元，增长38.10%；第二产业投资191.47亿元，增长32.38%（工业投资174亿元、增长30.64%）；第三产业投资1051.60亿元，增长13.74%（商业投资121.54亿元、下降7.04%，房地产投资167.63亿元、增长40.42%）。按构成分：建筑工程971.30亿元，增长16.69%；安装工程72.03亿元，增长57.29%；设备、工具、器具购置118.34亿元，增长27.33%。施工项目4233个，增长5.59%，其中投资额5000万元以上项目1028个，增长16.42%（投资额1亿元以上项目367个、增长7.94%）。施工项目中，新开工项目3420个，增长9.62%，其中投资额5000万元以上项目560个，增长33.97%（投资额1亿元以上项目105个、增长43.84%）。竣工投产项目3068个，增长11.81%，其中投资额5000万元以上项目443个，增长46.69%（投资额1亿元以上项目57个、增长35.71%）。

【更新改造投资】 2014年，南宁市更新改造投资853.48亿元，比上年增长17.18%，其中国有及国有控股投资164.45亿元，增长21.76%。按产业分：第一产业投资9.46亿元，增长13.08%；第二产业投资665.28亿元，增长16.53%（工业投资646亿元，增长15.32%）；第三产业投资178.74亿元，增长19.90%（商业投资41.97亿元，增长71.74%，房地产投资18.11亿元）。按构成分：建筑工程340.06亿元，增长20.05%；安装工程75.37亿元，增长29.95%；设备、工具、器具购置388.18亿元，增长13.88%。施工项目3036个，增长26.45%，其中投资额5000万元以上项目498个，下降4.05%（投资额1亿元以上项目142个、增长14.52%）。施工项目中，新开工项目2714个，增长30.29%，其中投资额5000万元以上项目323个，下降5.56%（投资额1亿元以上项目61个、增长41.86%）。竣工投产项目2540个，增长28.74%，其中投资额5000万元以上项目299个，下降1.97%（投资额1亿元以上项目42个、增长10.53%）。

【县（区）与开发区投资】 2014年，南宁市16个县（区）、开发区全社会固定资产投资总额2775.97亿元。其中：武鸣县276.12亿元（武鸣县本级160.64亿元、广西—东盟经济技术开发区115.48亿元），增长18.68%；横县198.20亿元，增长2.37%；宾阳县194.13亿元，增长19.04%；上林县52.56亿元，增长19.03%；马山县51.77亿元，增长15.20%；隆安县64.38亿元，增长15.19%；青秀区595.54亿元，增长14.04%；兴宁区209.92亿元，增长17.08%；西乡塘区240.94亿元，增长19.14%；江南区150.11亿元，增长17.06%；良庆区171.60亿元，增长38.89%；邕宁区93.67亿元，增长38.38%。南宁高新技术产业开发区304.96亿元，增长17.21%；南宁经济技术开发区172.07亿元，增长21.04%；广西—东盟经济技术开发区115.48亿元，增长18.18%；南宁青秀山风景区1.49亿元，负增长28.65%。

（市发展和改革委员会）

招商引资

【概　况】 2014年，南宁市投资促进工作以科学招商、精准招商为主题，以促进产业转型升级、经济结构调整为主线，以产业和产业链招商为重点，注重招大商引强企。全年实际到位内资856.46亿元，比上年同期增长15.63%，其中实际到位自治区外境内资金779.62亿元，增长

6.91%。直接利用外资（广西全口径）63950万美元，增长10.22%。新引进内资项目主要有：上海斐讯通信南宁产业基地项目（总投资100亿元）、深圳研祥集团东南亚总部集群项目（总投资30亿元）、南宁海王百亿规模保健食品生产项目（总投资10亿元）等。新批准成立外资企业主要有：中海宏洋置业（总投资2.78亿美元）、绿地鸿恺置业（总投资1.29亿美元）、华润怡宝饮料（总投资1.03亿美元）。引进长春修正药业集团、深圳海王集团、台湾三合兴药业等生物医药企业，引进上海斐讯数据通信技术有限公司、广州禾田投资集团、中兴通讯股份有限公司等电子信息企业，引进英利集团光伏农业生态示范项目、韩国韩华集团光伏太阳能项目等，推进产业和产业链招商。制定《南宁市推进重大招商引资项目快速落地的实施意见》等，营造良好投资环境。国家统计局南宁调查队《2014年南宁市投资环境监测调查报告》显示：企业对南宁市投资环境总体评价位居自治区首位。“两会一节”期间，在2014南宁投资贸易洽谈会暨重大项目签约仪式上，签约项目34个，总投资197.24亿元；在第11届中国—东盟博览会自治区集中签约仪式上，签约项目21个，总投资163.81亿元。在“跨国企业南宁行”活动中，签约项目13个，总投资201亿元。

（吕昭民　王书荣）

【国内招商引资】 2014年，南宁市继续强化珠三角重点招商区域和提升长三角及渤海湾潜力招商区域的招商活动力度。以项目对接洽谈为媒介和重点，策划、组织国内“请进来”“走出去”招商活动。

“走出去”招商　2月16日至19日，南宁市党政考察团赴长春、武汉、黄石开展专题招商活动，走访修正药业集团、大连万达集团、粤创科技有限公司，对接洽谈修正药业集团西南总部、结算中心和仓储物流基地项目、青秀万达广场、五象万达文化旅游综合体项目、粤创集团国际3D电子产业园项目等投资项目。2月26日至3月3日，市党政考察团赴上海、杭州开展专题招商活动，走访绿地集团、上海斐讯数据通信技术有限公司、世茂集团、上海国际集团、东亚银行（中国）有限公司、凯斯纽荷兰（中国）管理有限公司、吉利控股集团、传化集团、阿里巴巴集团、浙江正泰太阳能科技有限公司等世界500强、国内民营500强及国有大企业，对接洽谈项目。4月，市招商小分队赴北京、深圳开展软件和信息技术服务业专题招商活动。走访北京爱国者数码科技有限公司、方正信息产业集团、中国惠普有限公司、深圳粤创集团等电子信息企业，对接洽谈项目；赴上海开展金融产业专题招商，走访台湾第一商业银行上海分行、大华银行（中国）有限公司、华侨银行（中国）有限公司、德邦证券等金融企业。4月16日至18日，市政府招商代表团赴上海开展专题招商活动，走访上海瑞华（集团）有限公司、绿地集团、东方航空集团公司、光明食品（集团）有限公司、上海浦东电线电缆（集团）有限公司、上海云峰（集团）有限公司、李祖原联合建筑师事务所等企业，洽谈合作意向。5月12日至15日，市政府招商代表团赴北京、天津地区开展电子信息、生物医药专题招商活动。走访北京联东投资（集团）有限公司、融道中国等企业，对接洽谈联东产业园项目、育乐儿童体验馆等项目。6月16日至18日，市政府招商代表团赴重庆、四川开展生物医药专题招商活动，走访重庆智飞生物制品股份有限公司、四川科伦药业股份有限公司、重庆太极集团等企业，对接洽谈项目合作。6月25日至27日，市政府招商代表团赴深圳开展电子信息产业专题招商活动，走访深圳粤创科技有限公司、平安银行、华为技术有限公司、中兴通讯股份有限公司、深圳华星光电技术有限公司、深圳宝能集团等企业，推进在谈项目。7月，市招商小分队赴北京、杭州、深圳开展清洁能源产业专题招商活动，走访中直企业华电集团公司、杭州新能源公司、深圳深南新能源公司等企业，邀请深圳深南新能源公司、韩华太阳能公司到南宁市投资考察。9月2日至3日，市政府招商代表团赴深圳市开展加工贸易产业招商活动，走访深圳华强集团、金立通信设备有限公司、三诺集团、英锐芯电子科技有限公司等企业，与海王集团、研祥集团、宝能集团、华南城集团等在邕投资企业高层座谈，举办南宁市与深圳市加工贸易企业及行业协会代表专题座谈会，推动深圳华强集团文化主题公园项目、英锐芯电子科技有限公司电子芯片制造项目、三诺集团三诺智慧大厦项目等项目合作。10月，市招商小分队赴上海开展农业、食品加工产业链招商活动，走访上海雪榕集团生物科技有限公司、上海鲜花港企业发展有限公司、上海沧海桑田生态农业发展有限公司等企业。11月，市招商小分队赴上海、昆山、嘉兴开展电子信息专题招商活动。走访昆山南亚集团、昆山龙腾光电有限公司、创资通（昆山）有限公司、浙江嘉兴中易碳素科技有限公司，洽谈项目。12月15日至16日，市政府招商代表团赴广州出席第十届泛珠三角区域省会城市市长论坛活动，与广州有关商协会客商座谈交流，走访考察禾田投资集团有限公司，开展标准厂房、电子信息等专题招商。

“请进来”招商　1月19日至21日，欧姆龙（中国）有限公司董事长土居公司一行来南宁市考察，与南宁丰达电机有限公司座谈，参观考察广西机电职业技术学院、东盟商务区、保税物流中心。2月10日至12日，中国法国工商会代总经理韦嘉玲一行到南宁市考察。2月24日至26日，澳大利亚班达伯格市市长摩尔·弗曼（Cr Mal Forman）率经贸代表团考察南宁市通航、农机、旅游项目等，代表团到广西吉航通用航空有限公司、兴宁区三塘直升机基地考察，与广西农机研究院、市旅游局等单位负责人座谈。3月3日至4

11月27日，“跨国企业南宁行”投资推介洽谈会暨重大项目签约仪式在广西红林大酒店举行，南宁市签约项目13个，签约总额201亿元　　市投资促进局提供

日，新加坡国际企业发展局中国司华南区主任翁俊杰率新加坡丰树集团一行来南宁市考察，与市投资促进局、市商务局、南宁经济技术开发区、南宁高新技术产业开发区、德邦物流股份有限公司、韵达快递公司代表洽谈，丰树集团意向在南宁市投资物流产业园项目。3月17日至18日，香港贸易发展局中国内地总代表吴子衡率香港物流业代表团一行21人到南宁市考察五象新区、南宁保税物流中心、南宁吴圩空港经济区及北部湾港务集团、国药控股广西有限公司、南宁腾达物流公司。3月27日，新加坡资讯通信发展管理局代表团一行20人来南宁市考察，在南宁高新技术产业开发区会议室举办广西—新加坡智慧城市建设交流对接会，代表团考察南宁市民卡服务中心、南宁—东盟国际信息服务展示中心、数字绩效南宁展示中心。4月20日，中信产业基金董事长、首席执行官刘乐飞一行来南宁市考察，围绕水环境治理、旅游资源开发、医疗健康产业及金融产业等方面洽谈合作项目。5月15日，中国联通集团公司副总经理、党组成员张钧安一行来南宁市考察，洽谈信息化合作项目。5月16日，中国保利集团党委常委、副总经理、保利置业集团有限公司董事局主席雪明一行来南宁市考察，就文化项目、棚户区改造项目等达成合作意向。5月22日至23日，绿地集团副总裁陈军、上海瑞华(集团)有限公司董事长帅鸿元一行来南宁市考察，洽谈合作项目。6月26日至29日，澳大利亚昆士兰中央大学班达伯格分校和喷气式飞机操作运营有限公司一行4人来南宁市考察通航项目，与广西大学中加国际学院、南宁产业投资集团有限责任公司等单位代表座谈。7月24日，重庆智飞生物制品股份有限公司董事长蒋仁生一行来南宁市考察。10月8日，深圳华强集团有限公司董事长、总裁梁光伟一行来南宁市考察，就东盟文化旅游项目达成合作意向。11月，中国外商投资企业协会、南宁经济技术开发区、南宁市投资促进局共同主办"跨国企业南宁行"活动，邀请沃尔玛(中国)投资有限公司、西门子(中国)有限公司等73家国内外知名企业（24家世界500强企业)、100多名企业家来南宁市考察，洽谈合作项目；在2014年"跨国企业南宁行"投资推介会上，13家参会企业(协会)与南宁经济技术开发区签订项目投资协议和合作框架协议，签约总额201亿元。（张　霞）

【境外招商引资】2014年，南宁市加强境外招商，组织专题招商小分队分别赴希腊、意大利、德国、法国、西班牙、新加坡、马来西亚、泰国、日本、韩国等国家，以及中国香港、台湾地区开展招商活动。2月，随自治区团组赴台湾参加2014桂台经贸文化合作论坛，拜访当地商协会与台商企业，在花莲市举办南宁投资环境推介会。4月，赴香港参加中华厂商联合会80周年志庆等系列活动，与香港商协会及其会员企业洽谈合作项目。7月，应新加坡益嘉诚集团有限公司邀请，随自治区代表团出访新加坡，对接在第11届中国—东盟博览会期间举办"广西—新加坡优势产业合作发展对接交流活动"前期工作，考察新加坡南洋理工大学、新加坡专业培训中心、新加坡科技研究局、新加坡国际企业发展局和工商联合总会，以及新加坡第一家食品集团、新加坡纬壹科技城、新加坡百汇集团、新加坡STX废物处理厂、新加坡六达金融公司等，对接洽谈项目。8月，应希中经济贸易委员会、意大利图西亚市政府、德国弗莱堡地区经济促进署邀请，随自治区团组赴希腊、意大利、德国开展汽车及配件、精密电子、化工、生物医药、新能源、现代农业旅游业等产业招商推介活动。期间，拜访希腊—中国经济贸易和文化交流协会，推介南宁市旅游、农副产品项目；拜会中国贸促会驻意大利首席代表、意大利马力诺市经济局，推介南宁市投资环境及招商项目；拜访德国弗莱堡地区经济促进署、德国联邦外贸与投资署、德国巴斯夫化工公司代表处，在弗莱堡、柏林举办广西投资环境推介会上宣传南宁市投资环境及优惠政策。10月，应香港贸易发展局驻法国、西班牙、葡萄牙、意大利代表处，西班牙马德里自治区欧洲国家合作事务局邀请，随自治区团组赴法国、意大利、西班牙开展经贸交流活动。在法国、意大利参加"迈向亚洲、首选香港"经贸交流活动，宣传南宁市投资环境及优惠政策，推介南宁市现代服务业等产业项目；拜访巴黎大区工商会，法国国际投资促进局、米兰国际促进商会、欧洲国家合作事务局等商协会及政府机构，与企业代表洽谈合作项目；参加西班牙与马德里自治区经济局联合举办投资广西说明会。12月，出访新加坡、马来西亚、泰国，开展现代农业、金融服务业产业专题招商活动。期间，拜访新加坡星展银行、马来西亚马来亚银行、泰国盘谷银行等金融服务机构，与企业代表座谈；拜访马来西亚白子却米较有限公司，洽谈合作项目。12月，应日本秋田市政府、韩国果川市政府及中国香港贸易发展局、中国农产品企业发展有限公司邀请，赴日本、韩国、中国香港开展友城交流与招商活动，在电子信息、木材加工、环保产业、农业等领域洽谈合作项目。（张　雯）

【总部经济服务】2014年，南宁市加强总部经济服务。修订完善南宁市总部经济政策。跟踪落实五象新区总部基地项目建设，广西留学人才产业园股份有限公司、交通银行、广西续宝矿业投资有限公司、广西福信投资有限公司、广西中烟工业有限责任公司、南宁世茂新纪元房地产开发有限公司等10家企业通过公开招拍挂取得用地。以产业和产业链发展为主线，吸引行业龙头企业、大中型民营企业总部及跨国公司、国内大企业集团的区域性总部来南宁发展。年内，受理总部企业认定申请23家，其中认定为南宁市总部企业12家，分别为：兴业银行股份有限公司南宁分行、广西续宝矿业投资有限公司、广西福信投资有限公司、南宁威宁资产经营有限责任公司、广西昌林五象投资有限责任公司、南宁世茂投资有限公司、南宁建宁水务投资集团有限公司、南宁富德欣荣投资有限公司、中国邮政储蓄银行股份公司广西壮族自治区分行、广西斐讯科技产业发展有限公司、广西南宁中恒现代发展有限公司、广西唐庄投资有限公司。累计有200家企业提出申报南宁市总部企业或申请入驻五象新区总部基地，已受理总部企业认定申请90家。起草《关于加快楼宇经济发展的若干意见》，通过《青秀区发展楼宇经济工作奖励办法》和《青秀区促进服务楼宇经济和建筑业发展财政扶持暂行办法》，建立发展楼宇经济激励机制，重点发展广西金融投资中心、南宁龙光世纪中心、南宁三祺广场等楼宇经济项目。加快五象新区金融街建设，引进交通银行、兴业银行、邮储银行、前海人寿保险股份有限公司、生命人寿保险股份有限公司等金融企业入驻，其中交通银行金融服务中心(南宁)是交通银行在全国设立第二家异地金融服务中心，流程银行业务50多项，涵盖香港、澳门等分行后台集中营运业务。推进总部经济招商，绿地集团、修正药业集团、宝能集团、斐讯集团、世茂集团等企业在南宁设立区域性总部。（古　文）

区域经济合作

【概　况】2014年，南宁市发挥地处多区域合作交汇处的区位优势，加强与各区域经济合作，探索推进区域一体化建设进程。参与粤桂滇黔等跨省区域合作项目建设，承接港澳台、珠三角、长三角产业转移，在珠江—西江经济带框架下，更深层次参与泛珠三角城市合作，推进泛珠一体化进程。

【泛北部湾经济区区域经济合作】 2014年，南宁市与北部湾经济区各市签约合作项目25个，合同引进内资89.29亿元，到位内资22.34亿元。其中：北海市合作项目1个，合同引进内资4500万元，到位内资1.30亿元；崇左市合作项目3个，合同引进内资5000万元，到位内资7708万元；钦州市合作项目7个，合同引进内资1.19亿元，到位内资2.97亿元；玉林市合作项目14个，合同引进内资87.15亿元，到位内资12.35亿元；防城港市无新合作项目，到位内资4.95亿元。

【泛珠三角区域经济合作】 2014年，南宁市加强与泛珠三角区域的经济交流与合作。4月，市招商小分队赴北京、深圳开展承接电子信息产业链专题招商活动。6月，市招商考察团赴深圳开展电子信息产业专题招商活动。8月22日至25日，市经贸代表团赴广州市参加第22届广州博览会。10月11日至14日，市经贸代表团赴广州市参加第十届泛珠三角区域合作与发展论坛暨经贸洽谈会系列经贸活动。12月14日至16日，市经贸代表团赴广州市参加第十届泛珠三角区域省会城市市长论坛。期间，与广州市19家商协会、企业代表座谈；考察广州禾田投资集团有限公司、康保安防系统(中国)有限公司；开展电子信息、标准厂房等专题招商。至年末，南宁市与广州市新签投资项目19个，合同引进内资120.04亿元，累计到位内资129.78亿元。

【西南、南贵昆及其他经济区域合作】 2014年，南宁市加强与西南、南贵昆及其他经济区域合作。4月5日至9日，市招商小分队赴西安市参加第十七届中国东西部合作与投资贸易洽谈会。5月，市招商小分队赴重庆、成都市开展软件和信息技术服务业专题招商活动；参加中国(重庆)国际投资暨全球采购会。7月，市经贸代表团赴呼和浩特市参加第八届中国民族商品交易会。10月22日至25日，市经贸代表团赴成都市参加第十五届中国西部国际博览会。11月18日，四川省阿坝藏族羌族自治州考察团一行来南宁市招商考察，在广西沃顿国际大酒店举行“四川·阿坝藏族羌族自治州投资促进说明会”，驻邕异地商会35人参加投资说明会。

【西江经济带区域合作】 2014年7月，《珠江—西江经济带发展规划》获国务院批复。10月13日，市经贸代表团赴广州市参加广东广西推进珠江—西江经济带发展规划实施联席会议第一次会议。广东省省长朱小丹、广西壮族自治区主席陈武出席会议并分别讲话；广东省常务副省长徐少华宣读《国务院关于珠江—西江经济带发展规划的通知》；自治区副主席张晓钦宣读《两省区政府关于同意粤桂合作特别实验区总体发展规划的批复》和《两广推进珠江—西江经济带发展规划实施联席会议制度》；会议审议通过《广东广西推进珠江—西江经济带发展规划实施联席会议制度》(审议稿)、《推进珠江—西江经济带发展规划实施共同行动计划》(审议稿)、《粤桂合作特别实验区建设实施方案》(审议稿)，由朱小丹、陈武共同签署；朱小丹、陈武等共同见证《关于粤桂(贵港)热电循环经济产业园建设协议》签署。 (彭金红)

文明建设

政治文明建设

【民主法制建设】 2014年，南宁市人大常委会推进科学立法、民主立法，加强重点领域立法。颁布实施法规5部，审议法规9部、通过5部，完成立法调研项目7项。在地方立法中，着力解决城乡管理中违法建设查处难、统筹城乡规划难、城乡容貌环境管理难等问题；市民群众“出行难”、学龄儿童“入园难”“上学难”等民生问题；饮用水水源保护难、水污染防治难、生态环境治理难等问题。抓好立法4个环节：在法规立项环节，完善公众参与机制，广泛征求社会各界意见建议；在法规起草环节，完善提前介入机制，对法规核心制度提出意见；在法规审议环节，完善研究论证机制，协调解决立法重点难点问题；在法规报批环节，完善沟通协调机制，提高立法工作效率。审查市政府规范性文件35件，其中政府规章9件、其他规范性文件26件，上报自治区人大常委会备案2件，促进依法行政；加强对市中级人民法院、市人民检察院监督，促进公正司法。市人大常委会及其机关制定、完善工作制度73个，其中市人大常委会新制定22个、修订7个，市人大常委会机关新制定25个、修订9个，各专委、部门修订10个。

年内，市法制办公室报请市政府提请市人大常委会审议地方性法规草案5件，报请市政府出台政府规章8件、废止1件、修改1件。继续推行开门立法，立法项目及重要规范性文件均通过召开座谈会、听证会、论证会、报纸刊登等方式向社会征求意见，首次公开征集市民代表参与城市管理立法论证；举行立法专家论证会9次。开展《南宁市物业专项维修资金管理办法》《南宁市食用农产品质量安全管理办法》立法后评估，编发《2013年南宁市地方性法规、规章和规范性文件汇编》。对规范性文件及涉法事务进行合法性审查或出具法律意见700多件。

(市人大常委会办公厅　市法制办公室)

11月3日，南宁市召开行政执法与审判工作联席会议，规范政府信息公开

市法制办提供

【政治协商】 2014年，南宁市政协深入开展专题协商、提案办理协商、对口协商、界别协商，推动协商民主成果转化。开展“全力举办好第45届世界体操锦标赛”专题协商，征集市直有关部门、各民主党派、人民团体协商材料12份；召开常委会专题协商会，与市委、市政府领导及市直有关部门负责人面对面协商，强化协商叠加效应，推动协商成果落实。开展提案办理协商，市政协十届四次会议立案提案403件，其中被列为市委、市政府、市政协领导督办提案32件。至年末，403件提案全部办复，可行性建议融入党政决策或转化为工作措施。开展对口协商、界别协商活动。各专委会就推进农村土地流转、申报国家历史文化名城、创建全国民族团结进步示范市、重大危险源安全防范体系建设等专题，通过调研视察、座谈交流等方式同有关单位进行对口协商；各界别从委员提案、行业热点选取协商议题，就水污染状况及水环境保护、解决民营企业用地等课题深入调研，与职能部门开展协商。 （卢远新）

【民主党派与无党派人士参政议政】 2014年，南宁市组织各民主党派、市工商业联合会、无党派人士开展协商民主活动，拓展建言献策渠道。召开党外人士情况通报会、党风廉政建设与反腐败工作情况通报会、专题协商会，推选民主党派代表参与《向人民承诺——电视问政》节目。各民主党派南宁市委会、市工商联、无党派人士联络组及台盟南宁市支部委员会围绕南宁市经济社会发展重大问题开展调查研究，形成《南宁市水污染的状态及水环境保护的对策》（中国国民党革命委员会南宁市委员会）、《集聚优势重点产业，促进园区工业经济规模发展》（中国民主同盟南宁市委员会）、《大力提升现代服务业，促进楼宇经济有序发展》（中国民主建国会南宁市委员会）、《南宁市政府购买服务课题研究》（中国民主促进会南宁市委员会）、《关于我市城市市政设施管理养护状况的调查》（中国农工党南宁市委员会）、《创新金融扶持方式，打造首府现代工业集群》（中国致公党南宁市委员会）、《加大要素投入，增强县域竞争力，促进我市县域经济发展的调研报告》（九三学社南宁市委会）、《关于鼓励南宁市民营企业技术创新的建议》（市工商联）、《关于做大做强南宁市食品工业的建议》（市无党派人士联络组）、《关于吸引台资入邕，加快推进邕台经济深度合作的调研报告》（台盟南宁市支部委员会）等重点课题调研报告10篇；中共南宁市委召开常委会扩大会议，专题听取调研报告，就调研成果转化运用进行交流探讨。各民主党派与政府对口部门召开调研座谈会10次。 （温从进）

【政府职能转变】 2014年，南宁市强化政府公共服务与社会管理职能，推进依法行政。完成市、县（区）政府机构改革。实施行政审批提速提效工程，对市本级设置的12项行政审批、54项非行政审批事项进行清理、甄别，保留行政许可审批事项1项、取消10项、调整1项，取消非行政许可审批事项32项，调整或转为告知性备案22项。下放县（区）行政审批事项92项，委托或授权南宁高新技术产业开发区、南宁经济技术开发区、广西—东盟经济技术开发区实施行政审批事项共245项；进驻市级政务中心办理行政审批事项617项，进驻率96%，群众满意度99%，企业对南宁市投资环境总体评价整体满意度居自治区首位。启动南宁经济技术开发区行政审批制度改革试点，挂牌成立自治区首个行政审批局；在自治区率先启动企业工商营业执照、组织机构代码证与税务登记证三证合为一证登记制度，新登记公司制企业、注册资本分别增长102.20%、157.80%。推进沿边金融综合改革，东亚银行南宁分行正式落户南宁市，南宁金融资产交易中心挂牌交易，南宁股权交易中心获批筹建，设立创业投资引导基金和北部湾经济区产业基础设施投资（南宁）基金。推进农村改革，以整镇推进为试点的农村土地承包经营权确权登记5926.67公顷、颁证1.01万本。农村土地流转面积新增9133.33公顷，“小块并大块”耕地整治完成2533.33公顷。推进城市长效管理机制、社会信用体系建设、农村规划建设等改革事项119项。

（市政府办公厅编写组）

【厂务公开民主管理】 2014年，南宁市推进厂务公开民主管理进程。已建工会组织的公有制企业、事业单位厂务公开、职工代表大会建制均保持100%；已建工会组织的非公有制企业厂务公开建制率90.30%，已建工会组织的非公有制企业职工代表大会建制率94.90%。厂务公开民主管理内容不断向企业经营管理领域拓宽，涵盖企业投资和生产经营管理方面重大决策、企业改革改制方案、大额资金使用、大额资产处置、大宗物资采购、工程建设项目招投标、领导干部廉政建设、职工民主权利及经济利益等方面。举办市厂务公开民主管理暨工会组建工作培训班，培训基层工会干部、职工代表125人。 （师 吕 张文苑）

【村民自治】 2014年，南宁市有村民委员会1383个，其中武鸣县198个、横县276个、宾阳县192个、上林县115个、马山县133个、隆安县118个、兴宁区37个、江南区46个、西乡塘区64个（增设罗文村）、青秀区46个、邕宁区65个、良庆区57个、南宁高新技术产业开发区14个、南宁经济技术开发区22个。拓展村民自治制度内容和范围，在自然村（屯、坡）推行“一组两会”〔党小组、户主（代）会、理事会〕协商制度，涉及村民委员会重大事项及村民利益事项，按照党小组调研提议、户主（代）会协商议决、理事会执行实施、议决和实施结果公开流程办理。加大村民委员会建设投入，实施村民委员会服务用房项目352个，市财政投入3682.50万元，各县（区）、开发区按1:1比例配套投入；按每个村民委员会10万元标准设立村级惠民项目专项资金，用于改善美化环境、培育新风等；实施农村社区试点项目20个，每个项目市财政补助10万元。

（市委组织部 市民政局）

精神文明建设

【概 况】 2014年，南宁市将深化文明城市创建与服务第45届世界体操锦标赛、推进“美丽南宁·整洁畅通有序大行动”相结合；召开创建全国文明城市动员大会，签订责任状，实施网格化管理，开展徒步骑行调研督查。倡导文明道德风尚，举办“讲文明树新风”公益广告创作大赛、创建全国文明城市窗口行业单位达标竞赛，开展“做文明有礼的南宁人”主题活动。加强思想道德建设。培育、弘扬社会主义核心价值观，开展社会主义核心价值观宣讲185场次，承办中央宣传部“核心价值观百场讲坛”走进南宁活动，市社会主义核心价值观进校园活动获《精神文明报》《新华社内参》专题报道；加强诚信制度化建设，建立“红黑榜”发布制度，开展诚信主题创建活动。开展道德模范学习宣传，10人荣登“中国好人榜”。加强未成年人思想道德建设，开展“我的中国梦”主题实践、“洒扫应对伴我行——遵规守纪、文明自律迎世锦”主题教育活动。评选市第二十七批文明单位（村镇）、军（警）民共建先进单位（标兵）。完善志愿服务体系建设，试点推行购买志愿服务记录制度。

【文明城市创建】 2014年，南宁市印发《南宁市开展“当好东道主 文明迎世锦”文明有序提升工程实施方案》《服务第45届世界体操锦标赛城市建设和环境综合整治专项行动计划表》等方案，重点抓好十大文明行动（“知礼向善文明有礼”“诚信南宁迎嘉宾”“能帮就帮志愿服务”“洗洗刷刷靓我家园”“微笑窗口情暖嘉宾”“文明出行平安回家”“自觉排队文明礼让”“热情守规文明观赛”“遵规守纪文明自律”“学好外语传递友谊”），开展惩戒失信、文明排队日、礼让斑马线等专项活动55项。7月30日，市精神文明建设工作表彰暨创建全国文明城市动员大会召开，市委、市政府主要领导与各县（区）、开发区及市直71个责任单位主要领导签订《首府南宁2014年深化全国文明城市创建工作责任书》。出台《全国文明城市测评体系责任分解表》，实施网格化管理，在市区划分工作责任网格387个，涵盖社区202个、农贸市场170个、城中村66个、物业居住小区1333个、道路1934条、交通路口53个。投入自行车820辆，开展徒步骑行调研督查210批次；发出督办函300多份，曝光存在问题或落实整改图片5000多张。在全市35个窗口行业、51个窗口单位开展以社会主义核心价值观宣传、公益广告、道德讲堂、文明礼仪培训及“门前三包”为主要内容的创建全国文明城市窗口行业单位达标竞赛活动，评选“十佳”窗口服务行业。测评成绩排前10名的行业（单位）：中国银行广西区分行、南宁供电局、南宁吴圩国际机场、市卫生和计划生育委员会、交通银行广西区分行、市国家税务局、市地方税务局、市工商行政管理局、市林业和园林局、市政务服务中心。

【“讲文明树新风”公益广告】 2014年，南宁市属电台、电视台播出“讲文明树新风”公益广告4万分钟，市属报纸、期刊刊载整版公益广告220个；全市2000多处建筑工地4.50万块建筑围挡，发布公益广告35.50万平方米；市区22块大型户外LED电子屏、496台楼宇电视全天滚动播出公益广告；建成市南湖公园、金花茶公园“图说我们的价值观”主题公园；在民族广场、金湖广场、南湖广场等6个市级广场及悦荟广场等主要商业广场设置宣传展板或展架；在5个主要长途客运站、6个公交车总站、南宁吴圩机场、南宁火车站设置公益广告宣传海报（视频、灯柱、宣传栏等）；在6720辆出租车LED顶灯滚动播出社会主义核心价值观标语，在精品路线2500辆公交车移动电视播出公益广告，100辆公共汽车喷印社会主义核心价值观车体公益广告，1500辆公共汽车挡风玻璃张贴宣传标语，实现每个有公交候车亭的公交站点宣传画面全覆盖（1300余个站点）；在280个路名牌、243个阅报栏、20个新华影廊的灯箱广告位长期发布公益广告；在全市50多家重点宾馆饭店摆设社会主义核心价值观宣传展架；每月印制有公益广告内容餐具贴膜消毒餐具20万套，发送全市餐饮店；在650多家网吧计算机系统桌面背景统一设置社会主义核心价值观标语，180多家歌舞娱乐场所点唱系统全部插播社会主义核心价值观滚动字幕及图画；印发公益广告宣传海报50多万张。建立“种文化工程”（将中华传统道德文化“种”在公共场所文化石、标识牌、橱窗、宣传栏上，增强群众文明意识）示范点106个；绘制“文化墙”1784幅，36.20千米；建成楼宇文化长廊2445个。开展“讲文明树新风”公益广告创作大赛，参赛作品528个（幅），其中平面类236幅、视频类103个、音频类132个、连环画类12个、墙体画类10个、微电影类35个；获奖作品57个，其中平面类16个、视频类14个、音频类16个、连环画类1个、微电影类10个，墙体画类空缺。

【“做文明有礼南宁人”主题活动】 2014年，结合“美丽南宁·整洁畅通有序大行动”，南宁市精神文明建设委员会办公室组织开展“做文明有礼的南宁人”主题活动。编印《南宁市市民文明礼仪知识手册》《迎世锦英语100句》各1万册、“图说我们的价值观”公益广告宣传海报2.50万张。5月至10月，举办“迎世锦讲文明树新风 做文明有礼的南宁人”板报巡展，在广场、公园、商场、车站等30个公共场所展出。开展文明礼仪知识培训进机关、进学校、进企业、进社区、进工地活动，培训100多万人次。以“道德讲堂”为载体，围绕“出行礼仪、社交礼仪、观赛礼仪、餐桌礼仪、学生礼仪、涉外礼仪、公共场合礼仪”等开展文明礼仪专场培训，各级道德讲堂总堂每月举办文明礼仪专场2期，各级文明单位、社区、企事业单位利用“道德讲堂”举办文明礼仪培训2000多场次，参加培训25万人次；依托社区妇女之家、儿童家园、道德讲堂、家长学校等阵地，开展文明出行、礼仪知识普及、学讲英语、文明观赛等宣传62场次，参与群众1.30万人次；将礼仪知识纳入机关党员干部教育培训内容，举办“突发事故应急救助”“公务礼仪”“涉外实用英语”“文明交通引导”“志愿服务应知应会知识” 等培训班，培训市直机关党员1.50万人次。

【文明旅游】 2014年，南宁市将旅行社、导游、旅行者的不良行为记录纳入失信人员从业惩戒、企业或个人信用征集和发布范畴。成立南宁文明旅游联席会议，制定《首府南宁文明旅游联席会议制度》，明确成员单位职责。印发《首府南宁进一步推进文明旅游的工作方案》，落实各项工作任务。市文明办、市旅游发展委员会组织开展“十大文明风景区”“最美南宁旅游人”评选表彰活动。南宁青秀山风景区、南宁金花茶公园、广西规划馆、南宁大明山风景旅游区、广西药用植物园、南宁市动物园、南宁武鸣伊岭岩风景区、凤岭儿童公园、五象湖公园、南宁乡村大世界等10个景区景点被评为“十大文明风景区”。广西森林国际旅游发展公

7月2日，“迎世锦 讲礼仪”道德讲堂在南宁火车东站站前广场施工现场举办

市文明办提供

司总经理陈慧清、南宁凤凰谷商务有限公司总经理肖自军、南宁青秀山风景名胜旅游开发有限责任公司服务部门票班班长易国华、马山县弄拉旅游专业合作社理事长、党支部书记李荣光、马山县古零镇委员会党委书记潘霞、宾阳县黎塘镇欧阳村支书韦金托、广西运德国际旅行社有限公司总经理杨春霞、南宁市逍遥国际旅行社有限公司导游部经理黄志康、广西康辉国际旅行社有限公司导游经理、领队覃瑞伟、南宁明园饭店服务员韦利新等10人被评为“最美南宁旅游人”。

【网络文明传播】 2014年，南宁市加强媒体融合，做好“三网三微一端一册”(南宁文明网、南宁未成年人网络家园、南宁志愿者网，“文明南宁”腾讯微博、微信、微视，手机客户端，双月刊宣传册)。全面改版南宁文明网，推出专题网页32期；获中国文明网采用专稿1100多条次。开展每月1期“美丽南宁”网络文明传播有奖征集活动，参与网友10万人；依托“文明南宁”微信公众号等网络平台开展每月1期文明礼仪知识竞赛，参与网友15万人次。有网络文明传播志愿者骨干405人，发布博文1.30万篇、微博10万多条。

【培育和践行社会主义核心价值观】 2014年，南宁市组织理论宣讲团、大众宣讲团成员开展社会主义核心价值观宣讲185场次。承办中央宣传部“核心价值观百场讲坛”走进南宁活动，现场聆听讲座干部、群众、学生、基层指战员1200多人，通过光明网收看视频直播网友412万人，通过微博、论坛参与互动网友38.50万。南宁市社会主义核心价值观进校园活动，获《精神文明报》《新华社内参》专题报道。市属媒体围绕社会主义核心价值观组织开展专题策划、新闻报道、理论解读、观点评论、专家访谈等宣传，发布体现核心价值观的身边人感人事。组织市属媒体、社会宣传媒介主管单位及业主刊载“图说我们的价值观”公益广告。

【诚信制度化建设】 2014年，南宁市颁布实施《南宁市企业信用信息征集和发布管理办法》《南宁市机关事业单位及国有企业失信人员从业惩戒规定（试行)》《市委管理干部失信行为惩戒暂行规定》《南宁市个人信用信息征集使用管理办法》《南宁市城市管理领域失信联合惩戒办法(试行)》。建立“红黑榜”发布制度，在环境保护、城乡建设、城市管理、交通运输、食品药品、工商、质量监督、税务、公安交警、法院等行业，公布诚信“红名单”、失信“黑名单”。市信用信息系统征集数据184万多条，市机关事业单位及国有企业失信人员管理子系统征集数据7万多条。开展诚信主题创建活动，在商贸流通领域评选表彰“诚信经营示范店”22家，在餐饮行业评选表彰“诚信餐饮示范店”100家，在生产企业开展“做精工产品、做诚信企业”活动，在商户开展“千店万铺无假货”活动。

【节俭养德宣传教育】 2014年，南宁市印发《南宁市2014年节俭养德全民节约行动实施方案》《南宁市2014年节能降碳工作实施方案》，开展节俭养德全民节约行动，支持节能减排。重点结合中国水周、全国节能宣传周、全国低碳日、全国城市节约用水宣传周、世界水日、世界粮食日等活动载体，开展系列宣传教育活动。深入开展“响应光盘行动　拒绝餐饮浪费”集中行动，重点在经营15桌以上的1060家餐饮企业推进“文明餐桌行动”，制作文明餐桌告示牌易拉宝900幅，“文明用餐　理性消费”温馨提示卡2.30万张，宣传海报1.50万张。

【道德模范学习宣传】 2014年，南宁市评选表彰第三届道德模范19人，道德模范提名奖40人。深化“我推荐、我评议身边好人”活动，向中央、自治区精神文明建设委员会办公室推荐候选人55人，其中宾阳“代理妈妈”、市第二人民医院麻醉科医生钟日胜、青秀区桃源北社区保洁员黎素娟、广西万里出租汽车有限公司驾驶员黄世国、兴宁区五塘镇农民黄爱娟、马山县金钗镇东屏村农民蓝莉芬、马山县永州镇平山村农民农海年、横县云表镇邓圩村农民班秀英、上林县镇圩瑶族乡初中生蓝川、邕宁区蒲庙镇华康村卫生所医生李美珍等10人荣登“中国好人”榜。承办“讲述道德故事　弘扬中国精神——2014年全国道德模范故事汇基层巡演活动(广西南宁专场)”；市文明办、市文学艺术界联合会组织、创作编排“道德模范故事汇”基层巡演活动，以道德模范杜丽群、羊建明、陈美杏、宾阳“代理妈妈”等为原型，创作文艺作品，在基层演出15场。节日期间，走访慰问自治区级以上道德模范13人、自治区道德模范提名奖7人、市级道德模范41人，发放慰问金10万元。

【美德少年宣传教育】 2014年，南宁市参与“网上祭英烈”活动93.96万人，参加“六一”百名美德少年展示活动112.74万人，参加“向国旗敬礼”活动170.95万人，三项活动网络签名寄语参与投票数均居自治区第一。选送6个“童心向党”歌咏节目通过自治区精神文明建设委员会办公室推荐到中国文明网展播。上林县城关中学高中生蓝川入选中国“百名美德少年”；评选市第三届“美德少年”105人。举办“弘扬优良家风　争做五德少年”“兰魂雅行·诚信在心”“节俭养德师生节约大行动”“阳光校园　放飞梦想”“我的中国梦——向国旗敬礼”“美

3月19日，南宁市“迎世锦　争当文明小使者”主题活动在滨湖路小学举行

市文明办提供

德在我身边”“用爱回报 用心感恩”“传承文明 友善同行”“弘扬民族文化 共筑中国梦想”等系列主题教育活动。投入20万元开展“优秀影片进校园”活动,在全市102个乡镇学校播放影片《孝女彩金》。

【“洒扫应对”主题教育实践活动】 2014年,南宁市结合服务第45届世界体操锦标赛,在全市中小学开展“迎世锦 争当文明小使者”“喜迎世锦 文明我行——体操明星进校园”“阳光体育 跃动世锦”“小手拉大手、文明伴我行进家庭”“迎世锦、文明伴我行”校园师生礼仪风采大赛等主题活动,开展“十个一”(1次“遵规守纪文明行为和不良行为”征集活动,1节文明行为课堂教育,1次“文明伴我行”征文竞赛,1次“迎世锦、争当文明小使者”主题演讲比赛,1次体操知识和世锦赛相关知识普及宣传活动,1次“遵规守纪、文明自律”童谣创编传唱活动,1次“遵规守纪、文明自律”手抄报设计活动,1次“遵规守纪、文明自律大家谈”主题班队活动,1次“遵规守纪、文明自律”标语、口号创作活动,1次文明礼仪知识竞赛)主题教育活动,拓展“洒扫应对”主题教育实践活动内涵,提升中小学师生文明素质。

【未成年人思想道德阵地建设】 2014年,南宁市启动建设中央彩票公益金支持建设的乡村学校少年宫15个、市级财政支持建设的乡村学校少年宫65个,实现乡村学校少年宫在市辖乡镇全覆盖。开展中小学优秀心理辅导室、优秀心理辅导员评比活动,评出中小学优秀心理辅导室31个、优秀心理辅导员38人。开展校园心理剧评比活动,评出一等奖8个、二等奖13个、三等奖17个。开展“为未成年人做好事”活动,16个市辖全国文明单位、161个市辖自治区文明单位、245个市级文明单位、37个市文明委成员单位及未成年人思想道德建设工作联席会议成员单位参与,累计投入资金3124.90万元。

南宁市获第十五批自治区文明村镇、文明单位、军(警)民共建精神文明先进单位

文明村镇(4个):西乡塘区坛洛镇东佳村那学自然村、隆安县那桐镇定江村雷布屯、横县陶圩镇平林村山塘自然村、武鸣县城厢镇

文明单位(15个):南宁市人力资源和社会保障局、南宁市广播电影电视局、南宁市人民检察院、南宁市阳光新城学校、南宁市妇幼保健院、南宁市人民公园、中国移动通信集团广西有限公司南宁分公司、南宁市西乡塘区地方税务局、南宁市邕宁区民族中学、武鸣县实验学校、横县工商行政管理局、广西壮族自治区宾阳公路管理局、上林县人民法院、马山县工商行政管理局、隆安县地方税务局

军(警)民共建精神文明先进单位(6对):广西送变电建设公司—中国人民解放军95178部队、南宁市经济技术开发区国家税务局—中国人民武装警察部队南宁市公安消防支队经济技术开发区大队、隆安县人民法院—中国人民武装警察部队隆安县中队、横县地方税务局—中国人民武装警察部队横县中队、南宁市经济技术开发区地方税务局—中国人民解放军76141部队70分队、南宁市青秀区国家税务局—中国人民解放军空军95072部队通信一连

第二十七批南宁市文明单位、文明村镇、第十二批南宁市文明社区、军(警)民共建精神文明先进单位

文明单位(18个):南宁市民政局、中国联合网络通信集团有限公司南宁市分公司、南宁市桂雅路小学、广西超大运输集团有限责任公司南宁江南客运站、南宁市菠萝岭小学、南宁市金光小学、南宁市九州出租汽车有限公司、中共邕宁区委组织部、良庆区人民检察院、南宁市大联小学、武鸣县人口和计划生育局、武鸣县府城镇府城小学、宾阳县思远育才学校、宾阳县文化广播影视和体育局、上林县公安局交通管理大队、马山县文化广播影视和体育局、马山县地方税务局白山税务分局、广西运德汽车运输集团有限公司隆安汽车总站

文明村镇(24个):武鸣县城厢镇、武鸣县仙湖镇六冬村、武鸣县陆斡镇坡班村板荷屯、横县百合镇圩背村圩背自然村、横县马岭镇振兴村石峰屯、横县云表镇宿龙村新洋岭自然村、宾阳县大桥镇大程村两岸自然村、宾阳县古辣镇龙额村南阳自然村、宾阳县黎塘镇吴江村局塘自然村、宾阳县中华镇育才村兴隆自然村、上林县塘红乡那君村六卢庄、上林县西燕镇西燕社区拉最庄、马山县古寨瑶族乡、马山县百龙滩镇、马山县古寨瑶族乡民兴村、隆安县那桐镇定江村雷布屯、兴宁区三塘镇同仁村、兴宁区昆仑镇群星村、江南区苏圩镇佳锦村朝阳坡、江南区延安镇延安社区坡蓑新坡、青秀区刘圩镇团黄村、西乡塘区金陵镇龙达村沙洲坡、西乡塘区石埠街道办事处永安村一队、良庆区大塘镇那团村那团新村

文明社区(6个):武鸣县两江镇两江社区、宾阳县宾州镇建设社区、上林县白圩镇覃排社区、兴宁区朝阳街道办事处翠峰社区、青秀区建政街道办事处平湖社区、西乡塘区安吉街道办事处桃花源社区

军(警)民共建精神文明先进单位(14对):横县地方税务局—中国人民武装警察部队横县中队、横县质量技术监督局—横县人民武装部、宾阳县地方税务局黎塘税务分局—武警广西总队第二支队第二大队、上林县地税局—上林县人民武装部、隆安县国家税务局—中国人民武装警察部队隆安县中队、南宁市妇幼保健院—中国人民武装警察部队广西壮族自治区消防总队培训基地、广西壮族自治区公安边防总队司令部督察队—南宁市青秀区南湖街道凤岭北社区、南宁市五里亭第一小学—南宁市警备区警备纠察连、南宁市高新技术产业开发区地方税务局—中国人民解放军75766部队60分队、中国建设银行股份有限公司南宁高新支行—中国人民解放军95246部队后勤部、广西大学附属中学—中国人民武装警察部队广西总队医院、邕宁区人民武装部—中国移动通信集团广西有限公司南宁邕宁分公司、中国人民武装警察部队南宁市消防支队邕宁大队—南宁市邕宁区农村信用合作联社、南宁市国家税务局第二稽查局—武警广西总队一支队政治处

【文明和谐创建】 2014年,南宁市推动“和谐建设在基层”活动,开展“美丽家庭”大讲堂、寻找“美丽家庭”、文明家规家训征集、家和万事兴——“美丽家庭(园)”女性摄影作品比赛等活动。举办“美丽家庭”大讲堂50场次;评出市级以上“美丽家庭”19户(自治区级4户),授予“南宁市五好文明家庭标兵户”称号10户,“南宁市五好文明家庭”称号53户,其中市第九人民医院韦英光家庭被评为全国“最美家庭”。征集文明家训家规206条,获奖63条;收到“美丽家庭(园)”女性摄影作品224幅,获奖68幅。

【“我们的节日”主题活动】 2014年春节、元宵节期间,南宁市开展“迎新春送吉祥”为农民赠送灯笼、春联、年画活动,向全市城乡居民赠送灯笼、春联、年画10万多套;南宁电视台联合越南、马来西亚、泰国、澳大利亚,以及中国香港、澳门6家境外媒体,举办“春天的旋律·2014跨

国春节晚会”；南宁菠萝岭社区连续24年举办元宵灯会，参与花灯制作居民200多人，制作花灯1000多盏。清明节期间，开展“纪念先烈·报效祖国·圆梦中华”活动，在邕宁区举办“我们的节日·清明”中华经典诵读展演。端午节期间，在南湖公园举办2014年第十届南宁市端午节龙舟邀请赛，来自海内外47支龙舟队参加角逐；在青秀区举办“我们的节日·端午节”中华经典诵读展演。中秋节期间，围绕“团结团圆、喜庆丰收”主题开展民俗文化活动。重阳节期间，结合“9·30”烈士纪念日、国庆，第45届世界体操锦标赛在南宁举办等时间节点开展活动。在南宁孔庙开展国学经典诵读活动，参与诵读学生300多人，6户家庭举行传统敬老礼；在人民公园革命烈士纪念碑前举行首府各界公祭烈士仪式。

【文明县（区）村镇（社区）单位创建】 2014年，南宁市获自治区精神文明建设委员会命名为第十五批自治区文明村镇4个、文明单位15个、军（警）民共建精神文明先进单位6对。开展市第二十七批文明单位（文明村镇）、第十二批文明社区、军（警）民共建精神文明先进单位评选活动，命名为文明单位18个、文明村镇24个、文明社区6个、军（警）民共建先进对子14对。开展市第一批至第二十六批文明单位（村镇）、第一批至第十一批文明社区综合核定，继续保留文明单位称号329个、文明村镇称号100个、文明社区称号195个。

【志愿者管理与服务】

制度建设　2014年，南宁市印发《南宁市关于加强志愿服务工作实施意见》《南宁市关于贯彻落实〈关于推进志愿服务制度化的意见〉的任务分工方案》《志愿服务记录补充办法》《南宁市志愿服务工作奖励办法（试行）》《南宁市社区志愿服务工作方案》，建立健全志愿者管理运行机制。建立“南宁志愿者网”，网上注册志愿者30.70万人。在西乡塘区北湖街道明秀南社区、明秀社区、明湖社区，青秀区新竹街道新竹社区，兴宁区朝阳街道中华社区等5个社区试点推行购买志愿服务记录制度，提升志愿服务质量。首次开展“五星志愿者”评定表彰，评出“五星志愿者”40人。统一制作南宁志愿者证、志愿者红马甲、实名红马甲、城市志愿服务站、社区志愿服务站标识，免费发放志愿者证8万本、志愿者红马甲1.50万套。

志愿服务站建设　在市区重点公共场所建设岗亭式城市志愿服务站15个、结合式志愿服务站21个；在22个商场、20个酒店、12个景区、13个公园及81个路口等公共场所、窗口行业建立志愿服务站，在全市206个社区建立志愿服务站。

志愿服务活动　参加文明交通体验式教学活动准驾人员5.60万人；市直机关党员志愿者参加交通引导活动2万多人次；组织志愿者参与“礼让斑马线·你礼让我点赞”文明交通宣传。全市在职党员带头进社区，通过对接订单、党员认领等方式，每人每年参与服务群众志愿服务活动不少于2次。组织开展环境整治、宣讲教育、文明劝导、市容巡查等志愿服务活动670场次，累计上岗志愿者12.89万人次，发放宣传资料7.51万份，劝导教育不良行为2.41万人次，宣传教育群众166万人次。第45届世界体操锦标赛期间，组织赛事志愿者932人，开展内外宾接待、观众引导、媒体服务、赛事运行等志愿服务1.68万人次。每天上下班高峰期，在118个人流密集公交站点参与文明乘车劝导服务巾帼志愿者236人。组建“巾帼保洁队”1700多支，参与清洁家园活动巾帼志愿者1.11万人，清理垃圾1.89万吨。

（温金华　吴苏焱）

生态文明建设

【环境保护宣传教育】 2014年，南宁市围绕工作保障、生态文明宣传、生态文明教育、宣教效果、特色创新五个方面开展环境宣传教育。印发《南宁市大气污染防治宣传活动方案》，举办“迎世锦·向污染宣战”暨百场科普进社区环境宣传月活动，开展环境保护宣传进企业、进机关、进学校、进社区、进医院、进乡村等“六进”活动。南宁市环境保护局（简称“市环保局”）与自治区邮政公司南宁市分公司联合在市区选取600个社区（小区）粘贴“南宁空气质量”手机软件宣传海报，引导市民关注城市环境空气质量实时状况。市环保局组织召开南宁市黄泥沟水质污染周边居民圆桌会，与居民探讨水污染治理问题；开展新修订《环境保护法》宣传进企业活动，举办建筑施工噪音扬尘规范管理培训班。赞助广西财经学院开展第三届环保服装设计展；开展全市中小学“迎世锦　环保智慧阅读大赛活动”；组织“童眼看环保”之农村小孩看城市、城市小孩看农村环保夏令营活动。印发《中华人民共和国环境保护法》、空气质量宣传、低碳生活、公民环境素养等宣传资料10万份。开展第七批绿色环保社区（小区）、第六批绿色环境教育基地、第六批绿色环保医院创建活动，青秀区天池山小区、西乡塘区云星·城市春天小区被评为“南宁市第七批绿色环保社区（小区）”；南宁青岛啤酒有限公司、广西南宁海之新旅游投资有限公司（南宁海底世界）被评为“南宁市第六批绿色环境教育基地”；广西中医药大学第一附属医院被评为“南宁市第六批绿色环保医院”。

【生态保护与建设】 2014年，南宁市环保局组织项目单位申报生态广西建设引导资金，生态有机产业、特色种养、农林废弃物资源化利用、循环经济、清洁生产等5个示范基地建设项目获补助资金250万元。推进农村环境连片整治示范项目建设，完成22个乡镇115个村民委员会140座集中式污水处理设施项目主体工程；组织县（区）参加自治区2014年农村环境综合整治项目竞争性评选，武鸣县、宾阳县、马山县共12个村民委员会获补助资金3600万元，用于农村生活污水处理设施及饮用水源保护设施等项目建设；推动“美丽南宁·清洁水源”活动，继续清理小溪（河）流、沟渠、池塘、湖库等水体垃圾，建设养殖场（小区）粪污集中处理与资源化利用设施及示范村生活污水治理设施，关闭乡村污染严重小企业，清理、取缔影响水源地各类排污口、污染源。推进生态示范区建设，组织上林县镇圩瑶族乡申报国家级生态乡镇；获自治区级生态乡镇命名4个、生态村命名75个，市级生态村命名158个。在全市12个县（区）打造12个“美丽南宁”综合示范村，推动乡村生态休闲农业发展。

（市环保局编写组）

【节能减排】 2014年，南宁市万元地区生产总值能耗比上年下降8.50%，超额完成自治区下达下降4%目标；化学需氧量、氨氮、二氧化硫、氮氧化物排放量分别下降4.50%、3.30%、2.30%、0.05%，完成全年减排任务。

节能减排目标管理与机制建设　印发《南宁市2014年节能降碳工作实施方案》《南宁市2014—2015年节能减排降碳行动方案》，将年度目标分解下达各县

11月19日，市环保局在邕宁区蒲庙镇那元社区宣传新《环境保护法》

市环保局提供

(区)，实行强度、总量“双控”。通报2013年度节能减排目标完成情况及节能措施落实情况进行考核结果，将考核结果作为年度绩效考评打分依据。制定《南宁市节能减排工作行政过错问责暂行办法》，促进依法行政。完善节能减排工作协调机制，每季度召开节能减排工作联席会议，发布各县(区)节能进展情况“晴雨表”及主要污染物减排工作完成进度。

产业与能源结构调整　制定《关于严格控制高耗能高排放项目投资审批的实施意见》，建立市级高耗能高排放项目联合审查制度，提高行业准入门槛。淘汰落后产能水泥131.40万吨、日用陶瓷2300万件、钛合金2.50万吨、石化化工8万吨、造纸65.79万吨。改造升级传统特色产业，制定《南宁市造纸行业转型升级行动方案（2014—2018年）》，引导造纸行业发展，加快推动木薯淀粉酒精产业转型升级，关停落后木薯淀粉酒精小企业8家。推进国家新能源示范城市建设，实施《南宁市创建国家新能源示范城市工作方案》。出台《南宁市人民政府关于划定高污染燃料禁燃禁售区的通告》，落实《南宁市工业企业推广使用清洁能源补助方法》，降低煤炭等高污染燃料的使用比例，加快发展生物质能源、天然气、分布式发电等清洁能源产业。

节能减排工程建设　完成大型干法水泥企业脱硝工程建设6家，实施规模化畜禽养殖场减排工程159家。推进13个重点建制镇污水处理厂建设，餐厨废弃物资源化利用和无害化处理厂及其收运体系建成投入试运行，市平里静脉产业园——生活垃圾焚烧发电厂基本完成土建施工。投资37.40亿元，实施邕江两岸和内河环境综合整治工程。开展烟囱专项整治行动，拆除各类烟囱907根，淘汰各类锅炉(窑炉)及清洁能源改造630台，下达整改通知书608份。核发机动车环保标志70万枚，完成14家机动车环保检测站45条工况法环保检测线，具备年检50万辆汽车能力。

重点领域节能　市规模以上工业企业综合能源消费量下降11.09%，万元工业增加值能耗下降19.76%。实现建筑节能15.67万吨标准煤，完成年度任务112%；落实绿色建筑预审建筑面积1961.86万平方米，可再生能源技术应用面积444.62万平方米，太阳能光伏发电系统总装机容量2380.98千瓦。推进清洁能源车辆应用，更新天然气公交车824辆，清洁能源公交车累计占全市公交车40%；更新油气双燃料出租车900辆，油气双燃料出租车累计占全市出租车21.20%。市公共机构能耗总量下降2.88%，人均综合能耗下降5.36%，人均用水量下降4.72%，单位建筑面积能耗下降10.31%。

节能减排财税政策落实　申报国家节能减排财政政策综合示范城市，获国家连续三年共15亿元综合奖励资金。市财政安排下达节能减排专项资金2000万元、环保专项资金2000万元用于鼓励企事业单位实施节能减排工程。出台《南宁市水泥企业脱硝设施运行财政补贴方案》，鼓励水泥企业提前执行国家排放标准。严格执行自治区节能价格政策，对限制类、淘汰类企业生产用电严格执行差别电价，对能源消耗超过国家、地方规定单位产品能耗(电耗)限额标准的实行惩罚性电价政策。

【石漠化治理】　2014年，南宁市实施石漠化治理项目的有武鸣县、横县、宾阳县、上林县、马山县、隆安县、江南区、西乡塘区8个县（区），计划总投资5835万元，其中中央预算内投资5150万元、自治区配套473万元、县(区)配套212万元。治理内容为封山育林、人工种草，修建棚圈设施、青贮窖、排灌沟渠等。至年末，完成治理岩溶面积248.30平方千米，治理石漠化面积87.58平方千米。

（市发展改革委编写组）

9月22日，南宁市举行公交出行宣传周及城市无车日活动启动暨新能源与清洁能源公交车投放仪式，投放新能源与清洁能源公交车433辆　　潘章勇　摄

2014年政治机构党派团体市直属事业单位及领导人

中共南宁市委员会

书　记:余远辉　2013年5月—
副书记:周红波　2009年11月—
　　　李　泽　2012年6月—
常　委:杨文件　2011年9月—
　　　朱育兆　2009年11月—2014年11月
　　　吴　炜　2009年11月—
　　　韦力平　2012年10月—
　　　班忠柏　2013年8月—
　　　吕　洁(女)　2010年1月—
　　　雷永达　2013年1月—
　　　杨维超　2011年9月—
　　　容康社　2011年9月—
　　　李振林　2012年10月—
　　　黄　宁　2014年11月—
　　　田文东(挂职)　2013年10月—
　　　张小宏(挂职)　2013年12月—
秘书长:杨维超　2011年10月—2014年11月
　　　黄　宁　2014年11月—

南宁市人民代表大会常务委员会

主　任:谢寿堂　2006年9月—
副主任:赖贵寿　2006年2月—
　　　邓其新　2006年2月—2014年9月
　　　袁曼虹(女)　2011年10月—
　　　温守荣　2011年10月—
　　　廖洪涛　2014年2月—
　　　刘　雄　2010年2月—
　　　阮兆丰　2011年10月—
秘书长:周如斯　2006年9月—

南宁市人民政府

市　长:周红波　2011年10月—
副市长:吴　炜　2011年10月—
　　　吕　洁(女)　2010年2月—
　　　田文东(挂职)　2013年11月—
　　　张小宏(挂职)　2014年1月—
　　　石文怀　2009年11月—2014年9月
　　　胡明朗　2013年11月—
　　　眭国华(女)　2011年8月—
　　　肖志钢　2010年1月—2014年1月
　　　魏凤君　2011年10月—
　　　覃卫国　2014年9月—
　　　黄　宁　2014年2月—2014年12月
　　　刘为民　2014年12月—
　　　郭　敏(女,挂职)　2013年9月—
　　　伍　娟(女,挂职)　2014年1月—
秘书长:刘志烈　2011年11月—

政协南宁市委员会

主　席:岑可成　2010年2月—
副主席:张国环　2004年2月—
　　　崔建国　2011年10月—
　　　梁峰林　2006年2月—
　　　黎四龙　2009年2月—
　　　卫自光　2010年10月—2014年7月
　　　肖志钢　2014年2月—
　　　李　勤　2010年2月—
　　　汪　玲(女)　2010年10月—
　　　黄均宁　2010年10月—
秘书长:储朝晖　2011年10月—

中共南宁市纪律检查委员会

书　记:雷永达　2013年1月—

南宁警备区

司令员:沈　彪　2013年12月—
政治委员:杨文件　2011年4月—

中共南宁市委办公厅

秘书长:杨维超　2011年10月—2014年11月
　　　黄　宁　2014年11月—

中共南宁市委组织部

部　长:班忠柏　2013年8月—

中共南宁市委老干部局

局　长:潘文虹(女)　2012年6月—

中共南宁市委宣传部

部　长:吕　洁(女)　2010年1月—

中共南宁市委统战部

部　长:容康社　2011年10月—

中共南宁市委政法委员会

书　记:朱育兆　2009年10月—2014年11月
　　　杨维超　2014年11月—

中共南宁市委政策研究室

主　任:李海光　2009年11月—

市机构编制委员会办公室

主　任:黄振生　2012年2月—

市直属机关工作委员会

书　记:杨维超　2011年10月—2014年11月
　　　黄　宁　2014年11月—

市委台湾工作办公室(市人民政府台湾事务办公室)

主　任:何见霜(女)　2013年6月—

市委、市人民政府信访局

党组书记:李宝臣　2009年2月—2014年7月
局　长:李宝臣　2009年2月—2014年7月
　　　陈伟刚　2014年7月—
(2014年7月机构改革,列入市委工作机构序列)

市人大常委会办公厅

秘书长:周如斯　2006年9月—

市人大常委会调查研究室

主　任:韦景峻　2011年5月—2014年11月

市人大常委会选举联络工作委员会

主　任:徐晓光　2012年5月—

市人大常委会法制工作委员会

主　任:陆沾鹏　2013年7月—

市人大法制委员会

主任委员:钟建国　2010年2月—

市人大财政经济委员会

主任委员:张　彬　2011年10月—

市人大城乡建设环境保护委员会

主任委员:陈建学　2011年2月—

市人大教育科学文化卫生委员会

主任委员:谭印光　2014年2月—

市人大农业委员会

主任委员:王佳义　2014年2月—

市人大民族华侨外事宗教委员会

主任委员:余桂华　2011年10月—

市人大内务司法委员会

主任委员:周向华　2011年10月—

市人民政府办公厅

秘书长:刘志烈　2011年11月—

市发展和改革委员会

党组书记:李　耕　2013年9月—
主　　任:李　耕　2013年9月—

市工业和信息化委员会

党组书记:陈世平　2010年1月—
主　　任:陈世平　2010年1月—

市教育局

党委书记:汪述斌　2012年5月—
局　　长:潘永钟　2012年3月—

市科学技术局(市知识产权局)

党组书记:覃永武　2011年2月—
局　　长:覃永武　2011年3月—2014年7月
梁　展　2014年7月—

市民族事务委员会

党组书记:苏志刚　2009年2月—
主　　任:苏志刚　2009年2月—

市公安局

党委书记:胡明朗　2013年11月—
局　　长:胡明朗　2013年11月—

市监察局

局　　长:余仲远　2010年12月—

市民政局

党组书记:黄菊如(女)　2013年6月—
局　　长:黄菊如(女)　2013年9月—

市司法局

党组书记:蓝树源　2010年4月—
局　　长:蓝树源　2010年5月—

市财政局

党组书记:李　宁(女)　2011年9月—
局　　长:李　宁(女)　2011年11月—

市人力资源和社会保障局

党组书记:梁平江　2013年9月—
局　　长:梁平江　2013年9月—

市国土资源局

党组书记:赵志萍(女)　2013年9月—
局　　长:赵志萍(女)　2013年9月—

市环境保护局

党组书记:陈伟刚　2012年10月—2014年7月
韦好鹏　2014年7月—
局　　长:李　森　2012年3月—2014年7月
韦好鹏　2014年7月—

市城乡建设委员会

党组书记:赵红明　2013年11月—
主　　任:赵红明　2013年11月—

市规划管理局

党组书记:郭维宁　2013年9月—
局　　长:郭维宁　2013年9月—

市城市管理局(市城市管理综合行政执法局)

党组书记:黄　海　2013年12月—
局　　长:黄　海　2014年1月—

市住房保障和房产管理局

党组书记:黄宗成　2013年7月—
局　　长:黄宗成　2013年9月—

市交通运输局

党组书记:王永超　2013年9月—
局　　长:王永超　2013年9月—

市水利局

党组书记:叶　盛　2009年11月—2014年11月
李伟进　2014年11月—
局　　长:叶　盛　2009年12月—2014年11月
李伟进　2014年11月—

市农业委员会

2014年7月机构改革前:

市农业局

党组书记:唐波文　2006年6月—2014年7月
局　　长:唐波文　2006年9月—2014年7月

市水产畜牧兽医局

党组书记:梁兆强　2010年11月—2014年7月
局　　长:梁兆强　2007年6月—2014年7月

2014年7月机构改革后:

党组书记:杨　敏(女)　2014年7月—
主　　任:杨　敏(女)　2014年7月—

市林业和园林局

2014年7月机构改革前:

市园林管理局

党组书记:蓝　岚(女)　2011年7月—2014年7月
局　　长:梁　展　2011年9月—2014年7月

市林业局

党组书记:舒善隆　2012年8月—2014年7月
局　　长:舒善隆　2012年9月—2014年7月

2014年7月机构改革后:

党组书记:舒善隆　2014年7月—
局　　长:蓝　岚(女)　2014年7月—

市商务局(市口岸办公室)

党组书记:梁培正　2012年5月—
局长(主任):梁培正　2012年5月—

市文化新闻出版广电局

2014年7月机构改革前:

市文化新闻出版局

党组书记:蒙文虎　2010年12月—2014年3月
局　　长:蒙文虎　2010年12月—2014年5月

市广播电影电视局

党组书记:魏永泉　2010年1月—2014年7月
局　　长:魏永泉　2010年1月—2014年7月

2014年7月机构改革后:

党委书记:魏永泉　2014年7月—
局　　长:魏永泉　2014年7月—

市卫生和计划生育委员会

2014年7月机构改革前:

市卫生局

党委书记:汤晓斌　2006年9月—2014年7月
局　　长:汤晓斌　2006年9月—2014年7月

市人口和计划生育委员会

党组书记:谢宗务　2011年7月—2014年7月
主　　任:谢宗务　2011年9月—2014年7月

2014年7月机构改革后:

党委书记:谢宗务　2014年7月—
主　　任:谢宗务　2014年7月—

市食品药品监督管理局

党委书记:黄明瑞　2010年10月—

局　　长:黄明瑞　2013年9月—

市审计局
党组书记:边作新　2009年8月—
局　　长:边作新　2009年9月—

市工商行政管理局
党组书记:周序喜　2014年7月—
局　　长:周序喜　2014年7月—

市质量技术监督局
局　　长:李善钦　2014年7月—

市体育局
党组书记:李建华(女)　2013年6月—
局　　长:李建华(女)　2013年7月—

市安全生产监督管理局
党组书记:蓝建东　2013年9月—
局　　长:蓝建东　2013年9月—

市统计局
党组书记:黄南方　2010年12月—
局　　长:黄南方　2010年12月—

市旅游发展委员会
2014年7月机构改革前:
市旅游局
党组书记:黄永久　2009年11月—2014年7月
局　　长:黄永久　2009年12月—2014年7月
2014年7月机构改革后:
党组书记:黄永久　2014年7月—
主　　任:黄永久　2014年7月—

市粮食局
党组书记:覃善开　2010年12月—2014年10月
　　　　覃思源　2014年10月—
局　　长:覃善开　2010年12月—2014年7月
　　　　李　森　2014年7月—

市投资促进局
党组书记:梁　枫(女)　2013年9月—
局　　长:梁　枫(女)　2013年9月—

市金融工作办公室
党组书记:苏道勇　2014年7月—
主　任:苏道勇　2014年7月—

市外事侨务办公室
党组书记:邓卫民　2011年11月—
主　　任:邓卫民　2011年3月—

市法制办公室
党组书记:范卫东　2006年9月—
主　　任:范卫东　2006年9月—

市人民防空办公室
党组书记:董红兵　2012年5月—
主　　任:董红兵　2012年3月—

市扶贫开发办公室
党组书记:覃思源　2010年1月—2014年10月
　　　　叶　盛　2014年10月—
主　　任:覃思源　2010年1月—2014年11月
　　　　叶　盛　2014年11月—

市城乡数字化建设办公室
党组书记:胡书文　2011年7月—2014年7月
主　　任:胡书文　2011年9月—2014年7月
(2014年7月机构改革,不再保留)

市人民政府国有资产监督管理委员会
党委书记:傅隆政　2011年12月—
主　　任:傅隆政　2011年3月—

广西南宁五象新区规划建设管理委员会
党工委书记:周红波　2013年8月—
主　　任:周红波　2013年9月—

南宁高新技术产业开发区管理委员会
党工委书记:黄润斌　2013年8月—
主　　任:李晓东　2006年9月—

南宁经济技术开发区管理委员会
党工委书记:李　泽　2013年8月—
主　　任:李伟时　2013年9月—

广西—东盟经济开发区管理委员会(南宁华侨投资区管理委员会)
党工委书记:胡志崇　2013年7月—
主　　任:胡志崇　2013年8月—

南宁青秀山风景名胜旅游区管理委员会
党工委书记:李伟进　2011年7月—2014年10月
　　　　蓝　飞　2014年10月—
主　　任:李伟进　2011年8月—2014年11月
　　　　蓝　飞　2014年11月—

南宁市北部湾(广西)经济区规划建设管理委员会办公室
党组书记:吴　炜　2011年11月—2014年7月
主　　任:吴　炜　2011年11月—2014年7月
(2014年7月机构改革,不再保留)

市政协办公厅
秘书长:储朝晖　2011年10月—

市政协研究室
主　任:张海元　2013年6月—

市政协选举联络工作办公室
主　任:韩艳斌(女)　2010年10月—

市政协提案委员会
主　　任:杨　利　2011年11月—

市政协经济委员会
主　　任:古培康　2006年9月—

市政协文史学习委员会
主　　任:谭本基　2013年8月—

市政协教科文卫体委员会
主　　任:陆益斌　2006年9月—

市政协海外联谊民族宗教委员会
主　　任:黄美芬(女)　2011年11月—

市政协人口资源环境与城乡建设委员会
主　　任:黎敏生　2011年11月—

市政协社会法制委员会
主　　任:陈　芳(女)　2011年11月—

市中级人民法院
党组书记:周　腾　2009年12月—
院　　长:周　腾　2010年2月—

市人民检察院
党组书记:黄建波　2009年12月—
检　察　长:黄建波　2010年2月—

中国国民党革命委员会南宁市委员会
主任委员:黎　琳(女)　2011年5月—

中国民主同盟南宁市委员会
主任委员:崔建国(兼)　2000年4月—

中国民主建国会南宁市委员会
主任委员:卢秋凌(女)　2009年9月—

中国民主促进会南宁市委员会
主任委员:黄均宁　2009年8月—

中国农工民主党南宁市委员会
主任委员:袁曼虹(女)　2001年6月—

中国致公党南宁市委员会
主任委员:张　渊　2006年9月—

九三学社南宁市委员会
主任委员:梁　鸿　2012年12月—

市工商业联合会
主　　席:黎四龙　2006年10月—

市总工会
党组书记:伦　建　2009年8月—
主　　席:梁峰林　2009年8月—2014年11月
　　　　李　勤　2014年11月—

共青团南宁市委员会
党组书记:王亚楠　2012年8月—
书　　记:王亚楠　2012年8月—

市妇女联合会
党组书记:陈　尧(女)　2010年1月—
主　　席:陈　尧(女)　2010年2月—

市文学艺术界联合会
党组书记:陈晓红(女)　2013年12月—
主　　席:鲁　利　2009年11月—2014年5月
　　　　陈晓红(女)　2014年5月—

市科学技术协会
党组书记:王　洲　2010年4月—
主　　席:王　洲　2010年6月—

市归国华侨联合会
党组书记:孙乡平　2012年7月—2014年10月
主　　席:蒋晓筠(女)　2010年3月—

中国国际贸易促进委员会南宁市支会
会　　长:谭　漓(女)　2010年1月—
党组书记:谭　漓(女)　2010年7月—

市残疾人联合会
党组书记:李永华(女)　2009年2月—
理 事 长:李永华(女)　2009年2月—

市红十字会
会　　长:吕　洁(女)　2010年3月—

市社会科学界联合会
党组书记:谭耀武　2013年6月—
主　　席:谭耀武　2013年7月—

市委党校(市经济干部学院、市行政学院、市社会主义学院)
市委党校校长:李　泽(兼)　2012年7月—
市经济干部学院院长:施日全　2012年2月—
市行政学院院长:吴　炜(兼)　2013年8月—
市社会主义学院院长:崔建国　2002年5月

市档案局(市国家档案馆)
党组书记:廖茂隆　2012年10月—
局长(馆长):廖茂隆　2012年10月—

市委党史研究室
主　　任:李刘科　2010年10月—

南宁日报社
党组书记:李忠南　2012年2月—
社　　长:李忠南　2012年2月—
总 编 辑:程小华　2011年1月—

市委、市人民政府接待办公室
主　　任:陆广平(女)　2012年2月—

市人民政府发展研究中心
主　　任:李望尘　2013年6月—
党组书记:李望尘　2013年6月—

市农业机械化管理中心(市农业机械化管理局)
党组书记:费志敏　2012年2月—2014年7月
主任(局长):费志敏　2012年3月—2014年7月
(2014年7月机构改革,不再保留)

市地震局
党组书记:邓国付　2011年7月—
局　　长:邓国付　2011年8月—

市机关事务管理局(市市直机关后勤服务中心)
党组书记:蒙祝宁　2012年6月—
局长(主任):蒙祝宁　2012年6月—

南宁住房公积金管理中心
党组书记:王林一　2011年2月—
主　　任:王林一　2011年3月—

市人民政府地方志编纂办公室
党组书记:王德宾　2010年10月—
主　　任:王德宾　2010年11月—

市二轻集体工业联社
党组书记:司马平　2013年7月—
主　　任:司马平　2013年8月—

市社会科学院
党组书记:韦振豪　2010年10月—
院　　长:胡建华　2010年12月—

市旧城改建工作推进办公室(市历史文化街区保护和修缮规划建设办公室)
主　　任:赵红明　2013年11月—

南宁昆仑关战役遗址保护管理委员会(南宁昆仑关旅游风景区管理委员会)
党组书记:桂文志　2012年12月—
主　　任:桂文志　2013年1月—

南宁市水库移民管理局
党组书记:邓健民　2010年3月—
局　　长:邓健民　2009年4月—

南宁职业技术学院
党委书记:陈建新　2012年4月—
院　　长:张宁东(女)　2012年4月—

市政府集中采购中心
主　　任:周梅清(女)　2012年7月—

广西大明山国家级自然保护区管理局(南宁大明山风景旅游区管理委员会)
党委书记:李孔全　2012年8月—
局长(主任):李孔全　2012年5月—

市城市内河管理处(市"中国水城"建设工作指挥部办公室)
党组书记:冯步广　2013年11月—
主　　任:冯步广　2013年11月—

市供销合作联社
党组书记:龚山峰　2010年10月—
主　　任:龚山峰　2011年3月—

中共武鸣县委员会
书　　记:黄国健　2011年5月—

武鸣县人民代表大会常务委员会
主　　任:潘祖乐　2006年9月—

武鸣县人民政府
县　　长:宋日正　2009年6月—

政协武鸣县委员会
主　　席:黄隆鸣　2011年8月—

中共横县委员会
书　　记:李振林　2012年11月—

横县人民代表大会常务委员会
主　　任:蒋小旗　2011年8月—

横县人民政府
县　　长:唐小若　2011年8月—

政协横县委员会
主　　席:陈保金　2011年8月—

中共宾阳县委员会
书　　记:黄　宁　2011年5月—
　　　　　　　　　2014年1月
　　　　张先进　2014年1月—

宾阳县人民代表大会常务委员会
主　　任:覃作福　2006年9月—

宾阳县人民政府
县　　长:张先进　2010年3月—
　　　　　　　　　2014年2月
　　　　朱亚明　2014年2月—

政协宾阳县委员会
主　　席:张昭平　2011年8月—

中共上林县委员会
书　　记:韦志鹏　2013年8月—

上林县人民代表大会常务委员会
主　　任:吴伟山　2014年1月—

上林县人民政府
县　　长:孙志强　2011年8月—
　　　　　　　　　2014年1月
　　　　蓝宗耿　2014年1月—

政协上林县委员会
主　　席:覃祯威　2014年1月—

中共马山县委员会
书　　记:李　兵　2009年11月—

马山县人民代表大会常务委员会
主　　任:谢显术　2011年8月—

马山县人民政府
县　　长:杨　敏(女)　2011年8月—
　　　　　　　　　　　2014年7月
　　　　张自英(女)　2014年10月—

政协马山县委员会
主　　席:林永立　2006年9月—
　　　　　　　　　2014年11月
　　　　李英辉　2014年11月—

中共隆安县委员会
书　　记:吴朝晖　2012年12月—

隆安县人民代表大会常务委员会
主　　任:刘文式　2011年8月—

隆安县人民政府
县　　长:甘　诚　2013年1月—

政协隆安县委员会
主　　席:廖永新　2011年8月—

中共南宁市兴宁区委员会
书　　记:谭玫瑰　2013年9月—

南宁市兴宁区人民代表大会常务委员会
主　　任:霍镇兴　2013年7月—

南宁市兴宁区人民政府
区　　长:高　虹(女)　2010年2月—
　　　　　　　　　　　2014年7月
　　　　朱财斌　2014年9月—

政协南宁市兴宁区委员会
主　　席:韦敏杰　2011年8月—

中共南宁市江南区委员会
书　　记:马南萍(女)　2011年5月—

南宁市江南区人民代表大会常务委员会
主　　任:黄　英(女)　2010年3月—

南宁市江南区人民政府
区　　长:朱亚明　2013年2月—
　　　　　　　　　2014年1月
　　　　黄海韬　2014年3月—

政协南宁市江南区委员会
主　　席:潘长能　2009年3月—

中共南宁市青秀区委员会
书　　记:钱　健　2013年9月—

南宁市青秀区人民代表大会常务委员会
主　　任:李柏林　2011年8月—

南宁市青秀区人民政府
区　　长:张自英(女)　2013年10月—
　　　　　　　　　　　2014年9月
　　　　韦敏宏　2014年11月—

政协南宁市青秀区委员会
主　　席:岳凤军(女)　2011年8月—

中共南宁市西乡塘区委员会
书　　记:谭良良　2013年9月—

南宁市西乡塘区人民代表大会常务委员会
主　　任:梁英浩　2010年3月—

南宁市西乡塘区人民政府
区　　长:廖伟福　2009年1月—

政协南宁市西乡塘区委员会
主　　席:费　勇　2011年8月—

中共南宁市邕宁区委员会
书　　记:唐咸兴　2013年9月—

南宁市邕宁区人民代表大会常务委员会
主　　任:磨瑛津(女)　2011年8月—

南宁市邕宁区人民政府
区　　长:邓娟娟(女)　2013年10月—

政协南宁市邕宁区委员会
主　　席:农建进　2011年8月—

中共南宁市良庆区委员会
书　　记:陈　竑　2012年5月—

南宁市良庆区人民代表大会常务委员会
主　　任:郑国健　2005年4月—

南宁市良庆区人民政府
区　　长:谷明佳　2013年10月—

政协南宁市良庆区委员会
主　　席:刘长南　2011年8月—

(李　舒　覃　铭)

责任编辑　覃庆梅

中国—东盟博览会·商务与投资峰会·民歌节

第11届中国—东盟博览会

【概　况】 2014年9月16日至19日，第11届中国—东盟博览会在南宁举办。中国商务部、东盟10国政府经贸主管部门和东盟秘书处共同主办，广西壮族自治区人民政府承办。中共中央政治局常委、国务院副总理张高丽，中国最高人民法院院长周强，新加坡总理李显龙，柬埔寨首相洪森，老挝国家副主席本扬，缅甸副总统年吞，泰国副总理兼外交部长他那萨，越南副总理兼外交部长范平明等8位中国和东盟国家领导人，266名部长级贵宾出席博览会。博览会以“共建21世纪海上丝绸之路”为主题，广泛汇聚共识，延伸展会价值链，深化人文交流，在深化中国与东盟多领域合作、带动广西开放合作和经济社会发展等方面取得新成果。设商品贸易、投资合作、服务贸易、先进技术、魅力之城五大专题；总展位4600个，参展企业2330家，客商5.57万人参展参会。新加坡为主题国，澳大利亚为特邀嘉宾国。9月16日上午，在南宁国际会展中心举行开幕大会，张高丽宣布开幕，并发表主旨演讲。9月15日至16日，中国、东盟各国和特邀贵宾国政要分别巡视博览会展馆。会期前后，举办中国—东盟大法官论坛、中国—东盟电子商务峰会等论坛和会议。9月19日，为博览会公众开放日，众多市民、游客进入展区观展、购物。期间，还举办南宁国际民歌艺术节暨中国—东盟文化艺术交流展演、“共建21世纪海上丝绸之路”摄影展暨中国—东盟国际摄影季等人文交流活动。有198家媒体1541名记者到会采访，中外媒体发稿6400多篇，制作网络专题20多个。

9月18日下午，在南宁举行博览会高官会议。9月19日下午，中国—东盟博览会、中国—东盟商务与投资峰会组委会在南宁举行新闻发布会，宣布第11届中国—东盟博览会、中国—东盟商务与投资峰会闭幕。发布会由中国商务部外贸发展局副局长贾国勇主持，中国—东盟博览会秘书处秘书长郑军健、中国—东盟商务与投资峰会秘书处副秘书长丁元龙出席，并回答记者提问。郑军健受组委会委托发布新闻，介绍此届盛会的情况和下届工作的安排。博览会组委会评出并颁发第11届博览会各奖项。新加坡获主题国纪念奖；东盟秘书处获重大贡献及支持奖；柬埔寨、印度尼西亚、老挝、泰国、越南、中国工程协会、中国江西省获最佳行业组织奖；老挝、缅甸、新加坡、泰国、越南、中国山西省获最佳品牌展示奖；柬埔寨、菲律宾、越南、香港东盟国际商会获最佳专业观众组织奖；柬埔寨、印度尼西亚、马来西亚、缅甸、新加坡、中国湖南省获最佳展商组织奖；文莱、马来西亚、菲律宾获最佳投资合作推介奖；文莱、柬埔寨、印度尼西亚、老挝、缅甸、菲律宾、新加坡、泰国、中国宁夏回族自治区获最佳魅力之城展示奖；中国河南省获最佳形象展示奖。

【开幕大会】 2014年9月16日上午，第11届中国—东盟博览会、第11届中国—东盟商务与投资峰会开幕大会在南宁国际会展中心朱槿花厅举行。中共中央政治局常委、中国国务院副总理张高丽，新加坡总理李显龙，柬埔寨首相洪森，老挝国家副主席本扬，缅甸副总理年吞，泰国副总理兼外交部长他那萨，越南副总理兼外交部长范平明，文莱工业和初级资源部部长叶海亚，印度尼西亚贸易部副部长巴尤·克利斯纳穆迪，马来西亚贸工部副部长李志亮，菲律宾贸工部副部长诺拉·特拉多，东盟秘书处副秘书长年林，中国商务部副部长房爱卿，中国国际贸易促进委员会会长姜增伟，广西壮族自治区党委书记、自治区人大常委会主任彭清华，中国与东盟国家相关部长级官员和地方行政长官、大法官，金融机构负责人，商协会会长，国际组织负责人，全球著名企业家，区域经济研究专家，中国各省(区、市)代表团与参展参会客商代表，广西壮族自治区有关领导等1300多人出席开幕大会。大会由新加坡国家发展部兼贸工部高级政务部长李奕贤、广西壮族自治区主席陈武共同主持。

张高丽副总理在发表主旨演讲时指出，共建21世纪“海上丝绸之路”是一个传承历史、面向未来、顺应时代潮流，符合中国—东盟共同发展愿望的重大战略构想。他对深化中国与东盟友好合作提出“大力深化政治互信、提高自贸区质量和水平、加强互联互通建设、开展海上合作、推进次区域合作、增进人文交流”的六点倡议。李显龙总理在演讲中表示，期待与中国继续密切合作，保持区域一体化的增长势头。洪森首相在演讲时强调，柬埔寨积极参加和全力支持中国—东盟博览会举办，为进一步推动东盟和中国全面战略伙伴关系向前发展，推动双方各领域合作的发展贡献力量。本扬副主席在演讲时说，对此次博览会“共建海上丝绸之路”的主题表示高度赞赏。年吞副总统在演讲时对中方提出的共建“海上丝绸之路”等倡议表示欢迎，相信东盟与中国的贸易互利合作将有利于双方的进步和发展，有利于进一步改善民生。他那萨副总理在演讲时提出，南宁是连接中国和东盟的重要门户，在促进双方伙伴关系上起着非常重要的作用。范平明副总理在演讲时说，越南一定会为中国和东盟企业到越南投资提供便利条件，更加努力地加强中国和东盟各国的友谊及互利合作，共同建立一个繁荣、和平和稳定的亚洲。彭清华、房爱卿、姜增伟分别致辞；此届博览会特邀贵宾国澳大利亚代表团团长西蒙·梅里菲尔德，世界贸易组织副总干事易小准也分别致辞。启幕仪式前播放主题短片，描述古代海上丝绸之路的起源、发展，以及中国与东盟携手共建“21世纪海上丝绸之路”的美好前景。张高丽宣布：第11届中国—东盟博览会、中国—东盟商务与投资峰会开幕！张高丽、李显龙等15位嘉宾共同为博览会、商务与投资峰会启幕。

【专题展览】 2014年9月16日至19日，第11届中国—东盟博览会在南宁国际会展中心、广西展览馆、南宁华南城会展中心举办商品贸易、投资合作、服务贸易、先进技术、魅力之城五大专题展览。参展企业2330家，总展位4600个，其中东盟10国和其他国家地区使用展位1259个，泰国、马来西亚、越南、缅甸、老挝、印度尼西亚6个国家包馆，中国展品更契合东盟市场需求。商品贸易专题展分别设在南宁国际会展中心室内4号~15号展厅、室外展场和广西展览馆、南宁华南城会展中心。内容包括东盟国家商品、食品加工包装机械、电力与新能源设备、电子电器、建筑材料、工程机械与运输车辆(室外展场)、农业展(广西展览馆)、轻工展(南宁华南城会展中心)。投资合作专题展设在南宁国际会展中心室内1号、2号展厅。以促进中国企业到东盟国家开展投资和国际经济合作为特色，涉及国际工程承包、劳务合作、资源开发、信息科技、基础设施建设等领域；以21世纪"海上丝绸之路"建设为主题，展示境外经济合作区、跨境经济合作区、保税区、互联互通、海上合作、金融合作、物流合作、口岸合作、港口合作等。服务贸易专题展设在南宁国际会展中心室内2号展厅。展示中国和东盟金融服务、旅游服务等内容。先进技术专题展设在南宁国际会展中心室内3号展厅。展示中国和东盟国家在现代农业、新能源与可再生能源、生物医药、电子信息、节能环保五个重点领域的技术成果及产品。"魅力之城"专题展设在南宁国际会展中心室内2号展厅。综合展示中国、东盟10国代表性城市在贸易、投资、科技、文化、旅游等方面的发展和商机。分别为:印度尼西亚南苏门答腊省、中国宁夏回族自治区、菲律宾达沃市、缅甸仰光(重点展示迪拉瓦国际港)、文莱斯里巴加湾市、新加坡、泰国洛坤府、马来西亚兰卡威(属吉打州的著名旅游景点)、柬埔寨西哈努克省、越南平顺省、老挝波乔省。

【经贸活动】 2014年9月16日至19日，在南宁举办的第11届中国—东盟博览会，创新和完善工作，拓展合作，经贸成效显著。进一步提高组展规模和质量，推动贸易便利化。博览会参展企业2330家，参展参会客商5.57万人；采购商团组超过80个，比上届增长14%；中国内地有35个省区市组团参会。期间，举办系列贸易配对活动，贸易成交活跃，其中东盟10国成交额比上届增长2.03倍，成交商品主要有食品、电子电器、珠宝玉器、机械设备等，促进"贸易畅通"。完善投资促进机制，推动投资自由和服务业开放。举办投资合作圆桌会、产业园区招商大会、跨境旅游推介会等活动，在推动中国企业"走出去"、促进双向投资方面，达成一批投资合作项目、特别是"海上丝绸之路"建设的重点项目。签约国际合作项目100个，投资额比上届增长8.48%，涉及港口合作、航运建设、电子商务、现代农业、商贸物流等领域；签约国内合作项目157个，投资额比上届增长10.45%，其中东部地区向西部地区产业转移、第三产业等项目比往届更多。相关银行通过金融论坛发布跨境人民币指数、启动人民币与8个东盟国家货币挂牌交易、成立跨境人民币业务中心，促进"货币流通"。创新推出特邀贵宾国（本届为澳大利亚)，拓展合作区域。此届博览会不仅服务10+1(东盟10国和中国)合作，而且面向RCEP("区域全面经济伙伴关系"框架协定)合作，吸引澳大利亚、韩国、日本、印度、新西兰等RCEP国家更多的企业参会，并举办相关活动。

南宁市在组织参加第11届中国—东盟博览会项目集中签约仪式、"投融资项目对接会"等活动的同时，举办2014南宁投资贸易洽谈会暨重大项目签约仪式、新加坡企业代表团座谈会等系列经贸活动，成果丰硕。期间，南宁市签约招商引资项目48个，签约金额361.05亿元；签订商品购销合同556份，合同金额285.60亿元。

【中国—东盟博览会高官会议】 2014年9月18日下午，中国—东盟博览会高官会议暨第12届中国—东盟博览会"魅力之城"专题展区抽签仪式在南宁举行。中国、东盟10国、东盟秘书处的官员代表出席。与会官员高度评价此届博览会取得的成绩，认为中方做了大量工作，为各国领导人、政府高官和客商互动交流提供了一个很好的平台，11国加深对话与合作，表示将一如既往地做好博览会共办工作，组织推动更多企业商家参展参会，共同办好下一届乃至今后每届博览会，力争年年有创新，岁岁有提高。会议初步确定第12届中国—东盟博览会举办时间为2015年9月18日至21日，继续设置商品贸易、投资合作、服务贸易、先进技术、"魅力之城"五大专题。会议确定，第12届中国—东盟博览会主题国为泰国，将延续特邀贵宾机制，继续举办更多面向RCEP的交流活动。通过抽签，确定第12届中国—东盟博览会各国"魅力之城"专题展区位置排序为:柬埔寨、缅甸、印度尼西亚、中国、马来西亚、泰国、越南、文莱、老挝、菲律宾、新加坡。

第11届中国—东盟商务与投资峰会

【概　况】 2014年9月16日至19日，第11届中国—东盟商务与投资峰会在南宁举办。中国商务部、中国国际贸易促进委员会、广西壮族自治区人民政府主办，中国—东盟商务与投资峰会秘书处承办。主题为共建21世纪"海上丝绸之路"。中外政府高官、外交使节、国际组织官员、商协会领袖、企业精英、专家学者、法律界和媒体人员等1571名代表出席峰会活动。9月16日上午，在南宁国际会展中心朱槿花厅，第11届中国—东盟商务与投资峰会和第11届中国—东盟博览会共同举办开幕大会。峰会期间，举办新加坡共和国总理李显龙与中国企业CEO圆桌对话会，中国—东盟商界领袖论坛，第11届中国—马来西亚联合商务理事会会议，中国与柬埔寨、老挝和缅甸贸易发展研讨会，中国—东盟商事法律服务合作研讨会，中国贸促会—大华银行促进企业海外投资联盟之夜，中国贸促会与新加坡工商联合总会《谅解备忘录》签署仪式，马中商务理事会代表团考察中马钦州产业园区，商务早餐会等系列活动。峰会配合国家"一带一路"(丝绸之路经济带、21世纪海上丝绸之路)战略，将政治外交与经贸人文交流相结合，张高丽副总理的6条倡议和峰会主题获东盟工商界广泛赞同，区域共同发展和互联互通建设不断深化，各领域的双向投资合作更加务实，凸显峰会为服务中国—东盟关系友好发展，促进双方高层对话、经贸合作、人民友好往来，助推自贸区升级的重要机制作用，对加快21世纪海上丝绸之路建设具有积极影响。

【圆桌对话会】 2014年9月16日下午，新加坡共和国总理李显龙与中国企业CEO圆桌对话会在南宁市广西人民会堂举行。中国商务部、新加坡贸易与工业部、中国国际贸易促进委员会、广西壮族自治区人民政府主办，中国—东盟商务与投资峰会秘书处、新加坡工商联合总会承办。新加坡总理李显龙，新加坡贸易与工业部兼国家发展部高级政务部长李奕贤，新加坡总理公署部长、环境及水源部兼外交部第二部长傅海燕，新加坡工商联合会主席张松声，中国—东盟商务与投资峰会组委会主任、中国国际贸易促进委员会会长姜增伟，广西壮族自治区主席陈武，广西壮族自治区常务副主席黄道伟等中新两国政府官员、工商界和企业家代表约250人出席。对话会主题为促进中新经贸合作、实现共同发展，由张松声主持。姜增伟、陈武分别致辞。李显龙总理与中国航空油料集团公司、中国工商银行股份有限公司、华为技术有限公司、南山铝业（新加坡）有限公司、中国京冶工程技术有限公司、中国民生投资股份有限公司6家中方企业的CEO就中国企业在新加坡上市、新加坡人民币离岸中心发展、中国企业参与新加坡智慧国2015计划建设、新加坡外劳配额、中新能源和石化工业园建设、新加坡投资政策、工程承包、中新企业联合“走出去”等内容展开建设性对话，推动中新经贸项目的合作，涉及资金20.50亿美元，凸显峰会的务实效果和影响力。

【中国—东盟商事法律服务合作研讨会】 2014年9月17日上午在南宁举行。中国国际贸易促进委员会、文莱国家工商会、柬埔寨总商会、印度尼西亚工商会馆、老挝国家工商会、菲律宾工商总会、新加坡工商联合总会、泰国工业联盟、越南工商会主办，中国—东盟商务与投资峰会秘书处、中国国际贸易促进委员会法律事务部承办。主题为共同应对挑战，实现共赢发展。中国和东盟国家的法律专家、工商界领袖等48名正式代表出席。中国国际贸易促进委员会副会长尹宗华、广西壮族自治区人民检察院检察长崔智友分别致辞。新加坡律师公会会长骆维明、老挝国家工商会法律顾问孔潘、缅甸工商联合会高级法律顾问吴丹貌、马来西亚中国总商会法律顾问黄文华、越南—中国—东盟法律信息咨询中心副主任阮春英、中国国际贸易促进委员会法律事务部的3位专家分别发表演讲。大家围绕主题，就中国—东盟在商事法律合作存在的文化障碍、法律差异、市场需求等方面问题进行探讨，引起与会各方共鸣，促进中国和东盟工商界在法律服务领域的交流。

【中国—东盟商界领袖论坛】 2014年9月17日下午在南宁举行。中国国际贸易促进委员会、广西壮族自治区人民政府主办，中国—东盟商务与投资峰会秘书处承办。主题为共建21世纪海上丝绸之路。中国和东盟国家政府有关官员、工商界代表200人出席。论坛由新加坡工商联合总会运营总裁郑嘉顺主持。中国国际贸易促进委员会副会长尹宗华、广西壮族自治区副主席蓝天立、新加坡工商联合总会主席张松声分别致辞。马来西亚—中国总商会会长黄汉良、菲律宾菲华新联公会会长戴国安等10名中国和东盟工商界领袖、企业高层分别发言。尹宗华说，中国与东盟的政商界人士应积极行动起来，加强交流与合作，尤其是加快建设跨国间的产业链，积极参与各种次区域的合作。张松声表示，建设21世纪“海上丝绸之路”正当其时，希望与广西加强港口、物流等方面的合作。黄汉良认为，东盟各国商协会一定要配合当地政府共同推动21世纪海上丝绸之路建设，在马来西亚的华商也要参与进来。戴国安强调，菲律宾作为与中国、东盟各国一衣带水的友好邻邦，从政府到民间、商界，都非常支持共建海上丝绸之路的倡议。其他代表还提出，推动已有机制的充分建设、积极推动升级版中国—东盟自由贸易区建设是未来突破重点。新海上丝绸之路建设是共建，要充分听取沿途各国的意见，根据他们的需求共同确定合作的有关方案、重点，通过共建形式达到预期目的。

【第11届中国—马来西亚联合商务理事会会议】 2014年9月18日上午在南宁市召开。中国国际贸易促进委员会、马来西亚—中国商务理事会、广西壮族自治区人民政府主办，中国—东盟商务与投资峰会秘书处承办。主题为两国双园（中马钦州产业园区、马中关丹产业园区）引领中马经贸合作。中国和马来西亚政府有关官员、商务理事会主席及成员、商协会代表、企业家、专家学者等近百人出席。中国国际贸易促进委员会副会长尹宗华，广西壮族自治区副主席张晓钦，马来西亚总理对华特使、马中商务理事会主席黄佳定分别讲话。与会人员就落实中马两国领导人提出加快建设“两国双园”事宜进行交流，对中马经贸合作、产业园发展的方向和重点、扩大双边经贸合作内涵和水平进行探讨。联合理事会决定，2015年第12届中国—马来西亚联合商务理事会会议安排在马来西亚彭亨州关丹举行。会议结束后，黄家定特使率30多位企业家赴钦州，考察中马钦州产业园区。

【贸易发展研讨会】 2014年9月18日上午，中国与柬埔寨、老挝和缅甸贸易发展研讨会在南宁举办。联合国国际贸易中心、广西壮族自治区人民政府主办，中国—东盟商务与投资峰会秘书处承办。联合国国际贸易中心，中国、柬埔寨、老挝、缅甸的有关官员、工商界代表、专家等约80人出席。与会人员就非关税壁垒、贸易信息、农产品技术标准、政府政策扶持、自贸区优惠政策利用、贸易发展潜力和趋势等提出问题和建议，并就促进柬埔寨、老挝、缅甸对中国的出口与实现平衡贸易发展进行探讨。

南宁国际民歌艺术节

【大地飞歌·2014】 2014年9月16日晚，“大地飞歌·2014”第十六届南宁国际民歌艺术节演唱会在广西体育中心主体育场举行。南宁国际民歌艺术节组委会主办。观众约3万人。刘欣云任总导演，沈凌、艾诚、高枫、周蕾、夏颖共同主持，约400名演职员参与。舞台整体造型取材于侗族鼓楼，主舞台为一朵绽放的南宁市花——朱槿花造型，配合大量的矩阵式LED屏幕，营造出时尚绚丽的舞台效果。演出强化亲民风格，将传统民歌与新民歌相结合，融合“民歌故事”的表现手法，使观众充分感受到原汁原味的民歌艺术魅力。新加坡、泰国等国家的歌手，中国的知名艺人和广西歌手同台献艺，节目立足广西民族风情、突出东盟国家特色的基础上兼顾国际性。演唱会分“缘”“传”“绿”“梦”4个篇章，广西歌手宁可和7岁的蒙古族孩子阿比亚斯领唱，广西宁明花山民歌艺术团合唱的《大地飞歌》拉开演唱会帷幕。王铮亮、霍尊、林志炫、陶喆、韩磊、罗忆诗（马来西亚）、Nat（泰国）、By2（新加坡）等纷纷登台献唱，引发一波又一波的高潮。祖海、熊汝霖演唱选自广西大型多媒体歌舞秀《锦宴》的《留客歌》作为结束曲。演唱会首次启用广西团队独立策划运营，南宁大地飞歌文化产业集团与广西电视台联合承办，采取市场运作方式，共同投资、利润共享、风险共担；将政治性、艺术性、观赏性、本土化、民族化、国际化有机结合。

【绿城歌台】 2014年9月16日至17日，南宁国际民歌艺术节“绿城歌台·唱响世锦”广场文化活动在南宁举办。南宁国际民歌艺术节组委会主办。分别在青秀区、武鸣县等县（区）设置歌台8个，非洲、泰国、印度、斯里兰卡、俄罗斯，以及南宁市等艺术团队的300多名演员参加演出。每个歌台各有主题、各具特色，既充分注重内容和形式的多样化，又结合时代的特点着力展示世界民族文化和民族风情，使浓郁的地方民族特色节目与热情浪漫的外国艺术表演交互交融，弘扬和传承优秀的民族文化遗产，再次成为亮点。市区民族广场举办的“异国风情”中心歌台，主打外国艺术家创编、演出的节目；青秀区“青春激扬·中国梦”主题歌台，主打青年时尚节目；武鸣县“歌圩唱壮乡”主题歌台，主打当地节目，全部由当地演员演出；西乡塘区“壮乡风情”主题歌台，主打非物质文化遗产节目，现场还进行“蕉王”争霸赛、十大“蕉王”展示（香蕉）；江南区“我运动·我健康·我快乐”主题歌台，主打体育竞技类特色节目（歌舞、杂技、体育表演）；上林县“醉美上林”主题歌台，主打乡土乡情文艺节目；宾阳县“龙腾壮乡”主题歌台，主打当地原汁原味的民族风情特色节目；隆安县“那之韵”主题歌台，主打“那”文化主题节目。期间，观众约2万人到现场参与活动。

【2014南宁·东南亚国际旅游美食节】 2014年9月13日至21日在南宁华南城举办。南宁市旅游发展委员会、江南区人民政府主办。旅游美食节围绕“品天下美食，赏东盟风情”主题，推出新加坡主题馆、东南亚美食长廊、中外美食大联展、东盟水果新鲜汇、烤猪宴、冰凉冷饮展、旅游美食节开幕仪式、东南亚风情广场文艺表演、南宁旅游推广展区、东南亚旅游推广展区、非物质文化遗产一条街、厨神争霸赛12个活动；设美食展位126个。首次提出主题国概念，强化博览会主题国新加坡的旅游、美食、文化元素，打造新加坡“最大锅肉骨茶”；引进泰国、韩国、马来西亚国家的美食，凸显东盟国际元素。十万大山烤猪等当地特色小吃、台湾双皮奶等中华美食、马来西亚辣椒蟹等外国美食，充分展示各类美食文化精华。首次邀请国内非物质文化遗产项目传承人现场进行吹糖人、叶脉画等约30种民俗表演，并与观众互动，让游客享受“文化大餐”；每天举办2场群众文艺演出，开展南宁旅游微信现场营销、现场趣味活动，使游客食在娱乐。期间，有游客106万人次参与活动，现场交易金额4350万元。

其他重要活动

【中国—东盟大法官论坛】 2014年9月16日至17日在南宁举办。中国最高人民法院主办。中国、文莱、柬埔寨、印度尼西亚、老挝、马来西亚、缅甸、新加坡、泰国、越南的5名最高法院院长或首席大法官、13名副院长或大法官，以及其他中外代表90多人出席。与会代表围绕“司法合作与中国—东盟自贸区发展”主题，就“司法改革与投资环境完善”“法官教育培训与自贸区发展”“多元纠纷解决机制与区域经济繁荣”3个议题进行深入探讨，共同分享司法改革、法官教育和多元纠纷解决机制方面的经验及做法。中国首席大法官、最高人民法院院长周强在作主旨发言时强调，通过司法制度的自我完善和发展，优化中国—东盟自贸区的投资环境，推进自贸区经济一体化进程，是中国和东盟各国司法机关共同的使命和责任。论坛通过成果性文件《南宁声明》，为建立自由、便利、透明及竞争的投资体制提供司法支持，为进一步加强和深化中国与东盟各国的司法交流及合作指明方向。论坛的成功举办，标志着中国与东盟各国司法领域务实合作进入新的历史阶段。

【中国—东盟网络空间论坛】 2014年9月18日至19日在南宁举办。中国国家互联网信息办公室、广西壮族自治区人民政府主办。中国、东盟10国的政府、企业和学术界代表约200人出席。中共中央政治局常委、中共中央书记处书记、中央网络安全和信息化领导小组副组长刘云山发贺信，对论坛举办寄予厚望。中共中央宣传部副部长、中央网络安全和信息化领导小组办公室主任、国家互联网信息办公室主任鲁炜发表题为《打造中国—东盟信息港　携手构建网络空间共同体》主旨演讲时提出，中国与东盟要加强互联互通，深化网络空间合作，共同打造中国—东盟信息港，使之成为建设21世纪“海上丝绸之路”的信息枢纽。与会代表以“发展与合作”为主题，围绕互联网基础设施建设与弥合数字鸿沟、网络经济发展与国际合作、网络空间安全与网络治理、网络信息技术在防空领域的应用等问题进行广泛、深入、务实研讨，取得成果。中国与东盟网络界交流合作机制进一步完善；在加快发展、加强治理、深化合作、维护网络主权等方面达成广泛共识，初步形成共识性文件《南宁共识》，为深入推进中国与东盟10国在互联网领域的发展合作奠定基本框架；促成奇虎360公司与泰国亚洲软件公司、百度公司与印度尼西亚安卓协会等分别签署战略合作协议。

【中国—东盟电子商务峰会】 2014年9月16日至17日在南宁举办。中国电子商务协会、中国服务贸易协会电子商务委员会、广西壮族自治区人民政府、中国—东盟博览会秘书处主办。中国和东盟国家的有关政府官员、知名投资机构和电商、互联网企业代表等1500多人参会。峰会举办论坛和领袖交流会等活动，与会代表围绕“跨境电商”“数字互联网城市”“互联网新经济趋势”3个议题进行探讨和交流。阿里巴巴、京东等知名电子商务企业的负责人就跨境电商的发展进行探讨；绿地集团、搜房网等企业代表对房产电商的未来发展趋势阐述观点和看法；跨境贸易企业代表就跨境电商如何助力新丝绸之路构建等进行交流。阿里巴巴董事局主席马云指出，世界经济将走向小而美，中国和东盟的贸易发展前景无限。中国电子商务联盟主席柴跃廷首次提出建立网络贸易区的概念。广西商务厅与京东集团、绿地香港控股公司与台湾东森国际股份有限公司、马来西亚榴莲商会与美丽传说有限股份公司等的6个合作项目在峰会现场签约。峰会现场还设置展位区和O2O（在线离线/线上到线下，指将线下的商机与互联网结合，让互联网成为线下交易的前台）体验区；会场外为广西电商企业设置展会、展板、特产区。

【中国—东盟工商论坛】 2014年9月17日在南宁举办。中国国家工商行政管理总局、广西壮族自治区人民政府主办。中国和东盟国家的有关官员、专家学者、企业家等200多人出席。论坛在市场准入、市场监管、消费维权、商标保护等领域搭建高层对话平台。大家围绕“公司注册改革与合作”主题，交流中国与东盟国家公司注册制度改革的最新进展，深入探讨加强市场准入合作，进一步推动双方投资便利化和贸易自由化，更好地促进区域经济繁荣和发展。论坛提出，为进一步优化提升投资环境，促进相互投资和产业合作，建议建立中国—东盟工商合作常设组织，加强人员互访，推动各方务实合作；建议建立中国—东盟民间商会和产业联盟组织，帮助更多企业快捷有效地开发对方市场或开展投资合作，为政府了解企业提供参考。此外，论坛秘书处还成立中国—东盟工商论坛投资与贸易服务小组，负责组织和协调中国—东盟工商论坛框架下的投资与贸易服务，为招商引资做好职能服务工作，体现注重实效性。

【第四届中国—东盟物流合作论坛】 2014年9月18日在南宁举办。中国物流与采购联合会、广西壮族自治区人民政府主办。中国和东盟国家的有关官员、物流行业负责人、企业代表、专家学者等800多人出席。举办主论坛、北部湾城市群商贸中心——玉林推介交流会、桂台冷链合作洽谈会等活动。与会人员围绕"海上丝绸之路，物流共促发展"主题，就中国—东盟合作发展海上通道经济、陆路通道经济、跨境运输、大湄公河次区域物流合作、物流技术提升与合作模式创新等问题进行探讨，并提出意见和建议。论坛提出成立中国—东盟物流联盟的倡议；倡导中国—东盟物流行业协会间形成战略合作伙伴关系；提出从规划的高度推行中国—东盟一体化建设。期间，广西物流与采购联合会和台湾国际物流暨供应链协会签订冷链物流战略合作协议；泰国国立那黎宣大学与广西大学签订共同成立中泰物流研究所的协议。

【第二届中国—东盟技术转移与创新合作大会】 2014年9月15日至19日在南宁举行。中国科学技术部、广西壮族自治区人民政府主办。主题为"创新·合作·发展"。中国和东盟国家科技主管部门、技术转移机构、科研机构、高校、行业协会、企业的800多名代表参会。大会举办高层合作论坛暨产业技术合作需求推介会、技术对接洽谈会、科技创新改革研讨会、农业科技论坛、北斗技术转移研讨会等多项活动。在高层合作论坛上，广西壮族自治区副主席黄日波致辞；中国科学技术部副部长曹建林和柬埔寨等东盟国家官员分别发表演讲。与会代表讨论通过"中国与东盟国家农业科技论坛宣言"，内容包括共同构建中国—东盟农业科技协作网、共建联合实验室(研究中心)等；与会代表共同签署《中国—东盟科技创新政策研讨会联合宣言》，标志着中国—东盟科技创新政策研究协作网络正式成立。大会促成项目签约、意向合作92项。

【中国—东盟环境合作论坛2014】 2014年9月17日至18日在南宁举办。中国环境保护部、广西壮族自治区人民政府、东盟秘书处主办。中国、东盟国家、东盟秘书处的有关官员，联合国环境规划署、亚洲开发银行等机构代表，以及专家学者和企业界代表约200多人出席。论坛以"可持续发展的国家战略和区域合作：新挑战和新机遇"为主题设立主论坛；分别以各国家间的"生态文明与绿色转型的制度创新"、各城市间的"环境可持续城市建设伙伴关系"、各企业间的"环境保护技术研发与应用合作"为题设立3个分论坛。与会代表围绕主题和议题，从不同层次、不同角度展开探讨交流。大家认为，可持续发展战略已成为国际共识，加强国际和区域环境合作是实现可持续发展的重要手段。在推动生态文明与绿色转型的过程中，中国和东盟各国在污水治理、大气污染控制、重金属污染防治、海洋开发、新能源开发等方面有很大的合作空间。双方应携手应对环境挑战，通过推动节能环保产业的发展，搭建环保技术与产业交流平台，鼓励中国与东盟国家地方政府和企业界共同参与，推进中国—东盟环保产业合作，在探索可持续发展的进程中促进区域绿色合作。

【中国—东盟警学论坛】 2014年9月12日在南宁举办。中国警察协会主办。中国和东盟国家有关官员、专家等120多名代表出席。中国警察协会主席田期玉，中国公安部副部长李伟，广西壮族自治区副主席、公安厅厅长高雄，柬埔寨内政部政府顾问先·拉普莱斯，泰国警察总署顾问乌东分别致辞。26名与会代表分别在论坛上发言，大家围绕中国—东盟区域警务合作、打击跨国犯罪和警务信息交流主题，重点就湄公河流域的执法合作，打击跨国人口拐卖、毒品犯罪、电信诈骗犯罪，加强国际反恐警务合作等方面内容进行有益的交流探讨。论坛对深化中国与东盟警方的国际警务合作，建立打击跨国犯罪警务合作的长效机制有重要推动作用。

【2014中国—东盟电力合作与发展论坛】 2014年9月16日至17日在南宁举办。中国电力合作联合会、中国电力发展促进会、中国—东盟博览会秘书处主办。中国等15个国家和地区的有关官员、电力行业管理精英及行业代表约200人出席。与会代表围绕"发展清洁电力，建设智慧家园"主题，从核能发电、清洁能源发电和智能电网等领域的发展趋势及实际应用技术等方面展开交流探讨，以期加强中国和东盟国家在清洁能源领域的合作；同时，就各国在电力相关领域的规划前景、投资需求、产业政策、项目对接等方面进行深度对话与交流。论坛还专门设立东盟各国拟在建项目发布环节，方便与会代表进行经贸洽谈和商务对接。

【第6届中国—东盟金融合作发展领袖论坛】 2014年9月17日在南宁举办。广西壮族自治区人民政府、中国金融学

9月12日，首届中国—东盟警学论坛在南宁召开。图为论坛现场　黄小真提供

会、中国银行业协会、中国证券业协会、中国保险业协会、中国银行主办。中国、柬埔寨、韩国、英国等20多个国家和地区的124家机构、310名代表出席。主题为“跨境人民币业务创新”。广西壮族自治区党委常委、自治区常务副主席黄道伟致辞。期间,举办“东盟货币交易体系建设”“全球人民币清算体系建设”“人民币跨境业务创新模式探讨”3场专场活动,进一步充实丰富论坛主题,对中国与东盟在金融领域的全方位、深层次交流和合作提供更为专业、具体的依据。论坛还举行挂牌及指数发布仪式,与会代表共同见证“中国银行人民币兑柬埔寨瑞尔现钞汇率”“中国农业银行东盟九国汇率”的挂牌,“中国工商银行跨境人民币业务中心(南宁)”“中国建设银行中国—东盟跨境人民币产品研发中心及中国建设银行中国(东兴试验区)东盟货币业务中心”“交通银行沿边跨境贸易金融服务中心(南宁)”的揭牌,“中国银行跨境人民币指数”“中国农业银行人民币对东盟货币汇率指数”“农银越南盾指数”的发布。

【第7届中国—东盟智库战略对话论坛】 2014年9月12日至13日,第7届中国—东盟智库战略对话论坛暨首届中国—新加坡经济走廊智库峰会在南宁举办。中国社会科学院、广西壮族自治区人民政府主办。中国、东盟国家、印度的有关官员、专家学者和企业代表100多人参会。与会代表围绕“共建21世纪海上丝绸之路”主题,就“共建21世纪海上丝绸之路”“共建中国—新加坡经济走廊”“共同打造中国—东盟自由贸易区升级版”3个议题展开探讨和交流。大家认为,共建21世纪海上丝绸之路能为走出东亚格局中的二元困境开启可行路径,对于推动和深化中国—东盟乃至亚太地区的开放合作、构建中国—东盟命运共同体具有重要意义;中新经济走廊的建设面临着良好的机遇,要将政治和经济因素结合起来考量中新经济走廊的建设,使中新经济走廊走出蓝图概念的设计阶段,将建设中新经济走廊的理念升级为国家认知和行动;中国—东盟自由贸易区升级版的建设,符合中国—东盟经济发展的需要。发表《关于携手共建中国—新加坡经济走廊的南宁共识》,提出中新经济走廊应把交通领域的基础设施建设和互联互通作为合作的优先领域和重点方向;同时拓展融资渠道,推动中新经济走廊的建设。

服务保障

【概　况】 2014年,南宁市委、市政府坚持节俭、务实、高效、安全的原则,科学统筹,高效推进,率领全市各级各部门共同努力完成第11届中国—东盟博览会、第11届中国—东盟商务与投资峰会、第16届南宁国际民歌艺术节(简称“两会一节”)的各项服务保障任务。一是全面部署,有序推进整体工作。二是抓好市容市貌整治和管理,全面提升南宁城市风貌。三是多角度、立体化开展宣传工作,营造浓厚节庆氛围。四是全覆盖严抓安全保障工作,为活动开展构筑坚实屏障。五是优质细致提供服务,扎实有效做好保障。

【基础配套设施与市容环境改善】 2014年,南宁市根据服务“两会一节”的需要统筹安排,全面加强市容市貌整治。查处“五乱”(乱摆设摊点、乱停放车辆、乱扔弃垃圾、乱张贴广告、乱搭建工地)行为57万起,对人行道乱停车辆,“泥头车违章、户外违章广告”等进行专项整治。全天候、全方位、全覆盖加强管理市区精品线路、主要活动场所和接待宾馆周边市容环境。完成168条道路“白改黑”工程、25条人行道改造项目,对市区精品线路、重要场所保障范围内的路面、人行道阶砖、路缘石、沿路座椅等进行全面维修。完成1046栋楼宇亮化设施维修改造、精品线路道路照明设施改造等工程,抓好城市照明设施巡查抢修,呈现最佳亮化效果。推行花卉下地培土种植,完成34处重要节点的花卉种植,对23条重要道路的路树全面清洗。同时,组织做好环卫保洁、市政设施清洗刷新、移动公厕保障等相关工作。

【宣传服务】 2014年,南宁市综合运用各类宣传方式,全方位、分阶段开展“两会一节”宣传。组织市属媒体开设系列专栏,刊播消息等1500篇次;协调自治区媒体刊播稿件图片1000多篇(幅)。协调中央及境外驻桂媒体进行“两会一节”动态报道,《中国—东盟博览会会刊》推出南宁宣传专版,扩大对外宣传影响力。组织协调人民网等60多个国内主流媒体网站刊发、转发新闻稿件800多篇,网上相关微博话题讨论1400多条,关注人数430万人次。通过全国卫星音乐广播协作网协调北京音乐台等27家省(市)音乐电台向全国听众全程直播“大地飞歌·2014”演唱会,广西电视台、南宁电视台对演唱会进行电视直播。围绕重点路段和重要场点设置高杆广告牌23杆、平面广告牌41块、桥体广告牌宣传标语8座、新建景观造型3个,在全市26块大型户外电子屏和496台楼宇电视播放“两会一节”宣传片和公益片,在重要宾馆、学校等设置、播放“两会一节”宣传标语、宣传片,营造浓厚的节庆社会氛围。

【会展中心与体育中心场馆服务保障】 2014年,南宁市组织专业人员9000多人次,在南宁国际会展中心参与展会相关工作,圆满完成服务保障任务。6月始,组织专业检测单位进场开展十多项电气、配电设备的强制性检测和维护;“两会一节”举办期间,全程安排设备控制值守、每天现场巡检;完成1110个博览会标准展位、16个各类功能区、服务区和27个室内、外指示牌的搭建和布置,扎实提供场馆保障。同时,狠抓细节,完成43场各类会议的现场服务,实现“无服务投诉、无设备事故”。组织力量对广西体育中心“大地飞歌·2014”演唱会涉及使用的水电、照明、消防、电梯、大屏幕、智能网络、景观亮化等十多个种类的系统设备进行彻底检验和巡查2次。配置工作用房28间、桌椅等办公家具及物资426套、安检门14樘,安装延长电缆200多米,为各相关机构提供便利的工作环境。同时,组织人员做好现场车辆引导和看护值守,为演唱会举办提供优质的场地保障。

【安全保卫】 2014年,南宁市投入警力9.05万人次,直接投入安全保卫活动协助执勤的社会辅助力量8.10万人次,完成“两会一节”安全保卫任务298项,做到“绝对安全,万无一失”。注重强化以面保点措施,全市开展社会治安综合整治行动13次,持续推进矛盾纠纷“大排查、大调处、大化解”工作,继续打造“水、陆、空、网、电”全方位的社会面安全保卫防范体系,保障整个社会面的安全稳定。同时,严密抓好参会人员背景审查、证件管理、现场安检、秩序维护、等级警卫、交通疏导等工作,逐级落实责任到人,确保领导、嘉宾和观众参会的便捷快速、生命财产的安全和各项活动的井然有序。

【安全生产监督管理】 2014年,南宁市

2014 年，南宁市在市区重点公共场所建设岗亭式城市志愿服务站 15 个。图为悦荟城市志愿服务站　　市文明办提供

在构筑市、县、乡及行业监督为主线的安全监管网络基础上，突出抓好“两会一节”活动涉及场馆和领域的安全生产监管。强化矿山、危险化学品、烟花爆竹、建筑施工、民爆物品等行业领域安全监管，同时对全市 556 家相关单位的特种设备加强监督检验，有效实施对重大危险源和重大事故隐患的监控、整治。食药、消防等部门组成综合检查组，有效实施对接待宾馆、饭店的安全生产各领域、各环节的全面检查和督促整改，确保绝对安全。严格审查施工单位有关资质和搭建方案，全程监督施工单位按要求进行施工，并针对台风“海鸥”可能造成的影响，反复研究和督促抓好设施加固措施，增强应对恶劣天气的安全系数。投入消防力量 5830 人次、消防车辆 476 辆次，构筑以 9 个涉会场馆为核心区、核心区周边 300 米范围内为警戒区、全市社会面为防控区的“三道环形防线”，完成消防安全保卫任务。

【医疗卫生保障】 2014 年“两会一节”期间，南宁市设立医疗小组 26 个，对 84 项重要活动实施重点医疗卫生保障。合理布置医疗急救点，加强技术力量链接，确保患者第一时间得到诊断、急救、转运。现场医疗保障救治伤病员 976 人，转运 8 人，均得到妥善处置。对 18 家重点接待宾馆、活动场所和 1096 家次相关单位开展空气监测、二次供水检查、“四害”(苍蝇、蟑螂、蚊子、老鼠)等方面的公共卫生监测和整顿，确保公共卫生全面达标。重点抓好麻疹、埃博拉出血热、疟疾防控工作，建立健全联防联控机制，完善应急处置各项措施和人员设备准备，预防传染病的传播流行。

【食品安全】 2014 年“两会一节”期间，南宁市全程抓好相关监管工作，确保食品卫生安全。严格实施供货资格审查和食品生产监督检查，对 14 批次接待用的饮料、茶叶、饮用水等进行抽样检查。对全市食品流通市场开展全面检查，查处销售不合格食品、过期食品等违法违规行为。对定点接待酒店食品采购、加工认真把关，检测荤、素菜品种 1232 个，保障安全用餐 1.60 万人次。对各工作现场订购的 5 万多份快餐，从加工、运输到食用均安排专人监管。全程指导南宁·东南亚国际旅游美食节严把食材关。

【交通运输保障】 2014 年“两会一节”期间，南宁市采取有效措施，做好交通运输保障工作。充实通往重要场馆的公共交通保障能力，调整原有公交线路、加大发班密度、延长营运时间，确保运力充足。准确测算合理增设临时免费公交专线，为南宁·东南亚国际旅游美食节等活动开设临时免费公交专线 9 条，运送人员 6 万多人次。征调车辆 170 辆，合理做好调配，完成工作用车保障任务。组织路检路查活动 30 多次，查处、纠正交通运输车辆的各种不规范经营行为。同时，持续抓好以车容车貌和服务设施为整治内容的专项检查，全面提升交通运输服务设施和服务质量。

【供电与供水保障】 2014 年，南宁市供电部门出动专业人员 3038 人次，车辆 643 辆次、应急发电车 17 辆，完成“两会一节”包括 2 项特级、1 项一级在内的 53 项重大保供电任务。针对台风“海鸥”，组成 1545 人的应急队伍、349 辆应急抢修车投入应急工作，确保全市电网安全稳定运行。供水部门全面开展供水设备设施的自查自纠，组织做好隐患整改，组织专人重点对活动涉及的 30 条道路 62 个路段的管网及设施进行全面监控；组织 1562 人次、出动车辆 456 辆次对管网突发事故进行抢修，保障供水管网安全。

【气象服务】 2014 年，南宁市气象部门建立精细化 MOS(模式输出统计)预报方程，实现对南宁市 72 小时内逐小时温度预报和 3 小时雨量、相对温度、风速风向的格点预报；建立“一键式”气象信息发送平台，构建文件、短信、传真、电子显示屏、微博等多种方式的快速发布渠道，为“两会一节”准确提供气象服务。为应对台风“海鸥”对“大地飞歌·2014”演唱会的影响，9 月 16 日上午 7 时开始，每隔 1 小时预报一次气象信息，演出期间现场实时提供天气实况和预报结论，为现场应急决策提供精确的气象信息支撑。

【通信保障服务】 2014 年“两会一节”期间，南宁市组织协调各通信运营商出动应急通信车辆 40 多辆次，其他通信保障车辆 300 多辆次，确保各活动场所手机通信畅通。升级和改造广西体育中心接入网机房专业核心网络及设备，铺设现场通信线路为媒体现场直播提供技术保障。同时，编程和发放对讲机 445 台，设通话组 20 个，总话务量 12 万多次，保障现场应急通信指挥。

【志愿服务】 2014 年，南宁市招募“两会一节”青年志愿者 4500 人，根据志愿服务需要组织开展完备的志愿服务基础知识培训，有效提升志愿者服务质量和水平。全市设志愿服务站 40 个，广泛开展志愿服务。8 月 1 日起，组织开展“两会一节”知识宣传、文明礼貌宣传、应急医疗、免费茶水、导游导购等志愿服务，接待服务约 1 万人次。组织 1720 名志愿者参与有关活动现场的观众引导、协助安检、物资管理等服务。　　(龙　树)

责任编辑　李志楠

南宁与东盟

经济交往

【南宁产品进入东盟】 2014年，南宁市对东盟国家出口3.99亿美元，比上年下降2.20%。其中：越南2.84亿美元；泰国3982万美元；印度尼西亚2597万美元；马来西亚2548万美元；缅甸959万美元；菲律宾812万美元；柬埔寨333万美元；新加坡211万美元；老挝51万美元；文莱14万美元。主要出口商品：谷物磨粉业加工机器及零件，硝酸铵，锅炉的辅助设备，谷氨酸钠，半挂车用的公路牵引车，机动车辆零附件，多磷酸，柴油货车，蒸汽及过热水锅炉零件，紧凑型热阴极荧光灯，低温制冷设备，柴、汽油型轻型货车，铝合金板、片，电子镇流器，化工产品，烤炉及烘箱，柴油机零件，松香和松香精，绿茶，电力，茴香油等。9月5日至9日，2014年中国广西（老挝）商品博览会在老挝首都万象Lao-ITECC展馆举行。南宁市组织广西正田节能玻璃有限责任公司、广西南宁市汇邦贸易有限责任公司、南宁捷成行贸易有限责任公司、广西广宁工业科技有限公司、广西南宁财运星贸易有限公司、南宁都赢贸易有限公司、广西新发贸易有限公司、南宁尊能电器有限公司8家企业参加博览会，展位9个，参展商品包括中空百叶玻璃、灭火器、电蚊拍、剑麻绳、小型水轮发电机、手扶拖拉机、电线电缆、碾米机、粉碎机、厨房用品、运动底板、黄金选矿剂等。

（冯立芳）

【东盟企业进入南宁】 2014年，东盟国家（除老挝外）在南宁市投资发展企业77家，投资总额108556万美元，注册资本51620万美元，实际利用外资42727万美元。投资领域涉及电子、信息、轻工、食品、化工、基础设施、房地产、商贸物流及农副产品深加工等。其中：新加坡企业35家，投资总额22051万美元，注册资本18483万美元，实际利用外资15282万美元，行业以制造业、房地产、商贸业为主；马来西亚企业15家，投资总额79781万美元，注册资本28915万美元，实际利用外资24608万美元，行业以制造业、餐饮业、商贸业为主；泰国企业9家，投资总额3866万美元，注册资本2199万美元，实际利用外资1641万美元，行业以制造业、房地产、农牧业为主；印度尼西亚企业6家，投资总额1524万美元，注册资本852万美元，实际利用外资575万美元，行业以房地产、仓储业、制造业为主；越南企业4家，投资总额64万美元，注册资本64万美元，实际利用外资13万美元，行业以商贸服务业为主；文莱企业3家，投资总额249万美元，注册资本180万美元，实际利用外资170万美元，行业以房地产为主；柬埔寨企业2家，投资总额187万美元，注册资本131万美元，外商出资额38万美元，实际利用外资66万美元，行业以房地产为主；菲律宾企业2家，投资总额667万美元，注册资本667万美元，实际利用外资339万美元，行业以房地产为主；缅甸企业1家，投资总额167万美元，注册资本129万美元，外商出资额32万美元，实际利用外资33万美元，行业以房地产为主。

（池清华）

【缅甸驻南宁总领事馆举行投资指南介绍会】 2014年3月12日，缅甸驻南宁总领事馆举办"《缅甸投资指南》介绍会暨缅甸投资机遇推介会"。缅甸驻南宁总领事馆总领事吴敏屯、美中文化交流促进协会会长孔太和、中国投资协会副会长沈志群，以及自治区内外企业家出席推介会。

【马来西亚农业技术考察团到南宁考察】 2014年4月18日，马来西亚20多位农业专家、技术人员到南宁市参观考察。实地考察广西—东盟经济技术开发区马来西亚华侨开办的南宁诚兴农业科技有限责任公司，与公司有关人员就观光农业发展等问题进行深入交流。期间，考察团参观南宁国际会展中心、青秀山、南湖名树博览园等，感受绿城南宁发展变化，表示会密切关注、支持南宁发展。

【老挝代表团考察南宁农业】 2014年9月14日，老挝国防部国营新农村发展集团公司董事长西阿蒙·陪坎普率代表团一行10人，考察广西—东盟经济技术开发区农业企业运营模式、设施农业配套、生态农业发展等。老挝代表团到广西绿霖食用菌科技有限公司、广西一亩地农业科技有限公司参观学习杏鲍菇栽培、雾培蔬菜等，双方就低碳生态农业合作达成意向。

【柬埔寨农业风情园落户南宁良庆区】 2014年9月18日，柬埔寨王国驻南宁总领事馆与港资企业广西金木投资集团合作建设南宁那马供港（香港）农产品生产示范基地之柬埔寨农业风情园项目启动。那马供港农产品生产示范基地项目位于南宁市良庆区那马镇，计划投资3亿元，占地约2400公顷，其中现代设施农业示范园140公顷，水产养殖示范区80公顷，特色养殖示范区13.33公顷，配套设施用地6.67公顷。柬埔寨农业风情园项目为那马供港农产品生产示范基地项目"东盟十国风情生态园"的一部分，主要种植柬埔寨特色作物，计划2015年建成。

【中国—文莱农业产业园落户南宁西乡塘区】 2014年9月17日，自治区副主席张晓钦与文莱工业部常任秘书长哈嘉·诺玛·贾米尔在第11届中国—东盟博览会国际签约仪式上正式签署《文莱—广西经济走廊合作谅解备忘录》，明确"中国—文莱农业产业园"落户南宁市西乡塘区，并以园中园形式特别设立"清真食品园"。项目位于南宁市西乡塘区双定镇；计划用地2000公顷，总投资70亿美元；规划建设清真食品园、农产品深加工园、科技研发园、农业观光园、生态健康园及公共服务中心。12月，外交部亚洲司原司长，中国驻泰国、新加坡、柬埔寨原大使傅学章，以及商务部国际合作研究院副院长、国际园区评审组组长刑厚媛博士等一行11人，走访调研西乡塘区双定镇"中国—文莱农业产业园"，指导园区规划建设。至年末，项目完成规划设计有关招标等工作。

【中国·南宁—东盟"一带一路"高峰经贸

9月14日，老挝国防部国营新农村发展集团公司董事长西阿蒙·陪坎普（前左一）率团参观考察广西一亩地农业科技有限公司雾培蔬菜大棚

广西—东盟经济技术开发区提供

论坛举办】 2014年12月14日，广东龙光集团主办的亚太梦想共创世纪暨中国·南宁—东盟“一带一路”（丝绸之路经济带、21世纪海上丝绸之路）高峰经贸论坛在南宁国际会展中心举行。政界领导、企业家、商会代表等700多人参加。全国工商联原副主席、中国民营科技实业家协会名誉理事长王治国，清华大学教授、国家旅游局“丝绸之路总体规划组”副组长乔然，香港中文大学及亚太研究所研究员、香港大学专业进修学院客座教授石齐平，清华企业家协会主席、爱国者数码科技有限公司董事长冯军等专家发表主题演讲，围绕中国—东盟经济合作的机遇和挑战、构建21世纪海上丝绸之路等议题展开探讨。期间，举行南宁龙光世纪获“2014—2015中国百城建筑新地标”（由中国指数研究院、中国房地产指数系统联合评价）颁奖仪式。

【中国—缅甸国际陆地光缆工程全线贯通】 2014年11月14日，中国联通独家投资建设的中国—缅甸国际陆地光缆工程全线贯通。贯通仪式通过高清视频会议形式在缅甸首都内比都、南宁市两地同时举行。通过中国联通南宁国际局，实现国内与东盟国家语音、数据通信等内容直达互通，南宁市作为中国面向东盟国家的通信枢纽地位进一步突显。中国—缅甸国际陆地光缆工程项目2011年开工建设，起于云南瑞丽，经缅甸木姐、曼德拉、内比都、仰光，止于印度洋口岸城市威双，全长近1500千米，全程建设80×10G传输系统，总投资约5000万美元。

【南宁—越南河内航线开通】 2014年3月30日，广西机场管理集团与中国东方航空公司合作开通昆明—南宁—河内航线。班期为每周日1班往返，机型为波音130座737-700（含头等舱8个），飞行时间1小时。南宁—越南河内航班号MU2565，16:00（北京时间）南宁起飞，15:50（越南时间）到达河内；越南河内—南宁航班号MU2566，16:50（越南时间）河内起飞，18:40（北京时间）到达南宁。

【南宁—越南胡志明航线调整】 2014年4月1日，四川航空公司将南宁—胡志明航班由每周2班增至3班，班期由周一、周四调整为周二、周四、周六，飞行时间2小时10分钟。南宁—胡志明航班号3U8727，10:35（北京时间）南宁起飞，11:45（越南时间）到达胡志明；胡志明—南宁航班号3U8728，12:45（越南时间）胡志明起飞；15:55（北京时间）到达南宁。

【南宁—柬埔寨暹粒国际旅游包机航线开通】 2014年4月9日，南宁吴圩国际机场开通南宁—柬埔寨暹粒国际旅游包机航线，柬埔寨天翼亚洲航空公司执飞，航班号ZA4259/4269，开航前期每6天飞行1班往返，后期根据市场需求加密航班量，执飞机型为空客A320，单程空中飞行2小时。北京时间14:00从暹粒起飞，16:00到达南宁；北京时间17:00从南宁起飞，19:00到达暹粒。

【南宁—越南岘港航线开通】 2014年4月25日，南方航空公司开通南宁—越南岘港航线。班期为每周一、周五各飞行1班往返，机型为波音130座737-700（含头等舱8个），飞行时间1小时40分钟。南宁—越南岘港航班号CZ6043，18:30（北京时间）南宁起飞，19:10（越南时间）到达岘港；越南岘港—南宁航班号CZ6044，20:10（越南时间）岘港起飞，22:50（北京时间）到达南宁。

【南宁—泰国甲米航线开通】 2014年7月8日，泰国新时代航空公司开通南宁—泰国甲米航线。班期为每5天飞行1班往返，机型为波音737。甲米—南宁航班号E38613，北京时间13:30从甲米岛起飞，16:15到达南宁；南宁—甲米航班号E38614，北京时间17:15从南宁起飞，20:20到达甲米岛。

【南宁—新加坡航线开通】 2014年11月1日，南宁吴圩国际机场引进新加坡欣丰虎航空有限公司开通南宁—新加坡定期航线。由空客A320机型执飞，每周三、周六各飞行1班往返。新加坡—南宁航班号TR2916，北京时间10:05从新加坡起飞，13:15到达南宁；南宁—新加坡航班号TR2917，北京时间14:15从南宁起飞，17:35到达新加坡。

文化交流

【2014中国—东盟（南宁）音乐周】 2014年5月25日至30日，广西艺术学院主办2014第三届中国—东盟音乐周在南宁市举行。来自泰国、新加坡、菲律宾、印度尼西亚等东盟国家，美国、法国、新西兰、波兰等欧美国家，以及中央音乐学院、中国音乐学院、上海音乐学院、武汉音乐学院和中国台湾、香港、澳门地区近150位音乐家、学者参加音乐周活动。5月25日，开幕式“交响乐作品音乐会”在广西民族艺术宫音乐厅举行，中国著名小提琴演奏家高参用世界罕见名贵小提琴（1617年阿玛蒂小提琴）演奏著名作曲家叶小纲作品《最后的乐园》，成为音乐周一大亮点；音乐周举办精品音乐会17场、高峰论坛（各国音乐专家学术交流）3场、大师班讲座3场。

【"文化走亲东盟行"活动】 2014年,南宁市文化新闻出版广电局主办2014年中国—东盟文化交流年系列活动"文化走亲东盟行",强化南宁、中国与东盟文化亲缘关系。8月18日至20日,首站在新加坡举行。南宁文化交流团分别走进新加坡冈州会馆、新加坡广西暨高州会馆、新加坡杨厝港民众俱乐部、新加坡同济医院、新加坡娘惹文化展示馆、新加坡女皇镇民众俱乐部等地,举行南宁非物质文化遗产展演、粤剧《罗摩衍那》演出、传统壮医文化讲座等文化交流活动。用中国戏剧艺术演绎印度史诗的新编粤剧《罗摩衍那》,采用新加坡戏曲学院创院院长、博士蔡曙鹏写于1971年的同名剧本,由南宁市民族文化艺术研究院旗下的南宁市戏剧院担纲演出,为"文化走亲东盟行"重头戏。8月21日至25日,第二站走进马来西亚。在马来西亚槟城举行粤剧传习与展演、壮医体验、南宁非物质文化遗产展演等系列活动。8月22日,南宁文化交流团参加乔治市艺术节戏剧专题工作坊活动,开展粤剧传习与展演活动,以及壮族刺绣、上林渡河公、壮女赛巧等南宁市非物质文化遗产项目展示,深受当地民众欢迎。8月24日,粤剧《罗摩衍那》在马来西亚MPPP市政厅上演,观众反响热烈。

【2014中国(广西)—新加坡电影周】 2014年9月16日至18日在南宁市举办。主旨为"搭建中国与新加坡电影合作平台,促进中国与新加坡人文交流和共同发展",展示中国、新加坡电影发展新成果。9月16日,开幕式在南宁市民族影城举行;国家新闻出版广电总局电影局、新加坡媒体发展管理局等领导出席开幕式并致辞;广西电影集团与新加坡导演陈哲艺在开幕式举行电影合作签约仪式。9月17日,举行以"分享中国与新加坡电影发展的经验,探讨两国电影如何合作共赢"为主题的电影论坛。期间,邀请观众免费观赏两国优秀电影。中国参展影片有《失恋33天》《让子弹飞》及广西电影集团出品的《夜莺》;新加坡参展影片有《新兵正传1》《新兵正传2》,以及新加坡导演陈哲艺作品《爸妈不在家》,该影片曾获第66届戛纳国际电影节金摄影机奖、第50届台湾电影金马奖最佳新导演。

【马来西亚儿童剧《红苹果之味》南宁上演】 2014年,马来西亚导演李奕翰编剧、导演儿童舞台剧《红苹果之味》在南宁剧场、社区上演,深受家长和儿童观众欢迎。《红苹果之味》讲述一群住在快乐园里的动物们绞尽脑汁去寻找"能带给大家欢乐幸福的红苹果"的故事,具有教育意义的互动环节别具特色。元旦期间,《红苹果之味》在广西儿童剧院演出2场,桂雅路小学、埌东小学、秀田小学百余名儿童观看演出;3月、6月,《红苹果之味》分别在江南区融晟公园大地、五象新区碧水天和小区演出,吸引众多家长和儿童观众,剧中拟人化小动物慢慢猪、好奇兔、卖力牛、胖胖象给观众留下深刻印象。

【泰国华文教师来南宁研习汉语】 2014年10月8日至22日,中国国务院侨务办公室主办,自治区侨务办公室、广西华侨学校承办"2014年广西华侨学校'华文教育·教师研习'泰国班"在广西华侨学校举办。来自泰国80名华文教师在广西华侨学校学习华文教育技巧、普通话正音、汉语作文教学等课程,参加棋牌、书画、气排球等活动;期间,参观绿城南宁,感受壮乡风土人情。

【泰国初中生到南宁留学】 2014年3月18日,泰国孔敬市获第二批南宁市东盟国家留学生奖学金4名初中生,到南宁市华侨实验高中就读。南宁市东盟国家留学生奖学金于2011年设立,用于奖励来自东盟国家友好城市或友好交往城市优秀学生在南宁市普通高中就读,扩大南宁市在东南亚地区国际影响。首批获留学生奖学金学生6人,2012年9月到南宁市华侨实验高中就读。

【广西大学举办"东盟国家驻邕领事君武讲坛"】 2014年4月13日至28日,广西大学举办"东盟国家驻邕领事君武讲坛"活动,邀请东盟国家驻南宁总领事馆官员到广西大学中国—东盟研究院开展"中国与东盟的合作"为主题系列讲座。4月25日,举行缅甸讲座,缅甸驻南宁总领事馆钦笛瑞女士以"中缅关系"为主题,介绍缅甸的基本情况和外交政策,从政治、经贸、安全3个领域回顾缅甸与中国的关系发展历程,希望两国在经贸与投资领域有更多合作。4月28日,举行泰国讲座,泰国驻南宁总领事馆琶姹妮女士以"中泰关系"为主题,从旅游、影视文化、教育合作等角度介绍中泰关系,希望在教育交流方面有深入合作,欢迎中国游客到泰国旅游。

【南宁学院举行2014年泰国泼水节师生联谊会】 2014年4月15日,南宁学院举行2014年泰国泼水节师生联谊会。南宁学院领导、师生代表与26位在南宁学院研修轨道交通运输知识的泰国高校教师参加活动,共同庆祝泰国传统节日。活动中,南宁学院武术协会、泰国高校教师分别表演中国武术、泰拳舞及泰拳格斗,开展泼水狂欢祈福活动,促进中泰文化交流,增进友谊。

【南宁举办东盟国家法律研修班】 2014年11月24日至12月24日,南宁市法学会主办、广西民族大学承办的2014年南宁市法学会东盟法律培训基地首期培

8月24日,南宁市文化交流团参加马来西亚槟城乔治市艺术节演出后合影留念

市文化新闻出版广电局提供

4月15日,南宁学院举行2014年泰国泼水节师生联谊会　　韦超才　摄

训班"泰国法研修班"在广西民族大学国际交流中心举办。来自南宁市司法系统50名学员参加泰国法研修,重点学习泰国刑法、民商法、经贸法律制度,以及中国与泰国合作的最新法律、政策。期间,安排学员到有关实务部门进行学习交流。南宁市法学会东盟法律培训基地2013年10月建立,以广西民族大学和东盟国家高校为依托,每年举办1期东盟国家法律研修班,对南宁市法律工作者进行东盟国家法律、语言及相关知识培训,为南宁市经济社会发展和对外开放提供法律服务和智力支持。

【中国—东盟口腔医学青年交流活动基地落户五象新区】 2014年10月27日,中国—东盟口腔医学青年交流活动基地暨广西医科大学东盟国际口腔医学院建设项目启动仪式在广西医科大学东盟国际口腔医学院新址(南宁五象新区平乐大道)举行。广西壮族自治区副主席李康,国家卫生和计划生育委员会国际合作司副司长李明柱,东盟各国卫生部部长、卫生主管官员,国内外口腔医学专家,以及中国—东盟口腔医学青年代表出席仪式。中国—东盟口腔医学青年交流活动基地占地16.88公顷,为教学研究型学院。

【2014中国—东盟国际汽车拉力赛南宁发车】 2014年10月17日,中国国家体育总局、广西壮族自治区政府、东盟秘书处共同主办2014中国—东盟国际汽车拉力赛暨中国—东盟媒体汽车拉力赛在南宁市发车。主题为"中华文化",通过"请进来"方式,邀请东盟10国车手、记者"做客"中国,领略中华历史文化。中国及东盟国家24辆赛车参赛,100名车手、记者参加,其中东盟国家车手30人;赛事路线途经中国广西、贵州、重庆、四川、陕西、山西、河南7省(市、自治区),历时15天,全程约5000千米。　(钟　情)

友好交往

【中国(南宁)—新加坡经济走廊建设】 2014年9月12日至13日,第七届中国—东盟智库战略对话论坛暨首届中国—新加坡经济走廊智库峰会在南宁市举行。中国、东盟10国及印度百余名专家学者,就共建21世纪海上丝绸之路、中国—新加坡经济走廊建设、共同打造中国—东盟自由贸易区升级版等议题展开深入探讨,提出关于携手共建中国—新加坡经济走廊的"南宁共识";与会专家对中国—新加坡经济走廊具体线路提出中国(昆明)—老挝—泰国—马来西亚—新加坡、中国(南宁)—越南—老挝(或柬埔寨)—泰国—马来西亚—新加坡等方案。9月16日,中国(南宁)—新加坡经济走廊节点城市市长圆桌会议在南宁国际会展中心举行。中国、新加坡、泰国、越南、老挝、柬埔寨等国家有关官员、专家学者参加会议。南宁市市长周红波作题为《发挥重要节点城市引擎作用共筑中国—东盟经济合作大动脉》主旨演讲;与会代表围绕加快中国(南宁)—新加坡经济走廊交通基础设施规划建设合作、节点城市间合作与机制建设、投资贸易合作及跨境经济合作等议题进行深入交流,共同发布《南宁宣言》;中国—新加坡经济走廊节点城市还将发挥节点城市首要作用,拓宽融资渠道,加强人文交流,建立节点城市合作机制,促进各国推动中国—新加坡经济走廊建设。　(钟　情)

【友城交往】

老挝占巴塞省与缅甸仰光市　2014年10月15日至24日,应老挝占巴塞省政府与缅甸仰光市政府邀请,南宁市代表团到老挝占巴塞省政府与缅甸仰光市进行友好访问,围绕农业、旅游、文化、经贸等领域合作进行深入交流,签署《南宁市与占巴塞省2015年友好交流计划书》。

柬埔寨西哈努克省　9月16日至19日,柬埔寨西哈努克省副省长索克·派恩率代表团应邀到南宁市参加2014"两会一节"活动。南宁市市长周红波会见柬埔寨西哈努克省代表团一行。10月16日,应柬埔寨西哈努克省政府邀请,南宁市代表团到柬埔寨西哈努克省进行友好访问,双方进行友好会谈并签署《南宁市与西哈努克省2015年友好交流计划书》。

马来西亚怡保市　9月16日至19日,马来西亚怡保市副市长穆罕默德·翟匡率代表团应邀到南宁市参加2014"两会一节"活动。南宁市委常委、纪委书记雷永达会见马来西亚怡保市代表团一行。

泰国孔敬府　3月13日至15日,泰国孔敬府副府尹威奈·诗提蒙吞、孔敬市市长提拉萨·提卡育潘率代表团一行28人对南宁市进行友好访问。南宁市副市长郭敏会见泰国孔敬市代表团一行,双方就人员往来、教育、文化等方面进行友好交流。9月27日,泰国孔敬大学与南宁市外侨办联合举办、广西民族大学承办"孔敬杯"泰语散文朗诵和歌唱比赛在广西民族大学举行。广西高校13支队伍参赛;广西大学外国语学院泰语专业学生宾焰丽、钟鹏以组合形式夺冠。

印度尼西亚茂物县　12月3日至5日,印度尼西亚茂物县政府副秘书长达当·伊尔凡率代表团到南宁进行友好访问,代表团成员主要由茂物县政府青年事务部门官员组成。12月4日,南宁市副市长郭敏会见印度尼西亚茂物县代表团一行,双方就加强青年教育、旅游、经贸等领域合作进行交流。期间,印度尼西亚茂物县代表团到广西国际青年交流学

院、南宁青少年活动中心及南宁国际会展中心，考察南宁市在青年事务及青年组织建设方面的做法。 （市外侨办）

【第十届大湄公河次区域青年友好交流活动在南宁举行】 2014年12月21日至23日，中华全国青年联合会与泰国社会发展与人类保障部合作举办第十届大湄公河次区域（GMS）青年友好交流活动在南宁市举行。12月21日，举行第十届大湄公河次区域青年友好交流活动主题论坛。来自柬埔寨、老挝、缅甸、泰国、越南和中国等大湄公河次区域6国的66名青年代表参加论坛，广西青年代表也参加论坛。共青团广西区委书记、广西青年联合会名誉主席白松涛出席论坛发表致辞。主题为“青年携手共建21世纪海上丝绸之路”，邀请广西北部湾经济区管委会办公室副主任王雄昌作主旨演讲，介绍建设21世纪海上丝绸之路的背景、意义及青年在推动21世纪海上丝绸之路建设中的使命和责任。大湄公河次区域6国青年代表共同按下按钮，开启大湄公河次区域青年合作新起点，表达大湄公河次区域青年共建21世纪海上丝绸之路的良好愿望。12月22日至23日，大湄公河次区域6国青年代表参观考察广西规划馆、中国（广西）国际交流学院、广西联通公司、南宁国际会展中心、南宁高新技术产业开发区，在广西民族大学共植友谊林。

12月23日，柬埔寨妇女代表团参观南宁市妇女儿童活动中心　　市外侨办提供

【泰国驻南宁总领事馆庆祝泰国国王87岁寿辰】 2014年12月5日，泰国驻南宁总领事馆在南宁市举行宴会，庆祝泰国国王普密蓬·阿杜德87岁寿诞暨泰国国庆。越南、老挝、柬埔寨、缅甸等东盟国家驻南宁领事机构官员与广西各界人士出席宴会。

【老挝青年代表团考察南宁】 2014年5月20日至23日，老挝青年代表团一行60人到南宁开展友好交流活动。5月22日，老挝青年代表团到中国（广西）国际青年交流学院，参加包饺子、剪纸、武术互动、学书画、民乐欣赏等中国传统文化体验活动。期间，老挝青年代表团参观南宁青秀山、广西民族博物馆、南宁高新技术产业开发区大学生创业孵化基地等，与南宁青年就城镇化建设，就业创业等进行交流座谈。

【柬埔寨妇女代表团考察南宁】 2014年12月23日，柬埔寨国家妇女事务部国务秘书金占伦率妇女代表团一行16人到南宁市考察妇女儿童工作，南宁市友好城市西哈努克省首席副省长布拉江索卡随团考察。柬埔寨妇女代表团到南宁市妇女儿童活动中心，参观美丽阳台、美丽家庭等成果展，以及妇女就业创业指导中心、儿童中心、亲子阅览室、道德讲堂、妇女儿童维权岗等，与正在上舞蹈课的妇女学员进行交流，现场表演柬埔寨舞蹈。

【南宁“智慧城市”与新加坡“智慧城市”建设交流对接会】 2014年3月27日，自治区工业和信息化委员会、自治区投资促进局联合在南宁市举办南宁“智慧城市”与新加坡“智慧城市”建设交流对接会。新加坡资讯通信发展管理局（简称“IDA”）代表团、南宁市工业和信息化委员会等部门负责人及有关企业代表参加会议。交流对接会上，IDA中国区司长庄庆维介绍新加坡信息化在政府管理、港口运输、城市规划、公共交通、城市绿化、旅游等方面应用成效；南宁市工业和信息化委员会有关负责人介绍南宁市以“平安”为核心，在市政配套、应急处置、交通能源、人居环境等方面运用现代信息技术构建城市运营智慧环境情况；双方在智能交通、智能教育、智能政府行政等领域合作发展进行深入交流。会后，IDA代表团参观考察南宁—东盟国际信息服务展示中心、数字绩效南宁展示中心。 （钟　情）

12月21日，第十届大湄公河次区域（GMS）青年友好交流活动主题论坛在南宁市举行　　共青团广西区委提供

责任编辑　覃庆梅

党政机关

中共南宁市委员会

重要会议

【中国共产党南宁市第十一届委员会第十一次全体会议】 2014年1月11日在市委、市政府会议中心召开。市委委员53人，候补委员10人出席会议。市纪委常委及不是市委委员的市人大、市政府、市政协中共党员领导，以及有关方面负责人列席会议。会议深入学习党的十八届三中全会、中央经济工作会议、中央城镇化工作会议、自治区党委十届四次全会及自治区经济暨城镇化工作会议精神，总结2013年市委常委会工作及全市经济工作，部署2014年工作任务，审议通过《中共南宁市委关于全面深化改革 奋力提升南宁首位度的决定》。

【市委全面深化改革领导小组第一次全体会议】 2014年3月21日在市委、市政府会议中心召开。市委全面深化改革领导小组组长、副组长及全体成员出席会议，市政府有关领导及有关部门负责人列席会议。会议传达学习中共中央、自治区党委全面深化改革领导小组第一次会议精神，讨论研究市委全面深化改革领导小组办公室机构编制事宜及领导小组当前和今后一个时期工作，审议通过《市委全面深化改革领导小组工作规则（草案）》《市委全面深化改革领导小组办公室工作细则（草案）》。

【年中经济工作会议】 2014 年7月30日在市委、市政府会议中心召开。市四家班子主要领导出席会议。会议深入学习贯彻自治区年中经济工作会议精神，总结上半年工作，部署下半年经济工作。会议要求：认清差距，自我加压，做到时刻绷紧加快发展这根弦；解放思想，转变发展理念，凝聚奋发赶超的强大精神动力；主动施策，精准发力，抓好下半年经济工作。会议以电视视频形式召开，各县、广西—东盟经济技术开发区设分会场。

重大决策

【中共南宁市委关于全面深化改革奋力提升南宁首位度的决定】 2014年1月11日，市委作出关于全面深化改革奋力提升南宁首位度的决定。

目标任务：力争两年打基础、三年大跨越，用五年左右时间抓改革、促发展、惠民生，实现南宁首位度大提升，加快建设中国面向东盟开放合作的区域性国际城市、宜居的壮乡首府和具有亚热带风情的生态园林城市。

主要内容：1.全面提升现代产业发展水平。大力实施“工业强市、产业旺市”战略，推动工业向园区集中、服务业向高端转型、农业向规模经营发展，加快构建现代产业体系，全面提升经济的辐射带动力。2.全面提升城市宜居水平。坚持生态、特色、宜居理念，推进城市规模扩张和功能品质提升，按照环境优美、功能完善、交通便利、安全有序、工作生活舒适、生机活力无限要求，加快建设宜居的壮乡首府和具有亚热带风情的生态园林城市。3.全面提升城乡统筹发展水平。建立健全统筹城乡发展的体制机制，推进县域经济社会发展，促进贫困地区面貌明显改善，提高城乡居民收入水平，推进以人为核心的城镇化，至2018年城镇化率达到64%，使南宁成为城乡一体化发展的先行区。4.全面提升开放合作水平。深化多区域合作，加快城市国际化，建设内陆开放型经济战略高地，使南宁在广西构建西南中南地区开放发展新的战略支点中发挥核心引擎作用。5.全面提升社会建设水平。加强法治南宁建设，维护社会公平正义，营造诚信守法、友爱互助、和谐安宁的社会环境，建设更具安全感、归属感、幸福感的城市。

【深入开展党的群众路线教育实践活动的实施意见】 2014年2月15日，市委提出关于深入开展党的群众路线教育实践活动的实施意见。

总体要求：以党的十八大和十八届三中全会精神为指导，认真贯彻中央确定的指导思想、目标要求和方法步骤，以及自治区党委确定的总体要求、重点任务、主要措施，认真贯彻习近平总书记系列讲话精神，以为民务实清廉为主题，将“照镜子、正衣冠、洗洗澡、治治病”的总要求贯穿始终，落实中央八项规定精神和《党政机关厉行节约反对浪费条例》等规定，突出作风建设，贯彻整风精神，坚决反对“四风”（形式主义、官僚主义、享乐主义、奢靡之风），着力解决人民群众反映强烈的突出问题，提高做好新形势下群众工作的能力，使党员、干部思想认识进一步提高，作风进一步转变，党群干群关系进一步密切，为民务实清廉形象进一步树立，基层基础进一步夯实，以教育实践活动的新成效把全面深化改革各项任务落到实处，为加快提升南宁首位度，把南宁建设成为中国面向东盟开放合作的区域性国际城市、宜居的壮乡首府和具有亚热带风情的生态园林城市提供坚强保证。通过开展教育实践活动，广大党员干部理想信念实现新提升，全心全意为人民服务的宗旨意识更加牢固树立；作风建设取得新成效，“四风”“六病”（软骨病、冷漠病、浮躁病、享乐病、梗阻病、懒散病）等人民群众反映强烈的突出问题得到有效解决；制度创新取得新进展，践行群众路线的长效机制逐步建立；服务发展能力实现新增强，制约发展的瓶颈问题得到重大突破；抓改革、促发展、惠民生各项工作跃上新台阶，全市经济社会继续保持平稳较快发展势头。

重点任务：着力解决“四风”“六病”突出问题；着力遏制“五化”（宗旨意识淡化、进取精神退化、工作推进虚化、履职能力弱化、生活追求奢化）；着力破解“七难”（群众办事难、政策落地难、权益维护难、项目推进难、沟通协作难、民生保障难、基层强化难）；推进“三服务”（服务基层、服务群众、服务发展）“四清理”〔清理信访积案，清理检查公开因公出国（境）经费、公务车购置及运行费、公务招待费，清理审批事项和优化办事流程，清理环境安全隐患专项活动〕活动。

【加快建设“智慧南宁”的决定】 2014年6月30日，市委、市政府作出关于加快建设“智慧南宁”的决定。

总体目标：2014年至2018年，南宁市将以服务改革、发展、民生为主题，推进“智慧南宁”建设，着力打造面向东盟的区域性信息交流中心，全面提高南宁市网络安全和城乡信息化水平。通过五年的努力，完成国家“智慧城市”、信息消费、信息惠民试点城市创建工作，智慧城市综合实力达到自治区首位、国内领先，促进南宁市信息化建设在自治区首位度大提升。

主要任务：实施“智慧南宁”建设管理机制创新工程；新一代信息基础设施提升工程；智慧应用体系建设与推广应用工程；智慧产业培育工程。

【全面深化农村改革加快推进农业现代化的实施意见】 2014年9月1日，市委、市政府提出关于全面深化农村改革加快推进农业现代化的实施意见。从学习贯彻中央、自治区文件精神，实施国家粮食安全战略，强化农业支持保护制度，深化农村土地制度改革，构建新型农业经营体系，强化金融服务支持，健全城乡发展一体化体制机制，加强农村生态文明建设，加强“三农”（农村、农业、农民）工作领导等9个方面提出要求。

【加快改革创新全面推进教育现代化的实施意见】 2014年9月5日，市委、市政府提出关于加快改革创新全面推进教育现代化的实施意见。

总体目标：加大改革创新力度，实施“双百”战略，多渠道筹措100亿元以上资金，新建113所学校，着力推进教育现代化九大工程，教育重点领域和关键环节的改革创新取得突破性进展，教育普及程度、教育信息化水平、教育国际化地位明显提高，建立起比较发达的现代国民教育体系，初步构建起现代终身教育体系，在自治区率先基本实现教育现代化。至2017年，全市学前三年毛入园率达到97%，九年义务教育巩固率达到96%，高中阶段教育毛入学率达到95%，高等教育毛入学率达到50%，新增劳动力平均受教育年限达14年。

改革创新关键环节：改革教育管理体制，增强教育发展活力；完善教育投入体制，提高经费保障水平；改革学校管理模式，建立现代学校制度；深化办学体制改革，大力支持民办教育；创新人才培养模式，全面推进素质教育。

重点任务：加强基础设施建设，为教育现代化夯实基础；扩大学前教育资源，实现学前教育普及优质发展；巩固提高义务教育质量，推进义务教育均衡发展；扩大普通高中办学规模，促进普通高中优质、特色发展；加快发展现代职业教育，培养高素质劳动者和技能型人才；推进高等教育特色发展，增强社会服务能力；加强教育信息化建设，以信息化推动教育现代化；树德强技，整体提升教师专业发展水平；服务区域性国际城市建设，扩大首府教育国际影响力。

【加快新型工业化实现跨越发展的决定】 2014年11月25日，市委、市政府做出关于加快新型工业化实现跨越发展的决定。

总体目标：1.至2018年，全市工业经济实现跨越发展，力争全部工业增加值“双占比”显著提高，即全部工业增加值占全市地区生产总值比重达到36%，占自治区全部工业增加值比重接近20%。2.工业总量规模在全国排位有所上升，达到“三突破”（大项目引进、工业园区建设、重点产业发展取得新突破），实现“三提升”（贡献能力提升、发展效益提升、发展潜力提升）。至2018年，力争全市培育产值100亿元以上企业5家，50亿元~100亿元5家，10亿元~50亿元40家；16个园区完成工业总产值占全市80%以上，其中工业总产值超1000亿元园区2个，500亿元~1000亿元园区2个，100亿元~500亿元园区4个；六大重点产业占全市规模以上工业总产值比例达到70%，其中1000亿元产业2个，500亿元~1000亿元产业3个。至2018年，工业对全市经济增长贡献率达到48%，5年工业累计新增就业岗位10万个；规模以上工业税收占财政收入比例达到40%，年税收亿元以上企业达到15家，5000万元~1亿元企业达到50家，1000万元~5000万元企业达到200家；工业投资突破1800亿元，战略性新兴产业投资占全部工业投资20%以上，企业的创新能力明显提高。3.形成产业结构进一步优化，园区规模进一步扩大，企业实力进一步提升，两化（信息化和工业化）融合进一步深化，创新能力进一步增强的工业发展新格局，区域性先进制造业基地初具规模。

重点任务：推进工业招大引强；推进重大项目建设；推动传统产业优化升级；推进科技创新和两化融合；推进节能降耗和循环经济；大力发展县域工业；促进城区工业加快发展。

重大活动

【“向人民承诺——电视问政”节目活动】 2014年3月15日，市委、市政府决定，将南宁电视台每周录播节目《政风行风面对面》升级改版为《向人民承诺——电视问政》系列节目。节目围绕市委、市政府建设“美丽南宁”、推进重点项目建设、服务第45届世界体操锦标赛提升城市管理水平、落实重大招商引资项目、落实工业强市战略，为民办实事等重大决策部署，紧扣群众关注的基础设施建设、市容市貌、交通畅通、环境质量、食品安全等涉及民生方面的问题开展问政，搭建政民互动平台。至年末，通过南宁电视台直播《向人民承诺——电视问政》系列节目14期，53个政府部门“一把手”参与问政。节目反映、曝光建设、交通、规划、食品药品、环保、教育等领域存在101个问题全部得到回应或整改落实，单期网络点击浏览量最高205万人次，形成“百姓参与、百姓评说、百姓监督”舆论氛围。

【“美丽南宁·清洁乡村”活动】 2014年是“美丽南宁·清洁乡村”活动第二年，市委、市政府决定持续推进“美丽南宁·清洁乡村”活动。活动重点：继续实施“三清洁”（清洁家园、清洁水园、清洁田园）综合整治大行动，实现乡村整洁靓丽；继续实施乡村基础设施建设大行动，实现乡村生活便利；继续实施生态型经济发展大行动，实现群众持续增收；继续实施转作风树新风大行动，实现乡村文明和谐；继续实施清洁管理体系建设大行动，实现清洁长效管理；完善有关政策支持体系，推动各项工作落实；启动“美丽南宁·生态乡村”活动。“三清洁”综合整治大行动累计清运处理垃圾65.38万吨，清理湖泊、河流、池塘5万多处（条），清捡农田面积78.12万公顷，村容村貌从“脏乱差”变为“洁齐美”。乡村基础设施建设大行动累计完成农村集中式污水处理设施及配套污水收集管网建设238套，建成投入运行分散式生活污水处理设施258座，项目受益人口90万人；建成垃圾填埋场、焚烧场等垃圾处理设施3105处，乡镇垃圾中转站71个；安排非贫困村通屯道路硬化建设项目200条200.20千米，贫困村屯级道路硬化建设计划160条189千米，解决587个村屯群众“出行难”问题。生态型经济发展大行动重点扶持、培植茶叶、果蔬、特色养殖、花卉苗木等特色产业，引入龙头企业，推动当地生态农业产业发展，促进农民致富增收。引入高科技高效益高附加值项目洛克玫瑰园34.67公顷、台湾水果园13.33公顷、油菜花144.67公顷；推进以“农家乐”、观光农业园区、主题公园、森林旅游、农耕文化、民族风情为主的休闲农业，重点打造上林县生态旅游养生节、广西南宁·马山第八届文化旅游美食节、江南区扬美古镇等生态旅游品牌；引导农民推广使用清洁生产技术，累计培训清洁生产技术143.68万人次，清洁技术推广面69.18万公顷(次)。转作风树新风大行动建立市领导“美丽南宁·清洁乡村”活动工作队联系制度，选派“美丽广西”乡村建设(扶贫)工作队，形成“大宣讲、大走访、大调研”指导服务机制；整合12支“美丽广西”乡村建设(扶贫)工作队共3260人，下派全市1383个村、168个乡镇社区，推动清洁乡村工作；全市15个县(区)、开发区“清洁乡村”活动基层群众参与率87.08%。清洁管理体系建设大行动，每个乡镇均配备5名以上环卫人员，村屯按照每300人配一名保洁员的比例配备保洁员，全市12307个自然屯配备保洁员28478人；定期组织技术培训，累计培训244万人次，印发《南宁市“清洁田园”专项活动十大工程和十大主推技术》等技术方案，推广适合农村的垃圾处理模式。出台《“美丽南宁·生态乡村”活动指导意见》及5个配套文件、《“美丽南宁”乡村建设重大活动规划纲要(2013—2020)》等系列文件，为全市乡村建设提供政策支持。11月24日，召开全市“美丽南宁·生态乡村”活动电视动员大会，正式启动“美丽南宁·生态乡村”活动；重点开展“村屯绿化”“饮水净化”“道路硬化”3个专项活动，加快美丽南宁建设。

【“美丽南宁·整洁畅通有序大行动”】 2014年，市委、市政府决定围绕服务第45届世界体操锦标赛，深化开展“美丽南宁·整洁畅通有序大行动”(简称“大行动”)。推进绕城高速及铁路沿线环境综合整治；推进“三车”(人力车、摩托车、非法营运残疾人机动车)整治，出动执法人员18.50万人次，查处非法“三车”2.96万辆次；推动电动车登记上牌及规范管理，入户车辆120多万辆；推动机动车停车收费规范管理，车辆在路内停车泊位单次停放时间平均缩短11分钟，路内停车泊位周转率提高20%；推进农贸市场管理，全市实现视频监控信息化管理农贸市场81个；推进广告乱象治理，重新修编《南宁市户外广告总体规划》，编制《南宁市户外广告和招牌设置规划导则》；推进“泥头车”管理，设“泥头车”检查点21个，查处“泥头车”违法违规案件3975件；推进诚信体系建设，制定出台《南宁市机关事业单位及国有企业失信人员从业惩戒规定(试行)》和《南宁市市委管理干部失信行为惩戒暂行规定》，全市查处失信案件5.11万件；推进考评工作完善，推动市直部门与城区、开发区实现网格管理“同网同责、同项同责”；推进长效机制建设，研究制定《进一步深化“美丽南宁·整洁畅通有序大行动”工作方案》《深化推进“美丽南宁·整洁畅通有序大行动”试点工作指导意见》等指导性文件10个。至年末，实现城市治理“500天新形象”目标。1.城市建设大提速。南宁机场新航站楼正式启用，南宁火车东站正式开通运营；打通枫林路、长堽路等断头路”；五象大桥、银象立交、五象—友谊立交桥等6座桥梁项目主线通车，168条城市道路完成“白改黑”。2.城市管理大进步。拆除违章高杆广告397杆，拆除“两违”(违法用地、违法建设)686.70万平方米，完成市区建筑立面改造3980栋，“门前三包”签订率100%，整治无物业管理小区632个；推行勤务制度改革，坚持将80%以上警力投入路面执法，查处交通违法行为101万起，拖移违法停放机动车6.40万辆，查处电动自行车违法行为为33.80万起，整治市区易堵点段37个，交通事故率比上年下降28.57%，车辆平均通行能力提高20%；南宁市在《中国法治政府评估报告(2014)》排名全国第八。3.城市环境大改善。种植观花乔木55个品种(5.70万株)，观花灌木177个品种(107.13万株)，拆除各类烟囱907根，拆除无照各类锅炉(窑炉)462台，核发机动车环保标志38.80万枚，市区环境空气质量优良率80%。4.城市文明大提升。举办各类文明培训5000多场次，培训市民群众、学校师生130多万人；在全市35个行业51个单位开展“创城达标竞赛”测评活动；印发《南宁市关于加强志愿服务工作实施意见》《南宁市志愿服务工作奖励办法(试行)》等文件，推进志愿服务制度化、常态化，全市建成各类志愿服务站387个；深入发动全市各级各部门、驻邕中直和自治区直属单位、各界社会组织及广大市民参与到“大行动”中，撰写印发至各类市民群体“8封信”，开展“小手拉大手进家庭、进社区”主题教育活动；加强干部督查问责，发现涉及“大行动”问题1.15万个，发放督办函107份，挂牌督办43份，问责干部152人，诫勉谈话63人。

(市委办公厅编写组)

12月14日，南宁电视台直播《向人民承诺——电视问政》第14期节目，关注道路施工改造工期长、质量差等问题向南宁城市建设投资集团、市建筑管理处、武鸣县有关部门问政

欧后智提供

组　　织

【概　况】 2014年，南宁市有基层党组织1.52万个。其中：基层党委508个，党总支部1210个，党支部1.35万个；地方党委13个，党组254个，党工委57个。党员25.98万名。其中：女党员7.63万名，占29.37%；少数民族党员13.48万名，占51.89%；离退休党员5.52万名，占21.25%。新发展党员3990人。其中：女党员1865人，占46.74%；少数民族党员2074人，占51.98%。

【干部教育培训】 2014年，南宁市干部教育培训工作以提升干部的履职能力为主线，组织党员干部深入学习贯彻习近平总书记系列重要讲话精神，突出理想信念教育、党性党风教育，强化社会主义核心价值观、革命传统教育和党章学习，进一步夯实党员干部的理想信念基础，轮训各级党员干部2万多人次。继续实施《2013年—2017年南宁市干部教育培训规划》,深化市、校合作模式,整合自治区内外优质资源,围绕服务全市发展改革稳定大局抓好分层分类培训,举办干部教育培训班3300多期次,培训领导干部44万人次。

【干部选拔任用】 2014年,南宁市调整充实处级干部361人,其中提拔10人,交流165人;机构改革调整涉及处级干部181人,改任非领导职务53人、退休100人、军转安置为市管干部27人。贯彻落实新的《干部任用条例》,不断优化各级领导班子结构,完成市卫生和计划生育委员会、市农业委员会等机构改革部门领导班子配备。改进竞争性选拔干部方式,强化单位党委(党组)的领导和把关作用,引导干部在实干、实绩上竞争。打破干部部门化,交流市直部门科长245人。强化干部实践锻炼,选派49名市管干部到非公企业挂职服务,择优遴选50名"80后"贫困村党组织第一书记到乡镇挂职锻炼。

【干部管理监督】 2014年,南宁市出台《加强管理监督 进一步发挥处级非领导职务干部作用暂行办法》《市委管理干部失信行为惩戒暂行规定》《南宁市机关事业单位及国有企业失信人员从业惩戒规定(试行)》《南宁市纠正县乡干部"走读"问题暂行规定》等制度,从严管理干部。集中开展"三超两乱"(超职数配备干部、超机构规格提拔干部、超审批权限设置机构,擅自提高干部职级待遇、擅自设置职务名称)、违反规定在企业兼职等专项整治;开展市管干部个人有关事项报告和抽查核实。将严格要求与激励关心相结合。制定出台保持乡镇干部队伍稳定、落实乡镇干部待遇、加强乡镇干部生活保障等规定;市财政投入2496万元用于乡镇周转房建设、"六个一"(一张床、一个衣橱、一套办公桌椅、一个热水器、一台电风扇、一套简易沙发)配套、改善食堂和办公生活设施、乡镇大院环境美化绿化等。增加基层公务员招录名额,解决基层"招人难"问题,年内,面向"四类人员"(大学生村官、三支一扶、特岗教师、西部志愿者)定向考录乡镇机关公务员中,将招录名额增至151名。落实基层干部政治待遇,在全市102个乡镇机关配备科级非领导职务干部452名。规范抽调、借用乡镇干部行为,规定除上级或同级组织部门统一开展的挂职培养工作和市、县党委批准成立的重点工作临时机构抽调组成人员外,各级机关一律不得擅自借调乡镇干部,且借调乡镇干部的时间一般不能超过6个月,不能够连续借调超过2次,同一时期各类选派在外人员总数不能够超过本乡镇机关在职干部人数10%。

【人才队伍建设】 2014年,南宁市实施《南宁市加快人才特区建设三年行动计划(2014—2016年)》,配套出台《南宁市引进急需紧缺人才奖励暂行办法》《南宁市人才安家费补贴暂行规定》政策,给予首批15个(支)高层次创业创新人才(团队)项目创业创新资助2750万元。开展企业管理升级服务活动和企业骨干人才培训,培训500多人次。举办南宁·东盟人才交流活动月、广西籍学子回家看看、绿城联合引智、海内外高层次人才与项目对接会等活动,围绕生物医药、电子信息、铝深加工、机械装备制造、食品加工、清洁能源六大产业引进高层次人才及高科技项目。调整、完善对人才工作目标管理、考核形式。

【基层组织建设】 2014年,南宁市实施《加强基层党建工作三年行动计划》,整合资源、下移中心,加大基层党建工作投入,推进基层服务型党组织建设。南宁市整顿社区软弱涣散基层党组织做法入选由人民网·中国共产党新闻网、组织人事报社、辽宁党刊集团党建文汇杂志社共同编发的"党的群众路线工作法100例"。全市1762个村(社区)完成"两委"〔村(社区)共产党员支部委员会、村民自治委员会(社区居民委员会)〕换届选举,均一次性选举成功,全部建立村(居)务监督委员会。新一届基层干部队伍的年龄、学历、成员结构等进一步优化,农村致富能人、外出务工经商返乡人员、大学生村官等优秀人才所占比例有所提高。打造武鸣县宁武镇伏唐村伏唐屯、横县六景镇利垌村仁和村、宾阳县古辣镇刘村村水丽村、上林县大丰镇云里村内里庄、马山县古零镇乔老村小都白屯、隆安县那桐镇定江村定典屯、兴宁区三塘镇路东村那安坡、江南区苏圩镇佳棉村朝阳坡、青秀区长塘镇定西村团岩坡、西乡塘区石埠街道忠良村忠良屯、邕宁区新江镇新江社区那蒙坡、良庆区那马镇坛良村坛板坡等12个市级综合示范村,实施村委会办公用房项目建设,加强农村公共服务阵地建设。选派224名机关干部到贫困村任党组织第一书记、3210名机关干部到基层开展"美丽广西"工作,选聘168名大学生村官到村任职。推进YBC项目(中国青年创业国际计划)大学生村官创业扶持项目。建设农村党员培训体验基地,创新开展农村党员项目化大培训,培训农村党员15.78万人次,村"两委"班子、党员骨干、经济能人等6.26万人次,培训"泥瓦匠"1.70万人次。从严管理村干部,开展"正风气、守清廉、树形象"教育实践活动。出台《关于进一步提升社区建设水平的意见》及《南宁市社区公共服务事项准入管理办法》《南宁市社区公共事务目录》2个配套文件,形成社区建设"1+2"文件制度体系。组织5万多名在职党员进社区认领"微心愿",开展服务活动。开展以"三规范三提升"(规范党建硬件建设、规范党员队伍管理服务、规范党建工作运行机制,提升服务中心能力、提升干部工作作风、提升机关党建工作科学化水平)为目标、"六个基本"(基本组织、基本队伍、基本活动、基本载体、基本制度、基本保障)建设为内容的机关党组织规范化建设活动。建立非公有制经济组织和社会组织党建工作联席会议制度,各县(区)、开发区分别成立非公有制经济组织和社会组织党工委。开展"关注党员成长·激发组织活力"百场大培训,培训非公经济组织和社会组织党组织书记、党务骨干、党员、出资人2万多人次。顺应国资国企改革,调整国有企业党组织设置,成立4个市管企业党委,按照资产管理关系调整8个党委组织隶属关系。

【党员发展】 2014年,南宁市出台《关于加强新形势下发展党员和党员管理工作的实施意见》,明确发展党员和党员管理工作的目标和任务,坚持完善全程质量管理、调控预警等工作机制。新发展党员3990人。其中:女党员1865人,占46.74%;少数民族党员2074人,占51.98%。

【党员远程教育】 2014年,南宁市推进党员干部现代远程教育"高清互动电视"模式试点,安装使用"高清互动电视"党员群众近1000户。加大远程教育教学资源开发利用,入选自治区党委组织部百部教学资源作品系列13部。推进基层党建信息化建设,加大"绿城党旗红"党建信息平台的功能拓展和应用,加大基层党建信息化工作力度。

【党建制度改革】 2014年,南宁市对党的组织制度、干部人事制度、基层组织建设制度、人才发展体制机制等4个方面18项内容进行改革,制定出台支持和鼓励改革创新实施办法、乡镇(街道)差异化考核指导意见等制度。全面推行一线工作法,注重在服务第45届世界体操锦标赛、重点项目、重大工程建设、清洁乡村、整洁畅通有序大行动、征地拆迁等工作一线中了解考察干部。改革和完善干部年度考核方式,增加"出勤情况""精神状态和工作状态""使用意见建议"等测评内容,提出拟调整不适宜担任现职名单、诫勉谈话名单、函询名单、关爱提醒名单等"四类名单"。落实党建工作责任制,推行基层党建工作市县乡三级联述联评制度,开展县乡党委书记抓基层党建工作述职评议考核,组织县(区)组织部部长向市委组织部部务会进行专项述职。完善党代会常任制,建设党代表工作室,开展乡镇党代会年会试点工作。强化基层党内民主建设,在全市5592个自然村(屯、坡)推行"一组两会"〔党小组、户主(代)会、理事会〕协商自治制度,推行党员"承诺联评"制度,引导"两委"班子、班子成员、党员及入党积极分子做出为民办实事承诺,年底接受上级党组织和群众的联评。(市委组织部编写组)

1月8日,南宁市举行2013年度民主评议科长评议结果新闻发布会,获评"十佳科长"10人、"优秀科长"(包括"十佳科长")50人,评议为"后进科长"10人,"不满意科长"3人

市委组织部提供

【党的群众路线教育实践活动】 2014年2月,南宁市党的群众路线教育实践活动正式启动,参加活动的基层党组织8000多个、党员16.70万名。在学习教育、听取意见环节,组织党员领导干部对照理论理想、党章党纪、民心民意、先辈先锋等"四面镜子",开展经典教育、先辈教育、先进教育、法纪教育、警示教育等"五个教育"活动,开展以"三个共同"(依靠群众,共同发展城市;发动群众,共同治理城市;服务群众,共同分享成果)和"为了什么、要做什么、留下什么"为主题的专题讨论;开展"坚持为民务实清廉,培育和践行社会主义核心价值观,在全市形成向上向善的社会氛围"中心组学习。在市委常委会的带头下,全市组织召开各级党委(党组)专题学习会170多次、全体党员学习会3160多次,参加培训35.40万人次,参加"学习先辈先贤"5400多人次,观看教育片1090场次,发放学习资料46.50万册。在查摆问题、开展批评环节,以"两问两评"(基层调研问计于民、电视问政承诺于民,市直机关事业单位科长"机关六病"测评、"千企评议科长")为重点,通过基层调研问计于民、电视问政承诺于民,开展"千企评议科长"、重要岗位科长大交流活动及市直机关事业单位"机关六病"专项测评活动,将"开门搞活动"的要求落到实处,真心听取群众意见和建议;坚持严格把关,做好民主生活会前谈心谈话,运用身边案例作好典型分析,严格审核对照检查材料,督促指导开好专题民主生活会和专题组织生活会,批评和自我批评时抓关键、点要害,真正做到"辣味"十足、红脸出汗,达到"团结批评进一步增进团结"目的。年内,参加基层调研党员干部6.72万人次,收集意见建议3820条;组织1889家企业,419个项目业主单位,以及24家驻邕商会有关人员,对52个市直单位承办行政审批事项的198个业务科室进行直接评议;开展市直部门重要岗位科长大交流活动,245名科长进行跨部门交流任职;95个县(区)、开发区、市直单位召开正反典型案例分析会,提出正面典型案例120个、反面典型案例134个,问责单位40多个、人员400多人,采取措施300多项;开播"电视问政"节目14期,市直部门、城区、开发区"一把手"及有关部门负责人56人次参与直播接受问政,曝光的问题全部得到整改落实。在整改落实、建章立制环节,坚持边整边改,聚焦"四风"问题开展专项整治,整顿软弱涣散基层党组织,抓正反典型开展正面宣传和警示教育,动真碰硬解决群众反映强烈的突出问题,建章立制巩固教育实践活动成果。集中开展9大项31项专项整治。活动期间,全市停建楼堂馆所项目21个,腾退办公用房1380间、4.09万平方米;市本级"三公"经费支出比上年同期节约21.06%,公务用车购置及运行经费下降9.26%,因公出国(境)人数减少59批次148人,公务接待经费减少24.95%;取消节庆活动28项、论坛活动11项,压缩经费2194万元;整顿软弱涣散基层党组织245个;约谈责任单位191个、责任人492人,查处履职不力、作风不实、服务不端责任人829名;出台《南宁市机关事业单位及国有企业失信人员从业惩戒规定》《纠正县乡干部"走读"问题暂行规定》《关于严肃整治会所中歪风的通知》《南宁市关于支持和鼓励改革创新的实施办法》等规章制度,以及系列问责推优流程规范,巩固教育实践活动成果。中央驻自治区媒体刊发南宁市有关活动报道61篇(幅)、自治区教育实践活动简报编发南宁市经验做法10期。市委教育实践办编发简报95期、专报6期;在《广西日报》《南宁日报》刊发党的群众路线理论研究成果、体会文章、解读文章70多篇;在全市开展群众路线理论征文活动,入选《广西党的群众路线理论研讨获奖论文选编》理论文章14篇;南宁电视台、南宁电台、《南宁日报》《南宁晚报》、南宁新闻网播发消息3424篇。

(市委党的群众路线教育实践活动领导小组办公室)

宣　　传

【概　况】 2014年,中共南宁市委宣传部加强对全市领导干部理论武装,举办"南宁理论讲坛"16期。围绕全市重要会议、重大活动、重点项目、重大主题等组织舆论宣传,市属媒体开设专版专栏100多个,刊发刊播稿件1万余篇;审批、办理社会宣传活动127次。加强对外宣传,在中央主要媒体及海外媒体宣传南宁城市形象,召开新闻发布会、新闻通气会等80余场,中央及海外主要媒体对南宁市的宣传报道刊发刊播稿件3万条(幅)。加强网络宣传,在腾讯网开通官方微博"@南宁发布",发布微博2867条,粉丝量突破

190万，影响力在自治区宣传微博中位居第一；成立自治区首个市级互联网民间团体。文化南宁建设取得成效，《百鸟衣》等3部作品入选国家艺术基金2014年度舞台艺术创作资助项目，体验式壮族精品文化长廊《壮·秀》等14个项目入选2014年中国文化产业重点项目。组织开展第45届世界体操锦标赛宣传。3月29日，市委宣传部办公地址搬迁至嘉宾路2号。

【第45届世界体操锦标赛宣传】 2014年，第45届世界体操锦标赛在南宁举办，来自28个国家128家媒体937名记者参与报道，宣传报道工作实现零事故、零投诉。

上级关怀　中共中央政治局委员、中央书记处书记、中宣部部长刘奇葆专门听取汇报并作指示，中宣部下发报道通知2次，部署赛事宣传。国家互联网信息办公室主任鲁炜、副主任任贤良，中宣部新闻局局长明立志先后多次赴南宁开展调研指导。赛事期间，中宣部、国信办、自治区党委宣传部派出工作组现场指导宣传。

媒体运行　市委宣传部与新华通讯社合作，组建专业化媒体运行、新闻服务及官方摄影队伍，建设高标准主新闻中心（MPC）及比赛场馆媒体中心（VMC）。赛事期间，MPC、VMC接待记者3000人次。南宁体操世锦赛官网发布中英文稿件1228篇、图片5224幅。129个国家和地区网民浏览中文官网，浏览量564.80万次；手机中文版吸引114个国家和地区的网民，浏览量28万次；官网英文版吸引136个国家和地区的网民，浏览量21万次。

新闻宣传　《人民日报》、新华社分别刊发《第45届体操世锦赛在南宁开幕》《评论：壮乡之路　强国梦想》等重大评论、报道，中央电视台在《新闻联播》播出动态新闻和集锦、在《焦点访谈》播出南宁体操世锦赛专题节目，中央电视台体育频道全程直播重要赛事。自治区、南宁市媒体以“世锦绽放南宁，世界聚集广西”为主题集中报道世锦赛。《广西日报》《南宁日报》《南国早报》《当代生活报》《南宁晚报》每天均以不少于4个版的内容，全方位报道赛况；广西电台、广西电视台、南宁电台、南宁电视台开设“世锦赛专题”“世锦赛频道”，每天滚动播出相关报道。北京、上海、湖南等41家省、自治区、直辖市媒体参与世锦赛报道。新华网、人民网及新浪、网易、搜狐、腾讯四大门户网站等300多家主流网媒参与报道，微博信息70多万条，网络曝光量超过3亿次。南宁市策划开展“全国知名网络媒体看南宁”“壮乡世锦—网络名人南宁行”“南南&宁宁体操之旅”等网络宣传活动，发稿（含转载）2700多篇，“@南宁发布”主持的“#壮乡世锦#”话题点击量超过3000万次。

社会宣传　在全市81家星级酒店、500台楼宇电视、1500辆公共汽车、1700余个公交候车亭、6270辆出租汽车、200个路名牌、2000多个工地围栏上设置、播出世锦赛宣传画（片、标语）；在自治区内各火车站、高铁动车、吴圩国际机场播放世锦赛宣传片、城市形象广告片。制作世锦赛形象大使李宁“十月，我在家乡等你”宣传片，7月22日起在美国纽约时报广场连续播放3个月。制作世锦赛宣传册3000册、宣传海报20000张。9月，南宁城市形象广告片在中央电视台一套、四套连续播出1个月。筹划组织世锦赛开幕式、闭幕式、开赛仪式等多项文艺演出，创作主题曲《我有一个体操梦》，举办世锦赛“快闪”活动2次、倒计时50天大型文艺演出、“韵动世锦赛”专场文艺演出，营造迎世锦赛氛围。开展“当好东道主，文明迎世锦”主题宣传教育活动，发放《市民文明礼仪知识手册》《迎世锦英语100句》及各类宣传资料200多万份。组织全市各单位、机构举办文明礼仪培训1900多场次，培训23万人次。设立世锦赛志愿服务站，开展“文明排队”“礼让斑马线”等公共文明引导活动。

10月7日，体操世锦赛园艺造型吸引外国运动员拍照留念　　潘章勇　摄

评　价　中共中央政治局委员、国务院副总理刘延东认为，世锦赛实现“热烈、精彩、难忘、成功”目标。国际体联主席布鲁诺·格兰迪评价：“赛事组织堪称卓越，这是他职业生涯和国际体联历史上举办的最成功、最精彩的一次赛事，南宁有能力成功举办任何国际大赛。”国际体联副主席斯拉瓦·科恩赞誉：“从来没有一个世锦赛举办城市能达到南宁这样的水准，把体操宣传、推广到城市每个角落，这真是第一次”。国家体育总局体操运动管理中心主任罗超毅认为：“南宁承办的世锦赛堪称典范，良好的组织服务工作值得颁发一枚‘金牌’！”

【理论武装】 2014年，南宁市开设“南宁理论讲堂”，开讲16期，邀请中央党校严书翰等22位专家教授授课，听讲课领导干部500余人。中共南宁市委中心组开展集中学习18次。在党报党刊登载理论文章155篇、签约理论专家文章40篇、社科理论特约研究员理论文章10篇，其中《人民日报》刊登2篇、《广西日报》28篇、《当代广西》10篇、《南宁日报》116篇；《南宁宣传》刊发文章98篇。市委中心组成员带头参加宣讲活动，全市各级领导专家宣讲团成员220多人，大众宣讲团成员150多人，全年开展宣讲活动1000余场次，直接听众30多万人次。市委宣传部组织开展全市领导干部优秀调研文章评比，参评文章350篇，评出优秀调研文章50篇。

【舆论宣传】 2014年，市委宣传部围绕全市重要会议、重大活动、重点项目、重大主题，组织《南宁日报》《南宁晚报》、南宁电视台、南宁电台、南宁新闻网开展集中宣传报道。突出党的十八届三中、四中全会精神，习近平总书记系列重要讲话精神以及自治区、南宁市人大、政协“两会”，市委全会精神的宣传报道。继续宣传“美丽南宁·整洁畅通有序大行动”“美丽南宁·清洁乡村”活动。宣传报道党的群众路线教育实践活动、培育和践行社会主义核心价值观；宣传报道县域经济建设、开发区建设、重要招商引资成果、重大项目建设、重要改革措施、大型商务旅游文化活动、电视问政节目、民生建设、社会管理、文化建设、重要节庆等。组织重大主题采访200多次；市属媒体开设专版专栏100多个，刊发刊播稿件1万余篇；自治区媒体刊发刊播新闻稿件500多篇。组织协调中央、自治区、南宁市媒体做好“4·15”青竹立交桥下双层公交车交通事故、茶花园路公交车自燃、南宁地铁2号线秀厢站事故等10余起突发事件的舆论引导。举办庆祝第十五个中国记者节活动及第六届新闻工作者运动会；完成2015年度重点党报党刊征订任务；开展北部湾经济区城市同城化宣传合作。

【对外宣传】 2014年，市委宣传部围绕第45届世界体操锦标赛，全国人大、政协“两会”，2014年南宁市“两会一节”，南宁市开展党的群众路线教育实践活动，“美丽南宁·清洁乡村”“美丽南宁·整洁畅通有序大行动”等重点工作、重要活动及重要节庆，加强与中央主流媒体、港澳台媒体、海外媒体联系与合作，重点宣传南宁市对外开放合作优势、投资发展环境、绿城水城花城风貌、独特人文历史积淀等，中央及海外主要媒体对南宁市的宣传报道稿件3万条（幅），推出宣传专题4个，刊发宣传专版19个。

新闻发布 设立市委、市政府本级，市直各部门及各县（区）党委政府，各开发区新闻发言人117人，新闻发言人联络员106人。市委宣传部与中国传媒大学合作举办新闻发言人培训班，邀请中国公共关系协会副会长、全国领导干部媒介素养培训基地主任、中国传媒大学媒介与公共事务研究院院长、培训学院院长董关鹏教授，北京市人民政府新闻发言人、新闻办公室主任王惠，中国传媒大学媒介与公共事务研究院高级研究员侯鄂，新华社高级记者、新华社《经济参考报》能源研究院兼能源周刊主编、产经中心副主任李新民，北京市环保局原副局长、新闻发言人、北京环境科学学会理事长、中国公共关系协会政府公关委员会副主任委员杜少中等知名专家授课，培训新闻发言人、联络员及相关工作人员300多人。邀请董关鹏教授在领导干部时代前沿知识讲座主讲《全媒体时代的突发事件处置与舆论引导实务》，将新闻发言人培训层面拓宽至全市处级以上领导干部。全年召开新闻发布会、新闻通气会等80余场。南宁政务信息网对重要新闻发布会进行图文直播，官方微博、微信“南宁发布”同步发布信息，初步形成全媒体发布格局。

城市形象宣传 市委宣传部与新华社在信息收集、调研分析、智库服务、舆情监测处置等加强合作。新华社刊发南宁市经济社会发展深度调研报告14篇；“新华服务在线”手机客户端为市领导提供决策参考38篇，提供舆情短信1000多条，舆情分析报告40份，热点舆情专题21个；新华网广西频道“南宁市网站”，专题直播南宁市重要活动，定期邀请市主要领导作客访谈栏目《新华会客厅》；“美丽南宁”客户端5月在苹果、安卓市场上线，下载量近10万次，播发报道4800多篇；“新华掌媒”WAP网站、微博“@新华广西快讯”对南宁市亮点工作、重大活动进行微直播。与中国新闻社加强海外合作，中新社向境外播发与南宁市有关的文、图、视频通稿485篇，在柬埔寨《金边晚报》、菲律宾《商报》、泰国《亚洲日报》、印度尼西亚《千岛日报》、美国《侨报》、澳大利亚《大洋日报》制作南宁新闻专版6个。与中央主要媒体加强战略合作，《人民日报》推出世锦赛专刊4个，刊发世锦赛新闻报道34篇（幅），4月8日头版头条刊发《凸显国际范 提升首位度 南宁越开放越自信》；《经济日报》刊发有关南宁市报道78篇（条），世锦赛专版2个，7月29日在头版头条刊发《南宁：创新城市管理 共享和谐之美》；《光明日报》12月11日第一版报眼刊发《南宁：还世界以精彩》；《科技日报》11月25日头版头条刊发《创新，向着提升南宁首位度的目标——南宁发展新观察》。

文化交流 联合马来西亚、澳大利亚、泰国，中国香港、澳门地区及湖南卫视金鹰传媒共同举办“春天的旋律·2014跨国春节晚会”，海外观众超1亿人。向海外华文媒体赠送优秀中文书籍840本。开展“境外媒体聚焦南宁”采访活动，东盟十国26家媒体约30名记者组团采访南宁市。编纂《南宁概览》《锦绣南宁》《水问邕江》等作品用于经贸、文化、旅游、友好往来等对外交流。

【网络宣传】 2014年，市委宣传部协调人民网、广西新闻网等自治区内外重点新闻网站，围绕全市宣传重点策划开展微议两会、美丽南宁、民歌响亮、网聚全锦赛、壮乡世锦、群众路线、核心价值观等网络专题，发布网上新闻信息1.20万条，新发布公益广告200多条。全国人大、政协“两会”期间，市长周红波作客人民网接受在线访谈。运用官方微博畅通网民沟通渠道。腾讯微博“@南宁发布”发布微博2867条，粉丝量突破190万，影响力在自治区宣传微博中位居第一，在全国省会城市宣传微博中位居第七；各县（区）、开发区均开设宣传部门官方微博，其中兴宁区、江南区、青秀区、西乡塘区、邕宁区、良庆区、武鸣县、横县、宾阳县、上林县、广西—东盟经济技术开发区开通官方微信，形成以“@南宁发布”为核心的微博、微信“两微”矩阵。办理、回复网民给市委书记留言283条，给市长留言448条。编报《网络舆情动态》《网络舆情专报》《季度网络舆情热点前瞻》109期，手机短信160多条，获市领导批示44条；向国信办报送网络舆情信息6500多条，报送量位居全国直报点城市首位。开展“2014净网行动”等专项整治，清理属地网站空间，定期组织网站负责人、编辑开展业务学习，建立网络从业人员数据库；依法依规处理违规网站，整顿横县峦城网等4家网站。组织开展第二届文明网站创建评选活动，评出文明网站18家。

【社会主义核心价值观宣传】 2014年，南宁市以学雷锋志愿服务、孝敬教育、诚信教育、勤劳节俭教育为切入点，开展“图说我们的价值观”宣传、“节俭养德全民节约”行动等社会主义核心价值观宣传，弘扬优良传统，倡导时代新风尚。持续报道上林姑娘石芳丽、江南污水处理厂技术维护班班长滕天婴、南宁儿童康复中心副主任、市培智学校副校长曾兰等践行社会主义核心价值观先进人物事迹。利用大型户外电子屏、广告栏、社区板报、工地围挡等播放、张贴社会主义核心价值观宣传画、宣传标语等。在各校园设置道德文化墙；市主干道灯箱等不间断滚动宣传标语；各公交候车亭宣传面积20%以上；各工地围栏公益广告张贴率30%以上；各大型商场、超市、星级宾馆酒店、公园及机关院落设置宣传栏（墙）。8月28日，承办中宣部指导，光明日报社、中国人民大学、中国伦理学会等单位联合主办“核心价值观百场讲坛”第五场活动，全国优秀共产党员、广西武警总队政委丁晓兵作题为《在经受考验中坚守精神的高地——感悟社会主义核心价值观的熔铸和打造》演讲，参加听讲座党员干部1200多人，光明网对讲座进行视频直播，全国收看节目网友412万人，通过微博、论坛等参与交流互动网友38.50万人。

【信息调研】 2014年，市委宣传部向自治区党委宣传部、市委办公厅报送舆情信息1500多条。组织全市宣传文化系统开展“践行群众路线 提高宣传思想文化工作水平”调研，形成调研报告60多篇，向自治区党委宣传部推送8篇。编印《宣传思想信息》28期，编印《南宁市宣传文化系统调研文集》，更新南宁宣传网信息300多条。

【文化南宁建设】

重大文化活动　2014年，南宁市举办新春文化活动月。开展“大地飞歌新春大型音乐会”“跨年文艺晚会”“我们的中国梦”等新春送欢乐广场文艺活动；开展文化下乡惠民活动1000多场，参与群众200多万人次；开展第五届乡村社区和谐文艺大展演3000多场，参与群众150多万人次；实施“千村万户文艺惠民工程”，创建文艺村30个、文艺户60户，组建文艺志愿队16支，招募文艺志愿者3000多名，开展活动234场。推动南宁国际民歌艺术节开幕式晚会《大地飞歌》“本土化”转型，“一声所爱·大地飞歌”节目推出汪小敏等新人在中央电视台春节联欢晚会演出。

文艺精品创作　大型壮族舞剧《妈勒访天边》受邀参加《中华风韵》欧洲巡演；大型壮族歌舞剧《百鸟衣》受邀参加第十届中国（深圳）国际文化产业博览交易会展演。市艺术剧院青年歌手李清影在国家文化部主办第十一届全国声乐比赛中获流行音乐组优秀奖；壮族群舞《骆越先歌》获第九届中国舞蹈“荷花奖”当代舞银奖；双人舞《火塘情》获全国少数民族舞蹈展演铜奖。市艺术剧院创作舞剧《百鸟衣》、舞蹈《和·鞋》，市民族文化艺术研究院创作末伦《送鞋情》入选国家艺术基金2014年度舞台艺术创作资助项目，分别资助350万元、20万元、15万元。12月，南宁市投资拍摄35集大型战争情感剧《兵变1929》在南宁电视台首播。

文化产业发展　至年末，南宁市累计有各级文化产业示范基地（园区）54家，总资产30亿元，年利润3亿元，年纳税额1亿元，从业人员5000人；获自主知识产权9项、国家级奖励46项、省部级奖励66项。动画电影《雷锋》、动画连续剧《阿米萝之歌海奇缘》《哒哒狐与呵呵猪》、动画电视片《歌仙映象·百越列国历险记》、系列动画片《TIME》、体验式壮族精品文化长廊《壮·秀》、话剧《人人都爱中山路》，以及千年传说国际动漫产业园、南宁印象壮都文化创意产业园、中国—东盟书画艺术产业园、百越动漫谷、民族文化动漫游戏制作资源库及互联网运营平台、中国—东盟文化节、中国东盟青年艺术品创作大赛等14个项目被文化部列为2014年文化产业重点项目，数量居自治区首位。组织体验式壮族精品文化长廊《壮·秀》等3个项目申报文化部特色文化产业重点项目；组织申报国家、自治区文化产业发展专项资金，中国东盟书画新媒体交易平台、永恒晶钻IMAX影城项目获扶持资金240万元。在南宁高新技术产业开发区软件园打造“南宁市动漫之家”公共服务平台，有国家认定动漫企业4家。

文化基础设施建设　5月，南宁新民族影城（位于民族大道150号）开业，拥有自治区最大的IMAX巨幕影厅；南宁博物馆建设项目办公区建设基本完工，室外景观建设进入收尾阶段；市民族艺术基地综合楼、业务楼交付使用单位，基地剧场二次装修项目进入招标阶段；市群众艺术馆新馆工程开工，剧场二次装修初设方案通过专家评审；市图书馆项目完成选址，进入设计方案征集阶段；顶蛳山贝丘遗址博物馆项目前期工作有序推进。

5月，南宁新民族影城开业　　周家志　摄

【先进典型选树】　2014年，南宁市培育、选树、推介、宣传先进典型55人，推出陈美杏重大先进典型，宾阳县“代理妈妈”群体、援非医生钟日胜、拾金不昧保洁员黎素娟、见义勇为“的哥”黄世国等先进典型入选“中国好人榜”。开展“美丽南宁·整洁畅通有序大行动”十大最美人物评选表彰。

陈美杏典型宣传　4月23日，南宁市举办“公仆心　百姓情”陈美杏同志先进事迹报告会，讲述江南区劳动保障监察大队副大队长陈美杏，情系群众、一心为民的故事，号召全市党员干部以陈美杏同志为榜样，带头践行党的群众路线，带头改进作风，带头廉洁自律，听取报告400多人；推出一篇长篇通讯、一篇报告文学、一篇理论文章、一场报告会、一部电视专题片、一条服务热线，全方位宣传陈美杏同志先进事迹。9月，国家人力资源和社会保障部印发文件在全国人力资源和社会保障系统开展向陈美杏同志学习活动；自治区党委宣传部将陈美杏作为重大先进典型推出。

十大最美人物评选　南宁市于2013年10月在全市组织开展最美交警、最美城管、最美司机、最美记者、最美物业管理员、最美志愿者、最美环卫（园林）工人、最美工地管理员、最美社区工作者、最美（农贸）市场管理员等“十大最美人物”评选活动，经市民推荐、媒体宣传、市民投票及联合评审，评选出104名“最美人物”。2014年4月1日，“美丽南宁·整洁畅通有序大行动”2013年“十大最美人物”评选表彰在南宁电视台8号演播厅举行，104名来自各行各业的“最美人物”获表彰。

【思想政治工作】　2014年，南宁市表彰2013年度思想政治工作“十佳”先进单位（集体）：中共宾阳县委员会、中共武鸣县委员会、中共横县委员会、中共青秀区委员会、中共江南区委员会、中共西乡塘区委员会、中共南宁经济技术开发区工作委员会、中共南宁高新技术产业开发区工作委员会、中共南宁市卫生局委员会、中共南宁市公安局委员会。开展思想政治工作优秀论文评选，征集论文380篇。

【爱国主义与国防教育】　2014年，南宁市组织60多万学生参加全国第二十一届青少年爱国主义读书教育活动，27名学生、6名教师获全国荣誉，8名学生、6名教师获自治区级荣誉，南宁市连续12次获全国活动组织特等奖。参加全国、自治区“中国梦·我的梦”征文、演讲、讲故事比赛活动，获征文比赛全国一等奖1名、二等奖1名、三等奖4名；演讲、讲故事比赛获全国二等奖2名、三等奖2名。参加自治区第六届“我邀明月松中华”历代经典爱国诗词配乐朗诵大赛。推进爱国主义教育基地建设，宾阳县程思远故居、广西大学被评为第六批自治区爱国主义教育基地。开展“情系国防好家庭”评选，承办自治区“情系国防好家庭”先进事迹报告团巡回报告会；市桃源路小学被授予“广西优秀少年军校”称号；开展第十四个全民国防教育日活动；建设人民公园炮台南宁市近现代历史国防陈列馆。

【南宁市优秀新闻工作者评选】 2014年10月至11月，市委宣传部、市新闻工作者协会举行2014年南宁市优秀新闻工作者评选活动。《南宁日报》陈媚、杨静、孟振兴、周家志；南宁电台符蔚、罗妍、罗赟、黄宝逸；南宁电视台李军、麦志豪、蒲锡林、刘婷、李暘；《南宁晚报》林显威、文洁、黎兆齐、赵金玲，南宁广播电视技术中心罗晟，南宁新闻网汤洁葵、杨林等20名新闻工作者被评为2014年南宁市优秀新闻工作者。

【南宁市互联网协会成立】 2014年5月23日，南宁市互联网协会召开成立大会，为自治区首个市级互联网民间团体。协会宗旨是遵守宪法、法律、法规和国家政策，遵守社会道德风尚，提高南宁市互联网技术应用水平和服务质量，保障国家利益和用户利益，普及网络知识，推动网络文化建设，引导用户健康上网；促进南宁市互联网产业的发展，发挥互联网对南宁市社会、经济、文化发展和社会主义精神文明建设推动作用。大会确定南宁新闻网、老友网、猫扑网、时空网等33家网站、互联网研究机构成为第一批会员单位；市文联副主席李雁当选第一届会长；老友网、南宁新闻网、猫扑网、时空网、广西城市网、南方微社区等6家网站（单位）为第一届理事会。会上，会员单位共同签署南宁市互联网上网自律公约，发出“网络文明迎世锦”倡议。

【宣传队伍干部教育】 2014年，市委宣传部制定《南宁市宣传文化系统干部教育培训制度》。11月1日至7日，在浙江大学举办“南宁市文化产业发展与新闻宣传工作创新专题培训班”，全市宣传文化系统各单位、各县（区）、开发区从事文化产业发展与新闻宣传工作干部骨干50人参加培训。11月19日至21日，在市委党校举办2014年南宁市基层宣传文化干部培训班，各县（区）委宣传部副部长、各开发区宣传文化工作负责人、各乡镇分管宣传工作的副职领导、宣传委员、文化（广）站站长，市宣传文化系统干部、信息员，市网络评论员、网络监察员约500人参加培训。 （市委宣传部编写组）

统一战线

【概　况】 2014年，中共南宁市委统一战线工作部组织开展坚持和发展中国特色社会主义主题教育实践活动，夯实服务全面深化改革的思想基础和多党合作的基础，持续推进“四比四看”（比建言献策看效果、比服务质量看实绩、比服务社会看贡献、比自身建设看形象）活动、“六项工程”（素质工程、核心工程、凝聚工程、合力工程、延伸工程、奉献工程）、“同心”品牌、党外干部锻炼基地建设。10月，市委统战部机构编制调整，新增加行政编制3名；市委统战部不再挂市政府宗教事务局牌子，不再承担依法管理宗教事务的职责；市政府宗教事务局调整在市民族事务委员会加挂牌子，5名行政编制划入市民族事务委员会（市宗教事务局）。

【经济统战】 2014年，南宁市非公有制经济工作领导小组成立，办公室设在市委统战部（简称“市非公办”），出台《中共南宁市委　南宁市人民政府关于进一步优化环境促进非公有制经济跨越发展的若干意见》等政策文件。开展以“信念、信任、信心、信誉”为主要内容的非公有制经济人士理想信念教育实践活动，举办理想信念教育实践活动报告会、培训会43场。组织开展“走企问需、入企问难、访企问计”活动，帮助非公有制企业解决发展中的难题，走访非公有制企业565家，收到非公有制企业提出的关于政府服务、融资难、招工难、发展环境等意见建议，归纳梳理18条。组织开展“项目落实年”暨“桂商情系故乡行”活动，与自治区对接项目治谈活动，邀请桂商到邕考察投资3批次。7月、10月，分别在清华大学、浙江大学举办南宁市非公有制经济人士培训班，培训100多人次。

【文化统战】 2014年，南宁市开展统战理论政策研究及工作实践创新成果评选。收到统战理论研究论文384篇、实践创新成果50篇。其中，《新形势下城市民族工作探析——以南宁市为例》《从“高处”着眼从“难点”入手支持民主党派加强基层组织“五有”建设》分别获中央统战部2014年度全国统战理论政策研究创新成果二等奖、工作实践创新成果奖。继续开展“同心·美丽南宁”宣传主题活动，在《南宁日报》、南宁电视台等新闻媒体刊播统战理论文章及统战新闻200多篇（次）。市委统战部牵头，组织开展南宁市申报创建“中国书法城”，组织举办南宁市“广西书法名城”授牌暨创建“中国书法城”启动仪式、“南宁—南昌书法篆刻”交流展、“南宁—玉林书法篆刻”交流展、“美丽南宁·绿城翰墨”书法篆刻晋京展等活动。12月5日，“美丽广西·绿城翰墨”——南宁书法篆刻作品晋京展在北京民族文化宫举办。

10月29日，南宁市知识分子联谊会成立大会暨第一次会员代表大会召开。市委常委、统战部部长容康社担任名誉会长，市政协副主席、民进南宁市委会主委黄均宁当选会长　　温从进提供

【港澳台及海外统战】 2014年，南宁市加强与港澳台及海外经贸、文化往来。接待澳门房地产商会考察交流团、港澳台及海外客商"桂商情系故乡行"考察团、澳门亿方农林科技有限公司等投资考察团。邕、港、澳三地乡亲联谊活动交流频繁，组团赴港参加香港广西南宁市同乡联谊会春茗活动暨第六届常务会董（会董，出自章炳麟《兴浙会章程》，指某些组织的董事或常务理事）就职典礼等系列社团活动，赴珠海、深圳与旅港、旅澳乡亲开展联谊活动。举办"香江风·壮乡情——邕籍乡亲寻根之旅"活动，参加人数100多人。2月26日，香港南宁市同乡联谊会横县、宾阳工作部挂牌成立，南宁市成为广西首个在香港设立县级"工作部"的城市。开展台胞台属家访活动，走访慰问南宁市老台胞、特困台胞33人及黄埔老人7人。协助黄埔同学会、黄埔后代亲属联谊会赴广西桂东南五县、市（博白、陆川、北流、容县、兴业）考察抗日战争爱国将军的故居、参观烈士纪念馆及收集相关历史资料。开展教育扶贫，台湾民主自治同盟中央委员会牵线促成北京市第四中学无偿提供给上林县中学、马山县合作初中使用三年180万元的远程教育资源。

【"同心"品牌建设】 2014年，市委统战部分别在青秀区、武鸣县、广西—东盟经济技术开发区举办现场交流会3次，举办"四比四看"活动实践基地建设成果展。6个城区落实民主党派基层组织固定场所，市财政追加核拨各民主党派基层总支活动专项经费30万元。出版《南宁市民主党派史》《南宁市统一战线简明读本》。深入推进"同心·关爱农民工"行动，在南宁市伊岭工业集中区举办南宁市统一战线"同心·关爱农民工"行动等系列活动，开展劳动技能培训4307人次，为农民工办理法律援助案件16件，开展农民工慰问演出8场，提供扶助关爱留守儿童资金100多万元。继续开展"同心"村结对帮扶，引导各民主党派成员参与、服务隆安县都结乡陇割"同心"村新农村建设，筹集款物77.90万元，扶持种植铁皮石斛，硬化村巷道，改善小学办学条件，慰问困难群众。搭建"关注民生·乐善好施"公益捐赠活动平台，发动民营企业家及有关人士捐款50多万元，建设乡村小学"同心食堂""同心爱心书屋"等。

【党外代表人士队伍建设】 2014年，市委统战部组织选派30名处级、25名科级党外代表人士参加党外干部培训班。组织党外代表人士赴异地开展教育培训，联合市委组织部在浙江大学举办2014年南宁市党外中青年科级干部培训班，培训党外代表人士61人。制定市委常委、市政府党员领导干部与党外代表人士联谊交友制度，16位领导干部与48位党外代表人士建立联谊交友关系。与市委组织部联合制定《南宁市党外代表人士实践锻炼基地工作管理办法（试行）》，选派6名党外代表人士（正科级4名）到武鸣县、邕宁区市级党外代表人士挂职基地锻炼。推动党外知识分子工作，整合无党派人士联络组和新的社会阶层联谊会，10月成立南宁市知识分子联谊会，组织做好传统领域、新的群体、留学人员3个板块的工作。引导南宁市新阶层、民营企业中传承父辈企业的年轻企业家及在邕自主创业、留学归国创业者，创建"南宁市创二代工作委员会"，搭建南宁市"创二代"活动平台。至年末，南宁市有正科级以上党外干部564名（正处级22名、副处级137名、正科级405名），覆盖城建、经济、教育、医学、农业等专业。

（温从进）

【云南省南宁商会成立】 2014年5月7日，南宁首家异地商会云南省南宁商会第一次会员暨邕滇经贸旅游推介大会在昆明国际会展中心举行。商会由40余家南宁籍自然人、法人及其他组织在滇投资企业自发组建，致力于"提升邕商形象，维护会员权益，整合多方资源，谋求更大发展"，打造在滇邕商坚定友谊、共同发展平台，为促进邕滇两地经济社会和谐发展贡献力量。会员企业主要投资行业为制造业、建筑业、批发和零售业、金融业、交通运输仓储业、房地产业、租赁和商务服务业、文化体育和娱乐业等。会员大会选举云南滇红集团股份有限公司董事长王天权为商会首届会长，选举执行会长、常务副会长、副会长9人。期间，商会与民生银行高新支行、中国银行顺城支行签署授信协议，支持商会下属企业融资需求，与百色市工商业联合会签订《百色工商业联合会（总商会）与云南省南宁商会互助服务协议》；南宁市委统战部、市工商联、市投资促进局、市旅游局等部门领导参加邕滇经贸旅游推介会。据统计，在滇投资兴业南宁籍商人近8万人，创办企业600多家，经营涉及医药、旅游、地产、矿产、物流等行业；累计投资300多亿元，每年上缴税收近10亿元，解决劳动就业60多万人，为云南省社会公益事业捐款、捐物8000多万元。

（钟　情）

市直机关党的建设

【概　况】 2014年，中共南宁市直属机关工作委员会直接管辖机关党组织93个，其中机关党委51个、党总支部11个、党支部31个；间接管辖党组织870个，其中党委18个、党总支部35个、党支部817个。党员1.82万名，其中在职党员1.18万名，离退休党员4967名，其他1381名。市直机关工委《加强机关党的作风建设 激发机关党员干部干事创业活力》在自治区机关党建论文评比中获一等奖。6月、10月，南宁市分别在自治区、全国机关党建工作座谈会上作典型发言。11月，中央直属机关工委主办的《中直党建》刊登《聚合力　添动力　提高机关党建科学化水平》《做好"加减乘除"提升服务能力》，专题报道南宁市机关党建工作。

【思想建设】 2014年，南宁市直属机关各党委（党组）参加中心组理论学习5360多人次；各党组织举办主题宣讲、报告会、辅导课、研讨班等1100多场次，组织党员群众听理论宣讲、学术报告3万多人次。市直属机关工委抽调19名专家、学者、领导、资深党务工作者组成"市直机关'践行群众路线，提升南宁首位度'主题党课巡讲团"，到市直机关各党组织开展巡讲活动。4月至6月，巡讲覆盖市直机关直接管辖的党组织，参加学习党员群众2.30万名。举办领导干部时代前沿知识讲座5期，参加听讲座的处级领导干部、机关党务工作者5300多人次。举办市直机关"践行群众路线，提升南宁首位度"演讲比赛，参加比赛的党员380名，听众9600多人次。加强宣传、选树典型。市直机关工委编印内部刊物《南宁机关党建》4期，出版党的群众路线教育实践活动专题板报4版，采写信息32条，其中被《广西机关党建》《南宁日报》《绿城党旗红》等报刊、简报采用12条，在《南宁日报》《广西日报》开设专版4个；机关各党组织制作宣传板报1500多块、横幅标语400多条，编印工作简报220多期，发布信息700多条，向市直机关工委推荐先进典型123个，获各级媒体宣传典型30个，其中大王滩水库管理处党委获自治区、南宁市媒体立体宣传；首次运用报告文学形式编写《镜子——市直机关优秀共产党员先进事迹报告文学集》。

【组织建设】 2014年，市直机关工委以加强服务型党组织建设及“践行群众路线，提升南宁首位度”主题实践活动为载体，抓班子、抓队伍，不断夯实机关党建工作基础。全年举办党务干部培训班4期（党务工作创新专题培训、学习贯彻党的十八届四中全会精神市直机关党务干部业务培训、“绿城党旗红”党建信息平台推广应用培训、市直机关党员统计工作培训），培训1000多人次。创新培训方式，首次组织部分机关党委书记、副书记及获2013年度党建目标管理考核“十佳党委”“十佳党（总）支部”书记、副书记，以及工青妇群团组织优秀工作者共43人异地培训，赴江西省干部学院学习。审批成立、调整、撤并机关及二层机构党组织32个，指导17个基层党组织进行换届选举。召开“公推直选”党组织代表座谈会2次，完善“公推直选”工作。组织8个检查组到市直各机关党组织开展《中国共产党党和国家机关基层组织工作条例》贯彻落实情况专项检查。加强发展党员工作。坚持、完善发展党员推优制、公示制、预审制、票决制、谈话制、集体审批制等6项制度；建立发展党员督查机制，实行发展党员工作年报、季报制度，对各单位发展党员工作进行不定期抽查；实行发展党员预警制度，通过口头告知、函告督办、黄牌警告、组织谈话等方式，对12个单位党组织发出预警；举办入党积极分子脱产学习培训班，培训入党积极分子250人；新发展党员128人，全部落实“789”结构调控目标（即35岁以下青年占70%以上，大学专科以上文化程度占80%以上，工作一线占90%以上）。春节、七一、国庆节期间，慰问困难党员、老党员1097人次，发放慰问金42万元；党组织、群团组织通过党内互助金、上门走访慰问形式补助困难党员30人、困难职工30人，发放慰问金10万元。

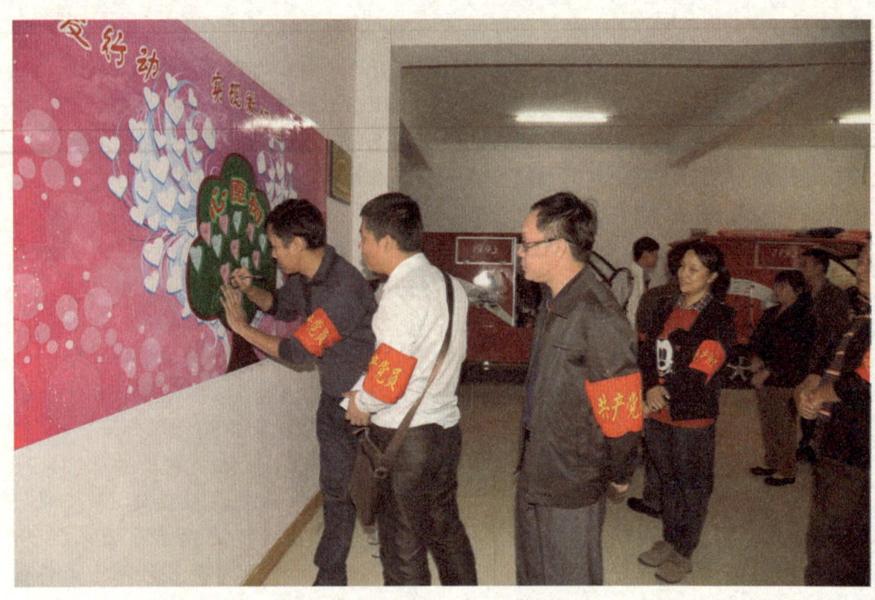

11月6日，市直机关工委党总支在秀厢村开展党员进社区活动。图为党员正在认领群众微心愿 候惠君 摄

【党风廉政建设】 2014年，市直机关工委保持反腐倡廉高压态势，与市委签订《2014年南宁市直属机关党风廉政建设目标管理责任状》，与所属机关党组织签订党风廉政建设责任状。组织开展“坚定理想信念，坚守组织纪律”党风廉政主题教育活动，通过将党风廉政教育内容列入中心组学习计划、工委主要领导和纪工委书记亲自上党课、参观廉政教育基地、赠送廉政书籍、观看廉政短片、入党积极分子培训班增设党风廉政教建设内容等形式，开展党风廉政主题教育。完善党风廉政建设责任制考核办法，梳理《机关党建目标管理考评细则》，将考评内容由75项缩减至33项。在市直机关设有机关党委的单位全部成立机关纪委，加强党风廉政建设。举办机关纪检干部培训班。在市直机关创建廉政文化建设示范点11个，廉政教育基地6个。加强党风廉政建设信息平台建设，更新完善90个责任单位数据信息。成立市直机关作风建设督查组，设立作风建设举报电话、邮箱、信箱等，公开举报方式接受社会监督。严肃党的纪律，查处违纪党员6名，给予违纪党员党纪处分。

【群团工作】 2014年，市直机关工委加强群团工作。成立市直机关文化和体育联合会，设会长1名，副会长3名；下设文学联谊会、书画联谊会、摄影联谊会、音乐舞蹈联谊会、体育联谊会。30个工会组织、12个共青团组织、8个妇委会完成换届选举；新成立团组织3个，累计52个，新成立妇委会2个，累计79个。工会工委、团工委、妇工委分别举办业务培训班1期，培训近500人。把“青年文明号”“巾帼文明岗”的创建活动与党组织创先争优活动紧密结合。团工委举办“梦想成真，立志成才”座谈会；妇工委举办杜丽群、陈美杏先进事迹报告会。发挥党群“连心桥”的作用，发动志愿者为干部职工办实事办好事。市直机关18个团组织近200名青年志愿者到南宁市友谊苑廉租房小区开展青年志愿服务进社区统一行动；工会工委开展市直机关单身干部职工联谊活动，参加职工800多人；团工委、妇工委分别组织团员青年100多名、妇女干部100多名开展“保护邕江母亲河”和“植百年巾帼树 造家庭幸福林”打造“美丽南宁”植树活动。组织开展帮扶活动。工会工委帮助7名患重病职工办理医疗互助保险理赔，开展“金秋助学”活动资助困难职工子女17人、5.10万元；团工委组织8个团组织50多名青年志愿者到福利院看望孤寡老人；妇工委募集到“母亲邮包”价值5万多元，被中国妇女儿童发展基金会、中国邮政集团公司评为2013—2014年度“母亲邮包”项目先进集体。开展民族团结健身运动会、气排球比赛、乒乓球比赛、“共唱中国梦”职工歌手大赛等文体活动；市直机关代表队参加南宁市“唱国歌·共圆中国梦”大型群众歌咏比赛获总分第一。

【在职党员进社区服务群众】 2014年9月，南宁市直属机关党组织开展在职党员进社区服务群众活动，挂牌成立市直机关党员志愿服务站200多个。以党员志愿服务队为主体，在市直各机关单位“美丽南宁·整洁畅通有序大行动”责任社区及结对帮扶村建立市直机关党员志愿服务站。服务站统一服务标识，由市直机关工委统一设计、制作服务站牌，党员在服务站佩戴“共产党员”袖章，展示党员志愿服务队队旗；统一服务制度，制定《南宁市直机关党员志愿服务站管理办法》《党员志愿服务站工作制度》《党员志愿服务活动记录表》等，规范党员服务站工作程序；统一台账管理，统一制作《党员志愿服务手册》，建立健全服务台账；统一机构设置，每个服务站设站长、联络员各2名。组织市直机关各党组织和党员干部到社区报到，开展“微心愿”征集、认领、兑现活动，帮助解决群众实际困难。至年末，市直机关有8150名党员到285个社区、村报到，在职党员收集群众"微心愿"5831个，兑现"微心愿"5130个。

（梁敏聪）

政策研究

【概　况】 2014年3月，中共南宁市委全面深化改革领导小组成立，办公室设在中共南宁市委政策研究室。年内，市委政研室围绕"服务市委、服务基层"目标，深入开展调查研究，提高以文辅政水平，发挥市委智囊团、参谋部的职能作用，为提升南宁首位度做出贡献。牵头起草《南宁市深化改革若干要点》《南宁市深化改革若干要点分工方案》等，为全面深化改革做好顶层设计。牵头、参与起草市委、市政府政策文件19份，开展课题、专题调研17项，完成市领导讲话材料、理论文章、接受媒体采访稿、重要汇报材料等19篇，出版《南宁工作研究》6期，编印《决策参考》3期、《南宁全面深化改革专报》13期、《南宁全面深化改革简报》13期，向市委办公厅报送并被采纳信息15篇。

【政策文件研究起草】 2014年，市委政研室政策文件研究起草注重推进破解制约发展的瓶颈问题，突出指导性、针对性、操作性，起草重大政策文件19份。其中：指导南宁市经济社会发展全局的政策性文件主要有《中共南宁市委关于全面深化改革　奋力提升南宁首位度的决定》《中共南宁市委关于全面推进法治南宁建设的实施意见》《中共南宁市委办公厅　南宁市人民政府办公厅关于落实〈中共南宁市委关于全面深化改革　奋力提升南宁首位度的决定〉确定任务的通知》《南宁市助推广西成为我国西南中南地区开放发展新的战略支点的任务和措施》等；推进深化改革工作的政策文件主要有《南宁市深化改革若干要点》《关于在南宁经济技术开发区开展深化行政审批制度改革试点的工作方案》《南宁市关于深化行政审批制度改革的若干措施》《南宁市全面推进农村产权制度改革工作方案》及配套文件3个等；促进重点领域加快发展的政策文件主要有《关于加快推进南宁保税物流中心向综合保税区转型升级的意见》《中共南宁市委　南宁市人民政府关于推动大明山风景旅游区跨越发展的若干意见》（送审稿）、《关于加快五象新区发展的决定》等。对《南宁市建设沿边金融综合改革试验区实施方案》《南宁市加快现代工业跨越发展的若干政策意见》《中共南宁市委　南宁市人民政府关于创新和加强农民工工作的实施意见（初稿）》等20多份征求意见稿提出修改意见。

【全面深化改革推进工作】 2014年3月，中共南宁市委全面深化改革领导小组成立，办公室设在市委政研室（在市委政研室加挂南宁市委全面深化改革领导小组办公室牌子，简称"市委改革办"）。市委改革办起草《中共南宁市委全面深化改革领导小组工作规则》《中共南宁市委全面深化改革领导小组专项小组工作规则》《中共南宁市委全面深化改革领导小组办公室工作细则》，以及《南宁市深化改革若干要点》《南宁市深化改革若干要点分工方案》，为全市推进全面深化改革做好顶层设计。筹备市委全面深化改革领导小组全体会议2次，市委全面深化改革领导小组专题协调会议、大明山风景旅游区管理体制专题会议、在南宁经济技术开发区开展深化行政审批制度改革试点工作领导小组协调会议等6次会议。在全面推进深化经济体制改革、开放合作体制机制改革、城市建设管理和生态文明体制改革、农村综合改革、民主法制领域和社会体制改革、文化教育卫生体制改革、党的建设制度改革、纪律检查体制改革等8个领域，启动20项改革举措。建立南宁市全面深化改革工作联络员制度，在全市70个部门单位设立改革工作联络员。

【课题研究与专题调研】 2014年，市委政研室围绕全市经济社会发展重点难点问题，深入农村、社区、企业一线基层，开展重大专题调研与课题研究17项。围绕深化改革与制约经济发展瓶颈问题，开展《南宁市城区、开发区行政审批制度改革专题调研》《关于完善大明山风景旅游区管理体制的意见建议》《从平面到立体效益　打造"亿元楼宇"群——南宁市楼宇经济发展情况调研报告》《借力内陆开放　引领塞上发展——银川市加快提升经济社会首位度的经验和启示》《南宁市深化北部湾经济区综合配套改革的对策建议》等调研。围绕城市建设管理突出问题，开展《五象新区失地农民系统安置专题调研》《加快南宁市建筑业改革发展的专题研究》《理顺城市轨道交通运营管理体制研究》等调研。围绕影响农村生产生活问题，开展《南宁市创建现代特色农业（核心）示范区工作情况及思路汇报》《贵阳、遵义两市新农村建设和现代农业产业示范园区建设调研报告》等调研。

【重要综合文稿起草】 2014年，市委政研室完成市委重要文稿材料19篇。参与起草市委书记在全市教育大会上的讲话、在全市农村工作会议上的讲话、在全市非公有制经济发展暨城镇化工作会议上的讲话、在南宁市处级领导干部"深入学习习近平总书记系列讲话精神，全面深化改革，奋力提升南宁首位度"专题研讨班上的讲话等。牵头起草南宁市上半年经济运行情况和下半年计划、南宁市贯彻落实自治区重大改革举措情况的汇报、南宁市西江经济带改革发展情况汇报等。

【统筹城乡推进工作】 2014年4月，南宁市统筹城乡改革发展工作委员会机构调整，市委政研室（市委改革办）承担原市统筹委政策研究及统筹协调工作。市委政研室（市委改革办）做好与原市统筹委人员、物资等交接，以综合示范村建设为突破口，推进统筹城乡工作。在推进综合示范村建设中，安排农民住宅新建及改造、公共服务设施、村容村貌改造、村庄基础设施等建设项目372个，计划总投资7.11亿元。恢复、完善综合示范村建设工作机制，承担全市12个综合示范村建设推进工作牵头协调职能，召开第七次全市综合示范村建设工作例会，编写综合示范村建设简报3期，以手机短信形式向市领导及各县（区）、市直部门有关负责人发送示范村建设信息111条，加快综合示范村建设进度。6月24日至30日，会同市委督查室、市政府督查室等部门联合对全市12个综合示范村上半年建设进展情况开展督查，现场研究解决问题；起草南宁市综合示范村及特色户型推广工作汇报材料报自治区。　（周建华）

机构编制

【概　况】 2014年，南宁市稳妥推进事业单位分类改革，创新机构编制管理，提高机构编制工作效能。召开市机构编制委员会委员会议5次，审议议题85个。调整政府工作部门11个；落实、承接上级政府明确取消、下放、调整涉及市县级行政审批项目230多项。

【市本级政府机构改革】 2014年，南宁市机构改革调整涉及的机构有：1.组建市卫生和计划生育委员会，为市政府工作部门，不再保留市卫生局、市人口和计划生育委员会。2.组建市文化新闻出版广电局,为市政府工作部门,不再保留市文化新闻出版局、市广播电影电视局。3.重新组建市食品药品监督管理局（加挂市食品安全委员会办公室牌子),为市政府工作部门。4.组建市旅游发展委员会,为市政府工作部门,不再保留市旅游局。5.重新组建市工业和信息化委员会（加挂市糖业发展局牌子),为市政府工作部门,不再保留市城乡数字化建设办公室。6.组建市农业委员会,为市政府工作部门,不再保留市农业局、市水产畜牧兽医局、市政府管理的市农业机械化管理中心（市农业机械化管理局)。7.组建市林业和园林局,为市政府工作部门,不再保留市林业局、市园林管理局。8.组建市金融工作办公室,为市政府工作部门,不再保留设在市政府办公厅的市金融工作办公室。9.市工商行政管理局由自治区级以下垂直管理调整为市政府工作部门。10.市质量技术监督局由自治区级以下垂直管理调整为市政府工作部门。11.市政府办公厅加挂市重点项目建设办公室牌子。12.市发展和改革委员会加挂市北部湾经济区和东盟开放合作办公室、市数字化建设办公室牌子。13.市民族事务委员会加挂市宗教事务局牌子,市委统战部不再挂市宗教事务局牌子。14.将市人力资源和社会保障局管理的市公务员局职责划入市人力资源和社会保障局,不再保留市公务员局。15.市委、市人民政府信访局列入市委工作机构序列。11月,南宁市改革涉及调整的11个政府工作部门(工商、质监部门除外)及市信访局实施“三定”(定机构、定职能、定编制)规定。

【行政审批清理规范】 2014年,南宁市优化投资软环境。推动市、县(区)、国家级开发区成立行政审批制度改革工作领导小组及办公室;市机构编制、发展改革、法制、政务管理等部门联合开展行政审批事项清理规范及优化流程;印发实施《关于在全市开展清理审批事项和优化办事流程工作的通知》《关于做好上级明确取消下放行政审批事项的落实和衔接工作的通知》《关于印发南宁市进一步深化行政审批制度改革工作方案的通知》《关于公开南宁市各部门行政审批事项等相关工作的通知》《关于印发〈加大简政放权力度,促进行政审批提速提效实施方案〉的通知》等。落实、承接上级政府明确取消、下放、调整涉及市县级行政审批项目230多项;清理、取消市“红头文件”设定的审批事项;市本级46个承担行政审批事项的部门(单位)全部在其门户网站及市机构编制委员会办公室网站公开审批事项清单,接受社会监督。印发《关于推进“审管分离”涉及机构调整有关工作的通知》,对南宁市承担行政审批职能的45个部门(单位)分散在各内设机构的审批职能进行整合,按照“撤一建一”的原则在承担审批职能的部门（单位)设立行政审批办公室,所有审批事项交由行政审批办公室统一进驻政务服务中心办理,其他内设机构不再承担行政审批职能,将重心转向日常业务指导和后续监管。谋划推行政府权力清单制度,开展前期调研。

【纪律检查体制改革】 2014年6月27日,中共南宁市纪律检查委员会、市监察局调整内设机构,将市纪委、市监察局内设机构办公厅、监察综合室整合为办公厅,将党风政风监督室（市政府纠正行业不正之风领导小组办公室)、执法效能监督室(市行政效能投诉中心)整合为党风政风监督室（市政府纠正行业不正之风领导小组办公室),撤销预防腐败室(南宁市惩治和预防腐败体系建设领导小组办公室),增设第四纪检监察室、第五纪检监察室、纪检监察干部监督室;在干部室（派驻机构管理室）基础上组建组织部,在宣传教育室基础上组建宣传部;案件管理室更名案件监督管理室,纪检监察一室更名第一纪检监察室,纪检监察二室更名第二纪检监察室,纪检监察三室更名第三纪检监察室;案件审理室加挂案件申诉复查工作办公室牌子;信访室不再加挂举报中心牌子。调整后,市纪委、监察局内设机构14个。

【保税物流中心管理体制改革】 2014年,南宁市理顺保税物流中心管理体制,将南宁保税物流中心管理委员会由与市北部湾经济区和东盟开放合作办公室合署办公调整为由南宁高新技术产业开发区管理委员会管理,南宁保税物流中心管理委员会仍为市政府派出机构。将原市北部湾办、南宁保税物流中心管理委员会所属事业单位南宁市保税物流中心成建制划由南宁高新技术产业开发区管理委员会管理,调整增加人员编制及内设机构,为加快推进南宁保税物流中心向综合保税区转型提供保障。

【市委全面深化改革领导小组办公室组建】 2014年3月,南宁市在自治区率先组建市委全面深化改革领导小组办公室,为统筹推动各项改革提供保障。在市委政策研究室加挂市委全面深化改革领导小组办公室牌子;将市统筹城乡改革发展工作委员会与市委政策研究室（市委全面深化改革领导小组办公室）进行整合,将市统筹城乡改革发展的政策研究、统筹协调工作划由市委政策研究室(市委全面深化改革领导小组办公室)承担,推进统筹城乡改革发展的具体工作由市政府各相关工作部门承担,不再保留市统筹城乡改革发展工作委员会。

【中国共产党南宁市非公有制经济组织和社会组织工作委员会设立】 2014年1月14日,中国共产党南宁市非公有制经济组织和社会组织工作委员会设立,挂靠市委组织部,负责全市非公有制经济组织、社会组织党的建设工作。

【不动产登记机构设置】 2014年12月31日,南宁市在市国土资源局地籍管理科加挂南宁市不动产登记局牌子,整合市国土资源局、市住房保障和房产管理局、市农业委员会、市林业和园林局的部分职能,履行全市不动产登记的相关职能,对外使用“南宁市不动产登记局”牌子、印章。

【事业单位分类改革】 2014年,南宁市根据中央、自治区关于分类推进事业单位改革要求,按行政类、公益类(公益一类、二类)、生产经营类三个类别,完成市、县(区)4500多个事业单位分类,向自治区报备南宁市事业单位分类方案,为推进事业单位改革打下基础。结合政府机构改革,推进承担行政职能事业单位改革,市、县(区)将农业机械化管理中心的行政管理职责划入政府工作部门,整合撤并相关机构。推进生产经营类事业单位改革,对市场服务中心、市地产业总公司、市房产业总公司等生产经营类事业单位实施转企改革。市机构编制、组织、人力资源和社会保障、财政等部门联合探索事业单位公益目标评估体系建设,建立事业单位绩效考评制度,初步拟订事业单位绩效考核办法。

【教职工编制保障】 2014年,南宁市出台教职工编制保障相关政策文件。市编办、市教育局开展专题调研,形成《关于南宁市教职工编制情况的报告》。按照中小学校教育需求,从总量内调剂核定教职工编制636名,用于补充城区新建扩建学校教职工。完善市直中小学校后勤服务人员配备,按不超过教职工编制总数3%比例重新核定公办中小学校后勤服务人员控制数。创新幼儿园机构编制管理,在编制总量内调剂部分事业编制用于新投入使用的公办幼儿园园长、财务等管理人员及骨干教师，不足部分通过政府购买服务方式配齐补足幼儿园专任教师、保育员等教职工。针对隆安县因教职工问题被教育部约谈情况，开展专题调研2次，指导隆安县通过优化编制配置、盘活教育编制资源等方式，缓解教职工编制紧缺问题。

【医疗卫生编制调整】 2014年，市编办协同有关部门推进县级公立医院综合改革试点、实施壮、瑶医药振兴计划、完善基层医疗卫生事业单位用人新机制、加快推进基层医疗卫生服务体系建设、开展新型农村合作医疗基金市级统筹试点、建立市级一体化城乡基本医疗保障基金管理机构等。调整增加市第四人民医院事业编制40名，指导县(区)相应调增本级及乡镇艾滋病抗病毒人员编制。强化医疗机构服务保障建设，将市中医院病床床位总数由175张增至650张，相应增核人员编制15名；调整增加南宁中心血站(南宁输血医学研究所)人员编制20名，加强血站采集力量；批复市第二人民医院增挂市骨科疾病研究所牌子。加强审定、管理市级新农合定点医疗机构，批复成立市新型农村合作医疗管理中心。

【机构编制总量控制】 2014年，南宁市根据中央财政供养人员只减不增要求，制订《南宁市控编减编方案》，明确全市各级行政编制总量(含政法专项编制)不得突破中央、自治区下达的限额；事业编制总量以2012年末统计数为基数，5年内只减不增；市本级、各县(区)、开发区财政全额、差额拨款事业编制总额以2012年末统计数为基数，精简5%，分别收回市、县(区)机构编制委员会(开发区管理委员会)统一管理，用于贯彻落实中央、自治区、南宁市重大决策部署，以及全市性重大民生保障等；对2014年末前全市超出2012年末统计基数编制的2067名增量消化工作做出制度性安排。严格用编审核，原则上各部门(单位)空编主要用于政策性安置及引进急需人才，根据全市机关事业单位编制空缺情况，研究下达南宁市机关事业单位2014年度编制(控制数)使用计划3971名，确保用编单位在编制限额内使用编制、引进人员。严格科级领导职数申报审核制度，审核市中级人民法院、市政协办公厅、市委办公厅等申请使用科级领导职数机关事业单位200个（次），批复使用科级领导职数424个。

【机构编制存量盘活】 2014年，南宁市探索实行机构编制动态管理办法，优化调整137个机关事业单位的名称、职责、内设机构、人员编制等；从市城市环境卫生管理处、市道路交通管理处、市南湖公园、市政工程处、市城区集体工业联社等部门调减编制120多名，充实到经济发展、医疗卫生、社会保障、环境应急、客运交通、房产管理等单位，增强中心工作、全局性工作、重大民生保障方面人员力量。规范政府购买服务行为，清理部门(单位）利用财政资金聘用外聘人员，明确外聘人员申报管理制度，审核申请外聘人员单位214个(次)。

【整洁畅通有序大行动编制保障】 2014年，市编办会同市财政、人力资源和社会保障、公安交警等部门对交通协管工作进行调研，核准利用财政资金聘用交通协管员编制1000名，缓解城市交通协管力量不足问题，确保南宁体操世锦赛期间交通畅通。针对井盖破损、井盖丢失、路面塌陷等涉及公共安全紧急、突发案件应急处置工作责任主体不清问题，召开理顺城市管理应急处置职责问题协调会，重新明确各城区、开发区、市城市管理局、市城市管理监督评价中心、市“美丽南宁·整洁畅通有序大行动”指挥部办公室等部门单位责任分工。根据城市客运管理需要，整合城市公共汽电车、出租汽车、轨道交通运营行业管理职能，成立南宁市城市客运交通管理处，理顺南宁市城市客运交通管理体制。

【机构编制专项核查督查】 2014年，南宁市组织开展“吃空饷”专项治理，处理“吃空饷”人员50人，通过“12310”举报电话，受理隆安县乔建镇“吃空饷”举报电话1起，处理相关责任人。组织开展机构编制核查，印发《关于全市深入开展机构和人员编制核查全面推行机构编制实名制管理的通知》，组成4个工作组对全市5467个部门（单位）进行联合审查，对2364个部门(单位)进行实地核查，实地核查率44%，纠正问题54个。组织开展“变相占用乡镇编制”专项清理，印发《关于开展“变相占用乡镇编制”专项清理工作的通知》，对县(区)“变相占用乡镇编制”143人全部按规定调整到位。组织开展虚设机构专项整治，清理领导小组24个，市纪委、市监察局退出、取消议事协调机构196个，保留、继续参与议事协调机构18个。组织开展领导职数全面核查，对市本级159个机关事业单位、县(区)机关事业单位核定1万多名领导职数进行全面核查，摸清底数，做实台账，堵塞漏洞。组织开展绩效考评督查，对县(区)机构编制执行情况进行全面督查，市机构编制委员会对年度绩效考评中存在超编超配11个县(区)进行通报。

【机构编制信息化管理】 2014年，南宁市加强机构编制信息化管理。结合全市机构编制核查对市、县(区)两级实名制数据库500多万条人员信息进行比对、修改、完善，调整完善实名制数据库信息系统指标采集体系，指导县(区)基本完成实名制业务独立内网建设，实现对部门(单位)编制使用情况动态监控。对全市机关事业单位机构编制实名制系统进行升级改版，通过电子政务信息网与自治区机构编制委员会办公室链接，实现全市各级机构编制实名制管理网上运行、在线办理。市、县(区)通过实名制管理系统办理入编、减编事项1500多项。

【中文域名注册管理】 2014年，南宁市推进中文域名注册管理续费及网络红页推广应用。市、县(区)完成中文域名注册4906个，注册率90%，续费率95%以上，注册覆盖率在自治区排名第一，注册总量自治区排名第二，南宁市被自治区列为自治区中文域名注册及网络红页推广试点城市。

【事业单位登记管理】 2014年，南宁市开展2013年度事业单位法人报告审查，年检事业单位4300个，年检率99.90%，合格率99.90%。加强对事业单位登记监督管理，督促事业单位依法依规做好法人设立、变更、注销登记等工作，办理事业单位法人设立登记167个、变更登记1539个、注销登记39个。

（黄振生　潘羿安　叶　欢）

老干部事务

【概　况】 2014年，南宁市举办全市离退休干部迎春茶话会，召开全市老干部工作会议；继续开展自治区离退休干部“百千万”活动(在自治区成立100支文艺队、组织1000名科技工作者、10000名老年志愿者，深入基层开展活动)，组织各县（区)、市直单位老年人团体、“五老”(老模范、老干部、老战士、老专家、老教师)志愿者，开展服务清洁乡村、服务农民工、服务企业活动。调研报告《关于以老年大学助推"文化养老"的思考》获自治区党委老干部局调研成果一等奖。

至年末，南宁市有离休干部851人。其中：市区（含六城区、广西—东盟经济技术开发区）628人，武鸣县53人，横县46人，宾阳县46人，上林县22人，马山县45人，隆安县11人；行政机关258人，事业单位225人，企业单位368人；享受自治区主席级医疗待遇1人，享受自治区副主席级医疗待遇1人，享受厅（局）级医疗待遇（含享受）39人，县处级医疗待遇（含享受）647人，乡（科）级医疗待遇153人，享受其他待遇10人；第二次国内革命战争时期入伍1人，抗日战争时期入伍77人，解放战争时期入伍773人；70岁~79岁21人，80岁~89岁696人，90岁以上134人。

【老干部政治学习】 2014年，南宁市组织离退休干部开展政治理论学习。通过宣讲会、报告会、辅导会、支部学习会、送资料、座谈交流等形式，帮助老干部加强对党的十八大、十八届三中、四中全会精神的理解，深刻领会习近平总书记系列讲话精神；坚持给老干部订阅党报党刊，做到离休干部人手一份报纸、一份杂志，发放中组部老干部局印发《离退休干部党支部学习参考》6期150多份，征订《老年知音》3200多份。4月29日、7月1日，分别在市老干部活动中心多功能厅举办全市离退休干部政治理论学习报告会，解读、分析党的十八届三中全会精神及时事政治，老干部500多人参加。

【老干部文体活动】 2014年，南宁市于元旦、七一、国庆节期间在中华电影院举办电影招待会3场，组织老干部观看《海神密码》《天上的菊美》《触不可及》《救火英雄》等影片，观影的老干部5000多人次。4月10日至11日，在市老干部活动中心举办全市离退休干部麻将比赛，老干部300多人参加。9月，组织全市离退休干部开展"多彩金秋"文化活动周（月）活动。开展电影品鉴会、门球比赛、政治经济讲座、健康保健讲座、文艺巡演等活动，参加活动的老干部4500多人次；组织作品节目、代表队参加自治区第二届"多彩金秋"文化活动周书法摄影手工艺作品展、文艺汇演、门球、乒乓球、中国象棋等比赛、活动，门球队获优胜奖（一等奖）；各县（区）、有关单位于重阳节前后，组织开展"多彩金秋"文化活动周活动160多场，参加活动的老干部1.30万人次。市老干部活动中心组织老干部开展健身、棋牌、桌球、乒乓球、门球、跳舞等活动，参加活动的老干部16万人次；市老年大学开设11个系34个专业113个班，老年学员3700多人次。全年参加文体活动的老干部70多万人次。

【老干部慰问】 2014年元旦、春节期间，市四家班子领导分别走访慰问曾任过南宁市领导的省级以上离退休老领导13人，慰问市四家班子离退休老领导39人；市委组织部、市委老干部局、市人力资源和社会保障局联合分组到市各医院看望因病住院的老干部、处级退休干部166人；组织慰问困难离休干部及离休干部遗孀14人。为90岁以上离休干部、80岁以上市、县（区）四家班子离退休老领导进行生日祝寿95人；到医院看望住院老干部410多人次，登门看望老干部500多人次。在建国65周年之际，市四家班子领导分别走访慰问新中国成立前参加革命工作的老干部14人。

【老干部医疗保健】 2014年，南宁市转发中央、自治区《关于提高离休干部护理费标准的通知》，督促检查离休干部护理费落实情况。5月，市、县各级离休干部护理费全部发放到位。红军时期参加革命工作的老干部护理费由每人每月1600元提高至1800元，抗日战争时期参加革命工作的老干部护理费由每人每月800元提高至1200元，解放战争时期参加革命工作的老干部护理费由每人每月400元提高至600元。同时，将离休干部住院床位费由每人每天30元调整至60元，与自治区级离休干部保持同等水平。组织开展老干部两年一次健康疗养，全市近900名离休干部健康疗养经费落实到位。

【为老干部办实事】 2014年，南宁市完善、发挥"援通呼叫系统"平台作用，为老干部提供亲情化居家养老服务。其中，提供紧急求救呼叫服务321人次（120急救呼叫321人次），一般生活呼叫服务602人次（寻求家政人员服务204人次、维修家电厨卫335人次、援通人员上门服务63人次）。12月，与广西12349便民服务平台签订协议，拓展为老亲情服务项目内容，由固定电话呼叫式转为老人定位手机呼叫式服务。解决市属非国有或非国有控股企业234名离休干部统筹外经费（含特需经费、春节慰问费、健康疗养费）53.39万元；解决马山县县属离休干部易地就医医疗费用支付；解决宾阳县1名离休干部生活性补贴落实及政策解释；解决隆安县浪湾华侨农场1名异地参保离休干部护理费落实；解决改制、破产企业离休干部丧葬费及抚恤金落实；解决市糖业股份有限公司伶俐糖厂、明阳糖厂2名离休干部医疗统筹等。

【老干部阵地建设】 2014年，南宁市向自治区党委老干部局报送市老干部活动中心、市老年大学、上林县老干部活动中心3家单位参加自治区首批示范性老干部活动中心、老年大学创建评比。投入450万元对市老干部活动中心示范性创建升级改造，园林休闲面积增加1000平方米，室内面积增加280平方米，活动项目新增4个。改善市老年大学办学条件。6月17日，市老年大学市妇女儿童活动中心分校成立；11月，市老干部活动中心、市老年大学、上林县老干部活动中心3家单位通过自治区党委老干部局审核验收，成为自治区首批示范单位。在市、县

6月17日，南宁市老年大学市妇女儿童活动中心分校正式揭牌

市妇联提供

（区）两级成立老干部党校12所。市、县两级老干部党校网络基本构建完成，开展政治经济报告会、党支部书记培训、老党员骨干培训、学习考察等活动36场次，参与人员2733人次。（覃光然　李　娟）

党校教育

【概　况】 2014年，中共南宁市委党校（南宁市行政学院、南宁市经济干部学院、南宁市社会主义学院）加强教育培训及科学研究，获2014年度国家社会科学基金项目1项。召开广西北部湾城市党校协作会首届年会；承办2014年广西党校（行政学院）系统后勤工作交流会暨服务技能比赛；获2013年度广西党校（行政学院）系统工作创新成果一等奖。

【教育培训】 2014年，市委党校围绕市委、市政府战略部署及中心工作开展教学。加快"理论教学+基地实践"党性教育特色课程、"围绕中心、服务大局"地方特色课程、根据干部成长规律及领导干部需要开发课程等"三大特色"课程体系建设；完善"党校+高校+基地"培训模式，提升学员解决急难险重工作能力；加大聘请、引进人才力度，聘请客座教授20人、特约研究员15人，引进博士1人；邀请10多名国内知名专家学者来校授课；有成熟课程67门，由38位教师在主体班授课150多次，在外接班授课70多次；全年举办干部教育培训班46期100个班，培训8284人次；承接计划外办班140期，培训3.31万人。加强学员管理，对处级班实行半封闭式、中青年干部培训班实行准军事化管理，形成学员管理"南宁模式"品牌。加强教研基地建设，新增"李明瑞、韦拔群烈士纪念馆"教学研究基地。加强对县（区）党校业务指导，举办"南宁市党校（行政院校）系统优质课比赛""2014年南宁市党校系统教师及干部培训班"，选派优秀教师到县乡党校授课，资助市辖县县委党校每校课题1个，助推县（区）党校教学质量及科研水平不断提升。

【科学研究】 2014年，市委党校加强科研管理，强化服务意识，提高科研水平。向市委提交内参《党校咨政专报》1期，公开出版《2014年南宁市市情研究报告》《生态文化与美丽广西》《中国共产党党内关怀思想及机制研究》等书籍3部，编辑出版《中共南宁市委党校学报》6期；立项或承担完成各级课题73个，公开发表学术论文54篇，科研成果获各种等次奖项55项，其中国家级1项（《生态文化与美丽广西》获全国优秀社会科学普及作品），省部级6项（《中小学心理教师专业化现状调查及发展探究》《建立健全党内激励、关怀、帮扶机制研究》分别获广西第十三次社会科学优秀成果奖二等奖、三等奖，《加快构建区域性国际金融中心　构筑南宁市在广西北部湾新的"战略支点"中的核心地位》《广西北部湾经济区构建区域应急合作机制的障碍及对策研究》《北部湾经济区依托民族文化资源　加快特色文化产业发展的思考》获第五届广西社会科学界学术年会优秀论文奖，《主体功能区建设与北部湾经济区产业战略支点构建研究》获第五届广西社会科学界学术年会优秀论文三等奖），市厅级48项。申报2014年度国家社会科学基金西部项目1项获立项。做强"党理轩"理论宣传品牌，在《广西日报》《当代广西》《南宁日报》等党报党刊上发表理论宣传文章13篇。与南宁市党的建设研究会联合组织举办"加强党的建设　提升南宁首位度"理论研讨会，邀请南宁市3位理论专家作专题发言，收到征文87篇，评出获奖文章33篇。

【广西北部湾城市党校协作会首届年会】 2014年3月6日，中共广西直属机关工委党校、中共南宁市委党校、中共北海市委党校、中共钦州市委党校、中共防城港市委党校、中共百色市委党校、中共玉林市委党校、中共崇左市委党校在南宁市签订《广西北部湾城市党校协作会协议书》，并在南宁市委党校召开首届年会，北部湾城市8所党校常务副校长、业务副校长、办公室主任等30人参加会议，交流办学经验。协作会原则为"加强交流、优势互补、资源共享、合作共赢"，开展教学观摩、主题研讨、联合办班、座谈互访、交流授课、信息交流、联合调研，建立师资库、专题库等多层次合作。协作会每年举办年会1次，由成员党校轮流主办。

（潘育蕾）

3月6日，广西北部湾城市党校协作会在市委党校成立并召开首届年会，广西区委党校副校长、广西行政学院副院长胡建华（左五）出席　　潘育蕾提供

南宁市人民代表大会

重要会议

【市第十三届人民代表大会第五次会议】 2014年2月12日至13日在南宁人民会堂举行。应到代表495人，出席会议代表465人。南宁市选举产生的自治区十二届人大代表，不是市人大代表的市委常委，市政府副市长，市政协副主席、秘书长，市委、市人大常委会、市政府副秘书长，市委各部、委、办、局主要负责人，市人大各专委、常委会各部门副处级以上干部，市政府各委、办、局主要负责人，市中级人民法院副院长，市人民检察院副检察长，市各人民团体主要负责人，市级双管单位及其他有关单位主要负责人列席会议。大会主席团成员58人。会议听取和审议市政府工作报告；审查、批准市2013年国民经济和社会发展计划执行情况与2014年国民经济和社会发展计划草案的报告，市与市本级2013年预算执行情况及2014年预算草案的报告；听取、审议市

人大常委会工作报告，市中级人民法院工作报告，市人民检察院工作报告。期间，代表提出建议142件、议案59件(其他转为建议51件)。以电子表决方式，表决通过关于市政府工作报告的决议，关于市2013年国民经济和社会发展计划执行情况与2014年国民经济和社会发展计划的决议，关于市与市本级2013年预算执行情况及2014年预算的决议，关于市人大常委会工作报告的决议，关于市中级人民法院工作报告的决议，关于市人民检察院工作报告的决议。

【市第十三届人民代表大会常务委员会会议】 2014年，召开会议7次。

第19次会议　1月13日至14日在市人大常委会会议厅召开。审议通过市人大常委会关于召开市十三届人大五次会议的决定和关于市十三届人大五次会议列席人员的决定；审议自治区、市人大代表2013年年终视察6个视察组的视察报告；审议市人大常委会工作报告(草案)和市人大常委会2014年工作要点（草案)；审议市政府关于地方性法规配套规范性文件制定情况的报告和市人大常委会法规配套规范性文件专项检查领导小组的检查报告。表决通过张小宏等22人任免职事项。

第20次会议　3月17日至19日在市人大常委会会议厅召开。传达学习十二届全国人大二次会议精神；听取和审议市政府关于2014年实施农民人均纯收入倍增计划与当前春耕生产情况报告，以及市人大常委会调研组调研报告，对实施农民人均纯收入倍增计划和抓好当前春耕生产作出决议；听取和审议市人大内务司法委员会关于市十三届人大五次会议主席团交付审议的第16号(《关于在农村推广“电子牛栏+十户联防”模式防盗的议案》）代表议案审议结果的报告，决定将第16号代表议案交市政府办理；审议《南宁市房地产开发项目配套设施建设管理条例(草案)》(三审)，表决通过《南宁市房地产开发项目配套设施建设管理条例》；审议《南宁市城市供水节水条例（草案)》(二审)、《南宁市消防条例(草案)》(二审)、《南宁市养犬管理条例(修改草案)》。补选自治区十二届人大代表1人。表决通过陆文勇等3人免职事项。

第21次会议　5月19日至21日在市人大常委会会议厅召开。听取和审议市政府关于《中华人民共和国大气污染防治法》实施情况的报告及市人大常委会执法检查组的检查报告；市政府关于《中华人民共和国税收征收管理法》实施情况的报告和市人大常委会执法检查组的检查报告；市政府关于《南宁市献血条例》实施情况的报告和市人大常委会执法检查组的检查报告。听取和审议市人大农业委员会《关于禁止在南宁市饮用水源地种植桉树的环保问题的议案》(第7号代表议案)、《关于严禁用耕地种植速生桉的议案》(第59号代表议案）审议结果的报告，作出关于市十三届人大五次会议第7号、第59号代表议案的决定；市人大城乡建设环境保护委员会《关于尽快修通高坡岭路连通仙葫大道等凤岭片区埌东汽车站周边道路的议案》(第9号代表议案)审议结果的报告，作出关于市十三届人大五次会议第9号代表议案的决定；市人大财政经济委员会《关于加快南宁区域性国际金融中心建设的议案》(第11号代表议案）审议结果的报告，作出关于市十三届人大五次会议第11号代表议案的决定；市人大内务司法委员会《关于加强社区戒毒社区康复工作的议案》(第17号代表议案)、《关于加强我市社区戒毒社区康复工作的议案》(第20号代表议案)审议结果的报告，作出关于市十三届人大五次会议第17号、第20号代表议案的决定；市人大法制委员会《关于制定〈南宁市西津国家湿地公园保护管理条例〉依法保护国家湿地公园的议案》(第54号代表议案）审议结果的报告，作出关于市十三届人大五次会议第54号代表议案的决定。对《南宁市城乡容貌和环境卫生管理条例(修订草案)》进行第二次审议；对《南宁市城市供水节水条例(草案)》进行第三次审议，表决通过《南宁市城市供水节水条例》。审议市中级人民法院关于报请许可刑事审判的报告、市人民检察院关于报请许可采取强制措施的报告。对1名市人大代表作出许可进行刑事审判的决定，对3名市人大代表作出许可采取强制措施的决定。表决通过唐波等7人任免职事项。

第22次会议　7月21日至23日在市人大常委会会议厅召开。听取和审议市政府关于筹备服务第四十五届世界体操锦标赛工作情况报告及各专题视察组的视察报告。审议市人大代表2014年年中专题调研7个调研组的调研报告。听取和审议市政府相关专项工作报告及市人大常委会调查组的调查报告，对南宁市学前教育三年行动计划工作进行满意度测评，公布测评结果，表决通过《市人大常委会关于我市学前教育三年行动计划工作情况的评议意见》。听取和审议市政府关于2014年上半年国民经济和社会发展计划执行情况的报告及2014年上半年预算执行情况的报告，市政府关于2013年南宁市本级决算草案的报告、2013年度南宁市本级预算执行和其他财政收支的审计工作报告，以及市人大财政经济委员会关于2013年南宁市本级决算草案审查结果的报告；同意市人大财政经济委员会关于2013年南宁市本级决算草案审查结果的报告，决定批准2013年市本级决算。听取和审议市政府关于征地拆迁回建安置情况报告及市人大常委会专题调研组的调研报告；市政府关于旅游业发展情况的报告和市人大常委会专题调研组的调研报告；市人民检察院关于反贪污贿赂工作情况报告和市人大常委会专题调研组的调研报告；市政府关于《中华人民共和国农村土地承包法》实施情况的报告和市人大常委会执法检查组的检查报告；市政府关于《中华人民共和国旅游法》实施情况的报告和市人大常委会执法检查组的检查报告；市政府关于《南宁市城市绿化条例》实施情况的报告和市人大常委会执法检查组的检查报告。对《南宁市消防条例(草案)》进行第三次审议，表决通过《南宁市消防条例》；对《南宁市养犬管理条例(修改草案)》进行第二次审议；对《南宁市公共汽车客运经营管理规定(草案)》《南宁市道路交通安全条例(草案)》进行第一次审议。表决通过梁展等17人任免职事项。

第23次会议　9月23日至26日在市人大常委会会议厅召开。传达学习习近平总书记在庆祝全国人民代表大会成立60周年大会上的重要讲话精神。对“美丽南宁·清洁乡村”实施情况开展专题询问。听取和审议市政府关于2014年市本级财政预算调整方案(草案)的报告及市人大财政经济委员会的审查结果报告，决定批准市政府提出的2014年市本级预算调整方案。听取和审议市政府关于保障性安居工程与旧城区改建项目纳入2014年国民经济和社会发展计划的报告及市人大财政经济委员会的审议意见报告，决定批准市政府提出的报告，同意将保障性安居工程与旧城区改建项目纳入2014年国民经济和社会发展计划。听取和审议市政府关于公共文化基础设施建设情况的报告及市人大常委会调研组的调研报告。听取和审议市政府关于农村危房改造项目实施情况的报告及市人大常委会调研组的调研报告。对《南宁市城乡容貌和环境卫生管理条例（修订草案)》进行第三次审议，表决通过《南宁市城乡容貌和环境卫生管理条例》；对《南宁市城市轨道交通管理条例(草案)》《南宁市信息系统安全保护条例（草案)》进

12月30日，南宁市人大常委会首次举行新任命人员向宪法宣誓仪式。图为副市长刘为民、市检察院副检察长孙乡平向宪法宣誓　　　　市人大常委会办公厅提供

行第一次审议；审议《南宁市人民代表大会常务委员会关于许可对市人大代表采取限制人身自由措施和实施刑事审判的办法（草案）》。听取市人大常委会代表资格审查委员会关于个别代表的代表资格审查情况的报告。表决通过覃卫国等24人任免职事项。

第24次会议　11月18日至21日在市人大常委会会议厅召开。听取和审议市政府关于市十三届人大五次会议代表议案决定的执行情况和代表建议办理情况的报告；市中级人民法院关于市十三届人大五次会议代表建议办理工作情况的报告；市人大常委会选举联络工作委员会关于市十三届人大五次会议代表建议办理工作督办情况的报告。听取和审议市政府关于2013年市本级预算执行和其他财政收支审计查出问题整改情况的报告及市人大财政经济委员会的检查报告，市政府关于2014年度城建重大项目实施情况的报告和市人大常委会专题调研组的调研报告，市中级人民法院关于刑事审判工作情况报告和市人大常委会专题调研组的调研报告，市政府关于《中华人民共和国档案法》实施情况的报告和市人大常委会执法检查组的检查报告。审议市政府关于市轨道交通3号线及与1号线同步实施工程建设资金年度计划的议案和市人大财政经济委员会的审议意见的报告，决定批准市轨道交通3号线及与1号线同步实施工程建设资金年度计划；关于市轨道交通3号线及与1号线同步实施工程建设资金年度计划的决议。审议市政府关于提请审议授予国际体联主席布鲁诺·格兰迪南宁市荣誉市民称号的议案和市人大民族华侨外事宗教委员会的审议结果报告；决定同意授予国际体联主席布鲁诺·格兰迪南宁市荣誉市民称号。对《南宁市养犬管理条例（修订草案）》进行第三次审议，表决通过《南宁市养犬管理条例》；对《南宁市道路交通安全条例（草案）》进行第二次审议。审议工作法规、工作制度17件，暂不对《南宁市人民代表大会常务委员会关于提高常委会会议审议质量的办法（草案）》进行表决，原则通过其他16件法规制度。表决通过李伟进等9人任免职事项。

第25次会议　12月30日在市人大常委会会议厅召开。审议通过市人大常委会关于召开市第十三届人民代表大会第六次会议的决定及关于市第十三届人民代表大会第六次会议列席人员的决定；决定于2015年2月4日，召开市十三届人大六次会议。审议市政府关于提请审议授予深圳研祥集团董事局主席陈志列南宁市荣誉市民称号的议案和市人大民族华侨外事宗教委员会的审议结果报告；决定同意授予陈志列南宁市荣誉市民称号。表决通过刘为民等9人任免职事项，关于许可市人民检察院采取强制措施的决定。

重大活动

【地方性法规立法】　2014年，南宁市人大常委会颁布实施法规5部；审议法规9部，通过5部；完成立法项目调研7项。颁布实施法规5部：《南宁市违法建设查处条例》《南宁市城乡规划管理若干规定》《南宁市饮用水水源保护条例（修改）》《南宁市郁江流域水污染防治条例》《南宁市城市供水节水条例》。审议法规9部：《南宁市城乡容貌和环境卫生管理条例（修订）》《南宁市消防条例》《南宁市房地产开发项目配套设施建设管理条例》《南宁市养犬管理条例（修订）》《南宁市道路交通安全条例》《南宁市城市轨道交通管理条例》《南宁市城市公共汽车客运管理条例》《南宁市饮用水水源保护条例（修改）》《南宁市信息系统安全保护条例》，其中表决通过《南宁市房地产开发项目配套设施建设管理条例》《南宁市城市供水节水条例》《南宁市消防条例》《南宁市城乡容貌和环境卫生管理条例》《南宁市养犬管理条例》5部。开展城市地下空间开发管理、科学技术进步若干规定（修订）、汽车租赁管理、殡葬管理、西津湿地保护、大明山风景旅游区管理、速生桉种植管理等7项立法项目调研。

【人大监督】　2014年，市人大常委会听取和审议专项工作报告18个，开展执法检查7次，开展专题询问1次，开展专项工作评议1次，备案审查规范性文件35件。强化对国民经济和社会发展计划执行情况，以及全口径财政预决算、审计监督。听取和审议市政府关于2014年上半年国民经济和社会发展计划执行情况的报告，推进计划审查监督由程序性向实质性转变；市政府2014年上半年全市预算执行情况等报告。审查、批准2013年市本级决算及2014年市本级财政预算调整方案，确保财政资金运行安全，提高资金使用效益；听取和审议市政府关于2013年市本级预算执行和其他财政收支的审计工作报告，以及审计查出问题整改情况的报告，推动有关县（区）政府、市直有关部门抓好整改。制定完善制度30多项，涉及金额8.56亿元，整改率99.60%，维护财政经济秩序。对开展“美丽南宁·清洁乡村”活动实施情况进行专题询问。针对“三农”（农村、农业、农民）薄弱环节及老百姓关心问题抓监督。在听取市实施农民增收倍增计划和春耕生产情况报告的基础上，组织常委会组成人员实地视察春耕生产和农业发展情况，使常委会作出的决议更有针对性及可操作性；针对百姓关注的学龄儿童“入园难”“入园贵”问题，组织开展学前教育三年行动计划实施情况专项工作评议，推动学前教育加快发展；针对社会关注的征地拆迁难、安置难，农村危房改造困难群体受益较少，公共文化基础设施比较薄弱，旅游发展层次不高等热点、难点问题，听取和审议市政府专项工作报告，促进民生问题、难点问题解决。加强执法检查。开展《中华人民共和国农村土地承包经营法》《中华人民共和国税收征收管理法》《中华人民共和国大气污染防治法》《中华人民共和国档案法》《南宁市献血条例》《南宁市城市绿化条例》等7部法律法规执法检查；配合自治区人大常委会开展《中华人民共和国代表法》《中华人民共和国测绘法》《中华人民共和国科学技术进步法》《中华人民共和国道路交通安全法》《广西壮族自治区实施代表法办法》《广西壮族自治区测绘管理条例》《广西壮族自治区道路交通安全条例》等7部法律法规执法检查。加强规范性文件备案审查。审查市政府规范性文件35件，其中政府规章9件、其他规范性文件26件，上报自治区人大常委会备案2件；指导检查各县(区)人大常委会规范性文件报备工作，促进依法行政；听取和审议市中级人民法院关于刑事审判工作情况报告及市人民检察院关于反贪污贿赂工作情况报告，促进公正司法。受理群众来信来访394件次，其中接待群众来访186批458人次，处理群众来信180件。

【专题调研】 2014年，市人大常委会组织开展专题调研3次。4月至5月，开展市学前教育三年行动计划工作专项评议调查，召开常委会会议审议调查报告，对存在学前教育认识不够到位，城乡发展不平衡，学前教育建设用地规划不到位，项目用地落实难等问题，提出加强规划建设，建设幼儿教师队伍，加强督导管理，多渠道加大投入等5条要求；常委会对市学前教育三年行动计划工作满意率75%。6月，组织开展年中专题调研。7个调研组分别对工业经济发展情况，城中村、乡镇容貌及环境卫生管理，公共文化基础设施重点项目建设，农村土地流转及规模经营，检察机关反贪污贿赂工作，旅游业发展，征地拆迁回建安置情况等进行重点调研，形成调查报告7篇，对存在工业下行压力，城中村人口结构复杂、综合整治难度大，公共文化基础设施布局欠合理，土地流转合同不规范，土地流转信息不畅，办案力度、执法规范化水平不够，旅游产品层次不高，旅游行业管理体制不顺，回建安置用地规划选址难，回建安置小区周边配套设施建设滞后等问题，提出加快产业结构转型升级、以立法推动城乡容貌和环境卫生管理、健全农村土地流转工作机制、依法查处擅自改变耕地农业用途行为、加大惩治和预防贪污贿赂犯罪工作力度、加快理顺旅游行业管理体制、创新拆迁回建安置模式等意见、建议35条；召开常委会会议审议7个调研组调查报告。7月7日至11日，组织驻邕全国人大代表、自治区人大代表到柳州市就《国务院关于加快发展旅游业的意见》贯彻落实情况开展区域交叉专题调研。重点调研柳州市旅游体制机制创新、民族特色旅游发展、旅游交通网络建设、旅游精品项目建设、旅游公共服务设施建设及旅游人才队伍素质建设等情况，提出改进意见、建议。

【专题询问】 2014年9月23日至26日，市人大常委会召开第23次会议，对"美丽南宁·清洁乡村"实施情况开展专题询问。会前，常委会组成6个调研组深入县(区)、开发区乡镇、村屯明察暗访，拍摄制作"美丽南宁·清洁乡村"暗访专题片。询问会上，播放暗访专题片，常委会12位组成人员及市人大代表就调研中发现存在乡村基础设施依然薄弱，部分村民知晓率、参与率不高，村民观望多、议论多、依赖性强，农村污水处理难，农业生产废弃物处理难等8个主要问题，向市政府及有关职能部门提问；市政府及有关部门负责人做出回答，提出加强农村基础设施建设，发挥群众主体作用，强化乡村规划建设管理，加强污水及农业生产废弃物处理，加大经费投入力度，完善考评标准及激励机制等对策、办法；常委会开展应询情况现场满意度测评。会后，形成《关于"美丽南宁·清洁乡村"活动实施情况专题询问的审议意见》，提出开展农村基础设施建设大会战、加强垃圾消化与污水处理技术指导、完善奖罚机制等8个方面意见，转市政府研究处理；加大跟踪督办力度，督促市政府及有关部门限期整改落实。反映"美丽南宁·清洁乡村"实施情况专题询问做法文章《让专题询问透出"辣味"来》被《中国人大》刊载，向全国推广。

【代表视察】 2014年，市人大常委会组织开展代表视察活动2次。

服务第45届世界体操锦标赛专题视察　6月，市人大常委会组织市人大代表分成7个专题视察组，对南宁市服务第45届世界体操锦标赛工作情况进行专题视察。视察组分别就市基础设施建设及市政公用设施保障、市容市貌整治、医疗卫生及食品安全保障、铁路沿线环境综合整治、道路交通畅通保障、城市环境质量保障、城市绿化美化彩化等7个方面开展视察，发现部分基础设施及市政公用设施项目推进缓慢、征地拆迁工作难度大，市容市貌整治力度不够，食谱有效执行不够，应急救护人员与设备不足，铁路沿线环境综合整治进度不平衡，交通基础设施与城市发展需求有差距，烟囱、市区扬尘、水环境、声环境等整治工作不够，城市绿化美化彩化整体效果与城市发展要求有差距等问题，提出加大宣传力度，加强资金筹措，加大整治力度，完善绿化规划，建立长效机制等意见、建议33条，形成视察报告7个。市人大常委会第22次会议听取、审议视察报告。

年终视察　2014年12月1日至5日，市人大常委会组织驻邕全国人大代表、自治区人大代表、市人大代表150多人，分成7个视察组，深入市直有关单位(部门)、各县(区)、开发区、重点企业及重点工程项目等，重点对2014年市城市规划执行情况，城市管理工作情况，环境保护工作情况，自治区、南宁市城建重大项目建设实施情况，轨道交通建设情况，自治区、南宁市为民办实事有关城建环保方面情况，以及旧城改造推进情况等方面进行年终视察。代表们针对视察中发现城市规划前瞻性不够，规划执行不严格；城市管理长效机制尚未全面形成；用地报批难、征地拆迁难、资金筹措难；部分重大项目建设及为民办实事项目进展慢，完成年度目标任务难度大等问题，提出意见、建议230多条。12月29日，市人大常委会召开2014年年终视察情况通报会，向"一府两院"("一府"指人民政府，"两院"指人民法院、人民检察院)通报视察中发现的问题及提出的意见建议。

【代表议案与建议办理】 2014年，市十三届人大五次会议期间，10人以上代表联名提出议案、建议205件，其中10人以上代表联名提出议案59件(法制方面议案3件，占议案总数5.09%；内务司法方面12件，占20.34%；财政经济方面18件，占30.51%；农业、农村方面5件，占8.47%；城乡建设环境保护方面13件，占22.03%；教育科学文化卫生方面4件，占6.78%；民族华侨外事宗教方面4件，占6.78%)。将符合议案基本条件的8件作为议案处理，交法制委员会调查审议1件，交内务司法委员会3件，交财政经济委员会1件，交农业委员会2件，交城乡建设环境保护委员会1件；经市人大常委会审议作出决定，将《关于在农村推广"电子牛栏+十户联防"模式防盗的议案》(第16号)、《关于加强社区戒毒和社区康复工作的建议的议案》(第17号)、《关于加强我市社区戒毒社区康复工作的议案》(第20号)、《关于加快南宁区域性国际金融中心建设的议案》(第11号)、《关于禁止在南宁市饮用水源地种植桉树的环保问题的议案》(第7号)、《关于严禁用耕地种植速生桉的议案》(第59号)、《关于尽快修通高坡岭路连通仙葫大道等凤岭片区埌东汽车站周边道路的议案》(第9号) 等7件议案交由市政府办理；将其余51件代表议案转为代表建议、批评、意见，与大会期间收到代表提出的建议、批评、意见，由市人大常委会办事机构依法交有关机关、组织研究处理，在法律规定时间内答复代表。市十三届人大五次会议期间及闭会期间，代表提出建议211件，其中大会期间提出建议205件(含议案转建议51件)，闭会期间提出建议6件。其中：法制类4件；内务司法类32件；财政经济类64件；农业类11件；城乡建设环境保护类66件；教育科学文化卫生类28件；民族华侨类6件。分别交由48个承办单位办理：交由市人大及其常委会有关部门办理2件；市政府及其有关部门办理199件；市中级人民法院办理2件；党群等其他单位办理8件。至10月末，交由市政府及其有关部办理199件建议全部答复，按时答复率100%。其中：办理结果为A类(即建议所提问题已经解决或者基本解决)49件，占建议总数24.60%；办理结果为B类(即建议所提问题正在解决或者已列入计划逐步解决)118件，占59.30%；办理结果为C类(即建议所提问题因条件限制或者其他原因待以后解决)27件，占13.57%；办理结果为D类（即建议所提问题不能办理只能作参考)5件；占2.50%。发出代表意见卡199份，收回196份；代表对办理结果表示满意180份(占91.84%，含6件不满意，经承办单位重新办理后表示满意)，基本满意16份(占8.16%)。

【人事任免】 2014年，市人大常委会依法任免国家机关工作人员94人次（任命53人、免职37人、接受辞职4人)。补选自治区十二届人大代表1人；组织选举和补选市十三届人大代表16人。

南宁市人民政府

重要会议

【市十三届人民政府第四次全体（扩大）会议】 2014年1月28日在市委、市政府会议中心召开。讨论通过拟提请市十三届人民代表大会第五次会议审议的《政府工作报告》。会议指出，2013年在市委坚强领导下，全市各级各部门齐心协力、锐意进取、攻坚克难、扎实工作，保持经济社会稳中有进、稳中向好良好态势，较好地完成市十三届人大四次常委会确定的目标任务。会议要求，2014年要把握好宏观经济形势；把握好稳中求进、改革创新核心要求；把握好市委关于奋力提升南宁首位度决定要求。会议明确，为实现《政府工作报告》提出预期目标，要统筹全局，稳中求进，用改革的精神、思路、办法，激发市场活力，释放发展的强大动力，以抓改革、促发展、惠民生为主基调，始终保持高于自治区平均水平的发展速度，突出全面深化改革、产业转型升级、新型城镇化建设、保障和改善民生，进一步扩大开放合作，举全市之力办好第45届世界体操锦标赛，奋力提升首府南宁在广西经济社会发展中的首位度，加快建设中国面向东盟开放合作的区域性国际城市、宜居的壮乡首府和具有亚热带风情的生态园林城市。

【政府常务会议】 2014年，市政府召开常务会议27次，审议议题187个，确定事项187项，听取专题汇报4次。

主要审议《南宁市2013年国民经济和社会发展计划执行情况与2014年国民经济和社会发展计划草案报告》《南宁市与市本级2013年预算执行情况和2014年预算草案的报告》《南宁市2014年城市建设项目投资计划建议表(第一期)》《关于扶持鼓励类商贸服务产业项目用地出让的通知》《南宁市烟花爆竹经营燃放管理规定》《南宁市餐厨垃圾管理办法》《关于加快推进南宁保税物流中心向综合保税区转型升级的意见》《南宁市畜禽养殖禁养区和限养区划定方案》《南宁市企业职工基本养老保险各级政府责任分担暂行办法》《畅通南宁三年行动计划》《南宁市2014年教育基本建设项目投资计划建议表》《南宁市信息服务业发展专项资金管理暂行办法》《南宁市控制吸烟规定》《南宁市养犬管理条例》《南宁市行政调解办法》《2014年政府立法工作计划》《南宁市创建国家环境保护模范城市规划(2012年修订)》《南宁市2014年工业园区标准厂房建设实施方案》《南宁市区社区公共服务设施建设规划》《关于建设“智慧南宁”的决定》《“智慧南宁”建设总体规划(2013—2020)》《南宁市市区重污染天气应急预案》《南宁市土方施工作业管理暂行规定》《南宁市房屋使用安全管理规定(修订)》《南宁市重点发展的工业领域生产性服务业项目认定及建设管理试行办法》《工业项目建设履约保证协议书》《南宁市城市网格化管理监督决策服务系统建设方案》《南宁市公共资源交易管理办法(暂行)》《南宁市公共资源交易监管目录》《2014年南宁市市本级财政预算内资金基建投资计划》《关于推进新建住宅项目配套中小学校建设的实施意见》《南宁市社区信息化建设总体规划》《南宁市社区信息化建设实施方案》《南宁市社会管理监控报警联网系统三期建设规划》《南宁市贯彻〈国家中长期语言文字事业改革和发展规划纲要(2012—2020)〉实施方案》《南宁市关于切实履行〈国际卫生条例(2005)〉加快推进公共卫生应急核心能力建设实施方案》《南宁市个人信用信息征集使用管理办法》《南宁市轨道交通二号线沿线车站命名方案》《广西大明山国家级自然保护区总体规划(2014—2023)》《广西大明山国家级自然保护区生态旅游规划》《南宁市安全生产“党政同责，一岗双责”制度暂行规定》《关于推动大明山风景旅游区跨越发展的若干意见》《南宁市助推广西成为我国西南中南地区开放发展新的战略支点的任务和措施》《南宁市罚没财物、追回赃款赃物和查封、扣押物品管理办法》《2014年南宁市市管开发区主要目标任务指标》《南宁市本级2014年度审计项目计划》《南宁市公共汽车客运经营管理规定》《南宁市道路交通安全条例》《南宁市商品住房项目配建保障性住房的实施意见(试行)》《南宁市人才安家费补贴暂行规定》《南宁市2014年节能降碳工作实施方案》《南宁市2014—2015年节能减排降碳行动方案》《南宁市人民政府关于进一步明确生产安全事故调查处理权限的通知》《南宁市农村住宅建设管理及推荐户型奖励工作考评暂行办法(试行)》《南宁市城乡居民大病保险试点工作实施方案》《南宁市限价普通商品住房转化为商品住房管理规定》《南宁市引进急需紧缺人才奖励暂行办法》《关于全面深化农村改革加快推进农业现代化的实施意见》《关于南宁市市区城镇土地使用税应税土地等级范围的公告》《南宁市立体绿化管理规定》《南宁市鼓励立体绿化实施办法》《南宁市立体绿化实施方案》《南宁市2014—2016年计划开工重大项目前期工作推进实施方案》《关于加快推进教育现代化的实施意见》《关于提升教育首位度全面推进首府教育现代化的实施方案》《关于加强教师队伍建设的实施意见》《关于贯彻〈广西壮族自治区人民政府办公厅关于创新体制机制加快学前教育发展的若干意见〉

的实施意见》《南宁市城乡容貌和环境卫生标准》《南宁市创业投资引导基金章程》《南宁市服务业提升发展二年计划(2014—2015年)》《南宁市本级技术研究与开发计划项目绩效考评管理办法(试行)》《关于表彰南宁市第十二次社会科学研究优秀成果的通报》《南宁市推进重大招商引资项目快速落地的实施意见》《南宁市关于加快推进限额以上商贸企业发展的若干意见》《关于公共场所噪声污染防治有关问题的通告》《南宁市城市轨道交通管理条例(草案审查稿)》《南宁市市管开发区年度绩效考评办法》《关于下达2014年南宁市县区工业园区主要目标任务指标的通知》《南宁市关于做好下半年经济工作努力实现全年稳增长目标的意见》《南宁市进一步做好劳动密集型重点企业用工服务的若干政策意见》《关于加快南宁市新型工业化实现跨越发展的决定》《南宁市加快新型工业化跨越发展的若干政策意见》《南宁市强优工业企业奖励办法》《南宁市优秀工业企业家奖励办法》《南宁市企业技术创新奖励办法》《南宁市全面推进农村产权制度改革工作方案》《南宁市城乡医疗救助办法》《南宁市鼓励和扶持企业上市(挂牌)若干规定》《南宁市信息系统安全保护条例(草案审查稿)》《关于修改〈南宁市荣誉市民称号管理办法〉的决定(草案)》《南宁市首席技师评选管理办法》《南宁市建筑安装工程劳动保险费管理办法(草案审查稿)》《南宁市保障性安居工程与旧城区改建项目纳入2014年国民经济和社会发展计划议案》《关于加大简政放权力度促进行政审批提速提效的若干措施》《关于下放农村住宅行政审批管理权限的决定》《南宁市农村住宅审批制度改革工作方案》《关于进一步提升社区建设水平的意见》《关于加强社区居民委员会工作用房和居民公益性服务设施建设和管理的实施意见》《南宁市社区公共服务事项准入管理办法(试行)》《2014年度南宁市科学发展十佳乡镇评比表彰工作方案》《2014年市本级财政预算调整方案》《关于推进南宁市沿边金融综合改革试验区建设专项扶持激励政策》《南宁市市民卡管理办法》《关于做好地方性法规和政府规章配套文件制定工作的意见》《南宁市燃煤二氧化硫污染防治办法》《南宁市耕地提质改造项目管理暂行办法》《南宁市区域卫生规划(2011—2020)》《南宁市医疗机构设置规划(2011—2015)》《关于加强社区矫正经费保障工作的意见》《南宁市加快加工贸易产业发展的若干措施》《南宁市加快加工贸易产业发展的若干措施配套细则》《南宁市车辆停放服务收费管理办法》《关于在南宁经济技术开发区开展深化行政审批制度改革试点的工作方案》《加快推进南宁保税物流中心向综合保税区转型升级的若干优惠政策》《关于进一步加快五象新区开发建设的决定》《广西南宁五象新区规划建设管理委员会人事管理体制改革方案(试行)》《国有及集体土地上房屋征收拆迁行政案件年度司法审查报告》《南宁市重大涉环保项目建设群体事件应急应对工作预案》《南宁市推进落实淘汰黄标车和老旧车工作实施方案》《南宁市逐步限制高污染汽车通行工作方案》《南宁市物流用地公开出让管理办法》《南宁市湿地保护规划(2013—2020年)》《南宁市自然保护小区规划(2013—2020年)》《南宁市市场发展服务中心转企改革工作方案》《南宁市申请列入国家"十三五"规划的重大工程重大政策重大项目》《关于创新和加强农民工工作的实施意见》《南宁市节能减排工作行政过错问责暂行办法》《南宁吴圩空港经济区重点产业发展规划》《南宁·东盟高校集中区总体规划(2014—2030)》《加快发展现代职业教育的实施方案》《南宁市企业纳税贡献奖励暂行办法》《南宁市关于鼓励建设和使用标准厂房的指导意见》《南宁市加快新能源汽车产业发展的若干意见》《2015年南宁市乡镇圩亭农贸市场建设改造项目工作实施方案》《南宁市跨境贸易电子商务综合服务平台建设工作方案》《南宁市重大项目审批绿色通道工作制度》《南宁市工商营业执照、组织机构代码证和税务登记证"三证合一"登记制度改革试点实施方案》等文件。

研究五象新区商品住宅开发项目配建小学问题、申报全国养老服务综合改革试点城市问题、向自治区申请追授曾春晖同志"模范公务员"荣誉称号问题、南宁市2014年度社科研究重大重点课题选题、2014年开展市级应急演练项目、南宁市2013年度人口和计划生育工作先进单位表彰问题、八大集团整合重组实施方案及有关问题、2014年出租车指标投放市场问题、推选陈志列为"南宁市荣誉市民"候选人问题、南宁市全面推进依法行政工作领导小组会议有关问题、鼓励类商贸服务产业项目履约监管协议书规范性文本、争取列入国家"十三五"规划的南宁市重大事项政策项目、优化调整南宁市机动车停放服务收费标准问题、调整非机动车停放保管服务收费标准问题、2014年南宁市国际航线开发工作方案、启动横县撤县设立县级市有关申报工作问题、2013年度南宁市科学发展十佳乡镇表彰名单、启动宾阳县撤县设立县级市有关申报工作问题、给予市公安局在反暴恐专项工作中表现突出的集体和个人记功问题、南宁火车东站周边新建道路命名方案、调整市辖江南区与良庆区部分行政区域界线问题、调整南宁市青秀区长塘镇行政区划等。

听取人口计生工作汇报、2014年为民办实事项目上半年进展情况汇报、2014年防汛工作情况汇报、2014年上半年安全生产工作情况汇报等。

【政府工作会议】 2014年，市政府召开工作会议14次，研究议题46个，确定事项46项。

主要审议《南宁市建设沿边金融综合改革实验区实施方案》《南宁市本级财政资金投资城市园林绿化工程管理办法》《南宁市兴宁区三塘镇全国发展改革试点城镇建设规划》《2014年南宁市举办大型活动计划》《南宁市加快危旧房改住房改造项目试点方案》《南宁市重要商品价格调控储备管理工作实施方案(试行)》《关于促进外经贸发展的实施意见》《南宁市绿岛便民小型加油站建设试点工作方案》《关于南宁市企事业单位开展创建劳动模范·技术标兵创新工作室工作的通知》《南宁市关停淘汰落后黏土烧结砖生产线工作实施方案》《南宁市2014年国有土地房屋征收项目计划表(第一批)》《南宁市农民人均纯收入倍增计划实施方案》《关于划定高污染燃料禁燃禁售区的通告》《南宁市大气污染防治三年行动方案(2014—2016)》《南宁市机动车排气污染减排体系建设实施方案》《市直机关事业单位利用财政资金聘用外聘人员薪酬调整方案》《南宁市2014年城市建设项目投资计划建议表(第三期)》《南宁市本级党政机关差旅费管理办法》《南宁市本级会议费管理办法》《推进南宁市政府采购电子化采购工作方案》《南宁市水泥企业脱硝设施运行财政补贴方案》《南宁市本级外宾接待经费管理办法》《南宁市全面推进农村金融改革深化金融服务"三农"发展实施方案》《南宁市推进社会办医(国家)联系点工作方案》《南宁市城市照明节能改造工作方案》《南宁市2014年国有土地上房屋征收计划表(第二批)》《南宁市地上地下空间建设用地使用权审批与确权登记暂行办法》《南宁市地震应急预案》《关于严格控制高耗能高

排放项目投资审批的实施意见》等。

研究2014年南宁市发展研究重点课题选题、承办第九届中国城镇水务发展国际研讨会与新技术设备博览会有关问题、核定南宁市凌铁大桥前期投资清算总费用问题、进一步加强节能减排工作有关问题、在政府投资建设项目现场监管中清理审批事项提高审批效率有关问题、2013年南宁市投资和重大项目推进先进单位和个人名单、南宁市出租汽车客运经营权有偿使用费问题、申报第十二届中国国际园林博览会问题、建立南宁市不动产统一登记工作联席会议制度问题、南宁外环高速公路移交评估工作有关事项等。

【市长例会】 2014年，市政府召开市长例会9次。主要研究经济运行、项目建设、迎接第45届世界体操锦标赛、贯彻落实国务院出台稳增长促改革调结构惠民生政策措施、社会稳定、"十三五"规划编制、西江经济带基础设施建设、安全生产、城市基础设施建设、土地出让问题、防汛、反恐和维护社会稳定、加强公务用车管理问题、南宁市"无会日"制度、政府机构改革、中小学校招生工作纪律问题、服务第11届中国—东盟博览会、中国—东盟商务与投资峰会及第45届世界体操锦标赛、落实《政府工作报告》提出的目标任务和措施、谋划2015年市政府重点工作集中调研活动、"十二五"各项目标任务落实工作、全市经济工作会议筹备工作、《政府工作报告》和为民办实事项目落实工作、2014年财政预算执行进度督查工作等。

【南宁市非公有制经济发展暨城镇化工作会议】 2014年1月10日召开。会议分析市非公有制经济发展和城镇化建设面临的形势，提出推动全市非公有制经济和新型城镇化发展的指导思想、任务目标、工作原则、方法措施。会议强调：要充分认识中央和自治区新部署新要求、区域开放合作、南宁市自身发展变化带来的新机遇，毫不动摇加快非公有制经济跨越发展。要着力推动规模扩张，增强企业核心竞争力，深化改革开放，优化服务，在做大非公有制经济总量上、提高非公有制经济质量上、激发非公有制经济发展活力上及改善非公有制经济发展环境上实现新突破。要坚持以人为本，推动以人为核心的新型城镇化建设；坚持规划引领，突出特色城镇化建设；大力推进基础设施建设，提升城镇承载功能；深入实施大县城战略，做大做强一批重点城镇；推动产城融合发展，增强城镇化发展后劲；坚持为民管理城市，提升城市管理现代化水平。

【迎接第45届世界体操锦标赛动员大会】 2014年3月18日召开。会议贯彻落实自治区党委常委会、自治区体操世锦赛领导小组第一次全体会议精神，对赛事筹备工作进行全面动员部署，明确要求，分解落实相关责任。

【教育发展工作会议】 2014年3月18日召开。会议对教育工作进行总结，就贯彻落实2014年全国教育工作会议、自治区教育发展大会、自治区教师工作会议精神，研究部署2014—2017年全市教育改革和发展工作任务，分析教育发展面临形势，提出新时期教育工作任务、发展方向、工作重点。

【2014年上半年经济运行分析会】 2014年6月16日召开。总结分析上半年经济运行情况及存在问题，研究冲刺"时间过半、任务过半"工作措施。会议认为，上半年，各级各部门按照市委、市政府决策部署，围绕奋力提升首府南宁在自治区经济社会发展中首位度目标，推进各项工作落实，全市经济平稳发展，规模以上工业增加值、全社会固定资产投资、财政收入、外贸进出口总额、实际到位内资、外商直接投资等主要经济指标继续保持两位数以上增长。要确保实现"双过半"，重点和难点在于提高规模以上工业增加值、全社会固定资产投资、社会消费品零售总额、建筑业增加值、商品房销售面积、财政一般公共服务支出几项指标对GDP的支撑。会议要求，各县（区）、开发区及各部门必须打起精神，主动作为，认真分析存在问题，进一步加大工作力度，找准着力点，制定解决办法，深挖潜力，填漏补缺，努力实现"双过半"目标，为下半年经济工作奠定坚实基础。

【政府职能转变和机构改革电视电话会议】 2014年7月22日，南宁市召开全市政府职能转变和机构改革电视电话会议，对政府职能转变和机构改革工作进行全面动员部署。要求重点抓好七方面：以深化行政审批制度改革为突破口，大力简政放权，抓好"接、放、管"工作；以建设精干高效政府为目的，深化政府机构改革；以统筹兼顾为方法，同步推进机关和事业单位改革；以服务基层为宗旨，深化乡镇行政体制改革；以"控、减、调"为手段，完成减编控编任务；以创新政府管理服务为着力点，建设服务型政府；以规范行政权力运行为重点，推进依法行政。

【2014年食品安全委员会全体工作会议】 2014年9月10日召开，部署"两会一节一赛"期间食品安全工作。会议审议通过《关于调整南宁市食品安全委员会领导及成员单位的意见》《南宁市食品安全监管能力提升工程实施方案》。

重大决策

【南宁市天然气分布式能源发展规划（2013—2020）】 2014年1月2日市政府办公厅印发。规划目标：在南宁市主城区需要集中供冷、供热区域均规划布局分布式能源站；在各县城、工业园区热负荷满足分布式能源站建设条件的地方逐步规划建设分布式能源站。利用清洁能源产业开发，把南宁打造成首善之区、区域性国际化城市。至2030年，结合全市能源需求，在具备建设条件的工业园区、生态园区、大型商业中心建设分布式能源站12座，总装机规模达到2006兆瓦。在满足供能区域冷、热负荷基础上，解决南宁市111.50亿千瓦时年用电需求。

【南宁市电子商务发展规划（2013—2018）】 2014年1月6日市政府出台。规划目标：将南宁建设成为发展环境成熟、资源配置合理、产业集聚度高、科技创新能力强的东南亚地区重要的电子商务中心城市和"中国—东盟网上自贸区"。电子商务应用基本普及。规模以上企业电子商务应用率100%；中小企业电子商务应用率70%以上；电子商务交易总额突破1000亿元，对外贸易总额50%以上通过电子商务平台完成。电子商务服务业成为重要新兴产业。吸引5家~10家国内外电子商务第三方服务综合性龙头企业落户南宁，培育10家~15家本土企业发展成为在国内外具有一定影响力的电子商务知名企业。电子商务支撑体系建设取得突破性进展。电子安全认证和电子支付在电子商务交易中普遍应用；电子商务诚信体系在社会诚信体系基础之上初步建立；把南宁建设成为北部湾地区物流节点城市和中国—东盟国际电子商务物流中心。电子商务示范城市和示范基地建设取得初步成效。在跨境电子商务、大宗农产品电子化交易、传统产业转型、电子商务公共服务等领域进行应用示范，培育电子商务示范企业20个，初步建成电子商务示范城市；建成1个~2个设施完备、功能齐全、服务创新、企业集聚，在国内有一定知名度的国家级电子商务示范基地。形成较为完善的电子商务发展的政策环境和治理机制。完善电子商务发展的有关规制，包括电子商务企业认定、税收管理、人才培养、投融资等形成较为完整的规制体系；通过政策引导促进南宁市电子商务企业的快速发展，营造公平均等的政策环境。

【畅通南宁行动计划(2014—2015)】 2014年5月8日市政府出台。总体目标：提升城市交通“规划—建设—运行—管理—服务—应急”的体系能力，逐步建立畅达、可靠、绿色、安全的现代城市交通体系。至2015年，中心城路网高峰小时平均行程车速维持每小时25~30千米，其他区域在每小时30千米以上，地面公交车辆运营准点率90%以上，重点交叉口和常发性拥堵点、段的交通状况得到改善，交通事故死亡率小于每万车2.50人。

【“美丽南宁”乡村建设重大活动规划纲要(2013—2020)】 2014年5月20日中共南宁市委办公厅、南宁市政府办公厅印发。目标任务：至2020年，实现农村生活条件明显改善，生态环境明显改观，为农民群众建设一个环境优美、功能完善、交通便利、安全有序、工作生活舒适的宜居家园，让农民群众过上文明、和谐、幸福的美好生活。

【南宁市农民人均纯收入倍增计划实施方案】 2014年7月4日，市政府办公厅出台。工作目标：从2014年至2020年，实现全市农民人均纯收入年均实际增长率12%，比自治区平均增长率10.30%高1.70个百分点。至2018年，全市农民人均纯收入1.57万元，按2010年不变价达1.22万元，比2010年实际翻1.28番，提前2年在自治区率先实现农民人均纯收入翻番目标；至2020年，全市农民人均纯收入2.10万元，按2010年不变价达1.53万元，比2010年实际翻1.61番，高于自治区1.38番平均水平，确保南宁市农民人均纯收入名列自治区前列，率先在自治区建成小康社会。区域目标：根据不同区域资源优势和经济发展水平，将全市六县六城区划分为三大区域，明确农民人均纯收入翻番目标任务。脱贫致富区——含上林县、马山县、隆安县，至2020年，农民人均纯收入1.50万元以上。赶超跨越区——含横县、宾阳县、西乡塘区、良庆区、邕宁区，至2020年，农民人均纯收入2.15万元以上，超越全市平均水平。率先突破区——含武鸣县、青秀区、兴宁区、江南区，至2020年，农民人均纯收入2.35万元以上，达到全市领先水平。实施步骤：调研部署阶段(2014年1月至6月)；组织实施阶段(2014年7月至2020年12月)；总结验收阶段，分初步验收(2019年1月至6月)、总体验收(2021年1月至6月)两个阶段。

【南宁市非公有制强优企业培育计划(2014—2017)】 2014年7月23日市政府办公厅印发。培育目标：在现代工业、现代服务业、现代农业等关键领域及重要行业，以在南宁市注册的独立核算法人企业和纳入现行国家企业集团统计制度的企业集团为对象，重点培育、发展100家以上符合国家产业政策、主业突出、技术创新能力强、经营管理水平高、积极履行社会责任，具有较大社会影响力和良好形象的非公有制强优企业。至2017年，培育年主营业务收入超10亿元非公有制企业80家以上，其中超100亿元企业3家，100亿元以下50亿元以上企业4家，50亿元以下10亿元以上企业70家以上。

【“智慧南宁”建设总体规划(2014—2020)】 2014年7月23日市政府出台。至2020年，显著提升城乡信息基础设施水平，达到国内先进水平；全面提升城乡智慧应用水平，建成一批智慧应用系统，实现信息强政和信息惠民；以物联网、云计算、大数据为新技术核心的智慧产业实现跨越式发展，并形成规模；有效提升全市信息网络安全水平，形成互联网安全保障示范城市。信息化成为首府南宁提升首位度、实现科学发展、城市现代化的重要支撑和服务手段。智慧城市综合实力达到自治区首位、国内领先，把南宁建成面向东盟的区域性信息交流中心和信息化国际城市，全面建成“智慧南宁”“网上南宁”。

【南宁市加快新型工业化跨越发展的若干政策措施】 2014年11月12日市政府出台。主要内容：加大工业投入，大力发展生物医药、电子信息、铝深加工、先进装备制造等主导产业，加快培育新一代信息技术、新能源、新材料、节能环保等战略性新兴产业，改造提升传统产业，支持企业技术创新和品牌建设，鼓励建设和使用标准厂房，鼓励节能降耗、发展循环经济，奖励政策，确保政策措施落实。

重大活动

【2014年“开门红”重大项目开(竣)工活动】 2014年2月22日，南宁市举行2014年“开门红”重大项目开(竣)工活动。五象新区南宁恒大地产集团国际金融中心项目、广西富雅投资有限公司金融中心项目，南宁经济技术开发区南宁百会药业集团有限公司“百会”品牌系列药品生产项目、南宁鸿基水泥制品有限责任公司工业标准厂房项目等重大项目开工建设。市领导周红波、李泽、韦力平、吕洁、杨维超、袁曼虹、石文怀等分别出席各点开工仪式。

【2014年南宁市“安全生产月”活动启动仪式】 2014年6月16日，南宁市举行

10月7日，第45届世界体操锦标赛在广西体育中心举行开幕式。图为开幕式文艺演出

市地方志办公室资料

2014年南宁市“安全生产月”活动启动仪式暨安全生产宣传“咨询日”活动。市长周红波，自治区安监局局长黎志逵出席启动仪式；副市长石文怀主持。主题为“强化红线意识　促进安全发展”，活动内容包括组织开展警示教育活动、应急预案演练周活动、安全文化推介活动，组织安全生产和职业卫生法律法规与安全知识进企业、乡村、机关、学校、社区、家庭“六进”活动，开展行业特色安全生产活动、隐患排查治理、“打非治违”专项执法行动等。

【2014 南宁投资贸易洽谈会暨重大项目签约仪式】 2014年9月16日，市委、市政府举行2014南宁投资贸易洽谈会暨重大项目签约仪式。市四家班子领导与欧美、日韩、东盟国家及中国港澳台地区企业，以及上海斐讯数据通信技术有限公司、大连万达集团股份有限公司、上海绿地(集团)有限公司、深圳海王集团股份有限公司、碧桂园控股有限公司、广州医药集团有限公司、修正药业集团股份有限公司等国内外400多位企业家洽谈，推介南宁市投资环境及重点投资领域。签约仪式现场签约项目36个，金额200.22亿元，其中招商引资内外资项目34个、引进资金197.24亿元，走出去项目1个、总投资9800万元，贸易合同1个、合同金额2亿元。市领导李泽、吴炜、韦力平、杨维超、容康社、李振林、赖贵寿、眭国华、覃卫国、伍娟、黄均宁等参加仪式。

【第 45 届世界体操锦标赛】 2014年10月3日至12日，第45届世界体操锦标赛在南宁举办，是继1999年天津之后第二次在中国举办的体操世锦赛，也是南宁市乃至自治区历史上规模最大、规格最高的国际体育赛事。来自世界72个国家和地区1405名运动员、裁判员、教练员，以及900多名中外记者云集南宁。赛事产生奖牌43枚，其中美国队获金牌4枚、银牌2枚、铜牌4枚，位列金牌榜、奖牌榜第一位，中国队获金牌3枚、银牌3枚、铜牌1枚，位列奖牌榜第二位。全国政协副主席马飚出席开幕式并宣布世锦赛开幕；国际体联主席布鲁诺·格兰迪，国家体育总局局长刘鹏，自治区党委书记、自治区人大常委会主任彭清华，自治区主席陈武，自治区政协主席陈际瓦，柬埔寨副首相兼内阁办公厅大臣索安，缅甸副总统赛茂康等出席开幕式；国际体联副主席斯拉瓦·科恩、米歇尔·雷格里兹，自治区领导沈北海、温卡华、黄道伟、唐仁健、范晓莉、邓卫平、杨道喜、刘新文、覃瑞祥、李康、李彬、赖德荣、张秀隆、刘君及市领导周红波、谢寿堂、岑可成、李泽、朱育兆、吴炜、韦力平、班忠柏、吕洁、雷永达、杨维超、容康社、田文东等参加开幕式。闭幕式举行国际体联会旗交接仪式，第45届世界体操锦标赛组委会执行主任、南宁市市长周红波与下届世界体操锦标赛举办城市英国格拉斯哥市代表马修·内维尔先生交接会旗。

【为民办实事项目实施】 2014年，南宁市将市级20项为民办实事项目调减为10项；至年末，10项32个子项为民办实事项目全部完成。1.食安惠民工程：南宁市肉类蔬菜流通追溯体系建设（二期）项目（青秀区凤岭农贸市场、兴宁区邕宾农贸市场、高新技术产业开发区科德农贸市场、西乡塘区永和一队农贸市场、江南区伍越农贸市场肉类流通追溯体系建设）通过验收。完成新建、改造农贸市场6个（江南区荣宝华农贸市场、高新技术产业开发区科德农贸市场、新村农贸市场、青秀区飞凤市场、江南区伍越综合市场、兴宁区皇马农贸市场）。六城区所辖乡镇、村屯50所持证中小学校食堂配备食品安全快检设备。2.教育惠民工程：继续在上林县、马山县、隆安县县城义务教育公办学校，武鸣县、横县、宾阳县县城及农村义务教育公办学校实施学生营养改善计划，受益学生约27万人。资助经济困难家庭大学新生3000名，发放资助金900万元。3.健康惠民工程：为1395名艾滋病感染者及病人减免首次上药辅助检查费用，完成率116.25%，为1305名艾滋病感染者及病人减免首次复查肝功能费用，完成率108.75%。发现贫困肺结核病人1211人，完成率121.10%，所有病人均享受免费检查、治疗，病人完成疗程治愈率90.19%(治愈率目标85%以上)。抢救危重孕产妇1099人，救治贫困危重孕产妇105人，救助经费150.77万元，其中市、县(区)财政各75.38万元。为各县(区)公园、街道、社区、街头绿地新增户外全民健身路径器材60套。4.文化惠民工程：组织市属文艺院团赴102个乡镇及98个社区“送百戏下乡”演出200场，完成率100%。在全市农村放映公益电影1.70万场，完成率101.20%，在全市城市社区放映公益电影2424场，完成率100%。5.就业惠民工程：在城区重点社区配备社会保险就业自助服务一体机226台。6.敬老惠民工程：各县(区)、开发区为80周岁以上老人发放高龄津贴，80周岁~89周岁老人累计发放11.30万人、2690.35万元，90周岁~99周岁老人累计发放1.58万人、1795.16万元，100周岁以上老人累计发放811人、238.73万元。建设自治区示范性村级老年人协会84个。启动建设乡镇敬老院示范点4个，其中兴宁区三塘镇四塘敬老院项目进行总平方案设计，江南区苏圩镇敬老院完成施工单位招投标，邕宁区那楼镇敬老院进入施工单位招投标阶段，宾阳县甘棠镇敬老院完成预算（控制价），正在进行施工单位招投标。7. 强基惠民工程：继续设立社区惠民资金3660万元，每个社区补助10万元，使用率100%。25个社区居民委员会用房项目(2013年开工)主体工程全部完工。20个乡镇干部周转房项目(2013年开工)主体工程全部完工。8.市政惠民工程：望州路人行天桥等10座人行过街天桥完工，五象—壮锦立交桥、银象立交一期工程完工，五象—友谊立交桥五象主线桥、友谊主线桥通车，五象大桥完工通车，英华大桥完成主桥及附属工程施工，罗文大桥施工进入收尾阶段。枫林路改扩建工程、枫林路北段工程均开放交通，照明、绿化、人行道、交通标志标线等附属工程完成。30条城区小街小巷改造项目全部完工。团结南路排水设施改造完成，金象三区市场周边、大沙田街道祥荣市场周边内涝整治工程项目建设竣工。改造城区公厕18座，其中西乡塘区3座、兴宁区10座、江南区4座、邕宁区1座。蒲津公园第二期改造工程项目总体工程量基本完成。9.畅通惠民工程：建成投入使用公共自行车租赁站点56个。新购空调公共汽车400辆。新建公交候车亭300座，增设候车凳200张。10.平安惠民工程：开展应急救护培训378场，培训4.77万人，分别完成总体目标104%、132%。市区26个路口信号灯智能升级改造项目完工并验收。开工建设网络高清视频监控点3000个，实现城区全覆盖。社区治安防控工程209个项目建设点全部完工。开工建设消防站11个，其中上林消防站项目完工，南宁经济技术开发区明阳站、南宁高新技术产业开发区安宁站项目主体竣工，兴宁区朝阳站、江南区清川站等8个项目开工建设；南湖消防站项目因土地纠纷进入司法程序，暂缓实施。

（市政府办公厅编写组）

人　事

【公务员管理】 2014年，南宁市出台《南宁市人民政府职能转变和机构改革方案》，将市人力资源和社会保障局管理的市公务员局职责划入市人力资源和社会保障局，不再保留市公务员局。中共南宁市委组织部、市人力资源和社会保障局联合出台《关于进一步完善南宁市市直机关事业单位科级领导职位竞争(竞聘)上岗工作的通知》,即1+X("1"指竞争上岗必须先开展民主推荐,"X"指各单位可以从笔试、面试、竞职演说、适岗评价等四种方式中选择一种或一种以上测试方式,对人选进行能力测试)干部选拔任用方式,由重知识竞争转变为实绩竞争,避免简单"唯分取人""唯票用人"现象,有73个单位206个科级职位开展竞争上岗,其中20个单位42个科级职位民意集中采取民主推荐、组织考核方式选拔。出台《南宁市机关事业单位及国有企业失信人员从业惩戒规定(试行)》,在全国率先以机关事业单位、国有企业为切入点,探索实施机关事业单位及国有企业失信人员从业惩戒。在干部交流审核、职务任免备案、干部选拔中,通过将诚信审查前置,引导公务员端正个人行为,提升公务员诚实守信形象。在自治区率先开展公务员自主选学试点,开设自主选学课程20门,有试点单位12个,参加自主选学培训公务员近1000人。开展市级培训项目16个,举办实体培训班38期,首次把党务部门、群众团体公务员纳入市全员网络学习对象,参加网络全员培训公务员3万多人。

【人事考试】 2014年,南宁市计划招录公务员936个职位1375人(行政机关招录公务员875个职位1261人,县区及乡镇招录公务员职位761个1111人)。报名人数3.20万人,通过报名人数2.62万人,参加笔试2.20万人,入围面试3825人,录用审批1152人,其中乡镇机关招考317人、录用301人。乡镇机关岗位空缺率3%,较往年8%左右岗位空缺率下降明显,缓解基层招人难问题。市事业单位公开考试计划招聘2196个职位2788人。事业单位公开考试采取6项创新举措:1.开展分类分行业公开考试招聘。中小学教师岗位与其他岗位分类考试,中小学教师岗位单独命题考试,考试时间相同,考试内容、科目不同,体现教师岗位专业性、特殊性。2.取消户籍限制。考试面向全国,凡具有国家承认学历,符合岗位所需条件人员均可报考,不再实行户口限制。3.失信人员不能报考。根据《南宁市机关事业单位及国有企业失信人员从业惩戒规定(试行)》有关要求,1年内有失信行为累计分值达到6分以上的不能报考。4.调整考试计分比例。考试总成绩由原来的笔试和面试直接相加调整为笔试总成绩乘以50%再加上面试成绩,实现笔试、面试成绩比例控制5:5,凸显事业单位对实践能力高要求。5.增加改报环节。对已通过资格审查且交费成功的报考者,如所报岗位因达不到开考比例而取消招考计划的情形,给予一次改报其他岗位机会,更利于考生报名。6.公布报考动态。考生报名期间,每天均公布报考人数达到开考比例排名前100的岗位、报考人数达不到开考比例的岗位、无人报考的岗位,便于考生了解报名信息,体现公开、公平。全年参加全国专业技术人员计算机应用能力考试1.64万人次,专业技术人员继续教育考试8.20万人次。

【事业单位岗位设置管理】 2014年,市人力资源和社会保障局重新核准241家市(县)属事业单位岗位设置方案,办理338家(次)市属事业单位人员岗位变动认定,下发7家市属事业单位岗位设置认定通知书,办理54家市属事业单位外聘人员岗位认定,批复12家市属事业单位2006年工资制度改革后至岗位认定完成间退休的专技人员重新确定岗位等级手续。

3月,南宁市在全国率先以机关事业单位和国有企业为切入点,对失信人员从业实施惩戒 农健 摄

【人才工程】 2014年,南宁市资助第二批特聘专家15人、资金737万元,选聘第三批南宁市特聘专家25人。确定高层次人才专项资助项目241个,拨付资金1500万元。出台《南宁市人才小高地考核评估办法(试行)》(简称《办法》),在自治区率先开展人才小高地载体单位考核评估,建立优胜劣汰激励竞争机制。《办法》规定:中期或期满考核等次为优秀或良好的人才小高地,在年度建设专项资金安排方面给予倾斜;中期考核等次为不合格的,限期1年整改,整改期间暂停专项资金资助;期满考核合格以上等次的保留人才小高地资格,继续享受人才小高地政策,不合格的由市委组织部、市人力资源和社会保障局联合行文,取消人才小高地资格。市人才小高地建设领导小组考核评估市级人才小高地载体单位15家,提出评估等级意见。评选人才小高地建设专项资助项目81个,资助资金1159万元。

【职称工作】 2014年,市人力资源和社会保障局开展职称评审服务1.30万人次。其中:高级职称评审2600多人,中级职称评审7100多人次,初级职称评审3400多人次;审核专业技术人员重新确认300多人次;审核发放职称证书1.01万本。开展工程系列高级职称网络化评审、中小学教师系列高级职称异地交叉评审,自主开展卫生系列高级职称评审。

【开发区收入分配改革】 2014年,南宁市全面推进南宁经济技术开发区、南宁高新技术产业开发区、广西—东盟经济技术开发区3个市管国家级开发区收入分配制度改革,调整开发区工资结构、破除人员身份限制,建立重实绩、重贡献、向优秀人才和关键岗位倾斜的收入分配制度。探索建立五象新区"以岗定薪、岗变薪变"薪酬分配制度。

【外聘人员日常管理】 2014年,南宁市制定《南宁市市直机关事业单位利用财政资金聘用外聘人员薪酬调整方案》《南宁市市直机关事业单位利用财政资金聘用外聘人员考核办法》,建立外聘人员薪酬调整机制，规范外聘人员管理。外聘人员工资按岗位分类实行统一标准，技术行政辅助岗位工资一级每月1900元，二级每月2100元，三级每月2300元，四级每月2500元；工勤岗位一级每月1600元，二级每月1800元，三级每月2000元，四级每月2200元。以上岗位工资由基本工资、绩效工资两部分组成，均不含单位缴纳的社会保险五险部分。外聘人员考核由用人单位组织实施，考核内容包括德、能、勤、绩、纪五个方面，重点考核工作实绩。每聘满1年进行1次综合考核，综合考核合格及以上才具备晋升等级资格。

【军转安置】 2014年，南宁市接收计划安置军转干部153名。其中：团职军转干部72名，营职以下及专业技术军转干部81名；安置在事业单位5名（为营职以下军转干部），安置在公务员及参照公务员管理岗位148名。接收自主择业军转干部71名。安置随调随迁军转干部家属4名。

【国外智力引进】 2014年，南宁市实施国外智力引进项目19个，其中国家级普通项目10个、自治区级普通项目6个、自治区级高端项目3个；在南宁工作的外国专家234人。年内，市人力资源和社会保障局按时办结各类引智行政许可业务340项，按时办结率100%。在自治区率先建立外国专家医疗“绿色通道”，指定市第一人民医院、市第二人民医院为南宁市外国专家定点医疗单位，在挂号、就诊、检查、取药、收费、住院等各环节为外国专家、外国友人提供便利。建立海外高层次人才办理外国专家证“一站式即时办结”便捷通道，改善政务环境及投资软环境。 （农　健）

民族事务

【概　况】 2014年，南宁市民族事务委员会围绕创建全国民族团结进步示范市目标，落实各项民族政策，巩固、发展平等、团结、互助、和谐的社会主义民族关系。全国民族团结进步示范市创建、少数民族流动人口服务管理、民贸民品工作、民族关系监测评价处置机制等走在自治区、全国前列，市民委被国务院授予“全国民族团结进步模范集体”称号。办理公民民族成分变更审核1079人次，提供咨询1000多人次，按时办结率100%。

【民族贸易与民族特需商品生产政策落实】 2014年，市民委规范民族贸易与民族特需商品企业管理，举办民贸民品工作业务培训班1期，培训民贸民品企业及各县（区）民族局有关业务人员200人。市民委会同市财政局制定《南宁市民族特需商品生产发展专项扶持资金管理暂时办法》；落实市财政民品生产发展专项扶持资金500万元，扶持民品企业33家。指导南宁锦虹棉纺织有限责任公司、南南铝业有限公司、广西金茶王油脂有限公司、广西万寿堂药业有限公司等14家民贸民品企业及隆安县，配合国家审计署、财政部驻广西财政监察专员办事处完成对南宁市民贸民品贷款贴息资金审计、核查。11月25日至28日，全国民贸民品企业“千家培育百家壮大”工程启动会暨2014年民贸工作现场会在南宁市举办，南宁锦虹棉纺织有限责任公司、广西金花茶业有限公司、广西南宁百会药业集团有限公司、广西银钢南益制造有限公司等4家民品企业入选全国“百强企业”扶持名单。上林县、马山县、隆安县共106家企业入选2014年广西民族贸易县民族贸易企业名单。市民委组织25家定点民品企业向自治区申报2014年度民族贸易网点改造和民族特需商品定点生产企业技术改造贷款贴息和定点企业“以奖代补”资金，19家企业获技术改造贷款贴息和“以奖代补”资金600万元；市民贸民品企业获中央财政无偿贷款贴息1.10亿元。6月，壮绉缎、壮锦衣箱、壮族特柜等壮族群众特需商品入围国家民族事务委员会《少数民族特需商品目录》（2014年版）。市3家民品民贸企业（百洋水产集团股份有限公司、广西万寿堂药业有限公司、广西金穗农业投资集团有限责任公司与南宁市水果生产技术指导站）入选第四批南宁市人才小高地名单。

【清真食品专供】 2014年，市民委贯彻落实《南宁市清真食品管理条例》，实施清真标识牌管理，加强对清真牛肉屠宰点、清真牛肉供应点及清真饭店日常监管，保障清真食品安全，确保回族等少数民族群众吃上“放心肉”。全市清真食品企业、个体工商户有51家（户），其中清真食品生产加工企业7家，定点屠宰企业1家，在市区设有清真肉类供应点2个，分别为白苍岭农贸市场、清真饭店，全年供应清真牛肉25000千克~30000千克。

【少数民族专项资金落实】 2014年，南宁市安排少数民族发展资金330万元，实施市本级少数民族发展资金项目59个，其中120万元用于扶持12个县（区）城乡统筹发展综合示范村民族特色建设。安排少数民族教育补助资金200万元，资助项目44个。其中：实施民族风情进校园项目14个，民族团结进校园项目20个，少数民族传统体育训练基地建设项目10个。落实少数民族优秀学生入学专项补助资金30.40万元，解决147名少数民族特困大学生、高中生入学问题。率先在自治区设立市级少数民族文化发展资金，安排资金70万元，扶持项目15个，用于少数民族文化建设、民族传统体育项目基地建设、群众性民族文化联系点扶持等。

【少数民族教育】 2014年，南宁市有南宁沛鸿民族中学、武鸣县民族中学、横县民族中学、宾阳县民族中学、上林县民族中学、马山县民族中学、隆安县民族中学、邕宁区民族中学、西乡塘区那

3月29日，市民族团结健身趣味运动会在李宁体育园举办。图为“五人板鞋”竞赛
刘建安提供

龙民族中学等独立建制民族中学9所，在校初中生1.51万人、高中生1885人，教师1181人。在武鸣高中、宾阳中学、南宁沛鸿民族中学、市第三职业高中、马山县中学、隆安县中学、上林县民族中学、马山县民族中学、隆安县民族中学等9所学校开设自治区级寄宿制民族高中班、民族初中班；在校少数民族高中（职高）生1500人，初中生750人，每人每年享受生活补助费600元。在武鸣县、横县、宾阳县、上林县、马山县、隆安县、兴宁区、青秀区8个县（区）8所民族中学、27所小学开展壮汉双语教学实验，其中武鸣县、上林县被确定为自治区级“壮汉双语教学示范基地”；在校小学生1.19万人，小学教师521人，初中生1.15万人（壮族学生9715人），初中教师782人；落实壮汉双语教学教师岗位补贴政策，每人每月享受岗位补贴15元。

【民族文化保护与宣传】 2014年，南宁市推进民族文化传承保护，出台《民俗民居示范村建设实施方案》，围绕挖掘、传承、保护民俗文化及保护、修缮、开发传统民居，开展民俗民居示范村建设。南宁市34个项目入选第五批自治区级非物质文化遗产名录，入选数位列自治区第一；横县壮族百鸟衣故事、武鸣县壮族三月三入选第四批国家级非物质文化遗产名录。加大民族文化推广宣传力度。与广西民族博物馆在9所学校、6个社区、6家企业开展“五彩八桂民族文化进校园、进社区、进企业”活动；与共青团南宁市委在市青少年活动中心联合举办“民族风情”广西民族特色器乐演奏会；投入10万元在江南水街开展“民族歌曲进酒店”建设；指导南宁五象新区民族风情街、青秀山旅游景区创建5A景区、广西南宁东盟国际旅游风情小镇、上林县云里湖等项目开展民族特色建设。市民族歌舞团创作演出舞蹈《骆越先歌》获第九届中国舞蹈“荷花奖”当代舞银奖；“宾阳炮龙节”获2013年度国家文华奖“群星奖”。

【民族文化交流】 2014年，南宁市加大民族文化交流力度。6月，台湾高雄市大爱森林文化艺术团团长、布依族艺人邱师义定购的8个马山壮族会鼓抵达台湾，向台湾民众展示壮族会鼓魅力；7月，台湾中天电视台及《联合报》两家媒体到上林县镇圩瑶族乡采访原生态民族文化；12月，台湾台南市善化区庆安宫交流团一行32人考察宾阳县，参观炮龙老庙，民俗文化展示馆，观看宾阳炮龙、威风锣鼓、游彩架、彩凤等民俗文化表演，邀请宾阳炮龙2015年春节期间到善化区表演交流。

【民族节庆活动】 2014年，南宁市举办民族节庆活动46场次，参与群众140多万人次。参与群众万人以上民族节庆活动有：宾阳炮龙节（2月8日至10日），邕宁区中和乡孙头村二月初二花炮节（3月2日），上林县白圩镇“上林万寿节”（3月11日），中国壮乡·武鸣县“三月三”歌圩暨骆越文化旅游节（4月1日至7日），武鸣县罗波镇骆越始祖王祭祀大典（4月2日），宾阳县露圩镇百合村、白山村“三月三”歌节（4月2日），隆安县乔建镇“三月三”歌节（4月2日），邕宁区蒲庙花婆节（4月12日），武鸣县马头镇敬三村骆越民俗“四月四”祈丰文化节（5月2日），宾阳县露圩镇四月初八民俗风情文化艺术节（“圩逢”节，5月7日）、“五言壮欢”山歌节（5月7日），横县云表镇伏波庙会（5月12日），宾阳县甘棠镇五月十三“圩逢”节（关公诞、关公磨刀节，6月10日），隆安县城厢镇“那”文化稻神祭庆典（6月10日），邕宁区那莲传统民俗七夕拜七姐“赛巧节”（8月2日），中国（横县）茉莉花文化节（8月22日至24日），第十六届南宁国际民歌艺术节（9月16日至19日），邕宁区壮族八音文化旅游节（9月19日至22日），马山县第八届文化旅游美食节（12月27日至29日）。

【少数民族传统体育】 2014年，南宁市有市第四十一中学（高脚竞速、抢花炮）、南宁沛鸿民族中学（毽球、射弩）、武鸣县民族中学（投绣球）等市级少数民族传统体育运动训练基地3个；武鸣县宁武镇中心学校、宾阳县体育运动学校、横县民族中学、上林县城关中学、马山县文化馆和马山中学、隆安县民族中学和那桐镇那元村、兴宁区广西体育专科学校、青秀区第十七中学、良庆区第四十四中学等县级少数民族传统体育运动训练基地11个，训练项目有珍珠球、毽球、打陀螺、投绣球、高脚竞速、三人板鞋竞速、龙舟等。3月29日，市民委与市直属机关工委在李宁体育园联合举办市直机关“迎体操世锦赛，展民族团结风采”民族团结健身趣味运动会，设“五人板鞋”“毛毛虫”“抛绣球”“跳大绳”等壮族传统体育项目，参加单位75个，运动员1280多人。10月24日，市民委与市教育局、市体育局在南宁沛鸿民族中学江南校区、市新兴民族学校联合举办市第七届中小学生少数民族传统体育运动会，竞赛项目分中学组、小学组，设抛绣球、毽球、踢毽子、跳绳、三人板鞋竞速等五大类15个项目比赛，25所学校、500多名领队、教练员、运动员参加。武鸣县民族中学获男女混合团体2分钟10人“8”字跳绳、男子个人、女子个人、男子团体、女子团体抛绣球等5个项目冠军；宾阳县民族中学获男子个人2分钟速度耐力单摇跳、男子、女子个人30秒速度单摇跳等3个项目冠军；上林县城关中学获男女混合拐脚跳踢、男子、女子25米折返三人板鞋竞速等3个项目冠军；马山县民族中学获男子毽球、女子毽球等2个项目冠军及团体总分第一名；市第47中学获女子个人2分钟速度耐力单摇跳项目冠军；南宁沛鸿民族中学获男女混合踢毽传递项目冠军。西乡塘区新秀学校获滚铁环、女子踢毽子项目冠军；马山县城南小学获男子踢毽子项目冠军；广西—东盟经济技术开发区中心小学获抛绣球项目冠军；宾阳县邹圩镇中心学校获女子三人板鞋竞速项目冠军；邕宁区城关第一小学获男子三人板鞋竞速项目冠军；邕宁区城关第二小学获男子1分钟跳短绳项目冠军；西乡塘区秀田小学获女子1分钟跳短绳项目冠军。10月28日至11月3日，组队参加广西第十三届少数民族传统体育运动会。南宁市代表队238名运动员、教练员参加花炮、珍珠球、射弩、陀螺、投绣球、毽球、龙舟、高脚竞速、武术、板鞋竞速、独竹漂、民族健身操等12个竞赛项目及1个综合类、1个竞技类表演项目，获奖牌59枚，其中一等奖13枚、二等奖23枚、三等奖23枚。

【民族法规与民族团结宣传】 2014年，南宁市围绕创建全国民族团结进步示范市开展民族法制与民族团结宣传。市民委与市属媒体合作，刊发宣传报道500多篇（次）；与市委宣传部、市城市管理局、市交通运输局等单位合作，在客运站、公交车站、公交车、出租车LED显示屏及市区主要道路大型LED显示屏24小时滚动播发民族团结宣传公益广告；在市区大街小巷张贴民族团结进步宣传海报2万张，发放民族团结知识读本1万本；编印《南宁市创建全国民族团结进步示范市简报》16期。组织开展“五比五争”〔比稳定发展，争当民族团结进步模范县（区）、模范乡镇（街道）；比重视支持，争当民族团结进步模范单位（企业）；比团结和谐，争当民族团结进步模范村（社区）；比文明守法，争当民族团结进步模范家庭；比互助友爱，争当民族团结进步模范个人〕考核评比活动。第一批“五比五争”考核命名活动在各县（区）、开发区开展，覆盖

1月29日，市民委在武鸣县开展“民族团结进万家”宣传活动　　刘建安提供

率30%，评出市级模范县（区）6个、模范乡镇（街道）56个、模范村（社区）53个、模范单位（企业）133个、模范家庭194个、模范个人247人。县（区）、乡镇（街道）两级考核评选模范乡镇（街道）86个、模范村（社区）892个、模范单位（企业）1866个、模范家庭2588个、模范个人3290人；第二批“五比五争”考核命名活动在全市各机关、企事业单位开展，覆盖率50%，评选模范集体58个、模范家庭48个、模范个人70人。组织开展创建全国民族团结进步示范市宣传标语征集活动，收到宣传标语1400多条，经专家评审，“民族团结你我共建，示范南宁万众同创”获特等奖，“民族团结始于心，示范南宁重于行”“赏邕州和睦图，谱南宁团结曲”等16条宣传标语分获一、二、三等奖。投入282万元，打造民族团结进步工作示范点8个。其中：民族团结进步示范县1个（横县）；民族团结进步示范乡镇4个（宾阳县邹圩镇、上林县镇圩瑶族乡、马山县古寨瑶族乡、青秀区长塘镇）；示范点3个（市少数民族流动人员服务中心、市伊斯兰教协会、江南区淡村）。扩大民族团结进步工作示范社区建设，示范社区由11家增至20家，实现各城区、重点区域全覆盖。开展“民族团结宣传月”暨民族区域自治法颁布实施30周年活动。在江南水街举办南宁市2014年民族区域自治法宣传活动月启动仪式；举办“民族团结·中国梦·壮乡情”书画摄影展，展出摄影作品200多幅、书画作品50多幅；举办机关、企业、学校、乡镇、社区宣传板报比赛，民族团结先进事迹报告团巡回宣讲，民族团结知识竞赛，民族区域自治法宣传社区行活动，民族团结教育进校园等活动；累计接待群众现场咨询6000多人次，群发民族团结公益短信2万多条，发放宣传品及宣传资料11.60万份，悬挂宣传横幅296条，张贴宣传标语605条，制作宣传栏、墙报及板报400多版，举行文艺演出56场，民族知识竞赛15场。

【少数民族流动人口服务管理】　2014年，南宁市有少数民族流动人口近10万人。完善少数民族流动人口服务管理“13456”立体服务平台，增强外来少数民族流动人口城市归属感和幸福感。完善市少数民族流动人员服务中心会议制度、信息沟通制度等，理顺市民委、市少数民族流动人员服务中心与社区少数民族流动人员服务站工作关系。少数民族联谊会会员服务队伍发展至210人，民族工作信息员与民族关系协调员队伍发展至195人。市级少数民族流动人员服务中心、各社区少数民族流动人员服务站平台，为少数民族流动人员提供法律咨询1000多人次，提供就业创业服务1.60万人次，解决租（住）房1.30万人次，组织技能培训1.86万人次，利用民族节庆举办各类游园、联欢晚会、集体座谈会、百家宴、“邻里节”等活动。

【民族关系监测评价处置机制建设】　2014年，南宁市加强民族关系监测点建设，充实民族关系信息员、协调员队伍，推进民族关系监测评价处置机制建设，处理涉及民族因素的矛盾纠纷。有民族工作信息员130人，民族关系协调员65人，民族工作专家顾问28人，民族关系监测点53个，联谊会会员210人。各县（区）民族关系监测队伍上报信息32条，协调处理民族矛盾纠纷3起。南宁市处置少数民族群众上访事件2起。

【瑶族乡成立30周年庆典活动举行】　2014年10月14日、15日，上林县镇圩瑶族乡、马山县古寨瑶族乡分别举行成立30周年庆典活动。市领导及有关部门负责人组成代表团参加庆祝活动，向镇圩、古寨瑶族乡各赠送慰问金50万元。镇圩瑶族乡举行原生态歌舞《瑶家欢歌》《千猴戏鼓》及瑶族时装秀等表演，开展“民族杯”篮球运动会、“团结杯”拔河比赛、文艺晚会、30周年成果展、座谈会等系列活动；古寨瑶族乡举行民族趣味竞技、现场书画活动，播放古寨瑶族乡发展成就专题片，开展原生态瑶族民俗文化展演等。市本级下拨专项资金1200多万元，自治区民委安排90万元支持镇圩、古寨两个瑶族乡街道风貌、行路难、饮水难等庆典

南宁模式——“13456”立体服务平台

“1”：建立1个市级少数民族流动人口服务中心，为来邕少数民族流动人员提供政策解答、房屋租赁、法律援助、计划生育、经商就业、子女入学等一站式服务。“3”：构建市、城区、社区三级服务网络体系。成立市民族关系协调领导小组及市民族工作领导小组，统筹协调全市民族工作；各城区建立由民族、公安、城市管理等有关部门组成的民族协调服务工作领导小组，定期召开协调会，研究解决少数民族流动人口服务工作中出现新情况、新问题；选择部分少数民族流动人员较多，民族工作任务重的社区成立“民族之家”“少数民族流动人员服务站”，为少数民族群众解决实际困难，化解影响民族关系的潜在因素。“4”：建立、完善社区“民族之家”服务工作制度、市级少数民族流动人口服务中心工作制度、少数民族法律援助工作制度，民委系统干部结对联系服务少数民族流动人口代表工作制度等4项服务制度。“5”：建立民族干部骨干服务队伍、社区“民族之家”成员服务队伍、少数民族联谊会会员服务队伍、民族工作信息员与民族关系协调员队伍、党员服务少数民族流动人员志愿者队伍等5支少数民族流动人口服务队伍。“6”：为外来少数民族流动人员提供经商就业、住房租赁、子女入学、法律援助、困难补助、清真食品等6大服务。

项目建设。

【壮语言文字使用】 2014年4月16日，南宁市印发《南宁市贯彻〈国家中长期语言文化事业改革和发展规划纲要（2012-2020）〉实施方案》（简称《实施方案》），将“科学保护少数民族语言文字及汉语方言文化、启动对南宁世居少数民族语言少数民族濒危语言的调查抢救和保护工作”纳入《实施方案》。6月至8月，开展《南宁市壮文社会使用管理办法》执行情况专项检查。市语言文字工作委员会、市民委牵头组成3个联合检查工作组，到国家机关、企事业单位，南宁吴圩国际机场、南宁火车站（东站）、南宁五象新区管委会、广西体育中心、南宁博物馆、南宁图书馆，以及埌东、江南、安吉、西乡塘、金桥5个客运站等重点公共场所，采取实地查看、查阅资料、召开座谈会等方式，对单位、公共场所名称牌匾、标牌壮文用字情况进行检查。发现没有使用壮汉两种文字牌匾、标牌的窗口单位5个，使用的壮文牌匾、标牌及公章存在不规范等问题的单位12个；各受检单位对检查组提出的意见、建议立行整改。

【壮语文水平考试】 2014年8月2日，2014年度广西壮语文水平考试南宁考点考试在市第二十九中学举行。南宁考点报名343人，实际参加考试313人，到考率91.25%，及格率51.12%。其中：参加高级水平考试104人，及格率76.92%；中级186人，及格率37.10%；初级23人，及格率47.83%。考生职业涵盖国家公务员，事业单位管理人员、专业技术人员，大中专院校及中小学、幼儿园老师，高校在读学生，企业职工、城乡居民、自由职业者等。

（刘建安）

民政事业

【概　况】 2014年，南宁市民政局深化社会组织管理、社会救助体制、殡葬等改革。社会救助水平逐步提高，发放城乡低保、五保资金3.48亿元，惠及困难群众237.20万人次；社会组织活力不断彰显，实行行业一业多会、放开自治区内外异地商会登记管理，引入第三方评估机制对18家参评市本级行业协会商会开展评估。社会救助、社会组织发展等专项工作分别在国家民政部、自治区民政厅举办会议上作经验介绍。4月，南宁市减灾委员会成立，办公室设在市民政局；市抗灾救灾工作领导小组及其办公室同时撤销，其职能由市减灾委员会承担。

【救灾救济】 2014年，南宁市受低温冰冻、洪涝及第9号台风“威马逊”、第15号台风“海鸥”等自然灾害影响，12个县（区）110个乡镇（街道）遭受不同程度损失。受灾人口144.35万人，因灾死亡11人，因灾伤病5人，紧急转移安置7657人；农作物受灾面积11.98万公顷，其中成灾面积3.44万公顷，绝收面积0.62万公顷；倒塌农房589户1254间，严重损坏农房186户402间，一般损坏农房358户623间；直接经济损失9.63亿元，其中农业损失7.70亿元，工矿企业损失8042万元，基础设施损失5813.92万元，公益设施损失2985.50万元，家庭财产损失2511.03万元。至5月31日，投入2013年至2014年度冬春救助资金2002.70万元，发放救助口粮1458.20吨，衣被12.27万件（套），救助受灾困难群众13.08万人。市本级下拨2014年至2015年度冬春救助资金201.50万元。12月，投入2014年至2015年度冬春救助资金1336.40万元，救助受灾困难群众3.44万人，发放救助口粮159.80吨，衣被3.10万件（套）。126.23万户农村居民住房列入自治区政策性保险范围，参保率100%，投入保险费1200.06万元，自治区、地方财政按8:2比例分担，市财政支付保险费240万元，其中市本级为6个城区、3个开发区支付保险费66.50万元。获保险理赔1215户、397.12万元，保险公司通过银行直接拨付到各因灾倒损农户账户。5月1日前，2013年第二批44户因灾倒房重建户全部入住；2014年第一批186户因灾倒房重建户全部入住，第二批77户因灾倒房重建户在建。

【防灾减灾】 2014年，南宁市加强防灾减灾宣传。5月12日，在上林县举行南宁市2014年防灾减灾宣传和自然灾害应急救助演练（竞赛）；11月20日，西乡塘区北湖街道城春社区结合第25个国际减灾日主题，在城市春天小区广场举办“社区防灾减灾宣传应急演练活动”。马山县龙昌村、隆安县国泰社区、西乡塘区城春社区3个社区获全国、自治区两级“综合减灾示范社区”称号。开展全市多灾易灾情况调查，制作全市多灾易灾分布电子图。推进救灾物资储备库建设，市备灾中心落实用地指标，完成项目选址、调整土地利用总体规划、用地预审、水保编制、环评编制等，江南区、上林县救灾仓库完成主体工程。

【优抚工作】 2014年，南宁市发给优抚对象2.41万人、参战民兵2.09万人抚恤补助金1.20亿元。春节、“八一”建军节、国庆节期间，慰问重点优抚对象4.10万人次、发放慰问金1400多万元。开展“清明节”烈士祭扫、“烈士公祭日”活动，市委政法委、市民政局等相关部门联合赴凭祥市烈士安葬地开展安全检查，确保参战烈士战友祭扫活动安全。完成零散烈士墓767座、零散纪念设施70处抢救保护及烈士纪念设施资料收集、归档管理、信息录入等。完成新版《烈士证》《残疾军人证》审核换发。办理接收残疾军人迁入21人；组织带病回乡退伍军人复查3人；办理军队离退休干部死亡抚恤金18人，核报抚恤金396万元。

11月28日，南宁市行业协会商会评估授牌大会举行，对首批获3A以上等级的18家市本级行业协会、商会进行授牌颁证　市民政局提供

【退役士兵与军队离退休干部安置】 2014年，南宁市接收2013年冬季退役士兵2146人。发放自主就业退役士兵经济补助金1996人2091.37万元，发放率100%。符合政府安排工作条件退役士兵146人。其中：安排工作92人，自谋职业54人，安置率100%；向自谋职业退役士兵发放一次性安置补助金340.47万元，发放率100%；发放待安置期间生活补助费37.88万元，发放率100%。出台《南宁市退役士兵职业教育和技能培训工作暂行办法》《南宁市退役士兵培训项目考评办法》《南宁市退役士兵职业教育和技能培训资金使用管理办法》，开展退役士兵职业教育及技能培训，符合参训人员1993人，实际参加培训1552人，政策知晓率100%，有意愿参训率100%，参训就业率98%。接收军队退休干部36人（本年度28人，历年8人），安置率100%，妥善解决2000年以来军队离退休干部移交历史遗留问题；接收安置无军籍退休职工134人，安置率100%；接收复员干部32人，安置率100%。落实军队离退休干部政治待遇和生活待遇，开展“军休文化”“构建和谐军休家园”活动，发放第1批至第4批军队离退休干部住房保障资金284人2845.89万元；处理市第5批移交政府安置26名军队离退休干部住房补贴问题；组织军队离退休干部参加自治区军队离退休干部庆祝建党65周年文艺汇演，歌舞剧《鸿雁》获三等奖。开展军供站“基础设施设备项目建设推进年”活动，项目建设全面完成；开展军供应急保障演练，全年保障部队144批2万余人次，没有出现错供、漏供、晚供等现象，完成过往部队接待任务。

【社会组织登记管理】 2014年，南宁市推进对行业协会商会类、科技类、慈善公益类、社区服务类社会组织成立直接向民政部门申请登记（法律法规有要求除外），实行行业一业多会（一个行业可以成立两个以上协会），基金会、异地商会下放县（区）登记管理，取消社会团体分支（代表）机构审批、基层社会组织登记最低开办资金限制（行业有要求除外）等社会组织登记管理制度改革。全市新登记成立社会组织538个（社会团体202个、民办非企业单位336个），其中市本级新登记成立社会组织88个（社会团体36个、民办非企业单位52个，直接登记12个、登记一业多会2个）；全市注销登记社会组织266个（社会团体107个，民办非企业单位159个），其中市本级注销登记社会组织4个（社会团体3个、民办非企业单位1个）。累计有社会组织3335个（社会团体1467个，民办非企业单位1868个），社会组织总数居自治区首位。年检社会组织合格率91.40%。表彰县（区）登记管理先进单位4个，社会组织登记管理先进个人15人，先进社会组织100个。开展首批18个社会组织评估，评出5A级行业协会、商会8家，4A级9家，3A级1家，给予3A级以上社会组织简化年检、优先承接政府职能转移等政策性奖励。市民政局被中国社会报社评为2014年度社会组织新闻宣传工作先进单位。

【社会救助】 2014年，南宁市建立实施社会救助局际联席会议制度，完善部门间信息沟通及定期会商机制，统筹推进全市社会救助体系建设；加强社会救助经办能力建设，建立“一门受理、协同办理”服务平台。将落实市本级城乡低保补助资金纳入市政府为民办实事项目。1月1日起，各城区、开发区城市居民最低生活保障（简称“低保”）补助标准由人均每月215元提高至250元，农村低保补助标准由人均每月87元提高至103元；10月1日起，各城区、开发区城市低保补助标准由人均每月250元提高至270元，农村低保补助标准由人均每月103元提高至113元。全年发放城市低保17.43万户次27.88万人次，金额7497万元，月人均补助269元；发放农村低保73.89万户次183.89万人次，金额1.96亿元，月人均补助107元；发放农村五保24.20万户次25.43万人次，金额7670.31万元。春节前，向城乡低保对象、农村五保供养对象每人发放一次性补助金200元，发放城乡低保3.47万户7.04万人，金额1224万元；发放农村五保供养对象6643户7072人，金额130.40万元。

【地名管理】 2014年，南宁市加强地名法规建设、地名规划编制，完善地名标志管理和设置、地名信息化服务等，提升地名管理规范化、标准化水平。完成新建“火车东站”周边道路、“东盟商务区”“良庆区玉泉社区”等周边道路命名89个，在市属媒体、南宁地名网公布道路命名信息。12月31日，南宁市启动第二次全国地名普查，在各县（区）、开发区设置宣传点15处，发放宣传资料5000余册。

【殡葬管理】 2014年，南宁市推进殡葬改革。市民政局联合市公安、卫生部门下发《南宁市医疗机构殡葬管理规定》，规范全市医疗机构殡葬管理；在青龙岗长安墓园开展自治区首次“公益花坛葬”活动，自治区250多户家庭500多名代表参加活动；实施殡葬惠民政策，免除南宁市城乡困难对象基本殡葬服务费用；召开公益性公墓建设研讨会，加快马岭生态公墓转型为城市公益性公墓建设步伐；指导市殡葬服务管理机构制定、修订、完善内部管理规章。市殡仪馆殡仪服务区全面改建一期工程在建。全年火化尸体2.04万具（市殡仪馆1.23万具、武鸣县殡仪馆3205具、横县殡仪馆2467具、宾阳县殡仪馆2350具），青龙岗长安墓园公墓销售墓位1164个（传统墓1008个、环保墓156个）。 （市民政局编写组）

外　事

【概　况】 2014年，南宁市受理审批同意组团151批345人次，比上年分别减少23.70%、31.40%，其中党政干部团组100批216人次，企业团组15批52人次，事业单位团组36批77人次。处理涉外突发事件18批次。南宁市获中国人民对外友好协会颁发“国际交流合作奖”。

【国外友好城市交往】

韩国果川市　2014年，南宁市与韩国果川市继续开展公务员交流活动。4月16日，南宁市卫生局彭臻志赴韩国开始为期1年交流；17日，市投资促进局廖一春结束为期1年交流回国。5月7日，韩国果川市民愿服务课系长沈明顺结束为期1年交流返回韩国；12日，韩国果川市环境卫生气候变化应对系系长李荣兰抵达南宁，开始为期1年交流。10月3日至12日，应南宁市邀请，韩国果川市市长申桂容率代表团出席第45届世界体操锦标赛开幕式并观摩比赛。12月23日，第六届韩国果川市青少年语言研修活动在南宁市第十四中学高中部举行开班仪式，12名来自韩国果川市高中生在南宁市进行为期9天语言研修活动，学习汉语，辅修诗歌、武术等课程，体验广西特色民族风情。南宁市与果川市青少年语言研修活动已举办5届，累计参加活动200多人。12月24日至2015年1月2日，应日本秋田市政府、韩国果川市政府、中国香港贸易发展局邀请，南宁市代表团访问日本、韩国和中国香港。期间，南宁代表团拜访果川市政府，就经贸、人员往来、教育、文化等方面进行友好交流。

澳大利亚班达伯格市　2月7日至11日，南宁艺术团应邀访问澳大利亚班达伯格市参加2014中国春节庆祝活动，为当地居民表演民俗、双人舞、现代壮家打击等特色节目。2月24日至26日，班达伯格市市长摩尔·弗曼率经贸代表团一行7人对南宁市进行友好访问；24日，市长周红波在市政府会见班达伯格市经贸代表团一行，就深化两市交流合作进行友好交谈；期间，班达伯格代表团访问参观广西农机研究院、兴宁区三塘直升机维修基地、广西吉航通用航空有限公司、宁明机场、南宁经济技术开发区、南宁高新技术产业开发区、广西—东盟经济技术开发区，与南宁市旅游局及旅游行业专业人士进行座谈。9月16日至19日，班达伯格市市长摩尔·弗曼率代表团参加2014“两会一节”活动；市长周红波会见代表团一行。10月3日至12日，应南宁市邀请，班达伯格市议员林恩·福格、金属贸易主监察员吉尔·福格出席第45届世界体操锦标赛开幕式并观摩比赛。12月18日至25日，应澳大利亚班达伯格市、新西兰黑斯廷斯市邀请，南宁市代表团访问澳大利亚、新西兰；期间，南宁市代表团与班达伯格市副市长及相关部门进行会晤、座谈，实地考察了解农业和城市建设情况，在农业、通用航空、城市建设、新能源等方面深化合作。

非洲马拉维利隆圭市　8月30日至9月7日，应马达加斯加首都塔那那利佛市、马拉维首都利隆圭市邀请，南宁市代表团访问非洲马达加斯加、马拉维。期间，南宁市代表团在利隆圭市市政厅会见利隆圭市市长穆鲁拉及相关部门人员，实地了解医疗卫生及林业发展情况，走访驻马达加斯加大使馆、马拉维大使馆，加强与驻外大使馆交流与联系。

国外友好城市情况

国家城市名称	国家城市英文名称	结好时间
冈比亚班珠尔市	Banjul, Gambia	1987 年 6 月 22 日
澳大利亚班达伯格市	Bundaberg, Australia	1998 年 5 月 12 日
美国普罗沃市	Provo, U.S.A.	2000 年 9 月 27 日
奥地利克拉根福市	Klagenfurt, Austria	2002 年 6 月 13 日
泰国孔敬市	Khon Kaen, Thailand	2002 年 8 月 25 日
韩国果川市	Gwacheon, Korea	2005 年 4 月 18 日
英国诺斯利市	Knowsley, UK	2005 年 8 月 16 日
越南海防市	Hai Phong, Vietnam	2006 年 3 月 23 日
菲律宾达沃市	Davao, The Philippines	2007 年 9 月 3 日
柬埔寨西哈努克省	Sihanoukville, Cambodia	2007 年 10 月 30 日
智利伊基克市	Iquique, Chile	2008 年 2 月 20 日
法国马恩河谷省	Val-de-Marne, France	2008 年 10 月 23 日
印度尼西亚茂物县	Bogor Regency, Indonesia	2008 年 12 月 17 日
缅甸仰光市	Yangon City, Myanmar	2009 年 10 月 20 日
美国商业市	Commerce City, U.S.A	2009 年 10 月 21 日
加拿大维多利亚市	Victoria City, Canada	2010 年 7 月 9 日
老挝占巴塞省	Champasak, Lao People's Democratic Republic	2010 年 10 月 21 日
马拉维利隆圭市	Lilongwe, Malawi	2011 年 10 月 22 日
波兰格鲁琼兹市	Grudzi dz, Poland	2011 年 10 月 22 日

【“两会一节”外事接待】　2014年，市外侨办在“两会一节”期间，接待澳大利亚班达伯格市、马来西亚怡保市、柬埔寨西哈努克省等国际友城会见8场；举办2014南宁国际民歌艺术节招待宴会等宴会3场；接待泰国副总理兼外交部长代表团、老挝琅勃拉邦省代表团、菲律宾媒体代表团等3个代表团在南宁市参观考察；协助举办新加坡商务代表团与南宁市知名企业代表座谈会；做好世界贸易协会主席向南宁市授予“世界贸易中心协会会员城市”牌匾仪式的礼宾工作。

【第 45 届世界体操锦标赛外事接待】　2014年第45届世界体操锦标赛举办期间，南宁市接待72个国家和地区参赛代表团运动员、裁判员、教练员、国际体联大家庭成员及国内外嘉宾1400多人。应南宁市邀请，澳大利亚班达伯格市、韩国果川市和俄罗斯伊尔库兹克市代表团出席第45届世界体操锦标赛开幕式并观摩比赛。

【涉领事务】　2014年，市外侨办利用“领事机构”官方渠道资源，与50多个驻南宁、广州、昆明的各国领事机构建立合作关系，密切联系东盟驻邕总领馆。通过双方国家节庆互访、座谈及邀请领馆官员出席第45届世界体操锦标赛、“两会一节”等大型国际活动，让各领馆官员全面、深入了解南宁。迅速合理回应各馆诉求，增进互信。密切联系各国驻广州总领馆。派出工作组前往广州拜会俄罗斯、以色列等国驻广州总领馆，参加美国驻广州总领馆迁馆仪式，出席波兰驻广州总领馆、俄罗斯驻广州总领馆举办的国庆招待酒会，接待部分欧美国家领事官员代表团到南宁市考察访问13批，妥善处理法国、德国驻广州总领事向市政府反映两国企业与南宁市企业的商业纠纷问题。促进东盟驻邕领馆进驻“南宁领事馆区”，即将在南宁市开馆的马来西亚总领馆、在外租用办公场所的泰国驻邕总领馆表达进驻意愿。至年末，有驻邕总领馆5个，总领馆数量在全国排位第七。

（市外侨办编写组）

2014年南宁市主要来访团组情况

日期	团组名称	团长	人数	接待总人数	类别	国家／地区	是否副部级及以上
2月15日	澳门特区政府代表团	崔世安	58	81	友好访问、经贸	澳门	是
2月17日	菲律宾前副外长	周清琦	5	5	友好访问	菲律宾	否
2月24日	澳大利亚班达伯格市代表团	摩尔·弗曼	8	16	友好	澳大利亚	否
3月3日至8日	国际体联、国家体育总局体操运动管理中心官员一行	尼古拉斯·布尔潘尼	8	26	比赛	瑞士	否
3月14日	泰国孔敬市代表团	尹威奈·诗提蒙吞	28	40	友好	泰国	是
3月13日	桂港青年交流促进会青年代表团	杨位兴	8	16	友好	香港	否
3月17日	香港贸易发展局香港物流业代表团	吴子衡	20	30	经贸	香港	否
3月20日	新加坡资讯通信发展管理部代表团	黄华杰	20	20	经贸	新加坡	否
4月10日	中法工商会“明日之城，未来市场”活动	白屿淞、欧技	32	60	经贸	法国	否
4月20日至22日	2014年中国绿公司年会外宾	—	70	70	会议	法国、英国、日本等	否
5月13日	新加坡驻华使馆商务参赞	尤善钡	3	7	友好	新加坡	否
7月24日	泰国黎逸市代表团	邦宗	12	20	友好	泰国	否
9月1日	柬埔寨驻南宁总领事	尹索飞	4	12	友好	柬埔寨	否
9月9日	文莱政府项目考察团	哈嘉·诺玛贯火尔	6	10	经贸	文莱	否
9月16日	澳大利亚班达伯格市市长代表团	摩尔·弗曼	7	7	友好	澳大利亚	否
9月17日	老挝沙拉湾省副省长代表团	洪世恒	4	8	友好	老挝	否
9月17日	柬埔寨西哈努克省代表团副省长代表团	索克·派恩	5	10	友好	柬埔寨	否
9月17日	泰国副总理兼外交部长塔纳萨一行参观青秀山	塔纳萨	40	40	友好	泰国	副总理级
9月17日	马来西亚怡保市代表团	默罕默德·翟匡	3	7	友好	马来西亚	否
9月18日	老挝工贸部长一行	—	4	8	友好	老挝	部级
9月29日	越南司局级党政干部培训班	邓光阔	30	30	友好	越南	否
10月7日	国际体联主席一行	—	12	24	活动	意大利	否
10月8日	柬埔寨副首相代表团	索安	12	12	友好	柬埔寨	副总理级
10月8日至10日	缅甸副总统代表团	赛茂康	35	35	友好	缅甸	副国
10月10日	国际体联主席一行	—	6	12	活动	意大利	否
10月14日	越南驻南宁总领事一行	范清平	3	7	友好	越南	否
10月17日	柬埔寨暹粒省省长代表团	庆文松	5	7	友好	柬埔寨	部级
10月22日	澳门民政总署考察团	罗永德	28	33	文化	澳门	否
10月24日	印度驻广州总领事一行	高志远	3	8	文化	印度	否
10月28日	新加坡胜科城镇发展有限公司	赵万成	6	15	经贸	新加坡	否
11月14日	泰国驻南宁总领事	琵姹妮	3	8	领事	泰国	否
11月27日	跨国企业南宁行投资推介活动	—	50	50	经贸	东南亚	否
12月8日	中恒集团、美国赛斯纳飞机公司、以色列oramed医药公司代表	比尔·苏尔茨	12	18	经贸	以色列	否
12月18日	泰国驻华大使代表团	披拉维素温巴	7	15	友好	泰国	是
12月23日	柬埔寨妇女代表团	金占伦	16	22	友好	柬埔寨	是

说明：表中“—”指来访团组无团长。

南宁年鉴

信访工作

【概 况】 2014年,南宁市受理群众来信、来访、来电12.39万件次14.21万人次,比上年分别上升20.68%、15.90%。市信访局受理群众来信、来访、来电9.49万件次9.87万人次,分别上升24.23%、18.92%。其中:群众来信3522件,上升8.91%;接待来访1390批、5247人次,分别下降41.55%、41.89%;市长公开电话受理有效来电5.22万个,为民办实事1.13万件。办理上级机关、市领导批示交办信访案件2104件(中央巡视组交办2017件),到期办结率100%;受理信访事项复查复核案件60件,办结率100%;劝返、接回进京非正常上访群众89人、204人次,分别下降18.30%、上升30.80%;到县(区)督查指导信访案件办理15次,组织召开信访问题协调会22次,使用信访救助金8万多元。市长公开电话受理办公室获"全国三八红旗集体"称号。

【信访处理】 2014年,南宁市受理群众来信3522件,比上年上升8.91%。其中:初信1243件,上升9.81%;重信319件,下降25.29%;联名信262件,上升3.15%;网上信访1960件,上升17.01%。办理群众致自治区党委书记来信196件次,致自治区政府主席来信91件次,致南宁市市长来信531件次,立案121件次,到期办结117件次,办结率100%。

【市长热线】 2014年,南宁市长热线12345接听来电9.01万个,其中有效来电5.22万个,比上年分别上升6.16%、28.85%,为民办实事1.13万件。市长公开电话受理办公室对群众反映的热点、难点和涉及社会稳定等问题,通过报送信息及编写《专报》《摘报》《简报》等方式,向市委、市政府及有关领导报告,并通报相关单位,报送信息371篇、806篇次;编印《市长公开电话半月专报》24期,《来电摘报》61期,《市长公开电话工作简报》13期。在媒体反馈市长热线办理市民投诉案件474件,其中《南宁晚报》刊登42件、市政务信息网反馈案件432件。

【信访接待】 2014年,南宁市信访局接待群众来访1390件次、5247人次,比上年分别上升24.23%、18.92%。其中:初访812件、3507人次,分别下降41.33%、37.95%;重访578件、1740人次,分别下降41.85%、48.49%;集体访203件、3347人次,分别下降54.79%、43.62%。组织开展市领导接待日活动12次,接待群众783批1740人次;开展全市公开大接访活动4次,有290个单位7746名领导干部参加接访活动,接待群众2343批4830人次,受理信访件1910件,当场解决1087件;有222名律师参加接待来访群众131批264人次,处理涉法信访问题。

【信访积案化解】 2014年,南宁市有信访积案101件。其中国家信访局交办信访积案2件,自治区信访局交办信访积案19件,中共南宁市委党的群众路线教育实践活动办公室、市信访联席办公室排查清理信访积案80件。5月至9月,在全市集中开展信访积案化解,市四家班子领导每人包案1件~2件。至9月,国家、自治区信访局交办21件信访积案全部化解,办结率100%;至11月,市本级排查清理80件信访积案全部化解,办结率100%。

【信访信息网络化建设】 2014年,南宁市信访部门网站建成运行,防火墙、网络审计设备、计算机等硬件设备进入政府采购程序。各县(区)网上信访信息系统建设有序推进。市人民群众来访接待中心信息化建设基本建成,其中综合布线系统、信息网络系统、有线电视系统、排队叫号系统、电子信息防雷与接地系统、信息查询发布及控制系统、安全技术防范系统(包括视频安防监控系统、出入口控制系统、安检系统)、远程视频接访系统、远程视频会议系统、机房工程等进入调试阶段。 (雷冬冬)

政务服务

【概 况】 2014年,南宁市构建市、县(区)、乡镇(街道)、村(社区)四级政务服务体系,乡镇(街道)政务服务中心建设覆盖率100%,村(社区)政务服务中心建设覆盖率87.10%,实现全市基层信息化应用平台在乡镇政务服务中心全覆盖。市政务服务中心总部(位于五象新区广西体育中心C区)办公面积5908平方米,分15个单元组,有办事窗口24个,涉及建设项目及经济发展审批服务等,工作人员260人;市政务服务中心科园分中心(位于南宁高新技术产业开发区科园东五路6号)面积约7000平方米,有办事窗口23个,涉及社会管理、民生服务等,工作人员120人。市政务服务中心办理行政审批事项289万余件,发出批文、证照有效率100%,日均接待办事群众1500人次以上;具有行政审批职权的46个市直部门全部纳入政务服务中心管理范畴,进驻率100%;市本级实施的行政审批事项643项,纳入市政务服务中心受理的行政审批事项617项,事项进驻率96%;审批事项承诺办结时限总体压缩60%以上。通过自治区政府信息公开统一平台主动公开信息超过18万条,位列自治区第一。

【行政审批】 2014年,南宁市取消市、县级行政审批事项68项,承接自治区下放行政审批事项149项,调整市、县级行政审批事项21项。市本级实施的行政审批事项643项(行政许可299项、非行政许可344项),其中市本级权限设定的行政审批事项34项(行政许可11项、非行政许可23项)。全市46个承担行政审批事项的部门(单位)全部在其政务网站公开审批事项清单,同时在市机构编制委员会办公室网站公开行政审批事项汇总清单,接受群众监督。推行前台接件、后台审批"审管分离"改革,具有行政审批职能的部门设立行政审批办公室进驻市政务服务中心办公。制定《开发区行政审批项目目录》,委托、授权南宁高新技术产业开发区、南宁经济技术开发区、广西—东盟经济技术开发区管委会实施行政审批事项232项。在南宁经济技术开发区成立行政审批局,为自治区首个行政审批局,将规划、国土等部门行政审批事项全部划入审批局,实行"一个公章审批"制度,南宁经济技术开发区工业项目审批时限由306个工作日缩短至25个工作日;实行工商注册登记"三证合一"改革,将营业执照、组织机构代码证、税务登记证合为一证,实施一张表格申请,简化审批流程,行政审批承诺时限由45个工作日压缩至3个工作日。组建市重大项目前期审批攻坚站,改串联审批为并联审批,进入攻坚站重大项目29个。

【政务公开】 2014年,南宁市围绕重点领域公开政府信息,扩大公开范围,细化公开内容。通过自治区政府信息公开统一平台主动公开信息超过18万条,位列自治区第一;公开财政信息1263条,住房保障信息207条,食品药品安全信息662条,环境保护信息211条,安全生产信息107条,价格和收费信息334条,征地拆迁信息354条,教育信息1808条,重大项目批准实施及重点招商引资项目等信息

2118条。推进政务信息全覆盖，利用市绿城党旗红党建信息网及党员远程教育平台增设政务公开信息栏，实现政务信息公开向12个县（区）、3个开发区、127个乡镇（街道）、1760个村（社区）覆盖。举办政务信息公开培训班6期，培训674人次。举行南宁市第二届政务公开日活动，50个部门200多名干部参加，接受群众、企业咨询3452人次，解答问题2316个，发放宣传资料1万多份。

【公共资源交易平台建设】 2014年，南宁市公共资源交易中心（江南区沙井大道南宁华南城2号场馆5楼）完成场地建设，总建筑面积2.40万平方米，设中心业务受理大厅、开标室、评标室、电子竞价室、业主监督室、封标室等功能区。通过市场化运作方式评选资金结算代理银行，与广西北部湾银行合作，建设南宁市公共资源交易中心；制定《南宁市公共资源交易平台运行规则》等公共资源交易监管制度。（冯德祥）

机关事务管理

【概 况】 2014年，南宁市机关事务管理局（南宁市直机关后勤服务中心）加强公共机构节能管理，创建国家级、自治区级节能公共机构各4家，全市3860家公共机构人均综合能耗、人均用水、单位建筑面积能耗比上年分别下降5.36%、4.72%、10.31%。做好机关安全保卫、水电维修、卫生保洁、房屋维修、食堂、宿舍和公寓管理、家政及会务服务等后勤保障服务。

【公共机构节能】 2014年，市机关事务管理局组织县（区）、开发区及市直单位20名节能工作人员参加国家机关事务管理局与清华大学联合举办公共机构节能管理远程教育第二期培训班；举办全市公共机构节能暨创建工作培训班。6月，开展节能宣传周活动，发放节能环保低碳倡议书1000多份；在市辖六县开展公共机构节能环保宣传巡展活动，展出自治区43家被评为第一批国家级节约型公共机构单位节能成果板报及节能环保产品200多件。加强检查监督，对能耗出现较大涨幅的17家单位发出书面预警通知，督促整改。创建公共机构节能示范点，宣传市委市政府办公大院、南宁职业技术学院、市第一人民医院等3家国家级节约型公共机构节能成果及经验，推荐市人大办公区、兴宁区政府办公区、南宁职业技术学院、市第一人民医院等4家单位为自治区节水型示范单位，推荐市人大办公区、市中级人民法院、市国土资源局、市第二中学等4家单位为国家级节约型公共机构单位。至年末，全市3860家公共机构人均综合能耗、人均用水、单位建筑面积能耗比上年分别下降5.36%、4.72%、10.31%，完成自治区下达节能目标。

【机关后勤保障】 2014年，市机关事务管理局继续委托南宁诚愉和物业管理有限公司承担市四家班子机关安全保卫、水电维修、卫生保洁、房屋维修、食堂、宿舍和公寓管理、家政及会务服务等后勤保障服务。市机关事务管理局提供会议中心会务服务130多场次，提供市委办公厅、市政府办公厅会议室会务服务1100多场次。开展"就餐卡清退"活动，清退不符合条件就餐卡980张。为市委、市政府及市人大机关食堂提供早、中、晚快餐服务58万人次。开展以"城镇化与减灾"为主题的防灾减灾宣传；在新民路8号院、淡村宿舍区、公务员小区、泗濠塘生活区等开展消防灭火技能培训，发放消防安全知识手册、自救互救基本技能等资料5800份。完成大型活动及会议执勤保障130批次；配合信访部门疏导大型上访95批次，5人以下上访43批次，到大院内闹访5批次；处置大院内车辆乱停放133起，车证不符112起；清理长期占用车位车辆37辆，清理报废车辆19辆、摩托车28辆。完成市政府办公大楼18层~22层空调更换。配合市林业和园林局完成市委、市政府大院绿化提升工程。摆花5.30万盆；更换办公室荫生植物615盆；修剪草坪约7万平方米；修剪绿化带6次约9万平方米。更换各种灯管、灯泡2588盏；电梯维保单位每2周安排1次检查维护、每月测试2次停电救援装置，安排24小时人员在岗待命。核查全市111家市直机关单位办公用房腾退，核查面积17.13万平方米；全市23家单位腾退超占面积2.36万平方米，腾退率90.44%。调整分配11家市直机关单位办公用房。完成原新闻中心玻璃幕墙改造；完成市政府办公楼一楼会见室、二楼会议室翻新修缮；完成市四家班子办公区、宿舍区、公寓楼区房屋修缮37处次；推进市四家班子危旧房改住房改造。

（市机关事务管理局）

12月，兴宁区机关办公区通过自治区节水型示范单位评审验收。图为办公区节水绿化喷灌工程 兴宁区机关事务管理局提供

政府集中采购

【概 况】 2014年，南宁市政府集中采购中心围绕服务"两会一节一赛"、五象新区开发、"中国绿城"提升工程、火车东站建设、城市轨道交通、保障性住房建设等做好政府采购服务。完成南宁市首个采用政府和社会资本合作(PPP)模式建设"南宁市竹排江上游植物园段(那考河)流域治理项目"采购。实施《推进南宁市政府采购电子化采购工作方案》，实现"全电子化采购"目标。6月11日，南宁政府采购官方微信平台上线运行，实现采购当事各方通过手机、平板等移动设备即时办公、即时查询、即时投标。

【项目采购】 2014年，南宁市本级政府集中采购项目4982个，预算金额145.06亿元，成交金额121.92亿元，节约金额23.15亿元，节约率15.96%。采购项目完成量、采购预算金额、成交金额分别比上年增长7.98%、53.73%、60.84%。其中：货物类项目4016个，预算金额18.31亿元(占采购预算总金额12.62%)，成交金额15.29亿元，节约金额3.02亿元；工程类项目502个，预算金额118.12亿元(占81.43%)，成交金额99.34亿元，节约金额18.78亿元；服务类采购项目464个，预算金额8.63亿元（占5.95%)，成交金额7.29亿元，节约金额1.35亿元。

【合同见证】 2014年，市政府采购中心加强对政府采购合同签订、履约管理，协调解决项目合同争议。与货物、服务定点供应商签订定点协议117份；审核见证项目合同2117份，其中工程类957个、货物类904个、服务类256个；解决合同争议28个。 （黄 波 张祖安）

中国人民政治协商会议南宁市委员会

重要会议

【政协第十届南宁市委员会第四次会议】 2014年2月10日至12日，在南宁人民会堂召开。应出席委员489人，实到委员452人。市四家班子领导出席开幕大会、闭幕大会。会议听取、审议中国人民政治协商会议第十届南宁市委员会常务委员会工作报告、中国人民政治协商会议第十届南宁市委员会常务委员会关于市政协十届三次会议以来提案工作情况报告；列席南宁市第十三届人民代表大会第五次会议，听取并讨论政府工作报告及其他有关报告；选举肖志钢为政协第十届南宁市委员会副主席；审议通过中国人民政治协商会议第十届南宁市委员会第四次会议政治决议等决议。期间，市政协委员视察南宁市重大项目建设情况；编印会议简报1期；收到提案402件，立案392件；收到大会发言材料37份。

【政协第十届南宁市委员会常务委员会会议】 2014年召开会议5次。

第13次会议 1月24日，在市政协多功能厅召开。学习贯彻中央、自治区党委党的群众路线教育实践活动第一批总结暨第二批部署会议，中央政法工作会议，十八届中纪委三次全会，自治区党委十届四次全会，自治区“两会”，自治区纪委十届五次全会、市委十一届十一次全会精神；审议通过市政协十届四次会议有关文件材料及有关事项；增补肖志钢、罗燕、何永辉、江明熙、汪晶、梁振升、胡祖杰、萧博键、洪振忠、吴鑫、许为冰、陈俊华、刘镇源等13人为政协第十届南宁市委员会委员。

第14次会议 2月11日，在南宁饭店召开。听取大会秘书处综合汇报各小组讨论情况(书面)，委员分组审议大会政治决议(草案)、常委会工作报告决议(草案)情况；审议“两个”决议(草案)、市政协十届四次会议提案审查报告（草案)；听取各委员小组讨论《大会选举办法(草案)》、审议候选人名单(草案)等情况汇报，通过《大会选举办法》、候选人名单及总监票人、监票人名单。

第15次会议 3月25日，在市政协多功能厅召开。传达学习全国“两会”精神；审议通过《政协第十届南宁市委员会常务委员会2014年工作要点》《南宁市政协2014年度协商工作计划》；专题学习贯彻党的十八届三中全会、习近平总书记系列重要讲话及全国“两会”精神。

第16次会议 7月31日，在市政协多功能厅召开。传达学习贯彻自治区、南宁市年中经济工作会议精神；听取市政府领导通报上半年经济社会发展情况及下半年主要工作安排；听取各视察组汇报上半年视察情况；通报上半年市政协常委会主要工作情况(书面)；市政协办公厅、专委会、研究室、选联办汇报上半年工作情况及下半年工作安排(书面)；审议通过《政协南宁市委员会常务委员会组成人员联系委员实施意见》；增补杨晓钊为政协第十届南宁市委员会委员；同意杨晓钊为市政协教科文卫体委员会副主任、卫自光辞去市政协十届委员会副主席职务。

第17次会议 12月29日，在市政协多功能厅召开。学习贯彻党的十八届四中全会、习近平总书记系列重要讲话精神、中央经济工作会议精神；听取市政府领导通报2014年经济社会发展情况及2015年主要工作安排、通报市政府办理政协提案工作情况；听取市纪委领导通报2014年党风廉政建设工作情况，市中级法院领导通报2014年工作情况，市人民检察院领导通报2014年工作情况；听取各视察小组汇报下半年视察情况；通报下半年市政协常委会主要工作情况(书面)；市政协办公厅、专委会、研究室、选联办汇报2014年工作情况及2015年工作打算(书面)。

3月13日，市政协十届四次会议提案交办会召开，403件提案交由90个单位办理
卢远新提供

重大活动

【民主监督】 2014年，市政协坚持寓民主监督于协商、视察、提案等履职活动之中，促进市委、市政府决策部署贯彻落实。市纪律检查委员会采纳关于婚丧喜庆大操大办专项整治提案建议，制定《南宁市党员干部操办婚丧喜庆事宜暂行规定》。加强与市纪委联系合作，拓展深化政协委员“民主监督绿色通道”平台作用，促进民主监督与党风廉政建设工作优势互补、形成合力。邀请市政府领导、市纪委、市中级人民法院、市人民检察院

主要领导在市政协常委会通报全市经济社会发展、提案办理、党风廉政建设及法院、检察院工作情况，首次组织常委、委员就热点问题与到会领导协商探讨、沟通交流，形成共识。组织委员评议市直窗口部门“民主评议政风行风”活动；论证《南宁市经济适用房管理办法》等10多部地方性法规草案；旁听市中级人民法院、自治区人民检察院审理案件。组织特邀监督员对政府信息公开、市容市貌整治等工作进行专项监督。

【调研与视察】 2014年，市政协紧扣市委、市政府“工业强市、产业旺市”发展战略，就生物医药、电子信息、铝深加工等重点产业建设及旅游产业开发、总部楼宇经济发展等方面形成提案。开展加快推进西江经济带建设、园林产业发展、现代职业教育发展、完善立体化社会治安防控体系等专题调研，形成重点课题调研报告4份；围绕五象新区建设、重大项目建设、县（区）综合示范村建设等开展视察，形成视察报告10多份，有关意见建议被市委、市政府吸纳到《关于加快新型工业化实现跨越式发展的决定》等文件。围绕行政审批制度、财政体制、完善土地管理制度等改革发展的重大问题，就建立“权力清单”、加强预算绩效管理、农村住宅房屋所有权和宅基地使用权确权等内容开展调研视察、协商讨论，形成涉及转变政府职能、健全社会信用体系等方面提案、建议案，有关意见建议被市政府采纳，落实到“加快推进农业现代化”“建设沿边金融综合改革试验区”等部署。

【政协提案】 2014年，市政协立案提案403件，其中涉及教育就业、医疗卫生、社会养老、食品安全、住房保障、城市交通等民生问题提案88件。市政协畅通政协组织、提案者、承办单位协调互动渠道，建立常态联系机制；落实市委、市政府、市政协领导督办重点提案制度及市政府领导通报提案办理情况制度等，开展提案办理工作民主评议活动，提高提案办理实效。列为市委、市政府、市政协领导督办提案32件。自治区党委常委、市委书记牵头督办提案《关于进一步优化战略性新兴产业发展环境的建议》，推进战略性新兴产业发展；市长牵头督办提案《关于大力推进“三旧”改造工作的建议》，推动“三旧”（旧城区、旧城中村、旧厂房）改造步伐。市政协领导班子成员牵头督办提案《关于禁止大规模种植速生桉，保护生态环境的建议》，推动规范、整治速生桉种植等办理意见落实。至年末，403件提案全部办复。

【社情民意收集】 2014年，市政协编发《政协信息》41期、《社情民意》10期，收集民意信息300多条，为市委、市政府掌握舆情、化解矛盾提供服务。把收集到的社会养老、幼儿园及小学生午托问题等建议提供给南宁电视台《向人民承诺——电视问政》节目组，促使意见、建议转化为利民举措。

【“同心育才”工程】 2014年，南宁市“同心育才”工程筹集市政协委员、企业家等捐资2100多万元，其中资助上林县镇圩瑶族乡中心学校改扩建工程1000多万元，资助上林县镇圩，马山县古寨、里当3个民族乡230名少数民族学生免费就读高中、67名少数民族学生免费就读南宁职业技术学院。78名受资助学生高中毕业并参加高考，全部考上大学，其中考上本科第一批7人、本科第二批40人、本科第三批24人，专科、高职高专7人。

【委员活动日活动】 2014年，市政协扩大与港澳委员联谊，带动委员为保持港澳地区繁荣稳定作出贡献，为祖国和家乡经济社会发展献计出力。9月5日，在香港举行南宁市政协港澳委员座谈会，市政协主席岑可成向港澳委员通报南宁市经济社会发展情况，希望港澳委员继续为促进港澳长期繁荣稳定和祖国统一作贡献。加强与境内外社团、友好人士联谊交往，增进感情。接待来自柬埔寨、乌拉圭、文莱等国家及中国澳门地区友人来邕考察。

【理论研究会】 2014年，南宁市政协理论研究会围绕“充分发挥人民政协作为协商民主重要渠道作用”“为民务实清廉，奋力提升南宁首位度”两个主题开展征文活动，收到征文46篇，其中推荐10篇征文参与自治区政协征文活动。筹建市政协理论研究基地，初步确定市委党校、南宁学院、市社会科学院、市社会科学界联合会等院校及专业研究院所、联合会为首批研究基地。编辑《政协工作参考》12期，加强与各地政协联系。

（卢远新）

纪律检查与行政监察

【概　况】 2014年，南宁市有市、县（区）纪律检查委员会、监察局13个，其中市本级1个、县（区）12个。市直单位有纪检组（纪委、纪工委）96个，其中纪委派驻纪检组35个，派出纪工委4个；市直单位纪工委有2个，内设纪委（纪检组）25个；市直事业单位纪检组有13个，市管企业纪委有13个。南宁市乡镇设纪委102个，街道设纪工委24个。全市专职纪检监察干部1083人，其中市纪委、监察局机关有75人，县（区）纪委、监察局机关有239人。市直部门配备纪检组长、纪委书记、纪工委书记64名，监察室主任45名。

年内，推进纪律检查机制体制改革，市本级开展三轮内设机构调整，纪检监察室增至5个，一线办案人员占行政编制总数42%；清理市纪委、市监察局参与的一般性议事协调机构，从215个精简至18个；建立纪检监察工作新体制，市直部门50个机关党委全部成立机关纪委；整合派驻机构监督力量，成立党风廉政建设专项巡查组，围绕腐败问题、纪律问题、作风问题、选人用人问题，首批对上林县、广西大明山国家级自然保护区管理局、市人力资源和社会保障局、市城市管理局、市扶贫开发领导小组办公室等5个单位开展专项巡查，发现突出问题37个。在自治区率先开展电视问政，全年举办《向人民承诺——电视问政》节目14期。

【党风廉政建设党委主体责任与纪委监督责任落实】 2014年，南宁市将党风廉政建设作为党的建设重要内容，纳入领导班子、领导干部目标管理，与经济社会建设同部署。市委常委会班子成员带头改进文风会风、带头腾退办公用房、带头执行公务用车标准；研究党风廉政建设和反腐败工作11次；审议通过《南宁市惩治和预防腐败体系2013—2017年工作实施办法》；召开典型案件分析会4次，各常委按“一岗双责”从案例中分别认领责任，增加主体意识。各级纪委督促各级党委落实主体责任，协助党委抓好党风建设，细化分解落实党风廉政建设责任和惩防体系工作任务，制定党风廉政建设责任制绩效考核指标，检查1324个单位落实党风廉政建设责任制情况。召开县（区）委书记、开发区党工委书记述廉评议会议，以现场评议方式推动主体责任落实。

【监督执纪问责】 2014年，市纪委开展遵守党的政治纪律、组织纪律情况专项检查，纠正组织涣散、纪律松弛问题。查处违反中央八项规定精神公款吃喝、公款旅游、公款送礼、党员干部大操大办婚丧喜庆事宜、赌博、纵酒行为等46起，处分79人，其中点名道姓通报、曝光典型问题26起。强化“两重两问”（重点工作重大项目监督检查问责问效）督查，对“美丽南宁”建设、第45届世界体操锦标赛等重点工作重大项目加强监督检查、跟踪督办力度，问责作风不实、履职不力的有关单位及个人，约谈责任单位280个，问责950人，其中免职40人、停职检查26人。

【源头治本机制完善】 2014年，南宁市坚持惩治腐败与防治腐败“两手抓”，颁布《建立健全惩治和预防腐败体系2013—2017年工作规划实施办法》，各县（区）、各单位按照五年工作规划要求，制定实施细则。开展党风廉政建设“主体责任书记谈”刊播活动，接受访谈党委（党组、党工委）书记47人。组织开展“坚定理想信念，坚守组织纪律”主题教育活动，接受廉政教育党员干部10多万人。组织6500名党员干部参观自治区党风廉政警示教育展，改造市反腐倡廉警示教育馆，全面推行领导干部任职前廉政法规知识测试。深化廉政文化“六进”（进学校、进机关、进社区、进家庭、进农村、进企业）活动。开展廉政微型情景剧（小品）评比，参评作品57个，评出《亮剑》等优秀作品8个；组织编辑《南宁历史廉事》，完成初稿约15万字。南宁纪检监察网开设“绿城清风”“每周说纪”专栏，设置廉政公益广告；南宁市纪委、监察局官方微博在新浪网上线运行；在市属新闻媒体通报50名领导干部受党纪政纪处分情况。完善规章制度，清理解放以来市纪委印发规范性文件318份。注重办案后期警示教育，召开全市处级领导干部警示教育大会，开展庭审警示教育活动。

【中央巡视组移送信访件办理】 2014年7月28日至9月27日，中央第一巡视组在广西壮族自治区巡视，向南宁市纪委移送信访件499件。其中：反映县处级党员干部问题132件、乡科级党员干部123件、其他人员244件；涉及贪污贿赂问题212件，违反廉洁自律问题114件，违反组织人事纪律问题23件，违反财经纪律30件，违反社会主义道德问题21件，失职渎职问题11件，妨害社会管理秩序问题10件，侵犯党员、公民权利问题6件，违反社会主义经济秩序问题3件，其他问题69件。市纪委实行专人负责、专项报告、专柜保管，优先录入系统、优先转办分流、优先统计分析、优先专题研究“三专四优”管理模式，制定《关于自治区纪委转来中央巡视组在广西巡视期间收到的群众来信举报件办理办法》，明确办信流程、方式、时限，依托南宁纪检监察信访信息管理系统，对中央巡视组移送信访件独立录入、编号、统计，建立独立台账，及时分流转办、实行分类交办、加强协调督办，结合不同移交批次，按照时间节点进行跟踪督办，实行“每天一报”制度。至年末，办结441件，办结率88%，其中立案33件。

【腐败案件查办】 2014年，南宁市各级纪检监察机关受理信访举报件4893件，立案587件，结案609件，处分595人，移送司法机关处理36人。其中，市纪委监察局本级立案43件，涉及处级干部20人；12个县（区）纪委监察局立案262件。市、县（区）两级纪检监察机关自办案件分别比上年增长105%、129.50%。建立全市“办案人才库”，实行“案件主办人”制度，入库人才70人。办理中央第一巡视组移送信访件499件，办结441件，其中立案33件。开展“未结案件集中办理”专项活动，集中办理案件14件。

【专项治理】 2014年，南宁市针对党政机关办公用房超标、领导干部违规多占住房、干部“走读”、吃空饷、公车私用等问题，加大专项治理力度。腾退党政机关办公用房2.40万平方米；19.11万名干部职工参加违规多占住房清理整治活动，自查存在违规多占住房单位147个、干部职工594人，违规多占住房643套；公开曝光公务用车违章行为627辆次，约谈54人，处理11人，立案调查良庆区1名副处级干部驾驶公车参与私人聚会问题；排查财政供养人员“吃空饷”人数50人，涉及金额107.80万元；问责存在“走读”问题干部22人；处理大操大办婚丧喜庆事宜、赌博、纵酒酗酒行为党员干部41人。

【中共南宁市第十一届纪律检查委员会第四次全体会议】 2014年2月24日在市委市政府会议中心召开。出席会议市纪委委员37人。会议贯彻落实党的十八大、十八届三中全会精神，传达自治区第十届纪委第五次全会精神，总结回顾2013年全市党风廉政建设和反腐败工作，研究部署2014年工作；审议通过《坚持改革创新强化执纪监督深入推进全市党风廉政建设和反腐败斗争》工作报告及全会决议。各县（区）党委、各开发区党工委主要负责人向市委递交2014年度党风廉政建设目标管理责任状。市委常委，市人大常委会、市政府、市政协的中共党员领导，市中级人民法院、市人民检察院主要领导出席会议。

【电视问政】 2014年3月20日，南宁市委、市政府率先在自治区推出《向人民承诺——电视问政》节目。全年通过南宁电视台直播电视问政节目14期，53个政府部门“一把手”参与问政。节目反映、曝光建设、交通、规划、食品药品、环保、教育等领域存在问题101个，单期网络点击浏览量最高205万人次，形成“百姓参与、百姓评说、百姓监督”舆论氛围。在全市设立“电视问政舆情联络站”55个，收到市民反映问题3000多个。市纪检监察机关跟踪督办，问责69人。至年末，节目曝光45个方面101个问题全部得到回应或整改落实；举办“政风行风热线”215期，接听热线电话1020个，热线问题回复率100%、问题办结率90%、群众满意率95%。

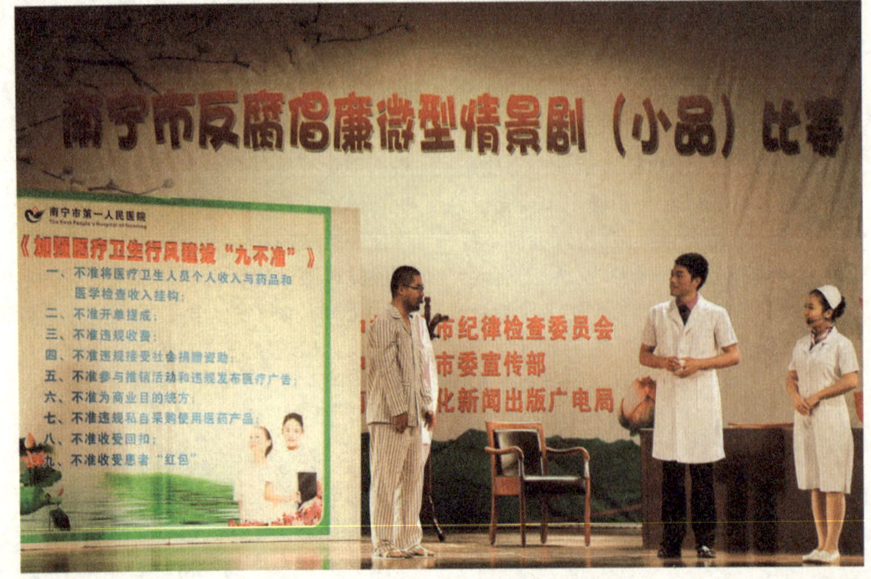

12月1日，市反腐倡廉微型情景剧（小品）比赛在兴宁区政府礼堂举行。图为市第一人民医院选送作品《一个红包》　欧后智提供

9月1日至3日，民革南宁市委会开展抗战老兵慰问活动　　唐祯泽提供

12月17日，南宁市开展电视问政做法在中央纪委与中央电视台联合制作电视专题片《作风建设永远在路上——落实八项规定精神正风肃纪纪实》第三集《狠抓节点》播出。（欧后智）

民主党派与工商联

中国国民党革命委员会南宁市委员会

【概　况】2014年，中国国民党革命委员会南宁市委员会有兴宁区、江南区、青秀区、西乡塘区总支部4个，基层支部18个、小组1个，党员384人（新发展18人）。其中：具有高级、中级专业技术职务任职资格218人，占党员总数56.70%；经济界125人，占32.60%；科技、教育界83人，占21.60%；医卫界63人，占16.40%；行政机关59人，占15.40%；其他54人，占14%。党员中任民革广西区委会常务委员1人；自治区政府参事1人；自治区人大代表1人，市人大代表4人，城区人大代表3人；自治区政协委员2人（常委1人），市政协委员16人（常委3人），城区政协委员26人（常委7人）；担任副县（区）长3人（青秀区副区长1人，江南区副区长1人，隆安县副县长1人）；受聘担任自治区、南宁市、城区及政府有关单位特邀监察员、执法监督员、行风评议员12人。年内，民革南宁市委会加强组织建设，提升组织凝聚力和活力，履行参政党职能，围绕南宁市中心工作，深入调研，建言献策，开展形式多样的社会服务活动。所辖17个基层支部完成换届，选出新一届支部委员83人，其中原支部委员连任51人，占新一届支部委员61%。

【参政议政】2014年，民革南宁市委会带领各级组织、党员围绕南宁市中心工作，深入开展调研，建言献策。完成重点调研课题《南宁市水污染发展状况及水环境保护对策建议》，为中共南宁市委、市政府推进全市水污染防治，保障全市生态环境安全提供决策参考。《关于加强广西非物质文化遗产保护与传承的建议》获民革广西区委会参政议政成果评议二等奖。市人大、政协“两会”期间，民革南宁市委会向大会提交提案35件，其中集体提案6件，个人提案29件；被评为优秀提案、市政协重点督办提案5件，其中《关于完善南宁市农贸市场的建议》作为市政协首例协商办理重点提案。各基层支部、党员上交提案建议100多件，上报社情民意近80条，被采纳30多条。

【宣传报道】2014年，民革南宁市委会通过民革南宁市委会网站发布报道近100篇、图片80多张，对外发出报道近80篇，其中民革中央网站、民革广西区委会网站、南宁市政务信息网采用60余篇，南宁市政协信息、《心桥》杂志采用20多篇，自治区党委统战部刊物采用2篇，中共中央统战部信息刊物采用2篇。南宁电视台、南宁电台、《南宁日报》等市级主流媒体对民革南宁市委会的参政议政、社会服务和组织建设工作进行专题报道15次。编印《南宁民革》4期，《港澳台参考》内部学习资料4期。

【社会服务】2014年，民革南宁市委会继续深入开展“博爱·牵手”活动，帮助牵手困难群众解决实际问题，市委会基层支部参加“博爱·牵手”活动参与率100%。组织党员为贫困群体捐款捐物总价值30多万元，为贫困村牵线引进扶贫项目2个，直接受益群众500多人。民革南宁市委会为隆安县陇割村龙胆屯创建“同心”文化活动室，捐赠乒乓球台、书柜、桌椅、图书等，价值2.50万元；为市新声堂聋儿托教院捐赠学习、生活用品、玩具、书籍等，价值2.15万元。

【对台工作】2014年，民革南宁市委会以昆仑关“同心·爱国主义”教育基地为载体，继续开展爱国主义传统教育。参与推进昆仑关国家级爱国主义教育基地建设，组织近百名党员与南宁学院师生到昆仑关开展祭奠抗日英烈活动，在昆仑关栽下红榉木500棵，共建“同心林”。开展慰问抗战老兵活动，向37名原国民党抗战老兵足额发放民革广西区委会拨付的慰问金10万余元；抢救采集、整理黄埔老人、抗战老兵史料。5月，昆仑关战役遗址获自治区党委统战部授予“广西统一战线传统教育基地”称号，获建设费1万元。（唐祯泽）

中国民主同盟南宁市委员会

【概　况】2014年，中国民主同盟南宁市委员会辖兴宁区、江南区、青秀区、西乡塘区基层委员会4个，邕宁区、良庆区总支部2个，支部28个。盟员647人（新发展28人）。其中：从事高等教育19人；普通教育412人；科技、文化、卫生116人；其他100人。盟员中有全国人大代表1人，自治区人大代表2人，市人大代表7人，县（区）人大代表5人；自治区政协委员2人，市政协委员18人（副主席1人），县（区）政协委员35人（副主席1人、常委9人）；受聘担任自治区、南宁市、城区政府及有关单位特邀监察员、执法监督员、行风评议员16人。年内，民盟南宁市委会组织开展“基层组织建设年”活动，履行参政党职能，围绕南宁市中心工作，深入调研，建言献策，开展形式多样的社会服务活动。民盟南宁市委会被民盟中央委员会评为全国思想宣传工作先进单位。

【参政议政】2014年，民盟南宁市委会应邀参加中共南宁市委、市政府召开的协商会、通报会、座谈会，就转方式调结

11月25日，民盟南宁市委会组织书画家赴钦州监狱开展“黄丝带帮教行动”

覃紫斌提供

构全面深化改革、实施“工业强市、产业旺市”发展战略、五象新区建设、举办第45届世界体操锦标赛、反对“四风”（形式主义、官僚主义、享乐主义、奢靡之风）等参与政治协商。民盟南宁市委会在市政协十届四次会议作题为《突出南国壮乡特色　将南宁打造成为特色旅游目的地》大会发言；提交集体提案8件，个人提案31件，涉及规划建设、教育均衡、经济发展、城市文化等。盟员代表在自治区十二届人大三次会议、市十三届人大五次会议共提交议案15件。完成重点课题《集聚优势重点产业　促进园区工业经济规模发展》；就南宁市加快建成区域性国际金融中心等开展调研，完成一般性课题3个。收集、撰写社情民意70篇，其中获市领导批示1篇，被市委信息办采用19篇。

【宣传报道】 2014年，民盟南宁市委会通过民盟南宁市委会网站发稿300多篇。组织盟员撰写统战理论文章，其中参加民盟广西区委“议政建言论坛”征文活动23篇，获奖4篇；组织选交中共南宁市委统战部2014年度统战理论创新论文5篇，其中《浅议加强民主党派基层组织的政党意识》《关于民主党派开展社区服务活动的几点思考——以南宁市为例》获二等奖，《围绕中心服务大局　履行民主监督职责》获三等奖；提交市级统战论文16篇，其中《民主党派基层组织与中共联系状况浅析》获一等奖，《浅议加强民主党派基层组织的政党意识》获二等奖，《围绕中心服务大局　履行民主监督职责》《民盟后备人才建设的几点思考》获三等奖；提交南宁市开展坚持和发展中国特色社会主义学习实践活动主题征文8篇，获奖4篇。编印内部刊物《南宁盟讯》2期。

【社会服务】 2014年，民盟南宁市委会联合市科协、市红十字会医院、市第二人民医院、南宁“同心”书画院、广西颂诚律师事务所等单位，分别到广西军区东葛路干休所、朝阳街道望州南社区、新阳街道万力社区、江南街道新锦社区等，免费提供科技和法律咨询、义诊、理发、家电维修等，受惠群众2000多人次。与民盟广西区委会、民盟钦州市委会在钦州监狱开展“黄丝带帮教行动”——中国画基础学习专题讲座。各基层组织开展送文化进社区、关爱进社区、服务农民工等社会服务，捐资5万多元。参与“美丽南宁”活动，向“同心”品牌建设基地江南街道新锦社区、“美丽南宁” 派驻点西乡塘街道火炬路社区捐赠物品，价值1.20万元。市政协第三委员小组（民盟）活动站、民盟南宁市委员会“同心”品牌建设基地、民盟江南区基层委员会“同心”品牌建设基地在江南区新锦社区挂牌；推动民盟基层组织与中共基层组织结对共建，建成“党盟同心共建基地”12个。在邕宁区清泉中学开办“南宁民盟同心烛光讲坛”，举办讲座6期，培训教师1200人次；组织市第十四中学、市第二十六中学、市天桃实验学校、市第十三中学等支部到邕宁区那楼中学、西乡塘区坛洛中学、横县南乡镇第三初级中学、隆安县都结中学、隆安县天隆村小学开展支教活动6次，参与支教教师30人次。争取到广西协力扶助基金会资助，选送8名农村中小学教师到广西师范大学培训、1名校长参加贫困乡镇中学校长赴香港培训考察。

（覃紫斌）

中国民主建国会南宁市委员会

【概　况】 2014年，中国民主建国会南宁市委员会有直属、青秀区、兴宁区、西乡塘区、江南区总支部5个，支部17个，会员455人（新发展8人），其中具有高级、中级专业技术职务任职资格224人，占会员总数49.23%。在职会员321人，其中公有经济界74人、新的社会阶层136人、其他111人。会员中任民建广西区委委员4人；全国人大代表2人，市人大代表6人，城区人大代表6人（副主任2人）；自治区政协委员3人（常委1人），市政协委员17人（常委4人），城区政协委员27人（副主席1人，常委5人）。受聘担任全国、自治区、南宁市、各城区政府及有关单位特邀监察员、执法监督员、行风评议员7人。

【参政议政】 2014年，民建南宁市委会

8月26日，民建南宁市委会在南宁火车东站工地开展中秋慰问　　邓承杰　摄

会员中的人大代表、政协委员在市人大十三届五次会议提交议案建议4件，在市政协十届四次会议提交集体提案8件、个人提案15件。《关于重视和启动南宁市楼宇经济发展的建议》《关于抢抓战略机遇，建立南宁离岸金融中心的建议》2件集体提案和《关于解决南宁市委、市政府周边停车难问题的建议》1件个人提案被列为中共南宁市委、市政府、市政协领导督办重点提案。完成重点调研课题《大力提升现代服务业，促进楼宇经济有序发展》，向中共南宁市委常委(扩大)会议专题报告。参与民建广西区委2014议政调研课题投标，《广西首府第二水源调研报告—关于加快启动南宁市第二水源建设的建议》《关于广西发展集装箱货运的研究》2篇课题中标。组织参加市统战理论调研论文征集活动，撰写论文12篇，其中《搭建政企平台，彰显民建特色》获全市统战工作实践创新成果奖，《关于加强爱国宗教团体建设任务和方法的研究》获全市优秀统战调研论文二等奖，《规范和完善民主党派内部监督机制的必要性》《各民主党派在人民政协中提高首位度的思考》获全市优秀统战调研论文三等奖。报送社情民意获中共中央统战部采用3条，自治区党委采纳6条，自治区党委统战部采纳、批示2条，中共南宁市委、市政府采纳43条。其中，《关于加快工业标准厂房建设，解决民营企业用地问题的建议》获中共南宁市委、市政府主要领导批示，民建南宁市委会与中共南宁市委、市政府督察室、市工业和信息化委员会等部门联合举办专题办理会。

【社会服务】 2014年，民建南宁市委会推进政企交流合作。4月，组织开展南宁民建中小企业产业园项目洽谈会。5月，承办全市统一战线“同心”品牌建设“四比四看”(比建言献策看效果、比服务质量看实绩、比服务社会看贡献、比自身建设看形象)现场交流会，参会人数100人，现场观摩民建建华企业家课堂楼宇经济与现代服务业发展论坛，主委卢秋凌作题为《搭建政企平台，彰显民建特色》发言。12月，举办关于征集企业工资集体协商制度立法建议座谈会，参会民建企业家、部分人大代表、政协委员30人。建成津头街道埌西社区、广西北部湾书画院、市育才实验中学3个“同心”品牌建设示范点。会员企业通过民建“思源工程”捐赠92万元。其中：参与“关爱一个老师影响一群孩子”乡村教师培训项目慈善义拍活动，捐赠12万元；中秋节慰问市重点项目一线工人、市交警二大队、隆安县都结乡陇割村贫困村屯等，捐赠50万元；向中华职业教育社捐赠30万元支持平南县职业教育。广西壹方慈善基金会(副主委秦枫创立)实施项目15个，涉及慈善事业理念传播、公益组织发展、贫困儿童关爱、贫困人群关怀等领域，项目覆盖广西14个市，捐赠金额247万元，受益人数9902人；与民建南宁市委会合作成立民建壹方子基金，开展教师公益培训项目，首期培训班在市育才实验中学举办，青秀区、马山县、隆安县等60多名英语老师参加培训。 （邓　行）

中国民主促进会南宁市委员会

【概　况】 2014年，中国民主促进会南宁市委员会辖兴宁区、江南区、青秀区、西乡塘区、邕宁区、良庆区总支部6个，支部40个。会员509人(新发展19人)。其中：教育界340人，科学技术、医药卫生、文化艺术、新闻出版等界别44人，经济界44人，法律界9人，人大、政府、政协、党派、司法、工商联等机关52人，团体2人，其他18人；具有中级、高级专业技术职务任职资格436人。会员中有自治区人大代表2人，市人大代表8人，县(区)人大代表3人；自治区政协委员3人，市政协委员20人(副主席1人，常委3人)，城区政协委员41人(常委9人)；全国模范教师1人，全国优秀教师1人，自治区特级教师5人，自治区劳动模范1人，市劳动模范2人，市专业技术拔尖人才1人。受聘担任自治区、南宁市、城区政府及其他部门特约监察员21人。担任政府部门副处级实职及事业单位、群团副处级实职7人，担任政府、政协、党派机关及群团部门正科、副科级实职24人。年内，民进南宁市委会开展坚持和发展中国特色社会主义学习实践活动，继续围绕首府中心大局献计出力，组织开展议政调研活动，积极建言献策；发挥会员主体作用，增强收集和反映社情民意信息的能力；继续打造“同心”品牌精品，深入开展“同心·服务五象新区教育发展”系列活动，立足“南宁民进名师讲堂”开展教学帮扶，加大民办学校帮扶力度，号召会员、联系爱心人士，为贫困学子捐资助学；依托“同心讲堂”开展系列活动。民进南宁市委会被评为民进全国组织建设先进地方组织，民进南宁市青秀区综合支部被评为民进全国组织建设先进基层组织。11月，民进南宁市委会与民进大连市委会缔结友好市委会，举办“同心·实践基地建设”主题联席会。

【参政议政】 2014年，民进南宁市委会围绕政府购买服务、农业信息化建设、中小学教师轮岗交流等开展专题调研。完成重点调研课题《南宁市政府购买服务课题研究》，在《南宁研究》刊登；《建立农业信息化服务体系　适应现代农业发展新常态》被确定为2015年市政协大会发言；《关于建立我市中小学教师交流轮岗长效机制的建议》被市政协“直通车”采用呈报中共南宁市委、市政府主要领导参阅。组织会员申报、承担民进广西区委会重点课题1个、普通课题5个，转化为自治区政协大会发言3篇、集体提案7篇，《关于加强少数民族生态博物馆建设的建议》入选民进中央提案推稿会。开展“我为世锦赛献一策”主题活动，上报关于做好第45届世界体操锦标赛社情民意信息15条，涉及公共安全、道路交通、公

11月7日，举行五象中学网络教育课堂“同心在线”揭牌仪式　　刘瀚钟提供

5月17日,“同心科普健康讲堂”在市残疾人活动中心挂牌成立　　严用明提供

共设施、城市建设、赛事服务等方面。向中共南宁市委、市政府、市政协等反映社情民意信息124条,获中共南宁市委办公厅信息刊物采用15条、市政协办公厅信息刊物采用4条。向民进广西区委会报送社情民意信息25条,获采用18条,《加强餐厨废弃物监管　严防非法生产和加工“地沟油”的建议》《关于治理手机垃圾短信的建议》《关于加强重大危险源安全管理的建议》获民进中央采用,《关于加强重大危险源安全管理的建议》《建议加强南宁体操世锦赛安保措施》《关于应对危害公共安全性突发事件的建议》《强化全区公交车应急逃生演练及宣传工作的建议》《整治客运站周边非法营运乱象,以文明有序新形象迎接世锦赛的建议》获自治区政协刊物采用。在市政协十届四次全会上,民进南宁市委会提交提案26件(集体提案14件),其中《关于推进我市草食禽畜产业发展的建议》被列为市领导领衔督办重点提案,《关于加强我市校外托管机构监管的建议》集体提案被列为第五期“向人民承诺——电视问政”专题节目素材;会员中的各级人大代表、政协委员提交议案、建议、提案18件。参加中共南宁市委、市政府主办“向人民承诺——电视问政”活动会员人大代表、政协委员11人次。

【宣传报道】 2014年,民进南宁市委会报送宣传信息176篇,《人民政协报》《团结报》《民主》等中央级报刊、民进中央网站采用43篇,自治区级媒体采用71篇,南宁电视台、南宁电台、《南宁日报》等市级媒体采用28篇。组织会员创作庆祝民进南宁委会成立55周年歌曲《一路同行》及MTV(音乐电视)。报送统战论文、政协征文24篇,其中《开展“创星争旗”活动,焕发民主党派基层组织新的生机活力》获自治区统战工作实践创新成果奖及全市统战工作实践创新成果一等奖。编印会刊《南宁民进》4期。

【社会服务】 2014年,民进南宁市委会开展“同心·服务五象新区教育发展”活动。召开“庆祝第30个教师节暨服务五象新区教育发展座谈会”;筹集5万元建设五象中学“同心在线”网络教育课堂,实现五象中学与大连教育学院附中等名校网络在线教学;支持五象中学校园文化长廊建设,协调建成市少儿图书馆五象中学分馆;建立青秀区总支部与五象中学定点帮扶机制,邀请市三美学校、市第十四中学、市天桃实验中学等12名教育专家,到五象中学开展中考备考讲座等教学辅导活动17场次,培训五象中学骨干教师90人次,听课师生1500人次。发动会员为“开明慈善基金会‘同心圆梦’专项基金”募捐善款4.39万元;到隆安县都结乡天隆村开展春节慰问;为横县石塘镇瑶埠村委农家书屋捐赠农业技术书籍420册、音像制品90套,为瑶埠村小学捐赠书籍、文体器材等价值1000元;投入资金5800多元,帮扶修建瑶埠村文化艺术长廊;投入资金3万元,援建隆安县都结乡陇割村板底屯巷道硬化;组织会员教师到上林县、防城港市上思中学等地开展扶贫支教活动,推荐良庆区3名教师、1名校级领导参加广西协力扶助基金会举办的贫困地区农村教师、初中校长培训班。举办“美丽南宁·放飞梦想”南宁民进书画摄影作品展,组织会员到隆安县、兴宁区的社区、乡村,免费为群众书写、赠送对联500多副;发动书法界会员参加中共南宁市委、市政府主办的“美丽广西·绿城翰墨——南宁书法篆刻作品晋京展”。　　(刘瀚钟)

中国农工民主党南宁市委员会

【概　况】 2014年,中国农工民主党南宁市委员会辖兴宁区、江南区、青秀区、西乡塘区总支部4个,支部29个。党员556人(新发展28人)。其中:医卫界302人,教育界88人,财税界39人,科技界20人,文化出版界10人,法律界7人,国有经济23人,非公经济7人,机关46人,其他14人;具有高级、中级专业技术职务任职资格409人。党员中有自治区人大代表1人,市人大代表6人(副主任1人),城区人大代表3人(副主任2人);自治区政协委员3人(常委1人),市政协委员20人(常委3人),城区政协委员27人(常委7人、副主席1人);担任政府部门处级实职4人、科级实职30人;受聘任自治区、南宁市、城区政府特邀监察员、执法监督员、行风评议员10人。年内,农工党南宁市委会加强组织建设,开展基层组织建设年活动,以加强学习培训为平台、规范落实制度为基础,提升基层组织整体素质,增强组织活力和凝聚力,履行参政党职能;围绕南宁市中心工作,深入调研,建言献策,开展形式多样的社会服务活动。所辖4个城区总支部、29个基层支部完成换届,选出支委109人。

【参政议政】 2014年,农工党南宁市委会参加中共南宁市委、市政府、市政协等召开的协商会、座谈会、情况通报会、提案工作征求意见会、调研课题讨论会等,就南宁市重大决策、工作部署、人事任免等事项进行协商、讨论,发表意见、建议。农工党南宁市委会及党员中人大代表、政协委员在各级人大、政协“两会”提交议案、提案、意见、建议91件,提交《关于我市城市生活垃圾处理工作的建议》《关于进一步完善我市新农合门诊统筹政策的建议》《关于加强我市乡镇卫生院人才管理工作的建议》等集体提案10件,其中《关于加强我市乡镇卫生院人才管理工作的建议》被市政协列为重点督办提案,《关于加强我市乡镇卫生院人才管理工作的建议》《关于加强社区(村)食品安全工作的建议》2件集体提案被评为市政协

10月17日，由IT界高管人士组成的北美致公协会访问团应邀到南宁参观考察。图为参访团参观美丽传说股份有限公司　　钟　情提供

十届四次会议优秀提案。完成重点调研课题《关于南宁市城市市政设施管理养护情况的调查》；各总支部、专委会完成《南宁市湿地资源调查及生态保护对策研究》等调研报告8篇。收集反映社情民意信息80多条，其中《关于在农村基层设立政策性农业保险服务网点的建议》被农工党中央采用，《关于扶持乡镇卫生院配备专业120救护车的建议》被中共自治区委办公厅采用，中共自治区委统战部采用7条，农工党广西区委采用14条，中共南宁市委办公厅、市政府办公厅采用19条，获南宁市领导批示1条。

【宣传报道】 2014年，农工党南宁市委会发动党员参加农工党中央、农工党广西区委“中国梦·农工情”征文、演讲比赛，获农工党中央征文三等奖1篇，获农工党广西区委演讲比赛二等奖1人。在《南宁日报》、南宁电视台、南宁电台等媒体刊登（播出）宣传稿件10篇，在农工党南宁市委会网站发布、更新信息80篇；组织采写身边党员“闪光点”稿件9篇，报送宣传信息100篇，被农工党党刊《前进论坛》采用3篇，农工党中央网站采用8篇，《广西农工》、农工党广西区委网站采用30篇，《南宁统战信息》等采用27篇。编印《南宁农工》4期。

【社会服务】 2014年，农工党南宁市委会加大“同心”基地建设力度，向市金太阳老年公寓基地捐赠药柜、送药车、取暖器、床上用品，为新阳街道百会社区基地捐赠电子字幕屏及装修活动室，向马山县林圩镇中心小学、第三初级中学基地捐赠电脑、书架、文体用品、书籍等，投入“同心”基地建设经费15万元。与市残疾人联合会在市残疾人活动中心联合建立“同心科普健康讲堂”，开展健康讲座、义诊活动2次，受益群众100人；与农工党广西区委联合在市残疾人活动中心开展第二十六届“国际科学与和平周”活动，举办中医养生讲座、医疗义诊、法律咨询等，受益群众200人；在朝阳街道热作所社区开展第七届“中国环境与健康宣传周”活动，举办健康养生知识讲座，受益群众100人。全年组织开展健康讲座、送医送药、扶贫支教、关爱老人等“同心”品牌建设活动13次，受益群众万人。

（严用明）

中国致公党南宁市委员会

【概　况】 2014年，中国致公党南宁市委员会辖兴宁区、江南区、青秀区、西乡塘区、邕宁区总支部5个，良庆区、武鸣华侨投资区直属支部2个，各总支部下辖支部2个，共有支部12个。党员368人（新发展9人）。其中：具有高级、中级专业技术职务任职资格296人，占党员总数80.43%；侨海关系（含港澳台属）202人，占54.89%；具有大学以上学历252人，占68.48%；科技、教育界110人、占29.89%，经济界87人、占23.64%，医卫界59人、占16.03%，文化出版界5人、占1.36%，其他23人、占6.25%。党员中任致公党广西区委委员1人（常委）；市人大代表9人，县（区）人大代表9人（副主任1人，常委2人）；自治区政协委员3人（常委2人），市政协委员15人（副主席1人，常委2人），县（区）政协委员33人（副主席2人，常委8人）；受聘担任自治区、南宁市、城区政府及有关单位特邀监察员、执法监督员、行风评议员10人。年内，致公党南宁市委会履行参政党职能，围绕南宁市中心工作，深入调研，建言献策，开展形式多样的社会服务活动；加强与海外社团联谊，首次接待南美洲华人华侨社团组织——阿根廷洪门协会副会长农林一行，双方达成建立定期交流往来意向；接待应邀来访的北美致公协会副主席徐益平率访问团一行，安排访问团与中共南宁市委领导进行专题座谈，考察南宁高新技术产业开发区新浪广西分公司、美丽传说股份有限公司（猫扑）2家IT企业。

【参政议政】 2014年，致公党南宁市委会向市政协十届四次会议提交大会发言2份、集体提案13件、个人提案14件，其中《关于加强非公有制经济代表人士队伍建设的建议》《关于维护因城市建设征地或拆迁而失地的农民权益的几点建议》《建议进一步改善进城务工人员子女教育环境》《关于积极引导民间资本兴办养老服务机构打造新型养老社区的建议》《关于高度关注脑瘫儿童的康复和教育，在南宁市建立脑瘫儿童康复教育专业学校的提案》等5份提案被列为中共南宁市委、市政府、市政协领导重点督办提案。向上级部门报送社情民意48篇，对外报送宣传报道类50篇，其中《党外人士谈农村土地改革试点专题》获中央统战部《零讯》刊登，《关于完善南宁急救医疗中心医疗救护队伍配备的建议》被全国政协、致公党中央采用，《关于加强农村集体“三资”管理的建议》被致公党中央、中共自治区委统战部采用，《关于稳定广西生猪市场价格的建议》被中共自治区委办公厅《每日汇报》采用，《做好民主党派组织发展工作的建议》等3篇被市政协《心桥》采用，《凝心聚力强发展，同心同德促和谐》《同心共筑中国梦，致力为公展新篇》在《南宁日报》“同心·美丽南宁”专栏刊登，《致公党书法课堂走进农民工子弟学校》《黄格胜自信责任报告会》《与上海静安区委会缔结学习实践活动联系点》《邀请北美致公协会访问团来邕》等活动报道在南宁电视台、南宁电台播出。编印会刊《南宁致公》2期。

【社会服务】 2014年，致公党南宁市委会深入开展“美丽南宁·整洁畅通有序大行动”，与青秀区新竹街道建政社区干部一起参加“美丽南宁·清洁社区”大清扫活动，向社区工作人员赠送清凉饮料、消暑用品价值2000元。继续实施“同心”品牌建设，在横县南乡镇大沙村有机油茶树种植示范基地举行致公党南宁市委会坚持和发展中国特色社会主义学习实践活动暨赠送有机油茶树苗仪式，向大沙村农户捐赠油茶树苗，价值7万元，邀请广西林科院的专家到示范基地进行现场种植指导，打造有机油茶树种植示范基地；在武鸣华侨投资区团结农场，向中心队捐献会议室桌椅，价值1万余元，向华侨新城捐赠体育器械，价值4万元；向市扶壮学校捐赠室外运动器材及空调、音响、电脑、办公一体机、座椅等，价值1万多元。总支部主要社会服务：青秀区总支部到南阳镇留凤村开展“美丽南宁，清洁乡村”实践活动，与环卫工人一起清理水塘；西乡塘区总支部在市扶壮学校设立支部活动室，与学校师生共办“传统文化节”；邕宁区总支部邕宁人民医院支部到蒲庙镇联团村开展体检、义诊、送药和科普活动，与困难老人结对子，提供健康服务等。（李　茜）

九三学社南宁市委员会

【概　况】 2014年，九三学社南宁市委员会辖基层组织14个，其中基层委员会2个（青秀区基层委员会、西乡塘区基层委员会）、支社11个，小组1个。社员315人（新发展13人）。其中：工程技术界121人、医药卫生界71人、政府机关47人、教育界29人、财政经济18人、农林12人、党派机关9人、科学研究3人、法律2人、其他3人；具有中级、高级专业技术职务任职资格288人。社员中有自治区人大代表1人，市人大代表7人（副秘书长1人），城区人大代表4人（副主任1人）；自治区政协委员2人，市政协委员15人（常委2人），城区政协委员21人（常委5人）；受聘担任市政府特邀监察员、执法监察员、行风评议员7人，聘为市纪委、市监察局廉情监督员1人，市人民检察院人民监督员1人、特邀监察员2人，市教育局政风行风评议员1人，市安全生产监督管理局政风行风评议员1人，青秀区人民法院廉政监督员2人。年内，九三学社南宁市委会履行参政职能，围绕南宁市中心工作，开展农业调研，撰写理论研究论文，送医送药下乡，收集社情民意信息等。编印社讯《南宁九三》4期。九三学社南宁市委会被九三学社广西区委员会评为参政议政工作先进集体、宣传思想工作先进集体。

【参政议政】 2014年，九三学社南宁市委会主要领导参加中共南宁市委、市人大、市政府、市政协和中共南宁市委统战部召开的报告会、座谈会、征求意见会，提出进一步支持民主党派建设等意见被中共南宁市委、市政府采纳。完成重点调研课题《关于加大要素投入增强县域竞争力　促进我市县域经济发展的建议》。在市政协十届四次会议上作题为《关于我市“美丽南宁·清洁乡村”活动长效机制建设的建议》发言，提交《关于加快南宁市工艺美术行业发展的建议》等集体提案9件。社内各级人大代表、政协委员提交各级议案、提案、建议37件，其中在自治区政协十一届二次会议上提交《关于对我区畜禽养殖污染防治的几点建议》获中共自治区委主要领导批示，被列为2014年自治区政协领导督办重点提案。报送社情民意信息36条，被自治区政协、中共自治区委统战部、九三学社广西区委员会、中共南宁市委、市政府采用15条。

11月19日，九三学社广西区委、九三学社南宁市委“同心·科普进乡村”活动在唐历村举行　刘潇潇提供

【社会服务】 2014年，九三学社南宁市委会推进“同心”品牌实践教育基地建设，捐资3万元修建实践基地武鸣县甘圩镇唐历村排污水渠、唐历小学学校文化长廊，资助村庆活动2000元；联合良庆支社到良庆区那陈镇七齐小学开展“同心·帮扶助学”活动，捐赠书籍、文具、体育用品、餐桌等物品价值1.50万元，与孤儿学生结对子；邀请市逸夫小学教师为学生讲授科学自护知识。联合九三学社广西区委开展“同心·科普进乡村”活动，邀请社内养殖技术专家，为唐历村养殖户进行肉鸭养殖技术、水库养鱼技术培训。9月3日，南宁市统一战线“同心”品牌建设“四比四看”（比建言献策看效果、比服务质量看实绩、比服务社会看贡献、比自身建设看形象）现场交流会在唐历村举办。九三学社南宁市委会“同心”品牌建设的做法和经验，获中共南宁市委统战部肯定；甘圩镇、唐历村分别获中共南宁市委统战部下拨帮扶专项经费10万元、5万元。发挥南宁水利电力设计院“同心”品牌实践教育基地科技优势，完成实践基地西乡塘区双定镇秀山村陇丰坡人饮工程水管铺设1200米，协调捐资11万元。到实践基地广西凯威铁塔有限公司调研，协调解决企业困难；联合公司到广西女子戒毒所调研，为戒毒后特殊群体就业出谋划策。开展社会帮扶，参与中共南宁市委统战部在隆安县都结乡陇割村帮扶活动，捐资2万余元硬化陇割村村屯道路；组织科技专家参加南宁市统一战线“同心·关爱农民工”活动；联合南宁市革命老区建设促进会到上林县巷贤镇开展免费义诊活动，赠送药品物资价值4000元；为对口帮扶联系点马山县周鹿镇双联村委捐资1.30万元购置电脑2台、办公桌椅8套。西乡塘区基层委员会联系南宁河海工程建设监理有限责任公司向上林县西燕镇邑独村捐款1.50万元用于开展“清洁乡村”活动；青秀区基层委员会组织医疗、科技、法律等方面社员专家到南阳镇新光村开展“同心·服务乡村”活动，为村民义诊100多人次，发放药品价值1400元，接受群众咨询55人次。（刘潇潇）

南宁市工商业联合会

【概 况】 2014年，南宁市工商业联合会有县（区）商会12个，乡镇商会100个，街道商会3个，行业商会20个，直属异地商会16个。会员7861个（人），其中企业会员1545个，团体会员162个，个人会员6154人（原工商业者老会员104人）。会员中有自治区人大代表4人，市人大代表30人，县（区）人大代表48人；自治区政协委员12人，市政协委员60人，县（区）政协委员305人。

【参政议政】 2014年，市工商联组织开展非公经济发展调查研究15次。完成市委重点课题调研《关于鼓励南宁市民营企业技术创新的建议》，提出完善财税扶持政策、加强金融支持、健全公共服务体系、实施人才战略、加强知识产权保护等鼓励民营企业技术创新五大建议，专题向市委常委会报告；完成课题调研报告《南宁市混合所有制经济发展现状及对策》《关于深化广西与东盟旅游产业合作的建议》等。开展2013年度全国工商业联合会上规模民营企业调研、销售总额1亿元以上企业调研及非公经济发展主要经济指标分析调研，形成调研报告供市委、市政府决策参考。与市发展改革委、市工业和信息化委员会、市财政局、市统计局等部门合作编撰《2013年南宁市非公有制经济发展报告》。开展中小微企业监测，在12个县（区）各建立1个中小微企业监测点，每个监测点选取10家民营企业作为监测样本，为市委、市政府决策提供数据参考。与市纪委联合召开南宁市投资软环境调研座谈会，向市委上报《关于优化南宁市投资环境的建议》；组织非公经济人士对《南宁市关于进一步鼓励和引导社会资本举办医疗机构的实施意见》《南宁市关于促进民办学校发展的实施意见》《南宁市关于明确非营利性民办学校法人财产实施办法》《南宁市关于进一步优化环境促进非公有制经济跨越发展的若干意见》《南宁市非公有制强优企业培育计划》等政策文件草案进行讨论、研究，向市政府上报意见建议。在市政协十届四次大会作题为《关于发挥商（协）会作用，助推美丽南宁建设的建议》大会发言，提交《关于发挥商（协）会作用，助推美丽南宁建设的建议》《关于新形势下加快南宁市非公有制经济发展的若干建议》《关于加强我市茶业QS认证的建议》等3个集体提案，其中《关于发挥商（协）会作用，助推美丽南宁建设的建议》被市政协十届四次会议评为优秀提案。市工商联会员中各级人大代表、政协委员提出议案107件、提案233件。

【招商引资】 2014年，南宁市总商会通过驻海外联络处平台，接待法国、奥地利、德国、澳大利亚、泰国等国外客商5批次60人次。加强与各地市工商联交流，与无锡市、吉林市、三门峡市工商联缔结为友好商会。组织会员企业参加中国法国商会与南宁市共同举办“南宁，明日之城 未来市场”经贸活动“中法企业一对一洽谈会”、美国“中国精品城”全国巡回说明会、全州县项目招商推介会等；参与接待到南宁市考察的深圳市深商控股集团有限公司、福建省盛达集团有限公司、深圳市飞尚集团有限公司等国内知名企业；接待参加“桂商情系故乡行”的香港、澳门客商，引介客商与南宁市县（区）、开发区洽谈。引进内资实际到位资金3000万元。第11届中国—东盟博览会期间，为447名非公经济人士办理专业观众证，组织292名非公经济人士参加柬埔寨、新加坡、文莱等国家招商推介会。

3月5日，市工商联与厦门大学举办EMBA鼓浪屿名家论坛暨2014广西区经济专题讲座 李增群提供

【服务会员】 2014年，市工商联坚持每周分组走访商会及会员企业制度，了解会员企业需求，协调解决实际问题。与南宁仲裁委员会联合举办“小额贷款担保审查与纠纷解决方式选择”专题讲座。与桂林银行、光大银行等金融机构联合举办银企座谈会3次，为会员企业融资1.25亿元，缓解企业融资难问题；引介金融机构与西乡塘区工商联、南宁茶业商会、玉林商会、北流商会、吴川商会、南宁家电商会等洽谈，桂林银行为南宁茶业商会会员提供贷款2000万元。与厦门大学联合举办“十八届三中全会后的中国宏观经济形势与2014年预测专题讲座”，与市委统战部联合在清华大学举办“清华大学（南宁）民营经济高级培训班”，在浙江大学举办“2014年南宁市民营企业转变发展方式培训班”，在南宁举办“北京大学民营经济研究院助企工程培训班走进南宁（第21期）培训班”，培训非公经济人士775人。为非公经济人士申报专业技术职称提供材料审核服务6500人次。

【光彩事业】 2014年，市工商联会员为抗震救灾、扶贫济困、捐资助学及“美丽南宁·清洁乡村”建设等光彩事业活动捐款捐物667万元，其中：北流商会捐资300万元建设上林县镇圩瑶族乡中心校学生饭堂；为宾阳县、上林县等部分贫困学校捐资40万元；为“美丽南宁·清洁乡村”活动投入206万元；“威马逊”台风及云南鲁甸地震发生后，吴川商会向灾区捐资61万元，市生鲜食品商业协会向灾区捐助食品价值30万元；向定点帮扶对象西乡塘区新阳街道南机社区、隆安县都结乡陇割村捐资14万元；其他16万元。组织会员企业参加2014年南宁市民营企业招聘周活动，提供就业岗位3235个。

（李增群）

华侨与台湾事务

华侨事务

【概　况】 2014年，南宁市有散居归侨、侨眷14.33万人，其中归侨2.51万人。有华侨农林场4个，总面积222平方千米，总人口4.30万人，其中归侨侨眷1.10万人，主要安置印度尼西亚、越南等东南亚国家归难侨。年内，南宁市外事侨务办公室推进武鸣县白合华侨农场、邕宁区五合华侨林场体制改革，协调指导隆安县浪湾、武鸣县白合、邕宁区五合华侨农林场编制产业发展规划（2014年—2020年），协调督促华侨农林场非归侨职工危旧房改造。广西—东盟经济技术开发区华侨城社区获国务院侨务办公室授予“侨法宣传角”称号。

【华侨农林场改革与发展】 2014年，南宁市推进华侨农林场体制改革。3月，武鸣县白合华侨农场、邕宁区五合华侨林场体制改革实施方案获自治区政府批复同意；市政府下发《关于实施武鸣县白合华侨农场和邕宁区五合华侨林场体制改革的通知》，部署农林场体制改革有关要求。6月，武鸣县政府出台《武鸣县2014年推进白合华侨农场改革和发展工作方案》，组织县直各部门制订有关细化方案；邕宁区政府制订五合华侨林场体制改革总体方案，对林场职工住宅安置用地、三产用地进行初步规划。推进华侨农林场产业发展规划编制。市外侨办协调指导隆安县浪湾、武鸣县白合、邕宁区五合华侨农林场编制产业发展规划（2014年—2020年），形成华侨农林场产业发展规划意见，经市政府同意报自治区侨务办公室审批。深入广西—东盟经济技术开发区和隆安县浪湾、武鸣县白合、邕宁区五合华侨农林场开展产业发展及养老保险情况调研。协调督促华侨农林场非归侨职工危旧房改造。完成2012年至2013年危旧房改造任务3291户，完成任务93.95%；在建14户；因资金未到位等原因未动工198户。组织上报2014至2016年华侨农林场危旧房改造目标任务。扶持华侨农林场生产建设及文化发展，向自治区申报广西—东盟经济技术开发区宁武农场13.33公顷新大棚蔬菜基地开发建设项目，获华侨事业费补助资金80万元；发动县（区）、华侨农林场参加2014年广西侨乡文艺联欢晚会活动，向自治区侨务办公室推荐《巴巴亚》等节目2个。

【侨界民生】 2014年，市外侨办借助“侨法宣传角”“侨之家”等平台，推动侨法学习宣传常态化。全市各级侨务部门举行侨法宣传28次，印发宣传资料1000余份，开展侨法知识竞赛2场次。接待群众来信来访10件次，来电咨询22人次，涉及征地补偿、住房和土地权属纠纷、就业就读、医疗养老、生活困难等问题，办复率100%。确认归侨侨眷身份11人，出具归侨身份证明35人，出具侨眷身份证明21人；审核确定享受2014年高考“三侨生”（归侨青年、归侨子女、华侨在国内的子女）照顾资格54人，办理华侨回国定居手续1件次。慰问困难归侨侨眷589户，发放慰问金、慰问品（折价）18.83万元。

（市外侨办编写组）

港澳事务

【概　况】 2014年，市外侨办加强与港澳政界、商界、文化界等人士交流合作。密切联系香港、澳门特别行政区政府，香港、澳门驻粤办事处，国务院港澳事务办公室、自治区港澳事务办公室，以及各国（地区）、各国际组织、各大企业派驻港澳办事部门等，接待香港、澳门特别行政区各类来邕访问代表团6批次；市领导出访港澳活动3次。引导港澳媒体记者在南宁市采访活动，审批、审核来邕采访港澳媒体5批次。为港澳投资者办理外资审批事项84项，新增港澳投资企业29家，涉及港澳投资金额7亿多美元，占全市合同外资90%。

【港澳联谊】 2014年2月14日至15日，市外侨办接待澳门特别行政区行政长官崔世安一行58人来邕考察交流推介。3月12日至13日，接待香港桂港青年交流促进会青年代表团一行8人来邕，就加强香港、南宁青少年事务及两地青年企业家合作进行座谈。3月17日，接待香港贸易发展局组织香港物流业代表团一行20人到南宁五象新区考察。3月18日至19日，接待香港特别行政区政府驻粤经济贸易办事处邓家禧一行来邕考察交流，陪同考察港资企业培力（南宁）药业有限公司、丰达电机（南宁）有限公司。9月18日至19日，接待香港特别行政区政府驻粤经济贸易办事处主任邓家禧率领经贸考察团来邕座谈考察。10月24日，接待中共中央对外联络部组织的澳门企业家培训班代表团来邕参观考察，陪同考察南宁五象新区及青秀山风景区。

【港澳服务】 2014年2月18日至23日，市外侨办协助澳门旅游局在南宁市兴宁区悦荟广场举办“感受澳门—广西·南宁”户外旅游文化推广等活动。5月19日，到南宁高新技术产业开发区港资企业丰达电机（南宁）有限公司走访调研。9月10日，协助市公安局处理香港居民罗某突发死亡事宜。全年为港澳投资者办理外资审批事项84项，新增港澳投资企业29家，涉及港澳投资金额7亿多美元，占全市合同外资90%。

2月18日至23日，“感受澳门—广西·南宁”户外旅游文化推广等活动在兴宁区悦荟广场举办。图为动感澳门光影表演　　钟　情提供

【港澳媒体采访】 2014年9月1日至10月1日，市外侨办审批、审核来邕参加第45届世界体操锦标赛采访的境外媒体、港澳媒体232名记者资质及记者签证。9月25日至10月10日，接待来邕参加第45届世界体操锦标赛采访工作的境外媒体、港澳媒体记者182人。11月23日，接待东盟记者团赴香港华南城走访考察调研。

（市外侨办编写组）

台湾事务

【概　况】 2014年，中共南宁市委台湾工作办公室、南宁市人民政府台湾事务办公室合署办公，两块牌子均为市委部门。借助桂台经贸文化合作论坛、南宁(宾阳)—台南(盐水)“双炮”文化交流等平台，宣传南宁市经济社会、历史文化、民族风情及邕台交流合作成果。促进邕台交流交往，接待台商66批1110人次，办理应邀赴台团组37个183人次。推进邕台经贸合作，接待台商团组来邕参访考察15批240人次，协调处理涉台求助、投诉纠纷36起，办结33起，结案率92%。

【对台宣传】 2014年，南宁市借助桂台经贸文化合作论坛、南宁(宾阳)—台南(盐水)“双炮”文化交流等平台，宣传南宁市经济社会、历史文化、民族风情及邕台交流合作成果，提升南宁市在台湾知名度。台湾东森电视公司、中天电视、TVBS电视台，台湾《中国时报》《工商时报》《联合报》《经济日报》《商业周刊》《远见》等媒体记者先后到南宁市采访报道；接待台湾媒体记者70多人，台湾媒体报道南宁市各类新闻近200条。2014年“两会一节”、第45届世界体操锦标赛期间，在台湾《联合报》、中天电视台专题报道“两会一节”、南宁体操世锦赛盛况，以及南宁市经济社会发展情况。编辑出版《南宁市对台工作信息》12期。

【对台交流交往】 2014年，市台办促进邕台交流交往，接待台湾同胞来邕51批812人次，办理应邀赴台团组37个183人次。1月，市领导接见国民党副主席詹春柏一行，南宁市第二中学与台北景美女中结为姐妹学校。2月，南宁市组团赴台南举办第二届南宁（宾阳)—台南（盐水)双炮文化交流活动，宾阳炮龙二度赴台，宾阳游彩架首次亮相台湾；组团

8月，2014桂台·南宁少数民族交流周开幕式在南宁市举办　　朱泽锋提供

参加2014年桂台经贸文化合作论坛，在台举办“南宁—花莲经贸文化联谊会”，向花莲县少数民族同胞及小朋友赠送棉被、睡袋300床(个)。6月，台湾云嘉南区妇女企业咨询委员会来邕参观访问。7月，南宁市组团携宾阳游彩架赴台参加花莲县丰年节活动。8月，2014桂台·南宁少数民族交流周活动在南宁市举办，台湾花莲参访团、苗栗参访团50名来自阿美族、泰雅族、布依族、排湾族、撒奇莱雅族等5个族群少数民族同胞参加交流周活动。期间，参加2014桂台少数民族交流周活动的花莲县、苗栗县少数民族参访团走进隆安县，在隆安县那桐镇那桐村剧场与“那之韵”艺术团开展交流活动；走进2014年中国(横县)茉莉花文化节，参加开幕式，在广西金花茶叶有限公司与当地少数民族代表联欢交流。10月28日至11月3日，南宁市组织农业青年专家、企业家赴台参加两岸青年农业论坛。12月，台南市善化区庆安宫主委张志胜率团来邕参访，邀请宾阳炮龙于2015年元宵节期间到善化区表演。

【对台经贸活动】 2014年，市台办利用桂台经贸文化合作论坛、“两会一节”、台商协会等平台，协调推进重大台资项目发展，维护台商台胞合法权益，加强对台商协会管理和指导，推进邕台经贸合作。接待台商团组来邕参访考察15批240人次；协调处理涉台求助、投诉纠纷36起，办结33起，结案率92%。2月，2014年桂台经贸文化合作论坛期间，南宁市经贸代表团推动台湾三合兴药业酵素生产项目落户南宁经济技术开发区进程。3月，台湾海峡交流基金会副董事长马绍章率团来邕参访，参观考察富士康南宁科技园。6月，台湾花莲县县长傅崐萁率团一行10人来邕参访。8月，市台商投资企业协会在邕举办第26届西南、西北地区台商协会会长联谊会，邀请全国台湾同胞投资企业联谊会会长郭山辉、监事长张文谭及来自西南、西北各省市23个台商协会会长参会。第11届中国—东盟博览会期间，“台湾精品馆”再次在南宁国际会展中心亮相，自治区政协副主席、统战部部长赖德荣，台湾贸易中心副秘书长王熙蒙出席并致辞。10月，台湾科学工业园区科学工业同业公会理事长沈国荣率团一行27人来邕参访并观摩第45届世界体操锦标赛。11月，中国国民党中央委员会常务委员洪玉钦一行4人来邕参访考察；富士康科技集团副总裁吕芳铭来邕参访考察。12月，深圳台商协会会长陈合泰率团一行28人来邕参访考察投资环境。

【南宁市台商投资企业协会第十一届理事会换届选举】 2014年12月12日，南宁市台商投资企业协会会员大会暨第十一届理事会换届选举大会召开，参会会员企业及个人会员共130人。会议选举产生第十一届理事会理事15人，广西坤宏贸易有限公司总经理(现任会长)卢明汉当选为新一届协会会长。　（朱泽锋）

责任编辑　覃庆梅

人民团体

南宁市总工会

【概　况】 2014年，南宁市总工会辖县（区）、开发区总工会13个，工会工作委员会6个，产业工会3个（驻会产业工会2个），乡镇（街道）总工会33个，乡镇（街道）工会工作委员会92个，基层工会涵盖法人单位2.60万个，工会会员122万人。市各级工会围绕中心、服务大局，履行工会基本职责，抓好固本强基、劳动竞赛、服务农民工、维权帮扶和工会自身建设。市工会召开第十八次代表大会；推进市工人文化宫改建项目。市总工会获2014年度自治区工会工作先进单位特等奖。

【组织建设】 2014年，市总工会全面推进工会组建和会员发展，重点抓好工业园区、大型外资企业、民营企业及10人以下非公有制企业组建工会。全市新建工会组织1150个，企业法人单位建会新增4745个，新发展企业法人单位工会会员6.33万人。其中：新成立项目工会联合会15个，项目工会101个，新发展农民工、劳务派遣工入会4652人。推动市公安局工会、市劳务协会工会联合会的组建。

【技术创新】 2014年，市总工会深化职工经济技术创新活动，打造技能大赛"南宁模式"。创建劳动模范、技术标兵创新工作室74家，广西现代运输集团南宁哈威尔紧固件有限公司劳模·技术标兵创新工作室被自治区总工会命名为自治区劳模创新工作室。全市职工完成技术攻关、技术革新、技术改造项目2970项，职工发明创造项目42项，获国家专利项目32项；推广先进操作法149项；职工提出合理化建议2.90万件，其中已实施合理化建议0.60万件。

【评先活动】 2014年，市总工会完成2014年全国五一劳动奖章、广西五一劳动奖状、奖章的评选推荐。全市获全国五一劳动奖章3名，广西五一劳动奖状5个，广西五一劳动奖章9名。市总工会与市安监局联合表彰2013年度"安康杯"竞赛活动优胜单位50个、优胜班组50个、优秀组织单位50个、优秀个人50名。完成2013年度全国、广西"安康杯"竞赛优胜单位、优胜班组、优秀组织单位、优秀组织个人的评选推荐，获全国"安康杯"竞赛优胜企业4家，广西"安康杯"竞赛优胜企业5家；全国"安康杯"竞赛优胜班组4个，广西"安康杯"竞赛优胜班组5个；广西"安康杯"竞赛优秀组织单位1个，广西"安康杯"竞赛优秀个人1名，推动全市"安康杯"竞赛活动广泛开展。

【就业服务】 2014年，市总工会开展服务农民工工作。投入180万元资金，开展"农民工就业援助行动"；会同市人力资源和社会保障局、市妇女联合会共同组织开展主题为"搭建供需平台，促进转移就业"的春风行动。期间，组织专场招聘会53场次，为7.78万人提供免费服务。跨地区组织劳务输出2301人次，介绍农村劳动者就业1.20万人次。会同市人力资源和社会保障局、市城乡建设委员会、市公安局、市国资委等部门，成立南宁市农民工工资支付情况专项检查领导小组，组织开展农民工工资拖欠问题专项检查；出动检查人员444人，检查用人单位7338家，涉及农民工13.70万人，追发农民工工资1892.10万元。

【职工帮扶】 2014年，市总工会加大职工帮扶力度，组织开展帮扶救助活动。元旦、春节期间，发放"送温暖"慰问款物价值321.20万元，慰问困难职工、困难劳模、农民工6185人。开展"金秋助学"资助困难职工子女837人，发放助学金173.30万元；慰问参加高考的困难职工子女201人，发放慰问金10.05万元。开展特困职工日常生活救助，救助特困职工500户（每户每月300元），发放特困救助款180万元；发放"送清凉"活动慰问款物价值112.60万元，走访慰问农民工4.21万人次。开展技能培训促就业行动，培训下岗失业人员、农民工、困难职工家庭高校毕业生5492人次。为29名创业人员提供小额贴息贷款，发放贷款金额217万元，发放贴息资金13万多元。

【民主管理】 2014年，市总工会对县（区）和部分市直属规模以上企业进行厂务公开检查，把工会组建与职代会建制结合起来，在中小型非公有制企业比较集中的乡镇、街道、社区推动建立区域性、行业性职代会制度。南宁市建有工会组织的公有制企业、事业单位的厂务公

12月31日，市总工会主办、市工人文化宫承办的"送温暖、送文化、送欢乐"进广场迎新年活动在西乡塘友爱广场举办，主要有广场文艺表演、书法家"写春联、送春联"、有奖竞猜灯谜等　　市总工会提供

开、职代会建制均保持在100%，建工会组织的非公有制企业厂务公开建制率90.30%；建工会组织的非公有制企业职代会建制率94.90%。开展建设“职工之家”活动，指导基层工会严格按照建家条件、要求和标准，把基层工会建设成为组织健全、维权到位、工作规范、作用明显、职工依赖的先进职工之家。

【职工权益保护】 2014年，市总工会开展职工维权工作，继续推进工资集体协商提质扩面。全市签订集体合同6186份、覆盖企业3.31万家；签订工资专项集体合同6145份，覆盖企业3.31万家。处理职工来信来访，接待、协调处理职工来信来访及12351热线求助事项337件，涉及人数5182人。其中：来信5件，涉及人数101人；来访189件，涉及人数4407人；受理12351职工维权热线143件，涉及人数674人。提供政策法规咨询88人次，提供法律咨询、援助服务2494人次，协调处理和解决其他信访求助事项2606人次，信访事项办结率100%。参与南宁市企业的改革改制，研究、讨论和审议列入自治区计划的企业改制方案，配合市国资委、市企改办做好改制改革企业职工安置。

【安全生产】 2014年，市总工会组织开展安全生产群众监督检查活动，开展安全生产监督大检查。参加安全检查活动的基层职工5.84万人次，发现、整治隐患1350多处，消除事故隐患。组织开展“安全生产月”活动，开展安全生产宣传教育、安全生产知识竞赛、安全生产咨询、安全生产文化周、安全生产知识“六进”（进企业、进家庭、进农村、进机关、进社区、进学校）、安全生产警示教育、岗位隐患排查治理活动，以及安全培训、安全卫生环境营造活动，全市企事业、职工参加活动面均85%以上。全市工会参与职业病防治工作模式的规模以上企业103家，推广面10%；南宁市签订劳动安全卫生专项集体合同的国有及其控股企业372家，签订率94.90%；签订劳动安全卫生专项集体合同的已建工会非公有制企业9171家，签订率62%。市总工会参加市安监局等单位组织安全事故处理39起，涉及伤亡职工45人。

【劳动竞赛】 2014年，市总工会开展“当好主力军、服务世锦赛、展现新风采”主题劳动竞赛活动。组织各级工会重点围绕南宁市确定的重大项目、重点工程，做大做强服务业，推进科技创新、技术进步，提高职工整体素质，促进安全生产，调动非公企业职工积极性等开展竞赛。围绕服务第45届世界体操锦标赛，开展窗口行业“一流工作、一流服务、一流业绩”竞赛，建设系统开展“五比五赛”（比技术创新、比科学管理、比经济效益、比安全生产、比团队和谐及赛工程质量、赛工程进度、赛合同管理、赛文明施工、赛工程安全）暨“三号联创”（“党员先锋号”“工人先锋号”“青年文明号”，联合推进、联合选树、联合授牌）劳动竞赛。全市参赛企事业单位1.37万多家，参赛职工65万多人，企事业、职工参赛面均85%以上，其中建设系统参赛企业230多家，参赛重点工程项目930多个，参赛职工18万多人次。

【职业技能大赛】 2014年，南宁市投入资金80万元，举办2014年南宁市“服务体操世锦赛，技术能手在行动”职工职业技能大赛，设竞赛工种24个，参赛企业360多家，参赛职工1万人次；评出获奖选手153人，团体奖7个，优秀组织单位24个。参加2014年“广西技能状元”大赛，南宁市代表队获团体第一名，获花卉园艺师、保洁员（女农民工）两个项目第一名2个、第二名2个、第三名3个。

【职工医疗互助保障】 2014年，市总工会继续扩大职工医疗互助保障覆盖面，全年完成职工医疗互助保障计划35.50万份，给付585例，发放保障金806.32万元，市总工会困难职工帮扶中心被广西职工保障互助协会评为2013年度广西工会职工医疗互助保障特等奖、2013年度自治区职工医疗互助保障工作特别贡献奖。

【职工书屋建设】 2014年，市总工会推进“职工书屋”建设，扩大覆盖面，“职工书屋”向电子无纸化书屋升级；投入10万元，在南宁锦虹棉纺织有限责任公司建立电子职工书屋。至年末，全市有全国级“职工书屋”15个，自治区级45个，市级172个。

【职工文化活动】 2014年，市总工会举办工会系统社会主义核心价值观宣讲报告会，开展社会主义核心价值观问调查卷；参加自治区“中国梦·劳动美”——最美劳动者评选活动、南宁市第三届道德模范评选活动，南宁市第二人民医院医生钟日胜当选自治区十佳最美劳动者、南宁市第三届爱岗敬业道德模范。市总工会网站开设“我们的价值观”论坛。组织职工参加全国职工微博大赛；组织广大职工参加“八桂书香·阅读圆梦”全民阅读活动；开通农民工阅读圆梦绿色通道，为12个农民工工会工作站送书柜、送图书。组织职工开展“争当学习型职工”活动，举办第三届“感动在身边”农民工主题摄影评展活动。举办全市职工志愿者服务世锦赛启动仪式，开展“我为世界体操锦标赛做贡献”活动。举办南宁市第六届职工体育运动会，设男子篮球、气排球、羽毛球、乒乓球4个项目。开展“绿满八桂”植树造林活动，完成植树390万棵。

（师　吕　张文苑）

共青团南宁市委员会

【概　况】 2014年，南宁市有基层团委523个，基层团工委37个，团总支468个，团支部7890个；专职团干1737人，团员33.90万人。共青团南宁市委推进青年就业创业服务、青年志愿者行动、未成年人思想道德建设、青少年事务、团属事业创新发展，开展希望工程公益活动、加强共青团干部培养。加大宣传力度，各级媒体报道657篇（条），其中自治区级以上媒体报道114篇（条）、市级媒体报道543篇（条）。年内，团市委获2014年共青团自治区委目标考核一等奖。团市委获第45届世界体操锦标赛服务工作突出贡献集体嘉奖，何华青获二等功，黄铁生获三等功，甘继伟、蔡竞辉获个人嘉奖。

【基层组织建设】 2014年，南宁市各团县（区）委推进“两新”组织团建工作，按照“街道团委+共建委员会成员单位+青年文明号集体（或青年企业家）+直属团组织+品牌”的工作模式，在南宁市华强、福建园、南湖街道开展区域化团建工作试点。3月至7月，完成区域化团建工作3个试点并通过验收，为南宁市区域化团建工作全面铺开奠定基础。9月，在南宁市6个城区、2个开发区（高新区、经开区）及23个街道全面开展街道区域化团建工作，整合资源，完善工作协同，在各区举办区域化团建工作培训班，提高对区域化工作的深度理解与工作质量。按照“建起来、活起来”的要求，抓好非公企业团建工作。保持适当建团规模。5月16日，经开区团工委组织辖区非公企业团组织美年达健康公司团支部到留村，为村民开展义务体检和健康咨询活动，受到村民们好评。年内，市各级团组织走访联系青年1830人，看望留守儿童、外来务工人员子女1700人，举办活动100余场，覆盖青年团员3.10万多名；让南宁市外来务工青年、留守老人和儿童感受到团组织的温暖和关怀，还让参与其中的青年志愿者和返乡大学生提高公益服务意识和返乡就业建设家乡的意识，为南宁市经济和社会发展奠定基础。

【青年就业创业服务】 2014年，团市委开展青年创业活动，为加强青年创业就业意识教育，引导青年增强创业意识，鼓励青年创业，开展“百场创业沙龙进社区”“青年创业设计大赛”“电子商务创业大赛”活动。年内，开展创业沙龙进社区18场（兴宁区1场、江南区2场、邕宁区3场、广西—东盟开发区1场、青秀区2场、良庆区4场、西乡塘区5场）。开展“百企入校”活动。5月，围绕“聚焦青年就业·助力青春起航”主题，结合广西南宁高级技工学校学历不高、实操能力强等特点，组织30多家民营企业家提供就业岗位541个，涉及服务业、通信业、餐饮业、生产制造业、房地产业、教育业等，岗位包括管理岗位、技术岗位、销售岗位等，把企业引进校园，服务青年就业。加强共青团“青年就业创业见习基地”建设和管理。采取“三级建立、三级授牌”的方式，争取社会资源，依托大中型国有企业、青年文明号单位和青企协会员企业，分别建立全国级、自治区级、市级共青团“青年就业创业见习基地”。采取“基层对接、就近就便”方式，加强与农村和学校战线团组织的对接，重点服务应届毕业生，已毕业、未就业大中专毕业生，进城务工青年和下岗失业青年。已签约见习基地65家，提供见习岗位3800个。YBC（中国青年创业国际计划）在南宁开展两批创业项目的征集、审批工作，第一批上报项目15个，其中8个通过审批，第二批上报项目11个，审批通过8个，通过的16个项目各获5万元的无抵押、无利息、免担保的创业贷款。通过各级团组织推荐为365名青年发放贷款817.50万元，就业人数1321人。

【青年就业创业技能培训】 2014年，团市委为农村进城务工和返乡青年、大中专学生、城市失业青年、高校毕业生等不同青年群体开展就业技能培训，对有创业意向的青年提供SYB（创办你的企业）创业培训及电商创业培训。举办金融知识培训20期，培训农村团干部270人、农村青年1260人；举办青年创业就业培训80余期，培训农村青年8750人。

【青年志愿者行动】 2014年，团市委深入社区、街道，公共场所，大中专院校及中小学，青年文明号集体，各大项目工地等开展“我为世锦赛添光彩”主题活动，引导广大市民了解“世锦赛”、参与“世锦赛”、奉献“世锦赛”，倡导城市文明风尚，展示良好的城市精神风貌，弘扬“能帮就帮 敢做善成”的南宁精神，做到“天天有服务，周周有活动，月月有主题”。各级团组织开展宣传活动100余次，发放《青春携手世锦赛 志愿服务展风采》宣传折页、《致市民的一封信》等宣传资料154万份；开展“世锦赛进校园”主题活动百余场，参与人次超过20万人；世锦赛进商圈活动13次；组织不同行业的志愿者到工地为务工青年免费理发、义诊、文艺汇演等；骑行活动7场，近600名骑行志愿者参与，活动覆盖市区各主干道路、各大公共场所、街道社区，各县城及乡镇。“体操宝贝 韵动南宁”世锦赛礼仪志愿者选拔赛23所高校近1000名志愿者参与报名，为世锦赛提供礼仪志愿者180名；“我为世锦赛添光彩”主题征文、演讲比赛征集征文优秀作品275篇，演讲比赛选手72名；“韵动南宁·助威世锦赛”世锦赛体育展示表演团队选拔赛有来自市各中小学、驻邕大中专院校近100个团队报名；在《南宁日报》头版开辟英语学习栏目，每天普及一则英语小知识；7月，开播“迎世锦 学英语”公交视频，以世锦赛及南宁生活小知识为主要内容，每天在南宁市所有安装公交移动电视的公交车上滚动播放；8月初，在南宁市范围内开展“绿色出行迎世锦”主题活动，在市党政机关、企事业单位35岁以下青年发出绿色出行倡议，以及面向市民开展“绿色出行我拍有礼”活动。组织志愿者在南宁市40个志愿服务站和47个主要交通路口开展世锦赛知识宣传、文明交通劝导、绿色出行倡导等系列城市志愿服务活动，上岗5万多人次；组织近1000名青年志愿者为世锦赛提供内外宾接待、观众引导、媒体服务、竞赛运行等服务1.68万人次，服务23.30万小时。组织开展“美丽南宁·清洁乡村”活动，各县（区）、开发区团（工）委均成立一支“南宁市铁路沿线环境综合整治行动青年志愿服务队”，每个服务队不少于100人；2月起，每支服务队每个季度开展2次辖区境内铁路沿线垃圾清理活动。继续在南宁市广大青年团员中开展“美丽南宁·整洁畅通有序大行动”活动，组织青年参与志愿服务活动35万人次。

【“我的中国梦”纪念“五四”运动专题活动】 2014年，团市委以纪念“五四”运动95周年为载体，在青少年中开展“我的中国梦”纪念“五四”运动95周年系列主题活动。“五四”“六一”期间，南宁市各基层团组织、少先队组织举办“我的中国梦”主题团队日活动500余场，覆盖青年50万余人。开展“我的中国梦”专题座谈交流会。发动一批青年典型、专家学者走进各领域基层单位，围绕“我的中国梦”主题，与青年群体座谈交流。开展“我的中国梦”新媒体宣传教育。以共青团系统网站、微博、微信为主体，开展“中国梦·我的梦”微话题讨论和微博、微信编创转发活动；依托共青团手机报平台，开展“我的中国梦”手机报宣传、主题团队日活动。发动企业、农村、机关、学校、社区等不同领域的基层团组织和少先队组织，采取学习讨论、演讲比赛、主题班会、诗歌朗诵、故事讲述、文艺演出、志愿服务等形式，帮助广大青少年认识和思考“中国梦”，为实现“中国梦”而奋斗。

【希望工程】 2014年，团市委实施品牌公益项目，持续增强希望工程影响力，开展希望工程爱心捐赠活动。加强希望小学建设及已建希望小学的后续完善；“希望工程圆梦行动”筹资126万元，资助256名贫困大学新生；捐建“希望书屋”，赠送爱心图书。年内，近40家爱心单位参与“希望图书送山区孩子”活动，捐款近45万元。深入推进“温暖浴室”项目；开展公益捐赠活动，与广西强荣爱心基金达成300万元的公益合作项目，广西汽车流通协会捐赠25万元，广大爱心企业、单位为孩子们送去助学款、爱心图书、文体用具和其他爱心礼物总价值约30万元。

【共青团干部培养】 2014年，团市委拓宽干部培养渠道，提升基层团干能力和素质，县（区）和市直机关团组织选派6名年轻干部到团市委机关挂职锻炼半年至一年。选派一名团干到马山县古寨村加显乡贫困村担任村党组织第一书记。“五四”青年节，组织召开“我的中国梦—奋斗的青春最美丽”——南宁市各界青年纪念“五四”运动95周年座谈会。举办市基层团干暨全市农村团干部“青春引擎”全员培训班、市干部教育“十二大工程”重点培训项目——南宁市新形势下群团及民族工作专题培训班。制定团市委机关学习计划，以“今天我开讲”“绿城青春大讲堂”“读书成果分享沙龙”“共青团工作学习交流会”等形式，推进学习型团组织建设。

【青少年事务】 2014年，团市委开展青少年法制宣传和禁毒防艾宣传活动。结合“3·5”志愿者、“五四”青年、“6·26”禁毒等节日，组织公安、检察、法院、司法等系统的维权岗集体开展“送法进农村、进学校、进社区”活动150场次。开展“不让毒品进社区”等活动，发放宣传资料1.20万多份。年内，各级团组织开展倾听活动6次，收集意见建议63多条。对520家维权岗集体实行动态管理，提高预防青少年违法犯罪工作实效。依托南宁市流动人口服务管理平台，建立健全重点青少年群体信息管理体系。专项组成员单位、各县（区）对社区6周岁至25周岁的131万青少年群体进行精确排摸，排查出重点青少年9.36万人，其中不良行为青少年2160人、闲散青少年3171人、流浪青少年127人、服刑人员未成年子女215人、农村留守儿童8.80万人。建立健全重点青少年群体舆情监测体系。建立“市—县（区）—乡镇（街道）—社区（村）”四级舆情监测体系，实行舆情收集、信息上报、应急事件处理的工作模式。完善学校、社区、教育管理、劳动培训等部门衔接青少年信息共享和接续教育管理机制，以青少年服务社工、志愿者、“五老”加强等社会力量为主，吸收借鉴公安、检察、法院、司法等部门专业资源，通过建立心理咨询室、青少年法律援助站、青少年活动室等场所，跟踪帮扶各重点青少年群体。市级服务中心配备专业社工6名，城区一级按照乡镇（街道）总数配备专业社工45名；一线社工按社区总数1:1的比例配备青少年事务社工252名。

【青少年服务台建设】 2014年，团市委开展12355服务台品牌活动。根据青少年的心声、家长听众的需求，增加青少年成长、就业创业方面的专题。服务台与各大心理咨询中心合作，“12355陪伴·成长”系列讲坛听众3000余人；继续组织服务台经验丰富的专家顾问，通过探索农民工子女教育新方式，走访了解，选定江南区民办农民工子弟学校——惠民学校开展12355“心灵成长”体验计划；服务台依托江南区团委专门在农民工较为聚集的城中村——新屋村开展主要面对农民工子女的“四点半课堂”主题活动；“轻松备考12355与你同行”阳光行动走进中学校开展专题讲座3场次，周末考前讲坛2场次，团体心理辅导4场次及一对一服务36次，媒体平面报道6篇幅，“轻松备考”服务人数1.34万人次。创建服务新平台，设立南宁市12355青少年心理工作室。根据青少年的成长需求，服务台向广大青少年延伸服务渠道，创设服务新平台，在市青少年活动中心建设“南宁市12355青少年心理工作室——成长驿站”。年内，服务台引进180名具有执业律师、心理咨询师、职业发展导师、职业医师等资格的专业志愿者和8家志愿合作单位；受理来电、来访41.10万次。创建南宁市12355服务网站、官方微博、官方微信；网站上传信息1.40万余条，网站首页访问量6.20万人次。

【团属事业创新发展】 2014年，团市委拓展青年外事和青年联谊工作，接待缅甸青年高级研修班、香港大学生社会实践团等青年外事团组88人，联系香港半岛青年商会与南宁市青年企业家协会签订友好青年团体意向书。团市委开展“青春携手”青年联谊活动15场，登记单身青年信息846人，在各县（区）共青团网站上设置广西青年联谊网站入口，单身青年联谊网站有单身青年登陆680名。6月6日，青年企业家协会与市企业家协会、市女企业家协会共同举办“服务世锦赛·企业家在行动”座谈会。7月25日，协会走进南宁边检站开展“八一”慰问活动。组织开展青少年教育引导活动。开展“大手拉小手，争做诚信人”主题活动和经典国学诵读公益活动，制作大道之行——崇德园文化长廊宣传内容，传播中国优秀传统文化，弘扬中华民族传统美德。举办“希望之星”青少年文化艺术节启动暨“蒲公英”青少年读书俱乐部揭牌仪式、“绿城十大少儿乐手”“绿城十大少儿歌手”“绿城十佳小主持人”等竞赛、展演活动。开展“家教讲堂”公益讲座、素质教育系列公益讲座、“快乐我成长　共圆中国梦”六一欢乐嘉年华活动、“流动少年宫”进马山、隆安，以及“读书俱乐部”采风活动、“勇敢之旅”军事夏利营等。依托“蒲公英”爱心书屋、“周末公益电影剧场”及青少年创意体验空间开展“真人图书馆”、公益读经、“棋”乐无穷、四点半课堂、创意手工和科学小实验课堂等活动。举办“感恩母爱，传承德孝”母亲节和“父爱如山，感动天下”父亲节活动，在青少年中开展孝敬教育，弘扬中华孝道。成立“海洋之星”科学社，开设海洋知识科普课，提高青少年科普工作水平。

（罗雅熙）

5月4日，南宁市各界青年纪念“五四”运动座谈会召开　　团市委提供

南宁市妇女联合会

【概　况】 2014年，南宁市妇女联合会辖县（区）妇联12个，开发区妇联（妇委会）2个，乡镇（街道）妇联127个，社区妇联351个，村妇代会1383个，市级党政机关、科教文卫等事业单位妇委会195个，成立妇联团体会员的各类女性联谊会、协会2个，在非公经济组织和社会组织中建立妇联组织908个，工会女职工组织2.21万个，有市、县（区）、乡镇（街道）专职妇联干部161人。市妇联坚持促进妇女发展、维护妇女儿童合法权益，推动解决妇女儿童最关心、最直接、最现实的利益问题，动员组织广大妇女为推进全市经济社会实现持续健康发展作出贡献。先后获全国妇女宣传舆论阵地建设先进单位，广西“洒扫应对伴我行—做一个有道德的人”活动先进单位，广西第五届“八桂画童”美术、书法、摄影大赛组织奖，市人口和计划生育工作考核一等奖，市未成年人思想道德建设工作先进单位、市直属机关工会目标管理工作优胜单位等荣誉。全国人大副委员长、全国妇联主席沈跃跃等领导对市妇女儿童事业发展状

况给予肯定。

【妇女儿童权益维护】 2014年，市妇联加强妇女儿童权益维护法制宣传教育，以“三八”维权周、“母亲节”“六一”儿童节、“6·26”禁毒日、“12·1”防艾日、“12·4”国家宪法日为契机，组织开展“十个一”(在《南宁晚报》开设一个维权专栏、举办一期市基层妇女干部维权知识培训班、开展一场庭审观摩活动、开展一次“两进两送”活动、举办一堂心理疏导课、撰写一篇法制工作报告、举办一场安全常识漫画比赛、命名一批“妇女儿童维权岗”、命名一批“妇女儿童维权志愿者”、命名一批“优秀妇女儿童维权志愿者”)活动。深入社区开展社区矫正和安置帮教工作3次，深入监所开展回访帮教、心理疏导活动4次；开展“两进两送”法制宣传活动1000余场，帮助1.20万群众解答咨询，发放普法宣传资料4.30万份。市妇联5503320维权热线接到来信、来电、来访1378件；为困难妇女提供免费法律援助、申请困难救助金近万元；调解成功夫妻情感和好、子女抚养安置、婆媳关系缓和、邻里化解矛盾等7件。

【社会化维权立体网络建设】 2014年，市妇联整合社会资源，由25个成员单位组成南宁市妇女儿童维权联席会议制度，对“岗、站、线、团”维权网络反馈的妇女儿童维权工作中存在问题、困难及解决方法进行指导和监督，实现信息联通、信访联接、纠纷联调、应急联处、上下联动、宣传联抓等妇女儿童“大维权”格局。“岗”即妇女儿童维权岗，全市新命名28个市级“妇女儿童维权岗”(累计市级168个)；市法院系统创建“妇女儿童维权岗”39个，其中17个被评为自治区级妇女儿童维权岗。全市法院为符合条件的妇女儿童当事人减免缓交诉讼费156.82万元，受理涉及妇女儿童权益的信访、网络等咨询3.03万件次，执行终结涉及妇女儿童案件1693件，结案标的152万元。市检察系统创建市级岗25个，其中4个岗被评为自治区级妇女儿童维权岗。“站”即妇女儿童维权服务工作站，全市构依托三级综治信访维稳平台，建立村(社区)“妇女儿童维权服务工作站”1720个，开展妇女信访代理3.70万件，为基层妇女提供便捷维权服务，协调、沟通相关职能部门，妥善处理妇女合法合理诉求。“线”即设立自治区第一条依托政府政务热线资源的5503320妇女儿童维权热线，百名志愿者24小时为妇女儿童提供法律、心理、情感、家教等知识的专业解答，全年解答1200余条热线咨询。“团”即由200名专业人士组成的妇女儿童维权服务团，到妇联、“妇女驿站”、村(社区)接待信访500余件，为妇女提供法律培训和咨询、纠纷调解、家教辅导等援助服务。

【妇女干部培养】 2014年，市妇联组织全市处级女领导干部参加全国人大常委会委员、外事委员会主任委员傅莹女士作的《沟通的艺术》报告会，300人参加。联合市委组织部及市总工会、团市委、市民委在青岛大学举办南宁市群团系统领导干部培训班，培训2372人。选派46名基层妇联干部参加自治区妇联举办的培训班。争取自治区、市两级党费和财政核拨23.72万元专项资金，在村(社区)“两委”换届前开展2014年基层妇女干部大培训，全市举办类培训班28期，培训妇代会主任、女党员、女致富能手、女大学生村官等3216人次。组织10名新上任的基层妇联主席、副主席参加自治区妇联主席培训班。

【妇女就业创业服务】 2014年，市妇联提供创业就业政策服务。整合资源，争取妇女发展基金60万元、可口可乐520项目无息借款，为12个妇女创业就业项目发放2万元至10万元不等的妇女创业就业无息借款。组织开展“妇女实用技能大培训行动”“女性创业之旅”“女大学生导师行动”等妇女创业就业服务品牌，举办职业技能培训班542期，培训2.65万人。开展家政技能和女性就业专场招聘会47场，培训女农民、下岗失业妇女等3.25万人。依托18个全国“女大学生创业实践基地”培养女大学生创业导师104名，提供500多个实践岗位；组织女企协会员与金融部门举办银企座谈会，面对面沟通，争取金融部门资金支持。扶持妇女发展现代农业。新建自治区级以上巾帼科技示范基地4个，市级基地11个，核拨扶持创建经费28万元，10名科技特派员获全国级表彰，30名获自治区级表彰。推进“巾帼家政服务”健康发展。承办第一届广西家庭服务职业技能竞赛，帮助1500多名无就业技能妇女在家政行业实现就业；举办育婴、家政、插花、茶艺等家政类培训班27期，发动南宁市11个家政培训和服务机构加入广西“金绣球”巾帼家政服务联盟。促进“巾帼建功”活动蓬勃开展。各行各业妇女结合行业和岗位特点开展创岗活动，新创50个市级“巾帼文明岗”，开展岗村共建、岗岗联动、岗企互动等活动，办好事、实事1200多件。开展城乡妇女技术技能大培训。以培育新型职业女农民、女农民工为重点，推动各部门在培训中加大妇女培训力度，举办职业技能培训班542期，培训妇女3.25万名。

【农村妇女“两癌”救助项目】 2014年，市妇联联合卫生部门争取财政投入240多万元在马山、上林、武鸣、邕宁试点县(区)实施农村妇女“两癌”免费检查项目，举办妇女“两癌”保健知识讲座58期，开展“两癌”知识宣传咨询活动326次，为3万多名妇女进行宫颈癌、乳腺癌免费检查。健全“两癌”患病妇女信息库管理，完善网络填报与救护系统，采集患病妇女信息423条，15名贫困“两癌”患病妇女分别获1万元救助金。

【“儿童家园”项目】 2014年，市妇联依

5月21日，市妇联举行“我身体 我保护”南宁市未成年人科学性别文化“进校园、进社区、进农村、进家庭”系列活动启动仪式　　市妇联提供

托“妇女之家”推动“儿童家园”建设，打造三级示范性儿童家园，拓宽儿童家园的覆盖面，发动各县（区）、妇儿工委成员单位自筹经费、争取本级政府核拨经费、发动社会共建筹集等方式，筹集资金400多万元，创建儿童家园373所，其中，国家级儿童友好家园1所、自治区示范性儿童家园10所、市示范性儿童家园35所、县（区）级儿童家园285所；市妇儿工委成员单位及社会援建35所，自治区有关单位援建7所。

【未成年保护“123”工程建设】 2014年，市妇联开展“我身体　我保护”南宁市未成年人科学性别文化进校园、进社区、进农村、进家庭系列活动，实施“123”工程（印制1万册《我身体　我保护未成年人自我保护安全常识宣传手册》、制作2部卡通宣传教育短片、创作3个情景剧），深入15个县（区）、开发区开展巡回展播和展演，受教育师生、家长3万多名。同时，开展未成年人安全常识漫画比赛，评选出获奖作品160幅。

【“三留守”人员关爱工程】 2014年，市妇联组织50多个单位召开农村“三留守”人员议事会议，联合教育、民政部门开展南宁市留守儿童、留守妇女、留守老人专项调研等方式，解决热点难点问题，并向党委政府建言献策；结合留守儿童需求，向社会广泛征集“爱心妈妈”“代理家长”等志愿者，帮助留守流动儿童健康成长；关注失业失地妇女、流动留守妇女儿童、空巢老人等群体，争取政府专项慰问资金，吸收和引进爱心项目，开展爱心大米、完美关爱等以慰问为主的关爱活动、项目12个，慰问妇女儿童5276人，慰问物资183.32万元，慰问演出60多场。

【星级“妇女之家”创建】 2014年，市妇联加大星级“妇女之家”创建力度，新命名四星级妇女之家50个，五星级妇女之家30个；推荐6个妇女之家参评自治区级示范妇女之家。全市各县（区）、开发区投入妇女之家建设资金82.06万元，创建星级妇女之家1099个；依托妇女之家组建巾帼志愿者队伍2566支，开展培训、普法、清洁乡村等活动1.46万场次。

【南宁市妇女儿童活动中心启用】 2014年3月7日，南宁市妇女儿童活动中心正式启用，2009年12月27日开工建设，2012年11月完成一、二期主体工程建设和一期基本装修，总投资9437万元，总建筑面积2.42万平方米，有专职工作人员19人；亲子阅览室藏书1.50万册，有舞蹈室、音乐室、文化教室、儿童家园、道德讲堂等设施。至年末，接待妇女、家长和儿童近1万多人次；举办暑期、秋季学期少儿、成人、老人培训班145期，培训妇女、老年人、儿童1200多人。 （吴颖妮）

南宁市文学艺术界联合会

【概　况】 2014年，南宁市文学艺术界联合会设办公室、联络部、文学艺术研究室，有机关编制16名；辖县（区）文联12个，下属南宁文学院（《红豆》杂志社）事业单位1个；市属文艺家协会10个（市作家协会、市戏剧曲艺家协会、市音乐家协会、市舞蹈家协会、市美术家协会、市书法家协会、市摄影家协会、市电视艺术家协会、市民间文艺家协会，市文艺理论家协会），产业文联2个（市质量技术监督系统文联、市公安文联）；会员3297名。

【文艺成就】 2014年，市文联出版专著5部，获省（自治区）级以上奖项的作品20部（件），其中《借婚纱的少年》（作者：王勇英）获第三届“周庄杯”全国儿童文学短篇小说大赛二等奖，短篇小说《安魂曲》（作者：陈大明）获“文华杯”全国短篇小说大赛一等奖；书法作品（作者：潘文志、杨励）获第三届“临川之笔”全国书法大赛获优秀奖，书法作品（作者：梁富振）获第四届中国西部书法篆刻作品展优秀奖（最高奖）；工笔花鸟画作品《新晴》（作者：黄高）获第十二届全国美展（国展）获奖提名奖，工笔画人物作品《裳裳者华》（作者：罗晶晶）获第十二届全国美展（国展）入围奖；摄影作品《古镇童年》（作者：滕忠）获“雪花纯生—中国古建筑摄影大赛·2014光影园林”古建筑传承类入围奖，摄影作品《雄鹰展翅》（作者：陆丽红）获“美丽中国·广西之旅”中国摄影报“走进美丽南丹”影友擂台赛一等奖。南宁市民间文艺家协会获广西文艺志愿者先进单位称号，协会主席郑天雄获广西文艺志愿者先进工作者。

【特色活动】 2014年，市文联开展以“中国梦”为主题开展丰富多彩的文艺活动，举办首届“中国梦·魅力南宁”南宁市美术、书法、摄影精品展等。市12个县（区）有8个县（区）完成“中国民俗文化之乡”申报，组织武鸣县申报“中国歌圩文化之乡”、江南区申报“中国平话文化之乡”、西乡塘区申报“中国龙舟文化之乡”，通过中国民间文艺家协会的评审。5月2日，市作家协会在大新县建立“老木棉”创作基地。6月19日，市委宣传部、市委统战部、市文联正式启动创建中国书法城。创建工作逐步推进，“绿城翰墨”广西南宁书法篆刻作品晋京展在北京民族文化宫举办，与江西南昌、广西玉林举办书法篆刻作品交流展，举办首届南宁市刻字艺术作品展等活动。

【特色品牌】 2014年，市文联继续打造“绿城画韵”南宁市青年女子工笔画群的品牌，“绿城玫瑰”作家群；打造名刊《红豆》杂志，杂志内多篇作品被国内选刊转载或被国家级报刊评论关注，出版《南宁名片》高级公益宣传册。

春节期间，市文联组织文艺家到良庆区坛板坡惠农义务书协赠送春联活动

市文联提供

【千村万户文艺文化惠民】 2014年，南宁市继续实施“千村万户文艺惠民工程”，在前两年创建120个文艺村、240户文艺户的基础上，新创建文艺村30个、文艺户60户。市文联组织各县（区）文联、文艺家协会开展文艺志愿服务活动，全年组织文艺家400多人次走村入户进行辅导讲座37场次，辅导文艺作品1200多件；所属10个协会出版专著5部，获省（自治区）级以上奖项的作品20部（件）。开展“送欢乐下基层”活动。春节期间，组织市书协会员80多人次分别到武鸣县太平镇、灵马镇，宾阳县宣村、唐人文化园，北宁街南伦书画艺术馆等13个乡镇、社区、农村开展送文化下乡、义务书写送春联活动，义务书写春联3000多对。

【南宁市文学艺术界联合会第九次代表大会】 2014年5月15日至17日，在市委党校召开。听取和学习市委主要领导、自治区文联主要领导的讲话，听取、审议《南宁市文学艺术界联合会第八届委员会工作报告》，通过《南宁市文学艺术界联合会章程（修改草案）》；选举产生南宁市文学艺术界联合会第九届委员会委员、委员会主席、副主席。陈晓红当选市文学艺术界联合会主席。 （李　燕）

南宁市归国华侨联合会

【概　况】 2014年，南宁市有归侨、侨眷12万多人（归侨2万多人），南宁籍华侨华人、港澳台同胞100多万人，分布于世界五大洲80多个国家和地区；有县（区）级侨联3个，侨联小组168个；市侨联直属团体会员16个，南宁市下辖4个华侨农林场，安置归侨的厂矿企业4家。市侨联按照《中国侨联章程》规定，履行参政议政、维护侨益、海外联谊、群众工作职能。

【海内外联谊】 2014年，南宁市邀请柬埔寨广西同乡会、香港华侨华人总会的嘉宾和客商来邕参会。先后邀请香港侨界轻音乐队26人到南宁与市侨界群众开展“心连心·携手促发展”联谊交流活动，香港侨界轻音乐队参观南宁国际会展中心、官塘农贸市场等。组团赴澳门参加华侨华人聚濠江联谊大会，并到香港拜访友好社团，商议合作意向，推介落实“侨心”基金会香港事宜。接待世界越柬寮华人团体到南宁考察；邀请和做好德国桂籍侨胞新生代“亲情中华寻根行”北部湾之旅青少年夏令营活动在南宁开营；参与指导近200名缅甸侨生举办“半个世纪的约会”聚会活动。

【招商引资】 2014年1月，经市侨联推介，市委常委、副市长田文东会见中国侨联经济科技部副部长、中国侨商联合会秘书长安晨，中国侨商联合会副会长、香港大中华商业机构集团有限公司董事局主席钟达欢。2月27日，南宁市四家班子主要领导及相关部门领导在上海拜会世茂集团董事局许荣茂主席，并围绕世茂集团拟投资南宁的高端旅游度假等进行洽谈交流；4月，世贸集团入驻南宁五象新区总部基地的项目建设用地落实；8月，投资25亿元的南宁世茂国际中心开工建设。3月28日，市侨联顾问戴国光牵线，马来西亚20多位农业方面的专家、技术人员到南宁参观考察。年内，市侨联还助推港资企业落户南宁，为大中华集团落户南宁做好跟踪服务；引介马来西亚农业技术考察团到南宁考察；邀请美国美中联合发展商会、美国广西总商会美中联合发展商会、柬埔寨广西商会代表以及沈阳、无锡、武汉等市侨商会代表、卓达房地产集团到南宁考察。组织华商会“走出去”。组织华商会代表参加“华商防城港行”活动暨广西华商会三届三次常务理事（扩大）会议；参加防城港市开发开放投资项目推介会；推荐并指导华商会组织11名会员到澳门参加，由澳门归侨总会为庆祝澳门回归祖国15周年举办的2014年华侨华人聚濠江联谊大会；邀请华商会领导参与接待海外侨胞、港澳台同胞和国内各地侨商约12批次100多人。至年末，华商会会员企业新投资项目20个，总投资约6亿元。

【为侨服务】 2014年，南宁市侨联在春节、“七一”期间，开展“送温暖”活动，走访慰问困难归侨侨眷600户、侨界困难党员10人，发放慰问金及慰问品价值18万元。年内，开展扶困助学活动，为6名大学生、4名高中生发放助学金1.20万元；筹备成立市“侨心”基金会，向广大华商会员、社会各界发出成立“侨心”基金会的倡议并接受捐赠，筹措“侨心”基金会的注册资金。

【依法护侨】 2014年，市侨联法顾委继续执行法律义务咨询轮值制度，为侨界群众做好法律服务；组织法顾委成员深入10家侨属企业开展服务侨企活动，为侨企提供法律咨询和服务。全年处理信访件3件，处理率100%。

【参政议政】 2014年，市侨联组织侨界人大代表、政协委员深入华侨农场、基层侨联开展调研视察，召开侨界人大代表、政协委员座谈会；在2014年南宁市“两会”上，侨界代表、政协委员履行职能、建言献策，提出议案、建议和提案10多件。主办市政协常委陈政陪提出的《关于建设华侨活动中心的提案》。 （农　婧）

南宁市科学技术协会

【概　况】 2014年，南宁市科学技术协

7月30日，德国桂籍侨胞新生代“亲情中华寻根行”北部湾之旅开营仪式举行

市侨联提供

会下辖事业单位2个(市科学技术咨询服务中心、市科技馆),县(区)科协12个,市级学会、协会45个,企事业科协52个。创建国家级科普示范县2个,市级科学素质建设示范村108个,科普示范社区58个,科普惠农服务站60个,社区科普益民服务站27个,院士专家工作站4个,中国科协"海外智力为国服务计划"南宁工作基地,科普教育基地15个,科普示范学校70个,青少年科学工作室75个,青少年创新实践工作站10个。年内,市科协发挥党和政府联系广大科技工作者的桥梁纽带作用,贯彻实施《全民科学素质行动计划纲要》,深入开展科学普及、学术交流、人才培养、青少年科技教育等工作,加大科普阵地建设,拓展基层科协组织。先后获2014年广西青少年科技创新大赛基层赛事优秀组织单位、2013年广西青少年科技教育工作先进集体、第二届广西青少年科学节优秀组织单位、南宁市2011-2013年度未成年人思想道德教育工作先进单位(集体)、2013年广西十月科普大行动先进单位、2014年全国科普日活动优秀组织单位、2013-2014年广西全民科学素质工作先进单位、2013年广西科协系统信息工作先进集体等称号。

【学术交流与人才培养】

南宁市第四届学术年会　2014年,市科协组织举办主题为"美丽南宁·智能交通"的南宁市第四届学术年会,邀请新加坡环境工程学会会长胡江泳等5名国内外知名专家做报告;设立"美丽南宁·清洁水源""智能交通与大数据应用""智能交通与地理信息"三个分论坛,举办智能交通与区域发展报告会1场,极地科普知识报告会3场,收录优秀论文33篇。

院士报告会　3月4日,邀请中国科学院院士、武汉大学测绘遥感信息工程国家重点实验室主任龚健雅院士,在市委、市政府会议中心作《从数字城市到智慧城市》报告,市副处以上领导、科技工作者500多人聆听。10月18日,邀请中国工程院院士、武汉大学前校长刘经南教授作《泛在测绘》学术报告,测绘系统100名技术人员参加。

南宁市自然科学优秀论文评选　开展2013年度南宁市自然科学优秀论文评选,收到医药、环保、水利、农林、气象等专业报评论文152篇;《过氯酸铵暴露对家兔致肺纤维化效应的研究》等3篇论文获一等奖,《南宁市近40年寒露风演变趋势及对晚稻的影响》等10篇论文获二等奖,《桉木P-RC　APMP化学机械浆废水和蔗渣场废水厌氧处理产沼气的综合利用》等20篇论文获三等奖。

南宁市青年科技奖评选　市科协联合市委组织部、市人社局开展第四届南宁市青年科技奖评选,评出丁可、兰度、朱玉涛、许家坤、李修善、范磊、林健燕、唐玉梅、秦培钊、秦英梅等10名获奖人选并表彰。

【科技创新与技术培训】

院士专家工作站　2014年,市科协指导广西瑞特种子有限责任公司按照《南宁市院士专家工作站建设管理暂行办法》,开展建站筹备。经专家组考核,市委、市政府审批,南宁市第四家院士专家工作站在广西瑞特种子有限责任公司成立;院士专家工作站依托"高产高抗优质超级稻新品种选育"项目,与中国工程院袁隆平院士,中国国家杂交水稻工程技术中心徐秋生、袁定阳研究员等为核心的院士专家组合作,培育、推广高产高抗优质超级稻新品种。组织对建站满一年的广西田园生化股份有限公司院士专家工作站进行考核,广西田园生化股份有限公司院士专家工作站在院士专家的指导下成为自治区首个获农业部认定的农药研制与施用技术重点实验室,参与合作的项目《防治农作物病毒病及媒介昆虫新农药研制与应用》获2014年国家科技进步二等奖;工作站考核优秀,获市政府支持经费50万。

"讲理想、比贡献"活动　市科协以"讲理想、比贡献"评选表彰活动为载体,激励企业科技工作者开展群众性创新活动,评选表彰先进集体、创新团队、创新标兵、优秀组织者各5个(名)。推荐优秀代表参加全国"讲理想、比贡献"活动评选,获先进集体2个,创新团队1个,创新标兵1个。举办"讲理想、比贡献,奋力实现中国梦"巡回宣讲活动,到高新区、经开区对园区科技工作者进行宣讲,500多人参加。

科技辅导员培训班　市科协在市区、隆安县、上林县举办市科技辅导员培训班,特邀中国科学院云南天文台高级工程师高衡作《全国青少年科技创新大赛章程解读》《青少年科技创新活动中的论文、发明、实践活动选题》报告,培训中小学校科技辅导员、科技教育工作者300多人。

【科普活动】

百名专家进百村(社区)志愿服务活动　2014年,市科协组织专家深入村屯、社区广泛开展科普宣传活动,提高群众科学文化素质。在农村依托农技协、科普示范基地、科普惠农服务站举办科技培训和科普讲座,帮助农民系统学习农业生产知识,提高科学种养技能;在社区依托科普益民服务站举办科普讲座,传播低碳、环保理念,形成科学、文明、健康的生活和消费方式,提高居民应对突发事件和灾难的能力。全年开展活动380多场,直接受益群众10多万人次。

全民科学素质行动　年内,市级全民科学素质工作领导小组办公室设在市科协,统筹协调全市12个县(区),20个市直部门组织开展科普活动。4月29日,南宁市召开2014年全民科学素质工作会议,副市长、市全民科学素质工作领导小组组长眭国华参加会议并讲话。2013年《全民科学素质行动计划纲要》工作列入市直有关单位绩效考核后,南宁市及青秀区、兴宁区、西乡塘区、江南区、邕宁区、武鸣县、横县、宾阳县、上林县、马山县、隆安县11个县(区)将《全民科学素质行动计划纲要》列入2014年绩效考核。

全国科普日暨"十月科普大行动"　以"营造创新环境,建设创新型南宁"为主题,全市组织开展技术培训、科普报告会、科技咨询、广场活动、科普展览展出等特色科普活动757场次,展出科普板报891版,发放科普资料20多万份,参与活动的群众40多万人次。组织市民参与2014公众创新擂台网络活动,在线提交网上热点问题解决方案,参加2014年全国科普日在线活动,在线阅读科普图书、观看科普视频,参与网络科普创意体验、网络科普竞赛竞答等活动。

科普远程教育活动月　10月,举办科普远程教育活动月活动,在全市1869个远程教育终端站点全面开展科普活动。市科协联合市远程办制作、引进科普教材99部、时长3000多分钟;播放科普电教片5600多小时,受益群众20多万。

【青少年科技活动】

青少年科技创新大赛　2014年11月,市科协举办主题为"中国梦、科学梦、青春梦"的2014年南宁市青少年科技创新大赛,收到推荐作品1000多件。11月8日至11日,在市图书馆举行创新大赛作品展览,展出作品700件;推荐优秀作品参加广西、全国青少年科技创新大赛。南宁市选送88个项目参加广西青少年科技创新大赛,有87个参赛项目获奖,获奖率98.86%;获一等奖30个、二等奖24个、三等奖33个,获优秀科技辅导员3人、求知计划优秀教师1人,科技教育创新优秀学校2所,市科协等6个单位获广西青少年科技创新大赛基层赛事优秀组织单位奖。参加第29届全国青少年科技创新大赛，南宁市获一等奖8个、二等奖5个、三等奖6个、专项奖1个。

快乐科普校园行　年内，市本级、县（区）学校开展“快乐科普校园行”系列活动。市一中、新秀小学等18所学校，举办“大手拉小手——科普报告希望行”21场，5000多名中小学生听取报告。开展“创新在我身边”——2014年青少年科学调查体验活动，发放活动手册320册。开展科普大篷车进校园活动20次，展出科普“3D海底动物”等展板967件次，展出“太阳能发电”“锥体上滚”等展具223件次。

第二届广西青少年科学节南宁市活动　9月26日，在市北湖路小学举行启动仪式，主题为“启迪科学智慧·成就科学梦想”；举办展出“中国梦·我的美好生活”书画主题活动优秀作品、中小学生发明创造优秀作品，开展车模竞技、机器人表演、船模表演、科学趣味小实验、集体创意大比拼等活动。期间，邀请香港李乐诗博士为市锦华小学等3所学校近千名师生作极地科普报告；举办青少年科技作品评比、展览；各学校开展科技节活动；举办南宁市车模建筑模型、无线电测向竞赛；与南宁电视台《同学汇》栏目联合制作青少年专题科普节目27期。

【科普阵地建设】

“海智计划”南宁工作基地建设　2014年，市科协创建“海智计划”南宁工作基地，邀请美国、加拿大、瑞典、葡萄牙、挪威、日本、英国、德国、荷兰、澳大利亚等10个国家的32名海外高层次人才参加南宁市海外高层次人才与项目对接会。海外高层次人才携带《新型药用纳米辅料研发》《应用物联网技术的跨境电子商务系统和产业化》等45个项目参会，项目涉及生物医药、电子信息、生态环保等领域；广西南南铝加工有限公司、广西万寿堂药业有限公司、广西佳能软件有限公司等70多家企业与海外人才进行洽谈；2名海外专家与企业签署合作协议，12人次海外专家与13家企业进行深度洽谈，16人次海外专家与20家企业进行意向洽谈。基地还促成市政府与欧美精英创业家协会签署《共建南宁（美国）海外引智工作站合作协议》，与中国旅美金融协会、美国华人医药科学家协会签署《海外人才交流合作框架协议》。至年末，基地与7家海外科技社团建立合作协议，接待海外科技社团7家，引进海外人才4人，40名海外高层次人才成为专家库成员。

市科技馆项目建设　至年末，科技馆主体建设基本完成，投入资金1.34亿元，完成展项展品16个标段公开招标，完成招标进度64%；展品布展2个标段公开招标，完成招标进度50%；常设科普展项展品、布展监理及相关服务的公开招标。

基层科普行动计划　年内，市科协继续实施“基层科普行动计划”，市财政奖补32.50万元，支持19个协会、基地和社区进行科普建设和开展科普活动，培养15名农村科普带头人。市科协从历年培养的基层单位、农村科普带头人中，评选科普工作成绩较突出的，推荐申报“基层科普行动计划”国家级和自治区级奖补。武鸣县陆斡镇桥东村蔬菜协会等5个单位、横县农村科普带头人韦有任获2014年国家“基层科普行动计划”奖补105万元；青秀区南阳镇杂交水稻制种协会等4个单位、隆安县林福等2名农村科普带头人获自治区奖补36万元。

科普示范社区　年内，建立10个科普示范社区，每个社区下拨建设经费2万元，并免费订阅科普报刊、发放科普挂图、科普书籍。青秀区金湖社区被评为全国科普示范社区，青秀区新竹社区、西乡塘区明秀南社区被评为自治区科普示范社区。

科普网络书屋建设　3月，举办科普网络书屋使用方法培训班，培训县（区）科协和农村、社区的科普工作人员100多人。群众可通过网络平台免费阅览期刊、报纸、文献9500余种，科普网络书屋浏览量10多万次。

青少年科学工作室　完善已成立的3个青少年科学工作室，新建青少年科学工作室14个，为工作室购置创意设计积木、专用小型金属机床、天文望远镜、小学趣味实验设备等科普设施，引导青少年参与科学实践。

科普教育基地　广西壮牛水牛乳业有限责任公司、广西水生野生动物救护中心获自治区科普教育基地荣誉称号。

（姚　丽）

2014年，南宁市举办海外高层次人才与项目对接会。图为海外专家与企业代表洽谈　　吴　军提供

南宁市社会科学界联合会

【概　况】　2014年，南宁市社会科学界联合会联有下属学会12个、协会5个、研究会7个，团体会员29个，个人会员70多万人。开展课题立项资助31项，200多名专家学者参加科研。年内，完成重点课题《南宁市城中村学校教育管理研究》《南宁市文化资源现状与开发应用前景研究》；组织开展大型广场科普宣传活动2次，科普进社区活动1次，科普报告会5次，科普下乡2次；审批学会开展活动23场次，现场指导活动9次；组织学会参加全国大中城市社科联工作会议1次；组织开展学术交流活动2次，学术座谈会3次；到百色、桂林、钦州、云南保山等城市开展学会交流活动。组织南宁市社科界专家学者参加自治区第十三次社科成果评选活动。

【会员管理与服务】　2014年，市社科联印发《2014年学会管理考评细则》给市属各学会、协会、研究会，要求各学会、协会、研究会按考评细则规范活动；加强对各学会、协会、研究会管理的指导，抓好重大活动的审批。做好学会年检的指导

6月27日，市社科联在民族广场举办"2014年南宁市社科界服务第45届世界体操锦标赛广场科普宣传活动" 市社科联提供

督促，与市民政部门协调，通知市属各学会、协会、研究会按时参加年检，指导学会参加年检活动，配合做好年检换证，帮助各学会理顺年检中遇到的问题。市社科联继续为南宁市企业家协会、市壮学学会协调10万元的工作经费补助，与市财政局联系，促使补助经费及时拨付到位。年内，指导南宁市党的建设研究会、市财政学会、市监察学会等学会的换届选举。3月7日，召开2014年社科联工作会议，市社科联常委、市属学会、协会、研究会领导30多人参加。

【社会科学普及活动】 2014年6月27日上午，市社科联围绕市委、市政府工作重点，组织学会、协会、研究会到民族广场开展南宁市社科界服务第45届世界体操锦标赛科普宣传活动，展出社科知识、世锦赛知识宣传展板42块，组织学会、协会、研究会专家30多人开展咨询活动。年内，市社科联分别到市企业家协会、市教育学会科普分基地开展调研；市企业家协会科普分基地召开"服务世锦赛·企业家在行动"座谈会；市教育学会分基地依托南宁市各中学校对教师开展培训活动，召开"2014年南宁市普通高中毕业班考前动员大会"、举办综合素质发展教育(心理健康发展项目)启动仪式暨2014年中小学校长提升培训班等活动。举办"培育和践行社会主义核心价值观"主题科普报告会。市社科联机关召开"我们的价值观·我们的中国梦"主题报告会。组织学会、协会、研究会的专家、学者到学校、社区、企业开展"培育和践行社会主义核心价值观"报告会。11月，组织部分学会、协会和研究会以及高校志愿者到武鸣、马山等县(区)农村开展科普进村活动，组织高校志愿者入户开展科普宣传。至年末，编辑出版社科宣传小册子2000多份，《南宁社会科学》3期，《学会动态》2期，《专家建议》2期。

【课题研究】 2014年3月，市社科联向各学会、协会、研究会发布《南宁市资助社会科学研究项目2014年度研究指南》，收到申报研究项目63项。经组织专家对所申报的项目进行综合评审，经市政府常务会审批通过，对31个项目进行立项资助。至年末，批准项目基本结题。

【社科评奖】 2014年，市社科联组织南宁市社科优秀成果参加自治区第十三次社科优秀成果评奖，经初评推荐、自治区社科联初审，符合参评条件成果有64项。

（李国燕）

中国国际贸易促进委员会南宁市支会

【概　况】 2014年，中国国际贸易促进委员会南宁市支会先后接待美国、瑞典、意大利、澳大利亚、俄罗斯、巴西、新加坡、韩国、台湾、香港等10多个国家、地区的商务代表团及客商10批次71人次以及大连、沈阳、黑龙江、福州、呼和浩特等10多个城市贸促会50多人的来访；举办、参加经贸洽谈、展览会14场；为会员企业组织11场电子商务、文化、人才、融资等专业知识培训；新发展会员企业5家；编印《南宁贸促信息》12期2220多份，升级和更新南宁贸促信息网，为企业提供经贸合作、产品供需、会展信息等1000多条。

【经贸活动】 2014年，南宁市贸促会借鉴天津、大连等全国30多个大中城市设立世界贸易中心协会的经验和做法，向市政府推荐广西南宁今纵横投资管理有限公司作为世界贸易中心协会会员主体申请设立南宁世界贸易中心协会，秘书处设在市贸促会。6月11日至12日，世界贸易中心协会副总裁王迅一行就南宁市世贸中心项目事宜到南宁市进行实地考察调研；7月23日，世贸中心批准同意南宁为世贸中心城市会员；9月16日，世贸中心执行总裁艾瑞克·达尔抵达南宁，授予市人民政府"南宁世贸中心"牌匾；市贸促会发挥南宁世贸中心的对外联络渠道，通过中心在全球300个城市会员、80万家会员企业的全球性国际贸易网络平台，为南宁市企业开展国际贸易与项目合作服务。9月17日，市贸促会举办2014全国省会(首府)城市贸促支会联席会议暨海内外嘉宾客商经贸洽谈会，有16家省会(首府)城市贸促支会，中国贸促系统北方会展联盟部分成员，6位海外嘉宾、顾问，20名南宁国际商会会员企业家共100余人出席会议，中国贸促会会务部副部长王春荣出席会议并讲话。围绕"在新形势下，提升省会(首府)城市贸促支会的地位和作用，放大服务功能；加强贸促系统建设和合作，开展"信息交流、资源共享""聚焦东盟、经贸交流、合作共赢"主题，共同探讨，发表建设性的意见和建议，决定将联席会作为制度每年在16个省会(首府)城市之间轮值召开。第11届中国—东盟博览会、中国—东盟商务与投资峰会举办期间，市贸促会邀请国内外客商、本地企业参加展会，组织南宁市30多家企业代表及海外嘉宾出席参加中国—东盟商务与投资峰会、中国—新加坡企业家交流会、中国—东盟商事法律事务合作研讨会等重要活动；为会员企业办理参加"两会一节"经贸活动的嘉宾证、专业观众证200多张；邀请、接待来自美国、意大利、新加坡、巴西等国内外嘉宾、客商50多人次。

【对外交流与合作】 2014年1月1日，南宁市贸促会接待欧盟总部中国事务联络官陆映延女士、瑞典《北欧时报》社长何儒先生。1月13日至17日，组织拜访天津市、大连市贸促会，实地参观考察全国服务企业500强天津贻成集团。2月24日上午，市长周红波会见澳大利亚班达伯格市市长摩尔·弗曼率领的经贸代表团一行，深化两市交流合作。3月18日，牵线促成市企业与新加坡苏蒂玛国际私人公司莫汉、索尼先生一行的贸易洽谈。3月30日至31日，引荐以色列籍经济学家、项目专家阿格·施瓦兹先生，天津世贸中心项目专家沈晓林女士实地考察宾阳县莲藕种植、现代农业示范园、农业合作社、百香果、水奶牛、甘蔗和污水处理示范点等基地。4月13日至15日，邀请韩国韩中贸易展销中心金胜洙先生一行考察南宁市相关企业和市场，组织“走出去”的企业举行韩国贸易沙龙。5月22日至23日，组织南宁市相关企业负责人接待来邕调研的沈阳市贸促会副会长王丽杰一行。6月6日，市贸促会会长随自治区贸促会会长何小玲应云南省贸促会邀请，出席第九届中国—南亚商务论坛和第二十二届昆交会开幕式，并考察中缅边境瑞丽、腾冲等地边贸情况。7月1日下午，会长应邀出席在广州举办的“庆祝香港特别行政区成立十七周年酒会”，顺访广州贸促会、广州市会展业行业协会。7月21日，市贸促会会长会见台湾工商建研会副主委、台湾金御企业集团董事长康明渊博士。7月18日至22日，组织广西观元子投资有限公司等企业参加在内蒙古呼和浩特市举办的第八届民族商品交易会。8月8至11日，参加第二届中国国际口岸贸易博览会及拜访哈尔滨贸促会。8月27日，组织会员企业南宁市天测科技有限责任公司等9人参加2014沈阳航展，南宁天测科技有限责任公司与参展航空企业在通用航空零配件供应、两地间无人机测绘、通用航空驾驶员培训等方面达成合作意向。9月13日，会长陪同南宁国际商会海外顾问陈立人先生(陈嘉庚先生长孙)及西班牙企业代表DarylTan实地参观北海市鸿成海洋食品科技有限公司。9月16日，与前来参加中国—东盟博览会的沈阳市贸促会在邕桂大酒店签订友好合作协议。10月16日至18日，参加第三届中朝经贸文化旅游博览会开幕式和中、中朝经贸论坛。11月至12月，接待大连市贸促会的多个访问考察团。11月13日至15日，接待东营市贸促会访问考察团来访。11月17日下午，组织南宁国际商会会员企业到巴西亚马逊纯天然资源集团、广西阿萨伊生物科技有限公司调研。

【会员管理与服务】

定制服务　2014年，市贸促会应副会长单位广西南宁今纵横投资管理有限公司的请求，协助公司向市政府申请授权，以公司为运行主体的“南宁世贸中心”落地，南宁成为总部在纽约的“世贸中心协会”的城市会员；协助企业集中走访北京市、天津市、陕西省等贸促会、世贸中心。应副会长单位南宁市带运来机械设备有限公司的请求，与建宁水务集团对接，促进民营企业带运来机械设备公司、南宁盛汇得商贸有限公司与国企的合作。应理事单位上海浦东发展银行股份有限南宁东葛支行的请求，与梧州市贸促会牵手服务会员。4月21日，市贸促会与浦发银行东葛支行实地考察梧州人造宝石加工企业，与梧州市宝石商会初步达成银企合作意向。应南宁市宾阳县政府的请求，与山东省贸促会、天津市贸促会、天津国际商会、天津世贸中心联络；4月23日至30日，带领宾阳县农业考察团到山东省、天津市寻求农业深加合作。应理事单位广西南宁西江金彩电子商务有限公司的请求，多次与东盟国家驻南宁总领馆联络，协助“阿里巴巴南宁产业带”的落户和招商。应副会长单位广西三豆商贸有限公司的请求，多次接待韩国韩中贸易展销中心董事长金胜洙先生。应会员企业爱诺贸易投资有限公司的请求，协助公司联系邕宁区投资促进局，对接韩国企业选址落地。为会员企业南宁市雅阁装饰工程有限公司提供国外移民市场及政策咨询服务。为副会长单位南宁市桔盛红农业科技有限公司提供国内外展览展会信息服务，协助其联系展位。

会员服务　1月4日晚，组织会员参加缅甸联邦共和国独立66六周年招待会。2月22日上午，组织企业出席阿里巴巴·南宁产业带项目举行签约暨启动仪式。3月12日上午，组织企业出席《缅甸投资指南》介绍会暨缅甸投资机遇推介会。4月10日，组织出席法国“明日之城，未来市场”经贸活动，10家法国企业与南宁市相关部门、企业进行互动。4月11日上午，组织企业参加中法企业一对一交流会，法方10家涉及建筑、保险、养殖、生物制药、电子信息等企业参与会谈。4月16日，带领会员企业出席缅甸总领事馆泼水节庆祝活动。4月18日下午，组织会员出席西乡塘区安吉CBD（中央商务区）推介会。7月4日下午，组织企业负责人召开以色列科技创新大会经验交流沙龙，副会长单位广西盛唐科技有限公司总经理韦少良、理事单位广西南宁市巨象环保科技有限公司总经理邓衡明介绍在以色列的见闻，分享创新大会的新技术新材料和信息。7月28日下午，组织企业参加中泰企业贸易配对洽谈会，南宁仟合意燕窝有限公司与泰国西米制品贸易企业达成薏米加工合作意向。9月26日上午，组织出席“蒙大拿州投资旅游资源推介会”，蒙大拿州来自旅游、投资、贸易、服务、酒类、畜牧等相关企业负责人分别介绍产业优势，并和与会企业家代表现场交流。11月11日下午，举行南美市场情况介绍会，商会南美顾问邱鲍杰女士向南宁国际商会22名副会长单位负责人、市贸促会、南宁国际商会全体工作人员介绍南美市场众多产业项目的布局和商机。11月19日下午，出席广西国际商会四届四次理事会议。12月5日至7日，参加2014中国西安电子商务博览会暨网络商品交易会，并与西安贸促会座谈。12月9日上午，与南宁世界贸易中心、韩国数码产业联合会代表举行座谈。

信息服务　市贸促会搜集国内外重要经贸、国际展博会、市场供求及项目合作等信息，通过贸促网、QQ群、微信平

9月17日，全国省会(首府)城市贸促支会联席会议在南宁举行　　市贸促会提供

台、会刊向会员企业提供相关的资讯服务,为企业应对复杂形势、开拓国际市场提供支持。至年末,南宁贸促信息网上传新闻120条,上传会员资料40条,发出通知53次,QQ群和微信平台向会员、顾问发送会务信息短信110条,出版《南宁贸促信息》刊物12期,每期向会员、顾问、兄弟商会寄出2220份。

企业培训　1月9日至12日,组织参加在北京举行的"2014年(第十届)进出口政策及海外市场说明会",提高工作人员的海外市场业务素质。1月16日,组织5家会员企业10人参加会员企业胜度国际教育机构在南宁景都国际大酒店举办的《总裁资本学》培训。2月26日上午,特邀国内著名实战专家、原海尔集团市场营销部兼企业文化部部长刘春华教授主讲《以战略眼光重新审视企业文化对企业的意义和价值》。3月15日至17日,组织企业参加第八期传统外贸产业电子商务如何布局暨跨境电子商务模式经验交流会。5月8日上午,组织企业参加在大连市召开的中国贸促会系统北方会展联盟工作培训会。6月14日上午,组织参加上海交通大学硅谷国际总裁高级研修班暨美国加州大学管理科技学院EMBA课程班2014年开学典礼及公开课,来自台湾的励志大师戴晨志博士、巅峰心理学教练林有田博士、台湾金御集团董事长康明渊博士、国际总裁菁英学院陈致谚执行长、新加坡诚资国际股份有限公司黄祯祥总经理主讲。7月20日,联合会员企业举办"'世界因您而美丽'——情绪智慧与人际魅力沟通公开课"。8月8日下午,组织11家有融资需求的会员企业参加南宁国际商会融资讲座。10月14日上午,组织相关企业参加青秀区工商联2014年第2期非公企业成长培训班。11月12日下午,与南宁市商务局联合举办跨境电子商务培训,26家会员企业50人参加。11月13日下午,组织企业参加2014年跨文化交流与国际商务交流技巧培训班。

(刘　毅)

南宁市残疾人联合会

【概　况】 2014年,南宁市有乡镇(街道)残联组织127个,村(社区)残疾人协会1760个,残疾人49.70万人(占全市总人口7.23%)。市残疾人联合会以残疾人社会保障体系和服务体系建设为主线,开展扶残惠民工程,完成"七彩梦"康复救助项目,帮助残疾人就业,开展残疾人教育、文化体育、扶贫工作。发放二代残疾人证17.53万本,残疾人持证率38.60%,挂牌成立残疾人法律援助受理点有2个。(市政府下发文件,受理点接受谈判与清理,相比去年少10个)法律援助中心残联工作站受理案件有19件。挂牌成立大阪二社区助残志愿者联络站有10个。

【扶残惠民工程】 2014年,南宁市残联承办自治区为民办实事项目社保惠民工程2项(重度残疾人护理补贴项目、残疾人托养"阳光家园计划"补助项目)。重度残疾人护理补贴项目对持有《中华人民共和国第二代残疾人证》的一、二级重度残疾人发放护理补贴,补贴标准每人每年360元,所需资金由自治区财政与市、县(区)、开发区财政按比例负担。残疾人托养"阳光家园计划"补助项目,为4500名(自治区资助3700人、市本级配套增加800人)贫困智力、精神和重度残疾人提供集中托养、日间照料及居家托养服务进行补助,补助标准每人每年1500元(自治区财政每人补助1000元、市财政每人补助500元)。为做好为民办实事项目社保惠民工程,市残联制定《2014年南宁市残疾人托养阳光家园计划补助项目实施方案》《南宁市重度残疾人护理补贴实施办法》,各县(区)制定实施具体方案。至11月30日,经过调查摸底、公示、审核确定的4500名托养对象全部开展托养服务,补助资金全部下发到户。对3.92万名重度残疾人发放每人360元,发放补贴资金1412.17万元,其中自治区下达补贴资金1416.56万元,市本级财政补助资金80.39万元,县(区)、开发区按要求配套相应经费。

【残疾人康复】 2014年,市残联完成自治区下达的"七彩梦""国家专项彩票公益金"康复救助项目。组织医疗专家深入到县(区)、乡镇(街道)、村(社区),完成聋儿(助听器)筛查58名,聋儿(人工耳蜗)筛查77名,脑瘫儿童筛查131名,孤独症儿童筛查75名,智障儿童筛查117名,复查低视力患者1179名;助视器验配653人786件,儿童矫形器(假肢)筛查36例,轮椅、助行器筛查97件,大小腿假肢筛查85例,免费配发辅具筛查415人;重度残疾人辅具需求筛查150人,膝离断或髋离断假肢筛查37例,成人矫形器筛查51例,成人残障者康复工程成人助听器筛查166人。推进白内障复明项目。首次实行政府采购手术医院,协调落实将白内障手术费用纳入新农合报销范围;年内,完成白内障手术3900例,其中"百万复明工程"项目219例;安排康复经费857万元,对贫困患者给予康复资助。为3266名贫困精神病患者提供门诊免费服药,为280名在定点精神病医院住院托养的贫困精神病患者给予托养费用补助,为663名残童提供康复训练补助,培训家长653人,免费为65名失聪老年人验配助听器130台,免费发放各类辅具1117件,其中儿童轮椅103辆,成人轮椅600多辆,电动轮椅50辆,护理床、护理床垫、防压疮坐垫等各10套,其他辅具340件。

【残疾人就业】 2014年,市残联多形式、多途径安置残疾人就业,开展专项扶持援助活动、举办民营企业专场招聘会等5场次,安置残疾人就业1246人。其中,按比例安排残疾人就业135人,企业集中就业80人,鼓励残疾人个体就业和自主创

10月,南宁市盲人运动员刘翠青(右三)和T11级4×100米接力跑同伴在韩国仁川亚残会上领奖　市残联提供

业200人，落实基地就业和城乡结合部就业120人，“残疾人工作协管员”“残疾人专职委员”等公益岗位安置社区基层就业591人，“残疾妇女就业圆梦行动”安置残疾妇女就业60人，辅助性、庇护性就业60人。采取以城区为单位集中培训、个人领料加工等形式安排大龄残疾人、重度智力残疾人居家就业。“全国助残日”在南宁职业技术学院成立南宁市第一个残疾人创业园，有100多人参加网络创业培训，其中有13名学员学成后通过网络进行创业。加强残疾人职业技能培训，提高残疾人职能技能水平，促进残疾人适应就业市场需求，培训残疾人4057人（城镇残疾人1013人、农村残疾人2932人、盲人按摩培训112人）。做好国家级残疾人职业培训基地的上报，确定马山县残疾人扶贫培训基地申报为第二批国家级残疾人职业培训基地。承接广西第四届残疾人职业技能竞赛，组织南宁市23名残疾人技能选手参赛，获广西残疾人职业技能竞赛团体总分第一名。

【残疾人教育】 2014年，市残联落实残疾人普惠政策，对残疾学生及残疾人子女实施教育资助。为84名残疾儿童申请彩票公益金资助25.20万元；为38名大中专院校的残疾考生申请自治区资助资金6.92万元；对72名大中专院校的贫困残疾人子女资助资金17.70万元。实施“阳光助学计划”，争取到自治区“阳光助学计划——特殊教育学校学生资助项目”资助资金29.16万元（市盲聋哑学校6.96万元、市孤残儿童学校19.40万元、邕宁区特殊教育学校2.80万元）。“六一”儿童节期间，慰问市培智学校、市孤残儿童特殊学校、市盲聋哑学校等3所市本级特校和六城区特教学校、特教班和随班就读残疾儿童1600多名，发放慰问金8.01万元。“教师节”期间，慰问市、城区特殊教育学校、特教班和康复机构（含公办、民办）、广西电大残疾人学院、南宁职业技术学院残疾人学院的特教教师567名，发放慰问金7.98万元。年内，残疾人考生考上大专以上院校19人。

【残疾人文化体育】 2014年1月25日，南国之光残疾人艺术团在市残疾人活动中心室外运动场举办游园活动欢度春节，参加活动人数75人。4月13日，南国之光残疾人艺术团在市残疾人活动中心大厅举办文艺表演及游园活动，庆祝建团六周年，参加人数103人。5月17日全国第二十四次“全国助残日”，在市残疾人活动中心举办残疾人书画展览，征集南宁市残疾人书画作品75件，特邀市书画家作品13件（次），评选出优秀书法作品、绘画作品各10件。8月18日至29日，在市残疾人活动中心举办残疾人羽毛球、乒乓球、滚球培训班，培训127人次。9月27日，市残联、市聋人协会、58同城商家共同举办“桂之龙”聋人骑行活动，提高社会各界、媒体对于聋哑人群体的关注和重视，消除社会偏见，营造“关爱、向上”的社会氛围。10月15日，在市残疾人活动中心大会议室举办盲人文艺汇演，参加人数126人。联合市农工民主党举办“同心健康讲座”2期，残疾人参加活动235人次。5月25日至30日，广西第八届残运会在柳州市举行，运动会设田径、游泳、乒乓球、羽毛球、聋人篮球、坐式排球等项目；南宁市组织76人的代表团参加，其中残疾人运动员56名，副市长黄宁任团长；南宁市获金牌31枚、银牌18枚、铜牌13枚、第四名11个、第五名3个、第六名1个，有104人次获奖；刘翠青、黄小凡等2人次破全国纪录，有7人次破自治区纪录。市残疾人田径运动员刘翠青（盲人）在10月18日至24日韩国仁川亚洲残疾人运动会上，获女子T11级跳远、T11级100米、200米、400米、T11－12级4×100米接力等项目金牌5枚，2次打破亚洲纪录，为南宁市残疾人运动员在国际赛事的最好成绩。

【残疾人权益维护】 2014年，市残联对485户残疾人家庭进行无障碍改造；接待残疾人的来信来访6人次，回复市督察室转来人民网网友给市长留言1件，自治区残联转来信件1件，市信访局转来的信访事项2件，处理残疾人电话投诉1件；开展残疾人驾驶汽车培训，为35名残疾人培训提供服务和经费补助；做好残疾人机动轮椅车燃油补贴发放和数据录入。

7月23日至24日，南宁市残联召开第六次代表大会召开　　市残联提供

【残疾人扶贫】 2014年，市残联加强扶贫基地建设，落实自治区农村贫困残疾人扶贫基地补助资金120万元（每个城区20万元），市本级农村贫困残疾人扶贫资金30万元（每个城区5万元）。配合自治区财政厅委托的中介机构严格考核检查南宁市12个县（区）“阳光助残”扶贫基地15个，南宁市获94分。春节期间，南宁市走访慰问贫困残疾人5220户，送去慰问金、慰问品近125万元，其中市本级慰问贫困残疾人776户。

【南宁市残联第六次代表大会】 2014年7月23日至24日，南宁市残疾人联合会第六次代表大会在桃源饭店召开，参加代表216名，其中残疾人及残疾人亲友代表130名，占代表总数60%，大会分为16个代表团。市委主要领导出席大会开幕式并代表四家班子作重要讲话；会议听取、审议市残联第五届主席团工作报告，全面总结南宁市残疾人事业取得的成就和经验，提出今后五年的工作目标设想；选举产生市残联第六届主席团和残联领导机构，李永华当选市残疾人联合会理事长；举办产生肢残人协会、盲人协会、聋人协会、精神残亲友协会、智力残亲友协会。

（曾春玲）

南宁市红十字会

【概　况】 2014年，南宁市红十字会辖县（区）红十字会12个，有干部职工55人；有基层组织623个，团体会员单位97个，志愿者4926人，会员6.89万人。市红十字会贯彻落实《国务院关于促进红十字事业发展的意见》精神，开展人道救助、社会募捐、应急救护、无偿献血、造血干细胞捐献、遗体和人体器官捐献等核心业务。全市红十字会系统募集款物649.17万元，其中捐款197.52万元，捐物价值451.65万元；开展救助活动700余次，为受灾群众、其他困难人群发放救济款物476.13万元，受益人数1.70万人次。

【市红十字会第五届理事会第三次会议】 2014年4月29日，市红十字会召开第五届理事会第三次会议，审议通过《市红十字会2013年工作报告》《市红十字会2013年度接收社会捐赠款物使用情况报告》，聘请市委主要领导 担任市红十字会名誉会长，选举市民政局局长、党组书记黄菊如担任市红十字会第五届理事会常务理事、副会长，更换14名理事。市委常委、宣传部部长、副市长、市红十字会会长吕洁，市政协副主席崔建国出席会议。

【基层组织建设】 2014年，市红十字会在全市122个乡镇（街道）一级建立红十字会组织，建会率100%。投入经费25万元，首次在上海复旦大学举办红十字会系统领导干部能力提升短期培训班，市红十字会理事、各县（区）红十字会专兼职领导和红十字基层组织负责人54人参加培训，促进干部履职能力的提升。

【红十字志愿服务】 2014年，市红十字会在全市成立红十字志愿服务队43支，网上登记志愿者2881名。开展春节送温暖活动、市社区志愿服务站暨“邻里守望”志愿服务展示交流活动及交通文明劝导等志愿服务活动。市红十字会应急救护志愿服务队队员郭慧仁、郭慧莹获“南宁市五星志愿者”称号。

【红十字青少年工作】 2014年，市红十字会印制《南宁市红十字青少年工作法律法规文件汇编》2000本，《红十字运动知识》读本2.20万册，红十字知识宣传挂图350套，发放到市各直属学校、县（区）部分学校。组织7400名中小学生参加全国红十字青少年运动和防灾减灾知识竞赛，市红十字会获竞赛活动三等奖。市红十字会联合市文明办、市教育局在市第14中学开展“洒扫应对伴我行——应急救护知识进校园”活动，以现场模拟演练、互动知识问答等形式，为2000多名中学生普及自救互救知识。组织上林县边远贫困民族乡的40名学生开展“喜看南宁新变化”红十字青少年夏令营活动。

【世界红十字日活动】 2014年5月24日，自治区红十字会、自治区教育厅、南宁市红十字会共同主办的“关爱生命·携手同行”红十字急救掌上学堂校园行活动在广西大学举行。自治区副主席、广西红十字会会长李康出席，自治区教育厅、民政厅、文明办等单位的领导，市公务员代表，自治区各市红十字会代表1000多人参加。活动现场，主办方通过讲述身边的普通人运用急救知识自救互救的事例、播放“掌上学堂”宣传短片、展示急救技能、观众互动问答等形式，介绍“掌上学堂”软件及下载、使用方法。

【红十字精神传播巡演活动】 2014年，市红十字会主办、南宁市艺术剧院有限责任公司承办、各县（区）红十字会协办的市红十字精神传播巡演活动，先后在南宁市12个县（区）举行，组织干部群众1万多人观看演出，收到捐赠、款物价值64.24万元。

【云南鲁甸地震救灾募捐】 2014年8月3日云南鲁甸地震发生后，市各级红十字会积极响应，在市红十字会网站、《南宁日报》《南宁晚报》等市级媒体上向社会各界发出倡议，为灾区筹得善款85.21万元，其中，市红十字会收到110个单位、个人的捐款57.59万元，12个县（区）红十字会收到捐款27.62万元。加大捐赠信息公开透明度，市红十字会在门户网站和《南宁日报》《南宁晚报》等媒体上向社会公示捐赠收支情况，接受社会和群众监督。

【南宁市红十字会备灾救灾中心】 2014年12月19日通过竣工验收。位于青秀区佛子岭路34号，占地0.77公顷，建筑面积5306.53平方米，总投资1808.42万元，为1栋地上7层建筑、设多个仓库，2012年12月动工建设，2013年12月31日南宁市红十字会备灾救灾服务中心成立，编制5名。2014年，通过事业单位公开招聘，3名专业技术岗位工作人员到位。

【“红十字博爱送万家”活动】 2014年元旦、春节期间，市各级红十字会对困难群众和贫困家庭开展“红十字博爱送万家”暨“春节送温暖”活动，筹集资金82.53万元，用于购买棉被、棉衣、大米、面条、食用油、糖果等慰问物资，慰问家庭4090户、困难群众1.43万名。

【人道救助】 2014年，南宁市遭受“威马逊”台风灾害后，中国红十字基金会、中国红十字会总会下拨价值135.90万元的奶粉、药品、大米等救灾物资，全部发放到受灾的邕宁、上林、马山、隆安等县（区）用于对灾民的日常生活救助。市红十字会救助白血病、先天性心脏病、骨病、艾滋病、烧伤等重大疾病的贫困患者108人，发放救助金81.80万元。对在邕高校川籍贫困大学生76人进行救助，发放桂嘉汇助学金13.10万元。

【应急救护培训】 2014年，市红十字会将“万人应急救护培训”首次纳入2014年南宁市为民办实事平安惠民工程项目，市财政投入144.80万元，4月10月，全市开展应急救护培训397期，培训4.80万人，分别完成目标110%、132%，超额完成培训362场、培训3.62万人的预定任务。举办市直机关工作人员应急救护培训班10期，

12月，南宁市红十字会在12个县（区）举行南宁市红十字精神传播巡演

黄飞飞　摄

上门培训5期，培训2200人。首次与市人社局合作，将应急救护培训项目纳入市新录用公务员初任培训课程体系，培训1500人。加强救护师资培训，举办师资培训班2期，培训师资108人。

【无偿献血与造血干细胞捐献】 2014年，市红十字会配合卫生部门在辖区内开展无偿献血宣传活动，发动群众1.67万人次参加献血，献血量540.70万毫升。全市完成825人份造血干细胞血样采集工作，捐献造血干细胞14人。其中武鸣县公安局预审大队民警卢基敏与加拿大1名血液病患者配型成功，成为自治区第二例与境外患者配型成功的志愿捐献者；良庆区奚全福成为自治区城管工作人员捐献造血干细胞第一人。

【遗体和人体器官捐献】 2014年，南宁市实现器官捐献24例，其中器官捐献15例、遗体捐献5例、眼角膜捐献4例，帮助29名器官功能衰竭患者重获新生。

（郑　静）

南宁市关心下一代工作委员会

【概　况】 2014年，南宁市有市级关工委1个，县（区）、开发区关工委16个，乡镇（街道）、村关工委1563个，社区关工委115个，学校关工委1022个，直属机关关工委203个，南宁市各县（区）、开发区、市教育局、南宁职业技术学院等均成立关心下一代工作委员会。关工委组织发展至3617个，关工委成员1.82万人，"五老"（老干部、老战士、老专家、老劳模、老教师）志愿者3.62万人。

【青少年思想教育道德建设】 2014年，市关工委利用重大节日对青少年进行教育。4月1日，自治区关工委、市关工委主办，青秀区关工委、青秀区教育局承办，星湖小学协办在南湖公园李明瑞、韦拔群烈士纪念馆举行"纪念先烈、报效祖国、圆梦中华"清明祭先烈活动，自治区关工委主任潘鸿权、市关工委主任及50多位"五老"志愿者，星湖小学300多位同学参加。5月30日，广西红十字民族教育助学协会、市关工委在武鸣县太平镇庆乐小学开展"大手牵小手，共筑中国梦"助学活动，为30名贫困学生、留守儿童送去慰问金每人500元，市老教师艺术团28位退休老教师与庆乐小学师生同台演出文艺节目。6月28日至7月5日，自治区关工委、市关工委主办的《自治区"老少共画中国梦"书法绘画优秀作品展》，在自治区图书馆展览厅展出。9月25日，市关工委、宾阳县关工委主办，宾阳县文明办、宾阳县教育局承办的宾阳县中小学"培育和践行社会主义核心价值观"主题演讲比赛总决赛在宾阳中学举行，25名师生代表选手分小学生组、中学生组、教师组进行。10月1日，在青秀山风景区举行"祖国，我爱你"文艺联欢。青秀区滨湖小学、江南区富宁小学、市第四职业技术校、市老教师艺术团、市老年人武术协会、广西民族大学、广西艺术学校等单位300多名"五老"与青少年参加演出。年内，开展"关爱明天　普法先行"教育，兴宁区关工委请法律专家到城区所属的23所中、小学上23节法律课，授教育1.24万人。

3月18日，"能帮就帮　合众助学"上林县助学现场　　雷　纪　摄

【家庭教育】 2014年，南宁市关工委继续与市人民广播电台合作，每周星期日晚上8点至9点，在电台的101.4新闻台播出1小时的家庭教育节目，全年播出42小时，包括"现阶段家庭教育的问题与对策""现阶段家庭教的方法与技巧"等内容40多个。年内，开展"我与专家面对面"家庭教育咨询活动，组织市、县（区）有丰富家庭教育经验的专家到朝阳路、五一路、位子渌、逸夫小学、高新区等7所小学，开展家庭教育活动。

【资助贫困生活动】 2014年，南宁市关工委联合柳州银行、广西红十字会民族教育基金会、中国合众人寿保险公司广西分公司，到横县、马山县、上林县、武鸣县、东兰县、田阳县等地开展"能帮就帮合众助学"活动10场，参加助学活动的爱心人士1500多人；10多家爱心企业参与，资助金额40万元。其中，资助贫困学生546人，助学资金28万元；捐献价值3万元以上的爱心图书馆2个，捐5万元改建学校的饮水工程1个；捐赠体育用品价值1万元。3月8日，市关工委与合众人寿广西分公司联合到上林县木丹乡下丹小学资助贫困学生35名，每人资助500元，合计1.75万元，并资助体育用品一批。3月9日，市关工委与自治区关工委联合柳州银行，到马山县加方乡加方小学资助贫困生50名，每人资助1000元，合计5万元；并与受资助的贫困生签订《协议书》，这50名贫困生全部由柳州银行资助至高中毕业。5月30日，市关工委与广西红十字会、民族教育协会联合到武鸣县庆乐小学开展"大手牵小手，共筑中国梦"活动，资助贫困生30人，每人资助500元，资助金额1.50万元。6月25日，市关工委与合众人寿广西分公司联合到横县南江乡桥板小学开展助学活动，资助贫困生37名贫困生，每人500元，资助1.85万元，并送给学校体育用品一批。12月26日，市关工委到宾阳县澄泰乡云龙小学资助贫困生50名，每人500元，资助2.50万元。

【"五老"培训】 2014年11月18日至19日，市关工委在邕州饭店举办"学习十八届四中全会精神学习班"，参加培训的有县（区）、乡镇（街道）各级关工委常务副主任等，培训176人。年内，市各县（区）关工委结合县（区）实际开展"五老"培训，马山县关工委开办培训班11期，培训11个乡镇、屯的"五老"人员；抓好征订《中国火炬》，扩大关工委影响，全年市关工委征订4220份；市12个县（区）关工委有11个被中央关工委评为"全国关心下一代宣传工作先进单位"，占自治区获奖县（区）51%。

（雷　纪）

责任编辑　唐祯麟

政法

综述

【概况】 2014年,南宁市设市、县(区)两级党委政法委员会13个,人民法院13个,人民检察院14个,公安局(分局)16个,司法局13个;政法系统在职人员1.07万人。中共南宁市委政法委员会设办公室、政治部、执法监督室、调研室、宣传科,管理市社会治安综合治理委员会办公室、市维护社会稳定办公室、市防范和处理邪教问题办公室(简称"610办")、市流动人口综合管理办公室、市法学会、市政法纪律委员会检查工作委员会6个部门。年内,市委政法委围绕提升首府南宁在广西经济社会发展首位度目标,深化社会矛盾化解、社会管理创新、公正廉洁执法三项重点,保持南宁市社会政治持续和谐稳定,推动政法工作全面发展,为举办第45届世界体操锦标赛、建设"平安南宁""美丽南宁"创造和谐稳定的社会环境、公平正义的法制环境、优质高效的服务环境。举办培训班165期,培训干警2.56万人次;协助调整政法部门领导班子成员7人,提拔386人;组织政法系统创先争优活动,表彰单位93个、干警1012名。南宁市获全国"六五"普法中期先进城市称号。

【政法阵地建设】 2014年,市政法机关搭建媒体新平台,做好政法网站群建设。投入经费70万余元,8月24日建成开通平安南宁网、12个县(区)及3个开发区平安频道组成的平安南宁网站群。市平安网站群总收稿量1.57万篇,采用1.21万篇。市政法系统在《人民日报》发表稿件2篇,《法制日报》发表稿件64篇,在《长安》杂志发表经验文章1篇。邀请新华社、中央人民广播电台、中央电视台、《广西日报》、广西电视台等中央、自治区主流媒体宣传报道市万秀村网络化管理、长塘镇平安文化建设、首府校园青少年法制教育示范基地等。开展集中宣传月活动1次、集中宣传活动5次,制定策划方案13个。组织记者采访报道活动56次,起草新闻通稿25篇。选树典型、加大宣传,横县云表镇优秀综治干部黄永金的事迹被中央电视台《一线》栏目采用,12月7日播放。

【服务经济社会发展】 2014年,市政法机关组织开展"铁网行动"(防范打击群体性非法出境活动,切断非法出境通道)"打黑除恶"、打击"两抢一盗"(抢劫、抢夺和盗窃)、打击传销"崭首"行动、"冬季风暴",整治"两违"(违法占地、违法建设)等整治活动37次。依法打击非法集资、假冒伪劣、金融犯罪、涉税等违法犯罪。审判机关审结民商事纠纷案件4.01万件,盘活融通涉案资产115.08亿元;检察机关批准逮捕经济犯罪嫌疑人7211人,起诉8275人;公安机关立经济犯罪案件2700件,涉案金额7.30亿元,挽回经济损失8150万元。司法机关开展法律服务,组织律师受聘866个政府、企事业单位担任法律顾问,办理刑事、民事案和非诉讼业务8178件;拓展公证服务,办理公证事务1.88万件。

【维护社会稳定】 2014年,市政法机关加大维稳力度,组织重大决策、重大工程项目社会稳定风险评估,经评估准予实施25项。开展征地、拆迁、拆违社会稳定风险评估308次。开展社会矛盾纠纷化解,排查调解矛盾纠纷4.26万件,调解成功4.12万件。组织防范和处置等实战演练13次。年内,发生群体性事件及出现群体性事件苗头512起,涉及1.45万人,经处置,未引发重大社会影响。

【打击违法犯罪】 2014年,市政法机关组织开展"两抢一盗""扫毒整治""打四黑除四害"(黑作坊、黑工厂、黑市场、黑窝点,害百姓、害家庭、害社会、害国家)"三车"(摩托车、运营三轮车、运营残疾人专用车)整治、打击"传销、黄赌"等专项行动,依法打击刑事犯罪。公安机关立刑事案4.17万件,比上年同期下降11%,破案1.53万件、上升57.36%,抓获犯罪嫌疑人1.81万人,其中逮捕7793人、上升26.68%,刑事拘留1.53万人、下降1.25%。打掉犯罪团伙53个,传销团伙260个,抓获团伙成员3172人。受理治安案11.71万件、下降6.76%,查处11.41万件、下降8.68%,查处违法人员2.76万人、下降22.48%。检察机关受理提请(移送)审查逮捕案件6283件9303人,经审查批准(决定)逮捕5125件7211人;受理审查起诉刑事案件6090件8674人,提起公诉5889件8275人。审判机关受理刑事一审、二审案件6090件1.03万人,审结6230件9136人,判决发生法律效力5000件6807人。排查治安重点地区、突出问题113个,经整治状况好转110个。

【社会管理】 2014年,市政法机关加强流动人口服务。登记在册流动人口142.68万人,列管出租房屋33.47万套(间),发放流动人口居住证28.21万份,累计87.97万份。开展特殊人群服务管理。加强刑释解教人员安置帮教,衔接刑释解教人员2523人,安置2515人,帮教2523人,刑释解教人员重新犯罪率0.88%。加强社区矫正工作,新接收社区矫正人员4185人,解除矫正2236人;至年末,有社区矫正人员1969人,社区矫正人员重新犯罪率0.23%。开展对社会闲散人员帮扶教育,救助流浪乞讨人员5554人次,帮扶有不良行为青少年9652人次,教育闲散青少年512人次。加强吸毒人员社区管控戒毒,推进社区戒毒、社区康复启航工程,组织社区戒毒、康复5882人。加强学校、幼儿园及周边治安环境管理,排查影响学校、幼儿园安全隐患56处,排查化解涉校矛盾纠纷11起,检查督改6处,处理违法嫌疑人6名,与市教育部门设定"太阳花"帮扶对象144人。"两违"整治,出动人员23.76万人次,组织拆违878次,拆除违法建设1.17万处(栋)、面积635.76万平方米,清理违法占地977.97万平方米。

【基层基础建设】 2014年,市政法机关注重治安防控体系建设。全市建有警务工作站35个,配备警力3260人,出动警力33.34万人次;新设视频监控探头9500个,累计14万个。加强群防群治队伍建设,有专职(义务)巡防队伍2134支4.30万人。加强基层政法综治组织建设,有乡镇(街道)综治办126个,占乡镇(街

4月28日至30日，市委政法委员会组织开展南宁市"三土六员"〔讲土话、吃土菜、办土事，普法宣传员、综治维稳信息员、村（居）维权员、村（居）民矛盾调解员、特殊群体帮教员、平安建设助理员〕综治维稳助理员队伍培训　　市委政法委员会提供

道）总数100%，设治保组织1736个，人民调解组织2063个，均占应建数100%。基层政法综治组织调解民间矛盾3.92万件。创建平安县（区）12个，平安乡镇（街道）126个，平安村（社区）1703个，分别占总数100%、100%、96.38%。以西乡塘区万秀村为试点，市政府下拨经费170万元，推进社区（村）网格化管理和社会治安综合治理信息化建设。

【反恐专项行动】 2014年，南宁市开展为期一年的反恐专项行动。建立市公安机关反恐预备队，落实重点区域反恐巡防机制。加大反恐宣传，实施《关于举报暴力恐怖犯罪活动线索奖励办法》，开展涉恐重点人、涉恐案件排查管控。抓好情报信息收集、分析和研判，核查涉恐案件线索80多条、核查涉恐嫌疑人600余人。开展严打整治，形成高压态势。开展打"蛇头"反偷渡、"铁网行动"，破获"3·02"企图偷越国（边）境案，打掉在邕高危偷渡团伙2个，查破"3·10""4·16""4·23""4·28"涉恐案件，协助防城港市抓获2名涉嫌组织偷越国（边）境疑人。抓获违法犯罪嫌疑人75人，其中刑拘14人、行政拘留3人、移交外地公安机关处理2人，遣返69人，解救被裹挟妇女儿童40人。（傅荣华）

地方立法

【概　况】 2014年，南宁市人大常委会颁布实施法规5部；审议法规9部，通过5部；完成立法项目调研7项。颁布实施法规5部：《南宁市违法建设查处条例》《南宁市城乡规划管理若干规定》《南宁市饮用水水源保护条例（修改）》《南宁市郁江流域水污染防治条例》《南宁市城市供水节水条例》。审议法规9部：《南宁市城乡容貌和环境卫生管理条例（修订）》《南宁市消防条例》《南宁市房地产开发项目配套设施建设管理条例》《南宁市养犬管理条例（修订）》《南宁市道路交通安全条例》《南宁市城市轨道交通管理条例》《南宁市城市公共汽车客运管理条例》《南宁市饮用水水源保护条例（修改）》《南宁市信息系统安全保护条例》，其中表决通过《南宁市房地产开发项目配套设施建设管理条例》《南宁市城市供水节水条例》《南宁市消防条例》《南宁市城乡容貌和环境卫生管理条例》《南宁市养犬管理条例》5部。开展城市地下空间开发管理、科学技术进步若干规定（修订）、汽车租赁管理、殡葬管理、西津湿地保护、大明山风景旅游区管理、速生桉种植管理立法项目调研7项。

【法规颁布】 2014年5月30日，自治区第十二届人民代表大会常务委员会第十次会议批准《南宁市城乡规划管理若干规定》《南宁市饮用水水源保护条例（修改）》，7月1日《南宁市城乡规划管理若干规定》施行。7月24日，自治区第十二届人民代表大会常务委员会第十一次会议批准《南宁市违法建设查处条例》《南宁市郁江流域水污染防治条例》，9月1日施行。11月28日，自治区第十二届人民代表大会常务委员会第十三次会议批准《南宁市城市供水节水条例》，2015年1月1日施行。

（市人大常委会办公厅编写组）

政府法制

【概　况】 2014年，南宁市法制办公室组织实施《南宁市全面推进依法行政建设法治政府五年规划（2011-2015年）》，推动全市依法行政和政府法制工作创新发展，创建良好法治环境。市法制办被评为自治区"六五"普法中期先进单位；推动南宁市依法行政考核成绩继续位居自治区（地市）第一。中国政法大学法治政府研究院发布的《中国法治政府评估报告（2014）》中，南宁市在全国100个被评城市中名列第八，在西部区域20个城市中名列第二，其中"依法行政的组织领导""行政执法""行政决策"三项指标名列全国第一、第二、第三。

【依法行政推进】 2014年，南宁市强化"依法行政第一责任人"职责，推进依法行政。市长周红波主持召开市全面推进依法行政工作领导小组会议，向自治区依法行政考核组汇报南宁市依法行政工作，签发市政府2013年度依法行政报告，接受广西电视台采访依法行政重大成就，批示在市政府办公楼展示"自治区依法行政先进市"牌匾，肯定市法制办推动南宁市"中国法治政府评估"工作成绩，调研县（区）法治政府建设，要求规范性文件不经法制办审查不上会研究、政府签订协议不经法制办把关不签署、政府重大决策不经法制办审查不决策。制作2013年度依法行政报告图册，向自治区政府、市人大常委会报送依法行政报告。创建依法行政示范点，南宁高新技术产业开发区管委会、市人力资源和社会保障局、市住房保障和房产管理局、市卫生和计划生育委员会、市质量技术监督局、市工业和信息化委员会被确定为自治区级第三批依法行政示范点；市食品药品监督管理局、市教育局、横县地方税务局、兴宁区卫生和计划生育局、良庆区交通运输局、邕宁区环境保护局、西乡塘区卫生和计划生育局、市工商行政管理局南宁华侨投资分局、市公安局广西—东盟经济技术开发区分局被确定为市级第三批依法行政示范点创建单位。完成武鸣县、横县、兴宁区、江南区、青秀区、西乡塘区、邕宁区、良庆区、广西—东盟经济开发区等县（区）、开发区第三批依法行政示范点认定。10月,市法制办组织召开市级依法行政示范点创建工作先进经验现场交流会。推进依法行政考核,完善考核指标,培训被考核单位,做好依法行政考核迎检工作。11月10日至14日,市政府对县(区)、开发区、市级部门57个单位开展依法行政考核现场检查。建立依法行政示范点创建包干指导机制,制定《依法行政示范点创建工作包干指导方案》,调研指导28个依法行政示范点。在报纸、电视、网站、广播宣传市推进依法行政工作成就。《人民日报》3次刊发文章宣传南宁市开展领导干部任职前法律知识考试的创新做法;在广西电视台"法治最前线"栏目开设"法治政府"专栏,制作依法行政宣传节目21期。自治区、市主流新闻媒体报道南宁法治政府建设动态,《广西日报》《南宁日报》刊登立法草案征求意见稿和立法项目全文。市法制办参与起草《中共南宁市委关于全面推进法治南宁建设的实施意见》,参加南宁电视台贯彻党的十八届四中全会精神专题访谈节目,在《广西日报》发表《法治,成就首府治理能力现代化》《"法治南宁"的"美丽实践"》等文章,宣传南宁法治政府建设10年成就。国务院法制办、自治区法制办、市法制办网站刊登南宁市法制工作动态信息958篇。

【政府规章制度建设】 2014年,市法制办报市政府提请市人大常委会审议《南宁市公共汽车客运经营管理规定(草案)》《南宁市道路交通安全条例(草案)》《南宁市养犬管理条例(草案)》《南宁市信息系统安全保护条例(草案)》《南宁市轨道交通管理条例(草案)》5个地方性法规草案;报请市政府出台政府规章8件,废止1件,修改1件,分别是:《南宁市餐厨垃圾管理办法》《南宁市烟花爆竹经营燃放管理规定》《南宁市个人信用信息征集使用管理办法》《南宁市房屋使用安全管理规定》《南宁市罚没财物、追回赃款赃物和查封、扣押物品管理办法》《南宁市控制吸烟规定》《南宁市建筑安装工程劳动保险费管理办法》《南宁市人民政府关于下放农村住宅行政审批管理权限的决定》《南宁市人民政府关于废止〈南宁市燃煤二氧化硫污染防治办法〉的决定》《南宁市人民政府关于修改〈南宁市荣誉市民称号管理办法〉的决定》。继续审查修改《南宁市农贸市场管理办法》《南宁市二次供水管理办法》《南宁市公共租赁住房保障办法》《南宁市建设工程质量安全管理办法》等草案。继续推行"开门立法",立法项目、重要规范性文件均以座谈会、听证会、论证会、报纸刊登等方式广泛征求社会各界意见,让市民有序参与立法。就《南宁市道路交通安全条例(草案)》《南宁市水库管理办法(草案)》等草案举行论证会9次,启动《南宁市物业专项维修资金管理办法》《南宁市食用农产品质量安全管理办法》立法后评估,编制、发放2013年《南宁市地方性法规、规章和规范性文件汇编》。强化规范性文件和重大行政决策审查,制定并向自治区政府、市人大常委会报备规范性文件30件,备案县(区)、开发区和市级部门规范性文件75件,审查或出具规范性文件、涉法事务法律意见700多件。配合市人大常委会做好地方性法规配套文件制定,针对市人大常委会对地方性法规配套文件制定专项检查结果,研究改进意见报市政府。推进城市治理法治化,完善"美丽南宁"城市治理政策法规体系,加强城市治理重点和难点领域补充立法,针对道路交通、农贸市场、餐厨垃圾管理等重点领域进行立法。建立诚信体系推进城市治理法治化和现代化,参与市委、市政府系列诚信体系制度建设研究,审查南宁市系列失信惩戒规定合法性,推动出台南宁市机关企事业单位和国有企业失信惩戒规定、市管干部失信行为惩戒规定、城市管理重点领域失信联合惩戒办法等制度,搭建诚信体系建设初步框架。深化城市治理法治化理论体系,市委提出"美丽南宁"建设五大提升工程,其中的"法治大提升"工程促使城市治理法治化理论体系更为完整。

【行政审批制度改革】 2014年,南宁市推进简政放权工作,清理行政审批事项,优化政务环境,激发市场活力。开展涉及行政审批设定依据、限制非公经济发展规定和工商登记前置审批依据"三清理",按"谁制定,谁负责"原则,组织市直部门、县(区)政府逐件清理现行地方性法规、政府规章和政府规范性文件,甄别相关法规、规章条款,梳理出南宁市行政许可审批事项12项、非行政许可审批事项54项。经清理,保留行政许可事项1项,取消10项,调整1项;取消非行政许可审批事项32项,调整或转为告知性备案22项;废止政府规章1件、规范性文件118件,修改政府规章17件和规范性文件30件,确认继续有效的2013年12月31日之前的规范性文件323件。建议市人大常委会修改地方性法规9件。做好行政审批事项"接、管、放",逐项核对市行政审批项目目录,完成市人社、教育、科技、国土、水利等部门行政审批项目调整的审核认定,取消的审批项目不得再实施,对调整的审批项目纳入政务服务机构集中办理。推进开发区行政审批制度改革。2013年将185项行政审批事项授权南宁高新技术产业开发区、南宁经济技术开发区管委会实施,将232项行政审批事项授权广西—东盟经济开发区管委会实施后,新增下放开发区行政审批事项目录上报市政府审定。年内,市政府决定将60项审批事项授予开发区实施,赋予开发区更多的行政审批自主权,推进开发区工业项目"审批不出区"改革。10月,南宁市深化行政审批制度改革试点,自治区首个行政审批局——南宁经济技术开发区行政审批局正式挂牌成立并对外办公,实行"并联审批""缺项审批""前期辅导"三项创新举措,使行政审批"瘦身"提速。

【行政执法监督】 2014年,南宁市强化行政执法监督,推进规范公正文明执法。开展"美丽南宁"行政执法、动物防疫检疫行政执法、"门前三包"(责任人负责其责任区内的市容秩序、环境卫生和绿化亮化的维护与管理)责任制和计生行政执法专项检查,检查行政执法机关执法缺位、不作为、乱作为情况,提出整改建议并指导整改。迎接自治区对南宁市生活饮用水安全行政执法专项督查,受理、处理行政执法相对人的投诉、举报,涉及征地拆迁、食品安全、住房公积金管理等问题。探索建立网上行政执法暨电子监察系统。

【行政复议应诉】 2014年,市政府行政复议办公室接待来访1061人次,收到行政复议申请461件,比上年同期多1倍。其中:受理437件,不予受理6件,告知当事人选择其他方式解决纠纷18件;审结行政复议案件375件(含上年结转),其中调解结案182件,调解成功率48.53%。勘查现场案件6件,就114件复议案件召开听证会,涉及行政确权、行政许可、行政强制、行政不作为等方面。市本级行政复议案件增幅较大的是"两违"的查处和拆除、林权制度改革发证、食品药品投诉举报、政府信息公开等。指导或办理市政府被自治区政府提起行政复议案件34件、市政府作为被告参与行政应诉案件48件。继续推进行政复议规范化建设,出台《南宁市行政机关参加行政复议和行政诉讼办法》《南宁市行政复议听证审理规定》等5项制度。畅通行政复议申请渠道,发放《行政复议便民卡》、行政复议不予受理报备、对被申请人依法答复督办等，接受行政复议不予受理报备17件，发出《行政复议督办函》5件。印发《南宁市行政调解办法》。落实与市中级人民法院联席会议制度。

【依法行政能力建设】 2014年，市政府常务会议注重学法实效。除邀请专家授课以外，结合议题学习相关法律法规，学习法治政府建设内容和《中华人民共和国环境保护法》《中华人民共和国安全生产法》等新修订法律。举办市、县、乡行政执法人员培训班8期，实行全脱产封闭式培训，培训执法人员4000多人、协助执法人员2000多人。组织全市行政执法人员参加自治区行政执法人员资格（续职）考试，参加考试5510人，及格5269人，及格率96.63%。市法制办组织制作500多道学习题目及考试题，与市司法局等部门在广西远程学习中心通过电脑无纸化集中闭卷考试方式组织首次领导干部任职前法律知识考试。

【仲裁事务】 2014年，南宁仲裁委员会受理仲裁案件337件，比上年增长60%；标的额7.05亿元，增长155%；仲裁收费395.05万元，增长114%。主要涉及借款、房屋买卖、建设工程施工、购销等合同纠纷等。接待来访近1000人次，答复电话咨询2000余次，审查立案材料396件。规范仲裁审理，提高仲裁公信力，组织开庭审理、质证或合议326次。开辟、完善金融保险案件快速审理机制，实施快速组庭，保障金融、保险类案件在移交当天、3个工作日内组成仲裁庭，并优先开庭。加强仲裁员、办案秘书管理，修订《仲裁员守则》，制定仲裁员履职考核制度、《仲裁员办案常见问题指南》。在小额贷款行业、银行业、房地产领域推广仲裁，与市工商联联合举办“小额贷款担保审查与纠纷解决”专题讲座，3家小额贷款公司就8件案件申请仲裁，涉案标的3900多万元。在自治区率先开展交通事故赔偿纠纷仲裁调解试点，实行交通事故调解仲裁员轮值，由20名仲裁员组成保险调解仲裁小组，轮流到保险公司开展仲裁调解，调解交通事故赔偿纠纷8件，涉案标的200多万元。（黄　玲）

公　安

【概　况】 2014年，南宁市有县级以上公安机关18个，其中市公安局1个，城区、开发区公安分局10个，县公安局6个，森林公安分局1个；派出所192个；直属支队20个，消防支队1个；在编民警7726人。市公安机关着眼首府稳定大局，抓好维稳反恐；健全完善立体化社会治安“打防控”体系，依法打击违法犯罪活动；加强公安行政管理；提升公安机关履职能力，抓好全市公安队伍建设，为促进首府经济社会平稳发展及推进“十二五”规划创造安全稳定的社会环境。年内，有3名个人立一等功，13个集体、26名个人立二等功，29个集体、245名个人立三等功，30个集体、687名个人获嘉奖。侦破曹某某等人组织、领导传销活动案，获2014年度全国经侦系统精品案例银奖。市公安局中山派出所获“全国公安机关爱民模范集体”称号；市公安局经侦支队三大队在国家公安部、国家工商总局、中央社会治安综合治理委员会办公室统一部署的“全国公安机关开展2014年打击整治传销集中行动”中，被评为“2014年打击整治传销集中行动成绩突出单位”；市公安局网络安全保卫支队被国家公安部评为“全国公安机关集中打击整治网络违法犯罪专项行动成绩突出集体”；市公安局出入境管理支队被国家公安部评为“打击组织毗邻国家人员偷越国（边）境犯罪专项行动成绩突出单位”。第三季度，南宁市在自治区社会公众安全感调查中由第12位上升至第9位。

【指挥中心】 2014年，市公安局110报警服务台接到报警93.65万次，比上年上升15.40%。其中：警情类报警27.33万次（含抢劫、抢夺警情报警2651次），受理求助6.68万次，提供咨询20.70万次；骚扰电话1.40万次，其他无效报警25.30万次，无效报警率27.01%；处警21.76万次，出警65.28万人次，上升9.39%。

【刑事案件侦查】 2014年，市公安局在打黑除恶、命案侦破和打击多发性侵财犯罪基础上，组织开展刑拘“两抢”犯罪攻坚战、社会治安综合整治、打击绑架和非法拘禁、打击“伪基站”犯罪等专项行动。刑事案件立案4.17万起、破案1.53万起，比上年同期分别下降0.11%、上升57.36%；逮捕7793人、刑事拘留1.13万人，分别下降1.25%、上升26.68%；受理治安案件11.71万起、查处11.41万起、查处违法人员2.76万人，分别下降6.76%、8.68%、22.48%。保持打黑除恶强劲态势，一审宣判黑社会性质组织案2个，二审宣判黑社会性质团伙1个，上报打击黑恶战果85个，打掉自治区打黑办认定恶势力团伙53个，超额完成自治区打黑办下达的任务。贯彻命案侦破机制，立命案现案92起、下降15.60%，破案92起、破案率100%，命案现案破案率首次实现100%；破获命案积案5起，抓获网上外地命案逃犯19名。落实涉命案件“一长双责制”，侦破“2014·3·2”江南区恶性抢劫杀人案、自治区公安厅督办“2014·4·8”西乡塘区特大抢劫杀死两人案、“2014·7·9”西乡塘区枪击致人死亡案等社会影响较大的恶性命案。侦破横县抢劫强奸案1起，侦破桂林市“2009·12·6”强奸杀人案、“2010·9·20”强奸杀人案2起。通过强化研判、巡逻防控、设卡盘查、便衣伏击、区域布控等措施，加大街面“两抢”打击破案力度，遏制“两抢”犯罪高发势

12月22日，国家公安部督察组到西乡塘区万秀村督察指导“平安万秀”创建

市公安局提供

头。年内,“两抢一盗”立案2.75万起,下降3.37%;破案1.07万起,上升89.46%;逮捕“两抢一盗”犯罪嫌疑人3014人。保持拐卖妇女儿童犯罪严打态势,深化自治区打击拐卖外籍妇女专项行动。逮捕拐卖妇女儿童犯罪嫌疑人23名,直诉犯罪嫌疑人1名,解救被拐卖儿童12名,解救被拐卖妇女41名,其中外籍妇女40名,提取DNA送检11份。刑侦支队联合县局侦破国家公安部督办“490号李某某、赵某某等特大系列拐卖婴儿案”、“2013·7·3”特大网络贩婴案、越南妇女黄某某被拐卖案、越南妇女LOTHIDIEN被拐卖案、赵某某强迫越南妇女卖淫案等重特大案件。查处赌博治安案件4915起,查处涉赌人员1.28万人;查处卖淫嫖娼治安案件645起,查处涉黄人员1186人。其中,破获国家公安部、自治区公安厅督办“9·9”赌博案,收到公安部贺电。遏制“黄、赌、毒”违法犯罪,110指挥中心接报“黄、赌、毒”问题报警数下降6.80%。主办或协办食品、药品案件79起,环境污染案件6起,捣毁制假“黑作坊、黑窝点”20个,摧毁生产销售有毒有害食品犯罪团伙15个,抓获犯罪嫌疑人176名,涉案金额4625万元,侦破2起国家公安部督办案件、1起自治区公安厅督办案件。办理涉假案件87起,依法刑拘107人,逮捕37人,打掉涉假团伙15个,侦破国家公安部督办案件2起。加强枪支弹药和爆炸物等危险物品管理,破获非法买卖制贩枪爆物品案31起、非法持有私藏枪爆物品案63起,收缴枪支469支、子弹2.87万发、炸药445.28千克、黑火药252.72千克、雷管3630枚、索类火工品541.60米、仿真枪1633支、管制刀具5722把、易制爆化学品637.50千克。配合开展巡查、整治、打击“非炮”生产行动103次,取缔“非炮”生产窝点457处、无证销售摊点163处,现场销毁成品爆竹1.36亿头,销毁半成品爆竹4.30亿头。

【经济犯罪侦查】 2014年,市公安局以打击传销违法、侵犯知识产权和制售伪劣商品、金融、假币、涉税等经济犯罪为重点,打击经济犯罪,维护社会经济秩序。立经济犯罪案件2700起,破案1604起,涉案金额7.30亿元;抓获犯罪嫌疑人5150人,刑事拘留4078人,逮捕822人,移送起诉549人。其中开展“打击整治传销行动”437次,出警9898人次,清理传销活动重点区域出租房1.11万间,查获涉嫌传销人员9029人,集中教育8618人,教育遣返4707人;立传销犯罪案件1073起,破案890起,刑事拘留3172人,逮捕228人,移送起诉133人,打掉团伙260个,捣毁窝点2787个;侵犯知识产权和制售伪劣商品犯罪立案156起,侦破107起,抓获犯罪嫌疑人396人,打掉团伙37个、捣毁窝点23个,涉案金额3207万元;侦破国家公安部督办的刘某某等人销售走私烟案,文某某等人生产、销售不符合安全标准食品案,吴某某等人生产、销售不符合安全标准食品案等一批大要案。开展打击网络侵权盗版“剑网2014”行动,与广西新闻出版广电局联合破获李某某等人涉嫌侵犯著作权案,列入7月9日国家版权局、国家互联网信息办公室、国家工业和信息化部、国家公安部联合公布的8起重点督办网络侵权盗版典型案件中;侦破柳钢集团专案,陈某、杨某某非法吸收公众存款案,许某某等人保险诈骗案,广西创付宝网络科技有限公司涉嫌非法经营案(自治区首例网络非法套现案),邹某等涉嫌非法经营案(利用POS机套现案)等重大金融犯罪案件。年内,立银行卡犯罪案件779起,侦破208起,抓获犯罪嫌疑人299人,打掉团伙16个、捣毁窝点12个,缴获涉案银行卡392张,涉案金额5800万元;市经侦部门办结24起金融大要案,超额完成自治区公安厅下达6起的任务;立假币案22起,破案19起,刑拘13人,逮捕12人,缴获假币900多万元。

【经济文化保卫】 2014年,市公安局上报情报信息266条,被国家公安部采用35条、自治区公安厅采用68条。建立市属医院安保组织,健全预防和处置医患纠纷长效机制,处理市医疗机构医闹事件2起、医患纠纷233起,比上年同期分别下降61%、54.60%,对57名涉医违法犯罪嫌疑人处予治安处罚和刑事拘留。开展公交客运安防,深入市内5大客运汽车站、6家公交企业安检160余人次。开展“三电”〔电力、电信(移动、联通)、广播电视〕设施安保,立案96起,下降36.80%,经济损失719.95万余元,下降81.10%;破获案件50起,刑事拘留犯罪嫌疑人11名,逮捕10名;查处治安案件2起,治安处罚3人次;出警6830人次,检查废旧金属回收站点703家、盘查可疑人员1.30万人。

【巡逻防范】 2014年,市公安局坚持“以巡固防、以打促控、打防结合”,打防并举,完成社会面巡逻防范任务。巡警支队出警33.34万人次,处警3.40万起,盘查可疑人员67.36万余名,抓获犯罪嫌疑人797名,办理刑事案件386起,办理治安案件42起。打击处理419人,其中刑事拘留456人,逮捕403人,行政拘留86人,打掉38个盗抢犯罪团伙,抓获网上逃犯32人;接受群众报警求助1553起,服务群众2.08万人次,调解矛盾纠纷7013次。

【禁毒斗争】 2014年,市公安局重拳打击中越边境毒品犯罪,打击零星贩毒,整治涉毒娱乐场所,做好强制戒毒管理,全面清查收戒吸毒人员。查破毒品案件6027起,其中破获重特大案件178起,一般贩毒案件974起;查处毒品治安案件4875起,抓获毒品违法犯罪嫌疑人5557名,逮捕945名,强制隔离戒毒3096名,社区戒毒2003名;缴获毒品651.02千克,其中缴获海洛因31.16千克,合成毒品618.81千克;整治毒品问题突出街道、村屯22个,清查整治娱乐场所1983家次。

【出入境管理】 2014年,市公安局继续推进出入境管理专业化、法制化、规范化和信息化。出入境管理部门接待办证41万多人次,受理公民出国(境)证件申请34.68万人次。其中受理中国公民出入境证件申请34.08万人次(护照申请10.54万人次,内地居民往来港澳通行证及签证18.04万人次,大陆居民赴台湾通行证及签证5.50万人次);受理境外人员申请6004人次(外国人签证4279人次,中国台湾人签注1725人次)。审批中国公民出入境证件申请34.25万本(次),制作签注、外国人签证数据16.21万条。回复使馆核查171人次;回复协查函件599份,发函核查801份;发证19.60万本(次),其中自助发证机发证7.58万本(次)。办理涉外行政案件99起。其中:妨害国(边)境案件2起,非法入境案25起,拘留审查84人,遣送出境84人;非法居留案70起,罚款处理65人,行政拘留1人;侦办偷越国(边)境案2起,抓获犯罪嫌疑人11人,刑事拘留11人,逮捕10人。

【人口管理】 2014年,市公安局抓好广西北部湾经济区户籍同城化工作,办理广西北部湾经济区居民入户申请2948人。做好居民身份证管理,受理、审核、上传自治区公安厅制证信息33.45万条,启动“绿色通道”办理二代居民身份证11.60万张。加强流动人口管理,结合“两会一节一赛"开展社会治安环境大整治，集中整治社会面突出治安问题，并以创建"平安万秀"为契机，提升出租屋、流动人口管理信息化水平。推行居住证制度，办理居住证89.50万张。

【交通安全管理】 2014年，市公安局以深化"美丽南宁·整洁畅通有序大行动"为载体，实施城市交通畅通工程，营造良好道路交通环境。道路交通事故立案841起，受伤869人，死亡377人，经济损失427.15万元，比上年同期分别上升16.97%、7.55%、1.07%、下降3.78%。

【消防管理】 2014年，南宁市公安消防支队(武警南宁消防支队)构建规范化部队管理、社会化火灾防控、专业化灭火应急救援、多元化后勤保障"四大体系"，确保火灾形势和部队安全"两个稳定"。实行消防行政审批改革、在建工地和卫生医疗单位消防标准化管理、社区消防管理网格化试点，消防部队实战化训练、"三个经常性"(经常性管理、经常性思想教育、经常性战备)管理、消防装备建设等居自治区前列；完成"两会一节一赛事"消防安保任务。2月28日，正式实施比国家标准更严格的地方消防技术标准《建筑消防设计规范第一部分：南宁市民用建筑》。4月，迎接国务院消防工作考核组考核广西消防工作，南宁市考核成绩居全国优秀。完成《南宁市消防条例》草案审议，报自治区人大常委会完成第一次审议，消防立法实现零突破。建设12个消防站列入市政府为民办实事项目，开工建设11个，上林县消防站投入使用。南宁消防训练基地完成第一期7个单体建筑主体施工，累计投入1.80亿元。市区消防站基本个人防护装备和器材装备配备率100%。市消防部队实战化训练改革经验在自治区推广，实战化考核成绩名列自治区第一，获自治区首届消防搜救犬比武冠军、自治区消防通信比武竞赛第二名；完成7个重点镇政府专职消防队组建，征招326名政府专职消防员充实到基层消防中队一线。年内，全市发生火灾事故1515起，死亡15人，受伤28人，直接财产损失1240.71万元，分别上升125.45%、50%、300%、8.50%。

【案例选介】

2013年12月30日，市公安局"11.29"柳钢专案组侦破中央领导批示，国家公安部、国资委、审计署联合交办，自治区公安厅指定管辖的柳钢集团董事长梁某某等人涉嫌系列经济犯罪案件(代号"11·29"柳钢专案)，抓获犯罪嫌疑人11人(经市检察院批准逮捕9人)，查获涉案银行账户381个，冻结涉案资金6193.39万元。"11·29"柳钢专案涉及全国10余个省、市，涉案主要犯罪嫌疑人11人，涉案金额30多亿元，涉及犯罪罪名9个，挽回经济损失26亿元，获国家公安部、自治区纪委、自治区公安厅等表彰。

2014年初，市公安局经侦支队掌握以彭某、王某、吴某等人为首的三个传销团伙以及一批传销网络体系，发现犯罪嫌疑人之间有大量关联资金交易，决定立案侦查。将3起重大传销案件分别定为"7·29"专案、"12·3"专案、"1·2"专案，并案侦查，命名"4·3"特大传销专案。4月3日，市公安局调集警力630多人联合作战，开展打击传销"斩首"行动，对传销组织领导者和骨干人员实施统一收网，抓获包括主要犯罪嫌疑人在内的传销人员103名(塔尖级人物6人、核心骨干人员79人、其他传销人员18人)，刑事拘留85人，冻结涉案账户836个，冻结资金8150万元，查扣汽车6辆、电脑37台、手机90多部、传销书籍和传销资料一批，逮捕犯罪嫌疑人102人，移送起诉97人。之后，专案组继续追捕逃犯，深挖案件，刑事拘留179人(含网逃78人)，逮捕138人，移送起诉114人，冻结涉案资金8000余万元，摧毁多个长期盘踞在南宁一带的传销窝点。

2014年5月15日上午，市公安局禁毒支队破获一起特大贩毒案，抓获犯罪嫌疑人2名，缴获毒品10.50千克，押扣运毒用奥迪A4小轿车1辆、毒资2200元。犯罪嫌疑人吴某(男，30岁)系南宁市人，在2004年曾因非法拘禁被判刑2年多，2007年因贩毒被判刑半年，后一直被监控。吴某从广东购买一批毒品，因质量不好，欲返广东换货。14日，吴某经多番反侦查后于下午驾驶奥迪A4车出门，在火葬场附近一小区接上马仔朱某驶入昆仑大道，计划从二塘高速路口去广东。民警紧急调集往高速路口设卡堵截，将两人抓获。

2014年6月，市公安局巡警支队四大队在秀灵路口附近抓获"6·9"系列盗窃山地自行车案嫌疑人3名。经审讯获重大线索，抓获另6名犯罪嫌疑人，深挖出其他抢劫案。经审查，特大抢劫、盗窃团伙9名犯罪嫌疑人实施"4·28""6·11"等抢劫、盗窃案件10余起，涉案价值数万元。

2014年9月4日，市公安局经侦支队接到有人在市银海大道某酒店进行假外币交易的举报，组织警力出击、严密布控，侦破特大持有假币案1起，抓获犯罪嫌疑人蔡某，现场查获假外币18.46万元。9月17日，国家公安部经侦局来电祝贺。（黄静洁）

2014年，南宁市公安消防支队(武警南宁消防支队)引进消防灭火机器人
市公安消防支队提供

法　院

【概　况】 2014年，南宁市中级人民法院辖县(区)法院12个、法庭25个，在编1460人，其中法官963人。市中级人民法院设政治部、办公室、审判管理办公室、立案庭、刑事审判第一庭、刑事审判第二庭、未成年人案件审判庭、民事审判第一庭、民事审判第二庭、民事审判第三庭、民事审判第四庭、行政审判

第一庭(赔偿委员会办公室)、行政审判第二庭、审判监督庭、执行工作局(下设执行一庭、执行二庭、综合科)、研究室、司法警察支队、司法行政装备管理科、监察室(纪检组),在编266人,其中法官180人。年内,市中级人民法院刑事审判第一庭被评为全国法院刑事审判工作先进集体、全国法院先进集体。市中级人民法院未成年人案件审判庭被评为全国法院少年法庭工作先进集体;西乡塘区法院被命名为“全国青少年维权岗”;西乡塘区法院金陵法庭被评为全国法庭工作先进集体;市中级人民法院被评为党政机关执行人民法院生效裁判专项移案清理工作全国先进集体。蓝彬被评为2013年度优秀法官,刘春花被评为全国法院少年法庭工作先进个人,乐婵被评为2014年度全国法院司法行政工作先进个人。市、县两级法院获77个自治区集体荣誉称号,54人获自治区级个人荣誉称号。

【刑事审判】 2014年,市、县(区)两级法院开展打黑除恶、禁毒等专项斗争,受理刑事案件6796件1.03万人,审结6230件9136人。其中:一审受理6238件9061人,审结5732件8078人;二审受理558件1208人,审结498件1058人。判决发生法律效力5000件6807人,其中判处5年以上有期徒刑直至死刑748人,重刑率11.03%。市中级法院受理一审刑事案件240件460人,审结168件323人;二审受理558件1208人,审结498件1058人。全市受理一审刑事案件故意杀人、故意伤害、绑架、强奸等暴力犯罪案件641件869人,抢劫、抢夺、盗窃等多发性犯罪案件2229件3285人,毒品、赌博案件1280件1558人,走私、合同诈骗等犯罪案件52件132人,贪污、受贿、挪用公款和渎职等职务犯罪案件197件256人。开展打击传销、“两抢一盗”、非法集资、“扫黄打非”等专项行动,审结破坏社会主义市场经济秩序犯罪案件363件772人,依法免予刑事处罚24人,管制90人,单处罚金107人,适用缓刑556人,比上年增长26.94%;对5478名有悔罪表现、服从改造的罪犯予以减刑、假释,下降3.10%。

市、县(区)两级法院审结一、二审刑事案件6230件,上升16.08%。依法公开宣判张祖义等14人涉黑团伙案,唐徵、唐旭故意杀害实施整洁畅通有序行动执法人员案等社会影响大的案件。严惩传销、非法集资等涉众型经济犯罪。审结被列为自治区一号传销大案的“1·18”组织、领导传销活动系列案,赵某某等3人非法吸收公众存款5亿多元案。开庭审理廖某某受贿案等一批职务犯罪案件。依法判决生产、销售毒鸡爪案7件、26人涉案。严格把好刑罚执行关,经审理依法裁定符合条件的5478名罪犯减刑、假释。

【民商事审判】 2014年,市、县(区)两级法院受理民商事案件4.01万件,审结3.25万件(一审2.96万件、二审2871件),比上年上升2.47%;涉案标的金额118.11亿元。一审民商事案件主要案件类型:农村土地承包合同纠纷等涉农纠纷59件,劳动争议1312件,房地产纠纷1549件,金融、借款纠纷5019件,婚姻家庭6050件,知识产权524件,涉外民商事102件。全市法院一审民商事案件调解撤案率52.33%。市中级人民法院受理民商事案件4448件,审结3372件(一审501件、二审2871件)。

市、县(区)两级法院审结一、二审民商事案件3.25万件,依法审理婚姻家庭纠纷、劳动争议、医疗纠纷、交通事故损害赔偿等涉民生案件,依法审理买卖、房地产、建筑工程等合同类案件。市中级人民法院审结涉案标的金额4.10亿元的广西有色金属集团有限公司与联达南方集团有限公司等买卖合同纠纷案;审理涉北部湾银行金融借款合同等金融纠纷和民间借贷纠纷案件;依法审理微软公司在广西提起的首例侵害计算机软件著作权纠纷案等知识产权案件;受理涉外涉港澳台民商事纠纷案件,服务外向型经济发展,促进中国—东盟自贸区建设。青秀区法院设立自治区首个专门办理金融借贷案件的审判执行组。

【行政审判与国家赔偿】 2014年,市、县(区)两级法院一、二审受理行政案件948

6月6日,市中级法院首次与县(区)看守所远程视频开庭。图为庭审现场

市中级法院提供

件，审结739件，比上年增长75.95%。其中：一审568件，判决维持行政机关处理决定73件、撤销行政机关处理决定40件、行政赔偿调解0件、撤诉82件、驳回诉讼请求104件、驳回起诉115件、其他154件；二审171件，维持一审判决90件、改判14件、发回重审5件、撤诉5件、驳回43件、其他14件。审查非诉讼行政案件152件，准予执行150件，不准予执行2件。

市中级人民法院受理行政案件523件，审结412件。其中：一审241件，维持行政机关处理决定3件、撤销行政机关处理决定3件、驳回诉讼请求23件、驳回起诉79件、撤诉39件、其他94件；二审171件，维持一审判决90件、改判14件、发回重审5件、撤诉5件、驳回43件、其他14件。通过协调方式审结行政案件39件。处理涉五象新区建设等20多个工程项目拆迁诉讼案件。审结一审房屋征收拆迁行政案件111件，其中协调撤诉85件，调撤率76.57%，为"两会一节一赛"创造良好的环境。倡导行政首长出庭应诉，促成14位行政首长出庭庭审。发布自治区首份房屋征收拆迁行政案件专项行政审判白皮书《关于国有及集体土地上房屋征收拆迁行政案件年度司法审查报告》，促进依法行政。

【国家赔偿案件】 2014年，市、县（区）两级法院推行国家赔偿案件公开质证制度，健全国家赔偿联动工作机制，对符合条件申请赔偿人予以赔偿救济。受理国家赔偿案件13件，审结8件。

【审判监督】 2014年，市、县（区）两级法院受理再审案件166件，审结123件，维持原判54件、改判27件、发回重审8件、调解10件、撤诉13件、其他11件。其中市中级人民法院受理再审案件117件，审结92件，其中维持原判47件，改判16件，发回重审8件，调解10件，撤诉4件，其他7件。

【案件执行】 2014年，市、县（区）两级法院发挥维护法律权威，保障当事人合法权益的职能，受理执行案件1.05万件，执结8507件，比上年上升13.34%；执结标的金额39.83亿元，上升102.18%；结案率81.07%。其中市中级人民法院受理执行案件383件，执结298件，执结标的金额25.28亿元，结案率77.81%。开展涉民生案件、反规避执行活动等专项清理，维护申请执行人合法权益。依法打击抗拒、规避执行法院裁决犯罪行为，对2名被执行人追究拒不执行判决、裁定罪。建立信用惩戒机制，将2857名被执行人列入失信"黑名单"，敦促失信被执行人履行判决。

【申诉复查与再审】 2014年，市、县（区）两级法院接待申诉复查为再审来访当事人432人次，处理来信77件。加强申诉复查与再审案件审理，受理审查申诉、申请再审案件222件，结案219件；受理再审案件166件，办结123件；再审维持率71.54%，再审改判、发回重审率28.46%。

【便民利民诉讼机制建设】 2014年，市、县（区）两级法院完善诉讼服务措施，打造"一站式"便民诉讼服务平台。立案窗口实行工作日全天候不间断受理案件，探索推行网上预约立案，努力解决"立案难"。青秀区法院立案数首次突破1万件，比上年上升31.69%。推行诉讼引导、电子送达、远程视频等方式，方便群众诉讼。采取"农忙法庭""假日法庭""圩日法庭""夜间执行"等便民措施，开展巡回审判和执行活动。县（区）法院建立定期联系走访机制、诉与非诉无缝联调机制、"驻企业（社区、村）法官工作站"等工作机制，为企业、群众提供法律服务。武鸣县法院在广西—东盟经济技术开发区设"归侨侨眷维权岗"，维护归侨侨眷合法权益。落实司法救助制度，全市法院为符合规定的当事人免、减、缓诉讼费616.85万元；发放执行救助金103.86万元，救助244人。执行院长接访和法官带案下访、巡回接访、判后回访制度，构建内外协同、全方位参与大接访工作格局。推进网上申诉信访平台和远程视频接访系统建设，实现从基层法院到最高人民法院四级法院远程视频接访系统联通。全市法院接待来访1915人次，完成中央巡视组交办的涉法、涉诉信访事项29批430件。加强诉调对接，完善诉调联动工作机制，化解矛盾纠纷。兴宁区法院五塘法庭建立"族老调解"工作机制，完善司法与行政机关联席会议、妇女儿童维权岗、涉军案件合议庭等司法服务平台，为弱势群体、交通不便群众和军人军属提供多渠道便利化诉讼服务。开展妇儿维权、禁毒、预防女童性侵、知识产权保护等专项法律宣传活动。年内，市中级人民法院召开"6·26世界禁毒日"打击毒品犯罪集中公开宣判大会；做好预防青少年犯罪，注重涉案未成年人回访帮教，全市法院对未成年人罪犯回访帮教率100%。宾阳县法院开展"法官助力春耕""六一关爱留守儿童爱心妈妈行动"等关爱留守儿童系列活动，关心帮助留守儿童健康成长。

【审判管理与改革】 2014年，市、县（区）两级法院推进司法改革。横县法院、西乡塘区法院做好刑事和解司法联动机制试点，以和解方式审结刑事案件56件67人，被害人及家属获赔经济损失620余万元，案件当事人服判息诉率100%。市中级人民法院刑事和解司法联动机制试点工作经验在自治区法院刑事和解司法联动机制试点工作现场会上获肯定和推广；少年司法"南宁经验"在自治区刑事审判工作会、自治区社区矫正工作会等会议上作介绍，获全国人大常务委员会、共青团中央、全国妇联和自治区高级法院领导高度评价。市中级人民法院、兴宁区法院等试点法院推进审判长负责制改革，建立"让审理者裁判、由裁判者负责"审判责任制度。配套推进简易民事案件裁判文书简化改革，建立繁案精办、简案快办工作机制。兴宁区法院在自治区高级法院"五个一百""优秀示范庭审"竞赛评比获奖6项。推进行政案件相对集中管辖试点，探索行政审判工作新机制，改善行政诉讼"立案难""审理难"问题。跨行政区域指定审判管辖，减少行政干预因素，"民告官"救济渠道畅通。市执行指挥中心实现与上级法院指挥系统纵向联通对接，及与银行、国土、房产等联动单位横向联网，健全查控功能，完善运行机制，扩大财产查控范围。有关部门向法院反馈执行信息20多万条，协助法院执行财产1400多万元。利用信息化推进司法公开"三大平台"建设，构建开放、动态、透明、便民阳光司法体制，提升审判管理水平。通过广西法院审判流程管理系统，辅以手机短信、微信、微博等方式，将案件流程信息向当事人公开，进行庭审网上直播1176件。通过中国裁判文书网，实现裁判文书上网公开，全市法院裁判文书上网1.78万份，比上年提高88.37%，居自治区法院前列。通过广西阳光司法网向当事人和全社会公开执行信息，实现阳光执行。

【队伍建设】 2014年，市、县（区）两级法院开展司法作风建设和专业化建设。市中级人民法院"三公"经费支出比上年下降33.34%，发文数量下降31.80%，办会数量下降36.96%。开展"坚定理想信念，坚守组织纪律"主题教育活动，举办廉政讲坛、廉政知识竞赛、"亲情寄语铸公正"等活动，采取观看警示教育片、发送廉政倡议书、助廉短信等措施，筑牢反腐倡廉思想防线。针对司法工作中存在“六难三案”（门难进、脸难看、事难办、立案难、诉讼难、执行难，人情案、关系案、金钱案）问题，开展教育整顿和审务督查活动，查处法院干警违纪案件2件2人。推行初任法官导师制度，由老法官对青年法官实行“传帮带”指导。实行上下交流学习锻炼制度，市中级人民法院下派10名青年法官到基层法院锻炼，基层法院上派17名青年法官到市中级人民法院跟班学习。实施法律人才“双千计划”（2013年至2017年，选聘1000名左右法律实务部门专家到高校法学院系兼职或挂职任教，选聘1000名左右高校法学专业教师到法律实务部门兼职或挂职），法院与高校互派审判业务骨干和教学骨干双向交流挂职11人。组织干警参加上级法院学术论文、调研成果评比和案例征集活动；编辑出版法官调研文集《一线司法理论与实证研究（第三卷）》；编印《南宁市法院妇女儿童维权案例》发放到学校、妇联组织、乡镇等基层单位，普及法律知识。

【基础设施建设】 2014年，市中级人民法院监所远程视频讯问系统建成投入使用。邕宁区法院、良庆区法院审判办公综合楼竣工投入使用。获批恢复（新建）的8个人民法庭用地基本落实。市、县（区）法院建成科技法庭41个。

【司法监督】 2014年，市、县（区）两级法院接受人大代表视察、评议。通过走访座谈、迎接视察，邀请人大代表、政协委员参加法院公众开放日，旁听案件审理、进行阳光评议等方式，听取代表、委员意见和建议。开展“法院公众开放日”“院长接待日”等活动204次，邀请人大代表、政协委员、媒体记者等旁听庭审、监督执行、开展案件“阳光评议”活动169次。通过寄送《人民法院报》《南宁法官》《另眼看法2014》等资料，确保代表、委员对审判执行工作的知情权、监督权。办理、落实全国、自治区及市人大常委会督办交办函件90件。实施人民陪审员“倍增计划”，提高人民陪审员参审面，一审案件陪审率94.78%。接受检察机关法律监督，市中级人民法院邀请市检察院检察长列席审委会25次，参与讨论案件25件。构筑司法公开网络，打造“官方网站+官方微博+官方博客”互联网宣传互动平台，在官方微博开展“带着微博去执行”“送法进校园”“国家宪法日·法院在行动”等大型微博直播，接受社会公众对司法活动的监督和评判。

【案件选介】

凌某故意杀人案　2014年8月20日，市中级人民法院宣判一起故意杀人案。经审理查明，2013年5月25日上午，被告人凌某因厌世携尖刀到南宁市良庆区五象岭牛角山上试图自杀未果。13时，其步行至五象岭森林公园古树岭南侧山路时发现被害人李某某、曹某某、黄某某3人正躺在吊床上休息、聊天，遂联想到他人的生活比自己好而心理失衡，于是拔刀先后朝李某某、曹某某胸、腹等部位连捅数刀，将两人捅倒在地。黄某某见同伴被捅后立即逃跑，凌某持刀追上朝其胸、腹等部位连捅数刀致其倒地，3人当场死亡。20时许，凌某在兴宁区三塘镇压良球村鱼塘路边将自己杀人之事告诉附近村民欧某某。欧某某报警后，市公安局三塘镇派出所民警将凌某抓获。法院审理认为，被告人凌某故意非法剥夺他人生命，致三人死亡，其行为构成故意杀人罪。被告人凌某作案后明知他人已报警仍在原地等候，属主动投案，其归案后主动供述全部犯罪事实，可认定为自首。凌某作案时患有抑郁症，属限定刑事责任能力人，且有自首情节，应予以从轻处罚，但其作案方式及过程明显有别于其他限制行为能力人的行为表现形式，属肆意滥杀无辜，其杀人目的明确，手段残忍，情节恶劣。根据被告人凌某的犯罪事实、性质、情节、手段及危害后果，法院依法以故意杀人罪判处被告人凌某死刑，剥夺政治权利终身。

张某某、关某某、潘某某贩卖毒品案　2011年11月，张某某与关某某、潘某某（已判刑）商量共同出资贩卖毒品，张某某负责联系购买毒品，关某某、潘某某负责验货和销售。“阿庭”（另案处理）负责运输，获利后按出资比例及运输风险分成。12日，关某某与女友覃某，潘某某与女友谢某从南宁乘车到云南景洪，入住景粮宾馆；张某某纠集廖某某（已判刑）乘飞机到景洪市。当晚，张某某、关某某、潘某某乘车到缅甸小勐拉，张某某联系“阿勇”（在逃）进行毒品交易。关某某、潘某某试吸毒品样品后，张某某指使廖某某将关某某、潘某某出资10万元及自己出资20万元交付“阿勇”购买麻古（含甲基苯丙胺成分）。15日晚，关某某、潘某某回到景粮宾馆，将“阿勇”送来的2.96万粒麻古交给“阿庭”运输回宾阳。关某某、潘某某回宾阳后，将麻古分批售出。张某某待在缅甸赌博，并要求关某某、潘某某将贩毒所得钱款汇到指定银行账号继续贩毒。22日，张某某将关某某等人汇来的40余万元取出，又向“阿勇”购买麻古和海洛因，并指使廖某某在景洪市接收毒品并转交“阿庭”运输。26日上午，张某某乘飞机从云南返回南宁市，在吴圩机场被公安人员抓获；14时许，廖某某在市五一路接取毒品时被抓获，查获麻古3.70千克、海洛因368.64克。随后，关某某、潘某某在宾阳县被抓获。市中级人民法院以贩卖毒品罪判处张某某死刑，剥夺政治权利终身，并处没收个人全部财产。张某某提出上诉，自治区高级法院驳回上诉，维持原判，经最高人民法院核准并由院长签发执行死刑命令。6月26日，市中级人民法院对张某某执行死刑。

廖某某、覃某某等组织、领导黑社会性质组织案　1997年至2009年，廖某

2月19日，市中级法院举办全市执行指挥中心数据信息管理系统培训班。图为培训现场　吴　斌　摄

某、覃某某长期纠集武宣县禄新、桐岭等地的社会闲散人员进行多次违法犯罪活动，廖某某与人合伙开设赌场，聚敛钱财，网罗社会闲散人员，安排覃某某参与、黄某某等人加入开设赌场，形成以廖某某、覃某某为组织者、领导者，黄某某、黄某某等人为基本固定骨干人员，黄某某等人为成员的带有黑社会性质的犯罪组织。组织通过在武宣县当地和周边开设赌场抽头盈利和非法采矿、敲诈勒索、强迫交易等违法犯罪，以及开办泰龙公司、武宣县国际大酒店等方式获取经济利益，以商养黑，以黑护商。采取暴力、威胁等手段进行多次非法控制矿山及客运路线、故意伤害、敲诈勒索、强迫交易等违法犯罪活动。实施聚众斗殴1起，致1人死亡，1人轻伤，故意伤害犯罪4起，致5人轻伤，1人重伤，强迫交易犯罪3起，为垄断客运线路实施敲诈勒索多起，其中聚众斗殴案和故意伤害案致多人轻微伤，受害群众多达10人。市中级人民法院一审、自治区高级人民法院二审认为，廖某某、覃某某、黄某某等15人分别组织、参加以暴力、威胁等其他手段的违法犯罪活动。廖某某、覃某某的行为构成组织、领导黑社会性质组织罪，覃某某、黄某某等13人行为构成参加黑社会性质组织罪。根据廖某某等16人的具体犯罪情节、性质及社会危害程度，依法作出终审判决。廖某某等16人分别被判处3年至20年不等有期徒刑，被告单位武宣县泰龙矿业有限责任公司被判处罚金50万元。作为黑恶势力头目的被告人廖某某犯组织、领导黑社会性质组织罪、聚众斗殴罪、故意伤害罪、强迫交易罪、赌博罪、虚开增值税专用发票、用于抵扣税款发票罪、非法采矿罪、重大责任事故罪，数罪并罚，决定执行有期徒刑20年，剥夺政治权利1年，并处罚金20万元。

（潘伟坚）

检　察

【概　况】 2014年，南宁市人民检察院管辖县(区)检察院12个，茅桥地区人民检察院（派出机关）1个，在编人员872人。市、县(区)两级检察院加强法治建设，推进检察改革，执行修改后的刑事诉讼法和民事诉讼法，落实司法为民措施，深化检务公开和亲民操作，规范检察司法行为；履行批捕公诉职能和履行刑事诉讼法律监督职责；推进电子证据、心理测试等新技术应用于职务犯罪侦查，推动社会诚信体系建设；创立群众点名业务专家接访等机制，深化检务公开制度改革试点，推行案件信息公开、诉讼权利义务告知、办案结果告知和检察文书说理等制度，开通检察院官方微信，办案程序信息查询，法律文书上网公开；接受市人大常委会、民主党派和社会监督。加强基础设施建设，在乡镇(开发区)设派驻检察室20个。最高人民检察院对全国检察机关“文明接待示范窗口”“文明接待室”作出表彰决定，市检察院、青秀区检察院继续保留“全国检察机关文明接待示范窗口”称号，已连续三届。江南区检察院、马山县检察院、武鸣县检察院继续保留“全国检察机关文明接待室”称号。

【刑事检察】 2014年，市、县(区)两级检察院坚持司法公正，增强证据裁判原则，注重预防和排除非法证据，加强立案、侦查、审判、刑罚执行等刑事诉讼活动的法律监督。加强刑事立案监督，建立与公安机关通报刑事案件办理情况等机制，督促公安机关立案232人；监督撤案223件。加强侦查监督，与公安机关建立重大复杂案件提前介入机制，引导侦查机关依法取证，及时排除非法证据，不批准逮捕和决定不逮捕2022人，纠正应逮捕而未提请逮捕460人；不起诉500人，纠正应起诉而未移送起诉257人；纠正侦查活动违法153件。审查延长侦查羁押期限56人，批准55人，不批准1人。加强刑事审判监督，依法推行量刑建议，对认为确有错误的刑事裁判提出抗诉29件，法院同期审结15件，改变9件。

【逮捕审查】 2014年，市、县(区)两级检察院坚持保障人权原则，履行人权保障与惩治犯罪相统一的法律审查职能，严格执行批准逮捕法定条件，促进司法羁押合理性与社会正义保持一致。贯彻无罪推定司法原则，慎用少用逮捕措施，推动尽可能运用取保候审、监视居住等可替代措施；强化逮捕必要性的证明与审查，加强不批捕说理，加强批捕案件的侦查取证引导。探索轻微刑事案件当事人在审查逮捕期间和解，化解社会矛盾，增进社会融合。受理审查逮捕5879件8696人，批准或决定逮捕5125件7211人；不批捕1105件2022人，其中证据不足1226人、无社会危险性558人、不构成犯罪224人、刑事和解33人、符合监视居住条件4人、其他10人。公安侦查机关申请复议不批准逮捕决定，维持原决定43人，改变原决定8人；经复核维持原不批准逮捕决定10人。

【起诉审查】 2014年，市、县(区)两级检察院起诉审查坚持人权保障与惩治犯罪的正义性统一，加强对侦查活动正义品质与效率的法律监督。强化起诉正当性和必要性审查，推进办理未成年人刑事案件专门化和专业化；推广应用简易程序快速审理轻微刑事案件和量刑建议操作；推进听取辩护律师意见制度落实，在审查起诉阶段听取辩护律师意见37人；注重调查和排除非法证据，首次对公安机关移送审查起诉的1名犯罪嫌疑人实施非法证据排除，并决定不起诉。加强审查起诉严重危害治安稳定、公权廉洁和民生保障的刑事案件；贯彻宽严相济刑事政策，与调解机制对接，促成轻微刑事

3月7日，自治区百货公司职工及离退休代表25人给市检察院赠送锦旗

市检察院提供

案件当事人达成和解。受理审查起诉6090件8674人，提起公诉5889件8275人；不起诉316件500人，其中因符合法定条件不起诉12人、因犯罪情节轻微不起诉318人（含刑事和解95人）、因犯罪证据不足不起诉170人。

【贪污贿赂案件查办】 2014年，市、县（区）两级检察院推进法治建设，守护国家公权廉洁。加强职务犯罪侦查信息化和装备现代化建设，建立侦查信息管理平台，运用侦查信息查询系统提高侦查取证质量和效率，对10名职务犯罪嫌疑人运用技术侦查手段；依法采取指定居所监视居住措施服务侦查，开展职务犯罪追逃追赃专项行动。立案侦查处级以上领导干部9人，立案侦查损害群众利益的犯罪案件66件76人。配合治理商业贿赂和治理工程建设领域突出问题专项活动，立案侦查商业贿赂犯罪案件81件90人，工程建设领域犯罪案件31件34人；立案侦查公安交通警察系统涉嫌贿赂犯罪窝案13人，道路运输管理系统涉嫌贿赂犯罪窝案串案13人。立案侦查涉嫌行贿犯罪42件45人。受理贪污贿赂犯罪案件线索233件，初查154件，立案侦查150件170人（县处级以上领导干部9人），侦查终结114件129人，移送审查起诉111件126人，移送审查不起诉3件3人；向法院提起公诉贪污贿赂犯罪案件93件112人，决定不起诉7人；法院判决生效97人。挽回经济损失951.65万元。

【渎职案件查办】 2014年，市、县（区）两级检察院查办渎职侵权犯罪，重点查办发生在群众身边、损害群众利益的渎职侵权犯罪，惩治公职人员乱作为、不作为。立案侦查涉嫌渎职犯罪37件37人，其中司法领域15件15人、土地监管领域11件11人、食品药品领域11件11人。查处经济犯罪，并案侦查涉嫌贪污贿赂犯罪16人。完善检察机关与公安机关纪检监察部门的联席会议制度，防治公安领域渎职侵权犯罪。受理国家工作人员渎职侵权案件线索83件，初查48件，立案侦查4件46人；侦查终结40件47人，移送起诉37件49人，撤案1件1人；向法院提起公诉33件41人，不起诉13件16人（犯罪情节轻微14人、证据不足2人）。法院一审判决生效11人，其中判处有期徒刑6人（含不满三年有期徒刑4人）、判处免予刑事处罚5人。

【职务犯罪预防】 2014年，市、县（区）两级检察院推进预防和惩治职务犯罪法治化，重点预防发生在群众身边、损害群众利益的职务犯罪。完善预防职务犯罪领导小组机制建设，推行惩治和预防职务犯罪年度报告制度。将预防职务犯罪工作列入县（区）、开发区和市直属机关绩效考评项目。开展制度预防，预防调查报告、检察建议、专项报告等预防业务工作，推进相关单位、行业完善制度，促进专项工作成果转化。结合职务犯罪案件，开展预防调查170件，分析职务犯罪案例207件，向发案单位、相关部门提出防控职务犯罪风险、完善制度建议197件。完善检察机关行贿犯罪档案联网查询系统，面向社会提供行贿犯罪记录查询服务，受理查询4.49万次，比上年增加2.53万次，有行贿犯罪记录的单位、个人被禁止准入市场或降低资质等级，推动健全社会征信体系。市检察院开展南宁市预防职务犯罪先进单位评比，向自治区推选预防职务犯罪示范单位；指导和服务重点行业开展职务犯罪预防，与中国建筑第八工程局有限公司广西分公司、中国南方电网有限责任公司超高压输电公司南宁局等4家单位签署共同开展预防职务犯罪工作备忘录，市检察院累计建立预防共建单位25家；重点做好最高人民检察院挂牌督办的重点工程南宁轨道交通项目的职务犯罪预防项目。青秀区检察院、良庆区检察院的警示教育基地投入使用。

【监所检察】 2014年，市、县（区）两级检察院以增强羁押公正及监狱公正检察为核心，开展看守和刑事执行检察。加强派驻监管场所检察室规范化建设，推进检察室与监管场所信息及监控联网，实行对监管场所实时监控和同步动态监督，获全国派驻监管场所一级规范化检察室3个。完善市级检察院巡视检察监管场所和派驻检察机构。制定罪犯交付执行与留所执行的检察制度，保证交付执行与留所执行严格实施；督促市第一看守所成立未成年在押人员监区，集中收押南宁市4个看守所未成年在押人员，防止混管混押造成犯罪意识和方法交叉传染。开展看守所监管执法专项检察，发现和纠正违反规定使用械具3人、民警体罚虐待在押人员1人、混管混押15人、违反规定提讯2人等问题。开展职务犯罪、金融犯罪、涉黑犯罪罪犯刑罚变更执行情况专项检察，提出建议并监督收监16人（含原厅局级以上职务罪犯3人）。开展社区矫正专项检察，建议和监督收监6人。开展事前不打招呼巡视检察，发现看守所、监狱违法行为10件，现场提出纠正意见6件，责成检察室提出纠正意见4件。市检察机关清理久押不决案件20件51人。审查提请罪犯减刑4613人、假释73人、暂予监外执行129人，发现和纠正提请减刑不当纠正34件；审查裁定罪犯减刑3992人、假释31人、决定暂予监外执行25人，发现和纠正裁定减刑不当33件；出席法院减刑、假释案件开庭审理119件119人。检察监督死刑执行，保证死刑执行正义与人道统一，确保不出现差错，防止非法采摘死刑犯器官等违法情况发生。检察监督阻碍在押人员行使诉讼权利的行为，纠正监管活动与刑罚执行违法93件，发现监管安全隐患并提出书面检查建议56件。承担指定居所监视居住措施检察职责，检察指定居所监视居住33人，预防违法行为发生。制定羁押必要性审查制度，审查羁押必要性案件97件97人，清理出法院违法超期羁押8年的黄升将、劳盛懑抢劫一案；对刑罚执行和监管活动违法情形提出纠正意见87件；提出变更强制措施或释放建议97件97人，办案部门采纳并变更强制措施或释放95件95人。检察监督强制医疗执行案件1件1人，未发现违法情况。初查监管场所职务犯罪案件线索4件4人，立案侦查1件1人，法院判决1件1人（2013年立案，2014年判决）。办理被监管人又犯罪案件2件4人；办理控告申诉案件87件87人，办结87件87人。

【控告申诉检察】 2014年，市检察机关推进涉法涉诉信访机制改革，扩大综合性接待中心建设，江南区检察院、兴宁区检察院、邕宁区检察院、隆安县检察院、武鸣县检察院、马山县检察院、横县检察院、上林县检察院建成检务综合接待平台。实行诉讼与信访分离，推行业务分管检察长对口接访模式和检察长约访制，创立检察业务专家接访机制。公开执法办案，健全公开审查制度，健全涉检信访引导干预和预警处置机制，防范和妥善处置非正常、突发上访事件。市检察机关受理来信来访2420件，其中举报线索715件、控告申诉1705件；受理民事审判监督案件229件。受理不服检察机关处理决定刑事申诉案件143件，办结134件，维持原决定112件，改变原决定22件；受理不服法院刑事判决申诉案146件，办结134件，不予抗诉112件，提出检察建议6件，提请抗诉16件，提出抗诉1件，法院开庭审理2件，改判1件。受理国家赔偿申请32件，立案审查30件，决定赔偿25件，决定和支付给予赔偿89.50万元。实施司法人文关怀，受理司法救助申请239人，给予救助224人，发放救助金额68.42万元。奖励举报34人，发放奖励金额3.52万元。办理上级检察院和同级党委、人大交办案120件。

【民事行政检察】 2014年，市、县（区）两级检察院加强审判监督，履行民事诉讼法新增法律监督职责，依法开展审判违法行为和法院执行违法的检察监督；强调法律文书说理性，做好息诉罢访，促进社会和谐。扩大民事行政检察职能宣传，印发民事行政检察宣传手册2万册，以漫画形式介绍民事行政检察职能、办案程序、当事人权利义务，通过微博、微信等新媒体宣传。在检察院民事行政检察部门与职务犯罪侦查部门之间，完善民事行政申诉案件线索、处理结果双向移送、配合联动工作机制。加强与法院协调沟通，做到敢于监督、善于监督与依法支持并重，维护民事行政诉讼司法正义。受理民事行政申诉案1031件；依法提出民事行政抗诉16件，提请抗诉89件。抗诉案件，法院经提审或指令再审，改判2件，撤销原判发回重审1件。提出再审检察建议4件，法院撤销原判发回重审1件。对法院民事行政审判活动违法情形提出纠正意见179件，法院采纳137件；对法院执行活动违法情形提出纠正意见485件，法院采纳45件。探索民事行政检察监督新方式，对侵害国家资产和公共利益案件督促起诉17件、支持起诉10件。经疏导，当事人服判息诉91件，其中和解48件、撤回申诉2件、其他41件。

【检察技术】 2014年，市、县（区）两级检察院加强检察技术，发展和应用新技术，巩固传统技术，受理、办结检察技术案件1581件，其中检验鉴定89件、文证审查件879件、技术协助613件。完成同步录音录像289人次，录制时间3865.79小时。市检察院司法鉴定中心获最高人民检察院批准新增电子证据、心理测试两个鉴定门类资格。完成法医学检验鉴定5件，医学技术性证据审查875件，参加死刑临场法医学监督21人次。加强罪犯保外就医的文件和证据审查，受理犯罪保外就医医学鉴定文件审查申请9件，办结4件，审查发现不符合保外条件4件；审查罪犯保外就医的技术性证据92件，确定不符合保外就医条件8件。完成文件检验鉴定25件、文件技术性证据审查2件。完成司法会计检验鉴定7件、司法会计技术性证据审查2件、司法会计技术协助2件。办理电子证据检验鉴定案件52件，技术协助143件，心理测试案件30件。

【未成年人案件检察】 2014年，市、县（区）两级检察院贯彻“教育、感化、挽救”方针和宽严相济刑事政策，以实现未成年人最佳利益为原则，推进未成年人刑事检察和专门司法体系建设。宾阳县、兴宁区2个县（区）检察院设置有未定编制的独立专门未成年人刑事检察科，市检察院和横县、江南区、青秀区3个县（区）检察院设置有未定编制未成年刑事检察工作办公室，武鸣县、上林县、马山县、隆安县、西乡塘区、邕宁区、良庆区7个县（区）检察院设有未成年刑事检察工作小组，由专门人员按照专门程序办理未成年人刑事案件。兴宁区检察院未成年人刑事检察科有具备心理咨询师资格检察官3名。深化逮捕必要性证明制度，执行羁押必要性审查、附条件不起诉、合适成年人到场、法律援助、听取律师意见、犯罪记录封存等制度，落实“尽可能不逮捕，尽可能不起诉，尽可能不监禁”特殊政策，保障未成年人合法权利和利益。市检察院参加宾阳县黎塘第四小学举办的校园感恩文艺汇演活动，进行普法教育并赠送价值1万元学习用品。市、县（区）两级检察院受理审查逮捕未成年犯罪嫌疑人562人，批捕414人，不批捕142人；受理审查起诉未成年犯罪嫌疑人513人，起诉537人，不起诉20人，附带条件不起诉7人；实行分案起诉302件。通过检察工作与人民调解、律师调解、行政调解等机制对接，未成年人刑事案件和解2人。检察未成年人减刑884人、假释9人，保外就医7人；向法院提出从轻处罚的量刑建议208人（含建议法院适用缓刑57人）；帮教和回访考察95名涉案未成年人。救助生活困难未成年被害人或其近亲属26人，发放司法救助金6.60万元。

【人民监督员制度】 2014年，市、县（区）两级检察院推行人民监督员制度，筹备制度改革试点。试点内容主要包括改进人民监督员选任和管理方式、拓展人民监督员监督案件范围、完善人民监督员监督案件程序、完善人民监督员知情权保障机制。制定人民监督员监督范围和监督程序改革试点工作实施方案、人民监督员制度试点改革暂行办法。接受两级人民监督员监督案件33件36人（含报请自治区检察院人民监督员评议案件3件3人），其中拟撤销案件9件9人，拟不起诉案件21件24人。人民监督员评议终结33件36人；市检察院检察委员会讨论决定采纳人民监督员意见16件18人，尚未讨论决定17件18人。

【队伍建设】 2014年，市、县（区）两级检察机关在编872人，其中具有检察员以上法律职务477人（检察员365人、检察委员会委员57人、副检察长41人、检察长14人），助理检察员131人。市检察院在编173人，其中检察干部161人、工人12人；检察员以上人员103人（含检察员89人、检察委员会委员9人、副检察长4人、检察长1人），助理检察员16人。年内，市、县（区）两级检察机关加强队伍建设，举办检察业务培训班，培训2621人次。全市检察系统入选自治区级以上检察业务人才库71人；市检察院公诉处副处长宋萍获最高人民检察院记个人一等功；获自治区检察院记个人二等功9人、三等功17人；市检察院技术处副处长韦建波被授予“全国检察机关电子数据取证能手”称号，市检察院民行处副处长何晓莹被评为全国检察机关民事行政检察优秀办案人。获自治区业务标兵（能手）22人；有39人次被评为省部级以上先进个人。市检察院《惩治和预防职务犯罪年度报告》被最高人民检察院评为优秀报告，微电影《心界》获全国检察机关首届预防职务犯罪微电影评比特等奖；自编自演的广西检察机关首部廉政警示教育话剧《金钱草》在机关和企事业单位巡演19场；摄影作品《洁》获最高人民检察院组织的2014年度平遥国际摄影大展暨“关心您保护您帮助您”预防职务犯罪摄影大赛一等奖和“群众最喜爱奖”。

【检务公开制度改革试点】 2014年，市检察院、青秀区检察院、江南区检察院被自治区检察院列为深化检务公开制度改革试点单位。9月至12月，开展改革试点；以公开司法办案信息、以公开促公正为主要任务，推行案件诉讼权利义务告知、办案结果告知和检察文书释法说理等制度，回应群众关注热点；对当事人各方在案件事实、法律适用方面存在较大争议，或者在当地有较大社会影响案件，检察机关拟不起诉，或申诉人不服检察机关处理决定的，实行公开审查；适应新媒体发展趋势，开通检察微博、微信，升级改进检察门户网站建设，保障群众知情权、参与权和监督权。通过信息网络对外公开发布案件信息194条、案件程序性信息5017条、终结性法律文书793份。

【公诉案件选介】

南宁市交通警察韦某某受贿案　韦

某某，南宁市公安局交通警察支队五大队原大队长（正科级）。2012年4月至2014年4月，韦某某等13名交通警察分别收受两家汽车运输企业或通过中间人给予每月3000元至4.20万元不等的“好处费”，向两家汽车运输企业提供交通警察执法信息，帮助挂靠在两家汽车运输企业的违法超载货车车主逃避执法检查或不予查处、减免处罚，为两家汽车运输企业谋取利益。韦某某先后收受贿赂58.50万元。2014年11月6日，市检察院以受贿罪对韦某某提起公诉。12月19日，市中级法院以受贿罪判处韦某某有期徒刑10年零6个月。

上林县政协原副主席韦某某受贿案 韦某某，上林县人民政治协商会议原副主席(副处级)。韦某某在担任上林县寨柳旧城改造协调领导小组副组长期间，利用主管寨柳旧城改造项目职务便利，在拆迁、项目结算等工作中为项目开发商广西龙盛房地产投资开发有限公司谋取利益，先后五次向公司总经理覃某索要钱款98万元，要求覃某报销个人开支的装修费48万多元。2013年8月20日，市检察院以受贿罪起诉韦某某。2014年6月25日，市中级人民法院以受贿罪判处韦某某有期徒刑12年零6个月，没收个人财产20万元。 （蒙 旗）

司法行政

【概 况】 2014年，南宁市有司法行政机关13个，即市司法局和12个县（区）司法局；有乡镇(街道)司法所125个。全市司法行政系统编制561名，其中市司法局机关73名，县（区）司法局机关146名，乡镇（街道）司法所342名；在职523人，其中市司法局机关68人，县（区）司法局机关148人，乡镇（街道）司法所307人。法律援助机构13个，律师事务所118家，执业律师1206人，担任法律顾问866家。公证处8家，执业公证员35人。基层法律服务机构57个、基层法律工作者350人。人民调解组织2047个，其中乡镇人民调解委员会108个，街道人民调解委员会44个，村（社区）人民调解委员会1393个，居民人民调解委员会446个，企事业单位人民调解委员会16个，社会团体和其他人民调解委员会40个；配备调解员1.44万名。司法鉴定机构7家、司法鉴定人员61人。

全市司法行政机关开展法治城市建设，全面推进依法治理和法制宣传教育，加强人民调解，提升公共法律服务。律师办理案件8178件，担任法律顾问866家；公证处办理公证事项1.88万件，公证收入684万元；基层法律服务机构办理诉讼事务1506件，非诉讼事务585件；法律援助机构办理法律援助案件4300件，“12348”热线接听并解答来电咨询8441人次。组织国家司法考试，南宁考区参加考试4323人。培育并创建先锋示范岗12个。年内，南宁市司法局获“自治区司法行政系统反腐倡廉建设先进集体”“自治区绩效工作先进集体”称号。获国家级表彰集体1个，个人2名；获省部级表彰集体2个，个人4名。

【法制宣传教育】 2014年，南宁市加大经费投入，推进实施“六五”普法规划，被评为全国“六五”普法中期检查先进城市。推进学法用法，发挥无纸化考试平台、“法治南宁讲堂”平台、南宁普法网宣传平台、法制宣传专刊、专栏平台作用，开展重点对象学法用法，举办普法讲座、培训班100余场，培训2万人，在自治区率先组织821名领导干部进行任职前法律知识闭卷考试。确定武鸣县、上林县、青秀区、邕宁区为“法律六进”（进机关、进乡村、进社区、进学校、进企业、进单位）示范县（区），创建“法律六进”示范点24个；采取集中宣传、法治文艺巡演、法律咨询、法制讲座等方式，开展“法律六进”活动3600余次。建设以武鸣县红岭、大皇后法治文化园，上林县瑶乡排邑、城南法治文化园，青秀区桂雅法治文化园，邕宁区法治文化广场等6个法治文化基地和南宁市第二十一中学、西乡塘区北湖北路学校为示范点的青少年法制教育基地建设。创建基层法治、民主法治示范县（区）、“民主法治示范村（社区）”，推荐全国、自治区民主法治示范县（区）4个，推荐全国、自治区民主法治示范村（社区）10个，武鸣县、青秀区获第三批“全国法治县（市、区）创建先进单位”称号。

【人民调解】 2014年，市司法局继续推进医疗纠纷人民调解，加强制度建设，协调各县（区）落实调解员97名，横县、宾阳县、隆安县、兴宁区、江南区、青秀区、邕宁区7个县（区）将调解医疗纠纷经费列入财政预算，落实经费117.60万元。医疗纠纷调解工作经验在自治区医患纠纷人民调解现场会作介绍。开展新型调委会试点，确定西乡塘区为物业纠纷人民调解试点城区，青秀区为劳动争议人民调解试点城区，明确物业纠纷、劳动争议纠纷调委会建设要求。加强矛盾纠纷排查调处，调解民间纠纷4.26万件，调解成功4.12万件，成功率96.80%。

【社区矫正】 2014年，市司法局、市财政局联合下发《南宁市关于进一步加强社区矫正经费保障工作的意见》，明确市级、城区社区矫正工作经费标准。加强社区矫正队伍建设，投入财政资金960万元，聘请辅警（协管员）280人，公益性岗位127人，2576名社会志愿者参与社区矫正。推进社区矫正信息化建设，制定《南宁市社区矫正移动监管平台管理规定（试行）》，升级改造社区矫正信息化管理平台，完成市县（区）两级、社区矫正工作机构与法院信息共享。落实对社区服刑人员监督管理、教育矫正、适应性帮扶

9月3日，自治区党委常委、政法委书记温卡华（前右三）到西乡塘大学东社区调研社区矫正工作

市司法局提供

任务，规范执法行为，确保社区矫正监管安全，青秀区建成南宁市首个社区矫正管理教育中心。接收社区服刑人员4185人，解除矫正2236人，登记在册1949人，重新犯罪10人，重新犯罪率0.23%，无重特大案件发生。10月17日，南宁社区矫正工作经验在自治区社区矫正工作会议上获推广。

【刑释解教人员安置帮教】 2014年，南宁市各级安置帮教机构继续做好刑满释放人员就业前政策引导，会同工商、税务、财政等部门宣传就业政策21场次；强化刑满释放人员管理，衔接刑满释放人员2523人、刑释解教人员2523人，安置2515人，帮教2523人，安置率99.70%，帮教率100%，刑释解教人员重新犯罪率0.88%。

【公证事务】 2014年，南宁市有桂南、德芳、武鸣县、横县、宾阳县、上林县、马山县、隆安县8家公证处。全市公证部门为自治区、市重点工程项目、国有企业提供公证服务，与广西路桥总公司等20余家自治区重点企业签订《公证服务协议书》；开辟签约企业"绿色通道"，办理委托、资信、招投标、现场证据保全等公证事项1300多件，制作公证书8000本，涉及标的8000多亿元。加强市、县两级公证处建设，在桂南公证处建设服务大厅，实现咨询、办证、接待、收费、发证一站式服务。落实公证援助制度，桂南公证处上门服务案件近40件，提供法律服务援助案件10余件，涉及金额20多万元。推动公证服务农村改革，办理涉及农村土地制度改革、构建新型农业经营体系、农村金融改革、农民权利义务、农村重大基础设施建设及农村基层民主管理等方面公证事项；贯彻落实《广西壮族自治区公证法律援助实施办法》，为困难农户提供公证法律援助。全市8个公证处办理公证1.88万件，公证业务收入684万元；其中国内公证业务案件1.23万件〔经济合同（协议）1209件〕，涉外案件6593件，涉港澳台563件。接待咨询2.60万人次，其他来电咨询2.50万人次。

【律师事务】 2014年，市司法系统推进法律顾问工作。由80名优秀律师组成市政府法律顾问人才库，为866家政府部门、企事业单位担任法律顾问。在邕宁区试点，建立政府购买法律顾问制度，城区政府及社会公共管理部门分别聘请1名律师担任法律顾问。组织100家律师事务所与六城区154个社区签订"律师担任社区法律顾问协议书"，成立社区法律顾问室，实现城区范围"一社区一法律顾问"全覆盖。举行首次新执业律师宣誓仪式暨职业道德和执业纪律教育培训。选派优秀律师参加市首届检察官与律师论辩赛，选派优秀律师参加泰国法研修班、参加全国律协赴西班牙涉外律师领军人才培养、出席香港律师会2014青年律师论坛，邀请最高人民法院法官为全市律师授课，提高律师业务水平与能力。加强信访值班，250名律师参与信访接待，接待信访264人次。至年末，律师事务所发展至118家、新增11家，执业律师1206人、新增139人。律师代理刑事案件2250件、民事案件4712件、行政案件205件，办理非诉讼法律事务1011件，办理法律援助案件2726件。

9月28日，南宁首届检察官与律师论辩赛在市检察院三楼会议厅举行，市检察院、市司法局干部职工、律师代表200多人观看比赛　　市司法局提供

【基层法律服务】 2014年，市司法局利用基层法律服务工作者协会，加强法律服务所管理，拓宽服务市场和渠道，基层法律服务机构增至57家，基层法律工作者增至350人、新增33人，办理诉讼事务1506件，非诉讼事务585件。引导基层法律服务工作者到村（社区）担任法律顾问，57家法律服务所的350名基层法律服务工作者到村（社区）担任法律顾问。

【法律援助】 2014年，南宁市调整法律援助"三项标准"（法律援助公民经济困难标准、援助事项补充范围、案件补贴标准），惠及更多困难群体。市司法局、市财政局联合印发《关于调整南宁市法律援助办案补贴标准的通知》，提高法律援助办案补贴，调动律师承办法律援助案件积极性。制定、完善法律援助制度，放宽法律援助经济困难标准、扩大法律援助补充事项范围，规范窗口服务，深化法律援助便民服务，构建城乡一体法律援助服务体系，将"12348"法律服务热线改造升级成为司法行政公共服务平台，8月通过市发改委项目立项，进入设计实施阶段。制订完善法律援助案件办理制度，加大刑事法律援助力度，完善刑事诉讼中公检法司部门衔接配合机制，加强侦查、审查起诉阶段法律援助。加强未成年犯罪嫌疑人、被告人法律援助，联合市中级人民法院、市检察院、市公安局出台《关于在刑事诉讼中为未成年犯罪嫌疑人、被告人提供法律援助的实施办法》。办理法律援助案件4300件。

【国家司法考试】 2014年，南宁市组织国家司法考试，参加考试4323人，比上年增长0.09%；设6个考点145个国家教育考试标准化考场，未发生任何违规违纪事件。成绩过全国合格分数线360分339人，通过率8.76%；自治区放宽合格分数线305分至359分597人；司法考试合格（含自治区放宽合格分数线）976人，合格率22.56%。

【司法鉴定】 2014年，南宁市有登记在册的司法鉴定机构7个（法医类、物证类5个，建筑类2个），司法鉴定人员61名。办理鉴定事项5415件，其中涉及诉讼鉴定876件，采信率100%，提供鉴定援助2件。开展"诚信规范、执业为民"司法鉴定行风建设，规范司法鉴定执业行为、维护执业秩序，提高司法鉴定服务质量，提升司法鉴定执业公信力，全年无违规违纪现象，无投诉。　（袁姝涵）

责任编辑　谢萍萍

军　事

中国人民解放军广西南宁警备区

【概　况】 2014年，中国人民解放军广西南宁警备区按照中央军委、解放军总部和广州军区、广西军区指示要求，科学谋发展、聚力抓大事、全面打基础、全力保稳定，完成以备战打仗为中心的各项工作，部队、民兵预备役建设稳步发展。参加广西军区半年、年终军事训练抽考，团体总分名列广西军区第二、第三名，4人进入广西军区前十名；参加军区高炮实弹射击，由青秀区、西乡塘区抽组的民兵高炮连成绩名列自治区第三名；武鸣县、西乡塘区人武部被广西军区评为全面建设先进团级单位。受军以上单位表彰7人，立三等功3人，20名战士被评为优秀士兵。

【思想政治建设】 2014年，警备区抓好习近平主席系列重要讲话、党的十八届三中、四中全会和全军政治工作会议精神的学习贯彻，开展"牢记强军目标、献身强军实践"主题教育和党的群众路线教育实践活动，官兵投身强军实践的政治自觉进一步增强。以作风建设为抓手，加强党委班子建设，各级党委班子凝聚力战斗力不断增强。抓好"四反"（反渗透、反心战、反策反、反窃密）工作和作风纪律教育整顿，严格涉密岗位重点人员政治考核，确保部队内部纯洁巩固。做好老干部服务，承办广西军区干休所文化活动中心改造现场观摩会。

【战备训练】 2014年，警备区适应形势任务变化，深化作战问题研究，着眼遂行多样化任务，组织首长机关带部分实兵和应急值班分队拉动演练，完成"两会一节一赛"（中国—东盟博览会、中国—东盟商务与投资峰会、南宁国际民歌艺术节、南宁体操世锦赛）安保警戒等战备执勤任务。投入部分经费，完善警备区本级作战值班室、战备图库和指挥器材室、战备资料库、战备物资，部队备战水平进一步提高。按照军事训练考核大纲要求，完成部队、民兵预备役训练任务，参加军区半年、年终军事训练抽考，促进军事训练落实。狠抓人武专武干部、冲锋舟操作骨干培训和现役干部基础课目集训，部队训练基础更加扎实，应急应战能力进一步提升。

【部队管理】 2014年，警备区贯彻依法治军、从严治军要求，开展"条令月"暨"严法规、严责任、严纪律"教育整顿、车勤人员教育整顿、作风纪律教育整顿等活动，不断强化官兵学法、守法、尊法、用法意识，部队正规化管理基础进一步牢固。严格落实风险评估、分析预测、隐患排查、检查监督等安全管理制度，开展消除安全隐患整治活动，堵塞安全管理漏洞。投入部分经费完成集中文印室建设，严密组织涉密载体"清零"和信息安全专项治理行动，提高信息安全防护能力，部队没有发生事故案件，保持安全稳定。

【民兵预备役】 2014年，警备区贯彻落实全国民兵工作会议精神，拓宽编组范围、改进编组方法，完成后备力量队伍整组，国防后备力量队伍编组质量有新的提高。落实党管武装工作制度，协调召开南宁市国防动员委员会议，强化党政机关的党管武装意识，推动党管武装和国防动员工作落实。组织民兵队伍实兵拉动演习，迎接国家人防办军事斗争准备检验评估，抓好交通战备保障分队应急救援演练，市国防动员委员会专业保障队伍"双应"能力不断提升。采取多种手段调动适龄青年应征报名，抓好大学生征集和征兵网使用，完成年度征兵任务。

【城市警备区纠察】 2014年，警备区发挥警备职能作用，加大城市警备力度，坚持每日上路执勤，节假日和敏感时期加大检查、纠察密度和扩大检查区域。重点检查军容着装不整和打击假冒军人军车。全年组织军警联合执法2次，打击假冒军人12人，销毁处理假冒军车4辆，缴获假冒军车号牌10副，调解处理军警民纠纷19起。

【综合保障】 2014年，警备区贯彻上级后勤工作有关指示精神，抓好后勤战备库室建设，严密组织后勤指挥所演练，应急应战保障能力进一步提升。参加广西军区后勤指挥技能考核，总评成绩优秀，青秀区民兵医疗分队名列自治区第一。严格落实财务管理制度，认真组织账目清理整治，财务管理秩序进一步规范。抓好中央军委巡视问题整改，继续解决历史遗留问题，完善租赁项目合法手续。推进基础设施建设，全面启动南宁市国防教育训练基地建设，良庆区人武部新营院建设加速推进，警备区机关营院环境

9月，南宁警备区组织民兵高炮连赴湛江参加实弹射击演练　南宁警备区提供

得到全面整治。抓好枪支弹药管理、民兵武器装备仓库专项整治，完成民兵报废弹药销毁处理，确保武器装备管理安全。

【拥政爱民】 2014年，警备区牢记军队宗旨，响应南宁市委开展“十二五”时期社会扶贫工作的号召，以“包村、包户、包人、定点”的方式，支援地方扶贫开发。全年投入24.80万元救济33名家庭有实际困难的官兵职工，投入30万元用于地方扶贫帮困，协调地方政府解决73名干部家属就业、39名子女就读重点学校。出动官兵、民兵预备役人员近1万人次，车辆650多辆次，冲锋舟20多艘次，参与地方经济建设和抗击自然灾害。参与“绿城南宁”绿化活动和生态文明建设，植树1000余株，清理整治街道20余条，清理垃圾3万多立方米。

南宁警备区领导人

司令员	沈彪	大校
政治委员	杨文件	大校
副司令员	李木运	大校
副政治委员	韦正义	大校
参谋长	雷云久	大校
政治部主任	经启国	大校
后勤部长	黎林	上校

（农正新）

中国人民武装警察部队南宁市支队

【概　况】 2014年，中国人民武装警察部队南宁市支队把贯彻落实上级党委的重大决策指示与省会旅级支队建设实际相结合，在研究探索建设规律中稳步前行，树牢战斗力标准，确保中心任务万无一失，推行武警广西总队“一打五治”“六跟五帮”抓建措施，抓“明白人”培养强基固本，抓作风建设以上率下，努力向武警部队第一方阵迈进，推动部队建设全面、协调发展。支队被武警部队表彰为安全工作先进单位，1个中队被武警部队表彰为执勤先进中队，1人被武警部队表彰为“四会”优秀政治教员，1人被武警部队表彰为标兵教练员。支队被武警广西总队表彰为基层建设先进支队，正规化执勤优秀单位，安全工作先进单位；司令部、政治部、后勤部被总队表彰为机关建设先进部；1个大队被总队表彰为基层建设先进大队，1个中队被总队表彰为基层建设标兵中队，并被总队党委记集体三等功1次；9个中队被总队表彰为基层建设先进中队，1个中队被总队表彰为正规化执勤标兵中队，6个中队被总队表彰为正规化执勤优秀单位；1人立二等功，49人立三等功。

【思想政治建设】 2014年，支队党委贯彻落实习近平主席系列重要讲话、全军和武警部队政治工作会议以及两级党委全会精神，坚持边学习、边实践、边提高。以“三严三实”专题教育整顿为契机，坚持求真务实，严抓实干，在整风整改中树立良好形象。严格落实领导干部廉洁自律规定，带头遵守各项规章制度，关注敏感问题正风气，特别是在处理涉及干部提拔使用、大项工程建设等问题上，坚持程序要求，做到公平、公正、公开。抓好创新理论武装。对照政治工作时代主题、“四有”标准、“四个牢固立起来”“五个着力抓好”要求，理清思路，进一步提高干好政治工作的信心和勇气。改进思想政治教育。着眼培育“四有”革命军人，用“三真”力量，使官兵“灵魂、本事、血性、品德”升级，教育主阵地得到有效巩固。开展“战斗力标准”大讨论、“强军战歌”歌咏比赛等活动，确保教育活动效果。浓厚以文铸魂氛围。持续推动先进军事文化建设，在营区制作文化长廊、文化墙、文化石，定期举办书画摄影展，让红色、传统、网络、军营文化相互融合，在耳濡目染中滋养心灵、教化育人。开展“1+X”特色文化活动，丰富部队文化生活，陶冶官兵思想情操。按1:1比例为官兵配置笔记本电脑，开展“读好书、写周记、练书法、学技能”和9种“网络文化骨干”培训活动，为官兵全面发展提供平台、创造条件。

【执勤与训练】 2014年，支队紧跟执勤反恐维稳新动向，立足打好“五仗”，坚持能打胜仗标准，紧贴实战抓训练。着眼提高“八种能力”，狠抓训练“八落实”，提升核心军事能力。党委每季度研究分析部队训练形势，建立每月会操考评机制，围绕解决“五个不会、一个不知道”问题，首长机关带头参训研训，严密组织勤训轮换，开展反恐联合演练和对抗竞赛，按实战要求训练、按训练去实战的氛围更加浓厚。分类规范抓执勤。警卫重点抓“六防”，“两看”重点抓防逃制逃，守卫重点抓“两个安全”，“两规”重点抓“四不”，营区重点防袭击，持续在落实制度、完善设备、治理隐患、正规秩序上狠下功夫，确保绝对安全。紧跟形势抓战备。严格落实战备AB队备勤，坚持装备以车代库，常态开展演练，配齐所有中队应急班基本装备，部队保持常备不懈，战备水平不断提升。完成常态化担负南宁市火车站、火车东站安全警戒任务。完成2014年“两会一节”警卫任务、第45届体操世锦赛安全保卫任务。

【部队安全管理】 2014年，支队坚持依法从严治警，在转变观念、规范秩序、确保安全上下气力。倡导法治理念。开展“学法规、守法规、用法规”活动，着力纠治法规意识不强、工作筹划不科学、执行法规不坚决、整改治理不彻底、责任追究不严格等问题，强化官兵法治观念，各级照章办事、依法执勤、依法维权的意识明显增强。推动建设模式转变。落实武警总部、武警广西总队依法从严治警集训精神，出台《机关正规化检查管理评比细则》《一日生活制度规范录像片》等制度

支队常态化担负南宁火车站、火车东站安全警戒任务。图为9月30日，武警官兵在南宁火车站站前广场巡逻　武警南宁市支队提供

10余项，依据正规化管理规定规范确立内务设置、库室建设、装备建设、政治环境、后勤规范等新标准，提升精细化程度。坚持日常备勤领导巡视查控、每月常委领导蹲点帮带、每季度考核拾遗补缺，促进管理工作落实。坚持党委季度议安全，首长办公会每月分析安全形势，机关每周讲安全，基层每日分析排查，依据制度及时做好预防疏导工作，确保部队正规、和谐、安全、有序。

【基层建设】 2014年，支队深入贯彻习近平主席“四个坚持扭住”重要指示，全面抓建设、坚持打基础，不断夯实部队建设发展根基。深入学用新《军队基层建设纲要》。编印应知应会手册，开设网上学习专栏，常态开展“强化组织功能1+1网上培训”，各级依法依规、按纲建队的自觉性主动性不断增强。搞好统筹谋划。研究施行《机关、大队、中队三级党日活动规范》《季度过中队量化考评办法细则》《大队党委“三下一上”》《加强大队职能作用措施》，审核支队按纲抓建、中队按纲建队计划，支队科学统筹、大队关闸调控、基层结合落实的抓建机制更加完善。抓实帮建提高。支队制定《按纲抓建暨“一打五治”“六跟五帮”实施方案》，由党委常委分片承包，部门以上领导和机关科室挂点帮建，严格落实督导奖惩，着重解决“抓建思路不清、素质能力不高、质量效益不好、安全管理不细、工作作风不实”等短板和弱项问题，促进基层建设全面进步、整体平衡。

【后勤保障】 2014年，支队围绕现代后勤“三个服务”，下功夫提高后勤综合保障水平。建强应急保障力量。修订完善后勤保障方案，推进“一队五组”建设，保障多样化任务能力有新提高。强化后勤依法管理。坚持党委理财，认真修订经费、物资等管理办法，下发“厉行勤俭节约、反对铺张浪费”规范措施，严格预算审批、统一记账、集中报账机制，规范大宗物资采购和伙食标准化管理，推开军人保障卡应用，后勤管理效益不断提高。提升服务保障质量。坚持把有限经费向“能打仗、打胜仗”聚焦，向“五个第一”鲜明导向用力，设计推进“一个一千万，三个三百万”工程，解决制约部队建设发展的短板和弱项。

武警南宁市支队领导人

职务	姓名	警衔
支队长	庞湘华(副师)	大校
第一政治委员	胡明朗(兼)（南宁市副市长、公安局局长）	二级警监
政治委员	崔洪玮(副师)	大校
副支队长	蒙显昌(正团)	上校
	扶　俊(正团)	上校
副政治委员	丁达忠(正团)	上校
参谋长	赵　强(正团)	中校
政治部主任	王孟军(正团)	中校
后勤部部长	黎庆锋(副团)	中校

（武警南宁市支队编写组）

人民防空

【概　况】 2014年，南宁市人民防空办公室坚持“长期准备、重点建设、平战结合”的方针，深化人民防空军事斗争准备，强化人防融合式发展。被评为2014年度《中国人民防空》通讯报道先进单位、自治区2014年度人民防空工作目标管理达标先进单位、2014年度市直机关党建目标管理工作优胜党组织。

【战备训练】 2014年，市人防办对人防应急指挥系统进行维护升级，使系统运行更加稳定；加强对江南区、青秀区人防系统的维护管理，更新完善指挥数据库资料；坚持每天24小时战备值班制度，确保空情接收；完成兴宁区、青秀区、江南区、西乡塘区、良庆区、邕宁区6个疏散点建设；抓好军事斗争人防战备训练，完成广西(中片区)应急抢险人防指挥通信跨区域协同演练和人防专业队整组训练等多项演练训练活动。

【防护工程】 2014年，市人防办受理行政审批事项595项，按时办结率100%，无责任投诉。加大人防执法力度，组织开展人防执法监察269项，现场实地检查562人次，面积155万平方米；推进朝阳片区地下空间成片联网试点，实现人民东路人防工程与新华街二期地下人防工程的连通。启动西关广场地下室与新华街二期人防工程连通项目，相关单位组织方案设计、工程报批；按计划完成“9908”人防工程、江南指挥所及其他早期工事的维护，确保人防工程结构使用安全和人防设备正常运行。

【平战结合】 2014年，市人防办按照“军地结合、平战兼容、整体规划、系统建设”的原则，贯彻落实“战备人防、效益人防、和谐人防”的要求，以市直管人防工程开发利用为重点，开展大型公共人防工程的开发利用，全年平战开发收入865万元，超额完成年度任务；南宁市首个引进社会资金建设的大型人防工程——人民东路地下人防工程竣工，7月19日投入商业运行；对存在影响平战结合使用以及存在安全隐患的工程及时维护和改造、设备维护、系统更新改造、管道疏通、防水堵漏，人防工程安全管理得到落实。

【宣传教育】 2014年，市人防办开展人防教育“五进”(进机关、进学校、进网络、进社区、进家庭)活动。利用南宁人防政务网、广西第二届“政务公开日”和微博等形式，以人防基本理论、人防知识、人防工程项目审批流程和人防工程建设标准等为主要内容开展人防宣传教育，提高人民群众的人防战备意识；制作《绿城天盾》宣传教育片，宣传人防知识、人防建设情况；在六县六城区248所初级中

11月15日，总参作战部副部长、国家人防办副主任阚立奎(前左三)少将带领国家人防办检验评估组，评估南宁市人防军事斗争准备工作　　市人防办提供

学开展人防知识教育课，并与市教育局联合制定印发《南宁市初级中学人防知识教育工作要点和通知》，人防知识教育进学校扩大至乡镇初级中学，普及率100%。

【检验评估】 2014年11月15日，总参作战部副部长、国家人防办副主任阚立奎少将带领国家人防办检验评估组，采取静态检查与动态检验相结合、战备拉动和指挥演练相结合的方式，检验评估南宁市人防军事斗争准备情况；检验评估组听取市人防办南宁市人防军事斗争准备检验评估情况汇报，逐项对南宁市人防指挥演练和战备拉动训练、人防指挥系统、物理平台、救援队伍、知识宣教、重要经济目标单位防护建设、指挥信息系统保障等人防军事斗争准备情况进行检验评估。市副市长伍娟担任指挥长，南宁警备区副参谋长雷云久担任副指挥长，南宁市有关部门负责人全程参加指挥演练。 （乐清林）

7月，南宁市中心血站血液告急，高炮团全体现役官兵和正在集训的预任官兵100余人前往南宁中心血站进行紧急献血

高 翔 摄

广西陆军预备役步兵师高炮团

【概 况】 2014年，广西陆军预备役步兵师高炮团学习贯彻习近平主席系列重要讲话精神，开展党的群众路线教育实践活动，把握部队发展方向，改进工作作风，推进中心工作，创新解决发展难题，坚持抓住根本求深入，转变作风抓落实，推动团队建设全面发展。部队建设呈现良好势头，连续两年被广西军区评为全面建设先进团级单位。

【思想政治建设】 2014年，团党委坚持把思想政治建设摆在首位，把学习贯彻习近平主席系列重要讲话精神贯穿始终，把握部队发展的正确方向。坚持把“学习贯彻党章、弘扬优良作风”专题教育和党的群众路线教育实践活动结合起来，与广西军区和师同步完成4个专题的党委中心组带机关理论学习。开展党史军史教育，总结提炼出“铸魂固本、军民融合、精武强能、砺剑苍穹”的团训；学习贯彻党的十八届四中全会和全军、广州军区政治工作会议精神；涉密信息清理行动迅速、整治彻底。

【战备训练】 2014年，团党委围绕做好军事斗争准备这个中心，按照习近平主席关于军队能打仗、打胜仗的总要求，往前赶往实里抓。先后组织入队训练、参谋业务比武、成建制训练、应急队伍训练、广州军区民兵预备役高炮队伍考核、城市防空演练暨年度实弹射击、南宁市公路防汛演练等演训活动。参加师比武竞赛，获团体总分第一；参加广州民兵预备役高炮队伍考核获两级军区首长机关的一致好评；年度实弹射击击落拖靶1个，击伤拖靶4个，参加射击连队全部总评为优秀；参加广西军区组织的预备役团级单位年终军事训练考核，获团体总分第一。

【部队管理】 2014年，高炮团按照“始终牢记依法治军、从严治军是强军之基”的要求，抓好安全工作落实。以贯彻执行条令条例为契机，开展以“学法规、用法规、守法规”为主的条令月活动。针对部分家庭计算机上国际互联网的问题，组织官兵学习贯彻“十条禁令”，逐级签订责任书，对营区网络环境进行规划和改造，安装营区互联网安全出口。针对关键岗位人员变动快、移动存储介质更换多的实际，严格落实“专人专盘，专机专用、专柜专用”制度；加强对文印室的管理，规范文件资料的打印和复印等制度。针对车辆使用管理时紧时松的问题，认真执行“三证一条”派车制度和手续，严格按照程序用车。添置营门防护障碍、卫兵防卫器材，安装视频监控系统和办公区门禁系统，有效地填补营院防卫的漏洞。

【基层建设】 2014年，高炮团认真贯彻两级军区和师关于抓好基层“四个基本”建设的指示精神，全面规划，狠抓落实，“四个基本”建设取得初步成果。在双37高炮二营抓规范化建设试点，为加强全团基层建设提供标准示范。加大经费投入，基层基础设施进一步完善。12月，全部落实“三室一库”和“两室一库”标准，达到基本设施配套完善，战备物资器材和资料齐全的要求。

【综合保障】 2014年，高炮团担负广西军区后勤部在边防一团组织的后方指挥所演练观摩演示，获军区首长机关、院校专家和与会代表的一致好评。对战时所需经费、车辆、油料、医疗、野营、军需等6大类170余种军民通用物资器材进行调查摸底，制定征用计划，搞好预征预储。全年出车1000余辆次，总行程10余万千米安全无事故。筹资整修常委楼、干部公寓楼和士官楼，完成战备值班系统整治任务。

【拥政爱民】 2014年，高炮团先后成建制组织部队参加“美丽广西·清洁乡村”“美丽南宁·整洁畅通有序大行动”以及植树造林、修水利保春耕等活动，动员官兵120多人次，车辆8辆次，植树100多株，清理城市垃圾1.60吨。与武鸣县陆斡镇联合村结对共建，协调扶贫经费为联合村修建村级道路1.20千米、渡槽800米。

广西陆军预备役步兵师高炮团领导人

职务	姓名	军衔
团　　长	韦　辉	上校
政治委员	黎海燕	上校
参　谋　长	唐　鹏	中校
政治处主任	匡立余	中校
后勤和装备处处长	郭建红	少校

（高 翔）

责任编辑 李敬江

城市建设与管理

综　　述

【概　况】 2014年，南宁市列入自治区层面、市级层面统筹推进重大项目577个，总投资7805.49亿元，年度计划投资800.65亿元。其中：自治区层面重大项目77个，总投资1703.78亿元，年度计划投资177.06亿元；市级层面重大项目500个，总投资6101.71亿元，年度计划投资623.59亿元。年内，自治区统筹推进重大项目（不含前期项目）完成投资186.08亿元，占年度投资计划105.10%，比上年同期增长32.60%；新开工项目23个，开工率88.50%；竣工项目7个，竣工率87.50%。市级层面统筹推进重大项目（不含前期项目）完成投资592.46亿元，占年度投资计划95%，下降0.90%；新开工项目115个，开工率77.20%；竣工项目65个，竣工率77.40%。南宁市列入自治区层面和市级层面统筹推进重大城建项目207个，总投资2148.14亿元，年度计划投资259.72亿元。城建计划项目544项，总投资364.51亿元，其中建设项目374项，计划投资358.02亿元，完成投资297.20亿元，增长34.50%，完成率80%。新开工城市基础设施项目6739个（亿元以上项目170个，增长45.30%），其中，桥梁项目、“中国绿城”提升工程、轨道交通项目完成投资进度较快，分别占年度投资计划88.63%、74.73%、74.65%。“三旧”（旧城镇、旧厂房、旧村庄）改造完成投资62亿元，完成率124%；房地产开发投资551.82亿元，增长32.50%。

【城建计划项目建设】 2014年，南宁市城建计划一期、二期、三期安排建设项目503个（新建266个、续建237个），包括五象新区、水城建设及邕江两岸建设、“中国绿城”提升工程、轨道交通、桥梁、道路、公共建筑、保障性住房及拆迁回建房、污水垃圾处置、市政配套设施、专项计划项目11类，总投资2264.37亿元，年度计划投资371.42亿元，完成投资297.20亿元，比上年同期增长34.54%。轨道交通项目、桥梁项目超额完成年度投资任务。开工项目337个。其中：新开工项目119个，续建218个；开工项目中建成使用项目52个。

【城市功能提升“七大工程”】 2014年，南宁市为迎接第45届世界体操锦标赛的举办，实施基础设施建设提升，城市容貌整治提升，城市绿化、美化、彩化，道路交通畅通保障，城市环境安全保障，铁路沿线环境综合整治，文明有礼行动七大工程，实现城市建设大提速，城市管理大进步，城市环境大改善，城市形象大提升。实施项目394个，完成投资107.10亿元。其中，轨道交通1号、2号线提速建设，第二轮轨道交通规划获国务院批准，3号线庆歌路试验站开工建设；南宁机场新航站楼、南宁火车东站、凤岭综合客运枢纽站建成投入使用；南宁外环高速公路、跨江英华大桥、五象大桥以及五象—壮锦、五象—友谊、沙井—富乐等立交桥建成通车。　（陈　琳）

重点工程建设

【五象大桥】 2014年8月31日竣工。2012年11月1日开工建设，业主为南宁纵横时代建设投资有限公司，广西有色勘察设计研究院勘察，广西壮族自治区交通规划勘察设计研究院设计，广东铁路建设监理有限公司监理，中铁十八局集团有限公司施工。大桥为双塔双索面钢斜拉桥，是南宁市首座钢箱梁桥面的大桥；南起五象大道，上跨堤园路，跨越邕江后，上跨荔滨大道，终点接英华路，是连接五象片区与柳沙片区的一条便捷交通要道，路线全长1320米，桥梁全长887米，桥宽39米，为城市主干路，设计速度每小时50千米，总投资8.15亿元。

【英华大桥】 2014年12月28日竣工。2012年11月开工建设，业主为南宁纵横时代建设投资有限公司，桂林矿产地质研究院工程勘察院勘察，四川省交通运输厅公路规划勘察设计研究院设计，广西桂通工程咨询有限公司监理，中铁四局集团有限公司施工。大桥为单索面悬索桥，西起凤亭路，上跨亭江路，向东跨越邕江后，东接英华路与半岛环线交叉口，是连接江南片区和柳沙片区的一条便捷交通要道，路线全长1017.76米，其中两岸引道长102.76米，宽51米；西岸引桥长277米，宽35.20米；主桥长500米，宽37.70米；东岸引桥长138米，宽35.20米。为城市主干路Ⅰ级，设计速度主线每小时60千米，匝道每小时30千米，大桥南北岸主塔高100米，主桥为单主缆悬索桥，大桥造型来源于浦北出土的汉代文物羊角钮编钟，既有古典韵味，又有现代美感。总投资8.90亿元。

【南宁机场高速公路延长线（至新航站楼）工程】 2014年8月30日通车。2013年8月28日开工建设，项目分三个标段实施，业主为南宁市城市建设投资发展有限责任公司，其中1标施工单位广西公路

8月31日，五象大桥竣工通车　　梁善锋提供

桥梁工程总公司,2标施工单位中国建筑第五工程局有限公司,3标施工单位广西公路桥梁工程总公司。起点位于机场高速路与明阳一级公路互通立交往南宁方向1.30千米处,路线往南上跨友谊路,至G322国道附近接机场进场路直达终点新航站楼。计划总投资7.50亿元,2014年度计划投资2亿元,完成投资4.55亿元。按高速公路、市政道路标准修建,长6.14千米,其中高速公路建设长5.39千米,双向六车道;城市快速路长0.75千米,双向八车道,并设置两座枢纽互通立交分别连接机场高速及航站楼。

【枫林路扩建工程】 2014年8月30日开放主线交通。业主为南宁市城市建设投资发展有限责任公司,广西大业建设集团有限责任公司施工。位于凤岭北片区,南起民族大道,北至云景路。项目分两期:一期工程起点接民族大道,终点至项目桩号K0+520段;二期工程起点接项目桩号K0+520段,终点至云景路。枫林路于2009年完成北段1240米道路、排水和路灯安装工程,但接入民族大道方向剩余460米工程因征地拆迁问题一直无法推进。2011年,市政府调整枫林路规划,在打通连接民族大道的460米路段的同时,一并对整段枫林路(云景路—民族大道段)按规划路幅宽度进行扩建,将整个枫林路打通并改造成一条城市次干路。枫林路扩建工程全长1757.87米,路幅宽度18米调整至36米;但同样因征地拆迁问题项目一直无法推进。2014年,市委、市政府将枫林路项目列为服务第45届世界体操锦标赛城市建设基础设施项目建设提升工程的重要节点工程、南宁市年度为民办实事项目之一加以推进实施。计划总投资8900万元,2014年度计划投资1500万元,完成投资6400万元。

【五象—友谊立交桥】 2014年3月正式开工建设,8月30日五象大道主线通车,10月1日友谊路主线通车。业主为南宁市城市建设投资发展有限责任公司,中国建筑第五工程局有限公司施工。位于江南区那洪片区五象大道与友谊路交叉处,设计为北侧双环苜蓿叶加半定向三层半互通立交,分近远期实施;近期计划建设三层菱形互通立交,其中五象大道跨线桥长593米,宽25.50米,面积1.51万平方米;友谊路跨线桥长395米,宽25米,面积9875平方米。计划总投资2.91亿元,2014年度计划投资1.20亿元,完成投资2.71亿元。

【五象—壮锦立交桥】 2014年3月正式开工建设,8月30日完工。位于南宁经济技术开发区五象大道与壮锦大道相交处,设计为三层菱形互通立交。概算总投资4.32亿元,分两期实施。一期工程主要实施壮锦大道主线上跨桥梁,包括道路工程、桥梁工程及附属排水、照明、绿化、交通工程,业主为南宁市城市建设投资发展有限责任公司,广西公路桥梁工程总公司施工;计划总投资1.73亿元,2014年度计划投资1亿元,完成投资1.72亿元。二期工程五象大道下穿通道与地铁4、5号线换乘站同期实施。

【沙井—富乐立交桥】 2014年8月30日,沙井大道主线通车及上跨沙井大道桥梁部分通车。2013年12月6日正式开工建设。位于江南区沙井大道与富乐路交叉处。业主为南宁市城市建设投资发展有限责任公司,中国中铁股份有限公司作为投资方业主采用BT(建设—移交)模式建设。计划投资4.14亿元,2014年度计划投资2.09亿元,完成投资2.09亿元。

【凤凰岭路—凤岭北路立交桥】 2014年3月开工建设,12月26日实现凤凰岭路主线通车。位于凤岭北片区。业主为南宁市城市建设投资发展有限责任公司,广西建工集团第一建筑工程有限责任公司施工。计划总投资4.98亿元,2014年度计划投资3亿元,完成投资2.70亿元。

【南宁外环高速公路】 2014年12月26日正式建成通车。2009年6月23日开工建设,为广西交通投资集团有限公司投资建设。起于西乡塘区安吉,与环城高速公路安吉互通立交相连接,终点位于良庆区玉洞。主线全长81.54千米,全线采用双向四车道高速公路标准建设,沥青混凝土路面,路面宽28米,设计行车速度每小时120千米,双向四车道。全线有桥梁53座、隧道1处、互通式立交9处、收费站5处、服务区2处。其中关键的安吉高速互通立交是全国罕见的互肢互通立交,是在原有互通式立交基础上增加交叉肢数的扩建工程,整个立交桥包括3条主线,汇聚19个交通流向、5个方向的高速车流;概算总投资51.80亿元。南宁外环高速公路建成,在南宁市周边形成一个新的高速环道,环城高速公路里程由82千米增加至125千米。 (梁善锋)

"中国水城"建设与邕江综合整治开发

【概　况】 2014年,南宁市"中国水城"建设及邕江综合整治开发项目58个,年度计划投资42.95亿元,实际完成投资37.39亿元。因水城中期评估涉及规划调整,暂缓实施项目13个,取消项目1个,实际实施项目44个,年度计划投资33.80亿元,实际完成投资36.43亿元(不含暂缓实施及取消项目),完成率107.80%。核心环湖水系整治效果提升。南湖—竹排江水系下游段基本完成整治,相思湖—明月湖水系相思·民族文化风情街、明月湖欧洲风情小镇基本建成,相思·风雨桥建设过半。7月,启动南宁"中国水城"建设规划中期评估;12月26日,中期评估成果通过验收。服务第45届世界体操锦标赛,市"中国水城"建设及邕江综合整治和开发利用工作领导小组

8月30日,五象—友谊立交桥竣工通车　　梁善锋提供

①11月27日至28日，参与承办第九届中国城镇水务发展大会　蒋　鸣提供

②老口航运枢纽成功截流　蒋　鸣提供

③相思·风雨桥　杨素颜　摄

③邕江精品示范段　蒋　鸣提供

办公室牵头制定《水环境治理专项工作实施方案》，组织开展重点河湖水系环境和18条内河水环境脏乱差专项治理，确保赛事期间五象湖、南湖、民歌湖、明月湖、相思湖、黄泥沟等重点河湖水质满足城市水景观要求，邕江及中心城区内河环境达到市容市貌要求。在市水邕建设办成立那考河流域治理PPP(公私合营模式)项目办公室，开展南宁市首个河道PPP项目建设。开展水城建设五周年成效宣传，刊播报道1130多篇，编写近50万字《水城南宁》，制作宣传片1部。

【邕江综合整治】 2014年，南宁市邕江精品示范段基本建成，畅游阁封顶并完成工程量90%。市水邕建设办牵头开展联合执法，完成两岸砂场拆除、老旧码头关闭、菜地清理、违章建(构)筑物拆除等整治，完成《联合执法工作方案(2014—2016)》初稿编制。邕江两岸综合整治项目(自治区党校—三岸大桥)景观方案获批复，堤园路已进场施工。

【“两库一渠”建设】 2014年，南宁市老口航运枢纽截流围堰合龙成功，蓄水至70.50米高程，实现船闸通航，基本完成1号发电机组安装，完成年度投资17.31亿元，完成率115.40%。邕宁水利枢纽主体工程进行施工和监理招标，完成年度投资4.42亿元，完成率102.90%。江北引水干渠开展老口水库—可利江段渠首及隧洞部分施工，完成年度投资2.02亿元，完成率101.20%。

【“四项工程”建设】 2014年，市水邕建设办按计划推进截污、补水、内河整治及清淤四项工程。配合实施三年截污治污攻坚计划，将截污工程列入“两重两问”范围推进；按计划对相思湖、明月湖、朝阳溪实施日常补水；朝阳溪整治三期工程河道整治及截污有序推进，二坑溪整治工程交地部分基本完成，石埠堤实现12.50千米防洪堤坝全线贯通通车；完成朝阳溪、凤凰江、心圩江、黄泥沟、竹排江、民歌湖等河道清淤。（蒋　鸣）

市政基础设施建设

【概　况】 2014年，南宁市以服务第45届世界体操锦标赛为契机，全面推进航空、高铁、轨道交通、道路桥梁、绿化提升、人行道改造、道路“白改黑”等项目建设，特别是为改善交通结构的跨江大桥、道路立交，以及为之配套建设的车站和换乘站先后建成，提升交通功能，“越江不便，南北不畅”的状况有根本性改变。南宁市服务体操世锦赛的市政基础设施的项目176个，计划总投资62.35亿元，其中五象新区建设为项目推进的重点，完成投资276亿元，增长79.70%。“两基地一中心一商圈”(把五象新区建设成为中国—东盟开放合作的区域性国际商贸物流基地、加工制造基地，总部企业及金融中心，五象商圈)建设加快，引进重点项目52个，新开工项目166个，分别增长23%、54.80%；总部基地、金融街、文化产业片区、玉洞东片区、龙岗片区和蟠龙片区项目建设加快推进，万达茂、广西艺术中心、市第三中学五象校区等重大项目开工建设；玉洞大道二期等15条市政道路完成建设，“三横三纵”骨干路网和区域路网初步形成；启动五象岭森林公园规划建设。

【南宁机场新航站区】 2014年9月25日正式启用。2013年8月开工建设，总投资68亿元，其中机场主体工程投资64.30亿元，包括18.90万平方米航站楼，新建3200米的平行滑道1条、停机位50个，以及业务配套用房、道路、供水等设施。新建航站楼建筑面积是原航站楼7.30倍，可满足到2020年旅客吞吐量1600万人次，集邮吞吐量16.40万吨，飞机起降量13.76万架次的需求。按照自治区“第一窗口、第一形象、第一印象”打造的南宁机场T2航站楼是自治区最大的单体建筑，造型设计极具民族特色。航站楼设值机岛5个、值机柜台100个、自动值机设备50台的出发大厅，可保障高峰期每小时6000多人同时办理值机手续；应用全景摄像机、智能化系统、呼叫中心平台等“智慧空港”技术手段，实现旅客安全、便捷出行；航站楼内旅客的步行距离不超过500米，步行时间不超过6分钟；设有涵盖餐饮、百货、品牌、免税及休闲娱乐等多种业态的商业区。

【南宁火车东站】 2014年12月26日启用。2011年7月25日动工建设，是高度现代化的铁路客运特等站，集高铁、普速、地铁、公交、长途客运于一体的特大综合客运站。南宁火车东站以高铁为主普速为辅，设南钦、南广、柳南3个车场，30股道、13座站台，总建筑面积26万多平方米，其中站房面积12万平方米，规模为广西既有及在建火车站之最。南宁火车东站与南宁站互为补充，各有分工，东站每天开行515对动车组列车和3对跨省普速旅客列车，日发送旅客11万人次。除南宁东站和南宁站，南宁市在五象新区还预留五象南站作为辅助车站，三大火车客运站将形成“两主一辅”的南宁铁路枢纽客运站格局。为保证南宁东站交通运输需求，20条配套道路构筑道路网，涵盖轨道交通换乘站、长途客运枢纽、站前广场、地下空间、城市立交等19个东站片区基础设施项目，总投资140亿元。片区道路骨架及网络呈棋盘状，主干路形成“两横三纵”的道路骨架，“两横”是分别位于南、北广场两侧的凤岭北路和长虹路，“三纵”主干路由西向东依次为翠竹路、凤凰岭路和高坡岭路，是南北向连通高速环路、长虹路、凤岭北路、佛子岭路的城市主干路。除主干路外，片区内还有站北西路、站北东路等配套道路。

【凤岭综合客运枢纽站】 2014年7月3日开工建设时间。总用地8.78万平方米,建设标准为一级客运站,设计日均发送旅客3万人次,建设内容包括长途客运站房、长途车蓄车保养及配套服务设施,以及为火车东站与长途客运站服务的公交车临时蓄车场及社会车蓄车场等。概算总投资9.70亿元,施工工期22个月。车站按多地块多层主体模式建设,总建筑面积11.36万平方米,其中地上建筑面积3.40万平方米,地下建筑面积7.96万平方米。地上部分,长途客运站2.62万平方米,行政办公、司乘公寓及培训中心7800平方米;地下部分,长途车停车区域3.60万平方米,社会车辆停车区域3.06万平方米。作为南宁火车东站的一个重要组成部分,凤岭综合客运枢纽站是集客运服务、旅游集散、宾馆餐饮、购物观光、休闲娱乐、交通集散功能为一体的综合性客运服务中心,是南宁市规划的8个客运站之一,也是南宁火车东站综合交通枢纽的重要组成部分。

【轨道交通3号线项目】 2014年12月28日,南宁轨道交通3号线庆歌路试验站开工建设。规划3号线是西北—东南方向骨干线,线路连接城西组团、城北组团、青山组团、良庆组团。3号线路全长27.90千米,设车站23座,庆歌路试验站位于五象新区平乐大道与庆歌路交叉路口处,沿平乐大道南北走向布置。车站总长210米,标准段总宽19.70米,车站采用岛式站台形式。车站主体及附属结构均采用明挖法施工,两端区间隧道采用盾构法施工。3号线区间隧道下穿邕江、竹排江、南湖联通渠等多条水系和众多建筑物,并下穿湘桂高速铁路,沉降控制要求极高;线路大多位于圆砾层,局部地段有岩洞出现,施工难度大,安全风险高。

【南宁港六景作业区开港】 2014年9月24日,南宁港六景作业区正式开港运营。南宁港六景作业区位于南宁六景工业园区,距南宁市区50千米,南柳高速、广昆高速、六钦高速、湘桂铁路、黎钦铁路过境。总投资9.14亿元,占地59.53平方米,岸线总长1068米,建设3000吨级泊位10个,建设堆场面积15万平方米、仓库面积3.90万平方米,设计年吞吐能力363万吨。南宁港六景作业区开港实现连接黔、滇、桂、粤等省(自治区)的内河高速等级航道建设,形成西部物资"通江达海"的立体水运交通网络。

【市政干道建设】 2014年,南宁市继续加大道路设施建设投入,以扩建改建道路为重点,先后开工建设城区东西快速道路、南宁机场高速延长线、南北二级公路改造、枫林路和友谊路延长线改扩建、青环路与枫林路连接线建设,以及南湖隧道景观亮化提升工程等,提升道路的交通功能。

东西向快速路工程 按规划该路分两段工程建设,其中东段即园湖路东侧至厢竹大道,全长3169米,道路主线采用城市快速路标准,双向六车道,桥涵长度1358米,路基长度1811米。总投资7.45亿元。西段即清川大道至园湖路西侧,路线全长1.02万米。总投资42.67亿元。11月16日,中华园湖立交工程与东西快速路工程重叠施工区域,即东西快速路中的民主路至北湖南路段开工建设。

南湖隧道景观亮化提升工程 3月启动,5月10日完成。对隧道照明及配电系统进行提升改造,隧道装饰、隧道口遮阳及交通设施、隧道伸缩缝进行提升和完善,总长879米。隧道内原以满足基本交通功能为主的LED灯照明灯具更换为荧光隧道灯和高压钠灯。

【南北二级公路改造】 2014年7月1日开工建设,9月30日竣工通车。起点接银海大道,终点至南北二级公路江南公路局管理界桩。改造公路全长568.14米,路幅宽12米,双向2车道,行车速度每小时40千米。道路改造包括路面、排水和交通工程,总投资198万元。改造后缓解周边道路交通压力,疏通良庆区那马镇、大塘镇、南晓镇、那陈镇4个乡镇的道路瓶颈。

【友谊路延长线改扩建】 2014年11月18日开工建设。延长线全长13.60千米,分两段实施改扩建,其中外环高速—群益村段全长4.80千米,平丹村—机场高速全长8.80千米。道路呈南北走向,起点位于外环高速公路北侧,往南依次上跨外环高速路,穿过良凤江森林公园,下穿南环铁路和南防铁路,途经吴圩镇中心区,终点止于吴圩机场航站楼附近的高速路。道路等级为城市主干路,设计车速每小时60千米,路幅宽60米,双向八车道。建设内容包括道路、桥涵、排水、照明、绿化、交通设施等工程,其中桥梁3座,包括拆除旧的良凤江大桥,重建桥梁1座。总投资1.60亿元。

【青环路—枫林路连线】 2014年6月初开工建设。位于青秀区凤岭片区,为南北走向,是连接南北两个片区的一条城市次干路。主线起点接青环路,由南至北上跨青林路、埌东公交站、民族大道后接扩建的枫林路,在青环路两侧设置辅道形成简易菱形立体交叉连接青环路与青林路,民族大道北侧设置两个双向匝道A、B连接民族大道与接线主线形成部分苜蓿叶形立体交叉,全长1000米。建设内容包括道路、桥梁、排水、交通、绿化、照明工程,计划总投资1.71亿元。至年末,道路土方工程量完成50%,排水管工程量完成65%,检查井完成56%;青环路段钢筋砼挡墙及砂垫层已全部完成;桥梁工程完成桩基68根、承台2个、墩柱4个。

【立交桥建设】 2014年,南宁市将道路立交桥建设纳入市政基础设施建设的重点,主要有沙井大道—亭洪路延长线立交、五象大道—友谊路立交、长堽路—厢竹大道立交、五象大道—壮锦大道立交、五象大道—玉象大道立交、青山路—英华路立交、沙井路—南站大道立交、五象大道—平乐大道立交、银象大道立交等公路立交桥,以及中华望州园湖铁路立交桥和北湖南路铁路立交桥。其中,沙井—亭洪路延长线立交桥,2月8日开工建设,总长1413米,为两层菱形互通立交,工程概算总投资1.88亿元。长堽—厢竹立交桥,为跨线式立交,全长99米,2014年初开展第三期工程建设,主要建设立交主桥横跨厢竹大道部分和主桥的桥面、匝道等工程,8月底建成通车,完成投资1.73亿元。青山—英华立交桥,10月15日开工建设,采用三层分离式菱形立交方案,计划总投资2.92亿元。五象—平乐立交桥,10月15日动工建设,是五象大道的第5座立交桥,设计为全互通式立交,造型形似蝴蝶的一侧翅膀,计划投资7亿元。沙井—南站立交桥,12月8日动工建设,设计为单苜蓿叶与半定向匝道组合式三层互通立交,主线跨线桥桥长524米,计划总投资7.80亿元。银象立交桥,2月开工建设,为轨道交通2号线配套工程,是市政府、中国建筑股份有限公司创新采用"合资+项目管理+工程总承包模式"合作的首个工程,全长296.34米,总投资9932万元。

【五象—玉象立交桥】 2014年2月19日动工建设,8月底竣工。位于五象大道与玉象路相交节点。采用南侧半苜蓿叶和北侧一对上下匝道部分互通式立交,五象路为上跨五象大道跨线桥。立交范围内五象大道改造设计全长1100米,双向八车道;玉象路设计全长536米,主线车道双向六车道，跨线桥桥长166米，桥宽37米至62.50米，道路等级均为城市主干路。设计速度五象大道时速60千米，玉象路时速50千米，匝道及辅道时速30千米。包括道路工程、桥梁工程、排水(雨水、污水)以及附属照明、交通、电力等工程，项目总投资2.70亿元。为五象大道上正式开工建设的第一座立交桥，主要为五象大桥交通服务。

【中华望州园湖铁路立交桥】 2013年8月动工，中华望州铁路口全封闭施工，开建中华望州铁路立交桥和中华园湖铁路立交桥。2014年4月，两座立交桥主体完工后开始修建立交桥下的市政工程。两座铁路立交桥为"姐妹桥"，两桥最近距离30多米，最远距离80多米。中华望州铁路立交桥长40米，宽51米，净高9米，桥底预留市政道路的有4孔，各孔宽幅为6.50米(东)+12米+12米+11米(西)；中华园湖立交桥长50米，宽40米，净高11米，桥底预留给市政道路的也有4孔，各孔宽幅为4.50米+12米+12米+6.50米。两桥均是在深挖到地表12米的基坑中开建。至年末，项目按工期达到计划进度。总投资7.71亿元。

【广西体育中心配套工程】 2014年4月30日通过竣工验收。2010年10月26日开工建设，广西体育中心配套工程项目主要由综合训练馆、新闻中心及体育宾馆综合体两部分组成，总建筑面积约26万平方米，提供停车位4000个，总投资23亿元。综合训练馆主要供参赛运动员训练、热身以及工作人员办公用。为钢筋混凝土框架结构，总建筑面积4.59万平方米，屋盖最高点高度23.70米。建筑分地上2层、地下1层，一层为休闲活动会馆、健身中心和展厅，其中夹层用于布置办公会议等辅助功能房间；二层主要为体育运动场馆，设有篮球馆、羽毛球馆、网球馆及运动场地，其中夹层为办公区。建筑采用太阳能热水、雨水综合利用、地源热泵系统等节能系统，以及视频安防监控系统、电子巡查管理系统、停车管理及车位引导系统等19个系统，可以满足承办国际重大赛事的要求。新闻中心为宣传提供保障，体育宾馆为运动员及工作人员提供住宿、餐饮等服务，建筑采用框架—剪力墙结构。总建筑面积21.69万平方米，其中裙楼高23.90米，5层；新闻中心A栋高64.30米，15层；B栋高99.90米，24层；体育宾馆A栋高64.65米，16层；B栋高99.90米，26层。

【广西文化艺术中心建设】 2014年12月动工。广西文化艺术中心定位为广西重大文化性公共设施和最高级别的艺术表演中心。位于五象新区平乐大道西面，南宁大桥南桥头西侧，北临邕江。净用地16.29万平方米，其中艺术中心用地6.93万平方米，文化交流配套设施用地6.47万平方米，水系用地2.87万平方米。总建筑面积30.70万平方米。其中：艺术中心建筑面积7.20万平方米，文化交流配套设施建筑面积23.50万平方米；总投资29.50亿元。项目建设内容包括文化艺术中心和文化交流配套设施等，即1800个座位的歌剧院1座、1200个座位的音乐厅1座、600个座位的多功能厅1座，以及动漫展示厅、艺术交流厅、文化展示厅、图书阅览室、人工湖等及其附属配套设施。

【两湖治理工程】

民歌湖水体治理　2014年8月，南宁市水环境管理部门对汇春路蓄水闸至茶花园桥段（含民歌湖）河段实施生态清淤。民歌湖清淤总长1800米，清淤厚度0.70米~1米；开挖清理13.58万立方米淤泥。8月，清淤工程完工后实施水体修复工程，分为民歌湖、竹排冲中下游河道两部分，其中民歌湖水体修复范围为民歌湖水体总面积10万平方米；竹排冲水体修复范围起点为茶花园路，终点为汇春路下游放水闸，水面积16万平方米。工程主要采用生物—生态方法进行，通过利用培育的植物或培养、接种的微生物进行代谢活动，对水体中污染物进行转移、转化和降解，改善河流水质，同时构建具有完整营养结构链的水生态系统。民歌湖水体修复工程子项目水质改善工程9月1日进场施工，10月完工。

明月湖水体治理　8月，南宁市实施明月湖水质应急处理工程，主要针对入湖污染源、沿湖避开行洪通道和明月湖航道建立污染源强化治理区6个，治理区内安装增氧、污泥回流等设备和微生物载体填料，并投加高效微生物使污染物快速分解，净化污水，再接入明月湖。同时对水面投加相应量微生物，降解湖内底泥、富营养化等内源污染，逐渐恢复水体自净能力，根据6个治理区监测情况适时对明月湖实施水质处理，进行日常维护，保证明月湖水质稳定。

【五象新区地产项目】 2014年8月22日，五象新区六大开发项目同时开工，分别为大连万达集团投资的大型室内文化旅游、商业综合体项目"万达茂"，上海世茂国际投资的城市商务综合体"世茂国际中心"，深圳富德金融控股集团投资的超5A甲级商务综合体"南宁京华广场"，太平洋金融大厦，GIG国际金融资本中心，万科区域总部及研发中心。

南宁万达茂　是万达集团"第四代综合体"在全国的首个项目，位于五象新区文化产业城，紧邻邕江，占地47万平方米，总投资150亿元。有文化、旅游、商业、酒店等，包括超大型室内主题公园、儿童乐园、室内滑冰馆、国际影城、美食中心、商业中心及1个五星级度假酒店。

南宁世茂国际中心　位于五象新区总部基地，面积3.60万多平方米，总投资25亿元，为上海世茂集团打造的集办公楼、商业于一体的高端综合体。

南宁京华广场　位于五象新区总部基地，总投资15亿元，规划有一栋160米和一栋140米超高层甲级写字楼以及裙楼商业中心。是深圳富德金融控股集团在南宁投资的首个超高层商务综合体项目。

太平洋金融大厦　位于五象新区总部基地，由中国太平洋保险集团旗下的太平人寿保险有限公司、太平财产保险有限公司联合投资兴建，总建筑面积超过10万平方米，总投资约10亿元。开发建设"现代、高端、生态"的5A甲级写字楼。

GIG国际金融资本中心　位于五象新区总部基地，总建筑面积18万平方米，由广西投资集团兴建，总投资17亿元，建设周期30个月。由一栋200米的超高层办公楼、一栋100米的高层办公楼组成，是集银行、证券、基金、信贷、保险等多种金融产品及增值服务为一体化的一站式平台金融超市。

万科区域总部及研究中心　位于五象新区金融街，占地2.53万平方米，建筑面积12万平方米，万科集团投资8亿元兴建。至年末，项目主体工程基本完工。

建筑管理

【概　况】 2014年，南宁市以建设"美丽南宁"为契机，重点开展建设文明工地、整治工地乱象、规范施工行为，特别是围绕服务第45届世界体操锦标赛的建设工程项目，加紧项目现场督查，发现问题责令立刻整改；启动复查和问责机制，提高整顿治理成效。狠抓建筑质量安全责任落实，进一步提高建设项目工程质量，杜绝安全隐患。年内，建筑业总产值934亿元，比上年同期增长11.70%，增加值328亿元，增长11%，对经济增长贡献率10.80%。

【建筑市场规范整顿】 2014年，南宁市城乡建委和市建筑管理处组成“建筑市场规范整顿”监查小组，通过建筑市场与施工现场的“两场联动”，开展年度“打非治违”活动，重点打击整治无相应施工资质承包工程、违法发包、转包、分包及挂靠等行为，分年中、年末两次大清查，对已签约在建工程项目甲乙双方的施工许可证，承包工程单位的资质证书，以及工地的文明施工现场等进行逐项排查，发现问题记录在案、提出整改要求，严重违规的立即查处。取消对无相应施工资质的2支施工队其项目施工资格；对转包、分包项目的20支施工队责令停工整改，重新办理施工手续方可动工。至年终复查，上述违规项目甲乙双方均未发现违规现象。此外，对重点项目进行抽查，未发现违规施工行为。

【建筑工地管理】 2014年，南宁市建立建筑管理工作微信群及工程监督微信公众平台，实现工作信息快速流转、共享，每天24小时在线，随时协调和处理建筑市场和施工现场出现的问题，强化“两场”联动，提高管理水平。实施高标准工地围挡措施，对整治范围内道路两侧房屋立面统一设计装饰。提升建筑工地裸土覆盖标准，组织全市建筑工地推广闲置裸露土覆盖，逐个检查。突出整治“白改黑”道路改造工程及人行道改造项目施工乱象。及时治理施工中的环境污染和材料运输及堆放违规现象。实行“工地开放日”接受市民监督。邀请市民代表对在建工程的现场参观，接受监督检查，对市民代表提出的问题进行解答，对发现的问题及时向企业提出整改。先后在凤岭北三期公租房，昊壮上乐湾、上水湾保障性住房项目等工程现场举办“工地开放日”。继续创建标准化示范工地。先后在机场高速公路延长线、轨道交通一号线19标、沙井富乐立交桥等项目举办质量安全标准化观摩活动，以点带面，整体推动，全市所有在建工地均达到质量安全标准化水平。抓典型打破行业“潜规则”。市城乡建设主管部门组织建筑管理处和建筑监察支队，对江宇世纪城基坑坡面支护塌方对毗邻建(构)筑物的工程安全造成严重危害事件进行查处，并通过新闻媒体进行曝光；并对群众举报的部分建筑工地进行查处。狠抓工地现场消防安全管理。5月28日，举办工地着火演示对比活动，自治区消防部门、建工企业，以及南宁市建设、施工、监理企业代表1500多人参加观摩。6月5日，联合市公安消防支队，在某个工地板房火灾现场举办现场警示演示会，对市内一些存在火险隐患的工地提出整改要求。全市在建工地未发生任何火灾事故。

【“穿衣戴帽”工程】 2014年，南宁市围绕服务第45届世界体操锦标赛，重点整治工地临街立面、工地围挡安装及工地上空棚架、吊塔等的设置。制定建筑工地整治美观的治理标准，把在建的精品线路和列入世锦赛的服务线路及与之相关的主要活动场所周边的在建工地作为整治的重点，对沿线工地立面进行清洗装饰，统一筹划、统一规格、统一色调、统一实施时限。经过整治施工现场实现五个百分之百达标：施工现场围挡设置达标，工地裸露砂石材料覆盖严实达标，工地施工机具安装有序达标，工地出入口硬化达标，工地施工作业噪音和扬尘控制达标。重点列入整治的72条主要道路和精品线路中的近200个工地整治后全部达标。

8月22日，南宁万达茂开工建设　　市地方志办公室资料

【建设工程造价管理】 2014年，市建设工程造价管理部门以建设工程造价服务于项目建设为立足点，主动做好服务。

轨道交通定额编制　年初，成立轨道工程定额编制小组，组织人员现场开展连续墙施工、旋挖桩机施工、车站施工等定额子项目现场测算；参加轨道1号线南湖站、金湖广场站过街通道顶管工程招标控制价审核；邀请专家召开研讨会着重解决编制过程中的难点问题，10月完成项目的定额编制。

造价咨询企业、执业人员和计价活动监督　9月初，参与自治区造价咨询企业执业情况检查，对南宁市99家建设工程造价咨询企业执业情况进行检查；完成对乙级造价企业的资质初审核验，办理建设工程造价咨询单位资质初审1家，暂定级转正2家，资质延续5家；办理造价员单位变更396人，新考造价另注册783人，注册造价员验证904人。

工程造价信息发布　出版《南宁建设工程造价信息》10期。选择市内行业信誉度较高，规范较大的建设开发、施工、工程造价咨询、材料供应(销售)等单位作为材料价格测报网成员单位，并邀请相关行业协会与管理部门参与，拓宽信息来源渠道，提高信息发布质量；加强与相关单位(部门)的信息联络，交流相关建设新材料、新工艺，准确发布。

造价指数与经济指标编制　市建设工程造价管理站加强对城市住宅建造成本监测和指导，做好住宅建筑工程造价信息测算，每月完成一个典型工程(高层住宅、多层住宅、经适房、钢结构房等)造价经济指标的收集、整理、发布，分别按1月、3月、6月、9月信息价，做好住宅楼、综合楼、标准厂房等12种类型的工程造价季度指数测算、编制、发布。

【建设工程招投标管理】 2014年，南宁市建设工程招投标管理部门实施招投标监管与服务创新，放开非国有资金投资项目必须招标限制，提高民营项目招投标效率，节省招投标时间约20天。推进绿地中心二期、标准厂房、合景天汇广场、宝能城市广场等一批民营项目快速落地；制定《南宁市轨道交通工程招投标管理暂行规定》《轨道货物招投标指导意见》《南宁市轨道交通建设招投标监管组工作方案》，协调服务轨道工程二号线、南宁机场新航站区、南宁火车东站等政府投资重点项目完成招投标。按照“能并联不串联”的原则，减少招投标前置条件，加速办理招投标手续：将项目招标申请、招标公告、招标文件由原来分别独立备案并联整合为一次性申报，将施工合同备案由原来的招标人发出中标通知书30日内办理施工合同备案调整为可前置手续办理。简化备案材料，实行缺项受理，在招投标环节不再核查项目土地手续，延至办理施工许可证时再核查；重点项目试行施工图审查备案和招投标备案、上控价编制并联实施做法。市城乡建设委员会将招标投标监管职能下放给南宁高新技术产业开发区、南宁经济技术开发区、广西—东盟经济技术开发区3个开发区。首次赋予城建项目业主履约信誉考评权利，由南宁轨道交通集团有限公司制定实施细则及组织实施。2月，南宁市监察局牵头实施南宁市试行电子招投标；10月，完成电子招投标项目66个，逐步提高招标透明度，节约资源和交易成本。年内，实行招标910项，工程造价414.25亿元；直接发包227项，工程造价153.74亿元。

【招投标评标办法改进】 2014年，南宁市建设工程招投标管理部门探索改进评标办法，综合评分法的技术标和商务标比例由三七调整至四六，引导投标人通过技术竞争，提高项目管理水平；改进合理低价评标办法计算方式，由5家平均最合理低价改所有报价平均数，避免过低价中标；评标分值设企业信誉分10分，包括自治区、市及以上建设行政主管部门颁发的与建筑工程质量、安全文明、绿色环保、节能有关的荣誉，或获南宁市建设行政主管部门通报表扬的企业。

【建筑科研】 2014年，市建筑科学研究院扩大建筑科研成果，开展建筑节能和绿色建筑咨询活动，完成江南电力新城、龙光世纪大厦、南宁万科大厦、远洋大厦、朝阳大厦等项目的绿色建筑咨询，总建筑面积69.10万平方米，其中江南电力城为地标绿色建筑一星，龙光世纪大厦为自治区第一个超高大型建筑、超高标绿色建筑二星，南宁万科大厦为目标绿色建筑三星。完成南宁市铁路沿线城乡风貌改造工程房屋外立面改造设计建筑1.50万栋；青秀区城市精品线路8栋建筑外立面风貌改造工程设计，青秀区教育局所属教学楼设计。开展工程技术检测，市建筑科学研究院检测中心通过自治区技术监督局计量认证资质复评审，4项检测资质获恢复，检测产值50万元。

【房屋拆迁征收】 2014年，南宁市随着城区旧城改造、新区开发的推进，列入城市建设项目涉及征地拆迁的房屋工作量大，在房屋拆迁过程中，遇到的具体问题较多。南宁市结合市情，依法修订《南宁市国有土地上房屋征收与补偿暂行办法》《南宁市城市房屋拆迁补偿安置指导意见》等规定。在取消行政强拆和行政裁决做法后，采取与之相适应的房屋补偿决定、司法强制搬迁等新的房屋征收强制手段，推进房屋拆迁征收。年内，申请司法强制执行较大的征收项目12起，执行11起；完成房屋征收73.30万平方米，完成率146.60%。

【建筑节能】 2014年，南宁市建筑节能通过完善政策保障体系、技术支撑体系和监督管理体系，推进建筑节能和墙材革新各项工作。

可再生能源建筑应用常态化　完成可再生能源建筑应用城市示范任务，130个项目的可再生能源应用面积641.24万平方米，折合示范面积490.06万平方米；在新建建设工程项目民用建筑设计方案节能审查阶段，落实设计采用太阳能热水系统374.99万平方米，太阳能光伏发电系统总装机容量16.80万KWP（千瓦峰值）、地源热泵建筑应用面积10.24万平方米、污水源热泵系统建筑应用面积1.07万平方米。

绿色建筑半强制推广　落实国家、自治区关于对财政投资的公益性公共建筑项目、保障性住房项目、单体建筑面积达到2万平方米以上的大型公共建筑项目按绿色建筑标准进行建设的要求。率先在自治区出台《南宁市绿色建筑行动实施方案》，明确新建、改建或扩建的较大的房地产开发项目和五象新区核心区的项目要按照绿色建筑标准进行建设，在建筑方案设计阶段实施绿色建筑达标预评审。至年末，获绿色建筑标识的项目27个，总建筑面积325.52万平方米；获绿色建筑设计标识的项目竣工10个，建筑面积55.94万平方米。在建筑方案设计阶段有93个项目纳入绿色建筑建设要求，绿色建筑设计方案通过专家预评审，总建筑面积1923.38万平方米，其中落实绿色建筑项目86个、总建筑面积1837.34万平方米；财政投资的公益性建筑项目27个，总建筑面积149.29万平方米；保障性住房项目7项，总建筑面积136.57万平方米。

【落后墙材产能关停淘汰】 2014年，南宁市提前一个月完成市政府明确的淘汰落后墙材产能任务，累计减少黏土实心砖产量22.20亿块标砖，节约土地244.22万平方米，节约标准煤13.77万吨，二氧化硫、二氧化碳排放量比上年分别减少0.50万吨、53.28万吨。确定关停、拆除砖厂74家，完成烟囱、窑体建筑物及机械设备的拆除。

【建筑立法与行政执法】 2014年，市城乡建设行政主管部门抓好地方性法规、政府规章以及规范性文件的立法，完成《南宁市城市供水节水条例（草案）》，通过自治区人大的审查，政府规章《南宁市第二次供水管理办法》《南宁市建设工程质量和安全生产管理办法》调研、起草及修订，上报上级相关部门；完成《南宁市建设工程勘察设计诚信行为管理办法》《南宁市建筑业企业及其从业人员参与“两违”建设行为的处理办法》等规范性文件6部。在行政执法方面，出具重大决策事项合法性审查意见8件、规范性文件合法性审查意见13件。加大对文明施工、质量安全、轨道交通等重点领域的巡查及处理，下发整改通知书1355份、停工通知书245份，比上年同期增加1.50倍；以与工程质量安全密切相关的、检测单位出具虚假检测报告、混凝土生产单位使用不合格的原材料生产预拌混凝土、施工单位使用不合格建设工程材料、未按照工程强制性标准施工、未按照施工图设计文件施工等“十大”典型违法行为为突破口，从单一执法向专业化、多样转变，通过严查重罚典型案例，在行业内产生警示和教育作用；作出行政处罚决定712件，上缴罚没款784万元，增长345%。加强行政复议和诉讼工作。作为被复议机关的行政复议案件31件，增长34.80%；作为被告的行政诉讼案件64件，增长236.80%；案件胜诉（维护）率100%。

【建设工程款清欠】 2014年，南宁市强化建设项目全过程监管，做好事前把关，过程控制，事后监督，预防拖欠工程款。在项目开工环节，建立农民工工资保障金缴纳制度，保障工人的劳动报酬权益。做好施工现场农民工工资监控制度牌和《关于加强做好建设领域清欠工作的通告》《关于严禁建设领域严意追讨行为的通告》的张贴，公布投诉方式和投诉电话，告知维权合法途径，引导合理维权。建立监督制度。项目在办理《商品房预售许可证》前，核查项目工程款、农民工工资支付情况；全年办理307个项目农民工保障金缴纳手续，出具219份无拖欠证明，办理121份退还建设单位农民工工资保障金的申请。开展工程款、工人工资拖欠整治行动。重点处理南宁科技馆项目、鑫利华项目爬塔吊事件、香港园聚众打架事件、保利城大量农民工聚集拉横幅讨薪事件、东盟中央城聚众打架事件、凤翔名居聚众讨薪事件等，对责任单位、责任人按规定处罚。畅通投诉渠道，快速处理投诉案件。开展年中清欠检查，对出现疑点的重点工地排查120个，出动检查人员400多人次，排查出清欠重点矛盾突出项目28个。全年受理清欠来信来电投诉105起，来人来访150多人次，召开协调会70次，受理投诉40个，协调处理涉及工程款6000多万元。

村镇建设

【概　况】 2014年，南宁市开展农村住宅审批制度改革，实施农村住宅建设管理及推荐户型奖励。全市农村住宅推荐户型开工建设5133户，开工率132.43%；竣工2958个，竣工率76.32%。推广新户型建设奖励方式，鼓励农户采用推荐的户型搞建设，改变各施其建、户型零乱、整体不一的现象。继续指导宾阳县黎塘镇等5个特色名镇名村的建设，结合当地实际，征求专家和地方群众意见，突出建筑结构的新颖和地方民族特色。开展新型城镇化发展规划编制，形成新型城镇化标准，推进新型城镇化建设。

【城乡风貌改造】 2014年，南宁市重点实施高铁沿线城乡改造项目，采取集中整治和长效管理相结合的方式，推进对柳南、南铁、南广等高铁沿线的村庄风貌改造，房屋外立面改造1.18万户，完成投资3.11亿元；环城高速公路沿线累计完成房屋外立面改造1375户，完成投资4125万元。南宁市9000户农村危房改造任务100%落实到户，开工率100%；竣工8741户，竣工率97.12%；网上录入率99.70%。

（陈　琳）

城市规划

【概　况】 2014年，南宁市规划管理局完成编制并获市政府批复的城市规划项目27个，涉及专项规划、控制性详细规划、城市设计等板块。其中：专项规划有《南宁市中心城大型建筑弃土消纳场布局规划》《南宁市城市排水（雨水）防涝综合规划》《吴圩空港经济区综合交通、道路竖向、市政基础设施专项规划》《南宁市城市照明专项规划（2012-2020）》《南宁市公共自行车交通系统步行系统及城市绿道系统规划》《中心城区重点区域景观亮化建设规划》《南宁市空港经济区公共服务设施建设规划》《南宁市域轨道网规划》8项；控制性详细规划有《南宁市凤岭北片区控制性详细规划（修编）》《南宁市道路网络控制规划》《南宁东盟国际工业原料产品物流城控制性详细规划（调整）》《富士康南宁科技园南区控制性详细规划》4项；城市设计与导则有《南宁市城市中小学建筑风貌图则及农村小学建筑设计图则》《邕江沿岸重点地段之铜鼓岭路延长线—蓉茉大道城市设计》《南宁火车东站周边地区城市设计》《南宁市轨道交通2号线工程（玉洞—西津村）站点区域交通衔接规划设计》《南宁市绿化规划导则》《绿道规划设计导则》6项；战略规划有《南宁吴圩空港经济区近中期发展规划（2012-2020）》《五象现代产业园空间发展战略规划》2项；其他规划研究有《南宁火车东站片区发展策划》《朝阳商圈交通改善与品质提升规划研究》、南宁市中心城区交通拥堵问题及其缓解对策研究》《交通年度报告（2013年）》《南宁市交通规划白皮书》《南宁市公交都市总体规划战略研究》《南宁火车东站枢纽分阶段交通组织方案》7项。开展编制并已完成成果评审的规划项目有《南宁特色街区保护与发展规划》《南宁市城市风貌分区规划研究和建筑控制导则》《南宁市埌东—凤岭城市中心之会展商务区概念规划（空间布局及业态部分）》《南宁市空间战略发展规划》《南宁市茅桥湖周边地区片区发展策划研究》《南宁市城市总体规划（2011-2020）实施评估》《南宁市控制性详细规划编制方法研究及技术导则》《南宁市五象岭森林公园总体规划（2014-2025）修编》《金陵大道沿线用地控制规划》《南宁市民族大道延长线经济带概念性总体规划》《南宁市大王滩总体发展规划》《埌东凤岭城市中心之会展商务核心区总体规划（含业态、交通专题）》《民族大道及东葛路沿线局部区域道路网改善规划》《南宁市建设项目交通影响评价技术规程及管理办法》《南宁机场交通接驳规划研究》《南宁市人行道及其市政设施设计标准导则》16项。此外，市规划管理局完成南宁市为民办实事工程11座人行过街天桥工程设计方案审批，批复的人行天桥项目有：望州路天桥、荣宝华商城人行天桥、衡阳东路明秀小区人行天桥、五象壮锦立交配套一座人行天桥、玫瑰园小区人行天桥、五一路翠湖新城小区人行天桥、长堽路市第十九中学天桥、昆仑大道三塘卫生院天桥、民族大道麻村一街天桥、五象大道体育中心站过街人行天桥、民族大道—民族鲤湾路口天桥，其中部分项目初步建成。

【吴圩空港经济区近中期发展规划（2012—2020）】 2014年6月24日，《南宁吴圩空港经济区近中期发展规划（2012—2020）》获市政府批复。规划范围以《南宁吴圩空港新城概念性总体规划》范围为基础，将明阳工业园范围作为协调区范围，规划总面积约256平方千米。规划结构："一港、一镇、一园、两轴"；"一港"即紧抓机场扩建时机，发展紧密临空型产业；"一镇"即以临空工业为契机，基于吴圩镇发展生活配套；"一园"即与明阳工业园联动，带动南部片区开发；"两轴"即依托南友高速公路与322国道，形成南宁市区—吴圩镇—机场发展轴；依托明阳大道，形成明阳工业园—吴圩镇发展轴。土地利用规划：至2020年，建设用地3445.29公顷，占总用地13.44%（城乡居民点用地2767.94公顷、区域交通设施用地677.35公顷）；非建设用地面积2.22万公顷，占总用地86.56%（水域面积398.98公顷、农林用地面积21787.77公顷）。近期（至2015年）吴圩镇主要沿友谊路（322国道）、光明路拓展，发展机场北部少量物流、工业用地，明阳工业园在现状的基础上，向南拓展，增加工业用地和居住用地。

【南宁市城市排水（雨水）防涝综合专项规划】 2014年6月27日获市政府批复。规划范围：包括新高速环路内的城市建成区以及发展备用地，总面积900平方千米。规划期限：2014年至2030年，其中：近期2014年至2020年；远期2021年至2030年。规划目标：到2015年主汛期前，实现中心城区短时强降雨积水及时排除，道路交通不中断，居民家中不进水；到2020年，实现城区达到十年一遇防涝标准，重点区域达到二十年一遇防涝标准，城市干道交通不受严重影响；短时强降雨积水及时排除，交通不中断，重点路段不积水。到2030年，实现城区达到五十年一遇防涝标准总体目标。防涝对策包括合理确定建设标准，提升排渍防涝能力；树立生态开发理念，提倡科技防涝避灾；完善内涝防范体系，构建应急预警机制；建设防涝工程体系，强化排水防涝管理。综合考虑蓄、滞、渗、净、用、排等多种措施组合的城市排水防涝系统技术方案。

【南宁市中心城大型建筑弃土消纳场布局规划】 2014年6月26日获市政府批复。规划的范围:南宁市总体规划确定的中心城范围和其周边临时、专用建筑弃土消纳场的选址用地,规划面积约300平方千米。规划期限:2013年至2015年。规划目标:利用3年左右的时间,基本形成布局合理、经济高效率的城市建筑弃土消纳场体系,使中心城建筑弃土的消纳实现经济效益和社会效益的和谐统一,有效解决无序倾占的弊端,为城市提供优美、舒适的发展环境。总体布局规划包括临时消纳场布局和专用消纳场布局。临时消纳场(建设用地内部土方平衡消纳)布局:2013年至2014年,规划建设完成大型临时消纳场13处,新增建筑弃土大型临时消纳场容量2085万立方米。其中:西乡塘区3处、兴宁区1处、青秀区3处、江南区1处、良庆区3处、邕宁区2处。2014年至2015年,规划建设完成大型临时消纳场6处;新增建筑弃土大型临时消纳场容量1655万立方米。其中:青秀区2处、江南区2处、邕宁区2处。专用消纳场(建设用地开发产生余量土方消纳)布局:2013年至2014年,规划建设完成大型专用消纳场5处,新增专用建筑弃土消纳场容量4150万立方米。其中:西乡塘区1处、青秀区1处、良庆区2处、邕宁区1处。2014年至2015年,规划建设完成大型临时消纳场4处,新增专用建筑弃土消纳场容量3100万立方米。其中:西乡塘区规划建设3处、青秀区1处、江南区1处、良庆区1处。

【凤岭北片区控制性详细规划修编】 2014年9月,《南宁市凤岭北片区控制性详细规划修编(含重点地段地下空间)》获市政府批复。规划范围东至现状高速东环、南至民族大道、西至竹溪大道、北至长堽路围合区域,规划区域用地面积21.66平方千米。功能定位以居住为主,交通、商务、文化为辅,配套休闲娱乐等功能的城市新区。规划人口规模38万~43万人,规划的市政及公共服务设施基本按照40万服务人口进行预留和控制。规划形成"一主、两副、八轴、三片区"的总体空间结构:"一主"即综合交通枢纽及周边服务区域组成,以南宁火车站为核心,与站前的南北广场形成的交通重点区域;"两副"即两个副中心,一个在凤岭西片区形成以凤岭儿童公园为核心的服务中心,另一个是以云景路北侧商业综合体为片区商业、商务的服务中心;"八轴"是指根据凤岭北片区道路的实际情况形成该片区域八条交通发展轴,其中南北向"三轴",由西至东分别为竹溪路、凤凰岭路、快速环路,东西向"五轴",由南至北分别为民族大道、云景路、佛子岭路、凤岭北路、长虹路;"三片区"即东站服务区、文化居住区和休闲居住区。

【南宁市城市中小学建筑风貌图则及农村小学建筑设计图则】 2014年12月31日获市政府批复。编制范围为南宁市行政区划范围内(含县城)的城市及乡镇中小学校、农村小学。规划内容:根据城市中小学与农村小学的建设要求差异,分为南宁市城市中小学校建筑风貌图则与农村小学建筑设计图则两部分。其中南宁市城市中小学校建筑风貌图则基于南宁市地域与民族建筑特色,并借鉴徽派建筑风格的精华,结合"人文关怀、特色性、创新性"的设计理念,对中小学校建筑风貌、建筑单体及附属设施、环境景观、建筑功能建设标准等方面提出设计要求,并针对南宁市新建中小学与已建中小学改造、扩建建筑设计,提供样板化的中小学校建筑风貌设计图则范例。农村小学建筑设计图则的编制对象主要是农村小学的选址、平面布局、建筑单体及附属设施、环境景观等,通过研究借鉴农村小学优秀案例,采用单元模块化设计手法,探讨并提出符合南宁市农村小学实际建设发展需求的新型农村小学建筑设计标准。

【城建档案管理】 2014年,南宁市城市建设档案馆共藏有档案18类61.54万卷。完成规划档案扫描5.10万卷,完成馆藏档案扫描11.10万卷,累计扫描馆藏档案59万卷。接收市规划管理局档案4.90万卷、市城乡建设委员会档案3.50万卷、市园林局2002年至2012年2683个审批项目档案1200卷;接收建筑工程竣工档案3.90万卷。整理上架入库档案8.41万卷。接待1.57万人次,比上年增长79%;调阅利用档案1.28万卷,增长44.80%。拍摄南宁机场新航站楼、南宁火车东站、轨道交通1、2号线等重点建设项目照片1.60万张,视频3817分钟,数据量399GB;开展无人机航拍11架次,完成固定翼飞机航拍南宁市重点公园正射影像18平方千米。公开出版反映南宁园林建设发展概况的城建专题图册《壮乡首府魅力邕城——园林篇》。

【项目审批】 2014年,市规划管理局核发规划设计条件160份、总平规划61份。核发《建设项目用地选址意见书》127份,总用地面积1580.20万平方米;核发《建设用地规划许可证》125份,折合总用地面积764.60万平方米,上报市政府规划选址材料196份。市政工程方面受理包括道路、桥梁、出入口、电力、管线等建设项目517件,其中核发市政工程设计条件213份,《市政工程规划许可证》266份,市政规划总平面图审定25份,市政建筑设计方案12份,市政工程规划条件核实1份;完成市政工程方案批复158项,按时办结率100%。建设工程方面办理审批业务1234项,其中核发《建设工程规划许可证》439份,开工总建筑面积780.70万平方米,总投资135.15亿元;核发《建设工程规划竣工验收合格证》350份,竣工总建筑面积405.55万平方米。

【违法案件处理】 2014年,市规划管理局组织日常巡查1363次,验灰线项目370个,验基础项目351个,竣工验收项目463个,完成批后跟踪管理服务项目1081个;立案查处549宗,转城区强制拆除违法建设15件,下发检查通知书31份,下发处罚告知书552份、处罚决定书530份,罚款671.26万元;开展2期304个图斑核查,并按职责转城区城管部门核查25个。

【规划信息化建设】 2014年,市规划管理局完成规划路网调整174余次,1:500地形图更新入库868幅,1:1000地形图更新入库682幅,并同步进行规划成果资料的收集、整理,业务档案数据的入库等工作。完成打印路网图、审批图、许可证、规划公示牌工作,打印规划许可证2283份、图纸6080张,对外核放路网3241张,制作批前公示264个、批后公示277个。继续开展指标核算、日照分析、日照校核、规划公示牌等业务,完成指标核算38个项目建筑面积270万平方米,日照分析13个项目建筑面积44万平方米,日照校核307个项目建筑面积4828万平方米。完成《广西嘉和城区位图手绘地图》专题制作、《有嘢食—南宁吃喝玩乐手绘地图》绘制与明信片套装产品的设计绘制、印刷出品,以及《南宁市中心区域手绘地图—世锦赛专版》的设计绘制及印刷等。与市投资促进局合作设计绘制《南宁产业及产业园区布局图》;与广西师范学院合作设计绘制《"吃遍广西"舌尖旅游游戏地图》,获广西第二届"博物馆·美与时尚"民族文化创意产品设计奖一等奖。

【信访与提案办理】 2014年,市规划管理局办理各类信访件287件,其中市长公开电话106件、群众来访来信112件、信访局等部门转办56件、网上信访13件,所有信访件均能及时办理并跟踪办理结果。承办市人大十三届人大五次会议代表建议29件，市政协十届四次会议提案76件(主办20件、会办56件)，办复率100%。

乡镇规划

【概　况】 2014年，南宁市规划管理局指导县(区)开展村镇规划集中行动，其中双桥镇、三塘镇、南晓镇3个镇总体规划获市政府批复；完成宾阳县县城中心城区、宾阳县大桥镇、横县云表镇、江南区吴圩镇、上林县白圩镇4个建制镇控制性详细规划与633个村庄规划编制，编制率100%。审批完成邕宁区、青秀区等城区336个村庄规划以及青秀区仙葫那舅社区新塘坡、良庆区那马镇那马社区冲敏坡、良庆区大塘镇太安村下村坡、兴宁区五塘镇两山村两山坡4个铁路沿线试点村庄规划。部分县(区)在自治区住房保障和建设厅村镇规划集中行动的目标要求下超额完成村屯规划编制，其中马山县50个村庄规划编制，提交规划成果60个，编制率120%；西乡塘区39个村庄规划编制，提交规划成果41个，编制率105%；良庆区50个村庄规划编制，提交规划成果51个，编制率102%；邕宁区50个村镇规划编制，提交规划成果52个，编制率104%。完成《南宁市三塘至五塘片区概念性总体规划》《南宁市三塘镇控制性详细规划》、江南区江西镇扬美村、江南区江西镇同新村木村坡、江西镇同江村三江坡(宋村)、横县平朗乡笔山村、宾阳县古辣镇蔡村等5个传统村落保护发展规划编制及报批。

【三塘镇总体规划(2014—2035)】 2014年12月18日，《南宁市三塘镇总体规划(2014—2035)》获市政府批复。规划分为“镇域”“规划区”“镇区”3个层次。镇域总面积约286平方千米，规划区总面积约286平方千米，镇区建设用地规模约44平方千米。城镇性质：以和谐生态居住、时尚旅游休闲、高端新兴产业、现代商贸服务等功能为主的现代都市和生态田园新区；远景发展成为城市东部复合副中心的重要功能区。城镇规模：至2035年的人均城镇建设用地指标控制在100平方米以内。近期至2020年，三塘城镇建设用地面积2399.67公顷，人口24万人，人均建设用地面积99.99平方米；远期至2035年，城镇建设用地面积为4378.97公顷，人口约44万人，人均建设用地面积99.52平方米。近期建设布局为昆仑大道两侧区域主要布局商业、商务、文化、教育科研、居住、市政公共设施等用地，将镇区中部片区先发展起来，创造有利条件逐步向南北扩展；镇区西北面围绕自治区本级土地开发，重点发展以生态田园为目标的综合居住、科技研发、高端商务办公，逐步推动三塘片区向北部腹地发展，提升新区现代服务业发展的深度和广度；南侧建设用地区域则立足于南宁火车东站的建设，发展服务于区域交通枢纽的高端服务业。

【五塘镇两山村两山坡村庄规划】 2014年7月2日，《兴宁区五塘镇两山村两山坡村庄规划》获市政府批复。规划期限2014年至2020年。其中，近期为2014年；远期为2015年至2020年。村庄性质：南宁市东北高铁走廊上景色优美、村容整洁、设施完善、产业突出的生态型村庄。人口规模：至规划期末，两山坡总人口330人75户。规划建设用地规模4.48公顷。功能布局分生态休闲区、公共服务区、沿线风貌居住区“三片区”。近期建设规划战略：主要进行村容村貌综合整治为主，对村庄铁路沿线范围保留建筑进行修整、装饰，加强村庄基础设施建设，充分利用不宜建设的废弃场地和空闲地建设村民集中活动场所、村庄小游园等公共休憩场地等。

【那马镇那马社区冲敏坡村庄规划】 2014年7月2日，《良庆区那马镇那马社区冲敏坡村庄规划》获市政府批复。规划期限2014年至2030年。近期2014年至2015年；远期2016年至2030年。村庄性质：南宁市近郊环境优美、乡土气息浓郁、村民生活舒适的“休闲坡”。人口规模：规划预测至2030年，村庄规划总人口248人，总户数71户。冲敏坡将发展成为中等规模的城郊型村庄。用地规模：人均建设用地148.79平方米，相应规划建设用地规模3.69公顷。功能布局分为两个居住片区(北部住宅集中区以及西南角的居住片区)、亲水休憩区、果蔬采摘区、文体活动区。近期村庄主要建设任务为进行村容村貌综合整治，包括对村庄保留建筑进行修整、装饰，修复破损村道路面，打通及改造村庄内主要道路，建设村民集中活动场所、村庄小游园等公共休憩场地，清除村内杂物、草垛、路障等，清理、疏通河渠水道，改善堤岸亲水环境，整治利用公共水面，建设垃圾收集点、文化活动室，改造完善电力、电信线、排水及污水处理设施，在村庄主要道路安装路灯、指示牌和废物箱等。

【仙葫那舅社区新塘坡村庄规划】 2014年7月2日，《青秀区仙葫那舅社区新塘坡村庄规划》获市政府批复。规划期限为2014年至2020年。近期规划期限为2014年年底。村庄定位为以完善基础配套设施，提升村民素质，创造淳朴民风为主的活力壮乡；以提高农业生产效率，调动农民劳动积极性，实施多项措施来保障农民生活为主的和谐壮乡；以保护并充分利用现有生态农田和山体，发展村庄绿色产业的绿色壮乡。人口规模：现状人口326人，预测至2020年村庄人口348人。用地规模：规划至2020年人均建设用地面积按90.23平方米估算，村庄建设用地规模3.14公顷，总用地规模25.94公顷。功能布局：构成“两片、一点”(“两片”即延续村庄原有的肌理，将村庄南部建筑群划分为2个主要居住片区；“一点“即依照新塘坡村民的意愿，在两个居住片区中间设置公共活动中心，公共活动中心设置羽毛球场、健身广场、健身路径等)的空间布局结构。近期建设规划：2014年，重点完善环境整治和基础设施，打通旧村内部道路及完善道路配套设施，完成各种市政管线的地下埋设；完善公用工程设施和环卫设施建设，改善村内居住环境，进行绿化建设，完成村庄景观建设、宅旁绿化、主要道路行道树种植等景观绿化部分的建设。 (刘晓丽)

勘　测

【概　况】 2014年，南宁市勘察测绘地理信息院有在职职工247人，退休职工48人；在职专业技术人员210多人，其中教授级高级工程师3人、高级工程师23人、中级职称80人、初级职称95人。年内，承接工程3356项，生产收入超8500万元。勘测成果合格率、勘测资料归档率、勘测产品数字化成图率均100%。《南宁市青山路南湖连接线工程》项目被中国勘察设计协会评为2013年度优秀工程勘察设计三等奖；《南宁市1:1000基础地理信息数据库建设项目》获中国地理信息产业协会颁发的2014中国地理信息产业优秀工程铜奖；《城市智讯互联网地图》获中国测绘地理信息学会颁发的2014年优秀地图作品裴秀奖铜奖；《南宁市地理信息共享服务平台的研究与建设》《智慧社区网格化管理信息系统及应用示范》项目通过自治区科技厅组织的专家评审会，被评为国内先进水平;《南宁市地理信息共享服务平台(公众版)》《南宁市地理信息共享服务平台(政务版)》《南宁城市地下管线管理信息系统》获国家版权局颁发的软件著作权登记证;《基于多视点影像的地理信息快速采集方法研究与应用》《城市综合地下管线信息管理系统及其应用》项目获自治区科技厅颁发的科学技术成果登记证书。

【城市测量】 2014年,市勘测院承担控制测量、地形测量、工程测量、地下管线测量等测量工程项目3151项。其中包括南宁市邕宁区龟山堤治理工程,南宁市轨道交通线GPS框架网,水准框架网,2号线东延线,3号线、4号线、5号线的GPS控制网,精密导线网,二等水准网的建立、维护和复测,南宁市地下管线7000千米的管线普查等项目。

【基础测绘】 2014年,市勘测院主要运用航空摄影测量和遥感方法更新大比例尺的地形图和影像图,完成航空摄影影像控制点测量1128.94平方千米;完成447平方千米的大比例尺数字地形图制作;利用小型无人机航空摄影完成五象岭森林公园20平方千米、外东环60平方千米(带状区域)和广西—东盟经济开发区14平方千米3个区域的航拍,获取紧急规划编制任务基础数据。

【地理信息数据生产】 2014年,市勘测院完成2015年版南宁市六城区地图、南宁市六县六城区地图、南宁市中心城区图的更新换版,南宁市新高速环路范围内约920平方千米1:5000数字地形图缩编及建库,五象新区60平方千米三维场景建设,南宁市申报"历史文化名城"项目的室外场景、市内场景和非物质文化遗产场景制作约20处。

【工程地质勘察】 2014年,市勘测院工程勘察专业承接工程项目205项,其中岩土工程勘察项目194项(重点工程10项);承接地质灾害危险性评估项目15项,土地复垦2项,压覆矿产评估2项,矿山地质环境恢复治理方案编制2项。完成2014年南宁市200条市政主要道路沥青混凝土罩面建设项目地形测量、断面测量;完成南宁市五象大道—友谊大道立交桥、五象大道—壮锦大道立交桥、五象大道-银海大道立交桥、英华路—青山路立交桥、青山大桥、凤岭北路—高速环路立交桥等项目详细勘察;完成南宁市高速公路东环改快速路工程地形测量。 (莫惠荃)

国土资源管理

【概　况】 2014年,南宁市国土资源局落实新增建设用地指标2545.06公顷,用地报批获批(含往年上报获批)2180.41公顷。清理征而未供土地3689公顷,盘活存量地1254.50公顷。供应标准厂房土地97.72万平方米,建筑面积237万平方米。补充耕地126.14公顷,完成市本级与县(区)合作的44个土地开垦项目的新增耕地质量等级评定。发现、制止土地违法1502宗,涉及土地584.35公顷。处置闲置土地75宗,涉及土地105.03万平方米。完成征地4241.99公顷,完成拆迁329.13万平方米。受理、办理信访件270件,比上年同期下降21%。个人住房土地登记、补办出让业务登记业务办理时限提速74.14%。优化完善《南宁市国土资源政务平台》,基本实现无纸化办公和网上审批;完成乡镇部门的网络系统部署及网络环境改进,覆盖至县、乡,实现市、县、乡三级联网。

【建设项目用地管理】 2014年,南宁市编制完成《南宁市土地利用总体规划(2006—2020年)中心城区建设用地规模边界调整方案》,涉及44个位于中心城重点建设项目;依法依规开展15个建设项目涉及土地利用总体规划修改调整,龙母湖国际生态文化旅游项目建设用地规模由68.38公顷核减至40公顷以下,广西上林云里湖现代农业观光园项目建设用地规模由38.01公顷核减至20公顷以下;《南宁市长塘镇土地利用总体规划(2010—2020年)城乡建设用地规模边界第3次调整方案》获批复,重点保障南宁市53.09公顷项目用地需求。保障自治区层面统筹推进112个重大项目(含部分保障),保障率72.72%,涉及新增建设用地指标5226.64公顷,对市县立项的自治区统筹推进重大项目实现应保尽保。在扣除保障性住房项目、重大的公共管理与公共服务项目和交通基础设施项目、水利基础设施项目、特殊用地等用地指标后,南宁市城镇村指标中已安排报批的工业项目及工业园区配套基础设施项目占剩余指标量52.64%,中心城已获批的工业项目及工业园区配套基础设施项目占获批总量40.19%。

【国有建设用地使用权及采矿权交易】 2014年,南宁市市本级土地出让收入322.56亿元,完成年度任务107.52%。其中"招拍挂"出让收入入库额253.96亿元,占78.73%。有偿出让采矿权55个,收取采矿权价款3022.30万元,比上年同期增长77.30%;矿产资源补偿费1287.48万元,增长58.91%。

【征地拆迁】 2014年,南宁市完成征地面积4275.28公顷,完成拆迁面积362.27万平方米。其中,市本级完成征地面积3418.95公顷,完成拆迁面积353.93万平方米;市辖六县及广西—东盟经济开发区完成征地面积856.33公顷,完成拆迁面积8.34万平方米。印发《南宁市征收集体土地工作程序》《南宁市人民政府关于集体土地上住宅房屋拆迁补偿有关问题的通知》《关于规范被征地农民基本养老保险费财政补助部分筹集拨付管理的通知》等多份征地拆迁政策文件。初步完成征地拆迁信息系统的建设,规范征地拆迁信息资料管理,避免出现重复补偿现象。接待群众来信来访126件172人(次),办结122件,办结率96.80%。整理完成历年征地档案315宗。

【耕地保护】 2014年,南宁市补充耕地任务量126.14公顷,完成自治区下达2014年度补充耕地任务量114.68%。通过土地整治项目建成高标准基本农田面积1.56万公顷,综合财政、农业、水利等部门完成高标准基本农田数据,全市完成高标准基本农田面积4公顷,完成自治区下达建设任务136.36%。按照"先补后占"形式完成86个补充耕地项目的挂靠。按照"占一补一""以补定占"形式,调拨114个批次用地1025.16公顷耕地占补指标。在确保耕地数量不减少的基础上,完成市本级与县(区)合作的44个土地开垦项目的新增耕地质量等级评定。印发《南宁市耕地质量等级提升及占补平衡工作方案》《南宁市耕地提质改造项目管理办法(暂行)》,分解落实各县(区)、开发区提质改造任务并签订责任状。南宁市旱改水项目下达立项批复22个,项目占地709.12公顷;下达预算批复项目18个,总投资4991.24万元。

【地籍管理】 2014年,南宁市印发《南宁市人民政府关于存量农村宅基地确权登记有关问题处理意见的通知》《南宁市农村住宅测绘工作要求》和《南宁市农村住宅测绘技术标准》。市国土局将第二次土地调查成果中各类空间数据整合应用于国土资源各项业务工作中,提高国土资源管理水平,实现土地全过程管理和精细化管理,获"第二次全国土地调查先进集体”国家级荣誉称号。根据南宁市农村宅基地和集体建设用地权属调查和地籍测量成果，南宁市农村宅基地和集体建设用地26.13万宗，其中应发证数21.36万宗，占宗地总数81.74%，已发证19.30万宗，发证率90.40%。农村宅基地登记发证19.24万宗，集体建设用地登记发证355宗。完成各类日常土地登记2.28万宗，其中公有住房和商品房土地登记发证1.62万宗。

【土地开垦整理】 2014年，南宁市印发《南宁市土地开垦整理项目分散采购管理规定》《南宁市土地开垦整理项目选取定点采购单位管理规定》。完成上林县6个项目规划设计变更方案审查、马山县9个土地开垦项目一期工程施工图审查、横县2个村小型病险水库除险加固工程土地整理项目竣工验收资料审查；隆安县10个镇土地开垦项目与宾阳县8个镇土地开垦项目均已竣工验收，申报实施面积6893.23公顷，新增耕地6367.38公顷(其中水田277.99公顷)。市国土局配合各县(区)开展并完成2669.93公顷优质高产高糖糖料蔗示范基地试点建设工程78%；督促指导良庆区那马镇坛良村土地整治项目，完成任务80%。

【土地储备】 2014年，南宁市印发实施《南宁市土地储备管理办法》《南宁市土地一级开发整理实施意见》《关于明确我市土地储备机构职能分工的意见》，进一步理顺市本级储备与城区储备机构的职能分工。市本级收储土地864.08万平方米，完成年度任务129.61%，比上年同期增长51.24%；移交土地384.08万平方米，完成年度任务114.04%，增长16.69%；筹措储备资金128.62亿元，完成年度任务137.35%，增长63.84%。

【执法监察】 2014年，南宁市不断强化执法巡查力度，坚持巡查横到边、竖到底，逐步完善责任到人、分工明确、集体协作、预防为主的巡回检查工作体系；印发《南宁市存量违法用地违法建设分类处置实施办法》，统一存量违法用地违法建设的处置标准。市国土局制定《南宁市国土资源局行政处罚裁量权执行标准》，修订执法监察案件会审制度和国土资源执法监察程序；基本建立执法监管巡查制度，将违法行为消灭在萌芽状态。发现并制止土地违法1502宗，涉及土地584.35公顷；处置闲置土地75宗，涉及土地105.03公顷，收缴土地闲置费16.57万元。

【矿产资源管理】 2014年，市国土局根据自治区国土资源厅《关于开展采矿权审批及矿产资源补偿费征收自查自纠工作的通知》，组织各县国土资源局、各分局全面检查2010年1月1日以来采矿权审批、出让及矿产资源补偿费征收等情况。根据2013年度《矿山储量年报》审查结果，对未按要求上缴矿产资源补偿费的矿山加强管理，完成矿产资源补偿费征收入库1287.48万元，比上年同期增长58.91%。

【地质灾害防治】 2014年，南宁市印发《南宁市人民政府办公厅关于印发突发性地质灾害应急预案的通知》，市国土局会同市气象局、水文水资源局和市地质环境监测站，召开南宁市主汛期地质灾害水文气象预警预报工作会商会，建立完善预报会商制度和预警联动机制；全市排查出地质灾害隐患点1025处、地质灾害易发区553个。因多次受台风及热带风暴等气象影响，地质灾害呈多发频发态势，发生地质灾害40起；各县(区)完成地质灾害治理项目21处，受益人口3671人。

【地质环境保护】 2014年，市国土局执行矿山地质环境恢复治理方案编制审查和保证金收缴制度，建立完善矿山恢复治理方案审查数据库和保证金收缴台账，并将其作为办理采矿权许可证和年检的收件材料，全面加强矿山地质环境前置管理。审查矿山地质环境保护与恢复治理方案52宗，市本级收缴矿山地质环境恢复保证金366.91万元(累计收缴保证金2022.16万元)。要求矿山按照恢复治理方案“边开采、边治理”，闭坑后由国土资源管理部门组织市地质环境专家进行现场验收。完成矿区植被恢复造林12.73公顷。开展废弃矿山的地质环境恢复治理，重点推进中央、自治区资金补助上林县明亮镇塘马锰矿区、马山县大塘锰矿区2个国营废弃矿山治理。

【国土资源依法行政】 2014年，南宁市印发《南宁市人民政府办公厅关于印发关于加强政府储备土地一级开发整理的实施意见的通知》《政府储备土地登记管理暂行规定》《南宁市城市轨道交通用地控制管理办法》《南宁市统筹城乡试点区域农村住宅房屋所有权和宅基地使用权确权登记实施办法》《南宁市统筹城乡试点区域集体经营性建设用地使用权流转管理暂行办法》《南宁市统筹城乡发展建设用地增减挂钩试点管理办法》《南宁市物流用地公开出让管理办法》《南宁市地上地下空间建设用地使用权审批与确权登记暂行办法》《南宁市人民政府关于加快旅游业跨越发展若干土地政策》等政策文件。市国土局制定《南宁市国土资源局2014年度依法行政工作计划》，完善《南宁市国土资源局重大决策程序暂行规定》《南宁市国土资源局集体决策和内部会审制度》，完善决策机制；开展行政审批项目清理，清理后总工作日比清理前减少34.60%；检查指导市辖6个县局的案卷评查。办理行政诉讼案件41件。其中：行政诉讼案件32件，民事诉讼案件7件，刑事附带民事案件1件，仲裁案件1件。行政诉讼案件类型涉及土地登记、征地拆迁和国土资源执法监察。办理行政复议案件22件。其中：被复议案件10件，代市政府草拟行政复议答复书12件。审结18件。行政复议案件以土地登记颁证、征地拆迁、执法监察、信息公开引起行政复议的案件居多。 （欧丽琴）

房产管理

【概　况】 2014年，南宁市住房保障和房产管理局把“保障性安居工程建设、促进房地产市场发展、提升居住区综合环境整治”作为重点抓紧抓实。10月，完成到位内资4.25亿元，完成率106.20%。独立研发的“南宁市住房保障综合管理决策平台”获自治区科技厅颁发“科学技术成果登记证书”和广西计算机成果二等奖。白蚁防治所研制的“小白头白蚁的饵剂”通过国家知识产权局的审核并获国家发明专利权。开通房屋登记官方微信nn-fcdj，为群众提供房产信息发布和业务查询服务；为租户和开发企业发放2万多张住房保障便民服务卡、房产信息便民服务卡。

【房屋登记管理】 2014年，市住房局将房产交易大厅部分专项登记窗口合并为综合业务受理窗口，简化审批环节。房产交易大厅实行朝九晚五上班制，减少办事群众中午等待时间；实行周六上班制；开通绿色通道，为全市重大建设项目提供预约服务、跟踪服务，为老弱病残孕上门服务。增加市房屋产权交易中心青秀服务部的业务范围，分流办事群众。开通网上查档系统、网上办证进度查询系统、微信查询等，方便群众办事。全年办结各类业务37.12万宗，与去年同期相比增长8.20%。初始登记676宗，登记面积166.78万平方米。转移登记8万宗，登记面积783.36万平方米，交易金额444.09亿元。

其中，商品房办证5.64万宗，登记面积532.43万平方米，交易金额352.51亿元；存量房交易办证2.09万宗，登记面积222.81万平方米，交易金额91.58亿元；集资房、市场运作房、房改房办证2619宗，登记面积28.12万平方米。抵押登记10.88万宗，抵押房屋面积1857.04万平方米，抵押权利价值2786.63亿元；抵押注销登记4.45万宗；抵押预告登记4.72万宗，登记面积454.60万平方米；抵押预告注销登记注销975宗。核发《商品房预售许可证》243份，预售总面积761.16万平方米；核发《商品房现售备案证明》160份，现售总面积549.14万平方米。发放商品房合同登记备案证明6.74万份，备案总面积625.16万平方米；注销商品房合同备案3938份。租赁备案3061份，租赁注销备案867份。其他登记（含注销登记、变更登记、补换证登记、异议登记、更正登记等）1.34万份。完成测绘成果备案4612份，备案面积4776.01万平方米。接待查档人员18.47万人次，单位及个人查询原始档案2.22万份，办证前置查档7.63万份，出具个人房屋登记证明8.78万份，网上查档7257份，查档量与上年同期基本持平。协助公检法录入查、解封信息1.21万条。

【住房信息系统建设】 2014年，南宁市逐步完成个人网上申请查档系统、租赁性保障房管理信息系统、房地产市场监察行政执法信息系统、白蚁防治地理信息系统、房改住房管理综合平台等多个业务系统的开发建设。建成以市住房局为网络核心，涵盖六县六城区、街道办、金融机构和房地产开发企业的房产信息光纤专网。申请点对点光纤与市住房局直联351条，其中开发企业239条、银行19条、街道服务点81条、六县六城区12条。加快GIS数据中心的建设，完成1308个项目、6389栋自然幢房屋的数据关联。抓好房地产市场监测分析，上报报表、分析报告400多份。

【执法检查】 2014年，南宁市颁布实施《南宁市房屋使用安全管理规定》《南宁市人民政府办公厅关于印发推进新建住宅项目配套小学建设实施意见的通知》《南宁市限价普通商品住房转化为商品住房管理规定》，市住房局配合市人大审议《南宁市房地产开发项目配套设施建设管理条例》。市住房局规范行政执法检查，重新调整南宁市行政处罚裁量权执行标准，正确行使行政自由裁量权；向社会公开办案规程、执法工作规范、监察员准则、监督电话等，提高执法透明度，避免“人情案、关系案”。检查房地产预售项目238个、物业小区528个，受理群众投诉232件；召开行政处罚案件听证会3次；立案查处行政违法案件31起，办结31起。

【房屋安全监管】 2014年，市住房局加强危旧直管公房腾空改造。签订腾空安置协议9户，实际腾空38户；启动水街A1、A3片区直管公房动迁，签约83户、腾空63户。筹措资金792万元（财政资金约610万元、社会资金182万元），对12个门牌实施排危改造。房屋安全鉴定以南宁市为中心，辐射到周边市县，完成房屋安全鉴定863栋、建筑面积46.23万平方米。参与处置北际路康乐公司居民楼整体下沉、柳沙半岛滑坡事故等多宗突发事件的房屋安全鉴定。与玉林、北流等市进行技术交流，为博白县、北流市因高速铁路施工受影响的10多栋房屋，崇左市宁明县危旧房改造的23栋房屋，南宁市六县40多栋房屋安全鉴定提供技术力量支持。

【物业专项维修资金】 2014年，南宁市归集新建物业专项维修资金6.97亿元，累计归集32.56亿元；物业项目1800个，建筑面积6085万平方米；受理维修资金使用业务683宗（正常维修651宗、紧急维修32宗），拨付维修资金278万元。

【房改资金监管】 2014年，市住房局审批37个单位出售公有住房354套。审批已购公有住房上市交易1079套，全额集资建房上市交易申请272套。核定已购公有住房上市交易公摊面积1184套。审核发放住房补贴22个单位2048人，发放补贴金额480.08万元。归集房改售房款2438.07万元，集资建房款216万元；审核回拨售房款745.12万元，集资款2298.68万元。

【白蚁防治】 2014年，市住房局承接新建房屋白蚁预防项目282个，面积1904.04万平方米；完成施工面积1119.78万平方米，竣工工程107个，发放结证明338个。承接新建灭治工程1359个、旧房白蚁灭治工程680个，完成回访复查工程1629个。免费承接保障性住房、校安工程免费白蚁预防施工试点项目34个，面积313.32万平方米。参与编制并完成白蚁防治国家标准《白蚁防治人员职业标准》。“南宁市农林植物白蚁发生种类调查及防治关键技术研究与应用示范”课题通过市科技局验收。中科院动物研究所、广东省昆虫研究所、浙江大学昆虫科学研究所、美国白蚁防治专家前来交流经验。

房地产市场

【概　况】 2014年，南宁市（不含县）新建商品房（不含经济适用房）批准预售面积931.43万平方米，比上年同期增长20.16%，其中住房696.72万平方米，增长13.88%。商品房成交面积673.15万平方米，增长5.93%，成交均价每平方米7756.55元，增长0.88%，其中住房成交面积573.39万平方米，增长2.64%，成交均价每平方米6735.16元，增长0.60%；二手住房成交面积128.38万平方米，下降9.67%，成交均价每平方米5542.14元，增长0.85%。房地产企业上缴地方税收85.96亿元，增长17.31%，占地方税收44.33%。房地产开发投资483.55亿元，完成率113.24%。

【房地产市场调控】 2014年4月25日，南宁市实行北海市、防城港市、钦州市、玉林市、崇左市的户籍居民家庭可参照南宁市户籍居民家庭政策在南宁市购房的措施。7月，适当调整住房限购措施，对外地人购房免交纳税社保证明，房改、集资建房不纳入家庭拥有住房套数计算等。10月1日，解除限购政策。组织召开房地产开发企业座谈会、金融部门座谈会，加强政企合作、银企合作，共同促进房地产市场发展。与新闻媒体合作宣传政策。5月、11月，在房博会上设点宣传；7月，主动通过媒体发布房地产市场成交数据，提振市场信心，引导合理住房消费。

【房地产市场监管】 2014年，市住房局推动房地产市场信用体系建设，组织相关人员针对房屋登记申请人在登记申请当中可能出现的失信行为、房地产经纪服务机构及房地产测绘机构在开展业务活动过程中可能出现的失信行为进行界定，并对失信当事人、机构提出相应的惩戒措施，整理上报市信用办、市法制办审定。配合市地税局加强房产交易税收征管。严厉打击房地产交易当事人以及房地产开发企业及其销售人员、房地产经纪机构及其经纪人员协助、诱导交易当事人利用虚假住房证明骗取减免税的违法行为，与市地税局联合发布《南宁市地方税务局南宁市住房保障和房产管理局关于在全市开展严厉打击利用虚假住房证明骗取减免税专项整治工作的通告》，配合市地税局开展减免税人员住房证明核查。与市规划局协调，改革商品房项目测绘制度，取消施工图面积测算成果备案、规划竣工验收面积测绘成果备案两个环节，缩短企业申报流程。7月18日、10月28日，组织召开房地产金融服务工作座谈会2次，协调金融机构加大房地产信贷支持力度，落实央行房贷新政，提高信贷审批速度。8月，成立由9名委员、55名专家库成员组成的南宁市房屋征收评估专家评估委员会；至10月，召开房屋拆迁评估管理小组会议8次，审核市轨道二号线等14个项目的房屋拆迁评估报告。

【房地产开发投资与市场销售】 2014年，南宁市将2013年纳税5000万元以上房地产企业、2014年能开工20万平方米以上的房地产开发项目列为前期审批攻坚站重点项目，加快审批。房地产开发项目报建费在开发企业作出缓缴书面承诺后，推迟至办理《商品房预售许可证》时缴清。11月21日至23日，在会展中心举办首届广西(南宁)住宅产业博览会，吸引12万人参加，房地产项目意向成交1.47万套，意向成交额102.69亿元。

【物业企业资质管理】 2014年，南宁市通过采取核对企业申报物业管理人员、专业技术人员是否真正到位，新办物业服务企业是否真正按规定购买社会保险，现场查验注册办公地址等办法，加强新办物业服务企业的管理，控制新办物业服务企业无序增长。与上年同时期相比，新增物业企业数量明显下降。受理、核准三级(暂定)物业资质48家、三级(暂定)申报三级物业资质43家，三级物业资质到期换证74家，物业服务企业事项变更45家，异地物业服务企业备案35家。

【物业招投标与信用管理】 2014年，市住房局指导市物业管理行业协会建立物业服务企业信誉评价机制，对影响行业形象、侵犯业主利益、群众投诉多、意见大的物业服务企业，利用信用评价手段，在市场准入、参与投标、资质升级等方面予以限制。建设有利于物业行业竞争的规则。规范和完善前期物业管理招标代理，指导物业管理行业协会重新聘请更换或补充评委专家库成员，专家库成员由15人增至55人，并增加城区(开发区)住建部门人员，优化专家人员构成。监督指导完成72个项目的前期物业管理招标、中标备开展2013年度城市物业管理优秀住宅小区(大厦、工业区)评选活动。评出保利城等12个物业管理项目为2013年度南宁市城市物业管理优秀住宅小区(大厦、工业区)。并推选10个项目参加自治区优秀项目、4个项目参加国家优秀项目评比。 (麦思克)

旧城改造

【概　况】 2014年，南宁市推进新区开发的同时，旧城改造纳入年度城建重点工作计划，根据建设“美丽南宁”的部署，结合各城区的旧居民区、旧厂区、城中村的实际，按大片区理念先急后缓，分期分批进行整治，突出重点，推动历史文化街区保护与修缮规划实施，优先安排老街区改造，启动实施老厂区和城郊部分村屯等10个旧改片区的改造。建立棚户区改造激励机制，将城中村改造、危旧住宅片区项目纳入棚户区改造计划，享受棚户区改造优惠政策；建立征收成本审核机制，制定旧改的工矿企业土地征收补偿办法，鼓励原土地使用权人签约搬迁。实施12个旧改项目(含城中村)土地熟化投资征集，移交7个旧改项目(一期)到国土部门进行土地转让，部分项目开工建设；完成“老旧”小区改造189个，完成房屋拆迁面积约40万平方米、完成年度任务100%，落实投资约47亿元、完成年度任务92.50%。

【旧街区改造】

三街两巷项目　2014年，南宁市完成三街两巷片区范围内历史建筑甄别；一期项目完成片区范围内被征收房屋签约面积1.19万平方米，完成签约面积15%，进入一期项目安置区规划设计；二期项目已完成房屋征收签约面积6226.19平方米。

水街改造项目　水街是南宁市旧区改造的重点，改造规模较大，投资较多，改造年限较长。2014年，水街片区A4地块总评获市规划部门批复；11月，A4地块房屋征收拆迁全部完成，拆迁面积近1.80万平方米，用以建设3栋36层以上的商住两用楼房。

【旧房立面改造】 2014年，南宁市推出国家开发银行贷款改造项目，获批贷款120亿元，年度获放款32.20亿元，使用贷款8.50亿元，用于北湖路2号等5个以上的项目改造；同时，完成第45届世界体操锦标赛的部分街区房屋立面改造3913栋，改造面积138万平方米，完成投资1.87亿元，完成年度任务104%。

【棚户区与农宅改造】 2014年，南宁市计划改造棚户区3687户，完成改造3711户，超额完成24户；新增城市棚户区改造任务6744户，开工改造7492户，超计划开工748户。 (陈　琳)

住房保障

【概　况】 2014年，南宁市新开工保障性住房17016套(廉租住房3300套、公共租赁住房6686套、经济适用住房2143套、限价商品房1182套、棚户区改造3705套)，完成率103.38%；基本建成保障性住房20896套(廉租住房3090套、公共租赁住房5136套、经济适用住房3190套、限价商品房6050套、棚户区改造3430套)，完成率110.09%；分配入住13276户(廉租住房1430套、公共租赁住房5409套、经济适用住房3797套、限价商品房1516套、棚户区改造1124套)，完成率151.55%；新增廉租住房补贴1817

12月6日，三街两巷项目——西关路小学片区房屋征收政策说明暨签约再动员会召开　市地方志办公室资料

户，完成率181.70%；危旧房改住房改造项目开工1723套，完成率172.30%。

【保障房建设】 2014年，南宁市通过联席会、专题会、现场会等方式，研究解决项目推进过程中遇到的问题。开辟保障性安居工程“绿色通道”，缩短前期手续办理时间。组织开展巡查督查，督促项目业主按自治区要求的时间节点完成开工、竣工任务。市住房局负责建设的项目中，邕宁区廉租住房项目816套完成竣工验收及小区相关生活配套设施建设；凤岭北项目一期552套廉租住房全部竣工验收，完成二期1栋高层住宅楼640套廉租住房、三期5栋高层住宅楼2750套公租房主体装饰装修工程；菠萝岭项目1栋住宅楼400套公租房完成装饰装修和永久性用水安装；新阳南路永和小区项目1栋住宅楼392套公租房完成装饰装修；仙葫大道南侧保障房及盘古路项目加快基础施工和部分主体结构施工。

【保障房分配】 2014年，南宁市严格保障房资格审核和配租配售。经济适用住房销售3575套，比上年同期增长153.01%；限价普通商品住房销售1826套，增长82.78%。审核保障房总量23345户。其中：廉租住房15407户；经适房3302户；限价房2308户，增长50%；审批上市交易、转全产权业务2328户，增长87.14%。

【保障房管理】 2014年，市住房局将住房保障实施情况在政务网公开，接受社会各界监督；组织工作人员检查保障性住房小区466人次，调查总户数403户，发放整改通知书220份。对29批廉租住房1.11万户进行资格年审，动态变更17批1546户，不符合廉租住房保障条件的退出7批991户。

【集资建房管理】 2014年，南宁市办理22个单位申请1328套全额集资建房竣工后计算个人房款手续，出售全额集资建房建筑面积14.10万平方米，累计售房款1.93亿元；审批31个单位出售公有住房344套，22个单位职工退出已购公有住房22套，已购公有住房部分产权转全产权16套；办理7个单位出售被拆迁已购公房公摊面积197套。审批已购公有住房上市交易900套，全额集资建房上市交易申请215套。核定已购公有住房上市交易公摊面积900套。加强房改售房款、集资建房款的归集、管理，确保房改资金专款专用，归集售房款2438.07万元，集资建房款216万元；审核回拨售房款745.12万元，集资款2298.68万元。审核发放住房补贴单位16个1561人，应一次性发放住房（含工龄）补贴金额1001.77万元，实际一次性发放补贴金额458.42万元。

【危旧直管公房与保障房安全管理】 2014年，南宁市严格审查危旧房改住房改造项目申请，完成审查上报自治区住房制度改革委员会审批的危旧房改住房改造项目3个（良庆区良庆镇良庆街新3街38号，市政府的新民路10号、8号项目，南宁市第三中学）；良庆区良庆镇良庆街新3街38号，市政府的新民路10号、8号项目获审批通过。南宁市危旧房改住房改造开工建设项目12个，建设住房1723套，完成率101%。严格审核危旧房改住房改造项目购买非还建住房申请人资格，受理6个单位的危旧房改住房改造项目购买非还建住房申请11批次748份，审核发放危旧房改住房改造非还建住房《准购证》408份。完成个人政策性住房情况查档约3000份。保障房重点领域安全隐患排查整治。检查470个门牌直管公房，投入安全经费6.21万元，配置灭火器955具，完成高峰路74号、解放路41号、解放路53号等保障房结构安全、消防安全隐患的整治。发放安全检查通知书等宣传材料2.40万份。开展保障房建设项目和危旧房改造项目工地检查30多次，查出安全隐患130多处，已跟踪整改完毕。（麦思克）

住房公积金管理

【概　况】 2014年，南宁市住房公积金新增归集46.84亿元，完成年度任务108.05%，比上年同期增长14.07%；提取住房公积金27.04亿元，完成年度任务116.80%，增长20.60%；发放个人住房公积金贷款22.56亿元，完成年度任务128.93%，增长18.41%；实现住房公积金增值收益2.79亿元，完成年度任务109.77%，增长17.19%；提取廉租住房建设补充资金2.31亿元；发放项目贷款5000万元，完成年度任务125%。12月19日，南宁市利用住房公积金支持保障性住房建设试点项目——中房·碧翠园B组团正式开盘销售。年内，南宁住房公积金管理中心铁路分中心增设流动服务部，为铁路沿线职工开展预约上门服务，现场办公受理业务。南宁市借鉴先进地区的管理经验，实施住房公积金电子档案扫描。继续完善12329热线建设。制定《南宁住房公积金管理中心窗口服务规范》，对业务受理服务、服务行为、服务用语、服务场所设施、窗口服务应急处理等方面作明确规定。

【机构设置】 2014年，南宁住房公积金管理中心下设机关党委、办公室、纪检监察室、人事教育科、财务会计科、归集管理科、信贷管理科、法规稽核科、信息管理科、服务咨询部10个科室和兴宁、江南、青秀、西乡塘、邕宁、良庆6个城区营业部及武鸣、横县、宾阳、上林、马山、隆安6个县管理部，有在编人员117人。2006年8月，南宁住房公积金管理中心区直分中心成立，隶属于自治区人民政府办公厅。2008年3月，管理中心接管南宁铁路住房公积金管理机构，成立南宁住房公积金管理中心铁路分中心。铁路分中心为管理中心的分支机构，相当于正处级，内设综合科、归集管理科、信贷管理科、财务会计科、流动服务部及南宁、柳州、桂林、玉林4个管理部，有在编人员24人。管理中心对铁路分中心、营业部（管理部）实行“四统一”（统一决策、统一管理、统一核算、统一规章制度）管理。

【住房公积金归集】 2014年，南宁市贯彻落实自治区住房和城乡建设厅等四部门下发的《关于加大住房公积金支持住房消费力度的通知》，将规模企业、短期用工人员、机关事业单位聘用人员作为拓面的重点对象，调查尚未建立住房公积金单位情况，开展催建催缴。至年末，向未建立住房公积金制度的单位寄发建立住房公积金制度温馨提示504件；南宁市住房公积金新增归集46.84亿元。

【住房公积金提取】 2014年，南宁市制定住房公积金委托提取和通取业务方案，完成还贷委托提取项目软件开发，加强住房公积金提取业务监管，印发《提取业务实施细则》，修改《提取业务所需资料清单》《提取申请表》，规范提取业务管理。加强大病及特殊事项提取审批，审批大病提取25笔，金额98.10万元。南宁市提取住房公积金27.04亿元。

【住房公积金贷款】 2014年，南宁市不断提高个人贷款业务办理效率，做好个人贷款数据统计分析，制作个人贷款签发明细对比表，定期与各家受委托银行召开工作协调会，建立住房公积金贷款业务办理抵押登记业务绿色通道。年内，南宁市发放项目贷款5000万元，项目贷款累计发放1.10亿元。

【住房公积金缴存额度】 2014年，南宁市住房公积金缴存比例12%，职工月缴存工资基数上限为统计部门公布的上年度南宁市在岗职工月平均工资3倍。统计部门公布的2013年南宁市在岗职工年平均

4月18日，南宁市召开住房公积金管理委员会会议

南宁住房公积金管理中心提供

工资50201元，设定2014年南宁市职工住房公积金月缴存基数上限12550元，单位、个人月缴存额上限各为1506元，合计3012元。根据国务院《住房公积金管理条例》规定的住房公积金最低缴存比例5%，2013年南宁市职工最低工资标准每月1200元，设定2014年南宁市职工住房公积金月缴存基数下限1200元，单位、个人月缴存额下限各为60元，合计不低于120元。中央直属、自治区直属等驻南宁市单位住房公积金缴存比例、缴存基数以及缴存上下限，可参照相关政策执行；企业总部不在南宁市但在南宁市有分支机构的，可参照企业总部所在区域城市的相关政策执行。（马　剑）

城市防洪

【概　况】2014年，南宁市邕江防洪排涝工程管理处人员编制由220名减至180名，有在职人员170人，其中具有高级专业技术职务资格3人、中级29人、初级20人，管理岗位人员84人。年内，市邕江防洪排涝工程管理处加强河道堤防和滩涂管理，实行24小时巡查值班制度遏制河道乱采乱挖行为，做好防洪设施维修和保养，防洪排涝措施到位，无损失。

【河道管理】2014年，市邕江防洪排涝工程管理处按相关法规、制度开展河道堤防和滩涂管理，参加堤防、河道巡查2680人次。发放违章告知书5份，处理在堤防河道滩涂上的违法、违章行为5起。协助各城区查处在邕江河滩上搭建构筑物的违法行为，协助西乡塘区开展在邕江河床中的西明村砂场、港航砂场拆迁，完成拆迁补偿评估。在部分防洪堤安装宣传牌牌16块、警示标语10块，宣传水利法规、政策。埋设防洪堤管理界桩80块。开展临河建设项目预审报批、临河使用场地监督管理，向市水利局上报相关单位申报的项目18个。先后派出50人次对临河建设项目施工进行检查和督促把关，对工程项目的建设情况进行跟踪调查并造册登记。

【河道采砂执法】2014年，市邕江防洪排涝工程管理处配合市水利局开展河道采砂执法，实行24小时巡查值班，在邕江河道禁采区河段不间断地反复巡查。查扣违法采砂船只8艘次，驱赶在禁采河段非法滞留的船只40艘次，处理群众投诉非法采砂案件50起。向邕江河段的采砂船只宣传法律法规知识，发放宣传资料160多份。遏制邕江河段禁采区乱采乱挖、靠岸采砂现象。

【防洪工程建设】2014年，南宁市完成防洪体系完善工程前期工作，施工项目22个，投资2037.80万元，完成率103.50%；完成防洪体系完善工程运行维护项目的初步设计和技术施工图设计，概算投资1055.79万元；向市政工程管理处移交江南堤路园项目（三津—南站南侧路段）1、2、4、5标段。完成竹排冲管理所等5个管理所运行维护项目、防洪堤坡草皮养护社会化管理工程上限控制价编制，办理定点采购手续，合同备案，合同金额730.05万元。委托相关单位开展大坑二泵站除险加固工程、雅里穿堤管改造工程、中山泵站和津头泵站蝶阀改造工程的设计，对竹排冲防洪闸闸门和启闭机等级进行评定，对沙江旧堤防的报废进行评价。完成石埠泵站可研报告的编制，开展堤防及泵站建筑物沉降观测的规划编制等。完成防洪闸安全鉴定，沙江排涝泵站竣工验收合格。

【防洪设施维修与保养】2014年，市邕江防洪排涝工程管理处按照水利工程管理要求，做好堤防设施、排涝泵站机组、电气设备、防洪闸、排水闸、穿堤管等防洪设施设备的维护、检修和管理。汛前，组织对所有防洪闸、排水闸和交通闸进行试关闭；维修、保养水泵机组、启闭机、厂房吊车、电动葫芦等机械设备288台次，检测、维护高低压配电屏322面次，检测、摇测各类电动机绝缘阻值256台次，维护各类配电开关箱185个次，维护、检测电力变压器36台次；对各泵站的照明线路进行全面检修，更换照明灯具一批。汛前和汛中，每星期对具有盘机条件的泵站机组盘机1次，每月对机械设备试运行操作1次，确保防洪排涝设施、设备的运行良好。

【防洪信息化建设】2014年，市邕江防洪排涝工程管理处完成管理处防汛调度中心网络机房扩建及设备迁移，调试、整合投影大屏幕控制主机柜泵站自动化网络控制中心主机柜等11种网络信息化设备。完成竹排冲二泵站第3期系统同步升级完善，对该泵站自动化LCU控制设备进行完善升级和更新，更换该设备网络通信模块和防洪闸自动化控制三级保护设备装置；竹排冲二泵站第3期自动化组态系统的更新、升级，并正式联网接入二坑泵站、津头泵站、中山泵站和心圩江泵站的自动化控制系统平台，实现江北6座排涝泵站自动化系统联网集群控制。完成2012年心圩江泵站自动化改造项目和2013年中山泵站、津头泵站、西明江泵站和二坑泵站自动化改造收尾工作。

【防洪排涝】2014年，市邕江防洪排涝工程管理处总结以往防汛工作的特点，修订防洪预案和防暴雨应急预案。组织多层次、全方位的防汛检查，发现问题和隐患，制定整改措施。组织泵站运行人员进行防汛理论知识、操作技能培训。严格实施防汛值班制度，掌握汛期雨情、水情，做好上传下达、下情上传。采购多批防汛设备和防汛物资。7月下旬、9月中旬，受台风影响，邕江先后两次发生洪水，最高洪水位74.87米。市邕江防洪排涝工程管理处组织做好防洪工作，投入人员2337人次；全部17座泵站投入抽水运行，累计运行机组727台次，运行1998台小时，总抽排水量

2451.29万立方米；关闭防洪闸门34座次，交通闸18座次，穿堤管53处次，市区没有遭受损失。（吴明全）

城市公用事业

【概　况】2014年，南宁市完成售水量3.36亿立方米，完成污水处理量2.58亿立方米，供水水质综合合格率100%，管网水水质综合合格率100%；水务企业全年节能536吨标准煤，超额完成节能目标；完成COD（化学需氧量）削减量2.65万吨，完成氨氮削减量4230.45吨。江南污水处理厂污水处理量由每日32万吨增加至40万吨左右，完成南宁市下达的新增8万吨污水处理量任务。全市液化石油气供应量9.02万吨，比上年同期减少2%；管道燃气供气量1.26亿立方米，增长40.78%；开通居民用户6.85万户，增长22.22%；累计在用居民用户39.62万户，敷设市政燃气管网109.45千米，增长13.68%，其中已通气投入运行的管道3660千米，运行的市政燃气管网长度570.95千米。重点推进和完成玉洞、高新、大沙田和安吉公交停车场的4座撬装LNG公交加气站建设。

【供水设施建设】2014年，南宁市完成河南水厂改扩建工程2号叠合沉淀池建设并运行；完成西郊水厂扩建、埌东加压站及虎邱加压站扩建等技改工程建设并投入使用；完成陈村二期扩建源水管工程施工招标并开展租地工作；完成龟山半岛供水加压站完成建设并投入运行，良庆、五象、平乐供水加压站项目全面推进；基本完成嘉和城供水加压站“三通一平”（通水、通电、通路，平整土地）工作；开工建设天雹水库至陈村水厂应急水源管道工程，完成埌东加压站进水管（厢竹大道至凤翔路）等管道工程建设。

【污水处理设施建设】2014年，南宁市推进实施截污治污三年攻坚计划，安排污水管网建设项目223个，计划建设污水管网250千米，完成投资11亿元，重点打通五象、三塘、江南污水处理厂的污水进厂关键节点，推进沙井污水提升泵站、五一西路延长线、兴工路、松柏路污水管等项目。累计建成污水管网93千米。三塘污水处理厂一期工程、五象污水处理厂一期工程厂区具备通水试运行条件；沙井、罗赖污水提升泵站完成建设并具备通水运行条件；鲁班路压力管工程、沙井大道下穿铁路污水管工程等污水管连通工程完成；推进亭江路污水管（含五象污水提升泵站）、五象大道、银海大道、金象大道污水管工程和玉洞大道临时泵站及压力管工程。

【燃气业安全生产】2014年，南宁市燃气管理部门与市内23家燃气企业签订安全供气目标管理责任书，要求企业将责任分解到职工，每项责任落实到基层和个人。“两会一节”“一节一赛”和春节、五一节前，按照“隐患视同事故”的原则对全市（含辖县）的储配站、供应网点、管道燃气工程、管道燃气小区的安全生产进行检查，检查燃气储配站78座（含管道燃气气源厂、天然气门站），加气站11个，燃气供应站点1170个，下发整改通知书32份。经限期整改，发现存在安全隐患的12个单位和群众反映服务质量存在问题的20个单位，就存在的问题制定整改措施，承诺保证今后如再出现类似问题接受严厉处罚。

【油气管线专项整治】2014年，南宁市城乡建设委员会、市燃气管理部门组织整治督查组，对市政道路主管线处于人口密集的区域、安全防护不足、穿跨越重要设施、违章占压和各类管线重叠的区域管线等存在的隐患进行排查，重新整理危险源台账，排查钢阀井120个、凝水缸276个、检测桩22个、PE（聚乙烯）阀井1041个，以及重点危险源设施42处。检查出破损井盖15处、开底积水22处、全封占压72项，均进行处理并完成整改。

【管道燃气设施建设】2014年，南宁市管道燃气的骨干企业南宁中燃城市燃气发展有限公司着重推进燃气管道迁改，完成迁改枫林路1200米，凤凰岭路200米，沙井大道立交（富乐、亭洪、南站）2000米，长堽路800米，仙葫大道1100米，青环路600米（尚有300米待改），快环秀厢大道DN400钢管200米，中华园湖立交1600米，青山英华立交1200米，五象大道延长线立交（友谊、壮锦、银海）800米，玉洞大道DN400钢管结构2500米，凤岭南路、邕武路、龙岗大道等30多项市政工程迁改，补埋标志牌1900块，总投资1500多万元。完成对轨道交通1号、2号线途经市政管网2.90千米的管线迁改；配合道路“白改黑”阀井开挖提升60多处，出地管防腐维修255条，小区燃气管道改造780多米。

【供气服务】2014年，南宁中燃城市燃气发展有限公司，加大资金和硬件设施投入，拓宽用户充值缴费渠道，与中国银行合作开发中国银行营业柜台网点自助终端燃气IC卡、抄表代扣等业务。完成中压管道铺设90.50千米，销售天然气1.25亿立方米，比上年增加3600万立方米，增长40.45%；开通居民用户7.07万户，开通公共福利用户及商业用户297家，开通工业用户13家（含煤改气工业用户9家）。历年累计有在用居民用户39.62万户、在用公共福利用户及商业用户1467家、在用工业用户29家（增加12家）。瓶装燃气销售5060吨，增加100吨，增长2%；有瓶装气销售网点17家，增加1家。全年无责任事故发生。（陈　琳）

市政市容管理

【概　况】2014年，南宁市以持续推进“城管上街”转变城市管理队伍整体作风和形象为抓手，深入推进“美丽南宁·整洁畅通有序大行动”。在西乡塘区推行城市管理便民服务站建设试点，设服务站20个。在玉兰路、那元五巷，南宁高新技术产业开发区新村村口二队临时租用地等12处作为定时定点摆卖摊区，安排摊位2403个，解决2400多户困难群体的就业问题，改善摊点乱摆现象；重新规划设计“阳光早餐”餐车，使南宁市1000个“阳光早餐”点成为一道城市风景。建成公共自行车租赁站点56个，3000辆车投入使用。完善城市管理法规建设，《南宁市违法建设查处条例》《南宁市餐厨垃圾管理办法》通过审议批准施行。

【市政设施维护】2014年，南宁市完成道路维修25.32万平方米，人行道维修14.23万平方米，清掏砂井9.66万井次，疏通排水管道5.94万米；完成维修产值8236万元。推进市区易涝点整治项目，市区未出现严重内涝灾害。在完善上年安装1.72万个市政道路防坠网的基础上，新增加2837个，累计安装2万多个，增强井盖、下水道等设施的抗风险能力。维修路灯8561盏次、景观亮化灯9282套，完成年度任务129%；路灯亮灯率99%。

【生活垃圾管理】2014年，南宁市城南生活垃圾处理场强化臭气治理，持续实施局部封场工程，完成场内道路维修工程。年内，处理生活垃圾103.48万吨，日均处理量2835吨，保持城市生活垃圾无害化处理率100%。生活垃圾分类在金凯苑小区、市青少年活动中心住宅小区、良庆区政府生活区、邕宁区政府大院、环卫站生活区、市公务员小区、西乡塘区政府平田村宿舍、江南区政府宿舍、市环卫处生活区、东盟慧谷园区10个小区启动试点工作。餐厨垃圾试收运日均处理量10.10吨。

【城市广场管理】 2014年，南宁市有市级城市广场7个，分别是金湖广场、滨湖广场、民族广场、民生广场、朝阳广场、火车站站前广场、明秀广场。年内，修剪灌木20万平方米；补种露土面积2300平方米，补种袋苗5.84万袋、草皮960平方米，换补种鲜花20万盆。劝离“野马”歌摊261个，规范和整治广场内的晨（暮）练点、自娱自乐点的音响播放音量，避免噪音扰民。

【大桥管理】 2014年，南宁市区内所有跨江大桥、立交桥均不收费。市大桥管理处受南宁路桥收费管理有限责任公司委托负责征收玉洞收费站、友谊收费站路桥费。年内，完成路桥收费485万元，清理生活垃圾48.16吨，清理桥区面积7.12万平方米，处理桥区设施损坏案件122起。

【户外广告整治】 2014年，南宁市拆除高杆广告牌411杆10.32万平方米、平面户外广告及门店招牌2.03万处18.02万平方米，超过计划拆除违章高杆广告176杆2.30倍，拆除数量超过近7年总和。

【“城管上街”活动】 2014年，南宁市制作并统一发放“城市管理”反光背心1.77万件，重点对各城区、开发区城管执法队考勤管理、执勤管理、队伍形象进行检查督查，巡检道路6773条（次）（含次干道），重点难点区域场所1476个（次），发现、移交市容违章行为734起，城管队伍路面“见岗率”“见管率”持续增高，出勤率90%以上。

【建筑垃圾运输密闭化与消纳场建设】 2014年，南宁市审批新增建筑垃圾消纳场17个，为54项重点工程指定建筑垃圾消纳场，解决重点工程弃土2746万立方米。为141家建筑垃圾运输企业核发车辆登记证2840张、换发车辆登记证2190张；为市重点工程发放特别通行证18批次9602张。核发建筑垃圾许可（排放）证126项，处置建筑垃圾量68.10万吨。

【“两违”清理】 2014年，南宁市巡查督办“两违”（违法建设、违法用地）问题251个；开展整治“两违”工作953次，拆除违法建设1.18万处（栋），拆除违法建设面积645.50万平方米，清理违法占地997.45万平方米。

【体操世锦赛市容市貌保障】 2014年第45届世界体操锦标赛在南宁举办期间，南宁市派出城管执法人员19.38万人次，出动城管执法车9.16万辆次，查处摊点乱摆、跨门槛经营11.73万起，查处车辆乱停9.89万起，查处“泥头车”违章污染路面1744起、广告乱贴1.59万起，“五乱”（垃圾乱丢、摊点乱摆、工地乱象、广告乱贴、车辆乱停）罚款65.80万元。同时，投资1.89亿元，完成市区建筑立面改造3980栋，改造面积151.30万平方米（立面清洗37.40万平方米）。推进实施市政道路“白改黑”工程168条，实施市政道路“人行道改造”工程78条，清洗刷新市政公共道路204条，清洗市政公共基础设施1.10万个；整治施工工地1107个、农贸市场145个；整治有物业管理小区778个、无物业小区632个、城中村46个；整治架空管线道路79条，亮化改造城市夜景灯光1046栋，病媒生物防治抽查单位2004个。

【美丽南宁·整洁畅通有序大行动】 2014年，南宁市开展灯箱广告、占道经营、人行道车辆静态停放、“泥头车”运输、违章夜市等专项整治行动14次，查处“五乱”行为38.15万起，其中摊点乱摆（含跨门槛经营）22.16万起、车辆乱停放10.16万起、垃圾乱扔2.74万起、广告乱贴2.77万起、工地乱象3236起。发送督查短信613条，下发督办函1038份、“大行动”市容环境整治通报117期，警示通报6份，处理群众投诉742个，督查市容问题1.12万个，并落实整改。

【“美丽南宁·清洁乡村”活动】 2014年，南宁市六县完成“村收镇运县处理”试点项目建设20个，建成乡镇垃圾中转站68个，建成垃圾处理设施（垃圾填埋场、焚烧炉等）3105处，配备垃圾桶（箱）99.44万个；市本级生活垃圾集中处理率100%，市辖六县县城平均生活垃圾集中处理85%以上。全市六县六城区3个开发区12862个自然屯均签订“清洁乡村”村规民约，落实环卫保洁员，从村民自治层面推动“清洁乡村”长效管理。（董　强）

城市管理监督评价

【概　况】 2014年，南宁市城市管理监督评价中心以服务“美丽南宁·整洁畅通有序大行动”（简称“大行动”）和“两会一节一赛”为中心，以服务“大行动”专项考评工作为抓手，依托数字城管系统平台，推进城市治理改革创新，提升城市治理水平。南宁市数字城管系统覆盖兴宁区、江南区、青秀区、西乡塘区、邕宁区、良庆区6个城区和南宁高新技术产业开发区、南宁经济技术开发区2个开发区，约250平方千米的建成区范围，划分为92个监督员巡查工作网格，普查城市部件54万多个，并建立城市管理数据库。采集城市管理案件45.54万件，受理城市管理问题47.29万件，立案38.80万件（部件立案3.22万件、事件立案35.58万件，部件与事件立案数比1:11），比上年减少43.84%；结案27.72万件，总结案率70.83%，上升26.08%。上报“大行动”专项考评数据33.38万条，审核专项考评申诉数据15.72万条。

【机构改革】 2013年10月，市委、市政府将市城市管理监督中心从市城市管理局直属事业单位调整为市政府直属事业单位，更名南宁市城市管理监督评价中心，与市城市管理指挥中心合署办公。2014年末，市城市管理监督评价中心设综合科、派遣科、呼叫科、指导协调科、考评监督科、技术科、监督员管理科7个科室；核定事业编制51名、后勤服务人员控制数5名。实有人数53人（事业编制人员48人、后勤服务人员5人）。市财政批准聘用城市管理监督员500名，实有464名；座席员82名，实有65名。2014年3月，中共南宁市城市管理监督评价中心总支部委员会成立，设党支部3个。4月，南宁市城市管理监督评价中心与南宁市城市管理指挥中心资产、人员移交完成。

【“大行动”暗访数据采集与考评】 2014年，市城市管理监督评价中心主要承担“大行动”工作目标专项考评部分暗访数据采集工作。对“大行动”考评数据名录库进行增补、分解、更新，采集“美丽大行动”专项考评数据32.89万件。加快建立完善的城市管理考评体系，完善考评机制，修改《“美丽南宁·整洁畅通有序大行动”城区、开发区工作目标专项考评细则》；上报“大行动”专项考评数据统计分析材料74份，为市委、市政府提供决策参考；配合建立城区责任网格考评机制，制定《城区（开发区）“美丽南宁·整洁畅通有序大行动”责任网格考核评分方法》。

【城市管理问题采集】 2014年，市城市管理监督评价中心加大数据采集服务力度，转变巡查模式，解决巡查上报的“盲区”和执法监管时间上的“盲点”，科学调整数据采集时间，加大对上下班交通高峰期的数据采集，巡查区域向背街小巷和“五大区域”（背街小巷、住宅小区、城中村、公园广场、农贸市场）延伸。组织监督员对各城区（开发区）上报的道路名录库和“五大区域”名录库进行拉网式的现场核实，配合市大行动办做好查缺补漏，增补道路录库信息169条，“五大区域”信息714个。组织人员将全市1000多条道路和2000多个“五大区域”名录信息按照92个监督员工作网格进行拆分。采集城市管理案件45.54万件（“大行动”专项考评数据32.89万件、数字城管案件12.65万件），采集“三车”（摩托车、人力三轮车、残疾人机动轮椅车）数据4890件。

【城市管理问题受理】 2014年，市城市管理监督评价中心受理城市管理问题47.29万件，核查案件31.40万件，核实案件3.61万件，立案38.80万件，结案27.72万件；上报“大行动”数字城管暗访数据33.38万条，审核申诉数据15.72万条。

【城市管理案件督办】 2014年，市城市管理监督评价中心完善案件派遣制度，推进督办及处置协调，接收派遣处理案件38.82万起，日均案件1064起。其中，派遣处理“五乱”案件14.68万起，“12319”热线公众举报、投诉案件1.43万起，媒体曝光城市管理问题案件2304起，精品路线、地铁施工区域的案件4.75万起，处理被责任单位驳回的案件17.35万起。强化跟踪督办，确保紧急案件及城市管理热点难点问题流转，下发督办函67份。启动协调机制，通过电话协调、应急协调、专题会议协调、现场会议协调等方式协调解决责任不清的数字城管案件799起。

【城市管理工作专项考评】 2014年，市城市管理监督评价中心做好“大行动”专项考评数据统计分析，上报《“美丽南宁”考评数据情况分析报告》27期、“美丽南宁”考评数据扣分情况分析报告》8期、《“美丽南宁”考评社会监督数据情况分析报告》8期、《关于报送“美丽南宁”考评数字城管暗访数据国调队导入情况分析的函》10期、《关于报送各城区（开发区）计入“美丽南宁”专项考评网格数情况的函》12期；报送《关于报送“美丽南宁·整洁畅通有序大行动”工作目标专项考评“非法三车”数据的函》11份。7月中旬起，每日开放暗访数据查询平台；至年末，完成7.60万条申诉数据的处理，整理完成申诉情况分析报告6份。完成《关于协调解决“美丽南宁·整洁畅通有序大行动”工作目标专项考评有关问题的请示》《当前考评中存在的困难与建议》《关于对考评对象申诉数据处理意见予以明确的请示》《关于对各城区申诉非本城区管辖的乱停车类案件处理结果予以明确的请示》《关于呈请审定“美丽大行动”考评申诉相关制度的请示》等文件7个。配合建立城区责任网格考评机制，报送各城区责任网格得分及排名8期；提交城区（开发区）、市直部门考评细则修改建议稿20次、测算方案24套。

南宁市“12319”城市管理服务热线座席大厅一瞥　　梁笑飞提供

【数字城管系统建设】 2014年，市城市管理监督评价中心开发“大行动”专项考评案件导出功能和“大行动”相关暗访数据查询功能。完成数字城管系统图层更新。投资10万元，完成92个监督员巡查网格调整、街道办和社区边界确认及图层制作。完成“大行动”考评数据采集终端设备采购和更新监督员PDA（个人数字处理，即掌上电脑）工作手机采购，投资65万元，优化数据上报传输线路。

【城市网格化管理监督决策服务系统】 2014年10月建设，12月投入试运行。市城市管理监督评价中心建设，市胜顺纳科贸有限公司承建，投资198万元。南宁市城市网格化管理监督决策服务系统是基于现有的数字城管系统平台而拓展的一项决策管理与服务的应用。决策者通过PC、智能手机或平板电脑（Android、IOS、Windows Phone）进入系统了解最新城市管理运行状况。通过网站、短信、微信等形式，与数字城管系统进行整合，畅通市民参与城市管理渠道，调动市民的积极性。

【“12319”热线服务】 2014年，市城市管理监督评价中心开展创建“先锋示范岗”“青年文明号”“巾帼文明岗”等活动，提升“12319”城市管理服务热线管理能力和服务水平，打造成为城市管理指挥平台、政民互动便民平台、数字城管展示平台。至年末，“12319”热线接到市民来电4.89万个（咨询3.79万个、投诉1.10万个），受理立案69.35万个，派遣核查案件58.74万件，派遣核实案件5.98万件，派遣处理案件63.30万件，案件办结45.69万件，综合案件量243.06万件；定期开展市民对案件处置结果的满意度调查，回访市民1539人次，市民对案件处置结果的满意度73.62%。

【“南宁12319”微信平台】 2014年9月建设，11月投入试运行。市城市管理监督评价中心建设，北京中电瑞达电子技术有限公司承建，投资31.90万元。南宁“12319”微信平台是基于现有的数字城管系统平台而拓展的一个城市管理问题上报的平台，为市民提供城市管理问题咨询、投诉的微信互动服务，实现南宁数字城管微信互联、微信菜单、微信管理、微信查询统计等功能。至年末，关注公众号的微信用户160人，微信互动数据1789条，微信投诉建议66条，微信立案数46条。

【监督员与座席员管理】 2014年，市城市管理监督评价中心不断强化监督员、座席员队伍的建设管理。组织监督员、座席员队伍参加“大行动”专题培训2次，组织全员培训3次、骨干以上人员培训4次、新进人员培训5次。修订监督员、座席员月度考核评价办法以及绩效工资分配实施办法，凸显“奖勤罚懒”的原则，适当拉开各绩效分配档次之间的差距。加强对案件上报数据异常的网格进行案件督查，定位监督员5.37万人次，发现违纪问题33人次，处罚33起人次。同时，加大对案件漏报的抽查采集，每天分2个班次，每班次对2~3个网格进行随机的案件抽查，每个网格抽查15~30条的案件，全年抽查案件45.54万条；对案件漏报区域进行拾遗补漏，采集案件1.13万件。

（市城市管理监督评价中心编写组）

责任编辑　周　红

环境保护·园林绿化

环境保护

【概　况】2014年,南宁市环境保护局推进污染减排、环境质量整治、生态建设、能力建设等重点工作,取得较好成效。城市环境空气质量持续改善,水环境质量总体保持良好,深入推进污染物减排,实施大气污染跨区域联防联控和机动车污染防治,全面开展烟囱专项整治和水环境污染整治。加强环境监管和服务,在华南地区率先出台水泥脱硝补贴政策,推进环保审批制度改革,开展大气污染防治规划编制,建立环保气象监测数据共享机制。强化环境执法,开展专项环保执法检查,对典型环境违法案件实施完成挂牌督办整改。7月,查处广西网联电线电缆有限公司擅自倾倒危险废物案件,因倾倒危险废物数量巨大,相关责任人的行为已涉嫌污染环境罪,市环保局将案件移送公安部门。这是南宁市环保部门首次将环境违法案件移送公安机关。

【空气环境质量】2014年,南宁市区空气质量优良天数(空气质量指数AQI≤100)292天,占全年80%;轻度污染(100<AQI≤150)50天;中度污染(150<AQI≤200)15天;重度污染(200<AQI≤300)5天;未出现空气质量劣于重度污染的天气。空气质量超标日分别分布在1月(23天)、2月(3天)、3月(2天)、6月(3天)、9月(1天)、10月(14天)、11月(6天)、12月(18天);重度污染日均出现在1月(5天)。市区环境空气中二氧化硫、二氧化氮、可吸入颗粒物、细颗粒物年平均浓度分别为每立方米15微克、37微克、84微克、49微克。二氧化硫、二氧化氮年平均浓度均达到国家一级标准要求,可吸入颗粒物、细颗粒物均超过国家二级标准要求,超标倍数分别为0.20、0.40。市区二氧化硫、二氧化氮24小时平均第98百分位数浓度分别为每立方米41微克、84微克,其中二氧化硫达到国家二级标准要求,二氧化氮超过国家二级标准要求;可吸入颗粒物、细颗粒物、一氧化碳24小时平均第95百分位数浓度分别为每立方米192微克、120微克、1.60毫克,其中吸入颗粒物、细颗粒物均超过国家二级标准要求,一氧化碳达到国家一级标准要求;市区臭氧日最大8小时滑动平均值的第90百分位数浓度每立方米126微克,达到国家二级标准要求。南宁市辖六县环境空气二氧化硫、二氧化氮、可吸入颗粒物年均浓度均达到《环境空气质量标准》(GB3095-1996)年均二级标准。南宁市区、郊区酸雨频率均为零,市区比上年下降1.50个百分点,郊区与上年持平。市区降水平均pH值6.33,升高,酸化程度减弱;郊区降水平均pH值6.43,升高,酸化程度减弱。武鸣县、横县、上林县、马山县及隆安县5个县城未监测到酸雨。宾阳县收集降雨样品数80个,其中酸雨(pH<5.60)样品2个,酸雨频率2.50%,明显下降,降水平均pH值6.22。

【水环境质量】

主要江河水质　2014年,南宁市境内左江、右江、武鸣河、邕江、郁江等主要江河总体为二类~三类水质。按监测年平均值评价,所有断面水环境功能区和三类水质达标率均保持100%,其中左江上中、右江雁江、武鸣河叮当、邕江老口、水塘江水质均为二类,邕江的蒲庙断面、郁江的六景断面、平朗断面、南岸断面水质均为三类。因溶解氧超标评价为四类水质的有:邕江的蒲庙断面(7月),南岸断面(7月、8月),六景断面(7月),平朗断面(5月、6月、7月),其余断面各月水质均能达到或优于三类水质。南宁市与上、下游城市的3个出入境交接断面(与崇左市、百色市交界的左江上中、右江雁江入境断面)总体符合二类水质,与贵港市交界的郁江南岸出境断面总体达到三类水质,满足交接要求。

城市饮用水源水质　南宁市集中式饮用水源水质月报监测水源6个。其中:5个为邕江地表水源,上游至下游的位置顺序依次为三津、陈村、西郊、中尧、河南水源地;另1个是邕宁区清水泉地下水源。南宁市集中式饮用水源地水量达标率96.21%。邕江5个集中式地表饮用水源地水质总体保持良好,主要水质指标达标率100%;清水泉地下水源地水质受总大肠菌群指标超标影响,水质达标率相对较低。

城市内河水质　南宁市监测的18条主要城市内河中,除八尺江水质为五类属中度污染外,其余17条内河水质均为劣五类属重度污染。影响水质的主要污染指标为氨氮、五日生化需氧量、总磷、化学需氧量和阴离子表面活性剂。

主要湖泊与水库水质　南湖主要受总磷指标偏高影响,总体水质为五类,综合营养状态指数60.90,属中度富营养状态,比上年有所下降。民歌湖水质为劣五类,综合营养状态指数72.40,属重度富营养状态,有所下降。相思湖水质为劣五类,综合营养状态指数67.50,属中度富营养状态,略有下降。总氮单独评价时,南湖为四类水质,民歌湖和相思湖均为劣五类水质,粪大肠菌群单独评价时南湖和相思湖均为劣五类水质。天雹水库、大王滩水库、峙村河水库水质为三类,老虎岭水库、西津水库水质为四类,龙潭水库水质为五类,主要影响指标均为总磷。总氮单独评价时,老虎岭水库、峙村河水库为三类水质,大王滩水库、天雹水库为四类水质,龙潭水库、西津水库为劣五类水质。粪大肠菌群单独评价时,除西津水库为四类水质外,其余水库均满足三类水质要求。按综合营养状态指数评价,除龙潭水库为轻度富营养状态外,其余5个水库均属正常的中营养状态。与上年相比,除龙潭水库、峙村河水库综合营养状态指数略有上升外,其他水库均有不同程度下降。

地下水水质　南宁市地下水质良好级占18.75%,分布面积约8平方千米;较差级占81.25%,分布面积约142平方千米。地下水主要受铁、锰、氨氮、亚硝酸盐氮等组份的污染,总污染指数8.54,比上年上升2.15。地下水超标组分别为铁、锰、氨氮、亚硝酸盐氮,铁的单项污染指数值上升1.31,锰的单项污染指数值上升0.34,氨氮的单项污染指数值上升0.11,亚硝酸盐氮的单项污染指数值上升0.39。

【城市声环境质量】

城市区域声环境质量　2014年,南宁城市区域环境噪声平均值53.50分贝,

比上年下降0.10分贝。城市区域声环境质量总体达到国家考核指标要求，属较好水平。城市声源构成仍以社会生活噪声、交通噪声为主，占南宁市声源构成87.10%。武鸣县、横县、宾阳县、上林县、马山县、隆安县六县县城区域环境噪声均达到小于60分贝的考核要求。

南宁市城市区域环境噪声声源构成

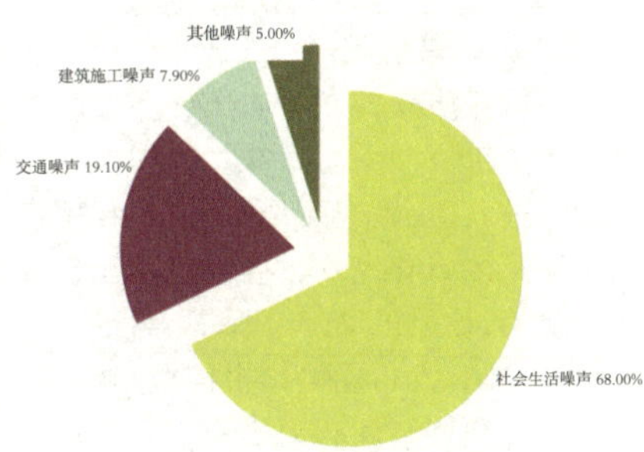

城市道路交通声环境质量 南宁市城市道路交通噪声昼间平均等效声级69.10分贝，比上年下降0.70分贝；监测路段超标率39.10%，下降7.20%。道路交通噪声环境质量总体达到国家考核指标要求，属较好水平。武鸣县、横县、宾阳县、上林县、马山县、隆安县六县县城道路交通噪声均达到小于70分贝的考核要求。

城市功能区声环境质量 南宁市1类~4类功能区噪声昼间达到国家标准，夜间噪声1类区、2类区达到国家标准，3类区、4类区超过国家标准。与上年比，1类、3类功能区昼夜噪声均有所下降，声环境状况有所好转；2类、4类功能区昼间噪声均有所上升或持平，声环境状况有所下降。南宁市功能区噪声达标率72.20%，上升0.70%。昼间噪声达标率91.10%，上升1.60%；夜间噪声达标率34.40%，下降0.70%。

【辐射环境质量】 2014年，南宁市区γ（伽马）辐射空气吸收剂量率（扣除宇宙射线响应值）无异常变化，年平均值每小时48纳戈瑞；市内29个监测点年均值范围每小时24纳戈瑞~88纳戈瑞。南宁市区环境电磁辐射年平均值为：电场强度每米0.82伏特，功率密度每平方米0.002瓦。市区10个监测点位的环境电磁辐射综合场强监测值均低于《电磁辐射防护规定》（GB8702-88）在30MHz~3000MHz（兆赫）频率范围的公众照射导出限值。

【环保规划】 2014年，市环保局组织编制完成《南宁空港经济区生态环境保护规划》并获市政府批复。组织编制《民族大道延长线经济带环境保护规划》通过专家评审。制定南宁市环境保护“十三五”规划工作方案，启动“十三五”规划前期研究。开展《南宁市大气污染防治规划》相关编制，完成《南宁市大气污染防治三年行动方案（2014-2016）》编制。

【环保投资】 2014年，南宁市获中央、自治区下达专项资金5042万元，市本级下达专项资金3381.60万元，共8423.60万元。市环保局组织申报2014年市本级环保专项资金项目45个，下达资金2701万元。组织申报市本级节能减排项目35个，获批26个，资金680.60万元。

【污染物排放处置】

废水污染物排放 2014年，南宁市废水排放总量3.66亿吨，其中工业废水排放量9097万吨、生活污水排放量2.75亿吨（包括垃圾填埋场等集中式治理设施31.28万吨），比重分别为24.86%、75.14%。废水中主要污染物化学需氧量（COD）排放量11.73万吨，其中工业排放2.22万吨、生活排放5.94万吨（包括垃圾填埋场等集中式治理设施541.54吨）、农业畜禽养殖业排放3.57万吨，比重分别为18.93%、50.64%、30.43%。废水中主要污染物氨氮排放量1.30万吨，其中工业排放0.12万吨、生活排放0.77万吨（包括垃圾填埋场等集中式治理设施42.62吨）、农业畜禽养殖业排放0.41吨，比重分别为9.23%、59.23%、31.54%。工业污染物中，化学需氧量排放量94.89%来源于造纸和纸制品业、酒、饮料和精制茶制造业、农副食品加工业、化学原料和化学制品制造业和皮革、毛皮、羽毛及其制品和制鞋业等；氨氮排放量95.94%来源于酒、饮料和精制茶制造业、化学原料和化学制品制造业、造纸和纸制品业、农副食品加工业和皮革、毛皮、羽毛及其制品和制鞋业等。

废气污染物排放 南宁市工业废气排放总量1813亿标立方米，比上年上升27.50%。废气中主要污染物二氧化硫（SO_2）排放量4.08万吨，其中工业排放3.21万吨、生活排放0.87万吨，比重分别为78.68%、21.32%；氮氧化物排放量7.60万吨，其中工业排放3.73万吨、生活源排放3.87万吨（含机动车排放3.76万吨），比重分别为49.08%、50.92%；烟（粉）尘排放量3.55万吨，其中工业排放2.76万吨、生活源排放0.80万吨（含机动车排放0.33万吨），比重分别为77.74%、22.26%。南宁市重点污染企业有工业废气处理设施835台（套），其中脱硫设施89台（套）、脱硝设施11台（套）、除尘设施714台（套）。工业污染物中，二氧化硫排放量93.28%来源于非金属矿物制品业、造纸和纸制品业、酒、饮料和精制茶制造业、农副食品加工业和电力、热力生产和供应业等；氮氧化物98.57%来源于非金属矿物制品业、电力、热力生产和供应业、造纸和纸制品业、农副食品加工业及酒、饮料和精制茶制造业等；烟（粉）尘排放量93.22%来源于非金属矿物制品业、农副食品加工业、造纸和纸制品业、化学原料和化学制品

南宁市主要湖泊、水库水质综合营养指数

点位名称	2013年		2014年	
	综合营养指数	级别	综合营养指数	级别
南湖	62.60	中度富营养	60.90	中度富营养
民歌湖	74.90	重度富营养	72.40	重度富营养
相思湖	68.40	中度富营养	67.50	中度富营养
大王滩水库	49.40	中营养	45.20	中营养
龙潭水库	52.70	轻度富营养	58.50	轻度富营养
天雹水库	42.80	中营养	40.50	中营养
老虎岭水库	49.70	中营养	47.50	中营养
峙村河水库	42.00	中营养	43.60	中营养
西津水库	51.70	轻度富营养	45.80	中营养

南宁市城市功能区噪声监测结果

单位：分贝

功能区类型	1类区			2类区			3类区			4类区		
	昼间	夜间	昼夜	昼间	夜间	昼夜	昼间	夜间	昼夜	昼间	夜间	昼夜
2013年	46.60	38.70	47.40	54.80	47.60	56.00	64.20	61.30	67.90	66.80	59.00	67.70
2014年	44.90	38.10	46.20	56.30	48.40	57.10	61.60	55.90	63.50	67.50	59.00	68.10
变幅	−1.70	−0.60	−1.20	1.50	0.80	1.10	−2.20	−5.40	−4.40	1.30	0	0.40
国家标准	≤55	≤45	−	≤60	≤50	−	≤65	≤55	−	≤70	≤55	−

制造业、黑色金属冶炼和压延加工业等。

工业固体废物排放与处置　南宁市一般工业固体废物产生量361.15万吨，比上年同期下降8.87%，综合利用量346.57万吨（含综合利用往年贮存量0.10万吨），处置量147.36万吨（含处置往年贮存量133.78万吨），一般工业固体废物综合处置利用率99.78%，与上年基本持平。南宁市工业危险废物产生量7069.96吨，综合利用量700.58吨，综合利用率9.91%，处置量5932.38吨，处置利用率83.15%，贮存总量1344.10吨，无倾倒丢弃。工业危险废物主要来自废弃电器电子产品拆解企业、有色金属冶炼行业、电镀行业及化工行业，产生种类主要为含铅CRT（阴极射线管）锥玻璃、废印刷电路板、有色金属冶炼废渣、废矿物油、废酸、含铬废物等。南宁市投入运营的危险废物经营单位4家。其中，广西神州立方环境资源有限责任公司为危险废物综合处置经营单位，目前尚处于试生产阶段，未取得危险废物经营许可证；南宁市安明油脂有限责任公司、南宁市绿峰环保科技有限公司、南宁市圣达净水材料有限公司分别为废物矿物油、废显（定）影液、废盐酸利用处置企业，持有由自治区环保厅核发的危险废物经营许可证。

医疗废物处置　南宁市实行医疗垃圾集中收运处置的医疗机构941家（点），覆盖面包含南宁市所辖六县六城区。年内，收运、处置医疗废物6730.31吨，比上年同期增长26.94%。南宁市各医疗卫生机构及部分企业产生的医疗废物全部交给广西神州立方环境资源有限责任公收运处置，医疗废物安全处置率100%。

城市生活垃圾及污水处理厂污泥处置　南宁市区生活垃圾产生量107.97万吨，增长6.61%，生活垃圾处理率100%；污水厂污泥产生量8.87万吨，与上年同期基本持平。污泥主要用于制作生物肥料的辅助原料和农用堆肥，其产生、运输，储存及处置利用均参照工业危险废物进行管理。污泥各项指标达到《农用污泥中污染物控制标准》，污泥处置率100%。按照《生活垃圾填埋污染控制标准》的要求，环保部门每年定期对已投入运营（试运营）的生活垃圾填埋场进行监督性环境监测，确保填埋场渗滤液、废气及机械作业噪声等各项污染物排放指标达到国家相关标准要求。年内，马山县、上林县、隆安县、横县生活垃圾填埋场投入运营（试运营），宾阳县生活垃圾转移到邻近的来宾市处置，市区、武鸣县的生活垃圾几乎全部集中在城南生活垃圾填埋场进行填埋处置，市区石西生活垃圾无害化处理厂已关停。南宁市城区及六县11家污水处理厂运行正常，污泥绝大部分作为生产肥料的辅助原料进行资源化利用，极少部分直接用作农田肥料使用或由污水处理厂作为生物菌种使用。

电子废物处理　广西桂物资源循环产业有限公司持有市环保局颁发的《废弃电器电子产品处理资格证书》，核准处理能力为每年处理电视机60万台、冰箱10万台、空调10万台、洗衣机10万台、计算机10万台。主要拆解处理设施包括电视电脑拆解生产线、CRT玻璃处理线、冰箱拆解生产线、洗衣机拆解生产线、空调拆解生产线等。年内，拆解处理黑白电视机4.58万台、彩色电视机48.94万台、冰箱6061台、洗衣机1.07万台、空调2119套、计算机1.89万套，产生拆解产物1.09万吨。收到财政部废弃电器电子产品处理基金补贴3406.99万元。

【主要污染物减排】　2014年，经自治区核定，南宁市化学需氧量（COD）减排5580吨；氨氮（NH_3-H）减排437吨；二氧化硫（SO_2）减排967吨；氮氧化物（NOx）减排34吨。市环保部门成立工作指导协调小组，印发文件明确各县（区）、开发区、各责任单位减排进度上报时间及要求，督促各县（区）、开发区、责任单位采取有效措施限期完成任务；督促各县（区）加快污水管网和重点建制镇污水厂建设，南宁市重点工作重大项目监督检查问责问效办公室对污水管网建设进展、重点建制镇污水处理厂及配套管网建设进行督查督办，加快城镇污水管网建设进程；推进机动车污染防治；加强水泥、电力行业脱硝设施运行管理；强化畜禽养殖污染物减排，环保部门与农业部门共同推进159个畜禽养殖业污染治理项目建设，推广高架床、生态循环综合利用养殖减排模式；9月起，实施污染减排“百日大战”；出版减排工作简讯6期，每月在《南宁日报》公布南宁市减排重点工作进展情况。

【核与辐射安全监督管理】　2014年，南宁市有核技术应用单位317家，使用密封放射源330枚、射线装置660台（套）。市环保局在南宁市范围组织开展年度辐射安全监督检查和放射源专项检查，南宁市核技术利用单位辐射安全许可证持证率保持100%，辐射环境质量保持良好水平，全年未发生放射源丢失、被盗、失控等辐射事故。年内，市环保局编制辐射事故应急预案，并指导县（区）环保部门、核技术利用单位做好辐射事故应急预案的编制修订；强化对移动通信基站、高压输变电等电磁辐射建设项目的环境监管；加强公众宣传和科普教育。受理辐射环境污染信访投诉案件81起，处理答复率100%。

【污染防治】

大气环境污染防治　2014年，市环保局组织开展大气环境保障工作，确保南宁市的大气环境质量。推进烟囱专项整治；编制南宁市大气污染防治规划，严格控制高排放废气企业准入，推进工业企业“退二进三”（缩小第二产业、发展第三产业），协调企业停产限产；发布市区扬尘污染联防联控预警47次，向市政府及各成员单位书面通报9期，组织执法人员1260多人次，检查工地840多家和城市主要道路区域480多次；推进机动车排气污染防治，加强机动车环保标志管理；加强环境监测，发布预警预报信息；建立重污染天气预警会商联动机制，9月24日至10月12日组织召开南宁市区环境空气质量会商会17次，根据空气质量情况实施相应控制措施；开展油气回收治理，减少油气跑冒污染。

水污染防治　加强对邕江上游河流、湖泊水质的监测。加强饮用水水源保护基础工作，组织完成南宁市乡镇集中式饮用水水源保护区划定并上报自治区，牵头完善《南宁市市区饮用水水源保护区划定方案》获自治区政府批复。加强饮用水水源保护执法，印发《南宁市环境保护局开展南宁市饮用水水源保护专项检查工作方案》，对邕江5个现用、7个备用、1个规划集中式饮用水水源保护区进行全面排查。组织开展2014年集中式饮用水水源保护专项行动；开展邕江两岸、大王滩水库入库污染源整治，重点整治取缔位于陈村水厂饮用水水源二级保护区内的9家餐馆、河南水厂取水口的烧烤摊，给大王滩岸上养殖户下达《关于责令停止环境违法行为的通告》275份。印发《南宁市饮用水水源保护区巡查督查工作制度》，开展市区饮用水水源现场督查检查工作39次，出动工作人员141人次，重点对饮用水水源保护区内的违法情况下达督办或通报，全年下发督查通报3份。建立三津、陈村、西郊、中尧、河南水厂取水口5个饮用水水源地视频监控执法系统。

声环境污染防治　重点做好建筑施工噪声和社会生活噪声监管。南宁市有建筑工地2200多个，市环保局组织午间、夜间巡查2900多人次。通过召开施工噪声扰民协调会、建筑施工单位诫勉谈话会，开展为期近两个月的中考、高考建筑施工噪声专项整治，结合投诉反馈工作等加强建筑工地施工噪声管理。建筑施工噪声扰民立案197件，下达处罚决定

172件、罚处125.30万元，比上年分别增长17.80%、44.20%。牵头制定《南宁市开展环境噪声污染综合整治专项行动工作方案》，与南宁市公安局、南宁市法制办公室、南宁市城市管理局等部门联合开展为期6个月的噪声专项整治。与市公安局、市法制办联合整治商业场所高音喇叭揽客、广场舞扰民现象，编印噪声防治知识手册10多万册，发放给各县（区）、开发区及有关部门。

机动车污染防治　编印《南宁市机动车排气污染减排体系建设实施方案》，建成机动车环保检测站13家，工况法环保检测线43条（汽油车检测线24条、柴油车检测线19条），具备年检超50万辆汽车的工况法环保检测能力，为自治区首家。编制《高污染汽车实施限行措施工作方案》《黄标车、高污染老旧车辆淘汰实施方案》《鼓励黄标车和老旧车提前淘汰奖励实施办法》，报市政府审定。制定并实施机动车国Ⅳ排放标准的新车注册登记和外地二手车转入登记门槛。对出租、公交、旅游、公路等客运车辆进行尾气环保检测。在自治区率先建成较为全面和完善的机动车排气污染数据监控管理系统，对南宁市29个标志核发站点和13家机动车环保检测站实现联网实时监控。对所有在用汽车集中核发环保检验合格标志，全年核发机动车环保标志黄标车1.77万枚、绿标车47.92万枚。首次对尾气超标上路运营的客运车下达限期整改及罚款处罚当场行政处罚决定书，对营运客车和冒黑烟公交的尾气进行专项抽查检测，对其中21辆严重冒黑烟公交车和道路客运车辆所属公交公司进行行政处罚。

重金属污染防治　编制南宁市重金属污染综合防治“十二五”规划的2014年度实施方案。继续推进重金属污染无害化处理，中央及自治区重金属专项补助项目——宾阳制革含铬废渣无害化处置工程等7个项目建设进展顺利。

【环境信访】2014年，市环保局受理环境投诉件1.93万件，其中12369受理1.88万件次，市长热线12345受理168件次，自治区环保厅、自治区环境监察总队转来127件，来信投诉83件、来访29件、直接来电80件。受理各级人大建议、政协提案10件，全部答复。全年受理、处理、交办环境污染投诉件受理率100%，交办率100%。

【排污费征收】2014年，南宁市市本级排污费征收入库3200万元。在利用国家环保部组织的国控重点污染源自动监控能力建设项目和环境信息与统计能力建设项目已有成果基础上，南宁市全面推进排污费征收全程信息化，完成申报审核企业1314家、核定计算企业523家，打印核定通知书企业438家、缴费通知书企业387家。

4月21日至5月9日，南宁市对在用营运客车集中进行环保检验并核发机动车环保检验合格标志。图为机动车尾气检测现场　　市环境保护局提供

【环保法制建设】2014年，南宁市颁布《南宁市郁江流域水污染防治条例》《南宁市饮用水水源保护条例》《南宁市餐厨垃圾管理办法》《南宁市人民政府关于废止南宁市燃煤二氧化硫污染防治办法的决定》《南宁市人民政府办公厅关于印发南宁市推进黄标车及老旧车淘汰工作实施方案的通知》《南宁市人民政府关于划定畜禽养殖禁养区的通告》《南宁市人民政府关于制定高污染燃料禁燃禁售的通告》等地方性环保法规规章、规范性文件。市环保局参加自治区组织的行政执法资格考试45名人员全部通过考试。机关在编执法人员37名、环境监察支队在编执法人员47名，全部通过自治区组织的行政执法资格考试或国家环保部组织的环境监察资格考试，持证上岗率100%。

【环保行政处罚与复议】2014年，市环保局对环境违法行为行政处罚立案225件，下达行政处罚决定书183份，罚款165.90万元。行政处罚听证案件6件，其中广西网联电线电缆有限公司擅自倾倒危险废物案已移送公安部门。行政复议答辩2件，均按程序完成答辩。落实《南宁市环境保护局行政处罚信息授信金融机构暂行办法》，分别向自治区环境保护厅、中国人民银行南宁中心支行报送企业行政处罚案件200件，建设项目环评审批236件，建设项目环保设施竣工验收134件。

【环境影响评价】

规划环境影响评价　2014年，市环保部门完成《南宁屯里凤岭北片区污水专项规划》《南宁市河道采砂规划》《南宁市城市供水专项规划》等5个专项规划环评审查；完成隆安华侨管理区、宾阳县芦圩工业区、马山县苏博工业园区、上林县象山产业园区等7个工业园区（集中区）的跟踪环评审查。

项目环境影响评价　市环保局完成中国东盟食品药品检验检疫中心、南宁南车轨道制造项目、上林县龙母湖、上林县云里湖农业观光园等自治区重大项目环评审批12项，完成市级重大项目环评审批132项，涉及投资278亿元。完成市级建设项目环评审批236项（报告书93项、报告表115项、登记表28项），办结率100%。为自治区环保厅出具南宁市平里静脉产业园—垃圾焚烧发电厂、南宁新江镇至崇左扶绥县一级公路（南宁段）、横县六景风电场等自治区级重大项目初审意见6份，均获自治区环保厅批复。

环境影响评价信息公开　8月，市环保局行政审批办公室进驻南宁市政务服务中心办公，所有审批事项的受理、审批、办结全部在审批办完成。市环保局先后3次整合审批流程，精简报批材料，清理前置环节和前置条件，对建设项目环评审批、竣工环保验收等审批事项统一承诺5个工作日内办结。规范审批公开材料，整合编制全局15个审批事项的操作规范及审批流程图，在市环保局门户网站统一公开。年内，完成市、县（区）两级建设项目环评审批1597项（报告书239项、报告表612项、登记表746项）。

环评项目管理服务　年内，市环保局办理12个建设项目试生产（试运行）审批。完成竣工环保验收713份。试行建设项目分类评估，在环评评估工作程序中增加质量控制的环节，保质保量加快审批流程，完成环境影响评价文件评估项目150个。对自治区、南宁市重大项目，开辟审批"绿色通道"，实施上门服务，每季度召开由审批部门、业主单位、环评单位参加的对接推进会，促进项目前期工作。

【环境污染事件】 2014年，市环保局启动应急预警应急处置涉及环保的突发环境事件16起，其中一般突发环境事件3起，比上年下降62.50%；另13起由于响应及时、措施得当、科学应对，没有造成污染升级或衍生造成环境污染的事件。按类型分，3起突发事件均为涉水环境污染事件；按事件起因分，1起属企业违法排污引发的环境事件，1起属水利工程调节引发的环境事件，1起属其他类环境事件。

【环境监察】

环境安全保障 2014年，市环保局对环境违法行为行政处罚立案216件，下达行政处罚决定书175份，罚款157.90万元。举行行政处罚听证案件5件，完成听证程序。

环保专项行动 市环保局组织开展环保专项行动、环境保护专项检查、环境风险安全隐患清查整治、"绿色卫士·2014"环境安全专项检查行动、环境风险安全隐患大排查督查等专项行动。南宁市各级环保部门出动8600多人次，检查企业3201家次，排查饮用水源地52个，查处企业88家，停产整治18家，取缔关闭企业31家，关停取缔非法窝点17个，现场责令整改22家，对3起典型环境违法案件实施挂牌督办，全部完成整改。

水泥电力行业环保管理 对南宁市水泥、电力行业脱硝设施运行采用预警机制，实施实时监控和管理。出台水泥脱硝补贴政策，鼓励大型水泥企业提前执行2015年开始实施的水泥行业排放标准，获国家环保部华南督查中心的肯定。

污染源自动监控管理 南宁市环保重点监控企业先后安装污染源自动监控设备213套（废水148套、废气65套）。年内，有48家企业75套在线监控设备列入国家考核，传输有效率89.45%，超过75%的国家考核标准。全年在线超标启动转办率100%、反馈率95.20%。

【环境应急管理】

环境应急处置 2014年，市环保局制定应急预案4份，开展应急演练2项，签订备忘录1份。印发《南宁市市区重污染天气应急预案》《南宁市环境保护局反恐怖工作应急预案》，完善《南宁市环境保护局突发环境事件应急预案》，制定《南宁市重大涉环保项目建设群体事件应急应对工作预案》。开展南宁市重大活动大气重污染应对保障演练，参与崇左市左江突发环境事件应急监测联合演练；与南宁市气象局签署环境与气象合作备忘录，双方对重污染天气和突发环境事件等达成合作协议。年内，启动预警、预案16次，其中启动预警应对13起环境污染隐患事件，应急处置一般性突发环境事件3起。

环境应急监测 制订《环境应急监测物质管理及调用制度》《南宁市突发环境事件应急监测信息报告制度》《南宁市环境应急监测专家工作制度》等应急监测制度，健全突发环境事件应急监测制度；编制《南宁市环境空气质量预警方案》《南宁市环境空气质量应急分级机制》《南宁市环境空气污染应急预案》《南宁市空气质量预报会商制度》《南宁市水质监控制度》等预案制度，加强环境空气、水环境质量的预警预报。4月至6月，全面启动邕江河段6个水质自动监测站的应急预警实时监控，针对邕江水塘江—郁江南岸段部分重点断面，如重点企业下游、市县交界断面、县城饮用水源取水地等布设7个断面采取手工加密监测，每天监测1次。

9月9日至12日，市环保局开展绿色卫士环境安全专项检查行动。图为检查人员检查江南污水处理厂　　市环境保护局提供

【环保科研】 2014年，南宁市环境科研重点在环境监测方面，由市环保监测站投入科研经费54万元；获南宁市科技资金支持60万元(《南宁市主要河流中抗生素污染的污染现状调查与风险评估》10万元、《南宁市机动车尾气排放超标治理技术路线研究及应用示范》50万元)；获2014年南宁市培养新世纪学术和技术带头人专项资金10万元。研究课题有《南宁市交通环境下大气污染特征及防治研究》《南宁市主要河流持久性有机污染物污染现状调查与控制对策研究》《南宁市饮用水源地重金属污染现状调查、风险评估与预警体系研究》《基于RS和地面监测的南宁市大气颗粒物(PM10、PM2.5)时空演变趋势研究》《南宁市主要河流中抗生素污染的污染现状调查与风险评估》《郁江(横县段)饮用水源地污染物调查与研究》《南宁市主城区电磁辐射水平调查与研究》《南宁市机动车尾气排放超标治理技术路线研究及应用示范》《南宁市大气颗粒物污染时空分布规律及成因分析研究》等。

【环保信息化建设】 2014年，市环保局完成"绿城环保"公共服务宣传平台建设，推出自治区首个官方空气质量实时发布手机客户端。向自治区环保厅上报信息273条，在自治区14个地级市中排名第二；向环保部上报信息66条，采用16条。市环保局网站各栏目更新信息4210条，网站访问量累计35万多人次，点击率累计563万多人次。

【环保气象监测数据共享机制】 2014年4月，市环保局与市气象局签署《联防联控合作备忘录》，在自治区率先建设南宁市环境数据与气象数据共享资源平台，建立环保与气象部门监测数据共享机制，实现环境空气监测数据与气象数据无缝对接。初步建立环境空气质量预测预报系统，开发建设统计预报模型、气溶胶反演预测预报模型，可预测未来48小时环境空气质量。8月，开始发送未来48

小时预警预报信息，为环境管理部门采取防控措施提供技术依据。

【大气污染跨区域联防联控】 2014年10月3日至12日第45届世界体操锦标赛期间，自治区环保厅多次派人员参加南宁市环境空气质量保障会商会；受外来污染物影响，南宁市区出现轻度污染，自治区环保厅应南宁市的请求，向位于南宁市上风向的城市发出指令，要求其他城市对重点大气污染源企业采取限产措施，缓解南宁市空气污染程度，这是自治区第一次实施大气污染跨区域联防联控。 （市环境保护局编写组）

园林绿化

【概　况】 南宁市林业和园林局为南宁市人民政府工作部门。2014年7月成立，由南宁市林业局和南宁市园林局合并而成；局机关设办公室、政策法制科（山林纠纷调处办公室）、规划建设科、绿化管理科（首府绿化委员会办公室）、营林科、林政资源管理科（林业改革发展科）、公园景区管理科、野生动植物保护与自然保护区管理科、产业科（科学技术与对外合作科）、森林防火科（市森林防火指挥部办公室）、计划财务科、行政审批办公室、人事科机构13个，有工作人员59人。局属单位28个。其中：行政单位1个，市森林公安局；事业单位26个，市绿化工程管理处（南宁市园林科研所）、市林业科学研究所、市南湖公园、市人民公园、市动物园、市金花茶公园、市石门森林公园、市乡镇林业工作站（市林业技术推广站）、市森林病虫害防治站、市农村能源工作站、市种苗管理站、市林政稽查大队、市野生动植物保护站（市野生动植物救护中心）、市生态公益林站、市五象岭森林公园、市园林规划设计院、市花卉公园、市狮山公园、市滨江公园、市新秀公园、市邕江滨水公园、市体育休闲公园、市儿童公园、市江南公园、市五象湖公园、市丁当林场；企业1个，南宁花花大世界。局系统在职在编人员1481人，其中公务员（含参照公务员管理人员）156人，事业单位管理人员254人，专业技术人员407人，工勤人员664人，其他从业人员655人；离退休人员1356人。

至年末，南宁市完成城市绿化及公园建设固定投资45.61亿元，新增绿地面积483.36公顷，建成区绿地率、绿化覆盖率和人均公园绿地面积分别为36.82%、42.89%、14.27平方米，比上年分别提高0.26%、0.80%、0.53平方米，城市园林绿化美化彩化水平和“中国绿城”城市品牌形象进一步提升。

【“中国绿城”建设及服务世锦赛园林项目】 2014年是“中国绿城”提升工程三年行动计划的第二年，南宁市实施“中国绿城”提升工程和服务“两会一节”及世锦赛绿化美化彩化提升项目155个，总投资9.04亿元。种植乔木、灌木品种494个，种植乔木约15万株，灌木约180万株。重点推进实施城市精品线路、城市立交、城市重要门户、公园景区及城市重要景观节点、四季鲜花、滨水景观廊道、城市绿道、各城区新增绿地建设8大类工程。重点凸显大花量、多彩化的景观效果。大量使用花期长、色彩艳、成本低的绿化植物。种植各类观花乔木、灌木229个品种170多万株。在精品线路、重要景观节点完成鲜花下地种植23个品种30个系列花色共475万盆。在道路空地、边坡首次推广混播花种技术，播种面积约28万平方米。打造青秀山兰园、南湖四季花园、广西体育中心、金湖广场4个城市中心花园、2座立交桥及11座人行天桥空中立体花带。转变管理养护模式，实现园林管养低成本化。在五象大道、平乐大道后排绿地试点推行绿化养护责任区目标管理，改变以往单纯由绿化部门管养的模式，既有效提高市直机关干部职工责任意识和投身参与城市园林绿化的积极性，又起到一定的示范带动效应。全面推行鲜花下地工程，改变以往依靠人工摆放盆花实现彩化效果的做法，既节约投资成本又体现自然生态美。年内，鲜花下地工程投资约1500万元，比上年同期花卉布置项目减少40%。改重修剪整形调整为重浇水施肥，转变养护重心，全面提高新模式下园林绿化管养水平，通过精细化养护，南宁市绿化植被长势良好。

南宁市各城区政府自筹建设资金2.45亿元（为上年的13.60倍），改造提升40条道路景观，整治黄土裸露道路116条，新建公园绿地9块（面积23.69万平方米），完成屋顶花园示范项目9个，提升建成区高铁沿线绿化美化约70千米，改造提升绕城高速公路及城市主要出入口绿化、美化、彩化面积约8700平方米；社区重点开展“美丽南宁”大整治活动，主要负责辖区街道、住宅区的绿化整治；各县（区）负责统筹推进村屯绿化建设，完成“绿满南宁”村屯绿化150个，完成年度任务83.33%。市直各部门负责五象大道、平乐大道10千米（25万平方米）的后排绿地景观提升任务，投入人力1.95万人次，种植、管理、养护植物13.40万株。

【街道绿化建设】 2014年，南宁市园林绿化部门完成接管体强路、邕武路、壮锦大道、机场高速路（旧收费站—航站楼）、仙葫大道等39条道路绿化养护，新接管街道绿化101.98万平方米，其中片植灌木地被33.93万平方米、草坪61.11万平方米、乔木6.69万株、孤植灌木5.54万株。完成“中国绿城”提升和服务世锦赛绿化工程建设项目21个，工程累计造价1.45亿元，种植黄槐、蓝花楹等乔木2.99万株、孤植灌木21.34万株、片植地被16.30万平方米。严格控制盆花的使用规模，改变花卉布置方式，在全市全面实行日常鲜花“改摆为种”，主要选用花期长、花色艳、易养护的鲜花品种，实施鲜花下地工程。完成34处节点、道路380万盆花卉种植任务，种植的花卉品种主要有日日新、繁星花、百日草、醉蝶花、鸢尾花、皇帝菊等20个品种30多个系列花色。

【街道绿化养护管理】 2014年，南宁市园林绿化部门完成市区162条管辖道路837.60万平方米的日常养护。使用人工18.48万工日、货车1012辆次、高空车386辆次、水车3.94万辆次、油锯1454台（班）；市区主要道路补种乔木1146株、孤植灌木1439株，片植灌木、草本地被4.53万平方米；市区精品线路和主要道路绿化施肥129吨，喷洒叶面肥111立方米，浇灌水肥1056立方米；修剪树木3.10万株，砍伐死树361株，重新捆绑维护民族大道大王椰818株；防治120条道路上的绿化植物病虫害，防治面积约530万平方米，推广生物防治面积6.30万平方米。

台风“威马逊”“海鸥”期间，对130条道路受灾的7077株严重受损（倒树、断枝、倾斜）树木进行处理。为迎接第45届世界体操锦标赛，完成竹溪大道、民族大道、五象大道、白沙大道、五一路等道路的冲洗任务，冲洗路树、地面及护栏，出动车辆1490辆次，投入人工2.70万工日。对厢竹大道、凤凰岭路、东葛路、长湖路、平乐大道等道路的绿化隔离带及行道树绿化带开展过高土专项整治清理，清理面积1.05万平方米，清理土方206.54立方米。做好“美丽南宁”大行动活动专项整治，在民族大道、荔滨大道、机场路等60多条道路补种乔木140株、孤植灌木816株，片植灌木、草本地被2.77万平方米，清理垃圾杂物122车、枯枝落叶3387.65吨，铺设生态透水砖、植草砖1.19万平方米，修复园林设施1985处，冲洗路树（含地面及护栏）使用车辆836辆次，投入人工1.90万工日。10月，完成第一批道路绿化养护招投标，外包地段涉及66条道路及相关绿地，绿化总面积198.72万平方米，中标总

鲜花下地　　市林业和园林局提供

经费637.56万元。年内,数字绿化管理处理市民投诉、市长热线投诉及网上信访处理501起;接收数字城管信息1.22万条,处理6473条,驳回5618条,待处理108条。

【公园建设与管理】

南湖公园　2014年,开展创建"三优一满意"(优良环境、优良秩序、优质服务,游客满意)公园活动,实施"美丽南宁·整洁畅通有序大行动"。完成公园基础设施建设和园林景观提升,增种三角梅、茶梅等开花乔木、灌木1.24万株、种植地被9130.57平方米。新建凝香廊、聚秀廊、涵秋廊和公厕2座。新建花圃4631平方米。接管南湖—竹排冲水系环境综合治理工程日常养护,完成绿化、环卫和安保社会化运作。完成公园趣味娱乐项目、4个停车场和9个小卖部的招标、投标。完成《南湖公园环境噪音污染综合整治专项行动工作方案》《南湖公园噪音污染防治规定》编制,与各娱乐点签订《南湖公园娱乐点降低噪音承诺书》,制作并发放宣传折页5000册。接待入馆参观单位团体431个5.85万人次;接待散客入馆参观人数26.36万人次。

人民公园　完成公园北侧滑坡应急治理工程,恢复绿化2340平方米。开展创建国家4A级景区工作,完成大门区游客服务中心建设,大门区和纪念馆区2座厕所拆除重建,新增公厕中英文提示牌、植物标识牌等各类标牌221块,特色固定垃圾桶40个;完成榕荫广场周边、公园侧门至儿童乐园区、公园东门雨林区等7个区域主要景观区域绿化提升改造。举办第三届传统庙会、仿真恐龙展活动、公园首届礼仪大赛等文化娱乐活动17次。获科技事业单位档案管理国家二级档案室称号、自治区文明单位称号。

动物园　全年展出动物203种2921头(只、条),繁殖动物35种275头(只),引进赤大袋鼠、灰大袋鼠等动物10种128头(只),输出东北虎、河马等动物5种16头(只),完成203种2910多头(只、条)动物春秋季的寄生虫普查、驱虫效果复查。完成财政投资改造项目工程5项、基础设施维修项目17项、宿舍区项目维修改造8项。实施绿化工程和景观效果提升工程12项,补种地被植物29种,铺设草皮6000多平方米,铺设透水砖近200平方米,消除黄土裸露约5300平方米。年内,被评为南宁市文明风景区。接待入园游客约171万人次。

金花茶公园　完成南宁吴圩机场新航站楼区及配套设施园林景观工程和公园环境改造提升二期工程。完成金花茶组培实验室建设与关键技术研究,获得金花茶组培关键配方,培育组培苗2200株。完成金花茶杂交新品种选育,成功嫁接、成活300株,向国家林业局申请"冬月""金背丹心"的新品种权保护。完成南宁市野生金花茶野外调查,形成的调研报告获南宁市领导干部调研论文二等奖。举办南宁市第三届茶花文化展;被评为"2014年南宁市十大文明风景区"和"国际杰出茶花公园"。

石门森林公园　完成五象大道—玉象路立交工程绿化工程代建项目建设。完成中国—东盟博览会主题公园概念性规划方案的编制并上报审批。完成黄土裸露整治2.20万平方米,铺设草坪1.53万平方米,种植各类植物1.82万株。扩宽道路150平方米,安装路缘石300米、公园平面图2套、导览指示图5套、道路指示牌11套。实施园内、会展路绿化带的鲜花种植,累计种植花卉4.84万盆。

狮山公园　完成第四届广西园林园艺博览南宁展园(那园)建设工程、机场高速公路延长线园林景观工程、五象大道—壮锦大道立交、友谊路立交工程景观绿化工程。开展环境整治,投入资金约40万元。开展廉政文化教育,配备讲解员2名,接待各单位人员、市民游客10万余人。南宁市竹文化科普基地通过南宁市科技局专家评审,年内引进竹品种50个,园内竹品种150余种,收录16个属的竹子,制作保存竹标本72件,购买竹工艺品63件,开展人员培训20期,举办竹文化及产品展览活动,接待参观游客6万人。培育荷花品种3个、其他水生植物品种15个共500多盆。生产花卉60.98万盆。完成机场高速、青竹立交等道路、节点四季鲜花下地任务57.51万盆。

花卉公园　完成南宁东站综合交通枢纽二期工程(地面南、北广场)园林绿化工程,以及公园(一期)园林古建筑项目建设和周边环境的整体改造提升,累计完成投资1418万元。完成公园二期配套服务设施采购安装,投资390万元。全年生产草花70.10万盆。完成鲜花下地种植任务44.76万盆,生产中高档花卉及小盆栽植物21.70万盆。投入87.48万元改造提升公园环境,安装路沿石180米,整治黄土裸露面积近4000平方米,绿化改造2.20万平方米;安装公园导游牌9块,维修草坪灯、路灯48盏,园椅55张,木栈道及木质长廊500平方米。

滨江公园　完成园内基础设施修缮,累计投入资金51.87万元,修复透水砖约200平方米、盲道500米、康体器材100多套、园灯1000余盏,更换破损取水阀、水龙头、水阀500个,制作北大桥和桃源桥底镀锌钢管护栏141米,新装花岗、岩石凳40张,硬化停车场面积1010平方米。投入资金18.88万元维修、改造公厕2座。开展绿化提升改造及灾后补植,投入经费约17万元对滩涂斜坡、园区老化植被、黄土裸露场地、受台风影响被洪水淹死的植物片区进行绿化改造,面积1.30万平方米,种植蜘蛛兰2500平方米、单瓣朱槿1800平方米、黄金榕3300平方米,白蝴蝶3000平方米、黄素梅2000平方米、七彩朱槿200株、铺草500平方米。完成鲜花下地任务7.25万盆。

新秀公园　完成南门拓展区、北门大草坪(鸟巢花海)、北门厕所及周边(盆景园)改造提升工程,种植乔木648株、造型灌木789株、荫生植物35株(丛)、片植植物2700平方米,叠景石430吨、硬化园路2006平方米。组织实施英华大桥绿化景观工程项目和五一路完善提升工程,英华大桥投资约2700万,五一路提升工程(绿化)投资338万。完成花卉生产11.84万盆。

邕江滨水公园　组织实施国凯大道、友谊路、平乐大道、彩凤路、飞龙路(前期)的景观绿化工程项目建设。推进公园公厕、五象大桥景观绿化修复、公园岸坡加固及防护项目建设。整治提升园容园貌,新建垃圾池1座,硬化铺砖230平方米,维修道路550平方米,更换路灯93个、水龙头26个,补植乔木、灌木187株,片植灌木1480平方米。累计完成鲜花下地任务约24万盆。

凤岭儿童公园　组织实施佛子岭路扩建一期绿化景观提升工程,完成投资426万元。推进公园基础设施完善工程一期、二期及云景路延长线改造提升工程项目建设。整治提升公园环境,种植无刺藤本蔷薇、三角梅等175株,火焰花、鸡冠刺桐等乔木212株、灌木1039株,七彩朱槿、鹅掌柴等938平方米,麦冬、草皮等2049平方米。接管凤岭冲沟儿童公园段景观绿地,并实行社会化养护管理。通过国家4A级旅游景区评审,成为国家4A级旅游景区。

体育休闲公园　完成公园C区基础设施完善及绿化提升工程、金湖广场园林景观提升工程和18号路气象局段边坡绿化提升工程,绿化提升总面积12.28万平方米,完成投资924.81万元。完成鲜花下地任务4万盆。开展黄土裸露整治,种植乔木、灌木1.70万株,补植、片植植物1.65万平方米。完善公园设施设备,维护和修复园区内7座小木桥和2个木质平台,翻新维修健身器材38套,安装门禁设施3处、上山道路安全护栏约240米,投入13万元改造园内电缆下地。投入2万元,新增标识牌和指示牌79块。完成第二期维稳监控系统建设,投资35万元,增设摄像头45个。

五象湖公园　完成东方园林建设项目,南宁交通投资集团有限责任公司、威宁公司建设项目移交,东方园林五象塔岛等工程竣工验收。完成招商引资并投入营运项目2项,租赁金额12.90万元。通过威宁资产交易平台进行资产的社会化公开竞租7宗,租赁金额125.84万元。黄土裸露治理1200平方米,松土1500平方米,重新支撑乔木600株,修剪花木6次,移栽乔木2000多株。全年接待50批次1800人。

江南公园　公园建设稳步推进,完成建设投资额约3000万元。清理表土45万平方米,种植乔木4300株,道路建设完成结构层3.02万平方米,铺装2350平方米,铺设景石约1500吨,土方工程开挖回填33万立方米,沟管开挖预埋1.90万米。完成签订征地拆迁协议补偿款1800万元。累计完成征地面积47.33公顷,房屋拆迁面积3.88万平方米,累计支付补偿金额1.14亿元。

花花大世界园林公司　完成经济总收入6439.76万元。其中:工程收入1257.75万元、花卉收入130.41万元、苗木收入3890.90万元、其他收入1160.70万元。生产夹竹桃、三角梅等灌木19.55万株(袋),淘汰长势差的羊蹄甲1.63公顷,种植洋紫荆2800株。负责城市轨道交通沿线7000多株移植苗木的养护管理。引用国内苗木生产移植先进技术——高压水刀苗木移植技术,完成水刀环切养根苗木7045株,实现大中型乔木出圃2583株。作为代建业主,完成南宁市白沙(壮锦、友谊、星光立交)景观提升工程、南宁市快速环道绿化提升工程(厢竹大道)、南宁市凤岭北路—凤凰岭路立交工程项目。

【古树名木保护】　2014年,南宁市园林绿化部门指导、监管城区古树名木保护,落实专项管护资金,加大执法力度,制定《南宁市古树名木损失评估办法》,完善古树名木的保护制度和保护措施。移植233号古树、同乐路工程(原下津路三帝庙)涉及的树龄约300年未挂牌高山榕1株、长堽路延长线工程K1+120段涉及的树龄约200年未挂牌扁桃1株。233号古树从平乐大道移植到五象湖公园,同乐路大树在原地点平移10米至道路中分带,长堽路延长线大树因工程施工现场未具备车辆通行条件,暂未进行移植。对自然死亡的165号古树批准砍伐;对邕江滨水公园的古木棉和古榕、西乡塘区030号、147号古榕进行复壮处理,清理去腐和树洞修补;新建树池保护良庆区006号古榕;对共和路小学和悦荟广场古榕进行危枝修剪。

【全民义务植树】　2014年,南宁市完成义务植树1008.40万株,参加义务植树214.89万人次,其中各级绿化委员会及林业部门组织开展形式多样的义务植树活动121次,植树13.66万株,参加义务植树3.30万人次。

【园林科研创新】　2014年,南宁市园林科研所有效推进城市园林绿化科研工作。组织各单位开展科学研究与技术开发计划项目申报。《地被植物满地黄金安全高效化学除草关键技术研究与示范》项目获南宁市科技局专项科研经费20万元扶持。继续开展《草坪安全高效除草剂应用关键技术研究与示范》《南宁市竹文化科普基地建设》《南宁市城市湿地植物群落营建技术研究与示范》等研究项目8个。

【第四届广西园林园艺博览会南宁园——那园】　2014年5月10日,第四届广西园林园艺博览会在广西北海市开幕。南宁展园——那园总面积5600平方米,其中水体面积644平方米,陆地面积4956平方米,总投资约500万元。1月13日进场开工,4月25日建成,5月10日开园。南宁展园围绕传承"那文化"历史,以"那山那水那园"为主题,取南宁壮乡田野、大石铲、石磨、柴门矮墙等具有壮乡代表性的设计元素,选用扁桃、榕树、秋枫、香樟、朱槿、鸢尾及水生美人蕉等植物为绿化主材,将乡间文化、稻作文化、园林文化结合,以现代的造园手法演绎出"凭那而居,依那而行,据那而作,以那而乐"等园林景点4个,展现人与自然和谐共融的画面。6月13日,南宁展园"那园"获博览会城市展造园艺术特等奖。

【第五届广西园林园艺博览会南宁园——咏绿园】　2014年10月29日,第五届广西园林园艺博览会在广西百色市开幕。南宁展园——咏绿园占地4680.65平方米,总投资500万元。7月5日进场施工,9月完工,10月29日开园。展园以"咏绿园"命名,以"水泽邕州,绿满新城"为主题,以"绿城,水城"为两大元素,通过"寻绿入园,溯水而上"的设计线索,采用传统与现代结合的造园手法,以"寻绿、品绿、咏绿"的脉络打造"白云台""品翠坡""咏绿苑""沁香滩""青玉屏"五个园林景点,展现南宁"青山为屏、邕江为带、山水相衔、绿羽成脉""半城绿树半城楼"的现代化宜居都市的魅力。12月8日,南宁展园"咏绿园"获园博会室外展园综合最高奖。

【国家生态园林城市创建】　2014年,南宁市根据《自治区住房城乡建设厅转发住房城乡建设部办公厅关于开展国家园林城市复查工作的通知》精神,按照《国家园林城市标准》《城市园林绿化评价标准》(GB/T50563-2010)的要求,对综合管理、绿地建设、建设管控、生态环境、节能减排、市政设施、人居环境、社会保障8个类别64项指标逐项进行自查自评,涉及部门、单位47个,完成达标率审核、迎检材料编制和工作汇报片制作等迎检。南宁市在完成国家园林城的复查工作的基础上,继续推进创建国家生态园林城市工作,细化134个考评指标,层层分解任务落实到17个责任单位和30个配合单位,申报前期工作稳步有序开展。

(市林业和园林局编写组)

责任编辑　梁　坤

国有资产监管与运营

国有资产监督管理

【概　况】 2014年，南宁市国资国企系统应对经济下行压力，克服市场疲软、成本上升等不利因素，稳中求进，实现国有资产连续10年保值增值。至年末，南宁市人民政府国有资产监督管理委员会监管企业资产额1671亿元、净资产额612.50亿元，比上年同期分别增长19.74%、17.94%；国有资产保值增值率102.20%。

【国资国企改革与发展】 2014年，南宁市国资国企系统把握“抓改革、促发展、惠民生”主基调，深化改革，加快发展，完善监管，提高国有经济发展质量和效益。

推进企业整合重组　南宁市国资国企系统贯彻落实市委、市政府全面深化改革的要求，推动集团公司整合重组、企业公司制改革、发展混合所有制及国有资本从竞争性领域退出。出台南宁市国资委全面深化改革工作方案，成立南宁市国资委全面深化改革领导小组，研究部署全面深化国资国企改革，推动国有资本优化配置，推进国有企业改革、发展混合所有制经济，建立国有企业市场化管理机制，完善以管资本为主的国资监管体系和配合有关部门推进相关改革等5个方面深化改革。年内，完成8家集团公司整合重组，制定21家全民所有制企业和事业单位改革计划，完成南宁市公共交通总公司、中房集团南宁房地产开发公司、南宁市能源开发总公司、南宁市市场开发服务中心等14家企事业单位公司制改革；探索发展混合所有制和国有资本退出路径，将9个国有投资项目在产权交易场所公开挂牌推介，拓宽国有企业（项目）吸引社会资本合资合作渠道；完成白马公交公司增资扩股，吸引外资股东增资5600万元；探索开展国有资本从竞争性领域退出，南宁学院、金桥农产品公司、康乐公司、市新华书店等17个国有资本退出项目稳步实施，完成南宁机械厂职工分流安置。

推动国有经济加速发展　市国资委在抓好发展规划制定、引导国有资本参与重大项目、推动国有企业转型升级上下功夫，加快国有经济发展。完成国有经济发展战略和规划（2015—2020）编制，确定国有经济发展目标、发展方向和措施。同步启动各集团公司发展战略和规划的编制，将国有经济发展落实到各集团发展之中，解决国有经济发展思路不够清晰问题。发挥国有资本引导带动作用。投入2.84亿元国有资本参与通用航空、斐讯通讯、南宁农产品交易中心等重大产业项目，投资5亿元建设江南电子信息产业园30万平方米标准厂房，南南铝加工项目实现产值8.40亿元、收入4.84亿元并首次盈利。南宁金融资产交易中心挂牌交易，南宁股权交易中心获批筹建。推动国有企业转型升级。完成南宁广发重工集团有限公司吸收合并发电设备总厂、重型机器厂，引进玉柴集团参与广发重工转型升级。对南宁糖业造纸板块、凤凰纸业纸浆板块转型升级进行调查论证，明确纸浆造纸行业转型升级思路并推进实施。启动南宁糖业定向增发募集5亿元资金做大糖业板块。威宁投资集团下属市场服务中心改制完成，加快转型成农产品、商业零售、商业地产综合服务商。

【八家集团公司整合重组】 2014年，南宁市完成8家集团公司（南宁城市建设投资集团有限责任公司、南宁威宁投资集团有限责任公司、南宁建宁水务投资集团有限责任公司、南宁交通投资集团有限责任公司、南宁轨道交通集团有限责任公司、南宁产业投资集团有限责任公司、南宁大地飞歌文化产业集团有限责任公司、南宁农工商集团有限责任公司）整合重组，制定8家集团公司整合重组实施方案，经市委、市政府同意印发实施；完成8家集团公司的工商登记、章程制定、董事会及经营班子配备，强化集团公司对下属企业的监管职责。继续向集团公司注入资产，完成将市国资委持有的南宁沛宁资产经营有限责任公司、南宁市储备粮管理有限责任公司的国有股权注入南宁威宁投资集团有限责任公司，将南宁国际会议展览有限责任公司的国有股权注入南宁大地飞歌文化产业集团有限责任公司等工作。整合重组后设立的8家集团公司规模效应初显。南宁产业投资集团有限责任公司、南宁威宁投资集团有限责任公司收入分别超50亿元、40亿元，南宁城市建设投资集团有限责任公司、南宁建宁水务投资集团有限责任公司收入超15亿元，南宁建宁水务投资集团有限责任公司、南宁轨道交通集团有限责任公司、南宁威宁投资集团有限责任公司、南宁城市建设投资集团有限责任公司利润分别为3.35亿元、2.78亿

8月1日，威宁投资集团承建的南宁市五象塔工程通过验收

威宁投资集团提供

元、2.10亿元、1.57亿元。

【国资监管】 2014年，市国资委完善国有资产监管，加强出资人履职能力。改进和加强监管，完善监管法规制度，推动综合绩效考评、监事会监督，提高履职能力。实施国有企业领导班子和成员的综合绩效考评。制定综合绩效考评实施细则，根据企业功能不同，分类下达收入、利润、税费及投融资考核指标，实施差异化考评，将评价结果作为绩效奖励、选拔任用、培养教育和管理监督的重要依据。向集团公司派出外派监事会。完成3个外派监事会的组建工作，向8家集团公司派出监事会主席及专职监事，全年列席各集团公司重要会议213次，开展监督检查108次。企业"三重一大"决策制度向集团公司下属企业覆盖。在8家集团公司已实施"三重一大"决策制度的基础上，推动制度向集团下属企业的覆盖，各集团公司下属80家子企业中，完成制度制定72家，各集团公司按照"三重一大"决策制度要求规范决策事项1200多项，有效规范企业重大事项决策程序。国资监管体系进一步完善。完成市国资委监管企业重大事项报告制度的修订工作，列出核准和备案事项清单，同步制定修订9个规范性文件，废止8个规范性文件。优化政务环境，向以管资本为主的监管模式转变。完成50个国有资产处置项目的评估核准备案工作，账面值27.08亿元、评估值45.51亿元，确保处置过程资产不流失。出台制度规范企业产权转让和对外出租行为，提高国有资产运营收益。收缴国有资本经营收益6.94亿元，落实出资人收益权。将国资监管重点转移到投资项目合法性、合规性审核，落实企业投资项目主体责任，国资委重点审核投资项目是否符合企业发展方向，重点检查投资效果，强化投资损失责任追究。财务及审计监督方面，继续坚持由中介机构审计企业指标完成情况，开展8家集团及下属企业福利、补贴专项审计，规范工资补贴发放管理，严控领导人员职务消费，在2013年度消费额同比下降13.63%的基础上，2014年再降5%。加强经济责任审计、内部审计监督，完成审计22家，整改落实22家，整改率100%。强化审计结果运用，规范企业内部管理。产权代表管理方面，重新向8家集团公司委派国有产权代表，要求集团董事长、总经理作为产权代表履行重大事项决策前报告程序，优化产权代表报告事项审核流程，加快事项反馈进度，全年核准产权代表报告事项31项、备案事项7项。

【国企党建工作】 2014年，市国资委突出重点，发挥党组织政治核心作用。开展党的群众路线教育实践活动，市国资委及监管企业174个党组织、6103名党员干部参加活动，征求意见建议3225条，查摆问题1109个，出台整改措施786条。推进党的基层组织建设和先锋示范建设。市国资国企系统新命名32个先锋示范班组、9个先锋示范营业厅、9个先锋示范柜组、3个先锋示范市场。向上级推荐189个先锋示范岗、8个先锋示范单位、3个先锋示范队伍、2个党建示范点、2个党建示范品牌。完善基层组织建设，完成5家集团公司和2家双管企业的党组织换届选举和委员增补；重点发展年轻党员、高学历党员和生产一线党员，年内将205名优秀同志吸收入党组织。做好宣传思想和企业文化工作，通过各种媒体宣传报道国资国企改革发展成效和做法的文稿450多篇（次）。加强企业领导班子建设。完成企业126名领导人员的充实调整，重点选拔出集团公司董事52人，监事16人，提升企业班子决策和监督能力。清理兼职，对54名企业领导兼任的112个职务进行清理，除33人继续兼任33个职务外，其他一律退出兼职。配合开展加强南宁市管国有企业领导人员管理办法的草拟，提出深化企业干部人事制度改革意见，推进管理的科学化、制度化、规范化。落实党风廉政建设责任制。将党风廉政建设和国资监管工作一并落实一并推进，将"三重一大"决策制度延伸到各集团公司下属企业，实现全覆盖。开展警示教育、廉政文化进企业活动515场次。开展违规多占住房和私搭乱建清理，涉及处级干部141人、科级干部1077人，严格落实零报告制度和清退要求。加大案件查办力度，审查信访举报件118件，决定初核81件，完成初核75件，立案2件，受党纪处分2人，移送司法机关案件1件，企业问责26人。

【国企社会责任】 2014年，南宁市国资国企系统在城市基础设施建设、公共服务提供、服务中小企业等方面履行社会责任，展现良好形象。国资国企在轨道交通、城市道路、跨江桥梁、水利枢纽等项目上，累计完成城建类固定资产总投资253.36亿元，占全市城建投资308.10亿元的82.30%。国有企业采取多种方式筹集建设资金，获批融资额度398.63亿元，到位资金307.6亿元，确保重点项目资金需求。南宁火车东站启用，轨道交通1、2号线加快建设，3号线庆歌路试验段开工，机场高速路延长线、枫林路、五象大桥、英华大桥等一批城市道路桥梁通车，邕江综合整治示范段等重要节点景观工程完工，老口水利枢纽二次截流成功、船闸通航等。南宁建宁水务投资集团有限责任公司全年累计供应自来水3.36亿立方米、处理污水2.52亿立方米，水质合格率继续保持100%；南宁交通投资集团有限责任公司累计发行市民卡72万张，累计完成公交客运量2.48亿人次、行驶里程9100万千米，全年有责事故总量、事故频率和事故费用同比分别下降45%、45%、68%；南宁威宁投资集团有限责任公司投入人力4000多人次、资金超过1500万元服务保障南宁体操世锦赛；南宁大地飞歌文化产业集团有限责任公司完成"两会一节"期间38场大型演出和会议活动的现场服务；南宁市保安服务总公司出动安保力量1.23万人次协助保障大型活动安保。解决中小企业融资难问题。南宁城市建设投资集团有限责任公司、南宁威宁投资集团有限责任公司、南宁产业投资集团有限责任公司下属小额贷款公司累计发放小额贷款3.71亿元，解决小微企业贷款难题；南宁市南方融资性担保有限公司累计为中小企业提供贷款担保余额19.47亿元。捐资捐物开展公益活动。市国资委监管企业为"美丽南宁"、扶贫开发、帮扶救困等公益活动捐款捐物价值257.80万元。 （秦　庆）

南宁城市建设投资集团有限责任公司

【概　况】 南宁城市建设投资集团有限责任公司2009年10月成立，是南宁市国有独资公司。作为南宁市城市建设重要的投融资平台之一，南宁城建集团利用政府赋予的政策和资源为市本级政府投资的城市道路桥梁及相关配套设施项目进行融资、开发、建设和运营。集团下辖南宁市城市建设投资发展有限责任公司、广西华宏水泥股份有限公司、南宁城市路桥投资管理有限责任公司、南宁纵横时代建设投资有限公司、南宁城建管廊建设投资有限公司、南宁市富申建设投资有限责任公司、南宁市万町工程项目管理有限责任公司、南宁市西部时代房地产开发有限责任公司、南宁市泰展工程技术有限责任公司、南宁市城投小额贷款有限责任公司、南宁富航资产管理有限责任公司11家子公司，托管南宁市基础工程总公司。2014年，实现营业收入16.73亿元，利润1.17亿元，固定资产投资115.80亿元，资产总额716.58亿。有员工2100人。

【公司改革】 2014年，城建投资集团围绕“做大，做强，做优”的年度发展目标，推进企业改革，转型升级，集团管控等工作，实现规模扩张、质量提高、效益提升的目标。

企业管理改革 城建投资集团制定《集团发展战略规划》《集团整合重组方案》，作为整合重组和改革发展的重要战略依据，对未来三年至五年的目标任务进行分解。建章立制，完善顶层设计。逐步建立和完善与现代企业制度相适应的企业内部管理规章制度，实现用制度管人、管财、管物、管行为。根据市国资外派监事会工作规则要求，制定《配合外派监事会工作方案》，明确归口管理部门，确保监事会当期监督工作的有效开展；针对项目建设、房地产等业务，制定《招标采购管理规定》《项目施工管理办法》《房地产项目管理办法》，明确责、权、利，规范工作流程，细化专项管理；通过《新闻发言人制度》，规范信息公开。修订《改进工作作风、增进效能建设实施办法》《中层领导干部请示请假制度》《清理规范中层副职以上管理人员兼职行为》《加强干部管理实施细则》等制度，细分管理对象，规范、约束履职行为。修订完善《年度经营业绩考核办法》《车辆使用管理制度》《员工培训制度》等制度。建立完善所属公司、集团职能部门、集团联系领导、集团领导班子四级解决重大问题机制，明确分管部门、分管领导。配合市国资委外派监事会进行日常监督，确保监事会的知情权，就监事会调研、督查过程中发现的问题进行落实整改；由职工代表大会、董事会、法律事务部等机构对企业重大事项进行内部把关、对领导履职强化内部监督。

产业结构调整 集团根据《南宁市国资国企整合重组工作方案》要求，深入调整业务板块和板块内业务分工，对不符合集团战略定位和未来发展需求的业务进行剥离，对符合集团战略定位和未来发展需求的业务和资源进行整合，对历史遗留的债权、债务进行梳理。年初完成第一阶段(前期准备阶段)所有工作，正在全面开展整合重组第二阶段工作，获阶段性进展：南宁城建东盟商务投资有限责任公司于7月15日举行管理权交接工作会并签署移交协议书，管理权正式移交给大地飞歌集团。龙津公司股权转让完成预审计和预资产评估工作，对审计和资产评估中反映出来的问题进一步沟通协调解决。华宏混凝土搅拌站完成站点选址和新公司的组建，组建成立后的广西华宏屯里混凝土有限公司将负责项目整体建设运营，服务火车东站片区建设。基础公司改制前期工作已聘请专业中介机构，帮助进行改制咨询和债权债务梳理。

【经营管理】 2014年，集团承担城建项目231个，年度计划投资100.17亿元，其中服务南宁体操世锦赛项目179个，计划总投资65.77亿元。建设完成包括5座城市立交、2座跨江桥梁、5条城市道路等项目44个；开工建设包括7座城市立交、1座跨江桥梁、17条城市道路项目25个。在信贷规模持续收紧、信贷政策持续严峻、融资资源愈加匮乏、平台管控愈发严苛的情况下，集团探索多渠道融资模式，挖掘现有资源，抢抓时机快速推进融资工作，全年融资到位资金148.78亿元，包括落实到位城建类资金112.89亿元、棚户区改造项目资金35.89亿元。经营业务通过产业结构升级、经营管理升级以及执行力升级，降低生产经营成本，局部业务利润率较高，水泥及混凝土生产销售、小额贷款和金融服务业业务的营收、利润均创历史高点，品牌认知度和市场认可度有效提升；路桥收费、房地产销售在行业形势和宏观政策双双不利的局面下，突破困局实现稳步成长；富士康项目创新租赁管理模式，厂房、商铺、宿舍租金收入均大幅增长；项目施工在承揽和管理环节更加规范，与集团业主单位形成联动，施工收入有所增加。 (城建投资集团编写组)

12月28日，英华大桥建成通车 周家志 摄

南宁威宁投资集团有限责任公司

【概 况】 2013年12月23日南宁威宁投资集团有限责任公司在南宁威宁资产经营有限责任公司、南宁沛宁资产经营有限责任公司、南宁市地产业开发总公司、南宁市储备粮管理有限责任公司整合重组的基础上组建成立，下辖一级监管单位14个。2014年，威宁集团以构建公共事业投融资平台为目标，初步确立发展战略，全面开展各项经营管控，重点项目投资建设、企业改革改制、南宁体操世锦赛服务保障等有序推进，农产品与商贸物流、酒店旅游、房地产等支柱产业平稳发展，企业总体上保持持续发展的良好态势。实现营业收入42.99亿元，利润2亿元，税金2.25亿元，完成固定资产投资31.84亿元，新签融资合同额32.60亿元。威宁集团获市委、市政府授予“服务第四十五届世界体操锦标赛先进集体”称号；获市政府授予“第三届广西园林博览会承办工作先进单位”称号；获自治区纪委、自治区检察院联合授予第一批“广西廉政文化建设示范点”称号；威宁资产公司获南宁市2013年安全生产先进单位称号。

【整合重组】 2014年，威宁集团推进顶层设计，集团化管控初见成效，构建高效化的组织架构、科学化的发展战略和系统化的管控体系。根据集团业务及相关工作职责设部门12个，明确所属各监管单位管理层级；以“南宁市公共事业投融资平台”为企业职能定位，明确公共资产投资建设、农产品物流和商贸流通、酒店旅游、房地产、教育等5大主营业务板块

5月9日至13日，2014年全国体操锦标赛暨第45届世界体操锦标赛测试赛在广西体育中心体育馆举行　　威宁投资集团提供

和1个其他板块的业务板块设置和战略发展目标；制订、实施13类128个管控制度和51个管控流程，初步形成集团战略决策和投资决策中心；推行全面预算管理和经营业绩目标考核责任制，完成向各监管单位选派董事和监事、国有产权代表、关键岗位管理人员等工作。推进整合重组，企业内部合作日趋良好。通过变更股东、增资扩股、改革改制等多种方式，加大对权属企业重组整合的力度。全年完成6个一级子公司业务整合，集团公司注册资本80.27亿元；基本完成房地产板块企业的初步整合；南宁学院、广西中油宁祥石油有限责任公司、南宁金桥农产品有限公司、南宁康乐股份有限责任公司等企业的股权转让、威宁捷信公司股权回购、南宁市住宅建设投资有限责任公司对南宁银河有限责任公司的股权确认等有序推进；市场服务中心改革为国有独资公司；地产业公司、南宁技术交流站转企改革正式启动；沛宁资产公司作为企业改革改组平台平稳推进全民所有制企业改制等工作。同时，利用各监管企业资源优势，推进资源合作共享，开创优势互补、良性互动、合作共赢的良好局面。南宁市储备粮管理有限责任公司与南宁百货大楼股份有限公司、南宁威宁市场发展有限责任公司等单位合作发展粮油产品批发零售业务；威宁资产公司完成总部企业认证，为推进东盟文化产业研发大厦、佛子岭路商业地产等项目按照总部基地模式建设创造条件；以威宁建投公司统筹实施威宁集团建设项目代建合作试点有序铺开。

【服务世锦赛】 2014年，威宁集团服务第45届世界体操锦标赛，投入人力3万多人次、资金2000多万元做好全国体操锦标赛、第45届世界体操锦标赛服务保障。赛前部署准备到位，组建专业团队，提前完成20多项完善改造项目，配合完成体育馆、训练馆内所有体操器械安装调试；分期分批组织采购、租赁物资约1.30万套（件）；完善标识系统，调整和增设指示牌约150个；坚持每日对设施设备进行全面检测，对场馆内外进行全面清洁。赛时服务保障到位，全程安排50多名技术人员保障设备系统的运行，组织60多名保洁人员保持赛事所涉场馆的不间断实时保洁；组织50多辆电动观光车90名驾驶员和现场调度员接送约4.62万人次，接待裁判员、新闻媒体工作者、组委会工作人员等人员就餐1.10万人次。赛后清理恢复到位，配合世锦赛组委会对赛事物资进行妥善处置，回收搬运、分类整理赛事物资，恢复受损的场馆场地立面地面、设施设备等。

【主营业务】

农产品物流及商贸流通板块　2014年，威宁集团市场发展公司在做好现有大型商场、农贸市场经营管理的同时，加快邻里中心、大型农产品批发市场等项目建设，转换经营业态，培育新的经济增长点，加快推进凤岭片区、五象新区邻里中心项目前期工作。储备粮公司利用国家采购补贴政策促增收，全年营业收入4.20亿元，储备粮到位率100%，大型粮食交易市场一期项目用地完成“招拍挂”；储备粮公司的“桂井”牌大米获“第十三届中国国际粮油产品及设备技术展示交易会参展产品金奖”和“广西名牌产品”称号。南宁百货公司尝试线上、线下O2O（Online To Offline——线上到线下的新型网络营销模式）的营销融合，加快推进品牌建设和布局优化，引进THANNA（庭润，护肤品品牌）、NEST（韵美，护肤品品牌）、CB（克莉丝汀伯顿，护肤品品牌）三个自营和经销品牌；威宁捷信公司累计开设连锁便利店18家，增加销售产品种类，不断提高盈利能力。南宁百货公司获自治区工商局颁发“广西壮族自治区守合同重信用企业”，自治区企业与企业家联合会授予“2014年广西企业100强（第56名）”，获首批广西壮族自治区服务业品牌，获评首批南宁市“诚信经营示范店”，党委书记、董事长黄永干被评为广西优秀企业家，党委副书记、工会主席胡盛品获广西五一劳动奖章。

酒店旅游板块　南宁银河有限责任公司通过增加网络预订业务，引进罗盘酒店管理系统，对银河大酒店朝阳楼整体进行装修改造，优化经营业态，实现住房率70.18%；乡村大世界调整客源结构，开设微信公众平台，开展主题营销活动，增设射箭场、草地保龄球等新设施，促进消费量提升；乡村大世界获“广西五星级乡村旅游区”称号，为南宁市首家，连续4年获南宁市旅游局授予的南宁市“十佳旅游景区”称号，并被南宁市风景旅游区评审委员会评选为南宁市文明风景旅游区；五象湖配套工程完成北区主体结构施工，并推进装修装饰，与专业酒店管理公司就酒店运营管理工作达成合作意向；体育宾馆启动商业招商策划。

房地产板块　南宁奥园四组团14栋楼、科瑞·江韵小区一期工程完成封顶，成交面积4.83万平方米；凤岭佳园拆迁安置房、康岭花城经适房项目等6个保障性住房项目建设稳步推进，累计完成交房2486套；花畔里农民回建房项目和东盟商务区服务中心项目开工建设；“老南宁·三街两巷”历史文化街区项目列入棚户区改造项目，土地征拆工作取得进展，完成征拆面积4037平方米，支付征收补偿费6181.71万元。

教育板块　南宁学院软硬件设施不断完善，实现与广西质量技术工程学校合作办学，开办全国首个面向东盟城市轨道交通的教育服务项目——泰王国教师研修班。年内，年面向自治区内录取新生5805人，应届毕业生就业率保持91%以上，被评为2014年度全区高校就业先进集体，位居自治区民办大学第一，进入中国区域高水平民办大学行列。

金融服务业务　拓展汽车租赁业

务，租赁车辆61辆，接收划拨车辆25辆。融达小额贷款公司业务稳步开展，风险总体可控，营业收入、利润、应交税金三项主要指标增幅均超过150%。

【重大工程建设】 2014年，威宁集团承接城建项目14个，除已完工的3个服务南宁体操世锦赛项目外，其他项目正在有序推进中。南宁市五象塔工程、南宁市青少年活动中心通过竣工验收并交付使用；广西文化艺术中心、南宁市国家档案馆（含南宁市方志馆）、房产服务大厦顺利开工建设，高坡岭路NO.1标段完成征地拆迁；南宁东盟文化产业研发大厦通过招拍挂方式取得项目用地，正在开展建筑方案设计；市图书馆项目、市政综合维护基地项目前期工作稳步推进。服务南宁体操世锦赛项目提前完成。广西体育中心配套工程综合训练馆提前两个月竣工验收，广西体育中心室外安防监控系统工程仅用时72天便提前完成施工，广西体育中心配套工程综合体、广西体育中心景观绿化提升工程均按计划完工并交付使用。

【公共资产运营】 2014年，威宁集团推进国有资产基础管理。完成13家监管单位经营性资产的资产信息统计；完成确权办证2宗，涉及土地面积25.50万平方米；完成26个原邕宁市场服务中心市场的地籍测绘和7个市场的变更；启动沛宁资产公司应接未接非经营性资产的接收；完成8家单位办公用房对公安置；与市国土局对接，加快办理第一批38个土地使用权属明晰的市场及3个邻里中心项目土地作价出资（入股）。拓展资产竞租业务。将集团公司下辖各单位经营性房产、土地等资产统一纳入威宁资产交易大厅实行公开竞租。同时，开拓社会委托资产竞租服务，承接市农工商集团、城建集团、建宁水务集团、五象湖公园及个人资产等社会资产的综合竞租业务。年内，威宁资产交易大厅对425间商铺开展竞租，成交277间，租金增长率55%。进一步提高国有资产使用效率。以拆旧建新、旧城改造、合作开发等方式，对闲置土地进行处置利用，并加强招商引资力度。威宁大厦完成主体建设并进入装饰装修阶段；防城港威宁商厦已竣工验收并交付使用；完成新阳路第0203139宗地公开转让；完成民生3-3号拆迁补偿置换；推进中华路2号摩配市场拆迁，获拆迁补偿款2779.26万元；完成北际路9号装饰材料市场经营户的搬迁腾空、房地产评估备案；加快推进原南宁地区青山公司厂区土地执法拆违、南北洗车场征地拆迁、医疗器械公司淡村路生活区的危旧房改造；启动中尧路58号、江北大道2.80公顷地块前期开发策划。提升广西体育中心经营效益。拓展官方微博、微信等微营销平台，全年承接全国少儿游泳分区赛暨南宁市春季游泳锦标赛、ITF国际网球女子巡回赛（南宁站）等31项商业文娱体育项目，接待群众消费817场、5.01万人次，实现经营收入1480万元，比上年同期增长13.40%。

【投融资工作】 2014年，威宁集团通过开辟非公开定向债务融资工具、中期票据融资、信托融资、企业债券、南宁银河公司理财产品质押等多个融资渠道，新增融资到位10.09亿元。威宁资产公司获主体信用等级为AA，注册发行非公开定向债务融资工具（PPN）20亿元项目已通过交易商协会初审进入复核阶段。围绕集团公司发展战略规划，寻求自主投资项目，培育新的增长点。初步确立以储备粮公司为主体，就南宁市大型粮食交易市场一期项目开展融资；启动广西体育中心预留用地的商业策划，正在编制项目开发概念性规划及策划方案。聘请专业设计公司对“乡村大世界”项目进行开发策划，推进生态旅游地产开发；加快推进广西文化艺术中心的融资，正开展项目立项手续、地勘等相关工作。

【社会责任履行】 2014年，威宁集团参与“美丽南宁”建设，投入2000多万元实施市场改造、环境综合整治、社区服务等工作。开展“美丽南宁”相关活动，出动车辆3290辆次，人员1.08万人次，清理垃圾约3500吨，清理卫生死角1371处，清理小广告2609张。开展所辖区内市（商）经营户试行评分管理，2名市场管理员获“南宁市最美市场管理员”称号。参与社会公益活动。选派4名业务骨干分赴上林县、横县、武鸣县等地任贫困村党组织第一书记；投资近30万元为上林县西燕镇云灵村新建老年活动中心，并捐赠价值2万元的文体用品；捐资5万元为武鸣县陆斡镇大榄村搭建农民文化戏台；协助横县镇龙乡合源村利用现有土地资源开展产业种植项目，种植中草药“九节风”50.47公顷；开展向云南鲁甸灾区捐款等爱心活动，筹集善款2.50万元；启动扶贫基金，对病困职工及家属给予资金帮扶；开展在职党员进社区活动，认领微心愿159个，捐赠学习、生活用品价值2.16万元；向“美丽南宁”乡村建设重大活动捐款20万元，为4个共建社区捐助物资价值8万余元。 （罗春玉　黄　俊　张立亭）

南宁建宁水务投资集团有限责任公司

【概　况】 2014年，南宁建宁水务投资集团有限责任公司有在岗员工2212人，实现营业收入18.92亿元，实现工业总产值9.63亿元，完成固定资产投资20.29亿元，总资产142.73亿元。

【经营管理】 2014年，建宁水务集团围绕“一体两翼”（水务业为主体，环保业务、房地产业务为两翼）发展战略，进一

南宁市平里静脉产业园垃圾填埋场效果图　　建宁水务集团提供

NANNING YEARBOOK

步优化资源配置，制定完善内部控制制度，推进企业经营管理科学化、规范化；推进企业四大业务板块发展，保持平稳较快发展势头。全年供水及污水处理基础设施固定资产投资完成6.62亿元，完成售水量3.64亿立方米，完成污水处理量2.52亿立方米，供水水质综合合格率、管网水水质综合合格率均100%；集团公司承担环保业务建设项目37个（水环境基础设施建设项目35个、垃圾处理项目2个），完成投资8.95亿元；房地产完成投资4.72亿元，实现营业收入4.26亿元（西乡塘拆迁安置房项目实现销售收入5579万元）；南宁民歌湖景区被评为4A景区，实施生产线技术改造，提高纯净水凉元帅产品质量，对外投资业务实现保值增值。

【融资平台】 2014年，建宁水务集团发挥水务投融资平台融资功能，通过发行私募债券、向银行贷款等筹措资金26.20亿元，实际到位资金20.61亿元；以BO项目融资模式建设平里静脉产业园垃圾填埋场、中转站工程和竹排江补水工程项目，新签订BO合同金额11.68亿元。

（建宁水务集团编写组）

南宁交通投资集团有限责任公司

【概　况】 南宁交通投资集团有限责任公司是国有独资企业，隶属市政府，由市国资委履行出资人职责，是南宁市九大国有企业集团之一，下辖企业6家，其中全资子公司5家（南宁交通资产管理有限责任公司、南宁公共交通有限责任公司、南宁交投凯通实业有限责任公司、南宁市航电投资有限责任公司、南宁交投能源发展有限责任公司），控股企业1家（南宁市市民卡信息服务有限责任公司）；参股广西右江水利开发有限责任公司。2014年，实现营业收入6.82亿元，比上年同期增长25%；利润5865万元，增长64%；应交税费2297万元，增长24%；完成固定资产投资38.65亿元。至年末，集团公司资产总额154.59亿元，增长18%，净资产107.08亿元，增长18%。

【企业改革】 2014年，根据市委、市政府关于国资国企整合重组的部署，南宁市公共交通总公司、南宁市能源开发总公司开展改制工作。12月3日，市国资委批复同意实施南宁市能源开发总公司改制；12月22日，交投凯通实业有限责任公司（原南宁市能源开发总公司）完成工商注册登记。12月9日，市国资委批复同意实施南宁市公共交通总公司改制；12月29日，南宁公共交通有限责任公司（原南宁市公共交通总公司）完成工商注册登记。两家全民所有制企业改制为集团公司全额出资的有限责任公司，建立现代企业制度。

【经营项目】 2014年，南宁交投集团克难攻坚，科学管理，开拓创新，开展各项经营性项目建设。同时，完成煤炭销售10.86万吨，水泥销售11.93万吨，淀粉销售7500吨，钢材销售8609.12吨。实现销售收入1.34亿元。

加油加气站　完成凌铁加油站、蟠龙加油加气站、金桥加气站建设，其中凌铁加油站、金桥加气站分别于2014年9月、2015年1月投入试运营。8月22日，与沛宁公司就收购其持有的广西中油宁祥石油有限公司49%股权正式签订股权转让协议；10月21日，完成股东变更的工商登记。至年末，同人加气站完成招标并进场施工，望州加气站的报批规划单体方案完成，开展三元加油站、昆仑加油站总平方案设计以及CNG加气母站等5个站点的设计，推进绿岛便民小型加油站的亭子站、江滨站开工建设，葫芦鼎站、中兴站等站点的前期工作。

凤岭综合客运枢纽站　7月，项目工程可行性研究报告通过自治区工程咨询中心评审，基坑支护工程正式开工。11月，项目初步设计通过市交通局、自治区交通厅审批。至年末，基坑支护工程基本完工，进行南宁火车东站凤凰岭路公交临时蓄车场施工以及主体工程施工图设计。

公共停车场　接收经营公共停车场6个，停车位1448个，其中火车东站长虹路、规划二路旁2个社会车辆临时蓄车场于12月26日建成并投入使用。

房地产开发项目　完成“青山半岛”项目临时用水报装及场地岩土工程勘察、护坡的施工，进行“康岭花城”经济适用房开发项目施工现场场地平整。全年房地产实现营业收入1.38亿元，实现利润3552.93万元，上缴税费1452.66万元。

融资工作　10月，新组建南宁交通投资集团，重新组建的南宁交通投资集团为一般类融资平台公司，退出监管类政府融资平台。通过加强沟通协调，从金融机构贷款，利用其他金融工具等方式，融资到位16.56亿元，完成年度任务80.3%。

11月26日零时，广西郁江老口航运枢纽工程顺利实现二期截流。图为截流前施工场面　　交通投资集团提供

【重大工程建设】

老口航运枢纽工程 2014年11月26日，完成二期截流施工；12月31日，船闸正式通航。至年末，左岸船闸主体工程基本完工；右岸一期4孔泄水闸坝及发电厂房进尾水闸门结构混凝土施工全部完成；发电厂房进尾水闸门安装调试完成，并下闸挡水；1号发电机组基本安装完成，并进行手动开停机试验；完成库区涉及淹没土地补偿签约2333.33公顷，进行各专项复（改）建设施项目及护岸工程。完成年度固定资产投资17.31亿元，累计完成投资47.42亿元，占初设批复投资的86%。

邕宁水利枢纽工程 9月24日，邕宁水利枢纽工程初步设计报告获自治区发改委批复。至年末，左岸进厂道路完成征地签约27.77公顷；右岸进厂道路征地签约全部完成；坝区完成征地278.94公顷，签约112.30公顷。左岸进厂道路全长3400米，已交地施工1000米，完成路基回填；右岸进厂道路全长1780米，除高压线占压部分的280米不能施工外，其余1500米已基本完工，可正常通车。施工准备工程完成土石方开挖40万立方米。完成年度固定资产投资4.42亿元，累计完成投资6.24亿元，占计划总投资9%。

【公益事业】

公交汽车营运 2014年，为提升线网营运效益，做好南宁火车东站公交线路接驳，全市优化调整线路31条，新开通微循环公交线路4条，实施营运调度监控中心升级改造。根据营运生产管理需要，调整部分线路，新组建凤岭公交车队。落实为民办实事项目，新增投放200辆LNG空调公共汽车和10辆柴油空调公共汽车。开设公交服务专线和扩大租包车业务。南宁公共交通有限责任公司营运线路87条，公交行驶总里程9090万千米，客运量2.90亿人次（含免费客运量）。

公交候车亭建设 3月，完成为民办实事项目增加200张候车凳的内部邀标；5月，完成建设任务，并通过市交通运输局组织相关单位验收。8月，完成为民办实事项目新建300座公交候车亭建设计划，且超额完成19座，并通过市交通运输局组织相关单位验收。至年末，101座公交候车亭、281条线路改造工程基本完工。

市民卡项目 4月，市民卡全面发卡。5月初，南宁市区的所有公交车支持市民卡刷卡乘车并享受9折优惠。6月18日，发行桂盛·南宁市民卡，实现市民卡在东葛、桂雅社区医院的诊疗结算和民族影城的购票。8月，发行第45届世界体操锦标赛纪念版市民卡（B卡）。9月，实现市民卡刷卡加油试点应用和出租车试点应用，市民卡呼叫中心正式上线服务。至年末，开放市民卡服务网点159个，发行市民卡标准卡、桂盛·南宁市民卡、天翼市民卡、不记名卡（世锦赛纪念卡）4个卡种，累计发行约72万张（包括不记名卡）。

【社会责任履行】

“美丽南宁”活动 2014年，南宁交通投资集团有限责任公司驻望仙坡社区、金牛桥社区工作组协助、指导社区做好“美丽南宁·整洁畅通有序大行动”，劝导违规载客680余次、增设车位395个、清除小广告2950余张、劝导越界经营2040余起，张贴“门前三包”责任牌85个。南宁公共交通有限责任公司以“礼让斑马线”专项活动为抓手，提高公交服务质量，5路线驾驶员朱英获南宁市“最美劳动者”“南宁市十大杰出青年”“最美司机”等称号，89路驾驶员覃纪获南宁市“最美司机”称号，农向华获“最美志愿者”称号。南宁市市民卡信息服务有限责任公司向三塘镇路东村捐赠一批清洁设备，响应市委市政府共建“美丽南宁·清洁乡村”活动。年内，南宁交通投资集团有限责任公司为“美丽南宁”募捐3次，捐赠资金22.50万元（集团本部15万元、南宁公共交通有限责任公司3.50万元、南宁交投凯通实业有限责任公司3万元、南宁市市民卡信息服务有限责任公司1万元）。

服务第45届世界体操锦标赛 完成服务南宁体操世锦赛重点项目建设和运输保障任务。开设13条临时公交专线，累计运送观众8.24万人次。配合市交通运输局实行服务世锦赛重点公交线路公交站牌中英文改造、中英双语语音播报的相关工作，核对设置双语站牌1732块。

扶贫工作 集团公司、公交公司分别选派贫困村第一书记暨“美丽广西”乡村建设（扶贫）工作队队员驻宾阳县甘棠镇六律村、马山县加方乡忠党村。资助30吨水泥帮助六律村通屯道路建设，捐赠文体器械、垃圾桶等价值1万元的物资；组织开展“走进六律小学，关心留守儿童”活动，捐赠物资价值3000多元；组织慰问困难老党员和困难群众10人次，赠送慰问金、慰问品价值3000元；继续对六律村委孤儿苏清兰进行帮扶，资助3000元。

（交通投资集团编写组）

南宁轨道交通集团有限责任公司

【概　况】 南宁轨道交通集团有限责任公司前身是2008年12月成立的南宁轨道交通有限责任公司。2014年1月20日，南宁轨道交通有限责任公司更名南宁轨道交通集团有限责任公司，隶属市政府，是具有独立法人资格、自主经营、独立核算的国有独资有限责任公司；市政府授权市国有资产监督管理委员会履行出资人职责。集团公司总部设总工办、安全质量监督部、企业发展部、资源开发部、合约法规部、财务管理部、人力资源部、信息中心、综合办公室、审计部、党群工作部（工会、团委）、纪检监察部及后勤服务中心13个部门；有分公司3个（建设分公司、运营分公司、资源开发分公司），全资子公司2个（广西中房置业有限责任公司、南宁城铁房地产开发有限责任公司），参股子公司7个（南宁轨道交通二号线建设有限公司、南宁轨道交通三号线建设有限公司、南宁轨道混凝土有限公司、南宁南车轨道交通装备有限公司、南宁中铁广发轨道装备有限公司、南宁市市民卡信息服务有限责任公司、广州城市轨道交通培训学院有限公司）；集团公司有员工1838人。2014年，集团公司实现营业收入13.30亿元，比上年同期增长5.69%；实现利润总额2.78亿元，下降10.15%；实现上缴税费2.14亿元，下降26.46%；完成固定资产投资78.16亿元，增长101.42%；完成融资总额59.53亿元，增长117.25%。

【公司改革】 集团公司根据《南宁市国资国企整合重组工作方案》《中共南宁市委办公厅　南宁市人民政府办公厅关于印发〈南宁轨道交通集团有限责任公司整合重组实施方案〉的通知》的部署，2013年9月聘请北京北大纵横管理咨询有限责任公司，开展集团化改造及中长期发展战略规划；形成集团公司《管控模式设计报告》《管控权责手册》《组织结构设计及部门职责汇编》《管理制度汇编》《关键业绩指标体系》《绩效管理制度》《薪酬管理制度》等14个咨询报告。2013年11月18日印发《南宁轨道交通集团有限责任公司整合重组工作方案》《中房集团南宁房地产开发公司整合重组工作方案》。2014年，完成集团公司注册和集团公司营业执照、机构代码证、章程的变更；完成《南宁轨道交通集团有限责任公

3月10日，鲁班路站—广西大学站区间右线盾构成功实现贯通，为南宁地铁1号线首个贯通的盾构区间　　轨道交通集团提供

司整合重组实施方案》，经市委、市政府同意，6月下发。10月，成立建设分公司、运营分公司、资源开发分公司。12月，完成广西中房置业有限责任公司企业改制。

【经营管理】

集团公司发展目标　集团公司总体战略。通过融资模式和融资渠道的创新、轨道交通等重点市政工程项目建设、高质量的运营服务、轨道交通沿线及周边一二级土地开发经营和资源开发经营、轨道交通产业链延伸，形成"投融资、建设、运营、开发"的总体发展战略。集团公司阶段目标。建立以投融资、建设、运营、开发为核心业务，发展轨道交通相关多元化业务，打造以轨道交通为引领的城市绿色交通，建设可持续发展的大型产业集团。在业务方面，集团公司强化轨道交通融资建设和经营管理，实施3条至5条线建设，重点开展轨道交通沿线土地储备及综合开发利用，实现与中房集团南宁房地产开发公司的有效整合，推出集团公司房地产开发项目，逐步减少轨道交通运营亏损。

管控体系建立与完善　2014年，集团公司制订《南宁轨道交通集团有限责任公司下属单位授权管理办法》，从战略与计划管理、人事管理、财务管理、项目管理等方面，明确集团公司与下属单位间的管控与权责。编制《集团总部各部门及各分(子)公司职责》，明确总部各部门和各分(子)公司的定位及具体职责；在此基础上开展总部及各分(子)公司相关制度流程的梳理、修订和制定，建立科学的薪酬管理和绩效管理体系。在招标管理委员会、安全生产委员会的基础上，组建战略投资委员会、薪酬考核委员会、预算管理委员会和专业技术委员会；建立集团公司各分(子)公司绩效指标库，将集团公司年度目标任务分解，科学制定考核指标，提高集团公司对分(子)公司的管控水平。

【轨道交通建设】　2012年1月22日市政府批准实施《南宁市城市轨道交通线网规划修编(最终报告)》，南宁市轨道交通线网由8条线路组成，其中骨干线4条，辅助线4条，线网全长252.10千米，规划区线网密度每平方千米0.39千米，设置车站160座、综合基地2座、车辆段5座、停车场6座、主变电站8座、运营控制中心1处，总投资约1800亿元。

第一轮建设规划（2009~2015）　建设线路为1号线、2号线工程（玉洞—西津）2010年7月获国家发改委批复，线路总长53.10千米，形成线网"十"字形基本骨架网，总投资约354.30亿元。计划分别于2016年、2017年建成通车并投入使用。1号线建设：2014年，累计完成投资37.80亿元，项目累计完成投资86.89亿元，占初步设计概算198.88亿元的43.70%；至年末，1号线25座车站土方开挖完成，24座车站主体结构封顶，主体结构累计完成96%。22座车站开展附属工程施工，附属主体结构累计完成18%。累计始发盾构24台；累计区间掘进3.41万米，占区间隧道总长度67%，累计贯通区间25个(单线)。2号线建设：2014年，累计完成投资19亿元，项目累计完成投资21.16亿元，占初步设计概算155.46亿元的13.60%；至年末，2号线15座车站围护结构完成，土方开挖累计完成103.80万方，占设计量60%；主体结构累计完成623延米，占设计量15%；朝阳广场站—火车站站左线、江南客运站—石柱岭站区间左线盾构、三十三中站—苏卢站区间右线3段单线区间盾构始发。

第二轮建设规划（2015~2021）　南宁市2012年2月启动轨道交通第二轮建设规划的前期研究工作。2014年1月，完成《南宁城市轨道交通建设规划(2014—2020)》，正式上报国家发改委审查；4月、7月，通过国家发改委和住建部组织的技术审查；8月，建设规划环境影响评价通过国家环保部专家审查；12月，国家发改委上报国务院审核。2015年1月21日，经国务院同意，国家发改委正式批复《南宁市城市轨道交通建设规划(2015—2021)》。计划建成2号线东延、3号线一期、4号线一期、5号线一期工程，长度75.11千米，总投资529.37亿元。至2021年，形成5条运营线路、总长度128.20千米的轨道交通网络。

（轨道交通集团编写组）

南宁产业投资集团有限责任公司

【概　况】　2014年1月，南宁产业投资有限责任公司吸收合并南宁振宁资产经营有限责任公司和南宁壮宁资产经营有限责任公司重组更名为南宁产业投资集团有限责任公司，是市属国有独资有限责任公司。重组后的产业投资集团几乎囊括南宁市全部国有工业企业。至年末，集团有一级企业50家，其中全资企业14家，控股企业14家(含上市公司1家)，参股企业13家，授权企业7家，其他企业2家。

年内，产业投资集团明确"以工业产业为核心业务，优化制造业结构，推进产业园区开发建设，壮大金融业实力，提升生产性服务业水平，创新发展模式，打造南宁产融一体化投资平台"的发展战略。按合并前原统计口径(南宁糖业、广发重工、凤凰纸业为市国资委直统)统计，合并后的产投集团公司实现营业收入23亿元，与上年同期基本持平；利润总额1亿元，同比增长45%；上缴税费1.50亿元，增长96%；固定资产投资15亿元，增长30%；工业总产值21亿元，增长7%。

【企业改革】　南宁产业投资有限责任公

江南电子信息产业园标准厂房鸟瞰图　　李敬江提供

司前身是2000年9月成立的南宁创宁资产经营有限责任公司，2009年3月经《南宁市人民政府关于组建南宁产业投资有限责任公司的通知》批准，南宁创宁资产经营有限责任公司更名南宁产业投资有限责任公司。2013年11月，根据市委办公厅、市政府办公厅关于《南宁市国资国企整合重组工作方案》的通知，将南宁振宁资产经营有限责任公司（含南宁糖业股份有限公司74.71%国有股权）、南宁壮宁资产经营有限责任公司、南宁凤凰纸业有限公司（振宁公司、壮宁公司持有合计41.38%的国有股权）等划到南宁产业投资有限责任公司，组建南宁产业投资集团有限责任公司。2014年，产业投资集团与市国资委共同委托中介机构对南宁振宁资产经营有限责任公司、南宁壮宁资产经营有限责任公司本部及下属公司、授权监管企业开展清产核资。产业投资集团根据《中共南宁市委办公厅　市政府办公厅关于印发〈南宁产业投资集团有限公司整合重组实施方案〉的通知》要求，推进业务板块的整合；对集团内部现有14家全资企业、14家控股企业、13家参股企业、7家授权管理企业、2家其他单位共50家企业单位进行梳理，分别在工业投资运营、现代制造业、金融业、产业园区与标准化厂房、生产型服务业五大业务板块中打造、培育具备较强竞争力的核心企业，同时对一般竞争性行业择机适时退出，整合资本。

【经营管理】

工业投资运营　2014年，产业投资集团做好南南铝加工有限公司国有股权退出，五菱桂花的股权回购方案上报市政府，南宁广发重工集团有限公司重组南宁重型机器制造厂、南宁发电设备总厂工作进展顺利，入股上海斐讯数据通信技术有限公司南宁产业基地。

产业园区与标准化厂房　产业投资集团根据《南宁市2014年标准厂房建设实施方案》，承担江南电子信息产业园30万平方米标准厂房建设任务；一期工程总投资13.50亿元；二期工程总投资6.50亿元。至年末，完成投资约5亿元，完成主体工程面积25万平方米。

现代制造业　产业投资集团将南宁糖业股份有限责任公司、南宁凤凰纸业股份有限责任公司、广西南南铝加工有限公司、南宁广发重工集团公司等29家工业类企业纳入现代制造业板块管理。主要工业企业经营情况：产业投资集团向广西南南铝加工有限公司累计注资23.60亿元，完成注资任务；南南铝加工公司实现工业总产值8.30亿元，销售收入4.84亿元，利润15万元；南宁锦虹棉纺织有限责任公司实现工业总产值6亿元，销售收入5.80亿元，利润280万元；南宁南机动力有限公司2014年9月更名南宁南机环保科技有限公司，实现工业总产值1.10亿元，营业收入1.15亿元，利润93万元；南宁同达盛混凝土有限公司实现工业总产值1.90亿元，销售收入1.90亿元，利润896万元；南宁七彩虹印刷机械有限责任公司实现工业总产值2939万元，营业收入2705万元，利润15万元。

金融业　产业投资集团金融情况：推进南宁股权交易中心和南宁金融资产交易中心筹建，南宁金融资产交易中心正式挂牌，南宁股权交易中心的筹建申请上报自治区金融办审批；产业投资集团与上海斐讯数据通信技术有限公司、中国金融租赁有限公司、前海人寿保险股份有限公司等就筹建中国东盟金融租赁公司（注册资本20亿元）达成初步合作意向，并委派人员参与筹建有关申报材料的准备工作，完成《关于筹建中国东盟金融租赁股份有限公司的可行性分析》等筹建申请材料；广西联合产权交易所积极参与南宁股权交易中心、南宁金融资产交易中心、南宁农村产权交易中心、广西文投文化产权交易中心的筹建及运作。广西文投文化产权交易中心有限责任公司5月揭牌营业，挂牌项目261宗，挂牌金额2.10亿元，成交100.30万元。广西联合产权交易所努力尝试业务创新，试行“企贷通”业务产品，为下步建立P2P网贷平台进行试点。配合推进自治区公车改制方案，承接广西—东盟经济开发区72辆公务车项目，成交车辆63辆，整体增值率20%。恒富小额贷款公司向华信小额贷款有限公司拆借1000万元。产业投资集团将统一资产管理公司打造成为金融投资公司，出资1000万元（持股比例10%）增资广西北部湾股权交易所股份有限公司，出资200万元（持股比例增至20%，总出资额1000万元）增资广西联合产权交易所。以竞买价6.90亿元购入南宁糖业蒲庙造纸厂资产；产业投资集团已经被正式指定为南宁市创业投资引导基金的受托管理机构（《南宁市创业投资引导基金管理章程》）。至年末，广西联合股权托管中心累计托管企业48家，累计股东开户8600多户，托管面值超83亿元，累计分派红利2亿多元，办理股权质押融资16亿元。

生产型服务业　产业投资集团将振宁开发公司、振宁商贸公司等9家服务型企业纳入生产型服务业板块管理。主要服务型企业经营情况：振宁开发公司完成销售收入2.80亿元，实现利润总额3650万元，完成固定资产投资2.30亿元；振宁商贸公司实现营业收入1.57亿元，实现利润758万元；壮宁工贸园实现经营收入1707.30万元，实现利润总额110.56万元。

通用机场项目　南宁通用机场项目（为水陆两用通用机场）位于青秀区伶俐镇工业集中区，占地133.33公顷，总投资约8亿元（一期、二期），前期业主为产业投资集团。分三期建设，一期工程规划建设水上临时起降场及陆上保障跑道，陆上跑道长度800米，宽45米；二期工程规划建设陆上跑道至1600米；三期建设至2500米的跑道长度；配套建设航管综合楼、塔台、机库，航管、通信、气象站、油料

供应库、固定基地运营（FBO）、维修基地（MRO）等基础设施。

（产业投资集团编写组）

南宁大地飞歌文化产业集团有限责任公司

【概　况】 南宁大地飞歌文化产业集团有限责任公司前身是2010年8月组建的南宁大地飞歌文化产业集团有限公司。2013年11月根据市委、市政府要求整合重组。2014年4月，完成工商注册登记，南宁大地飞歌文化产业集团有限公司更名南宁大地飞歌文化产业集团有限责任公司。集团公司有南宁国际会议展览有限责任公司、南宁大地飞歌文化传播有限责任公司、南宁民族影业文化传播有限责任公司、南宁市新华书店有限责任公司、南宁市演出公司和南宁天恒电影有限责任公司。2014年，集团公司实现营业收入2.23亿元，利润2002万元，固定资产投资3957万元，资产总额2.29亿元；有员工509人。

【企业改革】 2014年，集团公司在市国资委的指导下完成整合重组实施方案的拟定，经市委、市政府审定，市委办公厅下发《关于印发〈南宁市国资国企整合重组工作方案〉的通知》。2月，引进中标单位深圳市金品质企业效益开发有限公司开展公司战略规划及管控系统建设；至年末，完成战略规划的编制。3月，集团公司向市国资委请求将会展公司国有股权以净资产作价（不含会展中心建筑物及配套设施）注入集团公司并获批；5月，根据《南宁市财政局关于拨付南宁大地飞歌文化产业集团有限责任公司注册资本金通知》及市国资委批复，集团公司增加注册资本，实收资本500万元；根据市国资委的要求，按程序完成董事会成员及职工监事的推选并获批。12月10日，集团公司第一次党代会召开，成立公司第一届党委及纪委。

【重点项目建设】 2014年，集团公司加强对新民族影城建设的指导，协调解决主电源、中央空调和多联机设备调试、影厅设计变更以及建设资金缺口等关键问题。同时，做好与施工单位的沟通协调和督促，并从其他子公司整合工程技术力量给予支持。6月26日，民族影城试业经营。12月31日，南宁国际会展中心改扩建项目举行开工仪式。相思湖影城综合楼项目完成合作开发方案（草案）、可行性分析报告以及合作协议等的编制，星湖影城和江南电影院综合楼建设已开展商铺租赁、办公室搬迁、装修、资产搬移、保管及员工安置等相关前期准备工作，按要求和程序报批。

【经营管理】

文化活动　2014年1月1日至3日，在会展中心101剧场举办“大地飞歌·南宁市2014年新年音乐会”、话剧《隐婚男女》和“笑星大联盟迎新年晚会”等系列活动。1月30日至2月18日，在会展中心广场引入并主办“2014年南宁灯会嘉年华”活动，首次将中国传统灯会与欧美嘉年华创新结合，引入大型灯组18组，其他中小型灯组30余组，用灯2万多盏。5月16日至18日，承办首届南宁时装周“绿城时尚之夜”，活动无论是专业度、格调规模还是创意风格都在南宁时尚行业中独占鳌头。5月31日，在南宁国际会展中心101剧场主办“大地飞歌·童心中国梦”2014六一少儿晚会，首次尝试纯市场运作的项目模式。

1月1日至3日，会展中心101剧场举办“大地飞歌·南宁市2014年新年音乐会”

大地飞歌集团提供

会展业务　2014年，集团公司关注市场动态，加强对办展机构的公关、合作和申办国内知名品牌展会，新增8000平方米展会5个（东盟文化展、灯会嘉年华、工业产品产销会、养生养老产业展、住宅博览会），5000平方米以下的展会9个；新引进办展机构5家。7月11日至13日，公司筹办的第18届南宁国际学生用品交易会暨2014年中国·东盟（南宁）国际教育展览会在南宁国际会展中心举行，展览面积突破4万平方米，设展位1215个，比上年分别增长14%、50%；展期3天，参观人数约10万人次，人群辐射广西14个市的专业买家、生产商、渠道商等。开展自办及合办展会拓展开发。2014年12月30日至2015年1月3日，公司与南宁晚报策划的“2015南宁吃货节”在会展中心1号展厅举办，首日观展人数超4万人次。全年会展中心承接展览52场，活动30场，会议490场，经营收入约2454万元，增长24.80%。

影业营销　2014年，集团公司抓好民族影城的开业经营管理，寻求媒体合作，创新营销思路，采取大力发展会员、开拓团购、推行网络购票等措施加大营销，票房收入稳步提升；至年末，票房收入1600多万元，位居南宁电影市场第三位。第11届中国—东盟博览会期间，举办“中国—新加坡”电影周，扩大知名度。继续做好星美国际影城南宁新世界店的经营管理，实施差异性营销和特色营销，不断挖掘团体票、会员票卖点，接待观众34.34万人次，比上年增长52.24%；放映9338场次，比上年增长36.78%；票房收入1228.38万元，比上年增长48.98%。

【服务“两会”】 2014年，集团公司下属的会展公司在整个服务“两会”（中国—东盟博览会、中国—东盟商务与投资峰会）中，投入专业人员9000多人次，完成场馆消防、网络、强电、智能化、空调、电梯等专业设备设施运行保障，完成搭建标准展位1100个、功能区及服务区16个、室内外指示牌27个，完成38场会议活动的现场服务。全年实现安全生产零事故、消防安全零事故、设备运行零事故的目标。

（黄龙飞）

责任编辑　李敬江

工业

综述

【概况】 2014年，面对宏观经济下行的严峻形势，南宁市实施“工业强市，产业旺市”战略，主动适应经济新常态，坚持以提高发展质量和效益为核心，强化服务企业，突出抓好重点园区、重点企业、重点项目，着力推进产业结构优化升级，保持工业经济平稳增长。完成工业总产值2984.23亿元，比上年同期增长11.94%。工业增加值占GDP比重29.33%，工业对GDP贡献率37.34%，是南宁市经济增长的主要推动力。工业投资完成852.05亿元，技改投资完成853.48亿元，总量分别列自治区14个地级市的第一、第二。16个工业园区完成规模以上工业总产值2311.89亿元，占全市比重80.47%，比上年提高2.17个百分点，其中，南宁高新技术产业开发区、南宁经济技术开发区、广西—东盟经济技术开发区完成规模以上工业总产值1497.52亿元，占全市比重52.13%，提高4.23个百分点，平均增长21.58%；六城区完成规模以上工业总产值467.80亿元，平均增长10.41%；六县完成规模以上工业总产值680.37亿元，下降1.77%。南宁市35个工业行业大类有26个行业产值实现正增长。生物医药、电子信息、机械装备制造、铝深加工、食品加工、清洁能源6个重点产业完成规模以上工业总产值1773.33亿元，占全市规模以上工业总产值61.73%，增长14.06%。重工业增长17.33%，轻工业增长6.01%，重轻工业比例57.3:42.7。富士康集团旗下的南宁企业产值突破200亿元，广西中烟工业有限责任公司南宁卷烟厂产值突破100亿元，产值超百亿元企业2家，产值超10亿元企业40家，产值超亿元企业592家。产值超亿元企业实现产值2700.63亿元，平均增长16.70%，对南宁市规模以上工业增长的贡献率123.77%。规模以上万元工业增加值能耗0.61吨标准煤，下降19.76%。

【工业主要经济指标】 2014年，南宁市全部工业完成总产值2984.23亿元，比上年同期增长11.94%；全部工业实现增加值923.49亿元，增长10.47%。有规模以上工业企业967家，按轻重工业划分：轻工业企业490家，重工业企业477家；实现总产值2872.85亿元，增长12.21%；实现增加值881.17亿元，增长10.80%；实现主营业务收入2650.86亿元，增长10.80%；实现利税297.39亿元，增长5.12%；实现利润160.03亿元，增长8.46%；实现税金137.35亿元，增长1.48%；规模以上工业企业从业人员平均人数24.08万人。 （王　艳）

【工业节能降耗】 2014年，南宁市规模以上万元工业增加值能耗0.61吨标准煤，比上年同期下降19.76%，超额完成自治区下达的同比下降3.20%的节能目标任务，实现近十年来最高降幅。淘汰落后产能水泥158.20万吨、造纸65.79万吨、日用陶瓷2300万件、富锰渣2.50万吨、硫酸8万吨。国电南宁发电有限责任公司、广西武鸣启行陶瓷有限公司等20家企业完成年度实施清洁生产审核计划。南宁化工股份有限公司、华润水泥（南宁）有限公司分获2013年、2014年“自治区节水型企业”称号。南宁市将2014年的工业节能、淘汰落后产能、清洁生产审核目标任务分解下达并与各县（区）、开发区和企业签订年度目标责任书。实行节能目标问责制，按照《南宁市工业节能目标责任考核办法》做好年度工业节能目标完成情况和节能措施落实情况的评价考核。加强在工业企业推广应用燃煤锅炉（窑炉）改造、热电联产、余热余压利用、电机系统节能、能量系统优化等重点节能工程，推进获各级节能技术改造财政资金奖励项目建设，确保项目如期建成投产并发挥节能效益。组织企业申报南宁市2014年工业节能技术改造财政资金奖励项目，有8个项目获工业节能技术改造财政奖励资金213万元，项目全部完成后可实现节能量2.86万吨标准煤，拉动投资1.87亿元。制定南宁市工业行业淘汰落后产能工作方案，设立淘汰落后产能工作领导小组协调机构，建立淘汰落后产能奖励与保障、职工安置等工作机制。市财政安排奖励资金160万元，对通过核查验收的淘汰落后产能企业进行奖励。贯彻落实《南宁市清洁能源产业发展三年行动计划（2013－2015年）》，发挥生物资源、天然气供应的优

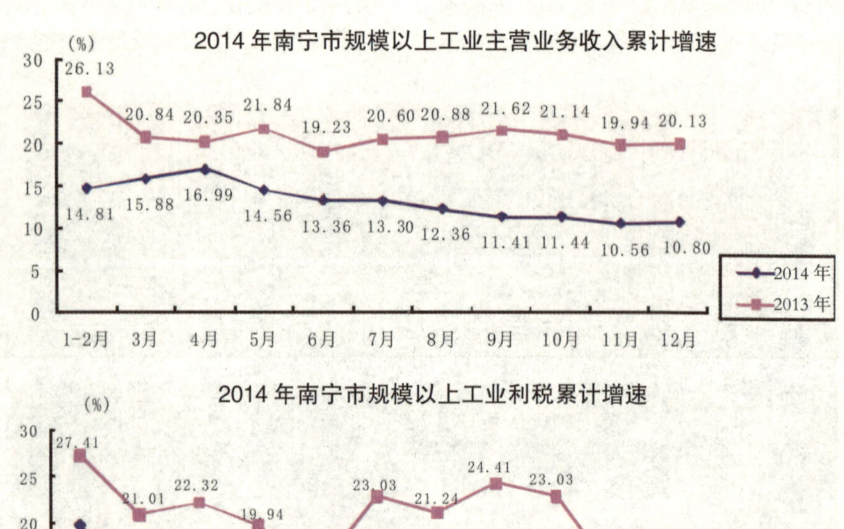

势，发展生物燃气、天然气应用及分布式能源等清洁能源主导产业。实施工业燃煤小锅炉整治计划，推进9家工业企业14台燃煤（28.80蒸吨）小锅炉实施天然气锅炉技术改造。扶持清洁能源产业发展，累计28家企业35个项目获清洁能源专项补助资金562.80万元。

【工业循环经济】 2014年，南宁市工业和信息化委员会组织对全市淀粉、酒精、造纸、富锰渣等产业的发展现状进行全面调查。完成《南宁市木薯淀粉酒精产业发展规划（2013~2020年）》《南宁市木薯淀粉酒精产业发展规划（2013~2020年）环境影响报告书》，印发《南宁市木薯淀粉酒精产业整合实施方案（2013~2015年）》，推进南宁市木薯淀粉酒精产业的发展。全面推进制糖、木薯淀粉、火电、建材（新型干法旋窑水泥）、林板等重点工业行业开展循环经济建设，以列入自治区工业循环经济试点单位的园区和企业为重点，组织开展循环经济实施情况评估考核和示范企业（园区）认定申报。广西丰林木业集团股份有限公司、广西东林木业有限公司经自治区工业和信息化委员会组织专家现场评估与指标核定，认定为自治区工业循环经济先进企业。南宁市45家资源综合利用企业通过自治区认证，享受税收优惠政策，其中林板企业11家、建材企业15家、蔗渣造纸制浆企业2家、发电企业17家。年内，南宁市资源综合利用企业利用废弃物资源总量380.10万吨，其中蔗渣用于制浆造纸20万吨、用于热电联产发电辅助燃料104.45万吨、三剩物（采伐剩余物、加工剩余物、造材剩余物）和次小薪材（次加工材、小径材、薪材）186.31万吨。

（黎平平）

【重点产业研究规划】 2014年，南宁市工业和信息化委员会开展工业和信息化“十三五”规划前期课题的编制，《南宁市“十三五”工业转型升级基本思路研究》《南宁市信息时代新机遇新挑战研究》《南宁市“十三五”完善中小企业服务体系及重点平台建设研究》《南宁市加快生产性服务业发展的思路及政策措施研究》《构建战略支点背景下南宁现代工业体系和增量支撑研究》《南宁工业对南宁市经济社会发展贡献研究》《南宁市工业空间布局及园区产业选择研究》《南宁市加工贸易产业发展对策研究》《南宁市“十三五”工业发展要素保障及扶持政策研究》《南宁市“十三五”能源消费“双控”模式下工业节能降耗对策与研究》《南宁市“十三五”工业产业招商对策研究》《南宁市“十三五”工业技术创新能力建设研究》12个前期重点课题已开展编制，部分课题通过专家评审。组织《南宁市产城互动发展规划》《南宁市工业地产发展研究》《南宁西江经济带现代工业集群发展研究》《南宁市新能源汽车产业发展研究》等产业规划与研究的编制，为工业和信息化发展决策部署提供参考。

（吴 凯）

【技术改造投资】 2014年，南宁市完成工业投资852.05亿元，比上年同期增长17.02%，其中制造业投资累计完成735.60亿元，增长16.68%。完成技术改造投资853.48亿元，增长17.18%。有技术改造项目3390个，其中施工项目3036个（新开项目2714个、续建项目322个）。南宁市工业、技改、制造业投资三项均全面完成自治区下达的目标任务，工业投资和制造业投资总量位居自治区14个地级市第一，技改投资位居第二。工业投资进一步向重点产业集中：生物医药、电子信息、机械装备制造、铝深加工、食品加工、清洁能源6个重点产业全年投资占南宁市工业投资56.91%，提高11.39个百分点；增长33.11%，比南宁市平均增速高16.09个百分点。

（曾小妮）

【技术创新与新产品开发】 2014年，南宁市工业企业完成技术创新项目478个，完成技术开发总投入12.80亿元；认定南宁市工业新产品188个。新认定市级企业技术中心6家，累计60家；新认定自治区级企业技术中心14家，累计64家，居自治区首位；新认定自治区级研发中心7家；广西博世科环保科技股份有限公司、南宁燎旺车灯有限责任公司认定为首批广西技术创新示范企业；广西华锑科技有限公司等28家企业认定为广西首批产学研用一体化企业，居自治区第一；广西南南铝加工有限公司的广西航空航天铝合金材料与加工研究院分析测试中心通过国家认可委员会（CNAS）认定为国家认可实验室，累计7家工业企业有国家认可实验室。南宁市重点围绕铝加工、电子信息、生物医药、机械、食品、新能源6大产业开展新技术、新产品开发，引进消化国内外先进技术。组织企业申报财政创新资金扶持，广西博世科环保科技股份有限公司的大型二氧化氯制备系统设备研制与开发等34个项目获自治区工业创新发展资金扶持，补助金额3780万元；安排市本级财政技术创新扶持项目计划35项，补助资金750万元。

（王建波）

【工业项目建设】 2014年，南宁市实施“工业项目建设工程”，重点推进100项新开工和50项续建项目建设。“工业项目建设工程”完成投资119.23亿元，累计完成284.24亿元，其中亿元以上投资项目115项，完成投资111.02亿元。广西南南铝加工有限公司年产20万吨大规格高性能铝合金板带型材项目全面投产，富士康科技集团南宁科技园一期、二期工程建成。百威英博（南宁）啤酒有限公司年产30万吨啤酒、南宁南车铝材精密加工有限责任公司交通运输铝材精密加工、中粮包装控股有限公司铝制两片罐、广西建工集团建筑机械制造有限责任公司生产基地整体搬迁、南宁娃哈哈饮料

10月，广西南南铝加工有限公司年产20万吨大规格高性能铝合金板带型材项目全面投产。图为生产车间内景　　市工业和信息化委员会提供

生产基地二期项目等33个投资亿元以上重大项目建成投产。研祥集团总部集群、上海斐讯数据通信技术有限公司的斐讯通信产品南宁产业基地等投资10亿元以上重大项目加快建设。海王集团南宁保健品产业园、神冠生物制药生产、柳州医药中药饮片生产基地、南宁南车轨道交通装备基地、南宁禾田信息港和华润怡宝健康饮品广西生产基地等重大项目落户南宁并开工建设。南宁源正全铝车身新能源汽车生产基地、修正集团药业及保健品生产基地、弘信(南宁)移动互联产业园等重大项目前期工作加快推进。（张栋木）

【亿元工业企业建设】 2014年，南宁市选择销售收入在8000万元以上的传统骨干工业企业和产值增速较快的新兴重点工业企业进行培育发展，集中优势资源，在技改贴息、技术创新补助、融资推介、土地供给等方面给予优先倾斜和扶持；继续健全和完善服务企业、企业减负长效机制，加大对亿元工业企业的扶持力度，帮助企业协调解决征地、拆迁、融资、煤电油运等方面的困难和问题，重点支持79家企业进入亿元企业行列。成立22个市领导带队的服务队联系服务23个重大工业项目和20家重点工业企业，走访、服务重大工业项目和重点工业企业140次，召开现场办公会或协调推进会73次，协调解决问题150多项。落实、推进“市管干部挂职服务企业”“千名干部入千企”“重点工业企业直通车”等服务企业工作。年内，南宁市有产值超亿元工业企业592家，比上年增加44家，占规模以上工业企业61.22%，其中产值超百亿元的工业企业2家（富士康集团旗下的南宁富桂精密工业有限公司产值首次突破200亿元、广西中烟公司南宁卷烟厂产值首次突破100亿元），产值50亿~100亿元工业企业1家，产值20亿~50亿元工业企业15家，产值10亿~20亿元工业企业22家，产值5亿~10亿元工业企业83家。亿元企业完成产值占全市工业总产值94%，比上年上升3.60个百分点，平均增速16.72%，高于全市平均4.51个百分点，对南宁市规模以上工业增长的贡献率123.80%。（刘巧稚）

【中小工业企业扶持】 2014年，南宁市中小工业企业完成产值2271.74亿元，比上年同期增长10.07%，占全部工业总产值76.12%。其中：规模以上工业中小企业完成工业总产值2160.36亿元，增长10.41%，占全市规模以上工业总产值75.20%；规模以下工业企业完成工业总产值111.38亿元，增长5.30%。南宁市继续实施“强优企业培育行动计划”，深入开展“抓大壮小扶微”工程，培育壮大强优企业。产值超10亿元企业新增4家，产值超5亿元企业突破120家，产值超亿元企业新增44家，规模以上工业企业新增24家。开展南宁市重点工业企业直通车服务及市管干部挂职服务企业工作，落实和推进自治区工信系统“千名干部入千企”。完善中小企业贷款平台配套政策，提高融资服务质量和服务水平。印发《南宁市中小企业贷款平台配套资金管理办法》，协调合作银行，增加承兑汇票、国内信用证、保理等为市中小企业贷款平台助保金贷款业务品种，开展银企对接，现场服务解决中小企业融资需求。收集成长型中小企业融资需求，建立项目库，组织金融机构深入中小企业开展实地调研。增加“两台一会”（南宁市中小企业服务中心融资平台、南宁市南方融资性担保有限公司担保平台，南宁市企业信用协会为项目推介协会）财政配套资金7400万元，审核批准137个项目进入“两台一会”中小企业融资项目库，新增106家企业加入“南宁市重点中小企

2014年南宁市工业增加值占地区生产总值比重

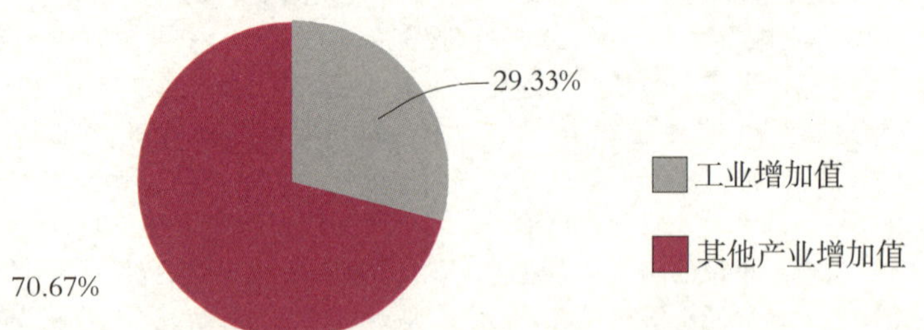

2014年南宁市主要工业产品产量

序号	产品名称	单位	产量	比上年同期增长(%)
1	饲料	吨	5026530	5.20
2	成品糖	吨	1302615	−10.50
3	乳制品	吨	148230	−13.00
4	啤酒	千升	303137	31.30
5	软饮料	吨	1563113	12.30
6	卷烟	万支	3922560	2.10
7	纱	吨	25989	−4.60
8	蚕丝	吨	7572	27.00
9	人造板	立方米	7273274	24.00
10	纸浆(原生浆及废纸浆)	吨	589822	−45.10
11	机制纸及纸板(外购原纸加工除外)	吨	565544	−55.20
12	纸制品	吨	891204	1.80
13	化学药品原药	吨	5653	5.20
14	中成药	吨	38825	−4.80
15	塑料制品	吨	722463	11.80
16	水泥	吨	16204986	3.20
17	商品混凝土	立方米	21104567	18.90
18	平板玻璃	重量箱	6230008	−2.40
19	铝材	吨	233055	94.50
20	起重机	吨	116056	−14.00
21	小型拖拉机	台	138972	−7.00
22	电动自行车	辆	41045	−13.40
23	电力电缆	千米	1716376	−4.50
24	卫星导航定位接收机	部	202382	−30.90
25	电子元件	万只	7277	33.70

业池”；增挂“南宁市中小商贸流通企业服务中心”牌子，扩大服务范围；在全市范围内开展为期3个月的以破解融资难为首要主题的中小企业服务月活动。至年末，“两台一会”贷款余额30.20亿元，用款企业266户。南宁市中小企业集群网通过“政企通”“政银保企”“中小企业在线”等系统的运行，为1万多家中小企业提供政策咨询、融资、担保、电子商务、营销、人力资源等信息服务。年内，南宁市中小企业门户网更新信息1151条，独立IP访问量5.38万次，访问量超200人次的新闻84条；南宁市中小企业集群网更新信息1329条，独立IP访问量2.16万次；发送有关平台信息的微信51期，累计关注用户440人；发布新浪微博184条，新浪微博粉丝534人；制作“工业节能优惠政策”“标准厂房租售”等网络专题11个。联合多家专业培训机构，开展《总裁资本》《探寻标杆企业文化背后的故事—企业文化落地与执行》《中小企业投融资操作实务》《网络营销全局观》等培训。举办培训班43期，培训4666人次。其中：综合系列培训班9期，培训2137人；企业内训17期，培训1639人；企业游学4次，培训272人；职工技能培训5期，培训123人；商贸流通企业培训(座谈)会8场，培训495人次。开展企业管理升级活动2期，引进国内知名专家团队，对企业开展“一对一”辅导和诊断，派出专家服务企业250多人次，帮助41家企业实现管理水平和经济效益双提升。先后组织11家企业申报国家中小企业发展专项资金，申请财政补贴3542万元；22家企业申报自治区中小企业发展专项资金，申请财政贴息补助3660万元；3家融资性担保机构申报国家中小企业信用担保资金2500万元；10家融资性担保机构申报自治区中小企业信用担保风险补偿金1261.50万元；15家金融机构申报自治区小企业贷款风险补偿金855万元。南宁市有49个项目获国家、自治区中小企业专项扶持资金3558.64万元，争取到自治区中小企业信贷引导资金3200万元。 (白国盛)

食品工业

【概　况】 2014年，南宁市食品工业有规模以上企业233家，其中农副食品加工业154家、食品制造业38家、饮料制造业39家、烟草制品业2家。从业人员平均人数5万多人。形成粮油加工、制糖、屠宰及肉类加工、果蔬加工、乳制品制造、饮料制造、精制茶加工、卷烟制造等子行业较为齐全、具有一定规模的工业体系。主要产品有啤酒、饮料、乳制品、卷烟、机制糖、饲料、茶叶等。年内，行业实现工业总产值725.73亿元，比上年同期增长9.64%，占全市比重25.26%。其中：农副食品加工业完成436.03亿元，增长5.20%；食品制造业完成工业总产值80.08亿元，下降2.07%；酒、饮料和精制茶制造业完成97.11亿元，增长29.80%；烟草制品业完成112.51亿元，增长23.84%。烟草制品业、酒饮料精制茶制造业增速超过行业平均增速。食品加工业企业完成主营业务收入671.18亿元，增长8.97%；实现税金83.21亿元，增长15.82%。规模以上亏损企业31家。

【技术改造】 2014年，南宁市食品工业完成投资131.55亿元，比上年同期增长25.42%，占全市工业投资比重15.44%。主要投产项目有：南宁双汇食品有限公司总投资12亿元的年屠宰加工200万头生猪及10万吨肉制品生产项目、南宁娃哈哈恒枫饮料有限公司投资5.30亿元的饮料生产基地二期项目、百威英博啤酒(南宁)有限公司总投资4.91亿元的年产30万吨啤酒项目、广西品冠食品有限责任公司总投资6580万元的快速餐饮业配套食品加工项目、广西农标普瑞纳饲料有限公司投资6000万元的宠物饲料生产加工项目。重点新开工项目有：广西皇氏甲天下乳业股份有限公司投资4.20亿元的皇氏乳业华南中央工厂、广西霸天贸易有限公司投资2.30亿元的年产5万吨坚果项目、南宁统一企业有限公司总投资1.80亿元的统一食品二期方便面系列产品生产项目、南宁淮南王豆奶有限责任公司投资1.50亿元的年产10万吨豆奶生产项目、广西珠江啤酒有限公司投资6685万元年产易拉罐啤酒5万千升项目、广东恒兴(宾阳)饲料股份公司投资1.30亿元年产24万吨畜禽饲料生产项目等。

【技术创新与产品开发】 2014年，南宁市食品工业中列入市技术创新项目计划的有：百洋水产集团股份有限公司醉制罗非鱼即食休闲食品开发项目、广西恩度高科技股份有限公司动态提取法研制益生元及清热祛湿多效植物饮料新产品开发项目、南宁市万宇食品有限公司(广西轻工业科学技术研究院协作)甘蔗发酵果醋饮料关键技术研究项目、南宁新食记食品有限公司腌腊及烧卤制品一体化智能加工技术(一体库)的研发及应用项目、广西壮牛水牛乳业有限责任公司壮牛乳业水牛乳豆浆干酪生产工艺的研发项目、广西农垦糖业集团金光制糖有限公司(广州甘蔗糖业研究所等协作)生物絮凝剂在制糖澄清中应用技术研究项目、广西南宁人人想食品有限公司竹炭花生食品研发项目、广西石埠乳业有限责任公司（广西产品质量监督检验研究院等协作）养力活性乳酸菌饮料新产品开发项目、南宁市正麦食品有限责任公司清肝明目饮料研发项目等。列入自治区技术创新项目的有：广西中烟工业有限责任公司的企业技术中心创新能力建设项目、新型咖啡滤棒的研发与应用、应用广西特色天然植物减害技术的“真龙”卷烟开发、应用天然生物减害材料的高档“真龙”卷烟开发、傅里叶变换近红外光谱技术在卷烟稳定性分析中的研究和应用、“真龙(美人香草)”和“真龙(中国龙)”及“真龙(起源)”的产品开发、高产果胶酶菌株TS63-9的应用技术研究、精细化密集烘烤技术体系研究及应用、烟丝化学成分分析在卷烟开发中的应用研究、角鲨烯生态烟叶的应用及其天然组合物的降基减害研究、应用复配天然植物滤嘴用减害香料的真龙卷烟开发、电子烟烟油香味成分剖析及“真龙”特色新产品开发项目；百洋水产集团股份有限公司的研发中心建设项目、水产功能性食品的研制开发——氨糖和胶原蛋白复配产品、罗非鱼调理食品加工技术研究与示范项目；广西商大科技有限公司的技术中心创新能力建设项目；广西恒得润生物科技有限公司的辣椒精粗品中分离脱色辣椒精和辣椒色素新技术开发、辣红素营养功能型天然调味油新产品开发项目；广西恩度高科技股份有限公司的婴幼儿冻干果蔬营养产品研制与开发项目；广西轻工业科学技术研究院的甘蔗发酵果醋饮料关键技术研究、即食保鲜湿面的保鲜与品质改良技术攻关项目；广西农垦明阳生化集团股份有限公司的鳗鱼饲料黏合剂复合变性淀粉的研究与应用示范、机械活化强化乙酰化己二酸淀粉酯的制备及应用示范项目；广西石埠乳业有限责任公司超高温香蕉牛奶、南瓜淮山复合饮料的研制与开发项目；广西华兴食品有限公司的分割鸭休闲食品制作方法、滋补保健鸭及其加工技术研究与开发项目；广西壮牛水牛乳业有限责任公司的水牛乳豆浆特级干酪生产工艺研发、智慧产业链可溯源系统研发项目；横县南方茶厂茉莉花茶封闭式内循环窨制加工生产技术研发项目。

通过南宁市认定的企业技术中心有横县南方茶厂、广西华兴食品有限公司、广西康佳龙农牧集团有限公司；通过自治区认定的有百洋水产集团股份有限公司研发中心。

被认定为市级工业新产品的有：广西恒得润生物科技有限公司的水溶怀80E、水溶性100E和油溶性80E辣椒红色素；广西恩度高科技股份有限公司的冻干双孢菇、冻干芒果派、冻干梨、冻干香蕉苹果派、冻干脐橙、冻干诺丽果；广西春江食品有限公司的炮制鸭翅、鸭掌；广西海涞香食品有限公司的鱿鱼（麻辣）；广西中烟工业有限责任公司的“真龙（清云）”“真龙（起源）”“真龙（中国龙）”“真龙（龙天下）”“真龙（前程似锦）”；广西新晶科技有限责任公司的药用微分子右旋糖酐；广西高源淀粉有限公司的磷酸酯双淀粉(GY-001)、辛烯基琥珀酸淀粉钠。年内，被认定为2013年度广西名牌产品的有：南宁市储备粮管理有限责任公司的“桂井”牌大米(一级、每袋0.50千克~每袋50千克)；广西农垦茶业集团有限公司的“大明山”牌茶叶(红茶、绿茶、乌龙茶、黑茶、花茶，每袋50克~35千克)；广西南宁新源泉饮料有限公司的“五象泉”牌瓶、桶装饮用纯净水(每桶18.60升、18升和每瓶350毫升、550毫升)；广西金花茶业有限公司的“人间壹香”牌茉莉花茶（每套100克、200克、250克、300克）；广西南宁兄弟面业有限责任公司的“骏驰”牌挂面(每袋200克、100克，一等品)。（林　琪）

机械工业

【概　况】2014年，南宁市规模以上机械工业主要有金属制品业，通用设备制造业，专用设备制造业，汽车制造业，铁路、船舶、航空航天和其他运输设备制造业，电力机械及器材制造业、仪器仪表制造业等7大类154家企业，产值在亿元以上的企业122家，其中金属制品业22家，通用设备制造业7家，专用设备制造业33家，汽车制造业12家，铁路、船舶、航空航天和其他运输设备制造业1家，电气机械及器材制造业32家，仪器仪表制造业5家。从业人员平均人数3.21万人。主要产品涉及改装汽车、手扶拖拉机、摩托车及零配件、柴油机、矿山机械、建筑机械、水泥生产设备、制糖成套设备、水轮发电机组、线缆、搅拌机、印刷机、减速机、压缩式垃圾专用运输车、压缩式垃圾中转站、环保设备、电器设备、仪器仪表设备、各种汽车零部件等。主要产品产量：起重机11.60万吨、矿山专用设备5.22万吨、混凝土机械5939台、环境污染防治专用设备752台(套)、发电设备4.50万千瓦、小型拖拉机13.89万台、改装汽车629辆、摩托车整车15.50万辆、变压器27.68万千伏安。规模以上机械工业实现工业总产值445.65亿元，比上年同期增长12.61%，占全市规模以上工业总产值15.51%。主营业务收入397.30亿元，占全市规模以上工业企业14.70%，增长10.07%。其中：金属制品业59.67亿元，通用设备制造业27.48亿元，专用设备制造业96.70亿元，汽车制造业44.40亿元，铁路、船舶、航空航天和其他运输设备制造业10.35亿元，电气机械及器材制造业143.70亿元，仪器仪表制造业14.88亿元。实现税金9.68亿元，占全市规模以上工业企业税金7.04%，增长5.91%。实现利润28.83亿元，占全市规模以上工业企业利润18%，增长21.59%。盈利企业142家，亏损企业12家，亏损面7.79%。

【技术改造】2014年，南宁市机械装备制造业完成投资177.21亿元，占全市工业投资比重20.80%，比上年同期增长27.02%。新开工的投资项目主要有：南宁市青山工贸有限公司年产3万吨110千伏~220千伏镀锌输电线路铁塔铁件、汽车零配件及农机配件项目投资1.56亿元，累计完成投资1.56亿元；南宁南车轨道交通有限公司轨道交通装备项目（一期）投资1.35亿元；广西新峰钢构有限公司年产10万吨钢结构产品项目投资9232万元；广西风向标环保科技有限公司威尔逊污水处理设备及新型市政排水设备生产项目，完成投资8500万元；南宁凯莱镀锌有限公司年产5万吨铁塔铁件生产项目，完成投资7500万元等。投资额较大且效益较好的新投产项目主要有：广西建工集团建筑机械制造有限责任公司整体搬迁改造项目，累计完成投资15.10亿元，预计可新增产值28.20亿元，利税7.90亿元。南宁中粮制罐有限公司铝制两片罐生产设施项目累计完成投资5.51亿元，预计可新增产值4亿元，利税4700万元。广西送变电建设公司立峰铁塔技术改造项目累计完成投资3.90亿元，预计可新增产值10亿元，利税1.85亿元。广西金帅生物科技有限公司车类零部件、机械模具及多功能拖拉机生产基地项目累计完成投资2.20亿元，预计可新增产值2.55亿元，利税9237万元。南宁八菱科技股份有限公司新增70万台(套)汽车散热器生产线项目累计完成投资1.50亿元，预计可新增产值2.70亿元，利税4315万元。

【技术创新与产品开发】2014年，南宁市新立项的自治区级技术创新项目35项，总投资3.39亿元。市级技术创新立项项目11项，总投资4998万元，预计可实现产值2.21亿元。主要有：南宁桂格精工科技有限公司新型商务车CN100V型全车灯具研发项目，总投资900万元；广西纵览线缆集团有限公司柔软防火电缆研制项目，总投资500万元；广西玉柴专用汽车有限公司YCNH6082系列移动式垃圾压缩转运站研发项目，总投资450万元；广西南宝特电气制造有限公司SCB-NX1系列环氧树脂干式变压器研发项目，总投资350万元等。年内，南宁市机械工业完成技术创新项目102项，实际总投资2.28亿元。主要有：广西恒日科技有限公司挖掘机液压凿岩钻机研发项目、南宁桂格精工科技有限公司新型商务车N310灯具开发项目、南宁燎旺车灯有限责任公司新型商务车N111灯具开发项目、广西桂仪科技有限公司厚膜发热器、广西阳工电线电缆有限公司35千伏交联绝缘电力电缆生产线自动化升级项目等。工业新产品开发26项，主要有：南宁八菱科技股份有限公司挂耳式密封圈乘用车散热器等3项；广西玉柴专用汽车有限公司压缩式垃圾车(NZ5160ZYSJ)等4项；南宁桂格精工科技有限公司GP50HB回复反射器等4项；南宁燎旺车灯有限责任公司CN200汽车前组合灯等5项；广西南宝特电气制造有限公司立体卷铁心电力变压器等6项。

化学工业

【概　述】2014年，南宁市有规模以上化学工业企业136家。从业人员平均人数2.46万人。实现工业总产值366.57亿元，比上年同期增长15.91%，占全市规模以上工业总产值12.75%。其中：化学原料及化学制品制造业工业总产值234.10亿元，增长16.51%；橡胶和塑料制品业工业总产值129亿元，增长16.35%；石油加工、炼焦和核燃料加工业工业总产值3.38亿元，下降22.53%。主要产品产量：化肥12.45万吨，增长1.50%；塑料制品72.24万吨，增长11.80%；涂料1.22万吨，增长51.10%；精甲醇8.17万吨，增长

40.10%。规模以上化工企业实现主营业务收入356.60亿元，增长14.90%，占规模以上工业企业主营业务收入13.25%；实现税金9.78亿元，下降1.61%，占规模以上工业企业税金总额7.12%；实现利润28.36亿元，增长29.82%，占规模以上工业企业利润总额17.70%。

【技术改造】 2014年，南宁市化工行业完成投资61亿元，比上年同期下降11.80%，占全市工业投资比重7.16%。新投产项目主要有：南宁市友日久胶粘带制品有限公司胶粘带及相关产品生产建设项目，总投资1.80亿元；广西诺方储能科技有限公司高能环保电池及相关产品生产项目，总投资1.30亿元。新开工的投资项目主要有：南宁飞日润滑油有限公司年产6万吨润滑油项目，总投资1.30亿元；南宁化工集团有限责任公司食用油脂加工项目，总投资8.30亿元；广西威日矿业有限责任公司年产50万吨元明粉项目，总投资4.20亿元。

【技术创新与产品开发】 2014年，南宁市化学工业有自治区技术创新立项项目21项，计划总投资1.33亿元。主要有：广西田园生化股份有限公司自治区级研发中心创新能力建设项目，计划总投资2000万元和用于防治甘蔗病虫害的药肥新产品研发，计划总投资1500万元；广西易多收生物科技有限公司企业技术中心创新能力建设项目，计划总投资2800万元和新型农药草甘膦系列制剂研发，计划投资500万元；自治区化工研究院特微分子右旋糖酐铁注射液制备工艺研发项目，计划总投资550万元等。市级技术创新立项项目4个，计划投资5917万元。主要有：南宁飞日润滑油有限公司高能纸浆脱模剂的研制项目计划投资1690万元；广西华纳新材料科技有限公司棒状轻质碳酸钙的研制及开发项目，计划投资1200万元等。获南宁市工业新产品21项，主要有：南宁飞日润滑油有限公司油锯专用油、生物酶稀土型麻纤维油等4项产品；广西新方向化学工业有限公司含腐殖酸水溶肥料等2项产品；广西田园生化股份有限公司50%烯啶虫胺可湿性粉剂、30%苄嘧·双草醚可湿性粉剂等9项产品等。

建材工业

【概 况】 2014年，南宁市有规模以上建材行业企业96家，其中亿元企业64家，新增13家。从业人员平均人数2.24万人。实现工业总产值230.14亿元，比上年同期增长26.58%，占全市规模以上工业总产值8%。其中非金属矿物制品业完成工业总产值221.87亿元，增长26.42%；非金属矿采选业完成工业总产值8.26亿元，增长31.15%。实现主营业务收入213.23亿元，占全市规模以上工业企业7.93%，增长30.20%；实现税金10.20亿元，增长18.15%；实现利润22.57亿元，增长42.15%。建材工业资产总计163亿元，增长19.361%。盈利企业86家，亏损企业10家，亏损面10.40%，亏损总额1368万元，减亏55.80%。主要产品涉及水泥、水泥制品、平板玻璃、镀膜玻璃、玻璃纤维、砖、砂、石材、粘土矿、排水管、水泥压力管、水泥电杆、水泥枕轨、商品混凝土、建筑陶瓷、高温耐火材料、防水卷材等。主要产品产量：水泥1620.50万吨，增长3.20%；商品混凝土2110.50万立方米，增长18.90%；瓷质砖1.60亿平方米，增长39.40%；平板玻璃623万重量箱，下降2.40%；卫生陶瓷制品406万件，下降4.30%；防水卷材1090.60万平方米，增长40.60%。

【技术改造】 2014年，南宁市建材工业实施技术改造总投资101亿元，比上年同期增长21.20%，占全市工业投资比重11.85个百分点。新投产项目主要有：广西盛天水泥制品有限公司年产20万吨预拌砂浆生产线、年产6600环地铁管片生产线项目，累计总投资2.48亿元；广西桂威商品混凝土有限公司年产100万立方米商品混凝土生产线项目，累计总投资1亿元；宾阳县建华混凝土有限公司混凝土生产线迁建项目，累计总投资1亿元；横县顺景混凝土有限公司预拌商品混凝土搅拌站项目，累计总投资0.90亿元等。新开工的投资项目主要有：广西华宁建建筑科技有限公司每年240万平方米无石棉纤维水泥板生产线1条和每年120万平方米新型实木板生产线3条项目，总投资1.51亿元；华润水泥（南宁）有限公司干混砂浆及建筑骨料项目，总投资2.52亿元；南宁市锦固水泥制品有限责任公司年产80万米水泥压力制管系列产品生产项目，总投资0.88亿元；广西盛天水泥制品有限公司预拌砂浆及水泥制品项目，总投资1亿元等。

【技术创新】 2014年，南宁市建材工业新立项的自治区级技术创新项目1项，即华润水泥（南宁）有限公司的熟料游离钙XRD（X射线衍射）定量测定方法的研究及应用项目，总投资245万元。内容为：购置进口XRD衍射仪1台及配套检测辅助设备，利用XRD衍射分析方法快速准确测定水泥熟料f-CaO含量，有利于企业质量控制技术的提高，确保水泥质量的稳定性，实现企业精细化生产。

【散装水泥生产与应用】 2014年，南宁市散装水泥年供应量759.09万吨，比上年同期增长18.61%，散装率68.11%，散装率提高2个百分点；预拌混凝土供应1040.35万立方米，增长17.21%；预拌砂浆供应量2.70万吨。散装水泥专项资金年征收额2150.78万元。南宁市因推广使用散装水泥节约标煤31.37万吨，减少粉尘排放量37.35万吨，减少二氧化碳排放量46.08万吨，减少二氧化硫排放量0.14万吨，实现综合经济效益4.89亿元，取得良好的经济效益和社会效益，初步构建南宁市散装水泥、预拌混凝土、预拌砂浆"三位一体"格局。

铝加工业

【概 况】 2014年，南宁市铝加工业有规模以上铝加工企业19家。其中：电线电缆企业13家，铝生产和深加工企业6家。亿元以上产值企业16家。实现规模以上工业总产值149.42亿元，比上年同期增长8.67%，占全市规模以上工业总产值5.20%。其中：电线电缆企业完成工业总产值101.90亿元，增长3.55%；铝生产和深加工企业完成工业总产值47.52亿元，增长21.53%。行业实现主营业务收入122.33亿元，增长4.76%；实现税金2.67亿元，增长9.88%；实现利润4.23亿元，增长0.24%。主要产品为铝型材、电线电缆、日用铝制品、包装等4大类；主要产品产量：电力电缆171.60万千米，下降4.50%；铝材23.30万吨，增长94.50%。

【技术改造】 2014年，南宁市铝加工业完成技术改造投资16.68亿元，占全市工业投资1.42%，比上年同期下降4.31%。实际完成投资额居前的投产项目是：广西南南铝加工有限公司的年产20万吨大规格高性能铝合金板带型材项目，累计完成投资52.80亿元；广西南南铝箔有限责任公司的以铝代钢应用于建筑围护领域新兴产业项目，累计投资1.80亿元；南南铝业股份有限公司的年产6万吨铝型材产品扩能改造项目，累计完成投资7600万元；南宁南车铝材精密加工有限责任公司的年产150辆城轨铝合金车辆用配套铝合金零部件项目，累计完成投资1.16亿元。

【技术创新】 2014年，南宁市铝加工业有自治区技术创新立项项目2项，项目计划总投资1.33亿元。分别为:广西南南铝加工有限公司的高速列车用7N01铝合金大规格铸锭的开发项目，计划总投资7860万元;C80用高性能5083-H321板材开发项目，计划总投资6782万元。市级技术创新立项项目2项，项目计划投资2149万元。分别为:广西南南铝加工有限公司的钎焊式用铝合金复合箔双铸造组织热轧复合坯料开发项目，计划投资1149万元;南南铝业股份有限公司的5005铝合金冰箱拉手生产工艺技术研究项目,计划投资1000万元。完成的技术创新及两化融合项目10项,投入资金6971万元,均达到国内领先水平。主要有：广西南南铝箔有限责任公司的高性能铝及铝合金片产品、8000系高精铝合金箔产品、阴极箔产品和锂电池铝箔的研究开发，广西南南铝加工有限公司的高速列车用7N01铝合金大规格铸锭研发，广西铝加工产品研发中心技术创新能力建设，南南铝业股份有限公司多孔模挤压技术、铝质微波炉面板工艺研制及新产品、扁挤压技术研究及GD-001产品研制。 (农 刚)

造纸工业

【概 况】 2014年，南宁市有规模以上制浆造纸及纸制品企业73家,从业人员1.20万人。实现工业总产值126.76亿元,比上年同期下降24.64%，占南宁市比重4.41%，下降2.16%；实现主营业务收入116.83亿元,下降18.92%;实现利润2.55亿元;下降64.29%,实现税金2.74亿元,下降31.84%;亏损企业10家,亏损面增加11.11%。南宁市造纸工业主要产品的产能为纸浆58.98万吨,下降45.10%,机制纸及纸板56.55万吨,下降55.20%。加快宾阳县造纸产业整合和升级；重点做好广西华劲纸业南宁公司和凤凰纸业搬迁改造项目指导和服务，通过这两个大项目促进南宁市造纸产业结构升级。

【技术改造】 2014年，南宁市造纸及纸制品工业固定资产投资29.40亿元,比上年同期增长97.78%。经技术改造后,纸浆产能新增63.70万吨，纸及纸板新增153万吨。年内,南宁市工业项目建设工程重点项目有南宁市清影日用品有限公司投资1.20亿元的一次性餐具生产项目、广西泉港投资有限公司投资1.09亿元的年产高档生活用纸3万吨项目、南宁益华包装有限公司投资2亿元的年产8000万平方米纸箱生产项目、金红叶纸业(南宁)有限公司投资1.60亿元的年产3.50万吨生活用纸及纸制品项目、广西骏彩纸业有限公司投资6500万元的年产5万吨生活用纸技术改造项目。 (朱丹江)

电子信息产业

【概 况】 2014年，南宁市电子信息产业主营业务收入首次突破398.55亿元，占南宁市规模以上工业比重11.03%。其中：电子信息制造业实现收入316.88亿元,软件业实现收入81.67亿元。南宁富桂精密工业有限公司（203.85亿元)、丰达电机(南宁)有限公司(43.12亿元)、南宁富泰宏精密工业有限公司（19.49亿元）分别居南宁市电子信息产品制造业企业前三。富士康集团旗下的南宁富桂精密工业有限公司、南宁富宁精密电子有限公司、南宁富泰宏精密工业有限公司所生产的有(无)线网络通信设备、数字机顶盒产品,丰达电机(南宁)有限公司生产的音响元器件，广西申能达智能技术有限公司生产的智能IC卡读写设备等均达到国内先进水平，部分产品拥有自主知识产权，形成较有发展潜力的产业基础。年内,南宁市通过认定的软件企业136家,占自治区总数80%以上,新增通过认定的软件产品100个，软件产业的主营业务收入比上年同期增长7.80%,占自治区总数71.30%,软件企业的数量和实现收入均居自治区首位。

【技术改造】 2014年,南宁市通信设备、计算机及其他电子设备制造业实施完成技术改造投资47.47亿元,比上年同期下降177.65%;有2项续建项目和4项新开工项目列入2014年南宁市“工业项目建设工程”重点工业项目。年内新开工的上海斐讯数据通信技术有限公司南宁电子产品生产加工、商贸综合服务园区项目,总投资约40亿元,用地43.67公顷,年内投资7.50亿元。南宁市富宁投资有限责任公司的电子信息标准化厂房项目,总投资3.30亿元，占地4.20公顷，建设9.60万平方米电子信息标准化厂房,年内投资1.50亿元,6栋厂房12月20日封顶。南宁禾田信息港项目计划投资12亿元,占地3.40公顷,年内投资2195万元。广西金奔腾汽车科技有限公司汽车故障远程智能终端生产建设项目完成投资1亿元,年内投资1135万元。续建项目中，城建集团有限公司和富士康集团有限公司共同建设的富士康南宁科技园一期项目年内完成投资15亿元,完成B厂区一期4栋主厂房和13栋附房建设。B02、B03、B04厂房投产贴片机生产线40条、组装流水线60条、冲床120台、激光切割机2台、数控冲床8台、烤漆线1条和成型机24台,新增贴片机5台、组装线2条。B26、B40、B41、B42厂房完成竣工验收； B43厂房完成预验收;完成道路、绿化、围墙建设。B厂区二期4栋厂房及2栋附房建成，完成厂区道路、绿化。富康园员工宿舍一期7栋宿舍楼中,竣工验收6栋,装修1栋。中国移动通信集团广西分公司建设的广西移动通信信息产业园项目年内完成投资1亿元,物流中心(省级仓库工程)竣工。

【技术创新与产品开发】 2014年，南宁市电子信息产业发展获各级政府部门大力支持。31个项目获广西信息服务业发展专项资金支持，自治区财政资金补助1195万元;33个项目获南宁市信息产业项目计划立项，市财政资金补助765万元。广西宏智科技有限公司、广西宏智信

12月,富士康南宁科技园B厂区一期项目完成建设。图为B厂区外观 市工业和信息化委员会提供

息技术有限公司、广西华盛集团廖平糖业有限责任公司开发的"糖厂无线调度指挥系统",中国移动通信集团广西有限公司、亿阳信通股份有限公司开发的"移动通信网络综合告警监控系统开发与应用"2个项目获广西科学技术进步奖三等奖;广西卡西亚科技有限公司、广西经济管理干部学院、广西西江开发投资集团有限公司、广西感知物联网生产力促进中心开发的"船联网北斗智能控制集成装备关键技术研究及应用",润建通信股份有限公司、广西大学联合开发的"智能远程通信基站图像监控系统的研制与应用"2个项目获2014年度南宁市科学技术进步奖二等奖。南宁市勘察测绘地理信息院的"南宁市地理信息共享服务平台的研究与建设""智慧社区网格化管理信息系统及应用示范",广西金中软件有限公司的"基于物联网的运营和传感设备接入中间件研究开发",广西普华科技有限公司、广西宏智科技有限公司的"基于物联网的农村分散污水自动处理系统"、南宁超创信息工程有限公司的"基于SOA(面向服务的体系结构)的药械智能实时监管平台"5个项目获南宁市科学技术进步奖三等奖。（乔 可）

生物医药工业

【概 况】 2014年,南宁市生物医药工业有规模以上企业49家,从业人员平均人数1.14万人。规模以上医药制造企业实现工业总产值124.34亿元,比上年同期增长16.49%,占全市规模以上工业产值4.33%。其中:化学药品原料药制造业7.44亿元,增长33.41%;化学药品制剂制造业10.44亿元,增长17.56%;中药饮片加工制造业24.37亿元,增长22.40%;中成药制造业46.84亿元,增长6.30%;兽用药品制造业6.01亿元,下降7.82%;生物药品制造业6.37亿元,增长14.02%;卫生材料及医药用品制造业8.70亿元,增长20.59%;医疗仪器设备及器械制造业14.17亿元,增长57.63%。除医疗仪器设备及器械制造业外,实现主营业务收入94.60亿元,增长10.14%;实现利润7.68亿元,增长28.40%。主要产品产量:中成药3.88万吨,下降4.80%。年内,通过新版药品GMP(生产质量管理规范)认证企业30家。出台《南宁市加快新型工业化跨越发展的若干政策措施》,强调大力发展生物医药成为主导产业,鼓励企业的新产品开发、技术攻关、技术创新能力建设和企业信息化建设,引导企业走自主创新发展、创品牌道路。

【技术改造】 2014年,南宁市生物医药工业完成投资51.53亿元,比上年同期增长58.41%,占全市工业投资比重6.05%。南宁市医药企业新版GMP改造内容主要集中在净化系统、生产场地、中药提取、部分生产设备、检测仪器设备更新、风险管理等。重点在建项目主要有:南宁中恒投资有限公司投资30亿元的生物医药产业及相关配套项目;南宁海王健康生物科技有限公司投资10亿元的保健品产业园项目;广西神冠投资有限公司投资8亿元的生物制药及胶原食品生产项目;广西南宁百会药业集团有限公司投资8.70亿元的"百会"品牌系列中成药、西药生产项目;广西冠峰生物制品有限公司投资9.26亿元的人血白蛋白等血液制品异地改建项目;广西南宁柳药药业有限公司投资1.97亿元的中药饮片生产基地项目;广西苗瑶壮医药发展有限公司投资2.40亿元强寿药业生产基地项目;南宁富莱欣生物科技有限公司投资2亿元的保健食品生产研发基地项目;广西大海阳光药业有限公司总投资2.40亿元的药品生产异地技改项目;广西迪泰制药有限公司总投资8500万元的核酸、核苷酸及聚肌胞等药物生产项目;南宁一举医疗电子有限公司总投资6834万元的年产5000台(套)医用诊断X射线高频高压发生器及医用诊断高频X射线机项目;广西瓯宁医疗科技有限公司投资5000万元的年产1亿只安全套和1000万只乳胶手套项目;南宁市三科医疗器械有限责任公司投资9000万元的医疗仪器设备及器械制造项目等。

【技术创新与产品开发】 2014年,列入南宁市技术创新项目计划的有:广西圣保堂药业有限公司的维生素C钠泡腾片技术开发与研究项目;广西博科药业有限公司的琥珀酸美托洛尔缓释片的临床前研究项目;培力(南宁)药业有限公司(协作单位:香港中文大学)的中药配方颗粒制剂工艺研究项目;广西桂西制药有限公司的银花芒果颗粒(无糖型)的开发与应用项目;广西华夏本草医药有限公司的果味青钱柳咀嚼片的研究开发项目。列入自治区技术创新项目计划的有:广西圣保堂药业有限公司的铁皮石斛含片及咀嚼片的研究与开发、灵芝孢子粉的研究与开发项目;广西中医药大学制药厂的降血脂药六味麻蓝片研制、功能性食品果味珍菊咀嚼片的研制与开发项目;南宁富莱欣生物科技有限公司的缓解体力疲劳、抗氧化软胶囊保健食品开发、提高缺氧耐受力软胶囊保健食品的开发、辅助降血脂软胶囊保健食品的研究开发项目;广西昌弘制药有限公司的双花草珊瑚含片新工艺研究项目;自治区化工研究院的医药手性中间体4-氯-3-羟基丁酸乙酯不对称合成研究、特微分子右旋糖酐铁注射液制备工艺研发项目。认定为自治区级企业技术中心的有:广西圣宝堂药业有限公司技术中心、广西方略药业集团有限公司技术中心、南宁富莱欣生物科技有限公司技术中心、南宁庞博生物工程有限公司技术中心。认定为市级工业新产品的有:培力(南宁)药业有限公司的菟丝子配方颗粒、茯苓配方颗粒、黄柏配方颗粒;广西昌弘制药有限公司的乳结泰胶囊、仙黄胶囊;广西盈康药业有限责任公司的三味清热止痒洗剂;南宁富莱欣生物科技有限公司的多种维生素矿物质片(孕晚期)、钙加维C咀嚼片、钙镁维D咀嚼片(成人型)、钙镁锌咀嚼片、钙铁锌硒咀嚼片、维生素C维生素E片等。（林 琪）

制糖工业

【概 况】 2014年,南宁市有糖厂16家,分属6家制糖企业公司(集团),其中:国有及国有控股糖厂7家,民营投资及控股糖厂9家,南宁市制糖企业日榨蔗能力9.40万吨。主要产品有白砂糖、赤砂糖、酒精、蔗渣浆、机制纸、复合肥等。南宁市2013/2014年榨季制糖生产2013年11月1日南宁糖业股份有限公司伶俐糖厂开榨,至2014年4月26日上林南华糖业有限公司收榨,历时177天,比上榨季长14天。2013/2014年榨季,南宁市糖料蔗种植面积与上榨季基本持平,甘蔗含糖分和产糖率略有提高,累计榨蔗量和产糖量均再创历史第二好的成绩。2013/2014年榨季,国际食糖市场供过于求,进口食糖继续冲击国内食糖市场,国际国内食糖价格持续低迷,加上食糖生产成本居高不下,2013/2014年榨季南宁市大部分制糖企业长期处于制糖成本与产品售价倒挂的不利局势,制糖企业食糖销售状况严峻,加上持续三个榨季的行业不景气,制糖企业获得金融部门贷款支持的难度非常大,企业运营面临前所未有的困难,行业整体效益继续下滑。2013/2014年榨季,南宁市16家糖厂平均日榨蔗能力9.40万吨;机制糖产量142.48万吨,比上榨季增加11.83万吨,增幅9.06%;其中白砂糖产量139.77万吨,增加11.25万吨,增长8.76%;南宁市平均白砂糖单位产品生产成本每吨3815.91元,降低538.27元,降幅12.36%;白砂糖单位含税成本每吨5065.06元,降低744.28元,降幅12.81%;白砂糖含税平均售价每吨4745.03元，降低797.06元,降幅14.38%,白砂糖单位含税成本与平均售价每吨倒挂320.03元；南宁市制糖业实现工业总产值66.69亿元，增加0.84亿元,增长1.28%;实现工业增加值8.07亿元,减少1.65亿元,减幅16.95%;完成工业销售产值62.52亿元,减少2.85亿元,减幅4.36%;实现利税-1.65亿元,减少1.29亿元,减幅360.97%;万吨蔗税利-14.10万元，减少10.90万元，减幅340.63%;实现利润-4.06亿元,减少0.79亿元,减幅24.14%;南宁市16家开榨糖厂只有3家盈利,亏损面81.25%;百吨蔗耗标煤4.58吨，增加0.05吨，增幅1.10%；吨蔗耗电量33.64千瓦时，降低0.30千瓦时，降幅0.88%；生产安全率99.03%,与上榨季基本持平。7月,在云南昆明举办的第26届全国食糖产品质量评比会上，南宁市多个食糖产品在参赛的293个样品的质量综合评定中位居前列，其中南宁糖业股份有限公司伶俐糖厂“云鸥”牌、南宁糖业股份有限公司明阳糖厂“明阳”牌一级白砂糖分获碳法、亚法一级白砂糖质量评比第一名，南宁糖业股份有限公司香山糖厂“大明山”牌、南宁糖业股份有限公司东江糖厂“古府”牌一级白砂糖分列亚法一级白砂糖质量评比第二名、第三名。12月26日,南宁糖业股份有限公司获2014年度中国“质量标杆企业示范奖”称号,为全国制糖行业、自治区唯一获此称号的企业,标志着公司产品的质量、品牌、知名度获全国消费者的高度认可。12月,南宁糖业股份有限公司被市政府授予首届“南宁市市长质量奖”,为南宁市首家。

【糖料蔗生产】 南宁市有武鸣县、横县、宾阳县、隆安县、上林县、邕宁区、江南区、良庆区、西乡塘区9个县(区)列入广西33个糖料蔗优势发展区域县（区)。2013/2014年榨季,南宁市糖料蔗生产克服成本增加、糖料蔗与其他经济作物比较效益不高、其他经济作物与糖料蔗争地矛盾突出等不利因素影响，糖料蔗种植面积与上榨季基本持平，进厂糖料蔗量和单产较上榨季略有增长。2013/2014年榨季,南宁市有115个乡镇种蔗,蔗区分布在南宁市六县六城区、南宁经济技术开发区、广西—东盟经济开发区、金光农场、龙头乡和廖平糖厂陶邓蔗区,蔗农28.34万户117.39万人;糖料蔗种植面积15.43万公顷,比上榨季减少1920公顷，减幅1.23%；进厂糖料蔗1170.37万吨，增加53.14万吨,增幅4.76%;平均工业单产每亩5.06吨，增加0.29吨，增加6.08%；甘蔗平均含糖分13.88%，增加0.54个百分点,增加4.05%;平均甘蔗成本合计每吨480.91元,降低40.10元,降低7.70%;平均甘蔗价款每吨443.06元,降低35.92元,降低7.50%;蔗农售蔗总收入51.85亿元，降低1.66亿元，降幅3.10%；南宁市蔗农人均种蔗收入每吨4417.26元,减少110.82元,减幅2.44%;糖料蔗主要优良品种有:粤糖93/159、粤糖00/236、粤糖60号、桂柳2号(柳城03/1137)、桂糖29号等,高产高糖新良种面积占全市糖料蔗种植总面积90.03%。

【糖料蔗收购】 2013/2014年榨季,南宁市糖料蔗收购价格继续执行自治区统一普通糖料蔗收购首付价政策，继续采取蔗糖价格挂钩联动、二次结算的管理方式。每吨普通糖料蔗收购价格440元与每吨一级白砂糖平均含税销售价格6000元挂钩联动，食糖销售价格超过每吨6000元的部分，在糖料蔗收购首付价的基础上,蔗糖挂钩联动价格按6%的联动系数进行二次结算；当食糖销售价格低于每吨6000元时,蔗价不再进行二次结算，蔗农也不需将多得的蔗价款退还制糖企业。糖料蔗实行优良品种加价、劣质淘汰品种减价政策，在普通品种糖料蔗收购首付价440元的基础上，粤糖93/159、粤糖00/236、粤糖60号、桂柳2号(柳城03/1137)、桂糖29号5个优良品种每吨加价30元,台糖98/0432、西大引11号2个劣质淘汰品种每吨减价20元,桂糖12号、桂糖16号、里建1号、工氏1号4个劣质淘汰品种每吨减价30元，粤糖94/128列入下个榨季的劣质淘汰减价品种。各制糖企业在糖料蔗进厂1个月内按自治区统一确定的普通糖料蔗收购首付价将蔗款一次性兑付给蔗农。根据2013/2014年榨季南宁市食糖销售价格运行情况，糖料蔗价款不再进行二次结算，各制糖企业收购的普通糖料蔗按每吨440元的价格与糖料蔗生产者结算蔗款。

【技术改造】 2014年，南宁市制糖业有技术改造项目33项,完成技改投资7亿元,全部投产31项。主要项目有:总投资8600万元的横县东糖糖业有限公司变频技术节能改造项目完成投资5773万元并建成投产;总投资5375万元的广西华盛集团廖平糖业有限责任公司糖厂白砂糖生产线改建项目建成投产；总投资4800万元的南宁糖业股份有限公司东江糖厂动力车间节能技术升级改造项目完成投资2265万元；总投资4500万元的南宁糖业股份有限公司香山糖厂锅炉车间技术改造项目建成投产；总投资3000万元的横县东糖糖业有限公司石塘分公司日榨量5000吨技改工程第二期项目建成投产;总投资2320万元的南宁良庆东糖糖业有限公司新增XG1500AT乱刀式全自动分蜜机项目建成投产。

【技术创新与产品开发】 2014年，南宁市制糖业技术创新和产品开发项目主要有:列入2014年南宁市技术创新项目计划表的广西农垦糖业集团金光制糖有限公司生物絮凝剂在制糖澄清中应用的关键技术研究项目,列入2014年自治区企业技术改造资金(工业创新发展)项目计划表的广西农垦糖业集团金光制糖有限公司右旋糖酐定量检测单抗试剂盒开发及在制糖业中的应用项目。年内,南宁糖业股份有限公司技术中心通过自治区认定，南宁糖业股份有限公司自治区级研发中心通过自治区认定。

【优质高产高糖糖料蔗示范基地建设试点】 2014年，南宁市启动实施2666.67公顷优质高产高糖糖料蔗示范基地建设试点;落实示范基地47个,建立核心示范区12个。年内,自治区级、市本级统筹有关部门安排“双高”基地建设资金11794.51万元。其中:自治区资金(含统筹中央资金)8520.09万元，市本级资金3274.42万元(含2014年12月下拨的市本级良种补贴资金242.30万元),县(区)另行配套资金2061.48万元。4月，完成基地糖料蔗种植任务，种植品种基本符合自治区良种要求，测土配方施肥和病虫综合防控应用率100%。大部分基地的土地整治和水利化建设工作都要在收获甘蔗后才能完成建设,12月，全市47个基地土地整治前期设计完成率81%,总体建设完成率77%；水利化前期初步设计完成率100%。良种良法化完成理论测产,经初步测算,最高亩产10.93吨,平均亩产6.82吨，比常规种植区每亩增产1.50吨以上,糖分在14%左右。全程机械化符合行距要求的面积1520公顷,占任务总面积57%；基地新植蔗深耕深松机械化面积1400公顷,完成率100%;机械种植面积980公顷,完成率70%;机械化中耕培土面积2066.67公顷，完成率77.30%;南宁市投入“双高”基地的甘蔗联合收割机5台，收割面积18公顷,投入机械种植的甘蔗种植机4台，机种面积60公顷。 （唐亚亚）

2013/2014 年榨季南宁市主要制糖企业情况

企业名称	工业总产值（万元）	工业销售产值（万元）	利税总额（万元）
南宁糖业股份有限公司	292152.18	286922.92	3592.53
广西永凯糖纸集团有限责任公司宾阳大桥分公司	65343.33	51749.82	2186.80
广西农垦糖业集团良圻制糖有限公司	30994.45	30994.45	1217.28
南宁良庆东糖糖业有限公司	33737.96	33737.96	897.60
广西南宁东糖新凯糖业有限公司	31859.87	31859.87	−655.18
隆安南华糖业有限责任公司（含南圩糖厂、那桐糖厂）	35917.29	35119.95	−1064.18
上林南华糖业有限责任公司	28626.00	25334.73	−2010.28
广西马山南华糖业有限责任公司	13267.16	13206.27	−2376.30
广西农垦糖业集团金光制糖有限公司	36082.00	27101.00	−3124.18
广西华盛集团廖平糖业有限责任公司糖厂	36280.93	26454.78	−3191.93
横县东糖糖业有限公司（含谢圩分公司、石塘分公司）	62675.69	62675.69	−11974.64

纺织工业

【概　况】 2014年，南宁市有规模以上纺织工业企业20家，从业人员平均人数0.80万人，其中纺织服装、服饰企业5家，从业人员平均人数0.46万人。完成工业总产值40.57亿元，比上年下降0.27%；完成工业增加值9.10亿元，增长7.10%。亏损企业7家，增加600%；主要产品产量：纱2.60万吨，下降4.60%；布67万米，下降85.40%；蚕丝7572吨，增长27%；蚕丝及交织机织物335万米，下降7.10%；蚕丝被10万条，下降15.60%。年内，南宁市棉纺织业总体略有下降。主要是受到市场持续低迷、原材料价格波动的和运输成本高位维持等因素影响，整个棉纺织及印染精加工行业总体经济经营情况比较困难。南宁市现有茧丝加工企业17家，总体上还都处于原料初级加工阶段，企业实力都还相对较弱，企业研发能力普遍不强，缺乏核心竞争力，企业产品多以桑蚕丝为主，部分生产蚕丝被，少量生产织绸，产业链后续环节基本空白。丝绸深加工产品生产技术要求高，受信息、资金及销售渠道等制约，面临很大困难拉长南宁市茧丝绸产业链。

【技术改造】 2014年，南宁市纺织工业固定资产投资11.03亿元，比上年同期下降38.76%，经技术改造后，桑蚕丝产能（规模以上企业）新增6.02万绪。年内，主要的投资项目有广西上林县斯尔顿丝绸有限公司投资8000万元缫丝生产线搬迁技术改造项目、上林县中兴丝业有限公司投资6000万元缫丝生产线搬迁技术改造项目、广西上林大染坊茧丝绸有限公司投资2.05亿元丝绸产业链基地建设技术改造项目。南宁市工业项目建设工程重点项目有广西桂合集团有限公司投资5.86亿元的丝绸生产加工项目。

【产品开发】 2014年，南宁市工业新产品有南宁锦虹棉纺织有限责任公司的生物质功能化聚酯纤维/粘胶纤维混纺（50/50）14.8tex（特克斯，指1000米长纱线在公定回潮率下重量的克数）竹节纱、希斯特纤维/竹纤维/异形纤维（60/25/15）13.1tex混纺低扭矩彩虹纱、咖啡碳纤维素纤维赛络紧密纺14.8x2tex股线、生物质功能化聚酯纤维/竹纤维/精梳棉（50/30/20）11.8tex赛络纺纱。

印刷工业

【概　况】 2014年，南宁市印刷工业规模以上工业企业34家，获《印刷经营许可证》的印刷企业451家。其中：出版物印刷企业69家，内部资料性出版物印刷企业9家，排版、制版、装订专项许可企业11家，数字印刷企业4家，包装装潢印刷企业175家，其他印刷品印刷企业183家。实现工业产值48.03亿元，比上年同期增长14.75%；行业主营业务收入46.96亿元，增长15.15%；利润4.38亿元，增长30.15%；税金1.07亿元，减少5.13%。销售费用1.11亿元，增加19.15%；管理费用2.12亿元，下降5.17%；财务费用399万元，下降33.85%。亏损企业2家，减少50%，亏损总额501万元，下降60.22%。南宁益华包装有限公司、南宁市金美印刷包装有限公司等企业作为百威英博啤酒（南宁）有限公司、广西珠江啤酒有限公司、南宁双汇食品有限公司的配套企业，短时间内形成上亿产值。随着北部湾经济区的经济发展，珠三角、沿海地区的工业企业纷纷在广西设厂或把工厂迁到广西境内，这批工厂对瓦楞纸包装的需求庞大，广西又是水果的主产地，当水果丰收的时候，广西境内的瓦楞包装物远不能满足包装需求，瓦楞纸板项目具有广阔的市场前景。随着500强企业进驻南宁，广西—东盟经济技术开发区聚集印前、印刷、后序加工等多家企业，形成包装印刷产业集聚，产能产值均有提高。

【技术改造】 2014年，南宁市印刷工业固定资产投资20.60亿元，比上年同期增长20.03%。南宁市工业项目建设工程重点项目有广西南宁真龙彩印包装有限公司投资2.20亿元的彩印包装生产线项目、南宁益华包装有限公司投资2亿元的年产8000万平方米纸箱生产项目（已投产）、南宁市顺兴包装有限公司投资8000万元的食品、药品包装袋生产项目、广西乐途印刷有限公司投资5亿元的低碳绿色印刷技术环保包装生产线及产业化基地项目。年内，南宁七彩虹印刷机械有限责任公司的平面式单驱双输出减速装置的研发项目列入广西第一批技术创新项目。南宁七彩虹印刷机械有限责任公司技术中心通过自治区认定。　（朱丹江）

卷烟工业

【概　况】 2014年，广西中烟工业有限责任公司设部门26个：办公室（外事办）、董事会办公室、综合计划部、企业管理部、生产管理部、法律事务与企业改革部、财务管理部、审计部（招标办）、技术中心、人力资源部、特有职业（工种）职业技能鉴定站、政治思想工作部（工会）、纪检监察部、后勤服务中心、安全保卫部（武装部）、信息中心、物流中心、内部管理监督和与整顿规范市场经济秩序工作领导小组办公室、原料供应部、物资供应部、市场营销中心、互联网事业部（8月成立）、国际业务部（8月成立）、南宁卷烟厂、柳州卷烟厂、广西烟草工业教育培训中心。南宁、柳州两个卷烟厂为非独立法人资格。有广西天成投资管理有限责任公司、广西真龙物流有限责任公司2家全资子公司及广西真龙彩印包装有限公司、广西真龙实业有限责任公司等9家控股子公司。公司总资产156.96亿元,其中固定资产23.20亿元、流动资产106.31亿元,资产负债率16.79%。从业人员3409人,其中在岗员工2977人。年内,公司纳税138.69亿元。南宁卷烟厂制丝车间维修班被全国总工会授予"全国工人先锋号"称号,获中国年度十大烟标评选委员会颁发的"真龙(中国龙)烟标设计"金奖及"真龙(美人香草)烟标设计"金奖;被中国青少年发展基金会授予"希望工程25年杰出贡献奖"称号。捐款2321.82万元,用于社会公益活动。其中:捐赠500万元用于广西希望工程援建项目;举办真龙"金秋助学"活动,捐赠50万元资助广西籍贫困准大学生100名;捐赠50万元支持广西青年英才基金,帮助广西籍家庭贫困、品学兼优的硕士研究生、博士研究生完成学业;捐赠500万元支持桂林市及所辖的12个县实施"春苗营养计划"项目,用于改善农村地区儿童膳食不均衡、营养不足的现状;资助78.17万元用于南宁市衡阳小学校园建设及增添教学设备;捐款400万元支持南宁市重点场所设施建设。7月,向广西"威马逊"台风灾区捐款211.42万元(机关党员、员工捐款11.42万元);向云南鲁甸地震灾区捐赠200万元,用于灾区恢复生产、重建家园。捐资1.80万元用于南宁市八桂助残系列公益活动,资助7.80万元给广西最美乡村医生李前峰。捐款292.63万元,帮扶柳州市木瓜村、富川县、田林县、百色市凌云县及马山、那马等贫困地区实施新农村建设;捐赠30万元支持广西贵港市3个乡作为"美丽广西　清洁乡村"试点项目建设资金。

【卷烟生产经营】 2014年,广西中烟公司生产卷烟(不含出口卷烟)783.50亿支(156.70万箱),比上年同期增长1.95%。生产一类烟26.74亿支(5.35万箱),增长55.46%;二类烟166.66亿支(33.33万箱),增长43.99%;三类烟428.46亿支(85.69万箱),下降3.05%;四类烟102.67亿支(20.53万箱),下降23.92%;五类烟58.97亿支(11.79万箱),增长1.40%。销售卷烟(不含出口卷烟)781.56亿支(156.31万箱),增长3%。一类烟25.45亿支(5.09万箱),增长48.11%;二类烟174.24亿支(34.85万箱),增长62.48%;三类烟424.61亿支(84.92万箱),下降4.41%;四类烟98.73亿支(19.75万箱),下降24.56%;五类烟58.52亿支(11.70万箱),下降0.56%。生产"真龙"高价位卷烟8200万支(1600箱),"真龙"高端卷烟14.86亿支(2.97万箱),"真龙"细支卷烟4500万支(900箱)。生产出口卷烟品牌"真龙"5100万支(1000箱),增长4960%;销售出口卷烟4400万支(900箱),增长4260%。实现卷烟销售收入213.34亿元,增长13.64%;实现卷烟利税165.17亿元,增长14.57%,其中利润26.49亿元,降低2.29%。公司三项费用(经营费用、管理费用、财务费用)率5.70%,降低5.63个百分点。卷烟生产万元产值综合能耗9.72千克标准煤,万支卷烟综合能耗2.70千克标煤;烟叶、滤棒、盘纸平均消耗分别为每万支6.99千克、2445支、602米。水、电平均消耗分别为每万支0.10吨、8.09千瓦时。年内,广西中烟公司自主品牌为"真龙""甲天下"两个品牌29个规格(不含出口卷烟)。生产"真龙"系列卷烟295.03亿支(59.01万箱),增长11.47%;销售"真龙"系列卷烟282.96亿支(56.59万箱),增长7.25%。其中:自治区内销售238.44亿支(47.69万箱),自治区外销售44.52亿支(8.90万箱)。生产"甲天下"系列卷烟58.50亿支(11.70万箱),销售"甲天下"系列卷烟58.05亿支(11.61万箱)。其中:自治区内销售57.47亿支(11.49万箱),自治区外销售5800万支(1200箱)。合作生产卷烟品牌有"南京""利群""大红鹰""雄狮""双喜",生产总量429.50亿支(85.90万箱)。其中"南京"10亿支(2万箱),"大红鹰"35.04亿支(7.01万箱),"利群"122.92亿支(24.58万箱),"双喜"254.50亿支(50.90万箱),"雄狮"7.04亿支(1.41万箱)。按类别分,有二类烟127.92亿支(25.58万箱)、三类烟294.54亿支(58.91万箱)、四类烟7.04亿支(1.41万箱)。广西"真龙"市场占有率进一步提高,8元以上"真龙"万箱地级市9个,新增4个,8元以上"真龙"千箱县(区)72个,新增13个,覆盖面77%,提高14个百分点。自治区外"真龙(巴马天成)"实现全国省级市场全覆盖,在全国133个地级市落地销售,"真龙(中国龙)"实现30个省114个地级市销售。实现一般性贸易出口"真龙"卷烟4400万支(80箱),实现"量""价"双突破,超额完成全年出口卷烟目标任务,增长30倍;与柬埔寨合作加工"真龙(娇子)"6000万支(1200箱)的项目获国家烟草专卖局批复。

【技术改造】 2014年,广西中烟公司累计投入技改资金5.61亿元。重点技改项目包括南宁卷烟厂"十二五"技术改造,其中制丝工房、试验线正式投产,膨胀烟丝工房完成基础施工,启动卷包工房改造;柳州卷烟厂"双喜"卷烟品牌专用生产线技术改造项目中,完成所有新增用地挂牌出让手续,动力中心完成基础施工,启动装饰装修工程,片烟醇化库完成1号、2号库主体结构封顶,污水处理站完成基础施工;公司真龙物流中心库完成项目用地购置。

【原料保障】 2014年,广西中烟公司采购自主品牌烤烟3.20万吨,其中,云南烟叶1.69万吨,占调拨总量52.66%;上等烟叶调拨量2.13万吨,占调拨总量66.68%;中部烟叶调拨量2.07万吨,占调拨总量64.80%;采购进口烟叶0.14万吨。完善烟叶精选管理流程,全面铺开原烟复烤加工前的精片选,完成精片选烟叶0.90万吨,比上年同期增加0.51万吨,增幅127.97%。新增云南保山昌宁珠街、湖南郴州桂阳欧阳海、贵州遵义正安班竹3个国家级基地单元,广西中烟公司国家级烟叶基地单元累计9个,国家级基地单元烟叶年调拨量2.12万吨,年供应率68.40%,提高20.20%。投入科研经费1430多万元,联合科研院校开展《曲靖罗平精益烟草生产关键技术研究与推广示范》等科技课题攻关。与烟叶产区在烟叶基地单元推进精益化生产,强化基本烟田建设优化、养分资源的高效利用、基地区域绿色植保整体解决方案、循环型烟叶种植体系等关键技术的田间推广示范。探索工业企业参与的烟叶合作社建设模式,全面推行专业化分级、散叶收购生产方式,持续提升基地单元烟叶质量。

【技术创新】 广西中烟工业有限责任公司技术中心是国家烟草专卖局和自治区认定的技术中心,是自治区级研发中心。2014年,有员工105人,其中博士学历8人、研究生学历23人,大专以上人员比例96%;高级职称9人,中级职称40人,烟叶分级技师6人。内设产品研究一所、产品研究二所、工艺标准与监督所、材料研究所、基础研究所、原料研究所、非燃烧卷烟研究所、综合管理科和检测中心,检测中心通过中国合格评定国家认可委员会(CNAS)认证。公司的博士后科研工作站挂靠技术中心,科研工作站有中草药研究室、纳米技术应用研究室、增香保润研究室、减害降焦研究室、生物发酵研究室。与郑州烟草研究院联合建立"真龙品牌烟草工艺联合实验室"、与复旦大学联合建立"复旦—真龙材料化学研究联合实验室"等合作创新平台。年内,开发"真龙(美人香草)""真龙(燃情时光)""真龙(真男儿)等3个新产品,完成"真龙(海韵)""真龙(鸿韵)""真龙(轩云)""真龙(祥云)"4个老产品的提质改造。开展科技项目研究59项,其中参与《滚筒干燥过程模拟软件开发与控制系统研制》1项国家科技部项目，参与《烟梗内在成分与烟气成分特征研究》等2项国家烟草专卖局重点项目，承担和参与《烟用材料中甲基异噻啉酮类杀菌剂残留量及迁移量分析研究》等15项行业标准制修订项目，组织实施《新型咖啡滤棒的研发与应用》等8个自治区级科技项目，《多孔玉米淀粉颗粒的研制及应用》等12项成果通过省部级科技成果鉴定。建立非燃烧卷烟研究所，申报电子烟类专利7项（发明专利1项、实用新型专利2项、外观专利4项），获授权2项。向国家专利局申报专利80项（发明专利41项、实用新型专利32项、外观专利7项），获国家专利局授权的专利38项，包括《一种珍珠粉复合多孔淀粉晶状颗粒的制备方法及在卷烟滤棒中的应用》等21项发明专利和《一种粘贴重复开启式封签的软盒卷烟包装盒》等17项实用新型专利；发表科技论文35篇，其中SCI（《科学引文索引》）收录4篇。修订《卷烟产品质量检验标准》，通过制定产品质量（质量安全）监督计划、建立完善产品质量安全档案、实施"交收检验、监督检验、重点监控"三级检验模式，加强对烟用材料、烟用添加剂、卷烟产品的监控；通过中国合格评定国家认可委员（CNAS）对实验室的扩项评审，持续提升实验室的检测能力，认可能力扩展到"卷烟、烟用香精香料、烟草及烟草制品、醋酸纤维滤棒、烟用接装纸、烟用内衬纸、烟用包装材料"7大类产品48个参数能力。卷烟成品一级、二级站监督抽检合格率100%。

【多元化经营】 2014年，广西中烟公司制定《广西中烟工业有限责任公司关于加快推进多元化企业法人治理结构建设的通知》，加快推进公司全资、控股多元化企业建立健全发展战略、重大投融资、预算编制、财务审计、风险评估、经理班子考核奖惩等各类管理与监督的现代企业管理制度的进程。将广西中烟所属6家子公司的股权划转到广西天成投资管理有限责任公司。广西中烟下属全资子公司有广西天成投资管理有限责任公司、广西真龙物流有限责任公司2家公司；控股公司包括广西真龙彩印包装有限公司、广西真龙实业有限责任公司、广西甲天下水松纸有限公司、北海永丰房地产有限公司、广西真龙空港包装有限责任公司、广西真龙天成物业管理有限责任公司、北海真龙国际大酒店有限责任公司、广西真龙天瑞彩印包装有限公司、柳州真龙天成物业服务有限责任公司9家公司，形成"广西中烟—天成投资—多元化企业"的资本纽带。至年末，多元化企业实现销售收入14.99亿元，实现利税总额3.82亿元（利润2.97亿元）。

【企业管理】 2014年，广西中烟公司完善《公司管理大纲》，结合搭建卓越绩效管理平台，组织制定《管理手册》。7月，获国家工业和信息化部"工业企业质量标杆"奖励。借助信息化手段，建立包含目标测量、有效分析、持续改进和创新的组织绩效目标管控体系，推动公司战略绩效提升。完成对标课题32个，其中一级对标指标有17个，比上年同期增长56%；完成精益改善课题19项，绿带人员增加至63人，黑带人员增加至83人；实施六西格玛改进项目27项；按五阶六维评价标准，南宁卷烟厂、柳州卷烟厂分别获三阶、二阶认定。完成直径5.4毫米×97毫米细长支卷烟和"大巴马"设备改造任务，升级改造"真龙（前程似锦）"八角形异型包装设备1组；开发出行业内第一条硬纸板条盒条玻全自动化包装生产线。9月，试运行能源管理体系，初步在能源采购、消费、监测、评价、控制等环节建立适合企业自身的能源管理体系，年内万支卷烟综合能耗每万支减少0.13千克标煤，下降4.72%。全程参与和监督"物资　工程　服务"项目招标立项、招标文件等工作，重点参加较大宣传促销项目的立项评审、项目的商务谈判和价格谈判的活动；全面跟踪、监督采购全过程；全年审核招标文件179份，保障生产经营活动符合法律法规的要求。

【信息化建设】 2014年，广西中烟公司全面开展企业综合集成、电子商务、移动办公、精准营销、大数据等课题的探索实践；完成行业数据中心建设、总公司视频会议系统建设、行业设备管理信息系统、工业数字仓储模块与企业现有物流仓储相关系统的数据对接；完成二维码营销数据库之大数据平台软件开发项目、精准营销管理服务平台项目、物流电子商务平台项目；加强网络和信息安全工作，针对广西中烟公司三级以上重要系统应用系统的主机安全情况，重点从网络、主机、应用、数据及备份恢复四个方面对行业卷烟生产经营决策管理系统等5个信息系统存在的安全问题进行分析、梳理、整改，有效保证重要应用系统的主机安全。年内，取得软件著作权登记证书12项，专利授权3个。

【人力资源管理】 2014年，广西中烟公司研究调整公司员工离岗退养政策。7月，出台《员工离岗及退养实施办法》，建立健全员工正常退出机制。制定覆盖各类人员的年度培训计划，加强员工的教育培训。加强特殊关键工序人员培训及持证上岗管理，确保持证上岗率100%。全年举办公司级培训班150多期，培训员工1万余人次，选送员工参加行业内、外举办的培训1100余人次；南宁、柳州两个卷烟厂分别组织开展车间级员工培训超3.80万人次。选送1名厅级干部、5名处级干部参加国家烟草专卖局党校2014年春秋两季进修班学习。选送28名管理骨干和技术骨干参加行业在职研究生学位教育；1名硕士攻读博士学位。2人通过国家烟草专卖局2013年高级专业技师资格评审，获高级专业技术资格；认定初级专业技术资格33人，中级专业

3月9日，广西中烟工业有限责任公司自主核心技术《多孔玉米淀粉颗粒的研制及应用》项目通过广西工业和信息化委员会鉴定验收，达到国内领先水平。图为科研人员正在观察玉米淀粉颗粒　　钟　颖　摄

技术资格22人;获中级专业技术资格20人;聘任中级专业技术职务42人。

【广西中烟工业有限责任公司南宁卷烟厂】 2014年,南宁卷烟厂有从业人员1212人(在岗员工960人、其他从业人员252人)。生产的卷烟品牌有"真龙""甲天下"。生产卷烟392.26亿支(78.45万箱),比上年同期增长2%。其中:一类烟25亿支(5万箱)、二类烟160.25亿支(32.05万箱)、三类烟128.36亿支(25.67万箱)、四类烟74.90亿支(14.98万箱)、五类烟3.75亿支(7490箱)。万支卷烟生产综合能耗2.03千克标准煤,万支卷烟平均消耗烟叶6.91千克、滤棒2518.18支、盘纸596.33米。 (周丽霞)

供电业

【概况】 南宁供电局是中国南方电网公司直辖、广西电网公司所属特大型供电企业,担负南宁市六县六城区和百色市平果县的电网运行及电力供应。2014年,设职能部室15个、专业管理所(中心)9个、供电分局5个,用工2193人;有县级供电企业8个,用工4082人。用电总户数86.19万户。有500千伏变电站1座、220千伏变电站17座、110千伏变电站58座、35千伏变电站8座。35千伏以上输电线路4104.32千米(其中:500千伏线路3条253.83千米;220千伏线路70条2185.15千米;110千伏线路96条1458.19千米;35千伏线路18条,207.15千米),配电线路5329.51千米,输电变压器容量1124.86万千伏安,城市综合电压合格率99.90%,城市供电可靠率99.98%。完成售电量172.60亿千瓦时,综合线损率4.16%。客户年平均停电时间每户3.83小时,比上年同期下降50.79%,第三方满意度79分。电能计量中心通过CNAS国家实验室评审,为自治区首家通过CNAS国家实验室的供电企业。

【电网规划】 2014年,南宁供电局完成《南宁市"十三五"配电网规划》初稿的编制,规划期间,南宁市110千伏及以下配电网总投资32.12亿元。至2020年南宁市全社会用电量、最大负荷分别为252亿千瓦时、491万千瓦,电量、负荷年均分别增长7.10%、7.50%。"十三五"期间,新增110千伏变电容量172万千伏安;至2020年有110千伏变电站86座,总容量692.55万千伏安。开展《南宁市六城区客户接入方案规划专题研究》,重点解决基建、新居配、客户等多种投资渠道的电力项目各自为政,间隔、管线等资源管理难以统筹、利用率不高等问题,其中六城区25回新居配项目专线工程融合到配网规划方案中,减省25个10千伏出线间隔、25回基建线路工程、1.20亿元基建投资,提高资源综合利用效益。完成《广西龙象谷智能配电网示范规划专题研究》,在更好适应园区高端定位要求的同时,明确智能配电网的关键问题和技术解决方案。在《南宁市"十三五"配电网规划专题研究》的框架下,开展县城网与农网的规划研究,2016年至2020年规划建设35千伏电网项目57个,总投资3.40亿元;10千伏及以下电网项目2174个,总投资6.10亿元。其中:城网投资3.10亿元,农网投资6.40亿元。

【电网建设】 2014年,南宁供电局完成5个批次的城市配网项目批复145个,总投资2.80亿元。完成核准140个,总投资2.70亿元。完成35千伏及以下县城网、农网项目1416个,总投资10.80亿元。其中,35千伏及以下县城网项目批复245个,总投资2.90亿元;35千伏及以下农网项目可研批复1171个,总投资7.90亿元。完成《南宁市六城区新居配电网专题研究》,统筹优化减省投资1.20亿元。建成3年综合项目库,整合"重复性"项目128个,节约资金3.03亿元。抓好10千伏台架变、电缆井、电缆排管标准建设,解决良庆—体育线路等长期受阻项目29个。

【供电保障与服务】 2014年,南宁供电局发布《南宁供电局重要保供电场所供电安全风险评估库建立工作方案》,完成荔园山庄、广西体育中心、南宁国际会展中心、自治区人大会堂供电安全风险评估。梳理保供电重要设备清单,涉及重要保供电变电站24个、保供电输电线路21回、保供电配电线路45回。"两会一节一赛"保供电累计出动工作人员3793人次,车辆964辆次,应急电源设备包括发电车、发电机、UPS(不间断电源)39台次,完成重大保供电任务123项,保供电工作完成率100%。拓展缴费渠道,完善便捷缴费方式,开通"广西电网95598微信"、支付宝、自助缴费终端银联刷卡缴费3种电费支付方式,满足客户个性化的缴费需求;非现金缴费率从1月的86.42%提高至12月的97.25%。推动各级客户全方位服务管理委员会规范运作,开展业扩报装、电能质量、客户用电安全专项治理,通过应急指挥、抢修复电、信息传递、宣传舆情处置等多方快速联动,解决好群众最关心、反映最强烈的供电服务问题。抗击超强台风"威马逊",通过事前线路改造、运行方式调整、转供电、有序用电等协同手段,在220千伏定忠站定检、110千伏林永狮茅工程中,实现电网主设备长时间停电期间没有一户居民用户停电,成为典范。第三方客户满意度78分,在广西电网、西部省会城市均排名第二。

【用电管理】 2014年,南宁供电局提高预测准确率,电力平均预测准确率95.99%,95%以上预测准确率10次,98%以上预测准确率2次。制定《新居配工程管理实施细则》《新居配工程管理考核评价实施细则》等制度,将政策范围扩宽至县级供电公司。年内,受理新居配项目报装136个,比上年同期增加21%;收取273个项目建设维护费9.15亿元,增加

10月30日,工作人员乘坐绝缘斗臂车在南宁市沙井智兴路10千伏富宁924线路26号杆处进行带电作业,是南宁电网也是广西电网首次开展10千伏旁路带电作业
肖劲辉 摄

26%;新开工项目88个,增加7%;新投运项目62个,增加29%。新增客户3.58万户,增加25.70%,增加容量36.65万千伏安,增加17.08%,累计用电总户数251.91万户,累计客户设备容量2663.52万千伏安。围绕电力需求侧管理“两个千分之三”的考核目标,细化节能改造方案。完成电力需求侧节约电量5072.40万千瓦时,其中客户侧节能2052.40万千瓦时。开展节能诊断户数35户,5家企业与电网企业下属节能公式签订节能改造合同,出具节能诊断报告35份、节能告知书235份;开展节能培训交流2期,培训71人;节能宣传27次,组织参观电力科普展10次,发放节能宣传手册8985份。开通95598服务热线、营业厅窗口等绿色通道受理分布式发电业务。对具备安装光伏发电项目改造的企业进行重点跟踪推进,与广西—东盟经济技术开发区签订30兆瓦的分布式光伏发电项目,年发电量可达到2723万千瓦时。可靠性管理年内用户平均停电时间完成每户3.50小时,下降28.81小时。输变电设施停电损失时户数下降94.30%;发布重大停电管理业务指导书,明确各单位职责申请及审批流程;执行《广西电网综合停电管理实施细则》,严格落实计划停电申请、审批相关规定,强化《配网倒闸操作、停电作业时间管控实施细则》执行,实现用户平均预安排停电时间每次1.41小时下降至每户15.76小时;制定《南宁供电局2014年配网运行指标分解及控制方案》;清理树障隐患6397处、树木53.79万棵,配电线路树木障碍物引起的故障次数下降50.50%;中压线路故障率每百·千米·年2.17次,下降5.93次;推行带电作业,实现县级供电企业带电作业全覆盖,累计开展各类带电作业1958次,增长214%,减少停电9.27万时户数,缩短用户平均停电时间每户2.48小时,提升综合供电可靠率0.03个百分点。

【电费电价管理】 2014年,南宁供电局执行国家法规和有关电价政策要求,对分管辖区内各类客户电价执行情况进行严格审核和监督,电价政策公开透明、用电性质分类界定清晰,收费程序合理合法。年内,按自治区物价局出台的电价文件执行用电收费。主要有:《广西壮族自治区物价局关于运用价格手段促进水泥行业产业结构调整有关事项的通知》;7月1日起,对《产业结构调整指导目录(2011年)(修正)》明确淘汰的利用水泥立窑、干法中空窑、立波尔窑、湿法窑生产熟料的企业,其用电价格在自治区现行目录销售电价基础上每千瓦时加价0.40元;《广西壮族自治区物价局关于2014年7~12月部分市暂时恢复执行丰枯水期季节性电价的通知》,7月1日至12月31日,南宁、柳州、桂林等9个市范围内由自治区主电网供电的受电变压器总容量在315千伏安及以上的大工业用电(不包括化肥、蔗糖、农药、农膜生产、污水生活垃圾处理企业生产用电及发电企业在启动调试阶段用电)暂时恢复执行丰枯水期季节性电价;《广西壮族自治区物价局关于我区淘汰类水泥企业生产用电的通知》,7月1日起,对自治区淘汰类立窑水泥熟料生产线(企业)用电执行差别电价,即其用电价格在自治区现行目录销售电价基础上每千瓦时加价0.40元;《广西壮族自治区物价局财政厅关于征收电力价格调节基金的通知》,7月1日起,征收标准由每兆瓦时0.0189元降至每兆瓦时0.01元;《广西壮族自治区物价局关于进一步梳导环保电价矛盾的通知》,9月1日起,调整燃煤发电企业上网电价,自治区燃煤发电企业上网电价每千瓦时降低0.0098元。

【营销稽查】 2014年,南宁供电局完成95户重要客户“一户一册”修编、评审,确保重要客户“一户一册”建档率100%,信息准确率90%以上,并进行风险评估,根据评估结果建立差异化管理。做好客户客户端用电检查,指导客户做好用电安全,减少客户端设备故障出门,年内客户端设备故障出门累计114次,比上年减少60.14%。发布《南宁供电局2014年营业普查工作方案》,部署年度营业普查,采取稽查中心相关人员挂点等多种形式,指导、督促各单位按照时间节要求,保质保量地完成年度普查指标。核查问题及查处违约、窃电7704宗,追补电量2819.63万千瓦时,追补电费及违约使用金2098.49万元。

【安全生产】 2014年,南宁供电局开展设备状态检修试点研究,确定凤岭、吴圩、西龙等9个变电站作为状态检修试点,对设备缺陷情况、定检预试情况、设备运行情况、事故事件、变电站现有的监控系统建设及运行情况等方面进行数据统计分析,完成《35kV~110kV变压器状态检修可行性分析报告》等8类设备的状态检修可行性分析报告的编制,制定《南宁供电局变电一次设备状态检修工作方案》《南宁供电局设备状态检修管理办法》。完成《变电一次设备状态检修试验规程》等10个状态检修策略导则;研究运行维护策略应重点研究设备的巡视周期和检查项目、维护项目、巡维周期和类别、数据有效时间等,调整正常状态设备运维周期和巡视表单。开展电网设备危害辨识、风险评估与风险管控,结合设备状态评价、电网风险评估结果和公司有关设备风险的文件要求,开展辨识关键设备清单,评估出输电关键线路35条,针对关键设备的风险管控等级,制定统一的运维管控策略并落实到月度计划中,在生产MIS(管理信息系统)实现设备风险管控闭环工作。发现并处理110千伏青柳津线053号耐张跳线引流板接头发热等重大缺陷,减少设备和电网事故事件。开展就地式馈线自动化试验。局带电作业中心成功完成10千伏富宁924线路26号杆加装1台智能开关旁路带电作业。年内,建设完成229回配电自动化线路,核对电网自动化线路209回,累计实现局本部配网自动化线路覆盖率30%。

【科技创新】 2014年,南宁供电局完成本部及所属县级企业管理手册本地化修编,实现生产两册应用在生产领域的全覆盖,累计修编生产分册流程142份、安监分册57份、系统运行分册85份。完成《广西电网公司安全生产一体化管理手册应用评估标准》等4项标准编制并通过广西电网公司验收。梳理出生产领域核心业务流程43个(生产18个、安监专业12个、系统运行专业13个),试点将考核评估标准融入核心管理流程。营配信息集成建设实现系统数据的共享互通,提高客户服务质量与效率;宾阳供电公司供电所“3+1”(计划、表单、信息系统+一本手册)管理模式、横县可靠性试点管理成果在自治区推广。周毅波劳模工作室创新成果获中国南方电网公司科技成果一等奖和“最具推广价值奖”。 (苏维富)

二轻集体工业

【概　况】 2014年,南宁市二轻集体工业联社管理的集体所有制工业企业有南宁市手表厂、南宁市制鞋厂2家,成员单位23个,改制后组织关系转入属地城区党委管理的集体企业26家。全市纳入二轻行业统计的企业完成工业总产值1.71亿元,营业总收入1.50亿元,与上年基本持平。

【企业改革改制】 2014年,市二轻联社继续帮助直属集体企业南宁市制鞋厂推进改制。年内,多次召集南宁市西乡塘区征地拆迁办、北际路片区土地熟化人商讨解决市制鞋厂安置办法和原市制鞋厂与中兴恒联公司拟兼并产生的遗留问题,起草《关于南宁市制鞋厂房屋征收、职工安置情况及建议》《北际路二轻构件片区二期片区旧城改建项目南宁市制鞋厂处置方案》,被南宁市城建部门、城区拆迁部门的采纳,并完成房屋征收补偿费结算、职工安置费测算,危住房户回迁方案正在实施。

【南宁市手表厂生产经营】 2014年,南宁市手表厂以市场为导向组织生产,调整产品结构,合理安排产量,保质保量供应给客户;建立客户联系网,加强与客户沟通交流,掌握市场信息,将机芯平均售价每只提高10元,手表销售盈利增大,增加企业经济收入。加快新品试制,研发试制有薄型表、7003表、7004表,并于2月对以上3个新产品做样机鉴定:薄型表、7003表为技术储备机型,7004表大批量投产;完成7006表整套图纸设计;6802表作为另一个基础机芯,进行全面试制,对相关零件遇到的问题开展研究攻关,为重新生产和试装样机提供质量保障。并根据各车间的实际情况,在原单价基础上分别两次按5%比例调整提升单价给予车间二次分配,对手工含量高、难度大、工序单价偏低的岗位给予重点倾斜,重质选优,鼓励多劳多得,形成真正以贡献进行分配的激励机制。完成工业总产值5662万元,比上年同期增长4.43%;销售收入6141.59万元,增长14.86%;实现利润1913.89万元,增长27.17%。4月,市手表厂获南宁市总工会、南宁市安全生产监督管理局授予2013年度南宁市“安康杯”竞赛优胜单位称号;5月,市手表厂工会获南宁市总工会授予2013年度市属基层工会重点工作目标考核特等奖。

【工艺美术行业管理】 2014年,市二轻联社围绕“建队伍、筑平台、抓人才、出精品”的思路开展全市工艺美术管理服务。通过加强指导和各种服务手段,引导工艺美术企业向品牌化、规模化、产业化发展,确立重点服务企业40家。10月24日,召开南宁市工艺美术协会筹备成立暨第一届会员代表大会。12月,成立南宁市工艺美术协会,有会员单位28个、个人会员28名。年内,指导组建以工艺美术大师、高级工艺美术师挂帅的精品工程创作小组,鼓励大师带徒传艺,对创作成果实行以奖代补的奖励机制;抓好工艺美术职称系列评审和自治区工艺美术大师申报初审推荐,18人获初、中级职称资格,6人通过自治区工艺美术大师评定,打破2008年以来南宁市未评出省级工艺美术大师的局面;市二轻联社与南宁职业技术学院合作设立南宁市工艺美术职称评审秘书处,尝试人才培养、职称管理服务、继续教育、专业技术职称资格评审,筹备南宁市工艺美术大师评审;市二轻联社利用机关活动室改造成南宁市工艺美术精品厅,举办首届“南宁市工艺美术精品展”,展品荟萃南宁市红陶、壮锦、根雕、刀具、桂作家具、民俗手工艺品等13个类别的工艺品。先后组织30多家企业的工艺美术作品参加全国工艺品交易会、广西工艺美术作品展览,分别获国家级“金凤凰奖”1金2银1铜;34件作品入选“2014广西工艺美术作品展览”,获广西“八桂天工奖”10金8银16铜,优秀奖7件,自治区排名第二。与南宁市旅游发展委员会联合主办“2014年南宁礼物”旅游商品大赛,组织发动17家企业的工艺美术作品参赛,传统手工艺宾阳大锣毛笔获大赛金奖。 (张夏芸)

10月24日,南宁工艺美术精品展厅建成,并举办首届南宁工艺美术精品展。图为南宁市工艺美术协会成员参观　　市二轻联社提供

饲料工业

【概　况】 2014年,南宁市饲料工业在经历国家政策法规逐步完善、饲料生产门槛提高、养殖结构调整、大宗原料价格波动等大环境变化后,企业家数从2013年186家减少至100家,获证生产企业共获生产许可证115张(其中获双证企业14家、获三证企业1家)。其中:配合饲料、浓缩饲料、单一饲料生产许可证63张,添加剂预混合饲料生产许可证35张,饲料添加剂生产许可证17张。年产饲料502.65万吨,比上年增长5.20%,占自治区一半以上。实现工业产值174亿元,在南宁市工业门类排名前列。饲料生产企业年产值亿元以上33家,从业人员超1.20万人,各项指标均占自治区一半以上。饲料加工产业整体水平全面提升,逐渐形成包括饲料原料、饲料加工、饲料机械、饲料添加剂以及饲料支持服务体系在内的门类比较齐全、功能比较完备的产业体系,成为南宁市农业农村经济的支柱产业及国民经济的重要基础产业。

【饲料安全监管】 2014年,南宁市开展饲料质量安全整治,保证养殖投入品的安全。结合饲料企业免税抽检和型式检验,加大饲料和饲料添加剂质量安全监测抽检范围和频次,确保抽样监测全覆盖。加强对饲料生产、经营和使用各环节的日常监管,结合生产企业年度备案,开展现场监督执法检查。开展“瘦肉精”等违禁物质专项整治,打击饲料生产和养殖环节中添加三聚氰胺、瘦肉精、苏丹红等违禁物质的违法行为,坚决查处无生产许可证、无产品批准文号、无产品标签的“三无”饲料企业和产品。年内,抽检饲料原料及产品样品232批次,仅有1批次饲料样品不合格,合格率99.57%;抽检的232批次饲料标签全部合格;累计出动执法人员223人次,查处饲料生产企业违法行为9起,立案7起(2起在异地处罚),罚没金额7.98万元。 (黄　琦)

民政工业

2014年,南宁市有社会福利企业22家。安置残疾职工502人,完成税收1176.81万元。3月,南宁市民政局和南宁市国税局相关业务科一起对全市22家社会福利企业深入开展调研,帮助福利企业解决退税难的问题,并进行资格认定和年检,合格率100%。

(市民政局编写组)

责任编辑　梁　坤

农　业

综　述

【概　况】2014年10月15日，南宁市人民政府办公厅下发《南宁市人民政府办公厅关于印发南宁市农业委员会主要职责内设机构和人员编制规定的通知》，将原市农业局、原市水产畜牧兽医局、原市农业机械化管理中心（市农业机械化管理局）合并成立南宁市农业委员会，原三个单位的行政管理职责整体划入市农业委员会。新设立的市农业委员会取消农业机械鉴定产品目录审定职责、种子经营者按照种子经营许可证规定的有效区域分支机构备案审批职责；承接自治区农业厅下放的农药广告内容审查职责和自治区农业机械化管理中心（自治区农业机械化管理局）委托下放的拖拉机驾驶培训学校、培训班资格认定职责；加强农业和农村工作的统筹管理职责。机关设办公室、综合规划科、行政审批办公室(法制科)、农村经济管理科(南宁市现代特色农业示范区建设办公室)、农村改革科(统筹城乡改革发展办公室)、市场与经济信息科、农产品质量安全监管科(屠宰监管办公室)、科技教育科、粮食油料作物科、蔬菜糖料作物科、经济作物科、渔业渔政科、畜牧与饲料科、防疫检疫监督科（南宁市人民政府重大动物疫病防治指挥部办公室）、兽医医政药政科、农业机械化管理科、农机安全生产监督科、人事科18个内设机构；机关行政编制74名，机关后勤服务人员控制数7名；首任党组书记、主任为杨敏。直属二层单位有市蔬菜研究所（南宁市农业科学研究所、南宁市农产品质量安全检测中心)、市农村经济经营管理站、市农业技术推广站、市植保植检站、市土壤肥料工作站、市水果生产技术指导站、市农业信息中心、市蚕业站、市农业广播电视学校、市种子管理站、市旱作场、市农业行政综合执法支队、市动物卫生监督所、市动物疫病预防控制中心（南宁市动物产品质量安全监测中心)、市水产畜牧兽医技术推广站、市渔政渔港监督管理站、市种畜场、南宁水产良种场、市农机安全监理所、市农业机械化技术推广服务站、市农业机械化技术学校、市农业机耕队。年内，南宁市实现农林牧渔业总产值609.30亿元，比上年同期增长4.50%；第一产业增加值355.10亿元，增长4.30%；农民人均纯收入8576元，增长11.60%。粮食播种面积44.14万公顷，持平；总产量225.26万吨，增长13.55%，继续居自治区首位。蔬菜播种面积20.20万公顷，增长13.55%；总产量442.80万吨，增长14.31%。糖料蔗种植面积14.42万公顷，减少7.70%；2014/2015年榨季榨蔗量788.04万吨，比上榨季减少32.16%。水果种植面积9.40万公顷，持平；产量174万吨，增长2%；产值42.60亿元，增长16%。西(甜)瓜种植面积4.30万公顷，增长6%；产量111.50万吨，增长6.80%。桑园种植面积4.38万公顷，增长1.40%；蚕茧产量8.60万吨，增长4.20%。茉莉花、西(甜)瓜、木薯产业列自治区首位，水果、桑蚕产业列自治区第二。肉类产量65.37万吨，减少0.25%。禽蛋产量3.21万吨，增长2.93%。牛奶产量5.70万吨，持平。水产品产量24.46万吨，增长5.01%。生猪出栏530.40万头，增长1.35%。家禽出栏1.35亿羽，减少4.78%。市级以上农业产业化重点龙头企业新增21家，农民专业合作社新增403家。新型农业经营主体快速发展，家庭农场由2013年40家增至2014年266家，新增226家，增长551.20%。开展看禾选种、畜禽品种改良活动，引种试种农作物新品种196个(粮食品种126个、蔬菜新品种70个)；完成良种牛品改3.82万头，良种羊品改10.49万窝(次)。推广测土配方施肥44.63万公顷，中低产田改良5.54万公顷，节水技术13.71万公顷，农作物间套种9.21万公顷，病虫综合防治面积174.73万公顷次，实施绿色防控示范面积1.05万公顷，统防统治面积2.48万公顷次，防治覆盖率96.60%，总体防效92.50%。全市免疫生猪口蹄疫402.93万头、牛口蹄疫68.10万头、羊口蹄疫14.73万只，免疫家禽禽流感6563.16万羽，免疫生猪猪瘟404.08万头、生猪猪蓝耳病368.70万头，免疫羊反刍兽疫12.02万头，免疫家禽鸡新城疫5337.30万羽，应免动物免疫密度100%。实施水稻生产全程机械化、水稻庭院式小棚育秧试验、水稻育插秧机械化、甘蔗生产全程机械化等农机应用推广项目，提升农机应用水平。全市农机总动力增至464.08万千瓦，投入农业生产拖拉机36.22万台，农业耕种收综合机械化水平增至46.60%，机耕面积77.07万公顷，机种面积1.20万公顷，机收面积26.10万公顷。调整优化水果种植结构，构建做强香蕉产业为中心，突出抓好火龙果、杂交柑橘两个产业为板块的“一中心两板块”优势特色水果产业布局；抓好经济作物良种良法推广应用，加快茂谷柑、沃柑等杂交柑橘和自花授粉火龙果、夏黑葡萄、福建三红蜜柚、台湾大青枣等名优水果的推广；大面积推广应用桂桑优62号、12号和桑特优2号等，两广二号、桂蚕二号、桂蚕N2等桑树、桑蚕优良品种。推广测土配方施肥、节水灌溉、控梢促花、保花保果、疏花疏果、产期调节、果实套袋、无伤采收、采后处理、预冷保鲜、省力化养蚕、小蚕共育、方格蔟营茧、桑枝栽培食用菌、蚕沙无害化处理、病虫害综合防控等省力、提质、节本增效综合技术，不断提高产品产量、质量和生产效益；大力推广水果、木薯、甘蔗等高秆作物间套种蔬菜、大豆、花生、马铃薯、西甜瓜、中药材等矮秆作物技术；抓好香蕉枯萎病防控、柑橘黄龙病防控等重大病虫害防控，确保水果业健康发展。补贴良种41.46万公顷，补贴资金8461.33万元。15个县(区、开发区)发放农机补贴指标确认书1.42万份，受益农户1.36万户，使用补贴资金5622.68万元，完成年度任务127.71%，补贴农民购置农机具1.59万台，拉动农民投入1.43亿元。推进农业污染源污染减排，抓好农业畜禽养殖污染减排，完成规模畜禽养殖场养殖减排158家，完成年度任务。全市累计下拨中央、自治区、市级财政资金1.09亿元，建设优质高产高糖糖料蔗示范基地47个，面积2680公顷，涉及6个县(区)、26个乡镇，其中核心示范片12个，面积334公顷，全面完成基地种植任务。投入3533.54万元，建设蔬菜基地13个、面积349.33公顷，涉及11个县(区)、开发区，其中武鸣县通过验收，其余各基地建设基本完成。

（梁克非　黄永贵）

【优势特色畜禽养殖】 2014年，南宁市稳定生猪、家禽产业，发挥南宁市畜禽养殖龙头优势，打造生猪、家禽业的新增长点，加大品种培育保种工程，依托龙头公司，增强品牌影响力。生猪业重点建设广西一遍天原种场，培育“永新”“柯新源”“桂宁”3个国家级种猪品牌，支持“普乐福”“赛嘉”“尚峰”等一批“父母代”种猪场建设；家禽业重点培育建设广西地方鸡基因库保种场、广西麻鸡核心保种育种场，培育做强良凤花鸡、金陵黄鸡、金陵麻鸡3个配套系。推进良种工程，引进优良种畜，提高繁殖能力，提高科技转化生产水平和养殖效益，增加农民收入。年内，完成牛杂交配种4.76万头、羊杂交配种12.60万窝(次)，引进优质种公羊99只。发展草食动物特色养殖，突出扶持发展肉牛、山羊等节粮型草食动物养殖，重点抓好肉牛育种基地建设，建立肉牛羊示范场、肉牛品改点，培育“水奶牛”“黑山羊”地方特色品牌，支持“雄牛奶水牛”“泰泽肉牛”“隆泉山羊”等品牌品种基地建设，肉牛、羊养殖逐渐形成南宁市特色畜禽养殖业。 (黄 琦)

【示范村建设】 2014年，南宁市整合资源、聚焦重点、集中力量、因地制宜，打造12个辐射带动作用强的综合示范村，推进新村建设、旧村改造，并实行县(区)长负责制。安排农民住宅新建及改造、公共服务设施、村容村貌改造、村庄基础设施、产业发展等建设项目359个(村庄建设项目267个、产业发展项目64个、其他项目28个)，惠及12个自然村的农民1304户5556人，计划总投资9.35亿元，引进企业资金2.24亿元，群众自筹1.21亿元。新增土地流转713.33公顷，引进规模企业20家，连片规模产业化经营面积3446.67公顷。当地农民人均收入平均比上年增长24.69%。

村庄建设 安排示范村村庄建设项目267个。完成农民住房新建改扩建708户17.38万平方米，农村房屋外立面改造1123户；新扩建通村(屯)路38.11千米，屯内道路硬化35.10千米，新建改建路灯1198盏；新改扩建村级公共服务综合楼12座，建筑面积7366平方米(含党员培训中心、会议室、展示厅、综合服务站、图书室、计生服务室等)；新扩建供水设施12座，供水管道38.46千米，新扩建污水处理设施14座，日处理污水量1120吨；新改扩建村民公共活动广场、篮球场等12处5.45万平方米；新建改建一批戏台、休闲长廊、健身设施、公共厕所、安全监控、农贸市场等公共服务设施。建成“蕉王飘香定典屯”“山容水意那蒙坡”“美丽南方忠良屯”“水车之乡小都白”“岭南风貌仁和村”“水竹相映水丽村”“南国花乡那安坡”“锦绣壮乡伏唐屯”等12个功能完备、风格各异、特色鲜明、宜居宜游、乡土气息浓郁的精品村落，成为南宁市乡村建设、都市旅游、传承文化的新名片。

产业发展 安排产业发展项目64个。新增土地流转713.33公顷，引进规模企业20家，连片规模产业化经营面积3446.67公顷，其中金穗集团香蕉基地2400公顷、金富田公司生态农业园343.73公顷、云里湖公司现代农业产业基地200公顷、振企公司火龙果基地156.67公顷、桂洁公司柑基地果苗种植59.33公顷。成立农民专业合作社16家，开展蔬菜水果大棚设施种植、种桑养蚕、花卉苗木经营、特种养殖等项目经营，吸引1174名农民加入。各县(区)扶持建设“农家乐”27家、游客服务中心9个，以及一批农耕民俗文化展示馆、景观休闲亭廊、观景台、游步骑行道、音乐喷泉、拱桥曲桥等旅游休闲设施，拓展村庄功能，实现“产村互动、农旅融合”。

农村产权制度改革 在示范村率先试点开展农村集体土地所有权、集体建设用地使用权、住宅房屋所有权、宅基地使用权、土地承包经营权、小型水利工程产权等农村“六权”的确权登记颁证，推动土地流转，实现规模化、集约化经营。完成土地承包经营权确权登记546.20公顷，颁证1099宗，达到“应确尽确”的标准；集体土地所有权确权登记6553.33公顷，颁证33宗；集体建设用地使用权10公顷，颁证16宗；住宅房屋所有权确权登记9.68万平方米，颁证340宗；宅基地使用权确权登记8.44万平方米，颁证906宗；农村小型水利工程产权确权完成23宗。

民主管理 各示范村建立“一组两会”(党小组、户主会、理事会)协商自治机构。召开村民会议335次，参会1.49万人次，制定“村规民约”12个，设立村务公开和乡风文明宣传栏91处。 (马 战)

2014年，西乡塘区美丽南方休闲农业示范区忠良屯新面貌 杜 勇提供

【示范区建设】 2014年，南宁市创建14个现代特色农业(核心)示范区工作全部完成，形成各具风格的特色生态产业。累计投入资金16.20亿元(含综合示范村)。其中：市财政安排专项扶持资金1.78亿元；整合其他财政资金(包括农业产业扶持项目资金、农田水利建设资金、农村饮水解困工程资金、土地平整项目资金、农业综合开发项目资金)2.22亿元；县(区)、开发区财政安排配套资金3.50亿元；龙头企业、社会其他投入8.70亿元。重点发展名特优瓜果、蔬菜、花卉、中草药、水产养殖等项目建设，实施建设项目96个(种养项目63个、深加工项目6个、基础设施项目27个)。形成隆安县金穗香蕉产业(核心)示范区与定典屯、西乡塘区美丽南方休闲农业(核心)示范区与忠良屯、良庆区坛板特色农业(核心)示范区与坛板坡等一批“以产带村、产村互动”发展的新典型。马山县乔老河休闲农业(核心)示范区、上林县云里湖休闲农业(核心)示范区、邕宁区新江镇那蒙坡等示范区和村屯变成宜居、宜业、宜游的休闲旅游胜地。有39家“产加销”一体化规模企业和31家农民专业合作社入驻南宁市各个示范区，其中入驻西乡塘区“美丽南方”、良庆区“坛板”、横县“茉莉花”、广西—东盟经济技术开发区“宁武都市”、青秀区“现代生态”等5个现代特色农业(核心)示范区的农业龙头企业分别达到4家以上。

2014年，横县茉莉花产业（核心）示范区花茶加工现场　　杜　勇提供

"红振企"牌火龙果、"绿水江"和"甜弯弯"牌香蕉、"金花"牌茉莉花茶、"农乐"牌大米等优质品牌农产品进入示范区发展，辐射、带动农村区域特色农业发展。14个现代特色农业（核心）示范区核心区、拓展区、辐射区的总面积分别为5586.67公顷、7600公顷、1.47万公顷。把14个示范区内的村屯纳入2014年土地承包经营权确权颁证"整镇推进"试点范围，促进土地向适度规模化、集约化农业方向流转，示范区的核心区土地流转面积4593.33公顷。示范区累计引进农产品新品种186个，采用先进技术89项，引入硕士以上高级技术人才82人，主导农产品的质量安全关键技术到位率、病虫害统防统治覆盖率均100%。香蕉、火龙果、柑橘、葡萄等名特优水果水肥一体化率100%，铁皮石斛工厂化栽培率100%，农业耕种收的综合机械化水平66%。示范区所在村屯农民工每月平均工资收入1800元，武鸣县"富安居"、隆安县"金穗"、西乡塘区"美丽南方"、良庆区"坛板"、兴宁区"十里花卉长廊"、横县"茉莉花"等6个现代特色农业（核心）示范区的农民工月工资2250元，全市示范区村屯农民年人均收入11841元，核心区农民人均收入比拓展区、辐射区、县（区）分别高出10%、15%、20%。　　（杜　勇）

【农村土地承包经营权确权登记颁证】 2014年，南宁市加快推进农村土地承包经营权确权登记颁证，解决农村土地面积不准、四至不清、产权不明、权属不实问题，为盘活农村资源资产奠定基础。2013年11月至2014年7月，全市完成"整村试点、整镇试点、全面推进"3个阶段中的"整村试点"工作，推进农村产权制度改革，完成确权登记面积626.20公顷，涉及2个城区和1个开发区的3个自然村屯、1146户农户。青秀区、江南区、西乡塘区、邕宁区分别自行组织开展试点，完成确权面积444.81公顷，涉及农户739户。5月，启动"整镇推进"试点，预计2015年3月基本完成，需确权面积4.90万公顷，涉及14个县（区）、开发区、26个乡镇（街道）、204个行政村、4355个村民小组；至年末，完成土地测绘1.30万公顷，确认面积5926.67公顷，颁证1.01万户。　　（梁克非）

【农村土地承包经营权服务体系建设】 2014年，南宁市新建县级农村土地承包经营权流转纠纷调解仲裁委员会4个、村级农村土地承包经营权流转服务站12个。全市有1个市级、12个县（区）级、56个乡镇级、60个村级农村土地承包经营权流转服务中心（站）或信息平台，12个县（区）全部成立农村土地承包经营权流转纠纷调解仲裁委员会。　　（李富益）

【"清洁田园"专项活动】 2014年，南宁市继续推进"清洁田园"活动，选择部分生产垃圾产生量较大、设施基础好、群众觉悟高的地方，开展"清洁田园"示范点建设，推广清洁农业技术，改善农业生产环境。全市建设"清洁田园"示范点219个，面积4160公顷，其中自治区级示范基地39个、市级示范基地58个、县级示范点152个，清洁生产技术推广率97.89%。以铁路沿线环境综合整治为突破口，开展田间废弃物清理，组建工作队1147个，投入资金1467.60万元，进村47.16万人次，发动群众165.36万人次，清捡田园面积39.08万公顷，回收农药瓶150.79万个，清捡废弃物635.23吨。普及农业清洁生产技术，发放资料439.63万份，培训农民98.95万人次，推广应用清洁技术面积59.39万公顷次，其中绿色防控面积1.05万公顷次、测土配方施肥44.63万公顷、节水技术13.71万公顷。构建"清洁田园"长效管理机制，引导村屯组建保洁队伍，全市村屯保洁员增至1.80万人，制定"村规民约"1.22万个。推进清洁养殖和生态养殖，指导村屯畜禽圈养和畜禽粪污集中处理，建设人畜分离养殖集中小区9个；建设粪污资源循环利用处理设施，建设沼气池1.52万立方米、化粪池2.18万立方米；拆除养殖场120个，拆除面积9.15万平方米。　　（梁克非）

【优质高产高糖糖料蔗基地建设】 2014年，南宁市在武鸣县、横县、宾阳县、上林县、隆安县、江南区等6个糖料蔗基地项目县（区）开展优质高产高糖糖料蔗基地试点示范建设，有基地47个，面积2685.60公顷。其中：武鸣县有基地20个、1029公顷，横县6个、333.33公顷，宾阳县8个、522公顷，上林县1个、100公顷，隆安县9个、500公顷，江南区3个、201.27公顷；制糖企业经营的基地15个，制糖企业与农户合作经营的3个，农业企业经营的11个，专业合作社经营的7个，种植大户经营的11个。建立核心示范区12个，面积334公顷。在基地新植蔗深耕深松机械化面积1400公顷，完成率100%；机械种植面积980公顷，完成率70%；机械化中耕培土面积2066.67公顷，完成率77.30%。经专家、技术人员测产验收，基地良种覆盖率98%，平均蔗糖分14.22%，平均公顷产量105.90吨。　　（李锦伟）

【农业综合执法】 2014年，南宁市出动农业行政执法人员8052人次，整顿市场3673个次，检查生产经营企业3414家次，发放宣传资料16万份，捣毁肥料制假窝点2个，立案查处违法案件27起，结案23起，查获违规高毒农药1086千克、假肥料3.50吨、假种子2.30吨。其中，市本级立案查处农资违法案件17起。　　（梁克非）

【种子监管与种子工程】 2014年，南宁市开展农作物种子监管执法活动23次，出动执法人员176人次，出动执法车36辆次，检查种子经营户162户，整顿违法种子经营户21户。立案查处种子违法案件10起，涉案种子2153千克，货值2.90万元，没收违法所得0.15万元，罚款5万元。南宁市种子管理站开展春季、秋季主要农作物种子质量监督抽查2次，检查种子经营户32家，抽查品种48个。11月，开展冬季

蔬菜种子质量监督抽查，涉及经营户80多家，抽查样品96个。抓好水稻制种田间花检，进行2次市、县联检，督促县级种子管理站对辖区范围内的制种田开展全面自检，确保制种田质量过关。组织开展水稻、玉米新品种比较试验，在上林县大丰镇建立农作物新品种展示基地1个，展示面积6.67公顷，参展种业34家，展示品种126个。其中：早造水稻品种53个、玉米品种27个；晚造水稻品种28个、玉米品种18个。在上林县大丰镇试验基地建立水稻品种纯度鉴定圃1个，面积0.10公顷，鉴定水稻新品种84个（早造水稻品种47个、晚造品种37个）。 （马秋莹）

【农业对外交流】 2014年8月，南宁市组织蔬菜研究科技项目实施组携带20多个蔬菜良种及一批农资产品赴柬埔寨首都金边开展蔬菜新技术交流，进驻金边项目合作基地，查看前期合作种植的瓜果现场，并进行科技交流、开展技术讲座、实地传授技术。11月，坦桑尼亚农业专家考察团一行4人到隆安县参观考察农业生产和新农村建设，学习南宁市在水稻新品种开发研究、定典屯新农村建设、发展香蕉产业、桂西养牛基地产业发展等方面的经验做法，就如何在坦桑尼亚推广南宁发展现代农业成功经验、发挥农村合作组织作用等问题进行交流。 （梁克非）

【农业招商引资】 2014年9月16日，南宁投资贸易洽谈会暨重大项目签约仪式上，市农业委员会与浙江聚鼎能源技术有限公司签订生物质环保热电项目合作协议。10月29日、30日，南宁市农业招商引资考察组赴上海与上海雪榕集团生物科技有限公司、上海鲜花港企业发展有限公司、上海博海餐饮集团有限公司等企业洽谈。11月4日，自治区政府在南宁市会展中心举办中国农业产业化龙头企业广西投资合作洽谈会，南宁市报送农业招商项目90多个，精选63个项目列入自治区招商项目目录；协调组织农业招商团参加招商会，并专场召开南宁农业招商恳谈会。期间，南宁市农业委员会与上海雪榕生物科技股份有限公司签订食用菌工厂化生产基地建设项目合同书，总投资10亿元；邀请中国农业产业发展基金有限公司、北京大北农科技集团股份有限公司、华西希望·重庆德康农牧（集团）有限公司、吉林松原市北显粮油贸易发展有限公司、内蒙古鄂尔多斯资源股份有限公司等10多家企业到南宁市开展农业招商考察、洽谈。 （罗　蓉）

【农业展会】 2014年，南宁市运用农产品展会平台优势，提升南宁市名优农产品市场知名度。4月30日至5月4日，自治区农业厅与南宁市政府共同主办的第七届广西（南宁）春茶节在南宁市华南城中国—东盟茶叶交易中心举行，展览面积4万平方米，吸引全国各地260多家企业参展；签订茶叶经营、加工合同金额4.50亿元，现场茶叶（茶具）购销成交额1500万元。5月初，隆安县"那"美食暨"隆"特产品展销在那桐镇举行，组织农业企业、合作社、专业大户等17家企业参与展销，展出50多个品种产品，吸引众多商家前来商洽。9月26日至29日，南宁市组织35家企业80多人参加在上海市举办的第六届广西名特优农产品（上海）交易会，参展产品包括有机大米、香蕉、火龙果、茶叶、蜂蜜产品、畜禽加工制品及手工艺品等品种40多个，现场签订销售合同9600万元，达成意向协议2.77亿元，接待市民、客商3.44万人次，销售农产品28.40万千克，销售收入559.78万元。12月9日，第七届广西名特优农产品交易会在桂林市召开，邀请自治区内外近200家供应商、采购商参会，南宁市设展位48个，成交金额850万元。 （梁克非）

9月26日至29日，南宁市组织企业参加第六届广西名特优农产品（上海）交易会。图为南宁展区　　李亦菁提供

【农产品质量安全】 2014年，南宁市开展农业投入品治理和"瘦肉精"专项整治、兽用抗菌药物专项整治、畜禽屠宰专项整治、生鲜乳违禁物质专项整治、水产品违法添加禁用物质专项整治等行动，保持南宁市农产品质量安全水平高位稳定。110个涉农乡镇（街道）农产品质量安全检测服务站进行农产品基地快速（定性）检测样品7.34万个，合格7.33万个，合格率99.85%。农业部门对农贸批零市场上市蔬菜、水果等农产品采用快速检测法检测农药残留，检测142.16万批次，合格率99.83%，没收销毁超标蔬菜、水果2.59万千克。

农业投入品治理　开展农资打假、高毒高残留农药专项治理和"放心农资下乡进村"等农业投入品市场整治行动，重点查处非法生产、销售、贮存、使用高毒高残留农药以及非法添加高毒农药等未登记成分行为，开展南宁市农资打假专项治理"春季行动""夏季百日行动""秋冬季行动"，在农业生产关键时节及重大节假日和会议期间开展相应的农业执法专项行动，重点规范种子、肥料、农药等农业投入品生产经营企业的市场行为。累计出动执法人员8429人次，整顿市场1370个次，检查企业7900家次，遏制坑农害农事件发生。 （韦悦妮）

"瘦肉精"专项整治　完成"瘦肉精"及投入品的检测批次215份（水产品30份、畜禽产品155份、兽药30份），合格率98%。完成自治区水产品例行监测144批次、县级快速检测260批次；完成自治区畜牧产品例行监测145批次、县级快速检测1560批次，合格率99%；完成市本级水产品例行监测236批次，县级快速检测120批次；完成市本级畜牧产品动物组织和尿液总量3.75万批次，均未发现阳性样

品。（韦悦妮　邓积斌）

兽用抗菌药物专项整治　南宁市700家兽药经营企业中有576家完成兽药GSP管理软件安装使用，安装使用率82.30%。年内，检查兽药生产企业、经营企业、诊疗机构及养殖场1591家（个），查处案件38起，查获假劣兽药产品2121千克，货值金额1.40万元，罚没金额26.60万元；完成兽药质量抽检182批，检验合格率87.80%。（苏方平）

生鲜乳专项整治　南宁市有50头以上规模奶牛养殖场（小区）15个，分布于12个县（区）、开发区，存栏黑白花奶牛1.08万头、奶水牛2749头，牛奶产量5万吨；设生鲜乳收购站（点）14个，从事生鲜乳运输车13辆。年内，集中开展生鲜乳专项整治行动2次，通过日常管理和专项检查相结合、例行检测和快速检测相结合的方式，出动人员526人次，检查奶站220次、生鲜乳运输车82辆次；完成监督抽样任务1486批次。其中：自治区生鲜乳抽样任务24批次，南宁市本级生鲜乳例行抽样任务35批次，县（区）完成奶牛饲料抽样任务10批次；生鲜乳快速检测1417批次，主要检测生鲜乳中的三聚氰胺、β-内酰胺酶、碱类物质、皮革水解物、硫氰酸钠等违禁物质和β-内酰胺类、四环素类药物残留情况，检测结果全部为阴性。（黄　琦）

【农产品质量认证与农业标准化生产】2014年，南宁市加快“三品一标”（无公害农产品、绿色食品、有机农产品，农产品地理标志）认证，推进农业标准化基地建设，年度下达标准化基地建设项目9个，建设面积366.67公顷；制定豆芽、野菜等行业标准（规程）4项；国家地理标志农产品认证增至4个，总面积3.21万公顷；绿色农产品认证面积增至1880公顷；无公害水产畜牧产品产地认证数增至106个。年初，全市在有效期内的无公害养殖企业有33家（畜牧业22家、水产业11家），认证产品39个。年内，到期换证4家，自动放弃换证1家，被取消资格14家；至年末，在有效期内的无公害养殖企业有18家。（韦悦妮）

农业产业化

【产业化项目建设】2014年，南宁市落实市本级农业产业化经营扶持项目27个，扶持金额3000万元。其中：扶持种业类5个，640万元；水果类11个，1360万元；种畜类8个，700万元；种禽类3个，300万元。落实市本级农民专业合作社财政专项补助资金项目31个，金额578万元。获自治区农业产业化经营扶持项目5个，金额655万元；获自治区农民专业合作组织发展扶持资金项目13个，金额260万元。自治区、市扶持农业产业化发展资金4493万元，比上年增长11.77%。（廖　芹）

【龙头企业】2014年，南宁市有农业产业化重点龙头企业183家。其中：国家级14家，自治区级25家，市级144家；种植35家，粮油21家，木薯淀粉9家，茶业8家，畜牧33家，水产1家，饲料16家，乳业2家，特色养殖2家，茧丝15家、糖业9家，制药9家，果蔬加工8家，林业10家，市场3家，生物农资2家；上市公司5家，分别是广西黑五类食品集团有限责任公司、百洋水产集团股份有限公司、广西皇氏甲天下乳业股份有限公司、广西丰林木业集团有限公司、广西华劲纸业集团有限公司；年销售额30亿元以上企业2家（农垦糖业集团股份有限公司、广西洋浦南华糖业集团股份有限公司），年销售额20亿元企业4家（南宁糖业股份有限公司、广西黑五类食品集团有限责任公司、南宁漓源粮油饲料有限公司、广西农垦明阳生化集团股份有限公司），年销售额10亿元企业5家。农业产业化重点龙头企业销售农产品449.23亿元，贷款182.87亿元。（吕校成）

【农民专业合作社】2014年，南宁市有农民专业合作社2131家（新增300家），比上年增长16.38%，出资总额13.07亿元，带动农户18.02万户。其中：种植业894家，占总数42%；养殖业552家，占26%；林业110家，占5%；农机服务业45家，占2%；其他行业530家，占25%。累计获国家级示范社11家、自治区级示范社55家。年内，市财政落实农民专业合作社专项补助资金项目31个，金额578万元；获自治区农民专业合作组织发展扶持资金项目13个，金额260万元。（陈立生）

【产业联结机制】2014年，南宁市各类产业化组织与农户的联结机制中，合同关系457个，合作方式453个，股份合作方式154个，其他方式1030个。农户与龙头企业之间的利益联结方式进一步规范、完善。在合同关系中，订单关系212个，占合同关系46%，订单总额118亿元，履约订单成交额116亿元，订单合同履约率98%。（廖　芹）

【土地流转】2014年，南宁市农村土地承包经营权流转规模进一步扩大。新增20公顷以上连片、10年以上流转期限的农村土地流转面积9133.33公顷，全市农村土地流转总面积7.68万公顷，比上年同期增长13.49%。落实农村土地承包经营权流转专项补助资金项目203个，资金2739.40万元。其中：农村土地流转规模经营项目192个，资金2733.90万元；村级农村土地流转服务站建设项目11个，资金5.50万元。（梁玉珍）

【政策性农业保险】2014年，南宁市水稻农业保险投保完成2.75万公顷，完成目标任务63.37%；糖料蔗投保完成3.02万公顷，完成年度任务50.30%。完成保费1910.43万元，完成年度任务55.20%。（周玉峰）

农业科技

【水稻新品种推广与新技术应用】2014年，南宁市进行水稻新品种品比试验，其中香稻品种21个、其他组合（品种）60个，筛选出米质优、产量高、抗性好的水稻新品种有新香占、野香优863、中广香一号、桂红一号、天友华占等。引进新品种特优582进行示范种植272.20公顷，平均公顷产量9128.10千克，每公顷增产658.20千克。推广种植超级稻新品种中浙优8号6666.67公顷；建立示范样板片9个，面积166.67公顷，其中核心示范样板片66.67公顷，完成不同种植密度、不同施肥量试验2项，全年平均公顷产量8250千克以上，每公顷增产450千克以上。完成“稻鸭共作”新技术推广673.34公顷。其中：核心示范片73.34公顷，辐射带动600公顷。示范地点在隆安县雁江镇红良村，开展“稻鸭（鱼）共作”，出栏鸭子5.96万羽，销售收入490万元，实现喂养饲料比常规饲养减少50%；“稻鸭（鱼）共作”水稻田块农药少施2次，与常规大田生产相比，农药、化肥、除草剂减少用量35%。水稻节水栽培新技术推广面积354.93公顷，建立示范基地56.67公顷，经测产平均每公顷产量9017.10千克，增产709.50千克。（毕晓磊）

【蔬菜新产品研发与试验】2014年，南宁市蔬菜研究所与自治区农科院共同

9月25日，在南宁市2014年晚稻中后期病虫害统防统治现场会上，小型遥控飞机喷施高效低毒农药防治水稻病虫害　　梁克非提供

承担的“野菜选育推广集成项目”通过专家论证，获广西科技进步二等奖。组织实施豇豆新品种“甜脆1号”繁育推广、观赏食用番茄选育推广、“白蓝”选育、南宁市蔬菜质量安全追溯系统预警体系建设、南宁市蔬菜研究所“放心菜”检测科普服务平台建设、多环芳烃污染技术研究等项目，新增科研项目8项，制定豆芽、野菜等行业标准或规程4项，审定蔬菜新品种13个。市农机推广站与有关单位共同承担的“机械化收割对甘蔗农艺性状影响的试验研究”“木薯机械化生产关键技术研究与示范”项目，经科技部门鉴定，达到国内同类技术研究领域领先水平。　　（黄永贵）

【植物病虫害防控】 2014年，南宁市农作物病虫草鼠害发生面积186.30万公顷次，总体呈中等偏轻发生程度。其中：稻飞虱发生程度中等偏轻，发生面积15万公顷次；稻纵卷叶螟中等偏轻发生，发生面积10万公顷次；三化螟中等偏轻发生，发生面积4.70万公顷次；稻纹枯病中等局部中等偏重发生，发生面积13.80万公顷次；稻瘟病中等偏轻局部中等发生，发生面积6.70万公顷次；玉米螟中等发生，发生面积3.20万公顷次；甘蔗螟虫中等发生，累计发生面积9.50万公顷次；农田鼠害中等局部中等偏重发生，发生面积18.60万公顷次。实施农作物病虫害防治面积174.70万公顷次，占发生面积93%；防治效果91%，挽回作物产量损失112万吨，其中挽回稻谷损失50万吨。推广应用频振式杀虫灯、害虫性诱技术、黏虫黄板、利用天敌生物防治等。在武鸣县仙湖镇和横县国有良圻农场实施930公顷利用天敌昆虫赤眼蜂防治甘蔗螟虫的示范，同时结合螟虫性诱杀技术，降低当地甘蔗螟虫的总体密度，促使农户减少农药使用量，为大规模利用天敌昆虫控制害虫起导向作用。9月，在横县进行示范性无人直升机与多种机动药器械在防治水稻病虫害的对比活动，为专业化统防统治更新设备、寻找有效方法和工具。　　（徐盛刚）

【土壤肥力改造】

测土配方施肥　2014年，南宁市实施测土配方施肥45.84万公顷，其中主要作物水稻20.05万公顷、玉米6.67万公顷、甘蔗7.74万公顷。采集土壤样品4143个、植株样品482个，化验样品9428个（包括需增加化验项目的往年样品），完成大、中微量元素等检测项目4.16万项次；完成肥料试验63个，其中“3414”类小区试验1个[“3414”小区试验是指氮、磷、钾3个因素、4个水平、14个处理，4个水平是指：0水平指不施肥、2水平指当地推荐施肥量、1水平（指施肥不足）=2水平×0.5、3水平（指过量施肥）=2水平×1.5]，其他试验62个。举办技术培训班355期，印发施肥卡、培训资料等18.75万份，为技术骨干、农民、营销人员等提供技术培训或技术咨询服务7.04万人次。完善作物施肥指标体系建设，开展特色作物施肥参数试验和高效缓释肥料试验示范，建成完善并推广应用测土配方施肥专家系统。全市安装测土配方施肥触摸屏系统50套，让农民通过“触摸屏”查询土壤养分状况和作物施肥指导方案。

沃土工程　南宁市沃土工程以加强耕地质量建设为重点，实施中低产田改良、推广秸秆还田、积制优质有机肥、恢复和发展冬种绿肥，全面提升土壤有机质，培育高产稳产农田。横县、宾阳县、上林县、隆安县承担国家农业部土壤有机质提升项目。年内，全市完成秸秆还田49.97万公顷，其中水稻22.48万公顷、玉米5.68万公顷、其他作物21.81万公顷，还田秸秆总量194.86万吨。完成冬种绿肥面积1.07万公顷，其中专用绿肥4333公顷（紫云英3740公顷、苕子533公顷、茹菜60公顷），兼用绿肥6377公顷（油菜3334公顷、蚕豌豆3010公顷、黑麦草33公顷）。

中低产田改造　南宁市中低产田面积28.85万公顷，占耕地总面积60.28%。主要分为8种类型：干旱灌溉型、渍潜稻田型、盐碱耕地型、坡地梯改型、渍涝排水型、障碍层次型、瘠薄培肥型、酸化耕地型。通过采取增施有机肥、秸秆还田、冬种绿肥、配方施肥、深耕深松、聚垄耕作、开沟治潜、节水灌溉、坡改梯、地膜覆盖等改良措施，实施中低产田改良5.66万公顷，其中瘠薄培肥型改良3.32万公顷、干旱灌溉型改良1.54万公顷、渍潜稻田型改良0.33万公顷。

节水农业　南宁市推广节水技术18.28万公顷，其中微喷、滴灌及水肥一体化2.49万公顷，水肥一体化完成2.11万公顷。推广的节水技术主要有：秸秆覆盖、地膜覆盖、水稻浅湿控水灌溉、深耕深松、水肥一体化、推广耐旱品种、膜下滴灌、微喷灌等。　　（何明菊）

【农业职业教育与技能培训】 2014年，南宁市完成农村中等专业人才培养招生1057人，组织新农村建设示范村党组织书记专题培训150人、农村新经济社会组织负责人培训150人、种养大户专项培训300人。组织冬春农业科技大培训，举办培训班1165场次，开展农村妇女、计生户、农村党员和村“两委”（村党支部委员会、村民委员会）干部培训，累计培训8.97万人次。派出农技人员下乡培训3.21万人次、田间指导服务农民3.97万人次。安排市财政资金12.80万元组织农村实用人才创业培养与农业职业技能开发示范工程培训，开展实用人才创业培训与农业职业技能开发示范工程培训521人。

（黄永贵）

【农业科技信息网络建设】 2014年，南宁市推进农业科技信息网络建设，开发维护南宁市农业委员会项目管理信息系统，完成2014年良种“育、繁、推”一体化工程项目、秋冬种示范基地建设项目、南宁市蔬菜基地、农产品标准化基地建设

投资项目的在线申报、审核。开展“香蕉产业化发展综合信息服务平台研究与开发”项目建设，集成香蕉生产技术、产品展示、产销对接等信息资源，建成香蕉生产基地信息综合数据库、网上交易平台、产业信息服务平台。加强本地农产品销售信息的搜集和获取，充分了解本地市场和农产品输出市场价格行情，依托广西农业信息网、广西农产品贸易网、南宁农业信息网等网络平台举办“2014年兴宁区五塘苦瓜网上展销节”“2014年南宁市春夏季蔬菜瓜果网上交易节”“武鸣县2014年瓜菜网上展销节”“2014年南宁香蕉网上展销节”，发布当季本地农产品流通情况，为农户提供有效的信息服务。编制《2014南宁农情手册》，为全市农业系统部门参阅数据、决策分析、调度管理等提供真实有效的数据支撑。在南宁农业信息网发布信息2085条；做好农产品价格采集，每星期对淡村市场、北湖市场、白苍岭市场、津头市场等二十多种主要农产品的价格行情实行采集上报制度，发布农副产品价格行情报告43期。

（李亦菁）

种 植 业

粮油作物

【粮食安全工程】 2014年，南宁市粮食生产主要围绕“两稳定三提高”目标，即全市粮食播种面积稳定44万公顷以上，特别确保谷物面积稳定，总产稳定在220万吨以上；通过提高单产、提高质量、提高效益，推进粮食稳定增产增效，促进粮食面积稳定、总量增加、农民持续增收。年内，粮食播种面积44.14万公顷，比上年减少1466.67公顷，减少0.33%；每公顷产量5103.90千克，增加58.65千克，增长1.17%；总产量225.26万吨，增加1.83万吨，增长0.82%。粮食生产连续九年增产，面积、总产量均居自治区第一。

【稻谷生产】 2014年，南宁市水稻播种面积29.32万公顷，比上年增加5953.33公顷，增长2.07%；产量每公顷5542.95千克，增加48千克，增长0.87%；总产162.55万吨，增长2.96%。播种面积占全市粮食播种面积66%左右，产量占全市粮食产量72%左右。推广高产优质水稻品种，依托种粮大户和专业合作组织等新型种粮主体带动和引导农民，推广水稻生产机耕、机插、机防、机收、机运、机烘干等技术，提高水稻生产规模化、组织化、机械化水平和水稻单产、效益、品质。

【玉米生产】 2014年，南宁市以国家农业部和自治区粮食高产创建、测土配方施肥等项目为依托，整合项目、资金，集成技术、规模，实施增密度和改种、改肥、改土，推广优质耐密耐旱抗病品种，推广多用一斤种、节水栽培、作物秸秆覆盖免耕、地膜覆盖、水肥一体化等技术，有效提高玉米单产。全市玉米播种面积10.48万公顷，比上年同期减少5.77%；单产每公顷5104.05千克，增长2.65%；总产量53.49万吨，减少3.26%。推广应用模式有玉米套种大豆、玉米套种木薯、玉米套种花生。玉米主推品种有正大999、正大619、正大818、迪卡007、亚航639、正红6号、瑞恒269、南校201、登海11号等高产多抗杂交种。

【豆类生产】 2014年，南宁市豆类播种面积2.50万公顷，比上年同期增长0.21%；单产每公顷1447.95千克，减少10.45%；总产量3.62万吨，减少10.17%。

【薯类生产】 2014年，南宁市薯类播种面积1.82万公顷，比上年同期减少4.25%；单产每公顷3067.15千克，减少5.63%；总产量5.57万吨，减少9.72%。在水稻播种面积逐年缩减的趋势下，把发展冬种马铃薯生产作为稳定南宁市粮食生产发展的新增长点，以公司（企业）、种植大户为主体连片开发，规模经营带动，推广“果薯套种”“蕉薯套种”等种植模式。年内，马铃薯播种面积7080公顷，增加12.17%；总产量2.70万吨，减少0.26%。

【油料生产】 2014年，南宁市以武鸣县、青秀区等县（区）为重点，发展高产优质油料新品种，通过良种良法集成示范，推广花生高产栽培、垄作双行加地膜覆盖栽培、花生测土配方施肥、花生平衡施肥等良种良法技术，花生良种覆盖率80%以上。推广品种有桂花17号、梧油7号、粤油79号、中花4号。全市油料播种面积4.92万公顷，比上年同期增长3.20%，其中花生延续上年增长态势，花生播种面积4.82万公顷，增长5.18%；油料总产量14.37万吨，增长3.08%。油料播种面积、总产量均居自治区第一。

（田乙凤）

经济作物

【蔬菜基地建设】 2014年，南宁市新（扩）建规模化蔬菜基地13个，主要分布在武鸣县、宾阳县、横县、隆安县、马山县、良庆区、江南区、西乡塘区、邕宁区、青秀区、广西—东盟经济技术开发区等11个县（区）、开发区，建设面积349.33公顷（蔬菜种植大棚面积63公顷），总投资5427.30万元（市财政投资1900万元）。横县仁和、马山县乔老、良庆区坛板、江南区朝阳、西乡塘区忠良、邕宁区那蒙6个蔬菜基地属南宁市综合示范村产业配套项目，建设机耕路网、排水系统、节水灌溉系统、水肥一体化设施、产品处理车间、产品贮藏仓库、冷库及蔬菜种植大棚等。

【蔬菜生产】 2014年，南宁市蔬菜播种面积20.20万公顷，比上年增长13.55%，产量442.80万吨，增长14.31%（原属粮食类

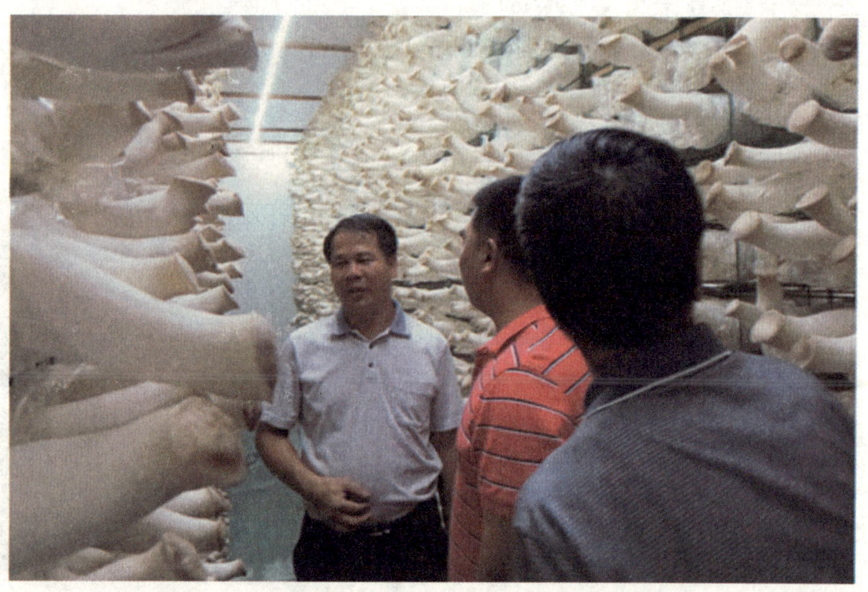

6月22日，技术专家在杏鲍菇生产工厂查看杏鲍菇生长情况 梁克非提供

统计的甜玉米改为在蔬菜类进行统计，导致蔬菜面积、产量增长幅度激增)，蔬菜面积、总产量居自治区第一。主要生产品种有：叶菜类、辣椒、大白菜、南瓜、冬瓜、番茄、茄子、豆角、黄瓜、白萝卜、胡萝卜、苦瓜、四季豆、莲藕、韭菜、葱蒜、淮山、豌豆等。经过多年的结构调整和培育，南宁市部分特色蔬菜在自治区内外享有较好声誉，宾阳县黎塘的胡萝卜、莲藕，武鸣县的番茄，兴宁区五塘的苦瓜，隆安县那桐的南瓜，西乡塘区的香葱、坛洛的冬瓜，江南区江西的四季豆，邕宁区的线椒、那楼的淮山，以及横县的大头菜等，产品远销湖南、湖北、广东、四川、重庆、上海及北方市场。

【食用菌生产】 2014年，南宁市食用菌生产面积1732万平方米，比上年增长6.13%；产量16.62万吨，增长11.62%。其中，种植面积最大的是双孢蘑菇，面积1513万平方米，产量14.73万吨，分别占食用菌总面积87.36%、总产量88.63%，位列自治区蘑菇和全市食用菌生产首位。南宁市种植的凤尾菇、杏鲍菇、秀珍菇、平菇、茶薪菇、草菇、姬松茸等，面积均在10万平方米以上。广西绿霖食用菌科技有限公司在广西—东盟经济技术开发区建设的杏鲍菇生产工厂是食用菌标准化生产工厂，采用冷库种植技术，年内生产杏鲍菇833.98万袋，总产量3587.20吨。

【糖料蔗生产】 2014年/2015年榨季，南宁市种植糖料蔗面积14.42万公顷，其中高产高糖良种种植面积11.96万公顷，占总种植面积83%，主要种植品种有新台糖22号、新台糖25号、台优、粤糖93/159号、粤糖00/236号、粤糖60号、桂柳2号、柳城05/136号、福农39号等。全市有111个乡镇31.86万户种植糖料蔗，其中种植3.33公顷以上有1940户、种植13.33公顷以上有201户、种植33.33公顷以上有47户。但糖料蔗收购价连年下降，由2011/2012榨季每吨500元下降至本榨季每吨400元，且糖料蔗种植成本、砍运成本上涨，种蔗收益越来越低，农民及种植企业种蔗积极性受到打击，部分蔗地改种经济效益较好的水果、苗木、经济林、玉米、蔬菜等，导致糖料蔗种植比上年减少1.20万公顷，减少7.70%。甘蔗种植期3月，温度低、光照少，出苗期4月下旬至5月雨水少，加上部分糖料蔗砍收进厂较迟，影响宿根蔗生长和新植蔗种植，甘蔗长势比正常年份较差；夏季后，“威马逊”“海鸥”台风袭击南宁市，部分甘蔗倒伏，影响甘蔗产量。2014/2015榨季榨蔗量788.04万吨，比上榨季减少32.76%。（黄兰芳）

【木薯生产】 2014年，南宁市木薯种植面积4.61万公顷，比上年减少7.20%；产量52万吨（干片），减产4.60%；面积、产量仍居自治区第一，为木薯淀粉加工提供充裕的原材料。木薯产业是南宁市特色产业，由于农村土地经营权流转和近年来木薯收购价格持续低迷，农民逐渐改种其他效益高的经济作物。木薯产业基地主要分布在武鸣县、隆安县、横县等。武鸣县是全国最大的木薯生产县，种植面积2.10万公顷，产量25.60万吨，分别占全市总面积、总产量45.60%、49.20%。木薯主要栽培品种为华南205、南植199。全市推广木薯间（套）种玉米、花生、西瓜、甜瓜、南瓜等栽培模式，间（套）种生产面积2.30万公顷，增长5%，提高木薯地种植效益，增加农民收入。

【茶叶生产】 2014年，南宁市茶园面积2107公顷，比上年增加9.50%；采摘面积1960公顷，增加3.90%。干毛茶总产量3606吨（绿茶3451吨、红茶155吨），增产5.60%。南宁市茶叶生产主要集中在横县、武鸣县、上林县，其中横县茶园面积1707公顷、干毛茶总产量2782吨，分别占全市总面积、总产量81%、77%。主要栽培茶树品种有南山白毛茶、福云六号、福鼎大毫、水灵1号、桂绿1号等优质高产树种。全市有毛茶加工企业、农民专业合作社茶30多家，精制茶加工企业180多家，茶叶加工品有绿茶、红茶、黑茶、乌龙茶等品种。茶叶品牌主要有广西“古鼎香”牌六堡茶、横县“圣种”牌南山六堡茶和白毛茶、横县“金花”牌六堡茶、横县茉莉花茶、横县顺来茉莉花茶等。

【茉莉花生产】 2014年，南宁市茉莉花种植面积4602公顷，比上年增长5.70%；产量6.97万吨，增长9.10%；产值4.45亿元，增长9.10%。横县为南宁市茉莉花主产区，茉莉花种植面积4565公顷，产量6.36万吨，产值4.43亿元，分别占全市茉莉花种植面积、产量、产值99.20%、91.20%、99.60%。横县有从事茉莉花种植花农7万户33万人，有花茶加工企业150家，年加工生产茉莉花茶6.20万吨。横县茉莉花产量、花茶产量占全国总量80%以上，占世界总产量60%，是全国最大的茉莉花生产基地和茉莉花茶加工基地。8月22日至24日，第九届中国茉莉花茶交易会在横县举办。

【西(甜)瓜种植】 2014年，南宁市种植西(甜)瓜4.30万公顷，比上年增长6%；产量111.50万吨，增长6.80%。西瓜种植面积3.83万公顷，产量102.10万吨，分别占西(甜)瓜总面积、总产量89%、91.57%。主要品种有小麒麟、黑美人、小富、甜王、花无籽等。西瓜是南宁市特色农产品，主要分布在江南区、武鸣县、良庆区、横县、西乡塘区、南宁经济技术开发区（简称“经开区”）等。江南区和经开区西瓜种植面积1.27万公顷，是全国大型西瓜生产基地之一。甜瓜种植面积4661公顷，产量9.40万吨，主要分布在西乡塘区、青秀区、武鸣县、广西—东盟经济技术开发区等，主要栽培品种有广蜜一号甜瓜、丰甜1号甜瓜、北海1号甜瓜、珍珠香瓜。东盟经开区采用大棚栽培模式种植厚皮甜瓜200公

香蕉种植基地　　梁克非提供

7月15日，在火龙果采后处理观摩现场会上的火龙果采后处理生产线

李亦菁　摄

顷，是自治区最大的大棚厚皮甜瓜生产基地。全市90%以上西瓜采用地膜覆盖和嫁接栽培技术，厚皮甜瓜主要采用大棚栽培模式，西(甜)瓜种植重点推广膜下滴灌等先进技术和间套种栽培模式。

（周冠群）

【特色水果"一中心两板块"工程建设】2014年，南宁市利用地处亚热带气候区域优势，重点以发展香蕉产业为中心，培育火龙果、晚熟杂交柑橘两个主导产业，实施特色水果"一中心两板块"工程。随着农业结构调整、土地流转的推进、农业龙头企业的带动，连片开发种植的水果基地不断涌现，优势特色水果产业持续壮大。全市香蕉种植面积和产量再创新高，继续保持自治区第一，种植面积4.20万公顷，产量132万吨；火龙果、晚熟杂交柑橘产业快速发展，火龙果种植面积3333.33公顷，晚熟杂交柑橘种植面积2666.67公顷，均位居自治区第一。特色水果"一中心两板块"工程推动南宁市特色农产品产业化生产、品牌建设，果农收入持续增长，全市水果产值42.60亿元，比上年增长16%；晚熟杂交柑橘(茂谷柑、沃柑)表现出较好的品质，收购价每千克12元~20元，其他时令水果销售价格也较往年有所上涨，全年没有出现水果滞销现象。南宁市目前已形成西乡塘区—隆安县—东盟经开区—武鸣县香蕉核心产区，主要品种是威廉斯、巴西蕉、粉蕉等，面积4.67万公顷以上，产量130万吨以上，产值约40亿元。西乡塘区坛洛镇成为"中国香蕉之乡"；一批知名香蕉品牌辐射全国市场，"绿水江""甜弯弯"等香蕉品牌获国家绿色食品认证，并出口俄罗斯及中亚地区。年内，"南宁香蕉"获国家农业部农产品地理标志认证，地理标志地域保护范围包括广西壮族自治区南宁市行政区域内的12个县（区），84个镇、15个乡、3个民族乡、24个街道；保护范围东经107°45′~108°51′，北纬22°13′~23°32′；保护面积4.33万公顷，产量150万吨。

（周冠群　罗　蓉）

【特色水果种植】

荔枝种植　2014年，南宁市荔枝种植面积1.10万公顷，产量5.10万吨，主要品种有三月红、妃子笑、禾荔、黑叶、香荔等，主要分布在横县、邕宁区、良庆区等县(区)。采收上市时间为5月上旬至7月中旬，主要品牌有"官山牌"荔枝等。

龙眼种植　种植面积1.63万公顷，产量11.60万吨，主要品种有石硖、储良、大园等，主要分布在武鸣县、横县、邕宁区等县(区)，采收上市时间为8月上旬。主要品牌有"灵水牌"龙眼。

（罗昭越）

【特色经作产业示范基地建设】2014年，南宁市财政投入资金1000万元，扶持抓好水果、中药材等农产品标准化生产示范基地建设。建设香蕉、火龙果、晚熟杂交柑橘、双季葡萄特色水果，铁皮石斛、牛大力、何首乌名贵中药材等示范基地10个，示范面积333.33公顷。基地大力推广台湾自花授粉火龙果、茂谷柑、沃柑、夏黑葡萄、强桑一号、桂蚕N2、何首乌、牛大力、铁皮石斛等经作优良品种，示范应用一年两熟葡萄栽培、水果避雨栽培、水肥一体化灌溉、绿色植保综合防控技术、小蚕共育、大蚕省力化饲养、方格蔟营茧、果蔬产品采后处理和冷藏保鲜储运等先进适用技术，提高示范基地规范化、标准化、科学化生产水平。

（周冠群）

畜 牧 业

【概　况】2014年，南宁市畜牧业转变养殖结构，深入开展"生态养殖"活动，推进粪污资源循环利用，有序控制畜禽养殖量。围绕农民增收，实施良种工程、特色养殖工程、标准化工程、生态循环养殖工程。全市肉类总产量65.37万吨，比上年同期减少0.25%；禽蛋产量3.21万吨，增长2.93%；牛奶产量5.70万吨，持平。生猪出栏530.40万头，增长1.35%；家禽出栏1.35亿羽，减少4.78%；牛出栏23.42万头，增长3.95%；羊出栏23.72万只，增长3.94%。生猪存栏429.98万头，增长0.14%；家禽存栏6003.57万羽，增长2.64%；牛存栏71.09万头，增长0.06%；羊存栏32.39万头，增长27.37%。牧业产值184.26亿元，基本持平。

【畜牧业产业结构调整】2014年，南宁市经历生猪价格低迷、家禽H7N9风波，养殖企业亏损严重；而养殖业快速发展带来的污染给环境造成巨大的压力，城市规划发展和生态环境保护促成畜禽禁养区、限养区的划定，规模养殖用地日益紧张。南宁市畜牧生产转变方式、调整结构，推行标准化生态养殖，加快品种培育保种工程建设，变单一、数量型养殖为质量、效益型养殖。稳定生猪、家禽产业，发挥龙头企业优势，加快草食动物产业发展，依托南宁市丰富的秸秆资源优势，突出发展肉牛、山羊等节粮型草食动物特色养殖，发挥畜禽种源优势，加快品种培育保种工程建设。生猪重点建设国家级原种场、父母代一级扩繁场，家禽重点建设广西地方鸡基因库保种场、广西麻鸡核心保种场，培育配套系并推广。

【畜禽标准化示范场创建】2014年，南宁市有3家畜禽规模养殖场通过农业部畜禽标准化示范场验收，全市国家级标准化示范场累计30家；有2家畜禽规模养殖场通过自治区畜禽标准化示范场验收，有3家畜禽规模养殖场复检合格，全市自治区级标准化示范场累计19家。

【标准化生态养殖项目】 2014年，南宁市财政补助资金2000万元，建设标准化生态养殖建设示范项目21个，总投资7672万元，支持粪便污水处理、病死畜禽无害化处理、防疫消毒及标准化栏舍等基础设施建设，重点支持粪污处理及资源循环利用、有机肥制取等，优先支持重点示范场粪污综合处理利用项目。获中央财政资金1010万元，组织28个生猪规模养殖场（小区）实施2014年中央预算内投资生猪标准化项目，重点支持猪场粪便污水处理设施改造，建设沼气池3850立方米、化粪池7300立方米、集粪房2430平方米、沼液存放池300立方米、雨污分离设施6820米、固液分离机2台、消毒池（房）565平方米、消毒防疫设备26台、兽医室120平方米、猪舍9100平方米、饲料仓库200平方米、产床15套、定位栏115个、道路及场内硬化2550平方米。

【清洁养殖】 2014年，南宁市继续开展“清洁养殖”系列活动，包括养殖场环境卫生整治、规模场标准化改造、粪污综合治理、病死畜禽无害化处理、养殖废弃物收集处理等，推行畜禽圈养，规划建设村庄畜禽集中养殖小区，推进农村人畜分离。组织技术服务队，指导县（区）畜禽粪污处理及综合利用，鼓励规模养殖场采取工厂设施化废水治理，采取粪肥还田、制取沼气、制造有机肥等方法，对畜禽养殖废弃物进行综合利用。组织实施标准化项目，支持沼气制取、有机肥生产等废弃物综合利用以及沼渣沼液输送和施用、沼气发电等相关配套设施建设，支持综合示范村集中养殖小区建设。在规模化养殖场建立粪污治理、资源化循环利用、病死畜禽无害化处理示范点，在综合示范村建立畜禽集中养殖小区示范点，以点带面，在全市范围内推广运用。全市组织工作队2303个、队员1.36万人，进村入场9777次5.40万人次；召开培训会、座谈会919场次，培训农户1.96万人次，建立示范点1137个，发放宣传资料21.93万份，投入资金1301.63万元，完成粪污处理设施改扩建的养殖场712个，其中建设沼气池2.75万立方米、化粪池2.76万立方米、氧化池1.82万立方米、排污沟1.79万米，增加粪污固液分离设备15台，完成养殖场病死动物无害化处理设施改扩建557个，建设无害化处理池1.29万立方米。

【畜禽禁养区与限养区】 2014年，南宁市为保护南宁市生态环境和饮用水水源安全，深入推进“美丽南宁·清洁乡村”环境综合整治，促进畜禽养殖业与生态环境保护可持续协调发展。4月22日，颁布《南宁市人民政府关于划定畜禽养殖禁养区和限养区的通告》，各县（区）政府、开发区管委会据此依法划定辖区的畜禽养殖禁养区和限养区。至年末，全市依法拆除养殖场592户、拆除建筑面积26.40万平方米，723户养殖户自动搬离。

【生猪生产结构调整】 2014年，南宁市利用国家生猪标准化项目、生猪调出大县奖励资金、良种补贴及市本级财政资金，支持生猪栏舍及生产配套设施、粪污处理设施等基础设施建设，重点支持猪场粪便污水等废弃物综合治理及资源化利用。生猪产业重点培育龙头企业，以加工促生产，做强生猪屠宰肉类冷链配送加工业，形成以晨康力、达尊、凤翔、双汇、巨东、扬翔等屠宰和加工企业为代表的龙头企业。生猪规模化养殖基地初具规模，年出栏生猪500头以上猪场1215个，比上年增加161个，增长15.30%，为全市生猪养殖可持续发展发挥带头作用。柯新源、永新良圻、桂宁3家原种猪场入选全国生猪核心育种场，与正大、普乐福、五合桂宁、金秋、尚峰为代表的二级父母代种猪场形成生猪优良苗种产业，猪苗销往全国除台湾、西藏之外的29个省（自治区、直辖市），生猪苗种产值10亿元左右。

【“肉鸡倍增”养殖技术】 2014年，南宁市肉鸡养殖主要以龙头企业加合作社为主，占90%左右，其中肉鸡龙头企业8家、合作社5家。以温氏、正大等公司为代表的肉鸡龙头企业，近年来不断探索“肉鸡倍增养殖技术”，采用全自动化封闭式平养模式，最大化地提高养殖户的产能，执行“肉鸡倍增计划”技术措施的养殖户，年收入比普通户翻一番，每户年纯收入8万元~10万元。肉鸡养殖的“公司+农户”管理模式向“公司+家庭农场”的新型管理模式升级，推广效果突出的主要集中在邕宁区、青秀区、西乡塘区。全市肉鸡养殖户6000多户，存栏肉鸡3819万羽，有251户采用“倍增养殖技术”，年出栏866万羽，比上年同期增长8.50%。

【家禽养殖】 2014年1月至3月，受国内人感染H7N9流感、部分城市禁活禽上市令的影响，南宁市一季度家禽交易量及交易价格持续走低，企业亏损严重，面临资金链断裂的严峻形势。南宁市农业部门采取多项措施保下种源，稳定生产，指导企业做好生产计划，稳健合理安排养殖量，保障基本生产能力，督促龙头企业履行农户合作协议，保障养殖户基本权益，稳定农户的心，避免不稳定事件发生。二季度家禽价格逐渐回升，肉禽及禽蛋市场行情继续上涨，效益明显好转。下半年家禽生产趋向稳定。全市家禽出栏1.35亿羽，其中鸡1.01亿羽；年末存栏6003.57万羽，其中鸡4554.57万羽。

【草食动物养殖】 2014年，南宁市将草食动物养殖作为优势特色产业扶持，协调推进草食动物重大项目建设，吸引社会投资，组织各级财政项目的实施，指导新建一批肉牛羊规模养殖场；依托龙头企业和专业合作社，采取“公司+农户”等多种模式，通过向养殖户提供种苗、饲料、技术等，充分发挥辐射带动作用；推广优质牧草和青饲料加工技术、秸秆氨化及饲料青贮、微贮技术，推进生态循环经济产业发展，利用甜玉米、木薯等加工剩下的秸秆、苞衣、玉米芯、木薯渣等废弃物，经发酵或氨化处理加工成生物饲料供应给当地牛场，产出的牛粪又用于冬季蘑菇种植，生态环保。市财政投入200万元，支持青秀区长塘泰泽肉牛、横县隆泉肉羊基地建设；隆安县汇生牧业公司积极创新，发展循环经济，帮助农民回收秸秆，提供肥料，给合作社社员提供犊牛养殖，发家致富，组织“养牛专家大院”，为农民免费培训养牛技术。全市完成牛杂交配种4.76万头，其中人工授精配种4.40万头，占92.50%，生产杂交牛犊2.92万头；引进良种公羊99只，种公羊存栏4910只，其中良种公羊3481只，杂交配种12.60万窝（次），生产羔羊12.36万只。牛出栏23.42万头、羊出栏23.72万只，分别比上年同期增长3.95%、3.94%；牛存栏71.09万头、羊存栏32.39万只，分别增长0.06%、27.37%。草食动物养殖成为近两年农民增收中新的经济增长点。

（黄　琦）

【生猪屠宰】 2014年，南宁市严厉打击私屠滥宰、销售病害肉和注水肉等违法行为，禁止病害肉、注水肉及无检验检疫肉品上市销售。市本级开展打击私屠滥宰执法行动41次，出动执法人员1214人次、车辆125辆次，查处私宰窝点98个次，查扣待宰生猪222头、淘汰种猪5头、未经检疫活牛4头、牛肉产品1334千克，没收和销毁私宰（病害）肉品31.70吨，上缴罚没和变价款18万余元。拆除私宰窝点5个；协助公安部门办理刑事案件2起，刑事拘留生猪屠宰违法嫌疑人3名。严格实行生猪定点屠宰、集中检疫制度，全市有140家生猪定点屠宰(厂)，其中市辖区屠宰场43家、县城以上屠宰场16家，派驻有官方兽医的118家。全市生猪进点屠宰量257.20万头，比上年同期增长5.20%，市区生猪进点屠宰量175.50万头，增长8.20%。开展定点屠宰场专项监督检查11次，出动执法人员356人次、车辆127辆次，发放、张贴、悬挂宣传资料577份，与定点屠宰场签订动物防疫与动物产品安全责任状(告知书)118份，下达限期责令整改通知书87份，责令定点屠宰场停业整顿1家，办结定点屠宰场行政处罚案件4起，上缴罚没款1.38万元。实行投诉举报及奖励，公开设立投诉举报电话(0771-3102520)和举报生猪私屠滥宰奖励资金，对举报和提供有价值线索的单位和个人给予奖励。年内，接到举报、新闻媒体曝光、市长热线反映32起，奖励举报人5.04万元。市区、武鸣县10家定点屠宰厂(场)纳入监控范围，对屠宰环节关键位置实施24小时监控；实施生猪定点屠宰场片猪肉激光灼刻项目，总投资598万元，市区8家定点屠宰场已安装该项目并投产运行。 (文 亮)

【动物防疫检疫监督】

畜禽强制免疫 2014年，南宁市采取春秋两季集中免疫结合常年补针的模式，强化重大动物疫病强制免疫。全市动物疫情平稳，未发生重大动物疫情。春、秋防期间，出动约8000人开展重大动物疫病突击免疫活动，重大动物疫病免疫率均达100%。其中：免疫生猪口蹄疫402.93万头，牛口蹄疫68.10万头，羊14.73万只；免疫鸡禽流感5367.24万羽，鸭禽流感1158.42万羽，鹅禽流感37.50万羽；免疫生猪猪瘟404.08万头，猪蓝耳病368.70万头；免疫家禽鸡新城疫5337.30万羽；免疫羊反刍兽疫12.02万头。组织供应兽用疫苗1.83亿毫升（万头、万羽份），发放1.97亿毫升(万头、万羽份)。其中：家禽禽流感疫苗购进1.48亿毫升、发放1.53亿毫升；猪W浓缩苗购进1711万毫升、发放2094万毫升；牛羊O-I型W双价苗购进287万毫升、发放304万毫升；猪蓝耳苗购进423万毫升、发放533万毫升；猪瘟苗购进950万头份、发放1317万头份；狂犬疫苗购进41万头份、发放38万头份；小反刍兽疫苗购进21万头份，发放21万头份。应急储备消毒药9.40吨，一次性防护服475套、口罩1589个、手套2829副、动物尸体袋2.29万个。

免疫效果监测 坚持常年监测与春秋季集中监测相结合的方式，对大型养殖企业、规模养殖场开展常年监测，对农村散养户则集中在春秋防后开展监测。通过收集数据整理分析，对免疫抗体不合格的规模养殖场及村(屯)，及时派调查组深入现场查找原因，并指导开展重免和补免工作。从全市15个县(区)、开发区的部分规模场、散养户采集检测畜禽血清5350份，经检测5218份血清抗体合格，总体免疫合格率97.54%。其中：抽检禽流感样品1970羽份，抗体合格率98.90%；新城疫样品1140羽份，合格率97.90%；口蹄疫样品970头份，合格率98.85%；猪瘟抗体检测570头份，合格率97.20%；猪蓝耳病抗体检测285头份，合格率88.07%；亚洲1型口蹄疫抗体检测415头份，合格率93.99%。

动物疫病监测 开展动物疫病的日常监测预警，利用采样送检或自检的办法，建立监测数据库，规范监测档案，分析监测数据，为重大动物疫病防控和疫情预报预警提供科学依据。血清监测每月完成H5禽流感抗体520份、H7禽流感抗体40份、新城疫抗体390份、口蹄疫340份、猪瘟抗体250份、高致病性蓝耳病抗体20份检测，完成血清监测1.90万份。其中：禽流感抗体合格率89.92%，新城疫抗体合格率90.30%，口蹄疫抗体合格率91.07%，猪瘟抗体合格率84%，猪蓝耳病抗体合格率76.67%。均超过国家规定70%的标准。动物疫病病原学监测检测4789份样品，均未检出阳性。完成上级监测任务，送检样品1390份，未检测出重大动物疫病。

人畜共患病监测 检测奶牛布氏杆菌病8710头次，结核病检测8061头次，检出布氏杆菌阳性奶牛2头，已按国家规定扑杀并进行无害化处理。检测种猪布氏杆菌血清570份、耕牛血吸虫病600份、猪膈肌样500份，均未检出阳性样品。送检犬血清508份、犬组织样257份，经自治区疫控中心检测，有428份犬血清抗体合格，合格率84.25%，犬组织样未检出狂犬病病毒。

动物检疫 加强产地检疫，建立健全动物检疫申报点，并完善信息公开制度，规范产地检疫程序和操作，要求畜禽产品到设立的检疫申报点或检疫点实施检疫。全市挂牌设立动物产地检疫报检点123个，做到报检电话、检疫人员、申报时限、受理程序、检疫程序、检疫内容、出证条件等上墙公示。全市15个县(区)、开发区有50个动物产地检疫报检点开展电子化出证。武鸣县建成为全面实施动物产地检疫合格证明电子化出证示范县，武鸣县、良庆区、东盟经开区、青秀区、西乡塘区、经开区全面实现动物产地检疫电子化出证。全市产地检疫乡镇、村开展面和动物检疫申报受理率均100%。全市开展产地检疫猪277.34万头、牛6.49万头、羊2.05万只、禽7660.68万羽，检出并无害化处理病猪893头、病羊20只、病禽1.12万羽。推行动物及动物产品追溯系统建设，市级建成屠宰检疫远程实时视频监控系统。全市15个县(区)、开发区均实现县级生猪定点屠宰厂的电子化出证，有效杜绝不符合兽医卫生要求的动物产品进入流通环节。对定点屠宰场的检疫申报受理率100%，各定点屠宰场对其屠宰加工的动物100%进行宰前申报检疫，对动物产品的检疫出证率100%。全市140个定点屠宰场(点)，屠宰检疫猪269.38万头、牛羊5.47万头（只）、禽类80.37万羽、其他4.84万只，检出并无害化处理病猪2034头。市动物卫生监督机构对辖区2879家规模养殖场开展监督检查1.07万人次；对全市164个畜禽经营场所、16个畜产品仓储、加工场所开展监督检查1895次，检查畜禽621.70万头(羽)、畜产品2615.40吨，有效防止病害畜禽流入市场。加强对动物诊疗机构的监管，打击私屠滥宰，查处动物卫生违法案件15件，保障畜禽产品质量安全。

小反刍兽疫防控 2014年全国小反刍兽疫疫情严重，南宁市加大疫情排查和整治力度，先后处置南宁经济技术开发区、邕宁区2例输入性羊反刍兽疫情，有效遏制反刍兽疫疫情传播蔓延，全市无小反刍兽疫疫情发生。出动执法人员6300人次、车辆2600辆次（含摩托车），排查乡镇116个，排查养殖户9150家次，宰羊商、贩羊商1230个次，羊63.95万只(次)，扑杀无害化处理病羊及同群羊195只。

病死动物专项整治 开展为期3个月的打击销售、屠宰病死猪专项整治行动。发放《不准出售或丢弃病死动物告知书》2.20万份，发放《致广大养殖场(户)朋友们的一封信》2.17万封，排查养殖场2477场次，排查生猪贩运、屠宰商934人次，排查动物31.27万头(只)，查处病(害)死猪520头，签订责任状1816份，养殖环节无害化处理病死猪5.86万头。

(李开鹏)

【兽药质量监管】 2014年，南宁市加大兽药生产质量管理规范后续监管和兽药

南宁年鉴

经营质量管理规范工作力度，实行重点监督制度，加强兽药市场整治和案件查处。除执行农业部、自治区水产畜牧兽医局设定的重点监控企业外，对存在违法行为或存在较大质量隐患的生产、经营企业实行重点监督，增加监督检查的频率和抽检数量。年内，检查兽药生产企业、经营企业、诊疗机构及养殖场1591家，查处案件38起，查获假劣兽药产品2121千克，货值金额1.40万元，罚没金额26.60万元；完成兽药质量抽检182批，检验合格率87.80%。（苏方平）

渔　业

【概　况】2014年，南宁市水产品产量24.46万吨，比上年同期增长5.01%，淡水产品产量居自治区第一。水产养殖面积2.78万公顷，增长0.62%。其中：池塘养殖面积1.09万公顷，增长4.27%；山塘、水库养殖面积1.47万公顷，增长0.95%；河沟养殖面积1559公顷，减少4%；其他养殖面积72公顷，减少18.18%。大水面养鱼网箱3.72万个，74.40万平方米，增加3.41%。

【产业化生产】2014年，南宁市获财政扶持4450万元用于渔业基地基础设施改造，比上年同期增长71%，扶持建设、改造标准化基地面积1183.07公顷。改造基地普遍增产20%左右，预计年可新增鱼产量200万千克、新增产值2000万元、促进养殖户增收400万元以上。开始新建一批养殖淡水石斑鱼、澳洲淡水龙虾、鳗鱼等特色品种养殖基地，推动南宁市渔业养殖结构调整。

【水产品质量安全管理】2014年，南宁市组织1家养殖企业申报农业部水产健康养殖示范场并获通过。组织人员对南宁市批发市场、超市、水产养殖基地进行水产品药残抽检，完成水产品抽检504个样品，检测合格率99.80%。

【渔船管理】2014年，南宁市完成2190艘渔船检验，与渔民签订《渔民人身平安互助保险》2190份，渔民参保率100%。

【珠江水系禁渔期】2014年，南宁市实施禁渔期制度，期间开展宣传、巡江、监管等工作，组织在邕江、郁江和上林县大龙洞水库投放鱼苗198万尾，比上年同期增长65%。（黄剑峰）

农业机械化

【农机安全监理态势】2014年，南宁市着重抓好新机手培训、新机入户管理、农机年检等关键环节，开展农机安全宣传活动，严查违规驾驶行为，全市农机安全态势平稳，无立案农机事故发生。完成拖拉机年检3.20万台，新机入户2041台（大型拖拉机242台、小型方向盘式拖拉机1531台、手扶拖拉机181台、其他拖拉机87台）；新考拖拉机驾驶人1945人，其中G证1480人、H证418人、K证47人；开展宣传活动296次，发放宣传材料8.49万份；检查农机1.35万台次；纠正违法违章行为1932次。

【农机装备总量】2014年，南宁市农机装备总量持续增长，总动力464.08万千瓦，新增拖拉机、耕整机6739台套，新增种植和收获类机械391台，拥有拖拉机15.81万台（大中型拖拉机7888台、小型拖拉机10.53万台、多功能拖拉机4.50万台），水稻联合收割机3484台，水稻插秧机2940台，耕整机4.96万台。通过政策扶持新增主要农机装备1.50万台，农机原值49.76亿元。畜牧水产养殖机械、玉米脱粒机、喷雾喷粉机、茶叶生产机械等购置有较好的发展。

【农机化作业水平】2014年，南宁市农业生产耕种收综合机械化水平46.60%。机耕水平78%，完成机耕面积66.58万公顷；机种水平10.25%，完成机种面积7.82万公顷；机收水平24.56%，完成机收面积19.34万公顷，全面完成农业耕种收机械化生产目标任务。

【农机购置补贴】2014年，南宁市15个县（区、开发区）共发放农机具购置指标确认书1.42万份，受益农户1.36万户。使用农机具购置补贴资金5622.68万元，为自治区指标任务4620万元的127.71%。其中：使用国补资金4939.69万元，为自治区指标任务120.48%；使用省补资金682.99万元，为自治区指标任务131.35%，为省补资金量97.43%。补贴农民购置农机具1.59万台，拉动农民投入1.43亿元，改善农机装备结构，提升全市农机机械化作业水平。（梁克非）

【广西农机事故应急救援预案演练现场会】2014年3月28日，广西农机事故应急救援预案演练现场会在南宁市西乡塘区石埠街道办兴贤村平畲坡召开，是自治区首次全区性的大规模演练；自治区农业机械化管理局、南宁市人民政府主办，市农业机械化管理局、西乡塘区人民政府承办，自治区各市265人到场观摩。演练以一台手扶拖拉机与一台多功能拖拉机发生相撞后侧翻，造成2人死亡、3人重伤、3人轻伤的一般农机事故为背景，按照救援预案模拟现场演示的形式进行全程演练。（李　芳）

农业综合开发

【概　况】2014年，南宁市农业综合开发项目各级财政资金投入2.57亿元，其中中央财政资金7721万元、自治区财政资金3788.50万元、市级财政资金1.37亿元、县（区）财政配套资金668万元。南宁市农业综合开发项目134个，其中土地治理项目26个、产业化经营项目105个、国家农发部门项目3个。

【国家农业综合开发项目】2014年，南宁市农业综合开发获国家立项农业综合开发土地治理项目13个，总投资9888万元，比上年增加1620万元，增长7.50%，其中中央财政资金6180万元、自治区财政资金2745万元、县（区）级财政配套资金345万元、群众自筹资金618万元。获国家立项农业综合开发产业化经营项目5个，总投资3887.64万元，其中中央财政资金891万元、自治区财政资金771.50万元、县级财政配套资金10万元。

【自治区农业综合开发项目】2014年，南宁市获自治区立项农业综合开发土地治理项目1个，涉及宾阳县，总投资420万元。其中：自治区财政资金350万元，县级财政配套资金35万元，农民自筹资金35万元。

【市级农业综合开发项目】2014年，南宁市市级农业综合开发土地治理项目立项13个，总投资5278万元，其中市级财政资金4750万元、县（区）财政配套260万元，涉及邕宁区、西乡塘区、武鸣县、上林县、隆安县、宾阳县、横县；市级农业开发产业化经营项目立项100个，财政扶持资金6114万元。完成对项目县（区）农业部门、财政部门及项目实施单位批复。

【资金管理】2014年，南宁市、县（区）农业综合开发办公室设立农业综合开发资金财政专户，指定专人管理，专账核算；项目实施完成并通过验收以后，按照规定的程序和手续办理报账、资金结算，无偿资金实行县级财政报账制；执行限时办结制度，国家、自治区财政资金到达市农业综合开发专户后，10个工作日内拨给项目实施的县（区）财政农业综合开发专户，市级项目财政资金批复后5个工作日内拨出。规范和加强项目资金管理，对各县（区）农业综合开发项目资金实行专人分片区管理，提高项目资金使用的综合效益，促使项目规范有序进行；继续整合各县（区）农业综合开发项目历年结余资金，并对所整合结余资金进行公平合理安排。

【项目验收】 2014年，南宁市的农业综合开发项目按照《国家农业综合开发资金和项目管理办法》《国家农业综合开发竣工项目验收考核评分试行标准》，对2013年度的土地治理项目、2014年度实施完成的市级产业化经营项目进行竣工验收考评。检查验收结果：南宁市2014年各级农业综合开发项目实施情况较好，建设任务、主要经济指标基本完成；没有发现县级财政配套资金不足额到位、滞留财政资金的情况，没有挤占、挪用、抵顶项目资金的现象。8月至9月，自治区农业综合开发办公室组织北京永拓会计师事务所广西分所、北京华通鉴会计师事务所有限责任公司广西分所2家会计师事务所分别对邕宁区、西乡塘区、武鸣县、横县、宾阳县、上林县、隆安县的国家农业综合开发项目进行验收核查，市各级农业综合开发部门做好迎检，并对自治区检查组查出的问题进行整改。

【项目成果】 2014年，南宁市土地治理项目的实施改造中低产田6506.67公顷，实现粮食增产1320.65万千克、糖料增产2513.60万千克、蔬菜增产2380.70万千克，促进项目区农民收入增加3064.58万元；产业化财政补助项目的实施实现新增总产值3.96亿元，直接受益农户3.58万户；新增农村劳动力就业1.29万人，促进项目区农民收入增加2.18亿元。 （谢文翔）

扶贫开发

【概　况】 2014年，南宁市有国家扶贫开发工作重点县3个（上林县、马山县、隆安县），自治区扶贫开发工作区1个（邕宁区）；贫困村421个，建档立卡贫困户17.02万户、贫困人口62.23万人。投入财政扶贫资金2.74亿元，其中贫困地区基础设施建设资金1.30亿元、产业化扶贫资金1.05亿元、扶贫培训资金1294.87万元。建成贫困村屯级路417条447.17千米，在贫困地区发展百香果、中药材、桑蚕、园林苗木等产业面积3.55万公顷。年内，减少贫困人口11.96万人。

【扶贫建设项目】 2014年，南宁市投入基础设施建设的财政扶贫资金1.30亿元。其中：中央、自治区投入5924.35万元；市本级财政投入5282万元；城区对口帮扶资金1810万元。建成贫困村屯级路417条447.17千米（屯级砂石路31条48.16千米，升级硬化屯级路386条399.01千米），解决贫困地区22.42万人行路难问题。

自治区第一批财政扶贫资金基础设施建设项目　主要包括：屯级砂石路20条25.25千米，升级硬化屯级路178条149.82千米，独立桥、涵洞16座125延米，小型人饮工程5处，挡土墙1处50立方米，水管水池1个，小型公共服务基础设施1处。总投资5877.69万元，其中财政扶贫资金5548.35万元、地方配套17.30万元、其他资金312.04万元（包括群众自筹、投工投劳等）。至年末，完成项目建设任务，受益农户2.95万户11.99万人。

自治区第二批财政扶贫资金基础设施建设项目　主要包括：屯级砂石路7条12.11千米，升级硬化屯级路15条8.47千米。总投资438万元，其中财政扶贫资金376万元、行业部门资金38万元、地方配套资金9万元、其他资金15万元（包括群众自筹、投工投劳等）。受益农户1839户6726人。

市本级财政贫困村通屯道路建设项目　主要包括：通屯水泥路160条189千米，总投资5670万元，其中市财政资金5282万元、县（区）配套388万元。至年末，完成项目建设任务，受益农户2.05万户8.57万人。

城区与开发区对口帮扶基础设施建设项目　兴宁区、江南区、青秀区、西乡塘区、南宁高新区、经开区、东盟经开区7个较发达城区、开发区落实基础设施建设帮扶资金1810万元，建设贫困村屯级砂石路4条10.80千米，升级硬化屯级路33条51.72千米，独立桥1座，挡土墙1处300米，受益农户2680户1.15万人。其中：青秀区、经开区帮扶马山县500万元，建设升级硬化屯级路13条16.70千米、砂石路1条3.80千米；高新区、西乡塘区帮扶隆安县500万元，建设升级硬化屯级路7条14.81千米；江南区、兴宁区帮扶上林县500万元，建设升级硬化屯级路9条、15.96千米，挡土墙1处300米；高新区、东盟经开区帮扶邕宁区250万元，建设屯级砂石路3条7千米，升级硬化路4条4.25千米，独立桥1座。

【产业化扶贫项目】 2014年，南宁市投入产业化扶贫资金1.06亿元，其中中央和自治区财政资金4785.50万元、市本级财政资金4000万元、城区对口帮扶资金1810万元。在贫困地区发展百香果、中药材、桑蚕等产业面积3.55万公顷，其中百香果1040.77公顷、中药材787.07公顷、桑园1128.48公顷、园林绿化苗木208.33公顷、茶叶33.33公顷、沃柑170.67

6月18日，南宁市部分贫困村党组织第一书记在上林县参观考察铁皮石斛种植基地　　黄振义　摄

公顷、茂谷柑10公顷、辣椒53.33公顷、大青枣76.67公顷、辣木3.53公顷、桂香梨11.67公顷、养鸡10.63万羽、养牛740头、养猪3435头、桑菇132.90万棒、蘑菇1.71万平方米、桑蚕共育3334张、桑菇棚1.50万平方米、铁皮石斛12.18万平方米,带动8.96万户以上贫困户发展增收产业。通过建立产业化扶贫示范基地,实施广西"十百千"(至2015年,建成10片以上产业化扶贫示范基地,扶持100家以上扶贫龙头企业,通过产业化扶贫示范基地和扶贫龙头企业带动1000个以上贫困村成为产业化扶贫示范村)产业化扶贫工程项目、"百村千户能人(大户)"示范带动工程,走"公司+基地+专业合作社+农户"发展路子,加快贫困地区农民脱贫致富步伐。

广西"十百千"产业化扶贫工程项目　南宁市实施广西"十百千"产业化扶贫工程项目4个,分别为马山县百香果种植项目、隆安县栀子中药材种植项目、上林县桑菇配套种植项目、邕宁区园林绿化苗木种植项目。投入财政扶贫资金1240万元,发展种植百香果100公顷、栀子136.67公顷,培育桑菇132.90万棒、园林绿化苗木71.13公顷。

自治区第一批产业开发扶贫项目　投入财政扶贫资金1402.50万元。主要包括:发展种植百香果97.50公顷、中药材48.06公顷,种桑养蚕266.53公顷,种植茂谷柑10公顷、辣椒53.33公顷,养鸡10.63万羽、牛740头、猪2000头,培育蘑菇1.71万平方米。项目覆盖12个县(区)贫困地区群众4567户1.51万人。

自治区第二批产业开发扶贫项目　投入财政扶贫资金1307万元。主要包括:发展种植百香果222.47公顷、中药材184公顷,种桑养蚕85.6公顷,种植桂香梨11.67公顷,养杜东母猪1435头,桑蚕共育3334张,培育铁皮石斛3万平方米,建桑菇棚7500平方米。项目覆盖12个县(区)贫困地区群众2405户1.01万人。

市本级财产业化扶贫项目　投入财政扶贫资金4000万元。主要包括:发展种植百香果531.80公顷、中药材398.33公顷、火龙果13.33公顷,种桑养蚕180.07公顷,培植园林花卉52.60公顷,种植沃柑170.67公顷、大青枣76.67公顷、茶叶33.33公顷、辣木3.53公顷、铁皮石斛6.18万平方米。项目覆盖12个县(区)贫困地区群众8898户3.18万人。

城区与开发区对口帮扶资金产业化扶贫项目　兴宁区、江南区、青秀区、西乡塘区、高新区、经开区、东盟经开区7个城区、开发区落实产业化扶贫帮扶资金1810万元。主要包括:帮扶发展种植百香果46.67公顷、中药材20公顷,种桑养蚕402.21公顷,培植园林花卉84.60公顷、铁皮石斛3万平方米,建桑菇棚5个7500平方米。项目覆盖贫困地区群众3567户1.98万人。

【扶贫贴息贷款项目】　2014年,南宁市投入贷款贴息资金546万元,扶持广西华夏本草医药有限公司、南宁市富庶淀粉有限公司、广西立盛茧丝绸有限公司、上林县明珍源桑枝菌业有限公司等10家扶贫龙头企业,发展中药材种植及保价收购、高产优质木薯种植及保价回收、扩建百香果示范基地、桑蚕基地低产改造及保价收购、桑枝配套种植食用菌生产基地等项目。覆盖贫困村106个、贫困户1.69万户,受益人口年单项人均纯收入966元。投入财政扶贫资金贴息到户贷款贴息资金170万元,主要扶持上林县农户发展百香果、中药材、种桑养蚕等项目。

【扶贫培训】　2014年,南宁市开展"雨露计划"扶贫培训,按程序组织学历教育、劳动力转移短期技能培训、贫困村农民实用技术培训及贫困村"两委"干部培训。实施普通高校本科学历教育扶持1657人,发放一次性补助672万元;中、高职学历教育扶持1806人,发放补助269.10万元;对2013年中、高职续培训实施第二年补助发放640人137.50万元,收集2014年中、高职学生材料3018份,筛选符合条件的1166份,待2015年第一批财政切块资金发放;开展贫困村劳动力转移就业培训1213人;开展贫困村农民实用技术培训1.35万人,投入培训经费198.80万元;开展贫困村"两委"干部培训3期342人,投入培训经费17.47万元。

【社会扶贫】

定点帮扶贫困村　2014年,南宁市落实249个单位(中央单位3个、区直单位27个、市直单位219个)定点帮扶224个贫困村,每个贫困村派驻党组织第一书记1名。各定点帮扶单位深入贫困村开展帮扶工作1179人次,投入帮扶资金5182.28万元,其中基础设施建设2311.96万元、产业开发项目966.38万元、教育1429.40万元、文化活动183.15万元、赈灾救济慰问74.03万元、基层组织建设71.73万元、培训经费23.68万元。

城区与开发区对口帮扶贫困县(区)　青秀区、经开区、西乡塘区、高新区、兴宁区、江南区、东盟经开区7个较发达城区、开发区落实帮扶资金3620万元,用于贫困村基础设施建设与产业开发,并纳入财政扶贫资金管理渠道。

南宁市对口帮扶百色市靖西县和那坡县　南宁市对口帮扶百色市靖西县和那坡县,每县落实资金300万元,主要打造2个示范村项目(靖西县南坡乡马峒村弄罡屯、那坡县平孟镇弄汤村上逢屯)。年内,完成2个示范村的村庄整治规划设计;开展示范村产业发展、基础设施等项目的建设;对村民进行百香果等产业知识培训200多人次。另外,帮扶那坡县坡荷乡弄耀村种植山豆根中草药10公顷;帮扶靖西县魁圩乡平巷村种植百香果25.33公顷;继续完善弄耀屯、大利屯基础设施建设。

【贫困人口与贫困户建档立卡】　2014年,南宁市开展贫困人口、贫困户建档立卡,对建档立卡的贫困人口进行精准帮扶、动态管理。贫困人口、贫困户的认定和建档立卡的程序:由农户自愿申请,各行政村召开村民代表大会进行民主评议,村委会和"美丽广西"乡村建设(扶贫)工作队进行核实后在所在的行政村、自然村(屯)进行公告;无异议后报乡镇政府审核,乡镇政府进行抽查核验,确定贫困户、贫困村名单后在各行政村、自然村(屯)进行第二次公示;无异议后报县扶贫开发办公室复审,复审后在各行政村、自然村(屯)进行公告,填写《扶贫手册》,并录入全国统一并联网的扶贫开发建档立卡信息采集系统。年内,全市识别贫困人口62.23万人、贫困户17.02万户、贫困村421个。贫困人口分布在12个县(区)的1240个行政村,贫困村分布在100个乡镇。　(谭春兰)

农工商企业

【概　况】　南宁农工商集团有限责任公司是南宁市人民政府领导、市政府国有资产监督管理委员会履行出资人职责的国有独资公司,注册资金1.80亿元。公司前身是1979年8月成立的南宁市农工商总公司,1998年公司制整体改造,组建集团公司。2005年、2007年,分别吸收合并下属5个全资子公司。2013年11月整合重组后,组建新的南宁农工商集团有限责任公司,定位为南宁市的农贸业投资平台；集团公司设直属机构1个（红星管理区），全资子公司7个（南宁市柳沙企业有限责任公司、广西秀宁房地产有限公司、南宁市秀和物业服务有限责任公司、南宁市罗文实业有限责任公司、广西北湖工业投资有限责任公司、南宁市路东养猪场、南宁市秀成置业投资有限责任公司），参股公司1个（广西云景房地产开发有限公司），授权管理企业3家（南宁市金谷隆粮油购销有限责任公司、南宁市名优水果业发展中心、南宁市扶贫开发中心）。2014年，南宁农工商集团完成营业收入2.29亿元，比上年同期增长31%；实现利润361万元；上缴税金4254万元，增长128%。

【生产经营】 2014年，南宁农工商集团制定整合重组方案，加快企业整合重组。6月6日，市委、市政府批准《南宁农工商集团有限责任公司整合重组实施方案》；南宁农工商集团开始对下属单位和企业进行整合重组。年内，南宁市秀和物业服务有限责任公司、广西北湖工业投资有限责任公司的整合重组实施方案，南宁市罗文实业有限责任公司吸收合并南宁市罗文实业有限责任公司、调整南宁市金谷隆粮油购销有限责任公司产权事宜已获市国资委核准；加快处理合作项目遗留问题，重新修订云景路A地块、“青湖中心”“上东国际”“山水花都”等合作项目遗留问题的处理方案，报国有资产流失处置工作领导小组审定；按照市政府专题会议审议通过的“东方皇城”“罗文70亩”“罗文60亩”“罗文25亩”合作项目处理方案，加快落实合作项目遗留问题处理。

南宁农产品交易中心项目 7月12日，南宁农产品交易中心项目落户南宁农工商集团，农工商集团为前期业主单位；位于红星管理区长虹路（长堽路延长线）两侧，是承接南宁市五里亭果蔬批发市场搬迁项目和承接全国农产品博览会的项目，被列为南宁市重点项目。南宁农工商集团开展项目规划设计前期工作，委托南宁市城乡规划设计研究院编写《南宁农产品交易中心项目建议书》《南宁农产品交易中心项目概念性规划》，委托郑州大学综合设计研究院有限公司编制《南宁农产品交易中心项目可行性研究报告》，委托广西壮族自治区建设工程机电设备招标中心开展南宁农产品交易中心设计招标代理业务；同时，加快推进征地拆迁，协同市国土资源局、青秀区征地办公室现场确认项目地块上公房部分青苗和附着物的面积及数量，完成项目地块上已确认公房的清表，协助相关部门完善征地拆迁安置手续，并垫付项目征地拆迁涉及的青苗补偿费；完善项目征地拆迁被安置人员过渡周转房的报建手续，建设周转房11栋88套，开工建设6栋48套；推进项目公司组建和筹融资工作，在《南宁日报》《南宁晚报》《南国早报》刊登招商启示，与30多家意向合作单位进行访谈和调研，取得“南宁农产品交易中心有限责任公司”名称预备案；与国家开发银行、农业银行、建设银行、交通银行等金融机构进行对接，以保证项目得到政策支持和募集到充足的建设资金。

三产物业经营 南宁农工商集团加快开展“东方皇城”项目的遗留问题处理，将南宁榄庆房地产开发有限责任公司对项目的前期投资视作农工商集团垫资代建的“东方皇城”一期、二期项目作为一个整体项目进行在建工程转让，双方协商签订项目代建合同事宜，项目二期施工图备案通过审批，正在办理施工合同备案；抓好“美泉1612”项目二期、三期、四期的开发建设，A1号楼、A2号楼、A3号楼已交房，A4号楼至A18号楼正在施工建设；抓紧对云景路0.73公顷“三产用地”自主开发，建设南宁农工商产业大厦，总投资1.50亿元（不含土地出让金），总建筑面积4.60万平方米，完成施工图审查修改、“三通一平”，11月开工建设；加大对竹溪大道2.33公顷产业项目（杰克·布拉格）开发力度，正在与市规划局对接协调项目设计条件；加强招商租赁管理，创新招商引资方式方法，提高物业管理档次，经营性物业15.08万平方米，出租率99.60%，收入2475.99万元；自主经营的农贸市场有罗文农贸市场、东风农贸市场、柳沙农贸市场、屯里农贸市场、石埠农贸市场。

工业开发建设 南宁农工商集团加大培育工业项目力度。理顺南宁市华摩牧工商公司24.27公顷工业用地的债权债务关系，与农业银行谈判，开展债权回购，策划冷链、物流配送等项目；农工商集团注资，将广西北湖工业投资有限责任公司的注册资本由1000万元增加至3000万元；广西北湖工业投资有限责任公司与广西华宏公司合作在红星管理区共同投资建设商品混凝土加工生产项目，占地1.33公顷，总投资4000万元，申请项目立项进展顺利；编制北湖2.87公顷工业用地项目可行性报告，建设工业标准厂房，项目土地已经收储。

农业开发经营 南宁农工商集团改变农用地仅靠对外发包土地收取租金的单一模式，对租约已经到期或即将到期的土地不再续签租赁合同，收回土地，发挥土地、区位、资源优势，调整产业结构，通过自主开发或合作开发的经营方式，加快现代观光农业、休闲旅游业建设步伐。以南宁市“十里花卉长廊”总体规划为主线，规划将路东养猪场打造成为集智能农业博览、水耕文化体验、生态养生休闲为一体的国家级现代农业产业示范园区，委托四川师范大学成都王者规划管理有限公司编制项目设计方案，并申请项目立项；对租约已经到期或即将到期的菠萝良种场、红星个体奶牛场、石埠奶牛场等大面积土地

7月22日，自治区商务厅副厅长熊家军（前右二）到南宁农产品交易中心项目用地现场调研 陆锡健 提供

不再续签租赁合同,收回土地后进行现代农业、休闲农业项目的策划,红星个体奶牛场、石埠奶牛场已基本清场完毕;在罗文管理区大渌晚水库周边筹建农业旅游观光养生城。

【招商引资与项目建设】 2014年,南宁农工商集团实现招商引资到位资金7100万元,完成年度任务139.22%。加快项目开发建设,"美泉1612"项目开工建设,面积7.65万平方米(含A6、A7、A8、A17和A18号楼),精装修完工交付面积6.46万平方米(含A2、A3、A15号楼和一期地下室),销售房屋312套,面积3.48万平方米,完成销售额4.17亿元,交付房屋466套,面积4.62万平方米,完成固定资产投入4.31亿元;柳沙公司教育综合楼项目完成办理项目施工规划许可证及开工证;柳沙公司第四、第五分公司被拆迁户统一安置于江南1号回建点,竣工交付使用,4月20日完成拆迁户抽签分房;柳沙公司职工全额集资房项目2号、3号楼工程于8月份完成主体封顶。

【企业改制】 2014年,南宁农工商集团加快南宁市柳沙企业有限责任公司及所属子公司整体改革改制,妥善安置职工,促进企业健康发展,1月,成立柳沙企业公司改革改制领导小组;11月19日,出台《南宁市柳沙企业有限责任公司整体安置与改革发展实施方案》;12月2日,完成职工分流安置摸底调查统计。5月21日,南宁农工商集团将南宁市罗文坡园艺场成建制整体移交西乡塘区政府管理;5月30日,将南宁市三屋园艺场成建制整体移交青秀区政府管理。9月30日,柳沙江南民营公司按程序注册"南宁市好和缘资产管理有限责任公司",柳沙江北民营公司正在筹备中。推进路东养猪场及柳沙企业公司下属南宁市青龙岗长安墓园、南宁市装饰公司、南宁市建筑工程公司的改革改制,进入企业清产核资阶段,其中南宁市青龙岗长安墓园7月率先完成公司体制改革,正在进行工商登记。

(陆锡健)

林　业

【概　况】 2014年10月,南宁市林业局与南宁市园林管理局整合设立南宁市林业和园林局,为市政府工作部门。机关内设办公室、政策法制科(山林纠纷调处办公室)、规划建设科、绿化管理科(首府绿化委员会办公室)、营林科、林政资源管理科(林业改革发展科)、公园景区管理科、野生动植物保护与自然保护区管理科、产业科(科学技术与对外合作科)、森林防火科(市森林防火指挥部办公室)、计划财务科、行政审批办公室、人事科;机关行政编制49名,机关后勤服务人员控制数5名,现有工作人员59人。下属二层单位有28个。其中:行政单位1个,市森林公安局;事业单位26个,市绿化工程管理处、市林业科学研究所、市南湖公园、市人民公园、市动物园、市金花茶公园、市石门森林公园、市乡镇林业工作站(市林业技术推广站)、市森林病虫害防治站、市农村能源工作站、市种苗管理站、市林政稽查大队、市野生动植物保护站(市野生动植物救护中心)、市生态公益林站、市五象岭森林公园、市园林规划设计院、市花卉公园、市狮山公园、市滨江公园、市新秀公园、市邕江滨水公园、市体育休闲公园、市儿童公园、市江南公园、市五象湖公园、市丁当林场;企业1个,南宁花花大世界。全市林业系统(含六县六区三开发区)有干部职工2.30万人,各县单独设林业局,上林县、各城区为农林水利局,开发区为社会事业局。年内,南宁市完成山上造林绿化1.95万公顷;通道绿化152.76千米,其中建成区外铁路沿线69.76千米、绕城高速公路网外通道绿化83千米;全民义务植树1008.40万株。森林覆盖率47.50%。活立木蓄积量4541.39万立方米。森林火灾受害率控制在0.132‰。林业有害生物防控目标指标全部达标,成灾率0.73‰。新建沼气池3089座。完成固定资产投资119亿元。实现林业总产值583.55亿元。林权抵押贷款余额14.60亿元。

【植树造林】 2014年,南宁市完成山上造林绿化1.95万公顷;通道绿化152.76千米,其中建成区外铁路沿线69.76千米、绕城高速公路网外通道绿化83千米;全民义务植树214.89万人次,植树1008.40万株;中幼林抚育4.24万公顷;国家石漠化治理试点工程封山育林2563公顷;"千万珍贵树种送农家"活动种植珍贵树种72.60万株;村屯绿化60个;乡镇建成区绿化10个。

【林业产业】 2014年,南宁市有木材经营加工企业2710家,其中经营销售企业1216家、木材加工企业1494家(单板加工534家、胶合板加工232家、刨花板加工6家、细木工板加工62家、纤维板加工11家、其他类别659家);制浆造纸企业3家(广西南宁凤凰纸业有限公司、广西华劲集团有限公司、南宁金浪浆业有限公司);松脂深加工企业22家、栲胶厂1家,主要生产松香、松节油、栲胶等。林业产业总产值583.54亿元,其中第一产业产值143.74亿元、第二产业产值367.38亿元(木材加工业产值183.35亿元、造纸业产值108.39亿元、林产化工业产值12.23亿元)、第三产业产值74.42亿元。广西得力木业开发有限公司年产30万立方米地板基材、年产500万平方米强化地板项目于2012年9月列入自治区层面统筹推进重大项目,总投资3.80亿元,2013年4月开工建设,2014年12月基本建设完成。

【林下经济】 2014年,南宁市以"公司+基地+农户"、立体生态养殖等模式为重点,发展多种形式的林下循环养殖和林下种植经济。主要发展模式:林禽模式、林畜模式、林药模式、林下产品加工模式、林下生态旅游模式。建设9个自治区级、14个市级林下经济示范项目,投入专项资金707.13万元。至年末,林下经济发展面积14.95万公顷,产值36亿元,惠及林农87.76万人;农民林下经济总收入10.90亿元,林农人均纯收入增加1243元;从事林下经济林农户20.26万户47.73万人。

【林业招商引资】 2014年,南宁市通过"走出去、引进来""企业带企业"等方式,组织林业项目参加中国农业产业化龙头企业协会广西投资合作洽谈会、展览展示等招商引资活动,加强交流与合作。新增木材加工企业85家,其中年生产能力3万立方米及以上胶合板加工企业31家、年生产能力15万立方米纤维板加工企业1家。完成固定资产投资119亿元。新引进项目40个(新签约1亿元以上项目1个、1000万元以上项目7个、1000万元以下项目32个),开工建设项目40个,竣工项目23个,续建项目4个;计划投资5.26亿元,实际到位资金6.36亿元。

【森林资源与林地管理】 2014年,南宁市森林采伐限额蓄积量510.42万立方米,实际发证完成林木采伐蓄积量224.10万立方米,占年度限额43.91%。国家林业局、自治区林业厅批准南宁市建设项目占用征收林地196宗,面积1521.57公顷。南宁市列入自治区级以上重点公益林森林生态效益补偿面积33.30万公顷。其中:国家级33.03万公顷,自治区级2746.67公顷;实际签订管护合同森林面积29.93万公顷，占总任务89.88%。

【自然保护区】 2014年，南宁市有森林和野生动物自然保护区6个，总面积5.16万公顷，分别为广西大明山国家级自然保护区，面积1.70万公顷，主要保护对象为多样性山地森林生态系统以及珍稀濒危特有动植物资源；广西龙虎山自治区级自然保护区，面积2255.70公顷，主要保护对象是以猕猴、石山苏铁、毛瓣金花茶、珍贵药用植物为主的野生动植物及石灰岩生态系统；广西龙山自治区级自然保护区，面积1.07万公顷，保护对象为大明山南亚热带山地森林生态系统和珍稀濒危动植物资源；广西三十六弄—陇均自治区级自然保护区，面积1.28万公顷，主要保护对象为蚬木、南亚热带石灰岩森林生态系统；广西弄拉自治区级自然保护区，面积8481公顷，主要保护对象为南亚热带岩溶森林生态系统，珍稀濒危野生动植物及其生境，喀斯特地貌独特的自然景观；南宁市良庆区那兰鹭鸟市级自然保护区，面积346.67公顷，主要保护对象为白鹭、夜鹭、绿鹭、池鹭。《南宁市自然保护小区规划（2013—2020年）》获市政府批复，计划2015年实施。

【湿地保护】 2014年，《南宁市湿地保护规划（2013—2020年）》获市政府批复，计划2015年实施。据2011年南宁市第二次湿地资源统计调查，全市面状湿地面积8公顷以上，线状湿地平均宽度10米以上、长度5千米以上的湿地总面积6.30万公顷，其中自然湿地（包括湖泊湿地、河流湿地、沼泽湿地）2.51万公顷，人工湿地3.80万公顷。南宁市国家湿地公园试点有横县西津国家湿地公园1处，2013年1月30日获批为试点，正在建设，建设周期5年。

【森林资源保护】 2014年，南宁市开展“湿地日”“爱鸟周”“生物多样性日”“野生动植物宣传月”“十月科普”等保护野生动植物宣传活动，悬挂野生动物宣传横幅235条、标语1964条，出版宣传板报259块，开展大型宣传活动25次，在电视台滚动播出宣传标语1个月，发放野生动物宣传资料11.80万份。年内，救护动物9.55万只（头、条），无害化处理动物1335千克、570只（头、条），移送动物7194只（头、条），放生动物8.83万只（头、条）。组织开展“春季破案战役”“天网行动”等打击破坏森林资源违法犯罪专项行动，侦破刑事案件187起（重大刑事案件28起、特大刑事案件22起），办理行政案件742起，收缴国家一级保护野生动物4只（条），收缴国家二级保护野生动物虎纹蛙、褐翅鸦鹃、穿山甲等2.47万只（头、条），收缴自治区重点保护野生动物3.11万只（头、条）。

【国有林场】 2014年，南宁市有国有林场12个，分别为南宁市丁当林场、横县石塘林场、横县镇龙林场、宾阳县黎塘林场、上林县龙山林场、马山县永州林场、马山县光明山林场、武鸣县朝燕林场、隆安县礼智林场、龙象谷区南州林场、良庆区太安林场、邕宁区八里亭林场。经营管理总面积4.72万公顷，其中有林地3.52万公顷，占经营管理总面积74.60%；活立木蓄积量180.45万立方米。完成荒山造林面积567.40公顷，迹地更新1555.60公顷，幼林抚育面积5843公顷，成林抚育面积1.68万公顷；木材产量16.89万立方米，松香产量1.15万吨，松节油0.12万吨，实现林业产业总产值2.55亿元。

【山林纠纷调处】 2014年，南宁市调处跨县（区）山林权属纠纷13宗，配合自治区开展跨市山林纠纷调处15宗（次），调处率100%。南宁市林业管理部门组织召开山林权属纠纷案件质证辩论会5次，调解协调会12次，向市政府提交山林权属纠纷问题处理意见9件（次）；组织协调相关县（区）政府和有关部门处理纠纷问题23宗（次）；办理信访件14件（次），开展公开大接访活动4次，接待群众来访96人次，开展信访专案调查1次。

【森林防火】 2014年，南宁市发生森林火灾35起（一般森林火灾17起、较大森林火灾18起），无重特大森林火灾和人员伤亡事故发生。火场总面积410.73公顷，其中受害森林面积94.63公顷，森林火灾受害率控制在0.132‰。

【森林病虫害防治】 2014年，南宁市林业有害生物新发生面积为3508.20公顷，林业有害生物成灾面积482.93公顷。主要种类为马尾松毛虫、油桐尺蛾、桉蝙蛾、芒果天蛾、桉树枝瘿姬小蜂、桉树青枯病、植物薇甘菊等。马尾松毛虫新发生740.47公顷，成灾面积13.33公顷，主要发生在武鸣县、马山县、隆安县、宾阳县；油桐尺蛾新发生面积596.27公顷，成灾面积173.33公顷，主要发生在武鸣县府城镇、陆斡镇，隆安县城厢镇，马山县光明山林场，上林县三里镇、乔贤镇；桉蝙蛾新发生面积830.33公顷，成灾面积32公顷，主要发生在兴宁区五塘镇、昆仑镇，青秀区长塘镇、伶俐镇，良庆区那马镇、大塘镇、南晓镇，邕宁区百济乡，武鸣县太平镇、府城镇，横县各乡镇，宾阳县陈平镇等地；芒果天蛾新发生面积726.67公顷，成灾面积197.93公顷，主要发生在武鸣县朝燕林场；红火蚁零星发生在南宁市城区内公共绿地和公园；植物薇甘菊新发生面积9.67公顷，发生在经开区那洪镇、金凯街道办；粗鞘双条杉天牛发生面积0.33公顷，发生在横县；锈色棕榈像零星发生在西乡塘区；桉树青枯病新发生面积165.11公顷，主要发生在马山县白山镇、林圩镇、周鹿镇、乔利乡；桉树枝瘿姬小蜂新发生面积80.40公顷，成灾面积66.40公顷，全市DH2011-2、隆缘桉树林均有分布。南宁市有森林病虫害防治检疫站8个，其中武鸣县、宾阳县、马山县、横县、隆安县为国家级中心测报点。年内，投入林业有害生物防治经费100.90万元，实施防治面积2995.07公顷，其中应用白僵菌、阿维菌粉等无公害农药实施防治面积2718.27公顷。实施种苗产地检疫989.60公顷、木材调运检疫签证343.70万立方米。开展春秋两季松材线虫病普查及松材线虫病监测，调查43.68万公顷次，清除枯死松木385株，采集192个样本进行检验，未发现松材线虫。完成2013—2014年度林业检疫性有害生物普查，发现红火蚁、植物薇甘菊、锈色棕榈象3种全国林业检疫性有害生物，桉树青枯病、桉树枝瘿姬小蜂、粗鞘双条杉天牛3种广西补充林业检疫性有害生物。完成全国林业信息化示范项目——南宁市林业有害生物防治信息管理系统的建设，实现基于3S技术的林业有害生物远程诊断、数据采集、快速录入、统计汇总、趋势分析、灾害预警、应急除治、信息发布、可视化浏览以及通讯指挥、过程跟踪等信息化管理。

【森林旅游】 2014年，南宁市有开展森林旅游业务的单位11家，其中自然保护区2家（广西大明山国家级自然保护区、隆安龙虎山自然保护区），森林公园4家（横县九龙瀑布群国家森林公园、良凤江国家级森林公园、朝燕自治区级森林公园、南宁市石门森林公园），“森林人家”5家（兴宁区凤凰谷景区、上林县下水源庄、高新区南宁怡景生态园、南宁市良凤江国家森林公园的菩提山庄、大明山国家级自然保护区的天坪站旅游区）。森林旅游从业人数545人，经营收入3152.89万元（门票收入1240.95万元、食宿收入1066.18万元、其他收入256.95万元）；接待游客134万人次；投入建设资金1.01亿元(国家投入6900万元、自筹资金3203.77万元)。

【农村能源建设】 2014年，南宁市有农村能源管理推广机构48个(地级市1个、县级14个、乡级33个)。完成中央财政投资计划项目——新建农村户用沼气池3089座，完成自治区财政投资计划项目——改修复户用沼气旧病池690座。至年末，累计建成农村户用沼气池51.07万座，适宜建池农户入户率71.90%；大中小型沼气池79处。农村沼气县级服务网点5个，乡村级服务网点941个，持有沼气生产工证1462人。完成“2014年自治区财政投资农村能源综合示范点——太阳能路灯示范”项目建设，分别在马山县乔利乡兴科村、古寨乡古朗屯安装LED光源太阳能路灯30杆、40杆，投资16.80万元。

【集体林权制度主体改革】 2014年，南宁市继续深入推进集体林权制度主体改革查缺补漏整改。年内，完成勘界确权面积87.09万公顷，完成制证面积83.46万公顷。林权证发证到户率50%，其中邕宁区林权证发证到户率95%、宾阳县90%、西乡塘区90%、横县51%、武鸣县40%、江南区40%、青秀区33%、兴宁区24%、良庆区16%，上林县、马山县、隆安县集体林权制度主体改革查缺补漏有不同程度的进展。

【农民林业专业合作社】 2014年，南宁市扶持和培育林业专业合作社，发展专业协会中介组织，有效提高林业经营组织化程度和专业化经营水平。累计建立农民林业专业合作社95个，入社农户2132户。12月，马山古朗瑶乡山金银花专业合作社、南宁市准丰林木种植农民专业合作社被评为2014年国家合作社示范社。

【政策性森林保险试点】 2014年，自治区下达给南宁市的政策性森林保险试点任务38.67万公顷。至年末，实际完成投保面积35.33万公顷，保险保费22.96亿元，落实政策性农业保险财政保费补贴资金565万元。 (梁惠萍)

水 利

【概 况】 2014年，南宁市筹措水利资金24.13亿元，完成投资14.98亿元，完成小型病险水库除险加固139座，解决33.40万人饮水安全问题，新修建防渗渠道176千米，渠道清淤1500千米，改善灌溉面积1.17万公顷，新增恢复灌溉面积7626.67公顷，新建堤防和护岸14.10千米。战胜第9号台风“威马逊”和第15号台风“海鸥”等7次台风和灾害性暴雨天气，减免受灾人口94.44万人、减免受灾农田3.10万公顷，减少直接经济损失24.13亿元。

【水利工程建设】 2014年，南宁市筹措水利资金24.13亿元，比上年增加2.46亿元，其中中央资金9.37亿元、自治区资金4亿元、市本级资金6.03亿元、县(区)资金3.77亿元、群众自筹及其他0.96亿元；安排水利建设项目2426个。南宁市财政安排3000万元用于前期工作，提取1.87亿元土地收益金用于农田水利建设，完成水利固定资产投资14.98亿元，占年度自治区水利厅下达任务14.50亿元的103.30%，占市政府年度任务22亿元的68.10%。

水库除险加固工程 年内，南宁市续建小型病险水库除险加固项目计划139座，计划总投资2.15亿元，完成投资1.84亿元，完成主体工程建设99座，完成下闸蓄水验收66座，完成合同完工验收20座；下半年新下达三批小型病险水库除险加固项目计划146座，计划投资2.28亿元，新开工建设30座。中型病险水库除险加固工程有隆安县布良水库、马山县大朗水库2座续建项目，计划投资4261万元，完成投资3258.95万元；新开工项目1座，为武鸣县暮定水库，计划投资3527.42万元，完成投资805万元。续建中型水闸除险加固项目有武鸣县明秀水闸和西江水闸2座，计划投资4316万元，完成投资2752万元；新开工项目1座，为横县清江水闸，计划投资1401万元，完成投资490万元。

农村饮水安全工程 南宁市2014年中央预算内投资农村饮水安全项目计划总投资1.93亿元，计划兴建农村饮水安全工程576个，解决33.40万人的饮水问题，其中农村居民25.50万人、农村学校师生7.90万人。年内，576个项目建设完工，完成投资1.93亿元，占计划100%；解决33.40万人口饮水安全问题。

中央小型农田水利建设项目 年内，南宁市列入中央小型农田水利建设重点县有5个(宾阳县、横县、上林县、隆安县、马山县)，下达投资计划1.58亿元，完成投资6570.19万元。

冬春水利建设项目 南宁市2014年至2015年冬春水利建设项目开工建设796个，占计划98%；完成投资9.21亿元，占计划68.77%。完成水库除险加固68座，解决28万农村人口饮水安全问题，新修建防渗渠道386千米，渠道清淤2017千米，改善灌溉面积1.41万公顷，新增恢复灌溉面积7626.67公顷。

邕宁区防洪堤一期工程 总投资10.60亿元，2014年累计完成投资8.65亿元，占总投资81.60%。第一至四段防洪堤已完成主体10.12千米，占设计长度的91%；完成3座泵站、6座排涝闸建设；第五段防洪堤先期实施段启动招投标。

中小河流治理工程 南宁市列入《全国重点地区中小河流近期治理建设规划实施方案》项目5个(自治区项目178个)。至年末，累计完成投资2104万元，占投资计划90%；完成护岸建设5.10千米，治理河长3.60千米。列入《广西2013—2015年中小河流治理项目》的项目(自治区项目328个)16个，有12个项目下达投资计划，0个项目开工建设；累计下达投资1.95亿元。至年末，完成投资7229万元，占投资计划37%；完成护岸建设11千米，新建堤防4.70千米。列入广西中小河流治理123项目6个，项目全部完工，正在质量抽检及竣工验收。

【抗洪救灾】 2014年，南宁市遭受7次台风、强降雨影响，其中第9号台风“威马逊”、第15号台风“海鸥”影响较大，台风“海鸥”影响最大，具有雨时长、风速强、雨量大等特点。南宁市入汛较早，4月上旬各主要江河出现明显的涨水过程1次，其中郁江南宁站涨幅近1米、清水河邹圩站涨幅1.29米。7月，受台风“威马逊”的影响，南宁市普降中到大雨，局地暴雨到大暴雨；7月18日8时至19日14时，南宁市降雨量超过100毫米有5个站点、50毫米~100毫米有54个站点、25毫米~50毫米有85个站点，降雨量最大的站点是武鸣县天坪209毫米，较大降雨站点是邕宁区百济126毫米、良庆区南晓115毫米；各县(区)均伴有平均风力6级、阵风8级大风，良庆区大塘镇出现10级大风；郁江南宁站水位出现74.11米的洪峰水位，洪峰流量每秒9920立方米，超警戒线水位1.11米；7月19日，南宁市有26座水库超汛限水位运行(中型3座、小一型14座、小二型9座)，5座水库出排洪(中型2座、小二型3座)。9月16日8时至17日14时，受15号台风“海鸥”影响，南宁市普降大雨到暴雨、局部大暴雨和特大暴雨，并伴有强风，其中降雨量大于250毫米有5个站点，100毫米~250毫米有33个站点，50毫米~100毫米有69个站点，25毫米~50毫米有72个站点，降雨量较大的区域是江南区延安342毫米、良庆区那陈307毫米、武鸣县天坪287毫米、隆安县屏山236毫米、江南区苏圩286毫米。9月16日14时，南宁水文三站水位为63.73米，比警戒水位低9.27米，郁江南宁站水位出现74.87米洪峰水位，洪峰流量每秒1.03万立方米，是2014年汛期发生的最大一次洪水，超警戒水位1.87米；至9月17日14时，南宁市有38座水库超汛限水位运行（大型3座、中型5座、小一型14座、小二型16座）；12座水库出排洪（大型2座、中型2座、小一型4座、小二型4座）。年初，南宁市水库有效蓄水量11.11亿立方米，占有效库容66.70%；2月中旬，春耕开始后到4月下旬8.24亿立方米，占有效库容49.40%，为年内最低值；9月上旬12.99亿立方米，占有效库容77.98%，比历年同期多3.45亿立方米，为年内最高值；12月底11.98亿立方米，占有效库容71.80%，比历年同期多5.10亿立方米，比上年同期多2.10亿立方米。强降雨天气致南宁市12个县（区）、2个开发区的112个乡镇（街道）受灾，受灾人口143万人，因灾死亡6人，紧急转移安置7460人；农作物受灾面积11.36万公顷，其中成灾面积3.22万公顷，绝收0.48万公顷，因灾减产粮食2.23万吨；因灾倒塌农房1200间；全市直接经济损失9.97亿元，其中农业损失7.58亿元、水利损失2328.50万元，属受灾较重的年份。

南宁市完善“预警到乡、预案到村、责任到人”的防汛体系建设，督促乡镇、村及时修订各类防汛抗旱减灾工作预案。3月16日，南宁市防汛抗旱指挥部办公室编印《南宁市关于重大气象信息和重要汛情旱情报告各级党政主要负责人实施工作方案》《广西壮族自治区防汛抗旱七个重要文件汇编》。3月20日，下发《关于加强防汛物资储备和管理的通知》，对全市各级防汛指挥部专储、民储抢险物资进行清查，开展查遗补缺，市本级储备麻袋5.80万条、编织袋28万条、冲锋舟9艘、橡皮舟7艘、铁丝9925千克、发电机组4台、救生衣7700件、救生圈300个等物资，组建由各城区民兵和武警官兵组成的4000人基本抢险队伍，各县（区）组建不少于500人的基本抢险队伍；组织举办2014年南宁市防汛行政首长培训班，组建险情分析会商专家组。4月，各县（区）防汛抗旱指挥部分别下达小型水库的汛限水位，5月上旬市防汛抗旱指挥部下达中型水库的汛限水位。5月10日，南宁市将全市723座小型水库行政责任人、技术负责人在《南宁日报》刊登，接受全社会监督。5月15日至23日，南宁市水利局组织13个防汛工作检查组和7个防汛抢险专家指导组，检查县（区）病险水库、在建水利工程和堤防工程。5月21日，广西壮族自治区防汛抗旱指挥部举办、南宁市防汛抗旱指挥部承办的“2014年自治区防汛应急演练”在南宁市民生广场举行，300余人参加观摩。7月5日8时，市防汛抗旱指挥部启动南宁市洪涝灾害Ⅳ级应急响应。7月18日9时，南宁市气象局启动气象灾害Ⅱ级应急响应，13时市防汛抗旱指挥部启动防台风Ⅲ级应急响应。7月19日8时，南宁市水文水资源局将南宁水文测报Ⅲ级应急响应提升为Ⅰ级应急响应。7月21日10时，市防汛抗旱指挥部启动南宁市城市防洪Ⅳ级应急响应；7月22日10时，将响应级别提升为Ⅲ级。城市发生内涝期间，南宁市城市管理局、各城区加强防洪排涝应急能力建设，及时疏浚河道，疏通排水管网，落实地下公共空间防护和低洼地带应急排涝措施，确保人民群众生命安全；公安部门加强道路交通管理，确保城市正常运转。全市减免受灾人口94.44万，减淹农作物面积3.10万公顷，减少直接经济损失24.13亿元。

【水土保持管理】 2014年，南宁市强化水土保持“三同时”（水土保持方案同主体工程同时设计、同时施工、同时投产使用）制度，加大水土保持执法检查，完善重大开发建设项目的督查制度，实行跟踪监控和常态化管理。4月至5月，市水利局集中力量对南宁市周边的重点开发建设区、中国—东盟商务园区、高新区、经开区等开展执法检查50多次，检查开发建设项目60个；配合水利部珠江水利委员会和自治区水利厅开展水土保持执法专项检查，检查水利建设项目10个，对检查中发现的问题提出限时整改；督促武鸣县做好坡耕地综合治理验收有关工作、邕宁区新江小流域综合治理二期前期工作和青龙江小流域综合治理。年内，完成水土保持方案审查116个，水土保持方案审批90个，完成水土保持规费征收约250万元。开展形式多样的宣传活动，编印水土保持科普知识读本9000本、水土保持法规2500本，印发水保法读本1万册、法规汇编读本3000册、执法文书读本3000册、科普知识读本2万册。

【水资源管理】 2014年，南宁市进一步强化水资源管理，继续推进落实严格的水资源管理制度基础性工作。市水利局委托设计单位初步完成《南宁市级水功能区纳污能力核定和分阶段限制排污总量控制方案》编制，出版《2013南宁市水资源公报》，协助自治区水利厅组织编写《郁江水量分配方案》；实施严格的水资源论证制度，完善取水许可审批管理。年内，市本级审批水资源论证审查5项、取水许可4项、变更取水许可1项；市本级依法征收水资源费444万元，全市单位GDP用水量逐年下降。推进应急备用水源建设，继续推进龙潭水库至三津水厂农灌渠改造工程和天雹水库至陈村水厂放水设施工程2项城市应急水源工程建设；天雹水库至陈村水厂放水设施工程完成施工招投标并开工建设，龙潭水库至三津水厂农灌渠改造工程完成施工图审查并开展设备采购和施工招投标。开展饮用水源地保护建设项目7个（含自治区补助资金项目），完成2个饮用水源地保护项目的批复，其中西乡塘区金陵镇饮用水水源地保护建设规划在南宁市乡镇一级饮用水源地保护建设规划中起示范作用。

【全国水生态文明建设试点】 2013年7月南宁市被列为全国首批水生态文明建设试点之一。2014年1月，珠江水利委员会、自治区水利厅联合评审《南宁市水生态文明城市试点实施方案》，通过专家审查，最终形成《南宁市水生态文明城市试点实施方案（报批稿）》，11月4日上报自治区政府审批。5月17日上午，国家水利部副部长矫勇到南宁市视察调研水生态文明城市建设，实地考察相思湖湿地公园和南宁水文站，并听取南宁市水生态文明城市建设试点情况、“中国水城”建设情况以及防洪工程等汇报。

【水行政执法】 2014年，南宁市加强水利立法，完成《南宁市饮用水水源保护条例》修订并发布实施，完成《南宁市水库管理条例（送审稿）》报送及凤亭河水库水源保护立法调研；开展行政执法案卷评查，依法开展行政执法案卷评查601个，受理行政许可审批项目263项、办结263项，取消行政审批事项2项；开展水土保持专项执法50多次，执法检查开发、建设项目60多个；与公安、海事、交通等部门开展邕江两岸综合整治联合执法9次，清理非法渔排150个，暂扣捕鱼船4艘（移交渔政依法查处），拆除涉河障碍物87

处，依法查扣非法采砂船8艘次，处罚4.40万元，警告并驱离非法滞留禁采区船舶213艘；结合"世界水日""中国水周"等主题活动，利用电视、电台、报刊、网络等媒介加强水法律法规的宣传；加强执法基础设施建设，继续推进《南宁市邕江河道水政管理监控系统》《南宁市水政执法工作站》建设项目，重新启动邕江河道采砂经营权招标；落实水利安全生产责任制，开展水库蓄水安全专项检查。市水利局对全市748座水库、576项农村人饮工程、23项中小河流治理项目等重点工程进行安全检查，派出92个工作组(次)2208人次进行检查，查处非法违规行为206起。打击水利行业非法违法生产经营行为，市水利水电工程质量与安全监督站开展水利工程项目现场监督检查活动150多次，签发现场整改通知130份，发文整改7份，全年无重大质量与安全事故发生。

【大王滩水库环境综合整治】 2014年5月15日，南宁市水利局印发《关于印发大王滩水库环境综合整治库区船舶整治方案的通知》《关于印发大王滩水库环境综合整治岸上养殖项目整治方案的通知》《关于印发大王滩水库环境综合违法违规捕鱼项目整治方案的通知》《关于印发大王滩水库环境综合整治库区旅游休闲项目整治方案的通知》，明确大王滩水库环境综合整治项目，落实整治经费1500.15万元。年内，组织专项拆除行动9次，出动120人次，整治旅游休闲平台6个，涉及补助金额32万元；整治船舶1449艘，其中拆解旅游船舶、变相竹排和企事业单位职工用船71艘，拆除38艘，拆解船舶补助经费83万元；完成船舶上牌并建档归档228艘，上牌自用船舶1377艘，完成上牌、拍照1054艘；整治岸上养殖209户，拆除160户，通过验收132户，发放补助金额466万元。在水库库区、水面设置航标76个，在水库周边村屯发放整治通告3000份、船舶整治通告4000份、环境综合整治宣传册5000册。 (傅美湖)

【水库移民】 2014年，南宁市涉及移民搬迁的大中型水利水电工程51座(处)，有大中型水库移民12.56万户49.99万人。其中：搬迁移民6.38万户25.50万人；淹地不搬迁移民6.18万户24.48万人。分布在六县六区、高新区、经开区，涉及乡镇96个、村民委员会493个、村民小组3215个。核定登记南宁市大中型水库移民后期扶持人口指标40.07万人。其中：核定登记到人37.36万人，登记到村民小组2.68万个；后期扶持方式确定为直补到人39.59万人，项目扶持3130人，两者结合702人。

库区维稳　市水库移民工作管理局处理群众来信来访56件(来信21件、来访35批147人)，办结率100%；办理上级交办信访案件6件，按时办结并上报处理结果，办结率100%；开展公开大接访4次。严格实行库区社会稳定的风险评估制度。年内，进行社会稳定风险评估项目526个，涉及总投资2.40亿元。重大会议、重大节庆活动期间，没有移民赴邕进京非正常上访，库区和移民安置区社会和谐稳定。

水库移民安置　完成自治区重大项目老口航运枢纽工程二期截流前，征地1659.92公顷，完成率98.70%。其中：江南区全部完成征地任务，西乡塘区有3公顷跨区争议地、隆安县有11.13公顷争议地尚未签订补偿协议；签订补偿协议的补偿款基本发放到位。完成移民搬迁安置人口15户62人的搬迁安置协议签订。开展截流最低水位以下专项设施迁改建项目：交通设施迁改项目26处，全部完工；水利设施完成一次性补偿282处；完成通信设施、电力设施迁改；在建防护工程建设22段，完成满足截流要求工程建设18段；全部完成库底清理。10月17日，通过自治区二期截流前终验。

大中型水库移民后期扶持政策　完成广西水库移民后期扶持人口核定管理系统的数据更新，南宁市大中型水库移民后期扶持人口核定登记的指标40.07万人，核定增加指标938人；足额发放后期扶持资金2.40亿元。

水库移民新村建设　自治区下达南宁市为民办实事水库移民新村建设工程项目155个，总投资6722万元，受益人口3.85万人(水库移民受益3.56万人)。至年末，155个项目全部完成建设，并通过自治区水库移民工作管理局的抽查验收。

基础设施建设　南北钦防水库移民基础设施提质工程建设项目进展顺利，2014年至2015年度大中型水库移民后期扶持结余资金(水库移民村屯道路硬化)项目291个，总投资1.40亿元。年内，完工项目267个，完工率91.80%。"美丽南宁·清洁乡村"市本级财政水库移民基础设施建设计划项目59个，总投资2982.20万元，其中市财政投入水库移民资金2500万元、县(区)配套资金252.50万元、水库移民自筹229.70万元。至年末，59个项目全部完成建设。横县马岭镇振兴村委龙山屯、兴宁区五塘镇六塘村维新坡2个水库移民新村获自治区"清洁乡村·百佳村屯"称号。

水库移民教育培训工程　培训水库移民1.38万人，其中广西农业职业技术学院培训1340人，广西水产畜牧学校培训189人，柳州畜牧兽医学校培训201人，玉林农校开展职业技能培训52人，桂林市恭城县黄竹岗广西水库移民培训基地培训350人，社会培训1.16万人。

水库移民增收工程　南宁市下达市本级财政产业扶持项目10个，投资500万元，正在实施。12月，自治区水库移民工作管理局下达南宁市水库移民收入倍增计划项目6个，总投资298万元，正在实施。 (章　梦)

2014年，南宁市水政执法支队在邕江两岸开展综合整治　傅美湖提供

责任编辑　陆　靖

交通运输与邮政业

铁路运输

【概　况】 2014年，南宁市境内铁路有湘（湖南）桂（广西）、黎（塘）湛（江）、南（宁）昆（明）、南（宁）广（州）、南（宁）防（城港）、黎（塘）钦（州）、柳（州）南（宁）客专、邕（南宁）北（海）8条通车线（湘桂、黎湛、南昆线为国家铁路，南广、南防、黎钦、柳南客专、邕北线为合资铁路）。境内总里程674.90千米（不含复线）。其中，湘桂线境内全长175.40千米，为准轨铁路，设和吉村、黎塘、稔竹、沙江、六景、伶俐、邕宁、天潭、玉洞、屯里、南宁、南化、南宁南、金鸡村、江西村、维罗16个车站，通往凭祥方向；黎湛线境内全长12.50千米，为准轨双线铁路，设凤鸣站，通往广东湛江方向；南昆线境内全长75千米，为准轨电气化铁路，设杨美、南武康、定顿、那桐、双邓、连安、隆安、雁江8个车站，通往云南昆明方向；南防线境内全长75.50千米，为准轨铁路，设那罗、吴圩、大王滩、宁村、大元、那铺、百浪、大拟8个车站，通往防城港方向；黎钦线境内全长44.60千米，为双线电气化铁路，设横州、大崇、飞龙、王洞岭4个车站，通往钦州方向；柳州至南宁客运专线境内全长106.10千米，为双线电气化高铁，设黎塘西、五塘、南宁东3个车站；南广铁路境内全长119.50千米，为双线电气化高铁，设南宁东、五塘、黎塘西3个车站，通往广州方向。邕北线境内全长66.30千米，为双线电气化高铁，设五象南、大塘2个车站，通往北海方向。铁路职能机构、单位有南宁铁路局机关行政部门33个，党群部门8个，公安部门驻地在南宁2个（公安局、公安处）；铁路局机关附属单位驻地在南宁38个，铁路局局属单位驻地在南宁30个，其中运输单位11个、运输辅助单位3个、非运输单位16个。广西宁铁多元投资集团有限责任公司所属公司驻地在南宁8个。年内，境内国铁运输单位发送旅客1738.24万人，比上年增加442.25万人。发送货物774万吨，减少212万吨。完成客货运输收入28.06亿元，增加4.78亿元。南宁铁路局（本部）、南宁站、Z5/6次（原T5/6次）列车继续保持全国、自治区“文明单位”称号。南宁客运段的Z5/6次、T289/290次、K949/950次、T25/26次、K397/398次列车继续保持全路“红旗列车”称号。

【南宁东站开通运营】 2014年12月26日，南宁东站开通运营。南宁东站始建于2012年7月，建筑面积26万平方米（未含高架车道、南北廊桥、南北换乘厅及地铁通道），外观高端大气，设计理念先进，科技含量高，集自动化智能于一体，是中国面向东盟的国际性交通枢纽，运输能力可办理列车246对，日发送旅客11万人。是自治区铁路建设标志性工程，也是南宁的城市名片之一。

【高铁动车组开行】 2014年12月26日，南宁至广州、贵阳至广州高铁及南宁东站开通运营。南宁站、南宁东站始发、终到和途经的动车组有63.5对。其中：出省高速动车33对，可达湘（湖南）、鄂（湖北）、豫（河南）、冀（河北）、京（北京）、赣（江西）、浙（浙江）、沪（上海）、皖（江苏）、徽（安徽）、鲁（山东）、黔（贵州）、粤（广东）13个省、直辖市；自治区内动车30.5对，可达来宾、柳州、桂林、贺州、贵港、梧州、北海、钦州、防城港9个市，南宁至桂林、柳州、钦州、北海基本实现动车公交化。

【客货运输】 2014年，南宁站集中精力重点做好站改施工、筹备东站开通运营等工作，克服因铁路建设、恶劣天气导致部分列车停运和大面积晚点等困难，强化应急处置，组织发送旅客1432.20万人，比上年增长43.80%。10月1日单日发送8.47万人，创历史最高纪录。客运收入15.98亿元，增长46.60%。年旅客发送量、客运收入均创历史新高。南宁客运段担当75对旅客列车值乘，其中普速列车36.5对、动车38.5对。列车运行里程14.34万千米（含动车5.40万千米）。完成客车工作量50.49万千辆千米，增长22.90%。安全运送旅客6363.20万人次，增长27.40%。车补收入1.10亿元，增收433万元。劳动服务收入4553.55万元，增长5%。南宁车务段发送旅客306.04万人，减少4.80%；运输收入1.35亿元，增长6.50%。南宁货运中心完成货物发送774万吨，减少212万吨；运输收入14.73亿元，减少1.45亿元。

【机车运用与检修】 2014年，南宁机务段配属机车497台，其中电力机车199台、内燃机车298台。担负南宁—广州南、桂林、防城港北、北海动车组列车，南宁—柳州、威舍、玉林、茂名东、湛江、凭祥及柳州—玉林旅客列车，玉林—湛江、贺州、茂名、凭祥及南宁—威舍货物列

12月26日，南宁东站开通运营。图为南宁东站俯视　　徐维春提供

车,田东—靖西货物列车牵引任务;南宁动车所和南宁、百色、兴义、品甸、郑屯、安龙、崇左、凭祥、黎塘、贵港、贺州等车站调车作业任务;中越国际联运凭祥—同登客、货列车过境任务。牵引里程3026千米,其中高铁1210千米、普速1816千米。机车牵引总重710.20亿吨千米,完成计划89.30%。机车总走行5.82万千机千米,完成计划105.80%。货运机车日产量98.20万吨千米/台日。技术速度48.10千米/时,完成计划98.60%。平均牵引总重3102吨/列,完成计划100.50%。完成电力机车中修19台、小修196台、辅修205台;内燃机车小修482台、辅修418台。机车整备5.30万台次。综合能耗完成474.99段标煤,低于计划46.54%。新鲜水实际消耗44.99万吨,低于计划6.74%。化学需氧量排放量3193千克,低于计划31.33%;二氧化硫排放量230千克,低于计划23.33%。

【客车运用与检修】 2014年,南宁车辆段配属客车1663辆、动车组44组(352辆)。代管邮政车4辆。担当图定旅客列车36.5对、动车组49.5对运用任务。完成客车段修756辆、发电车中修25辆、客车辅修1928辆、A1修537辆,交车计划兑现率92%,一次交验合格率99%。运用生产方面,客车走行比上年增加4.28%。客列检通过修49.68万辆次,库列检检修24.80万辆次。轮对修理4668条,运用换轮1805条。运用残车率控制在局定范围内,客车运用率89.40%。动车生产方面,完成动车组一级修3458组次、二级修420组次,其中空心轴探伤103组次、LU探伤31组次、轮对修形27组次。委外三级修8组。开行临客及旅游专列373列6204辆次、军运任务148列504辆次,加挂客车7670辆次。完成八桂货运各环线货物快运客车整编、乘务、入库修。

【货车检修】 2014年,南宁南车辆段担负湘桂、南昆、黎湛、益(阳)湛(江)、河(唇)茂(名)等干线货车检修,安全管辖里程1508千米,安全保证区段3158千米。完成国铁货车段修7200辆,临修6012辆,破损车整治1146辆,钩尾框改造2242辆,圆销改造384辆,罐车普洗2712辆。列检工作量完成12.06万列587.20万辆,TFDS(铁路货车运行故障动态图像检测系统)检测3.68万列166万辆。完成自备车厂修138辆,段修842辆。

【工务维修】 2014年,南宁工务段管理普速铁路正线866.83千米、站特线424.71千米、道岔1302组,专用线58.12千米。桥梁283座2.11万延长米、隧道10座1.06万延长米、涵渠2282座4.89万延长米。管理高速铁路正线638.22千米、站特线100.01千米、道岔359组。桥梁203座10.97万延长米、隧道37座4.35万延长米、涵渠670座1.93万延长米。高铁以专业修、集中修、机械修为主,着力强化设备基础,配合大机重点修捣固线路133.20千米、道岔综合维修198组、道岔打磨23组、铝热焊接头打磨1292头、联合整治道岔324组、安装轨距杆2560根。动(轨)检车检测柳南客专、南广铁路正线60次,优良率100%,平均扣分下降,TQI(轨道质量指数)值稳步上升。普铁完成线路综合维修325.54千米、线路保养81.81千米、道岔保养110组、打磨道岔619组、铝热焊998头、更换轨枕5831根、清挖翻浆5918孔、拔锚5694颗、安装轨距杆8610根、更换失效轨底大胶6.47万块、均匀石碴1652.20立方米、补充道床卸碴9342立方米。配合完成湘桂线大修换P60新轨66.39千米。轨检车检查线路7226.30千米,优良率94.16%、合格率5.84%。完成桥梁维修49座4743米、涵渠维修233座2868米、防洪预抢工程10件、水害复旧工程28件、专项整治工程4件、桥隧涵设备大修11件。

【电务维修】 2014年,南宁电务段信号设备换算道岔5.09万组,管理铁路线2129千米,站(场)183个。其中:普铁管辖路线1631.52千米,148个站(场)车站和区间信号设备、机车信号设备、TDCS(覆盖全路的调度指挥管理系统)微机监测设备及LKJ列车监控装置等,换算道岔4.09万组;高铁管辖线路497.58千米,35个站(场)车站和区间信号设备、LKJ列车监控装置、CTCS2列车运行控制系统及CTC调度集中设备等,换算道岔1.01万组。抓好高铁新线设备整治,发现解决南广新线设备问题384个;对柳南客专黎南段轨道电路全面标调;对隧道内74架长遮檐信号机全部更换为短遮檐。整治轨道电路分路不良方面,以高压脉冲方式整治区段6个,以喷涂方式整治区段19个。整治电缆径路方面,整治71个站、6个区间不良芯线2282芯,更换不良电缆2.16万米,埋设电缆标桩7574个。完善防雷措施方面,重点整治益湛线计轴设备EAK、防雷伞项目,完成岑溪、琅南等6站12个点。抓好标准站建设,建成五塘站、黎塘西柳南场等3站3中继。完成那桐、吹塘等32个普铁标准站建设。南宁通信段担负中国铁路总公司、铁路局长途通信网及行车组织指挥信息大通道、客票大通道、列车闭塞通道、列车数字调度电话、列车无线调度电话、GSM-R移动通信系统、防灾系统、数据网通信系统、综合视频监控系统、站场及列车广播、电视电话会议系统、事故应急通信系统等通信设备维护,完成79个机房、78个区间标准化建设。在标准区间内提高通信设备、设施强度与性能,增设电缆标及警示牌,埋设电缆标9513个,警示牌637个。在标准站内对电缆线路进行整理并核对台账,增补各类标签及机房资料,为防范光电缆中断和缩减故障处理时间提供基础性保障。完成LBJ(列车防护报警设备)设备整改256台,为确保行车安全提供有力保障。完成527台机车CIR(机车综合无线通信设备)、LBJ设备专项整治及软件升级,保证客车列尾正常运用。整治74处高铁通信机房、50处普铁通信机房水害隐患。完成管内277个无人值守机房环境动力监控、空调设备的调查统计。完成257个站的远程遥控、监控等整治。完成50个普铁通信机房防雷整治,防灾系统111个基站监控单元防雷整治,解决防雷能力差带来故障高发问题。

【水电供应】 2014年,南宁供电段担负南广、柳南、南昆、南(宁)凭(祥)、黎湛、河茂、益湛、田(东)靖(西)线2140.68千米运营里程的牵引供电及生产生活供水供电。完成牵引供电受电量4.25亿千瓦时,供电量4.30亿千瓦时,分别比上年下降1.91%、0.90%。牵引供电损失率0.84%,低于局定指标1.72%。功率因素0.92,下降0.01%。完成电力受电量1.84亿千瓦时、供电量1.71亿千瓦时,分别增加6.82%、8.16%。力率100%,上升0.01%。负荷率70.12%,上升5.14%。变压器利用率32.34%,上升2.37%。电损率6.76%,下降1.34%。供水损失率19.79%,上升0.01%;净水合格率、消毒水合格率均100%;扬水耗电量628.81万千瓦时,减少2.02%;路外售电收入3098.53万元、路外售水收入805.75万元,水电费回收率90.28%。完成大修工程33项、更改工程33项,完成与铁建挂钩工程项目1311万元。

【物资保障】 2014年,南宁物资供应段推进规范管理,落实保供责任,采购2.08万种编号物资,完成物资供应6.90亿元,供应兑现率99.27%,物资质量合格率

100%。节约物资采购金额1981万元，节约率4.56%。完成招标采购申请100宗、1.76亿元。供应道砟19.20万立方米、防洪石料8148立方米。按时、动态、足量储备片石、碎石、道砟，下达常用防洪物资储备计划，实行动态管理，保证防洪抢险物资供应。

【安全生产】 2014年，南宁铁路运输生产单位和运输辅助单位面对高铁集中投产，施工、运营矛盾突出等严峻考验，深入推进安全管理规范化、现场作业标准化、检查整治常态化，安全管理水平和落实能力有所提升。南宁客运段、南宁车辆段、南宁机务段发生一般行车事故各1起，其余单位均实现全年安全生产无事故。至12月31日，14个单位无责任行车事故天数分别为：南宁站8238天、南宁供电段4969天、南宁电务段4015天、南宁物资供应段2142天、南宁南车辆段1453天、南宁房产生活段1280天、南宁通信段1118天、南宁工务段1108天、南宁林管所1011天、南宁车务段495天、南宁货运中心474天、南宁客运段249天、南宁车辆段183天、南宁机务段85天。

【信息技术应用与开发】 2014年，南宁铁路局信息技术所做好信息系统维护，无责任事故，信息系统无重大故障，实现客票、调度、货运电子商务、防灾系统等100多个重要运输生产信息系统和铁路局综合计算机网络设备安全稳定运行目标。参与贵广（贵阳—广州）铁路等高铁联调联试。配合做好新线各信息系统安装调试、新线IP地址规划分配，完成信息专业相关项目检查、验收、评估。完成新线建设与信息技术相关的设计、招标、施工等方案审查25项。完成“高铁网络接入”“IP数据网与TMIS（铁路运输管理信息系统）互联”等信息系统更新改造项目22项。开发、应用信息系统软件项目15项，其中获中国铁道学会科学技术奖12项、铁路局科技进步奖3项。

【铁路建设】 2014年，南广铁路、柳南客运专线、南黎铁路、南宁东客站等工程项目基本完工，交付运营。云桂铁路等工程项目继续推进。南昆铁路南宁至百色段增建二线工程项目开工。

南广铁路　南宁至广州铁路工程建设完成投资35亿元，开工累计完成投资400.45亿元，为设计投资98.70%。12月26日，全线开通运营。开工累计完成新线铺轨484.70千米，复线铺轨483.30千米，站线铺轨79.10千米，路基土石方6711.50万立方米，特大、大、中桥251座17.08万延长米，隧道101座10.92万延长米，接触网1317.40条千米，牵引变电所9处，征地1516.16公顷，拆迁73.40万平方米。

云桂铁路　云桂（云南昆明—广西南宁）铁路工程建设广西段完成投资50亿元，开工累计完成投资214.10亿元，为总投资73.70%。开工累计完成新线铺轨53.20千米，为设计总量5.50%；复线铺轨49.40千米，为设计总量15.70%；站线铺轨47.10千米、为设计总量48.30%；路基土石方4109万立方米，为设计总量90.50%；特大、大、中桥7.44万延长米，为设计总量98.60%，全线130座，竣工100座；隧道9.75万延长米，为设计总量91.60%，全线94座，竣工70座；接触网286.90条千米，为设计总量37%；牵引变电所1处，为设计总量14.30%；征地939.74公顷，为设计总量71.20%；拆迁35.50万平方米，为设计总量44.20%。

柳南客运专线　柳州至南宁客运专线完成投资8.66亿元，开工累计完成187.47亿元，为计划投资84.20%。12月全线开通运营。开工累计完成新线铺轨231.20千米、复线铺轨229.80千米、站线铺轨94.40千米，路基土石方3352.30万立方米，特大、大、中桥118座7.13万延长米，隧道24座2.19万延长米，接触网728.10条千米，牵引变电所4处，征地1099.48公顷，拆迁58.20万平方米。

南黎铁路　南宁至黎塘铁路完成投资9.30亿元，开工累计完成114.50亿元，为总投资95.40%。9月全线开通。开工累计完成新线铺轨101.60千米，复线铺轨96.50千米、站线铺轨32.40千米，路基土石方1470.60万立方米，特大、大、中桥83座4.33万延长米，隧道17座2106延长米，接触网287.10条千米，牵引变电所3处，征地370.19公顷，拆迁23.30万平方米。南黎铁路建成后，与原从黎塘西开工始建的南广铁路相连，统称南广线。

黎钦铁路扩能改造工程　黎塘至钦州铁路扩能改造工程完成投资3.05亿元，开工累计完成30.05亿元，为计划投资100%。开工累计完成新线铺轨17.40千米、复线铺轨99千米、站线铺轨10千米，路基土石方965.90万立方米，特大、大、中桥40座1.23万延长米，隧道4座1368万延长米，接触网315.40条千米，牵引变电所2处，征地250.13公顷，拆迁4.90万平方米。工程完成后，黎钦铁路由准轨单线变成电气化双线。

南宁铁路枢纽　南宁铁路枢纽工程建设指挥部基本完成南宁站应急配套、站场局部扩能、南宁东站至南宁站间4线开通等建设任务。柳南客运专线引入南宁枢纽工程完成投资4亿元，开工累计完成42.35亿元。南黎铁路引入南宁枢纽工程完成投资1.80亿元，开工累计完成26.30亿元。云桂铁路引入南宁枢纽工程完成投资9543万元，开工累计完成68.05亿元。

柳南电气化改造工程　湘桂铁路柳州至南宁段电气化改造工程（2013年开工）完成投资6亿元，开工累计完成投资8亿元，为计划总投资62.50%。开工累计完成路基土石方1.50万立方米，接触网515.10条千米，为设计总量81.20%，牵引变电所2处，为设计总量40%。

南昆铁路南百段增建二线工程　9月24日，南昆铁路南宁至百色段增建二线工程可行性研究报告获国家发展改革委批复，初步设计10月5日获中国铁路总公司批复。11月28日南宁铁路局成立工程建设指挥部。年内，完成部分临时用地和道路迁改协议签订、站前施工图审核、站前工程施工和监理单位招标等事项。（徐维春）

公路管理

【概　况】 2014年，南宁市公路总里程1.25万千米，比上年增加262千米。其中：等级公路1.16万千米（高速公路648.60千米，一级公路89.50千米，二级公路1133千米，三级公路864.80千米，四级公路8905千米）；等外公路816千米。12月16日，柳州（鹿寨）至南宁高速公路改扩建工程开工建设。12月22日，南宁吴圩国际机场至大塘高速公路开工建设。12月26日，南宁外环高速公路通车。市交通运输局负责管辖农村公路总里程9527.37千米。其中：国道总里程30.96千米；县道总里程1407.19千米；乡道总里程2401.80千米；村道总里程5607.39千米；专道总里程81.77千米。全市有建制村1394个，通路的有1335个，通畅率97%。市交通运输局获2014年全国农村公路养护和管理先进集体称号。

【农村公路建设】 2014年，自治区下达南宁市农村公路工程建设项目130个，建设总里程396.51千米，桥梁建设总长度869.55延米，年度计划总投资3.36亿元。其中:石漠化地区农村公路县乡联网沥青(水泥)路项目3个,总长度62.60千米,累计完成投资2880万元;一般地区农村公路县乡联网沥青(水泥)路项目3个,总长度10.40千米,累计完成投资1323万元;石漠化地区通建制村沥青或水泥路项目12个,总长度118.50千米,累计完成投资6529.30万元;中央预算投资项目1个,总长度3千米,累计完成投资180万元;农村公路渡改桥、新建桥梁项目2个,总长度440延米,累计完成投资141万元;一般地区通村沥青(水泥)路项目13个,总长度89.52千米,累计完成投资5034万元;路网结构改造(危桥改造)项目7个,总长度429.55延米,累计完成投资960万元;路网结构改造(安保工程)项目7个,处治里程130.70千米,累计完成投资576万元;农村公路连通工程52个,总长度123.40千米,累计完成投资4514.10万元;通农场、林场沥青(水泥)路项目9个,总长度24.71千米,累计完成投资88万元;农村公路养护工程路面大修、中修项目21个,累计完成投资1208万元;续建项目46个,累计完成投资8447.60万元。市本级农村公路通畅工程项目31个,建设总里程135.10千米,累计完成投资1.06亿元。非贫困村通屯道路硬化建设项目202个,建设总里程200.20千米,累计完成投资6756万元。

【农村公路养护】 2014年,南宁市交通运输局落实农村公路管理养护体制改革,新创建农村公路养护示范乡镇14个,养护示范路45条,总长度304千米。全市农村公路路面平均中等路率68%,县道中等路率75.60%,乡道中等路率70.20%,村道中等路率65.70%;县道优良路率44.70%,乡道优良路率33.60%,村道优良路率26.20%。投入养护资金2000万元,召开全市农村公路管理养护工作会议2次,县(区)制定养护体制改革实施方案,制定道路养护管理规章制度并上墙。乡镇成立道路养护机构,明确职责,落实人员到位。采用"分级养护""示范路养护""建设改造养护一体化招标养护""个人、农户分段承包养护""村民一事一议"养护等方式,为道路养护管理提供实践经验。

【路政管理】 2014年,市交通运输局加大公路路巡、路查力度,发现并严厉查处涉路违法案件,对符合办理路政许可项目条件的涉路行为,依法办理许可项目51件;查处涉路案件21起,案件查处率、办结率均100%。结合"美丽南宁·整洁畅通有序大行动"活动,市路政管理部门清扫公路路面,疏通公路水沟,清理公路沿线建筑控制区非公路标志和违法建筑等,清理堆积物74处、面积508平方米;清理临时搭棚26处、面积233平方米;疏通公路水沟长1118米;拆除公路控制区内违法建筑12处、面积635平方米;清理非公路标志35块,所辖公路路容、路貌整洁有序。加大对公路路政"四个统一"(统一执法标识标志、统一执法证件、统一执法服装、统一执法场所外观)形象工程建设的投入,市公路管理部门及5个县(区)(武鸣县、上林县、宾阳县、横县、邕宁区)基层执法场所投入使用。继续督促各县(区)全面推广路政规范化、信息化管理方式,全市完成广西路政联网管理信息系统(农村公路版)的安装使用,法律文书制作全部按系统规范模式制作。加强廉政建设,严格执行交通运输部"七条禁令"〔严禁执行公务时不持执法证件、不按规定着装,违者扣留行政执法证,停职待岗学习3个月;严禁在执法过程中辱骂、殴打行政相对人,违者扣留行政执法证,停职待岗学习6个月;严禁违规审批、擅自提高或降低行政处罚幅度,违者扣留行政执法证,停职待岗学习1年,违法违纪的由相关部门追究责任;严禁违法扣留和使用行政相对人的车辆、工具和证件,违者扣留行政执法证,停职待岗学习1年,违法违纪的由相关部门追究责任;严禁非公务需要着制式服装出入酒店、娱乐场所,违者扣留行政执法证,停职待岗学习6个月;严禁将配有标识和示警灯的执法车辆停放在酒店、娱乐等非工作场所或出借给他人,违者扣留行政执法证和车辆示警灯使用证,停职待岗学习6个月,被扣证车辆不得从事执法工作;严禁接受服务对象的现金(有价证券、支付凭证)、赠品和宴请,违者调离行政执法岗位,注销行政执法证,违法违纪的由相关部门追究责任〕和自治区交通运输厅关于执法人员的相关禁令,探索联合执法机制,扩大执法范围。组织开展车辆违法超限超载综合治理,市货运车辆非法加装车厢挡板拆除率95%、过境车辆非法加装车厢挡板拆除率90%。全市进出城道路货运车辆超限超载率下降至5%。

【公路安全生产与应急管理】 2014年,市交通运输局按照"早准备、早检查、早安排、早落实"的应急管理原则,开展公路安全生产监督检查。组织人员对辖区公路、桥梁、涵洞进行安全排查,特别是加强对农村公路病险桥梁的检查,发现有安全隐患及时设置警示标志并进行处理,对可能出现险情或易受山洪、泥石流、山体滑坡侵袭的路段进行监控,以便随时做好抢险工作,把险情处理在萌芽状态,减少损失。同时,结合入汛时间和特点,对在养公路、特别是灾害易发路段加强巡查,并做好水毁信息收集、汇总、上报,保持信息渠道畅通,未发生应急事件信息迟报、误报、漏报或者隐瞒不报情况。全年开展公路重大节日、汛期安全检查14次,出勤400余人次,对辖区主要道路的危险路段开展隐患排查,发现安全隐患125处,整改124处,整改率99%。坚持24小时值班制度,做到人员、物资、责任层层落实,确保年内全市公路管养、农村公路建设工程施工建设继续保持零伤亡事故。落实南宁市应急管理工作的决策部署,完善应急预案体系,制定《南宁市公路管理处公路防汛应急救援预案》,加强应急救援演练。11月,市公路管理部门组织开展以辖区公路桥梁被洪水冲垮,启动公路应急防汛四级响应为背景的公路防汛暨国防交通应急救援演练,有5个小组97人参演,投入挖掘机、装载机、推土机各1台,应急救援车辆29辆,贝雷桥1座(桥长30米),演练达到预期效果。年内,受台风"海鸥""威马逊"影响,市辖区内有多条公路因水毁中断,市公路管理部门做好政令上传下达及灾情信息收集和报送,为市委、市政府领导决策提供依据,为公路抢修赢得时间。

公路运输

【概　况】 2014年,南宁市有公路客运企业28家(不含子公司、分公司),其中一级客运企业4家、二级6家、三级8家;投入营运客车4272辆,大部分车辆为中级或高级客车。建有公路客运站67家(国家一级客运站5家),各县城均有二级客运站,部分乡镇建有等级客运站。开通公路客运班线930多条,日均发送8500个班次,日均运送旅客18.30万人,全年运送旅客6702万人,旅客周转量110.76亿人千米。有货运经营业户6.46万家,其中危险货物运输企业47家,普通货运企业4532家。全市登记在册持有道路运输从业资格证的货运从业人员11万人,营运货车7.91万辆,总吨位23.84万吨;完成货运量3亿吨、货运周转量474.47亿吨千米,比上年分别增长7.20%、10.22%。

【公路运输市场监管】 2014年，市交通运输局加强运输市场监管，加强对客运、货运、驾校培训、维修等行业的质量信誉考核；组织开展春运、清明节、第45届世界体操锦标赛期间“三车”（摩托车、运营人力三轮车、运营残疾人专用车）集中整治活动、城市交通综合治理、严厉打击市内主要客运场所非法营运车辆等专项整治行动23次。出动运政稽查人员3.88万人次，依法查处违法违章营运行为6621起，其中查处客车1045辆次、货车4922辆次、出租汽车75辆次，检查车辆维修厂、驾校等业户173家。依法查扣非法营运“黑车”326辆，其中面包车109辆、私家车（含克隆出租车）217辆。市运政投诉中心接到有关道路运输方面的群众来电投诉1070件，立案受理134件，结案率100%。在受理立案的投诉中，投诉事实成立的127件，行政处罚31件；客车营运被投诉率与去年持平。为乘客挽回经济损失8万余元，受到乘客电话表扬13人次。陈诉申辩室运政法规咨询岗接待来访及咨询群众1200多人次，处理申诉案件323起。联合工商部门开展“三车”专项整治，出动执法人员1860人次，检查电动车经营户1680家，查处无照经营电动助力自行车10户，立案查处4起，案值4.80万元，罚款4850元。发挥12315举报网络作用，引导消费者依法维权。

【驾驶员培训】 2014年，南宁市有驾驶员培训机构98所，其中一级7家、二级65家、三级26家；有教练员5213人，教练车3902辆；完成驾驶员培训记录签章学员14.07万名。参加道路运输驾驶员从业资格证考试1.42万人，合格1.26万人，合格率88.93%。其中：双科合格2258人；道路货物运输合格1.02万人；道路旅客运输合格194人。对2013年满足参评条件的88家驾培机构进行质量信誉考核，获优秀等级19家、良好22家、合格47家。

【春运旅客运输】 2014年春运期间，南宁市投放客车16.91万辆次，其中加班车6271辆次、包车5017辆次，总座位701.20万个；开行班次31.67万个，其中加班8240个班次、包车6150个班次，完成客运量653.89万人次，比上年同期减少22.10%。市客运运力供给充足，车辆档次提升、应急运力储备到位，道路客运企业服务能力、特别是客流高峰期旅客疏运能力提高，春运期间未发生明显旅客滞留现象。

【公路运输基础设施建设】 2014年，市明阳客运服务中心建设完成投资996万元，横县峦城镇客运站建设完成投资62万元，均完成年度建设任务。市交通运输局组织建设便民候车亭项目39个，其中自治区局项目24个、市局项目15个，总投资156万元，项目全部竣工。7月2日，南宁凤岭综合客运枢纽站开工建设。

【公路运输安全生产与应急管理】 2014年，市交通运输局深入开展公路运输行业安全专项整治和“打非治违”专项行动，派出检查组226个，人员3965人次，检查企业2037家，发出警告43次，责令限期整改、停止违法行为373起，暂扣或吊销许可证、职业资格1个；打击危化品非法运输行为，整治无证经营、充装、运输、非法改装、超载、认证，违法挂靠、外包，违规装载、弄虚作假、罐车不按规定进行注册登记、不定期检验等行为，发现并整治问题2起；打击客车非法营运行为，整治无证经营、超范围经营、挂靠经营及超速、超员、疲劳驾驶和长途客车凌晨2时至5时违规行驶等问题16起。组织安全生产大检查6次，安全专项检查5次，排查安全隐患554处，全部完成整改。发生道路运输行车事故73起，死亡67人，事故数量比上年增加2.74%，死亡人数减少25.56%；加强对事故的调查处理，落实“警示约谈制度”，警示约谈企业6家；强化公路运输行业的应急管理，制订《2014年南宁市道路运输管理处安全生产事故应急预案》，组织开展货运、公交、出租行业综合应急演练。落实市辖道路运输保障任务，优化配置运力资源，确保突发事件能够及时做好处置，保障从业人员和群众的生命财产安全。

【公路运输行业节能减排】 2014年，市交通运输局组织公路运输行业开展燃油消耗信息统计申报，严格按照营运车辆的车长、车龄、排放标准、运行路况等规定要求，对各企业上报的车辆燃油消耗数据进行审核，确保进入运输市场的营运车辆尾气排放量符合国家有关标准。核查新入户及转籍营运车辆4380辆，其中客车325辆、牵引车及货车4055辆，合格率均100%。淘汰高耗能老旧车辆。

城市公共交通

【概　况】 2014年，南宁市辖区有公交企业6家，公共汽车2905辆（折合3748标台），每万人公交车拥有率13.90标台，营运线路151条，线路总长度2899千米，平均线路长度19.20千米；中心城区站点500米覆盖率90%，从业人员4388人。公交客运总量5.17亿人次，日均客运量149.95万人次；公交车辆营运总里程1.75亿千米。基本满足市民日常出行需求。全市有出租汽车企业11家，出租汽车6720辆，驾驶员1.46万名；每辆车日均行驶里程338.56千米，每辆车日均有效里程250.38千米；每辆车日实际载客次数39.67次，实载率74%。

【公共汽车营运与管理】 2014年，市交通运输局根据征集到的市民意见和建议，结合城市道路改扩建、轨道交通建设及交通组织管理，编制年度公交线网优化方案。新开行公交线路7条，调整延伸线路42条，累计总线路157条；首次开行1条高峰快线埌东站—大沙田，新开行1条公交快线、2条微循环线。春运、春节黄金周、清明节、五一节、中秋节、第45届世界体操锦标赛和“两会一节”等节假日期间，组织公交企业通过采取合理安排运力投放与调度、增开临时公交线路、延长公交运营时间等措施，做好公交运输组织保障工作；完成南宁东站交通接驳组织，完善公交运营服务质量管理和服务规范。首次开展公交企业成本规制第三方评审活动，公交企业市财政补贴资金到位1.45亿元；兑付公交和出租车油价补贴1.14亿元。为迎接全国文明城市复查评比，出动人员6000多人次，到各公交企业开展创城专项检查20余次，检查公交车1万多辆次、公交候车亭352座（次），下发整改通知书2份，整改率100%；清理脏乱公交候车亭和站牌700多个。

【出租汽车营运与管理】 2014年，南宁市出租汽车行业完成管理改革任务，合理增加出租汽车运力，新投入运营出租汽车3批750辆，市区出租汽车总数6720辆；完成出租车运价结构调整和机打发票安装，保障出租汽车驾驶员运营收入，为企业监管与乘客查询提供方便。开展出租汽车行业经营行为规范整治提升年活动，整合出租汽车行业执法与监管力量，落实企业主体责任，发挥行业自律作用；加大对出租汽车驾驶员考核及对重点场所出租汽车经营行为监管力度，开通统一投诉渠道，加强投诉处理；强化南宁市内5大客运站、火车站、火车东站、吴圩机场等场所监管,进一步规范出租汽车驾驶员经营行为。

【城市公共交通基础设施建设】 2014年,南宁市投入资金2253万元,新建公交候车亭319座、公交候车凳200张,公交候车亭总数1645座,覆盖率68.80%;完成玉洞站、高新区(西)站、安吉站、大沙田站4个LNG(液化天然气)加气站建设;青秀山北门广场、星光立交站、亭江立交站等场站开工建设,至年末,青秀山北门广场公交站投入使用;完成滨湖路、双拥路等5条公交专用道前期建设并投入使用;火车站—东站快速公交(BRT)试点工程等重点项目加快推进,开展列入城建计划的18个公交场站项目及公交调度中心建设前期工作。

【城市公共交通安全生产与应急管理】 2014年,市公交行业累计开展安全专项检查活动13次,排除公交安全隐患6处;要求企业严格执行安全生产自查自纠,建立健全安全管理各项规章制度,排查治理事故隐患,解决安全管理上存在的突出问题和薄弱环节,防范、遏制事故发生,保障公交汽车安全运营。组织公交行业开展"安全生产月"应急演练活动,严格规范应急处置行为,提高公交行业应对突发事件的现场处置能力,减少人员伤亡及财产损失,最大限度保护国家财产和人民群众的生命财产安全。全市6家公交企业均完成安全生产标准化达标建设的申报工作,其中3家企业通过自治区组织的评审验收。

【城市公共交通行业节能减排】 2014年,南宁市新购置并投入使用LNG公交车854辆,累计投入资金5亿元。基本消除公交车"冒黑烟"现象。LNG、CNG(压缩天然气)、油电混合动力等清洁能源与新能源公共汽车总数1112辆,油气双燃料出租汽车总数2181辆,节能与新能源公交车、出租汽车比例分别提升至40%、32%。

【第45届世界体操锦标赛交通运输保障】 2014年第45届世界体操锦标赛期间,市交通运输局安排11家出租车企业各负责1家重点保障酒店的交通任务。组织投入100辆新购LNG公交车,开行9条穿梭巴士线路,引进企业赞助300辆小汽车作为赛事指定官方用车,从各县(区)、各部门临时征用40辆商务车、中巴车,开行5条世锦赛公交专线,并对途经广西体育中心的4条常规公交线路提高发班密度。全行业共投入专用交通车辆633辆、驾驶员738人,发送接待用车、穿梭巴士、公交专线车等1.82万车次,运送乘客9.74万人次,完成体操世锦赛交通运输保障任务。

【"文明行车·礼让斑马线"活动】 2014年3月起,南宁市在公交、出租车行业率先开展"文明行车·礼让斑马线"活动,辅以"三考评一整治"(公交企业考评、公交线路考评、出租汽车企业考评,出租汽车经营行为规范整治)"星级服务车""先锋示范车"等配套活动,把公交、出租车行业打造成文明交通"走在前、作表率"的窗口行业,公交车、出租车斑马线前礼让率保持在98%以上,带动社会车辆文明礼让,实现以行业文明建设带动服务质量提升的目的。建立监督检查制度,对公共汽车、出租汽车"文明行车·礼让斑马线"行为开展监督检查,查处未礼让斑马线的车辆并纳入对企业的质量信誉考核范畴。出租车行业月投诉量从最高纪录4月的567件,下降至12月的195件;公交行业月投诉量从最高纪录5月的116件,下降至12月的56件。

水路运输

【概　况】 2014年,南宁市辖区内主要航道有203.50千米,船舶通航3个县(横县、马山县、隆安县)。有水路运输企业55家,港口(码头)企业23家,服务企业33家,船舶管理企业4家。有运输船舶1552艘、总净载重量107.84万吨、载客量1.04万客位,其中沿海船舶57艘、净载重吨位32.41万吨,远洋船舶23艘、净载重吨3.14万吨。水路运输完成货运量2713.50万吨,比上年增长8.53%;货运周转量145.61亿吨千米,增长11.46%。港口吞吐量完成1149.94万吨,减少10.99%。集装箱吞吐量0.28万TEU(20英尺标准货柜),减少69%。水路基础设施建设完成固定资产投资25.87亿元。其中:6个港口码头项目完成0.49亿元;3个枢纽船闸工程完成22.15亿元;疏港交通项目完成0.55亿元;护岸绿化工程完成0.67亿元;船舶技术改造投资完成1.79亿元。

【水路运输行业监管】 2014年,市水路运输行业监管部门采取系列措施,加强水路运输行业监管。开展水路运输企业资质核查51家,水路运输辅助企业核查4家,核查船舶1297艘;严把港航企业和船舶准入关。优化发展大型船舶,年度办理各项审批、备案、核查业务1646项,发放燃油补贴80.89万元,59艘客船、2494客位受惠;淘汰老旧船舶43艘,完成4艘老旧客圩渡船标准化改造。开展邕江两岸综合整治,关闭南宁港中心城港区6个老旧码头。会同水政和海事部门开展4次专项打击非法乱采乱挖航道治理,打击非法乱采乱挖案件4起,水政部门扣押违法船舶6艘。完成八尺江1.50千米航道疏浚任务。

【水路运输基础设施建设】 2014年,市交通运输局贯彻落实为民办实事项目,完成8处便民码头建设。航运枢纽及港口项目(西江黄金水道)15个,已开工建设7个,正在开展前期工作8个。完成年度投资20亿元,累计完成25.87亿元。7月10日,南宁港一期工程的中心城港区牛湾作业区试运行,工程投资3050万元;7月16日,国务院原则同意《珠江—西江经济带发展规划》,并正式印发。9月24日,南宁港六景港区六景转运站作业区、六景八联联营厂作业区投入试运行。两工程分别完成投资400万元、1410万元。老口枢纽航道、船闸主体、发电机厂房建设基本完成。11月26日,广西郁江老口枢纽工程顺利实现截流、挡水,实现初期蓄水70.50米;左岸船闸具备通航条件,右岸发电厂房第一台发电机组具备发电条件。12月,西江航运干线南宁至贵港Ⅱ级航道工程通过验收,完成投资17.31亿元;南宁港六景港区永凯码头完成项目用地报批及初步设计等前期工作;南宁化工集团有限公司六景港区鹤笋作业区项目完成立项并开展工程可行性研究等前期工作;民生旅游码头、青山旅游码头、蒲庙旅游码头、横县港区国铭码头、六景永凯码头、六景鹤笋作业区基本完成项目前期工作。同月31日,老口枢纽船闸工程通过自治区交通厅组织的通航前验收。邕宁梯级河道疏浚、护岸工程及进场道路等先期工程开工建设。

【水路运输安全生产与应急管理】 2014年,南宁港航部门开展安全月、专项整治等活动,确保行业安全形势稳定,保持多年港航安全生产零事故。与各责任单位签订安全责任状,强化重点领域安全专项整治,深化"打非治违"工作。召开安全例会4次并对航运企业安全管理人员进行培训。定期组织开展安全大检查6次,出动检查人员183人次,检查水运企业

65家次、港口企业11家次、水运工程建设工地5处(次)、乡镇渡口16处(次)、运输船舶239艘(次),发现并限期整改安全隐患6起。（杨启福）

民用航空

【概　况】 2014年，南宁吴圩国际机场机场实现全国“省会通”目标,执飞航线136条,其中国内航线108条、地区航线5条、国际航线23条;通航城市79个,其中国内城市55个、地区城市5个、国际城市19个。恢复成都航空的南宁—成都航班、南宁—武汉—温州航班。新增南宁—贵阳—西宁、南宁—贵阳—绵阳、南宁—长沙—临沂、昆明—南宁—河内、南宁—暹粒等航线39条。新增西宁、临沂、南通、遵义、榆林、运城、襄阳、岘港、甲米、暹粒10个通航城市。恢复宁波、绵阳、河内3个通航城市。全年保障航班起降8.05万架次，比上年增长12.70%,其中运输航班8.01万架次,增长13%。完成旅客吞吐量941.20万人，增长15.40%;完成货邮吞吐量9.04万吨,增长3.90%。

【机场经营】 2014年，南宁吴圩国际机场克服空域限量、高铁冲击、新增航线补贴不持续等困难,通过拓展航运业务,增开航线、增飞航班签订航线航班补贴协议等，吸引航空公司加大对机场运力投入；梳理和分析南宁航空市场现有航线航班的数据,稳定市场运力;引进新航空公司，并建议航空公司实施航班机型以小换大,提高航运服务质量,通过共同补贴的方式拓展东盟航线。在稳定南宁—北京宽体机运营的基础上，通航南宁—北京热点时刻航班，机场停场运力29架。国航南宁—成都执飞机型由A321调整为A330，四川航空昆明—南宁—福州、南宁—长沙—杭州航班执飞机型由A319调整为A320。天翼亚洲航空、泰新时代航空、邮政航空等6家航空公司先后进入南宁航空市场。加强宣传,拓展客源,创建市场信息微信平台,微信关注突破3000人;利用网络媒体,宣传新增航线航班动态和南宁航空市场信息，为广大旅客出行提供参考；定制航班计划表投放到候机楼、城市候机楼等旅客聚集场所,扩大信息覆盖面。与广西民航国际旅游有限公司签订冷航线促销合作协议,制定《南宁机场航线航班促销措施》,举办“航空旅游客源市场推介会”,开展“民航进校园、情暖师生行”“民航进企业”等活动,推动南宁航空旅游客源市场良好发展。全年旅客吞吐量941.20万人,比上年增长15.40%，完成年度任务103.65%。货邮吞吐量9.04万吨，增长3.90%。

【机场基本建设】 2014年，南宁吴圩国际机场有序推进基础设施项目建设,新增固定资产设备940台；审批内部投资项目292项（个），完成投资2784.50万元；上级批复固定资产投资项目8项（个）,总投资8588.93万元,年度完成投资420.88万元。完成23号跑道仪表着陆系统测距仪更新工程、机场综合污水处理项目、供电系统扩容改造项目建设,新建安检信息管理系统工程，新建足球场和业务用房四期工程9—10号楼竣工并投入使用。加快推进新航站区的配套设施建设,进一步满足科学运营需求。

【机场安全管理】 2014年，南宁吴圩国际机场坚持安全第一,预防为主,综合治理”,全面推进“打、防、控”为一体的防范机制建设。实现机场管控区域“六个不发生”(不发生有组织有预谋的暴力恐怖事件、不发生个人极端暴力犯罪案件、不发生重大刑事案件和治安案件、不发生空防安全责任事件和事故、不发生内部员工严重违法犯罪事件、不发生重大群体性事件等影响社会稳定的敏感性事件）安全目标,在民航中南地区“平安机场建设”专项行动考核中获二类机场第一名。严格落实安全责任制和安全绩效管理,将安全责任和绩效目标逐级落实到岗位和个人；有效推进安全管理体系(SMS)和航空安保管理体系(SeMS)建设,持续做好危险源辨识、风险评估和风险控制工作;加强不停航施工安全管理工作,对违反安全的行为进行经济处罚，确保航空运输安全。开展以危险品运输、光污染排查、航空器活动区道路交通安全、外来物防范及鸟害防治、打非治违等为重点的安全专项整治活动。开展“安全生产月”“安全隐患大检查”等综合安全治理活动,消除安全隐患。组织开展反恐应急处置演练、灭火救援单项实战演练、应急救援综合演练等活动。加强警力部署,提高威慑力；加大治安巡逻密度，实施24小时监控。以“防得住,打得赢”为总体工作目标,加强机场重点部位的治安防控,成功处置“6·4”涉疆事件。

【机场服务】 2014年，南宁吴圩国际机场通过创新服务管理制度和手段，完善和优化旅客满意度测评体系、服务考评标准管理体系等制度,制定《2014年南宁吴圩国际机场第11届中国—东盟博览会航空运输保障方案》《南宁吴圩国际机场第45届世界体操锦标赛服务保障方案》。妥善处置大面积航班延误事件,完成第11届中国—东盟博览会、第45届世界体操锦标赛等重大活动的保障任务。机场航班放行正常率78.66%;出港行李151万件,行李差错率万分之一点二；保障重要旅客3229人，旅客满意度90.67%,航空公司满意度91.17%;涌现好人好事462起，其中获重大表扬16起。制定《南宁机场航班正常工作方案》,保障航班正常和解决因航班延误发生的突

9月25日，南宁吴圩国际机场T2航站烂楼正式启用。图为T2航站楼效果图

卢一方提供

出问题。完成处置“1·29”“3·19”“3·30”“7·19”“9·16”等大面积航班延误应急保障任务。开展服务质量培训，通过走出去、请进来的方式，先后组织开展“对标五星级航站楼”、航班延误处置、TOC(航站楼运行管控中心)保障等培训。分步骤推进服务微制度，加大监督检查力度。打造1个行业品牌——顺旅贵宾公司；1个精品品牌——安检站朱槿队；3个公司品牌——运行指挥中心“迅雷之声”、地勤服务部“向阳花”、候机楼管理部“蒲公英”。

【南宁机场新航站楼启用】 (参见“城市建设与管理”类目“市政基础设施建设”分目) (劳润夏)

邮 政 业

【概 况】 2014年3月，南宁市邮政局更名广西壮族自治区邮政公司南宁市分公司；辖邮政营业网点196个，代理金融网点118个，有员工2500余人，服务面积2.20万平方千米，服务人口704.26万人，邮路总长度(单程)1.83万千米，包含一级干线邮路4条，省内干线邮路24条。城市投递段道324条，路线长度(单程)7703千米；农村投递路线365条，路线长度(单程)1.25万千米。覆盖乡镇117个、村1382个。投入资金650万元，改造网点29个，完成“三农”建设项目5个，完成3个无网点乡镇网点建设并投入使用。投入资金776万元，新增投递汽车38辆、摩托车78辆、电动三轮车37辆。有汽车投递段39条，投递汽车76辆(含备用车)。市邮政分公司金浦路邮所被中国邮政集团公司评为“全国邮政系统先进集体”。

【邮政金融】 2014年，市邮政分公司代理金融新增余额17亿元，促成代理金融项目1200个，吸收存款11.15亿元，吸储金额占全年新增余额66.50%。针对不同层级、阶段的客户和网点制定差异化的金融营销方案，明确目标客户，加大对中间网点的支持力度。建立理财规划师队伍，持续抓好渠道建设。新增助农取款点140个，完成建设助农取款示范点20个，设离行式ATM(自动取款机)机21台。

【函 件】 2014年，市邮政分公司创新研发“快旅慢游”旅游年票、电影联票及“邮彩头”刮刮卡等函件业务，推动传统函件向媒体平台转型，无名址业务实现收入850.95万元，比上年同期增长1272.42%；开发“政、商讯通”，增长60.90%；搭建广告发布点(平台)2000个，收寄国内小包28.63万件。

【集 邮】 2014年，市邮政分公司围绕重点邮票发行题材，开展集藏文化展览、知名画家见面会等集邮营销活动34场，其中单场展会收入最高103万元。6个县局均成立集邮协会。

1月5日，广西邮政局与南宁邮政局在金浦路邮政营业厅举办《甲午年》特种邮票首发仪式暨集邮展。图为陈绍华设计的马年生肖邮票票样 卢一方提供

【报 刊】 2014年，市邮政分公司通过拓展校园市场、开展劳动竞赛和“私费送礼”活动，投递报纸3392万份，期刊322.31万份。

【综合服务平台】 2014年，市邮政分公司注册“天天邮礼”专属商标，引入项目平台团队建设机制，组建仓储配送一体化服务平台(含“大同城”项目)、邮政便民综合服务平台等项目组11个。引进广西名优土特产协会等客户，南宁邮政电商示范园规划建设稳步推进。“天天邮礼”项目结合水果、大米等刚需产品，销售取得突破性进展。建成城市社区惠民综合服务点10个，进一步明确服务点功能、分区和运营模式，依托惠民服务点开展的社区活动受到市民欢迎。各经营单位已运营微信平台8个，关注人数3000余人。主动抢占自提服务市场，方便客户收取邮件，建成邮件自提服务平台自提点279个，智能包裹箱5台。

【分销业务】 2014年，市邮政分公司发挥支局经营能力，通过预收预订、送科技下乡、圩日促销及清库创收等营销活动，配送分销业务商品4800吨，比上年同期增长475吨，在西乡塘区金陵镇举办“邮政真情服务三农，送文艺、科技下乡”活动，履行邮政服务“三农”职责。

【寄递业务】 2014年，市邮政分公司成立寄递业务部，对寄递业务实施专业化经营管理，完善小包收寄流程，加大窗口收寄力度，开展寄递项目营销，提升客户服务水平，开发寄递大客户153家。通过开展运营商网上商城寄递项目、“大白鲨”寄递项目、“思乡月”项目及学生、军营包裹收寄活动等，实现收入500万元。

【邮政实物传递网】 2014年，市邮政分公司投入资金776万元，更新购置投递车辆和信息化终端设备，提升营投服务能力和生产效率。优化调整投递线路和段道组织，在市区范围内推行使用无线扫描枪，加快小包内部处理时限。新增电动三轮车37辆，解决小包数量多、电动自行车无法搭载的问题；启用436台手持智能终端，加快作业反馈速度，提高信息真实性。全年邮件时限稳定达标，邮件时限综合达标率98.66%，在全国省会城市中排名第四。

【客户服务】 2014年，市邮政分公司服务水平持续提高。“双11”(11月11日)、“双12”(12月12日)期间，邮政服务水平获社会各界好评，年度用户综合满意度获评分86.10分，比上年同期提高0.98分。围绕服务中国—东盟博览会、第45届世届体操锦标赛，创建劳模创新工作室、女职工创新工作室，开展邮政综合服务项目活动。 (周俊杰)

责任编辑 卢景林

信 息 业

信息化建设

【概　况】 2014年，南宁市继续推进“智慧南宁”建设、智慧城市试点建设和“信息惠民”示范城市建设；完成智慧南宁、电子政务工程建设政策指导文件编制；统筹开展智慧城市、电子政务建设相关规划，加快构建面向东盟的区域性信息交流中心；推进南宁东盟国际信息服务展示中心（二期）建设，提升面向东盟的信息服务能力。重点夯实信息化基础设施建设，推动4G网络建设，初步建成以广西为基地的面向东盟10国的通信枢纽，实现广西出口带宽、IDC（互联网数据中心）出口带宽大幅提升目标。落实项目跟踪协调机制，推进信息化项目建设，完成南宁市人民政府视频会议系统（一期）工程项目建设，提高工作效率，降低会务开支；启动建设南宁市民生资金监管系统，推动民生资金的公开化、规范化、程序化进程；建成市政协数字化平台，提高市政协协同办公的水平和能力；市民卡工程建设取得阶段性进展，推动“信息惠民”工程建设；出台社区信息化相关政策文件，完成南宁市社区信息化试点建设项目和农民工综合服务信息平台建设，推动南宁市城乡一体化跨越发展。11月28日，中国社会科学院信息化研究中心和国脉互联政府网站评测研究中心在北京共同主办的“2014中国智慧政府发展年会”上，南宁市政府门户网站（英文版）在全国省会及计划单列市政府网站评选中以12.70分（满分15分）的成绩位列第四，连续7年在全国5个自治区首府城市中排名首位，在西部11个省、自治区省会（首府）城市排名第一。12月3日，中国软件评测中心、人民网、中国残疾人联合会信息中心、百度共同举办的“第十三届（2014）中国政府网站绩效评估”中，南宁市政府门户网站位列省会城市政府网站第十四，排名逐年提升；在地方政府网站优秀案例评选中，南宁市以全面、深度整合信息和服务、栏目设置合理等特点，被评为医疗领域和住房领域优秀案例。

【信息基础设施建设】 2014年，南宁市加快推动通信网络基础设施建设。全市宽带IP城域网出口总带宽960G，IDC网络至城域网出口带宽145G。固定宽带接入能力大幅提升，城市光网覆盖率95%以上，其中新建小区光纤高速宽带网络覆盖率100%，城市地区20Mbps（兆比特每秒）及以上宽带接入端口160.20万个，接入能力128.27%。农村地区行政村光缆通达率97%，有线宽带覆盖率88%，光网宽带覆盖率36%；自然村有线宽带覆盖率70%，光网宽带覆盖率18%；4M/8M及以上宽带接入端口29.59万个，接入能力27.49%。移动宽带覆盖面广，全市开通移动基站2.04万个，其中3G/LTE（长期演进　网络制式）基站数量1.22万个，占59.90%；室内分布系统数5779个，其中3G/LTE系统数3995个，占66.80%。3G网络实现城市地区连续覆盖，行政村覆盖率95%以上，100户以上的自然村屯覆盖率90%以上。4G网络基本实现南宁市区主城区、部分重点企事业单位、部分大型商场、部分高校以及南宁所辖六县县城的中心城区和部分大乡镇的4G网络覆盖，市区4G覆盖率98.16%，4G平均下载速率超过30Mbps。WLAN（无线局域网）接入点数量3.57万个，主要覆盖校园、热点商圈、政府机关、企事业单位、五星级酒店、热点办公楼宇、交通枢纽、营业厅等高流量需求区域。初步建成以广西为基地的面向东盟10国的通信枢纽，实现广西出口带宽扩至3920G，IDC出口带宽扩至1760G；推动中国电信广西国际信息交换云计算中心新建进度，加快提升面向东盟通信信息网络能力。完成五象核心区域无线仿真环境移动基站、南宁吴圩国际机场新航站楼室外仿真环境移动通信基站和南宁东站高铁板块无线仿真环境移动通信基站的建设。

【电子政务建设】 2014年，南宁市升级完善电子政务内、外网络平台，完成南宁市电子政务网络平台整体迁移及升级改造（一期）项目第二阶段工程建设并投入使用，完成网络核心设备、45条光纤线路、39条数字电路、2个互联网出口以及15个应用系统从市政府旧机房向信息化大楼新机房的整体迁移。

市电子政务内外网升级改造　南宁市升级电子政务外网平台汇聚层、完善外网平台安全防护体系；完成电子政务内网平台安全等级保护测评和电子政务内网平台安全等级保护完善项目第一阶段招标，按照三级等保要求对内网进行改造，第一阶段项目投资100万元，用于内网平台的核心及应用部署区安全设备的升级改造；对市政府、信息化大楼（10层-16层）各楼层交换机、接入终端及网络线路进行测试，保证设备的正常运行，为全市各单位办公提供保障。

政务网络运维保障　年内，信息化大楼机房新增托管应用系统8个，新部署服务器等设备77台，全市有18家单位38个应用系统约210台设备托管在市电子政务机房。完成市本级电子政务外网节点建设，新增市物价局、市司法局、市信访局、市残联4家单位通过该节点与自治区电子政务外网实现互联互通。完成市信访局新址电子政务内、外网光纤接入项目建设的经费申请、采购及建设。全年电子政务网络平台故障报修386件，受理386件，受理率100%，其中上门解决故障370件，上门服务率95%。为市城市管理监督评价中心、市公安消防支队、市委老干部局、市城市综合执法支队、市昆仑关管委会等15个单位迁移改造电子政务网线路，保各单位的工作顺利进行。

【信息化建设】

市政府视频会议系统　2014年，南宁市完成市政府视频会议系统（一期）工程建设并投入使用，系统覆盖市辖区26

个政府部门、12个县(区)、3个开发区及6个公司共47个分会场的高清视频会议系统。实现市政府在不同地域、不同区域之间实时召开常务会议、工作会议、专题会议、协调会议等远程视频会议,节约会务开支,降低行政成本,提高政府工作效率。市民卡工程取得阶段性进展,完成市民卡交通服务功能整合。

南宁市民生资金监管系统 实现民生资金在线流转跟踪、预警监控、监督评议、信息整合等功能,覆盖"市、县(区)、乡镇、受益人"四级的资金流转过程,对市辖12个县(区)、开发区的社保基金、救灾救济金、扶贫资金、民族发展资金、移民资金、住房公积金、住房保障资金以及用于全市农业、农村、农民方面的强农惠农资金的运行情况进行监管,首批完成25个单位部门培训和使用。年末,系统面向全市推广使用。

农民工综合服务信息平台 建设南宁市农民工综合服务信息平台、"农民工之家"门户网站、相关硬件和网络设施支撑平台、数据交换等子平台,提供网上查询等功能,为农民工提供法律、计划生育、劳动仲裁、就业、技能培训、居住证、社保等多项服务事项的咨询和办理;加强对农民工的综合服务能力,建立健全农民工与政府、企业间的沟通,缓解基层矛盾、促进社会和谐发展,推动南宁市城乡一体化跨越发展。

政务地理信息共享服务平台 年内,市政务地理信息共享服务平台的应用和推广。新增市卫生局、市人力资源和社会保障局(简称"市人社局")应用案例2个,其中市卫生局的"双向转诊"综合平台通过在线模式实现全市地理信息数据的调用、展示和分析共享服务。在地理平台原有数据的基础上,为市人社局定制600余条定点医疗机构专题图层。为市交警支队提供最新南宁市电子地图,为第45届体操世锦赛期间交通规范管理提供服务。完成与市"数字城管"系统对接,更新全市污水、雨水等各类井盖数据专题图层13个。平台汇集全市2005年、2007年、2008年、2011年、2012年5个年份的遥感影像,2009年、2012年的电子地图,2012年的2.5维地图,16万多条标准地址数据以及城市管理类、应急类、工商管理类、卫生医疗类、社会保险类等部门专题图层数据235个。自2010年10月建成投入使用以来,先后为19个市直部门及城区的14个系统建设和23项专项工作提供电子地图、遥感影像、地址比对等服务。

便民出行管理系统服务平台(一期) 利用信息化手段,整合全市6家公共交通企业170条公交线路、南宁始发的5大客运站公路客运班线及票务数据、11家出租车企业6270辆出租车等有关信息,构建统一的涵盖出租车打车、公交车出行服务、路况信息查询和联网售票服务等功能的全市交通出行便民服务平台。

征地拆迁信息管理系统 通过开发征地协议子系统、拆迁协议子系统、地上附着物协议管理子系统、安置人口管理子系统以及征地信息共享平台,建设征地拆迁信息管理系统,满足南宁市约666.67公顷左右土地和地上房屋等附着物及市辖6个县的征地拆迁信息管理,实现全市征地拆迁工作的网上办公、网上审批、网上监管服务功能,提升南宁市征地拆迁业务监管力度和决策水平。

【南宁市市民卡工程】 2014年,南宁市实施市民卡工程取得阶段性进展,完成市民卡交通服务功能的整合,市民卡实现在全市138条公交线路2800辆公交车乘车、2个社区医院诊疗结算、100辆试点出租汽车乘车、广西绿城水务、中燃南宁公司等多个刷卡应用行业的加载目标。完善市民卡服务体系建设,在全市范围内开放市民卡服务网点173个,向市民提供市民卡的申领、充值、咨询等服务;完成市民卡呼叫中心建设。拓宽发卡渠道,与广西农村信用社合作发行联名卡,农村信用社所有网点均可办理市民卡,所有ATM和自助终端都可为市民卡充值,实现市民卡银行金融功能。利用第45届世界体操锦标赛在南宁市举办的契机,开展第45届世界体操锦标赛纪念卡的设计和发放,发放版本14个。至年末,市民卡累计发卡量约42万张。完善政策规范体系,编制《南宁市市民卡管理办法》,向市政府各部门和全社会征集意见并修改完善。拓展社区医疗服务功能,完成东葛社区医院、桂雅社区医院的整合,7月1日起,这2个社区医院开通市民卡挂号、就诊、保健等业务结算。

【政策法规建设】 2014年,南宁市结合信息化建设和发展实际,出台《关于加快建设"智慧南宁"的决定》,印发《"智慧南宁"建设总体规划》,明确"智慧南宁"发展目标、主要任务、专项工程等,完成包含5年内的视频监控点部署规划、视频资源整合规划以及政策标准规范建设的《南宁市社会管理监控报警联网系统三期建设规划》,促进全市视频资源的整合建设,统筹规划和指导"平安南宁"建设。

【信息化人才培训】 2014年,南宁市结合信息化的实际和发展需要,开展信息化人才培训,组织各县(区)、开发区及重要单位信息化安全主管部门负责人和技术管理人员30多人,在北京航空航天大学举办为期7天的"南宁市政府系统网络与信息安全防护培训班"。根据《2013年度南宁市专业化人才培养重点计划》,承办"公务员绩效管理紧缺人才培养培训班",组织各部门及县(区)公务员从事绩效管理方面的41名学员在上海复旦大学进行系统培训。

【农村信息化】 2014年,南宁市根据"美

10月,第45届世界体操锦标赛纪念版市民卡发行　　方　明提供

丽南宁·清洁乡村”活动的精神，制定《2015年“美丽南宁”乡村信息化建设工作方案》，推进乡村信息化基础设施建设、服务体系建设和信息化人才队伍建设，提升乡村信息化水平，促进乡村经济、社会发展。制定《“美丽南宁·清洁乡村”乡村信息化建设小组2014年工作实施方案》《“美丽南宁·清洁乡村”乡村信息化建设小组主要工作目标2014年分阶段进度计划安排表》，协调小组成员单位开展有线电视网、互联网、电话网等“村村通”工程和100人以上的自然屯的手机信号覆盖及互联网联通。完成“美丽南宁”乡村综合信息服务系统及数据库立项工作，完成《“美丽南宁”乡村综合信息服务系统及和村基础信息数据库建设初步设计》。启动南宁市农村信息化综合服务示范点建设，推进农业农村网络基础设施建设，推进基层信息平台建设，创建各具特色的信息化示范乡镇、示范村，完成《南宁市农村信息化综合服务示范点建设实施方案》。

【社区信息化】 2014年6月，南宁市印发《南宁市社区信息化建设总体规划》《南宁市社区信息化建设实施方案》，选取青秀区新竹街道和其所辖的新竹社区、西乡塘区新阳街道及其所辖的万力社区作为试点建设单位，建设社区居民基础信息管理系统、掌上社区（服务与互动）系统、社区热线呼叫中心、健康感知服务中心、视频智能监控系统、短信平台、信息发布系统、智能自助终端一体机、“一键通”等系统，通过多种信息化手段为社区居民提供快捷的信息查询平台、多媒体交流平台，让居民自由地享受人性化的公共文化服务，方便居民交流和生活。6月26日，项目建设完成并通过初步验收交付社区试用。

【区域信息交流中心】 2014年8月，南宁市在南宁东盟国际信息服务展示中心（一期）的基础上，启动南宁东盟国际信息服务展示中心（二期）建设。11月，竣工并通过验收交付使用。展示中心每天可通过网站、呼叫中心、微博微信等互联网新媒体手段将最新中国—东盟双边信息商机动态发送至双边政商人士，信息传播量100万条。南宁东盟国际信息服务展示中心建立一年来，吸引包括中国政府和东盟10国中央政府共同成立的中国—东盟中心公共服务中心、中国商务部与东盟10国商务部共办的中国—东盟博览会客户服务中心等多家面向东盟的中央与地方高级别的信息服务机构入驻，服务数以10万计的中国—东盟双边客商。

【信息安全】 2014年，南宁市电子政务信息系统实现平稳运行，无重大信息安全事故发生。电子政务中心机房规模不断扩大，新增4家托管单位。电子政务内网、外网络平台故障报修553件，受理553件，受理率100%；进一步推广运用CA证书，新增89个。组织开展市级信息网络安全专项培训班，培训37人，其中培训运维管理人员（ITIL）及信息安全专业人员（CISP）7人。推进电子政务信息网络安全项目，建成电子政务网络平台整体迁移及升级改造（一期）项目第二阶段工程；对南宁市电子政务外网平台汇聚层、外网平台安全防护体系进行升级，完成网络核心、相关汇聚线路和重要应用系统从市政府旧机房向信息化大楼新机房的整体迁移等，完成200多家接入单位网络的割接与迁移。推进电子政务内网平台安全等级保护项目建设，按照三级等级保护要求对内网进行改造：第一阶段项目投资100万元，主要用于内网平台的核心及应用部署区安全设备的升级改造；完成市政府门户网站系统软硬件升级改造及安全等级保护项目（二期）建设。第二阶段完成市政府门户网站网络问政及办事服务系统、网站系统服务器和入侵防护系统（IPS）等软硬件设备的部署。

【政民互动】 2014年，南宁市政民互动平台回复市民咨询投诉信件6887件（月平均574件）。其中：办事咨询类4126件，占来信总数59.91%；效能投诉类943件，占13.69%；单位信箱类1587件，占23.04%；申请公开类231件，占3.35%。至年末，办结6695件，占来信咨询投诉总数97.21%；正在办理192件，占2.79%。（刘　炫）

通信业

【概　况】 2014年，南宁市有中国电信股份有限公司南宁分公司、中国移动通信集团广西有限公司南宁分公司、中国联合网络通信有限公司南宁分公司3家通信运营商。全市通信网络基础设施建设稳步推进。宽带IP城域网出口总带宽960G，IDC网络至城域网出口带宽145G。城市光网覆盖率95%以上。农村地区行政村光缆通达率97%，有线宽带覆盖率88%，光网宽带覆盖率36%。建设开通的移动基站2.04万个。3G网络实现城市地区连续覆盖，行政村覆盖率95%以上，100户以上的自然村屯覆盖率90%以上。4G网络基本实现市区主城区、部分重点企事业单位、部分大型商场、部分高校以及南宁市所辖6个县县城的中心城区和部分大乡镇的覆盖，市区4G覆盖率98.16%，4G平均下载速率30Mbps。WLAN接入点3.57万个。初步建成以广西为基地的面向东盟10国的通信枢纽，实现广西出口带宽扩至3920G，IDC出口带宽扩至1760G。完成五象核心区域无线仿真环境移动基站、南宁吴圩国际机场新航站楼室外仿真环境移动通信基站和南宁东站高铁板块无线仿真环境移动通信基站的建设。

中国电信南宁分公司实现营业总收入19.19亿元，净利润4.14亿元。新增天翼移动电话用户28万户，用户总数143万户；新增互联网接入（宽带）用户8万户，用户总数124.60万户；固定电话用户拆机8.90万户，用户总数减少至85万户。

南宁移动自有渠道132个，社会渠道7313个。有自营服务厅132个，指定专营店1307个，特约代理点6006个。拥有全球通、神州行、动感地带等品牌的移动信息业务。完成LTE一期、二期工程建设，开通基站4521个，市区覆盖率97.47%。有线网络覆盖家庭客户133.80万户，GPON网络基本覆盖市区、县城的全部区域和乡镇的主街道，有线宽带覆盖105个乡镇的主街道和255个村屯。

南宁联通主营业务收入比上年同期增长8.50%，完成利润增幅31%。移动业务用户内部份额21.33%，提升2.26pp；外部用户市场份额提升0.67pp。新开通3G基站207个；完成宽带接入网共五期项目的建设，新增端口67574个；完成宽带园区接入点114个小区；组织校园网宽带接入专项行动，新建端口3.29万个，建设FTTH端口3.63万个，提升21%。（方　明）

【中国电信股份有限公司南宁分公司】

概　况　2014年，中国电信股份有限公司南宁分公司下辖南宁市青秀区、兴宁区、邕宁区、良庆区、西乡塘区、江南区6个区域分公司及横县、宾阳县、武鸣县、上林县、马山县、隆安县6个县分公司。主要经营800MHz（兆赫）、CDMA第二代数字蜂窝移动通信、CDMA2000第三代数字蜂窝移动通信业务和4G移动通信；固定网本地电话（含本地无线环路）、固定网国内长途电话、固定网国际长途电话、IP电话、卫星国际专线、因特网数据传送、国际数据通信、公众电报和用户电报、26GHz无线接入、国内通信设施服务；国内甚小口径终端地球站（VSAT）通信、固定网国内数据传送、无线数据传送、用户驻地网、网络托管；在线数据处理与交易处理、国内因特网虚拟专用网、因特网数据中心；语音信箱、传真存储转发、X.400电子邮件、呼叫中心、因特网接入服务和信息服务（含固定网电话信息服务、互联网信息服务和移动网信息服务）；与通信及信息业务相关的系统集成、技术开发、技术服务、技术培训、技术咨询、信息咨询、设备及计算机软硬件等的生产、销售、安装和设计与施工；房屋租赁；通信设施租赁；安全技术防范系统的设计、施工和维修；广告业务等。营业总收入19.19亿元，实现净利润4.14亿元；新增天翼移动电话用户28万户，用户总数143万户；新增互联网接入（宽带）用户8万户，用户总数124.60万户；固定电话用户拆机8.90万户，用户总数减少至85万户。

网络建设　中国电信南宁分公司把网络建设重点放在第三代、第四代移动电话网络、光网城市宽带接入网、无线南宁建设等方面。至年末，建设宽带项目1314个，其中FTTH（光纤到户）项目843个、FTTB（光纤到楼）项目116个、FTTN（光纤到节点）项目117个；新增宽带端口10.3872万线；城区FTTH/B（光纤到户/到楼道）覆盖小区3469个，20M覆盖率95%；全市102个乡镇均实现光网全覆盖。无线网络建设，完成民族枢纽楼和埌东枢纽楼第四代移动电话LTE核心网机房建设；建成第四代移动电话网络LTE宏站FDD（频分双工）663个、TDD（时分双工）141个，室内分布系统304个；建成第三代移动电话网络农村基站82个；建成南宁吴圩国际机场新航站楼、青秀万达项目C网室内分布系统；IPRAN（无线接入网IP化）工程开通229台A类设备、32台B类设备；完成47个wiFi专项项目，安装开通505台AP（无线访问节点），建成南宁市东葛古城路口站、自治区政府站等26个站点公共自行车租赁服务站点网络。完成城区38条道路管道建设，建管道71.69管孔千米，33.18管程千米。

客户服务　中国电信南宁分公司继续向社会推出“市话详单查询”“固定电话、宽带安装预约服务”“网上营业厅”、8886666报装热线、建立重要客户和VIP客户的服务体系；继续向社会作出：“宽带、固定电话新装机、移机2天内完成，故障查修不超过1天”的承诺；万号人工接通率维持在87%以上；固定电话、移动电话业务客户满意率97%；宽带业务客户满意率95%；装移机一次预约城功率81%；全网2天装机及时率87%，1天修机及时率90.67%，装机基本能够实现12点前的工单当天处理完毕。

新版IPTV（宽带电视）业务　1月1日，中国电信南宁分公司推出新版IPTV业务，正式向公众开放运营。电信宽带IPTV用户可享受到内容丰富的电视直播、点播、时移、回放等功能齐全的电视节目以及高清影视点播和游戏、卡拉OK等便民服务类增值业务服务。年初，全市电信宽带用户超过100万户，以“智慧家庭”为品牌的光网络普及，为IPTV的发展、普及奠定网络基础。为吸引和鼓励用户安装使用IPTV，南宁电信分公司推出体验升级活动；新装IPTV用户及迁移到新版IPTV业务的老用户，6月30日前免收IPTV月使用费。

电信业务资费审批制结束　5月10日起，中国电信南宁分公司放开各类电信业务资费，结束电信业务资费审批制度，所有电信业务资费均实行市场调节价，电信企业可以根据市场情况和用户需求制定电信业务资费方案，自主确定具体资费结构、资费标准及计费方式。

TD-LTE/LTE·FDD混合移动网络运营　6月27日，中国电信南宁分公司获国家工业和信息化部批准开展TD-LTE/LTE·FDD混合组网试验，成为广西第一家获准运营TD-LTE/LTE·FDD混合移动网络的电信运营商，南宁市也成为广西第一个获准运营TD-LTE/LTE·FDD混合移动网络的城市。

天翼4G手机开始商用　中国电信南宁分公司开展4G网络建设。7月22日，按集团公司的部署，中国电信天翼4G手机在南宁上市商用，上市第一天，全市有233位用户率先用上天翼4G手机。10月17日，天翼4G全网通iPhone6手机在南宁首发，中国电信南宁分公司在南宁市共和路数码广场举行首发仪式。中国电信天翼4G手机特点为上网速度快、互联网应用丰富、通话音质高、使用绿色健康、通信信息保密、网络覆盖完备。中国电信天翼4G手机上市商用的同时，南宁电信又推出与之配套的资费套餐，分9挡，最低挡59元，包国内流量500兆，100分钟国内语音通话；最高599元，包国内流量11G，3000分钟国内语音通话。

7月22日，中国电信天翼4G手机在南宁上市商用。图为悬挂在南宁电信第二枢纽大楼墙体上的广告　许辉坚　摄

第45届世界体操锦标赛通信服务　5月1日至10月12日，中国电信南宁分公司以高速的4G网络和全方位的通信保障为第45届世界体操锦标赛做好服务。期间，主要对体育中心各场馆、南宁吴圩国际机场新航站楼、会议中心及运动员入住酒店等场所提供全方位的通信保障。5月，分公司网络优化中心对体育中心的各场馆，新增覆盖4G网络，建设开通4GR-RU（“数字”光纤直放站）18台、BBU（基带处理单元）3套；新建室外宏站3个（每个站点均开通CDMA及4G），新建室内分布系统2套（含CDMA、4G信源基站各12个），加上原有4个室外

宏站（每个站点均开通CDMA及4G），所有新建、原有基站全部扩容至满配。为体操馆建设总带宽为100M的宽带接入局域网，新建一套UA5000商业网设备，为场馆提供64条ISDN（综合业务数字网）及固话业务。此外，还为21个评论席另行布放总带宽100M的局域网，并分别配备ISDN、固话、宽带。在央视直播间利用有线宽带，采取“有线+无线路由器”的方式，安装23台WLAN AP供央视直播工作使用；为央视建设IBC机房（有25个工作室）提供直播服务，并提供400M总带宽的宽带业务、33部固定电话，每个房间内提供2条至5条宽带接入点。9月1日，完成明园新都酒店170间国外媒体客房上网物理隔离的独立专网建设及账号配置。9月25日，启用的南宁吴圩国际机场新航站楼加建室外宏站2个（每个站点均开通CDMA及4G），新建室内分布系统CDMA信源基站22个，4G信源基站35个。调试、开通南宁吴圩国际机场新候机楼的基础线路、传输、宽带和C网无线网设备；在新航站楼内的电信营业厅，利用有线宽带，采取“有线+无线路由器”的方式，提供1台WLAN AP用于WiFi覆盖。对11家指定运动员入住的酒店（宾馆）、新建的9家酒店的4G覆盖，实现酒店全部都有3G、4G信号覆盖。为运动员、裁判员、记者入住的明园新都等11家酒店各房间提供宽带、固定电话。

“三线”整治　6月，中国电信南宁分公司开展老城区和城中村“三线”（电话线、电力线、电视网线）整治；对西乡塘区的万秀村、秀厢村等14个城中村和南宁机场、荔园大道跨路架空电缆和七星路等老城区的主要干道两侧架空线缆，通过采取新建设FTTX（光纤接入）光网络，将原电缆网割接至新网络以及绑扎的方式进行美化整治，整治39条道路的乱线274处、6.15万米。

服务“两会一节”　年内，中国电信南宁分公司为服务好第11届中国—东盟博览会、中国—东盟商务与投资峰会和南宁国际民歌艺术节（简称“两会一节”），成立专项通信保障服务团队，对会展中心、荔园山庄、南宁吴圩国际机场、体育中心等重要场所分别制定完善的应急通信保障预案，并组织保障人员熟悉预案和流程，提高应对突发通信事件的能力。对“两会一节”涉及的设备和电路进行预检预修，对会展中心（含朱瑾厅）、荔园山庄、南宁人民会堂、市体育中心、广西展览馆、华南城、南宁市博览局、南宁吴圩国际机场、市电视台、市应急联动中心、市党政机关等重要单位和市内三星级以上酒店以及车站等主要公共场所的无线网络信号和传输设备进行检查测试，调整电路和扩容设备。期间，南宁分公司派出80人次参与现场保障服务，在重要活动场所安排技术骨干进行24小时值守，确保通信网络安全运行和重点场所的通信畅通。9月10日，会展中心各展台布展开始，南宁分公司根据各展台需要的宽带接入服务，在各展厅提供4G、3G和WiFi无线网络服务，方便来自海内外的宾客用智能手机等移动终端设备实现无线上网。为保障“两会一节”公共安全，南宁分公司还为博览会提供先进的门禁系统，实现准确快捷的验证通行。同时，根据组委会要求新增安装光纤20条，增装全球眼监控，实现会展中心及周边地区的无缝视频覆盖。

“全城光网”县城　7月5日，特大洪涝灾害影响，马山县通信受到严重影响，特别是县城，受洪水浸泡主干电缆受损严重，故障处理难以彻底完成，极易产生重复故障。南宁电信马山分公司加快电缆更换为光缆、光纤到小区的建设步伐，通过紧急扩容、应急工程，实现城区光纤100%覆盖。通过实体渠道、直销渠道、电子渠道、装维顺销等多渠道协同，经过4个多月的努力，完成剩余1797户用户的迁转，原电缆用户全迁转到光纤网，全面实现“全城光网”的目标。11月30日，除153户ADSL（非对称数字用户线路）宽带用户因停机保号、单停或双停用户、欠费等原因未能迁转光网外，马山分公司县城682局、W89中学厅接入网所承载的ADSL宽带全部平移到FTTH/FTTB光网，马山县城成为本地网第一家“全城光网”县城。至年末，马山县城有光纤宽带用户8411户，光纤宽带接入能力由4M全面提升至20M-100M。

小灵通退网　9月，南宁市有小灵通在网用户9852户，中国电信南宁分公司按自治区公司的布置，决定小灵通于2014年底下电退网，向小灵通用户给予送天翼手机转网至移动电话网的优惠。12月28日，小灵通机房设备、室外基站下电退网，5503座室外基站开始拆除。

（农荣生）

【中国移动通信集团广西有限公司南宁分公司】

概　况　2014年，中国移动通信集团广西有限公司南宁分公司设综合部、财务部、人力资源部、市场经营部、政企客户部、品质管理部、党群工作部、工会、自营渠道运营中心、营销中心、数据业务、客户运营中心、网络运营中心、客户响应支撑中心、工程管理中心、采购供应服务中心16个。辖邕城、武鸣、横县、宾阳、上林、马山、隆安7个分公司。

业务经营　中国移动南宁分公司有自营服务厅132个、指定专营店1307个、特约代理点6006个。有全球通、神州行、动感地带等移动信息业务品牌，与南宁市多家企业合作建设企业信息网。服务网号139、138、137、136、135、134、159、158、152、151、150、188、187。主要经营移动话

12月28日，小灵通机房设备、室外基站下电退网　　许辉坚　摄

音、数据、IP电话和多媒体业务，并具有计算机互联网国际联网单位经营权、国际出入口局业务经营权。除提供基本话音业务外，还提供短信、彩信、随E行、飞信、手机悦读会、咪咕音乐、和生活、和阅读、和娱乐、新华掌媒、手机导航、手机动漫、手机报、GPRS（通用分组无线服务）行业应用、无线局域、139手机邮箱、号簿管家等增值业务。同时，开通24小时网上服务厅，移动客户可在线享受话费查询、缴费记录查询、积分查询、业务办理、短信天地、服务厅导航、手机归属地查询等服务。集团信息化应用方面为客户提供MAS（移动代理服务器）、ADC（如企信通、移动OA、移动CRM客户关系管理、集团通讯录等）、集团彩铃、校讯通、农信通、甜蜜通、宜居通、互联网专线、数据专线、无线商话、综合VPMN（虚拟专用移动网）、移动400等业务。

4G商用开启4G时代　2月12日，中国移动南宁分公司在六城区开展4G试商用活动。5月17日，在桂春营业厅举行"4G正式商用启动"仪式，部署全市范围的4G运营。

服务第45届世界体操锦标赛　年内，中国移动南宁分公司被指定为第45届世界体操锦标赛唯一通信保障服务提供商。1月5日，正式启动通信保障等工作，为赛事提供无线覆盖、有线接入、终端提供、现场服务等全程通信保障服务。先后出动人员2632人次，车辆320辆次，完成体育中心比赛场馆内880个互联网接入信息点建设和安装91部固定电话任务，建设120多个高性能AP、2G/3G/4G移动通信网络，可满足峰值1万多人的同时接入。累计建设254个AP，满足媒体峰值10M上传速率的要求。赛事期间，场馆无线网络接通率99.50%，在自治区首次打造国际重大体育赛事全业务通信保障体系。

集团信息化　中国移动南宁分公司加大重点行业及领域信息化项目的拓展，打造公共自行车网络租赁项目、南宁城市肉类蔬菜流通溯源体系项目、南宁青秀山视频监控项目、兴宁区教育局三通两平台项目、邕宁区大喇叭项目、金保工程自治区医保网络项目等重点项目，促进南宁市信息化的建设与发展。

网络运营　中国移动南宁分公司不断改善和提升网络服务质量，加强四网协同，深化网络布局。完成LTE一期、二期工程建设，开通4521个基站，市区覆盖率97.47%。扩大有线网络覆盖面，累计覆盖家庭（客户）133.80万户，GPON（无源光接入系统）网络基本覆盖南宁市区、市辖各县城的全部区域和乡镇的主街道，有线宽带覆盖105个乡镇的主街道和255个村屯。

客户服务　中国移动南宁分公司通过"10分满意"移动资讯推广、服务明星等显性化宣传活动，持续开展移动优秀服务举措的推广及传播；对内开展"学4G，快人一步"服务营销争优赛活动、产品质量管理体系构建、满意度虚拟工作团队及投诉监控系统的建设；对外开展客户关系运营、"3W"服务信息主动提醒传播等活动。为提升客户对TD网络质量的感知，南宁移动在自治区率先启动TD－LTE客户端到端体验检测。组织TD－LTE客户端对端检测9期，涉及居民楼、酒店、商场、写字楼、机场、火车站、高等院校、中小学校、幼儿园、广场、公园、宽广道路、小型街道、背街小巷9类客户，主要使用场景543个。　（黄　英）

【中国联合网络通信集团有限公司南宁分公司】

概　况　2014年，中国联通南宁分公司以"加快转型，聚焦增长，提升效益"为主线，深化企业转型改革，应对4G商用、营改增、营销成本压降等行业重大政策调整带来的冲击，经营业绩良好。全年主营业务收入比上年同期增长8.50%，利润增幅31%，实现南宁联通规模效益发展，综合绩效排名自治区第一。

业务经营　围绕中国联通"移动宽带领先与一体化创新"战略，加快发展模式转型，提升新增市场份额，确保用户数量规模持续增长。全年移动业务用户内部份额21.33%，提升2.26pp；外部用户市场份额提升0.67pp。宽带业务继续发挥FTTH全光纤高清宽带优势，促推宽带提速，开展"沃家庭、沃校园"主题营销活动，实施新兴融合型宽带产品培育工程，发展"沃TV""掌上宽带"等新业务，培育新的业务增长点，形成业务持续增长的内生动力。集客业务通过推进名单制客户拓展，开展中高端、专线、政要拓展，行业应用等专项竞赛活动，成为业务经营的增长亮点。渠道攻坚取得阶段性成果，主流渠道达180家，增幅109%；自营渠道达181家，增幅12%；D类渠道达3039家，增幅142%。

网络建设　年内，新开通3G基站207个；完成宽带接入网五期项目建设，新增端口6.76万个；完成宽带园区接入点114个小区；组织校园网宽带接入专项行动，新建端口3.29万个，支撑校园市场发展；推广FTTH建设，按"宽带中国"战略进行带宽大提速，建设FTTH端口3.63万个，同比提升至21%，为全网用户20M提速打下坚实基础。完成南宁市重点项目：南宁吴圩国际机场新航站楼、火车东站室分站点的开通，完成世锦赛重要场馆和酒店的信号覆盖。配合南宁市"两会一节"、第45届世界体操锦标赛等重大活动的保障，完成52个应急站点光缆建设。强化网络安全管理和基站安全管理，开展网络隐患整改，提高网络安全性及支撑能力；开通592个基站的动力环境监控系统，整改基站364个。

客户服务　致力于客户满意为服务

9月28日，第45届体操世锦赛无线电安全保障现场　　市无线电管理处提供

目标，以投诉申诉为抓手，推出即时服务承诺，实施内部承诺机制，深化服务协同，强化督办、考核和追责，加大服务瓶颈整治力度，改善客户感知，提升客户满意率。针对服务中存在的问题，从网络质量、营业服务、宽带修障、流量争议和投诉处理5个方面实施改进。加大一线的服务支撑力度，派出人员到各县域分公司开展服务绩效辅导，解决县域分公司存在的服务质量问题，提升一线服务水平。强化第三方体验与监督考核力度，将短板指标与责任部门绩效挂钩，深化服务协同，推进短板问题源头治理，实现指标考核落到实处。南宁联通KPI综合服务得分在自治区排名第一。（曾建强）

4月17日，市无线电管理处工作人员抓获"伪基站"作案嫌疑人

市无线电管理处提供

无线电监管

【概　况】2014年，南宁市无线电管理处在查处非法设台、打击"假电台""伪基站"，保障第45届世界体操锦标赛无线电安全，防范、打击利用无线电设备进行考试作弊，加强技术设施和人才队伍建设等方面较好地完成工作目标，为加快转变经济发展方式，促进信息化和工业化深度融合，服务全市经济社会发展做出贡献。

【无线电监测】2014年，市无线电管理处执行固定监测站和移动监测站相结合的日常监测制度，每月按时完成辖区内航空无线电导航和通信、对讲机频率、第三代移动通信、广播电视、2.5G频段固定业务、集群通信、点对多点微波、卫星无线电导航等重要业务和频段的监听监测，并对监测数据进行分析、比对，发现不明信号，安排人员进行甄别、查找。利用固定站、小型站和移动站进行无线电监测2.33万小时，按时上报监测月报表12份。受理干扰申诉10起(广电1起、铁路3起、移动运营商6起)。

【无线电管理】2014年，市无线电管理处加强无线电台站管理，做好行政审批。受理51家单位及个人的频率台站申请，审批频率27个(组)、船舶电台呼号14个，核发电台执照433个，注销无线电台站22个。加强业余无线电管理，举办业余无线电台操作技能(A类、B类)考试2次，经过严格审批，有110名业余无线电爱好者参加，其中72名通过考试并分别获A类、B类操作证资格。这是《业余无线电台台管理工作办法》发布实施后首次考试。

【服务经济社会】2014年，市无线电管理处做好协调工作，保障公众通信、广播电视、民航、铁路、气象等重点行业、重点部门无线电业务的畅通。为联通公司解决上林县镇圩瑶族乡GSM900基站受干扰问题；协调解决南宁广电网络公司MMDS频率与中国移动、中国联通公司4G网络建设频率冲突的矛盾；解决联通公司室内分布系统在南宁吴圩国际机场新航站楼受电信公司干扰的问题；处理南宁火车站调度频率受干扰问题；为南宁市横县气象局进行电离层测高仪拟建站址的电磁环境测试，确保电离层测高仪站建设顺利推进。

【无线电安全保障】2014年，市无线电管理处在"两会一节"(第11届中国—东盟博览会、中国—东盟商务与投资峰会、2014年南宁国际民歌艺术节)期间，出动人员20人次、移动监测车6辆次，启用技术设备10台(套)，监测150小时，完成保障任务。市无线电管理处接受第45届世界体操锦标赛通信保障任务，保障竞赛场馆1个，训练馆1个；出动保障人员120人次、车辆40辆次，动用便携式监测(检测)设备10余台套，启动固定监测站4座，为赛事指配频率128组，粘贴设备标签6116张，开展无线电监测600余小时，排查、协调涉及赛事的干扰事件20多起。配合市教育局、市司法局、市人力资源和社会保障局、市财政局等部门，做好防范、打击利用无线电设备进行考试作弊的行为。在全国高考、研究生招生考试、国家司法考试等全国性统一考试期间，派出人员90人次、车辆28辆次，启用技术设备32台套；查处案件4起，抓获涉案人员4人，查获作案设备4套。

【"伪基站"及非法电台查处】2014年，市无线电管理处打击伪基站、非法电台，派出人员130人次、车辆48辆次，启用技术设备60台套，侦测伪基站、非法电台，查获伪基站2次，抓获犯罪嫌疑人2人；协助公安部门出具检测报告3份，查获非法电台3起，扣留发射设备、电脑、远程控制器、天线、馈线等一批。4月16日，监测并查处全国首例背包式移动"伪基站"，受到上级的表扬和肯定。6月，市无线电管理处入选国家工信部牵头组织的"打击'伪基站'成果展"，获国家"打击整治生产销售和使用'伪基站'违法犯罪专项行动工作先进集体"称号。

【基础与技术设施建设】2014年，市无线电管理处完成武鸣县、马山县小型站建设任务。投入使用固定站10个，覆盖南宁市所辖市区和6个县城，拥有监测检测、频谱分析、干扰查找、信号压制等设备16台套，具备对通信基站、数模对讲机、广播台站等发射设备的常规检测能力和对伪基站的监测排查以及对违法信号快速压制的能力。（章　巍）

责任编辑　方　明

商业贸易

商贸服务业

【概　况】 2014年，南宁市商务系统实现社会消费品零售总额1616.90亿元，比上年同期增长12.06%。高于全国增速0.06个百分点，低于自治区增速0.44个百分点。全年完成新增限额以上企业163家，超额完成市委、市政府下达全年100家的目标任务。全市限额以上企业实现消费品零售总额728.19亿元，增长7.57%；增速回落10.16%，占全市社会消费品零售总额比重45.04%，下滑0.74个百分点。外贸进出口总额48.14亿美元，增长9.00%，对东盟国家出口3.99亿美元，下降2.20%。全市实施“加工贸易倍增计划”，加大招商引资力度，引进从事电子芯片加工的高新科技企业。年内，全市加工贸易进出口再创历史新高，进出口26.20亿美元，增长30.35%。其中：出口15.08亿美元、增长25.94%；进口11.12亿美元、增长36.86%。进料加工贸易25.91亿美元，来料加工装配贸易0.29亿美元。加工贸易占全市外贸的比重提高到54.42%，进一步带动电子信息产业的快速发展，促进全市对外贸易的多元化、高端化、规模化，成为南宁市参与国际贸易和全球价值链的主导形式。南宁空港口岸出入境人员82.27万人次，增长40.84%，出入境飞机6524架次，增长31%，南宁口岸外贸进出口货物1.82万吨，减少92.12%。南宁市连续三年获自治区商务管理工作一等奖、2014年度广西加工贸易进步奖、广西服务外包示范城市、2014年南宁市招商引资工作先进单位。　（匡亚君）

【南宁市消费品市场2014年特点】 限额以上企业消费品市场销售持续走低，全市限额以上消费品市场持续低速增长，增长呈现下滑态势。4月份起，单月增速均低于两位数，全年限额以上企业消费品零售总额增速7.57%。各县(区)限额以上企业消费品市场发展不平衡，贡献率格局发生变化，以往兴宁区、青秀区、江南区、西乡塘区四大城区一直是全市限额以上企业消费品市场的中坚力量，全年情况贡献率格局发生变化。兴宁区由于轨道围挡施工影响朝阳商圈部分主力商家销售、江南区由于汽车行业销售下滑等原因，导致限额以上企业消费品零售总额增速大幅下滑，进而影响对全市贡献率的提升，全年兴宁区、江南区限额以上企业消费品零售总额对全市贡献率分别为0.47%、7.93%，分别回落20.62个百分点、8.86个百分点。青秀区、西乡塘区全年限额以上企业消费品零售总额增长分别为10.02%、9.55%，对全市的贡献率分别提升12.23个百分点、4.87个百分点。即对全市限额以上企业消费品零售总额的贡献率由原来以四大城区为主转变为目前主要集中在青秀区和西乡塘区。其余11个县（区）的贡献率除经开区回落0.57个百分点外，其他县区均有不同程度提升，其中高新区提升10.51个百分点。批发零售住宿业零售额增速回落，餐饮业回升，全年批发业实现零售额240.96亿元，增长25.32%，增速下滑3.23个百分点；零售业实现零售额1213.35亿元，增长9.85%，增速下滑1.41个百分点，住宿业实现营业额41.83亿元，增长5.08%，增速下滑0.84个百分点；餐饮业实现营业额162.34亿元，增长16.73%，增速提升0.73个百分点。居民消费结构稳定，原消费热点趋冷，全年全市居民消费需求稳定，汽车类，石油及制品类，中西药品类，家用电器和音像器材类，服装、鞋帽、针纺织品类，粮油、食品、饮料、烟酒类商品依旧为全市居民消费的主要商品。在居民消费结构保持稳定的同时，居民消费更为理性，对金银珠宝类、中西药品类、家用电器和音像器材类、汽车类等热点商品消费减少，其零售额增速分别下滑63.58、57.15、13.73、9.88个百分点。电子商务发展迅猛，但总量规模偏小，随着南宁市报经海关总署同意开展跨境电子商务零售出口业务，中国-东盟电商产业园落户邕宁区，“电商南宁”步入快车道，全年全市限额以上企业通过互联网实现的商品销售较上年增长110.86%。但由于全市的电子商务处于起步阶段，总量规模偏小，全年通过互联网实现的商品销售仅占全市商品零售0.18%。乡村市场发展快于城镇市场，但比重偏低，全年城镇消费品市场实现社会消费品零售总额1523.15亿元，增长11.94%；乡村市场实现社会消费品零售总额93.75亿元，增长14.20%。虽然乡村市场增速快于城镇市场2.26个百分点，但乡村消费占全市消费品零售总额的比重仅有5.80%，农村消费水平仍然严重偏低。　（杨户芬）

【农贸市场建设】 2014年，南宁市商务系统推进农贸市场硬件设施的升级改造，全面提升城区农贸市场的基础设施、购物环境、交易条件和管理水平。全年完成35个农贸市场的建设改造工作。其中新建市场3个，改造市场32个。创造性地提出农贸市场“5+X”改造升级模式(“5”是指电路改造、排水排污改造、活禽区改造、建立远程监控管理平台、推行农贸市场诚信管理办法的5项规定改造内容，“X”是指根据各试点农贸市场的实际灵活进行的硬件设施改造及周边环境整治部分)，并在23个市场进行试点实施。实现农贸市场管理由粗放型向精细化管理转变、平面管理向立体管理转变、单一执法手段向多元手段转变，全面规范、提升农贸市场的长效管理。

【酒类市场经营管理】 2014年，南宁市商务部门根据商务部《酒类流通管理办法》要求履行酒类流通监督管理职责。严格执行酒类流通备案制度。在市、县（区）、开发区的行政审批大厅设立专门窗口，严格按规定办理酒类流通备案登记，全年完成酒类批发企业和零售企业备案登记968家。推行酒类流通溯源制度。引导酒类批发经营企业严格执行酒类流通随附单制度。酒类批发企业使用酒类随附单2292本、核销酒类随附单2043本。开展酒类流通行政执法。重点对酒类流通经营户备案情况以及落实随附

单制度情况进行检查，出动执法人员305人次，查处违法违规案件9件，涉案金额29万元。 （池李欢）

【市场运行监控】 2014年，南宁市商务局下发《南宁市商务局关于进一步加强市场监测工作的通知》，将市级监测样本企业划分由所在县（区）、开发区商务部门归口管理，并加强市场监测考核工作。制定《2014年南宁市市场监测工作考核办法》，完善工作机制，初步建立市级统筹、县级督促推进、企业配合报送信息的市场运行监测体系。根据自治区商务厅的要求，调整和新增监测样本企业，优化样本结构，全年新增样本企业2个。至年末，全市监测样本企业183家。其中：生活必需品样本企业40家；重点流通监测系统样本企业118家；重要生产资料监测样本企业8家；应急商品数据库监测系统样本企业14家。百县农村市场监测单位1家；信息泵企业2家。城乡市场信息服务体系监测范围扩大到21大类600种消费品和11大类300种生产资料，样本企业涉及批发、零售、餐饮、住宿等主要流通行业，以及超市、百货店、专卖店等零售业态。监测地域覆盖全市15个县（区）、开发区。加强市场运行监测，提高市场分析能力。加强日常监测，根据商务部、自治区商务厅的要求，加强对生活必需品、重点流通企业、重要生产资料等各类监测报表的日常催报工作，进一步提高报送质量。加强重大节日监测，对元旦、春节黄金周、清明节、五一节、端午节、中秋、国庆黄金周、"两会一节一赛"等重大节日，每天安排人员值班，监测市场运行动态，向商务厅、市委和市政府等报告当天市场运行情况，确保节日市场供应充足，品种丰富，价格平稳，满足群众需要。加强市场运行分析，利用日趋健全的市场运行监测体系，通过数据研究，坚持每月召开市场运行分析会，每季度编写季度消费品市场运行情况分析报告，研判形势、分析问题、研究对策，确保全市消费品市场平稳运行。为进一步做好市场运行监测，提升市场运行监测能力和水平。11月，召开南宁市市场运行监测工作培训会，对全市180多名信息员进行培训。在开通市级商务预报平台子站的基础上，开通6县县级子站。各县均确定一名工作人员作为商务预报县级子站的联系人，加强"商务预报"系统的开通、维护和相关信息的发布等。做好应急管理工作，提高市场应急调控能力。做好冻猪肉和生猪活体储备管理，加强对猪肉承储单位的监督检查，委托自治区畜牧产品质量监督检测中心对生猪活体储备进行公检，完成自治区下达的储备任务。加强应急商品供应体系建设，落实市委、市政府下达的各项应急预案，配合相关部门做好各项应急预案的修订。完善生活必需品应急管理预案体系，对《南宁市生活必需品市场供应突发事件应急预案联系表》进行修改。加强对53家生活必需品企业、14家应急商品数据库企业的监测，掌握市场动态。加强应急值守，做好强台风"威马逊""海鸥"防御工作，实行领导带班和24小时值班制度，密切关注台风动态，做好险情、灾情信息收集，将信息上报自治区商务厅。 （杨户芬）

【市场体系建设】 2014年，南宁市继续推进重点商贸项目，完善市场体系建设，对重大商贸物流项目、商圈和重点区域的建设取得成效。完成《南宁市商业网点规划》编制及评审，促进商贸流通产业发展、合理配置资源。推进华润万象城、南宁华南城、广西海吉星农产品国际物流中心、东盟·川桂商贸物流园、南宁大商汇商贸物流中心、南宁金桥农产品批发市场、安吉万达广场、宝能城市广场、南宁万达茂、合景泰富江滨综合体、南宁东盟国际肉类交易中心、南宁农产品交易中心等重点商贸项目；青秀万达广场的开业带动周边的商业不断发展。支持、协助南宁市二手车协会成立。做好农村市场、乡镇圩亭建设，"农超对接"，推进农贸市场标准化、规范化建设。支持、协助南宁市农贸市场协会成立；完成全年34个中心城区农贸市场改造任务，其中为民办实事项目6个，"5+X"项目23个。

（黄祥杰）

【电子商务发展】 2014年，南宁市电子商务蓬勃发展。7月，向海关总署申报国家跨境贸易电子商务服务试点城市，8月20日获批，成为全国第17个试点城市，获准开展跨境贸易电子商务零售出口业务。加快推进试点，以南宁保税物流中心为监管园区，以广西电子口岸为基础，规划建设跨境贸易电子商务综合服务平台，打造中国—东盟（南宁）跨境电子商务产业园。推进"万企千店"电子商务工程，支持全市企业新增网店366家，上架产品超过1.50万个，囊括服装、食品、特产等21个类目。全年企业网店数量突破2100家，占自治区企业网店数量45%，重点企业电商交易额1409亿元，比上年同期增长28%。至年末，全市网店在淘宝网销售额超过25亿元；"万企千店"项目366家企业在"双十一"当日总体成交额突破100万元，订单量突破1万单，超过70%的企业在"双十一"中订单量翻倍，"电商南宁"发展步入快车道。 （黄小真）

【消费购物活动选介】

南宁名品推广周暨台湾时尚生活精品博览会 2014年12月18日至22日在南宁国际会展中心举办。市商务局、市农业委员会、市工业和信息化委员会主办，广州纵览会展有限公司、广西众览国际会展有限公司、南宁国际会议展览有限责任公司共同承办。展会规模3万平方米，全市15个县（区）、开发区260家企业，台湾企业140家企业参展，邕台两地名特优产品集中展示，展会人流量7万多人次，现场总销售额650多万元。 （周 旻）

2014 南宁消费购物节 4月26日至6月30日，在南宁电子科技广场开幕。市商务局、南宁日报社、市广播电影电视局主办，主题为"绿城南宁 购物天堂"，通过政府搭台、商家唱戏、消费者得实惠的方式，将消费购物节打造成为区域性的节会品牌，提升南宁作为区域性商贸基地的地位。期间，参与商家推出主题活动12项，包括百货超市主题、汽车主题、家居建材主题、金融主题、家电主题、IT通讯主题、餐饮主题、婚庆珠宝主题、专题展会、TV团购、电商等。金融主题方面，各商业银行推出刷卡优惠，在购物、餐饮、看电影等方面举行刷卡打折、送积分、送礼品等活动，让消费者获得更多实惠。各县（区）、开发区推出相应的"消费购物节"，与2014南宁消费购物节联动。

（黄小真）

【主要商业街区】 2014年，南宁市特色商业街区品类多样，主题突出，市区商业街销售的商品品类涉及服装、电动自行车、汽车汽配、餐饮、装饰装潢、茶叶、盆景石艺等，其中不乏以文化、休闲为主题的特色商业街区，如民歌湖餐饮酒吧区、金汇如意坊、唐人文化园（在建）、欧洲风情小镇（在建）等。

百货、超市街区 南宁市城区百货、超市街区主要集中在朝阳商圈、埌东—凤岭商圈及民族宫商业街区，即市中心百货大楼、民族宫七星路、埌东金湖广场一带。从经营档次看，南宁梦之岛百货、广州友谊商店、南宁百货、南宁万象城及青秀万达广场等主要经营高中档次百货商品为主；北京华联、南城百货、沃尔玛、人人乐、华润万家等百货、超市经营中档次百货商品为主，加上经营大众化百货商品的交易场、和平商场、大和平商场、大和平华西商业城等，构成南宁市服务相对完善的百货销售网络，基本能够满足市民对百货商品的消费需求。

美食商业街 有中山路小吃一条街、长湖路餐饮一条街、民歌湖现代艺术酒吧街、青秀山东南亚美食街、东门海鲜国际美食广场、厢竹海鲜城、江北大道酒吧一条街、淡村美食城、邕州老街文化旅游美食一条街、水街特色小吃街、明秀路青岛啤酒吧一条街等。

商业步行街 兴宁路、民生路是南宁市历史传统商业街。兴宁—民生路步行街范围包括兴宁路和民生路西段，两侧骑楼沿街立面具有“南洋建筑”风格，主要经营商品为服装、餐饮、鞋帽、眼镜、箱包、工艺品等项目。

装饰材料一条街 位于人民路（人民—解放路口至人民商厦距离约600米）的路段两边，聚集众多装饰材料商家，自1985年起初步形成人民路装饰材料一条街。

电子科技信息一条街 位于星湖路，西起七星路，东至园湖路，长1200米。是自治区最大的电子信息产品集散地，主要经营电脑、服务器、交换机、打印机等一系列硬件设备及MP3、数码相机等产品，并形成以南宁电子科技广场、永通电脑城、星湖电脑城等专业市场为核心，集计算机销售、电子产品销售及其耗材销售、网络系统集成、软件应用研究与开发、电子元器件的制造为一体的电子产品制造、销售、技术服务商业街区。

通讯商品一条街 位于东葛路，长1271米。是南宁市手机及配件、电话机等通讯产品销售企业、维修店最密集的街道，汇集有王者数码通信手机城、三明通讯广场、蜂星电讯（南宁总店）、中仁通讯、海印电器、通讯总汇南宁分场、鑫辉通讯等众多大型手机卖场。

汽车一条街 位于江南区白沙大道，是目前广西规模最大的汽车销售一条街，集奔驰、宝马、捷豹、陆虎、丰田、本田、三菱、日产、别克、海南马自达、捷达、富康、宝来、大众等国内外著名汽车品牌，面向广西、辐射中国西南地区及越南汽车市场。

10+1商业大道 位于江南区亭洪路，全长2.86千米，共39栋楼，建筑面积13万平方米，是一条具有东南亚风情特色和具备现代化商业服务配套设施的多功能商业街，集商贸、商务、物流、餐饮、文化、休闲、娱乐、旅游、运动、购物十大功能于一体。位于亭洪路上的茶叶一条街是广西最大茶叶批发零售集散地，专业街全长2.86千米，有茶商400多家，以六大系列百余品种的茶叶销售，以及茶具、茶台、根雕工艺品、茶叶包装及机械设备等销售为主。

唐人文化园 位于西乡塘区唐山路36号，是利用20世纪70年代修建的原南宁市手扶拖拉机配件厂、汽车配件三厂和柴油机配件厂的厂房和库区进行兼并改制和重新改建而成。唐人文化园于2008年年底建园，园区内设置有350多家店铺，主要经营古董字画、根雕艺术、红木家具、瓷器杂项、古玉铜器、香茗咖啡、主题酒吧、餐饮娱乐、文化培训等。

南宁·中国—东盟国际商务区商业街 位于南宁·中国—东盟国际商务区内的东盟各国商务联络部（办事处）基地园区，由越南园、老挝园、印尼园、文莱园、日本园、泰国园、新加坡园、缅甸园、韩国园及马来西亚园等十国风格的住宅和商务服务设施组成的商业建筑群，称为“一心五街12园区”。南宁·中国–东盟国际商务区商业街是集特色商品销售、餐饮、旅游及文化娱乐和开展国际商务活动的交易平台。

邕州老街 邕州老街是南宁市最长的一条商业街，全长1.80千米，商铺350多家，主要经营古玩、奇石、书画、花卉盆景、根雕、家具等。

如意坊（邕州阁） 金汇如意坊位于青秀山风景区附近，现有建筑面积520万平方米，商铺800多家，以经营古玩字画、茶文化、奇石珠宝、花鸟鱼虫、特色餐饮为主。

民歌湖休闲酒吧街区 民歌湖休闲酒吧街区位于青秀区民歌湖，主要业态包括酒吧、咖啡厅、美食坊、茶庄、KTV等。

江南水街 江南水街位于五一东路，总建筑面积约9万平方米，突出广西少数民族建筑特色，以经营百货、超市、酒店娱乐、休闲、美食、小吃为主，集购物、休闲、展示、文化旅游等于一体的具有浓郁地方特色的旅游商业街区。

【主要商贸项目】

南宁华南城项目 中国—东盟商品交易中心·南宁华南城位于南宁市江南区沙井大道56号，规划总建筑面积超过488万平方米，总投资超过120亿元，由香港上市公司（HK1668）华南城控股有限公司投资建设。建成一期约150万平方米，包括好百年国际家居建材博览中心（38万平方米）、五金小商品交易广场（16.80万平方米）、纺织服装交易广场（16.80万平方米）、特色商品交易广场（24万平方米）4个交易广场，以及江南华府一期（46万平方米）和乾龙物流园、兰桂坊美食街、华南城会展中心等。2014年有1个续建项目和2个新建项目，全年完成固定资产投资5.14亿元。华南城通过打造软实力，加快区域商业环境的成熟，成功举办五届中国—东盟博览会轻工展、两届南宁·东南亚国际旅游美食节、两届广西（南宁）春茶节。吸引国内众多展商和越南、缅甸、马来西亚、柬埔寨等东盟国家，以及日本、韩国、西班牙、巴基斯坦、斯里兰卡、法国等国家和港澳台地区客

市民在2014南宁消费购物节上选购数码产品　　黄小真提供

商前来参展，9月16日至19日，在南宁华南城举办第11届中国—东盟博览会轻工展，来自19个国家和地区的609家企业参展，同期举办“东南亚国际旅游美食节”；入场观众、专业买家137.60万人次，车流量11.05万车次，展览规模、参展人次创历史新高。全年获自治区级文化产业示范基地称号，第二届“中华慈善突出贡献奖”。重点打造电商O2O(线上线下电子商务)平台，电商产业园建成并投入使用，入驻成熟电商企业超过15家，为城内90%以上的实体商家提供产品上线服务，促成交易超过1500万元，对超过1000名大学生及企业主提供电商培训和孵化服务。投资开发外贸公共服务平台“东盟购”正式上线运营，获“广西电子商务示范基地”称号和“广西外贸公共服务平台”称号。打造商业中心(商业集聚区)，南宁华南城商业中心定位是以专业市场为核心的综合性商业中心。打造文化产业示范(文化旅游与商业结合)。初步建成印度尼西亚、马来西亚、泰国、菲律宾、越南、老挝、柬埔寨和缅甸8个国家馆和东盟美食广场。东盟特色文化体验交流中心以东盟实景建筑风格打造，体现东盟国家的风土人情、人文气息。

广西海吉星农产品国际物流中心项目 位于江南区壮锦大道16号，总用地38.21公顷，总建筑面积约60万平方米，总投资约25亿元。为自治区最大的水果批发市场。项目定位为“美食”主题型城市商业综合体——“中国东盟食博城”。在农产品经营品种的选择上，关注能沟通双边贸易的水果、干杂、冻品等优势品种，并根据品种的关联性拓展蔬菜、粮油、水产、副食品等。水果是首先引进的品种，2014年年度交易量80万吨，交易额32亿元；辐射范围除广西全境外，扩大至海南、云南、贵州、湖南、广东等周边省份，物流中心中转功能初步实现。干杂、冻品的招商、建设正在进行。至年末，广西海吉星的持卡会员1.10万人(含公司法人)，包括采购商、批发商、基地生产商、配送商和服务商。批发商中除南宁本地的批发商外，还有来自广州、深圳和凭祥等经济发达地区和口岸城市的水果进出口商；基地生产商主要为广西境内果蔬业大型生产基地。建成350平方米的检测中心，建立品种备案、进销台账、样本采集、系统检测和信息发布等较为完善的食品安全可追溯框架。获符合中国计量认证要求第三方实验室认证资质。依靠物流中心目前在农产品实体批发业务中的资源，在电子商务平台中初步建立“B to C”(企业对用户)交易模式，并在推进过程中依实际情况发展“B to B”(企业对企业)交易模式，通过交易数据库的建立和完善选取分别具备“B to C”“B to B”交易模式的品种，解决农产品标准化、降低物流配送成本、缩短生鲜农产品交割时间等问题。

华润置地(南宁)有限公司项目 位于中国东盟商务区核心区，总建筑面积约120万平方米，总投资100亿港币。南宁华润中心是世界500强企业华润集团继深圳、杭州、沈阳后在全国复制发展的第四个都市综合体项目。集顶级购物中心(万象城)、国际标准5A甲级写字楼(华润大厦)、高尚住宅(幸福里)、超五星级酒店等诸多功能于一体的大规模、综合性、高品质的标志性商业建筑群。南宁万象城自2012年9月1日开业以来，秉承打造“南宁市乃至广西人们家庭式购物、休闲、生活体验首选地”的宗旨，是已开业全国5个万象城中开业首日营业额最高、经营面积最大、开业率最高、硬件最好的万象城。幸福里是华润中心内高尚住宅，由9栋半围合式独立塔楼的超高层住宅组成，可售面积27万平方米，总户数约1000户。

南宁金桥农产品批发市场项目 位于兴宁区三塘镇昆仑大道北面，由广西五洲交通股份有限公司及南宁威宁投资集团有限责任公司共同出资兴建，南宁金桥农产品有限公司负责开发建设、运营。占地36.67公顷，概算总投资12.30亿元，预计年货物交易量约500万吨，年交易额100亿元。一期2012年1月开园营业，占地15.13公顷，总建筑面积约17万平方米，总投资7亿元，设有交易商铺750套，商务办公公寓3栋，特色农产品展销中心、综合服务大楼、信息服务大楼、商务酒店各1栋；二期2013年7月开园营业，占地3.23万公顷，总建筑面积约32万平方米，总投资8亿元。

南宁(中国—东盟)商品交易所项目 2006年6月27日成立，注册资金1亿元，位于金浦路16号汇东国际大厦二层，营业面积5600平方米，交易设施配套齐全，拥有320个交易席位、1000多平方米的交易大厅，200多平方米的后台专业机房和多功能的网络交易系统。2014年10月，被自治区商务厅评为“广西电子商务示范企业”。

东盟—川桂商贸物流园项目 广西桂嘉汇房地产集团有限公司投资兴建的综合国际贸易基地，集商贸物流、信息交流、商品展示、产品加工、仓储配送、高端住宅、商务办公、休闲娱乐等全方位服务于一体。计划用地约200公顷、总建筑面积约300万平方米，计划投资86亿元，分三期建成。大嘉汇·东盟国际商贸港是“东盟—川桂商贸物流园”的一期工程，占地27.87公顷，总建筑面积约70万平方米，计划总投资25亿元。 (黄祥杰)

广西海吉星农产品国际物流中心水果交易区一角 黄 涛 摄

社会服务业

【概 况】 2014年，南宁市社会服务业新开业15556户。其中：个体社会服务业新开业6672户；私营社会服务业新开业8753户；内资企业社会服务业新开业98户；外资企业社会服务业新开业33户。社会服务业主要涵盖：信息传输、软件和信息技术服务业，租赁和商务服务业，居民服务和其他服务业，卫生和社会工作，文化、体育和娱乐业5个行业。至年末，全市社会服务业共63856户。按经济性质划分:内资企业2053户(企业法人1046户),注册资(本)金196.14亿元,在内资企业中有国有企业163户(企业法人84户),注册资(本)金2.75亿元,集体企业115户(企业法人97户),注册资(本)金5459万元,公司1689户(企业法人859户),注册资(本)金189.25亿元,其他企业86户(企业法人6户),注册资(本)金3.59亿元;外资企业356户,投资总额5.09亿美元,注册资(本)金2.87亿美元(其中外方2.72亿美元);私营企业26716户(其中分支机构2266户),投资者58122人,雇工12.33万人,注册资金1116.42亿元;个体工商户34731户,从业人员10.64万人,注册资金17.64亿元。

【信息传输、软件和信息技术服务业】2014年,南宁市信息传输、软件和信息技术服务业新开户1066户。其中:个体经营户55户,从业人员103人,注册资金175万元;私营企业990户,投资者1096人,雇工1545人,注册资金23.08亿元;内资企业11户(其中:企业法人2户),注册资金750万元;外资企业10户,投资总额115.53万美元,注册资(本)金80.90万美元(外方80.90万美元)。至年末,信息传输、软件和信息技术服务业有4960户。其中:个体经营户659户,从业人员1377人,注册资金5024万元;私营企业3607户(分支机构238户),投资者6742人,雇工14881人,注册资金72.12亿元;内资企业534户(企业法人95户),注册资金4.01亿元;外资企业160户,投资总额1.50亿美元,注册资(本)金9117.9万美元(外方8990.90万美元)。

【租赁和商务服务业】2014年,南宁市租赁和商务服务业新开户7963户。其中:个体经营943户,从业人员1884人,注册资金4570.48万元;私营企业6929户,投资者13754人,雇工11126人,注册资金474.94亿元;内资企业71户(企业法人48户),注册资金13.31亿元;外资企业20户,投资总额348.35万美元,注册资(本)金196.59万美元(外方196.43万美元)。至年末,租赁和商务服务业有22246户。其中:个体经营户3953户,从业人员9918人,注册资金2.51亿元;私营企业17152户(分支机构1299户),投资者4.11万人,雇工8.15万人,注册资金975.06亿元;内资企业970户(企业法人591户),注册资金155.58亿元;外资企业171户,投资总额2.98亿美元,注册资(本)金1.40亿美元(外方1.33亿美元)。

【居民服务、修理和其他服务业】2014年,南宁市居民服务、修理和其他服务业新开户3770户。其中:个体经营户3245户,从业人员13403人,注册资金2.55亿元;私营企业515户,投资者810人,雇工899人,注册资金6.88亿元;内资企业9户(企业法人3户),注册资金1410万元;外资企业1户,投资总额1.62万美元,注册资(本)金1.62万美元(外方1.62万美元)。至年末,居民服务、修理和其他服务业有3.17万户。其中:个体经营户2.73万户,从业人员87190人,注册资金10.84亿元;私营企业4004户(分支机构649户),投资者7213人,雇工1.98万人,注册资金40.06亿元;内资企业417户(企业法人270户),注册资金32.53亿元;外资企业12户,投资总额1408.62万美元,注册资(本)金1081.62万美元(外方617.62万美元)。

【卫生和社会工作】2014年,南宁市卫生和社会工作新开户312户。其中:个体经营户295户,从业人员1213人,注册资金2100.30万元;私营企业17户,投资者35人,雇工37人,注册资金3070万元。至年末,卫生和社会工作有1933户。其中:个体经营户1717户,从业人员4710人,注册资金10191万元;私营企业205户(分支机构33户),投资者390人,雇工829人,注册资金1.96亿元;内资企业11户(企业法人10户),注册资金7143万元。

【文化体育和娱乐业】2014年,南宁市文化体育和娱乐业新开户445户。其中:个体经营户134户,从业人员506人,注册资金2623万元;私营企业302户,投资者619人,雇工470人,注册资金7.49亿元;内资企业7户(企业法人2户),注册资金1610万元;外资企业2户,投资总额32.26万美元,注册资(本)金32.26万美元(外方8.39万美元)。至年末,文化体育和娱乐业有2550户。其中:个体经营户1098户,从业人员3244人,注册资金2.56亿元;私营企业1318户(分支机构68户),投资者2851人,雇工6638人,注册资金28.20亿元;内资企业121户(企业法人80户),注册资金3.30亿元;外资企业13户,投资总额4666.26万美元,注册资(本)金4472.26万美元(外方4354.39万美元)。

(潘文启)

【拍卖业】2014年,南宁市辖区合法拍卖企业有112家,比上年新增企业21家;112家拍卖企业中取得公物拍卖资质的30家,取得文物拍卖资质的3家;企业员工总数1000人,拍卖专业从业人数800人(拍卖师109人、取得拍卖从业资格人数700人),相关专业从业人数200人(房地产评估师118人、旧机动车估价师26人、其他专业技术人员56人)。主要经营项目有工商行政管理、海关和司法机关等罚没的物品,以及抵债物品、生活资料;无主物品、闲置物品、积压物品、文物和艺术品、房地产、无形资产、银行不良资产、土地使用权、生产经营权、股权等。全年举办成交拍卖会1269场次,拍卖成交额51.14亿元(房地产14.74亿元、土地使用权26.80亿元、机动车0.43亿元、农副产品0.58亿元、无形资产2.74亿元、股权债权1.78亿元、文物和艺术品0.15亿元、其他3.91亿元),全年上缴营业税金2.25亿元,取得佣金总额0.83亿元。

【典当业】2014年,南宁市辖区内合法典当企业有62家(其中分公司2家),比上年增加12家。实收资本8.07亿元,业务笔数3349笔,典当总额12.36亿元(动产3.98亿元、房地产7.12亿元、财产权利1.25亿元),典当余额4.06亿元,从业人数447人,上缴税金404.26万元,税后利润341.09万元。盈利44家,亏损18家。(张　豪)

住宿与餐饮业

【概　况】2014年,南宁市住宿和餐饮业新开户6399户。其中:个体经营户5984户,从业人员18895人,注册资金5.61亿元;私营企业389户,投资者666人,雇工649人,注册资金10.36亿元;内资企业3户,注册资金260万元;外资企业23户,投资总额27.67万美元,注册资(本)金22.67万美元(外方21.87万美元)。至年末,住宿和餐饮业有36442户。其中:个体经营户33821万户,从业人员11.90万人,注册资金15.51亿元;私营企业2262户(分支机构351户),投资者3887人,雇工9438人,注册资金28.01亿元;内资企业244户(企业法人119户),注册资金3.15亿元;外资企业115户,投资总额1.27亿美元,注册资(本)金9063.27万美元(外方8951.66万美元)。

(潘文启)

【桂菜经营】2014年,南宁市餐饮业经营的桂菜系列主要由桂北风味菜、桂东南风味菜、桂西风味菜、滨海风味菜和少数民族风味菜,以及各种风味小吃组成,形成桂菜微辣、带甜、有酸、新鲜特色,风味独特。南宁、梧州、玉林等地方风味菜讲究鲜嫩爽滑、用料多样,常以岭南瓜果入菜,如玉林三宝(牛巴、牛腩、牛肉丸)、菠萝焗饭,梧州纸包鸡,南宁腰卷、邕州鱼角、猪肚鸡，荔浦芋头鸭等；少数民族风味菜多采取就地取材，讲究实惠，制法独特，具有浓郁的乡土气息，如客家皇蒸鸡、壮乡田螺猪手等；桂北风味（桂林、柳州等地）品味醇厚、色泽浓重，擅长以山珍野味入菜，如桂林黄焖鸡、酿三宝等。桂菜原料采用鱼、鸡、虾、蟹、猪、牛、羊等，素料有芋头、马蹄、莲藕、竹笋等，在佐料上采用豆腐乳、辣椒酱、白酒、黄皮酱、柠檬等，烹调方式采用扣、蒸、炖、酿、焖、炒、炸，成为以清甜、鲜香、脆嫩风味特色。成菜讲究粗物细作，形量协调，香气蕴藉，色彩清丽的广西风味菜。代表菜有巴马烤香猪、苗家竹板鱼、侗乡竹笋肉、瑶山泥巴鸡、壮家粉芭肉、毛南烤香猪、京族花衣蛰皮、脆皮扣肉、脆皮狗肉、白切狗肉、纸包鸡等。以明园新都大酒店、西园饭店、南宁饭店、凤凰宾馆、南宁肥仔饭店等为代表的宾馆、饭店、酒店经营桂菜。

【2014 缤纷美食惠之桂菜创新展示】2014年1月22日，南宁市商务局主办，南宁餐饮行业协会、南宁市明园皇家酒店承办的“2014缤纷美食惠之桂菜创新展示活动”在南宁市明园皇家酒店举行。85家餐饮企业、157名厨师参与，提供312道创新菜品现场展示交流；200多名与会领导、嘉宾、媒体朋友及业界人士参加菜品展示交流及食材鉴赏。

【2014 南宁消费美食季】 2014年6月13日，南宁市商务局主办，南宁日报社、南宁市餐饮行业协会、广西乐享广告传媒有限公司承办的2014南宁消费美食季开幕式在华润万象城举行。消费美食季活动持续至9月，以“美丽南宁·味动邕城”为主题，开展“餐饮名店让利优惠体验活动”“寻味‘老南宁’活动”“南宁餐饮老字号评定活动”“2014南宁消费美食季‘三大赏’评选活动”“餐饮服务行业服务竞赛”“餐饮服务行业技能竞赛”等系列活动。吸引近万名市民汇集水街，通过免费品尝水街的各种特色美食，寻找老南宁的味道，了解南宁的传统和历史。在“南宁餐饮老字号”评定活动中，评定13家商家获“南宁餐饮老字号”称号，提升南宁餐饮知名度，打造南宁“美食名片”。在“2014南宁消费美食季‘三大赏’评选活动”中，通过广大市民、专家评委按照服务品质、环境创意、菜品质量、餐厅文化等4项标准，通过网络、微信、微博、手机短信及现场投票的方式，评出年度十佳餐厅、年度十佳酒吧、年度十佳酒店，为南宁市民推荐最佳的消费场所。在餐饮行业中开展的服务和行业技能竞赛中，评出南宁烹饪十大名师，18名烹饪技术能手，8道金奖美食。（黄小真）

市民在2014南宁消费美食季上品尝老南宁小吃　　黄小真提供

【规模以上住宿餐饮企业选介】

南宁饭店　位于兴宁区民生路38号，1952年成立，为自治区政府、中国—东盟博览会定点接待单位，是四星级旅游涉外饭店，连续获得“中国餐饮业百强企业”“中华餐饮名店”“全国绿色餐饮企业”“广西十佳星级饭店”“南宁餐饮老字号”等荣誉。旗下民族酒楼以其独具广西少数民族特色的菜肴、服务、饮食文化和装饰风格，先后接待过党和国家领导人及社会各界众多知名人士，被誉为“广西特色第一楼”。小嘟来食街聚集市民喜爱的400多种南北风味小吃，人称“风味小吃绿城第一街”。饭店拥有豪华行政套房、豪华双人房等中、高档客房462间，大小规模各异、装饰豪华、设备先进完备、可容纳15人～500人的接待室、会议室、宴会厅、多功能厅22间，是行政商务会议、旅游、休憩的首选。

南宁明园饭店　位于新民路38号，1952年开业，是广西首府南宁市最早的星级涉外酒店，连续获得“中华餐饮名店”“广西餐饮名店”“桂菜示范店”“广西老字号”“南宁餐饮老字号”等荣誉。饭店拥有253间各种规格的客房，舒适典雅，豪华气派，均配备成套现代化设施，并提供完善服务。饭店设有豪华中西餐厅，提供口味纯正的中西佳肴。饭店拥有会议室、酒吧、商务中心、商场、票务中心、夜总会、桑拿浴、健身中心、游泳池、网球场、保龄球馆、出租车等服务设施。

绿茵阁西餐厅金源 CBD 店　“绿茵阁”是中国最大的西餐连锁企业之一，1989年成立，是全国餐饮百强企业中唯一的西餐品牌，获中国烹饪协会授予“中华餐饮名店”称号。绿茵阁西餐厅金源CBD店始终坚持“经营中创新，创新中经营”的经营理念，注重融合纯正西餐和本土消费者的传统口味，不断进行技术革新，保持出品的独创性之时融入文化元素扩张美食的吸引力。坚持“诚信、互动、一体化”的经营理念和“贵族化的享受，大众化的消费”的经营策略，注重结合本土消费者的消费水平，将世界美食文化元素与本土饮食文化完美结合，并将世界各地文化以美食的名义融入其中。

“绿岛阳光”餐厅　餐厅发展始于2003年，旗下拥有“绿岛阳光”“绿岛时光”“一屋茶”三大广西餐饮知名品牌，是中国烹饪协会会员单位，广西桂菜代表餐厅。开设万象店、航洋店、水晶城店、东葛店、一屋茶概念餐厅，共五家门店。绿岛阳光风格餐厅，主打地道的广西菜，致力挖掘广西特色优质食材，用最简单的调味，让顾客吃出食物的本色清香来。尊重食材，尊重每一个爱食之人，将最原生态最多元化的广西滋味长久保留在顾客的味蕾，是绿岛阳光提倡的饮食新主张。

（周　旻）

【传统食品】

老友面（粉）　南宁传统小吃。20世纪30年代，有一位食客经常去中山路一间小吃店就餐，久而久之，客主成了朋友。有一次，食客外感风寒卧床不起，店师傅听说后便给食客做了一碗面，放上酸笋、辣椒、豆豉、姜、葱等，食客吃完后大汗淋漓，全身感觉舒畅放松，连打一串喷嚏后风寒痊愈，高兴之下给小吃店送去“老友常来”牌匾。“老友面”得名。制作方法：先将精面粉加适量水和鸡蛋反复搓揉，用竹杠反复压打成面片，精切成细条，(现在用机器压榨成湿面条，极少再有人工制作)，再以爆香的蒜泥、豆豉、辣椒、酸笋、碎肉、醋、骨头汤等配料与之烹煮而成。其特点是酸、辣、咸、香味兼备，有祛风散寒、通窍醒食、兴奋精神的作用。主料用米粉称"老友粉"。50年代起，一直由南宁第二饮食公司主营老友面(粉)，位于中山路的中山饮食店最为著名，老友面又称"中山老友面"，香港《文汇报》、广东《羊城晚报》和《南宁晚报》等媒体曾对其作专题介绍。该公司制作的老友面1997年12月在首届全国烹饪协会举办的中华名小吃比赛中被认定为"中华名小吃"，同年在广西传统美食比赛中被评为广西大众化优良风味小吃。2008年11月，南宁老友粉被列入第二批自治区级非物质文化遗产名录。

米　粉　南宁传统食品。清末民初，粤商来邕兴办餐饮业时从广东引进，称沙河粉。制作方法：选用大米淘净浸透加水磨浆，掺入用开水冲兑的适量熟浆拌匀(或用适量米饭与米一同磨浆)，放入金属托盘(米浆仅铺过盘底)，蒸成薄片，折叠切成条，叫作切粉；在舀米浆入托盘后加入碎肉、葱花、香菇末、碎虾米等配料，蒸后卷成筒状称卷筒粉，在梧州及广东一带叫肠粉；将用布滤干成粉团的米浆煮至五成熟，放在石臼中舂成软硬适度有韧性的稠浆（现代多用机械搅拌），用粉榨器就着沸水锅压榨入锅煮熟成线的叫生榨粉，因从桂林引进，又称桂林米粉。切粉、生榨粉在食用时用沸水烫热加入骨头汤称汤粉，配以肉类的称肉粉，不配肉称素粉。肉粉又依据不同肉类称为猪肉粉、牛肉粉、鸡肉粉、牛腩粉、鸡杂粉、杂烩粉等。用油炒的称炒粉。

干捞粉　南宁传统小吃。兴于清末民初，因其食用时仅以叉烧、卤水凉拌，不加入汤水而得名。制作方法：取切粉置于捞篱内放入开水锅中氽一下，装碗后加入叉烧或牛锅烧、焯过水的绿豆芽、炸黄豆或炸花生仁，淋上用10多种配料熬成的酸甜卤水及少许熟花生油拌匀即可食用。味道鲜美、清滑可口。

炖粉糕　广东、广西传统小吃。南宁水上居民和沿江居民流行。制作方法：将大米淘净，兑水磨成米浆，分成几盆调入可食用的红、黄色素，用浅陶盆置锅中分层勺入米浆，先蒸一层原色米浆，待第一层蒸熟后，再依次分别加入黄色、红色米浆，反复依次加入各色米浆，每层约0.20厘米厚直至蒸满盆，在面上洒入些碎肉、花生仁、葱花即可，称夹层炖粉糕。如在蒸煮各色米浆至中间层加入绿豆沙再依次加入各色米浆蒸煮，则称夹心绿豆炖粉糕。中间加入芋头碎粒，则称芋头炖粉糕。色泽美观、软滑可口、老少皆宜。

宾阳酸粉　宾阳传统小吃。制作方法：精选上好的晚稻大米，经24小时浸泡并淘洗，用土制的石磨磨浆。经过7天时间反复的漂浆，期间，根据气温的不同进行不定时换水。蒸制时采用大锴木盖浮托法蒸米粉，蒸熟一条折叠一条并抹上一层花生油。配菜有叉烧、炸波肉、炸牛肉巴、炸灌风肠、炸花生或黄豆和腌制的新鲜黄瓜。调味品主要是将陈皮、八角、葱条等10多种香料用纱布包好，加水、盐、蚝油、味精等加温煮制卤水。再用糖、盐、米醋调制糖醋至酸甜适口。切好米粉放在碗内，叉烧等配料平摊在米粉上，再放些鲜红的生辣椒和蒜茸、香菜，浇上卤水及糖醋，加些花生油即成。爽滑可口、酸甜适中、柔嫩香脆。

凉　粉　南宁传统消暑小吃。制作方法：将凉粉果中的白色粉粒加工榨出液体，加热冷却后形成晶莹透明的晶体，将熬过的红糖水加入，捣碎晶体作凉拌吃。清凉甜爽。

粉　虫　南宁传统小吃。始于清代。制作方法：用黏米洗净浸透、磨成稀稠适宜的米浆，滤成湿粉团置锅内煮至半熟，起锅揉搓至软硬适度有韧性的粉团，然后搓成条状，扯下小段在专用竹箕背搓几下，成虫状，置于蒸笼蒸熟。如搓粉时加入少许可食用色素，如花米红、姜黄等，则做出的粉虫色彩好看又诱食欲。配以猪肉、牛肉或杂烩做成"炒粉虫""粉虫汤"。形似虫草，食之韧软。

粉　饺　南宁传统小吃。清末民初面市。南宁解放前以"粉角九"的粉饺最出名。制作方法：选用黏米浸透磨成稀稠适度的米浆，滤成湿粉团置沸水中煮至半熟，加入适量薯粉(生粉)，将粉团反复搓揉至有韧性，搓成条状擀成薄片饺皮，包入拌食盐、香油、味精、五香粉的碎猪肉、虾米、香菇、马蹄或凉薯末合成的馅心，置托盒蒸熟。食用时配以黄皮酱、海鲜酱、豉熟油及少许葱花、芫荽之类的佐料。饺皮韧软、爽滑，馅料鲜甜味美。

粉　利　南宁季节性传统食品。始于明末清初。民间以其寓意"吉利"，故在冬至、春节期间最为旺销。制作方法：将浸透的大米加水磨成浆，滤成湿米粉，搓揉成团，放入沸水锅蒸至半熟，置于案板揉搓至有韧性，搓成直径4.50厘米的圆条状，切成段，置笼屉蒸熟。蒸熟的粉利须入水保存，以防干裂。食用时切成片，配以各种肉类制成"炒粉利""粉利汤"，亦可打火锅"烫粉利"。粉韧爽口，味道鲜美。

油炸粽　南宁传统小吃。始于清末民初。尤以亭子雷四婆的油炸粽最出名。制作方法：将糯米淘洗浸透，捞起沥干，取100克至150克加少许绿豆，用粽叶包成长12厘米、宽7厘米、厚5厘米扁形粽子，置锅中煮熟，然后捞起晾干，剥去粽叶，放到烧滚约180度的油锅内炸至外皮色泽金黄即可。外皮酥脆、色泽金黄、内部松软、香脆可口。

蕉叶糍　南宁传统小吃。相传始于宋朝。民间多在中元节制作。制作方法：选用糯米淘净浸透磨浆，用布袋滤干成湿粉团，经搓揉捏成长条状，用经热水烫软洗干净并刷上食油的芭蕉叶把粉团包好，置蒸笼蒸约20分钟即可食用。可制成咸甜两种。做甜味的方法是：将糖煮成浓浆，加入猪油与湿米粉搓匀；咸味的即在湿粉中加入些许盐搓匀，或包入炒干的横县头菜末、碎猪肉、花生之类的咸馅。蕉叶清香、糍粑软韧、清甜可口。

艾　糍　南宁传统小吃。也称艾粑粑，一般多在清明前制作。民间有"吃了野艾糍，春耕倍添劲"的说法。艾糍是由艾草或白头翁草制作而成，艾草长在田边或房前屋后的空地上，容易找。用白头翁草做出来的粑糍颜色比艾草做的浅，味道更清香且有韧性。制作方法：摘下野生的艾草或白头翁草嫩叶用石灰和水泡浸两三天以去污（白头翁草洗净即可），然后洗净捞起剁碎(越碎越好)，加入赤砂糖和水，煮艾叶或白头翁草碎成糊，将其和入糯米粉中，艾糍外衣即成；炒花生舂碎后拌入赤砂糖和炒过的白芝麻（味甜而不腻且香)作馅；将馅包入已和好的艾叶糊的面团中(像包汤圆一样)压扁，把摘来的新鲜柚子叶或芭蕉叶剪成巴掌大小洗净（再放些油入热水中煮煮更好)，再给每个包好的艾糍附上一小片柚子叶或芭蕉叶，环状放入蒸笼蒸15分至20分钟即可食用。艾草味辛，气味特别，具有较多功效。《本草纲目》记载：艾草性味苦、辛、温，入脾、肝、肾；艾以叶入药，性温、味苦、无毒、纯阳之性、通十二经，具回阳、理气血、逐湿寒、止血安胎等功效，被称为"医草"。因此常吃艾糍有利健康，尤其适合女性食用。白头翁草具有清热凉血、解毒的功效，且气味比艾草清香，适合肠胃湿热的人食用。

凉　粽　中国传统夏令小吃。古称角黍，《初学记》引晋周处《风土记》载："仲夏端午，烹鹜角黍。""进筒粽，一名角黍，一名粽。"《续齐谐记》载"屈原五月五日自投汨罗而死，楚人哀之，每逢至日，以竹筒贮米，投水祭之。”说明最迟在晋代，民间已有端午节包角黍之俗。大约在清代传入南宁并从角锥体改为圆柱体，从角黍改称凉粽。现仍流传于南宁市各地。制作方法：将糯米浸透，拌入少许枧水，用几张竹叶包成条状，用细线捆扎牢，置沸水锅煮熟。食用时除去竹叶，蘸以糖浆。粽身晶透，入口脆滑有竹叶清香。

猪肉绿豆粽　南宁传统风味食品。始于唐宋时期。制作方法：将去皮肥猪肉洗净切条，加入佐料腌制半天待用；绿豆磨碎淘洗去皮，选用大糯米淘净沥干，将粽叶若干张洗净摊开，放上适量糯米，在中间开凹沟，放入绿豆和一条腌制猪肉，再盖一层绿豆，加一层糯米覆盖好豆、肉，然后包起，中部微突隆，用粽绳扎牢，置沸水锅中煮半天左右即可。其特点是软、沙、香。民间在春节吃的粽子称大粽，品种多，一般每个重0.25千克，大的重几千克甚至10多千克，称枕头粽；品种根据所包裹配料的不同，有板栗肉粽、绿豆肉粽、饭豆肉粽、虾米粽、蟹肉粽、腊肠粽、牛肉粽等。

五色糯米饭　传统食品。制作方法：分别将旱米果、香饭花或姜葱、枫叶或枫树皮、红蓝草捣烂加水加热制成大红色、黄色、黑色和紫红色液体，将糯米分别浸泡在各色液体中，待米粒通体染上颜色后滗去余汁，分别入甑蒸煮，出甑后再将各色熟饭放入大铁锅中搅匀，便呈黑、红、黄、紫、白5种色彩。饭色油光鲜亮，互不沾染。饭质嫩软，气味清香。

黄花饭　壮族食俗。一般在农历2月至3月，特别是二月初二春社节祭社时制作。制作方法：先将黄花树的黄花置锅中加水煮沸，水变黄，滤去渣，留水蒸饭即成黄花饭。此时天气回暖，细菌繁殖，易得病，吃黄花饭，对预防肠胃疾病有一定作用。

豆蓉糯饭　传统食品。民国初年，南宁早市常见卖糯米饭的小摊设在街头，供人们“食过早”(即吃早餐)。制作方法：摊档主将大口陶盆放在箩中，盆内盛满糯米饭，饭旁放着绿豆蓉；不论冬夏，盆底均置一炭炉，盆上放着一钵油炸糯米锅巴，另一钵则放着一块块卤熟的半肥瘦肉或腊肠。出售时档主用双手将糯饭捏好，夹入绿豆蓉、油炸锅巴或猪肉或腊肠在糯饭中间，捏成饼状，沾上香酥芝麻、葱花、生晒豉油，放在一块清洁的荷叶上，顾客即可拿着食用。味清淡可口，柔软香甜，油而不腻，可谓色香味俱全。

瓦煲饭　传统食品。传说由广东传入后形成南宁特色。制作方法：选优质米入沙煲，采用转炉煮饭，炉的一半有火，一半无火。先用猛火烧沸，然后转到无火焗饭。由于瓦煲较厚受热散热较慢，受热均匀，故煮出来的饭不硬、不烂、不焦，饭香纯正。焗饭时，将配好佐料的肉类菜蔬，铺陈于饭面，饭熟菜熟，味道鲜美。有香菇瘦肉饭、鱿鱼猪肉饭、猪肝饭、排骨饭、腊味饭、虾仁米饭等10余种，饭热菜香。

卷筒粉　风味小吃。制作方法：用上等的白米经浸泡淘洗磨成浆，将米浆放入托盘摊匀，撒上半肥瘦碎猪肉、上好的大头菜末、花生末、葱等佐料蒸熟，出托时卷成圆筒状。入口柔韧、香滑、清爽。

八仙粉　风味小吃。制作方法：选用带有韧性的新鲜切粉，煮粉前先在热锅里盛入大半碗猪骨熬成的上汤，汤沸后放入鱼饺、肉片、熟鹌鹑蛋、香菇、黄花菜、鱿鱼、鸡肉丝、瘦猪肉片、鱼片、新鲜嫩蔬菜等各两三件，猛火煮沸片刻，再倒入200克切粉，待锅中汤水再沸后加少许香葱、香油、盐、味精等调味，即可装碗食用。配料多、营养丰富、合理搭配、粉韧爽口、味道鲜美。

八宝饭　风味小吃。制作方法：选用优质的香糯浸洗后用竹箕滤干水，置蒸笼或饭甑蒸熟，倒在盘里加些猪油、白糖拌匀，然后将少许蜜枣、杏仁、莲子、冬瓜糖、桂圆肉、葡萄干、蜜饯等干果放入碗内摆好，再将一些干果拌入饭中，盛入碗里压实，中间压成窝状，放些豆蓉馅，再用糯饭盖住压平，重新置蒸笼内蒸三四十分钟即可。食用时把碗里的八宝饭扣于碟中，浇上少许用糖和菱粉调制的芡汁，饭软味甜，食而不腻。

酿苦瓜　特色家常菜。制作方法：选用中粗直的青嫩苦瓜，洗净切成每节长圆寸的瓜筒，掏出瓜瓤，将猪肉与花生仁剁成肉泥，与浸透的糯米、盐、猪油、香葱、香料拌匀作馅，填入瓜筒中，置锅中蒸熟即可上碟食用。既有苦瓜的清香，又有肉馅的鲜美，味道甘甜可口。

炒田螺　传统风味小吃。流行于南宁城乡。制作方法：将田螺置清水盘中养数日，常换水，让田螺吐尽泥污，然后洗净外壳的泥苔，用刀敲碎螺尾顶尖，剥去螺盖后入锅，加入少许食油、盐、姜、酒等配料爆炒片刻，以除去腥味，再加些水煮至熟透，最后加入紫苏、假蒌、香葱、蒜苗、酸笋、啤酒及适量油、盐调味拌匀，便可上桌食用。多在夜市小吃档供应，食客享用时用口吸吮，有声，别有情趣，民间谓之吮田螺。螺肉滑脆，汤味鲜美，诱人食欲，并有滋阴降火的功效。

粥　品　传统食品。南宁人喜欢吃粥，而料粥相传于清末民初从下江(梧州以下)引进。过去，常有商人用小船游弋在河面上兜售用河鲜为主料烹制的粥品，称“艇仔粥”。在市面上则以“谟觞粥”店最出名。制作方法：选用上好大米，明炉微火煮至米烂待用。食用时可根据口味，明火现煮配制成猪肉粥、牛肉粥、鸡肉粥、鱼片粥、猪杂粥、鸡杂粥、皮蛋瘦肉粥、三鲜粥、猪红粥等，上碗时加入姜丝、葱花、胡椒粉即成为美味粥品。粥品稠滑、味道鲜美。

鱼　扣　邕宁区蒲庙镇那路村一道传统的特色菜肴。制作方法：选择500克左右的鲮鱼做原料。将活鱼洗净，去头、去皮，取鱼肉，把鱼肉剁成泥(也可用绞肉机绞)后，倒入盆里摔打20分钟(以把一小块鱼泥投入水中能浮上来即可)，然后加入适量的食盐、胡椒粉，拌均匀后待用(用作包鱼扣的皮)。接着制作鱼扣的馅。鱼扣的馅使用瘦猪肉、虾米、香菇、马蹄、花生、芝麻、头菜、葱等8种材料。把花生、芝麻用文火炒香，把其他馅料剁碎，加入适量的生粉和少许鱼肉泥（使蒸熟的鱼扣切开时馅不容易散开）及舂碎的花生、芝麻，搅拌均匀后即成鱼扣馅，把馅包入先前制作好的鱼肉泥中即制成鱼扣(包好的鱼扣形状像只大包子)，再把鱼扣放入烧开的锅里煮30分钟，待鱼扣从锅底浮到水面即可捞起，趁热滴上几滴老抽抹匀，冷却后，将鱼扣放入油锅里炸至表面金黄后捞起冷却，切成片状装盘，再放入蒸笼蒸20分钟即可以上桌(蒸得越软越好吃)。因鱼扣采用鱼做主料，有着“年年有余”的寓意，又因它的形状是圆形的，有“团团圆圆”的象征，是该村逢年过节必备的菜肴。

脆皮扣　良庆区、邕宁区一带的特色菜肴。制作方法：选上好皮薄的五花肉1000克，清洗干净，改刀切成500克一块的大块，取干净的锅，放入改刀后的五花肉，加入冷水，放入姜块葱条和酒，猛火烧开，改小火煮20分钟，捞出放在盘中，然后在肉皮上均匀地抹上盐和大红浙醋；取炒锅，垫上锅箅，将抹好醋的肉皮向下放到锅中箅子上。然后倒入花生油，至泡到猪皮但不超过猪皮为好，盖上锅盖，大火烧制，待油发出爆炸声后，关至中小火，炸40分钟，待皮炸到金黄时即可捞出。脆而有韧性，肥而不腻，遇汤皮亦不变软。

高峰柠檬鸭　起源于武鸣县一带的一道特色菜，尤以武鸣县高峰境内酒家饭店最优故得名。制作方法：将鸭宰后洗净、去内脏切成块，入锅用猛火炒至六成热，再将切成丝的酸辣椒、酸姜、酸柠檬、醋头、酸梅、生姜、蒜泥等佐料入锅同炒，拌匀后改文火至八成熟后加入豆瓣酱同炒至熟透,淋上适量香油即可出锅上碟。味道酸辣适度,肉质鲜嫩入味爽口。

横县鱼生　横县传统食俗。制作方法：将1.50千克~2.50千克重的活鲩鱼杀死去皮,把鱼两侧面的肉削除出来,用卫生纸包好吸干水分,将鱼肉切成"双飞"薄片,摆在盘里。然后用冷开水将生姜、紫苏、鱼腥草、柠檬叶、大头菜、洋葱等佐料洗干净,甩干水分后切成细丝,指天椒、蒜瓣、酸头等切成片。将酱油、花生油、酸醋、胡椒粉等放入小碗搅匀作调料。食用时各取少许青料、姜丝、花生米和酸头,连同蘸了调料的鱼生片一起吃。其特点是味鲜可口。卫生部门检查发现,鱼生片有生虫,食者易患肝吸虫病,提倡不食鱼生。但横县不少群众食鱼生已成习惯。

酸　肉　壮族传统食品。流行于隆安县邕天（南宁至天等）公路南面的都结、同乐、普权、新风、达利、平养、平荣、荣朋等村屯壮族聚居区。制作方法:把猪肉(最好是五花肉)的皮面置锅中煮成金黄色,加入蒸熟的玉米粉(小米粉更好)、精熟盐(每千克猪肉掺60克~70克以不太咸为宜),经反复搓揉,至肉变软后置瓷罐中密封,两个星期后肉即变酸,便可吃用。开罐后,要在三五天内吃完,否则时间长了,酸肉会变质生虫。放装罐时,用小罐为好,也可用小食品袋来装,装量以一餐吃完为宜,用绳子绑好袋口密封。可把若干袋一起放进一个大罐里腌制,吃用时按量取出即可。酸肉有两种吃法:一是切片后即吃,这种吃法能保持原味,稍酸,多吃不腻;二是把黄豆或玉米炒熟和酸肉一起吃,这种吃法香味可口,食欲倍增。用酸肉下酒或佐玉米粥,风味独特。一般家庭逢年过节时宰一头肥猪,把猪肉全部腌酸,作为常备肉食。如有贵客光临,就用酸肉来招待。

羊　酱　又叫"羊精""羊瘪"。马山县东部山区瑶族的一道特色菜肴。制作方法:羊杀好后,将羊的一段细嫩的小肠割下,分绑两头,入锅用油煎至小肠爆裂、黄熟,内溶物溢出后,加水煮10分钟,将小肠捞起滴水沥干,切成小块,再放入锅中,配以适量的羊血和剁碎的羊肉、羊杂以及盐、姜、辣椒等佐料制成。羊酱汤,汤色幽绿,其味甘苦。因羊吃百草,小肠内溶物为羊分解草料后尚未吸收的养分,据说有健胃的功效,民间称之为医治疾病的"百草药""长寿药"。

羊　红　传说此菜肴为环大明山地区周边各土司的宴席菜。制作方法:用刚宰杀的黑山羊鲜血和炒好的羊内脏（俗称"羊下水""羊杂"),加上香菜、花生等佐料制成,装盘后样子像一盘红"豆腐",味鲜美异常。

清水羊肉汤　马山特色菜。制作方法:将黑山羊羊肉砍块,放入有清水的锅中烧开去除血水,沥水后用清水洗净,再倒进放有枸杞、花菇、红枣、生姜等开沸的锅中煮熟后,蘸料汁即可吃。蘸料配方是羊肉店独特配制的秘方,并以新鲜香椿嫩芽为主料,使蘸料具有山野清香的风味。肉香浓郁,无膻味。

腊　肉　南宁传统风味食品。制作方法：冬天腊月时人们把买来的猪肉搓适量的盐放在盘里腌到二月,用菜叶清洗除去肉表里油腻盐质,然后串挂起来,风干即成腊肉。人们选择腊月做腊肉是因为天气比较寒冷干燥,猪肉不易变质腐烂。

糯米血肠　壮族普遍喜爱的传统食品,壮语称为"楞棒"。制作方法:把蒸到半熟的大米或糯米趁热拌上鲜猪血以及各种香料,紧紧灌入洗干净的猪肠内封口蒸熟即成。食用时可切成片,或用油煎炸,或用甑蒸热。色泽油亮,异香扑鼻,味道鲜美,脍炙人口。　（书　弄）

茶　业

【概　况】2014年,南宁市有10+1商业大道茶叶批发市场、横县西南茶城2个成品茶叶批发零售专业市场。主要经营名优绿茶、茉莉花茶、六堡茶、普洱茶、黑茶和全国各地的著名紫砂制品乃至东南亚锡制品、瓷器和玻璃器皿等茶具,以及茶床、茶台等木制、根雕工艺品。

【10+1茶叶批发市场】亭洪路"南宁10+1茶叶一条街"全长2.86千米,沿街有东南亚建筑风格的楼房39栋,总建筑面积13.70万平方米,2005年经南宁市商务局批准为"南宁茶叶批发市场",2006年被南宁市商务局冠名为"南宁10+1茶叶一条街",2008年列入南宁市10条特色商业街之一。该街集商贸物流、休闲娱乐等功能于一体,进驻广西南宁茶叶批发市场、北京华联江南店、广西茶网、南宁茶业商会等品牌商家、网络、行业协会,尤其作为广西茶业批发零售集散地而著名。整个茶叶批发市场有400多家茶商入驻,全年销售额6.90亿元。市场汇集茶叶六大系列近百个品种,包括中国茶王——大红袍、福建安溪铁观音、云南普洱、浙江龙井、台湾红茶、乌龙茶、信阳毛尖、湖南黑茶,广西本地的六堡茶、横县茉莉花、凌云白毫茶、昭平将军峰、西山茶、三江茶、灵山茶、西林茶、覃塘毛尖及越南茶、斯里兰卡红茶等,还有来自全国各地的紫砂制品乃至东南亚锡制品、瓷器和玻璃器皿等茶具,茶船、茶台、木制根雕工艺品和茶叶包装及茶叶机械设备等。

【横县西南茶城】西南茶城是目前国内最大花茶专业交易市场,也是目前全国绿茶（茶胚）吞吐量最大的茶叶专业市场,西南茶城是由茉莉花交易市场、茶叶市场和成品茶市场组成,占地4.50万平方米,建筑面积2.20万平方米。成品茶市场占地1.70万平方米,150间店,300多个经营户。原产地茶商入场经营,直销横县茉莉花茶、安溪铁观音、云南普洱茶和全国各地名茶;市场主要用于绿茶茶胚交易,为横县茉莉花茶加工基地供应花茶茶胚。有来自福建、云南、贵州、湖北、浙江等全国各地的茶商。茉莉花交易市场占地面积1.30万平方米,有120个摊位,2000多个茉莉花经纪人,市场主要用于交易玉兰花。

【天鹰茶城】天鹰茶城是由广西南宁天鹰茶业有限公司投资开办,营业面积4万平方米。是2013年开业的大型茶叶交易中心,集中国名茶、茶具、红木家具及奇石古玩收藏的经营、品玩、鉴赏为一体的综合性商业平台。天鹰茶城集"全国名茶、精美茶具、茶工艺品"为一体,主要引进全国各地品牌茶商,有大益茶业、福今普洱、梧州茶厂、广西农垦茶业集团、八马茶业、久扬茶业、肖鸿茶业、新功电器、鑫阳光茶具批发中心、弓艺苑(广西最大的大板根雕批发直销中心)、天佐茶具批发中心(广西最大茶具批发中心)、天一包装等100余家知名茶企入驻。2013年9月中国一东盟博览会轻工展试营业至今,月均销售额1000多万元。天鹰茶城于2014年4月30日至5月4日,举办第七节广西(南宁)春茶节,春茶节汇聚来自全国各地的上千种名优茶品,成为各类茶产品展览展销、茶产业对接合作、茶文化交流弘扬的经贸文化盛会,作为自治区内的茶事盛会,春茶节吸引广西本土,乃至全国主要茶产区的茶企参与,并伴有茶食品、茶家具、茶文化等相关展示。

（黄祥杰）

食盐商业

【概　述】2014年,南宁盐业分公司在职职工50名,下辖黎塘支公司,销售范围包括南宁市六城区及武鸣县、隆安县、马山县、扶绥县、宾阳县、横县、上林县七个

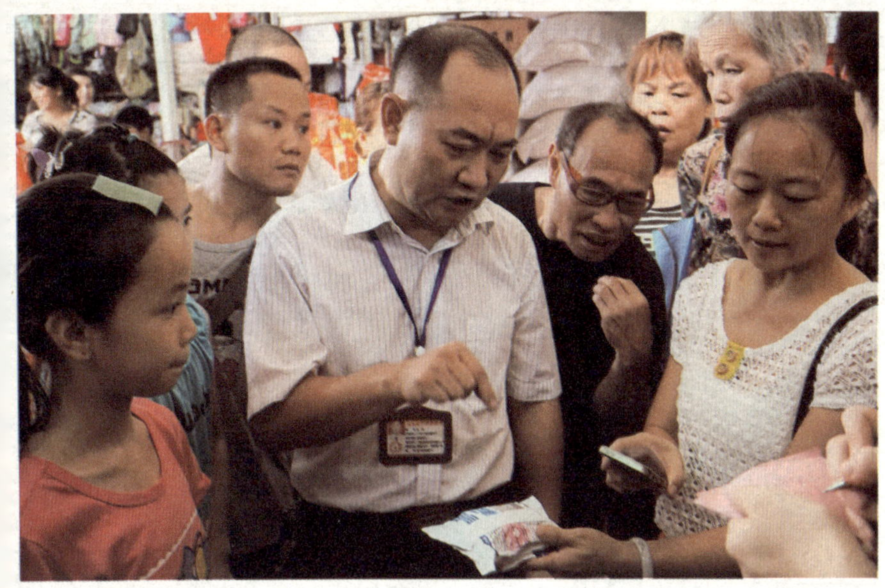

盐务管理人员给群众讲解袋装食盐真伪辨别方法　　崔玉善提供

县,总人口630多万人。公司下属沙井食盐配送中心位于五一西路,中心集生产、加工、仓储、配送于一体,负责南宁销区各类盐品的购、销、存工作,同时承担着国家、自治区级储备盐任务,年处理能力5万吨以上。主要经营桂山牌精制盐、日晒精盐、海晶盐和腌制用盐等。为丰富盐品市场,满足消费者需要,开发绿色海藻碘盐、低钠盐、加碘精纯盐及沐浴盐、浴足盐、洗涤盐等多品种盐。全年盐品购进量5.93万吨(食用盐购进5.40万吨、工业盐购进5276吨),盐品销售量5.80万吨(食用盐销售5.25万吨、工业盐销售5415吨)。

【经营管理】 2014年,南宁盐业分公司贯彻广西区公司食盐直达配送的要求,按照"分类扩点、全面覆盖、物流支撑、方便客户"的原则,组织人员分三批深入市场调查登记客户信息。至年末,建立备案登记终端客户1.03万家。根据终端客户类型、区域进行分类运作:下属乡镇均设立3个以上零售终端配送点,配送覆盖率100%;城区超市采取"三定原则"进行配送,配送覆盖率100%;市区农贸市场具有零售点多、批量少、频次多的特点,采取"撒胡椒面"式配送方式,覆盖率90%;餐饮店等零售终端,采取集中采集订单,定时定线多点配送的方式组织配送。抓住盐品配送环节,形成云欧公司(配送县份)、外运公司(配送市区),公司自有车辆、片区经理临时聘请配送车辆并行的多元化盐品配送格局,各方相互制约,共同发展。配送重心下移,在江南区、青秀区、西乡塘区、兴宁区分别设立4个配送站点,由片区经理招聘配送车辆,规划配送路线,将盐品配送到位,提高配送效率和网点覆盖率,增强市场掌控力。调整4名人员到销售一线,充实一线销售力量。推进商库通系统的安装运行,摸索科学的结算、订单、销售、报表、出账流程,并总结推广,对商库通系统在自治区的推广使用开辟捷径;各片区经理为终端网点客户做大量沟通、解释,取得客户对系统改革的理解和支持,系统安装客户200多家。

【盐政执法】 2014年,南宁盐业分公司坚持履行盐政监管职责,抓好市场监管、整顿,保持盐政查私打假的高压态势;开展市场检查行动,做好常规市场检查,注重关注节假日、腌制用盐旺季等重点时段的检查整顿。全年开展专项检查行动4次,派出盐政执法人员600人次,检查零售终端8000多家,检查用盐企业202家,抽查餐饮店、机关、学校饭堂80家,调查居民用盐情况500多户,发放宣传资料2万多份。加强腌制加工用盐行业监管,建立腌制加工用盐企业档案,严防食品加工用盐流入食盐市场。加强碘盐宣传力度,利用"3·15""5·15"等开展宣传,发放碘盐知识、品种盐宣传资料1000多份,接受群众咨询1000余人。与公安、工商等有关职能部门合作,建立联合执法机制;与相关部门联合执法4次。全年查获涉盐案件47起,涉案盐品1.78吨。

(市盐务管理局编写组)

烟草商业

【概　况】 2014年,南宁市烟草专卖局(公司)下辖兴宁区、江南区、青秀区、西乡塘区、邕宁区、良庆区、武鸣县、横县、宾阳县、上林县、马山县、隆安县等12个烟草专卖局(营销部),从业人员943人。全年辖区销售卷烟133.28亿支(27.13万箱),比上年增加1.19万箱,增长3.13%;实现税利13.99亿元,增长13.23%;实现利润7.79亿元,增长17.29%。企业总资产18.78亿元。

【营销网络建设】 2014年,南宁市烟草专卖局(公司)全面实施合理定量,优化货源评估和跟踪分析制度,保障市场供应平衡状态。把握市场真实需求,培养客户均衡购进习惯。开展上位引导、错位经营、同价位替代,引导客户从依靠销量获利向提升结构获利转变,零售客户毛利率14.69%,户均年盈利4.13万元,比上年增长15.05%。完善客户经理服务流程规范,提高客户服务水平,健全退货和应急订单工作机制,主动为客户提供增值和亲情服务,客户总体满意度84.20%,提高3.30个百分点,自治区排名由第八上升至第四。发挥终端资源和工商协同作用,开展重要节假日"价位突破上位引导"、协同工业开展新媒体营销活动,打好品牌培育组合拳。全年实现一二类卷烟销售8.03万箱,比上年同期增加1.65万箱,增幅25.80%;8元以上真龙销量增长36.40%。完善终端建设配套措施,采取先易后难、循序渐进的工作策略,以烟柜改造为突破点,展示品牌为着力点,信息化推广为手段,实现终端形象总体提升。全年有7181户客户自主出资改造烟柜,占总零售户27.15%,累计改造烟柜9456个。在隆安县召开终端建设推进现场会,总结推广成功经验,营造比学赶超良好氛围。实现非法人实体化运作,实行"今访明送"模式,推进精益物流管理试点工作,物流运行效率稳步提升,费用控制能力明显加强,物流总费用、单箱物流费用、物流费用率、单箱配送费用等指标降幅在全国36个重点城市中分别排名第4、第5、第4和第3位。

【专卖管理】 2014年,南宁市烟草专卖局查处涉烟案件2375起,其中1万元~5万元案件134起,5万元以上案件58起;查获非法卷烟2270.70万支、烟叶烟丝392.90吨;侦破符合国标网络案件6起,捣毁制售假烟窝点1个,"8·12"案件被公安部、国家烟草专卖局列为部督案件;追刑130人,其中行政拘留4人,刑事拘留74人,逮捕43人,判刑9人。

专项整治　组织开展"天网"(自治区烟草专卖局在全区范围内组织开展的代号为"天网"的卷烟市场综合整治行动"三重"治理(重点区域、重点场所、重点对象)和打击无证经营专项行动,遏制涉烟违法活动。卷烟市场状况逐步好转,持证客户守法经营意识得到提升,名烟名酒店销售"假非私"烟和无证公开经营现象得到一定遏制,持证户守法经营率

98%，提高12个百分点；持证经营率87.70%，提高14个百分点。

证件管理　出台县域零售点布局规划指导意见，通过调研和科学测算，六县一区严格按照程序出台新的布局规划，规划的科学性和规范化水平得到进一步提升；制定零售许可证后续监管办法，对证照不符、证址不符、零购进等不规范行为进行专项整治，许可证后续监管得到加强；开展"把方便留给客户，把麻烦留给自己"活动，突出便民高效，简化延续材料，提供上门服务。

专卖内管　完善内控内管制度，重新制定流程标准，强化关键环节的监督检查，实现内管关口前移；建立重点户档案，对查实存在不规范经营行为的零售户进行停供限供，减少卷烟套购隐患。

【企业管理】　2014年，南宁市烟草专卖局(公司)企业基础管理全面提升。改变考核周期和方式，实施季度督察、半年通报、年度考核，市局(公司)考评小组首次直接对各县(区)一线业务岗位进行半年考核，考核人员专业，考核标准统一，考核结果公平、公正，激发员工工作热情，提升工作质量。初步构建定额管理框架体系，细化管理措施，扩大管理覆盖面，开展全员宣贯，定期公布运行数据，各单位(部门)节能降本意识得到增强。以精益物流作为重点突破，普及精益管理理念，开展全面诊断分析，初步完成精益物流改进工作。加强对标管理，企业劳动效率和成本费用水平得到明显改善，全年14项关键对标指标中有12项的提升速度高于全国36个重点城市平均水平。推进6S(现代企业管理模式)现场管理，制定执行和标识标准。按照"减数量、求质量、重推广"的原则，精心组织QC(质量控制)和对标课题研究，送审发布的2项QC成果和3项对标课题研究囊括自治区商业系统一、二、三等奖，其中《降低物流"万支耗电"指标》QC小组活动成果获国家局QC课题三等奖，实现零的突破。重点围绕"物流管理、预算管理模块与三项工作对接"进行平台总体功能完善开发，新增预警提醒功能，实现综合管理平台功能。《基于信息化支撑的单元制管理的研究》《综合管理平台》两个项目分获自治区局科技进步一、三等奖。制订完善18个"两项工作"制度，进一步优化"三办"职能分工，抓好决策、程序、运作三个环节的监督，规范"三项项目"管理，全年公开招标金额占比97.63%，提高17.80个百分点。完善办事公开民主管理流程，接受群众评议和监督，全年公开事项301项，员工对公开满意度上升10.23个百分点。全面开展货源分配、行政许可、作风纪律等专项监察行动，强化内部规范管理，对工作效率低下、纪律松散、违纪违规的干部员工进行严格问责，反腐倡廉工作深入开展，助推企业持续健康发展。编制完成《南宁烟草安全生产三年发展规划(2014－2016年)》，推进安全生产一级企业达标建设，完善职业健康安全管理体系，层层落实安全生产目标责任制，加大安全基础设施建设和维护投入，开展安全生产评估，实现企业安全有序运行。

【公益活动】　2014年，南宁市烟草专卖局(公司)资助教育事业，参与"2014年圆梦大学行动"，为南宁市30名贫困大学生捐赠爱心款15万元。机关党委组织职工参加2014年南宁慈善日捐赠活动，向云南鲁甸地震灾区同胞及其他地方困难群众，筹集捐款4.14万元。组织部分党员到南宁市衡阳东社区开展服务社区群众活动，认领社区居民提出的微小心愿项目，采取自筹资金、自行捐助的办法，购买电风扇、电饭锅、电暖器、雨伞以及大米、食油等生活日用品32件，对困难群众进行走访慰问，解决实际困难。　(黄建超)

"3·15"期间，南宁市烟草专卖局在武鸣县依法对一批假冒、伪劣、霉变罚没卷烟和烟丝进行集中统一销毁，销毁卷烟32374.40条、烟丝3605.80千克，价值1420多万元。　韦宣宇提供

石油商业

【成品油市场经营管理(运行)】　2014年，南宁市有成品油批发企业12家，成品油零售企业384家，其中管理性公司8个，加油站376座(中石化南宁分公司加油站167座，中石油南宁分公司加油站61座，其他国有控股成品油企业加油站31座，社会办加油站117座)。成品油销售量118.92万吨(汽油54.04万吨、柴油64.88万吨)，比上年同期增长1.94%。　(兰　贞)

【中国石化销售有限公司广西南宁石油分公司】　2014年，因中国石油化工股份有限公司销售企业资产重组改制，原中国石油化工股份有限公司广西南宁石油分公司更名中国石化销售公司广西南宁石油分公司，辖分支机构武鸣县、横县、宾阳县、上林县、马山县、隆安县等6个县级石油分公司名称也相应变更。公司主要经营汽油、柴油、润滑油，以及以便利店的形式经营日用百货、食品、卷烟等；有在营加油站160多座，在用油库2座；全年成品油销售总量比上年同期增长5%，销售收入增长1%。公司名列2014年广西100强企业第24位。

成品油市场供应　围绕"提高发展质量和效益"中心，突出抓好营销拓量、从严管理、深化改革，完成各项主要目标任务。开展市场调研、加大客户开发和维护，在增值服务上推陈出新，开展"赢得客户心"系列营销活动，推进加油卡网上营业厅业务。对加油站进行挖潜改造、提量改造和维修、维护，实现国四车用柴油置换升级，开展加油站"综合服务提升年"活动，通过优化排班、强化加油站现场服务、零售辅助系统等措施，提升加油站综合服务水平和油品质量，实现成品油总量持续增长。年内，成品油销售调价19次，时间分别为1月11日、1月25日、2月27日、3月27日、4月25日、5月10日、5月24日、6月24日、7月22日、8月19日、9月2日、9月17日、9月30日、10月18日、11月1日、11月15日、11月31日、12月13日、12月27日。

至年末，每升油品零售价格为90号（国Ⅲ）汽油5.70元、93号（国Ⅲ）汽油6.13元、97号汽油（国Ⅲ）6.62元、98号汽油（国Ⅲ）6.98元、O号柴油5.78元。

非油品业务发展　加大非油品门店改造，优化门店商品库存结构，全面启动智能要货，加强门店现场管理，以赛促销，促进重点商品销售，提升非油品经营规模，累计营业便利店156座，实现非油品营业额同比增幅21%。

加油站网点建设　抓好加油站网点建设和改造，不断完善加油站的服务功能和消费环境。全年新建、续建、迁建加油站4座、完成油气回收项目98座，加油站自助改造10座、提量改造3座。

中石化加油IC卡发行　持续开展油非互动以及与保险公司合作开展充值返利营销、移动积分兑换、电信翼支付等形式，从不同层面深化加油卡营销，开发维护持卡客户，推出网上营业厅业务，提高电子商务水平，全方位提升加油卡服务水平。全年加油IC卡发卡量同比增长31.89%。持卡消费比例增加16个百分点。（陈启慧）

药品商业

【概　况】2014年，南宁市辖区有药品经营法人批发企业125家；药品零售企业2278家，其中药品零售连锁企业（总部）30家。药品零售企业中，药品零售连锁门店1643家，其中城区1193家，六县450家（武鸣县116家、横县122家、宾阳县57家、上林县40家、马山县67家、隆安县48家）；药品零售店635家，其中城区206家，六县429家（武鸣县63家、横县108家、宾阳县170家、上林县38家、马山县13家、隆安县37家）。

【药品经营管理】2014年，南宁市食品药品监督管理局集中开展含兴奋剂物质及含特殊药品复方制剂、处方药、特殊药品、含特殊药品复方制剂、药品类诊断试剂、疫苗、南宁市城镇基本医疗保险定点服务机构"严管年"活动等专项整治10多次；出动执法人员1500余人次，检查批发企业80家次，药品零售企业800多家次，责令整改200多家次。对广西极致医药投资有限公司无药品经营许可证经营药品行为，友爱南路34号无证经营药品窝点等进行查处和取缔。第45届世界体操锦标赛期间，以保障药品安全为核心，组织各城区（开发区）近60家综合性药品批发、连锁总部有关人员开展服务动员会、培训会，重点检查含麻醉药品复方制剂、含麻黄碱类药品复方制剂是否严格凭处方销售。印制"运动员慎用"警示语18万份发放给南宁市区的药店，引导企业按要求做好药品安全销售，确保含兴奋剂药品的销售安全。针对媒体报道的"西安幼儿园集体服用处方药病毒灵"事件，组织辖区企业自查自纠，市、县（区）、开发区各级执法检查小组检查药品经营企业35家，对存在问题的企业下达责令整改通知书，要求其规范经营。完成43家药品批发企业、23家零售药店GSP（药品经营质量管理规范）认证检查。

3月14日，南宁市食品药品监督管理局开展集中销毁假劣食品药品活动

梅　倩提供

【药品进口备案】2014年，市食药监局受理药品许可证申请1090件，注销55件；麻醉药品和精神药品邮寄证明核发234件；出具麻醉及精神药品运输证明5件；科研及教学所需毒性药品购用审批1件。

【药品远程监控】2014年，南宁市所有生产企业生产的基本药物品种全部实现电子监管，市食药监局强化对生产企业购买赋码设备、生产线改造、与国家电子监管网对接等工作进度的跟踪督查，全面掌握企业相关工作进展情况，协助解决企业在实施电子监管码改造遇到的问题。督促25家生产2013年国家和广西区增补的基本药物品种的企业进行技术改造并实施电子监管。（梅　倩）

粮食流通

【概　况】2014年，南宁市归口粮食部门管理独立核算的国有粮食企业60家，从业员工930人。粮食企业总资产13.85亿元，总负债12.66亿元，资产负债率91.41%。全市国有粮食企业年内总购进粮食25.60万吨（贸易粮，下同），销售粮食25.10万吨。至年末，粮食库存16.40万吨，全市国有粮食企业实现粮油商品（产品）销售收入9.74亿元。年内，南宁市被国家粮食局确定为全国"放心粮油工程"供应服务体系建设试点城市；宾阳县粮食局获自治区粮食局授予"自治区粮食系统依法行政示范单位"称号。市储备粮管理有限责任公司生产的"桂井"牌大米在江西省南昌市举办的第十三届中国国际粮油产品及设备技术展览会上获金奖。

【粮食安全保障】2014年，市粮食局做好粮源的筹措、调拨、运输、加工和供应，增加市场粮食投放量，适时轮换销售储备粮，平抑市场粮价，通过加强粮食的内购外采，满足市场需求，保障粮食安全。国有粮食企业、重点非国有粮食经营企业购进粮食321.60万吨，销售粮食320.10万吨，全市粮食实现总量、购销、品种供求平衡，保证市场供应和粮食价格基本稳定；加强市本级储备成品粮、成品食用油储备安全管理工作，成品粮油储备账实相符、质量良好，储存安全；在全市实施"粮安工程"（即粮食收储供应保障工程），全市粮食流通基础设施建设项目44个，完成投资3689万元，设计新建粮食仓容14.36万吨，增加有效仓容。维修"危仓老库"粮食仓容14.39万吨，重点解决粮仓隔热、防潮、密闭性能，安装电子测温、环流熏蒸、机械通风设备等，保证储粮安全。11月中旬至12月下旬，组织264名粮油专业技术人员开展拉网式的秋季粮油安全大普查，检查粮食储备库、粮所（站、点）存粮点86个，仓库1279间，粮食仓容28.84万吨；检查库存粮食22.31万吨，油脂771吨。全市粮食部门86个存粮点的库存粮油，实现"一符四无"（账实相符、无虫、无霉变、无鼠雀、无事故)粮库。

【粮食库存检查】 2014年，根据国家粮食局《关于开展2014年全国粮食库存检查工作的通知》及自治区发展和改革委员会、自治区粮食局、自治区财政厅、中国农业发展银行广西区分行《关于开展2014年全区粮食库存检查工作的通知》要求，市发展和改革委员会、市粮食局、市财政局、中国农业发展银行南宁分行四部门联合制定《2014年南宁市粮食库存检查工作实施方案》，成立南宁市粮食库存检查工作领导小组，组织开展对全市的市、县(区)级储备粮以及国有粮食企业的商品粮库存进行全面检查。4月至5月，按照储粮企业自查、市级检查、自治区抽查的工作步骤，对纳入检查范围的全市21家国有粮食收储企业82个存粮点的库存粮食进行全面检查。全市国有粮食企业的粮食库存实物总量17.82万吨。市、县(区)所属粮食企业的地方储备粮以及国有粮食企业的商品粮库存数与保管账、统计账、会计账相符，库存数量真实准确；粮食品质良好，地方储备粮的质量合格率、品质宜存率均符合国家规定要求，库存粮食质量良好，无发热粮、霉变粮及严重虫粮、高水分粮等情况。市、县(区)粮食企业储粮安全防范措施落实到位，仓储作业安全防护设施符合技术要求，储粮药剂管理严格遵守有关制度规定；市、县(区)级储备粮的轮换均按上级相关部门批文进行，轮出轮入数量持平，轮入的粮食质量符合要求，并能及时规范做好账务处理；粮食企业占用农业发展银行的各项粮食信贷资金流向清楚，库贷挂钩一致，没有挪用农发行贷款现象；申报财政补贴款项计算合理，依据正确，数据真实。

【国家粮食仓库清查】 2014年7月至8月，根据国家粮食局、自治区粮食局《关于对国家粮食仓库进行清查的紧急通知》要求，组织开展全市国家粮食仓库清查活动，抽调38名库存普查工作人员分成7个普查小组，对22家粮食企业(含所在地的国家、自治区粮食企业)、159个库点进行全面普查；检查国家粮食仓库1536间，总仓容量96万吨。

【粮食直接补贴政策实施】 2014年，自治区政府下达南宁市对种粮农民实行直接补贴与储备粮订单收购挂钩的收购任务计划12.50万吨，其中武鸣县1.15万吨、横县1.90万吨、宾阳县5.15万吨、上林县1.90万吨、隆安县0.55万吨、邕宁区1.85万吨。订单收购任务由县(区)政府分解到乡镇，乡镇政府再分解到村，村委会根据农户的种粮面积、粮食产量、商品量等情况，将订单计划分配落实到农户。落实到农户的粮食数量一般每户在500千克以上，对有订单计划的村屯单户售粮不足500千克的，允许周边户联合推选一户代表与村委会签订售粮计划，并在售粮计划上明确各单户售粮数量，一般每个联合户不超过10户。村委会将落实到农户的储备粮订单粮食收购计划张榜公示7天，接受群众监督。粮食直接补贴标准：对列入直补订单收购计划的粮食(不分品种)，在自治区公布的收购价格的基础上，统一按每千克0.24元进行补贴，售粮农户的粮食直补资金由乡镇财政所通过农补网“一折通”直接兑付给农户。年内，粮食部门累计收购农民订单粮食12.19万吨，完成任务97.50%；全市6.46万户签订粮食直补订单收购合同的农民获国家粮食直接补贴款2925.70万元。

【“放心粮油”工程实施】 2014年，市粮食局完成自治区政府下达给南宁市为民办实事项目任务建设(完善)“放心粮油店”27家，投入资金160万元。至年末，全市累计建成“放心粮油店”224家，其中青秀区32家、西乡塘区25家、江南区23家、兴宁区24家、邕宁区13家、良庆区12家、高新区7家、经开区3家、东盟投资区3家、武鸣县14家、横县17家、宾阳县18家、上林县11家、马山县10家、隆安县9家、市直单位3家。

【粮食产业化经营】 2014年，南宁市粮食企业发展粮食产业化经营，开展粮油精加工、深加工，实施创品牌战略；粮食部门参与粮食产业化经营种植面积11.20万公顷(签订“订单”面积2.40万公顷)，收购优质稻7.01万吨，加工销售优质米5.12万吨，全市国有粮食企业以市场为导向，实现利润1666万元。市储备粮管理有限责任公司采取“公司+科研+基地+农户”的经营模式，实行产、供、销、加工的粮食产业化经营链，继续与广西农科院水稻研究所合作，投入10万元科研经费，开展贺穗有机稻、荷花香稻、桂香油粘稻、福稻银针丝苗、壮锦香稻等“桂井”牌新品种系列植推广。在青秀区建立12.50公顷优质稻种子基地；在青秀区、武鸣县、上林县、良庆区、西乡塘区建立666.70公顷绿色食品优质稻基地。生产、加工的“桂井”牌系列优质米市场销路好，实现利润1368万元；上林县国有粮食购销企业通过粮食产业化经营，实现利润222万元；南宁市军粮供应站加工生产的“万田”牌系列优质粮油，实现利润145万元；武鸣县开展粮油精深加工，加工生产的“伊岭”牌系列优质米、优质花生油，实现利润37万元；横县实现利润11万元，隆安县实现利润10万元，江南区8万元，青秀区6万元，良庆区、兴宁区各4万元，邕宁区3万元。

【彩钢板组合粮仓使用】 2014年，市粮食局根据国家《“十二五”农户科学储粮专项建设规划》《广西壮族自治区农户科学储粮专项实施方案》，按照农户自愿申请，由农户自筹和国家配套资金的方式实施。农户在享受中央财政、地方财政补贴后，仅需支付90元即可得到一个市场价450元的标准“彩钢板组合粮仓”1个。全年为1.10万户农民每户配置“彩钢板组合粮仓”1套，其中武鸣县3000户、横县2000户、宾阳县1000户、上林县1000户、马山县1000户、隆安县1000户、邕宁区2000户。使用新型粮仓农户的储粮损失率从9.70%下降至3%。

【粮油食品饲料加工】 2014年，全市纳入市粮食局日常统计范围的粮油加工业有91家(大米加工业57家、食用植物油加工业2家、饲料加工业32家)。按企业性质分：国有及国有控股粮食企业8家、外商及港澳台商投资企业3家、民营企业80家。粮油加工年生产能力514.30万吨，其中大米生产加工能力125万吨、食用植物油生产加工能力0.30万吨、饲料生产加工能力389万吨。实际生产加工粮油产品产量313.90万吨，其中，大米加工产量27.70万吨、食用植物油加工产量0.30万吨、饲料加工285.90万吨。粮油加工业资产总值52.35亿元(国有及国有控股粮食企业3.62亿元、外商及港澳台商投资企业3.52亿元、民营企业40.47亿元)。实现工业总产值118.79亿元(国有及国有控股粮食企业2.76亿万元、外商及港澳台商投资企业12.30亿元、民营企业103.73亿元)。产品销售收入117.35亿元(国有及国有控股粮食企业2.72亿元、外商及港澳台商投资企业10.99亿元、民营企业103.64亿元)。实现利税4.98亿元(国有及国有控股粮食企业0.28亿元、外商及港澳台商投资企业0.52亿元、民营企业4.18亿元)。

【粮食政策法规宣传】 2014年，市粮食局组织开展粮食政策法律法规宣传，全市投入宣传经费20.70万元，开展宣传活动45次，发放粮食政策法规、粮油食品安全宣传资料2.20万份，悬挂宣传横幅185幅，出板宣传板报26版。6月18日，会同自治区粮食局在新阳路62号“放心粮油”配送中心开展2014年全国食品安全宣传周“放心粮油宣传日”主题活动，展示“放心粮油”产品，发放粮油质量安全科普宣传资料，现场接受消费者咨询等，在邕8家“放心粮油”生产企业签订“放心粮油”质量安全承诺书。

【粮食流通监督检查】 2014年，市粮食局按照法定程序开展粮食流通监督检查，维护全市粮食流通秩序。5月至10月，对全市29家政策性粮食收储企业2013年以来地方储备粮油轮换和政策性粮油收储业务，开展“转圈粮”专项整治行动监督检查；对84家粮食经营者以及饲料、工业用粮企业开展粮食统计制度执行情况专项检查；开展粮油质量监督检查。组织粮油科技人员深入县（区）67个乡镇，抽取收获环节稻谷样品134份、玉米样品40份、储存环节原粮监测样品52份、应急成品粮油监测成品粮样品76份、植物油样品19份进行检验检测。开展粮食收购政策执行情况专项检查。粮食收购期间，深入全市各地粮食收购点，检查粮食经营者执行“五要五不准”（要敞开收购、随到随收，不准折腾农民，要依质论价、优质优价，不准坑害农民，要公平定等、准确计量，不准克扣农民，要现款结算、不打白条，不准算计农民，要优质服务、排忧解难，不准怠慢农民）收购守则的情况，开展粮食收购资格核查。将全市359家具备粮食收购资格的经营企业名单在《南宁日报》上公告。全年出动粮食流通监督检查行政执法人员1843人次，检查粮食经营者755家次，发现存在问题粮食经营者23家，警告、责令改正19家，取消收购资格4家，罚款1家。 （陆兆强）

供销合作社

【概 况】 2014年，南宁市供销合作联社辖武鸣县、横县、宾阳县、上林县、马山县、隆安县、邕宁县、良庆区供销合作联社，市供销社有直属企业南宁冠昌资产经营有限责任公司、南宁市桂果香果品有限公司、南宁市冠腾综合贸易公司、南宁市冠邕农资有限责任公司、南宁市鸣欢烟花爆竹有限公司、南宁市国欢日用杂品有限公司、南宁市万拓再生资源有限责任公司、南宁市供达贸易有限责任公司、南宁市第二日用杂品公司、南宁市第二物资回收公司等10家；县（区）供销社有企业23家，基层供销合作社89个；全系统在职职工2636人，其中市供销社31人。全年综合经营额172.54亿元，比上年同期增长14.33%；商品总购进53.87亿元，增长17.91%，其中农副产品购进8.76亿元，增长18.53%；商品总销售61.58亿元，增长14.94%，其中日用消费品销售额28.45亿元，增长17.38%；农产品市场交易额46.02亿元，增长11.19%；全系统盈利2221万元，增长35.71%。领办农民专业合作社72个；改造建设百货超市38个、物流配送中心7个、专业市场9个，投资总额1.92亿元。年内，南宁市供销合作联社获自治区供销合作社系统综合业绩考核特等奖。

【农资商品供应】 2014年，市供销合作社系统发挥农资商品供应主渠道作用，把农资供应当作“为农服务”的重要任务来抓，筹措资金，组织货源，做好淡季储备，保证全市农业生产用肥、用药、用膜的需求。配合有关部门开展农资商品打假行动，指导系统内的农资市场和各个农资经营单位依法经营。全系统农资销售额24.32亿元，比上年同期增长18.86%；化肥销售量8.66万吨，增长17.28%；农药销售量7589吨，完成任务6800万吨的24.94%；农膜销售2130吨，完成任务1570万吨的135.67%。

【农副产品购销】 2014年，市供销合作社系统以专业合作社（协会）为载体，开展农副产品的购销，收购马铃薯、木薯、辣椒等农产品8.76亿元，帮助当地农民解决“卖难”问题，促进农民增收。南宁市五里亭蔬菜批发市场通过加强经营管理，完善市场硬件设施，提升服务水平。至年末，全系统农产品市场交易额46.02亿元，发挥农业产业化龙头企业和农副产品交易市场的销售平台作用。

【再生资源回收】 2014年，南宁市万拓再生资源有限责任公司发挥3个回收市场的作用，按年度计划，制定考核办法，落实部门的目标任务，公司与部门签订目标管理责任书，各部门根据自身特点，利用所属经营场地、网点开展购销。全年废旧物资回收7669万元，比上年同期增长24.44%。

【“新网工程”项目建设】 2014年，市供销合作社系统围绕市政府印发的《南宁市供销合作社农村现代流通服务网络建设规划（2011~2015）》，推进项目实施，重点扶持项目15个，主要分布在4县2城区，总投资1027万元，其中企业自筹727万元，市级财政扶持资金300万元；主要涉及基层社百货大楼、商场超市门店、农资仓库和专业合作社的升级改造。

【节日市场供应】 2014年，市供销合作社系统发挥乡镇超市和村级农家店的经营网络优势和节日销售旺季，组织货源，丰富农村节日市场，保障市场供应，全年日用消费品销售额28.45亿元，比上年同期增长17.38%。

【农业产业化经营】 2014年，市供销合作社系统围绕优势资源和特色产业，采取多种方式创办专业合作社，广泛开展规模化种养、标准化生产、品牌化经营和一体化服务，提高农产品质量安全和市场竞争力。全系统累计创办专业合作社72个，入社农户1.28万户；拥有注册商标4个（上林县覃排清水河种养发展合作社被评为全国示范性专业合作社），发展行业协会22个，会员5921个，建立村级综合服务站967个。

【烟花爆竹经营管理】 2014年，南宁市鸣欢烟花爆竹公司以“新网工程”建设为契机，建网络占市场，形成以烟花爆竹储存仓库为配送中心，在城区、乡镇建立配送联系点，以点带面、上下连锁联通的服务体系。把安全生产始终放在首位，推进企业安全管理标准化建设，不断进行硬、软件方面的完善。全系统有鸣欢公司、横县、宾阳县、隆安县等4家烟花爆竹配送中心，全年销售额6807万元，比上年同期增长18.75%。

【招商引资】 2014年，市供销社重点推进沈阳路5号“西城品阁”（南宁供销大厦）项目建设，总建筑面积3.69万平方米，7月封顶。至年末，完成投资1.40亿元，出售商品房300套，占总套数85%。

【资产管理】 2014年，市供销社加强对社属企业的指导和管理工作，贯彻执行《南宁市供销合作联社社有资产监督管理实施办法》，对全资、控股、参股企业预决算的审议。推进全系统土地确权登记，维护供销合作社的合法权益。至年末，完成土地确权面积181.11万平方米，宗数586宗，分别占土地总面积226.39万平方米、宗数807宗的80%、72.60%。

【健全县（区）监事会机构】 2014年，市供销社根据《国务院关于加快供销合作社改革发展的若干意见》和《广西壮族自治区人民政府关于加快供销合作社改革发展的实施意见》，推进县（区）级供销合作联社监事会机构建设。全年完成县（区）供销社组织机构建设4个，完成75%。 （蓝 蔚）

物流业

【概　况】 2014年，南宁市推进“流通领域现代物流示范城市”建设，落实《关于进一步加快现代物流业发展的若干规定》及相关配套措施，充分利用区位、交通和产业优势，继续发展第三、四方物流，优先发展城市统一配送、电子商务物流、冷链物流、港口物流、国际物流和保税物流，获“2014中国现代物流先锋城市”。全市货运量3.30亿吨，比上年同期增长7.90%。其中：公路货运量3亿吨，货运周转量474亿吨公里，分别增长7.76%、11.38%；水路货运完成0.27亿吨，货运周转量146亿吨公里，分别增长8.53%、7.46%，其中港口吞吐量1150万吨，下降10.99%。南宁机场货邮吞吐量9万吨，增长3.90%；其中出港量4.60万吨，下降4.50%；进港量4.30万吨，增长14.60%。全年南宁市规模以上快递服务企业业务量、业务收入分别完成4702.41万件、76313.08万元，分别增长15.98%、34.12%。现代化专业化水平不断提高，广西玉柴物流集团有限公司跨入全国5A物流企业行列，成为广西唯一一家5A级综合服务型物流企业；南宁震洋物流有限公司成为国内第一家直通越南的物流企业，并将境物流业务扩展至老挝、泰国、马来西亚、新加坡等东盟国家。

【物流园区】 2014年，加快实施《南宁市区域性国际物流基地建设规划（2008-2020年）》，物流园区和一批重大商贸物流项目建设全面推进，现代物流基地建设取得新进展。

金桥综合物流园　是南宁市规划建设的重点物流园区之一，位于兴宁区东北部，园区占地扩展为10平方千米，东至三塘镇，西至快速环道，南至三塘总部基地，北至邕武路。设计建设成为建材、汽车、农产品、副食品、医药、电子电器、日用品、花卉、旅游产品等品种，提供仓储、加工、分拣、包装、运输、配送等综合物流服务，配套建设商住项目，打造成为广西重要物流园区。有金源国际汽车城、东盟川桂物流园、南宁金桥农产品批发市场、广西快环建材装饰市场、南宁花鸟市场、南宁市长旺建材装饰市场、青啤—海尔东盟物流园、苏宁电器南宁配送中心、辉越物流配送中心、玉柴南宁国际物流中心、奔驰汽车城等10多个大型商贸物流项目落户园区。园区物流基础设施和服务设施进一步完善，规模性物流辐射作用和效益愈加明显。

安吉综合物流园　园区位于南宁市高新三支路以东、安源东路以北、北湖北路延长线以西、环城高速公路以南，总面积约533.33公顷。规划定位为贸易服务和货运服务型物流服务园区。主要企业有：南宁市虎邱城北钢材市场、晨雄机电市场、广西南大物流市场、南宁市荣宝龙钢材物资批发市场、吉运物流、德运通物流、玉柴物流、广西邮政、春城、众乐、福安家、正合家居市场、广西最大的汽车市场及正在兴建的大商汇商贸物流中心等大项目。成为运输配送、储存、装卸、包装、加工和信息处理等多功能于一体的综合物流园区。南宁市虎邱城北钢材市场入驻企业408家，广西南大物流市场入驻企业108家，南宁市荣宝龙钢材物资批发市场入驻企业46家，吉运物流入驻企业170多家。除集中安吉片区以公路货运为代表的物流企业外，还有超大运输企业内200多家从事公路货运的小公司、以铁路货运为主体的物流公司，如南宁车务联合物流公司、南宁铁运物流有限公司；以水路为运输线的代表公司华盛货运。开工建设的“南宁大商汇”成为安吉物流园区新的经济增长点，由全国知名民营企业四川新希望集团投资，位于安吉大道中段，总占地78.67公顷，总建筑面积约100万平方米，计划总投资25亿元。

江南综合物流园　位于江南区江南街道及沙井街道片区，规划用地41.03平方千米，是以各类大型专业批发市场、运输配送、代理分销、连锁配送为优势业务的组合式物流园区，集合仓储、运输、第三方物流等企业。园内重点建设项目有南宁华南城和广西海吉星农产品国际物流中心。年内，中国—东盟商品交易中心·南宁华南城获自治区级文化产业示范基地称号、第二届“中华慈善突出贡献奖”“广西电子商务示范基地”“广西外贸公共服务平台”、“南宁市青年电子商务创业孵化园”称号；广西海吉星农产品国际物流中心获年度广西商贸流通企业先进企业、广西骨干批发市场称号。

【南宁保税物流中心】 南宁保税物流中心位于南宁市南面，五象新区西南端，距市中心约22千米，距南宁吴圩国际机场约30千米，是南宁市中国—东盟国际物流基地的核心建设项目。2014年，南宁保税物流中心依托南宁及广西区内外大型产业基地的保税物流服务需求，建设“无水港”口岸港区，成为延伸沿海港口功能，联系西南地区和东南亚地区间的广西北部湾经济区保税物流体系的核心枢纽和连接海港、空港和边境口岸的大型物流商贸基地。南宁保税物流中心办理报关单7505票，增长25.40%；其中办理保税业务报关单3298票，增长38.98%；出入园区货物总重3.29万吨，增长305.90%；总货值8.71亿美元，增长159.97%。

【现代物流企业】

广西超大运输有限责任公司　自治区唯一同时拥有客运、货运双一级资质的道路运输大型综合民营企业，资产总额20亿元，生产占地76.41万平方米，拥有70多个下属企业及客、货运输站场，并出资控股广西防城港超大公司、广西梧州超大金晖公司。公司以客、货运输为主、多种经营为辅。经营范围涉及国际货代、货物配载、汽车维修、租赁、宾馆、广告、旅游、物业、公交、出租车、驾驶员培训、汽车销售等30多个领域。公司拥有一级货运站2个，二级货运站2个，物流基地5个。拥有货车2300多辆，吨位1.76万吨，全年货运量360万吨。公司所推行的制造业与物流业联动试点项目取得较好的经济效益和社会效益，是国家发改委、税务总局联合认定的全国物流重点企业。企业获中国服务业企业500强、全国交通企业100强、中国道路运输企业100强、中国物流企业100强、中国国际货代物流企业100强、中国物流诚信企业、中国物流诚信品牌建设最佳贡献奖、广西国际货代协会优秀会员单位、新中国成立以来广西60最具影响力品牌、广西企业100强等45个国家级、区、市级称号，是交通部确立的重点联系物流企业。

南宁国际综合物流园有限公司　2008年12月成立，注册资本1亿元，是广西北部湾国际港务集团有限公司（自治区直属国企，建成北港集团）的全资子公司，以物流设施的投资、开发和运营管理为主营业务，出资建设并独立运营的南宁国际综合物流园，开展保税物流、冷链物流、商贸物流及金融物流等多个领域的仓储物流业务，成为北港集团打造广西“无水港”和冷链物流基地之一。南宁保税物流中心2009年底建成，2010年7月26日封关运营。2011年，玉洞冷库1号—4号独立的钢构框架式冷库相继竣工并投入使用，仓储能力6万吨；5号库建成，建筑面积1.12万平方米，为国内最为高端的常温仓库；6号冷库已经开工，将建成三层可调控多温冷库，建筑面积2.50万平方米，仓储能力6万吨。建成后的玉洞冷库，将成为西南地区最大的冷库群之一。中国—东盟进出口大宗商品展示交易中心占地2.13公顷（展示大楼占地4230平方米，建筑面积3.60万平方米），拥有800个车位，北部湾华诚商品交易中心及惠民码头超市（玉洞店）正式入驻展示中心。

物流园三期项目——西南超市仓储配送中心开工，占地37.40公顷，建设内容包括24万平方米标准化配送中心，商务配套、生产配套设施等，总建筑面积30.42平方米，预计2016年底竣工。

广西海吉星农产品国际物流有限公司　位于南宁市江南区壮锦大道16号，物流中心被列为广西重点向南连接东盟的支柱物流业发展项目，是自治区重点扶持的十大农产品批发市场之一。总占地约38.27公顷，总建筑面积约69万平方米，计划总投资25亿元。物流中心水果批发市场于2011年6月开业，经过运营，水果品类在全市市场占有率保持在90%以上，广西市场占有率65%，成为中国西南片区最大的水果批发市场，粮油、干杂、蔬菜等其他品类配套到位。广西海吉星公司立足广西、流通西南、辐射东盟，2012年获“南宁市农业产业化重点龙头企业”称号，2013年被评为“全国农产品批发市场行业(果品类)20强市场”，2014年被评为“广西骨干批发市场”“广西商贸物流先进企业”。

广西桂华物流有限公司　创于1995年，是一家集运输、仓储、城市配送、电子商务、快递、第三方物流(方案设计，物流总包)、物流地产(物流园区规划、管理、商贸服务)投资开发于一体的大型综合性物流企业。公司建立起以南宁为中心，辐射广西全境的快速物流网络体系，以珠三角至广西的零担运输、广西城际长短途运输、仓储、城市配送为主营业务，开展广西至广东、云南、四川、上海、浙江、福建的甩挂运输、快递、电子商务、第三方物流等综合型物流服务项目。公司在广西14个地级市设有分支机构，在广西75个市县设立代理机构，拥有400多名专业人才的物流服务队伍和现代化的管理操作系统，经营仓储面积5万平方米，可调配运输车辆300多辆。公司信息化、自动化程度高，具有完善的办公电脑终端信息系统，企业内部局域网，物流信息处理平台，GPS跟踪系统、无线扫描及自动化的卸货传送、叉车、仓储堆高等设备实现对货物流转全过程的信息跟踪、反馈、查询、资源调度，具有较强的快速分拣、准确投递的能力。广西IT行业70%供应商采用桂华的配送服务。公司是中国物流与采购联合会评定的国家综合服务型2A级企业；通过ISO9001：2008国际质量管理体系认证；是广西政府指定的甩挂运输和城市货的试点单位；南宁市物流协会会长单位；广西“消费者信得过单位”；广西重合同守信用单位，获道路货运与物流业立功竞赛优胜企业；获中国物流业品牌价值百强企业称号。

广西宅配通配送有限公司配送车辆　　匡亚君提供

广西宅配通配送有限公司　广西玉柴物流股份有限公司、广西桂华物流有限公司共同出资成立的混合所有制股份有限公司，以城市物流配送、宅配上门业务的，集运输、仓储、城市配送、电子商务、快递、第三方物流(方案设计，物流总包)、物流地产(物流园区规划、管理、商贸服务)投资开发于一体的大型综合性物流企业。

广西德邦物流有限公司　为德邦物流股份有限公司(5A级物流企业)在南宁市投资成立的全资子公司，2008年成立，属于综合服务型第三方物流企业。公司设立分公司70家，其中南宁市30家分公司网点，1个大型货物转运集散中心，4个分拨中心，2个专业运输车队自有货车80辆，依托德邦物流集团覆盖全国所有省份大中小550多个城市5400多个网点的网络优势，年总承运进出货量超过5万吨。公司从事零担物流和国内快递，是以南宁为核心辐射全区17个市县70余家直营网点的收派件业务。在南宁市建设集配中心，面向全国33个省份600余个城市开展专线业务。主要营运模式有省际线路模式、省内线路模式、城际线路模式、点部集中接送货模式，助力东盟会展，专助客户托付。在自治区20个城市完成70个标准化配送网点建设，其中南宁市33个，初步构建以南宁为核心服务全区的现代化物流配送网络。2014年，实现税收480万元，增加140万元；营业收入9401万元，增加2942万元；营业利润550万元，增加167万元。

【城市共同配送试点】　2014年，南宁市商务局与试点企业沟通，协助企业与市财政局、市物价局、市工商局、市城管局、市农业委员会、市交通局、市交警支队等相关部门对接，推进项目建设，组织2014年城市共同配送试点申报。广西九州通医药有限公司现代医药物流中心项目、金桥农产品批发市场标准化配送中心项目建设完成并投入运营，广西宅配通配送有限公司城市货运的士项目完成中期建设，分别通过项目终验和中期验收，总计拨付项目补助资金935万元。

【现代物流项目建设】　2014年，南宁市财政安排2000万元物流专项资金，其中500万元为航空物流专项资金。全市30个项目列入专项资金支持计划中，安排项目建设补助经费1338.75万元。至年末，29个项目拨付物流专项补助资金1100.06万元。其中，物流建设项目14个，计划安排补助经费1040万元，实际拨付项目补助资金940.50万元，按比例核减103.50万元；课题、规划、物流周等项目12个(南宁市“十三五”构建高效物流对策研究经费由待安排经费列支)计划安排补助经费171.75万元，实际拨付项目补助资金132.56万元；航空物流项目3个，拨付项目补助资金27万元；另有1个物流建设项目验收不合格，1个物流建设项目达到验收要求，申请核减补助经费100万元。　（林睦军）

【2014首届南宁物流周】　2014年6月11日至17日，南宁市商务局、南宁物流协会、南宁金桥农产品有限公司、南宁电子科技广场有限公司联合举办的“2014首届南宁物流周”，在南宁金桥农产品批发市场开幕，是全市首次以物流为主题的大型活动，以“物流推动商流，物流让生活更美好”为主题，集行业交流，学术研究，商业推广等内容于一体，吸引自治区内外、港台及海外的物流企业，研究机构及业界专家的响应与参与。期间，举行轮胎商会主题日、国际物流交流活动、生鲜主题日、商贸主题活动等10多项活动。（黄小真）

责任编辑　黄小真

对外经济贸易

对外贸易

【概　况】 2014年，南宁市外贸进出口总额48.14亿美元，比上年同期增长8.88%。其中：出口26.17亿美元，增长11.21%；进口21.97亿美元，增长6.23%；贸易顺差4.20亿美元。全市有进出口业绩的企业730家。其中出口100万美元以上的企业179家，进口100万美元以上的企业83家。按企业性质分：民营企业583家，占总数79.87%；国有及控股企业74家，占10.13%；三资企业73家，占10%。

【出口贸易】 2014年，南宁市完成出口贸易总额26.17亿美元。出口额较大的商品有耳机、有线数字通讯设备、耳塞、调制解调器、平板电脑、电视接收装置、光通信设备、网络通信设备、具有独立功能的电气设备及装置、重晶石、扫描仪。主要出口至美国、越南、日本、韩国、加拿大、泰国、澳大利亚等国家和中国香港。

【进口贸易】 2014年，南宁市完成进口贸易总额21.97亿美元。进口额较大的商品是处理器及控制器、未烧结铁矿砂及其精矿、集成电路、烟煤、存储器、硬盘驱动器、锰矿砂及其精矿、未曝光红色或红外激光胶片、蒸馏高温煤焦油所得的油类及其他产品、褐煤。主要进口自印度尼西亚、巴西、日本、韩国、菲律宾、南非、泰国、马来西亚、澳大利亚等国家和中国台湾。

【加工贸易】 2014年，南宁市实施"加工贸易倍增计划"，加大招商引资力度，成功引进从事电子芯片加工的高新科技企业。全市完成加工贸易进出口总额26.20亿美元，比上年同期增长30.08%。其中：出口15.08亿美元，增长25.98%；进口11.12亿美元，增长36.10%。进料加工贸易25.91亿美元，来料加工装配贸易2900万美元。加工贸易占全市外贸进出口总额的比重提高到54.42%，再创历史新高。成为南宁市参与国际贸易和全球价值链的主导形式，进一步带动南宁市电子信息产业的发展，促进全市对外贸易的多元化、高端化、规模化。

【机电产品出口】 2014年，南宁市出口贸易进一步向技术含量和附加值双高方向转变，产业转型升级的成效显现。全市完成机电产品出口总额18.34亿美元，占出口比重70.27%。其中：电器及电子产品类产品出口12.66亿美元，比上年同期增长13.40%；机械设备类产品出口4.39亿美元，增长78.90%；运输工具类产品出口7700万美元，增长43.80%；金属制品类产品出口4800万美元，增长5.80%；仪器、仪表类产品出口400万美元，增长2.80%。出口额较大的商品有耳机、有线数字通讯设备、耳塞、调制解调器、平板电脑、电视接收装置、光通信设备、电气设备及装置、扫描仪等。

【高新技术产品出口】 2014年，南宁市完成高新技术产品出口总额11.63亿美元，占出口比重44.44%。其中：计算机与通信技术出口11.23亿美元，比上年同期增长47.50%；生命科学技术出口2298万美元，减少9.70%；电子技术出口850万美元，增长15.90%；计算机集成制造技术出口612万美元，增长53.50%；光电技术出口141万美元，减少8.90%；生物技术出口54万美元，增长44.70%；材料技术出口27万美元，增长165.83倍。高新技术产品出口增幅大，产业结构更优化。

对外经济合作

【概　况】 2014年，南宁市核准企业境外投资19个（含增资、变更和境外机构），投资总额3.60亿美元。主要向印尼、文莱、柬埔寨、瑞典、美国、巴基斯坦等国家投资。行业主要涉及农业种植、矿产开发、房地产经营、生物医药研发、机械精密制造、安保培训、进出口贸易等。

【对外承包工程】 2014年，南宁市对外承包工程新签合同金额9735万美元，完成营业额7957.97万美元。对外承包工程项目主要涉及房地产建设、道路建设、电力安装等行业。

【南宁名品推广周暨台湾时尚生活精品博览会】 2014年12月18日至22日，南宁市商务局、市农业局、市工业和信息化委员会主办，广州纵览会展有限公司、广西众览国际会展有限公司、南宁国际会议展览有限责任公司协办的南宁名品推广周暨台湾时尚生活精品博览会在南宁国际会展中心举办。展会规模3万平方米，全市260家企业和140家台湾企业的名品、精品参展；集中展示南宁、台湾两地名特优产品，展会吸引7万多人参观、购物，现场销售额650多万元。

【南宁产品出口东盟】 2014年，南宁市出口东盟国家产品销售总额3.99亿美元，比上年减少2.20%。其中：出口越南2.84亿美元，泰国3982万美元，印度尼西亚2597万美元，马来西亚2548万美元，柬埔寨333万美元，菲律宾812万美元，新加坡211万美元，缅甸959万美元，老挝51万美元，文莱14万美元。主要出口商品有谷物磨粉业加工机器及零件、硝酸铵、锅炉的辅助设备、谷氨酸钠、半挂车用的公路牵引车、机动车辆零部件、多磷酸、柴油货车、蒸汽及过热水锅炉零件、紧凑型热阴极荧光灯、低温制冷设备、柴油和汽油型轻型货车用、铝合金板及片、电子镇流器、化工产品、烤炉及烘箱、柴油机零件、松香和松香精、绿茶、电力、茴香油等。

【中国广西(匈牙利)商品博览会】 2014年6月12日至14日，"中国广西（匈牙利）商品博览会"在匈牙利中欧商贸物流园区——匈牙利布达佩斯中国商城举行。南南铝业股份有限公司、广西桂花机械进出口有限责任公司、南宁保利美圣诞工艺制品有限公司、南宁美年食品机械有限公司、南宁鼓峰工贸有限公司等14家企业参加博览会，设展位15个，参展商品包括压面机、烘箱、木衣架、拖拉机、人造圣诞树、铝制品、工艺品、纺织服

2014年南宁市进出口主要国别(地区)

单位:万美元

名称	出口			进口			进出口			比上年同期±%		
	12月金额	全年金额	比重	12月金额	全年金额	比重	12月金额	全年金额	比重	出口	进口	进出口
总额	23441	261702		16464	219708		39905	481410		11.30%	6.40%	9.00%
一、各大洲情况												
亚洲	14618	153855	58.79%	12429	168791	76.83%	27047	322646	67.02%	7.40%	4.00%	5.50%
北美洲	6838	80657	30.82%	332	5387	2.45%	7169	86044	17.87%	32.40%	−16.10%	27.80%
欧洲	1305	14239	5.44%	1335	10752	4.89%	2640	24991	5.19%	−8.60%	−50.70%	−33.10%
拉丁美洲	316	4949	1.89%	1524	16405	7.47%	1840	21354	4.44%	−30.50%	167.40%	61.10%
非洲	218	4284	1.64%	795	11731	5.34%	1013	16015	3.33%	−7.60%	63.40%	35.50%
大洋洲	147	3718	1.42%	49	6642	3.02%	196	10360	2.15%	1.80%	164.60%	68.10%
二、区域(经济)组织												
东盟	3983	39859	15.23%	3258	54043	24.60%	7241	93902	19.51%	−2.20%	−32.50%	−22.20%
欧盟	1214	13001	4.97%	760	8085	3.68%	1974	21085	4.38%	−5.40%	−54.60%	−33.10%
三、主要国家(地区)												
香港地区	8415	90355	34.53%	23	77	0.04%	8438	90432	18.78%	14.20%	−19.00%	14.10%
美国	6651	75817	28.97%	301	4276	1.95%	6953	80093	16.64%	35.90%	7.60%	34.00%
台湾地区	210	1579	0.60%	3554	35951	16.36%	3764	37529	7.80%	50.40%	53.70%	53.50%
越南	2741	28352	10.83%	486	62150	28.29%	3227	34567	7.18%	3.70%	123.90%	14.70%
日本	1047	7755	2.96%	1241	13591	6.19%	2288	21346	4.43%	−4.00%	35.80%	18.00%
印度尼西亚	385	2597	0.99%	784	15605	7.10%	1169	18203	3.78%	−25.60%	−55.30%	−52.60%
韩国	353	5798	2.22%	699	10710	4.87%	1052	16508	3.43%	−18.90%	−6.60%	−11.30%
巴西	897	8413	3.21%	12691	143178	65.17%	13588	15159	3.15%	154.00%	−43.50%	219.80%
泰国	240	3982	1.52%	638	8649	3.94%	878	12631	2.62%	−27.10%	−31.30%	−30.00%
菲律宾	76	812	0.31%	249	9622	4.38%	324	10434	2.17%	55.10%	116.10%	109.70%

2014年南宁市进出口主要商品

单位:万美元

	序号	商品代码	商品名称	单位	数量	金额	比上年同期
主要出口商品	1	85176239	未列名有线数字通讯设备	台	5049681	35693	6.31%
	2	85183000	耳机、耳塞(无线耳机、耳塞除外),不论是否装有传声器,由传声器及一个或多个扬声器组成的组合机	个	57814667	24489	−22.45%
	3	85176234	调制解调器	台	3571599	17451	165.75%
	4	84713010	平板电脑	台	818053	14151	
	5	85287180	其他彩色的在设计上不带有视频显示器或屏幕的电视接收装置	台	2684384	8236	62.52%
	6	85176229	其他光通讯设备	台	304977	7811	36.50%
	7	85176299	其他接收、转换并且发送或再生声音、图像或其他数据用的设备	台	2051916	6438	−46.38%
	8	85437099	未列名具有独立功能的电气设备及装置	台	7824543	5449	64.03%
	9	25111000	天然硫酸钡(重晶石)	千克	466408125	5350	−5.77%
	10	84716050	扫描仪	台	168031	5074	209.04%
主要进口商品	1	85423100	处理器及控制器	个	126058026	38256	28.15%
	2	26011120	平均粒度≥0.80mm,<6.30mm未烧结铁矿砂及精矿	千克	1936650844	17705	448.99%
	3	85423900	其他集成电路	个	271166787	9828	64.53%
	4	27011290	其他烟煤	千克	1358366000	9504	201.46%
	5	85423200	存储器	个	86829184	8605	42.72%
	6	84717010	硬盘驱动器	台	1687723	7139	−3.09%
	7	26020000	锰矿砂及其精矿	千克	471308816	6961	5.97%
	8	37024292	未曝光红色或红外激光胶片,宽>610mm,长>200m	千克	3023774	6709	25.85%
	9	27079990	其他蒸馏高温煤焦油所得油类等产品及类似品	千克	71477115	6276	
	10	27021000	褐煤,不论是否粉化,但未制成型	千克	819147000	5406	5.98%

装、包装用品、机械设备、食品等。

【中国广西(老挝)商品博览会】 2014年9月5日至9日，“2014年中国广西（老挝）商品博览会”在老挝首都万象Lao-ITECC展馆举行。广西正田节能玻璃有限责任公司、广西南宁市汇邦贸易有限责任公司、南宁捷成行贸易有限责任公司、广西广宁工业科技有限公司、广西南宁财运星贸易有限公司、南宁都赢贸易有限公司、广西新发贸易有限公司、南宁尊能电器有限公司8家企业参加博览会，设展位9个，参展商品包括中空百叶玻璃、灭火器，电蚊拍、剑麻绳、小型水轮发电机、手扶拖拉机、电线电缆、碾米机、粉碎机，厨房用品、运动底板、黄金选矿剂等。

【参加广交会】 2014年，南宁市商务局组织130家企业参加第115届、116届广交会（在广州举行的中国进出口商品交易会），设展位211个，意向合同成交额9128.36万美元。参展的商品有机电产品、建材、日用品、工艺品、食品等。

（冯立芳）

利用外资

【概　况】 2014年，南宁市投资促进局全面推行注册资本登记制度改革，激发社会的创业热情和市场主体活力，进一步释放改革红利。全市直接利用外资(广西全口径)6.40亿美元(商务部口径2.52亿美元)，完成市政府下达6.27亿美元目标任务的101.99%，比上年增长10.22%。年内，新批准外商投资企业59家，投资总额13.68亿美元、合同外资额7.76亿美元，3项主要指标分别增长18%、112%、237%。合同外资额在自治区14个地级市中名列第一，占自治区合同外资额40%；办理外资企业设立及变更审批事项185项，没有发生超时限办结和发生企业投诉、申请听证、行政复议、行政诉讼等情况。

（池清华　杨　青　梁韵泓）

【利用外资主要特点】

大项目占据重要地位　2014年，南宁市利用外资额超1亿美元的项目有3个，1000万美元至1亿美元的项目有7个，大项目的支撑作用明显提高。其中，外资到位1000万美元以上的大项目有南宁中海宏洋置业有限公司投资中海·国际社区项目、华润置地(南宁)有限公司投资项目、南宁绿地颖恺投资有限公司投资项目、南宁世茂新纪元房地产开发有限责任公司投资项目、港华燃气投资有限公司并购广西中威管道燃气发展集团有限责任公司项目、广西桂台房地产开发有限公司投资项目、广西华润红水河水泥有限公司投资项目、南宁赢创美诗药业有限公司投资项目、百威英博啤酒(南宁)有限公司投资项目、南宁双汇食品有限公司投资项目10个，完成投资5.52亿美元，占到位外资总额86.32%。

9月5日至9日，“2014年中国广西(老挝)商品博览会”在老挝首都万象举行。图为出席开幕式嘉宾　卢一方提供

房地产项目带动投资明显　南宁市外资房地产业外资涉及投资总额7.66亿美元，约占全市外资企业投资总额56%；注册资本5.48亿美元，占全市外资企业注册资本总额71%；合同外资额4.91亿美元，约占全市合同外资总额63%。其中：新设立外资房地产企业5家，新设合同外资额4.10亿美元；办理外资房地产企业增资事项2项，新增合同外资额8126万美元。房地产业外资到位额5亿美元，占到位外资总额80.32%；制造业外资到位额6111万美元，占9.82%；交通运输、仓储业和物流业外资到位额2662万美元，占到位外资4.27%；电力、燃气及饮用水生产和供应业1232万美元，占到位外资1.98%；其余为餐饮、商贸、农林牧业、信息传输等行业。从资金构成来看，新设房地产企业投资规模较大，注册资本较高，如南宁中海宏洋置业有限公司是南宁市迄今为止最大的外资房地产企业，注册资本2.78亿美元。

外资来源地集中在亚洲国家(地区)　亚洲各国(地区)到南宁市投资的合同外资7.70亿美元，占全市合同外资总额99%。其中，香港地区投资的企业41家，合同利用港资额7.18亿美元，占全市合同外资总额93%；台湾地区投资的企业14家，合同利用台资额1700万美元，比上年增长372%。港资占南宁市利用外资主导地位，台资居第二。港资、台资到位5.36亿美元，占到位外资总额83.82%，其中台资2193万美元，占3.42%。年内，到南宁市投资的国家还有维尔京群岛2109万美元，占3.30%。美国1681万美元，占2.63%。其余依次为德国、马来西亚、新加坡等国家。

外资投资形式多元化　外商到南宁市直接投资除传统的外资、合资、合作等投资形式外，还出现投资性公司投资等新型投资形式。新批投资性公司1家，合同外资3437万美元，投资性公司增资2家，合同外资1563万美元。随着跨国公司在中国战略布局的不断推进，投资性公司成为直接利用外资的新趋势。

第三产业成为绝对支撑　南宁市引进南宁中海宏洋置业有限公司、南宁绿地鸿恺置业有限公司、南宁绿地信源置业有限公司、广西怡锋房地产开发有限公司4个房地产项目，投资额均在1000万美元以上。第三产业合同外资7.10亿美元，增加6.24亿美元，占全市合同外资92%，比上年增长704.84%，所占比重超过第一、二产业之和，成为南宁市利用外资产业的绝对支撑。合同外资主要分布在房地产业4.94亿美元，科学研究、技术服务和地质勘查业4325万美元，批发零售贸易业3512万美元。

新型金融组织成为新亮点　市投资促进局引进南宁市亚联财小额贷款有限公司、广西嘉雅金杰融资租赁有限公司2家金融类外资企业，优化南宁市民间金

融环境，缓解中小企业融资难的问题，为中小企业经营和发展提供便利。

（杨　青　梁韵泓）

【外商投资企业生产经营】 2014年，南宁市外商投资企业申报346家。其中：投产开业315家，投产开业率91.04%；筹建30家；停业1家。投资总额56.65亿美元，注册资本31.11亿美元。其中：中资7.81亿美元，外资23.30亿美元。到位资金28.67亿美元。其中：中资到位7.19亿美元，外资到位21.48亿美元。实现销售（营业）收入427.69亿元，比上年增长9.91%；利润总额43.72亿元，增长23.22%；纳税总额27.33亿元，增长10.42%。从业人数6.10万人，其中新增就业人数1.13万人，外籍人员360人。外商投资企业经济运行态势良好，销售（营业）收入超过10亿元的企业有华润置地（南宁）有限公司、广西金鲤水泥有限公司、南宁中达桂宝汽车服务有限公司、南宁富泰宏精密工业有限公司、南宁富桂精密工业有限公司、丰达电机（南宁）有限公司、华润水泥（南宁）有限公司、广西来宾法资发电有限公司8家；销售（营业）收入5亿元至10亿元的企业有10家；销售（营业）收入1亿元至5亿元的企业有40家；销售（营业）收入5000万元至1亿元的企业有25家；销售（营业）收入1000万元至5000万元的企业有63家。

【东盟国家投资】 2014年，东盟国家（除老挝外）在南宁投资的企业有77家，投资总额10.86亿美元，注册资本5.16亿美元，实际利用外资4.27亿美元。投资领域涉及电子、信息、轻工、食品、化工、基础设施、房地产、商贸物流和农副产品深加工等行业。其中：新（新加坡）资企业35家，投资总额2.21亿美元，注册资本1.85亿美元，实际利用外资1.53亿美元，投资领域主要在制造、房地产、商贸等行业；马（马来西亚）资企业15家，投资总额7.98亿美元，注册资本2.89亿美元，实际利用外资2.46亿美元，投资领域主要在制造、餐饮、商贸等行业；泰（泰国）资企业9家，投资总额3866万美元，注册资本2199万美元，实际利用外资1641万美元，投资领域主要在制造、房地产、农牧等行业；印尼（印度尼西亚）资企业6家，投资总额1524万美元，注册资本852万美元，实际利用外资575万美元，投资领域主要在房地产、仓储、制造等行业；越（越南）资企业4家，投资总额64万美元，注册资本64万美元，实际利用外资13万美元，投资领域主要在商贸服务业；文（文莱）资企业3家，投资总额249万美元，注册资本180万美元，实际利用外资170万美元，投资领域主要在房地产业；柬（柬埔寨）资企业2家，投资总额187万美元，注册资本131万美元，外资额38万美元，实际利用外资66万美元，投资领域主要在房地产行业；菲（菲律宾）资企业2家，投资总额667万美元，注册资本667万美元，实际利用外资339万美元，投资领域主要在房地产行业；缅（缅甸）资企业1家，投资总额167万美元，注册资本129万美元，外资额32万美元，实际利用外资33万美元，投资领域主要在房地产行业。（池清华）

【外资审批与管理】 2014年，市投资促进局政务服务窗口对外来投资企业项目审批实行全面优化审批流程、规范审批程序、提高审批效率、提升服务效能。继续保持按时办结率100%，群众满意率100%，一次性告知率100%。2014年起，广西—东盟经开区获外商投资企业审批发证权，能在园区内为本园区的外商投资企业办理设立和变更事项，缩短投资者往返南宁市区办理时间，为企业提供便利。年内，广西—东盟经开区为外商投资企业办理外资审批事项17项。其中：新批事项2项，变更事项15项，涉及合同外资额2369万美元。重新制定《政务服务指南》《行政审批事项八公开》《一次性告知材料》《行政审批操作规范和审批流程图》，加强审批事项的透明度。外资审批管理，严格遵守首问负责制、限时办结制、责任追究制3项制度，外资企业设立与变更办理时限为3个工作日，较法定时限提速30倍。并保留对非重要变更申请事项（企业名称变更、企业地址变更、股东名称变更等）即时办结机制和对审核审批预先材料机制。开通外资审批业务公共电子邮箱，安排专人定期回复电子邮件，为企业提供全天候的政策咨询和业务咨询服务。同时，企业也可以通过电子邮箱补交少数不涉及股东签字的材料，减少投资者往返办理事项的次数。

外资企业审批执法培训 市投资促进局组织相关人员参加国家商务部外资司举办的“欠发达地区投资促进业务培训”“全国外资审批工作培训会”、自治区商务厅举办的“外商投资企业联合年报及审批制度改革培训”，了解国家新修订的《中华人民共和国公司法》精神和外资改革的新内容及外资审批的新政策，进一步做好外资管理，提高外资管理水平和外资审批业务能力。

行政执法案卷评查 市投资促进局服务窗口对已办结的外商投资企业设立和变更审批的行政执法案卷进行规范整理，装订成册；对所有档案进行核查并评选出典型案卷，重点审查报批材料是否完整、合同章程是否符合外资法律法规、是否存在超权限审批事项等内容，以达到规范行政执法行为的目标。同时，针对县（区）基层招商部门没有发证权的实际，对县（区）审批办理的外资企业审批事项，在发放外商投资企业批准证书前，市投资促进局都对每一个县（区）办理的外资审批事项进行严格的行政执法案卷评查工作，以进一步规范基层外资审批行政执法行为。

聘请法律顾问 市投资促进局继续聘请京大成（南宁）律师事务所李安华主任为法律顾问，为投资促进涉外涉法工作提供法律咨询，保证行政工作在法律规范内运行。（杨　青　梁韵泓）

【外企管理与服务】 2014年，市投资促进局按照市政府工作报告提出增长8%的目标要求，对已审批的尚有资金存量的外资项目进行摸清家底、分析和筛选，了解年内可入资的项目及资金存量，做好实际利用外资预测。确定全市利用外资（广西全口径）6.27亿美元，并把目标任务分解到各责任单位，共同完成年度利用外资任务。

制定走访调研服务企业方案 市投资促进局分成5个小组，深入外商投资企业了解企业的生产经营、增资扩股、资金到位等情况和需要帮助协调解决的实际困难和问题。对企业所提问题和意见进行分析、梳理，有针对性地制定解决问题的措施，并及时协调处理企业存在的困难和问题，做好跟进服务。

鼓励外资企业增资扩股 市投资促进局在服务好外企的同时，鼓励外企增资扩股，对部分外资存量大的企业深入开展服务；加强与各县（区）、开发区对接，到有外资存量的外企调查研究，一线解决企业在扩大生产经营中遇到的困难和问题，并注意跟踪外资到位，及时统计上报外资到位情况，做好外商投资企业联合年报工作。转变政府职能、改善投资环境，推进外商投资企业及境外投资者诚信制度建设，在相关部门之间实现信息共享，进一步掌握全市外资企业生产经营状况，督促企业及时解决年报中体现出的各类问题，规范企业管理。要求尚未到资的企业按时按规定入资，提高利用外资到位率。（池清华）

责任编辑　卢景林

旅 游 业

综 述

【概 况】 2014年，南宁市有国家3A级以上景区29家，国家及广西工农业旅游示范点24个，广西乡村旅游区11个，广西星级农家乐51家；有旅游星级饭店62家，旅行社115家，各语种在册导游3247人。接待国内旅游者6905.19万人次，比上年同期增长18.23%；国内旅游收入585.74亿元，增长24.72%；接待入境旅游者43.30万人次，增长23.33%；国际旅游收入1.84亿美元，增长33.77%。接待旅游总人数6948.49万人次，增长18.26%；旅游总收入597亿元，增长24.86%。总收入、总人数居自治区第一。南宁市被评为2014“美丽中国生态旅游人文（休闲）旅游目的地城市”“中国最佳生态旅游度假目的地”称号。全年无重大旅游投诉事件和重大旅游安全责任事故发生。

【招商引资】 2014年，南宁市旅游管理部门开展招商引资，实际到位内资5000万元，直接利用外资370万美元，完成风景名胜旅游景区等旅游项目固定资产投资22亿元。

旅游资源

【概 况】 南宁市旅游资源丰富，且分布广、种类齐、数量多，相对集中在市区和各县城附近，具有浓郁的壮族风情和南亚热带风光特色。2014年，南宁市新增国家5A级旅游景区1家，4A级景区5家，四星、三星级乡村旅游区5个，三星级农家乐18家，四星级旅游饭店2家。

【主要旅游资源】

河流湖泊与水景 流经南宁市域有邕江、左江、右江、红水河四大江河，江河两岸风光秀丽，部分河段具有开发潜力和开发价值。许多短小溪流因山地落差较大，形成瀑布景观，以大明山龙尾瀑布、广西九龙瀑布群较有名。人工水库遍布南宁市，具有丰富的湖泊景观资源，如南湖、凤凰湖、金沙湖、大龙湖、西津湖、龙潭等。其中大龙湖水库是世界十大岩溶水库之一，湖边奇峰突兀，造型各异，14个岛屿点缀湖中，十分秀丽。

流水侵蚀地貌与岩浆侵蚀喀斯特地貌景观 流水作用形成的侵蚀剥蚀低山丘陵，主要有青秀山、五象岭、昆仑关等，多栽种松树、杉树及绿阔乔木林，形成绿色森林植被景观。喀斯特地貌主要有伊岭岩、金伦洞等溶洞。金伦洞是自治区喀斯特地貌最长、最大、最深的原始石漠山洞，穿越12座山腹，河穿岩中过，水自洞中流，游程10千米，洞内石钟乳、石柱、石幔千姿百态。 （周思伶）

温 泉 主要有九曲湾温泉、嘉和城温泉、那马温泉。九曲湾温泉、嘉和城温泉位于兴宁区，距市区12千米，交通便捷；泉水水温常年53℃~69℃，来自地下1200米~1300米深的地层，含多种微量元素矿物质，对人体有良好保健作用。那马温泉位于良庆区，距市区20千米，泉水来自1200米地下的深层地热，温度最高38℃，是一种淡温型医疗矿水。

动植物景观 南宁气候温和，适于动植物繁衍生息。广西药用植物园是亚洲最大的药用植物园，现存植物3000多种，其物种比明代李时珍的《本草纲目》记载的中草药多出1000多种；金花茶公园拥有全国乃至世界最大的金花茶基因库，种植有20多种中国一级重点保护植物金花茶。大明山自然保护区有维管束植物2095种，包括中国一级保护植物钟萼木；有国家保护动物如黑叶猴、飞虎（鼯鼠）、苏门羚、原鸡、大小灵猫等38种。还有龙虎山风景区、良凤江国家森林公园、老虎岭森林公园、五象岭森林公园、横县九龙瀑布群森林公园。

古遗址与文物 主要有新石器时代的顶蛳山贝丘遗址、豹子头贝丘遗址、灰窖田贝丘遗址、唐智城垌古城垌遗址以及始建于南明的兴陵、清代的新会书院、两湖会馆、粤东会馆、思恩府试院、邕江防洪古堤等。

宗教建筑与古塔 寺庙主要有青秀山观音禅寺、水月庵，明清伏波庙，宋代应天寺，清代五圣宫、北帝庙等。还有天主教堂、基督教堂、清真寺等。古塔有始建于明代的龙象塔（20世纪80年代重修），清代的秀峰塔、文江塔、承露塔等。

近现代文物遗址与当代城市建筑 主要有中共广西省“二大”旧址、共青团南宁地委旧址、昆仑关战役旧址、桂南战役阵亡将士纪念亭、昆仑关战役博物馆、邓颖超纪念馆等，这些文物遗址既有旅游价值，又是爱国主义教育、革命传统教育基地。南宁国际会展中心、南湖水幕电

民歌湖夜景 市旅游发展委员会提供

影综合水景、广西人民会堂、民族广场、江北大道、民族大道、朝阳路、万达商业广场、地王大厦、广西体育中心等充满现代都市气息。南宁国际会展中心为南宁市标志性建筑;民族大道全长12千米,种植树木5万多株,为自治区最长、最宽、最亮丽的园林生态大道。

古代摩崖石刻与古碑石刻　主要有唐代智城碑、唐代六合坚固大宅颂碑石刻、青秀山摩崖石刻、青龙崖石刻、明代灵水石刻、清代起凤山石刻、凿字山石刻、六公祠碑刻、雷婆岭摩崖石刻等,具有较高的历史文化与观赏价值。被誉为岭南第一碑的唐代六合坚固大宅颂碑,从侧面反映当时少数民族地区政治、经济、文化状况,以及激烈的阶级斗争,是广西较早用汉文记载少数民族文化生活事件的碑刻,对研究壮族历史、文化具有重要意义。

壮族风情与地方文化习俗　南宁是一个以壮族为主、多民族聚居的首府城市,广西博物馆、广西民族博物馆有“壮乡辞典”之誉,壮族的风土人情、生活习俗、服饰装束、文化艺术等均保留着本民族的特色。“三月三”歌圩、炮龙节、春牛舞、师公戏、抢花炮、打扁担舞、农具节、达努节、邕州老街庙会、蒲庙开圩纪念日、关公磨刀诞、壮族三声部民歌等具有鲜明的地方民族文化特点。南宁的杧果、波罗蜜、菠萝、荔枝、龙眼、红龙果、西瓜等各色水果,横县茉莉花茶、上林香米、马山黑山羊、隆安板栗,以及南宁老友粉、绿豆粽、粉虫、粉饺、蒲庙生榨米粉、吴圩牛杂、灵马鲶鱼、高峰柠檬鸭、宾阳酸粉等特产与地方小吃极具特色,吸引着众多游客。　（梁一家）

旅游景区开发建设

【概　况】 2014年,南宁市旅游管理部门按照南宁市推进重大旅游项目建设的工作部署,加大指导力度,推动龙象谷国际旅游度假区的相关规划,水主题欢乐园、游客服务中心建设顺利进行;大明山国际山地度假旅游区项目森林浴场工程竣工验收;广西南宁东盟国际旅游风情小镇完成园区内配套大型停车场、酒店配套餐厅装修工程;完成兴宁区广西渔牧生态园会议中心、游客服务中心和景区美化绿化大部分工程;完成上林县云里湖景区“三通一平”(水通、电通、路通,场地平整)、新村改造、进村道路建设;建成马山县弄拉景区酒店和游客服务中心主体、停车场;建成西乡塘区龙门水都文化生态旅游景区游客服务中心、停车场。12月,青秀山风景名胜旅游区被批准为国家5A级旅游景区,是南宁市第一家、自治区第四家国家5A级景区。广西规划馆、马山金伦洞、隆安龙虎山、南宁民歌湖景区和凤岭儿童公园成功创建国家4A级旅游景区。年内,广西渔牧生态园景区建成开放,位于南宁市邕武路24号,占地60.60公顷,以生态种养为主,开展休闲垂钓、菜地认种、绿色果蔬采摘、花卉苗木培植、餐饮烧烤、会议培训、捕鱼捉虾、体育运动等活动;园区将打造成优质水产果蔬种养基地、国家级休闲垂钓基地及南宁市城郊型旅游基地。　（周思伶）

【青秀山风景名胜旅游区】

概　况　位于南宁市区东南部邕江北岸,规划保护面积13.54平方千米,核心景区面积6.43平方千米。景区以森林为主体,包括青秀山、凤凰岭等十几座山峦,群峰起伏、林木青翠、岩幽壁峭、泉清石奇,以南亚热带植物景观为特色,常年具有高浓度的负氧离子,形成独特的天然休闲氧吧,有“城市绿肺”“绿城翡翠,壮乡凤凰”的美誉,是南宁市著名风景区。景区集旅游观光、休闲娱乐、文化交流、科研科普于一体,有植物6200多种,其中中国一级重点保护植物92种,中国二级重点保护植物140种,森林覆盖率约98%。有龙象塔、古道、董泉、箫台、观音禅寺等人文景观和见证中国与东盟各国友好往来的东盟友谊园、纪念林、首脑名树林、友好城市雕塑园、国树国花园等东盟元素景观景点,还有千年苏铁园,以及全国规模最大的城市亚热带植物群落,包括雨林大观、兰园、珍贵树种展示园、棕榈园、香花园等50多个精品园林景点。2000年被评为全国首批4A级风景区。2014年,景区完成财政收入9611万元,完成年度任务120.14%;全社会固定资产投资1.47亿元,完成年度任务122.75%;核心景区入园游客量236.80万人次,完成年度任务107.60%,比上年同期增长10.20%;经营收入6562万元,完成年度任务116.84%,增长22%。11月,青秀山风景区荣膺国家5A级旅游景区,为南宁首家、自治区第四家国家5A级旅游景区;12月18日,揭牌仪式在景区大门举行。

景区建设　年内,《青秀山风景名胜区总体规划(2012—2030)》通过市级审定并报自治区政府审批。新建景区厕所4座,完善道路灯柱照明系统、公共广播、监控设备安装,完善景区标牌指示系统、内线车站点改造,完成桃花岛游步道及中心区停车场道路维修等旅游服务设施建设。加大绿化、花化、彩化力度,完成投资1028.60万元,在景区主入口、主要游览路线、重要景观节点等种植苗木51.28万株、草花地被1.90万平方米。完成凤岭园艺场整体搬迁及房屋拆除,开展东盟文化园、良庆大桥、青山大桥、青环路改扩建、凤凰岭路改扩建、邕江综合整治等市重点项目征地拆迁;组织集中拆除行动14次,依法拆除重点项目用地范围内建(构)筑物774处,拆除建筑面积32万平方米,清理面积13.50万平方米。

景区实施重点建设项目9个,完成投资2.60亿元。青秀山营造林工程占地92.67公顷,主要为苗木种植、道路、灌溉管网工程建设等,完成投资4965万元;采购、种植乔木2.54万株,花灌木8.90万株;完成水体景观工程的驳岸建设1.50千米,

青秀山长廊鸟瞰　　青秀山管委会提供

采购水彩黄蜡石约3000吨，置石2000吨，清理土地3.33公顷，完成土方工程1万立方米。青秀山森林植物园工程占地458.47公顷，主要建设各专类植物种植园和服务中心、科普馆、展示棚等，完成投资2250万元。种植秋枫、仪花、红花玉蕊、黄槿等乔木2600株；清理土地80公顷。青秀山兰花园景观工程（一期）占地约10公顷，主要种植专类兰花，投资3004.30万元，国庆节正式向游客开放。广西珍贵树种展示园工程面积17.13公顷，主要种植广西珍贵树种，投资2406万元，五一节正式向游客开放。青秀山北门区工程占地31.67公顷，主要建设大门区、停车场、游憩服务中心及文化展示风情街等。投资6420万元，完成北门东区停车场已征地范围内的建设。开建北门公交场，完成投资114万元。改建西门区停车场，完成投资675.47万元。开建北门加气站，完成投资476万元。

景区管理　完善景区周边停车场的建设，对进入景区的机动车辆进行管制。配备旅游观光车86辆、自行车280辆，满足游客游览需要。加强景区各经营网点的管理，重大节假日前重点对娱乐设施及商业网点营运状况检查，做好景区安全和森林防火。定期对员工进行文明礼仪培训，强化景区文明旅游宣传，引导游客行为。第45届世界体操锦标赛期间，完成各国政要、嘉宾、运动员的接待。年内，青秀山风景区城市管理综合执法队组建完毕，按职责开展风景区保护范围内的拆违拆迁及城市管理。

春节郁金香花展　1月31日至2月9日在东盟友谊园举办，花展整体布置以郁金香为主，草花为辅，展出郁金香14个品种25万株，购票入园游客26.60万人次。

第二十届桃花艺术节　2月8日至3月9日举行，主要有东盟文化音乐表演、古代服装秀、“桃花缘”相亲、有奖知识竞赛等主题活动，购票入园游客34.55万人次。

义务植树　3月12日，自治区直属单位的干部职工、驻邕部队官兵、南宁市干部和群众1200余人在风景区参加植树节义务植树活动，种植2500多株仪花、红花玉蕊、秋枫等苗木，面积10公顷。

“三月三”系列活动　4月2日至6日举行，主要有赏桃花、听山歌、享民乐等，购票入园游客5.20万人次。

第二届玫瑰花展　4月26日至5月30日在东盟友谊园举行，以“浪漫青秀山”为设计主题展出37个品种10万盆玫瑰花，同期举办“玫瑰霓裳舞，笔走水云间——美丽青秀山”书画艺术展，购票入园游客28.30万人次。

苏铁花展　5月10日至7月10日在千年苏铁园举行，宣传“绿色·生态”理念，展现青秀山风景区独有的千年苏铁，50多个品种形式多样的苏铁竞相开花，购票入园游客26.10万人次。

第三届青秀山水生花卉展　6月14日至7月13日举行，花展突出绿色、生态的特点，在荷花池、雨林大观等景点展示50多个品种6000多盆荷花、睡莲、王莲等水生花卉，还举办古筝、二胡、笛子等民乐表演活动；购票入园游客13.94万人次。

“文化青秀山”大型书画艺术展暨青秀山第四届插花艺术节　9月29日至10月19日举行，购票入园游客14.20万人次。

青秀山兰花展　9月25日至10月19日在兰园举行，展出蕙兰、建兰、墨兰、兜兰、蝴蝶兰、石斛兰等兰花363种30余万株，购票入园游客14.60万人次。

（青秀山管委会编写组）

【大明山风景旅游区】

概　况　大明山位于南宁市区东北部，地处上林、马山、宾阳、武鸣四县交界处，距南宁市区76千米，北回归线横贯中心，平均海拔1200米，主峰龙头山海拔1761米，为桂中南第一高峰。1999年纳入联合国人与自然生态保护圈名录。2002年7月，经国务院批准为国家级自然保护区。保护区总面积1.70万公顷，有林面积1.60万公顷，负氧离子平均每立方厘米含量10万个以上，最高达19万个以上，以多样性山地森林生态系统及珍稀濒危特有动植物资源为主要保护对象。大明山有维管束植物2095种，其中有中国一级保护植物钟萼木1种，中国二级保护植物桫椤、格木、白豆杉、福建柏、观光木、马蹄参、紫荆木等18种，中国三级保护植物9种，特有种88种，仅局限于大明山的特有种30多种；有脊椎动物31目90科294种。其中：鸟类151种，哺乳类动物60种，爬行类动物42种，两栖类动物19种，鱼类动物22种。294种野生脊椎动物中，有中国一级保护动物黑叶猴、金钱豹、林麝、蟒4种，中国二级保护动物34种，国家濒危动物物种48种，国家保护有益动物196种。此外，景区还有昆虫1011种、大型真菌202种。四季景观以“春花、夏瀑、秋云、冬雪”著称，被喻为“北回归线上的明珠”。山上盛夏时月平均气温21.9°C，是人们消夏避暑的理想之地；冬季又常形成北回归线上罕见的积雪雾凇景观。有大峡谷33个、瀑布108条，向游客开放的有览胜之旅、养生之旅、神奇之旅、休闲之旅、仙境之旅5条游道，云龙佛光、橄榄大峡谷、金龟瀑布、飞鹰峰4个主打景点，另有观景亭台41个、景点163个，可根据不同季节组织策划山花节、森林避暑节、养生节等节庆活动。

大明山是中国野生动物保护科普教育基地、中国—东盟博览会接待基地、中国东盟形象大使培训基地、广西生态学教学基地、广西最好玩的十个地方之一和南宁最具休闲养生特色景区。2005年，中共南宁市委、市政府批准成立南宁大明山风景旅游区。2008年，经国务院批准，大明山被列入泛北部湾经济区重点旅游区。2009年9月，国家旅游局《北部湾旅游发展规划》将南宁大明山国际山地生态度假旅游区列入2009年至2012年北部湾旅游发展重点突破阶段的重点地区；12月，被评为国家4A级旅游景区，并被国际生态合作组织命名为国际生态安全旅游示范基地。2010年，被评为南宁市十佳景区。2011年6月，举办首届大明山

大明山雾凇日出　　马震宇　摄

国际山地养生旅游节；年内，被中华中医药学会授予首个“中华特色养生名山”称号。2013年11月，在中国最美森林旅游景区系列评选活动中，被评为中国最具网络人气最美森林旅游景区。

2014年，根据《大明山国家级自然保护区总体规划修编情况专题汇报会纪要》精神，大明山管委会制定将设在南宁市区的办公点迁回景区的方案，并新建总建筑面积1613平方米的临时办公用房，总投资198.42万元。至年末，接待游客13.56万人次，比上年增长20%；门票收入661.50万元，增长20%；经营总收入1437.98万元。景区获“广西生态旅游示范区”称号，被评为“2014年南宁市文明风景旅游区”“南宁市十佳景区”。

资源保护　年内，发放森林防火宣传单1万多份，张贴（书写）防火标语1300多条，悬挂横幅25条，粉刷警示标牌16块；发放科普宣传册近7000份；组建一支60人的专业森林消防应急分队，另有20人组成半专业森林消防队伍负责森林消防；依法处置保护区内各类林政案件8起；完成野外监测任务10次。编制《生物本底资源调查实施细案》和“鱼类、鸟类、植被类型”调查技术方案，基本完成鱼类调查；实施黑叶猴野化回归试验项目，对6只黑叶猴实施适应性笼舍驯养。保护区森林覆盖率98.90%，公益林管护率、保持率100%，建设工程项目征占林地和毁林开垦面积均为零，森林病虫害成灾面积为零，防治监测率100%。保护区内无森林火警、火灾发生，连续度过26个无火灾安全生产事故年。

项目规划　5月，《广西大明山国家级自然保护区总体规划（2014—2023）》《广西大明山国家级自然保护区生态旅游规划》上报国家林业局。12月，《总体规划》获国家林业局批复，《生态旅游规划》正在审批中。年内，委托国内旅游规划设计单位编制《大明山风景旅游区创国家5A级旅游景区改造提升规划》，启动编制大门区、三宝区、天坪区修建性详细规划。

基础设施建设　年内，新建、续建项目累计投资总额2000万元。竣工的有投资550万元的天坪广场至飞鹰峰路面硬化工程、投资250万元的森林浴场游览步道及配套设施工程、投资200万元的吊钟花苑游览步道及配套设施工程等项目21个。开展前期工作的有投资3156万元的入口区游客服务中心项目、投资3000万元的危旧房改造项目、投资2000万元的三宝景区至天坪区公路改造工程、投资1900万元的天坪区供水管道项目、投资2000万元的龙兴寺上院项目、投资2.80亿元的龙兴寺下院及附属设施项目等项目20个。

节庆活动　3月22日至4月13日，举办2014广西大明山杜鹃花旅游节，主题为“香约花海　享寿明山”，重点突出春季养生特色；开展“花容悦貌”趣味摄影、“春之声，花之语”音乐节、“香道品缘”茶艺展、“气吞花海，声震明山”喊山比赛、“享寿明山”养生花宴、“以花为媒，情定明山”相亲活动、“花的嫁纱”婚纱摄影等主题活动，接待游客8653人次。

7月12日至27日，举办2014南宁月月旅游节·广西大明山森林避暑旅游节，主题为“亲·凉·劲·爽——大明山”；开展“亲子纳凉之旅”大明山避暑夏令营、“清凉大明山”比基尼短裙清凉秀、“鼓劲世界杯”登大明山顶看巅峰对决、“乐爽大明山”音乐派对等系列活动，接待游客4472人次。

10月1日至6日，举办迎第45届世界体操锦标赛——2014广西大明山国际山地养生旅游节，主题为“回归养生地　悦动大明山”，重点突出运动养生特色；开展“悦动明山”趣味运动锦标赛、野战比赛、“悦享明山　运动养生”音乐派对、“悦游明山　集LOGO”活动、“一起去大明山看星空”活动、“悦赏明山　随手拍”微信活动、“带着微博游大明山”等活动，接待游客1.27万人次。　　（陶靖妍）

【昆仑关风景区】

概　况　昆仑关位于南宁市兴宁区与宾阳县交界处，距昆仑镇北约3千米的暗探山和领兵山的山隘上，距南宁市区56千米。是中国十大名关之一，具有险要的地理位置和深厚的历史文化资源。昆仑关景区以昆仑关为中心，由昆仑山、抵宝山、领兵山、之堪山、大象山、草帽山合围而成，面积约70公顷。昆仑关战役遗址文物保护范围：以纪念塔为中心，北、西、南三面至旧邕宾公路外侧，东面以昆仑古道为基线外延50米范围内。包括抵宝山和暗探山，面积17.75公顷，主要有南牌坊、北牌坊、纪念塔、将士墓、纪念碑亭、古关楼、古驿道、中村正雄墓等文物建筑。

1939年11月，日本侵略军为切断从广西到越南的国际交通线，自广西钦州登陆攻陷南宁后，攻占昆仑关。1939年12月18日至31日，昆仑关战役打响，击毙日军少将旅团长中村正雄，歼敌5000余人，夺回昆仑关。这是中国军民抗击日本侵略军的一场惨烈的攻坚大捷，与台儿庄大捷、平型关大捷同为抗日名战。战后，杜聿明将军1940年春派工兵营在昆仑关上修建“陆军第五军昆仑关战役阵亡将士墓园”，墓园内有纪念塔、阵亡将士墓、纪念碑亭、碑记、南北牌坊、日军少将旅团长中村正雄墓等，在墓园的各个建筑上，完好地保留着15位国民党军政要员的题词、题联或书刻碑文。昆仑关战役旧址为全国重点文物保护单位；全国首批国防教育示范基地；国家3A级旅游景区、广西爱国主义教育基地、广西民族团结进步教育示范基地、广西统一战线传统教育基地、广西文化产业示范基地、南宁市最具历史纪念意义景区、南宁市“十佳旅游景区”。2014年9月，为纪念中国人民抗日战争暨世界反法西斯战争胜利69周年，国务院公布第一批80处国家级抗战纪念设施、遗址名录。广西有昆仑关战役旧址一处入选。2014年，接待台湾前“行政院长”郝柏村、台湾花莲县参访团等到昆仑关景区参观考察，在海峡两岸特别是台湾民众中宣传推介广西，宣传南宁，宣传昆仑关。接待游客比上年增长

9月3日，广西抗战难童合唱团到昆仑关缅怀先烈　　昆仑关管委会提供

20.20%、门票收入增长106.60%。

昆仑关民俗文化旅游节 农历五月十三为流传于昆仑关民间传统的"关公磨刀诞",在当地盛行已久,是昆仑关周边群众最为隆重的节日之一,列入自治区非物质文化遗产。6月9日至11日,昆仑关民俗文化旅游节在昆仑关风景区举行,以"放飞梦想·祈福中国"为主题,将祭奠抗日英烈、文艺演出、好兄弟成人礼、电影展播、关公祭拜、民俗活动、趣味竞技、特色美食等内容贯穿整个活动过程。期间,接待游客约10万人。

景区建设 加快昆仑关景区国家4A级创建。跟踪落实景区那灰水库整改资金,开展项目设计及施工。边坡支护工程进场施工,完成打桩基工程量。完成南门区直段云梯及之字登梯的基础建设。博物馆入口处安装门禁票证识别系统。开展景区绿化提升工程,栽种桃树、黄金香柳、红叶石楠、山茶花等花木1000株,面积约20公顷。在南牌坊区建设围栏、种植剑麻和三角梅,形成新的景观。完成南牌坊文化亭廊和关帝庙广场升级改造项目设计,文化亭廊开工建设。在战役遗址墓园区、博物馆展厅、文物库房和临时展厅安装视频监控设施。做好博物馆陈列提升改造项目的前期工作,组织完成项目建议书的编制并获立项批复;完成陈列大纲的编写并通过国家、自治区、南宁市专家评审论证。完成总金额1.60亿元的6个基础设施工程项目的策划,其中4个获立项批复。

爱国主义教育基地建设 开通昆仑关风景区旅游官方网站。7月7日,在昆仑关风景区设置分会场,配合中央电视台举办"七七事变"77周年纪念直播活动。景区被命名为广西统一战线传统教育基地和广西文化产业示范基地,与广西纺织工业学校、广西民族大学附属中学共建昆仑关爱国主义教育基地。 (徐晓芳)

旅游市场开发

【市场交流合作】 2014年,南宁市旅游管理部门组织旅游企业参加2014年德国柏林旅游交易会、2014台北两岸观光博览会等境外旅游会展活动,推广、促销南宁旅游产品及精品线路。参与组织云南南宁商会成立大会暨南宁旅游推介会,赴广东省、桂林市开展促销;组织"南宁旅游赴北方城市"宣传促销团开展旅游宣传;赴韩国首尔、牙山开展"南宁旅游赴韩国"宣传促销,推介世界体操锦标赛、南宁生态养生旅游、休闲度假旅游、自驾车旅游新业态。同时,市旅游管理部门加大对客源市场的宣传推广力度,提高南宁市旅游的知名度,邀请台湾、韩国旅行商来邕踩线。组织旅游企业参加澳大利亚班达伯格、美国、土耳其、泰国、韩国、澳门旅游座谈会,越南砚港旅游推介会,台湾金门推介会,广西电商大会和贺州、梧州高铁旅游推介会等,全方位推介南宁旅游,树立南宁良好形象。

【旅游促销】 2014年,南宁市旅游管理部门利用微媒体平台,借助同程网、新浪网、南宁旅游微博、微信开展线上线下联合进行南宁旅游惠民行、"双11"购游节等系列活动。南宁双微联动打造智慧旅游"微时代"被新浪网总部选为典型营销案例在全国推广。开设南宁旅游微信、微博,南宁旅游微博获新浪微博最佳创新应用第2名和年度飞跃政务微博。南宁旅游微信阅读影响力列全国旅游微信第14名。在中央电视台综合频道、自治区内外电视台、户外LED广告屏投放南宁旅游整体宣传广告;在北京、上海、郑州、广州等城市火车站LED大屏幕墙和南宁公交移动频道投放南宁旅游宣传短片、南宁旅游整体宣传广告;在高杆广告牌投放南宁旅游整体形象宣传广告;利用平面媒体平台,在《南宁日报》《南宁晚报》等开设南宁旅游整版宣传;组织驻邕媒体记者每月对旅游节庆活动进行专题报道和现场报道;出版《南宁旅游》杂志6期。完成南宁旅游咨询服务中心鲤湾路咨询点、广西民族村咨询点、火车站站前广场的咨询点建设。年内,南宁市成功举办第45届世界体操锦标赛,借助赛事推介城市,在纽约时代广场播出世锦赛宣传片1470多次,中央电视台多个频道播放南宁城市形象宣传片,120多个国家和地区接转赛事的转播信号,900多名国内外记者来邕采访报道赛事盛况。为服务第45届世界体操锦标赛,丰富"南宁天天游"精品旅游线路,市旅游管理部门组织开展"南宁天天游——旅游局长带你游"活动,由南宁市及六县六城区旅游局局长担任导游,带领区(市)旅游媒体、摄影家及"南宁天天游"组织的游客游览辖区特色旅游线路。组织5月首发团走进上林霞客之旅感受别样山水、6月父亲节旅游专场感恩武鸣壮乡游、7月庆"七一"宾阳荷花节。

【乡村旅游】 2014年,南宁市编制完成南宁十大特色旅游名镇规划,开展星级农家乐、星级乡村旅游区培育及评定;评定四星、三星级乡村旅游区5个,三星级农家乐18家。同时,加大特色旅游名县建设力度,上林县获"广西创建特色旅游名县进步县"称号。市旅游管理部门指导上林县县城建筑风貌改造和特色休闲旅游街区建设,加快推进金莲湖创建国家4A级旅游景区,霞客古渡创建3A级景区。9月29日,在南宁市花花大世界举行"美丽广西,乐游乡村"活动广西(南宁)主会场暨南宁乡村旅游节启动仪式,推出农家乐、森林游、亲水游等乡村旅游产品。

【节庆活动】

2014"南宁月月旅游节" 2014年,南宁市旅游管理部门整合推出由28个旅游节庆活动和主题活动构成的2014"南宁月月旅游节"系列活动。分别为:一月的"2014中国智慧旅游年"广西开年暨南宁月月旅游节启动仪式和广西药用植物园"游药物王国,赏郁金香海;品健康文化,学保健知识";二月的宾阳百龙舞宾州炮龙节和青秀山风景区第二十届桃花艺术节;三月的第七届南宁赏花旅游节暨第六届山水桃花节;四月的广西大明山杜鹃花旅游节、南宁动物园第四届加勒比万人比基尼狂欢节、武鸣"三月三"歌圩暨骆越文化旅游节;五月的2014中国·隆安"那"(稻作)文化旅游节、上林生态旅游养生节;六月的昆仑关民俗文化旅游节、大王滩风景区第二届荔枝文化节;七月的广西大明山森林避暑旅游节、"大美嘉和城"第六届温泉荔枝节、乡村大世界葡萄采摘节、青秀区第六届甜瓜美食文化旅游节;八月的中国国际茉莉花文化节;九月的良凤江第二届凤江中秋河灯节、良庆区第六届"香火龙"民俗文化旅游节、邕宁壮族八音文化旅游节、2014南宁·东南亚国际旅游美食节;十月的广西大明山国际山地养生旅游节、西乡塘区香蕉文化旅游节、第六届唐人文化节、凤凰谷金秋竹文化旅游节、龙虎山第九届板栗美食节;十一月的第五届南宁·东南亚国际温泉养生旅游节;十二月的南宁·马山第八届文化旅游美食节、兴宁区花卉生态旅游节。

2014年"中国旅游日"南宁主会场活动暨上林生态旅游养生节 5月19日至26日在上林县举行,以"美丽南宁,养生上林"为主题,推出"霞客行"健康徒步登山游、"霞客行"自行车越野赛、"霞客去哪儿"旅游主题活动及上林自驾游、"中国·上林——徐霞客最眷恋的地方"国际摄影大赛等休闲旅游活动,并首次用南宁旅游微博、微信直播报道。

5月19日，上林生态旅游养生节开幕。图为开幕式现场　　市旅游发展委员会提供

2014南宁·东南亚国际旅游美食节　9月13日至21日在南宁华南城举办。主题为"品天下美食，赏东盟风情"，推出活动12个，设美食展位126个。美食节接待游客106万人次，现场交易金额4350万元，创历史新高；带动华南城游客数137万人次，现场交易额8.60亿元，华南城营业收入比上年同期增长33.30%。

2014"双11"南宁购游节　10月12日至11月12日，市旅游管理部门发挥自媒体、微媒体的作用，利用南宁旅游微信、微博等网络平台，首创举办"双11"南宁购游节，开展各项旅游营销、推广活动，为企业提供宣传服务，为游客提供旅游优惠信息，掀起南宁市网络购买旅游的热潮。活动内容有迎"双十一"旅游产品提前惠、"双十一"景区同程网上大优惠、"双十一"当天旅游消费特价惠、"南宁旅游""半点秒杀送""双十一"我们相约去快闪、"双十一"狂欢夜活动6大版块，利用同程网、新浪网等资源大力宣传南宁智慧旅游，将其打造成为全国知名的购游节。

【第四届"南宁礼物"征集大赛】　2014年5月至8月在南宁举行。大赛由南宁市旅游发展委员会、南宁市二轻集体工业联社共同主办，广西壮姑娘特产有限公司协办，广西广旅旅游宣传策划有限公司承办；参赛作品405件（工艺艺术品类作品124件、文化家居作品178件、特色加工食品类产品103件）。评出工艺艺术品类、文化家居用品类、特色加工食品类三大类实物参赛作品金、银、铜奖18名。草编时尚手提包获工艺艺术品类金奖，广西文化礼之《寻古·南宁》扑克牌、广西世居民族卡通形象（12件）获银奖，"印象广西"银制纪念章、壮绣挂盘、第45届世界体操竞标赛吉祥物南南、宁宁系列产品获铜奖；儒供毛笔（礼盒装）获文化家居用品类金奖，大明山《水云·诗韵》艺术围巾、壮绣家纺系列产品获银奖，"印象南宁"系列地图方巾、艺术挂盘—会展中心、民族之韵—钱包获铜奖；壮乡黑猪系列产品获特色加工食品类金奖，富硒绿茶酥、富硒绿茶茉莉花酥、金花茶系列产品获银奖，全健蜂王系列产品、那楼壮乡壮王淮山酒、上林县三里镇永鸿食品系列获铜奖。

旅游行业管理

【旅游饭店管理】　2014年，市旅游管理部门组织开展第45届世界体操锦标赛接待饭店服务技能提升培训。组织14家世锦赛、全锦赛指定接待饭店开展接待服务技能、服务人员接待英语等岗位技能实操培训，各接待饭店的前厅、客房、餐厅服务人员、主管及经理300多人次参加培训和学习。对皇冠假日酒店、文华酒店等国际品牌酒店建设进行指导，对南宁邕州饭店、相思湖国际大酒店、上林天龙湾酒店、尚霖酒店等投入运营且有评星意向的饭店，做好星评指导和服务。年内，邕州饭店、广西相思湖国际大酒店通过四星级旅游饭店评定。

【旅行社管理】　2014年，南宁市新设旅行社11家、旅行社分社3家，新增服务网点15个，注销旅行社1家，吊销旅行社2家。对旅行社设立及注销、旅行社分社及门市部设立及注销备案全部执行公告，落实公告制度。推动广西民航国际旅行社、广西风华旅行社、广西北部湾国际旅行社申请升级为出境社；推动广西寰海国际旅行社、运德国际旅行社等中越边境游组团社增加边境游线路业务。配合自治区旅游局、南宁市人民政府台湾事务办公室组织赴台游旅行社开展赴台个人游市场调研，制订赴台游应急预案。年内，市旅游管理部门规范旅行社经营，推动南宁市旅行社启用国家旅游局、国家工商总局修订印发的新版组接团合同、出境旅游合同、赴台旅游合同完整版示范文本及简版合同示范文本，并要求旅行社依据合同约定，履行合约义务；全面清查旅行社质量保证金及责任险缴纳情况，督促旅行社足额缴存质量保证金，推动旅行社责任险统保示范项目，提升旅游行业风险管控水平；对南宁红豆旅行社、广西天湖旅行社、南航国际旅行社3家多次催缴拒不购买旅行社责任险的旅行社按法定程序予以吊（注）销营业执照。南宁市旅行社质量保证金的缴存率100%。旅行社责任险统保示范率80%。

【旅游安全管理】　2014年，市旅游管理部门联合市安全生产监督管理局、市消防支队、市卫生和计划生育委员会、市公安局、市食品药品监督管理局、市质量技术监督局、市交通运输局、市商务局等，组成督查组15个，出动检查人员51人，开展春节、五一、中秋、国庆、"两会一节"、第45届世界体操锦标赛期间等旅游假日安全生产大检查。要求各旅游企业树立"以人为本，安全第一、预防为主"的观念，做好假日旅游安全，明确旅游安全制度和责任，做好旅游交通安全排查和整治，预防旅游交通事故发生；加强旅游饭店、旅游餐饮娱乐场所、旅游景区（点）等公共聚集场所消防安全管理，严防火灾事故发生；加强景区（点）特种设备、游乐设施设备的检修保养，消除事故隐患；加强大型旅游节庆活动和其他公众聚集活动的安全管理，避免群死群伤事故发生。

【旅游市场专项治理】　2014年，市旅游管理部门开展旅游市场专项检查，规范旅游市场秩序。采用日常检查、联合执法与节庆专项检查的方式，结合"文明旅游迎世锦"活动，开展旅游市场规范整治；联合自治区旅游局、市工商行政管理局、市安全生产监督管理局、市物价局、市社会治安综合治理委员会办公室等多次开展旅游市场专项整治、旅行社业务、旅游行业安全生产、旅游行业价格等大检查，以及"一日游"传销活动等专项整治联合检查行动。除执行24小时值班制度,受理旅游咨询及旅游服务质量投诉外,专项检查期间,均派出检查小组到各旅游景区(点)监控,出动检查人员269人次,检查旅游企业300多家次,南宁市旅行社、星级饭店、A级旅游景区检查率100%;打击虚假广告、超范围经营、未履行合同条款等违法违规经营旅游业务行为,下达整改通知46份,对整改企业进行整改验收,规范旅游市场。年内,立案调查并办结涉嫌违规经营旅游业务经营行为12起,处罚违法、违规经营行为和导游违规操作旅游业务行为8起,下发整改通知书3起;处罚金、没收违法所得27.56万元。

【旅游教育培训】 2014年,市旅游管理部门组织开展导游人员年审培训网络培训,培训2123人;岗前培训2期,培训231人。协助组织中高级导游员报名考试20人;组织参加旅行社总经理培训班20人、旅游开发与民族文化保护专题培训班42人、广西高级旅游行政管理干部培训班1人;协助组织旅游行业安全生产培训班60人、旅游商品研发设计培训班50人、乡村旅游经营专项培训班80人;协助组织"生态旅游业可持续发展高层次紧缺人才"1人赴澳大利亚培训。

【文明素质教育】 2014年,市旅游管理部门加大文明旅游宣传,加强旅游行业窗口文明服务建设;利用广西旅游信息屏滚动播放有关宣传第45届世界体操锦标赛信息;利用广西旅游信息屏、微信、微博等信息平台宣传社会主义核心价值观,刊登文明旅游公益广告和文明旅游十大提醒语,做好"讲文明树新风"公益广告刊播和社会主义核心价值观宣传;联合市网络宣传管理办公室,加强南宁市民文明出境旅游网上宣传,利用"出境游文明攻略",宣传出境旅游注意事项;制定《首府南宁文明旅游联席会议制度》,明确各成员单位职责,联合市精神文明建设委员会办公室组织开展2014首府南宁文明旅游工作推进会;结合在全行业开展的"文明与旅游同行"主题活动,发放《文明旅游 理性消费》《中国公民出境旅游文明行为指南》、文明旅游十大提醒语等宣传资料10多万份,营造文明旅游氛围。8月15日和10月17日,在青秀山道德讲堂总堂举行以"社交礼仪"为主题的旅游行业道德讲堂活动,南宁市旅游企业100多人参加。年内,结合国家创城检查,对南宁市各星级酒店、旅行社、旅游景区进行排查整治,重点检查星级酒店、旅行社、旅游景区的文明旅游、志愿服务、投诉处理机制、员工创城知识知晓率;组织开展"2014年南宁市文明风景旅游区""寻找最美南宁旅游人"评选活动,评出2014南宁市文明风景旅游区10家、2014年最美南宁旅游人10人。组织志愿者在主要景区、重点路段、重要区域车辆较多的地方引导车辆,到旅游景区打扫卫生,保持景区环境清洁舒适的公共环境,劝阻不文明行为;春节黄金周期间,各县(区)旅游局、旅游企业志愿者在汽车站开展"红红火火过大年"志愿活动。

(周思伶)

南宁市主要旅游景区(点)

国家5A级旅游景区: 南宁青秀山风景名胜旅游区

国家4A级旅游景区: 南宁嘉和城景区、南宁九曲湾温泉度假村、广西现代农业技术展示中心(八桂田园)、南宁动物园、广西药用植物园、南宁大明山风景旅游区、广西科技馆、广西民族博物馆、南宁乡村大世界、武鸣县伊岭岩风景区、南宁良凤江国家森林公园、隆安县龙虎山风景区、广西规划馆、民歌湖景区、马山县金伦洞、凤岭儿童公园

国家3A级旅游景区: 南宁人民公园、南宁金花茶公园、横县西津湖景区、昆仑关旅游风景区、横县九龙瀑布景区、宾阳县蔡氏书香古宅、大王滩景区、南宁凤凰谷生态景区、南宁海底世界、南宁市金湖广场云顶观光旅游景区、南宁市华南城景区、宾阳县白鹤观旅游景区

2014年南宁市国内旅游者抽样调查情况

国内收入

主要指标	2014年	比上年同期(%)
一、国内旅游收入(万元)	5987279.43	27.49
(一)国内一日游旅游者收入	870594.68	40.28
其中:长途交通	61217.35	16.99
餐饮	259904.97	48.29
旅游景区游览	166213.14	38.78
娱乐	78414.78	48.62
购物	195585.30	59.81
市内交通	34640.99	30.58
邮电通讯	7121.86	21.54
其它	67496.29	2.68
外地一日游收入	237603.14	167.56
本地一日游收入	632991.54	19.02

续表

主要指标	2014 年	比上年同期(%)
(二)国内旅游者收入(万元)	5116684.75	25.54
其中：长途交通	1021119.17	29.24
住宿	919517.87	27.95
餐饮	781372.89	21.19
旅游区(点)游览	366167.13	27.24
娱乐	446132.96	30.33
购物	1119322.77	25.38
市内交通	117903.50	14.69
邮电通讯	27341.39	9.69
其它	317807.06	16.98
住宿设施过夜收入	4582605.98	32.97
住亲友家收入	534078.77	-15.16
二、人均花费(元)	867.07	7.83
过夜旅游者人均花费	1399.76	18.65
住亲友家人均花费	1111.09	0.42
外地一日游人均花费	380.76	37.34
本地一日游人均花费	250.53	-4.38

国内人数

序 号	主要指标	2014 年	比上年同期(%)
1	国内旅游者人数(万人次)	6905.19	18.23
2	其中:国内一日游旅游者人数(万人次)	3150.67	34.06
3	国内旅游者人数(万人次)	3754.52	7.58
4	住宿设施过夜人数	3273.84	12.07
5	住亲友家人数	480.68	-15.52
6	外地一日游人数	624.02	94.82
7	本地一日游人数	2526.65	24.47
8	景点接待总人数	8470.35	22.55
9	过夜旅游者平均停留天数(天)	1.72	-34.37
10	住宿设施总座数(座)	3264	15.29
11	平均床位利用率(%)	80.64	-36.26
12	住宿设施总床位数(张)	192245	15.86
13	旅游区(点)旅游者总人数(万人次)	8470.35	22.55
14	参与汇总景点数	75	0
15	住亲友家去景点比重(%)	9.93	-45.70
16	住亲友家旅游者平均游览景点数	1.56	-37.16
17	外地一日游旅游者比重(%)	9.64	48.35
18	外地一日游旅游者平均游览景点数	1.67	-4.79
19	本地一日游旅游者比重(%)	49	2.39
20	本地一日游旅游者平均游览景点数	1.56	-7.35

2014年南宁市入境旅游者情况

入境人数

序　号	主要指标	2014年	比上年同期(%)
1	入境旅游者人数(人次)	432967	23.33
2	台湾同胞	64656	-9.02
3	澳门同胞	23855	54.46
4	香港同胞	34914	11.01
5	外国人	309542	32.79
6	入境旅游者人数(人天)	958219	40.92
7	台湾同胞	143101	4.46
8	澳门同胞	55043	83.99
9	香港同胞	79092	28.66
10	外国人	680983	50.79

外汇收入

序　号	主要指标	2014年	
		国际旅游(外汇)收入(万美元)	比上年同期(%)
1	合　计	18375.76	33.77
2	长途交通	7350.31	33.77
3	住　宿	2205.09	33.77
4	餐　饮	1286.30	33.77
5	景区游览	735.03	33.77
6	娱　乐	1470.06	33.77
7	购　物	3307.63	33.77
8	市内交通	367.53	33.77
9	邮电通讯	367.53	33.77
10	其　他	1286.28	33.77

2014年南宁市接待主要客源国前10名情况

客　源　国	人数(人次)	比上年同期(%)
韩国	47655	128.97
泰国	37846	24.11
新加坡	30583	89.58
越南	23658	-46.83
印度尼西亚	15796	24.99
马来西亚	13566	-8.36
菲律宾	9324	58.09
印度	8702	-0.93
文莱	8435	162.12
柬埔寨	6309	113.07

责任编辑　梁　坤

会展业

综述

【概况】 2014年，南宁市有南宁国际会展中心、广西展览馆、广西博物馆、广西科技馆、南宁华南城会展中心等专业会展展馆5个，总面积21万平方米；举办专业展会109场，会展天数约350天。超万平方米专业展会32场，比上年增长23%，内容涉及汽车、旅游、房地产、食品、茶产业、珠宝等；国际性展会20场，区域性展会6场，全国性展会5场，其他展会78场；食品展览19场，婚庆展览19场，汽车展览12场，其他展会59场。获南宁市支持会展业发展补助资金展会25个，发放补助资金311.65万元，专业展会扶持资金总额增长30%。主要展会有第11届中国—东盟博览会、第11届中国—东盟商务与投资峰会、第18届南宁国际学生用品交易会暨2014中国—东盟（南宁）国际教育展览会、2014中国—东盟矿业合作论坛、2014中国—东盟博览会轻工展、2014中国—东盟博览会文化展、2014第七届中国—东盟(南宁)汽车博览会、第九届中国城镇水务发展国际研讨会与新技术设备博览会、2014首届“携手共赢 创造未来”中小企业实践中国梦经济合作论坛、首届广西(南宁)住宅产业博览会等，其中中国—东盟博览会、中国—东盟商务与投资峰会、南宁国际学生用品交易会为每年定期举办。12月31日，南宁国际会展中心改扩建及周边市政交通完善工程项目开工建设，建筑面积37.28万平方米，总投资56亿元。

（钟　情）

【南宁国际会议展览有限责任公司经营】 2014年，南宁国际会议展览有限责任公司加强对办展机构的公关、合作及申办国内知名品牌展会，新增8000平方米展会5个，分别为“中国—东盟文化展”“首届南宁灯会嘉年华”“广西地方工业产品产销对接会”“中国国际健康长寿养生养老产业博览会”“首届广西(南宁)住宅产业博览会”；新增5000平方米以下展会10个，分别为“2014年广西春季结婚产业博览会”“百城2014春季人才招聘会”“2014中国(南宁)国际宝玉石与工艺美术展”“七夕家装节”“中国茉莉横县特色名优产品展”“2014年广西工业设计奖暨‘北仑河杯’华桂工业设计大赛”“陕西名特产品南宁展销会”“2014中国南宁刺青绣”“南宁游戏动漫节”“冠军联盟促销活动”；新引进办展机构5家，分别为成都天宇晴朗文化传播有限公司、南宁市金色盛典礼仪策划有限公司、南宁雕安刺青文化有限公司、北京邦蒂会务有限公司等。全年承接展览52场、活动30场、会议490场，经营收入比上年增长24.80%，实现安全生产零事故、消防安全零事故、设备运行零故障的目标。

（南宁会展公司）

【南宁华南城经营】 2014年，南宁华南城承接展会6场，活动约30场。主要展会有第七届广西(南宁)春茶节、第11届中国—东盟博览会轻工展、2014南宁·东南亚国际旅游美食节等，其中第11届中国—东盟博览会轻工展、2014南宁·东南亚国际旅游美食节东盟各馆的客单量9395人次，比上年同期增长63%。4月28日，南宁华南城东盟国家产品体验馆开业。7月24日，南宁华南城营销策划协会成立。8月21日，华南城网东盟购(www.1668dm.com)正式开通，实现中国—东盟商品在电子商务平台跨境贸易。

（钟　情）

大型会议

【中国—东盟矿业合作论坛】 2014年5月9日至10日，中国国土资源部、中国商务部、中国国际贸易促进委员会、广西壮族自治区人民政府共同主办的2014中国—东盟矿业合作论坛在南宁市举行。主题为“建设绿色矿山，促进矿业可持续发展”。5月9日，开幕式在南宁国际会展中心举行。自治区主席陈武、中国国土资源部副部长汪民、老挝能源矿产部副部长斯纳瓦·苏帕努冯、马来西亚自然资源与环境部副秘书长穆罕默德·安里·穆罕默德·诺尔、缅甸矿业部副部长吴丹吞分别在开幕式上致辞，自治区副主席陈刚主持开幕式。论坛设高峰论坛、绿色矿山建设论坛、矿产资源综合利用论坛、矿地和谐论坛、中国—东盟地理信息论坛、投融资论坛、东盟矿业部长与中国企业家对话会、项目对接、茶话会、矿业项目推介洽谈等专题活动。来自中国、东盟国家有关官员、嘉宾500多人参加。签约矿业项目6个。同期举办中国—东盟矿物珠宝展，展览面积1.33万平方米，参展企业800多家。“鼎盛千秋”碧玉宝鼎、“中国皇后”菱锰矿晶体、宝塔形红方解单晶体等珍品亮相珠宝展。

【首届中小企业实践中国梦经济合作论坛】 2014年8月16日至17日，中国国际贸易学会投资规划研究工作委员会、中国企业合作促进会、广西江苏商会主办的2014首届“携手共赢 创造未来”中小企业实践中国梦经济合作论坛在南宁荔园山庄举办。论坛围绕“中国梦”“建设社会主义核心价值观”“企业梦” 等议题展开讨论，全国各大商会会长、副会长、商界精英等约1000人参会。经济学界泰斗张五常、科斯助理王宁教授、商务部中国国际贸易学会投资规划研究工作委员会执行会长赵秦荣、北京爱国者集团董事长冯军、依文企业集团董事长夏华、中国预测国际金融危机第一人张庭宾、中国十大思想家之一公方彬教授等在论坛上发表演讲。

【第九届中国城镇水务发展国际研讨会与新技术设备博览会】 2014年11月27日至29日，中国城市科学研究会、中国城镇供水排水协会、广西壮族自治区住房和城乡建设厅主办的第九届中国城镇水务发展国际研讨会与新技术设备博览会在南宁市举行。主题为“提高用水效率，治理水体污染，确保用水安全”。11月27日，开幕式在南宁国际会展中心举行。自治区住房和城乡建设厅厅长严世明、南宁市市长周红波分别代表自治区、南宁市政府出席开幕式并致辞。全国政协人口资源环境委员会副主任、住房和城乡建设部原副部长、中国城市科学研究会理事长仇保兴出席开幕式并作题为《海绵城市(LID)内涵、途径与展望》主题报告。国际水协（IWA）高级副主席Tom Mollenkopf,中国工程院院士、哈尔滨工业大学教授、给排水工程专家张杰受邀出席开幕式并发表演讲。研讨会开设城镇水务发展综合论坛及分论坛20个。同期举办第九届中国城镇水务发展新技术设备博览会。展览面积5200平方米,参展单位200多家,观展人数3万多人次。（南宁会展公司）

商业展览

1月31日至2月18日,2014南宁灯会嘉年华在南宁国际会展中心广场举行。图为大型灯组“五象欢歌” 周家志 摄

【南宁灯会嘉年华】 2014年1月31日至2月18日，南宁大地飞歌文化产业集团有限公司主办的2014南宁灯会嘉年华在南宁国际会展中心广场举行。展览面积1.80万平方米。主题为“光影流彩,狂欢盛宴”,将中国传统灯会与欧美嘉年华结合,以庆丰收、赞和谐、享祥和为主基调,分绚丽灯组、特色演艺、主题活动、热辣美食、儿童乐园五大板块。绚丽灯组展示运用“声、光、动”手法提高科技含量和观赏性；设计制作彩灯40多组,用灯2万多盏,其中大型灯组18组、中小型灯组30多组、动感灯组20多组。主要有“五象欢歌”“大地飞歌——歌娃”“凤凰于飞”“风生水起北部湾”“福年铜鼓”“飞马迎春”等灯组，其中最大灯组“五象欢歌”长宽各22米、高17米,设计理念来源于南宁邕州古城、东盟10国,以及南宁丰富的水资源。

【第8届广西国际糖业技术设备造纸机械展览会】 2014年3月21日至23日,广西机械工程学会主办的第8届广西国际制糖业技术设备造纸机械暨第15届广西广告LED灯饰照明及印刷包装设备展览会在南宁国际会展中心举行。来自英国、德国、荷兰、印度等国家,以及中国北京、上海、天津、重庆、广东、山东、河南、湖北、湖南、江苏、浙江、福建、江西、四川、云南、贵州、广西等地的260多个单位参展，展会面积1.33万平方米。参展产品有糖业技术设备、造纸机械、工业自动化、环保节能设备、广告技术设备、LED灯饰照明、印刷包装设备、器材等。同期举办“造纸机械展”“自动化展”“环保技术设备展”等主题展，以及3D打印技术科普讲座。观展人数2.90万人次,广告、印刷包装机械设备、糖业造纸机械设备现场成交总额3800多万元,意向成交额6000多万元。

【北部湾(南宁)第12届汽车展】 2014年4月17日至20日，广西汽车流通协会主办的2014北部湾(南宁)第12届汽车展在南宁国际会展中心举行。主题为“魅力广西,驾驭梦想”。展览面积2.20万平方米。参展汽车经销商123家、汽车品牌89个、车型500多款。观展人数3.50万人次，销售汽车4848辆，成交总额7亿多元。期间,举办“爱的小脚丫”呵护行动启动仪式，为广西都安瑶族自治县保安乡上镇小学260名贫困山区孩子捐赠雨鞋、雨衣等物品。

【广西(南宁)房地产博览会】 2014年5月1日至3日，广西日报传媒集团主办的2014年广西(南宁)房地产博览会在南宁国际会展中心举行。主题为“魔幻、创意、幸福、甜蜜”。展览面积1.70万平方米。参展房地产企业34家、楼盘90个、家装建材品牌10多个。参展楼盘以南宁主流房企旗下楼盘为主,覆盖住宅、大平层、洋房、别墅、商务公寓、写字楼、商铺等物业形态。开幕式举办“广西(南宁)房地产博览会荣誉榜”颁奖典礼，评选出“2014年影响广西的房地产品牌企业”“2014年影响广西的房地产领袖人物”“2014年影响广西的房地产营销精英”

5月1日至3日,2014广西(南宁)房地产博览会在南宁国际会展中心举行。图为组委会开展“魔码蛋糕”品尝活动 钟 情提供

"2014年影响广西的房地产服务机构"等10个奖项。房博会使用和推广"广传魔码",可收看、收听房博会最新信息,方便观展群众了解楼盘资讯。观展人数16万人次,以中青年为主,首次置业的刚需购房者居多。参展楼盘意向成交约10亿元,其中保利置业集团意向成交130套、成交额1.20亿元,荣和集团意向成交15套,霖峰地产预约200多组等。

(钟 情)

7月11日至13日,第18届南宁国际学生用品交易会暨2014中国·东盟(南宁)国际教育展在南宁国际会展中心举办。图为多功能数码液晶显微镜展示

南宁会展公司提供

【中国—东盟博览会文化展】 2014年5月29至6月1日,中国—东盟博览会秘书处、广西壮族自治区文化厅共同主办的2014中国—东盟博览会文化展在南宁国际会展中心举行。主题为中国—东盟共建21世纪"海上丝绸之路"。展会使用展厅8个,展位约1500个,展览面积2.52万平方米。文莱、柬埔寨、印度尼西亚、马来西亚、菲律宾、泰国、越南等东盟国家,以及中国、日本、韩国,欧美近800家企业参展参会。展示内容主要有中国及东盟民俗风情、婚庆文化、书画艺术、传媒出版、创意休闲、工艺美术、动漫游戏等。老挝人民民主共和国驻华大使宋迪·本库、柬埔寨驻南宁总领事馆总领事恩索斐、老挝驻南宁总领事馆总领事习彭·班忠帕妮、缅甸驻南宁总领事馆总领事吴敏吞、越南驻南宁总领事馆总领事范星梅、泰国驻南宁总领事馆领事陈大伟应邀出席文化展启幕仪式。广西壮族自治区副主席李康,中国文化部外联局局长张爱平,中国书法家协会副秘书长潘文海,广西壮族自治区文化厅厅长黄宇,广西壮族自治区政府副秘书长吴建新,广西壮族自治区党委宣传部副部长李海荣,广西壮族自治区新闻出版广电局副局长陈映红,南宁市委常委、统战部部长容康社,广西艺术学院副院长郑军里,美国汉字书法教育学会主席屠新时,文莱中华书法协会主席俞庆在,菲律宾新联公会会长戴国安等出席文化展启幕仪式。启幕仪式由中国—东盟博览会秘书处秘书长郑军健主持。启幕仪式上,中国和东盟10国嘉宾共同在"21世纪海上丝绸之路百米书画卷"上钤印。同期举办中国书法的跨文化交流与合作论坛暨第9届汉字书法教育国际研讨会和国际书法邀请展、中国—东盟书画印林、2014"多彩青秀"中国—东盟当代水墨交流展暨当代水墨艺术展望高峰论坛,"2014迎六一我的梦想"书画大赛、动漫嘉年华、大众收藏拍卖,以及反映中国与东盟合作的电影电视的签约、开机仪式、新闻发布会等。

7月11日至13日,第18届南宁国际学生用品交易会在南宁国际会展中心举行。图为副市长眭国华(左三)参观展会

南宁会展公司提供

【第18届南宁国际学生用品交易会】 2014年7月11日至13日,南宁市人民政府、中国国际贸易促进委员广西分会主办的第18届南宁国际学生用品交易会暨2014中国·东盟(南宁)国际教育展在南宁国际会展中心举办。主题为"与世界共成长"。展览面积3.50万平方米,展馆9个,展位1215个,比上年增长50%。800多家学生用品生产商、批发商、零售商、采购商,以及培训、教育机构参展,展示内容包括教学仪器设备、学校后勤装备(服务)、书籍、幼儿玩教具、学生保健品、青年创意作品、动漫游戏产品等。同期举办第十届金龙奖原创漫画动画艺术大赛COSPLAY(角色扮演)全国超级大赛(广西分赛区)、"我家也有小童星"艺术展演、"I创意·爱生活"3D魔幻艺术展等活动。观展人数约10万人次,增长42.80%,其中首日观展人数突破3万人次,人群辐射广西14个市的专业买家、生产商、渠道商等。(南宁会展公司)

【第三届广西国际汽车文化节】 2014年7月17日至20日,中国汽车流通协会、尚格会展股份有限公司主办的2014第三届广西国际汽车文化节在南宁国际会展中心举行。展览面积3.29万平方米。参展汽车品牌70多个,涵盖市面上热销的合资品牌、进口品牌车型及国产

自主品牌车型。特斯拉电动超跑 modelS,奥迪 A6、A8 混合动力,比亚迪秦,现代索纳塔混合动力等新能源车型亮相车展。期间,举办汽车模特大赛、电台主播见面会、试乘试驾体验等活动。观展人数 24.30 万人次,销售汽车 5763 辆,成交金额 8.60 亿元。

【北部湾(南宁)第 13 届汽车展】 2014 年 9 月 4 日至 7 日,广西汽车流通协会主办的 2014 北部湾(南宁)第 13 届汽车展在南宁国际会展中心举行。展览面积 2.01 万平方米。参展汽车经销商 100 多家、车型 500 多款,以展销乘用车、商用车、房车、二手车等为主,汽车节能美容产品、金融服务为辅。期间,举办歌友会、"时尚大咖"全民摄影大赛等互动活动,以及向南宁盲聋哑学校师生、南宁市福利院赠送爱心月饼等公益活动。销售汽车 3788 辆,成交金额 4.91 亿元。

【中国—东盟博览会轻工展】 2014 年 9 月 16 日至 19 日,中国商务部、文莱工业和初级资源部、柬埔寨商业部、印度尼西亚贸易部、老挝工业贸易部、马来西亚国际贸易和工业部、缅甸商务部、菲律宾贸易和工业部、新加坡贸易和工业部、泰国商业部、越南工业贸易部、东盟秘书处共同主办的第 11 届中国—东盟博览会轻工展在南宁华南城举办。展览面积 3 万平方米。来自 19 个国家和地区的 609 家企业参展,近万种展品展览交易,囊括日常用品、日常生产所需品。入场观众、专业买家 137.60 万人次,其中首日观展人数 18 万人次。达成意向签约金额 40.70 亿元,现场成交金额 8.60 亿元。同期举办 2014 南宁·东南亚国际旅游美食节。

【中国—东盟博览会林产品及木制品展】 2014 年 9 月 25 日至 28 日,广西壮族自治区人民政府、国家林业局主办的第 11 届中国—东盟博览会林产品及木制品展在南宁市举办。9 月 25 日,开幕式在南宁国际会展中心举行。广西壮族自治区党委常委、自治区副主席唐仁健,国家林业局计财司副司长、全国木材行业管理办公室主任孙建分别致辞。自治区政府副秘书长蒋家柏主持开幕式。开幕式举行项目集中签约暨国家林业重点龙头企业授牌仪式。中国—东盟(南宁)现代林资物流园项目、南宁恒博物流市场项目、生态陵园项目、广西林板加工展示中心、七坡林场场部改造项目、六万林场年产 30 万吨深加工高岭土项目 6 个项目现场签约,签约金额 66 亿元。广西国有高峰林场、广西三威林产工业公司、广西金桂浆纸业公司、梧州日成林产化工公司、天利恒种业公司、桂林思源生态农业科技开发公司成为广西首批获国家林业重点龙头企业称号的企业。展览面积 2.52 万平方米。柬埔寨、印度尼西亚、老挝、马来西亚、缅甸、越南等东盟国家林木企业,浙江年年红实业有限公司、广西南宁骄之王工贸有限公司、厦门连年红(古典)红木家具有限公司、广西大明御品堂黄花梨珍藏馆、环睦木业(上海)有限公司、河北大华宇机械制造有限公司等企业参展。期间,举办木工机械、林下经济产品采购对接会,中国—东盟国际木文化交流活动暨红木鉴赏会,广西非物质文化遗产之木音乐展示会,第四届中国(南宁)林产品国际贸易论坛等活动。

【第四届中国(南宁)国际茶产业博览会】 2014 年 11 月 7 日至 10 日,深圳市华巨臣实业有限公司主办第四届中国(南宁)国际茶产业博览会在南宁国际会展中心举行。来自国内外 69 个茗茶区原产地逾 600 家品牌茶企业参展。展览面积 1.88 万平方米,展位 1100 个。设各地茗茶馆、普洱茶馆、黑茶馆、中华品牌馆、紫砂陶瓷馆及红木收藏馆六大展馆,展品囊括六大系茶品、茶服、茶食品、红木根雕等。期间,举办茶艺大赛、茶会礼仪、茶艺展示、陶艺表演等活动。达成意向成交额 2.50 亿元,现场成交额 4000 多万元。

(钟　情)

【第十六届全国肥料信息交流暨产品交易会】 2014 年 10 月 20 日至 23 日,全国农业技术推广服务中心主办,广西壮族自治区农业厅土壤肥料工作站、广西肥料协会、各省(市、自治区)土肥站及黑龙江省农垦总局、新疆生产建设兵团农技推广总站协办,南宁恒远会展服务有限公司、郑州恒达会展服务有限公司共同承办"第十六届全国肥料信息交流暨产品交易会"在南宁市举行。主题为"推广科学施肥,服务现代农业";设展位 600 多个,集中展示全国土肥水工作成就,肥料产品、土壤改良剂、土壤保水剂、秸秆腐熟剂、植物生长调节剂、土肥分析化验仪器、肥料加工与施肥机械、农业节水与水肥一体化设施等;参展企业约 400 家,全国土肥水系统参会代表近 5000 人。

(周　旻)

【首届广西(南宁)住宅产业博览会】 2014 年 11 月 21 日至 23 日,南宁市住房保障和房产管理局主办,广西南宁谷和源丰会展策划有限公司承办的首届广西(南宁)住宅产业博览会在南宁国际会展中心举行。主题为"创新地产,关注民生"。展览面积 1.55 万平方米。展示房地产、家装建材、节能产品、二手房、金融机构等住宅产品。南宁市万科房地产有限公司、广西宝能城市建设有限公司、广西荣和企业集团有限责任公司、中房集团南宁房地产开发公司、南宁万达茂投资有限公司、广东龙光(集团)有限公司、广西汉军房地产开发有限责任公司等 32 个自治区内外品牌房企,以及 7 家金融机构,8 家二手房经纪公司等 58 家公司(企业),86 个楼盘参展。期间,举行保障性住房图片展、城市规划建设成果展及城市建设摄影展等活动。观展人数 12 万人次。一手房现场成交 58 套,成交金额 4129 万元;意向成交 1.47 万套,意向成交额 102.69 亿元。

【2014 第七届中国—东盟(南宁)国际汽车展览会】 2014 年 12 月 5 日至 9 日,南宁市人民政府、广西壮族自治区商务厅、中国汽车流通协会、中国汽车工业国际合作有限公司、尚格会展股份有限公司主办的 2014 第七届中国—东盟(南宁)国际汽车展览会在南宁国际会展中心举办。展览面积 6.11 万平方米,参展汽车品牌 80 多个、汽车 800 多辆。期间,举办兔女郎主题摄影大赛、首届"好声音"汽车音乐节等活动。观展人数 33 万人次,销售汽车 7751 辆,成交金额 13 亿元。

(南宁会展公司)

【2014 南宁名品推广周暨台湾时尚精品博览会】 2014 年 12 月 18 日至 22 日,南宁市商务局、南宁市农业局、南宁市工业和信息化委员会主办的 2014 南宁名品推广周暨台湾时尚精品博览会在南宁国际会展中心举行。展览面积 2.50 万平方米,参展企业超过 400 家,参展名品上万种,覆盖科技、文化、农业、工业、教育、旅游等领域。台湾精品展区展示 3D 奇幻海洋世界、文创商品、智慧教育产品、3C 小家电产品、旅游产品、地方特产,以及台湾旅游名餐饮、名小吃等。展会人流量 7 万多人次,现场销售总额 650 多万元。同期举办风尚南宁服饰秀、台湾名厨真人秀等活动。

(周　旻)

责任编辑　覃庆梅

个体私营经济

个体经济

【概 况】 2014年，南宁市个体经济持续稳步发展，新开业个体工商户5.27万户，从业人员12.60万人，注册资金30.92亿元。年内，注销个体工商户1.31万户，其中城镇1.16万户、农村1465户。港澳居民个体工商户新开户1户，从业人员1人，注册资金10万元；有港澳居民个体工商户15户，从业人员37人，注册资金207万元。台湾居民个体工商户新开户3户，从业人员7人，注册资金3.30万元；有台湾居民个体工商户22户，从业人员83人，注册资金251.80万元。至年末，全市有个体工商户28.80万户，从业人员68.97万人，注册资金165.82亿元。

【个体工商户结构】 2014年，南宁市个体工商户结构如下：按地域分，城镇22.47万户，从业人员38.05万人，注册资金119.39亿元，分别占总数的78.02%、55.17%、72%；农村6.33万户，从业人员30.92万人，注册资金46.43亿元，分别占21.98%、44.83%、28%。按产业分，第一产业2960户，从业人员9281人，注册资金5.59亿元，分别占1.03%、1.35%、3.37%，户均注册资金18.89万元；第二产业1.06万户，从业人员3.84万人，注册资金7.92亿元，分别占3.69%、5.57%、4.78%，户均注册资金7.45万元；第三产业27.44万户，从业人员64.20万人，注册资金152.31亿元，分别占95.28%、93.08%、91.85%，户均注册资金5.55万元。

【个体贸易业】 2014年，南宁市个体贸易业新开户3.65万户，从业人员8.04万人，注册资金17.49亿元。至年末，有个体贸易业18.16万户，从业人员37.86万人，注册资金92.87亿元。其中：城镇个体贸易业14.17万户，从业人员20.44万人，注册资金66.86亿元；农村个体贸易业3.99万户，从业人员17.42万人，注册资金26.01亿元。

【个体社会服务业】 2014年，南宁市个

8月4日，南宁市工商局颁发首张新版个体工商户营业执照　　张　鲁　摄

2014年南宁市个体经济行业分布情况

行业	个体工商户		
	户数	从业人员(人)	注册资金(万元)
合计	288015	689681	1658235
农、林、牧、渔业	2960	9281	55916
采矿业	112	595	2950
制造业	9953	36423	72543
电力、热力、燃气及水生产和供应业	48	120	1157
建筑业	517	1281	2580
批发和零售业	181635	378562	928632
交通运输、仓储和邮政业	23256	33784	251336
住宿和餐饮业	33821	119010	155101
信息传输、软件和信息技术服务业	659	1377	5024
金融业	4	12	25
房地产业	31	83	316
租赁和商务服务业	3953	9918	25138
科学研究和技术服务业	624	1665	3250
水利、环境和公共设施管理业	20	67	226
居民服务、修理和其他服务业	27304	87190	108408
教育	26	127	1076
卫生和社会工作	1717	4710	10191
文化、体育和娱乐业	1098	3244	27594
其他	277	2232	6772

体社会服务业新开户6672户，从业人员1.71万人，注册资金3.49亿元。按地域分，城镇2.71万户，从业人员6.56万人，注册资金13.15亿元；农村7642户，从业人员4.08万人，注册资金4.49亿元。按行业分，信息传输、软件和信息技术服务业659户，从业人员1377人，注册资金5024万元；租赁和商务服务业3953户，从业人员9918人，注册资金2.51亿元；居民服务、修理和其他服务业2.73万户，从业人员8.72万人，注册资金10.84亿元；卫生和社会工作1717户，从业人员4710人，注册资金1.02亿元；文化、教育和娱乐业1098户，从业人员3244人，注册资金2.76亿元。至年末，从事个体社会服务业3.47万户，从业人员10.64万人，注册资金17.64亿元。

私营经济

【概　况】 2014年，南宁市私营经济继续保持快速发展。新登记私营企业2.74万户，投资者4.86万人，雇工4.47万人，注册资金1027.65亿元；注销1747户（城镇1019户、农村728户），注销资金12.14亿元。私营企业发展呈以下特点：投资规模和生产经营进一步扩大，全市私营企业户均注册资金228.38万元；有限责任公司仍是企业主导形式，全市有私营有限责任公司10.86万户，占总数88.54%；私营股份有限公司1116户，占0.91%；私营独资企业1.22万户，占9.98%；私营合伙企业696户，占0.57%。至年末，有私营企业12.26万户（含分支机构1.23万户），投资者28.03万人，雇工73.84万人，注册资金2800.49亿元。

【私营企业结构】 2014年，南宁市有私营企业12.26万户。按企业类型划分，独资企业1.22万户（含分支机构233户），投资者1.20万人，雇工3.70万人，注册资金120.76亿元；合伙企业696户（含分支机构35户），合伙人数3246人，雇工5018人，认缴出资金额14.08亿元，实缴出资金额9.80亿元。其中：普通合伙企业639户，合伙人2751人，雇工4177人，认缴出资金额6.77亿元，实缴出资金额6.70亿元；特殊的普通合伙企业3户，合伙人3人，雇工25人；有限合伙企业54户，有限合伙人194人，普通合伙人298人，雇工816人，认缴出资金额7.30亿元，实缴出资金额3.10亿元；有限责任公司10.86万户，(含分公司1.10万户)，投资者26.35万人，雇工69.25万人，注册资金2630.22亿元，实收资金1074.29亿元。其中自然人投资1.04万户，投资者1.04万人，雇工2.54万人，注册资金158.40亿元；法人投资461户，投资者452人，雇工2979人，注册资金39.62亿元；股份有限公司1116户（含分公司1030户），投资者1552人，雇工3881人，注册资金35.40亿元，实收资金14.58亿元。按地域划分，城镇私营企业7.19万户，投资者13.94万人，雇工29.87万人，注册资金1073.83亿元，分别占总数58.65%、49.73%、40.45%、38.34%；农村私营企业5.07万户，投资者14.09万人，雇工43.96万人，注册资金1726.66亿元，分别占41.35%、50.27%、59.55%、61.66%。按产业划分，第一产业8036户（含分支机构684户）投资者1.11万人，雇工2.78万人，注册资金149.04亿元，分别占6.55%、3.96%、3.77%、5.32%；第二产业1.27万户（含分支机构1299户），投资者2.71万人，雇工7.61万人，注册资金378亿元，分别占10.39%、9.67%、10.31%、13.50%；第三产业10.18万户（含分支机构1.03万户），投资者28.03万人，雇工73.84万人，注册资金1800.49亿元，分别占83.06%、86.37%、85.92%、81.18%。在第三产业私营企业中，科学研究、技术服务业成投资热点，有企业8749户，比上年增加2843户，增长48.13%；租赁和商务服务业增长势头强劲，有企业1.71万户，增加8825户，增长105.98%；金融业发展较大，有519户，增加231户，增长80.21%；其他行业也有一定增幅，批发和零售业5.62万户，增加1.01万户，增长21.89%；交通运输、仓储和邮政业2111户，增加476户，增长29.11%；住宿和餐饮业2262户，增加349户，增长18.24%；信息传输、软件和信息技术服务业3607户，增加999户，增长38.31%；房地产业4291户，增加1246户，增长40.92%；水利、环境和公共设施管理业335户，增加49户，增长17.13%；居民服务、修理和其他服务业4004户，增加451户，增长12.69%；教育205户，增加29户，增长16.45%；卫生和社会工作95户，增加14户，增长17.28%；文化、体育

2014年南宁市私营企业行业分布情况

行业	私营企业				
	户数	其中分支机构	投资者（人）	雇工（人）	注册资金万元
合计	122623	12309	280277	738397	28004940
农、林、牧、渔业	8036	684	11110	27808	1490382
采矿业	466	23	808	2377	139286
制造业	6233	390	13185	45704	1262391
电力、燃气及水的生产和供应业	256	88	880	1026	117794
建筑业	5789	798	12174	27004	2260529
批发和零售业	56156	6001	141747	419211	4909036
交通运输、仓储和邮政业	2111	269	4875	8963	412576
住宿和餐饮业	2262	351	3887	9438	280106
信息传输、软件和信息技术服务业	3607	238	6742	14881	721180
金融业	519	118	1402	2752	803173
房地产业	4291	581	9979	24315	2442873
租赁和商务服务业	17152	1299	41124	81542	9750568
科学研究和技术服务业	8749	427	19369	40420	2520842
水利、环境和公共设施管理业	335	26	819	2020	118604
居民服务、修理和其他服务业	4004	649	7213	19802	400633
教育	205	33	390	829	19590
卫生和社会工作	95	12	192	457	10233
文化、体育和娱乐业	1318	68	2851	6638	282028
其他	1039	254	1530	3210	63115

4月24日，埌东工商所工作人员深入厢竹海鲜市场了解经营情况　张　鲁　摄

和娱乐业1318户，增加362户，增长37.87%。（潘文启）

规模以下服务业企业

【概　况】 2014年，国家统计局南宁调查队对南宁市405家规模以下服务业企业抽样调查结果显示，南宁市规模以下服务业发展平稳，经营情况好转，税收优惠政策惠及面扩大，职工工资收入稳定增长，但仍存在市场需求不足、成本上升较快、科研能力弱、信息化建设落后、融资难等问题。调查样本企业为：年末从业人员50人以下，且年营业收入1000万元以下的服务业样本法人单位（包括：交通运输、仓储和邮政业，信息传输、软件和信息技术服务业，租赁和商务服务业，科学研究和技术服务业，水利、环境和公共设施管理业，教育，卫生和社会工作，以及物业管理、房地产中介服务等行业）；年末从业人员50人以下，且年营业收入500万元以下的服务业样本法人单位（包括：居民服务、修理和其他服务业，文化、体育和娱乐业）。

【资产规模与营业收入】 2014年，南宁市调查样本企业405家，总资产46.32亿元，比上年增长1.53%，户均资产1143.78万元；样本企业实现营业收入7.91亿元，增长25.18%。增速前三位行业分别是交通运输仓储和邮政业，居民服务、修理和其他服务业，文化、体育和娱乐业，分别增长54.10%、52.90%、32.84%。

【劳动力需求】 2014年，南宁市调查样本企业从业人员总数5514人，比上年同期增长4.87%，户均14人。分行业来看，物业管理与房地产中介服务业，卫生和社会工作，科学研究和技术服务业，水利、环境和公共设施管理业较多，户均分别为26人、17人、14人、10人。劳动力需求量同比持平的企业占61.70%，增加的占21%，减少的占17.30%。从影响用工量的因素看，“劳动力成本”“订单变动”“经济效益”三个因素影响程度分别为24.50%、22.60%、21.30%。

【员工薪酬】 2014年，南宁市调查样本企业人均月薪（含工资、奖金、保险费、公积金等所有薪酬）2778元，比上年增长13.80%。分行业来看，人均月薪最高为科学研究和技术服务业企业3893元，最低为教育业2184元。

【企业纳税负担】 2014年，南宁市调查样本企业主营业务税金及附加比上年减少4.92%，有58.80%的企业享受税收优惠政策，9.90%的企业为免税企业。

【产品价格】 2014年，南宁调查样本企业销售（服务收费）价格持平的企业占65.70%。分行业来看，租赁和商务服务业，物业管理、房地产中介服务业，教育，卫生和社会工作价格持平企业达到7成。从价格变动的影响因素看，“劳动力成本”“费用支出”分别占45.70%、32.90%，“市场竞争”“原材料价格”分别占10%、5.70%，“其他因素”占5.70%。

【企业资金来源】 2014年，南宁市规模以下服务业企业资金来源主要为自有资金的占77.30%，银行贷款、民间借贷、专项资金分别占7.20%、10.60%、4.90%。

（国家统计局南宁调查队）

2014年扶持中小微企业政策

时　间	单　位	内　容
11月20日	国务院	《关于扶持小型微型企业健康发展的意见》（52号文件）
3月21日	人民银行	《关于开办支小再贷款支持扩大小微企业信贷投放的通知》（银发〔2014〕90号）
4月8日	财政部、税务局、国家税务总局	《关于小型微利企业所得税优惠政策有关问题的通知》
4月11日	财政部、商务部、工信部、科技部	关于印发《中小企业发展专项资金管理暂行办法》的通知
4月14日	财政部、国税总局、证监会	关于全国中小企业股份转让系统（新三板）政策
7月11日	财政部、文化部、工信部	《关于大力支持小微文化企业发展的实施意见》
7月23日	银监会	《关于完善和创新小微企业贷款服务提高小微企业金融服务水平的通知》
8月5日	国务院办公厅	《关于多措并举着力缓解企业融资成本高的指导意见》
8月8日	国务院办公厅	《金融支持小微企业发展实施意见》
9月23日	财政部	《关于推广运用政府和社会资本合作模式有关问题的通知》
9月25日	财政部	《关于进一步支持小微企业增值税和营业税政策的通知》
10月24日	财政部	《关于金融机构与小型微型企业签订借款合同免征印花税的通知》

责任编辑　李敬江

财政·税务

财　政

【概　况】 2014年，南宁市财政系统包括市财政局和武鸣县、横县、宾阳县、上林县、马山县、隆安县、兴宁区、江南区、青秀区、西乡塘区、邕宁区、良庆区、南宁高新技术产业开发区、南宁经济技术开发区、广西—东盟经济技术开发区、青秀山风景名胜旅游区等16个县（区）、开发区财政局，共有在职干部1848人。其中：市局271人，县（区）、开发区财政局1577人；大学专科以上1668人，占总人数90.26%；具有专业技术职称832人，占45.02%；中共党员1083人，占58.60%。年内，南宁市各级财政部门坚持稳中求进的工作总基调，以全面提升首府财政首位度为总目标，以深化财税体制改革为动力，适应经济发展新常态，统筹做好稳增长、促改革、调结构、惠民生、防风险各项工作，切实保障和改善民生，支持经济社会发展各项建设，财政保持平稳良好运行。至年末，全市组织财政收入526.59亿元，完成市十三届人大五次会议批准收入计划521.03亿元的101.07%，比上年增长11.17%；全市一般公共预算总收入509.23亿元，一般公共预算总支出486.93亿元，收支相抵，结余22.30亿元（含专款结转）。

【财政收入】

一般公共预算总收入　2014年，南宁市一般公共预算总收入509.23亿元。其中：一般公共预算收入274.85亿元，完成预算100.42%，比上年增加18.61亿元，增长7.26%；转移性收入234.38亿元，其中上级补助收入176.94亿元、上年结余收入（含上年专款结转）35.44亿元、调入资金7.57亿元（从市本级国有资本经营预算中调入3.44亿元、清理专户闲置资金调入4.13亿元）、政府债券收入14.43亿元。

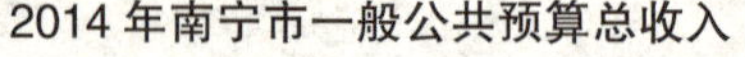

2014年南宁市一般公共预算总收入　　单位：亿元

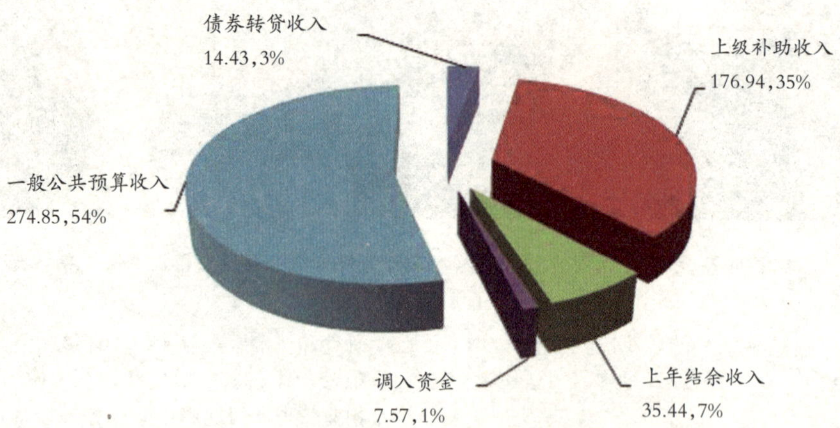

一般公共预算收入　一般公共预算收入中，税收收入204.65亿元，完成预算99.67%，增加22.88亿元，增长12.59%。其中：增值税23.40亿元，完成预算134.85%，增加8.41亿元，增长56.07%；营业税48.22亿元，完成预算87.78%，增加0.37亿元，增长0.77%；企业所得税29.63亿元，完成预算104.38%，增加5.23亿元，增长21.44%；个人所得税7.57亿元，完成预算100.69%，增加1.02亿元，增长15.59%；资源税0.82亿元，完成预算112.21%，增加0.21亿元，增长35.56%；城市维护建设税17.21亿元，完成预算95.96%，增加1.88亿元，增长12.25%；房产税8.81亿元，完成预算94.11%，增加0.82亿元，增长10.27%；印花税5.22亿元，完成预算108.16%，增加1.08亿元，增长25.91%；城镇土地使用税3.31亿元，完成预算108.36%，增加0.51亿元，增长18.22%；土地增值税19.94亿元，完成预算84.45%，减少2.29亿元，下降10.31%；车船税3.65亿元，完成预算108.76%，增加0.56亿元，增长18.25%；耕地占用税12.58亿元，完成预算115.97%，增加2.58亿元，增长25.81%；契税24.28亿元，完成预算103.75%，增加2.51亿元，增长11.51%。

2014年南宁市一般公共预算收入结构　　单位：亿元

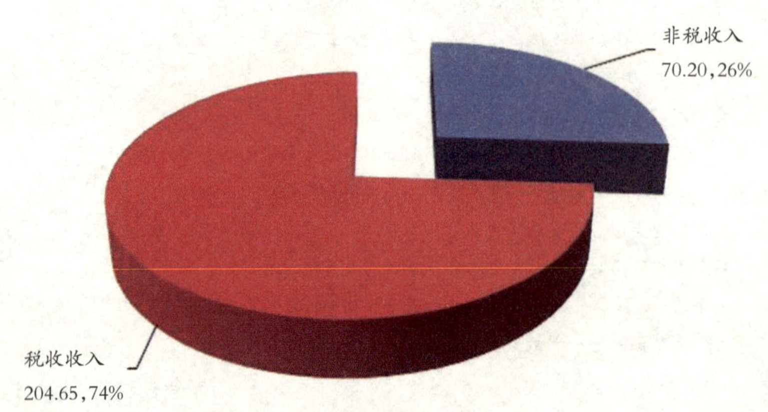

非税收入70.20亿元，完成预算102.66%，减少4.27亿元，下降5.74%。其中：专项收入8.64亿元，完成预算102.03%，增加1.30亿元，增长17.68%；行政事业性收费收入18.59亿元，完成预算163.93%，增加6.48亿元，增长53.47%；罚没收入1.99亿元，完成预算86.59%，减少0.39亿元，下降16.49%；国有资本经营收入15.81亿元，完成预算120.91%，减少1.22亿元，下降7.15%；国有资源（资产）有偿使用收入19.49亿元，完成预算69.46%，减少10.84亿元，下降35.74%；其他收入5.69亿元，完成预算110.59%，增加0.40亿元，增长7.65%。

市本级一般公共预算收入　市本级一般公共预算总收入373.09亿元，其中：一般公共预算收入（含分享城区收入，下

2006年至2014年南宁市财政收入趋势　　单位:亿元

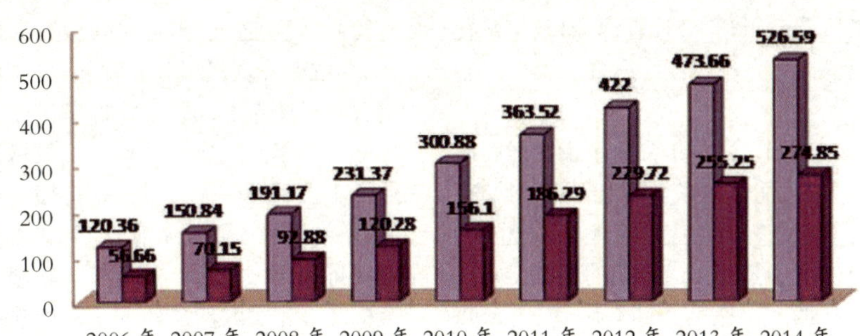

■财政收入　■公共预算收入

同)139.12亿元，完成预算96.92%，增加2.39亿元，增长1.75%；转移性收入233.97亿元(上级补助收入176.94亿元、政府债券收入13亿元)；调入资金7.57亿元(从市本级国有资本经营预算中调入3.44亿元、清理专户闲置资金调入4.13亿元)；下级上解收入5.11亿元；上年结余收入(含上年专款结转)31.35亿元。

市本级一般公共预算收入中，税收收入完成112.05亿元，完成预算98.97%，增加8.56亿元，增长8.28%。其中：增值税11.65亿元，完成预算160.13%，增加4.77亿元，增长69.42%；营业税21亿元，完成预算91.09%，减少0.28亿元，下降1.31%；企业所得税13.55亿元，完成预算103.04%，增加1.47亿元，增长12.15%；个人所得税3.60亿元，完成预算103.64%，增加0.43亿元，增长13.72%；城市维护建设税7.88亿元，完成预算97.88%，增加0.87亿元，增长12.39%；房产税4.30亿元，完成预算102.65%，增加0.58亿元，增长15.44%；印花税0.20亿元，完成预算70.42%，减少0.07亿元，下降24.63%；城镇土地使用税2.23亿元，完成预算100.71%，增加0.17亿元，增长8.36%；土地增值税16.53亿元，完成预算78.52%，减少2.20亿元，下降11.75%；车船税3.35亿元，完成预算109.46%，增加0.52亿元，增长18.39%；耕地占用税5.29亿元，完成预算80.75%，减少0.76亿元，下降12.54%；契税22.46亿元，完成预算107.69%，增加3.06亿元，增长15.78%。

非税收入完成27.07亿元，完成预算89.30%，减少6.17亿元，下降18.57%。其中：专项收入3.94亿元，完成预算110.47%，增加0.71亿元，增长21.90%；行政事业性收费收入3.43亿元，完成预算89.41%，减少0.47亿元，下降11.97%；罚没收入0.61亿元，完成预算170.11%，增加0.10亿元，增长19.94%；国有资本经营收入5.35亿元，完成预算159.70%，减少2.13亿元，下降28.50%；国有资源(资产)有偿使用收入9.82亿元，完成预算58.30%，减少3.88亿元，下降28.32%；其他收入3.93亿元，完成预算166.17%，减少0.50亿元，下降11.38%。

【财政支出】

一般公共预算总支出　2014年，南宁市一般公共预算总支出486.93亿元。其中：一般公共预算支出466.33亿元，完成调整预算93.88%，增加49.04亿元，增长11.75%；转移性支出20.60亿元(上解上级财政支出9.40亿元调出资金4亿元，按自治区财政决算办法有关规定，从城市维护建设税收入划转地方水利建设基金)，补充预算稳定调节基金7.20亿元。

一般公共预算支出　南宁市各级财政部门克服财政收入增长趋缓、收支矛盾突出等困难，优化支出结构，重点保障民生项目。一般公共预算支出466.33亿元，其中：教育支出75.48亿元，完成预算96.12%，增加5.47亿元，增长7.81%；科学技术支出7.25亿元，完成预算95.72%，增加1.07亿元，增长17.21%；文化体育与传媒支出13.34亿元，完成预算94.57%，增加7.55亿元，增长130.55%；社会保障和就业支出45.89亿元，完成预算96.19%，增加2.83亿元，增长6.58%；医疗卫生与计划生育支出44.67亿元，完成预算95.64%，增加4.19亿元，增长10.36%；节能环保支出8.88亿元，完成预算93.33%，增加1.27亿元，增长16.69%；城乡社区支出69.20亿元，完成预算97.58%，增加17.39亿元，增长33.57%；农林水支出42.39亿元，完成预算95.41%，增加4.46亿元，增长11.75%；交通运输支出9.54亿元，完成预算89.70%，减少6.66亿元，下降41.11%；住房保障支出15.08亿元，完成预算83.16%，增加2.23亿元，增长17.35%。

市本级一般公共预算支出　市本级一般公共预算总支出345.64亿元。其中：一般公共预算支出174.54亿元，完成预算90.61%，增加16.72亿元，增长10.60%；转移性支出171.10亿元，其中上解上级支出9.40亿元，补助下级支出150.70亿元，调出资金4亿元(按自治区财政决算办法有关规定，从城市维护建设税收入划转地方水利建设基金)，补充预算稳定调节基金7亿元。

市本级一般公共预算主要支出项目：教育支出20亿元，完成预算93.51%，增加0.78亿元，增长4.04%；科学技术支出3.36亿元，完成预算95.51%，增加0.20亿元，增长6.33%；文化体育与传媒支出11.06亿元，完成预算95.13%，增加7.25亿元，增长190.37%；社会保障和就业支出13.42亿元，完成预算90.35%，增加0.34亿元，增长2.57%；医疗卫生与计划生育支出10.98亿元，完成预算92.96%，增加1.50亿元，增长15.84%；节能环保支出1.49亿元，完成预算70.36%，减少0.91亿元，下降38.03%；城乡社区支出31.23亿元，完成预算90.66%，增加8.84亿元，增长39.49%；农林水支出13.72亿元，完成预算94.04%，增加1.96亿元，增长16.68%；交通运输支出4.75亿元，完成预算81.75%，减少5.87亿元，下降55.30%；国土海洋气象等支出1.64亿元，完成预算82.48%，增加0.03亿元，增长1.57%；住房保障支出7.52亿元，完成预算80%，增加2.65亿元，增长54.52%；商业服务业等支出2.09亿元，完成预算91.09%，增加0.92亿元，增长78.42%；粮油物资储备支出0.22亿元，完成预算94.42%，增加0.08亿元，增长60.96%；其他支出1.25亿元，完成预算67.27%，减少6.68亿元，下降84.26%。

市本级预备费执行情况　市本级财政一般公共预算安排预备费1.20亿元，全年动用1.05亿元(均反映在一般公共预算支出相关科目)，完成预算87.50%，其余1500万元将作为市本级净结余资金结转下年。预备费安排主要项目：地质灾害应急抢险及边坡整治资金2700万元；登革热、手足口病及禽流感等疾病防治经费800万元；第9号台风灾后恢复生产救灾资金400万元；援助云南省昭通市鲁甸县抗震救灾资金500万元；马山县兴科供水项目补助资金1000万元；宾阳县清平水库工程建设项目补助资金1000万元；扶持上林县镇圩瑶族乡基础设施建设资金1000万元；扶持马山县里当瑶族乡成立30周年基础设施建设资金1000万元；对口帮扶百色市靖西县及那坡县财政资金600万元；横县茉莉花产业扶持资金500万元；横县西津国家湿地公园规划资金500万元等。

【政府性基金】

南宁市政府性基金　2014年，南宁市政府性基金预算总收入427.40亿元。其中：当年基金收入354.41亿元，完成十三届人大五次会议批准的收入计划238.67亿元的148.49%，比上年增加120.50亿元，增长52.18%；上级补助收入6.08亿元；上年结余收入62.92亿元；调入资金4亿元。政府性基金预算总支出380.32亿元。其中：当年基金支出358.99亿元，完成预算88.41%，增加154.16亿元，增长75.27%；上解上级支出21.34亿元。收支相抵，滚存结余47.08亿元。

市本级政府性基金　市本级政府性基金预算总收入383.91亿元。其中：当年基金收入326.06亿元，完成预算103.49%，增加115.82亿元，增长55.09%；上级补助收入1.97亿元；上年结余收入51.88亿元；调入资金4亿元。市本级政府性基金预算总支出354.62亿元。其中：当年基金支出327.38亿元，完成预算91.79%，增加148.58亿元，增长83.09%；上解上级支出21.34亿元；补助下级支出5.90亿元。收支相抵，滚存结余29.29亿元。

【财政改革】　2014年，南宁市深化预算管理制度改革，完善一般公共预算、政府性基金预算、国有资本经营预算和社会保险基金预算组成的全口径政府预算体系，提高预算编制完整性；市本级除涉密部门外的所有一级预算单位按规定要求公开2014年部门预算、2013年部门决算、"三公"经费预算安排及支出情况。推进政府购买服务，印发《南宁市关于政府购买公共服务的实施意见》《南宁市本级政府购买服务试点工作方案》，加强政府购买服务制度建设，推进市本级改革试点，拓宽政府通过市场组织供给公共服务的范围。深化财政国库管理改革，扩大国库集中支付范围，试编政府综合财务报告，扩大公务卡结算覆盖面，规范财政资金支付结算方式，完善预算执行动态监控体系，防范财政资金支付风险。强化预算执行管理，细化下达预算，明确预算支出责任，加强财政支出进度考核，建立完善支出管理长效机制，加快预算执行进度。开展清理甄别政府性存量债务，推动南宁市债务管理水平提升。深化政府采购管理制度改革，研究制定政府采购项目采购文件专家论证制度。同时，推进"营改增"、公务用车、会计管理、财政信息化建设等改革。

【财政监督】　2014年，南宁市加强财政监督力度，配合做好全国上下联动检查。开展对医药行业的生产企业、流通企业、医疗机构和公共交通行业的检查，重点检查广西一心医药集团有限责任公司、广西南宁百会药业集团有限公司2013年度会计信息质量、费用和成本核算、资产管理、内部控制和执行国家财税法规等情况；监督检查南宁市诚运鑫客运有限公司、武鸣县城乡公交有限公司和宾阳县全顺公共汽车交通有限公司2013年度会计信息质量。做好"吃空饷"清理检查，组织各级"吃空饷"清理办公室对2013年上报的财政供养人员"吃空饷"问题专项清理检查涉及人员、金额等情况进行再甄别和核实，停发"吃空饷"人员工资，追回多领(发)资金，办理相关核销手续，并对相关人员进行处理。开展"三公"经费检查和"小金库"专项治理，印发《南宁市本级"三公"经费和"小金库"专项治理重点检查及督查工作方案》，成立专项治理领导小组，在南宁市预算单位及县(区)自查自纠阶段的数据统计、分析工作基础上，抽调业务骨干，组成重点检查组，对南宁市24个一级预算单位(部门)开展重点检查。开展财政内部监督检查，重点检查各科室、二层机构的预算执行、资产与财务管理、专项资金管理等情况；完善监督检查机制，发挥财政监督检查整体合力。

【经济发展拨款】　2014年，南宁市落实市委、市政府"工业强市、产业旺市"的战略部署，发挥财政资金在产业发展、转型升级方面的引导作用。整合各项财政资金，统筹安排现代产业发展资金16.50亿元(工业发展专项资金6.50亿元、工业用地储备滚动使用资金7亿元、工业园区基础设施建设滚动使用资金3亿元)，发展生物制药、电子信息、机械装备制造、铝深加工、食品加工、清洁能源六大重点产业；市本级财政拨付重大项目资本金、补助2.70亿元，服务南宁富士康、南南铝"年产20万吨大规格高性能铝板带型材"、广发重工整体搬迁技改、中恒通用航空等一批项目，增强工业发展后劲，形成新的财源增长点和推动力；安排工业标准厂房建设补助资金2.76亿元，推进南宁市标准厂房建设，增强园区聚合工业发展优势。安排现代服务业发展资金4.20亿元，支持新兴商业、会展业、物流业、涉外经济、金融业等现代服务业发展；安排航线培育补助资金8900万元，冲刺南宁吴圩国际机场千万人次吞吐量；安排微型企业资本金补助6900万元，扶持微型企业发展，增强服务业发展活力。筹集农业产业扶持资金2.32亿元、菜篮子工程项目资金5000万元、农产品标准化基地建设资金1000万元、优质高产高糖糖料蔗示范基地建设资金500万元，加快推进优势农业产业基地建设，促进现代农业产业发展。

【新农村建设拨款】　2014年，南宁市加强农村基础设施建设，安排并落实行政村畅通工程项目建设资金6000万元，安排一般地区通村水泥路市本级补助资金925.20万元，推进农村路网建设；安排村道日常养护市本级配套资金120.40万元及村道养护工程市本级配套资金15万元。实施农村危房改造工程，通过预算追加，安排2014年农村危房改造工程六城区市本级配套资金192万元，通过市本级财政与自治区往来结算支付自治区代垫市为所辖县(南宁市6县)配套农村危房改造资金1358万元；争取农口项目资金6.83亿元，其中中央资金2.63亿元、自治区资金4.20亿元，为南宁市农业生产和农村建设提供资金保障。拨付惠农补贴，甘蔗良种繁育推广基地等农业项目补助1.84亿元，退耕还林补贴等林业项目补助1.13亿元，农田水利基础设施项目建设资金2.17亿元，农机购置及技术推广补贴1352万元，能繁母猪补贴、能繁母猪保险保费补贴等水产畜牧资金5515万元，大中型水库移民后期扶持资金等1亿元。支持实施新一轮扶贫攻坚战，投入财政扶贫专项资金5282万元(比上年增加748万元)修建贫困村屯级道路硬化189千米；安排扶贫产业专项资金4000万元，重点扶持贫困村发展种植中药、桑蚕、百香果等产业；安排专门经费支持各级扶贫部门开办"农家课堂""农村实用技术骨干培训"等，提高贫困群众种植技能。

【社会事业拨款】　2014年，南宁市财政支出重点向民生和基层倾斜，促进基本公共服务均等化。民生支出338.92亿元，增长13.68%，占全市一般公共预算支出72.68%。市各级财政投入79.58亿元，保障南宁市10项为民办实事工程和承办自治区10项为民办实事工程顺利开展。加强社会保障和医疗卫生投入，全年投入社会保障和就业、医疗卫生支出90.56亿元，初步建立社会保障改革经费稳定增长机制，落实医疗保障政策。加大教育投入，提高南宁市中小学城乡免费义务教育公用经费标准，加大教育项目资金整合力度，推进义务教育标准化建设；全年安排农村义务教育学生营养改善资金1.53亿元，受益学生27万人。加强农业扶贫工作和农村基础设施建设，安排5300万元实施新一轮扶贫攻坚，推动实施连片开发、整村推进、扶贫到户。筹集2.31亿元推进“一事一议”财政奖补工作，改善南宁市农村地区基础设施条件。落实支农惠农政策，发放农资综合补贴4.52亿元，受益农民468万人。加快文化体育事业发展，安排文化产业发展专项资金5000万元，扶持南宁市文化产业做大做强，促进南宁市文化企业健康发展。安排送百戏下乡、公益电影放映、100支村屯社区文艺队演出、全民健身路径建设、免费开放部分体育场馆设施等资金900万元，推进公共文化、体育服务均等化。通过争取自治区财政资金、招商引资、安排体彩公益金等方式筹集第45届世界体操锦标赛、全国体操锦标赛经费1.46亿元。加强保障性安居工程建设，安排10.10亿元保障性安居工程建设资金，支持改善群众居住条件。

【城建项目拨款】 2014年，南宁市筹措城建项目资金495.25亿元，确保“服务第45届世界体操锦标赛”项目、火车东站片区路网周边基础设施项目、轨道交通、五象新区开发建设、“中国水城” 等重点项目推进；落实1.45亿元市本级公交运营补贴资金，落实更新350辆空调LNG天然气公交车资金7200万元，落实建设300座公交候车亭及新增公交站点候车凳资金40万元，制定公交成本规制补贴，规范公交成本规制补贴；安排市本级节能减排资金2000万元，拨付环保专项资金2563.15万元；推进可再生能源建筑应用城市示范工作，拨付项目补助资金2445万元；安排市羁押中心、市一级强制戒毒所、市特警基地、广西南宁消防训练基地、市民族艺术基地、市群众艺术馆、市备灾中心、市第二社会福利院、南宁残疾儿童康复中心、市第三人民医院门诊住院综合楼、市第六人民医院迁建等建设市本级财政资金3.50亿元；加强市政便民设施建设，安排公共厕所改造项目资金450万元、公共自行车项目二期建设资金2301万元；推动电子政务、电子商务事业发展，安排电子政务及电子商务项目资金支出5640万元；投入86.54亿元专项资金，支持“美丽南宁·清洁乡村”“美丽南宁·整洁畅通有序大行动”活动。

（李　宁　黄志红　陈国栋　马利芳）

国家税务

【概　况】 2014年，南宁市国家税务局有税务登记户20.98万户（单位纳税人11.23万户、个体纳税人9.75万户）；增值税纳税人19.91万户，一般纳税人2.44万户，非个体小规模纳税人7.78万户，个体小规模纳税人9.68万户，营业税改征增值税纳税人3.63万户，消费税纳税人221户，企业所得税纳税人7.12万户。年纳税额1亿元以上的有21户。市国税局设办公室、政策法规科、货物和劳务税科、收入核算科、纳税服务科（纳税服务中心）、征收管理科、财务管理科、人事科、离退休干部科、教育科、监察室、大企业和国际税务管理科、进出口税收管理科、机关党办等15个科室及稽查局、车辆购置税征收管理分局2个直属机构，下辖第一稽查局、第二稽查局、第三稽查局，设信息中心、机关服务中心、票证中心3个事业单位，辖县（区）国税局12个，开发区国税局3个。全系统在职人员1549人。年内，市国税局获南宁市2013年度窗口服务行业创城达标竞赛“十佳单位”、自治区国税系统信息宣传标兵单位、自治区国税系统第一批廉政文化示范单位等称号；政府采购管理软件获自治区国税系统第二届科技创新项目“最佳科技创新奖”。

【国税收入】 2014年，南宁市实现总局口径税收231.01亿元，比上年同期增加33.56亿元，增长17%，完成年度任务100.44%；实现自治区口径税收210.07亿元，增加31.86亿元，增长17.88%，完成年度任务104.51%；实现市口径税收209.35亿元，增加32.08亿元，增长18.10%，完成年度任务101.82%。税收收入在自治区率先突破200亿元大关。为纳税人办理各项减免退税31.42亿元。为8万户小微企业纳税人免税6100万元。4月，南宁市支持小微企业健康发展的做法，获国务院督查组肯定。

【税收征管】 2014年，南宁市列入国家税务总局绩效考核的风控指数5项考核指标，均达考核要求。其中税务登记信息完整率99.79%，税务登记信息差错率为零，未申报催报率100%；未缴款催缴率100%，财务报表采集率95.22%。列入自治区局五大工作目标通报的12项考核指标中有9项指标由自治区排名靠后变为自治区排名靠前，其中逾期办证处罚率、税种核定率、未准期申报责令限改率、逾期申报处罚率、未按期缴纳税款责令限改率、按户次滞纳金加收率、按金额滞纳金加收率、发票违章处罚率、数据质量差错率等9项指标均100%。

【大企业税收】 2014年，南宁市加强税企互信合作，与中国移动广西公司、北部湾投资有限公司、中国电信广西分公司、广西电网有限责任公司、广西交通投资集团公司、广西金融投资集团公司、广西机场管理集团、南宁市烟草销售公司、广

2014年南宁市缴纳国税前十名企业

广西中烟工业有限责任公司	127.21亿元
广西壮族自治区烟草公司南宁市公司	6.50亿元
广西电网有限责任公司	4.88亿元
广西北部湾银行股份有限公司	4.44亿元
中国移动通信集团广西有限公司	3.16亿元
华润置地(南宁)有限公司	2.16亿元
广西电网公司南宁供电局	2.04亿元
中国石油化工股份有限公司广西石油分公司	1.73亿元
广西交通投资集团有限公司	1.59亿元
华润水泥(南宁)有限公司	1.58亿元

西农村信用联社、南宁市农村信用联社10家大企业签订税收遵从协议，为大企业逐步建立健全内部税收风险防控体系。加强事后监督控制，重点对广西中烟公司、中国石化广西分公司、工行广西区分行、大唐集团下属子公司、中国石油下属各分公司子公司、中国五矿集团下属子公司等总局定点联系企业开展税收风险评估，入库税款及滞纳金5300万元。

【"营改增"试点】 2014年，南宁市完成铁路运输业和邮政业、电信业的"营改增"试点工作。接收地税部门移交的铁路运输、邮政业及电信业纳税人260户。"营改增"试点纳税人3.80万户，"营改增"试点纳税人入库增值税14.01亿元，减税超过2.80亿元，减税面94%。

【发票管理】 2014年，南宁市推广普通发票网络开具，引导小规模纳税人和个体户使用网络发票。网络发票用户4.26万户，比上年同期增长135%。3月，组织开展网络发票管理系统网上验旧、网上领票和邮递送票的试点，市邮政、联通公司、移动公司等3户企业加入虚拟专用拨号网(VPDN)，并通过网上验旧、网上领票、邮递送票流程测试，开始正式运行。

【纳税评估】 2014年，南宁市制定纳税评估操作规程，开展风险核查评估、大企业审计及日常评估。评估纳税户470户，其中移交稽查立案查处20户，评估缴纳税额及滞纳金7660.76万元，调减企业所得税亏损数额106万元。

【风险管理】 2014年，南宁市成立税收风险监控分析小组，结合经济税源特点及征管现状，建立风险监控指标库，涵盖重点指标18个、参考指标72个。组织8次风险识别和应对工作，识别风险纳税人7182户（高风险纳税人224户、中风险纳税人434户、低风险纳税人6524户），实现风险管理入库税款、滞纳金1545.15万元。

【货物和劳务税管理】 2014年，南宁市认定增值税一般纳税人资格4073户。完成对青秀区国税局、西乡塘区国税局、良庆区国税局2010年以来增值税一般纳税人认定、增值税税收优惠审批、采集、审核消费税最低计税价格、认证后失控发票处理等核查工作。开展消费税涉税信息采集工作，向总局消费税涉税信息采集系统报送21户企业数据1000条。完成对11户公交企业申请上报的20批次937辆公共汽车的免征车购税审批，免征车购税4073.23万元。开展成品油经销企业防伪税控汉字加密发行，全市203户成品油经销企业纳入防伪汉字加密发行。组织做好简并增值税征收率相关工作，核实并向纳税人发送调整征收率税务事项通知书273户，修改税种信息57户，清理不符合规定、非正常纳税人8户。简并政策实施后，南宁市受惠企业下半年减税超过8000万元。

【所得税管理】 2014年，南宁市探索并实施"规模+行业+特殊事项"企业所得税管理模式。根据企业经营规模、建账情况、税收贡献、纳税信用等级等标准，对纳税人进行科学分类，实施分类管理。对经营规范、纳税信用等级高的企业，加强企业所得税申报管理和财务指标案头分析，有选择地开展评估。对少数经营规模较大，但核算水平不高的企业，加强日常核算、季度申报和年终汇算等关键时刻的纳税辅导力度，提高企业参与自核自缴、自行调整纳税申报的准确性。对账证不健全的中小企业，在实行核定征收的基础上，督促其建账建制，做好企业由核定征收向查账征收的过渡。对不间断性盈亏、微利申报或"长亏不倒"的企业，实施重点监督管理，列为纳税评估和检查审核的重点对象，加大纳税评估和税务检查力度。从饲料、餐饮、娱乐服务等行业开始，在南宁市范围内推行核定征收方式。采取核定征收方式征收企业所得税的企业596户。做好企业所得税年度汇算清缴，建立片管员、股(所)、县(区)局三级审核体系，加强申报表审核，及时审核筛选需要办理企业所得税备案、审核确认及补充申报的纳税人名单，完善减免税信息，做好备案工作及后续审核确认。实现汇算清缴入库55.96亿元，比上年同期增加2.36亿元，增长4.40%，汇算面99.24%。利用预缴及汇缴数据，全方位开展风险管理，督促企业及时更正申报，核减亏损2900万元，追补税款342万元。落实所得税税收优惠政策，做好西部大开发税收优惠、高新技术企业、资源综合利用企业等税收优惠后续管理及督促检查，发现问题及时反馈并整改。

【车购税管理】 2014年，南宁市加强与公安、交警部门合作，完成北湖机动车服务中心车购税办税服务厅的装修工程，成为继江南机动车服务中心后，全市第二个可办理车辆购置、缴纳车购税、车辆保险、过路过桥费、车辆检测、上牌入户、违章车处理、汽车加油、车辆美容等"一条龙"业务的网点，形成南宁市内"一南一北"两个车购税征收网点。全年办理纳税申报车辆12.23万辆，比上年同期增加4811辆，增长4.10%；征收车购税17.41亿元，增加1.05亿元，增长6.42%。

【出口退税管理】 2014年，在南宁市国税部门办理出口货物退(免)税认定手续的出口企业2171户，其中外贸企业1236户，内资企业318户，三资企业75户，小规模出口企业537户，其他特殊退税企业5户。年内，出口退税申报户518户，办理出口退(调)库11.06亿元。加强出口退税政策宣传，利用手机短信、微信、网站等开展政策宣传，提供提醒服务，提高企业执行出口退税政策的准确性。完善出口退税绩效考核管理办法，定期开展对未正常流转退税单证进行跟踪督办，完善出口货物退税受理申报及内部传递交接等各环节台账登记，提高出口退税单证的审核质量和效率。强化征退衔接管理，通过广西进出口税收管理业务网及时向各基层征收单位下发出口视同内销数据，全程实时监控提醒，确保政策执行到位。对出口企业增值税专用发票抵扣情况以及出口免税货物涉及进项税转出情况进行检查，督促出口企业及时规范填报增值税纳税申报表。加强出口退税风险防控，建立出口退税风险防控部门联动机制，对出口退税实行全方位、多角度防控，对南宁市服装、电子产品、汽车配件、五金、棉布、人造革、织带等出口产品开展退税专项检查。加强出口货物税收函调工作，发函2312份，涉及退税额1.35亿元，涉及供货企业1754户；复函492份，涉及退税额0.41亿元。加强与海关、稽查及税源管理部门联系，建立防范打击出口骗税管理机制，严查涉嫌骗税行为，开展出口退税专项打骗工作，通过案头分析、货源和出口口岸的实地调查等方式开展出口退税专项检查。查出存在涉嫌违规退税问题出口企业18户，立案检查6户，出口商品以棉布、人造革、农副产品、机械零件(齿轮、活塞杆)为主，暂停审批出口退税5600万元。

【依法治税】 2014年，南宁市贯彻落实依法执法、依法征收、依法减免、依法稽查、依法服务"五个依法"，抓好规范性文件管理，清理全文废止或失效税收规范性文件67份。深化行政审批改革，提升审批效能，市国税局负责的5项行政审批事项比法定时限提速50%以上。6月，组织国税系统各级单位（部门）对近两年来贯彻落实组织收入原则等6项税收执法项目开展自查，自查面100%。7月中旬至10月，重点对西乡塘区国税局、良庆区国税局等5个单位开展“四审合一”（经济责任审计、财务审计、执法监查、执法督察）工作，督察面33%。创新督察方法，以案头分析为主导，把清分的疑点下派和执法问题实地检查有机结合，督促各单位开展自查和整改。发现并整改涉及税收执法类问题194户次。落实税收执法责任制，全系统责任追究相关责任人员11人次，其中批评教育1人次，责令作出书面检查8人次，通报批评并取消其当年评选先进或优秀资格2人次，经济惩戒11人次。全系统年平均综合执法正确率99.93%。推进清单式审计，对2011年以来出台的各类督察清单进行归集整理、梳理分类、补充完善，配合自治区国税局初步拟定“清单式”督察审计管理办法。初步试行介入式审计，对重大经费开支、重大基建项目、重大政府采购和重大资产处置等方面开展介入式监督。全面推行督察审计报告专家审理制度。评选督察审计报告审理专家29名。受理行政复议案件7件，维持1件，变更1件，撤销5件。

【税务稽查】 2014年，南宁市加强税务稽查，实行“统一选案、交叉检查、集中审理、分级执行”的税务稽查扁平化管理改革。严厉打击偷逃骗抗税等涉税违法行为，检查纳税人752户，其中立案检查130户，组织企业自查622户，人均查户3.50户，发现存在问题企业142户（含上期移案12户）。查补入库3.33亿元，比上年同期增加287万元，增幅0.87%。查补总额居自治区各市首位。稽查选案准确率、结案率、入库率均100%。开展大案要案检查。组织对医药、煤炭、广告、“营改增”等行业涉税违法案件特别是虚开增值税发票案件开展重点检查，查办重大税收违法案件27件，查补增值税3238.47万元、企业所得税1795.29万元、滞纳金1751.56万元、罚款1463.72万元。对房地产及建筑安装业、办理出口退（免）税企业、股权转让单位和部分跨区域经营汇总纳税企业、地方商业银行和“高污染、高能耗”及产能过剩企业、成品油批发零售企业等6个行业开展税收专项检查和重点税源企业检查；对矿产品、农产品行业开展区域性税收专项整治。检查企业1324户，其中立案检查61户，查结61户，存在涉税问题61户；组织企业自查和辅导自查1267户，存在涉税问题446户；立案检查和企业自查入库税款、滞纳金及罚款2.85亿元。加强税警协作，联合制定《南宁市打击整治发票违法犯罪专项行动方案》，查处发票违法案件353件，查处非法发票3327份，涉及金额2.27亿元，查补税款、罚款及滞纳金5724万元。配合公安部门开展制售假发票“卖方市场”打击整治，公安机关立案发票违法案件20件，缴获发票4.15万份，抓获犯罪嫌疑人22人，移送起诉案件6件；检察机关起诉案件5件，起诉6人；法院审判案件3件，判刑3人。查处虚开增值税专用发票行为，查处虚开和接受虚开增值税专用发票900份，发票金额7867.11万元，增值税额1337.40万元，移送公安机关案件5件，起诉犯罪嫌疑人2人。受理受托金税协查101起121户次，增值税专用发票1011份，涉及金额1.94亿元，税额3270.17万元，回复受托协查增值税专用发票1340份，案件协查按期回复率100%，协查信息完整率100%。发起委托协查14起14户次，增值税专用发票146份，金额1379.98万元，税额234.60万元，回复结果为“有问题”发票36份。受理、处理检举、投诉363件，其中直接协调处理发票违章投诉271件，分析处理检举案件92件。查结案件86件，查补税款、滞纳金、罚款272.59万元。

【税收信息化建设】 2014年，南宁市推进税收信息化建设，市局机房标准化建设全面完成，县（区）局金税三期网络改造工程有序推进。强化信息安全管理，加强信息安全体系建设，加固和优化互联网安全体系。按照改革创新项目分类，重新规划税源监控一体化预警软件，完善一户式体检十项预警指标应用，健全发票管理事后监控信息化体系，建立为基层单位提供信息化运维巡检长效机制。定期到基层单位开展运维巡检，切实解决基层单位信息化工作疑难。深化数据应用，对不同行业、不同经济类型、不同税种纳税人进行分类量化分析189项次，为纳税评估、税务稽查提供疑点纳税人资料，实现用数字指导基层、监控税源。

【纳税服务】 2014年，南宁市服务税户、服务基层、服务大局，实现纳税服务大优化。开展“便民办税春风行动”，创新推进“办税便利通”项目，统筹整合自治区纳税服务资源，将实体办税、网上办税和自助办税进行三位一体衔接，实现涉税业务全区通办。推动简政放权，实行发票审批前移，提高11项税务审批事项的办结效率；实行办税厅“不限号”“免填单”服务，搭建网络纳税人学校，在全国率先推出手机微信纳税申报，在自治区率先推行“二维码”自助办税、小规模纳税人按季申报，普通发票实行按季供应；扩大自助服务范围，试行新的自助办税设备，在市国税局办税服务厅增加新型自助办税终端10台，一个终端设备相当一个办税窗口。纳税人通过自助办税终端认证增值税专用发票、货物运输专用发票63.60万份，领用增值税发票27.10万份，自助报税8.60万户次。推行银行端查询POS机缴税系统，减少纳税人往返银行次数。开通“南宁国税纳税服务”微信公众平台，主要为纳税人提供税收政策宣传、纳税服务工作最新动态及咨询服务，同时根据政策变动做好专题宣传，全年向纳税人传送文字、图文信息189条，涵盖小微企业专题、“营改增”工作以及满意度调查等。学习贯彻《全国县级税务机关纳税服务规范》要求，落实纳税服务规范1.0版，梳理优化办税流程，为纳税提供更标准、更高效服务，有171项服务事项达到基本规范要求，达标率99.40%；实现“窗口出件”涉税事项由59项增加至124项，达标率99.20%。80个涉税审批细项从后台流转前移至办税厅前台审批，实现即时受理，即时办结。

【税收宣传】 2014年，南宁市开展“便民办税春风行动”主题宣传活动，邀请重点企业、传统产业、小微企业和个体户代表召开座谈会，走访纳税人，现场为纳税人释疑解难。借助微博、税企QQ群、12366纳税服务热线、办税服务厅，发放征求意见建议表8500份，征求纳税人意见建议63条。在国税系统开展“税企换位”体验活动13次，收集整理意见建议18条。举办纳税人培训班32期，培训5600人次。组织召开税企座谈会32次，走访纳税人350户；印发宣传资料6万份；出版宣传板报23期；悬挂宣传横额40幅，张贴宣传画1000幅；在各级新闻媒体发表税收宣传文章160篇，在各级电视台播放税收新闻29条；开展税法宣传进学校8次，参与人数2300人；开展税法宣传进军营5次，参与人数400人；发送税收宣传短信8万条。

（虞江军）

2014年南宁市国税收入分项目情况

单位：万元

项目	年累计（当月累计）			
	本年累计	去年同期	增减额	增减（%）
收入总计	2391897	2051129	340768	16.61
税收合计（总局口径）	2310162	1974527	335635	17.00
税收合计（区局口径）	2100744	1782169	318575	17.88
税收合计（市口径）	2093488	1772763	320725	18.09
一、国内两税	1505648	1239471	266177	21.48
1.国内增值税	998466	813553	184913	22.73
(1) 营改增收入	152897	30527	122370	400.86
(2) 工业增值税	482953	446927	36026	8.06
卷烟	119915	110787	9128	8.24
啤酒	4154	2957	1197	40.48
机糖	20714	23809	−3095	−13.00
纺织	4507	3445	1062	30.83
造纸	8864	8772	92	1.05
化工	8413	8712	−299	−3.43
医药	12353	11193	1160	10.36
建材	73230	48133	25097	52.14
其中：水泥	33875	12580	21295	169.28
有色金属	3617	3725	−108	−2.90
机械	9027	9032	−5	−0.06
电力	88539	62868	25671	40.83
其中：发电	6804	5495	1309	23.82
供电	81735	57373	24362	42.46
(3) 商业	362616	366626	−4010	−1.09
2.国内消费税	507182	425918	81264	19.08
卷烟	465845	388717	77128	19.84
啤酒	7036	5279	1757	33.28
二、二小税（总局口径）	617211	557971	59240	10.62
二小税（区局口径）	595096	542698	52398	9.66
1.企业所得税（总局口径）	617201	557920	59281	10.63
企业所得税（区局口径）	595086	542647	52439	9.66
其中：①批发零售业	109462	85292	24170	28.34
②制造业	90740	72219	18521	25.65
③金融业	178868	166545	12323	7.40
其中：银行业	145747	112825	32922	29.18
证券业	3577	1918	1659	86.50
其他金融业	17656	13159	4497	34.17
④信息传输业	35425	41601	−6176	−14.85
其中：广西移动	20186	30372	−10186	−33.54

续表

项　　目	年累计(当月累计)			
	本年累计	去年同期	增减额	增减(%)
⑤房地产业	106643	96305	10338	10.73
(1) 内资企业所得税（总局口径）	499100	451631	47469	10.51
内资企业所得税（区局口径）	476985	436358	40627	9.31
(2) 外商所得税	118101	106289	11812	11.11
2.利息所得税	10	51	-41	-80.39
三、车辆购置税	187303	177085	10218	5.77
四、海关代征两税	24476	23165	1311	5.66
五、其他非税收入（水利建设基金、文化事业建设费收入入）	57259	53437	3822	7.15
六、专员办退税	-6809	-8680	1871	-21.56
附：				
1.涉外税收	278684	239930	38754	16.15
2.个体税收	22724	20592	2132	10.35
3.出口退税	-110466	-114474	-4008	-3.50
其中：(1) 出口退增值税（中央和地方共享）	-49404	-61916	-12512	-20.21
(2) 免抵调库	-61014	-52501	8513	16.21
4.中央企业所得税固定收入	22115	15273	6842	-44.80
5.防洪保安费	43576	0	43576	
6.已办理退税（不含出口退税）	44261	-17395	-61656	-354.45
7.在途税金（专业行扣款未到国库）	0	594	-594	100.00
8.卷烟两税	585760	499504	86256	17.27
9.啤酒两税	11190	8236	2954	35.87

说明：1.收入总计=税收合计(总局口径)+海关代征两税+其他收入。
2.税收合计(总局口径)=国内两税+三小税(总局口径)+车辆购置税。
3.税收合计(区局口径)=税收合计(总局口径)-中央企业所得税固定收入-车辆购置税。
4.企业所得税(区局口径)=企业所得税(总局口径)-中央企业所得税固定收入。

地方税务

【概　况】 2014年，南宁市纳税户24.70万，占自治区管户数(104.30万户)23.68%。其中：单位和企业纳税户12.80万户，个体户11.90万户。国地税共管户18.43万户，纯管户6.27户；年缴纳地方税10万元以上企业3730户，其中年缴纳千万元以上企业270户，亿元以上16户。做好重点项目、重点行业、重点税源企业的管理和监控。2127户重点税源企业缴纳各项地税收入110亿元，占南宁市地税收入56.30%；建筑业、房地产业实现收入123.35亿元，占全市地税收入63.10%。实施综合治税，协调入库税款12亿元。强化对跨境铁路、公路、轨

2014年南宁市各类经济成分地税收入结构

单位：万元

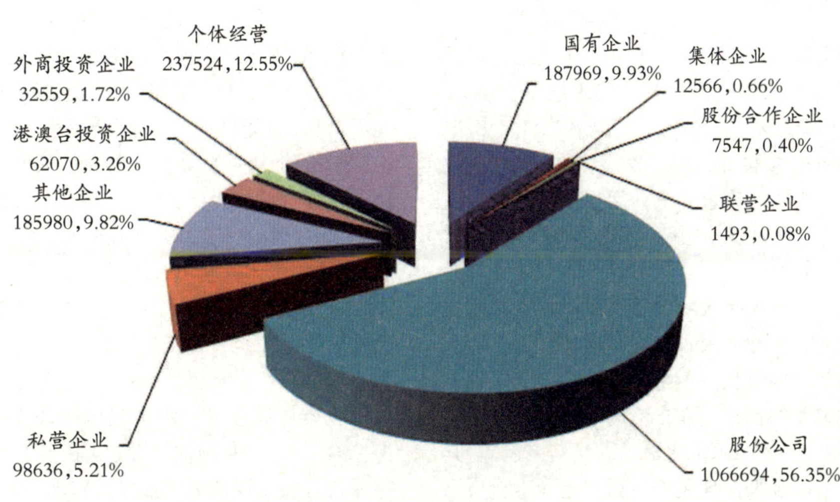

2014年南宁市缴纳地税前十名企业

企业	缴纳地税
广西中烟工业有限责任公司	67585.61万元
南宁市城市建设投资发展有限责任公司	37465.24万元
广西荣和企业集团有限责任公司	36068.88万元
南宁青秀万达广场投资有限公司	31953.53万元
南宁交通投资有限责任公司	28489.86万元
广西荣和置业开发有限责任公司	26666.56万元
中房集团南宁房地产开发公司	15568.15万元
南宁安吉万达广场投资有限公司	14982.74万元
南宁新技术产业建设开发总公司	14964.61万元
广西恒铁房地产有限公司	14601.86万元

2014年南宁市各类产业地税收入结构 单位：万元

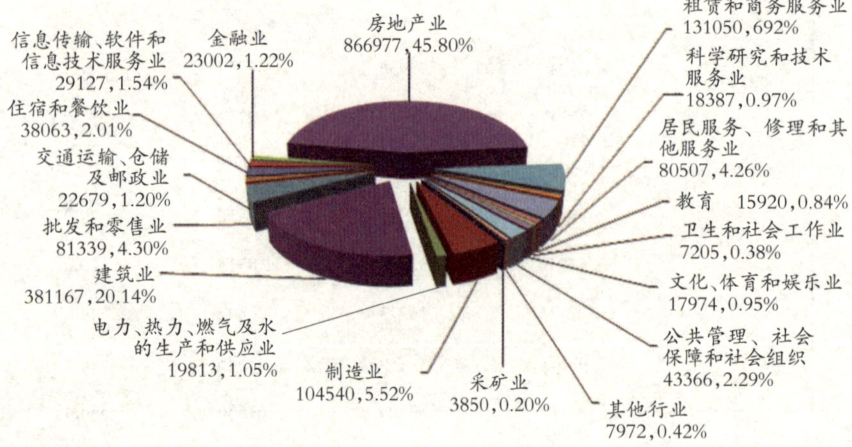

道交通、新机场航站楼、火车东站等重大项目委托代征，入库税款3.86亿元。南宁市地税局设机关科室（中心）13个，直属机构10个（稽查局3个、税务服务中心1个、直属税务分局2个、开发区局4个），城区局6个，县局6个，税务所（税务分局）64个。年内，市地税局获自治区文明单位、广西“五一劳动奖”等地厅级奖项64项。

【地税收入】 2014年，南宁市组织各项地税收入205.10亿元，比上年同期增加17.45亿元，增长9.30%，收入总量列自治区第一，其中自治区考核口径税收收入完成195.54亿元，增加16.68亿元，增长9.33%，占自治区地税收入总量21.20%；市财政考核口径收入完成193.90亿元，增加16.37亿元，增长9.23%，对南宁市财政收入贡献率36.80%；代收地方教育附加等其他收入9.55亿元，增加0.77亿元，增长8.72%。

地税收入的主要特点：收入规模实现新突破，收入规模突破200亿元大关，是2009年收入的2.31倍，实现“五年翻一番”的目标，在自治区地税系统排名第一。各征收单位收入规模取得新跨越，其中西乡塘区地税局突破25亿元，直属第一分局突破15亿元，良庆区地税局突破10亿元，宾阳县地税局和横县地税局突破8亿元。经济与税收基本协调发展，统计数据显示前三季度全市经济分别增长7.50%、8.20%、8%，呈平稳增长态势。税收增长与经济走势基本吻合，第一季度税收增幅8.30%，第二季度、三季度税收增幅趋于平稳增长，分别为11.70%、12%，第四季度税收增幅较前两季度增幅略微下降，增长9.33%，税收弹性系数约1.20，经济与税收基本协调。各税种普遍增长，除土地增值税外，所有税种均呈不同程度增长，其中增幅排名前三的税种为企业所得税、资源税、耕地占用税，分别增长39.65%、35.58%、25.43%。土地增值税则呈现负增长，下降11.41%；二产增幅高于三产，部分行业增势良好。产业结构持续优化，第二产业税收收入实现53.39亿元，增长13.29%，增幅高于第三产业5.69个百分点，占税收收入比重27.32%；第三产业税收收入实现141.39亿元，增长7.60%，占税收收入比重72.68%。第二产业中，化学制品业、制糖业、非金属矿物制品业和烟草业税收增势良好，全年增幅保持20%以上。第三产业中，房地产业、金融业和批零业合计实现税收99.78亿元，增加13.86亿元，增长16.13%，增加贡献率87.22%。房地产业税收实现85.96亿元，增加12.72亿元，增长17.37%，增幅回落近2个百分点；重点税源企业、重大项目税收贡献大。南宁市2127户重点税源企业缴纳各项地税收入110.10亿元，占全部税收56.31%，增加0.60亿元，增长0.54%，其中纳税超过亿元以上重点税源企业16户。2014年南宁市自治区层面和市级层面统筹推进重大项目588项，自治区级、南宁市级重大项目分别实现税收收入4.22亿元、3.69亿元，组织跨境铁路、公路、机场、轨道交通建设项目税收征管，入库税款3.87亿元；政策性影响减收明显。年内，推进“营改增”试点，向国税部门移交试点企业1.20万户，实行“营改增”试点扩围导致地税减收10亿元。同时，落实西部大开发和促进北部湾经济区开放开发以及支持小型微利企业发展等税收优惠政策，减免税款4.25亿元。上述政策性因素合计减收14.25亿元。

【税收管理】 2014年，南宁市多项税收管理走在自治区前列。率先出台个人存量房涉税业务10项便民措施，在发票办理上推行“简十加二”等管理措施12项；开展税收风险管理机制建设试点，进行楼宇（场、区）经济税收征管新模式调研。加强全市24.70万户纳税人的户籍管理，比上年增加3.80万户；完成土地使用税土地级别范围调整，土地使用税、房产税分别实现收入2.82亿元、6.50亿元；开展土地增值税清算和“以地控税”试点，入库土地增值税和耕地占用税28.57亿元；开展存量房评估工作，通过存量房交易评估系统评估存量房住宅1.60万套，征收税款4.78亿元。

【依法治税】 2014年，南宁市开展“规范执法年”活动，提升执法规范、执法质量和执法刚性。公布欠税企业30户次；集中力量组织开展专项清理6个，对土地类资源类税收、重点行业、重大项目税收等进行清理整治，入库税款4.94亿元；4月，与市房产局在全市范围内联合开展打击利用虚假住房证明骗取减免税专项整治行动，补缴税款和滞纳金超千万元，被评为自治区地税局2014年十大工作创新优秀项目；与公安部门联合破获制售假发票窝点，涉案金额超过6亿元。落实新一轮促进西部大开发、北部湾经济区开放开发等税收优惠政策，全年减免税款5.07亿元；依托12366纳税服务热线和新闻媒体立体式向纳税人提供政策服务，12366纳税服务热线、地

4月1日，南宁市地税局在民族广场开展税收宣传活动　　李　婧　摄

税网站向自治区纳税人提供各类涉税服务事项25万件。

【税务稽查】 2014年，南宁市强化地税稽查，检查企业191户，入库税款3.18亿元，其中查补税款2.06亿元。开展税收专项检查，检查企业46户，有问题46户，查结42户，组织开展自查的企业70户，自查有问题企业60户，组织税收专项检查查补入库7896.26万元，其中房地产、建筑安装行业查补入库6641.42万元；自查入库1011.72万元。

【纳税服务】 2014年，南宁市减轻办税负担。7月1日，在南宁市市区范围内全面推行将发票管理业务（发票领购与实时缴销）纳入同城通办范围，办税服务厅上门办理涉税事项总体业务量下降50%，其中办税服务厅正常申报和零申报业务量下降100%。简化代开发票管理，还责于纳税人，全市使用建筑业、销售不动产业自开票软件的纳税人2503户。6月至11月，新增795户，建筑业自开发票领购量比上年同期增长54%，自开票率在自治区各地市最高，通用机打代开发票业务量下降22%，纳税人办税难、办税繁、排长队的难题得到缓解。优化服务方式，执行《全国县级税务机关纳税服务规范》，全面完善纳税服务的软硬件设施；加强12366纳税服务热线建设和地税网站建设，上线总局12366纳税服务热线，接通率提高50%；组织召开新闻媒体通气会、座谈会3次，发布税收政策、通报情况。落实“三提速”（提速税务登记、提速发票领用、提速办税服务）和“六减负”（提供“免填单”服务、提供免费复印服务、推广自助办税终端服务、推行涉税事项“同城通办”、出台个人存量房涉税业务十项便民措施、推行“简十加二”发票管理措施）等措施。提速税务登记办理、提速办税服务、提速发票领用，发票领用由原来的最长5个工作日办结，缩减为最快1个工作日办结；为纳税人提供“免填单”、免费复印、自助办税终端服务，增加发票核发量、延长递交申报表时间等服务。

【税收宣传】 2014年，市地税局围绕“税收·发展·民生”主题开展税收宣传。4月1日，在媒体上发布税收宣传月活动启动公告；推出“与发展同行·为民生助力”新闻媒体通气会、广西电台930私家车广播开展宣传合作、“服务‘双百’（企业、项目）”活动等一系列宣传活动。4月25日，市地税局联合市房产局在全市范围内开展打击利用虚假住房证明骗取减免税专项整治行动。与广西电台合作举办“地税与您同行”栏目，发布打假公益宣传信息；通过广西新闻网8个频道推送专项整治工作新闻。在南宁市89条公交线路、2000辆公交车上，利用4000个电视终端滚动播放走字新闻，受众人群175万人次；在各办税厅、房产办证大厅、中介机构及售楼部经营场所张贴通告；采取电话或短信通知的方式，对部分市民进行买卖房屋涉税知识宣传。对核查出的违法行为人进行提醒，电话通知或发送宣传短信7万条次。对查处的违法行为采取媒体曝光、通知当事人所在单位协助追缴税款、房产部门暂停办理有关房屋转移登记手续、报送南宁市信用办，以及依法移交公安机关追究刑事责任等措施，加大检查和处罚力度。项目获自治区地税局2014年十大工作创新优秀项目。

【信息化建设】 2014年，市地税局自主开发运行税收风险管理和纳税评估系统，开展税务应用软件核心数据整合，加强网上税务局系统推广应用，有12.98万纳税人开通网上税务局，申报289.44万户次，入库税款130亿元；增加54台自助办税终端，实现市区范围内所有办税服务厅的全覆盖，纳税人通过自助办税终端自助打印完税凭证25.59万份，开具金额64.77亿元，占全市完税凭证使用量58%，5.49万户纳税人办理纳税申报（零申报）业务；全面推广网络发票，上线网络发票2.46万户，2014年开票1210万份，开票金额307亿元。　　（黄舒爽）

责任编辑　钟婉悦

12月，南宁市青秀区地税局办税服务厅加强信息化支撑，全面普及自助办税终端　梁贤智　摄

金融业

银行

【概况】2014年，南宁辖区有政策性银行2家（国家开发银行、农业发展银行），国有商业银行5家（工商银行、农业银行、中国银行、建设银行、交通银行），股份制商业银行7家（光大银行、浦发银行、华夏银行、兴业银行、中信银行、招商银行、民生银行），城市商业银行3家（广西北部湾银行、柳州银行、桂林银行），外资银行4家（星展银行、南洋银行、汇丰银行、东亚银行）；资产管理公司4家（华融资产管理公司、长城资产管理公司、东方资产管理公司、信达资产管理公司）；非银机构3家（北部湾金融租赁公司、南方电网财务公司广西分公司、广西交通投资集团财务有限责任公司）；农村信用社8家，村镇银行5家；邮政储蓄银行广西区分行、自治区农村信用联社。市辖区内有营业网点1084个，从业人员数2.25万人。至年末，市辖区内银行业总资产1.38万亿元，负债1.35万亿元，存款7209.56亿元，贷款7487.09亿元，累计实现净利润172.13亿元；不良贷款62.54亿元，不良率0.84%。（陈 鹤）

【中国人民银行南宁中心支行】2014年，中国人民银行在南宁市有分支机构7个（省会中心支行1个，武鸣县、宾阳县、横县、隆安县、马山县、上林县支行6个）。全市金融运行保持平稳增长态势，存款增速有所回落。至年末，南宁金融机构本外币各项存款余额7209.56亿元，比年初增加660.58亿元，增长10.09%，增幅同比下降5.10个百分点。受定向降准微刺激政策影响，南宁金融机构贷款增速呈较快增长态势。金融机构本外币各项贷款余额7487.09亿元，比年初增加1008.02亿元，增长16.19%，增幅同比上升5.70个百分点，增量同比增加410.24亿元，境外贷款比年初增加15.87亿元，增长8.32%，增幅下降3.20个百分点。

金融创新　2014年，中国人民银行南宁中心支行以“改革创新年”为主题，提出“铺一条路，搭一个平台，建一个循环圈”构想。资本项目简政放权，资金汇兑、账户管理及登记备案等业务下放至银行办理，建立差异化新型边境贸易外汇管理模式。搭建区域性跨境人民币业务平台，基本建成以广西为枢纽的广西—东盟跨境人民币资金“高速路”。结算渠道已覆盖港澳台、东盟、南亚及美、欧、日等主要经济体，超过1000家境外银行机构支持平台运行。在东兴市开展人民币与越南盾特许兑换试点，至年末，有3家特许兑换机构办理兑换人民币近3000万元，月均兑换超过千万元人民币，指导银行实现9个东盟国家货币挂牌交易；启动跨境人民币贷款试点业务，办理贷款16亿元；支持广西核电项目从境外融入人民币资金10亿元；开展跨国公司外汇资金集中运营试点，广西2家试点企业获批134.90亿元跨境双向借款额度；全年累计融资152亿元；广西全年跨境人民币收付结算量1561亿元，增长54%，累计突破3700亿元，名列西部12省（自治区）、8个边境省（自治区）第一，人民币超越美元成为自治区跨境收支第一结算币种。

金融调控　年内，南宁中心支行围绕“稳增长、调结构、惠民生”主线，引导金融资金切实投向实体经济；在全国率先实行合意贷款按季调控，落实定向降准措施；新增本外币贷款1008.02亿元，南宁再贷款、再贴现余额47.16亿元，同比多增150.85%；广西企业在银行间市场发债融资533亿元，增加178亿元；黔桂“四地”金融扶贫跨省合作试验区成功建立，扶贫小额贷款奖补试点深入开展；推进“金融支少阳光工程”，创建首批“民生金融支少示范县”，通过贴息资金带动民贸民品贷款220亿元，对民生领域金融支持不断加强。为4.80万户与银行未发生信贷关系小微企业建立信用档案，评选“诚信示范企业”637家。正式运行广西金融业信息交互管理平台，畅通人民银行与金融机构信息交流；分别与自治区纪委、监察厅、广西证监局、南宁海关缉私局签署合作备忘录，完善与公安、税务部门联合打击金融违法犯罪协调机制，搭建银行与高院“点对点”网络执行查控平台；“12363”金融消费咨询投诉电话开通，受理金融消费投诉、咨询433起，群众满意率100%。

金融稳定　南宁中心支行重点加强对地方法人金融机构、地方政府融资平台、具有融资功能非金融机构、大型有问题企业、跨行业、跨市场金融活动等重点领域风险监测，通过稳健性现场评估和重大事项报告等手段动态排查风险隐患。重点开展北部湾银行风险压力测试，密切关注重点企业金融风险化解，风险报告获国务院马凯副总理、总行周小川行长批示。统一对广西中行开展综合执法检查。搭建反洗钱“5C”风险评估工作框架，完成26家金融机构的反洗钱专项检查，恐怖融资调研成果获总行推介，配合广西区纪委就贪污受贿等50个洗钱上游犯罪线索开展行政调查332次、涉及金额652亿元，协助破获反洗钱部门成立以来广西首个走私洗钱案，推动广西首例涉黑洗钱案成功宣判。立案查处外汇案件30起。

金融管理与经营效益　南宁中心支行不断提高管理的精细化水平和服务的实效性。“三权三证”抵押贷款统计、连片特困地区县域金融统计等制度成功建立；东盟国家特色监测研究分析稳步启动，人民银行总行、自治区党委政府重大课题顺利完成。支付清算体系持续完善，ACS（安全访问控制系统）推广应用圆满完成，第二代支付系统推广17家直接参与行；制定广西收单业务实施细则，实现北部湾经济区（南宁、钦州、北海、防城港）银行存取款、资金汇划同城化；南宁城市处理中心系统保持100%安全运行。引导和推动金融IC卡在公共服务领域一卡多用，金融IC卡电子现金跨行圈存改造完成。货币发行机制进一步完善，建立残损人民币挑剔量化标准；小面额现金备付、主办银行和主办网点“三项制度”得以全面落实；建立反假货币快速反应机制；全面实现全区发行库“三级”联网100%目标，完成发行基金押运任务146批次，运送发行基金23万件。南宁中心支行国库处荣获“广西工人先锋号”称

2014 年南宁市金融机构本外币信贷收支情况

单位:亿元

项目	余额	项目	余额
一、各项存款	7209.56	1.短期贷款	1637.20
		(1)个人贷款及透支	275.06
		其中:个人消费贷款	93.02
(一)单位存款	4318.91	(2)单位普通贷款及透支	1235.47
其中:活期存款	2030.39	其中:经营贷款	1229.81
定期存款	1290.34	固定资产贷款	4.89
通知存款	88.03		
保证金存款	312.98		
(二)个人存款	2543.83	(3)银团贷款	6.85
储蓄存款	2335.04		
保证金存款	8.09		
结构性存款	200.71		
(三)财政性存款	147.06	(4)贸易融资	119.82
		2.中长期贷款	5433.89
(四)临时性存款	7.75	(1) 个人贷款	1296.07
		其中:个人消费贷款	1092.59
		(2)单位普通贷款	3188.46
(五)委托存款	7.40	其中:经营贷款	233.16
		固定资产贷款	2955.30
(六)其他存款	184.60	(3)普通并购贷款	14.90
二、各项贷款	7487.09	(4)银团贷款	933.26
		其中:固定资产贷款	929.23
(一)境内贷款	7280.50	3.票据融资	164.01
		其中:贴现	164.01
		(二)境外贷款	206.59

号;组织办理国库收入 7125 亿元,增长 7.53%;支出 6798 亿元,增长 7.97%。年内,金融机构运行效益继续提高,在利息净收入、投资收益增长的拉动下,南宁金融机构实现本外币利润总额 189.78 亿元,多增 20.28 亿元,增长 11.96%。

(陈恒丹)

【中国银行南宁市邕州支行】 2014 年,中国银行南宁市邕州支行本部设部门 5 个,管辖经营性网点 29 个,有员工 496 人。对公存款余额增加 15.08 亿元;储蓄存款余额增加 3.56 亿元。人民币各项贷款余额增加 8.42 亿元。个人业务,坚持以客户为中心的服务理念和发展策略,加强客户基础。通过公私联动,为企事业单位开展代发工资金融服务;发展跨境业务,打造跨境业务亮点工程;设立专业理财经理团队,以多种形式为客户提供安全、便捷、高效、专业的金融服务;中银 E 社区业务发展,以基金、保险、贵金属、银行卡等业务为抓手,加大银行卡业务发展力度。通过优质的服务水平和效率,实现个人贷款多元化发展。实施以重点市场、重点行业、重点客户和重点项目为核心的重要营销策略,把握贷款政策走向,拓展重点区域公司授信业务,以国家重点扶持中小企业发展政策为导向,重点推进中小企业授信业务发展。

金融服务　邕州支行将高效优质服务摆在重要位置,加强网点服务精细化管理,引导和培养员工树立良好的职业操守,增强员工主动服务意识和能力,打造服务标杆网点,努力实现服务个性化以及服务亮点显性化,全面提升网点服务效能,切实提高全行服务水平。推进网点转型,加强对专业营销队伍培养和培训,促进网点效能提升。开展金融知识进社区及普及金融知识万里行活动,广泛普及反洗钱、反假币及防范打击非法集资等金融知识,并凭借员工专业知识成功为客户堵截多起电信、网络诈骗案件,赢得客户好评和赞扬。组织人员为广西电视台《第一书记》节目提供现场金融服务。邕州支行业务骨干组成服务小组在节目录制现场提供收款服务,通过现金清点收纳和 POS 机刷卡,为现场捐款观众提供直接、透明、便利捐款渠道,展示中行履行社会责任、参与社会公益的良好形象。

(肖秋梧)

【中国农业银行股份有限公司广西区分行营业部】 2014 年,中国农业银行股份有限公司广西壮族自治区分行营业部辖 14 个一级支行(城区 8 个、县城 6 个),对外营业网点 158 个(城区 95 个,县城 29 个,乡镇 34 个),有员工 2400 多人。农行广西区分行营业部实施积极的财政政策和稳健的货币政策,促进银政、银企良好联动,在节能环保、“三农”和小微企业、新型城镇化建设等方面“做加法”,在化解产能过剩等方面“做减法”,各项业务快速发展。至年末,人民币各项存款余额 873.90 亿元,比上年末增加 50.11 亿元;各项贷款余额 649.19 亿元,增加 49.11 亿元,多增 5787 万元;实现拨备后利润 19.50 亿元。

11 月 21 日至 23 日,中国银行南宁市邕州支行在首届广西(南宁)住宅产业博览会为市民提供金融服务

中国银行南宁市邕州支行提供

南宁年鉴

5月25日，中国银行南宁市长园路支行走进中天世纪花园社区开展打击非法集资宣传活动，图为支行员工为社区居民辨别假币　　中国银行南宁市邕州支行提供

业务发展　农行广西区分行营业部深入推进农总行“46112”重点城市行优先发展战略，牢牢把握“稳中求进、好中求快”的总基调，围绕营业部科学发展三年规划（2013－2015）既定的“1233466”工作思路，强化“双轮”驱动，联动区域发展。强化“两户”（客户、账户）营销，对存量客户、账户着力抓好挖潜；对新增客户、账户着力抓好高端营销，注重质量；对重点客户着力抓好重点维护，夯实对公存款稳存增存基础。力推产品组合的捆绑式营销方式，打好产品“组合拳”，加大产品吸存力度。利用总分行外币利率弹性授权政策和境内外价差，通过“全额外币存款质押+贸易融资”“人民币与外币掉期+银行承兑汇票”、进口付汇理财、“全额人民币质押+涉外融资性保函”“全额美元质押+保付加签”等产品的捆绑式营销，锁定本外币存款。开展优良中小企业业务和票据业务，实行中小企业客户目录管理，优选客户进行营销，充分发挥票据业务调节资金和规模的杠杆作用。至年末，新产品、新业务营销实现18个零突破。其中：实现1个全国农行零的突破，即全国首批跨省公积金委托贷款业务；9个广西分行零突破；8个营业部零突破。创新国际贸易融资业务和外汇产品，拓展国际市场。跨境参融通、NRA账户开立、境外同业合作、对公共财产品质押开证业务、福费廷等业务的成功办理，完善农行国际贸易融资业务和外汇产品体系，提升农行服务外贸型公司的能力。

服务三农　农行广西区分行营业部按照六个县支行服务“三农”三年发展规划，推进“三大工程”建设，激发县域经营活力。重点拓展县域中、高端客户，加大县域龙头企业、特色产业群、农业示范区的支持，通过龙头企业、产业群带动其上下产业链，推进农业现代化建设。提升金穗“惠农通”工程发展质量和影响力，率先采取与一把手签订责任状的形式明确责任，推动惠农通有效服务点、惠农通工程提前超额完成。推进对公业务经营转型工程，提升“三农”业务价值创造力。对公存款客户实行分层管理，实现“大户重点抓、小户有人管”，建立核心客户群体为重心优化客户结构，提升有效客户贡献度。

金融服务　农行广西区分行营业部合理分配资源，统筹推进零售业务转型二次升级，提升业务综合贡献。打造高效的渠道网络，优化网点布局，加快推进物理网点的“调、转、改、增”建设。重点营销方面，对贵宾客户维护落实“名单制”管理，动态掌握重点客户的最新情况；严格执行客户回访制度，每月对VIP客户进行回访，做好存量个人贵宾客户资金留存；为贵宾客户提供增值服务，组织辖内贵宾客户参加私人银行部的贵宾客户活动。综合营销方面，通过办理一项个人业务，联动营销银行卡、网上银行、保险、理财等产品；提升服务品质促增长。出台《区分行营业部2014年零售业务转型考评办法》《区分行营业部2014年营业网点穿透式管理考评办法》《区分行营业部2014年网点文明标准服务专项治理活动实施方案》，加强引导和考核提升网点服务能力；创建“中国银行业文明规范服务千佳示范单位”“五星级”网点等活动，提升网点服务品质。

内部管理　农行广西区分行营业部加强队伍建设，以信贷基础、内控、双基管理为抓手，不断强化内部管理考核监督力度。严格执行干部选拔任用四项监督制度，加强科级干部选拔任用管理，全年新提任9人，平级调整16人，重点充实和加强支行班子。同时，按照“六项培训”的要求，加强科级后备干部、县域英才、中青年员工轮训、客户经理、运营主管、新员工入职等员工业务培训，全年举办培训班292期，培训1.53万人次。严格加强信用风险管控，成立专门工作组，采取责任清收、绩效考核、从严追责等有力措施，做好高危风险客户和潜在风险客户的信用风险化解。至年末，全辖累计退出潜在风险客户贷款金额9.93亿元。严格落实中央八项规定精神、农总行28条和广西分行23条改进工作作风相关规定，全辖业务招待费、会议费、车船使用费分别同比下降12.94%、85.58%、8.64%。运营管理“三化三铁”通过农总行、广西分行考评验收，全辖有现金中心和30个营业机构达到“三铁”标准，占19.88%，增加10个，增幅47.60%；有123个营业机构达到“良好”标准，占78.85%；现金中心成为自治区首个“三铁”达标金库。

（曾　敬）

【中国工商银行股份有限公司广西区分行营业部】　2014年，中国工商银行股份有限公司广西壮族自治区分行营业部辖一级支行10家，经营性网点119个，有员工2435人。至年末，本外币存款余额883.62亿元，比年初增加17.76亿元。其中：储蓄存款余额399.06亿元，减少17.88亿元；对公存款余额460.73亿元，增长11.8亿元。本外币贷款余额825.12亿元，增长90亿元。

业务发展　个人业务，2014年实施“大零售”工程，发展惠及民生领域的零售金融业务。推广芯片卡，为个人客户提供安全、高效业务介质。开展建筑灵通卡、八桂电视卡、汇贝生活卡、商友卡等项目营销。变坐商为行商，进社区、进商场、进展会，协同推广汇款套餐、联名账户、速汇款、自助设备结算、电子银行等优质产品。加大对个体私营业主、个体工商户的支持力度，推出优惠信贷产品，加紧POS机布设和网上银行推广，使越来越多的商户结算更迅速、更精准。公司业务，在交通、电力、城建、糖业、现代服务、文化产业、林业等领域投放贷款139亿元。支持小微企业发展，加大对国标小微企业的贷款投放，累计发放小企业贷款27.85亿元。紧抓沿边金改机遇，发展跨境人民币结算业务，提升国际业务服务水平和服务能力。其中，跨境人民币结算量增幅239.51%，贸易融资增幅69.20%。

服务和内部管理 以“人民满意银行年”为契机，继续抓好客户服务品质提升、客户投诉管理、网点服务效率提升等重点工作。完善客户识别、营销、服务机制，提高柜台业务办理效率，健全客户投诉限时处理、督办和风险预警机制，促进对客户投诉快速响应和妥善处理。桃源支行、星湖支行荣获中国银行业文明规范服务千佳示范网点和五星级营业网点称号。严格落实“七不准”、“四公开”等规定，持续抓好服务收费合规管理。做好渠道建设，全年装修网点12个，新增离行式自助银行10个。强化内控案防措施，密切关注社会治安形势变化，做好突发应急事件处置和防范，推进外部欺诈及ATM案件治理等工作，全年无重大责任事故和经济案件发生。 （尹湘竹）

【中国建设银行广西区分行】 2014年，中国建设银行广西区分行有机构网点370个，员工7429人。至年末，一般性存款余额2209亿元，新增178亿元，增速13.90%；各项贷款余额1767亿元，新增236亿元，增速15.40%；不良贷款额8.30亿元，不良贷款率0.49%，逾期贷款11.97亿元。实现净利润34.90亿元，增速9.90%；实现经济增加值21.70亿元，增速4.80%。实现表内不良资产本金压缩处置5.20亿元，回收已核销资产现金1726万元，信贷资产质量保持区域最优。

业务发展 企业存款余额1176亿元，新增96亿元，增长8.89%。对公非贴贷款余额1051亿元，新增93亿元，增长9.71%。实现中间业务收入10.80亿元。新增对公结算账户1.23万户，新增38.56%。储蓄存款余额1033亿元，新增81亿元，增长8.60%。个人贷款余额663亿元，新增116亿元，增长21.30%。实现中间业务收入8.23亿元，比上年同期增加7125万元。个人有效客户新增27.80万户，增长21.70%。个人贷款余额612亿元，新增100亿元。其中个人住房贷款新增103亿元，增加30亿元，实现中间业务收入1.10亿元，增加2589万元。实现中间业务收入19.10亿元，增长7.70%；全口径外汇存款余额3.24亿美元，比年初新增3674万美元，增长13%。全年累计办理国际结算78.92亿美元，新增16.21亿美元，增长26%；办理跨境人民币业务276亿元，新增87亿元，增长46%。

服务创新 推进网点“三综合”（综合性功能、综合柜员、综合营销队伍）建设，网点综合化率92%；购置网点18个，恢复县支行5个，新增自助设备282台，新增离行自助银行96个，设立小商户服务中心、大学生体验中心、金融超市和个人出入境金融服务中心；开办网上招投标业务、跨行缴费、校园卡短信圈存、悦生活嵌入式缴费等项目，电子渠道服务功能进一步完善，服务质量持续提升。全年完成产品创新64项。“中马钦州产业园综合服务方案”被列入建设银行战略性项目，“国内信用证、福费廷搭桥业务”被建设银行纳入重点推介产品，乾睿综合金融服务方案（园区）和“茧丝贷”分别被建设银行列为分行自主创新、服务“三农”特色产品典型；创新理财POS（销售终端）吸引行外资金29亿元；成立中国－东盟跨境人民币业务中心，率先开展跨境人民币双向贷款业务，引入境外资金25亿元，成为广西区域办理该项业务最早、回流金额最多、单笔金额最大的商业银行；在跨境人民币融资、结算、清算以及人民币与东盟国家货币挂牌交易等领域取得同业领先优势。

内部管理 完善内控合规组织体系，成立内控合规一级部，开展内部控制评价、反洗钱评估、合规守法教育和案件专项治理活动，加强柜面操作风险管理，强化对案防工作的激励考核，提高对关键环节、突出风险的防范和管控，加大安全检查和整改力度，防范和堵截外部侵害风险事件87起，涉及金额227万元，全年无新案件和重大责任事故。

（薛江伟）

【广西北部湾银行】 2014年，广西北部湾银行坚持“立足广西、立足中小、立足社区”的战略定位，发挥本土银行优势，加大对自治区内重点项目、重点产业、重要园区、环保、“三农”和民生等领域的支持力度，各项业务实现稳健发展，规模不断增强，成为服务广西社会经济建设重要金融支柱。至年末，北部湾银行集团存款余额563.29亿元，比上年同期下降17.74亿元；贷款余额401.28亿元，增加19.42亿元；剔除利息支出，手续费支出后营业收入36.78亿元，下降3.52亿元，降幅8.73%；实现拨备前利润22.25亿元，下降2.89亿元，降幅11.50%；实现净利润1.15亿元，下降1.40亿元，降幅54.90%。年内，向南宁市上缴税收7亿元，累计上缴南宁市税收22.42亿元。

业务发展 广西北部湾银行打造面向东盟的国际业务品牌，支持南宁市建设区域性国际金融中心，服务中国—东盟自由贸易区发展。与世界主要30个国家和地区的195家银行（包括东南亚9个国家和地区的40家银行）建立代理行关系，初步建立一个以东盟经济区为主，覆盖全球的合作银行网络，形成国际结算、贸易融资、资信调查、外汇流动性贷款等国际业务产品，成为国内为数不多的同时开办正贸、边贸、小币种业

10月31日，广西北部湾银行与南宁市公共资源交易中心合作框架签订仪式在南宁市政府举行，图为签约前广西北部湾银行与市政府举行银政座谈会。

广西北部湾银行提供

务的城市商业银行。至年末，完成国际结算量18.20亿美元，比上年增加3.71亿美元；跨境人民币结算收付量47.50亿元，在自治区股份制银行和地方性银行中位居第一。

内部管理 广西北部湾银行以南宁为重点区域，实施“深耕南宁市场”战略，对南宁城区分支机构进行扁平化管理，将原来南宁城区3家一级支行、2家专业服务中心、2家直属支行的管理模式，调整为11家一级综合型支行和1家小微企业金融服务中心的管理模式，增加经营主体，全面提升对南宁经济社会发展的服务水平。

金融服务 广西北部湾银行与南宁市政府、各城区政府、机关企事业单位建立良好战略合作关系，投入7000多万元支持南宁市政府建设公共资源交易中心，取得公共资源交易中心资金业务独家代理权资格。

服务创新 广西北部湾银行实施借记卡跨行取款、网上银行和手机银行跨行转账免费等惠民政策。年内，在南宁各城区的社区、楼盘及街道办事处等居民聚集区设立社区便利式银亭(ESBK)102个，为居民提供优质便利金融服务。

（陈华莲）

9月13日至14日，南宁市区联社派出170多名工作人员进驻广西大学为2014级8000多名新生提供金融服务　　南宁市区农村信用合作联社提供

【南宁市区农村信用合作联社】 广西农村信用社是自治区机构和人员数量最多、资产规模最大、服务网络最广的金融机构。南宁市区农村信用合作联社隶属广西农村信用社管理。2014年，广西农村信用社资产总额6154.49亿元，各项存款余额4506.03亿元，各项贷款余额3091.13亿元，存、贷款增量连续9年保持广西银行业第一。至年末，南宁市区联社资产总额360.39亿元，负债总额327.68亿元，净资产32.71亿元；存款321.44亿元，比年初增加32.52亿元；各项贷款余额228亿元，比年初增加37.04亿元；新资本充足率12.58%，旧资本充足率12.39%，不良贷款比例1.54%，拨备覆盖率187.20%，拨贷比2.89%，分别优于监管要求2.08、4.39、3.46、37.2、0.39个百分点，贷款损失准备缺口为零。各项存贷款存量、增量、盈利水平以及纳税额连续十年排在自治区农合机构之首，综合实力位居南宁辖区金融机构前列。

业务发展 以“农村市场寸土不让”的竞争理念，做好涉农项目和民生工程资金营销。通过实现银企直连、分类营销狠抓行业性、系统性客户和专项资金存款归集。至年末，对公存款余额210.17亿元，比年初增长20.27亿元；储蓄存款余额111.27亿元，比年初增长12.25亿元。全辖员工按计划，有组织进社区、学校、机关单位、经济园区和专业市场，把金融知识和个体工商户贷款、公务员信用贷款、桂盛·南宁市民卡、POS机等产品送到企业和居民身边。组织进院校65所、专业市场94个、107个楼盘小区、机关单位49个、工业(经济)园区4个，开展宣传活动773场，发放宣传折页资料30万份，新发放公务员信用贷款1.93亿元、个体工商户贷款1.56亿元，新装POS机636台。

支持地方经济 把握支农支小支微投放重点，抓好金融服务进村入社区工程、富民惠农金融创新工程、阳光信贷工程等“三大工程”，开展“三权”抵押贷款、金香蕉贷款等业务品种，探索小微企业融资方式，减少其融资成本，以“信用贷款”、“互保贷款”、“市场出租方为承租方担保贷款”方式支持小微企业发展。至年末，全联社累计投放贷款179.89亿元，各项贷款余额228亿元，比年初增加37.04亿元；涉农贷款余额119.92亿元，比年初增加21.63亿元，高于各项贷款增速2.40个百分点；小微企业贷款余额108.68亿元，比年初增加24.08亿元，高于各项贷款增速8.92个百分点，涉农贷款和小微企业贷款实现“两个不低于”目标(涉农和小微企业贷款增量不低于上年、增速不低于各项贷款平均增速)。

网点建设 年内，新增搬迁网点9个，全辖网点58家；完成离行自助银行服务区(点)选址117个，其中装修完工34个，在建34个，已经对外开业27个。全辖自助设备布设达249台，比年初新增128台。实现银行卡业务手续费收入1020.39万元，比上年同期增长206.39万元；在辖内行政村设置便民服务点100家，实现所辖乡镇全覆盖；通过远程监控巡查、内训师检查督导、“制度管人”管理机制等方式，提高网点文明服务水平。实现全辖ATM取款机、CRS存取款一体机对外支付钱捆全额清分并记录冠字号码。

金融管理 强化内控，推进新会计传票装订模式和开展远程集中授权试点工作，释放有限人力资源，实现前后台操作人员的物理分离。安保连续8年保持无“盗窃、抢劫、涉枪、诈骗”四类恶性案件、重大责任事故发生。在创建“最安全银行”主题活动暨“双百”评比活动中，是自治区农合机构唯一一家被中国银行业协会授予“2014年度中国银行业安全管理先进单位”称号的金融机构，获广西银行业协会授予“2014年度广西银行业安全管理优秀单位”。12月，获广西银监局开办外汇业务批准，成立国际业务部。

发行广西首张带有金融支付功能的市民卡 6月18日，南宁市区联社承办发行广西首张带有金融功能市民卡——桂盛·南宁市民卡(广西农村信用社联合社与南宁市民卡公司合作发行)。为拓展该卡应用范围，南宁市区联社与知名商家联合开展促刷活动，签约餐饮、娱乐、销售等行业特惠商户309

户，在通讯、物业、交通、水煤电交费等实现第三方支付功能，可以在交通服务（公共汽车、出租车、公路客运、轨道交通等刷卡消费）、公共服务（医疗卫生、水、电、煤气、通信及图书馆、公园、体育场馆、文化设施等领域缴费服务）、小额支付（商场及加油站、超市、便利店、餐饮、娱乐、汽车服务等领域刷卡消费）等实现一卡支付。至年末，桂盛·南宁市民卡发行 40 万张。 （朱茂瑜）

证 券

【证券经营】 2014 年，南宁市有基金管理公司 1 家（国海富兰克林基金管理有限公司），证券分公司 8 家（招商证券股份有限公司广西分公司、大通证券股份有限公司广西分公司、海通证券股份有限公司广西分公司、国泰君安股份有限公司广西分公司、宏源证券股份有限公司广西分公司，中国银河证券股份有限公司广西分公司、国信证券广西分公司、太平洋证券广西分公司），证券营业部 50 家，其中筹建 2 家。市证券营业部代理证券交易总额 8893.93 亿元，比上年同期增加 63.67%。其中：A 股 6971.63 亿元，B 股 2.88 亿元，基金 119.37 亿元，债券 34.48 亿元，债券融资回购交易 55.09 亿元，债券融券回购交易 1710.18 亿元，其他证券 0.30 亿元。投资者开户 84.77 万户，增加 6.60%；证券营业部托管市值 800.99 亿元，增加 103.45%；已开业 48 家证券营业部全年实现净利润 3.95 亿元，增长 77.13%。至年末，基金管理公司资产总额 5.58 亿元，增长 2.95%；净利润 0.47 亿元，下降 25.40%。新发行 2 支基金，旗下有基金 17 支，其中：股票型基金 8 支，混合型基金 3 支，债券型基金 4 支，QDII 基金 1 支，货币市场基金 1 支；基金总份额为 98.78 亿份，资产净值总额 115.81 亿元。

【期货经营】 2014 年，南宁市有期货营业部 23 家。代理期货交易量 2610 万手，比上年同期减少 5.19%；成交额 2.34 万亿元，减少 4.33%；投资者开户 2.52 万户，减少 3.81%；实现营业收入 6068 万元，减少 31.61%；实现净利润-408 万元，减少 168.64%。

【上市公司】 2014 年，南宁市有上市公司 10 家（广西桂冠电力股份有限公司、广西五洲交通股份有限公司、阳光新业地产股份有限公司、南宁糖业股份有限公司、南宁百货大楼股份有限公司、南宁化工股份有限公司、广西丰林木业集团股份有限公司、百洋水产集团股份有限公司、皇氏集团股份有限公司、南宁八菱科技股份有限公司），总资产 629.96 亿元，总股本 60.91 亿股，总市值 442.48 亿元，分别占自治区全部上市公司总资产、总股本、总市值 28.42%、29.18%、19.80%。实现净利润 2.04 亿元，平均每股收益 0.03 元。

（证监会南宁办事处编写组）

保 险

【概 况】 2014 年，南宁市各保险公司实现原保险保费收入 102.66 亿元，比上年同期增长 14.12%，占自治区总保费 32.77%。其中：财产险公司保费收入 51.75 亿元，增长 17.58%；人身险公司保费收入 50.56 亿元，增长 10.81%。财产险公司方面，车险业务是保费增长的主要动力，车险保费收入 36.74 亿元，业务占比 70.99%。人身险公司分红险保费收入 26.99 亿元，占 67.40%，下降 19.57%；普通寿险保费收入 12.45 亿元，增长 166.10%。投连险、万能险保费收入 485 万元、5608 万元，分别增长 10.25%、14.26%。人身险公司意外险、健康险保费收入 2.77 亿元、7.42 亿元。南宁保险业支付赔款和给付保险金 35.57 亿元，增长 34.99%。其中，财产险公司支付赔款和给付保险金 25.59 亿元，增长 31.22%；人身险公司给付各类保险金 9.98 亿元，增长 45.7%。

2014 年南宁市上市公司情况

公司中文名称	总股本（万股）	总市值（万元）	总资产（万元）	净资产（万元）	营业收入（万元）	净利润（万元）	每股收益（元）	平均净资产收益率(%)
广西桂冠电力股份有限公司	228044.95	1071811.27	2214229.19	581682.16	570338.44	95067.21	0.26	16.06
广西五洲交通股份有限公司	83380.15	456923.24	1395389.42	313998.68	328978.41	2084.55	0.09	2.47
阳光新业地产股份有限公司	74991.33	379456.13	1123852.80	435662.10	135859.80	−52205.50	−0.78	−18.79
南宁糖业股份有限公司	28664.00	259122.56	450706.48	119598.24	269288.54	−27437.46	−1.00	−23.76
南宁百货大楼股份有限公司	54465.54	290301.31	207928.46	108206.65	249748.09	1625.82	0.03	1.51
南宁化工股份有限公司	23514.81	188118.51	141516.47	−21582.34	64290.66	−31786.43	−1.03	-
广西丰林木业集团股份有限公司	46891.20	377943.07	203283.67	175652.75	119947.42	8584.29	0.18	5.01
百洋水产集团股份有限公司	17600.00	205040.00	170746.05	99510.49	178081.51	6027.69	0.32	6.06
皇氏集团股份有限公司	26643.31	742016.14	227838.28	168368.12	113030.43	8987.19	0.35	6.43
南宁八菱科技股份有限公司	24933.66	454041.89	164093.10	132161.49	63883.02	9460.31	0.49	9.29

至年末，南宁辖区有法人保险公司1家，自治区级保险分公司34家(财产险公司20家、人身险公司14家)；保险公司地市级分公司和中心支公司14家，支公司及营业部94家，营销服务部183家；保险代理公司法人机构18家、分支机构37家，保险经纪公司分支机构17家，保险公估公司法人机构1家、分支机构78家。

【保险监管】 2014年，中国保险监督管理委员会广西监管局，坚持“抓服务、严监管、防风险、促发展”，保护保险消费者利益。

保险服务　推动自治区政府出台《广西壮族自治区人民政府关于加快现代保险服务业发展的实施意见》，推动保监会与广西政府签订战略合作备忘录，为保险业在更广领域和更高层次上服务地方经济社会发展，奠定坚实政策基础。拓展农业保险服务领域，农房保险连续第四年纳入地方政府为民办实事项目，农业保险承保水稻17万公顷、甘蔗29.80万公顷、森林500万公顷、能繁殖母猪110万头、育肥猪420万头、奶牛9万头、鸡只4800万羽，开发烟叶、葡萄等地方特色农业。全年实现保费收入4.97亿元，增长80%；赔付3.95亿元，受益农户34.46万户。推动大病保险试点范围覆盖7个地级市2000多万群众，为3.75万人次报销大病医疗补贴1.94亿元，报销率比大病保险制度实施前提高16个百分点。校园方责任险、承运人责任险、养老机构责任险实现全覆盖；承运人责任保险单台车限额提升至40万元；电梯安全责任险启动试点；新型建工意外险南宁模式向全区推广。

风险防范　编订模板化《人身保险基层机构满期给付和退保风险应对处置暗访式演练要点》，供基层公司使用，要求各地协会组织演练进行测评；出台利用视频、音频监控设备防范风险规定，提高保险机构突发事件应急处理能力。构建联防、联动、联控“三联协同，打防结合”案件风险立体防控机制；出台《保险案件风险管理评价办法》，完成对辖内保险公司案件风险管理评价；先后督导12家机构对28名责任人进行案件责任追究；组织辖内34家省级保险机构和94家中介机构开展非法集资风险排查和打击非法集资宣教活动；建立2006年以来辖内保险司法案件台账和问责台账；系统清理产寿险公司案件风险点。至年末，保险公司共报告司法案件4件，未发生因保险案件引发的群体性事件。

【保险市场管理】 2014年，广西保监局派出39个检查组246人次对19家省级保险公司及其分支机构、7家中介机构进行现场检查；依法对12家保险分支机构及16名责任人进行行政处罚，罚款186万元，警告16人次，促使1家保险代理公司、2家保险兼业务代理机构主动注销。开展规范性文件清理，规范性文件从132件减少到28件；实施机动车辆客户信息真实性管理制度；印发《广西保监局关于规范政策性农业保险经营有关问题的通知》。联合自治区财政厅、金融办出台《关于进一步规范政策性农业保险市场的指导意见》，规范农业保险经营；开展保险远程出单点改革试点，激发市场活力。

【保护消费者合法利益】 2014年，把保护保险消费者利益作为监管的出发点、落脚点，维护好保险消费者合法权益。推广轻微道路交通事故快处快赔南宁模式，提升车险理赔效率；开展客户信息清查补正，加强客户信息真实性检查；与质监部门联合出台《机动车辆保险理赔服务质量规范》《机动车辆保险理赔服务质量测评指标体系》，出台《广西人身保险服务提升纲要》《广西人身保险理赔基本服务指引》。全年自治区保险业参与调处案件5762件，成功率83%以上；落实社会监督员制度，建立监督员意见建议限时办结制；依法查处违法违规案件，辖内保险信访投诉逆势下降。　（何滕华）

2014年驻南宁市保险公司名录

财产保险公司(31家)

北部湾财产保险股份有限公司　中国人民财产保险股份有限公司广西分公司　中国太平洋财产保险股份有限公司广西分公司　中国平安财产保险股份有限公司广西分公司　华安财产保险股份有限公司广西分公司　天安保险股份有限公司广西分公司　中国大地财产保险股份有限公司广西分公司　安邦财产保险股份有限公司广西分公司　都邦财产保险股份有限公司广西分公司　阳光财险保险股份有限公司广西分公司　渤海财产保险股份有限公司广西分公司　太平财产保险有限公司广西分公司　永诚财产保险股份有限公司广西分公司　华泰财产保险股份有限公司广西分公司　鼎和财产保险股份有限公司广西分公司　天平汽车保险股份有限公司广西分公司　中国人寿财产保险股份有限公司广西分公司　中银保险有限公司广西分公司　紫金财产保险股份有限公司广西分公司　北部湾财产保险股份有限公司广西分公司　中国出口信用保险公司南宁营业管理部　中国人民财产保险股份有限公司南宁市分公司　中国太平洋财产保险股份有限公司南宁中心支公司　中国平安财产保险股份有限公司南宁中心支公司　中国大地财产保险股份有限公司南宁中心支公司　天安财产保险股份有限公司南宁中心支公司　太平财产保险有限公司南宁中心支公司　永诚财产保险股份有限公司南宁中心支公司　阳光财产保险股份有限公司南宁中心支公司　安邦财产保险股份有限公司南宁中心支公司　鼎和财产保险股份有限公司南宁中心支公司

人寿保险公司(19家)

中国人寿保险股份有限公司广西分公司　中国太平洋人寿保险股份有限公司广西分公司　中国平安人寿保险股份有限公司广西分公司　新华人寿保险股份有限公司广西分公司　泰康人寿保险股份有限公司广西分公司　平安养老保险股份有限公司广西分公司　太平人寿保险有限公司广西分公司　中国人民人寿保险股份有限公司广西分公司　信诚人寿保险有限公司广西分公司　民生人寿保险股份有限公司广西分公司　合众人寿保险股份有限公司广西分公司　生命人寿保险股份有限公司广西分公司　阳光人寿保险股份有限公司广西分公司　泰康养老保险股份有限公司广西分公司　中国人寿保险股份有限公司南宁分公司　中国太平洋人寿保险股份有限公司南宁中心支公司　新华人寿保险股份有限公司南宁中心支公司　太平人寿保险有限公司南宁中心支公司　中国人民人寿保险股份有限公司南宁分公司

责任编辑　乃东昇

经济管理与监督

宏观经济管理

【经济调节与监测预测】 2014年，南宁市应对国际金融危机的后续影响，提出切实可行的发展目标、任务。市发改委结合实际编制全市2014年经济和社会发展计划、专项计划，加强计划执行管理，每季度展开经济运行分析，把握全市经济和社会发展情况特别是产业、投资、民生等重点领域中的主要矛盾与突出问题，提出对策措施，向市四家班子提交经济分析报告，促进经济和社会发展计划各项目标任务完成。

【年度计划编制】 2014年初，南宁市编制年度经济和社会发展计划，提出地区生产总值和全社会固定资产投资的目标责任分解方案，并征求有关责任单位意见。4月1日，市委、市政府下发《中共南宁市委　南宁市人民政府关于印发南宁市2014年地区生产总值和全社会固定资产投资目标责任分解表的通知》，主要预期目标：生产总值增长10%，规模以上工业增加值增长16%，财政收入增长10%，全社会固定资产投资增长18%，社会消费品零售总额增长14%，居民消费价格总指数涨幅控制在4%左右；进出口总额增长8%，其中出口增长8%，外商直接投资增长8%；环境空气质量（AQI指数）优良率保持在75%，万元生产总值能耗、主要污染物排放量控制在自治区下达的目标以内；城镇化率59.20%，人口自然增长率9‰，城镇居民人均可支配收入增长10%，农村居民人均纯收入增长12%，城镇新增就业人数7.50万人，城镇登记失业率低于4.50%。

【专项计划编制】 2014年，南宁市编制下达城市建设计划3期，下达年度计划投资380.83亿元，安排项目689个。其中：建设项目518个，年度计划投资382.95亿元；前期工作项目275个。编制下达市本级财政预算内资金基本建设投资计划，安排市本级财政资金3.50亿元，建设项目32个。编制下达市本级财政预算内资金教育基本建设投资计划，安排资金17.19亿元；其中市财政资金15.66亿元，中小学校建设项目107个，职业教育学校建设项目16个。编制下达市农业投资计划，涉及农田水利前期工作投资、小型农田水利建设项目、标准化健康养殖项目、贫困地区和革命老区通屯水泥道路、农产品标准化生产示范基地建设项目等，计划投资3.81亿元，市财政安排资金2亿元。编制下达市节能减排项目计划，安排节能减排专项资金2000万元，支持项目建设55个（节能项目26个、减排27个、节水1个、能力建设1个），投资2.53亿元。编制下达市基本建设项目前期工作计划，市财政安排资金2710万元，用于24个项目前期、29个课题规划以及其他专项工作。

【国民经济和社会发展计划执行】 2014年，南宁市经济和社会发展计划执行情况总体良好，经济增速高于全国、与自治区持平。主要完成情况：地区生产总值3148.30亿元，增长8.50%，低于年度计划1.50个百分点；规模以上工业增加值881.17亿元，增长10.80%，低于年度计划5.20个百分点；财政收入526.60亿元，增长11.20%，高于年度计划1.20个百分点；全社会固定资产投资2886.68亿元，增长18.70%，高于年度计划0.70个百分点；社会消费品零售总额1616.90亿元，增长12.10%，低于年度计划1.90个百分点；居民消费价格总指数涨幅1.60%，控制在4%以下；外商直接投资（广西全口径）6.40亿美元，增长10.20%；农村居民人均纯收入8576元，增长11.60%；城镇新增就业人数8.58万人，城镇登记失业率2.95%，人口自然增长率8.04‰；城镇化率57.90%。

【重点项目管理】 2014年，南宁市投资规模1亿元以上自治区层面、市级层面统筹推进重大项目489个，总投资7674.73亿元，年度计划投资781.70亿元，累计完成747.45亿元，年度完成投资率95.61%。其中：新开工项目148个，年度计划投资225.81亿元，完成投资194.34亿元；续建项目182个，年度计划投资414.27亿元，完成投资420.11亿元；竣工、投产项目58个，年度计划投资123.13亿元，完成投资113.18亿元。

【财政性资金投资项目管理】 2014年，南宁市按《国务院办公厅关于加强和规范新开工项目管理的通知》规定，严格执行基本建设程序，做好项目建议书、可行性研究、初步设计等前期准备工作，凡不

6月26日，自治区副主席陈刚（前中）带领自治区有关部门领导检查南宁市轨道交通1号线土建施工13标（麻村站）建设情况　　市安全生产监督管理局提供

按程序报批的项目，不拨付建设资金，不办理开工手续；严格按照计划时间推进建设，计划下达时明确项目开、竣工时间，要求项目业主严格按照要求开展工作。市发展和改革委员会、市财政局按时间要求进行督查，填报进度，并要求项目业主登录南宁市固定资产投资项目信息管理系统填报进度信息。

【资金筹措】 2014年，南宁市获中央预算内投资8.95亿元，国家节能减排财政政策综合示范城市综合奖励资金3年15亿元、广西北部湾经济区重大产业发展专项资金4450万元。棚户区改造获国家开发银行贷款授信120亿元。南宁城建投资集团等通过信托、中期票据等方式融资128.30亿元。南宁绿港建设投资集团发行企业债券5亿元。首批11家科技型中小企业获专利质押贷款1933.40万元。

【开放合作】 2014年，南宁市以中国—东盟博览会为平台，依托"一带一路""双核驱动"战略，拓展对外开放合作。

"一带一路"合作 开展《南宁在海上丝绸之路建设中的战略定位》《发挥"南宁渠道"作用，服务中国—东盟合作升级》课题研究。组织北部湾经济区4个重点产业园区（南宁高新区、南宁经开区、广西—东盟经济技术开发区、南宁六景工业园区）参加自治区组织举办的赴浙江省宣传推介活动。联合区外城市，探索区域合作的新机制，联手开拓东盟市场，共同融入北部湾经济区开放开发，为东盟各国企业进入泛珠三角区域、西南地区和中国企业走向东盟架起桥梁、搭好平台，形成中国与东盟合作交流的"南宁渠道"。

泛珠合作 泛珠三角九市（福州、南昌、长沙、广州、南宁、海口、成都、贵阳、昆明）市长共同签署《泛珠三角区域省会城市合作共同宣言（2015—2025年）》，九市金融部门签署《泛珠三角区域省会城市金融合作框架协议》。南宁市落实《泛珠三角区域省会城市合作共同宣言（2015—2025年）》，建立信息报送机制，定期将落实共同宣言情况报送自治区泛珠办。走访考察禾田投资集团有限公司，开展电子信息、标准厂房等专题招商。

"双核驱动"战略启动 编制完成珠江—西江经济带发展规划，配合完成修订北部湾经济区发展规划，全面启动"双核驱动"战略，计划实施"双核驱动"战略重大项目156个，其中近期（2014—2017）119个，项目覆盖基础设施、工业、社会民生、生态环保、社会管理等方面。

北部湾四市同城化与七市一体化进程 南宁市组织参加北部湾七市（南宁、北海、钦州、防城港、玉林、崇左、百色）一体化第七次会议。配合自治区研究出台户籍同城化、交通同城化专项实施方案；加快推进北部湾经济区同城化，深化北部湾经济区经济管理、行政管理和社会管理体制改革，加快同城化发展，努力构建"交通同网、产业同链、设施同布、信息同享、环境同治、金融同城、旅游同兴、人才同育、口岸同关"的同城化运行机制。

（市发展和改革委员会）

统计管理

【概　况】 2014年，南宁市统计局内设科室13个，辖数据管理中心、普查中心2个事业单位，有职工74人。开展第三次全国经济普查活动，实施专项统计调查40多项，做好统计服务，发行统计公共产品2000册。

【第三次全国经济普查】 2014年1月1日起，市统计局履行经济普查工作职责，开展第三次全国经济普查，组织1万多名普查员手持PDA移动数据采集设备进入个体户及各普查单位，开展经济普查入户登记、普查数据上报；年内，完成年度经济普查，完成任务数占自治区任务25%。

【专项统计调查】 2014年，南宁市根据国家统计局、自治区统计局的要求布置，实施40多项各专业定报、年报和抽样调查，夯实拓展基本单位名录库，做到统一完整、不重不漏，客观如实。定期召开国民经济核算部门联席会议制度，提高部门、行业统计数据质量。

【统计服务】 2014年，市统计局围绕市委、市政府中心工作和经济运行中的热点、难度问题，加强对经济总量、农业、工业、能源、固定资产投资、城乡居民收入等方面的统计监测和分析，每月编辑出版《南宁经济动态月报》《南宁工业动态月报》《南宁投资动态月报》《广西区辖各市信息交流月报》各1期，撰写《统计快报》《统计分析》等统计分析文章100多篇。每季度举办统计新闻发布会1次；统计新闻发布会与国家统计局南宁调查队联合发布，邀请中央电视台、新华社、《广西日报》、广西电视台等驻邕媒体出席，由新闻发言人发布统计数据，详细解读数据。建设完善统计门户网站，加强统计新闻宣传，主动公开统计信息1000多条；建设统计服务的窗口，受理公开数据咨询400多次；为各种重要报告、会议提供及核对数据1万多笔；发行《南宁统计年鉴》《南宁市情手册》《统计公报》（单行本）等统计公共产品2000多册。开展统计主题调研活动，完成南宁市现代服务业发展调研主题活动、乡镇经济发展调研主题活动，形成统计调研报告报市委、市政府，其中《南宁市现代服务业特点分析及发展对策建议》获市长批示，并在国家统计局期刊《经济视野》2014年第3期发表。

【企业一套表联网直报】 2014年，市统计局以深化企业一套表联网直报作为统计工作的重点抓紧抓好，通过完善机构、细化任务、强化督导、加强联系、做好服务，形成企业一套表工作的良好氛围；以培训动员为途径，对填报企业进行统计法规、报表制度、报表填写、报表审核等专业流程培训指导；以跟踪服务为手段，指定专人填报企业，做到企业提出问题即时解答、上门指导、跟踪解决，提供网络维护、程序操作、业务指导等多项服务。全市规模以上工业、资质建筑业和房地产业、限额以上批零住餐业、规模以上服务业3381家，企业一套表上报率100%。

【基层基础统计】 2014年，市统计局投入经费138.30万元，为全市127个乡镇级节点配置专用电脑、办公软件，为县（区）购置三层网络交换机、网络设备机柜采购费用、UPS不间断电源等硬件设备，将基本单位名录库更新维护节点延伸到全市所有乡镇（街道）辖区内所有法人单位、产业活动单位。做好"十佳乡镇"评比，在初步测评及实地核查的基础上，提出初选名单提交市委、市政府进行表彰。举办全市乡镇街道办分管领导、统计人员进行业务培训（已连续第3年），培训人员400人。

（李鸿宽）

审　计

【概　况】 2014年，南宁市审计局设办公室、法规科、人事科、企业审计科、行政事业审计科、财政金融审计科、农业与资源环保审计科、外资运用审计科、固定资产投资审计科、社会保障审计科、纪检监察室以及经济责任审计办公室（正科级内设机构，主任为副处长级）12个职能科室，另设局机关党总支，下属单位南宁市公共投资审计中心（全额财政拨款参公副处级事业单位）；有编制68名（行政编制62名、后勤控制数6名），实际在编61人。至年末，市、县两级审计机关完成审计项目195项（市本级完成52项），查出主要问题金额162.67亿元（市本级143.67亿元）；通过上缴财政、减少财政拨款及归还原渠道资金等促进增收节支1.93亿元（市本级6039万元）；核减工程造价12.88亿元（市本级6.49亿元）；提出审计建议541条（市本级195条）。市本级向司法、纪检监察机关和其他部门移送案件线索、事项7件，提交审计信息、要情、专报64篇，获采用、市领导批示39篇（次）。8月至10月，市审计局组织市本级及县（区）审计机关80名审计人员参加审计署统一组织开展的广西土地出让收支和耕地保护情况审计，异地交叉审计3个月，按期按质完成上级交给的审计任务。

【县区审计】 2014年，南宁市13个县区（含广西—东盟经济开发区）审计机关完成审计项目157项。其中：预算执行情况审计52项、专项资金审计37项、行政事业审计48项、固定资产投资审计13项、企业审计4项、社保类审计2项、财政决算审计1项。查出问题金额18.99亿元，应上缴财政9302万元，核减工程投资金额6.38亿元；审计移送处理事项2件，涉及金额95万元。

【预算执行审计】 2014年，南宁市两级审计机关按照“审计服务发展，审计促进和谐，审计关注民生”的理念，以推动健全政府预算体系、盘活财政资金存量、优化财政资金分配、调整财政支出结构、促进资源优化配置和提高资金使用效益为目标，重点审查收支预算的完整性和财政收支、转移支付的规范性以及各项政策的贯彻落实情况，特别关注中央“八项规定”“六条禁令”、国务院“约法三章”等政策执行情况。完成预算执行审计、财政决算审计项目61项，查出问题金额17.11亿元。

【政府投资工程审计】 2014年，南宁市两级审计机关抓住重点项目、重要环节、重点内容，重点关注政府职能部门、项目业主在项目建设管理过程中的职责履行情况，加大对征地拆迁、工程招投标、设备材料采购、资金管理使用和工程质量管理等重点环节的审计监督，开展南宁轨道交通等重大投资工程项目的跟踪审计。开展跟踪审计17项（市本级6项），审计金额218.86亿元，涉及问题金额2021.26万元，提出审计建议32条，核减工程投资1590万元；开展政府投资工程预结算审计1.07万项，审计金额125.06亿元，核减投资额12.88亿元，发现问题金额1.68亿元。

【行政事业审计】 2014年，南宁市两级审计机关重点查处二级预算单位未及时足额上缴预算收入、坐支应缴财政资金、工程项目未按规定实行公开招投标或政府采购、项目建设未按规定办理审批报建手续、违规签订长期合同变相出让国有划拨土地、挤占挪用财政资金、私设“小金库”、违规发放各种补贴等问题；加强对医院、学校和市直部门二级预算单位年度预算执行、资金管理使用、国有资产对外投资、工程项目建设管理、“三公经费”和会议费等方面的审计监督；开展行政事业审计（调查）项目48项，查出问题金额2.58亿元。

【农业与资源环保审计】 2014年，南宁市两级审计机关加大对农村环境治理、沼气项目、“美丽南宁·清洁乡村”等项目资金的审计力度，参加国家审计署统一组织的全国土地出让收支和耕地保护情况审计，揭露查处浪费资源和破坏环境的违法违规行为；开展资源环保审计项目23项，查出问题金额8072万元；市本级审计中心审计资源、环保工程项目结算16个，核减工程造价3524.77万元。

【经济责任审计】 2014年，南宁市两级审计机关重点加强任中审计力度，召开联席会议18次，联席会议组织督查或专项检查经济责任审计工作12次，把落实中央八项规定精神的相关情况作为经济责任审计的重要内容，着力监督和检查领导干部依法依规、尽职尽责等情况；开展经济责任审计项目85项，查出领导干部负有相关责任的问题金额4.36亿元，提出审计建议145条，移送案件线索7件。

【社会保障资金审计】 2013年12月至2014年2月，根据国家审计署、自治区审计厅统一安排，市审计局组织开展对市本级及六县六区2013年城镇保障性安居工程跟踪审计，采取同级审计的方式，重点对棚户区改造安置、保障性住房分配和管理情况进行审计；向市政府上交审计发现关于南宁市在城镇保障性安居工程建设管理、分配和后续管理等方面存在问题的专题报告，获市政府主要领导批示。

【国有企业审计】 2014年，市审计局对南宁市2013年度整合重组范围内的7家国有企业开展资产负债审计，重点关注企业国有资产经营管理现状和造成国有资产流失的管理漏洞，对企业在重组整合过程中涉及的企业资产划转、股权转让、对外投资等影响国资权益的事项进行重点审计，揭示、查处违纪违规问题一批。

【审计整改】 2014年，南宁市两级审计机关加强审计整改工作，建立和完善审计整改报告、跟踪检查、督查考核、绩效考评、结果通报、责任追究等审计整改机制；督促各级各部门通过上缴国库、归还原资金渠道、补缴税款、调整账目等方式整改，完成整改的问题涉及金额9.61亿元，整改率98.46%。

【审计质量建设年】 2014年，市审计局开展审计质量建设年活动，完善决策机制，加强审计质量控制，建立、完善审计项目审理制度，修改、印发《南宁市审计局重大行政决策程序规定》《南宁市审计局审计项目审理工作暂行办法》等审计质量控制制度，提高审计质量；有3个审计项目被评为自治区优秀审计项目，南宁市审计学会获全国先进社科组织称号。 （吴丽霞）

物价管理

【概　况】 2014年，南宁市深入推进价格改革，加强价格调控监管，提升价格服务水平，保持全市价格总水平基本稳定，全市居民消费价格总指数101.6，低于自治区、全国水平。

【价格调控】 2014年，南宁市居民消费价格总指数涨幅控制目标4%左右。

调控措施与价格走势　实行居民消费价格总指数涨幅控制目标责任制，将调控目标任务分解到各县（区）人民政府和物价、商务、工商、粮食、农业（含水产畜牧）、财政等部门，定期对控价目标完成情况进行通报，研判市场价格运行情况。年内，全市价格总水平呈平稳运行态势，居民消费价格总指数上涨1.6%，低于预期目标2.4个百分点，分别低于全国、自治区平均水平0.4、0.5个百分点。1月至12月，月度环比涨幅分别为0.3%、0、-0.3%、0.1%、-0.1%、-0.1%、0.1%、0.2%、0.6%、-0.2%、0.1%、0.1%；月度同比涨幅分别为2.8%、1.9%、2.8%、2.5%、2%、1.9%、2%、1.3%、0.5%、0.4%、0.7%、0.8%；重要商品价格没有出现大起大落现象。与上年同期相比，构成居民消费价格总指数的八大类商品和服务价格呈“四升四降”格局。其中：食品类、娱乐教育文化用品及服务类、医疗保健和个人用品类、居住类商品价格分别上涨4.1%、2.5%、1.5%、1.2%，衣着类、家庭设备用品及维修服务类、烟酒类、交通和通信类商品价格分别下降2.8%、1.9%、1.4%、0.3%。在八大类中，食品类价格成为影响居民消费价格最主要的因素，拉动价格总水平上涨1.4个百分点。从全年居民消费价格总水平运行情况来看，2013年商品和服务价格上涨对2014年居民消费价格总水平上涨的翘尾影响1.3个百分点，贡献率81.20%；2014年新涨价因素影响0.3个百分点，贡献率18.80%。

市级重要储备与价格调节基金　4月，市政府下发《南宁市重要商品价格调控储备工作方案（试行）》，将食用油、猪肉、牛肉、鲜蛋、蔬菜五大类生活必需品列入全市价格调控储备体系，建立商品的调节性库存，通过吞吐库存来平衡市场供求、平抑或稳定市场价格、应对突发事件。至年末，全市征收入库价格调节基金1.89亿元。

农副产品平价销售　南宁市有农副产品平价销售点40个，主要分布在中低收入群体较集中、交通便利、百姓生活成本高、基础设施较健全的区域，日常供应平价蔬菜15种。元旦、春节前后，限时限量限价推出“一元菜”（芥菜、生菜、春菜）3种，春节前推出平价猪肉（每千克低于市场价2元）、平价鸡蛋（每千克低于市场价1元）。全年全市销售平价猪肉（平价精瘦肉、五花肉、排骨、猪腿肉）9.11万千克、平价牛肉2000千克、普通红皮鸡蛋3.94万千克、平价蔬菜1000万千克（其中“一元菜”销售28万千克），减轻市民负担800万元。

物价补贴联动机制　出台《南宁市完善社会救助和保障标准与物价上涨挂钩联动机制实施意见》，完善以政府为主导，以居民消费价格指数（CPI）为依据，以低收入群众为对象的临时价格补贴联动机制。当CPI月度涨幅连续3个月超过3%时，启动物价补贴联动机制，向困难群众发放价格临时补贴；当连续3个月CPI同比涨幅回落到3%以内时，停止运行联动机制，停止发放价格临时补贴，确保低收入群体生活不因价格上涨而受影响。

价格监测　年内，市物价局对原有的监测点及监测品种进行扩充调整，监测点由原来13家农贸市场扩大至19家，监测品种由原来19种增加至42种生活必需品。在超市、机电设备、房产交易、国土、果蔬批发、粮食、生猪养殖、屠宰、金属、石化、供销、建材、石油、运输、市场交易、农业生产资料、蛋品批发、白糖等行业设置近40个监测点。全年向国家上报325个品种近3万条价格监测数据，数据质量在全国36个大中城市名列前茅；完成价格调研文章7篇，价格监测信息13篇，价格形势分析15篇。

价格信息发布　构建以南宁价格信息网为主阵地，网络、电视、平面媒体、手机短信等多形式、多平台、覆盖广的价格信息发布和宣传渠道。利用价格监测数据，不定期通过门户网站和新闻媒体向社会发布市场供求和价格信息，引导市民理性对待市场价格变化，稳定心理预期。2月，在南宁价格信息网发布信息《南宁市生猪价格进入中度下跌黄色预警区间》，引导养殖户合理调整生猪养殖结构。5月，发布信息《南宁蛋价一周涨幅近二成》，引导鸡蛋批发和零售企业积极组织货源，确保供需稳定。10月，监测石油、液化气、生姜等商品价格波动，公开发布价格变动情况。

【价格管理】

涉农价格　2014年，南宁市严格执行自治区规定的每吨440元普通糖料蔗收购首付价与每吨6600元一级白砂糖平均含税销售价格挂钩联动政策，对2013/2014榨季糖料蔗收购价格实行提前联动，公布政策、糖料蔗良种加价幅度、糖料蔗二次结算价格。落实自治区稳定蚕茧收购价政策，上半年蚕茧收购实行政府指导价，桑蚕鲜茧标准品（干壳量8.60克，上茧率100%）无税收购中准价格1800元±10%每50千克；下半年，按自治区物价局放开种子、桑蚕茧和两碱外工业用盐价格等商品价格管理方式的要求，蚕茧收购实行市场调节价。

医药价格　调整市第一人民医院自配药物制剂价格；核定市第一人民医院新门诊综合大楼、市第二人民医院外科医技综合楼、市第五人民医院新门诊大楼、市福利中医医院、江南区福建园石柱岭社区卫生服务中心病房床位价格；核定市第二、第五人民医院床位费加收新一代抗菌卫生整理剂价格；完成市第二人民医院“B型钠尿肽前体（PRO-BNP）测定（电化学发光法）”等六项、市第三人民医院降钙素原检测（电化学发光法）项目医疗服务价格审定；核定市妇幼保健院、广西—东盟经济技术开发区（南宁华侨投资区）医院、市福利中医医院、南宁重阳护理院、南宁广济高峰医院、江南区福建园石柱岭社区卫生服务中心医疗机构服务价格标准；参与开展医保定点机构“严管年”活动；对申请城镇基本医疗保险定点的医疗机构和零售药店进行现场核查及复查，检查医疗机构11家、零售药店107家；参与2013年度城镇基本医疗保险定点医疗机构和零售药店年检，抽查医疗机构16家、零售药店129家，发出整改限期通知书，整改率100%，基层医疗机构药品差错率0%。

客运票价　重新核定西乡塘客运站、金桥客运站、南宁展通会议服务有限公司及上林县、宾阳县部分道路班线客运票价。2014年1月春运前夕，市物价局组织召开南宁市2014年春运道路旅客运价政策提醒告知，召集全市6个客运站进行春运道路客运价格政策宣讲和提醒告知。

公交线路票价　落实市政府2014年为民办实事项目更新400辆空调公共汽车子项目要求，批复24条公交线路票价，确保2014年全国体操锦标赛、第45届世界体操锦标赛公交运输线路及新购置公交车及时投入运营。

城市供水价格　4月1日，实行新的城市供水价格政策，将用水类别分为居民生活用水、非居民生活用水和特种用水3类，居民生活用水实行阶梯水价，对五保对象、低保对象等低收入群体生活用水的价格予以政策照顾。

电　价　对自治区主电网供电、受电变压器315千伏安以上的大工业用电恢复执行丰枯水期季节性电价；对全市淘汰类水泥企业实现差别电价，在现行目录销售电价基础上加价，运用价格手段促进水泥行业进行结构调整。9月1日起，调整南宁良庆水利电业有限公司综合趸售电价；转发文件给市级供电企业统一执行自治区下达的综合趸售电价以及上网电价；调整城乡居民住宅小区公用附属设施用电价格，由执行一般工商业电价改为按居民合表户电价（从事生产、经营活动用电除外）；农业排灌用电类别归并至农业生产用电类别，执行农业生产用电价格。审核新建住宅项目公共服务部分供配电设施建设成本，制定新建住宅项目配套公共服务设施用电总容量超出小区“一户一表”总容量15%的部分的收费标准。

保障性住房价格　调整鑫利华花城多层和小高层住宅、澳华花园71#楼多层住宅、邕宁区滨江幸福小区高层住宅、江南区乐贤路昊壮·上乐湾等4个经济适用住房项目的最高销售价格，涉及住宅建筑面积约32.23万平方米；核定富士康人才公寓项目限价普通商品住房最高销售价格；核定青秀区凤岭佳园、邕宁区龙岗商务区A13A14号、A6A7号等3个拆迁安置房项目全产权房销售价格。

保障性住房管道燃气安装价格 调减廉租住房、政府投资或用BT（建设—移交）模式建设的公共租赁住房、经济适用住房项目的管道燃气小区工程安装费，收费标准由每户1500元减至700元。

住宅小区物业服务收费标准 出台《南宁市住宅小区物业服务收费管理实施细则》，明确住宅小区物业服务收费的价格管理方式、收费项目、收费范围、计费方式、等级收费、等级评定、备案办理程序、成本构成要素、利用物业共用部位和共用设施设备进行经营并收取费用应履行的程序等。

【收费管理】

收费年审 2014年，市物价局加强对涉及教育、房产、评估、工程监理、造价咨询、律师、机动车检测、机动车停放等各行业服务性收费年审，重点审验2012年以来免征小型微型企业部分行政事业性收费和取消253项涉及企业行政事业性收费的政策执行情况。其中全市2013年度行政事业性收费年审应审单位897家（含副本单位），参审单位892家，审验率99.44%，涉及行政事业性收费项目209项（一级科目），审验金额15.56亿元。

车辆停放服务收费 制定《南宁市车辆停放服务收费管理办法》，调整服务收费标准，规范车辆停放服务价格、经营者价格行为、车辆停放者权益保障、车辆停放服务收费监督管理、违法处罚等内容，将住宅小区机动车、非机动车停放服务收费纳入监管范畴，12月1日起执行。实施后，城市道路停车泊位机动车停放收费标准：一类区域一级道路2.5元/辆·15分钟；一类区域二级道路及二类区域一级道路2.0元/辆·15分钟；二类区域二级道路1.5元/辆·15分钟；三类区域5.0元/辆·15分钟。收费时段：7:00–22:30；22:30–次日7:00免费。路外停车场机动车停放收费标准：计时收费的，前2个小时5元，之后每小时2元，24小时最高限价20元；计次收费的，白天5元，夜间10元。住宅小区机动车停放收费标准：7时–20时（含），室外3元/辆·次，室内5元/辆·次；20时–次日7时（含）室外6元/辆·次，室内8元/辆·次。住宅小区非机动车停放保管收费实行政府指导价，电动自行车最高限价：7时–20时（含），室外0.5元/辆·次、室内1.0元/辆·次；20时–次日7时（含），室外1.5元/辆·次，室内2.0元/辆·次。其他停车场非机动车停放保管收费实行政府定价，电动自行车临时停放按次收费，7时—20时（含）1.0元/辆·次，20时—次日7时（含）2.0元/辆·次。

教育收费 核定市第八中学相思湖校区、第二十中学、第三十四中学公寓式学生宿舍住宿费收费标准，调整市北部湾美术中学、兴宁区畅春湖学校、青秀区仙葫新世纪学校、西乡塘区爱华小学、东盟黄冈中学、运德汽车运输职业学校等11所学校收费标准。市物价局指导各城区、开发区物价部门检查、规范民办幼儿园收费行为，纠正擅自提高收费标准、在规定收费项目外变相收费等行为。落实2014年春季中小学教材价格政策，牵头组织核定配套教育设施建设费收费标准，对市政府《关于推进新建住宅项目配套教育设施建设的实施意见》中关于"配套教育设施建设费（资金）征收方式"多次提出修改意见。

【价格监督检查】

2014年，市物价局组织开展涉企收费、教育收费等专项检查，重点检查市建委、规划、住房、交通、环保、工商、消防、教育等部门的收费行为；加强节假日和重大活动期间市场价格监管。全年市本级查处价格违法案件92件，落实经济制裁64.93万元，其中没收违法所得12.41万元，责令退款21.27万元，罚款31.25万元，答复办理价格咨询举报1.05万件，其中立案调查403件，查处价格违法案件73件，实施经济制裁42.88万元，协调办理退款16件，退款83.49万元。

停车保管服务收费专项整治 开展车辆停放保管服务收费集中整治行动5次，重点整治重点路段、问题突出、投诉集中、商业圈停车场（点）等区域收费行为，严查重罚不明码标价、超过规定标准收费等价格违法行为，处罚经营单位（场、点）70家，罚款金额11.60万元。

农贸市场与零售商业明码标价整治 打造西乡塘区万秀农贸市场明码标价示范点，定期进行指导；规范市中心60多家农贸市场和经营户标价行为，发放标价签1.20万张；规范大型零售企业的明码标价，检查南宁百货等大中型商场（超市）20多家，对南百超市南宁新世界店不按照规定明码标价的价格违法行处以3000元罚款。

【"两会一节一赛"价格监管】 2014年9月至10月"两会一节一赛"（中国—东盟博览会、中国—东盟投资峰会、南宁国际民歌艺术节、第45届世界体操锦标赛）期间，市物价局设计新版商品通用标价签，在景区、燃气、物业、农贸、商业街、专业市场等行业发放《关于实行新版商品通用标价签的通知》2.70万份。8月16日起，停用原旧版通用商品标价签，实行新版商品通用标价签。组织开展价格政策法规提醒告诫会，参加酒店、餐饮、客运站、停车场、出租车、商场超市、食品供应商、行业协会人员100多人。成立4个检查组对会展中心、体操世锦赛场馆、主要商业街区、重要旅游景区、停车场等重点区域，交通运输、住宿餐饮、购物娱乐、食品供应基地等

2014年全国、广西、南宁居民消费价格指数

基数为100

月份	居民消费价格指数		
	全国	广西	南宁
1月	102.5	102.8	102.8
2月	102.0	102.6	101.9
3月	102.4	102.9	102.8
4月	101.8	102.5	102.5
5月	102.5	102.8	102.0
6月	102.3	102.5	101.9
7月	102.5	102.5	102.0
8月	102.0	101.7	101.3
9月	101.6	101.1	100.5
10月	101.6	101.2	100.4
11月	101.4	101.5	100.7
12月	101.5	101.4	100.8
全年	102	102.1	101.6

重点行业进行监督检查，对粮油、肉蛋菜等居民生活必需品价格进行重点监测、监管。9月1日至10月12日，市物价部门出动检查人员1200多人次，检查商贸、餐饮、宾馆、农贸市场、交通、旅游景点、农副产品供应基地、成品油等经营者（单位）1660多家，发放《价格政策法规宣传手册》《价格政策法规常识》《贯彻价格政策法规提醒告诫函》等宣传资料3000余份，解答价格咨询200余次，指导帮助经营者规范其价格行为，纠正经营者价格行为160家，处罚价格违法行为33家，罚款5.48万元，退款2.36万元。

【价格服务】

价格认证　2014年，市物价局做好涉案财物价格鉴定和面向社会的价格认证，重点推进涉税财物价格认定、涉纪检监察案件财物价格认定。全年办理价格认证业务3336宗，鉴定标的金额28.16亿元。其中：涉刑事案件2672宗，鉴定金额1.10亿元；行政执法类案件16宗，鉴定金额252.86万元；涉税财物价格认定646宗，金额25.79亿元；涉纪案件价格认定2宗，认定金额1.24亿元。

价格成本调查监审　抓好成本调查基础工作，做好农产品成本调查分析研究和成果的运用。年内，完成景区（景点）、物业等服务行业的成本监审，核减成本金额182.79万元，核增成本金额6.12万元。

行政审批权限下放　2月21日起，向城区、开发区物价部门下放民办学历教育机构的学费、住宿费和热水费收费标准定价审批权限。（滕宗良）

2014年南宁市居民消费价格指数

基数为100

项目名称	累计比（以上年同期为基期）	项目名称	累计比（以上年同期为基期）
居民消费价格总指数	101.6	3．鞋袜帽	99.7
一、食品	104.1	4．衣着加工服务费	99.1
1．粮食	101.9	四、家庭设备用品及维修服务	98.1
2．淀粉及制品	103.2	1．耐用消费品	96.8
3．干豆类及豆制品	104.9	2．室内装饰品	100.9
4．油脂	92.9	3．床上用品	97.6
5．肉禽及其制品	103.5	4．家庭日用杂品	99.8
6．蛋	108.7	5．家庭服务及加工维修服务	100.5
7．水产品	109.6	五、医疗保健和个人用品	101.5
8．菜	102.6	1．医疗保健	102.2
9．调味品	104.0	2．个人用品及服务	99.8
10．糖	99.7	六、交通和通信	99.7
11．茶及饮料	100.2	1．交通	100.3
12．干鲜瓜果	119	2．通信	98.9
13．糕点饼干面包	100.1	七、娱乐教育文化用品及服务	102.5
14．液体乳及乳制品	102.3	1．文娱用耐用消费品及服务	95.3
15．在外用膳食品	100.9	2．教育	105.7
16．其他食品	100.1	3．文化娱乐类	101.3
二、烟酒	98.6	4．旅游	101.9
1．烟草	100.0	八、居住	101.2
2．酒	97.5	1．建房及装修材料	103.4
三、衣着	97.2	2．住房租房	101.2
1．服装	96.2	3．自有住房	101.6
2．衣着材料	100.0	4．水、电燃料	99.4

工商行政管理

【概　况】　2014年，南宁市推进商事制度改革，把设立500万元人民币以下（不含500万元）的内资企业名称预先核准、设立、变更、注销登记、备案及企业年报等登记注册事权调整下放城区工商局（分局），优化企业发展环境。创新监管理念和方式方法、市场准入管理模式、工商行政指导方式，强化市场监管职能，加大反垄断、反不正当竞争以及商标、广告执法工作，加强重点领域、重点商品抽查抽检和专项整治，营造宽松平等的准入环境、公平竞争的交易环境、安全放心的消费环境，促进地方经济发展和市场繁荣。年内，南宁市新登记市场主体8.24万户，注册资本（金）1134.59亿元；至年末，全市有市场主体45.48万户，注册资本4059.42万元（美元：人民币按照1:6.20计算）。市工商局被评为全国工商系统广告监管先进单位；兴宁区工商局侯波被评为广西全区十大优秀农村指导员。

【企业注册资本登记制度改革】　2014年，南宁市推行注册资本认缴登记制度，3月1日放宽注册资本登记条件，除法律、行政法规及上级规定对特定行业注册资本最低限额另有规定外，取消有限责任公司最低注册资本3万元、一人有限责任公司最低注册资本10万元、股份有限公司最低注册资本500万元的限制，并由实缴改为认缴，降低准入门槛，公司(企业)登记时，无须提交验资报告。实施"先照后证"改革，9月1日与全国、自治区同步实施国务院确定的31项工商登记前置审批事项改为后置审批，对由前置审批改为后置审批的工商登记事项，一律不再要求提交前置材料。简化企业住所和经营场所登记手续，放宽经营场所限制，根据《广西壮族自治区企业住所和经营场所登记管理办法》规定，允许"住改商""一照多址""一址多照"，减轻企业的创业负担。实行企业年度报告公示制度，由年检改为年报，同时建立市场主体信用信息公示系统，确保对企业的"有效管理"。推行"三证合一"制度，实行工商营业执照、组织机构代码证和税务登记证"三证合一""一站式"服务，通过"一表申报、一窗受理、限时办结、统一发证"登记，工商行政管理、质监、国税、地税部门同步联动实施审批，工商部门核发营业执照，执照上加载企业注册登记号、组织机构代码和税务登记证号。12月23日，在经开区工商分局推出第一张南宁市"三证合一"营业执照，核发"三证合一"营业执照22户。

【企业年度检验制度改革】 2014年，市工商局根据2月7日国务院印发《注册资本登记制度改革方案》的要求，将企业年度检验制度改为企业年度报告公示制度。3月1日，停止(自1988年以来实施的)企业(含个体工商户)年度检验制度。8月23日，国务院正式公布《企业信息公示暂行条例》，国家工商总局相应出台"企业信息抽检""农民专业合作社年报""个体工商户年报""企业经营异常名录""工商行政行政处罚办法"等5部配套规章。企业于每年1月1日至6月30日向工商部门报送上一年度报告和即时信息，并通过企业信用信息向社会公示，接受监督；年度检验工作改为由上级工商机关实行摇号抽检，属地查处。

【内资企业登记】 2014年，南宁市内资企业新登记455户（企业法人177户），注册资金69.37亿元。其中：国有企业36户，注册资金6120万元；集体企业37户；公司制企业371户，注册资金68.76亿元，实收资本3.01亿元；其他企业11户。注销企业312户，其中国有企业72户，集体企业58户，公司制企业149户，其他企业33户。至年末，全市有内资企业(不含私营)1.35万户(企业法人6065户)，注册资金719.96亿元。按企业性质分：国有企业1476户（企业法人679户），注册资金35.73亿元；集体企业1807户（企业法人755户），注册资金8.66亿元；公司制企业9271户(公司法人4593户)，注册资金666.17亿元，实收资本574.69亿元；其他企业942户(企业法人38户)，注册资金9.40亿元。按产业分：第一产业企业414户(企业法人138户)，注册资金15.63亿元，分别占总数3.07%、2.17%；第二产业企业2079户(企业法人1265户)，注册资金215.42亿元，分别占15.40%、29.92%；第三产业企业1.10万户(企业法人4662户)，注册资金488.90亿元，分别占81.53%、67.91%。年内，新登记企业集团4户，年末企业集团81户，企业注册资金100万元以下2939户，100万元至1000万元2316户，1000万元至1亿元665户，1亿元以上145户。

【外商投资企业登记】 2014年，南宁市外商投资企业新登记153户（其中分支机构99户），投资总额20.05亿美元，注册资本（认缴出资金额）6.17亿美元，其中外方认缴出资金额5.31亿美元。至年末，全市外商投资企业1406户(分支机构731户)，投资总额77.17亿美元，注册资本(认缴出资金额)39.65亿美元，其中外方32.93亿美元。按企业类型分：中外合资230户，投资总额22.10亿美元，注册资本(认缴出资金额)12.06亿美元，其中外方认缴出资金额5.59亿美元；中外合作（法人)36户，投资总额3.61亿美元，注册资本(认缴出资金额)2.93亿美元，其中外方认缴出资金额2.68亿美元；外商独资企业407户，投资总额51.46亿美元，注册资本(认缴出资金额)24.65亿美元，其中外方认缴出资金额24.65亿美元；其他外商投资企业(普通合伙))2户，注册资本(认缴出资金额)17.99万美元，其中外方认缴出资金额9.49万美元。年内，注销34户(分支机构23户)，累计注销760户(分支机构440户)，累计吊销380户(分支机构170户)。按产业分：第一产业企业44户，投资总额2.54亿美元，注册资本(认缴出资金额)1.49亿美元，其中外方认缴出资金额1.42亿美元，分别占总数3.13%、3.29%、3.75%；第二产业企业259户，投资总额25.30亿美元，注册资本(认缴出资金额)12.76亿美元，其中外方认缴出资金额10.27亿美元，分别占18.42%、32.78%、32.17%；第三产业企业1103户，投资总额49.33亿美元，注册资本(认缴出资金额)25.40亿美元，其中外方认缴出资金21.23亿美元，分别占78.45%、63.92%、64.08%。

【私营企业登记】 2014年，南宁市私营企业新开业2.74万户，投资者人数4.85万人，雇工人数4.47万人，注册资金(出资金额)1027.65亿元。注销1747户(城镇1019户、农村728户)，注销资金(出资金额)12.14亿元。至年末，全市私营企业12.26万户（分支机构1.23万户)，投资者人数28.03万人，雇工人数73.84万人，注册资金(出资金额)2800.49亿元。按企业类型划分：独资企业1.22万户(分支机构233户)，投资者1.20万人，雇工人数3.70万人，注册资本（出资金额）120.76亿元；合伙企业696户(其中分支机构35户)，合伙人数3246人，雇工人数5018人，认缴出资金额14.08亿元，实缴出资金额9.80亿元，其中普通合伙企业639户，合伙人数2751人，雇工人数4177人，认缴出资金额6.77亿元，实缴出资金额6.70亿元；特殊的普通合伙企业3户， 合伙人数3人，雇工人数25人；有限合伙企业54户，有限合伙人数194人，普通合伙人数298人，雇工人数816人，认缴出资金额7.30亿元，实缴出资金额3.10亿元；有限责任公司10.86万户（分公司1.10万户)，投资者26.35万人，雇工人数69.25万人，注册资本2630.22亿元，实收资本1074.29亿元，其中自然人投资1.04万户，投资者1.04万人，雇工人数2.54万人，注册资本158.40亿元；法人投资461户，投资者452人，雇工人数2979人，注册资本39.62亿元；股份有限公司1116户(其中分公司1030户)，投资者1552人，雇工人数3881人，注册资本35.43亿元，实收资本14.58亿。按地域划分：城镇私营企业7.19万户，投资者13.94万人，雇工人数29.87万人，注册资金1073.83亿元，分别占总数58.65%、49.73%、40.45%、38.34%；农村私营企业5.07万户，投资者14.09万人，雇工人数43.96万人，注册资金1726.66亿元，分别占41.35%、50.27%、59.55%、61.66%。按产业划分：第一产业企业8036户(分支机构684户)投资者1.11万人，雇工人数2.78万人，注册资本149.04亿元，分别占6.55%、3.96%、3.77%、5.32%；第二产业企业1.27万户(分支机构1299户)投资者2.71万人，雇工人数7.61万人，注册资金378亿元，分别占10.39%、9.67%、10.31%、13.50%；第三产业企业10.18万户(分支机构1.03万户)投资者

12月23日，南宁市在南宁经济技术产业开发区推行工商营业执照、组织机构代码证、税务登记证"三证合一"登记制度改革　　经开区党群工作局提供

24.21万人，雇工人数63.45万人，注册资金2273.46亿元，分别占83.06%、86.37%、85.92%、81.18%。第三产业私营企业中科学研究、技术服务业成投资热点，有企业8749户，比上年增加2843户，增长48.13%；租赁和商务服务业增长势头强劲，有企业1.72万户，增加8825户，增长105.98%；金融业发展放大，有企业519户，增加231户，增长80.21%；批发和零售业5.62万户，增加1.01万户，增长21.89%；交通运输、仓储和邮政业2111户，增加476户，增长29.11%；住宿和餐饮业2262户，增加349户，增长18.24%；信息传输、软件和信息技术服务业3607户，增加999户，增长38.31%；房地产业4291户，增加1246户，增长40.92%；水利、环境和公共设施管理业335户，增加49户，增长17.13%；居民服务、修理和其他服务业4004户，增加451户，增长12.69%；教育205户，增加29户，增长16.45%；卫生和社会工作95户，增加14户，增长17.28%；文化、体育和娱乐业1318户，增加362户，增长37.87%。

【小型微型企业登记】 2014年，南宁全市小型微型企业新登记685户。至年末，全市有小型、微型企业1.72万户，注册资金91.43亿元，总资产3.32万亿元，营业收入1.17万亿元，从业人员11.44万人。其中：小型企业5291户，注册资金81.57亿元，总资产263亿元，营业收入125.88亿元，从业人员5.72万人；微型企业1.19万户，注册资金9.86亿元，总资产3.20万亿元，营业收入1.16万亿元，从业人员5.72万人。按组织形式分：国有企业338户(小型企业154户、微型企业184户)，注册资金2.45亿元，从业人员4149人(小型企业2677人、微型企业1472人)，营业收入22.85亿元(小型企业15.60亿元、微型企业7.25亿元)，资产总额1.02万亿元(小型企业16.88亿元、微型企业1.01万亿元)；集体企业518户(小型企业96户、微型企业422户)，注册资金1.34亿元(小型企业1.34亿元、微型企业属分支机构无注册资金)，从业人员5487人(小型企业2111人、微型企业3376人)，营业收入734.49亿元(小型企业2.22亿元、微型企业732.27亿元)，资产总额3213.29亿元(小型企业1.75亿元、微型企业3211.54亿元)；有限责任公司5894户(小型企业3986户、微型企业1908户)，注册资金71.32亿元(小型企业70.25亿元、微型企业1.07亿元)，从业人员4.63万人(小型企3.53万人、微型1.10万人)；股份有限公司138户(微型企业138户)，从业人员1104人；合伙企业126户(小型企业106户、微型企业20户)，注册资金1.07亿元(小型企业1.05亿元、微型企业0.02亿元)，从业人员1868人(小型企业1763人、微型企业105人)；个人独资企业1.01万户(小型企业942户、微型企业9166户)，注册资金15.59亿元(小型企业4.82亿元、微型企业8.77亿元)，从业人员5.50万人(小型企业1.52万人、微型企业3.98万人)；其他企业45户(小型企业7户、微型企业38户)，注册资金1.66亿元(小型企业1.66亿元)，从业人员479人(小型企业175人、微型企业304人)。全市小型、微型企业涉及18类行业，资产总额3.32万亿元，全年营业收入1.17万亿元；享受政府财政补助的微型企业1474户，补助资金3332.12万元。

【农民专业合作社与家庭农场登记】 2014年，南宁市新登记农民专业合作社403户，成员总数731个，出资总额6.64亿元，至年末，全市农民专业合作社2131户(分支机构31户)，成员总数1.20万个，出资总额28.09亿元。按业务范围分，从事农业生产资料购买379户，从事农产品销售336户，从事农产品加工30户，从事农产品运输21户，从事农产品贮藏64户，从事农产品生产经营有关技术、信息等服务416户，从事种植业516户，从事养殖业296户，从事其他业务1308户。按出资方式分，货币出资25.44亿元，非货币出资2.64亿元；出资额100万元至500万元的373户，500万元至1000万元的33户，1000万元至1亿元的20户，1亿元以上的1户。至年末，全市有家庭农场226户。

【个体工商户登记】 2014年，南宁市新开业个体工商户5.27万户(含港澳台居民个体工商户)，从业人员12.60万人，注册资金30.92亿元；注销个体工商户1.31万户，其中城镇1.16万户，农村1465户；港澳居民个体工商户新开户1户，从业人员1人，注册资金10万元；台湾个体工商户新开户3户，从业人员17人，注册资金25.30万元。至年末，全市有个体工商户28.80万户，从业人员68.97万人，注册资金165.82亿元；港澳居民个体工商户15户，从业人员37人，注册资金207万元；台湾个体工商户25户，从业人员93人，注册资金273.80万元。按地域分：城镇22.47万户，从业人员38.05万人，注册资金119.39亿元，分别占总数76.02%、55.17%、72%；农村6.33万户，从业人员30.92万人，注册资金46.43亿元，分别占23.98%、44.83%、28.00%。按产业分：第一产业2960户，从业人员9281人，注册资金5.59亿元，分别占1.03%、1.35%、3.37%；第二产业1.06万户，从业人员3.84万人，注册资金7.92亿元，分别占3.69%、5.57%、4.78%；第三产业27.44万户，从业人员64.20万人，注册资金152.31亿元，分别占95.28%、93.08%、91.85%。

【市场监督管理】 2014年，市工商局牵头制定《南宁市农贸市场开办方失信行为惩戒暂行规定》《南宁市农贸市场经营户失信行为惩戒暂行规定》《南宁市农贸市场分类规范标准》《南宁市农贸市场联合执法工作规定》等制度，明确市场开办方5大类10种失信行为、经营户4大类14种失信行为，实行履约押金和记分奖惩。开展“诚信经营户”“星级市场”“流动红旗”等系列评比活动，全市420个市场评出四星级市场4个，三星级市场3个；评出“美丽经营户”193户，奖励2.55万元；惩戒750户，没收保证金3万余元。市工商局动员市区81个大中型市场安装数字高清探头，开通点对点通信专线，搭建“市场—工商所—城区工商局（分局）多层级市场的监控管理平台，实现全方位、全时域对市场经营行为监控，节省基层监管力量50%，市场整治、案件查办、消费纠纷调解等执法提速30%以上。工商部门与各城区（开发区）、街道办、经信、食药监督、城管管理等部门开展联合执法，全年执法2952次，下发整改通知书5697份，向城区（开发区）相关职能部门印发移送函402份，纠正违法违章经营1.50万起，依法处罚7500人次，罚款90余万元。

【市场专项整治行动】

农贸市场整治　2014年，市工商系统开展“美丽广西·清洁乡村·净化市场”专项行动，加强农贸市场监管，规范业户经营行为，清洁市场环境；投入经费477.05万元，包点村清洁经费25.12万元，整治农贸市场312个次，整治包干街区641个次，向市场经营户发出责令整改通知书1423份，向市场开办方发出责令整改通知65份，纠正（市）场内业户跨门槛经营2823摊次，乱摆乱卖、占道经营3641处，纠正乱停车辆4300多辆次，清理市场内下水道3430多米，拆除乱搭盖遮阳棚185处，清理垃圾3971.88吨。

农资市场整治　市工商系统开展打假专项红盾护农专项行动3次，开展流通领域农资商品质量定向监测2次，检查农资市场187个，农资经营企业165家次，农资经营户5512户次，查处无照经营61户，超范围经营19户，查处案件460起，查扣问题农资34.50吨，案值739.71万元，罚款91.69万元，捣毁制假农资窝点2个，受理涉及农资消费投诉案14件，为农民挽回经济损失2.58万元，移送司法机关处理3件。其中：查处伪劣种子案9起，案值1.20万元，罚7810元；劣质化肥案312起，案值724.16万元，罚款71.70万元；假农药案50件，案值10.45万元，罚款7.19万元；农机具配件案1件，案值1000元，罚款400元；其他案88件，案值3.80万元，罚款11.98万元。

电子网络交易市场整治　市工商局加强网络交易市场监管，对18家电子网络交易市场进行行政指导，重点查处6起网络交易违法行为案件，罚款9000多元。

消费市场整治　市工商系统结合开展流通领域商品质量抽检，加强对机电产品，家居装饰材料及服装、鞋类、床上用品、儿童玩具等产品抽样检查，出动执法人员5200人次，检查经营主体1.35万户次，抽检样品421个批次，查处商品质量不合格案件86件，罚款金额63.36万元，查扣质量低劣服装、鞋、包4650件，儿童玩具250多件，管材320根，各种类型接口件1351个，电线电缆174捆，电动工具129个，汽车配件620个，汽车机油器滤清器500个，电热管（袋）830个，假冒电饭锅，热水器168台，伪劣水泥等建材568.60吨，卫生卷纸498卷。取缔兴宁区三塘镇、良庆区玉洞非法拆散报废汽车场所2处，涉案经营户72户，暂扣废旧汽车“三大总成”（发动机、变速箱、底盘）一批。

【消费维权】　2014年，市工商系统贯彻新的《中华人民共和国消费者权益保护法》（简称“新消法”），保护消费者合法权益。3月15日，全市各级工商部门、消费者协会宣传正式实施“新消法”；开展红盾“进广场、进社区、进校园、进企业”活动，通过宣讲、座谈、大接访等形式，开展现场活动36场次，宣讲12场次，开辟宣传栏12处，散发宣传资料3500份，发送短信35万条，发布消费警示12期。工商系统开展“消费维权进万家”活动，新建消费维权站10个，消费维权服务站836个；建设第二批消费教育基地示范点6个（武鸣县城镇第三小学、马山县乔利乡三乐村、上林县老年基地、宾阳县宾州镇第一初级中学、隆安县南圩镇那湾村、联造村、青秀区工商局金湖工商所），消费教育基地10个；新增35家大型企业、商场“消费纠纷先行和解绿色通道”、消费教育基地示范点、“维权绿色通道”，开展消费教育巡回宣讲81场次，受教育消费者1250人次，经营者820人次。市工商局组织200多人参加工商系统“12315”消费维权业务培训；运用行政约谈方式，约谈餐饮、汽车、通讯、电器、网络购物、电视购物等行业企业25家；推进“消费纠纷行政调解与司法调解衔接机制”，建立联席会议、建议书制度，实现行政、司法互补互动，调解消费者购买疑似假冒注册商标商品案件1件，挽回经济损失11万元，为南宁市“联调”申请司法确认的第一例案件。年内，全市各级“12315”接到消费者诉求5.43万件，挽回经济损失911.10万元。运用约谈机制处置“汤尼·沙朗”连锁美容美发店预付卡群体性投诉案、麻村社区2000多户通信用户群体性投诉案件，维护消费者合法权益。

【双培双促】　2014年，南宁市工商系统采取“专家”课堂培训与示范基地现场培训相结合的方式，投入经费21.54万元，举办经纪人培训班91期，培训农村经纪人1538人，发放学习资料2000多份。至年末，全市有农村经纪人组织机构4706户，其中领取营业执照1421户，建立党支部（小组）102个；经纪从业人员8995人，其中个体经纪人630人，党员290名；全市农村经纪业务（购销）50.09亿元。

10月24日至27日，市工商局查处兴宁区三塘镇昆仑大道旁的一处非法拆解报废汽车窝点。图为工商执法人员现场监督　　市工商局提供

【合同监督管理】

合同格式条款专项整治 2014年2月20日至4月11日，市工商局组织开展合同格式条款专项整治活动，重点整治餐饮业、服务业、供水、供电、供气、银行业、电信业、房产中介、旅游业和网络商品交易与服务等行业，集中开展以“履行维权义务，守法诚信经营”为主题的宣传教育引导活动月活动。3下旬至4月11日，市工商局举办整治规范格式合同条款业务技能培训44期，培训企业人员638人，发放宣传资料7544份；全市工商系统出动执法人员1360人次，检查企业1992家，收集涉嫌不平等格式合同条款107份，召开案件评析会14次，纠正不平等格式合同条款95条，约谈企业101家，下发行政指导意见书93份，下发整改通知书57份，立案查处案件80件，罚款14.40万元。

“守合同重信用”活动 市工商局通过规范企业合同行为，引领社会诚信，使企业从“被动”争创，到主动坚守契约承诺，自觉履行双方约定义务。年内，全市获2013年度自治区级“守合同重信用”企业称号的企业74家。至年末，全市有“守合同重信用”企业159家。

动产抵押登记 市工商局开展动产抵押登记，为企业解决融资贷款问题。办理企业动产抵押登记626份，登记抵押物质金额95.77亿元；被担保的借贷合同626份，借贷金额95.79亿元；办理变更登记3份，变更主债权金额6.37亿元；办理注销登记267份，注销主债权16.43亿元。

拍卖活动监管 年内，南宁市有登记注册的拍卖企业89家；市工商局系统受理拍卖企业拍卖备案556场，实施拍卖现场监管128场次，备案拍卖标的委托书552份，标的金额15.53亿元，备案拍卖成交确认书1343份，成交额15.53亿元。

【商标管理】 2014年，南宁市继续实施商标战略，出台《南宁市人民政府关于加快推进科技创新的若干政策措施》，对获中国驰名商标的企业给予一次性奖励100万元；市工商局下发《南宁市工商局2014年度广西著名商标培育申报工作实施方案》《加强地理标志商标培育和使用管理的通知》，将培育商标工作量化到县(区)局、分局和工商所；宾阳县政府印发《宾阳县质量兴县奖励办法》，县内企业(工商户)注册商标每件奖励2000元，获广西著名商标认定每件奖励5万元。至年末，全市发放《中国驰名商标广西著名商标申请建议书》106份，培育中国驰名商标1件，广西著名商标41件；全市有有效注册商标2.24万件，其中中国驰名商标2件(真龙、圣保堂)，广西著名商标140件，地理标志商标1件（横县茉莉花)。市工商局开展第45届世界体操锦标赛标志、第二届夏季青年奥林匹克运动会标志，以及侵犯“同仁堂”“青蜻王子”等知名商标专项执法行动，立案查处南宁市御和堂大药房4家分店涉嫌侵犯北京“同仁堂”商标专用权案，“美孚”润滑油、“金德”水管等商标违法案417件，涉案商品价值160.74万元，罚款97.28万元。

【广告监管】 2014年，南宁市有登记注册广告企业1.18户，从业人员5.77万人，广告营业收入8.14亿元。市工商局加强传统媒体广告监管执法，依法监测媒体广告15.06万条，发现违法广告1393条次，立案查处违法广告件317起，罚款64.91万元。组织开展大型门户网站，搜索引擎类网站、视频类网站、电子商务类网站、医疗药品信息服务类网站、房地企业、医药企业及医疗机构自设的网站等专项整治行动，查处违法网络广告20起，依法关停违法互联网站2个。3月，市工商局下发《关于撤除不良户外广告的通知》，开展户外广告专项整治行动2次，检查清理户外广告2313条，立案查处违法户外广告81条，罚款8.26万元。全年审批设立户外广告886条。

【南宁广告产业园区建设】 2014年2月24日，市政府与自治区工商局签订战略合作协议；市工商局代市政府草拟《南宁市政府关于促进广告业发展的实施意见》，完成《南宁市广告发展规划》编制。5月，南宁广告园区受邀参加在北京举行的第43届世界广告大会，派员参加国家工商总局举办的“广告产业园区建设和营运管理培训班”，作为参展单位参加第21届中国国际广告节等全国性活动。6月18日，市工商局、南宁高新区管委会联合召开南宁广告产业发展研讨暨南宁广告产业园推介会，30多家在邕广告企业代表与会座谈研讨。至年末，南宁广告产业园区获中央财政专项资金5000万元，园区硬件、软件趋于完善，吸引广告及相关联企业780家，专营广告公司170家。

【公平交易执法】 2014年，市工商局加强公正交易，立案查处经济违法案5948件，罚没款1008.31万元，立案查处反不正当竞争案946件，其中涉嫌虚假宣传318件，假冒商标(傍名牌)407件，销售伪劣商品178件，商业贿赂等不正当竞争案46件。

打击传销 市工商系统与公安、综治办等部门联合执法，在金湖广场、会展中心等传销人员聚集场所，开展警示宣传教育，发放宣传资料1.40万份；与街道办等联合整治出租屋，创建“无传销社区(村)”77个；开展打击传销执法专项行动65次(良庆区工商局60次)，铲除、捣毁、取缔传销窝点4358处，立案查办传销案件689件，收缴资料7.50万份，遣送公安部门刑拘234人，依法罚款25.14万元，教育遣返涉传人员6496人(其中马来西亚籍35人)。

规范直销企业 加强对入驻南宁市的直销企业经营活动监督管理，检查具有直销资格的企业5家、直销服务网点58个，非服务网店、经销商710个，直销人员1.15万人，受理、监督驻市直销企业、分支机构会议报备105次，更新在自治区、南宁市设立分支机构的直销企业名录18家，约谈直销企业36家次，完成申请直销经营资格或直销开放区域的企业经营情况初审17家。

扫黄打非 重点清查出版物批发市场、销售店、电脑软件市场、零散书摊等，清查、收缴政治性非法出版物、淫秽色

2014年南宁市动产抵押情况

单位：份、亿元

	抵押物登记	抵押登记金额	被担保的借贷合同	借贷金额	办理变更登记	变更主债权金额	注销登记	注销主债权金额
合计	626	95.77	626	95.77	3	6.37	267	16.43
内资企业(含私营企业)	586	90.92	586	90.92	3	6.37	255	16.14
(私营企业)	361	57.97	361	57.97	2	6.35	158	8.53
外商投资企业	2	4.21	2	4.21	0	0	0	0
个体工商户	32	0.58	32	0.58	0	0	12	0.29
农业生产经营者	6	0.06	6	0.06	0	0	0	0

情、侵权盗版等非法出版物；加强对印刷、复制企业监管，取缔无证照从事印刷、复制业务，从源头上堵截非法出版物渠道；坚决取缔销售传播淫秽色情消息的网络电视棒、机顶盒的无照经营单位。全年出动执法人员2928人次，检查书报经营单位516家，音像制品经营单位415家，印刷、复制企业472家，电脑销售维修单位642家，手机销售维修单位738家，网吧508家，监测互联网站1013家，监测互联网广告9785条，责令停止发布非法互联网广告24条，没收无照经营网吧的电脑101台，取缔无照经营2159个。

查处走私贩私 市工商系统查获走私贩私案4件，查获走私洋酒4000瓶，案值56万元，涉嫌走私进口大米400多吨。其中：良庆区查获涉嫌走私进口电子产品747件30吨，案值超过500万元；横县六景工业园区查获涉嫌走私进口牛肉等冷冻肉品约1240吨，案值约900万元。

红盾亮剑反欺诈专项行动 市工商局对流通消费领域的格式合同、商品质量抽检、网站消费、清查收缴假冒伪劣商品等进行整治，出动执法人员4334人次，检查经营户1.41万户，抽查商品385个批次，立案1004件。其中涉及假冒商标案407件，涉及商品质量案178件，虚假宣传案318件，违法合同案101件。查获大宗假冒伪劣商品计有水泥产品1.34万吨，案值370万元；一次性筷子24.29万双，农资34.50吨，建材559.60吨，关停违法互联网站2个；集中销毁假冒伪劣商品2.50万件，总案值230万元。

（潘文启 廖成琇）

劳动与社会保障

【概　况】 2014年，南宁市继续加大劳动与社会保障力度，不断深化改革，启动充分就业县（区）创建试点工作和城乡居民大病医疗保险试点工作，制定出台加强农民工工作的文件，出台首席技师评选管理办法、北部湾医疗和生育保险政策同城化等一系列举措，让改革开放成果惠及更多人民。南宁市城镇职工基本养老保险参保98.20万人，保险征缴收入56.50亿元；城镇基本医疗保险参保181.20万人，保险费征缴收入23.29亿元；失业保险参保44.80万人，保险费征缴收入5.18亿元；工伤保险参保53.25万人，保险费征缴收入1.03亿元；生育保险参保45.10万人，保险费征缴收入9322万元。组织招募62名“三支一扶”（招募高校毕业生到乡镇从事支教、支农、支医和扶贫工作）大学生，超额完成自治区人力资源和社会保障厅下达的招募计划，在岗的108名“三支一扶”大学生全部按规定落实相关待遇。南宁市失业保险参保44.80万人，失业保险费征缴收入5.18亿元；生育保险参保45.10万人，生育保险费征缴收入9322万元。

【就业再就业】 2014年，南宁市组织开展“春风行动”“就业援助月”活动，为企业搭建劳动用工对接平台，引导城乡劳动者就地就近就业，为项目建设和企业发展提供劳动用工服务。“春风行动”招聘专场108场，本地企业吸纳农村劳动者就业2.87万人，跨地区组织劳务输出6400人；“就业援助月” 活动通过入户走访和送岗位、送政策、送服务、送培训、送补贴“五送”，实现城镇失业人员再就业2.02万人。建立南宁市充分就业县（区）考核评估标准，在武鸣县、兴宁区、青秀区开展创建充分就业县（区）试点。实现城镇新增就业8.58万人，就业困难人员再就业4960人，农村劳动力转移就业9.10万人；全市城镇登记失业率2.95%，比控制数4%低1.05个百分点。

【人力资源市场】 2014年，市人力资源服务机构举办专场招聘会130多场，入场参加招聘单位2万多家次，提供工作岗位120多万个次；网络推荐就业25万多人，职业介绍成功就业29万多人，其中劳动密集型重点企业推荐就业9258人。

【劳动关系管理】 2014年，南宁市构建和谐劳动关系。劳动合同签订率91.29%，其中农民工劳动合同签订率85.37%，涉及职工56.33万人；集体合同签订率71%，涉及职工22.43万人；依法受理审批行政许可304件，其中劳务派遣行政许可132件、特殊工时行政许可172件。

【劳动保障监察】 2014年，南宁市劳动监察部门检查用人单位4.05万家，涉及劳动者47.13万人；劳动保障维权案件立案1107件，结案988件，结案率100%；为1.57万名劳动者追发工资待遇1.25亿元，督促用人单位补签劳动合同2.25万人；督促188家用人单位为1956名劳动者缴纳社会保险费846万元；对48个严重违反劳动法律法规的用人单位作出行政处理、处罚，向司法机关移送涉嫌拒不支付劳动报酬案件19起。

【农民工权益保障】 2014年，南宁市印发《中共南宁市委　南宁市人民政府关于创新和加强农民工工作的实施意见》《关于在南宁经济技术开发区和高新技术产业开发区实行企业职工基本养老保险缴费补助的通知》《南宁市农民工职业技能提升培训实施方案》《南宁市涉嫌拒不支付劳动报酬罪案件移送和查处办法》《南宁市农民工工伤维权操作流程》等政策文件，明确2015年至2020年农民工工作目标任务，提出创新和加强农民工工作的措施。在全国率先推进农民工综合服务信息平台，建设“南宁农民工之家”门户网站，在自治区率先试行为农民工提供高效便捷“一站式”综合服务。年内，全市17家市级单位进驻市农民工综合服务中心设立服务岗；市总工会、市妇联和团市委分别挂牌成立南宁市农民工综合服务工会分中心、妇联分中心和共青团分中心。

【劳动人事争议仲裁】 2014年，南宁市成立事业单位劳动人事争议调解组织14家，创建国家级劳动争议预防调解示范企业1家，自治区级示范企业3家，市级示范企业14家，乡镇街道基层调解组织129家，组建率100%。各级劳动人事争议仲裁机构处理案件3597件，立案受理3175件，结案3300件，案外调解230件，不予受理192件，当期结案率93.86%，调解结案1336件，调解率40.48%。

【职业技能培训】 2014，南宁市开展职业培训5.06万人，职业培训补贴资金支出1377.08万元，完成自治区职业培训为民办实事项目任务214.16%。其中：农村劳动力转移就业培训2.48万人，培训后转移就业1.77万人，转移就业率71%；失业人员技能培训9370人，培训后再就业5683人，就业率61%；创业培训6626人，培训后就业创业3767人；在岗技能提升培训5572人，其中急需紧缺职业（工种）技师、高级技师573人。

【高技能人才队伍建设】 2014年，南宁市出台《南宁市首席技师评选管理办法》，每年评选30名首席技师，通过给予首席技师岗位津贴以及学习交流、带薪休养、申报科研项目、优秀人才评选等方面的优先支持，激励首席技师在带徒传艺、技术交流、技术攻关、高技能人才培养指导等方面发挥积极作用。开展技能大奖和南宁市技术能手的评选表彰；开

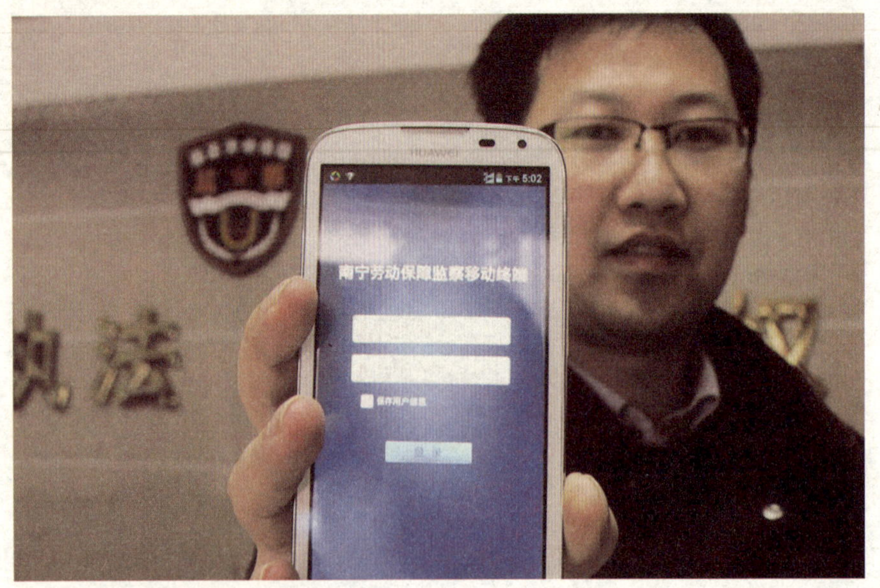

2月,南宁市在自治区率先研发使用劳动保障监察移动执法终端　农　健　摄

展南宁市技能大师工作室和高技能人才培训基地建设项目的申报评审工作,确定南宁市高技能人才培训基地3家,南宁市技能大师工作室的建设项目6个。全市考评鉴定6.92万人,核发国家职业资格证书5.54万人,其中初级2.52万人,中级2.56万人,高级4145人,技师411人,高级技师116人;全年新增高技能人才4672人,获批自治区级技能大师工作室2个。

【技工教育】 2014年,南宁市不断提升技工教育水平。广西南宁高级技工学校招收新生4500人,应届毕业学生2382人,学生毕业率100%,安置就业人数2340人,毕业生推荐就业率98.23%。社会培训2719人次。新校区完成项目投资5250万元,完成竣工和在建建筑面积10万平方米。

【基本养老保险】 2014年,南宁市城镇职工基本养老保险参保98.20万人(含退休人员),城镇职工基本养老保险费征缴收入56.50亿元。城乡居民社会养老保险参保206.42万人,发放养老保险61.34万人,发放率100%。全市27.75万名符合条件的企业退休人员调增基本养老金,月平均增加164.27元,月平均基本养老金1767.63元。

【城镇基本医疗保险】 2014年,南宁市城镇基本医疗保险参保181.20万人(职工医保78.83万人、居民医保102.37万人),城镇职工基本医疗保险征缴收入23.29亿元。完成城镇居民基本医疗保险财政补助标准调整,2014年城镇居民财政补助标准为每人每年320元;实现与柳州、玉林、北海三市部分医疗机构住院费用实施异地结算,方便参保群众异地就医;开通首批试点异地就医结算业务医院,分别是柳州市人民医院、柳州市工人医院、柳州市中医院、玉林市第一人民医院、玉林市红十字会医院、玉林市骨科医院、玉林市桂南医院、北海市中医院。

【工伤保险】 2014年,南宁市工伤保险参保53.25万人,工伤保险费征缴收入1.03亿元。全市受理工伤认定申请1856起(认定工伤1806起、不予认定工伤47起、其他处理3起)。10月16日,市级劳动能力鉴定中心正式履职,鉴定时限从原60天提速至30个工作日,简易类提速至15个工作日,特殊情况可延长至90日。

【医疗基金监管】 2014年,南宁市开展医保定点服务机构严管年活动,市社保经办机构进一步完善医保监控系统,实现电子地图监控、在院患者情况分析、实时数据采集及大屏幕滚动显示功能等,监控环节设住院、门诊、门诊大病等多个医疗费用发生环节。年内,南宁市社保经办部门利用监控系统对定点医疗机构疑似违规行为进行筛选,查实违规项目4814条,涉及金额836.25万元。

【北部湾经济区医疗与生育保险政策同城化建设】 2014年12月1日,南宁市在自治区率先启动实施北部湾医疗和生育保险同城化政策(即《广西北部湾经济区城镇居民基本医疗保险暂行办法》《广西北部湾经济区职工基本医疗保险暂行办法》《广西北部湾经济区生育保险暂行办法》《广西北部湾经济区职工大额医疗费用统筹暂行办法》),南宁市原相关医疗生育保险文件同时废止。职工医疗保险:困难企业可参加新增的单建统筹或住院医疗保险,降低职工门诊特殊慢性病享受待遇的门槛,整体提高职工住院待遇水平。居民医疗保险:个人缴费标准统一调整为每人每年70元,提高居民门诊统筹待遇水平以及居民门诊慢性病、住院待遇和生育待遇水平。职工生育保险:妊娠、分娩等产科并发症可享受生育保险待遇,生育医疗费用支付标准大幅提高。职工大额医疗费用统筹方面,降低缴费标准,减轻企业和个人的缴费压力,提高职工大额医疗费用待遇。

【城乡居民大病保险试点】 2014年,南宁市实施城乡居民大病保险试点,提高医疗保险统筹基金支付限额,参保职工、参保居民享受的统筹基金最高支付限额由2013年度22.57万元、13.54万元分别提高至2014年度25.58万元、14.89万元;城镇居民大病保险最高支付限额37.20万元。

【失业动态监测】 2014年,南宁市失业动态监测企业由75家扩大至155家,为自治区设立监测企业数量最多的城市,覆盖用工人数由7.80万人扩大至12.50万人。　(农　健)

质量技术监督

【概　况】 2014年,南宁市质监系统深抓质量内涵,强质检,保安全,促进生产发展,质监工作在名牌战略、重要技术标准战略、卫护民生、地理标志保护、服务“两会一节一赛”、政务服务取得实效。年内,南宁市1家企业获2014年第二届自治区主席质量奖,10家企业获首届“广西壮族自治区服务业品牌”,3家企业获评首届南宁市市长质量奖,34个产品获广西名牌产品称号;国家农业综合标准化示范县(横县)、国家蔬菜种植综合标准化示范区(武鸣)、国家有机茶栽培与加工综合标准化示范区(上林)获批为第八批国家级农业综合标准化示范项目,“上林八角”获国家地理标志产品保护,宾阳“黎塘莲藕”申报地理标志产品保护通过国家质检总局受理公示;横县创建国家地理标志产品保护示范区通过国家质检总局验收,“横县茉莉花茶”经国家质检总局推荐,列入中欧地理标志产品互换产品目录。

【法规监督】 2014年，市质监局从已办结案件中抽取案件根据规范开展法规监督，提高执法水平，全市质监系统所办理的行政执法案件无行政复议和行政诉讼；对2013年结案的案卷进行整理归档、总结、分析；规范管理执法文书，统一编号、统一发放。年内，法规立案查处138起，全部审理完结。

【产品质量监督】 2014年，市质监局加强烟花爆竹等危险化学品监督，重点查处非法使用氯酸钾生产烟花爆竹行为，规范包装、警示标识。对有工业用氧、工业氢、溶解乙炔、液氯、硫酸、氢氧化钠、甲醛等易燃易爆气体、剧毒物质和腐蚀品的获工业产品生产许可证生产企业开展监督检查，核实辖区食品相关产品生产企业及相关产品的底数，建立起“一企一档”。同时，组织执法人员对辖区食品相关产品生产企业进行先后两次全面的监督检查，出动执法人员220人次，车辆85辆次，检查企业89家，发出整改通知书30份，企业均完成整改。加强工业产品与机动车安全技术检验，定期监督检查，加强监督检查后处理，加大对电动自行车生产企业的监管力度，加强重点产品风险监测，建立重点产品质量安全风险预警分析报告制度，提高安检机构监管的有效性。探索诚信体系建设，制定《南宁市质量技术监督局诚信“红黑榜”发布制度》，“褒扬诚信、惩戒失信”的信用管理理念列入南宁市信用管理体系，红黑榜的企业质量信息纳入南宁市信用社会公布统一平台。推进名牌发展战略，4月，市质监局下发《关于做好首届广西壮族自治区服务业品牌组织申报工作的通知》，组织13家企业申报广西服务业品牌，10家企业获批为首届“广西壮族自治区服务业品牌”；推荐5家企业申报自治区主席质量奖，3家企业入围现场评审，广西田园生化股份有限公司获奖。5月，组织开展首届南宁市市长质量奖，7家龙头企业参与，3家企业获奖。

【计量监督管理】 2014年，南宁市检定六类强检计量器具1.69万台套，其中集贸市场衡器1.07万台套、医用三源395台套、配制眼镜用计量器具259台套、收购农产品用汽车衡64台(件)，出租车计价器2465台，燃油加油机3025台次。市质检部门对市区内57家主要集贸市场和45家乡镇卫生院实施免费检定，2014年免费检定衡器7968台套，医用三源79台套。春节前夕，市质监局对集贸市场、大型超市、加油站开展专项监督抽查，检查大型超市年货市场34家、加油站46家，抽查定量包装商品103批次，合格103批次，合格率100%。5月，市质监局对辖区内11家计量器具制造企业发放相关的要求，除1家企业停产外，其余10家企业均按照要求上报质量安全报告。国庆节前夕，市质监局开展定量包装商品净含量国家监督专项抽查，抽查企业43家，抽查农药、涂料、电线电缆等13种定量包装商品批次81批，净含量标注抽样合格率93.80%，净含量检验抽样合格率97.50%；商品包装计量监督专项检查抽查生产企业20家，销售企业8家，抽查月饼、化妆品、茶叶等商品38批次，属于过度包装的商品3批次，合格率92.10%。同时，开展集贸市场、商店(超市)、餐饮店在用电子计价秤专项整治，对检定不合格的电子计价秤，执法人员当场责令停止使用，并按照相关程序依法进行处理。

9月27日，市质监局到燃气企业开展“六打六治”打非治违专项检查

市质监局提供

【标准化建设】 2014年，市质监局指导帮扶马山县百香果、隆安县雁江镇无公害优质水稻两个自治区级农业标准化示范区建设；指导帮扶广西南宁健千年旅游开发有限责任公司、南宁凤岭儿童公园、台湾花卉产业园开展服务业标准化试点工作，逐步建立健全技术、管理等服务业标准体系；帮扶广西农垦永新畜牧集团有限公司良圻原种猪场等7家企业开展标准化良好行为企业试点的创建；向自治区质监局申报广西地方标准制定(修订)项目17项，通过广西地方标准专家审定6项，并获得自治区质监局批准发布实施。8月19日，美丽乡村建设标准化试点项目(国家标准委批复立项)在青秀区长塘镇团岩坡举行启动仪式；横县、武鸣县、上林县等分别启动国家级农业综合标准化示范项目1个。

【特种设备安全监察】 2014年，南宁市有特种设备4.19万台件(电梯2.35台，锅炉2700台，压力容器7206台，起重机械6645台，大型游乐设施148台件，厂、场内专用机动车辆1656辆)，在用压力管道1269.25千米，各类气瓶102.83万只。年内，市质监局出动安全监察人员476人次，现场监察特种设备使用单位238家次，监察特种设备2517台次，现场督促整改安全隐患86处，发出安全监察指令书53份；处理12345市长热线、12365质量投诉举报热线等特种设备投诉90起，立案查处违法行为3起，未发现存在重大安全隐患；辖区内发生特种设备一般事故1起，特种设备安全总体形势稳定。9月，市质监局依托电梯“物联网”远程监测系统、视频监控系统，将全市在用电梯安全运行、维护保养、故障困人等相关信息统一到网络平台，组建全天24小时值守的电梯应急处置中心；至12月，全市安装该系统电梯1500多台，处置电梯故障160起，处理结果满意率100%。9月至12月，市质监系统开展“六打六治”打非治违专项行动和安全生产专项整治，立案查处广西新世界商业有限公司违法使用电梯、南宁三燃燃气有限责任公司充装非自有产权气瓶案等典型案件2起；10月，联合市安监局、市燃气管理处以及辖区派出所等相关部门查取玉洞收费站附近LNG(液化天然气)

低温储罐车非法充装案件，移交给良庆区相关部门处理。此外，市质监局加强特种设备信息化管理，金质工程特种设备动态监管信息网络运行正常，数据录入率100%,差错率零，顾客满意率100%。

【认证认可监督管理】 2014年，市质监局对全市资质认定实验室242家进行调查摸底，建立相应档案，完善实验室监管措施和应急联系工作机制。现场考核2013年能力验证结果为可疑或离群的9家实验室，考核结果及格。组织实验室评审专家及不同行业评审专家66人次，对全市资质实验室开展专项监督检查、监督评审，检查实验室16家，监督评审实验室15家。组织25家食品、环保类有关检验检测机构实验室参加自治区检测项目能力验证，提升实验室资质认定工作有效性和相关检验检测机构技术能力水平。质量管理体系认证行政监管。年内，市质监局建立南宁市质量管理体系要求、职业健康安全管理体系、环境管理体系要求等3个管理体系认证企业信息，健全南宁市获证企业2270个体系认证信息，组织开展网格化监督检查；全市3C(中国国家强制性产品认证)获证企业120家，有机产品生产企业18家。至年末，市质监局组织完成《基于组织机构代码信息应用的联合审批系统研究与示范》《南宁市农产品地理标志知识产权保护研究与应用示范》《南宁市电子商务标准体系研究及应用示范》项目的验收结题；市质监局联合区特种设备研究院、标准研究院等单位向市科技局申报科研课题立项2项。

【打假治劣】 2014年，市质监局深入推进“双打”专项行动，打好“质检利剑”行动五个战役，开展复混肥料质量问题区域整治、重点行业“质量提升”专项执法、“三车”综合治理和“一次性筷子”专项检查，狠抓突发事件应急处置、12365申诉举报处置、执法规范化等重点工作。全年出动执法人员1322人次，检查企业661家，立案查处行政执法案件138起，涉案货值163.90万元，罚没款326多万元；捣毁窝点14个，没收假冒伪劣产品货值137.40万元，挽回经济损失163.90万元。

【质监行政审批改革】 2014年，市质监局改革行政审批制度，将组织机构代码办理时限由3个工作日缩短至1个工作日；3月，开始暂停辖区企业和个体工商户组织机构代码证书年度检验事项，全市受益企业、个体工商户8.70万户。落实小微企业帮扶政策，为小微企业办理代码证书200多份，减免企业办证费2万多元；在经开区实行“工商营业执照、组织机构代码证、税务登记证”三证合一试点；实行“审管分离”机制，将所有行政审批事项全部集中到行政审批办公室并进驻市政务服务中心办理，全年接待群众业务咨询、办件约5万人次，办理审批事项4.30万件；群众满意率99.98%、服务及时率100%；获国家代码中心授予2013年度全国组织机构代码系统“文明服务窗口”称号。 （梁卉梅）

食品药品监督

【概 况】 2014年，南宁市进一步完善食品药品体制，建立、健全市、县(区)、乡镇(街道)、村(社区)四级监管网络。南宁市食品药品监督管理局设职能科室14个，直属食品药品稽查支队、食品药品检验所两个事业单位，设二层机构4个(市食品药品稽查支队、市食品药品检验所、市食品药品监管局审评认证中心、市食品药品安全信息与监控中心)，挂靠单位南宁市食品药品投诉举报中心和不良反应监测中心（自治区第一个承接不良反应监测任务）；有机关行政编制70名(实有多少人)。全市县(区)、开发区组建稽查大队15个，128个乡镇(街道)全部组建食品药品监督管理所，1395个村（社区)配置至少食品药品安全协管员1名。至年末，全市15个县(区)、开发区食品药品监督管理局核定行政编制220名，实有214人；稽查大队核定事业编制261名，实有137人；乡镇所核定编制643名，实有496人；武鸣县、横县、宾阳县、上林县、马山县、隆安县成立食品药品检验机构，核定事业编制42名，实有20人。年内，市食品药品监管局围绕“保食品药品安全”完善工作机制，抓好“四品一械(餐饮食品、药品、保健品、化妆品，医疗器械)”监管，推动全市食品安全隐患排查与整改的规范化、制度化，完成体操世锦赛、中国—东盟博览会等重大活动食品药品安全保障。南宁石户米粉“问题叉烧”舆情处置获评为2014年广西网上舆情应对优秀案例，诚信体系建设、治理餐桌污染、食品安全综合协调等工作先后在自治区工作会议上作经验介绍。

【食品安全监管】

食品生产监管 2014年，市食品药品监管局组织开展“护卫舌尖上的安全”行动，鲜湿米粉零点、桶(瓶)装饮用水、食品标签标识专项监督检查、液态瓶(袋)装奶“凌晨行动”等专项整治行动以及食品生产企业质量安全隐患排查、小作坊专项治理；重点监管检查第45届世界体操锦标赛赛事供货食品生产企业877家(重点企业241家)，端掉“黑窝点”11个，查扣违法食品21.35万千克。摸底排查小作坊2300家，登记备案900家，立案59起，责令改正182家次；下发重点食品生产企业责令改正通知书14份，约谈部分企业负责人；检查米粉生产企业64家，抽检鲜湿米粉样品67个，检查率100%；检查全市液态瓶(袋)装奶生产企业5家，覆盖率100%，下达《责令改正通知书》4份；对全市乳制品生产企业生产的361批次产品开展风险监测，合格

6月11日，国家食品药品监督管理总局副局长滕佳材(前左二)到青秀区凤岭农贸市场调研　　市食品药品监督管理局提供

率100%；对全市26家肉制品生产企业68个批次产品进行抽样送检，对市辖区26大类818家获证食品生产企业1388个批次产品进行监督抽检。

食品流通监管 市食品药品监管局重点加强对集贸市场、商场、超市、便利店、旅游景区、车站码头等重点区域，春节、端午节、中秋节等重大节日期间的食品安全检查及专项整治行动，严厉查处无证经营、销售过期食品、"三无"食品、篡改生产日期和保质期、食品来源不明等违法行为，查获更换大米包装及生产日期的大米4250千克，葡萄酒1590瓶，涂改日期的椰子糖、波罗蜜干、甘薯条等产品287箱，无中文标识大米17吨，捣毁更换食品包装黑窝点3个。开展儿童食品和校园及周边食品安全整治活动，检查经营户722家，查处无证经营行为5起、销售过期食品及不符合食品安全标准食品案件8起；针对3.15晚会曝光的儿童鱼肝油食品问题，组织监管力量开展儿童鱼肝油食品检查；组织开展农村食品流通市场的集中整治行动3次，立案查处违法经营户（企业）29家；组织开展大型连锁超市食品安全检查，召开15家大型连锁超市总部负责人、食品安全管理员会议2次，督促各超市进行"问题食品"清理、下架、建立台账。对五里亭批发市场17家市场酱腌菜批发经营户进行规范，确立定期送检、法定检测、快速检测结合的质量监控制度，规划经营场地、设施标准；检查乳制品经营者1330家（婴幼儿乳粉经营户405家），抽取乳制品样品152个送检，立案查处销售无中文标识进口奶粉、过期乳粉等案件5起；组织开展药店销售婴幼儿乳粉专柜试点，落实试点药店6家。

餐饮监管 组织开展"地沟油"、肉类、餐饮具、重大节日、春秋两季学校开学、食品添加剂、桶（瓶）装水等20项专项整治行动，出动执法人员6289人次，检查餐饮服务单位1.11万家次，其中米粉店快餐店2735家，下达整改通知310家，警告处罚57家，立案查处8家，处理投诉举报27件，处置疑似食物中毒事件5起。针对电视问政曝光问题，组织力量检查小餐饮店2716家，查处无证小餐饮店246家，下达责令改正通知书179份；针对"问题叉烧流入米粉店"案件，吊销涉案9家餐饮单位许可证，召集行业会议，督促业主签名承诺"严格遵守《食品安全法》、落实食品采购索证索票管理制度；在驻邕高校食堂，体操世锦赛定点接待宾馆率先实施色标及标识管理，37家驻邕高校利用暑假完成硬件改造，7家体操世锦赛运动员定点接待宾馆改造后量化分级全部达到A级标准；举办食品安全管理员、厨师长、采购员培训4期。

【药品安全监管】 2014年，市食品药品监管局加大专项检查和案件查办力度，组织开展生产美沙酮口服液企业、生产含麻精药品类复方制剂企业和特殊药品经营企业的小儿化痰止咳颗粒、桔远止咳片、散痰宁糖浆、麻黄碱原料等专项检查，加强对特殊药品和含麻精药品类复方制剂的管理，完成对特殊管理药品生产企业监管检查、日常监督检查、壮瑶药现场核查、医疗机构制剂配等工作。全年市食品药品监管系统出动执法人员637人次，车辆282辆次，检查企业245家次；全市新增通过新修订药品GMP认证企业12家（累计有40家），通过2010版GMP的企业60%以上；受理医疗机构制剂品种注册品种47个，受理并出具审查意见医疗机构制剂再注册品种57个，受理医疗机构制剂调剂使用申请83份（跨市调剂32份、市内调剂51份）；发出《医疗机构制剂调剂使用批件》123批次，完成药品不良反应监测3570例，完成年度任务100.10%，完成自治区下达的药品生产企业抽样任务425批次。

【医疗器械监管】 2014年，市食品药品监管局以重点产品、重点企业为突破口，整治虚假注册申报、违规生产、非法经营、夸大宣传、使用无证产品等行为。检查生产、经营企业、使用单位199家（医疗器械生产企业11家、医疗器械经营企业134家、医疗机构54家），配合自治区食品药品监管局参与检查医疗器械生产、经营、使用单位86家（医疗器械生产企业26家、经营企业54家、使用单位6家），立案12起，给予警告3起，责令改正7起，罚没款12万。组织开展辖区内30家口腔义齿生产企业从原料购进到出厂检验的法规与质量体系的执行情况的监督检查，覆盖率100%，复查率100%。集中抽检一次性灭菌注射器、一次性灭菌输液器、输液泵、避孕套、医用脱脂棉10个品种、24个批次；继续做好企业信用等级评定，对2013年度辖区内的医疗器械生产经营企业进行信用等级评定或重新评定，采取企业自查、自评、现场核实，抽查生产、经营企业69家。

【保健食品与化妆品监管】 2014年，市食品药品监管局加大对减肥、辅助降血糖、缓解体力疲劳、辅助降血压、增强骨密度等保健食品的工艺配方监督检查力度，严把保健食品安全质量关。出动执法人员2095人次，检查生产企业66家次，经营企业2213家次，查扣违法保健食品1.28万盒。开展美容美发场所化妆品专项整治，出动执法人员1485人次，检查美容美发场所1180家次，检查化妆品产品3499盒（瓶），查扣过期化妆品46盒。元旦、春节期间，开展保健食品化妆品安全生产大检查，摸清辖区内保健食品化妆品生产企业的安全生产隐患和薄弱环节，检查保健食品化妆品生产企业27家，发现安全生产隐患1处。结合节日消费特点，对经营保健食品的大型超市、药品零售企业开展节前大检查，检查保健食品经营企业46家。针对美白（祛斑）、祛痘、除臭、抗皱、防晒等化妆品抽样30批，按时完成2014年国家化妆品监督抽样任务；完成保健食品抽样53批次，完成率101.9%，完成化妆品抽样72批次，完成率100%。

【监管办法改进】 2014年，市食品药品监督管理局推行行政审批"三集中"（集中审批、集中办理、集中服务）"一站式"服务，全年办理药品1090件，注销55件；器械办理762件，注销25件；一类医疗器械注册25件。麻醉药品和精神药品邮寄证明核发234件；餐饮服务许可受理2372件，其中，窗口发证1090件，不予许可15件，注销48件，变更100件；食品生产新开办及换证157件，食品生产委托加工备案90件，食品生产加工小作坊备案10件，食品流通许可32件；接待群众来访咨询3000多人次，电话咨询2700多人次。加强宣传教育，组织活动30多次，接受咨询服务2.80万人次，发放宣传资料11万份，发送食品安全手机短信5万余条，营造人人参与食品安全监督的氛围。继续发挥12331热线平台的作用，全年受理"四品一械"相关投诉1444件，按时办结率、调查处理率、反馈率100%。加强与公安、司法等部门整治"四品一械"市场，组织召开联席会议11次，开展联合执法行动20多次，监测舆情62起；查处立案716件，办结600件，上缴罚没款326.14万元，移送司法机关29件。

【世锦赛食品药品安全保障】 2014年10月3日至10日，第45届世界体操锦标赛在南宁举行，来自72个国家和地区的1400多名运动员和中外宾客参会。市食品药品监管部门制定供赛食品检验检测统一安全标准，采取"明确责任，控制源头，封闭管理，统一采购，集中供应"保障模式，编印世锦赛食品安全保障流程图、突发食品安全事件应急处置图及保障工作手册17个，印制"运动员慎用"警示语18万份发放给南宁市区的药店，确保赛事期间含兴奋剂药品销售安全，无食品药品中毒事件发生。（梅 倩）

安全生产监督

【概 况】 2014年，南宁市安全生产监督管理强化红线意识，围绕市委、市政府重点工作开展安全生产监管和服务，全市安全生产形势持续稳定，实现生产安全事故"三下降一遏制一杜绝"。生产安全事故死亡人数下降，死亡190人，比上年同期下降7.77%，比自治区下达的控制指标数少21人；受伤人数163人，下降21.26%；直接经济损失3843.96万元，下降13.21%；较大以上生产安全事故得到有效遏制，发生较大生产安全事故6起，比自治区下达的控制指标数少4起；未发生1次死亡10人以上的事故，连续4年无重大以上事故发生；重点行业领域安全生产形势好转，工矿商贸、建筑施工等生产安全事故死亡人数控制在指标范围内，煤矿、危险化学品、农机等行业领域实现"零死亡"。

【安全生产责任体系建设】

"一岗双责"制度 2014年5月20日，南宁市下发《中共南宁市委办公厅南宁市人民政府办公厅关于印发〈南宁市安全生产"党政同责，一岗双责"暂行规定〉的通知》，在自治区率先推行安全生产"党政同责，一岗双责"制度。6月12日，召开《南宁市安全生产"党政同责一岗双责"暂行规定》新闻发布会。11月20日，全市15个县(区)，开发区全部出台"党政同责，一岗双责"暂行规定。

修订安全生产管理办法 年初，市安委会完善《南宁市烟花爆竹经营燃放管理规定》，4月17日召开新闻发布会，5月1日起实施。6月18日，市政府办公厅印发《关于进一步明确生产安全事故调查处理权限的通知》，明确市、县级生产安全事故调查权限。11月10日，颁布实施《南宁市烟花爆竹零售经营点经营资格确定暂行办法》，统一规范烟花爆竹经营燃放监管和管理。

安全生产责任制落实 年内，南宁市召开专题工作会议落实责任，全年召开市委常委会2次、市政府常务会2次，听取安全生产专题汇报，研究解决重大问题，部署安全生产；召开市政府领导主持的季度防范重特大安全事故工作会4次，总结部署重点时段工作。8月9日，市长周红波主持第三季度工作会并传达《国务院安全生产委员会办公室关于事故警示通报》精神，全面部署安全工作。4月18日，副市长石文怀主持全市安全生产工作紧急会议，通报"4·15"公交车被限高架削顶事故、"4·17"交通事故。9月19日，副市长覃卫国主持召开"六打六治"打非治违专项行动和安全生产专项整治工作协调会。

2月26日，南宁市安全生产委员会印发《关于印发2014年南宁市安全生产工作要点的通知》，布置全市全年安全生产工作，将责任落实到各责任单位。4月1日，召开全市2014年安全生产暨第二季度防范重特大安全事故工作会，县(区)，开发区、市属企业集团、市直有关责任单位70个单位签订《2014年安全生产目标管理责任书》。会后，各单位将安全生产责任状控制指标任务细化分解，落实到企业、车间、班组和个人。

控制指标动态管理 市安委会加强控制指标的动态管理，对发生事故或超指标进度的单位主要负责人进行约见警示，先后约见警示南宁轨道交通集团有限责任公司、中铁十六局集团有限公司、广州轨道交通建设监理有限公司、广西运德汽车运输集团有限公司及其下属南宁市邕宁公交公司、广西现代运输集团有限公司等33个单位的主要负责人，促进企业安全生产。

【安全生产标准化建设】 2014年，南宁市推进规模以上工业企业创标工作，全市规模以上企业647家，全部完成安全生产标准化达标，达标率100%；新增三级安全生产标准化矿山企业2家、二级标准化矿山1家，全市累计达到非煤矿山安全标准化最低达标等级矿山企业368家，达标率89%；全市烟花爆竹企业全部达到三级标准化企业标准，南宁市鸣欢烟花爆竹公司、横县土产公司启动创建二级标准化；推进其他行业企业达标，广西运德汽车运输集团有限公司、广西超大运输集团有限责任公司、广西现代运输集团有限公司等重点客运企业通过一级标准化考评，其他客运、危险化学品和烟花爆竹等重点运输企业年内达到三级以上标准，广西田园生化股份有限公司等4家危险化学品企业启动二级标准化创建。

【安全生产行政执法】 2014年，南宁市调整一般等级事故查处权限，抓紧生产事故调查处理，规定重点工程和重大项目发生的一般等级事故由市级调查处理，其他一般等级事故下放县(区)牵头查处；道路运输企业注册地在南宁市、事故发生南宁市辖区范围内、1人死亡以上的一般等级生产经营性道路交通事故，纳入县(区)调查权限范围。年内，全市对生产安全责任事故组织调查、立案查处50起，结案41起，处罚41人，处罚金额512.62万元，移送司法机关4人。严格执行事故挂牌督办和约见警示制度，把县(区)，开发区政府负责调查处理的由市级及其有关部门审批的建设项目和中央驻邕、自治区直驻邕和市级管理生产经营单位的一般事故，纳入挂牌督办范围，全年挂牌督办一般事故6起；市安委办对发生较大事故、重复发生同类型一般事故的生产经营单位、县(区)政府和有关部门，予以约见警示，警示约谈企业(单位)49家105人次。加强事故责任追究，全年10个单位、33家企业、45人受到责任追究。其中造成较大社会影响的青秀区"4·15"公交车削顶事故，3家企业、9个政府部门和12人受到处理；宾阳县"1·23"非法生产爆竹较大爆炸事故，8名公职人员受到处分；轨道交通1号线"10·7"事故正在调查，有4人因涉嫌犯罪移送公安机关。

【安全生产专项整治】 2014年，南宁市对煤矿、非煤矿山、危险化学品、烟花爆竹、人员密集场所消防安全、道路交通安全、水上交通安全、建设系统安全、农机、特种设备、水泥制造和石材加工企业粉尘危害治理等11大重点行业(领域)开展安全生产专项整治。矿山专项整治：组织两座煤矿职工学习贯彻《煤矿矿长保护矿工生命安全七条规定》《煤矿安全生产攻坚七项举措》；按照自治区政府关闭不具备安全生产条件的每年9万吨及以下矿井的要求，开展煤矿、非煤矿山整顿，将马山县百龙滩4号井、6号井煤矿列为关闭对象，关闭其他非煤矿山23座(2012年至2014年全市累计关闭金属非金属矿山104座)；开展无主尾矿库隐患整治、关闭、销号，重点整治对宾阳思陇尾矿库、横县大化金矿尾矿库等停用废弃尾矿库隐患；关闭尾矿库43座。烟花爆竹专项整治：春节、清明节期间，开展非个人燃放类烟花爆竹专项整治，重点排查5家市区经营企业销售的产品，责令企业对超标产品造册封存和退回生产厂家，杜绝超标产品进入零售环节；开展高温雷雨季节烟花爆竹安全专项检查，重点检查14家可能发生安全事故的企业。危险化学品专项整治：开展全市危险化学品重大危险源规范管理，普查危险化学品重大危险源和涉及危险工艺自动化监控系统基本信息、涉及“两重大一重点”企业基本情况，改造重大危险源39处（工贸行业重大危险源2处），完成规范在役危险化学品生产储存装置安全设计诊断。

【重点隐患排查治理】 2014年，南宁市列为自治区重点监督整改的重大安全事故隐患项目（自治区监督整改项目）2项（横县高山经济发展有限责任公司大化金矿青山尾矿库整改项目、老五麓尾矿库整改项目），列为市级监督整改计划的项目19项；南宁市按照整改计划整改落实，12月完成自治区监督整改项目整改销号和市级监督整改项目销号。年内，市安委会根据《安全生产事故隐患排查治理暂行规定》《广西壮族自治区安全生产委员会关于印发2014年上半年全区安全隐患大检查大整治活动工作方案的通知》，制定《2014年上半年南宁市安全生产隐患大检查大整治活动工作方案》，开展全市安全隐患大检查大整治活动。市级重点检查整治的煤矿、非煤矿山、危险化学品、烟花爆竹以及冶金、有色、建材、机械、轻工、纺织、烟草、商贸等行业企业621家。县（区）、开发区、乡镇（街道）按管辖范围检查辖区内企业，排查安全隐患。全市检查企业1106家，发现安全生产隐患2383个，整改率100%。其中：矿山企业78家次，下达责令限期整改指令书14份、现场处理措施决定书6份、整改复查意见书5份、行政处罚告知书1份、行政处罚决定书1份，发现安全隐患70个，整改率100%；持证烟花爆竹企业21家（生产1家、批发20家），检查41家次，查出隐患69个，下达责令限期整改指令书2份，整改率100%；危险化学品企业85家次，发现隐患320个，整改率96.88%；工贸企业75家，发现隐患26处，整改24处，行政处罚1家，处罚3万元；建筑（建材）、交通企业62家次，下达限期责令整改指令书16份，发现安全隐患70个，整改率100%。

【打非治违】 2014年，南宁市加强打击非法违法生产经营活动行为，确保生产安全。8月，成立“六打六治”打非治违专项行动和安全生产专项整治领导小组，制定《关于集中开展“六打六治”打非治违专项行动和深入开展安全生产专项整治的通知》，全市15个县（区）、开发区、12个牵头部门都相应成立领导小组和工作机构。至年末，排查出涉及“六打六治”企业、场所6327家次，涉及粉尘爆炸危险的企业387家；出动执法人员封填小煤井55井次，遣散违法人员175人次，扣押大型机械设备139台，收缴罚款472.72万元；立案查处涉嫌越界开采矿山企业13家，罚款14万元，没收违法所得106.96万元；打击矿山企业无证开采、越界开采、图纸造假等问题74起。市城乡建委、市安监局联合开展建筑施工领域“五打六治七落实”专项执法行动，检查工地1528个，查处违法行为435处，立案调查37个，发现重大隐患131处，实施处罚148件；查处无资质施工、层层转包、安全制度不落实、安全标准不执行，违法分包等问题241起；打击整治油气管道周边乱建乱挖乱钻问题15起。市交通运输局联合公安交警、安监等部门对全市客运站，各公交、出租车及客货运企业开展专项督查，采取设卡、夜查等方式，打击危化品非法运输等行为；查处无证经营、违法挂靠外包，违规装载、罐车不按规定注册登记及定期检验等问题581起；打击客车客船非法营运、超速、超员、疲劳驾驶和长途客车凌晨2时至5时违规行驶等问题2813起。公安消防部门开展百日消防攻坚战，联合建设、工商、安监等部门，采取多警联查和夜间突查等方式，查处“三合一”“多合一”场所2978家次，发现火灾隐患2112处，整改2013处，下发责令改正通知书1651份，临时查封6家，责令“三停”4家，对43家重大火灾隐患单位、29处区域性火灾隐患实施挂牌督办，罚款26.15万元，拘留3人。组织粮食、林业、农委、食药监等部门开展联合执法检查，重点整治加工企业生产车间粉尘严重超标、不安装使用除尘设备，不安装使用粉尘防爆电气设备等行为，检查涉及粉尘防爆企业1058家，排查安全隐患167个，查处非法违法行为66起，依法实施处罚5起。

【“安全生产月”活动】 2014年6月，南宁市举行“安全生产月”活动。6月16日，自治区安监局、南宁市在高新区联合举行“安全生产月”启动仪式暨“宣传咨询日”活动，市长周红波作动员，自治区安监局局长黎志逡宣布活动启动，自治区、南宁市安监系统工作人员、企事业单位代表、群众代表400余人参加；发放安全生产宣传资料6000余份，展出展板32张，直接受教育群众1600余人；召开《南宁市安全生产“党政同责一岗双责”暂行规定》新闻发布会，邀请广西电视台《安全新观察》栏目组进行专题采编报道，6月29日广西电视台播出。市安监局获2014年全国“安全生产月”活动优秀单位。

【安全生产重点县】 南宁市采取多项举措加强辖区内烟花爆竹生产企业（3家）安全监管。2014年，宾阳县列入全国22个烟花爆竹安全监管重点县之一。宾阳县安排技改资金500万元，争取自治区、市本级技改资金119万元，企业自筹资金4230万元，进行改造升级。至年末，完成技术改造并投产2家。宾阳县出台《宾阳县烟花爆竹安全生产网格化监管工作实施方案》，实行“三定”（定人、定格、定

4月17日，南宁市召开《南宁市烟花爆竹经营燃放管理规定》新闻发布会，市安监局、市公安局受市政府委托发布　　市安全生产监督管理局提供

责),形成网格化监管模式;严厉打击“私炮”行为,组织公安、安监、工商、质监和县打击非法经营烟花爆竹执法大队等部门在新桥镇、宾州镇的重点村,依法取缔非法生产窝点(包括插引点、配药房)383处,捣毁取缔无证销售摊点63处,现场销毁成品爆竹1.30亿多头、半成品爆竹3.50亿多头,没收非法生产爆竹原料火药2300多千克、引线830多万米,捣毁非法生产设备197台;治安、行政和刑事案件立案77起,行政拘留、刑事拘留81人,判刑1人;同时,引导涉炮群众转产,从事特种养殖、特色农业等,为群众办理特种养殖证件开辟绿色通道,提供贷款资金,在用地、税收上给予政策支持。9月28日,国家安监总局在宾阳召开全国烟花爆竹“打非治违”工作座谈会,推广宾阳县打非工作经验。

年内,马山县列为自治区金属非金属矿山安全生产重点县。7月27日,马山县印发《马山县人民政府关于印发马山县金属非金属矿山安全生产攻坚克难工作方案的通知》,召开全县金属非金属矿山安全生产攻坚克难工作专题会议。9月,马山县聘请专家培训全县33家非煤矿山人员101人;组织专家组对全县非煤矿山企业开展安全隐患排查,查出安全隐患76处,提出整改建议93条,督促企业建立隐患排查治理台账、制定整改方案,落实整改措施、整改资金、整改时限;加大无主废弃尾矿库安全隐患整治和关闭销号力度,治理关闭18座无主废弃尾矿库;推进小矿山的整合重组,完成5家小矿山整合重组。至年末,马山县33家非煤矿山企业全部达到安全标准化三级标准。

【重大节假日安全保障】 2014年,南宁市“两会一节一赛”期间,市安委会成立“两会一节一赛”安全生产工作领导机构,加强对重要活动场所、设施和搭建现场的安全检查,对南宁国际会展中心、广西体育中心等“两会一节一赛”主要场所强化监管力量和措施,对接待宾馆、饭店实行全日制安全监管,开展安全生产大检查和督查。春节、清明、五一、国庆重大节庆或传统节日期间,市安委会加强对重点行业的领域安全监管,针对安全生产形势变化和阶段性特点,研究部署安全生产大检查活动,加强交通运输、人员密集场所、烟花爆竹销售、油气输送管线、城市燃气管网、轨道交通施工等重点行业和领域专项安全检查。1月22至25日,市长、副市长带队,组成8个督查检查组,深入县(区)重点企业、煤矿、地采矿山和烟花爆竹生产企业、危险化学品生产或储存仓库、重点场所开展督查检查,检查单位22家,发现安全隐患18处,发出责任整改通知书5份,严格把好安全关,确保春节期间生产安全。

【应急救援演练】 2014年10月30日,市政府主办、市应急办与市安监局承办的“2014年重大危险化学品应急救援演练”在中石化南宁分公司屯里油库举行,副市长覃卫国担任演练指挥长,3名聘请危化专家及时有关单位成员组成9个评估小组跟踪评估,市公安、环保、卫计委、气象、供电、消防、交警和青秀区政府以及危化中队、中石化南宁分公司200多人参与演练;演练采取半盲演方式进行,历时1小时30分。 (马 瑛)

口岸管理

【概 况】 南宁吴圩国际机场(南宁机场)空港口岸属国家一类口岸,位于南宁市良庆区,距市区32千米。2014年9月25日,南宁吴圩国际机场新航站区T2航站楼建成并投入使用,新航站楼面积达18万平方米。2014年,南宁机场通航21条国际(地区)航线,直飞香港、澳门、台北、台中、高雄、花莲,以及新加坡、吉隆坡、胡志明、雅加达、金边、万象、仰光、曼谷、首尔、济州、普吉、槟城、达卡、熊本、安克雷奇等国际(地区)城市,全年南宁空港口岸出入境人员82.27万人,首次突破80万人次,居自治区各地市首位。

【出入境管理】

空港口岸 2014年,南宁空港口岸出入境人员82.27万人次,比上年同期增长40.84%,其中,入境41.56万人次,出境40.71万人次,分别增长41.06%、40.62%;出入境飞机6524架次,增长31%,其中入境3277架次,出境3247架次,分别增长30.56%、31.46%;外贸进出口货物1.82万吨,减少92.12%,其中进口1.65万吨,减少92.81%,出口1600吨,与去年同期持平;出入境集装箱1767箱次,载货量1.74万吨,分别增加15.42%、14.47%,其中入境1541箱次,增长15.17%,出境226箱次,增加17.10%。

水运口岸 南宁水运口岸因为北大码头拆迁而暂停业务,水运口岸新址规划定点位于南宁港中心城港区牛湾作业区,牛湾作业区一期工程正在施工建设。

(梁 勇)

海 关

【概 况】 南宁海关是国家海关总署设在广西口岸的进出关境监督管理机关,业务管辖范围为广西全境,面积23.67万平方千米。2014年,关区监管口岸26个(一类口岸14个、二类口岸8个、边地贸口岸4个),监管边民互市贸易点25个。南宁海关下设13个隶属处级海关、11个缉私分局,3个派驻机构,总关机关设局、处、室18个,管理事业单位3个。南宁关区干部职工1929人,其中海关关员1496人、缉私警察433人。

南宁海关全年监管进出口货运量1.03亿吨,货值578.83亿美元,比上年同期分别增长8.50%、33.90%;监管运输工具37.60万辆(艘)次,进出境人员1059.60万人次,分别增加22.80%、25.70%;审核进出口报关单24.30万份,税收入库234.90亿元,下降5.10%;审批减免税2.78亿元,加工贸易合同备案195份,备案金额33.24亿美元;立案查办走私违法犯罪案件2038起,案值60.53亿元,涉税16.37亿元,抓获犯罪嫌疑人347人;上缴罚没收入1.16亿元。关区获全国公安机关爱民模范称号1人、全国边海防工作先进个人1人;获自治区优秀人民警察1人、广西五一劳动奖章1人。

【通关监管】

物流监控 2014年,南宁海关推动北部湾经济区通关一体化改革,实施关检合作“三个一”改革,辖区所有通关现场实现通关作业无纸化;扩大“属地申报、口岸验放”“属地申报、属地放行”通关模式适用范围和企业惠及面,实施出口货物“提前申报、货到验放”模式;推动北部湾“区港联动”改革;出台9大类42项关区重点改革项目,服务广西深化改革5类18项重点项目;开发并试点应用关区物流管理平台,实现新舱单管理系统及运输工具管理系统切换(全国系统首批);完成来往港澳小型船舶动态申报系统开发,稽查、风险、企管等后续监管机制不断创新完善;优化监管查验机制,开展分类查验、查验分流和查获分类考核,查验率、查获率分别为6.91%、13.93%,查验率达到总署指标要求;建立关区业务运行预警与改革绩效评估相结合的统计监测工作机制,推动关区业务整体运行良好;深入推进海关与执勤武警“三共”(思想共建、队伍共管、国门共把)活动,执勤武警工作长效机制逐步健全。至年末,南宁关区监管进出口货运量1.03亿吨、进出口总值3555.90亿元,分别增长8.50%、32.60%;监管运输工具37.61万辆艘架、进出境人数1059.60万人次,分别增长22.80%、25.70%。

边境贸易监管　南宁关区以"边民互市十落地加工"为模式,以"边民参股、集体经营、贸工结合、规范管理"为手段,以"真边民、真交易、真实惠"为目标,整合边贸生产要素、创新监管方式、构建贸工结合机制,推动边境贸易"通道经济"向"落地经济"转变。同时,针对边贸互市监管风险高、隐患多、责任大的特点,分析提出相应的防范措施,对超量申报、查验执法、案件移交等难点问题提出规范处置意见。至年末,南宁关区边境小额贸易进出口147.31亿美元,增长28.00%。

行邮监管　南宁关区修订《南宁海关免税商店及免税品监管操作规程》《南宁海关行邮现场毒品检测箱操作规范》等制度,优化和简化行邮类审批事项。推进监管场所建设,完成平孟口岸旅检现场验收并使用,推动东兴旅检口岸改造工程验收,促进爱店、水口口岸通道设施改造,实现南宁吴圩国际机场T2航站楼顺利通关验收。开展扫黄打非、违禁品查缉和行邮缉毒工作,参与"清源2014""净网2014""秋风2014"重大行动。至年末,南宁关区查获违禁出版物8898件,淫秽类430件,散发性宗教出版物7542件,其他非法出版物405件;查获行邮毒品案件11起、毒品21.41千克,查获枪支弹药261件,监管印刷品音像制品18.27万件,监管邮递物品和邮政快件29.29万件,监管非邮政快件57万件。

加工贸易监管　南宁关区助推广西实施"双核驱动"战略,推进北海出口加工区B区一期、钦州保税港区二三期建设并顺利通过国家验收,完善北部湾保税物流体系。落实广西加工贸易倍增计划,加快建设加工贸易综合服务平台,全年南宁关区加工贸易进出口额增长63.60%。协助广西推动珠江—西江经济带建设上升为国家战略,继续支持广西中越跨境经济合作区、开发开放试验区等重大项目建设,稳步推进广西口岸扩大开放。至年末,南宁关区审核加工贸易合同备案195份,比上年同期减少15.90%;备案金额33.24亿美元,增长87.20%。

【征收税款】2014年,南宁关区制定支持中小纳税企业税收征管措施9项,建立应税报关单和减免税抽样考核机制,构建以税收流量为基础、以质量为重点的税收考核评估机制,"两步申报"模式可行性研究顺利推进。深化综合治税,完善审单作业和批量复审运行机制,打好税收"攻坚战"。以优化执法评估系统涉税指标为抓手,强化对重点税源商品、主要税源企业动态分析与监控。加强审价、归类、原产地认证和减免税管理。至年末,关区审批减免税2.78亿元,入库税收234.91亿元,比上年同期下降5.10%,其中关税入库23.10亿元,进出口环节税211.81亿元;超额完成总署调整后的税收目标,列全国海关第十五位。

【后续管理】2014年,南宁海关创新海关后续监管机制,落实企业注册登记、信用管理改革,开展企业协调员制度试点;引入中介机构协助稽查,中介机构参与稽查机制逐步健全;落实中国海关总署优化分类通关分拣作业模式,加强低风险参数设置,探索关区二级低风险参数设置条件。至年末,稽查追补征税1.07亿元,增长1.28倍,列全国海关第九名;综合业务管理平台应用全面深化,布控实体有效率9.97%,高出全国平均水平1.47个百分点;全年新增高级认证企业21家,一般认证企业139家,分别增长4.25倍、1.40倍。

【打击走私】2014年,南宁海关加大缉私科技创新力度,加快推进南宁、东兴、防城港3个缉私监控指挥中心建设;南宁缉私监控指挥中心已完成基础建设工程及设备调试,实现与总署缉私局监控指挥中心互联互通。开展打击农产品走私"绿风"行动和打击大米、牛肉以及打击毒品走私"紫光"专项行动,协调地方同步开展专项打击整治,构筑覆盖货运渠道、边民互市、非设关地的立体查控防线,与海警、外汇管理部门签署打私合作备忘录,境外追逃工作获突破。至年末,南宁关区立案查办走私违法犯罪案件2038起,案值60.53亿元,涉税16.37亿元。其中,立案侦办"GN"系列重特大走私犯罪案件21起,总案值54.11亿元,总涉税15.98亿元。

【服务地方经济】2014年,南宁海关开展"百园、千企、万行"调研走访活动,走访关区管辖范围内园区86个、企业783家,解决实际问题827个。提出积极参与广西打造新的战略支点、共建21世纪海上丝绸之路等重大课题研究,获自治区党政领导批示。加强与湛江、海南等海关及港务部门协作,推动"三地七方"签署《环北部湾口岸部门及港口企业深化合作备忘录》,促进环北部湾地区经济一体化,推进12360海关服务热线标准化建设,开通12360政务微博微信,拓宽联系和服务社会的平台;在广西海关特殊监管区复制推广上海自贸试验区14项海关监管创新制度;参与广西沿边金融综合改革实验区建设,向海关总署报告广西进展情况及政策诉求;助推广西新兴业态发展,推动海关总署批准南宁开展跨境电子商务零售出口业务;研究提出实施互市贸易合作社、推动互市贸易"落地加工"、构建贸工结合机制、创新海关监管模式等推动广西边民互市贸易转型升级改革思路举措,形成方案并报请总署协调;创新统计指标分析运用,加强分析研究和趋势研判。年内,获国务院领导批示6篇次,国务院采用1篇次,中国海关总署采用27篇次,自治区领导批示4篇次。完成第11届中国—东盟博览会监管服务,监管展品324票、108吨、价值84.89万美元,监管进出境航班183架次、人员2.34万人次;牵头处理通关突发事件2起,协调完成1600多名比赛人员及200多名记者、数十吨物资的进出监管。全年自治区加工贸易进出口额增长63.60%,进出口值2491.20亿元,增长22.30%。　(黄伟文)

海事管理

【概　况】南宁海事局隶属广西海事局垂直管理,下设横县、邕宁、隆安、左江4个海事处,邕江、龙州2个办事处,负责南宁市、崇左市行政区域内的水上交通安全监督管理。辖区内通航河流12条,通航里程1111千米,其中干流784千米,支流327千米。主要河流有左江、右江、郁江。辖区内有船水库14座,渡口141道(南宁市83道、崇左市58道),装卸客货码头(含自然坡岸)90个;航道上跨河桥梁55座,过江管线129条,船闸4座,取水口25处,有船县(区)15个、有船乡镇80个、有船行政村223个;从事水运生产企业57家(海运公司8家、登记在册海船66艘,内河航运公司49家、登记在册内河船舶3276艘)。主要港口有南宁港、隆安港、中心城港、六景港、横县港、崇左港,其中南宁港1987年被批准为国家二类开放港口,有航行于港澳地区的船舶22艘。2014年,南宁辖区港口吞吐量2378万吨,其中散装化学危险品2.45万吨,砂石1600.68万吨,其他物品

768.15 万吨。

【通航管理】 2014 年，南宁海事局坚持专项治理与长效管理相结合，先后开展“渡运安全月”“安全大检查”“平安交通”“六打六治”“打非治违”“百日活动”“安全生产月”“水上交通安全知识进校园”等专项活动，应对自治区历史上最强台风“威马逊”“海燕”。全年审批枢纽、桥梁、码头、过江管道、架空跨江电缆等项目和大型水上活动 14 项，发布航行通告 20 项次，制定水上水下活动项目监管方案 14 项。至年末，累计巡航里程 18.63 万千米，巡航时间 9613.80 小时，巡航 2188 次；出动执法人员 6379 人次，检查船舶 4189 艘次，渡口 1625 道次，水库 57 座次；检查水工项目 152 起次。排查水上交通安全隐患 24 项，有效治理 17 项，审核许可水上水下活动项目 14 项；办理行政许可业务 2.05 万件，实施行政处罚 138 起，罚款 26.09 万元；实施海事行政强制 20 起。利用手机短信平台发布预警信息 4 万余条。

【船舶监督管理】

船舶公司管理 2014 年，南宁海事局出台《南宁辖区体系公司交叉内审活动试点方案》《南宁海事局促进辖区航运业转型升级健康发展措施》，执行审核员挂点帮扶制度、航运公司安全管理约谈制度、差异化管理制度、事故隐患督促整改制度、安全生产评估制度和非体系公司监督检查指南等，辖区内船舶滞留率有所下降。至年末，被滞留船舶 13 艘，同比下降 31%；完成航运公司安全与防污染检查 37 家，受理船舶公司安全体系审核申请及材料审查 53 次，调派审核员 38 人次，召开公司安全例会 5 次。

船舶安全检查 南宁海事局结合船舶吨位丈量专项检查等活动，开展船舶安检工作，按要求进行船员实操能力考核，有效提高船员业务技术素质和实际操作能力。年内，开展船舶安全监督检查 730 艘次，纠正船舶缺陷 3127 项。

船舶登记 南宁海事局运行船舶登记质量管理体系，严把船舶准入关，不断提升服务水平，缩短业务办结时限。全年办理船舶登记 2640 艘次，其中船舶所有权登记 335 项次，船舶国籍登记 482 项次，船舶抵押权登记 82 项次，船舶光船租赁登记 23 项次，船舶注销登记 213 项次，变更登记 182 项次，核发最低安全配员证书 459 份；开展船舶吨位复核受理 493 艘次，船名审核 383 艘次，发放船舶 IC 卡 359 张。

船舶进出港签证 南宁海事局严把船舶进出港签证关，全年办理船舶进出港签证 34.17 万艘次，减少 12.65%；货物吞吐量 2378 万吨，减少 9.65%，客流量 581.77 万人次，减少 10.80%。

【船舶防污染及危险品管理】 2014 年，南宁海事局加强对航运公司的安全与防污染检查，强化船舶载运危险货物现场监督管理，推进辖区内河水域污油污水回收公司的组建，全面开展船舶危防类风险源普查登记、检查和防范措施制定等相关工作。组织开展内河散装运输危险化学品船专项检查，检查覆盖率 100%，对发现的 21 个缺陷进行复查关闭。至年末，辖区载运危险品船舶出港 828 艘次，危险货物出港 5.54 万吨，审批《船舶油污应急计划》《船舶垃圾管理计划》178 艘次；完成航运公司安全与防污染检查 75 次。全年没有发生危险品运输和污染事故。

【船员管理】 2014 年，南宁海事局加强船员培训；组织开展渡工安全教育培训，培训渡工 456 人，签订渡运安全承诺书 456 份。抓好船员考试、发证和培训监管，提高船员培训质量和船员素质，维护船员权益。全年组织实施各类船员理论考试 26 期，1450 人参加考试；组织船员评估 24 期，1235 人参加评估；签发船员证书 2051 本，适任证书 677 本，服务簿 559 本，基本安全合格证 602 本，特殊培训合格证书 173 本，船舶安全配员证书 452 本。

【水上应急搜救】 2014 年，南宁海事局履行南宁市水上搜救中心办公室职责，协调组织中心各成员单位开展水上搜救。至年末，接到水上搜救报警 28 起，组织水上搜救行动 24 次，获救人员 84 人、获救船舶 21 艘，搜救有效率、船舶获救率分别为 93.30%、84%；辖区内发生一般等级及以上水上交通事故 6 起，造成非运输船死亡 5 人、失踪 1 人，沉船 4 艘，直接经济损失 298 万元。

【砂石船专项整治】 2014 年，南宁海事局印发《关于南宁崇左内河挖运砂船整治工作指导意见的通知》，加强源头管理，督促采砂中标承包方积极把好砂石船持证施工作业准入关；联合水利、航管等部门开展整治行动，打击船舶非法采砂行为。全年受理砂船登记 117 艘，办结发放船舶所有权证书 53 本、国籍证书 16 本、受理砂船识别号申请 54 艘次。推动 283 艘参与补图，通过南宁船检审图 175 艘，申请检验 52 艘，发放船舶检验证书 27 艘。

【水上交通安全隐患排查治理】 2014 年，南宁海事局服务第 45 届世界体操锦标赛，印发《南宁海事局 2014 年水上交通安全隐患排查治理工作方案》，开展辖区安全风险排查治理。做好英华大桥、老口水利枢纽工程等 7 个水工建设项目的监管与服务，排查出水上交通安全隐患 24 起，治理 17 起，正在整改落实 7 起。

【海事文明创建】 2014 年，南宁海事局启动“首府海事”文化品牌创建，多举措进行培育深化，不断充实品牌内涵。首部微电影《海事为民圆甜梦》获广西海事局廉政微电影三等奖；印制《清风廉韵》等文化丛书 4 册；建成“政务”“党建”微信

9 月，南宁海事局、市安监局、市水利局三部门强化联合督查。图为开展水上交通专项督查　　市安全生产监督管理局提供

平台。年内，南宁海事局政务中心被任命为广西海事局文明执法示范窗口标兵单位，邕宁海事处被任命为广西海事局文明执法示范窗口，邕江办事处、龙州办事处通过广西海事局文明执法示范窗口初步验收，“海巡 10081”青年文明号获广西青年文明号创新服务大赛二等奖，局本级连续 5 年有效投诉举报为零，社会满意度保持 99%以上。（黄丽宁）

出入境检验检疫

【概　况】 南宁出入境检验检疫局（简称“南宁检验检疫局”） 2012 年 12 月成立，国家质量监督检验检疫总局垂直管理，是国家设在南宁的口岸行政执法机构；执行国境卫生检疫、动植物检疫、进出口商品检验食品安全等法律法规，负责辖区内出入境检验检疫、鉴定、认证、监督管理等行政执法。2013 年 5 月 31 日正式挂牌成立；局机关设 10 个科室，在编职工 56 人。2014 年，南宁检验检疫局（含南宁保税物流中心办事处）履行检验检疫监管职能，服务地方经济发展，受理出入境货物报检 1.08 万批，货物总值 7.03 亿美元。其中：出口商品 8069 批次，货值 5.74 亿美元；进口商品 2770 批次，货值 1.29 亿美元；签发原产地证书 8462 份，签证金额 5.87 亿美元，分别增长 8.07%、22.30%。

【进出口动植物及其产品检验检疫】 2014 年，南宁检验检疫局检验检疫监管主要产品有供港活猪、出口食蟹猴、水产品、肉脯、食用农产品等，其中供港活猪 3.34 万头货值 940.50 万美元，出口食蟹猴 2558 只货值 380.52 万美元，出口水产品 1.26 万吨 5659 万美元，出口肉脯 1519 吨货值 1289 万美元，出口饲料及饲料添加剂 2333 吨货值 168 万美元，出口食用农产品（植物调料及中药材）1605 吨货值 1432 万美元；进口粮 27.67 万吨。检验进出口食品 302 批，货值 2053 万美元，主要产品为茶叶、罐头、脱水果蔬、蜂蜜、葡萄酒，其中检出出口不合格食品 11 批、进口不合格食品 6 批。查验非法进境冻品 1260 吨，协助南宁市商务局打击走私综合治理办公室监督销毁非法入境冻品 11 次。

【国际邮包检验检疫】 2013 年 12 月，南宁检验检疫局进驻南宁邮政处理中心，实行进出境邮寄物检疫把关，严防有害生物传入传出，并加强对邮局一线人员检验检疫法律法规的宣传培训。2014 年，截获禁止进境物 144 批次，比上年同期增长 144.10%。

【大型进口成套设备检验】 2014 年，南宁检验检疫局开箱检验南南铝项目价值 2.41 亿美元的进口设备，完成华电南宁新能源项目价值 3745 万美元进口设备检验，配合南宁市华南城项目建设，制定《南宁华南城保税仓库检验检疫监管设施建设工作方案》。

【香港《食物内除害剂残余规例》应对】 2014 年，南宁检验检疫局指导企业加强对供香港食品企业的管理，要求企业严格按照香港《规例》规定把好质量关；督促企业对照《规例》要求开展生产基地全项目检测 1 次，并制定供香港食品的重点监测防控项目；对辖区供香港食品农产品企业开展专题培训 3 次；制定供香港食品中农残监督抽检方案，对出口香港的食品进行排查；制定敏感产品重点检测项目，对供香港敏感产品实施批批抽样检测重点监测项目。全年出口供香港食品货值 2179.40 万美元，未被检出不合格或通报。

【南宁市大型赛事活动服务】 2014 年 9 月 16 日至 19 日，第 11 届中国—东盟博览会期间，南宁检验检疫局对来自东盟、日本、韩国及台湾地区的入境参展品（254 批、货值 29.41 万美元）实施检验检疫与监管。其中：现场食品快速检验实验室检测展品 60 批 94 项；技术中心实验室检测展品 63 批次 200 项次，检出不合格食品 8 批；从入境展品、木质包装中截获害虫 23 种 37 批次，其中检疫性有害生物双钩异翅长蠹 1 种 1 批次。2014 年 10 月 3 日至 12 日，第 45 届世界体操锦标赛期间，南宁检验检疫局抽样检测食源性兴奋剂和兽药残留，从进口牛、羊肉库存中抽取 50 份代表性样品送国家体育总局反兴奋剂中心进行 β－激动剂、甾体、糖皮质激素等检测 135 项。

【工作机制创新】 2014 年，南宁检验检疫局创新进口检验监管机制，做好目录外商品监督抽查，加强输非洲商品、进口旧机电产品、进口高货值商品等高风险商品的检验监管。应用“出口退货信息管理系统”，帮助企业应对国外技术性贸易壁垒；按照出口产品退运原因调整出口企业的分类管理等级和抽批比例，将退运追溯调查与企业诚信管理、企业分类管理动态调整有机结合，将退运原因的分析作为出口法检产品风险分级、出口企业分类管理、指导实际检验监管的重要依据。在广西检验检疫系统率先运行“换证凭单自助打印系统”，实行“无纸化报检”，信用等级 B 级及以上企业可通过简化纸质报检随附单证、通过检验检疫电子业务平台提交报检单及随附单证电子数据等进行报检，实现网上自助凭条打印。落实国家检验检疫总局免收出口商品法检费用优惠政策，减免检验检疫费用 202 万元。通过“帮、扶、促”等途径，指导企业用好原产地证优惠政策，签署原产地证书 6264 份，签证金额 4.23 亿美元，节省关税 2114 万美元。

（黄巧玲）

9 月 30 日，南宁检验检疫局首次从邮寄包裹里截获濒危野生动植物种——克氏干海马，共 704 支 1.80 千克　　南宁检验检疫局办公室提供

责任编辑　陈洪毅

教　育

综　述

【概　况】 2014年，南宁市有中小学幼儿园3221所，在校人数131.63万人，专任教师6.54万人。其中：幼儿园1384所，在园人数27.32万人，专任教师1.08万人；小学1451所，在校生56.70万人，专任教师2.86万人；初中258所，在校生26.15万人，专任教师1.62万人；普通高中84所，在校生12.14万人，专任教师7554人；中等职业技术学校34所，在校生9.21万人，专任教师1997人；特殊教育学校10所，在校生1073人，专任教师320人。师生比例：幼儿园1:25，小学1:20，初中1:16，普通高中1:16，中等职业学校1:26（不含非全日制在校生）。少数民族在校生比例：小学56.91%，初中56.23%，普通高中52.74%。校园面积、生均校园面积分别为：小学1223.96万平方米、21.59平方米，普通初中611.14万平方米、23.37平方米，普通高中577.69万平方米、47.60平方米，中等职业学校288.41万平方米、31.30平方米。校舍面积、生均校舍面积分别为：小学377.20万平方米、6.65平方米，初中260.44万平方米、9.96平方米，普通高中267.48万平方米、22.04平方米，中等职业学校69.50万平方米、7.54平方米。义务教育普及程度：小学学龄儿童入学率100%，毕业升学率102%；初中入学率100%，毕业升学率98%。

南宁市辖区内高等院校37所，在校生47.13万人（含成人高等教育在校生）。其中：普通高等院校32所（本科院校13所，含独立学院4所；高职高专院校19所），在校生45.14万人（含成人高等教育在校生）；成人高等院校5所，在校生1.99万人。博士学位授予权院校3所，硕士学位授予权院校7所；在校研究生1.55万人。

全年南宁市教育经费总收入105.70亿元，比上年增长10.04%，其中公共财政预算教育经费85.08亿元，增长8.96%。教育经费总支出101.17亿元，增长9.33%。

【学校基础设施建设】 2014年，南宁市完成教育固定资产投资84.51亿元，完成年度任务100.61%。建成邕宁高级中学新校区、兴宁区九曲湾中学、良庆区良庆镇初级中学、青秀区在水一方小区配套小学、西乡塘区龙光水悦龙湾小区配套小学、兴宁区龙湖蓝湾小区配套小学、兴宁区荣和山水绿城配套小学、西乡塘区鑫利华花城小区配套小学、南宁经济技术开发区第一小学一期、江南区智信小学一期10所中小学校；建成武鸣县宁武镇伏唐幼儿园、上林县澄泰乡中心幼儿园、上林县白圩镇中心幼儿园、兴宁区苏州路幼儿园、青秀区凤凰岭幼儿园、西乡塘区示范性公办幼儿园、江南区第一幼儿园7所幼儿园；建成市第三中学学生公寓等市直属学校单体项目9个，县（区）教育基建项目1268个。开工建设教师公共租赁住房1244套。

【队伍建设】

教师队伍建设　2014年，南宁市教育局印发《2014年南宁市教育系统师德教育活动方案》《贯彻落实习总书记2014年教师节讲话暨全市教育大会教师队伍建设有关精神工作方案》，开展“三进三访三表率”（进班级、进家庭、进社区，访学生、访家长、访群众，在培育和践行社会主义核心价值观“三进三访”活动中作表率、在廉洁从政廉洁从教中作表率、在服务世锦赛中作表率）师德活动。施行《南宁市教育局直属公办中小学校校长（书记）奖励性绩效工资实施办法》，明确校长绩效考核办法。探索建立县域内学区教师轮岗轮教新模式、公办幼儿园园长到民办幼儿园挂职新方法，安排支教教师222人，走教教师208人。开展中小学教师招聘统一考试制度试点，实行阳光招聘，招聘教师岗位1410个，实现“零投诉”。加强教师编制动态管理，解决市第二中学、市第三中学、南宁外国语学校、市第十四中学、市第二十一中学、市第三十四中学等办学规模扩大、学生人数增多学校重新核编问题，增加编制225名。落实自治区乡村教师生活补助计划，发放8171名乡村教师生活补助，补助1653.21万元，其中县（区）财政自筹投入资金612.69万元。推进市教师综合管理信息系统工程建设，构建相应管理平台。调查摸底市中小学教师职称评审、岗位聘任情况，探索中小学副高级职称异地交叉评审新机制，实现南宁市与柳州市互评。完成4630名中小学教师职称申报评审。做好3.51万名原民办教师、代课教师参加养老保险财政补助发放、台账审核整理、政策解释等工作。对2013年国企职教幼教退休教师69人开展身份认定和复核，核算补发差额绩效工资。

教师专业发展　组织开展国家级培训项目34个、自治区级培训项目18个，与清华大学、广西师范学院等教师培训

9月，南宁市青秀区凤凰岭路幼儿园建成招生　　市教育局提供

机构合作办班，举办名师、“双师型”教师、班主任、心理健康教师、农村完小教师、新任教师和学校教育管理干部等培训项目。组织市级以上教师培训3万多人次。在自治区率先实施“南宁市教师网络研修社区”建设工程，推动信息技术与教师培训深度融合，中小学班主任参与网络远程培训3900人。通过特级教师工作室、基础教育和中等职业教育人才小高地、名师讲坛建设等载体培养名师。落实《南宁市特级教师教坛明星学科带头人示范引领作用实施办法(试行)》，开展名师自评、单位测评、主管部门抽查活动，助推教师队伍均衡发展。年内，评选表彰南宁市“我最喜爱的老师”20名。

【教育督导】 2014年，南宁市实行中小学校责任督学挂牌督导制度，专项督查县(区)中小学校责任督学挂牌督导，责任督学挂牌学校1488所，责任督学589名，实现中小学校责任督学挂牌督导全覆盖。开展农村义务教育学校办学条件督查，督查报告上报市政府，并网上公布；建立整改工作月报制度，向市政府汇报整改情况。推进义务教育发展基本均衡县(区)创建，协调指导兴宁区、青秀区做好迎接自治区督导评估准备。12月8日至11日，兴宁区、青秀区通过义务教育发展基本均衡县（区）自治区督导评估。召开市义务教育均衡发展工作推进会，兴宁区、青秀区和武鸣县作经验介绍，各县(区)与市政府签订《南宁市推进县域义务教育均衡发展责任书》。开展学校德育督查，组织专项督查4次，检查学校100所，抽查师生背诵核心价值观、中国梦及世锦赛知识情况，抽查学生1447人次、教师487人次。组织开展市级示范幼儿园、示范性乡镇中心幼儿园评估，第一批13所幼儿园被评为市示范幼儿园，11所幼儿园被评为市示范性乡镇中心幼儿园。完成国家、自治区对南宁市2014年春季学期开学情况、中小学校责任督学挂牌督导、武鸣县和隆安县开展农村义务教育学校办学条件督查、教育信息化等专项督查的迎检。

【语言文字工作】 2014年，南宁市印发《南宁市贯彻〈国家中长期语言文字事业改革和发展规划纲要（2012—2020年）〉实施方案》，完成马山县、上林县、隆安县中国语言资源有声数据库广西库建设汉语方言调查采录。举办“写汉字”比赛，67所学校402名学生参加，评出一等奖40个、二等奖70个、三等奖100个；广西大学附属中学、市天桃实验学校代表队进入自治区复赛、决赛，广西大学附中获一等奖，天桃实验学校队获二等奖，市教育局获优秀组织奖；广西大学附中队参加2014年中国汉字听写大会进入半决赛。举办春季学期汉字擂台比赛，32所学校代表队192名初中学生参加，评出特等奖1个、一等奖3个、二等奖4个、三等奖8个、优秀奖16个，市新民中学队获特等奖。举办市校园中华经典诵读比赛，68个节目参加，评出学生组一等奖4个、二等奖10个、三等奖18个；评出教师组一等奖2个、二等奖6个、三等奖10个；评出集体组一等奖2个、二等奖5个、三等奖11个，选送15个节目参加自治区级比赛，获一等奖2个、二等奖2个、三等奖8个、优秀奖2个，南宁市语言文字工作委员会办公室获优秀组织奖。开展“社会主义核心价值观”主题民(童)谣诵读活动，市天桃实验学校等10所学校录制专题诵读节目在文明网展播。完成语言文字规范化示范校评选，横县横州镇中心学校等23所学校(幼儿园)获“南宁市语言文字规范化示范校”称号。完成武鸣县国家三类城市语言文字复评，巩固“普通话初步普及”“汉字的社会应用基本规范”目标。组织人员对市区的主要街道单位的名称牌、商铺的招牌和广告牌、机场、火车(汽车)站、活动中心等公共服务窗口单位的社会用字(汉字、壮文、外文)情况进行检查，规范社会用字；深入10个社区宣传语言文字工作法律法规。开展第17届全国“推普周”活动，发放挂图1000多套、法律法规宣传册2000多套；在武鸣县城文化广场开展“推普农村行”政策咨询、板报宣传、检查商铺社会用字等活动，发放宣传资料5000份、宣传画100多张，免费接受普通话测试13人次。组织中小学校教师参加国家、自治区和南宁市语言文字工作培训9期189人次。组织教师、职业高中学生、社会人员参加普通话水平测试6294人次。

【教育科研】 2014年，市教育局召开小学示范性教研组建设工作会议。举办中等职业学校骨干教师专业化培训。组织“亲近母语，快乐阅读”课题组申报国家教育科学课题。课题《南宁市推进教育现代化策略的研究》通过鉴定，评定等级为A等。编写《教育护航中国梦——南宁教育献礼第30个教师节丛书》。组织“十二五”规划课题评审，获立项课题254项。举办第十二届科研兴校研讨会，交流学校开展微型课题研究的经验。举行优秀心理辅导室和优秀心理辅导员评比，31所优秀心理辅导室和38名优秀心理辅导员受表彰。

【课程改革】 2014年，南宁市组织市第一职业技术学校、市第三职业技术学校、市第四职业技术学校、市第六职业技术学校及广西南宁高级技工学校教师到六县职校开展专业课示范教学。选拔初中学科骨干教师开展命题技能和无纸化阅卷培训。编制《南宁市普通高中新课程学科教学指导意见及课堂教学案例》。举办小学“精彩学堂”教学成果展示。召开高考命题趋势与科学备考研讨会，开展高考、中考视导。开展综合实践活动、学科课堂教学研讨、课程设置方案及实施、学生学分认定管理、校本教研、学生综合素质评价、课程资源开发与管理7个普通高中课程改革样本学校管理项目系列研讨。编印《南宁市2015届学科高考备考

3月31日，南宁市教育系统师德教育“三表率”活动启动　　市教育局提供

9月26日，南宁市举办"校园中华经典诵读"比赛。图为诗歌朗诵《青春中国》
市教育局提供

及指导意见》。承担南宁、柳州、百色、崇左、防城港、河池、北海7个市教师普通高中课程改革培训任务。与海口市第一中学、广州市第六中学开展高一、高三两个年级的同课异构活动，推进高中课程改革。开展南宁市高端教学人才巡讲活动。

【学科竞赛】 2014年，南宁市举办中小学第八届、幼儿园第七届优秀心理辅导课评比，举办中小学班主任技能、主题班(队)会录像课、学科育德录像课比赛。选拔中等职业学校学生参加第九届自治区中等职业学校学生技能比赛，获一等奖23个、二等奖35个、三等奖54个；组织参加第十一届自治区中等职业学校"文明风采"竞赛，获奖2367个。组织第二届校园心理剧评比，评出一等奖8个、二等奖13个、三等奖17个、鼓励奖4个。组织开展幼儿园教师教学技能比赛。举办中等职业学校教师专业技能基本功比赛，评出一等奖37个、二等奖90个、三等奖120个。组织教师参加广西中等职业学校教师职业技能比赛，获一等奖10个、二等奖11个、三等奖28个。举办中等职业学校学生专业技能比赛，878名学生选手参赛，评出一等奖105个、二等奖244个、三等奖320个。组织小学教师教学技能比赛，评出一等奖15个、二等奖27个。

【体育、卫生、艺术教育】 2014年，南宁市继续实施阳光体育和"体育、艺术2+1项目"(通过学校的课外体育和艺术教育，让每个学生能够较好地掌握2项运动技能和1项艺术技能)，制定《南宁市中小学体育教学常规(试行)》，举办第一届中小学体育教师教学技能比赛，提升体育教师专业能力。举办啦啦操、校园足球、篮球、田径等比赛，规范初中毕业升学体育与健康考试，完成《国家学生体质健康标准》测试上报。加强学校卫生防病管理，制定《南宁市中小学校食堂管理暂行规定(试行)》，组织开展食品安全专项整治，加强疾病预防与应急处置。开展应急急救、预防艾滋病健康教育知识培训，免费发放青春期健康教育及预防艾滋病健康教育材料16万多份。举办第十六届中小学艺术节、第十三届教育系统师生迎春艺术作品展评、法制书法与绘画作品赛、防艾卡通画大赛、高雅艺术进校园等活动，参展作品4.50万幅，参加预赛艺术表演节目432个，其中142个优秀节目在南宁剧场参加总决赛，参与学生10万人次。

【农村义务教育学生营养改善计划】 2014年，南宁市制定《南宁市农村义务教育学生营养改善计划合格学校(教学点)考评标准》，继续在六县公办义务教育学校实施营养改善计划，1562所学校39.03万名在校学生受益。投入营养膳食经费2.20亿元(中央资金0.75亿元、奖补资金0.82亿元、市本级投入0.63亿元)。

【教育国际交流合作】 2014年，南宁市加强教育国际交流合作。市第二中学接待来自美国、英国、德国等12批访问团到访，与德国瓦尔登堡欧洲高级文理中学等建立"友好学校"。市四职校与英国布拉德福德学院建立"友好学校"，与泰国Tharnpanya教育集团签订友好合作协议。美国康伯斯威尔大学教育代表团到市四职校邕宁校区考察学前教育专业办学情况；英国大使馆(总领事馆)文化教育处职业教育项目经理龙燕女士到市四职校交流访问。选派直属单位优秀校长、骨干教师5人赴国外(境外)培训、学习。市第二中学、市第三中学、市第十四中学招收国际班学生151人。

【校外教育】

读书教育活动 2014年，南宁市开展"阅读开启智慧人生好书伴我成长"读书、全国第二十一届青少年爱国主义读书教育、市中小学"幸福有您，感恩同行"校园书信文化、"我的书屋我的梦"暑假读书教育等活动，举办第五届"享受阅读快乐成长"阅读表演秀邀请赛。创编具有广西壮族民歌元素的"社会主义核心价值24字歌"，拍摄社会主义核心价值观微电影1部，每月组织现场会1场。开展未成年人思想道德建设测评、"洒扫应对"主题活动，推进"节俭养德"教育。

科普活动 举办机器人、中小学航空航天模型、中小学车辆与建筑模型辅导员培训班。举办中小学航空与航天模型、第十三届中小学生机器人竞赛、中小学生车辆与建筑模型比赛。组织市新民中学、市滨湖路小学两支队伍12人参加VEX机器人世界锦标赛。组织56支队伍122名选手参加广西青少年科技创新大赛机器人竞赛，获一等奖7个、二等奖20个、三等奖39个。组织55支队伍110名选手参加第十五届全国中小学生电脑制作活动广西区选拔赛，获一等奖18个、二等奖17个、三等奖24个。市第十四中学等18支队伍获参加全国赛资格。组织参加WRO机器人竞赛中国华南区选拔赛，小学组获冠、亚、季军，中学组获亚军，市五一中路中学获初中组创意赛冠军，市民主路小学在全国选拔赛中获冠军，并在世界奥林匹克机器人竞赛小学组常规赛中获科技创新奖。组织第五届青少年机器人活动暨亚洲机器人锦标赛中国区选拔赛，市第二中学、市秀田小学等15所学校31支队伍89名师生参赛，获一等奖8个、二等奖7个、三等奖16个，专项赛5个，其中冠军2个、亚军1个、季军1个，13支队伍获参加亚锦赛资格。组织参加第八届亚洲机器人锦标赛，获19项奖项，其中：秀田小学获小学组团体冠军、金奖，市新秀学校获中学组团体亚军、金奖。

12 月 5 日，南宁市组队参加第八届亚洲机器人锦标赛。图为参赛队员合影

市教育局提供

文艺体育　举办啦啦操等级教练员及裁判员培训班、中小学动画创作培训班、中小学合唱节、合唱指挥大师培训班、艺术公益培训、“践行社会主义核心价值观、共筑伟大中国梦”书画展和板报展、“我来拍世锦”中小学师生摄影比赛、第十一届青少年围棋锦标赛、中小学师生象棋公开赛、“金源城杯” 青少年才艺大赛、中小学“琴韵悠扬 梦想飞扬”民族器乐大赛、迎世锦青少年全民健身操舞和中小学校园啦啦操比赛、“迎世锦文明伴我行”校园师生礼仪风采大赛、2014 年全国全民健身操舞大赛总决赛、青少年啦啦操比赛、中小学音乐教师基本功大赛、新年交响音乐会、中小学生艺术节。组织 50 名师生(含学生艺术团分团及团员)参加广西少年儿童民族器乐大赛；组织 300 名师生参加 12 月 13 日全国啦啦操冠军赛总决赛。市逸夫小学合唱团参加第五届世界和平合唱节比赛，获金奖。

社会实践　南宁市安全教育体验馆接待师生参观体验 8 万人次。举办综合实践活动教育管理干部以及骨干教师培训班。组织小记者对学生安全教育体验、“4·23”世界读书日、践行社会主义核心价值观，宣传“中国梦”“六一”儿童节、父亲节感恩、“6·26” 国际禁毒日教育、“迎世锦”“寻找南宁历史足迹”活动、教师节感恩、市校园中华经典比赛、第 45 届世界体操锦标赛见闻、市青少年啦啦操比赛等活动进行报道。

【教育信息化建设】 2014 年，市教育局举办信息化建设与应用的培训班 8 期，培训 784 人次。举办自治区中小学信息技术与学科教学整合优秀课例展示观摩评选(南宁分区赛)，参赛教师 92 人，观摩教师 1800 多人次；选送 5 名获一等奖选手参加自治区评比，获一等奖 3 个、二等奖 2 个。教育教学装备投入 4951.76 万元，配备中小学计算机教室 6 间、信息化移动教室 2 间、多媒体班班通设备 429 套、机器人 82 套，实验室成套设备 17 套、通用实验室设备 27 套、数字化实验室设备 7 套，其中 800 万元用于市实验学校荣和校区初中部教学装备建设。自治区下拨支持民办教育发展奖补资金 290 万元，采购 10 所民办学校教学设备。实施 “教学点数字教育资源全覆盖”项目，六县六城区 653 个教学点全部进行设备安装调试和教师培训，完成县级、自治区级验收。举办市第十届中小学校园影视奖评选，选送 85 部优秀作品参加第十一届中国中小学校园影视奖评选，65 部作品获奖，其中金奖 11 部、银奖 38 部、铜奖 12 部，市十四中校园电视台获“全国百佳校园电视台”称号，三篇论文分别获一等奖、二等奖、三等奖，南宁市现代教育技术中心获优秀组织奖。

【家庭经济困难学生资助】 2014 年，南宁市投入学生资助(含助、免、补、奖、贷等)资金 5.35 亿元，受惠学生 57.94 万人次。农村义务教育家庭困难寄宿生生活费补助项目发放 1.42 亿元，资助 24 万人次；普通高中免学费项目发放 2067.89 万元，资助学生 4.43 万人次；中等职业技术学校免学费项目发放 7234.72 万元，资助学生 8.09 万人次；南宁学院、南宁职业技术学院发放高校助学金 2402.10 万元，资助学生 1.60 万人次。资助家庭经济困难大学新生发放 900 万元，资助 3000 人。开展学前教育阶段入园补助金项目，发放 2079.33 万元，资助家庭经济困难幼儿 4.73 万人次；市财政资助家庭经济困难中小学生项目义务教育阶段发放 1125 万元，资助学生 2 万人次；高中国家助学金项目发放 4737.47 万元，资助学生 6.95 万人次；滋惠计划项目发放 257.80 万元，资助学生 1289 人；自治区资助困难大学新生路费和短期生活费项目发放 300.50 万元，资助 5008 人；中国教育发展基金会高校困难新生入学补助项目发放 72.80 万元，资助学生 1224 人；中等职业教育阶段，中职国家助学金发放 1228.44 万元，资助学生 1.64 万人次；中职奖学金项目发放 238.80 万元，奖励学生 1194 人。高等教育阶段—生源地信用助学贷款项目，发放贷款 1.67 亿元，贷款学生 2.79 万人。

【学校安全稳定】 2014 年，市教育局印发《关于安全稳定工作“一岗双责”制度的实施意见》，坚持安稳形势定期研判分析。召开“法治南宁讲堂”专题讲座，印发《南宁市中小学开展“文明迎世锦”校园及周边安全隐患大排查大整顿活动工作方案》《新版中小学安全实验教材》《雷电防护知识》《校园安全稳定工作日志》及“迎世锦”《珍爱生命，安全出行》宣传图卡、《校园安全书签》等，消除安全隐患，保障校园安全稳定。开展“3·31”全国中小学生安全教育日、“5·12”防灾减灾日及交通安全月、消防安全月等主题活动。与公安消防等部门联合开展消防、疏散、防侵害等大型演练 4 次。抓人防、物防、技防“三防”建设，构建“三防合一”校园安全保卫体系。联合公安部门制定学校视频监控系统与公安联网实施方案。安装校园专线报警电话。实行“网络舆情监控月轮值”制度。开展中小学“平安校园”创建，782 所校园获“平安校园”称号。市第二十一中学、南宁市北湖北路学校成为首批 “南宁市校园青少年法制教育示范基地”。受理群众来信来访来电 441 件 581 人次。

【教育收费监督】 2014 年，南宁市加大中小学教育收费监督力度，规范教育收费，治理教育乱收费。签订《规范教育收费责任书》，落实规范教育收费责任制；加强监督检查，强化规范教育收费政策执行力。市本级、县(区)开展中小学校春、秋季学期收费检查，公办中小学校检查率 100%。开展中小学校及幼儿园专项收费检查，规范中小学服务性收费、代收费管理、幼儿园收费。受理涉及教育乱收

8月21日，南宁市社会爱心人士资助困难大学新生　　市教育局提供

费信访举报57件，办结57件；查处、清退中小学违规教育收费20.80万元。

【招生考试】 2014年，南宁市招生考试院围绕"公平、公正、优质、高效、有序"目标，强化考试管理，精心组织，完成招生考试任务。

普通高考　报考5.51万人，参考4.21万人。其中市区参考1.94万人，武鸣县参考5246人，横县参考4691人，宾阳县参考6812人，上林县参考2293人，马山县参考2158人，隆安县参考1546人。

成人高考　报考2.32万人。其中市区1.68万人，武鸣县1726人，横县1021人，宾阳县1828人，上林县538人，马山县979人，隆安县320人。成人高考报考高中起点升本科826人；高中起点升专科1.28万人，专科起点升本科9552人。

中考　报考6.81万人。其中市区3.21万人，武鸣县5621人，横县1.11万人，宾阳县8906人，上林县4009人，马山县3808人，隆安县2574人。

自学考试　1月、4月、10月，分别组织高等教育自学考试3次，报考人数1.04万人，报考科数2.25万科。

高中毕业会考与学业水平考试　6月，组织高中毕业会考和学业水平考试。报考19.94万科，其中市区9.25万科、武鸣县2.26万科、横县2.56万科、宾阳县3.06万科、上林县1.11万科、马山县1.05万科、隆安县6512科；会考报考6769科，其中市区2031科、武鸣县1339科、横县1743科、宾阳县865科、上林县306科、马山县238科、隆安县247科。12月，组织学业水平考试：报考20.55万科，其中市区9.28万科、武鸣县2.44万科、横县2.64万科、宾阳县3.10万科、上林县1.18万科、马山县1.12万科、隆安县7772科。

基础教育

【概　况】 2014年，南宁市有基础教育学校3187所，在校学生122.42万人，专任教师6.34万人。其中：幼儿园1384所，在园人数27.32万人，专任教师1.08万人；小学1451所，在校生56.70万人，专任教师2.86万人；初中258所，在校生26.15万人，专任教师1.62万人；普通高中84所，在校生12.14万人，专任教师7554人；特殊教育学校10所，在校生1073人，专任教师320人。全市学前三年毛入园率92.83%，小学入学率100%，初中入学率99%，义务教育巩固率93.75%，高中毛入学率93.36%。

【学前教育】 2014年，南宁市学前三年毛入园率高于年度目标1.83个百分点。市政府出台《关于创新体制机制加快学前教育发展的实施意见》，市教育局、市财政局、市物价局、市人力资源和社会保障局联合印发《南宁市多元普惠幼儿园管理办法(试行)》，支持多元普惠幼儿园发展。认定多元普惠幼儿园158所，秋季学期市本级和县(区)财政拨付多元普惠幼儿园生均补助经费1800万元，受益幼儿3.60万名。组建学前教育集团19个，开展集团化办园试点，市本级财政每年给予每所龙头示范幼儿园5万元补助。投入50万元，对500名多元普惠幼儿园园长、骨干教师进行市级培训。年内创建自治区级示范幼儿园4所、市级示范幼儿园24所，市级示范幼儿园累计142所，占幼儿园总数10.26%，优质学前教育资源覆盖至县(区)、开发区。南宁市被自治区教育厅确定为贯彻落实《3~6岁儿童学习与发展指南》自治区级实验区，31所幼儿园成为自治区级实验园。

【义务教育】 2014年，南宁市继续实施城乡免费义务教育，国家、自治区下达农村义务教育公用经费专项补助资金5.59亿元，免费提供教科书资金0.69亿元，55.84万名农村义务教育阶段学校学生享受国家免除学杂费政策；国家、自治区拨付城市免学费补助资金0.96亿元，23.78万名城市义务教育阶段学校学生享受国家免除学杂费政策。南宁高新技术产业开发区探索义务教育"学区制"管理改革，加大初中学校教育教学交流力度。3月下旬，在市天桃实验学校、市第十四中学、市第二十六中学等22所市教育局直属学校集中开展教育教学开放日活动，参加活动的学校管理干部、教师5000多人次。5月中旬，在市沛鸿民族中学、市第十四中学(埌东校区)、市天桃实验学校(东葛校区)召开初三备考研讨、初中学校中考备考研讨。实施义务教育均衡提质工程。持续开展新媒体深化"身边的好学校"主题介绍，深化义务教育学校"减负万里行第二季"活动。建立健全控辍保学工作责任制度和控辍保学协调联动机制，劝返学生2000多人。开展农村义务教育学校办学条件督查，推进义务教育学校标准化建设。兴宁区、青秀区通过义务教育发展基本均衡县(区)自治区督导评估。全市义务教育巩固率93.75%，高出自治区平均水平3.45个百分点。

【普通高中】 2014年，南宁市实施普通高中突破发展工程，制定《南宁市普通高中课程改革学科指导意见》，推进普通高中课程改革；开展高中毕业班高考备考视导调研，实现高考备考视导全覆盖。开展市普通高中课程改革样本学校管理项目研讨，与广州市六中、海口市一中开展同课异构活动，9个高考科目1000名教师参加观摩学习。南宁市高考成绩在自治区内领先，600分及以上的学生1015人，进入自治区总成绩前10名、前100名分别有5人、55人；市第三中学学生黄冬以718分夺取自治区高考理科总分第一名。

【中考招生】 2014年，南宁市推进招生和考试评价制度。实施中考改革，思想品德和历史科由开卷改为闭卷考试，自治区示范性普通高中指令性定向名额分配比例提高至40%，推行网上报名录取，市区普通高中和市一职校、市三职校、市四职校、市六职校的招生报名同步进行，实现平安考试、阳光招生。普通高中招收学生4.33万人，完成年度任务105.41%；中等职业学校招收学生3.59万人，完成年度任务131.95%。

【进城务工子女就学】 2014年，南宁市开展进城务工人员随迁子女义务教育工作专题调研，保障进城务工人员随迁子女平等接受义务教育。秋季学期，义务教育阶段学校接收外来进城务工人员随迁子女就读13.20万人（小学接收9.96万人、初中接收3.24万人）。

特殊教育

【概　况】 2014年，南宁市有特殊教育学校10所，在校生1073人，专任教师320人。

【教育教学】 2014年，市教育局联合有关部门制定《南宁市特殊教育提升计划（2014-2016年）实施方案》，加快特殊教育事业发展；投入30万元组织市特殊教育教师开展新一轮培训。南宁市盲聋哑学校被自治区教育厅确认为南宁市第一所自治区示范性特殊教育学校。

民办教育

【概　况】 2014年，南宁市有民办中小学、幼儿园1392所，学生31.77万人，占全市中小学生、幼儿园人数24.14%，专任教师1.43万人。其中：小学39所，在校生6.59万人，专任教师0.25万人；普通中学78所，在校生4.59万人（初中56所、学生3.24万人，高中22所、学生1.35万人），专任教师0.24万人；中等职业学校20所，在校生2.25万人，专任教师0.05万人；幼儿园1255所，在园人数18.33万人，专任教师0.88万人。

【民办学校办学行为规范】 2014年春季学期，南宁市开展民办职校检查，印发《关于加强全市民办学校常规管理的意见》《南宁市民办学校累积记分管理办法（试行）》，强化民办学校管理。开展民办学校2013至2014学年度工作检查，年检民办中等职业学校20所，合格17所、不合格3所，整改3所。设民办教育发展奖补资金，促进民办教育健康有序发展。

中等职业教育与成人教育

【概　况】 2014年，南宁市有中等职业学校34所（公办14所、民办20所），在校生9.21万人，专任教师1997人。其中国家中等职业教育改革发展示范校3所（市一职校、市卫生学校、市六职校），立项建设学校2所（市四职校、横县职业教育中心），广西中等职业教育示范特色学校7所（市一职校、市三职校、市四职校、市六职校、横县职教中心、市卫生学校、广西南宁高级技校）。市中等职业学校设置专业大类18个，专业78个。其中自治区示范专业22个，市重点建设专业51个。专业覆盖农林、资源与环境、加工制造、交通运输、商贸与旅游、社会公共事务及医疗卫生等13个产业门类。市辖区内有成人高等院校5所，在校生1.99万人。年内，召开市职业教育工作会议，印发《南宁市人民政府办公厅关于印发南宁市加快发展现代职业教育实施方案的通知》，包含《南宁市统筹推进县级中等专业学校综合改革工作方案》《南宁市加快推进高等职业教育改革发展工作方案》2个子方案。中等职业学校毕业生就业率96%。

【中等职业学校内涵建设】 2014年，南宁市举办中等职业学校专业技能教学观摩交流研讨、市一职校国家示范校建设成果展、市中等职业学校教改项目研究经验交流和成果展。开展中等职业学校星级学校评估市级初评。举办中等职业学校技能人才供需洽谈会和学生职业技能展示会，来自自治区内外的110家大中型企业参加洽谈会，提供岗位4780个。3013名学生参加活动，现场录用人员807人，达成初步录用意向1562人。

【招生送生】 2014年，自治区下达中职招生任务2.72万人（全日制学生2万人、非全日制学生7200人），南宁市通过分解下达招生送生任务及改革创新中等职业学校招生录取方式、举办初中学校中职教育渗透培训班、组织招生宣传“大篷车”和“宣讲团”、编印并免费发放中职招生信息指南、组织新闻媒体开展职业教育系列报道、建立招生送生工作月报制度等措施确保招生任务完成。市中等职业学校招生3.59万人（全日制学生2.13万人、非全日制学生1.46万人），完成年度任务131.95%。

【专业建设】 2014年，市一职校烹饪技术、市四职校汽车技术、市六职校信息技术、横县职教中心现代农艺示范特色专业及实训基地列入自治区为民办实事项目，投入建设经费2000万元。市一职校等9所学校新增学前教育、制冷和空调设备运行与维修、连锁经营与管理、皮革工艺与制造等专业4个。

【技能比赛与文明风采竞赛】 2014年，南宁市组织学生参加自治区中等职业学校技能比赛，获一等奖23个、二等奖35个、三等奖54个。组织学生参加自治区中等职业学校“文明风采”竞赛，获一等奖376个、二等奖781个、三等奖1210个。组织学生参加自治区师范生教学技能大赛，市四职校2名学生获一等奖。举办中等职业学校学生专业技能比赛，18所中职校878名学生参赛，评出一等奖105个、二等奖244个、三等奖320个。

【校企合作】 2014年，南宁市开展职业教育走进现代企业活动，签订校企合作协议，挂牌富士康冠名班，与学校签订送工协议书等方式促进校企深度融合，增强人才培养针对性。市中等职业学校向富士康集团旗下南宁企业推荐学生1341人，录用1028人。

【办学体制改革】 2014年，南宁市探索学前教育专业城乡合作办学，明确市一职校与宾阳县职业技术学校、上林县职业技术学校，市四职校与横县职业技术学校、马山县职业技术学校，南宁高级技校与武鸣县职业技术学校、隆安县职业技术学校合作办学。加强市六大职业教育专业集团建设，结合市中等职业教育人才小高地建设加强专业集团教师人才队伍建设；拟订《南宁市中等职业教育专业集团工作规程（试行）》；健全企业参与职业教育发展制度，以专业集团促教育与产业融合。

【教育教学改革】 2014年，南宁市组织开展市中等职业学校专业（学科）中心组成员及骨干教师培训活动，组织市区公办职校骨干教师到横县、马山县、隆安县职校开展专业课示范教学活动。开展市中等职业学校教育教学改革优秀成果评审，对2009年以来经市教育科学研究所立项并获得结题的项目组织专家进行评审,评出一等奖2个、二等奖4个、三等奖8个。开展自治区中职教改、市中职教改项目申报立项评审,市中等职业学校申报自治区教改项目67个,获批立项48个,通过率72%。

【社区教育】 2014年,南宁市增设社区教育基地71个、社区教育学校12所,全市40%社区成立社区教育基地、40%街道成立社区教育学校。建立社区教育课程体系和师资库,有10大类216门课程。开展社区教育调研,举办社区教育培训班,对立项建设的10个市级社区教育示范社区开展中期评估。在兴宁区澳华社区举办全民终身学习活动周开幕式,六城区、各社区教育试点基地、社区教育学院、社区教育学校各自开展培训、咨询等活动,近20万人参与。 (叶 康)

高等教育

【南宁学院】

概 况 南宁学院位于南宁市邕宁区龙亭路8号,是市政府与中国国民党革命委员会广西区委员会合办的国有民办本科高校。2014年,有教职工590人。其中:专任教师373人;具有高级专业技术职务任职资格125人;硕士研究生以上学历142人。在校生1.37万人。教学科研仪器设备总值6826.98万元;馆藏纸质图书74.66万册、纸质期刊1053种、电子期刊2.23万种、电子图书79.41万册。年内,获《中国教育报》报道1次,广西电视台等媒体报道4次,《广西日报》《南国早报》等自治区级报刊报道9次,《南宁日报》《南宁晚报》等市级报刊报道22次,广西新闻网等网络平台报道24次;获2014年全国职业院校技能大赛突出贡献奖,被评为自治区普通高校毕业生就业工作先进单位、自治区直驻邕高校工会工作优秀单位、自治区直驻邕高校工会女教职工工作先进单位,被自治区教育厅定为广西新建本科学校转型发展试点学校,被命名为南宁市轨道交通人才小高地。

专业建设 学院本科设置专业13个,包括工学、管理学等专业;专科设置专业51个,包括交通运输、土建、制造、电子信息、轻纺食品、财经、文化教育、艺术设计、农林牧渔、环保气象与安全等。年内,获批设置土木工程、市场营销、财务管理、计算机科学与技术(含互联网金融软件应用与维护、互联网会计、审计软件与维护、智慧建筑软件设计与开发)等6个本科专业和方向,动物防疫与检疫、食品生物技术、会计(税务会计)、会计与审计、市场营销(网络营销)5个专科专业和方向。申请设置建筑学、工艺美术、物联网工程、自动化、质量管理工程、金融工程等6个本科专业和检测技术及应用、电气自动化技术(电梯维护与管理方向)2个专科专业;撤销应用英语、计算机系统维护2个专科专业。启动校级重点专业建设项目申报,将工商管理等7个专业列为校级重点专业,对电气工程及其自动化、计算机科学与技术、交通运输、市场营销、会计、汽车技术服务与营销、室内设计、广告设计与制作、建筑工程技术、移动通信基础课程10个专业(课程)教学团队进行立项,催生并形成部分应用技术大学重点建设平台、项目、示范基地。7月2日,举行会计学等13个本科专业(含方向)的人才培养方案论证会。完成国家级、市级高技能人才培训基地建设项目申报,获批市高技能人才培训基地;重点开展电气工程及其自动化、机械制造与自动化、汽车运用技术、食品营养与检测、移动通信技术5个专业高技能人才培养,加强应用技术大学支撑保障能力建设。

招生就业 学院招生5400人,其中本科2100人、专科3300人。报到5172人,首次突破5000人大关,新生录取分创新高。本科录取分超过自治区控线近20分。高职高专批文史类录取平均分375分,超过自治区控线175分;理工类录取平均分310分,超过自治区控线110分。截至8月29日,毕业生人数4097人,落实就业人数3729人,毕业生就业率91.02%,超过自治区平均就业率(89.94%)。

教育科研 学院投入科研经费251万元,比上年同期增加176万元;教职工发表核心论文38篇(包括SCI、EI),比上年增加19篇;专利申请量20件,其中授权6件,比上年增加5件;出版著作、教材14部。新增科研基地(平台)5个,其中广西高校哲学社会科学服务地方经济社会发展特色基地1个、市轨道交通人才小高地1个、南宁轨道交通模拟驾驶系统平台建设1个。聘请自治区质量技术监督局陈鸿起等25名同志任兼职教授,与自治区质量技术监督局直属技术机构(广西计量院、广西质检院、广西特检院、广西标准院)建立产学研合作基地、教学实习基地,成立"广西质量安全教育考试学院""东盟质量技术科学研究院"2个教学科研机构。有南宁学院应用技术大学建设发展研究中心、南宁学院信息安全研究所、南宁学院市场调查研究所3个校级研究所。被批准注册为国家自然科学基金依托单位;被自治区科学技术协会列为自治区级科普教育基地。举办教学科研基本功讲座15场。组织部分教师参加高校服务东兴市、梧州市、桂林市永福县及南宁市邕宁区新兴产业园等活动,签订横向科研项目。邀请国内外著名计算机专家学者集聚南宁学院开会,围绕在线教育慕课模式(是新近涌现出来的一种在线课程开发模式,它发展于原发布资源、学习管理系统以及将学习管理系统与更多的开放网络资源综合起来的新的课程开发模式),开展"计算机本科在线教育研讨会";进行慕课教学,翻转课堂实践,争取教育部数学教学专家指导委员会的授权,获"学堂在线"SPOC平台搭建权利,开始实施《数据结构》慕课课程的教学实践。

思想政治工作 学院有思政政治课专职教师18名,其中思想政治课专职教师6名、兼职教师12名,带班辅导员49名。年内,设立思政教育课题专项经费10万元;设置校级思政教育专项课题立项重点课题3项、普通课题19项,课题参与人员70多人;组织1000多名师生赴广西规划馆、昆仑关战役博物馆等地开展实践教学。教育学生防火、防盗、防传销、防诈骗、防交通意外事故,在新生入校、毕业生离校等特殊时期落实学生安全防范措施。组织4900余名新生军训。加强心理健康教育咨询中心建设,调配专门工作用房,购置大学生心理测评软件,实现心理普查智能化。完成4996名新生的心理测试并建立心理档案,预警学生258名,占普测学生总数5.20%。普及心理健康知识,展出专栏展板12期,开展心理素质拓展活动9期;制作3部作品参加自治区大学生心理健康微电影原创大赛,均获优秀作品奖。为学生在人际交往、情绪困扰、恋爱情感、个人发展等方面遇到的困惑提供心理咨询指导与服务,受理咨询60多人次,有效疏导轻生学生2名,转介专业机构3人次。教师董艳获南宁学院首届教师讲课大赛特等奖,辅导员樊原朱获第三届广西辅导员职业能力大赛三等奖;《谈教师对思想政治教育内容的科学性的把握》在《教育探索》刊物发表,《北部湾开发背景下的广西民办高校〈思想道德修养与法律基础〉

教学改革初探》等3篇论文在《中国成人教育》《人民论坛》发表。

国际合作　学院加强与国外高校和科研机构交流合作，首次承接并完成泰国18所大学26位教师城轨类专业培训（2014年3月至5月）；接待马来西亚、泰国、奥地利、英国等国家的17所高校来访，与泰国10所高校签订合作协议；选派出国（境）交流学习学生22名（赴马来西亚14名、赴台湾6名、赴澳门2名）。

校企合作　学院开展企业调研，与自治区内12家企业签订合作协议。制定《南宁学院与威宁投资集团有限公司更紧密校企合作的实施方案》，形成"互联互通型""创业就业型"新校企合作模式。与沃尔玛（广西）商业零售有限公司、南宁广发重工集团有限公司、广西建汇汽车销售服务有限公司、南宁市博慧房地产置业有限责任公司、南宁大地飞歌文化传播有限公司等15家企业签订校企合作协议。　（韦超才　刘　彪）

【南宁职业技术学院】

概　况　南宁职业技术学院位于南宁市西乡塘区大学西路169号，占地130多公顷，其中校舍建筑面积50多万平方米。2014年，设二级学院10个，高职专业60多个，其中室内设计技术、机电一体化技术、物流管理、酒店管理、应用泰国语、软件技术6个专业为国家示范重点专业。有全日制高职在校生1.65万人，成人继续教育学生3200多人。教职工635人，其中：专任教师501人（高级专业技术任职资格137人，中级269人；博士学历2人，研究生学历253人，本科学历246人）。有国家优秀教学团队1个、国家教学名师1人、国家"万人计划"教学名师1人、自治区教学名师2人、优秀教学团队7个。有国家级教学成果奖4项、国家级精品专业1个、国家级精品课程9门，是自治区唯一拥有国家级精品专业、连续六年获国家级精品课程、自治区首家获"2014年全国职业院校就业竞争力示范校"的高职院校。建立以西班牙政府贷款项目建设的工业实训中心为骨干的六大校内生产性实训基地，设备总值1.79亿元；被评为2014年广西高校毕业生就业工作先进单位，为自治区唯一获"首批国家级残疾人职业培训基地"称号的高校。当选全国高职素质教育工作委员会理事单位。图书馆获中国高等教育文献保障系统管理中心颁发的全国馆际互借与文献传递服务优秀示范馆二等奖、全国虚拟参考咨询优秀示范馆二等奖。院长张宁东成为教育部"中国职业院校教师素质提高计划专家库"成员。教授黄春波入选中共中央组织部公布"万人计划"，成为广西高校入围"万人计划"教学名师唯一人选。

招生与就业　学院通过网上报名单独招生和对口招生1.14万人，参加现场确认和综合素质测试7904人。录取新生6193人，报到5390人，报到率87.03%。毕业生5181名。为毕业生提供1256家用人单位约1.83万个岗位的需求信息，供需比1:2.36。毕业生初次就业率91.60%。

校企合作　学院与东盟国家11所高校（越南河内国家大学、河内师范大学、越南海防大学、泰国皇家理工大学、泰国佛统皇家大学、泰国那空沙旺皇家大学、马来西亚林登大学、泰国曼谷北部大学、澳大利亚班达伯格辽湾职业技术学院、马来西亚史丹福学院、马来西亚怡保双威学院）签订校际合作协议，与自治区内外10多所高职院校结成对口支援，与230多家行业骨干、龙头企业建立合作关系。6月23日，与中国华电变压器工程技术中心签订校企合作协议。7月30日，与富士康南宁富桂精密工业有限公司再次签订校企合作协议，深化双方合作。9月17日，与南宁轨道交通集团有限责任公司签订校企合作协议，以联合培养轨道类专业高职生；26日，与中国节能协会节能服务产业委员会、上海巴安水务股份有限公司签订校企合作协议。11月6日，与广西太和投资有限公司董事长许锋签署双方合作办学协议，并为双方共建的人才培养基地揭牌。12月5日，微软（中国）有限公司教育行业华南区运营总监尹治国一行3人到南职院实地考察"微软IT学院计划"校企合作项目。

合作办学　学院与浦北县职业教育中心合作建立"中高职贯通办学"关系，4月18日在浦北县职教中心举行揭牌仪式。经自治区教育厅批准，与桂林电子科技大学联合培养高端应用型本科人才，为首批广西高端应用型人才联合培养改革试点的5所高职院校之一，实现广西高职院校与本科高校联合开办本科教育的先例。10月30日，与湖南大众传媒职业技术学院签订全面合作框架协议，开启校际合作新篇章。

交流与合作　年内，学院接待上海市政协领导考察团，就南职院职业教育发展情况、职业院校办学新思路和创新机制进行座谈。邀请清华大学历史系博士生导师、经学研究中心主任彭林教授指导人文课程建设，作《传统礼仪与中国文化精神》学术讲座；邀请著名社会学家、民族学家、北京大学社会学系博士生导师马戎教授在市委党校作《反思当前民族工作构建和谐民族关系》讲座，参加讲座的师生1000多人。4月5日至6日，院长张宁东和国际交流处苏英明处长随中国教育国际交流协会组织的中国高职代表团赴美国华盛顿参加美国社区学院协会（AACC）第94届年会。6月16日，启动南职院2014中泰文化交流月活动，18名泰国大学师生参加。9月3日，接待泰国曼谷吞武里大学主席参猜博士、副校长猜勇教授、对外交流项目顾问陆学志及主席助理陈振坤一行。9月11日，接待德国复兴信贷银行（KfW）专家组考察"借用德国促进贷款建设实训基地项目"，德国高级项目经理、评估团团长安

6月10日，2014年全国职业院校技能大赛动漫赛（高职组）在南宁学院开赛

南宁学院提供

吉拉介绍德促贷款程序、原则及在中国开展情况。10月24日至26日，副院长韩伟平、国际学院院长许康平到北京国家会议中心参加以“全球合作:共建美好未来”为主题的世界职教院校联盟(WFCP)2014年世界大会，洽谈国际交流合作事项。12月19日，接待泰国曼谷北部大学国际事务部主任黄金中来访。

桂港现代职业教育发展中心建设 学院加快推进广西与香港职业教育培训深度合作。11月4日，自治区副主席李康到南职院考察、指导“桂港现代职业教育发展中心”筹备工作;12日，香港职业训练局高级助理执行干事、高峰进修学院院长黄倩瑛女士一行4人到访考察，商谈合作共建“桂港现代职业教育发展中心”。13日，院长张宁东与黄倩瑛代表双方签署合作共建“桂港现代职业教育发展中心”协议书，共建进入实质建设阶段。

科研成果 学院有60项课题获校外立项，《民族地区职业教育人才培养模式改革研究》等2项获国家级立项，《基于标准化管理体系的高职实训管理信息化系统统计研究》等45项获自治区级立项，《南宁市银行理财产品竞争力为可持续发展问题研究》等13项获市级立项，57项校级课题立项。其中，南职院原国家精品课程《策划创意》立项国家级精品资源共享课项目，《证券投资分析》课程立项第二批国家级精品资源共享课项目；信息工程学院申报《C语言程序设计》《计算机应用基础项目教程》《计算机网络技术基础》3本项目化教材入选普通高等教育“十二五”高职高专规划教材立项建设教材。艺术工程学院服装设计专业被评为2014年广西高等学校优势特色专业。《服务欠发达地区产业升级的高职重点专业建设》《中职师资定制化培训的研究与实践》2项成果获二等奖。

技能比赛 学院信息工程学院软件技术专业教学团队参赛队获2014年全国职业院校信息化教学大赛决赛二等奖。在北京工商大学举行的社科奖全国第六届高校市场营销大赛全国总决赛中，商学院的营销与策划专业的“梦想超越家”团队获多个奖项:《皇硒米营销策划案》在复赛阶段获“营销策划项目”专科组一等奖，获“全程竞赛奖”二等奖;在集体奖项中，获“营销教学示范奖”；在个人奖项中，教师姚洁获个人“实践教学创新奖”，学生唐美玲获“营销精英奖”。在全国住房和城乡建设职业教育教学指导委员会、高职高专教育土建类专业教学指导委员会主办的全国高职院校土建施工类专业学生第二届“鲁班杯”建筑工程识图技能竞赛中，建筑工程学院技术专业参赛队获团体二等奖，教师阮贤柱获个人一等奖。市场营销专业参赛团队获中国商业联合会组织的第十一届(新加坡)国际市场营销大赛中国区选拔赛暨第八届全国商科院校技能大赛一等奖，是南职院继2013年后再次获全国一等奖。在中国电子学会主办的第四届全国物联网创新应用设计大赛，南职院代表队获团体二等奖;在2014年全国职业院校技能大赛获二等奖1个、三等奖6个;市场营销专业参赛队获由中国国际贸易促进委员会商业行业分会、中国国际商会商业行业分会举办的2014年全国高校商业精英挑战赛营销模拟决策竞赛大陆地区选拔赛全国一等奖，并获赴台湾参加海峡两岸大学生营销决策大赛资格。信息工程学院学生团队获第九届全国信息技术应用水平大赛决赛分赛项“STC杯”单片机系统设计大赛全国二等奖。在中国饭店协会、自治区商务厅联合主办的第五届中国饭店业职业技能竞赛(广西赛区)中，旅游学院代表队获金牌9枚、银牌6枚。南职院代表队获广西高校2014年烹饪技术大赛金奖。人文社会科学部教师李巧巧讲授的《防恐防暴 平安是福》在2014年广西高校安全教育精彩一课大赛中获一等奖。编排的《赶歌圩》小组唱节目成为广西第四届大学生艺术展演活动比赛中广西高校(本专科)唯一在全国现场展演的声乐类节目。

社会服务 6月17日，学院国盾安全顾问培训基地承办南宁市公安局治安警察支队主办的南宁市首届保安公司业务技能比武大赛，主题为“建设平安广西，打造南宁安保新景象”。6月23日至7月18日，承办2014全国高职院校机电类骨干教师国培培训班，来自全国15所高职院校近20名机电类教师参加。12月26日，培训市四职校15名教师，时间4个月。

校园文化 5月16日，学院第四届金话筒主持人大赛总决赛在东盟广场举办。6月10日，举办南宁职业技术学院第三届教职工健身操舞大赛。9月28日，学院合唱队参加南宁市庆祝中华人民共和国成立65周年“唱国歌·共圆中国梦”大型群众歌咏比赛获二等奖，并参加市委、市政府主办“唱国歌·共圆中国梦”文艺晚会展演。11月14日，学院啦啦操队参加在广西大学举办的全国啦啦操联赛(南宁站)，分别获大学甲组技巧啦啦操自选三级第一名、大学甲组小团体技巧第一名、大学甲组技巧啦啦操三级规定动作第二名。11月18日，学院案例《用技能服务社会 以奉献铸就未来——南宁职院金葵义务维修队二十年如一日践行社会主义核心价值观》获广西高校“爱学习、爱劳动、爱祖国”教育优秀案例一等奖，为自治区唯一获此奖项的高职院校。12月29日晚，南职院2015“去一个美丽的地方”金葵花之声新年音乐会在广西音乐厅举行，外国驻南宁领事馆使节等600多人观演。 (赵迪琼 刘可可)

责任编辑 谢萍萍

11月13日，南宁职业技术学院与香港职业训练局高峰进修学院举办合作共建“桂港现代职业教育发展中心”签约仪式 南宁职业技术学院提供

广西北部湾银行

2014 年 10 月 31 日，广西北部湾银行与南宁市公共资源交易中心合作框架签订仪式在南宁市政府举行，图为签约前广西北部湾银行与南宁市政府举行银政座谈会

广西北部湾银行以服务和助推广西经济社会发展为宗旨，坚持“立足广西、立足中小、立足社区”的战略定位，深耕细作本地市场，培养本地核心客户，加大对区内重点项目、重点产业、重要园区、环保、“三农”和民生等领域的支持力度，各项业务实现了稳健发展。2014 年，累计投放 641 亿元支持广西经济建设，为实现富民强桂新跨越做出了积极贡献。2014 年，广西北部湾银行投放 223.14 亿元贷款支持南宁市重点产业、重点园区、重点项目、交通市政基础设施、民生领域建设，服务南宁市 1.40 万余户大中小微型企业及个体工商户实体经济发展；向南宁市上缴税收 7 亿元，从 2008 年成立至今上缴南宁市税收 22.42 亿元，为南宁市实现税收和财政目标做出应有贡献。

广西北部湾银行打造面向东盟的国际业务品牌，支持南宁市建设区域性国际金融中心，服务中国—东盟自由贸易区发展。与世界主要 30 个国家和地区的 195 家银行（其中包括东南亚 9 个国家和地区的 40 家银行）建立代理行关系，初步建立一个以东盟经济区为主，覆盖全球的合作银行网络，形成了国际结算、贸易融资、资信调查、外汇流动性贷款等一系列国际业务产品，成为国内为数不多的同时开办正贸、边贸、小币种业务的城市商业银行。2014 年，完成国际结算量 18.20 亿美元，比上年增加 3.71 亿美元；跨境人民币结算收付量 47.50 亿元，在全区股份制银行和地方性银行中位居第一，支持了一批区内企业走向东盟。

广西北部湾银行以南宁为重点区域，实施“深耕南宁市场”战略，对南宁城区分支机构进行扁平化管理，将原来南宁城区 3 家一级支行、2 家专业服务中心、2 家直属支行的管理模式，调整为 11 家一级综合型支行和 1 家小微企业金融服务中心的管理模式，增加经营主体，全面提升对南宁经济社会发展的服务水平。

广西北部湾银行与南宁市政府、各城区政府、机关企事业单位建立良好的战略合作关系，投入 7000 多万元支持南宁市政府建设公共资源交易中心，并取得公共资源交易中心资金业务独家代理权资格。

广西北部湾银行实施借记卡跨行取款、网上银行和手机银行跨行转账免费等惠民政策。2014 年，在南宁各城区的社区、楼盘及街道办事处等居民聚集区设立 102 个社区便利式银亭（ESBK），为居民提供优质便利金融服务。

南宁市公安消防支队

2014 年 11 月 9 日，市长周红波参加 119 消防宣传月启动仪式

2014 年 1 月 22 日，副市长胡明朗春节前慰问部队官兵

2014 年 7 月 30 日，市委政法委书记朱育兆慰问南宁市消防支队

2014 年，南宁市各级各部门以落实党的十八大四中全会和中央领导同志关于安全工作的重要批示指示精神为统领，深入贯彻国务院 46 号和国务院办公厅 16 号文件，强化责任，防消结合，标本兼治，公共消防基础设施不断完善，社会火灾防控能力不断提升。我市消防行政审批改革、在建工地和卫生医疗单位消防标准化管理、社区消防管理网格化试点、消防部队实战化训练、“三个经常性”管理、消防装备建设等多项工作走在自治区前列；圆满完成“两会一节一赛事”消防安保任务。

党委政府高度重视消防工作。市委、市政府牢固树立政府首责的理念，把消防工作摆上重要议事日程，主要领导亲自过问、检查、督导。市政府常务会议 6 次研究消防工作，市长周红波 5 次带队检查消防安全和开展宣传活动，多次对消防工作作出批示；市政府将新建 12 个消防站列入 2014 年为民办实事项目。多部门联动协作共管。全市 31 个相关职能部门全部制定本行业、本系统消防工作制度和消防工作职责，共同完成市消防安全委员会部署的各项工作任务。公安、卫生、住建、教育等部门在全市同步开展人员密集场所门窗设置影响逃生灭火障碍物、在建工地消防安全、建筑消防设施完好率等 3 个专项整治行动；市民政局与消防支队在全市启动为期 40 天的“九九消防平安行动”；在重大节日、“两会一节”和世锦赛等重大活动期间，公安、安监、旅游、质监、文化、商务、工商等部门联合行动，加大对重点活动场所消防安全检查力度，构建部门齐抓共管、协同配合的消防监管联动机制。消防工作考核有力有序开展。按照国务院、自治区颁布的《消防工作考核实施办法》，把消防工作纳入政府目标责任、社会管理综合治理、创建文明城市和平安地区等范围，建立科学的考核评价机制，每年市政府组织对各县区政府消防工作情况进行督导检查，考核评估地区消防安全总体状况。市人大、政协将重大危险源规划搬迁、重点区域消防安全隐患排查列入提案范畴。2014 年 7 月，市政协组织考察团对我市油库、气库等重大危险源治理情况进行检查督导，形成“政府统一领导、部门依法监管、单位全面负责、公民积极参与”的消防工作格局。

2014 年，国务院消防工作考核组对广西消防工作进行考核，南宁市作为首府城市迎考。各县区政府、各相关部门以迎考为契机，推动全市消防工作整体升位，考核成绩进入全国优秀行列。

消防法规体系不断完善。完成《南宁市消防条例》草案审议，并报自治区人大完成第一次审议，消防立法工作实现零突破；《建筑消防设计规范　第 1 部分：南宁市民用建筑》作为比国家标准更加严格的地方消

国务院消防考核组在广西第一附属医院考核

防技术标准，2014 年 2 月 28 日起正式实施。消防基础建设不断推进。南宁市将建设 12 个消防站列入 2014 年市政府为民办实事项目，纳入市政府督查和政府工作绩效考评内容，推进城市公共消防基础设施建设。占地 486 亩的广西南宁消防训练基地已完成第一期 7 个单体建筑的主体施工。消防装备实力不断提升。城市主战车、全进口 A 类泡沫消防车、灭火机器人、荷兰全进口八爪鱼多功能破拆工具组等尖端装备投入执勤战备。市区消防站基本个人防护装备和器材装备配备率 100%。宾阳县、横县、上林县购置的城市主战车、举高车等 8 辆消防车已到位，城乡消防装备水平齐头并进。灭火救援体系不断建全。南宁市消防部队实战化训练改革工作经验向全区推广、实战化考核成绩全区第一，夺得全区首届消防搜救犬比武冠军、全区消防通信比武竞赛第二名；大力推进专职消防队伍发展，年内完成 7 个重点镇政府专职消防队组建任务。2014 年全市消防部队接警出动 3620 次，抢救被困人员 1211 人，疏散被困人员 2612 人，抢救和保护财产价值 5.9 亿元，圆满完成各项灭火救援和抗击台风“威马逊”等急难险重任务，圆满完成第 45 届世界体操锦标赛、2014“两会一节”等重大活动和重大节日消防安全保卫任务。

隐患整治有力度。依托政府主导和消防安全委员会平台作用，全市连续开展重大火灾隐患、在建工地、人员密集场所、建筑消防设施完好率、劳动密集型企业“五个专项整治”和“六打六治”专项行动，全市多部门联合行动累计检查单位 6.95 万家，发现火灾隐患 5.38 万处，整改火灾隐患 5.28 万处，下发责令改正通知书 3.44 万份，临时查封 126 家，责令“三停”131 家，拘留 38 人；市、县（区）两级政府对 42 家重大火灾隐患单位、30 处区域性火灾隐患实施挂牌督办，2014 年已有 29 处重大隐患整改销案。网格管理有创新。以西乡塘区万秀村为试点，将消防安全融入广西综治（平安）建设信息处理系统，聘用消防网格员，派遣消防文员进驻街道办指导帮扶，村委志愿消防队配备小型电动消防车，探索出了一条“网格化管理、信息化支撑、便民化服务、立体化防控”的城中村消防平安建设的新路子。单位管控有举措。以迎接国务院消防工作考核为契机，市安监、公安、文化、教育、卫生、商务、住建等部门认真履行职责，落实责任，打造一批商场市场、宾馆酒店、医院、学校、在建工地、公安派出所、街道办、社区、居委会等消防安全标准化管理示范单位和场所；其中，全区卫生医疗系统消防安全管理标准化建设工作会、在建工地消防安全标准化管理现场会在我市召开。执法服务有突破。2014 年，率先在全区施行消防行政审批改革，支队组织多个行政部门在经开区试点推行消防设计预审、统一前置条件、部门并联审批、审批效能考核等深化行政审批制度改革举措，办结时限提速 25%。宣传教育全覆盖。依托新闻媒体、抢占固定阵地、拓展校园宣传，全方位、多角度布控消防宣传工作，实现消防宣传覆盖全城。南宁电视台、电台设立《烈火雄心 119》《火线 119》专栏；消防常态化宣传覆盖全市 200 个大型 LED 显示屏、27 块大型户外广告牌、80 家银行网点显示屏和 2000 多米围墙；印发九年制义务教育消防教材，在市区中小学校推广消防主题教育；消防官方微博荣获“全国最亲民基层微博”称号，消防微信平台也获评“全国公安政务微信十佳单位”。

2014 年，全市发生火灾 1515 起，死亡 15 人，受伤 28 人，直接财产损失 1250 万元，未发生重大以上火灾，火灾总量与 2013 年相比总体持平，火灾形势保持稳定，为保障和服务全市经济社会发展提供了和谐稳定的消防安全环境。

2014 年 9 月 3 日，两会一节安保誓师动员

消防坦克

西乡塘区政府发车仪式

消防灭火机器人

水下机器人

“南南宁宁”消防宣传公益广告

中国人民武装警察

清明节期间，支队圆满完成烈士陵园公祭任务

支队圆满完成2014年“两会一节”警卫任务

中国人民武装警察部队广西壮族自治区总队南宁市支队（简称武警南宁市支队）成立于2005年7月1日，是一支由原南宁市支队（正团级）、原第一支队（正团级）、原第二支队（正团级）和原第三支队四中队（正连级）、崇左市支队二中队（正连级）合编而成的旅级支队。

近年来，支队坚持以习主席系列重要讲话、“四个全面”战略思想和全军政治工作会议精神为指导，注重把贯彻落实上级党委的重大决策指示与省会旅级支队建设实际相结合，在积极研究探索建设规律中稳步前行，树牢战斗力标准确保中心任务万无一失，强力推行总队“一打五治”“六跟五帮”抓建措施，狠抓“明白人”培养强基固本，大抓作风建设以上率下，奋力向武警部队第一方阵迈进，有力推动了部队建设全面跃升、协调发展。支队2012年、2013年先后被武警党委评为“创先争优先进旅团级单位党委”和“先进师旅团级单位党委”；5次被总队表彰为基层建设先进支队。先后涌现出武警部队先进执勤中队、全军优秀参谋、武警部队“学习成才先进个人”等一大批先进典型。

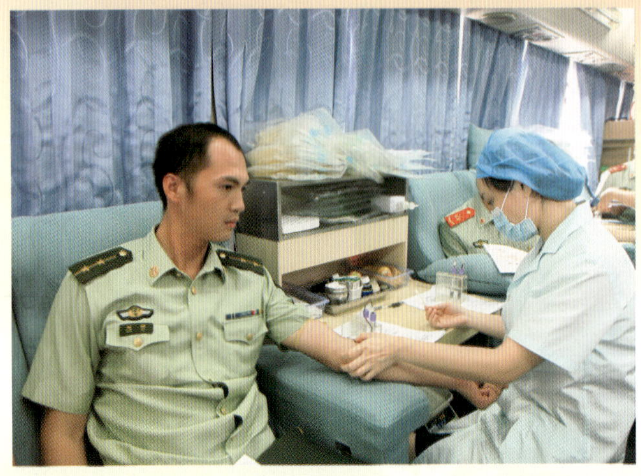

2014年8月8日，支队组织官兵积极参与义务献血

以“三严三实”专题学习教育为契机，以能力建设、先进性建设和纯洁性建设为根本，坚持边学习、边实践、边提高，磨合得比较好。一是注重在学习实践中提升决策水平。着眼实现“三年率先迈进武警部队第一方阵的第一方队”的发展目标，始终把理论武装作为提升决策水平、增强领导能力的根本途径。深入理解领会习主席系列重要讲话精神、全军和武警部队政治工作会议精神以及两级党委全会精神，深入研究探索加强部队建设的特点规律，努力提高完成任务与抓好建设的质量效益。党委班子思维层次和领导能力不断得到提升。二是注重在贯彻制度中增进团结质量。坚持在调整中磨合、在继承中创新、在实干中进取，自觉把贯彻落实民主集中制作为政治规矩守好做好。正副书记带头发扬民主，坚持平等议事决策，常委愿讲话、敢讲话、讲真话，整个班子坦诚相待，步调一致，议事规范。大家普遍珍惜缘分，相互信任、支持、包容，凝聚力感召力战斗力不断增强。三是注重在整风整改中树立良好形象。积极适应作风建设新常态，以“三严三实”专题教育整顿为契机，坚持求真务实，真抓实干，稳步推进各项建设。把反腐倡廉理论学习内容纳入党委中心组和干部理论学习，严格落实领导干部廉洁自律规定，带头遵守各项规章制度，关注敏感问题正风气，特别是在处理涉及干部提拔使用、大项工程建设等问题上，能坚持程序要求，纪委全程参与，做到公平公正公开。

深入贯彻习主席“四个牢固立起来”“五个着力抓好”的指示要求，更加注重从思想上政治上建设和掌握部队。一是抓好创新理论武装。对照政治工作时代主题、“四有”标准、“四个牢固立起来”“五个着力抓好”要求，深刻回顾反思审视，理清思路方向，进一步提振了干好政治工作的信心和勇气。二是改进思想政治教育。着眼培育“四有”革命军人，用“三真”力量，使官兵“灵魂、本事、血性、品德”升级，教育主阵地得到有效巩固。“战斗力标准”大讨论、“强军战歌”歌咏比赛等配合活动扎实开展，教育活动内容时间人员效果得到了有效保证。三是浓厚以文铸魂氛围。持续推

部队南宁市支队

动先进军事文化建设，在营区制作文化长廊、文化墙、文化石，定期举办书画摄影展，让红色、传统、网络、军营文化相互融合，竞相绽放，在耳闻目染中滋养心灵、教化育人。大力开展“1+X”特色文化活动，丰富部队文化生活，陶冶官兵思想情操。按1:1比例为官兵配置笔记本电脑，开展“读好书、写周记、练书法、学技能”和9种“网络文化骨干”培训活动，为官兵全面发展提供平台、创造条件。

紧跟执勤反恐维稳新动向，立足打好“五仗”，坚持能打胜仗标准，厉兵秣马，枕戈待旦，做到了召之即来、来之能战、战之必胜。一是紧贴实战抓训练。着眼提高“八种能力”，狠抓训练“八落实”，提升核心军事能力。党委每季度研究分析部队训练形势，建立每月会操考评机制，围绕解决“五个不会、一个不知道”问题，首长机关带头参训研训，严密组织勤训轮换，开展反恐联合演练和对抗竞赛，按实战要求训练、按训练去实战的氛围更加浓厚。二是分类规范抓执勤。警卫重点抓“六防”，“两看”重点抓防逃制逃，守卫重点抓“两个安全”，“两规”重点抓“四不”，营区重点防袭击，持续在落实制度、完善设备、治理隐患、正规秩序上狠下功夫，确保了绝对安全。三是紧跟形势抓战备。严格落实战备AB队备勤，坚持装备以车代库，常态开展演练，配齐所有中队应急班基本装备，部队保持常备不懈，战备水平不断提升，确保了社会大局稳定。

支队常态化担负南宁市火车站、火车东站安全警戒任务

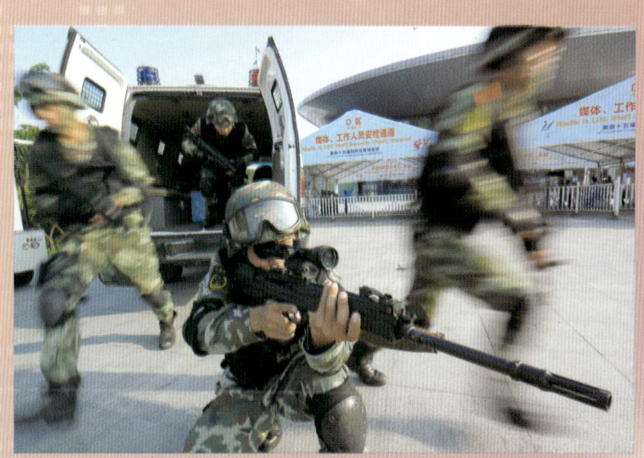

支队圆满完成第45届南宁体操世锦赛安全保卫任务

坚持依法从严治警，持续在转变观念、规范秩序、确保安全上下气力。一是积极倡导法治理念。深入开展“学法规、守法规、用法规”活动，着力纠治法规意识不强、工作筹划不科学、执行法规不坚决、整改治理不彻底、责任追究不严格等问题，强化了官兵法治观念，各级照章办事、依法执勤、依法维权的意识明显增强。二是努力推动建设模式转变。严格落实总部、总队依法从严治警集训精神，出台《机关正规化检查管理评比细则》《一日生活制度规范录像片》等制度措施10余项，依据正规化管理规定规范确立了内务设置、库室建设、装备建设、政治环境、后勤规范等新标准，提升精细化程度。坚持日常备勤领导巡视查控、每月常委领导蹲点帮带、每季度考核拾遗补缺，促进管理工作抓在平时，建在经常。三是牢牢把住安全底线。强化安全就是政治的理念，坚持党委季度议安全，首长办公会每月分析安全形势，机关每周讲安全，基层每日分析排查，严格依据制度及时做好预防疏导工作，确保部队正规、和谐，安全、有序。

深入贯彻习主席“四个坚持扭住”抓基层重要指示，全面抓建设、持续打基础，不断夯实部队建设发展根基。一是深入学用新《纲要》。编印应知应会手册，开设网上学习专栏，常态开展“强化组织功能1+1网上培训”，各级依法依规、按纲建队的自觉性主动性不断增强。二是搞好统筹谋划。研究施行《机关、大队、中队三级党日活动规范》《季度过中队量化考评办法细则》《大队党委“三下一上”》《加强大队职能作用措施》，认真审核支队按纲抓建、中队按纲建队计划,支队科学统筹、大队关闸调控、基层结合落实的抓建机制更加完善。三是抓实帮建提高。制定《按纲抓建暨“一打五治”“六跟五帮”实施方案》，由党委常委分片承包，部门以上领导和机关科室挂点帮建，严格落实督导奖惩，着重解决“抓建思路不清、素质能力不高、质量效益不好、安全管理不细、工作作风不实”等短板和弱项问题，促进基层建设全面进步、整体平衡。

紧紧围绕现代后勤“三个服务”，下功夫提高后勤综合保障水平。一是建强应急保障力量。修订完善后勤保障方案，积极推进“一队五组”建设，保障多样化任务能力有新提高。二是强化后勤依法管理。坚持党委理财，认真修订经费、物资等管理办法，下发“厉行勤俭节约、反对铺张浪费”规范措施，严格预算审批、统一记账、集中报账机制，规范大宗物资采购和伙食标准化管理，推开军人保障卡应用，后勤管理效益不断提高。三是提升服务保障质量。坚持把有限经费向“能打仗、打胜仗”聚焦，向“五个第一”鲜明导向用力，设计推进“一个一千万，三个三百万”工程，解决制约部队建设发展的短板和弱项。

中国人民解放军广西南宁警备区

2014年5月5日，广西军区司令员肖运洪少将到部检查指导工作

2014年6月23日，广西军区政委白念法少将到部指导召开专题民主生活会

送喜报

双拥共建活动开展经常

2014年，中国人民解放军广西南宁警备区坚持以邓小平理论、“三个代表”重要思想和科学发展观为指导，深入学习贯彻习主席系列重要讲话精神，紧紧围绕党在新形势下的强军目标，按照军委、总部和两级军区党委的部署要求，开拓创新、真抓实干，攻坚克难，圆满完成年度各项工作任务，部队和国防后备力量建设呈现稳步发展的良好局面。一是思想政治建设卓有成效。狠抓习主席系列重要讲话精神、党的十八届三中四中全会、全军政治工作会议精神和强军目标战略思想的学习贯彻，扎实开展“牢记强军目标、献身强军实践”主题教育，严格落实经常性思想教育，积极打好意识形态领域斗争主动仗，广大官兵高举旗帜、听党指挥，政治意识、大局意识、责任意识和忧患意识不断增强，投身强军实践的政治自觉进一步增强。二是军事斗争准备扎实推进。着眼备战打仗落地，常态化组织首长机关带部分实兵拉动演练，狠抓人武专武干部培训，严密组织军事训练、防汛抗洪应急演练、民兵高炮营连战术演练、城市防空作战演练和民兵分队高炮实弹射击，有效提高了部队战斗力。参加广西军区半年、年终军事训练抽考，团体总分分列全区内地军分区第二、第三名，4名机关干部取得全区个人成绩前十名；参加广西军区高炮实弹射击，取得全区第三名的成绩。出动民兵7000多人次，圆满完成“两会一节一赛”安保警戒等战备执勤任务，部队备战水平进一步提高。三是依法从严治军进一步加强。坚持底线思维，不断加强部队正规化管理，狠抓作风纪律教育整顿，扎实开展消除安全隐患整治活动，确保了部队高度安全稳定。充分发挥警备职能作

用，查扣假冒军车6辆，协调处理涉军纠纷11起，通报违章违纪军人军车110辆次，维护部队良好形象。四是国防动员和后备力量建设创新发展。积极拓展民兵编组范围，改进编组方法，国防后备力量队伍编组质量有新的提高。协调召开南宁市国防动员委员会第17次会议，积极指导各专业办公室开展日常工作，推动党管武装工作和国防动员工作落实。广泛开展廉洁征兵活动，采取多种手段积极调动适龄青年应征报名，兵员征集，圆满完成上级赋予的征兵任务。五是后勤装备建设稳步推进。扎实抓好后勤战备库室建设，严密组织后勤指挥所演练，部队应急应战后勤保障能力进一步提升。严格落实财务管理制度，认真组织账目清理整治，财务管理秩序进一步规范。扎实抓好枪支弹药管理和民兵武器装备仓库专项整治，圆满完成33.89吨民兵报废弹药销毁处理任务，确保了武器装备管理安全。六是反“四风”改作风成效明显。围绕务实清廉主题，深入开展党的群众路线教育实践活动，突出抓好“四风”问题整治纠治，各级履职用权更加规范，交往更加谨慎，作风更加务实，自身要求更加严格，部队风气明显好转，经验做法得到军区查督导组和广西军区的充分肯定。

严格把好征兵体检关

定期召开武委会研究全市武装工作

深入开展党的群众路线教育实践活动，突出抓好“四风”问题整治

民主推荐公平公正

规范警备执勤，查扣假冒军车

开展三包一定工程，情系驻地群众

参加高炮实弹射击考核

实兵拉动演练摔打磨练部队

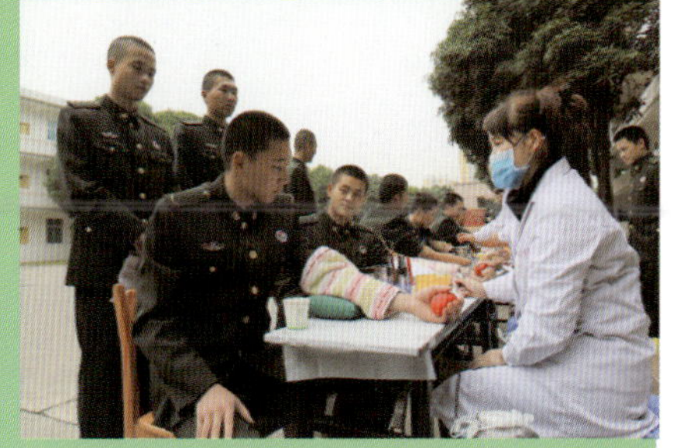

心系群众义务献血

广西陆军预备役步兵师高炮团

2014年9月，团长韦辉指挥实弹射击

2015年2月，团召开二届九次党委全会，团长韦辉（左一）和政委黎海燕（右一）向第一政委李泽介绍团队情况

2014年，广西陆军预备役步兵师高炮团在两级军区、师党委和南宁市委、市政府的正确领导下，深入贯彻学习习主席系列重要讲话精神，扎实开展党的群众路线教育实践活动，牢牢把握部队发展方向，坚决改进工作作风，强势推进中心工作，创新解决发展难题，部队建设呈现朝气蓬勃、蒸蒸日上的良好势头，连续两年被军区评为全面建设先进团级单位。

一是坚持高标准讲政治抓大事，注重打牢官兵思想政治基础。坚持以学习贯彻习主席系列重要讲话精神为主线，严格落实思想政治教育，党的群众路线教育实践活动开展成效显著，学习贯彻党的十八届四中全会和全军、广州军区政治工作会议精神扎实深入，涉徐信息清理行动迅速、整治彻底，官兵高举旗帜听党只会的思想基础更加牢固。二是坚持高标准抓中心工作不动摇，努力提高部队战斗力建设标准。根据团担负的任务，健全和落实战备值班、战备教育等各项制度，完善团营连三级战备工作规定、连队战备储存装备器材和个人携带的必备用品规定。先后组织入队训练、参谋业务比武、成建制训练、应急队伍训练、广州军区民兵预备役高炮队伍考核、城市防空演练暨年度实弹射击、南宁市公路防汛演练等演训活动，组织活动正规有序、成绩明显，部队训练基础进一步夯实。三是坚持高标准从严治军，全面推进部队正规化建设水平。团队按照“始终牢记依法治军、从严治军是强军之基”的要求，狠抓安全工作落实。对营区网络环境进行规划和改造，提高了网络防范技术系数；严格落实“专人专盘，专机专用、专柜专用”制度；规范文件资料的打印和复印等制度；严格按照程序用车；添置营门防卫器材，安装视频监控系统和办公区门禁系统，有效地填补营院防卫的漏洞。四是坚持高标准打牢部队建设的基础，努力提高基层建设的建设水平。团队认真贯彻两级军区和师关于抓好基

2014年11月，政委黎海燕（左一）在团史馆为预任军官讲解团队发展历史

2014年10月，现役官兵到自治区高级法院参观，提高官兵法纪观念

层“四个基本”建设的指示精神，“四个基本”建设取得初步成果。在双37高炮二营抓了规范化建设试点，为加强全团基层建设提供了标准示范。加大经费投入，基层基础设施进一步完善配套。营连部建设全部达到基本设施配套完善，战备物资器材和资料齐全的要求。五是坚持高标准抓实后装建设，不断提升部队综合保障能力。团队担负军区后勤部在边防一团组织的后方指挥所演练观摩演示，得到军区首长机关、院校专家和与会代表的一致好评。对战时所需经费、车辆、油料、医疗、野营、军需等6大类170余种军民通用物资器材进行了调查摸底，制定征用计划，搞好预征预储。全年出车1000余次，总行程10余万公里安全无事故。筹资整修常委楼、干部公寓楼和士官楼，完成战备值班系统整治任务。

2014年4月，组织官兵进行手榴弹实投训练

2014年8月，着眼“能打仗、打胜仗”，首长机关练指挥、练谋略

2014年8月，着眼“能打仗、打胜仗”，首长机关练指挥、练谋略

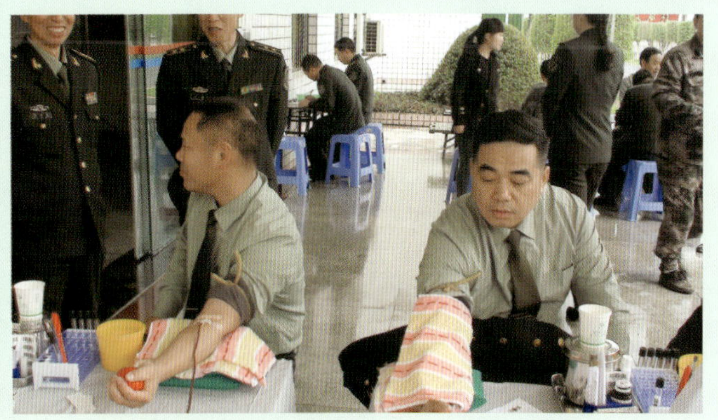
2014年3月，部队官兵紧急为南宁市医院义务献血

2014年5月，正营以上干部到武鸣县陆斡镇联合村进行扶贫帮困活动

2014年3月，部队官兵参加义务植树活动

2014年6月，开展防汛演练，提高部队遂行多样化军事任务能力

南宁市卫生监督所

2014年8月12日上午，时任副市长黄宁（左二）到卫生监督所开展调研

南宁市卫生监督所领导班子冯少雄所长（中）、隆邦臻书记（右二）、何秋玲副所长（左二）、韦其祥副所长（右一）、周鹏程副所长（左一）

南宁市卫生监督所2002年7月正式成立，为相当副处级参照公务员法管理的事业单位，是在南宁市卫生计生委领导下，依法承担公共场所、饮用水卫生、职业卫生、放射卫生、学校卫生、消毒卫生、爱国卫生、传染病防治以及医疗服务监管等卫生监督和行政执法职责；承担全市卫生行政许可、受理违反相关卫生法律法规行为的投诉举报、实施重大活动的卫生安全保障工作；负责全市卫生监督信息统计上报及对县（区）、开发区卫生监督机构进行业务指导和人员培训等工作。

现设领导职数5名，内设18个职能科室，全所人员编制114名。现有人员105人，具有大专以上学历98人，其中研究生学历24人，大学学历59人，大专学历15人；具有中级以上职称48人，其中高级职称9人，中级职称39人；具有硕士学位7人，学士学位56人。

随着食品安全职能的移交和扩权强县职权下放，南宁市卫生监督所在牢固树立“在监督中服务、在服务中监督”的理念的同时，深入推进群众路线教育实践活动的开展，以医疗卫生体制改革和卫生计生机构融合为契机，进一步强化生活饮用水与涉水产品、消毒产品与消毒服务机构、公共场所、职业卫生与放射诊疗、学校卫生、传染病防治、医疗机构、母婴保健、血液安全等领域卫生计生综合监督执法专项行动，依法查处各类违法案件，有效地保障南宁市市场经济建设健康有序的发展，为提升南宁首位度做出应有贡献。

近年来，在南宁市卫生计生委党委的领导下，全所卫生监督员与时俱进，创先争优，开拓创新，圆满完成了社会公共卫生、医疗服务、“两会一节”、第四十五届世界体操锦标赛卫生保障等各项工作，尤其在2014年与公安机关联合开展的打击“两非”的猎狐行动，有效打击“两非”违法行为，震慑犯罪分子，赢得社会广泛赞誉。获南宁市“美丽南宁先进后盾”单位、南宁市卫生计生系统服务第四十五届世界体操锦标赛医疗卫生保障工作先进集体、南宁市卫生计生系统安全生产先进单位等荣誉。

2014年7月3日上午，南宁市卫生监督所冯少雄所长（右二）隆邦臻书记（右一）前往“美丽南宁清洁乡村”对口支援单位横县马山乡象旺村践行群众路线慰问困难群众

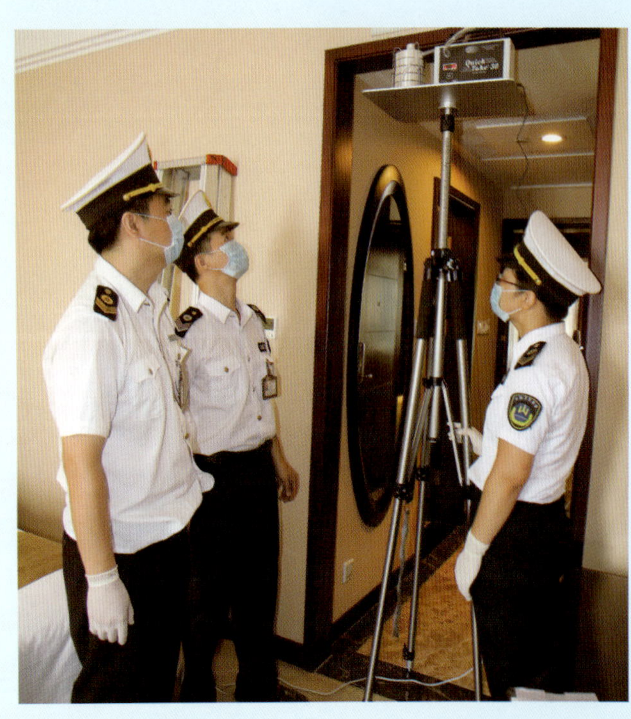
2014年9月29日上午，南宁市卫生监督所的卫生执法人员抽检服务第45届世界体操锦标赛重点接待单位的集中式空调通风系统空气质量

南宁市第一人民医院

2014 年 10 月 28 日，市长周红波等领导参加医院百年华诞庆祝大会

南宁市第一人民医院的前身是美国基督教安息日会小乐园医院，由美籍华人刘俭先生于 1914 年创办，今年迎来百年华诞。经过百年传承跨越，时至今日，南宁市第一人民医院已发展成为一家集医疗、教学、科研、预防保健、健康教育、康复于一体的三级甲等综合医院、爱婴医院、卫生部国际紧急救援中心网络医院、南宁市危重孕产妇救治中心，同时还是广西医科大学附属南宁市第一临床医学院、广西医科大学附属南宁市第一人民医院，服务范围涵盖南宁六县六城区并辐射至周边市县，1998 年被评为国家第一批三级甲等医院，并以优良的技术和优质的服务赢得社会的广泛认可。

医院还先后获全国节约型公共机构示范单位、广西绿色环保医院、广西五一劳动奖状、广西卫生先进单位等荣誉。

医院现有在职职工 1754 人，卫生专业技术人员 1439 人，高级职称 182 人，中级职称 392 人，其中博士 4 人，研究生 229 人；国家级专业学会委员 5 人，自治区、南宁市级专业学会委员 65 人；广西医科大学硕士研究生导师 10 人，兼职教授 23 人。

医院占地 4 万多平方米，医疗用房面积约 11 万平方米。现有编制床位 600 张，新门诊综合大楼投入使用后实际开放床位 1260 张。下设一个分院（埌东分院），一个社区服务中心（大板社区服务中心）。临床医技科室 47 个，其中自治区临床重点专科 2 个，市重点学科 3 个，拥有一个疾病诊疗中心（南宁市心血管疾病诊疗中心）和二个医学研究所（南宁市儿童先天性心血管疾病研究所、南宁市呼吸道疾病研究所）。

医院拥有配置齐全、功能适用、技术先进的各类医疗设备，如：广西首台，代表业界目前最高水平的德国西门子 Artis　Zeego 数字减影血管造影 X 光机，德国西门子核磁共振成像系统，美国通用 64 排螺旋 CT，区内领先的 30 人位高压氧舱等，总价值近 3 亿元。

2014 年 7 月 18 日，自治区卫计委副主任尤剑鹏副主任，副市长黄宁，市卫生局局长汤晓斌参加反馈会

医院领导班子

新门诊大楼全景

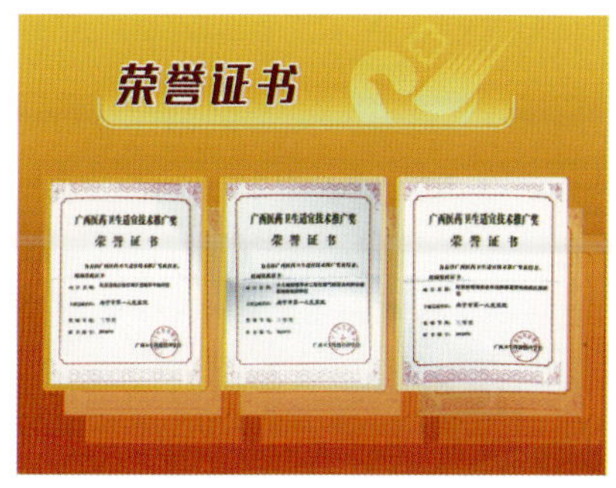

广西医药卫生适宜技术推广奖荣誉证书

南宁糖业股份有限公司
NANNING SUGAR INDUSTRY CO., LTD

1996 年 7 月，南宁统一糖业有限责任公司成立。1999 年 5 月，南宁统一糖业有限责任公司改制上市并更名南宁糖业股份有限公司（股票代码 000911），是目前国内制糖行业最大的国有控股上市公司。主营机制糖、各类文化用纸、生活用纸制品、蔗渣浆等产品。

经产业结构调整，南宁糖业目前下辖明阳糖厂、伶俐糖厂、香山糖厂、东江糖厂 4 个直属厂、7 个公司，职工人数达 4000 多人，具备日榨甘蔗 3.50 万吨、年生产机制糖 70 万吨、年蔗渣浆 9.80 万吨的生产能力。拥有“云鸥”牌、“明阳”牌白砂糖两个“中国名牌产品”，“古府”牌白砂糖、“大明山”牌白砂糖、“侨虹”牌无尘纸、“舒雅”牌卫生巾等“广西名牌产品”，是广西唯一拥有两个“中国名牌产品”的企业。

南宁糖业先后获“中国轻工业制糖行业十强企业”“广西百强企业”“广西农业产业化十大龙头企业”“广西优秀企业”“广西诚信企业”“南宁市农业产业化十佳龙头企业”“南宁市明星企业”“首届南宁市市长质量奖”、中国“质量之光”之“质量标杆示范企业等称号。

2013 年，南宁糖业实现销售收入 44 亿元。2014 年，公司大力推进“双高”糖料蔗基地建设、重点抓好榨季生产及管理等工作。坚持走品牌发展之路，主导产品白砂糖在 2014 年全国食糖质量评比中，公司伶俐“云鸥”牌白砂糖连续第九次荣获碳法糖第一名，“明阳”牌白砂糖第十一次获亚法糖第一名。“古府”和“大明山”牌白砂糖并列亚法第二名。获“首届南宁市市长质量奖”及中国“质量之光”之“质量标杆企业示范”称号，成为制糖行业唯一获此殊荣的企业，标志着南宁糖业在质量管理又迈上一个新台阶。

2015 年 1 月 22 日，南宁糖业积极落实自治区政府“双高”糖料蔗基地建设项目。图为公司肖凌董事长（前右一）到武鸣蔗区视察“双高”基地建设情况

2014 年 12 月 26 日，南宁糖业总经理丁润声领取中国“质量之光”之质量标杆示范企业奖杯、证书

公司旗下白砂糖品牌

白砂糖包装线

中国烟草 CHINA TOBACCO | 广西中烟工业有限责任公司 CHINA TOBACCO GUANGXI INDUSTRIAL CO.,LTD.

广西中烟工业有限责任公司是直属国家烟草专卖局（中国烟草总公司）的国有大型企业和 18 家省级卷烟工业企业之一，也是全国少数民族地区唯一的省级中烟工业公司，属于“全国企业 500 强”“全国纳税 100 强企业”“广西强优工业企业”。2014 年，公司年生产卷烟 154.80 万箱，总资产 156.96 亿元。

公司下设南宁、柳州 2 个非独立法人资格卷烟厂，下辖广西天成投资管理有限责任公司、广西真龙物流有限责任公司 2 家全资子公司及广西真龙彩印包装有限公司、广西真龙实业有限责任公司等 9 家控股子公司。公司本级建设有国家博士后科研工作站、国家级实验室、行业级和自治区级技术中心。

2014 年，广西中烟实现销售收入 213.34 亿元，实现税利 165.17 亿元，纳税 138.69 亿元。在职员工 2977 人，其中博士 12 人、硕士 105 人、在读硕士 300 余人，高级专业技术资格 15 人、中级职称 347 人，高级技师 26 人、技师 281 人。拥有授权专利 84 项，其中发明专利 28 项，实用新型专利 56 项。

公司通过 ISO9001（质量）、ISO14001（环境）、OHSAS18001（职业健康安全）、ISO10012（测量）管理体系“四标一体”认证和 4A 级标准良好行为企业认定，是 6S 现场管理、QC 活动、知识分类编码等八个行业标准的制定单位，入选“中国信息化五百强企业”，被评为“中国信息化标杆企业”。

公司被国家工商总局认定为“首批商标战略实施示范企业”。拥有“真龙”和“甲天下”两个品牌，其中，“真龙”品牌获“中国驰名商标”称号，属国家烟草专卖局重点鼓励发展品牌，销售区域覆盖全国各省市，在全国拥有很高的知名度和美誉度，并迈出国门，远销东南亚等地区，获“建国 60 周年 60 个广西最具影响力品牌”等称号。

公司高度自动化卷包车间

广西中烟品牌宣传图片

南宁南机环保科技有限公司

2014年，南宁南机环保科技有限公司乘着“美丽广西”“美丽南宁”建设的东风，抢抓机遇，强化管理，效益优先，再创佳绩，环卫机车产业保持良好增长势头。建设“美丽南宁”，实现了经济效益和社会效益双赢。

重塑企业形象。一年来，在公司领导班子和全体员工的共同努力下，公司喜讯频传，佳绩不断：公司荣获第45届世界体操锦标赛特别供应商殊荣；新款环卫机车亮相第11届中国—东盟博览会；南机环保公司环卫机车产品首次远销泰国；电动垃圾转运机项目获自治区科学技术成果登记；电动巡逻车获第4届广西发明创造成果展览交易会银奖；公司技术中心升级为“南宁市认定企业技术中心”；公司还获年度广西技术创新优秀企业奖，“2013年南宁市企业管理升级活动优胜单位”称号；公司党委书记、董事长兼总经理陈建南获“2013年广西科技创新标兵”称号等等。公司的知名度和企业形象不断提升，企业的良好形象得到重塑。

不忘社会责任。在取得较好经济效益的同时，公司不忘履行应尽的社会责任，积极开展“美丽南宁·清洁乡村”爱心捐赠活动，向隆安县都结乡达利村捐赠垃圾保洁车2辆，垃圾桶15只及保洁器械一批；向江南区那洪村捐赠“美丽南宁”帮扶款6000元和三轮保洁车1辆，垃圾桶5只等保洁器械。在第45届世界体操锦标赛期间，为赛事提供15辆14座、2辆23座电动观光车作为赛事专用摆渡车，向来自世界各国的运动员展示南机环保公司的风采。

媒体重点报道。2014年12月24日《广西日报》头版，刊登广西日报记者采写的《“老国企”喜迎“第二春”——南宁南机环保科技有限公司创新驱动扭亏为盈记》，高度评价南机环保公司几年来所取得的成绩。

公司将继续抢抓“美丽南宁”建设这一发展契机，开拓创新，凝聚推动发展的新合力和正能量，为促进企业科学发展、提升南宁首位度做出应有贡献。

2014年10月24日，自治区副主席黄日波（中）在第四届广西发明创造成果展览交易会上，参观公司展位并作指导

2014年11月6日，副市长章卫国（右二）在广西工业产品产销对接会上，参观公司展位并作指导

2014年4月9日，南宁市企业管理升级活动2013年总结表彰暨2014年动员大会在南宁高新区火炬大夏举行，公司党委书记、董事长兼总经理陈建南（右一）上台领奖

NJ–D16XS3F全封闭吸扫式电动扫地机交付南宁吴圩机场使用

南宁威宁投资集团有限责任公司

2014年1月1日，南宁威宁投资集团在广西体育中心举行揭牌仪式

南宁威宁投资集团在南宁威宁资产经营有限责任公司、南宁沛宁资产经营有限责任公司、南宁市地产业开发总公司、南宁市储备粮管理有限责任公司整合重组的基础上组建成立，下辖一级监管单位16家，在职员工4200人。

2014年，威宁投资集团实现主营业务收入42.82亿元，比上年同期增长2.66%；实现利润2.02亿元，增长5.52%；上缴税费总额2.53亿元，增长0.25%；完成固定资产投资31.84亿元，增长31.47%；完成新签约融资合同数额32.6亿元，到位资金10.085亿元。

2014年5月9日至13日，2014年全国体操锦标赛暨第45届世界体操锦标赛测试赛在广西体育中心体育馆举行

2014年12月28日，广西文化艺术中心项目开工建设

2014年9月3日，“南百家电·京东商城战略合作启动仪式”在南宁百货大楼股份有限公司金湖店举行

广西体育中心夜景

南宁住房公积金管理中心

2014 年 3 月 25 日，市委常委、副市长张小宏（左三）到南宁住房公积金管理中心调研

2014 年 12 月 19 日，南宁市人大常委会副主任赖贵寿（左二）到南宁住房公积金管理中心调研

2014 年，南宁市住房公积金新增归集 46.84 亿元，完成年度任务 108.05%，比上年同期增长 14.07%。提取住房公积金 27.04 亿元，完成年度任务 116.80%，增长 20.60%。发放个人住房公积金贷款 22.56 亿元，完成年度任务 128.93%，增长 18.41%。实现住房公积金增值收益 2.79 亿元，完成年度任务 109.77%，增长 17.19%。提取廉租住房建设补充资金 2.31 亿元。发放项目贷款 5000 万元，完成年度任务 125%。12 月 19 日，南宁市利用住房公积金支持保障性住房建设试点项目——中房·碧翠园 B 组团正式开盘销售。铁路分中心增设流动服务部，主动为铁路沿线职工开展预约上门服务，现场办公受理业务。南宁市借鉴先进地区的管理经验，实施住房公积金电子档案扫描。继续完善 12329 热线建设。此外，制定《南宁住房公积金管理中心窗口服务规范》，对业务受理服务规范、服务行为规范、服务用语规范、服务场所设施规范、窗口服务应急处理规范等方面作了明确规定，规范了服务网点窗口服务标准。

2014 年 5 月 15 日，南宁住房公积金管理中心党组书记、主任王林一（后左三）给党支部党员上廉政党课

2014 年 4 月 18 日，南宁市召开住房公积金管理委员会会议

2014 年 6 月 27 日，南宁住房公积金管理中心举行党的群众路线教育和住房公积金知识竞赛

科学

科学技术

综述

【概况】 2014年，南宁市组织实施产业重大科技专项10项，实施国家级、自治区级科技计划项目272项，资金支持9708.50万元；市本级科技计划项目315项。全市新增高新技术企业58家，完成任务290%；扶持培育创新型试点企业35家，完成任务350%。至年末，全市拥有自治区级工程技术研究中心41家、广西创新型试点企业36家，院士工作站10家，数量均为自治区首位。引进、开发工业新产品、新技术188个（项）；引进、试验、示范推广农业新品种、农村实用新技术87项，研发农产品加工新产品、新技术35个（项）；重点建设或提升企业工程技术研究中心能力27家、新农村科技示范村38个；选派农村科技特派员10名；南宁市拥有科技企业孵化器7家，科技企业孵化基地在孵企业142家，累计毕业企业376家，自主研发产品89个；新认定国家级技术转移示范机构1家。全年专利申请量8875件，比上年同期增长53.84%，万人发明专利拥有量3.02件，提前完成“十二五”期末每万人口发明专利拥有量3件的目标任务。全年取得科技成果2764项，增长21.50%。完成技术合同认定登记263项，交易额4.46亿元。

【厅市会商】 2014年11月3日，广西科技厅与南宁市政府举行厅市工作会商。南宁市实施“南宁市国家科技成果转化示范基地综合服务平台建设”“南宁高新区生物医药技术平台续建—GMP实训模拟平台建设”“南宁发酵与酶工程技术研究中心能力建设”厅、市会商重点项目3项。建成国家科技成果转化（南宁）示范基地综合信息服务平台，网站在线运行，收集发布科技信息4万条，为企业提供科技服务等事项9000多项。协助推广3种技术项目或成果到东盟国家、10种以上技术产品对接东盟技术市场、2项国家科技成果落地南宁。“南宁高新区生物医药技术平台续建—GMP实训模拟平台建设”项目，建成150平方米专业化的计算机培训教室，配备有15兆宽带接入和20台台式计算机，完成调试及试运行。南宁邦尔克生物技术有限责任公司等企业实施“南宁发酵与酶工程技术研究中心能力建设”项目，开展β-淀粉酶、真菌α-淀粉酶、普鲁兰酶及应用技术国际科技合作等课题研究，“重组枯草芽孢杆菌生产β-淀粉酶”中试。获发明专利2项，技术达到国际领先水平。期间，生产固体脱羧酶、β-淀粉酶近30吨，新增销售收入1150万元，新增利税超过182万元，出口创汇132万美元。

【创新计划实施】 2014年，南宁市继续实施第五轮创新计划，实施本级创新计划项目197项，总投资1.63亿元，创新计划实施进展顺利，各县（区）、部门按照南宁市第五轮创新计划工作方案的职责分工推进年度创新计划。

【战略性新兴产业】 2014年，南宁市加快培育和发展现代装备制造、新一代信息技术、新材料、生物医药、新能源、节能环保等战略性新兴产业，组织实施战略性新兴产业项目58项，总投资1.75亿元，科技投入1325万元。战略性新兴产业得到率先发展，科研成果进一步向现实生产力转化。支持南南铝加工有限公司开发10个系列182个型号的新型大功率散热器产品，产品技术水平均处于行业领先，年生产产品突破100万件，实现产值1500万元。世界上直径最大的铝合金圆锭（φ=1300毫米）在南南铝加工有限公司试产成功。广发重工集团研制的“中广轨道1号盾构机”正式下线，高端装备制造业实现零突破。

【农业科技创新】 2014年，南宁市引进、试验、示范推广农业新品种62个，示范推广面积1.08万公顷，带动农户1.74万户，直接受益农民6.90万人；引进、试验、示范推广实用新技术25项，示范推广面积3.48万公顷，新增产值1.66亿元。完善或提升科技创新和服务平台40个，研发示范农业新产品、新工艺35项。扶持建设和推动提升农业科技重点创新和服务平台31个。广西地方鸡活体基因库建成达到国内领先水平，成为中国西南地区首个最大的地方鸡活体基因库。为马山县、上林县、隆安县石漠化地区选育推广“南藕一号”旱藕新品种，种植效益高于本地品种2倍，促进特色农业转型升级。

【工业科技创新】 2014年，南宁市引进

11月3日，厅市会商工作会议现场　　市科技局提供

工业新产品、开发新技术188个（项）。新增自治区级工程技术研究中心2家，新建市级工程技术研究中心5家，新增广西创新型试点企业7家，新增院士工作站5家。实施"木薯渣节能环保资源化利用关键设备和有机固废物产业化"项目，开展木薯废弃资源循环利用、产业健康发展研究，提高有机固废物资源综合利用整体技术。"真空带式压滤机"获广西第一届发明展银奖，"螺旋式翻拌强制通风增氧装置"获广西第二届发明展金奖；研制开发的"工农业有机剩余物节能环保处理及资源化技术"被收录入国家工信部颁布的《工业固体废物综合利用先进适用技术目录（第一批）》。

【民生科技创新】 2014年，南宁市组织实施涉及健康惠民、人口和计划生育、艾滋病防治、教育教学、公共安全、安全生产、防灾减灾等领域民生科技项目103项，比上年同期增长24%，科技经费投入1205万元，增长13.70%。"基于三维CT影像的计算机辅助肺结节检测方法研究"达到国际先进水平。广西圣保堂药业有限公司研发的"民族特色抗癌中成药参红祛瘀散结胶囊"成为全国独家中药品种，获广西科学技术发明奖二等奖，被"中国肿瘤救助委员会""全国肿瘤疾病康复工程委员会"评为中晚期癌症治疗推荐用药和指定用药，产品实现产业化，年生产能力1500万粒，推动中药制药产业科技进步。围绕"美丽南宁"建设，开展城中村生活污水处理及环境改善关键技术研究，将心圩村甘棠坡建设为南宁市首个城中村面源生活污水处理与环境整治示范点，为城中村污水治理探索可行的技术路线。

【科技节能减排】 2014年，南宁市围绕市民关注的城市"雾霾"问题，重点立项"南宁市机动车尾气排放超标治理技术路线研究及应用示范"民生重大科技专项项目，总投资90万元，科技经费支持50万元，项目对全市在册机动车开展研究，研究汽车尾气对大气环境污染的影响，完成全市需淘汰或重点监控主要汽车类型筛选，完成南宁市汽车尾气超标排放维修治理和维护保养的方法研究，完成南宁市汽车尾气超标排放治理技术路线制定及相关研究，建立信息数据库和服务平台1个，建设机动车尾气超标治理示范点3个以上。结合"美丽南宁·整洁畅通有序大行动""美丽南宁·清洁乡村"活动，组织"城市内河水体污染复合型立体生态修复技术的研发与示范""城市景观湖泊水质改善与生态恢复集成技术研究与示范""隆安县东信村无害化处理乡村垃圾技术研究与示范"等环保应用技术研究与示范课题7项，总投资697万元，科技经费投入110万元，项目完成后年增产值1810万元，年增利税479万元。

【知识产权战略实施】 2014年，南宁市专利申请量8875件，比上年增长53.84%，。其中：发明专利申请量6133件，增长76.13%；专利授权量2652件，增长28.36%；发明专利授权量754件，增长45%。"十二五"以来，专利申请量、专利授权量、有效发明专利拥有量等多项指标自治区第一。万人发明专利拥有量3.02件，提前完成"十二五"期末每万人口发明专利拥有量3件的目标任务。年内，办理单位专利申请费用减缓证明807件，办理专利申请资助3724件，发放专利资助金518.07万元。维护专利权合法利益和市场秩序，开展知识产权执法维权"护航"专项行动，查处假冒专利产品23件。立项知识产权战略项目21个，财政投入500万元。组织参加第四届广西发明创造成果展览交易会，全市有30个专利项目参展。组织开展专利质押融资，11家企业获专利贷款，融资总额6727万元，其中专利质押1933.4万元，贴息369万元，实现南宁市专利质押融资零的突破。创建国家知识产权试点城市试点，南宁市知识产权局与广西知识产权发展研究院合作关系，开展面向东盟市场的知识产权预警机制研究。南宁市知识产权局获2014年全国知识产权系统人才工作先进集体。

【高新技术产业】 2014年，南宁市新增高新技术企业58家，占自治区新增高新技术企业40%；累计有高新技术企业178家，数量居广西14个地市首位。全市高新技术产业总收入1200亿元，高新技术产业总产值突破1070亿元，高新技术产业创汇20亿美元，高新技术产业税收55亿元。

【科技中介服务体系建设】 2014年，南宁市重点培养广西博士海意信息科技有限公司、南宁市科航金桥创业咨询有限公司等科技中介服务机构，加强市、县（区）生产力促进中心联动服务体系服务能力，培训企业人员300多人，发展会员300余家，重点服务企业80家，联系服务企业200家。评审南宁市创新资金项目141项，立项72项，资金支持1200万元；包装、申报自治区级以上的项目61项，获国家立项31项，资金支持2098万元，占自治区推荐项目18%；自治区立项19项，获专项资金支持285万元，占自治区立项数20%。完成技术合同认定登记263项，交易额4.46亿元，其中技术交易额0.95亿元。

【区域性科技创新体系建设】 2014年，南宁科技企业孵化基地在孵企业142家，累计毕业企业376家，自主研发产品89个。继续加快南宁东盟开发区科技企业孵化基地一期建设，完成8万平方米标准厂房建设，企业可以入驻孵化。至年末，南宁市有科技企业孵化器7家（国家级孵化器3家、自治区级孵化器2家），孵化器质量、数量居自治区首位。建成高新区中盟科技企业孵化园、申能达科技孵化器，中盟科技企业孵化园被认定为国家级科技企业孵化器，为南宁市第三家国家级科技企业孵化器。推进南宁经济技术开发区、横县六景、武鸣伊岭岩等国家、自治区级工业区的孵化器建设。建设企业创新平台，通过科技项目立项支持的形式推动企业创新平台建设，全年新增自治区级工程技术研究中心2家、新建市级工程技术研究中心5家，新增广西创新型试点企业7家，新增院士工作站5家，拥有量居自治区首位。

【科技示范试点建设】 2014年，南宁市在2013年实施23个新农村党建科技示范村的基础上，实施"新农村科技服务体系建设和能力提升"项目15项，新选派农村科技特派员10名，投入科技经费325万元。加强基层农业技术体系建设，促进良种引进、良法推广，解决农业产业的技术问题，促进农民增收。建设、完善绿色蔬菜、柑橘等农业示范基地32个，引进示范推广新品种21个，推动县（区）项目示范区、辐射区域特色产业区域农村经济的发展。通过科技项目载体，开展农业先进适用生产技术培训252场次，培训农民技术人才1.86万余人次，辐射带动农民4.35万余人次。通过科技示范村、党建科技服务平台建设，示村点科技入户率95%以上，每户至少有一人掌握一门先进适用种养新技术。

【自主创新环境建设】 2014年，南宁市出台《南宁市本级技术研究与开发经费管理办法》《南宁市科技企业孵化器认定和管理办法》《南宁市工程技术研究中心管理暂行办法》；推行"阳光立项"制度，提前面向社会公开征集《2015年度南宁市科技计划重大项目及科技计划项目指南》建议。建立科研项目绩效评估机制，出台《南宁市本级技术研究与开发计划项目绩效考评管理暂行办法(试行)》。深化行政审批制度改革，取消民营科技企业的认定、科技类民办非企业单位审查管理非行政许可审批项目2项，优化科技计划项目审批、科技成果鉴定申请审批和鉴定意见审核非行政许可审批项目2项。

科学研究与技术开发

【概　况】 2014年，南宁市实施国家、自治区、市三级科学研究与技术开发计划项目587项。其中：国家、自治区立项272项，资金支持9708.50万元；市级立项315项，总投资10.06亿元，科技拨款1.04亿元。项目实施后，年增销售收入9.19亿元、利税1.86亿元。其中组织实施工业科技项目77项，农业科技项目60项，社会发展科技项目103项，其他75项。

【科学研究与技术开发计划项目】 2014年，南宁市围绕工农业科技创新、民生科技发展、知识产权战略，下达市本级科学研究与技术开发计划项目315项，总投资10.06亿元，科技拨款1.04亿元。按领域划分：工业科技项目77项，总投资5.66亿元，科技经费投入4345万元；农业科技项目60项，总投资1.15亿元，科技经费投入1980万元；社会发展科技项目103项，总投资1.02亿元，科技经费投入1205万元；其他项目75项，总投资2.23亿元，科技经费投入2853万元。按计划类别划分：科技攻关与新产品试制项目224项，总投资5.09万亿元，科技经费投入4148万元；科技成果推广与产业化示范项目8项，总投资2409万元，科技经费投入220万元；科技创新能力与条件建设项目34项，总投资1.84亿元，科技经费投入3106万元；科技合作与交流项目16项，总投资3990万元，科技经费投入460万元；软科学研究与创新项目9项，总投资1100万元，科技经费投入200万元。

【星火计划】 2014年，南宁市实施“高优多抗强宿根甘蔗新品种选育与福农39号繁育示范”“甘蔗宿根破垄施肥盖膜一体机研制与推广”等项目6个，选育和示范甘蔗新品种4个。南宁市蔬菜研究所实施“旱藕新品种‘南藕一号’选育与大面积示范推广”项目，推动马山县、上林县、隆安县石漠化地区特色农业转型升级，调整石漠化地区农业产业结构；与传统旱藕种植区本地品种相比，种植效益比本地品种高3倍。推行农业清洁高效生产，集成应用大面积优质水稻清洁高效生产技术，打造水稻“稻鸭(鱼)共作”等生态栽培示范基地495.60公顷；经检测，核心基地及辐射雁江镇红良村周边866.67公顷稻米产品均达到绿色标准，创造产值5000万元，新增产值420万元。建立53.33公顷无公害蔬菜标准化生产示范基地1个，形成蔬菜清洁高效生产标准化技术1套，初步形成蔬菜周年高效生产的种植模式2套。推动农业废弃物的综合利用，实施“农作物秸秆生产食用菌关键技术研究与示范”等项目22项，涉及粮食和蔬菜安全生产、农业废弃物(木薯杆、桑枝)有效处理、畜禽健康养殖等清洁安全高效关键技术。健全农村科技服务体系，打造党建科技示范村38个，建设和完善绿色蔬菜、柑橘等农业示范基地32个，引进示范推广新品种21个；新选派农村科技特派员10名，实施项目25个，投入科技经费250万元，引进、筛选出新优品种11个。

【农业科技项目实施】 2014年，南宁市组织实施农业科技、科普能力建设和提升专项60项，总投资1.15亿元，其中蔬菜和水稻高效清洁生产技术、香蕉抗枯萎病发生规律研究及综合防控技术研究等农业科技重大专项4项，科技拨款400万元。广西地方鸡活体基因库经科技成果达到国内领先水平。引进水稻、果蔬、畜禽优良种养新品种150个，选育繁育出适合南宁市的农业优良新品种62个，示范应用面积1.08万公顷。引进、试验、示范推广实用新技术累计25项，示范推广面积3.48万公顷。研发农产品加工新产品23个、新技术12项。建设、完善精米

2014年南宁市新认定高新技术企业名录

序号	企业名称	证书编号
1	广西福美耀节能门窗有限公司	GR201445000007
2	南宁八菱科技股份有限公司	GR201445000098
3	南宁千年工艺有限公司	GR201445000009
4	广西安捷讯电子科技有限公司	GR201445000032
5	广西商大科技有限公司	GR201445000140
6	广西奥士达环境工程有限公司	GR201445000137
7	广西比迪光电科技工程有限责任公司	GR201445000094
8	南宁市南北动力有限公司	GR201445000080
9	广西高中阀门制造有限责任公司	GR201445000101
10	广西金盟工程有限公司	GR201445000088
11	广西壮族自治区交通规划勘察设计研究院	GR201445000058
12	广西中盟机械有限责任公司	GR201445000115
13	广西丽原生物股份有限公司	GR201445000067
14	广西珠江啤酒有限公司	GR201445000135
15	广西盛誉糖机制造有限责任公司	GR201445000042
16	南宁文韬电子科技有限责任公司	GR201445000131
17	广西青龙化学建材有限公司	GR201445000055
18	南宁市鼎天机械制造有限公司	GR201445000063
19	广西龙杰科技有限公司	GR201445000141
20	广西南宁绿园北林木业有限公司	GR201445000129
21	广西博士海意信息科技有限公司	GR201445000051
22	南宁东恒华道生物科技有限责任公司	GR201445000133
23	广西南宁百会药业集团有限公司	GR201445000103
24	广西阳工电线电缆有限公司	GR201445000073
25	广西南宁市康之豆食品科技有限责任公司	GR201445000066
26	广西桂能科技发展有限公司	GR201445000004
27	广西南宝特电气制造有限公司	GR201445000028
28	南宁超伏电气科技有限公司	GR201445000031

续表

序号	企业名称	证书编号
29	广西南宁市共展科控称重设备有限公司	GR201445000019
30	广西三立科技发展有限公司	GR201445000036
31	南宁奥博斯检测科技有限责任公司	GR201445000034
32	南宁广开电气有限责任公司	GR201445000034
33	广西壮族自治区农业机械研究院	GR201445000002
34	南宁市界围工程咨询有限公司	GR201445000145
35	南宁飞日润滑油有限公司	GR201445000110
36	广西创科信息科技有限公司	GR201445000084
37	广西金奔腾汽车科技有限公司	GR201445000136
38	广西博世科环保科技股份有限公司	GR201445000125
39	南宁市三华太阳能科技有限公司	GR201445000100
40	南宁市品迪生物工程有限公司	GR201445000059
41	南宁市平方软件新技术有限责任公司	GR201445000052
42	广西地凯科技有限公司	GR201445000043
43	广西捷佳润农业科技有限公司	GR201445000079
44	广西南宁市精祥仪表有限责任公司	GR201445000091
45	广西桂能软件有限公司	GR201445000089
46	南南铝业股份有限公司	GR201445000121
47	广西壮族自治区机械工业研究院	GR201445000096
48	广西南南铝箔有限责任公司	GR201445000061
49	广西广播电视信息网络股份有限公司	GR201445000057
50	广西南宁齐顺化工有限公司	GR201445000037
51	广西多得乐生物科技有限公司	GR201445000053
52	广西金中软件有限公司	GR201445000108
53	南宁市锦洋电子科技有限公司	GR201445000022
54	广西诺方储能科技有限公司	GR201445000006
55	广西正豪电气有限公司	GR201445000008
56	南宁天亮精细化工有限责任公司	GR201445000118
57	广西南宁科冠医药科技开发有限公司	GR201445000041
58	广西兆和种业有限公司	GR201445000081

加工、疫苗、农废物加工、抗病饲料等产品生产线10条。完善、提升科技创新和服务平台40个，选育优良新品种11个。全市有自治区认定的良种培育中心12家、农业标准化生产技术示范基地17个，重点建设或提升龙头企业技术创新中心、新农村科技示范村21个；获国家农业科技成果转化资金立项12项，科技经费840万元。

【工业科技项目实施】 2014年，南宁市以科技项目带动企业创新能力提升。围绕自治区14个千亿元产业和南宁市6大产业发展，组织企业申报自治区级、市本级科技计划项目，组织企业申报自治区科技计划项目226项、市科技计划项目235项。组织实施南宁市工业科技项目77项（重大专项项目5项、普通项目72项），科技经费投入4345万元，带动全社会投入科研经费5.66亿元。认定工业新产品188个。南南铝业股份有限公司承担的工业重大科技专项“新型大功率铝合金散热器技术研究及产品开发”，申请发明专利3项，实用新型专利7项；开发嵌片式散热器、水冷式散热器、挤型散热器等10个系列182个型号的新型大功率散热器产品，产品、技术水平行业领先；生产产品突破100万件，实现产值1500万元。

【社会发展科技项目实施】 2014年，南宁市围绕制药产业、人口健康、计划生育、教育教学、公共安全、安全生产、防灾减灾、艾滋病防治等民生事业方面，组织实施涉及民生各领域科技计划项目103项，总投资1.02亿元，科技经费投入1205万元，项目完成后年增产值9.73亿元、利税1.02亿元，年节创汇120万美元。组织实施民生重大科技专项1项，城镇化建设关键技术研究与示范项目3项，农村环境污染综合防治适宜技术研究及应用示范项目4项，食品安全生产加工技术研究与应用示范项目2项，安全生产、消防技术及装备研究和应用示范项目4项，防灾减灾关键技术研究和示范项目2项，交通安全关键技术的研究与示范项目4项，教育教学研究及应用技术开发项目4项，文化科技创新与应用示范项目8项，大宗、地道、紧缺、特色中药民族药材资源可持续利用关键技术研究及种源、药源基地建设项目2项，中药民族药新药产品和新药制剂研发项目5项，中药民族药新药产品产业化开发项目5项，生物制药及生物质能源产业化关键技术开发项目4项，医疗新器械新产品研究开发项目1项，艾滋病防治科学研究与应用技术推广项目10项，计划生育新技术、妇儿预防诊疗新技术研究开发项目9项，市医疗机构科技创新研发应用与能力建设项目26项，市基层医疗机构科技创新开发应用与能力建设项目9项。

【软科学研究项目实施】 2014年，南宁市实施“‘十三五’南宁市经济社会发展特征分析及科技支撑战略研究”“南宁市工业科技人才队伍建设究”“中国—东盟自贸区背景下南宁市知识产权预警应对策略”等课题研究8项，科技拨款100万元。

【产业重大科技专项实施】 2014年，南宁市组织实施“木薯渣节能环保资源化利用关键设备和有机固废物产业化”“防治农作物病毒病及媒介昆虫新农药研制与应用”“南宁市机动车尾气排放超标治理技术路线研究及应用示范”等产业重大科技专项10项，总投资1.59亿元，科技拨款750万元。

【科技中小企业技术创新资金项目实施】 2014年，南宁市实施科技型中小企业技术创新资金项目72项，涉及电子信息、生物医药、光机电一体化、新材料、新能源、资源与环境等领域，总投资2.51亿元，科技拨款1200万元。项目实施后，年增销售收入9.19亿元、利税1.86亿元。南宁市获国家科技型中小企业技术创新基金立项50项，科技经费4321万元，比上年增加561万元。

【国家农业科技成果转化资金项目实施】 2014年，南宁市组织申报国家农转资金项目36项，立项12项，获国家资助金额840万元。广西恒茂农业科技有限公司、广西商大科技有限公司、南宁市三华太阳能科技有限公司分别获资助100万元。南宁市水产技术推广站及广西柯新源原种猪有限责任公司获国家建设现代化农业产业技术体系广西创新团队建设专项资金各15万元。

【科学技术支出】 2014年，南宁市科学技术财政支出7.25亿元(含县、区)。其中市本级科学技术财政支出3.36亿元，占市本级财政一般预算支出1.93%。市本级科学技术支出中，应用技术研究与开发支出2.93亿元。

科学技术普及

【概　况】 2014年，南宁市科普工作以全国科技活动周为载体，开展科普“六进”(进社区、进企业、进农村、进学校、进广场、进机关)活动，科普工作联席会议成员单位、科技型企事业单位、青少年科技教育基地围绕节能减排、防灾减灾、工农业生产技术、公共安全等列热点主题开展活动202项，举办青少年科普讲座26场次，展出科普展板791板，发放农业技术及科普宣传小册子10.70万册，直接受益群众27.20万人次。

【“三下乡”活动】 2014年1月10日，南宁市科普暨科技、文化、卫生“三下乡”活动启动仪式在青秀区南阳镇举行；青秀区政府赠送实用技术图书给南阳镇7个村农家书屋，赠送优良甘蔗脱毒苗给4个镇的技术推广站，赠送优良新品种种子给1个镇。市科普工作联席会议成员单位、11家企事业单位设立展示棚。期间，南宁市在各县(区)、农村举“三下乡”活动500多场。1月13日，横县“三下乡”活动在六景镇六景社区举行，20个单位70多名专家、科技人员现场开展科普活动，展出宣传板报30多幅，发放科普资料2万多份，接受科技咨询9500多人次。3月5日，隆安县开展“能帮就帮，服务‘三农’春风行动”，在布泉乡巴香村等村调研、赠送科普书籍；3月6日，开展“学雷锋便民志愿服务活动”，现场发放技术资料1000多份；3月7日，邀请自治区科技情报所专家到隆安县涉农企业，开展国家农业科技成果转化资金项目申报指导。5月22日，兴宁区在五塘镇五塘社区开展“三下乡”活动，开展种养知识宣传、“清洁田园”专项活动宣传、发放科技书籍等活动。5月23日，武鸣县在灵马镇开展“三下乡”活动，发放书籍6000多册、宣传资料8000多份，接受群众咨询500多人次，免费义诊112人次。

【科技培训】 2014年，市科技局组织举办科技项目经费管理、2015年度南宁市科技计划项目申报等培训班，培训600多人次。5月7日，西乡塘区科技局在金陵镇东南村香蕉标准化栽培技术示范基地开展香蕉栽培高产、高效、安全技术培训，110多人参加。5月13日，上林县科技局开展“走进群众、改进服务、解决难题”主题实践活动，邀请专家到巷贤镇开展香蕉种植技术培训，种植户100人参加，发放技术图书100册、宣传资料400多份，解答技术难题10多个。5月20日，马山县科技局邀请县扶贫办聘请的百香果种植技术人员到永州镇三村村开展百香果管理技术培训，播放纪录片《百香果种植技术》，结合农民提出的种植管理技术问题，深入百香果种植基地，就百香果栽培、日常管理、病虫害防治等对农民进行技术指导。

【科普示范基地】 2014年5月22日，组织南宁市青少年科技教育基地作为自治区代表队参加全国科技活动周首届“科普讲解大赛，获三等奖3个，全国优秀科普使者3个。10月，南宁市拟定《青少年科普教育基地和管理办法》，完善青少年科普教育基地的评定、管理和长效机制的构建。首次组织中国科学院、自治区知名专家学者12名，开展航空航天、生命科学、和谐大自然、健康生活等科普报告20场次。

科技合作与交流

【参加全国科技活动周】 2014 年5月17日至24日，南宁市围绕“科学生活　创新圆梦”主题，开展全国科技活动周南宁市活动。18日，启动仪式暨科普进社区活动在江南区五一西社区翠湖新城广场举行。23家单位、企业围绕“美丽南宁”、食药安全、卫生保健、防灾减灾、环境保护及国防教育等市民最为关注的六大内容现场开展科普知识宣传，活动发放科普宣传册及技术资料5000多份，展出科普板报60多幅，参与咨询、健康检测服务和蔬菜农药残留检测实验400多人次。

【参加北京科博会】 2014年5月13日至18日，南宁市组团参加第17届北京国际科技产业博览会，有5家企业6个项目参展。其中，广西泽龙电子科技有限公司展出的NIDU智能机器人是智能家居领域第一款可实现产业化产品。期间，市知识产权服务中心、广西博士海意信息科技有限公司等3家企事业单位与中国化工信息中心开展国家科技成果转化服务(南宁)示范基地建设、知识产权专利服务与管理合作交流座谈会，中国化工信息中心表示支持国家科技成果服务（南宁)示范基地建设。

【参加深圳高交会】 2014年11月16日至21日，南宁市组织参加在深圳举行的第十六届中国国际高新技术成果交易会，有4家企业4项高新技术产业参展，涵盖电子信息、装备制造、生物制药等领域。其中广西泽龙电子科技有限公司展出的“NIDU智能机器人”是智能家居领域第一款完全产品化产品；广西曼彻彼斯自动化设备有限公司展出的“医院智能数字化轨道物流传输系统”，获发明专利1

11月27日，南宁市科普暨科技、文化、卫生“三下乡”活动在青秀区南阳镇启动
市科技局提供

项，实用新型专利8项，可年配套建15家医院智能化物流轨道小车系统。

【参加第二届中国(上海)国际技术进出口交易会】 2014年，南宁市组织10个项目参加第二届中国(上海)国际技术进出口交易会，交易总额3670.25万元，其中合作项目签约13项，合同成交金额3655万元，意向成交额15万元。

【参加广西第四届发明创造成果展览交易会】 2014年，南宁市精选30家企业参展，组织南宁市神华振动时效技术研究所、广西益江环保科技有限责任公司、南宁文人三字文化用品有限公司、广西南宁市丽农太阳能有限公司等15个项目参加项目推介。期间，达成交易总额1.35亿元。其中专利转让、合作项目签约2项，合同成交额2200万元。技术转让与合作协议意向6项，成交额8000万元；产品销售350万元。

【南宁市科技活动周】 2014年，南宁市组团参加2014年广西科技活动周，举办2014年南宁市科技活动周，有80家单位、企业120个项目，230多个产品参展。涵盖先进装备制造、新一代电子信息技术、新材料新能源、生物医药、现代农业、节能环保等领域，另外6家企业19个产品参加科技产品展示销售。协助广西力源宝科技有限公司开展“林业高产高效智能化施肥决策系统”科技成果推介专题活动，发展县(市)合作伙伴18个，达成协议金额450万元。

【市校与校企合作】 2014年，南宁市与广西大学等高校实施市校科技合作科研课题56硕，科技经费投入1549万元。其中：南宁学院承担的“南宁轨道交通模拟驾驶系统平台建设”项目、投入经费100万元；广西武鸣县安宁淀粉有限责任公司与广西大学共同承担的“木薯粉及木薯淀粉清洁生产技术开发应用”项目，投入经费60万元；广西柯新源原种猪有限责任公司与江西农业大学共同承担的“利用猪多肋骨主效基因培育杜洛克新品系的应用与示范”项目，投入经费80万元。

科技成果与应用

【科技成果登记】 2014年，南宁市获自治区级科技成果(不含专利成果)登记112项(工业59项、农业21项、社会发展32项)，比上年增长8.70%。其中：计划内科技成果95项，占84.80%；计划外科技成果17项，占15.20%。按水平划分：国际领先水平1项、占1%，国际先进水平2项、占1.80%，国内领先水平59项、占52.60%，国内先进水平46项、占41%，自治区内领先水平3项、占2.60%，其他1项、占1%。按区域划分：高新区34项，经开区1项，武鸣县6项、横县2项，兴宁区10项，江南区11项，青秀区24项，西乡塘区21项，良庆区3项。

【科技成果鉴定】 2014年，南宁市通过市级以上科技成果鉴定116项(含计划外项目35项)，其中工业61项，农业24项，社会发展31项。技术水平达国际领先水平1项，国际先进水平1项，国内领先水平59项，国内先进水平51项，自治区内领先、先进水平2项。

【科技成果获奖】 2014年，南宁市有29项科技成果获国家、广西科学技术奖(国家科学技术进步奖二等奖1项，广西科技进步奖二等奖12项、三等奖14项，广西技术发明奖二等奖1项、三等奖1项)，技术水平达国际领先、先进水平7项。获南宁市科学技术奖项目52项(科技进步奖一等奖5项、二等奖15项、三等奖30项，技术发明奖二等奖1项、三等奖1项)，技术水平达到国际领先水平1项，国际先进水平1项，国内领先水平30项，国内先进水平20项。获奖的37项科技成果中，实现新增产值21.42亿元，新增利税4.25亿元，新增创汇4827.51万美元。其中：广西南南铝加工有限公司承担的“轨道交通用6005A铝合金大规格铸锭的开发”项目，新增产值3亿万元、利润7000万元、税收5100万元；南宁八菱科技有限公司承担的“重型卡车用发动机铜质硬钎焊双波浪带水冷散热器”项目，新增产值2.13亿元、利润2537.82万元、税收1182.67万元。广西田园生化股份有限公司参与研究的“防治农作物病毒病及媒介昆虫新农药研制与应用”获“2014年度国家科学技术进步二等奖”，是获科学技术进步奖仅有的2项农药创新项目之一。

【科技成果转化与示范推广】 2014年，南宁市组织实施“蔗渣清洁生产乙醇整套技术研究与示范”等工业科技成果转化与应用项目26项，总投资1.92亿元，科技投入经费1085万。项目实施完后，预计年增总产值8.27亿元、利税1.65亿元。组织实施“农产品深加工关键技术研究与示范”等农业科技成果转化与示范推广项目10项，总投资3295万元，科技投入经费420万元。项目实施完后，预计年增总产值1.75亿元、利税1876.87万元。

【科技表彰奖励】 2014年1月9日，广西科学技术奖励大会在南宁举行，表彰、奖励2013年度为广西科学技术进步作出突出贡献的单位和个人。南宁市获广西技术发明奖3项(二等奖1项、三等奖2项)，获广西科学技术进步奖14项(二等奖4项、三等奖10项)。3月31日，市委、市政府召开科学技术表彰奖励大会，表彰奖励2013年度科学技术奖励项目49项，其中科技进步奖46项(一等奖5项、二等奖13项、三等奖28项)，技术发明奖2项(一等奖1项、二等奖2项)。

(市科技局编写组)

11月19日，2014年南宁市科学技术奖励大会会场　　市科技局提供

气象工作

【概 况】2014年南宁市气象局是集业务、科研、管理于一体的公益性事业单位，履行气象法赋予的社会行政管理职能，承担全市气象监测、预报服务和雷电监测的业务。管辖武鸣县、横县、宾阳县、上林县、马山县、隆安县气象局及邕宁区气象局；市气象局设办公室、人事教育科、业务科、行政执法办公室，下属市气象台、地面观测站、高空探测站、城区观测站、生态与农业气象观测站、信息与技术保障中心、财务核算中心及人工影响天气办公室；全市气象部门有干部职工125人。其中：市局69人，县（区）局56人。

市辖县（区）年平均气温22.0℃，比常年偏高0.2℃；全市平均年降水量1375毫米，比常年偏少26毫米；年日照时数1545小时，偏多3%，总体属正常年景。汛期（4月至9月）全市平均总降雨量1050毫米，偏少43毫米，属略偏少年景。全年暴雨日数大部偏少，局部偏多，呈现局地性特点。年内，有2个台风（第9号台风“威马逊”、第15号台风“海鸥”）和2个热带低压（第2、第4号热带低压）影响南宁市，属偏少年份。1月至2月，有2次低温阴雨过程，3次霜（冰）冻过程；3月，有1次倒春寒天气；10月中旬，上林县及南宁局地出现寒露风天气过程；12月中下旬，有2次霜冻过程。主要天气气候事件有暴雨洪涝、台风。

【决策气象服务】2014年，市气象局发布决策气象服务材料277期（专报7期、服务信息103期、专项服务167期），发布农业气象服务材料34期。为市委、市政府领导以及市防汛办、市国土局等相关决策部门领导和气象信息员提供气象短信118条，公众接收信息37.80万人次；给新闻媒体等相关用户发送邮件专报110份，与南宁广播电台进行专家连线15次。全市气象部门发布大雾、暴雨、高温、雷电、冰雹等预警信号491次，其中暴雨红色预警27次，大雾红色预警1次。通过电视、电台插播预警信息39次，公众接收预警短信超1000万人次。年内，市辖县（区）出现一次持续低温及多次强降水天气过程，启动应急响应8次，应急工作时间384小时。为“两会一节”、第45届世界体操锦标赛等重大活动气象提供保障服务，提供专项气象服务材料94期，建立“两会一节”气象服务平台、中英文气象服务网站；在世锦赛比赛场馆处建立气象信息显示屏，实时以中文、英文双语同步更新发布气象信息；“两会一节”期间，遇台风“海鸥”影响，组委会提前按照气象部门提供的预报信息进行准备，民歌节晚会顺利举行。

年内，市长周红波先后4次在市气象局呈送的决策服务材料上批示，7月18日来市气象局部署第9号强台风“威马逊”防御。

【人工增雨作业】2014年，南宁市降雨时空分布不均，局部地区出现一定旱情。为缓解旱情，全市各级气象及人影部门组织实施人工增雨防雹作业，围绕农业抗旱、粮食增产增收、森林防（灭）火、生态环境等重点任务开展人影作业服务，组织增雨作业18次，累计增加降水2540多万吨。

7月18日，市长周红波（前右四）到市气象局部署台风“威马逊”防御工作

市气象局提供

【公众气象服务】2014年，市气象局重视气象新媒体培育工作，将微博打造成对外发布信息的重要窗口，重点推出“天气快报”栏目，随时发布雷电、大风、强降雨等即时天气信息；新浪官方微博粉丝7.50万人，比上年增长3倍。年内，建成广西首批气象科普示范社区3个（桂雅社区、新竹社区、埌西社区），在桂雅社区建成广西首个社区气象科普园，成为社区有影响力的文化标志；在市本级、各城区的政务大厅安装多媒体气象信息查询触摸屏，向政府部门、企事业单位及公众提供气象信息查询服务。

【气象基础设施现代化建设】2014年6月25日下午，副市长肖志钢率发改委、财政局、水利局、城管局、国土局等部门主要领导到市气象局调研，专题研究推进气象现代化。9月26日，市政府印发通知，南宁市率先基本实现气象现代化实施方案和指标体系，成立市实施工作领导小组。10月，市气象局完成国家突发公共事件预警信息发布系统第二批地市级示范安装点任务，完成南宁市系统软硬件安装并与市数字办、市应急办沟通联系，通过政务外网实现系统与市应急办的联通。年内，隆安国家气象观测站新址于年初投入使用，完成邕宁区吴圩镇地面站、上林县、横县新型站建设并投入运行，宾阳县、武鸣县航危报传输进入双轨运行；完成山洪非工程措施，市辖6县和1个城区完成会商室平台建设并投入运行，完成6个县2个城区的6要素自动站安装并投入运行；完成2012年山洪保障工程2期13个4要素自动站安装并投入运行。大明山生态科普项目进入土建验收，邕宁区气象局整体搬迁正在立项，马山站迁站工作完成征地、便道修建。

【农业气象服务】2014年，南宁市的宾阳县、马山县、隆安县被列为2014年中央财政“三农”专项实施县，获专项实施县的建设均按照建设方案逐项推开，马山县重点开展小都白屯示范点建设；宾阳县重点开展水丽村气象为农服务示范站建设，获市财政55.40万元经费支持，完成防雷示范工程建设、农业小气候站建设、电子显示屏建设、气象预警大喇叭建设和科普宣传栏等建设。横县、马山县、隆安县作为大喇叭试点县建设，隆安争取到市财政26万元的配套资金支持，马山县、横县各获落实配套经费20万元。至年末，建设任务基本完成。年内，市气象局开展特色农业气象服务和“知农时、懂农事、察农需、接地气”需求调研活动,完成调查问卷140份、调研报告8份;开展大明山山岳型旅游气象监测预报预警服务系统示范建设;为五象大桥等重大工程建设提供专业气象服务;与南宁产业投资集团公司签订协议,开展南宁市通用航空临时起降机场气候背景分析项目。

【现代业务体系建设】 2014年,市气象局各类观测业务运行稳定,整体运行情况良好,完成3个新型站业务改革整体切换和6个台站仪器检定,完成市气象台会商室业务平面的改造。建立“一键式”气象信息发送平台。实现文件、短信、传真、电子显示屏、微博等多种信息发送渠道的快速发布。建立南宁市气象综合数据中心,以大容量磁盘阵列及高性能计算机为基础,建成包括气象数据存储系统、气象数据采集系统、气象数据服务系统在内的综合数据中心,投入试运行。建立精细化MOS(模式输出统计法)预报方程,综合应用细网格数值预报、逐小时地面气象观测要素,实现南宁市72小时内逐小时温度预报,推进城市精细化预报业务发展。市气象局至自治区气象局千兆光纤开通并投入使用;升级移动互联网线路至50兆投入运行。完成城区站回南天场室改造,开展回南天监测服务业务。完成地面站辐射分采改造,实现观测数据实时采集上传。

【科研立项】 2014年,市气象局科研项目立项11项,组织申报厅局级项目2项,报送10项科研项目建议进入自治区局项目储备库;在核心刊物发表论文2篇,省级刊物发表论文8篇。《基于GIS的南宁市气象灾害风险评价方法研究》项目通过南宁市科技局评审。

【依法行政】 2014年,市气象局完成行政审批事项的清理、整理、编制,公布、实施及推进行政审批事项集中办理、并联审批、提速,优化办事流程;强化行政职能转变,推行气象行政指导,加强窗口建设,提高规范化服务水平;落实行政执法责任制、简化审批流程和提升审批效率,推进行政权力运行公开化、规范化。全年受理审批业务960件(防雷竣工验收790件、施放气球行政审批170件),开展气象资料审查21件;接受咨询电话和现场咨询实现“一次性告知制”,落实率100%、按时办结率100%、服务对象满意率100%;责令停止、纠正破坏气象探测环境行为7起,责令停止、纠正违反《通用航空飞行管制条例》《施放气球管理办法》行为1起,责令停止并限期整改违反《广西壮族自治区防御雷电灾害管理办法》行为3起。

【科普宣传】 2014年,市气象局除通过开放活动、“南宁气象”官方微博、气象综合电子显示屏等宣传渠道开展气象科普宣传。市、县两级气象部门开展科普宣传活动28场,接待公众超过4000人次,发放宣传材料近2万份。市局组织开放活动11次,接待市民约3000人。“世界气象日”活动,接待市民约800人。市气象局向参观市民赠送《气象知识》期刊、《南宁市雾霾天气及防御常识》、科普园导游手册等气象科普宣传资料1000余份,邀请《南宁晚报》《当代生活报》《南宁日报》等媒体参与活动,通过摄影展、采访参观的市民等方式为活动进行宣传。在中国气象局网站、中国天气网、《南宁晚报》《当代生活报》等媒体,刊发气象日活动新闻。5月23日,市气象局专家到南宁市民主路小学开展“观云测雨体验气象”科普讲座。8月23日,《南国早报》小记者团约100人参观气象科普园,小记者与首席预报员面对面进行采访、交流。发布“汽车防雷的原理”“家用电器为何易遭雷击”“遭遇暴雨洪灾如何自救”等图文微博近40篇。

【表彰奖励】 2014年,市气象局在国家气象局组织的高空制氢用氢业务专项检查及新一代天气雷达业务专项检查中,获检查组认可。有13人获全国质量优秀测报员奖励,44人获广西质量优秀测报员奖励。1名气象信息员获“2013年度全国百名优秀气象信息员”称号,1名人影作业工作联系人获国家气象局颁发的2013年度气象服务贡献奖。马山县古零镇、古寨乡获国家气象局授予“第二批标准化气象为农服务乡(镇)”称号。

(江　雪　张　薇)

水文工作

【概　况】 2014年,南宁市水文水资源局、南宁市水环境监测中心两块牌子,一套人马,属自治区水利厅、南宁市人民政府双重领导,相当副处级参照公务员法管理的事业单位;设综合科(人事教育科)、计划财务科、建设管理科、水情科、站网监测科(水资源评价科)、水质监测科等6个科,在编人员70人,其中高级工程师9人,中级职称23人;管辖南宁、隆安、武鸣、上林、邹圩、镇龙、露圩等7个国家基本水文站,四塘、五塘、那马、定珠、武鸣、大桥、狮螺、布泉、罗兴、新白石、炒豆、河渚、龙龚、邕宁、峦城、横县等16个水位站,232个雨量站,4个水质监测站,3个泥沙站和6个蒸发站。有《水文、水资源调查评价乙级证书》《建设项目水资源论证乙级证书》《水土保持监测资格乙级证书》以及水质分析化验国家计量认证合格证书。市水文局应用水文新技术,加强信息化建设,做好重点防洪城市(镇)水文监测站网建设、中小河流水文监测系统建设,监测辖区江河湖库的雨情、水情变化情况,及时(30分钟内)向各级防汛抗旱指挥部门直至国家防总报送水文信息。全年完成水文测验、水文情报预报、水质监测、水文资料整编以及水毁工程的修复,在自治区水文系统12个市级水文水资源局参加的2014年度工作目标完成情况评比中,南宁市水文水资源局获优秀等级。

【水文测验】 2014年,市水文水资源局立足“防大汛、抗大灾”,开展汛前准备,确保在汛期开展水文测报;开展水位、流量、泥沙、降雨等项目的测验。年内,有7个国家基本水文站进行水位、流量、含沙量、降水量等项目观测。其中:流量测验任务的站5个,分别为南宁站、邹圩站、上林站、隆安站、镇龙站;4个站使用流速仪法施测流量169次,使用走航式ADCP(声学多普勒流速剖面仪)施测60次、比测38次,使用水平在线ADCP施测9个月。有泥沙测验任务的站3个,分别为南宁站、隆安站和邹圩站,其中南宁站、隆安站既测单沙也测输沙率,邹圩站停测输沙率,仅测验单沙;南宁站和隆安站实测输沙率23次,3个站共测单沙1008次。1月至3月,各江河主要控制水文站的降水量与历年均值比较属正常年景。4月至9月,辖区内各江河主要控制站降水量766.40毫米~1104.40毫米,汛期降水总量与历年同期相比,除邹圩站与多年同期均值持平外,其余各站降水量均小于多年同期均值,属正常偏枯年景。

【水文资料整编】 2014年,市水文水资源局完成上年度水文资料整编,计有水位资料19站年、流量资料15站年、泥沙资料6站年、降雨量资料88站年、水温资料8站年,蒸发量资料11站年,岸温资料6站年,审查水文数据整编项目17项、235站次,16.95万字组数;向自治区水文水资源局提交完整的水文资料成果,资料的错情率低于万分之一,资料质量达到优秀等级,在自治区水文资料复审验收的工作中取得综合总分第一。完成年度水资源公(简)报资料统计、上报。

【汛期洪水特点】 2014年，汛期洪水特点：①洪水出现时间较早，4月上旬各主要江河就出现一次明显的涨水过程。其中郁江南宁站涨幅近1米；清水河邹圩站涨幅为1.29米。汛期结束时间正常，到9月下旬，以郁江的年度最大洪水过程基本结束汛期。②洪水场次数量正常，时间分布不均匀。整个汛期，右江隆安站有5场洪水；武鸣河武鸣站有10场；东班江露圩站、镇龙江镇龙站各有3场洪水；清水河上林站有7场，邹圩站有10场；郁江南宁站有8场。③主干流洪水大，小支流洪水小。南宁市主干流郁江两次出现超警洪水，但有监测站的支流洪水却很小，如武鸣河、东班江、镇龙江等郁江支流均没有达到警戒水位，且离警戒线还差1.50米~2米。④洪水受郁江流域上水利工程如右江的百色水库和金鸡滩电站、左江干流的左江电站及山秀电站、郁江的西津电站等调节影响大。

【水文情报预报】 2014年，各测站的水情电报主要通过遥测传输到南宁水情报汛系统网络平台进行自动转发，减少值班人员抄报再录入上网的中间环节，提高信息传输速度，15分钟之内能将水情电报传到自治区水情信息中心。其他大、中型水库的报文也基本能在30分钟内传到区水情信息中心。全年对外交换水雨情信息420万份(包括大中型水库、电站转发报文)，通过短信平台发送重要雨水情信息1.20万条，水情纸质信息报送43份。其中：重要水情专报4期，旬月报12期，水情快报10份，水情服务信息8份，水情警报9份。启动应急响应6次，其中Ⅰ级、Ⅱ级、Ⅲ级响应各一次，Ⅳ级响应3次。发布洪水预警9次(蓝色预警5次，黄色预警，橙色预警各2次)。受第9号台风“威马逊”和第15号台风“海鸥”影响，洪水期间启动应急响应5次，向各级党委政府及防汛部门发布洪水预报20次（精度91.10%)，发布水情快报10期，向社会公众提供水文服务信息24份，发布水情预警9期，发送雨水情短信1.20万条次。市水文水资源局对外发布预报段次880次。其中：水利部要求的洪水日常化作业预报864次；台风水情预测6次；洪峰预报10次。日常化作业预报和台风水情预测合格率88.20%，大洪水洪峰预报合格率100%，预报精度92.30%，预报质量达到甲级。年内，洪水出现的场次正常，水位偏高，水位变幅大。发生两次大洪水都是受台风引起的，分别是7月份的第9号强台风“威马逊”和9月份第15号强台风“海鸥”，这两个台风分别造成郁江南宁河段出现了超警戒水位1.11米、1.87米较大洪水，洪水级别均相当于5年至10年一遇。清水河在7月份台风暴雨期间也出现一次超警戒水位近1米的洪水。各主要控制站年最高洪水位出现时间：东班江露圩站、镇龙江镇龙站出现在8月份，清水河上林站、邹圩站、武鸣河武鸣站出现在7月份，右江隆安站、郁江南宁站出现在9月份。

【水质监测调查】 2014年，市水文水资源局开展水功能区、城市饮用水源地、跨设区市界河流交接断面水质监测，监测南宁市19个重要水功能区、1处城市重要饮用水水源地、6处跨设区市界河流交接断面，根据《地表水环境质量标准》(GB3838－2002)和《地表水资源质量评价技术规程》(SL395－2007)进行评价，水功能区水质类别为Ⅱ类~Ⅳ类、全年水质达标率94.70%；城市饮用水水源地水质类别为Ⅱ类~Ⅲ类、全年水质合格率100%；跨设区市界河流交接断面水质类别为Ⅱ娄~Ⅲ类、全年水质达标率100%。各类水域水质监测评价结果：南宁市19个重点水功能区除郁江六景饮用水源区因溶解氧超标、水质不达标外，其余水功能区水质均达标，水功能区的个数达标率94.70%；19个水功能区的评价总河流长度444千米，其中达标河长438.20千米，不达标河长5.80千米，河长达标率98.70%。南宁市邕江饮用水源地水质类别为Ⅱ类~Ⅲ类、全年水质合格率100%。南宁市6处跨设区市界河流交接断面分别为：清水河南宁—来宾、乔建河崇左—南宁、右江百色—南宁、左江崇左—南宁、郁江南宁—贵港、八尺江防城港—南宁，断面水质类别为Ⅱ类~Ⅲ类、全年水质达标率100%。

【水文基础设施建设】 2014年，南宁水文巡测基地大楼建设进展顺利，预计2015年4月完成工程验收。中小河流水文监测系统项目建设按时间节点完成建设任务。提前完成年内上级下达1390.06万元的固定资产投资任务。先后完成第二期已建成的双桥、府城、锣圩、丁当等4个水文站的仪器设备安装；完成第三期新建马山、黎屋、乔建、良凤江、沱江、楞仲等6个水文站测验设施和乔建中心水文站生产业务用房的建设任务，马山、双桥等2个中心水文站生产业务用房建设工程；完成第四期保盖、杨树、新江、天马等4个新建水文站开工前的各项准备工作。 (蒙志豪　胡清凤)

2014年南宁市各江河主要控制站汛期(4月至9月)及年最高水位

单位：米

河名	站名	月份						今年最高水位	年最高水位多年平均值	2013年最高水位	警戒水位
		4	5	6	7	8	9				
镇龙江	镇龙	126.79	126.59	127.40	127.32	127.50	126.62	127.50	127.89	127.85	129.00
东班江	露圩	70.99	70.02	71.21	70.95	71.99	70.53	71.99	73.04	74.17	73.90
武鸣河	武鸣	96.13	97.29	97.07	101.13	99.19	98.77	101.13	101.90	99.01	103.10
右江	隆安	75.13	74.81	75.98	82.02	76.98	84.07	84.07	84.46	79.05	85.00
郁江	南宁	63.24	63.17	65.70	74.11	66.42	74.87	74.87	72.47	71.22	73.00
清水河	邹圩	85.76	85.44	86.72	88.98	87.03	87.17	88.98	88.95	89.49	88.00
清水河	上林	106.26	106.63	107.22	108.57	107.23	108.03	108.57	108.54	109.33	108.30

防震减灾

【概　况】 2014年，南宁市地震局做好广西地震烈度速报与预警系统南宁市建设工程，完成22个新建台站初步勘选和台基测试；全市30个动物异常宏观观测点保持全天候在线，10个测震子台平均运行率95%以上，2个微观前兆台平均运行率98%以上；市地震监测台网中心监测到全球地震152次，成功处置隆安小震群；发放防震减灾宣传资料3000余册；落实市本级财政预算救灾资金520万元。

【台站建设】 2014年，市地震局根据自治区统一部署，成立2个技术小组，做好广西地震烈度速报与预警系统南宁市建设工程；落实上级项目野外工作资金13万元，对全市12个县（区）32个乡镇、村（社区）的地质构造环境、气象条件、水文气候条件、环境噪声、主要干扰因素、通信和电力等基础设施进行勘选，在备选点开展图上作业、实地踏勘、台基野外测试；完成广西地震烈度速报与预警系统项目在南宁实施的22个新建台站初步勘选和台基测试，勘选报告编写及广西地震背景场观测网络项目的7个新建台站初步勘选，落实市级项目配套资金275万元。

【监测预报】 2014年，市地震局加强全市地震监测常态化管理，确保24小时震情信息畅通。做好震情宏观、微观观测。全市30个动物异常宏观观测点保持全天候在线，10个测震子台平均运行率95%以上，2个微观前兆台平均运行率98%以上。年内，市地震监测台网中心监测到全球地震152次。其中：国外43次，国内109次（广西区内62次，南宁市内15次）。

【抗震设防】 2014年，市地震局会同市发展改革委、市规划局、市城乡建设委员会、市教育局、市交通运输局、市工业和信息化委员会等部门加强对建设项目抗震设防的监管。对市本级125个重大项目依法进行地震安全性评价；对130个一般建设工程履行抗震设防要求行政许可。结合农村扶贫工作，推动农村民居防震保安工程示范户（点）创建项目建设，多次前往马山县加方乡花衣村开展一般建筑抗震设防情况调查，落实创建资金1.50万元，鼓励村委会将文化中心申报为示范户，改变农村房屋“不设防”现象。

【宣传教育】 2014年，市地震局根据全国、自治区、南宁市科技活动周的要求，组织人员开展“三下乡”“科普进社区”活动，建立防震减灾咨询服务点，为群众对防震减灾知识解疑释惑，接受群众咨询450人次；发放《自治区防震减灾条例》《地震应急避险手册》《地震知识读本》等资料3000余册；编排“识别震害风险，掌握减灾技能”主题文艺节目，在上林县巡演23场，将防震减灾知识带进基层。“5·12”防灾减灾日、“7·28”唐山大地震纪念日，组织埌西社区各物业公司、居民群众参观科普教育基地。与广西新闻综合广播《小螺号》少儿节目联合策划防震减灾少儿科普专题《当地震来的时候》1期，邀请自治区地震局专家到场讲解。协同市教育举办科普教育基地志愿者培训、防震减灾避险疏散演练和防震减灾知识讲座等活动，通过对科普教育基地设施设备的使用和管理、宣传设施知识点的讲解与地震基础知识等学习和实地演练，提高志愿者服务水平，提升民众特别是中小学生的防震减灾意识和防震减灾素质、能力。市地震局牵头，会同青秀区有关部门确定青秀区埌西社区为地震安全示范社区创建对象，严格按照安全示范社区创建要求开展工作。12月，经自治区防震减灾工作领导小组审定，青秀区埌西社区被评为南宁市首个省（自治区）级地震安全示范社区。

【应急救援预案修订】 2014年，市地震局结合南宁市应急救援实际，开展地震应急预案修订。9月29日，市地震局邀请自治区地震局、市政府应急管理办公室、市民政局、市公安局、武警南宁市消防支队、市卫生局、市交通运输局、市国土资源管理局8个部门的应急专家组成评审组对最新修订的预案（送审稿）进行评审。新修订的预案重新调整预案结构，细化“指挥与协调”、明确“分级响应”等内容，更具操作性。12月，经市政府常务会审定后印发实施，各县（区）政府地震应急预案制（修）订也全面完成，完善市、县（区）两级地震应急联动协作机制。

【隆安小震群】 2014年10月17日至11月20日18时，隆安县丁当镇连续发生地震事件7次（即隆安小震群）。11月19日10时29分、20日17时55分发生的2.2级、2.4级地震，震区震感明显，当地群众纷纷跑出房屋避险。地震发生后，市地震局在5分钟内分析出地震三要素，并报告市委、市政府；市地震局立即启用基层震灾速报网，掌握连续性小震群的震情动态；第一时间派遣市、县两级地震部门工作队，携带流动监测仪器赶赴震感较明显区域开展震情监测、处置、灾情评估、辟谣、安抚群众等工作；24小时监视震区震情变化情况。同时，对震区及周边地区地震活动情况开展调查研究，分析地震成因及关注震情发展趋势，保障震区群众生命和财产安全。　（蒙泳杉）

社会科学

【概　况】 2014年，南宁市社会科学院设办公室、经济发展研究所、社会发展研究所、城市发展研究所、农村发展研究所、东盟研究所、科研管理所、《创新》杂志编辑部等8个所（部、室）。在职人员36人，其中高级专业技术职称10人，中级专业技术职称11人；博士6人，硕士15人。年内，开展党的群众路线教育实践活动，完成课题研究、编书办刊、理论宣传等任务。

【课题研究】 2014年，市社科院以现实和理论问题为主攻方向，围绕市委、市政府中心工作开展课题研究，完成、结项课题近30项。完成2013度市重大课题2项：3月，完成《南宁市农民收入倍增计划实施难点与实现路径战略研究》并通过专家评审，获“优秀”等级；6月，完成《南宁市全面建成小康社会对策研究》并通过专家评审，获“良好”等级。完成2014年度市重点课题6项：11月，完成《建设南宁市城乡统一的建设用地市场研究》《南宁市推进政府购买公共服务研究》《建设首府现代文化市场体系研究》《打造南宁智慧旅游城市研究》《南宁市发展空港经济对策研究》《现代学校学生心理疏导的策略研究》并提交结题评审，经专家组评审验收，6项课题获“良好”等级。完成院级课题9项：8月，完成《南宁市农业转移人口市民化成本分担机制研究》《南宁市食品安全社会共治研究》《南宁市设施农业发展对策研究》《海上丝绸之路背景下加强北部湾经济区产业合作研究》《南宁与东盟的文化合作交流研究》等并通过专家评审。完成横向课题10多项：至年末，完成受县（区）、相关部门委托的《南宁市乡镇经济发展研究》《兴宁区重点产业发展规划》《南宁市园林事业管理体制改革探索研究》《南宁市民族关系研究》《南宁市工业地产发展研究》《南宁市机动车停放服务收费调整社会风险评估》《〈南宁市停车场管理办法〉评估》等课题。

【编书办刊】 2014年,《创新》出版杂志6期,有201位作者投稿,刊登文章148篇;201位作者中,具有博士学位、副教授(副研究员)以上职称141位,占作者总数70.15%。其中,高质量文章且作者为广西区外重点大学或全国知名研究机构正高职称(含博士后)并独立署名的专家稿有28篇,占18.92%,比上年增长4.40%;基金项目支持的文章有70篇,占47.30%,增长1.20%。至11月,获全文转载的文章有5篇,获新华文摘论点摘编1篇,获新华文摘篇目辑览2篇。2014年市"两会"召开前,出版《2014年南宁蓝皮书》(经济卷、社会卷)和《咨询与决策》并分送人大代表、政协委员参阅。

【决策咨询】 2014年,市社科院坚持以服务科学决策为宗旨,将研究成果分别报送市领导及相关部门参阅。获市领导肯定性批示成果10余项:《广州空港经济的发展及其对南宁的启示》分别获市委主要领导、市长周红波、市委副书记李泽肯定性批示;《高铁时代背景下南宁发展高铁经济的对策研究》获市委主要领导肯定性批示;《关于在南宁市迅速开展"地下排污"专项检查的建议》《尽快强化农村留守儿童呵护机制的建议》《规范南宁"两站一场"出租车营运秩序的建议》《南宁市实现农民收入倍增目标的难度分析与建议》《进一步加强南宁市农产品质量安全问题的建议》《关注南宁市农村社会治安问题》等分别获市长周红波和吕洁、石文怀、田文东、胡明朗、黄宁等有关市领导批示。成果直接转化2项:4月,市社科院专家代起草的《南宁市开展养老服务业综合改革试点的工作方案》等获市政府采纳。7月30日,民政部办公厅、国家发展改革委办公厅联合印发《关于做好养老服务业综合改革试点工作的通知》(民办发〔2014〕24号),确定包含南宁市在内的42个城市(地区)为全国养老服务业综合改革试点。10月,市社科院与市民政局合作完成《南宁市社区公共服务事项准入制度研究》及所附的《南宁市社区公共服务事项准入管理办法》《南宁市社区公共服务事项准入目录》等获市委、市政府采纳。调研类成果被中办、中宣部采用2项:《基于广西"文化"走出去战略视角对发展广西边境地区文化的对策和建议》等成果被中办、中宣部内刊采用。

【理论宣传】 2014年,市社科院科研人员在《学术论坛》《当代广西》《广西日报》《东南亚纵横》《改革与战略》《学术交流》《广西社会科学》《南宁日报》等报刊发表理论文章、学术论文50余篇。参与全市社会主义核心价值观、中国梦、党的十八届四中全会精神等专题宣讲20余场次。接受《广西日报》、广西电视台、《南宁日报》等媒体采访40余次。修改和整理近年来完成的重大课题,公开出版《现代产业体系发展研究——以南宁市为例》《农民收入倍增:南宁的实践、难点与路径选择》《南宁市加强和创新社会管理研究》《南宁市城中村改造研究》《南宁市统筹城乡综合配套改革研究》专著5部。

【服务中心工作】 2014年,市社科院根据市委、市政府及相关部门要求,抽调、选派人员到市政府办公厅、五象新区指挥部等部门参与、服务全市重大活动、中心工作10余人次;参与开展"美丽南宁·清洁乡村""美丽南宁·整洁畅通有序大行动"活动,完成驻贫困村党组织"第一书记"换届。

【研究成果】 2014年4月,市社科院在南宁市第十二次社会科学研究成果奖评选中,有15项成果获奖,获奖率78.90%。其中获研究报告类一等奖1项、二等奖3项、三等奖4项、优秀奖2项,论文类二等奖1项、三等奖1项、优秀奖3项。10月,在广西第十三次社会科学优秀成果奖评选中,市社科院的研究报告《南宁市构建现代产业体系研究》获三等奖。5月,在全国城市社科院第二十四次院长联席会议上,南宁市社科院再次被授予"全国城市社科院先进单位"称号。 (宁春园)

地方志工作

【概 况】 2014年,南宁市人民政府地方志编纂办公室围绕市委、市政府中心工作,改革创新,推动地方志事业科学发展。完成编纂《南宁市志(1991—2005)》经济卷、文化卷51个专志约300万字,送广西地方志编纂委员会办公室终审;《南宁通史》初稿写作完成140万字(全书约240万字);出版《南宁年鉴(2014)》《南宁地情手册(2014)》;启动《南宁体操世锦赛志》编纂;南宁地情网站累计发布信息3122条,访问量超过109万人次;举办地方志业务培训2期,培训281人次;推进地方志资料年报工作,市直部门2006年至2013年地方志资料年报报送率96%以上;加强县(区)地方志业务督查指导,办领导分别到二轮修志进度相对较慢的横县、宾阳县、上林县、马山县、兴宁区实地指导。10月16日,南宁市方志馆建设项目开工建设。

【《南宁市志(1991—2005)》送终审】 《南宁市志(1991—2005)》分为综合卷、政治卷、经济卷(上册、下册)、文化卷四卷五册,88部专志。2011年3月,完成三级评稿。2013年12月政治卷、综合卷约200万字送广西地方志编纂委员会办公室终审。2014年,南宁市地方志办公室继续实施精细化管理,采取任务到人、限时按质按量完成工作任务的办法,加快完成经济卷、文化卷资料补充完善、编辑深加工及总纂。9月至10月,组织开展经济卷、文化卷志稿打磨2次。12月,将经济卷、文化卷51个专志约300万字送广西地方志编纂委员会办公室终审。

【《南宁年鉴(2014)》出版】 2014年9月,南宁市人民政府主办、市地方志办公室编纂《南宁年鉴(2014)》由广西人民出版社出版。全书设类目39个、165万字,收录统计图表80个,随文配图630幅。该卷年鉴设置中国—东盟博览会·峰会·民歌节、南宁与东盟等凸显南宁地方特色与年度特点的类目,增设筹备世界体操锦标赛、美丽南宁·清洁乡村、美丽南宁·整洁畅通有序大行动等彩页专版,展现南宁市构建中国面向东盟开放合作的区域性国际城市、宜居的壮乡首府和具有亚热带风情的生态园林城市的新成就。年鉴随书光盘采用多媒体及全文检索技术,在南宁政务网、南宁地情网同步推出,并于第11届中国—东盟博览会期间赠予外国贵宾及客商。12月,获第八次广西地方志优秀成果一等奖;被中国出版协会评为第五届年鉴编纂出版质量评比综合一等奖。

【《南宁通史》编纂】 2014年1月13日至16日,广西师范大学、广西人文社会科学发展研究中心泛北部湾历史文化研究团队的专家组一行9人在南宁开展第五次调查研究。分别前往自治区图书馆、市委政策研究室、市档案馆、市发改委、市统计局等单位查阅、收集历年来南宁市经济社会发展情况的相关资料。10月29日至11月1日,广西师范大学历史文化与旅游学院院长周长山、《南宁通史》编纂项目专家组首席专家廖国一教授一行11人到上林县、武鸣县、南宁市大明山管委会开展调研;专家组还对武鸣县宁武镇伏塘综合示范村、花花大世界的开发与经营、武鸣富安休闲农业示范基地建设,上林县不孤村(文明村、状元村)、南丹卫遗址、壮族歌圩活动,以及大明山的自然保护及开发经营等进行实地考察、采访和田野调查,收集第一手资料。11月,市地方志办公室与中国社会科学院就组织邀请有关专家对《南宁通史》初稿评审事宜进行协商,并达成初步意向。至年末,专家组完成初稿写作140万字(全书约240万字)。

【《南宁地情手册(2014)》出版】 2014年2月,市地方志办公室编纂《南宁地情手册(2014)》由广西人民出版社出版。设16个板块,其中“两会参阅”继续收录上届人大议案和政协提案目录等内容,为南宁市“两会”代表、委员参政议政提供方便;“美丽南宁”展现南宁市首位城市、休闲城市、美丽工程、立体交通建设的举措和成效,展现邕城新风、壮乡歌海、最靓南宁的风采。全书22.40万字,图片125幅,32开精装。12月,《南宁地情手册》系列丛书获第八次广西地方志优秀成果三等奖。

【《南宁体操世锦赛志》启动编纂】 2014年7月,为全面系统记录南宁市申办、筹办和举办第45届世界体操锦标赛的全过程,市地方志办公室向市政府呈报《〈南宁体操世锦赛志〉编纂方案》;10月,《〈南宁体操世锦赛志〉编纂方案》获市政府批准实施。11月,《南宁体操世锦赛志》编纂启动。《南宁体操世锦赛志》分概述、申办、保障工程、竞赛、保障服务、赛事经济、赛事文化、运行模式、社会影响9个部分,全书约60万字,图片300余幅;计划于2015年5月完成初稿,2016年出版发行。

【南宁地情网站建设】 2014年,南宁地情网站累计发布信息3122条,其中更新信息122条;访问量累计超过109万人次,新增访问量超过39万人次。11月,南宁地情网改版。改版后,南宁市志、县(区)志、年鉴、旧志古籍、地情资料等栏目放在首页醒目位置,突出地方志重点工作,方便群众查阅。整理上传《南宁年鉴2014》《南宁地情手册2014》《南宁新百年图录(2006—2010)》电子书。地情网志鉴编纂平台运行稳定,效率稳步提高。完善办公OA系统功能,提高办公自动化程度,实现本单位发布通知公告、外单位来文办理、文件传阅、内部文件处理、信息上报、书籍赠送审批的网络无纸化办公。

【地方志编纂业务培训】 2014年,南宁市开展地方志业务培训2期。9月12日,南宁市地方志办公室在广西干部培训中心(广西转业军官培训中心)举办地方志业务培训班。邀请浙江省地方志办公室编纂一处副处长、《浙江通志》总编室副主任颜越虎授课。主讲志稿的编写、地方志书的总纂、村级志书编写等内容。参加培训的人员有市地方志办公室、各县(区)地方志办公室等地方志编修工作人员90人。12月24日,市地方志办公室在桃源饭店六号会议厅举办地方志资料年报、综合年鉴编写人员培训班,运用菜单式教学模式,就地方志资料年报与年鉴编写的区别、资料年报内容与编写要求、年鉴条目编写等内容进行专题培训。《南宁市志》《南宁年鉴》147个供稿及承编单位均派人参加,培训191人。

【县(区)地方志工作督查】 2014年,市地方志办公室对12个县(区)地方志工作进行督查、指导,重点对二轮修志进度相对较慢的横县、宾阳县、上林县、马山县、兴宁区进行实地指导,现场解决实际问题,手把手教县(区)修志者业务知识。结合督查情况,印发《南宁市县(区)地方志工作进展情况通报》。10月,出台《南宁市地方志书审核要点》。受邀派出业务人员到市中级人民法院、青秀区、良庆区、隆安县、兴宁区进行地方志资料年报、年鉴编修业务指导。至年末,全市累计出版《南宁市郊区志》《南宁市江南区志》《南宁市新城区志》《隆安县志》《武鸣县志》5部(二轮修志任务13部);《南宁市永新区志》送印刷出版;《南宁市城北区志》通过自治区终审;《邕宁县志》完成南宁市级复审;《横县志》《宾阳县志》开展三级评审;《上林县志》《马山县志》《南宁市兴宁区志》仍在初稿编纂。

【广西地方志资料年报试点】 2014年5月,南宁市被列为广西壮族自治区地情资料年报试点单位。11月20日,召开全市地方志资料年报工作推进会。12月,市地方志办公室组织开展地方志资料年报编写人员业务培训班,培训人员191人。至年末,市级121个承编单位报送2006年至2013年资料年报材料473份。其中:2006年至2010年资料年报材料117份,报送率96.69%;2011年的118份,报送率97.52%;2012年的119份,报送率98.35%;2013年119份,报送率98.35%。

【南宁市方志馆开工建设】 2014年10月16日,位于南宁市五象新区玉洞大道北侧,规划云霞路东侧的南宁市方志馆建设项目开工建设。项目由广西华蓝设计(集团)有限公司设计,代建业主为南宁威宁投资集团有限责任公司,承建单位为中国建筑第八工程局有限公司。项目为南宁市方志馆与南宁市档案馆一并建设,总投资3.40亿元,总建筑面积3.33万平方米,其中方志馆设计为地下1层、地上5层(建筑面积5800平方米)。计划2016年10月竣工交付使用。建成后,将成为自治区第一个市级方志馆。 (覃庆梅)

10月16日,南宁市方志馆奠基 李敬江 摄

党史资料征集出版与研究

【概　况】 2014年，根据市委的部署，中共南宁市委党史研究室牵头，协调有关部门落实领导干部每年读1本党史国史书籍的要求，并为市四家班子领导、市直部门主要领导以及离退休副厅级以上领导每人订购《历史是最好的教科书》《两个历史问题决议及十一届三中全会以来党对历史的回顾》等最新党史图书5本。推进已启动的课题编纂进度，确保课题编纂按期完成。抓好党史宣传和信息报送。南宁历史陈列室全年接待观众94批4446人次；到社区为干部群众上党史党课2次，赠送党史书籍一批；参加中央党史研究室、自治区党委宣传部等部门联合开展的纪念邓小平同志诞辰110周年暨百色起义85周年学术研讨会、全国第二届党史文化论坛征文活动，组织全市党史系统撰稿投稿；收论文12篇，其中市委党史研究室王会撰写的《党的群众路线在右江革命根据地的实践及启示》获优秀论文奖。党史信息投稿30篇，其中2篇被中共广西党史网站使用并转发。此外，参与筹建南宁市人民公园镇宁炮台国防近代史陈列馆有关解放战争时期、剿匪与土改时期图片、文字资料征集与编写；参与《毛主席纪念陈列馆》相关内容修改完善。年内，市委党史研究室从市直有关部门选调2名年轻干部充实党史工作队伍，举办党史培训班1期，用以会代训、以老带新的方式加强对新人的培养；指导全市村史室建设，参与各地方红色旅游文化相关工作。3月28日，市委党史研究室搬迁至嘉宾路2号(2005年5月，市委党史研究室由新民路65号市委大院搬迁至凤翔路1号市人大常委会招待楼)。

【党史资料征集】 2014年，市委党史研究室完成《中共南宁历史》第二卷(1949-1978)初审稿，召开专家、作者内部审稿会2次，对书稿结构、内容进行修改和调整；8月，组织广西抗战史专家进行会审，根据专家意见进行再修改和谋篇布局。至年末，完成约30万字的初审稿；编纂出版《南宁市大事记》(2012)年卷，全书30万字，配图360余幅；完成编纂《南宁市大事记》(2013)年卷送审稿，并且按照“当年大事当年记”的要求，征集《南宁市大事记》(2014)年卷的资料；完成编纂《南宁抗战》丛书(上册、中册、下册)142万字定稿；开展《南宁兵变》丛书组稿编纂，完成丛书之一《南宁兵变图录》，收录图片155幅的编纂送审。

8月19日，《南宁抗战》丛书审稿会召开　　市党史研究室提供

【课题研究】 2014年，市委党史研究室配合有关部门开展相关课题研究，完成自治区党史研究室交给的《中共广西区委执政纪实》(2014)课题，搜集关于南宁市委工作概况、领导论坛及党建典型材料、《广西改革开放纪实》南宁部分、《广西知识青年上山下乡》南宁市综述及文献资料、回忆资料、图片资料编写；配合市地方志办公室完成《南宁通史》第六章、第七章10万字的编写。

【县(区)党史编纂出版】 2014年，宾阳县史志办公室编纂出版《中国共产党宾阳县历史》第三卷(1978-2011)40万字，广西人民出版社出版发行；武鸣县史志办公室编纂出版《武鸣县历届人民代表大会简介》60万字、广西人民出版社出版发行，《武鸣县大事记》(1949-2013)50万字、广西人民出版社出版发行；上林县委党史研究室编纂出版《2013中共上林县委执政纪事》120万字，图片200幅；马山县委党史研究室编纂出版《马山县大事记》(2006-2010)60万字，中国文艺出版社出版发行；邕宁区党委党史研究室编纂出版《中共南宁市邕宁区历史资料汇编》46万字，广西人民出版社出版发行。正在编辑的有：横县县委党史研究室的《中国共产党横县历史》第一卷(1921-1949)；宾阳县委党史研究室的《宾阳县大事记》(2010-2014)、《中共宾阳县历届代表大会简介》；上林县委党史研究室的《中共上林县大事记》(1950-2012)；武鸣县史志办公室在编《辉煌武鸣》《中国共产党武鸣县历史》第二卷；隆安县委党史研究室的《隆安县大事记》(2006-2016)5个县。

【党史研究室主任会议】 2014年4月10日，召开南宁市党史研究室主任会议，八县(区)(市辖六县及邕宁区、良庆区，其他4个城区不设专门机构)党史研究室主任、副主任，市党史研究室的全体干部参加。会议传达学习中共中央政治局委员、中央书记处书记、中央办公厅主任栗战书到中央党史研究室视察时的讲话精神，中央党史研究室主任曲青山在全国党史研究室主任会议上的报告，自治区党委副书记危朝安的批示和自治区党史研究室主任陈平等领导的讲话精神；总结2013年全市党史工作并部署2014年党史工作。11月28日，召开第二次全市党史研究室主任会议，八县(区)党史研究室主任，市党史研究室全体干部参加。会议传达全国党史工作长沙调研座谈会议精神和第二次自治区党史研究室主任会议精神；着重学习中央党史研究室主任曲青山的讲话精神和自治区党史研究室主任陈平的讲话精神。

【新书发行与业务培训】 2014年9月30日，市委党史研究室在南宁召开《南宁市大事记》(2012)年卷发行式和编撰业务培训会，各县(区)、市直机关、事业单位、大型企业党史工作联络员(编撰人员)100余人参加，市委党史研究室专家和《南宁市大事记》丛书的编辑人员分别授课、讲评。　　(廖运山)

责任编辑　方　明

文 化

综 述

【概 况】 2014年7月，南宁市文化新闻出版局与南宁市广播电影电视局合并为南宁市文化新闻出版广电局；设16个科室，有编制60名。局属二层机构9个(市文化市场综合执法支队、市图书馆、市群众艺术馆、市少儿图书馆、市博物馆、南宁孔庙管理所、市民族文化艺术研究院、南宁书画院、市艺术剧院有限责任公司)，在职人员1313人（在编572人、聘用741人）。有公共图书馆14家，其中市属馆2家、县(区)馆12家；市级群众艺术馆1座，县(区)文化馆12座，乡镇文广站102个，村级公共服务中心373个。文物保护单位242个。其中：国家级文物保护单位5个；自治区级文物保护单位20个；市级、县级文物保护单位217个。有国家级非物质文化遗产名录7个，代表性传承人3人；自治区级非物质文化遗产名录98个，代表性传承人32人；市级非物质文化遗产名录115个，代表性传承人83人。有文化产业示范基地(园区)65个。其中：国家级示范基地2个，自治区级27个，市级35个；自治区级示范园区1个。有自治区特色文化产业示范县(区)2个，自治区特色文化产业项目示范县(区)5个。有文化经营单位874家，其中艺术类表演团体19家、歌舞娱乐场所277家、网吧578家。

（刘婷婷）

【文化惠民工程】 2014年，南宁市扶持100支村屯(社区)文艺队，举办培训100多期，培训基层文艺人才5000人。市文化新闻出版广电局完成自治区及南宁市为民办实事项目6个，其中8月完成公共文化基础设施场所免费开放项目；实施村级公共服务中心“五个一”建设示范项目136个。4月至12月，市艺术剧院有限责任公司、市民族文化艺术研究院到各县(区)、开发区119个村、81个社区演出200场，观众40多万人次。 （雷 鸣）

【重大文化项目建设】 2014年，南宁市推进市民族艺术基地、市博物馆等7个重点文化项目建设。南宁博物馆项目装修办公区、陈列布展。3月，推进“城乡一体化联合图书馆”建设，14个图书馆实现联网，市、县公共图书馆之间图书资源共享、各馆借阅“一卡通”。8月，市群众艺术馆新馆主体工程施工，建成基础支护桩、完成支护桩冠梁施工，修改完善剧场二次装修方案报市发改委审批。9月，市民族艺术基地剧场主体工程完工，综合楼和业务楼通过验收并交付使用。12月28日，总投资29.50亿元的广西文化艺术中心项目开工建设。年内，市博物馆室外景观项目收尾，完成中心广场花岗岩铺设；市图书馆完成项目选址，组织代建单位、设计单位分别完成项目任务书设计、修改完善设计方案；进行顶蛳山遗址博物馆项目前期工作，会同市发改委将项目代建单位调整为南宁大地飞歌文化产业集团有限公司，组织项目交接；中国—东盟实景创意乐园(锦园)项目完成一期土石方工程。 （覃 娜）

【精品文化工程】 2014年，南宁市实施大型歌舞剧《百鸟衣》提升工程，调整《百鸟衣》故事情节、舞蹈编排、音乐段落，修改剧目题材、音乐、舞蹈、呈现方式等。6月8日，在南宁人民会堂进行修改提升后的首轮演出；组织剧目赴深圳参加第十届(深圳)文博会艺术节优秀舞台剧目展演；7月8日至9日在防城港市、7月11日在柳州市、10月18日在宜州市等地巡演；7月28日晚，在南宁人民会堂举行的首府南宁庆祝中国人民解放军建军87周年拥军专场献演；10月11日晚，在南宁人民会堂献演第45届世界体操锦标赛专场晚会。组织市民族文化艺术研究院与中国艺术研究院合作创编国内首部大型印度题材粤剧《璎珞传》，将南派粤剧表演与印度梵剧歌舞结合，是国内首次将古印度梵剧改编为地方戏曲。10月24日，印度驻广州领事馆总领事高志远、自治区文化厅副厅长唐正柱等出席《璎珞传》在南宁剧场的首演。策划原创市井风情舞台剧《邕城人家》创作，以“戏曲音乐剧”为承载，贯穿“能帮就帮，敢做善成”的南宁精神，该剧于11月20日召开专题研讨会，完成作品提纲和剧本初稿。

（邓越月 张 静）

【文化遗产保护】 2014年，南宁市新增县级文物保护单位6处(宾阳县2处、马山县3处、隆安县1处)。年内，全市有《广西粤剧》《壮族民间故事百鸟衣》《壮族三月三》3个项目入选国务院公布的第四批国家级非物质文化遗产代表性项目名录，《壮族服饰制作技艺》《横县壮族三相圩逢》等34个项目入选自治区政府公布的第五批自治区级非物质文化遗产代表性

2014年，南宁市民族艺术基地(效果图) 市文化新闻出版广电局提供

项目名录。市民族文化艺术研究院申报的《壮族濒危曲种的保护与传承研究》获2014年国家社科基金艺术学项目立项，《广西粤剧百年图史》获2014年度文化部文化艺术科学研究项目立项。自治区文化厅对市壮族芭蕉香火龙舞传承基地、壮族打扁担传承基地、百龙滩镇勉圩村壮族会鼓传承基地、白山镇大同村壮族会鼓传承基地、壮族八音传承基地、宾阳县非物质文化遗产展示中心、武鸣县非物质文化遗产展示中心、壮族打榔舞传承基地、壮族骆垌舞传承基地9个自治区级非物质文化遗产保护工作平台建设进行检查验收，全部达标。（周梅清）

【文化市场监管】 2014年，南宁市开展“扫黄打非”和专项整治8次，出动执法人员5.39万人次，检查经营单位1.88万家次，收缴非法出版物、盗版制品35.63万件，查处取缔无证经营或违章摆卖出版物店(档)94家。立案查处违法违规经营案件376起，办结364起。承办2014年全国侵权盗版及非法出版物集中销毁行动广西·南宁分会场活动，公开销毁侵权盗版制品4万件、非法出版物6.80万件。市本级、县(区)文化市场技术监管与服务平台11月10日全面上线，市“12318”文化市场举报电话实现自动转接至市本级和县(区)、开发区文化市场执法部门。武鸣县文化市场综合执法支队办理的一起案件列入2014年上半年全国文化市场重大案件。市文化市场综合执法支队办理的“杨某擅自从事网络游戏虚拟货币交易服务案”，2013年1月25日结案，2014年2月入选2013年度全国文化市场重大案件、2013年度广西文化市场综合行政执法十大案卷，获国家文化部2013年度全国文化市场重大案件三等奖；制作的一个案卷获2014年度自治区文化市场综合行政执法优秀案卷制作一等奖，一个案卷获2014年度自治区新闻出版广电局优秀案卷一等奖、自治区文化市场综合行政执法优秀案卷制作二等奖。（张启敏）

【文化产业】 2014年，市文化新闻出版广电局推进文化产业园区和文化产业项目建设，推动传统文化产业项目拓展升级，重点扶持和培育新兴业态，市文化产业增加值超100亿元，总量、比重均居自治区首位。文化法人单位机构数增至5100多家，文总产值超亿元文化企业逐年增加；全市有文化产业示范基地64家，其中新增国家级1家、自治区级16家、市级17家。文化企业获“自治区首批文化产业示范园区”称号1家，通过国家认定动漫企业1家，获自治区文化产业专项资金扶持2家，获市文化产业专项资金扶持12家。（覃 娜）

【对外文化交流】 2014年2月6日，南宁市组织市艺术院团赴澳大利亚班达伯格参加新春文艺演出；市文化新闻出版广电局副局长王学青、市艺术剧院有限责任公司董事长李紫君、南宁孔庙管理所副所长邹桂西3人赴上海参加“2014斯洛文尼亚文化节”，与斯洛文尼亚驻中国大使等官员进行会谈，达成文化交流意向。3月9日，引进台湾voco novo爵诺人声乐团演唱会，在南宁剧场演出。推出“文化走亲”东盟行活动，8月18日至25日在新加坡、马来西亚两地举办广西粤剧演出、广西非物质文化遗产展演、广西专题文化讲座等多项“走亲”交流，中国驻新加坡大使馆文化、科技参赞，马来西亚乔治市艺术节总经理等出席。10月23日至27日，举办第二届中国—东盟(南宁)戏剧周活动，中国、越南、新加坡、马来西亚、印度尼西亚、菲律宾六国13个团体参与，分戏剧展演、戏剧研讨、戏剧工作坊三大块，其中有“中国—东盟优秀剧目展演”荟萃粤剧、婺剧、桂剧、cheo剧(越南一种传统剧目)、舞剧等剧目18台，推出首部印度题材粤剧《璎珞传》、广西与东盟首部合作演出剧目《罗摩衍那》，东盟驻邕领事馆领事、印度驻广州领事馆总领事及自治区党委宣传部、自治区文化厅等领导出席，中央电视台、《中国文化报》、北京国际广播电台等媒体对活动进行报道。（邓越月 张 静）

1月12日，广西千年传说动漫影视公司出品的《阿米萝之歌海奇缘》在广西卫视播出　　市文化新闻出版广电局提供

群众文化

【概 况】 2014年，南宁市群众艺术馆隶属南宁市文化新闻出版广电局，是国家一级群众艺术馆，有员工50人，其中具有高级专业技术职务任职资格5人、中级19人。有县(区)文化馆12个，乡镇文化馆103个。开展大型广场文艺、节庆、文化品牌活动、社区文化、美展等群众文化活动60多场，强化辅导、培训、创编工作。举办大型文化活动30多项；举办声乐、舞蹈、美术、书法、电子琴、钢琴、曲艺等培训90多期，下基层辅导100人次，参加培训及接受辅导人数1万多人次。普及群众文化，建有农民工、未成年人、残疾人、社区、小区、艺术培训点和示范基地10个，实现文化活动从“送文化”到“种文化”转变。9月12日至13日，市委、市政府主办，中共南宁市委宣传部、市文化新闻出版广播局协办、市群众艺术馆承办的庆祝建国65周年“唱国歌·共圆中国梦”大型群众歌咏比赛在南宁剧场举行，六城区和市直机关、武警南宁市支队、南宁职业技术学院等15支代表队参赛。

【第五届乡村社区和谐文艺大展演】 2014年4月5日，市委、市政府主办，市委宣传部、市文化新闻出版广电局、市文学艺术界联合协会承办的第五届乡村社区和谐文艺大展演启动，展演活动分舞蹈、演唱、小品和器乐4类。9月5日大展演结束，历时5个月。全市12个县(区)、3个开发区1300多个村委会和300多个社区居委会的基层群众参与，演出3000多场，观众300多万人次。进入决赛阶段，来自各县（区、开发区）的26支参赛队72个节目参加决赛，其中《壮家情歌》等18个节目获一等奖，《贝侬贝侬》等25个节目获二等奖，《荷塘月色》等29个节目获三等奖。在“韵动世锦赛”文艺专场演出中“腾飞·青春”等5个节目获金奖，《“那”里的人在迎世锦》等10个节目获银奖。通过展演选拔的19个节目参加第三届自治区基层群众文艺会演全部获奖，其中获一等奖2个。

【新春文化庙会】 2014年1月29日至2月14日，市委宣传部、市文化新闻出版广电局主办，南宁孔庙管理所、市群众艺术馆、市艺术剧院有限责任公司、市民族文化艺术研究院、南宁书画院承办的南宁市第二届新春文化庙会在南宁孔庙举行。庙会分春联派送、文化展演、文化集市3个部分。1月29日至30日举行春联派送，南宁孔子书院、南宁书画院书法家为群众免费书写春联2000多副。1月31日至2月6日（正月初一至初七）进行文化展演和文化集市，孔子后裔祭孔仪式、“红红火火过大年”文艺演出、粤剧与邕剧专场演出、民间民俗专场演出，为观众表演马山会鼓、三声部民歌、南宁平话民歌、师公戏、南宁傩舞、上林猴鼓舞、瑶山歌等非物质文化遗产节目；文化集市包括传统文化活动和产品营销、推荐等。

【欢度元宵佳节大型广场舞会】 2014年2月24日，市委宣传部、市文化新闻出版局主办，市群众艺术馆与青秀区、兴宁区、西乡塘区、江南区等城区文化新闻出版体育局承办的“2014年南宁市欢度元宵佳节大型广场舞会”在民族广场举行。近3000名市民以个性化的舞姿展示探戈舞、街舞、拉丁舞等多种舞蹈，舞会穿插《西乡塘style》《万马奔腾庆元宵》《老骥伏枥》《年年有余》《元宵情》等各城区代表队的舞蹈节目。

【“华联杯”青春艺术大赛】 2014年4月15日至29日，市群众艺术馆、北京华联集合超市公司联合举办的“华联杯”南宁市青春艺术大赛在市华联大学路店举行，是南宁市喜迎第45届世界体操锦标赛系列活动之一，以“青春中国梦想·世锦绽放南宁”为主题，设声乐组、舞蹈组、“青春之星”形象组比赛。市各大专院校、社区、企事业单位等500多名选手参加，群舞《幸福的花竹帽》、双人舞《似是故人来》、街舞《吸血鬼日记》分获舞蹈组一等奖、二等奖、二等奖，男声独唱《王妃》《壮族敬酒歌》、组合演唱《心心相印有心人》分获歌手组一等奖、二等奖。

【壮族“三月三”主题广场文艺晚会】 2014年4月2日，市委宣传部、市文化新闻出版局主办，市群众艺术馆、市民族文化艺术研究院、市艺术剧院有限责任公司承办的“同赞壮乡美·共筑中国梦”南宁市欢度壮乡“三月三”主题广场文艺晚会在民族广场举行。市群众艺术馆、市艺术剧院有限责任公司、市民族文化艺术研究院等专业团体表演舞蹈《山歌迎客》、邕剧折子戏《打闭门》、壮族山歌联唱《初见妹》、时装表演《壮乡美》等节目。市小百灵演唱学苑、西乡塘区陈东村古傩戏艺术团、广西红棉艺术团等民间业余团体参演，观众约5000人。

【中国—东盟少儿文艺交流展】 2014年9月27日至10月8日，市文化新闻出版广电局主办，市群众艺术馆、市图书馆承办的首届“七彩童梦”中国—东盟（南宁）少年儿童美术、书法、摄影优秀作品交流展在市图书馆举行。5月，开始向东盟各国18岁以下少年儿童征稿，征集美术、书法、摄影作品等近400件，遴选优秀作品234件编入《首届“七彩童梦”中国—东盟（南宁）少年儿童美术、书法、摄影优秀作品交流展》画册。

【“绿城歌台·唱响世锦”中心歌台演出】 2014年9月17日，南宁国际民歌艺术节组委会主办、市文化新闻出版广电局承办、市群众艺术馆协办的“绿城歌台·唱响世锦”2014年南宁国际民歌艺术节（中心歌台演出）在民族广场举行。市艺术剧院有限责任公司、市音浪国际文化艺术团、中国五洲音浪艺术团、市群众艺术馆、市民族文化艺术研究院等本土文艺团队及泰国泰皇天团乐队、南非传统萨克音乐合奏团、斯里兰卡民间艺术团、非洲图腾打击乐组合、非洲阿灵鼓舞蹈团等艺术团的中外民间艺术家、艺人表演歌舞、器乐演奏、传统剧目等，观众约5000人。

【少年儿童艺术节暨“艺童璀璨”电视少儿达人秀】 2014年7月22日至23日，南宁市群众艺术馆、南宁电视台主办以“我要上民歌节歌台”为主题的“艺童璀璨”市少儿艺术节在南宁电视台8号演播厅决赛。近千名中小学、幼儿园选手参加海选初赛。路谨瑜的《冬趣儿》，黄宥峻、谭悦莹的相声《正反话》，小百灵组合的《金色的芦笙吹起来》获决赛金奖，小福娃艺术团的《祖国的歌》、杨小亚的《爱的回归线》等节目分别获银奖、铜奖。

【大型广场舞暨第七届“夕阳秀艺术节”舞蹈比赛】 2014年11月8日至9日，市委宣传部、市文化新闻出版广电局主办，市群众艺术馆承办的2014南宁市大型广场舞暨第七届“夕阳秀艺术节”舞蹈比赛在民族广场举行。映山红艺术团、警营蓝湾艺术团、群星艺术团、黑山羊艺术团、红棉艺术团、建政社区文艺队、中华中路社区夕阳红文艺队、新秀晨练站、金华园小区文艺队等20多支业余文艺团队参赛。参演舞蹈、曲目有《美丽广西》《茶山情》《缘时装秀》《山歌好比春江水》《长白瀑布》《开心小苹果》《踏鼓》《红色娘子军大刀舞》等。红棉艺术团的广场舞、警营蓝湾艺术团的民族舞、黑山羊艺术团的民族舞获一等奖，青春艺术团的民族舞、群星艺术团的民族舞、金铜鼓艺术团的民族舞、映山红艺术团的广场舞、星月艺术团的民族舞获二等

9月17日，绿城歌台上南非艺术家表演民族歌舞节目　　周家志　摄

奖，其他艺术团分别获三等奖、优秀奖，观众约8000人。

【"中国梦·美丽南宁"首届美术、书法、摄影优秀作品展】 2014年1月27日至2月10日，市群众艺术馆承办"中国梦·美丽南宁"首届美术、书法、摄影优秀作品展，在市图书馆展出美术、书法、摄影作品500余幅。 （姚 彧）

专业艺术

【概 况】 2014年，南宁市专业艺术单位有南宁市民族文化艺术研究院、南宁市艺术剧院有限责任公司。市民族文化艺术研究院挂市非物质文化遗产保护中心、市戏剧院两块牌子，主要进行艺术创作，出版新创刊物《南宁民族艺术》3期；在编人员82人，其中正高专业技术职务任职资格4人、副高10人、中级26人。市艺术剧院有限责任公司为专业艺术团体，其中正高专业技术职务任职资格4人，副高21人，中级77人；开展专业演出206场次，观众23万人次，演出收入258万元。

（刘婷婷）

【艺术成果】 2014年，南宁市有6个节目进入以"中国梦"为主题的自治区小戏小品曲艺及舞蹈电视比赛决赛，其中市艺术剧院小品《好"孕"》、市群众艺术馆现代舞《归途》获二等奖，市民族文化艺术研究院小戏《小贩的梦想》、市艺术剧院双人舞《蜜》获三等奖，市艺术剧院小品《保姆》获优秀奖。市民族文化艺术研究院"谷僚组合"在国家文化部主办的第七届中国原生民歌大赛获优秀演唱奖，市艺术剧院青年歌手李清影在国家文化部主办的第十一届全国声乐比赛中获流行音乐组优秀奖。市艺术剧院双人舞《火塘情》参加国家民委、文化部和内蒙古自治区人民政府主办的首届全国少数民族优秀舞蹈作品展演，获铜奖。市艺术剧院陈旺在合肥市广播电视台、首届中国（合肥）电视器乐大赛组委会主办的2014首届中国(合肥)电视器乐大赛获小提琴青年组金奖。市艺术剧院青年歌手韦誉参加国家文化部公共文化司、第十二届中国西部民歌(花儿)歌会组委会主办的中国西部民歌(花儿)歌会比赛获银奖。市艺术剧院双人舞《夫妻哨》、独舞《情系库布齐》《那场雪》参加第二届广西青年舞蹈演员比赛，分别获一等奖、二等奖、三等奖。市艺术剧院创作排演的大型歌舞剧《百鸟衣》、舞蹈《和·鞋》与市艺研究院创作排演的末伦《送鞋情》入选国家艺术基金2014年度舞台艺术创作资助项目，《百鸟衣》获资助350万元，《和·鞋》获资助20万元，《送鞋情》获资助15万元。市艺术剧院选送的《骆越先歌》参加由中国文学艺术界联合会、中国舞蹈家协会主办的第五届中国舞蹈节·第九届中国舞蹈"荷花奖"当代舞、现代舞评奖，获当代舞作品银奖，是自治区唯一获奖作品，为南宁市近年来所获舞蹈类作品最高奖项。

11月25日，市艺术剧院创编、演出的群舞《骆越先歌》在第九届中国舞蹈"荷花奖"评比中获当代舞、现代舞银奖。图为演出剧照 市艺术剧院提供

【演出活动】 2014年1月，市委宣传部主办的大地飞歌·南宁市2014年新年音乐会、市艺术剧院排演的都市话剧《隐婚男女》、市艺术剧院创作排演的笑星大联盟迎新年晚会及"15年南宁国际民歌艺术节创作歌曲经典回顾音乐会《民歌眷恋》"在南宁国际会展中心101剧场举行；24日，在南宁人民会堂举办大地飞歌2014南宁市新春大型音乐会。1月29日至2月14日，市委宣传部、市文化新闻出版广电局主办，市群众艺术馆、市艺术剧院、市民族文化艺术研究院、市书画院承办的2014年第二届南宁市新春文化庙会在南宁市孔庙举行。2月4日，市民族文化艺术研究院在南宁剧场演出大型粤剧《三进士》，拉开2014年"邕城粤韵——民族传统文化系列演出"序幕。3月29日，市民族文化艺术研究院在南宁剧场上演粤剧《西河会妻》。4月2日，市委宣传部、市文化新闻出版广电局主办，市民族文化艺术研究院等承办的"同赞壮乡美·共筑中国梦"南宁市欢度壮乡"三月三"主题

10月25日，市民族文化艺术研究院改编、演出的印度题材粤剧《瓔珞传》 市民族文化艺术研究院提供

广场文艺晚会在民族广场举行。5月3日、24日，市民族文化艺术研究院在南宁剧场分别演出粤剧《万恶淫为首》《六月飞霜》。6月1日，市艺术剧院引进北京当代芭蕾舞团舞剧《莲》在南宁人民会堂演出；8日，大型歌舞剧《百鸟衣》修改提高版在南宁人民会堂演出；14日、15日，赴深圳参加第十届文博会（深圳）艺术节展演，演出大型歌舞剧《百鸟衣》。6月14日，市民族文化艺术研究院开展“邕城粤韵—民族传统文化系列演出”活动，在南宁剧场演出大型粤剧《玉蜻蜓》。7月5日，市民族文化艺术研究院在南宁剧场上演大型话剧《海棠亭》；7日、8日，市艺术剧院大型歌舞剧《百鸟衣》在防城港市文化艺术中心剧场上演；11日，大型歌舞剧《百鸟衣》走进柳州，完成自治区巡演第二个城市演出；29日，市艺术剧院引进话剧《蒋公的面子》，在南宁剧场上演。9月13日，市民族文化艺术研究院策划排演的大型粤剧《皎皎明月金锁情》在南宁剧场上演；16日，2014年南宁国际民歌艺术节演唱会在广西体育中心上演。10月23日至27日，举办2014中国·东盟戏剧周；24日，市民族文化艺术研究院与中国艺术研究院合作创编国内首部大型印度题材粤剧《瓔珞传》在南宁剧场首演；30日，市艺术剧院大型歌舞剧《妈勒访天边》在南宁剧场上演。（邓越月　张　静）

电影放映

【概　况】 2014年，南宁市有放映单位35家（含各县），其中市区放映单位26家、县级放映单位9家，有农村放映队81支。有电影院23家，员工550人。全年放映电影22.44万场（送电影下乡放映1.94万场），观众823.90万人次，放映收入2.30亿元。

【电影放映单位】

南宁民族影业文化娱乐有限责任公司　2014年6月26日，南宁市民族影业文化娱乐有限责任公司新民族影城试业；影城位于青秀区民族大道150号，占地1.33万平方米，经营面积5.30万平方米。建筑楼层为4层，建筑高度43.60米，总投资约3亿元；有专业影厅9个，座位2123个。其中：广西最大、全国排名前十的I-MAX（一种能够放映比传统胶片更大和更高解像度的电影放映系统）影厅1个，座位506个；4K全景巨幕厅2个，座位592个（2号厅304个、6号厅288个）；4K次巨幕厅2个，座位474个（1号、5号厅各237个）；标准影厅3个，座位509个（3号、4号厅各144个，7号厅221个）；VIP（高级会员、贵宾）厅1个，座位42个。放映设备采用美国原装进口4K科视放映机、英国哈克尼斯金属银幕、法国Volfoni3D数字放映设备及美国杜比音响等。劳斯莱斯、绿地集团等世界五百强企业和疯马国际俱乐部、转角酒吧等商家入驻；启用南宁电台民族影城户外全景直播室。

南宁市中华电影城　位于兴宁区商业中心，由永恒时代影院投资。影城有影厅8个、观影座位915个，其中1号大厅可纳288人观影，2个豪华VIP厅按国际星级影厅标准设计。影厅采用环境模拟器和场景主控机放映。

南宁江南电影院　位于江南区星光大道25号。有影厅3个，座位619个。配备SR/D数字还音系统。其中1号大厅设超宽大银幕，可纳321人观影，配备双人座及VIP贵宾包厢；2号厅欧式装饰风格；3号厅为高清晰数字影厅。影院门前广场设大型停车场。

星湖影城　位于青秀区星湖路1号，面积1万平方米，集电影、购物、餐饮、娱乐、休闲为一体。有影厅7个，座位995个，其中1号大厅可纳388人观影，配备英国18米宽超大视觉HQ落地式银幕。

南宁永恒时代影院经营有限公司永恒·晶钻IMAX影城　位于西乡塘区大学东路118号永恒朗悦酒店2-5层，是自治区首家最大IMAX银幕影城、全国首家进驻豪华酒店的IMAX星级影城。建筑面积1.25万平方米，有影厅9个，其中IMAX厅1个、超豪华VIP厅1个、豪华数字3D影厅7个。座位1000个。IMAX厅设专属“wall to wall”（整壁式银幕）整面墙式弧形I-MAX超大银幕。

星美国际影城南宁新世界店　位于西乡塘区大学东路98号南宁百货新世界。有影厅4个，其中双机巨幕厅1个（1号厅345座）、普通厅3个（2号厅247座，3号厅147座，4号厅119座）。座位858个。影厅使用巴可放映机。

广西实验电影院　位于兴宁区建政路17号。员工4人。设影厅2个，座位139个。

南宁万达国际电影城有限公司青秀万达广场店　位于青秀区东葛路延长线118号万达广场5楼，万达电影院股份有限公司投资建设，是万达电影院线南宁区域开业的第2家影城。9月28日成立，12月18日对外营业。有豪华厅15个，其中IMAX影厅1个、全景4K巨幕放映厅3个、首家至尊超豪华VIP影厅1个。影城影厅高度均9米以上，阶梯式座椅，座椅排距1.20米。影厅采用“Wall to Wall”整面墙式超视野巨幅银幕，设RealD3D（一种在电影院常见的3D放映技术）设备、TMS系统（全面管理系统）、残疾人座椅、自动售票机、网络购票等服务设施。

南宁万达国际电影城有限公司悦荟店　位于兴宁区青云街18号悦荟广场B座3楼。员工45人。面积4537平方米，有影厅6个（其中IMAX影厅1个，6FL全景厅2个）、座位1358个。影厅有广西首家IMAX影厅，设IMAX放映机、IMAX银幕及数字环绕专利音响系统。

南宁沃美影城　位于青秀区民族大道青秀路口万象城5楼。员工77人。有专业放映厅9个，其中杜比全景声巨幕放映厅1个，VIP放映厅1个，RealD二代放映厅6个，标准放映厅1个。影院有比利时进口BARCO数字放映设备、美国QSC顶级音响、美国Real-D二代3D设备以及14.10米英国进口HARKNESS超宽金属银幕，采用高坡度无遮挡、低视点、宽排距座椅设计，设置人体工学设计的沙发式座椅、厅内残疾人专用座椅及无障碍设施，可纳观众1777人。影院设地下停车场、观影休息区、VIP贵宾休息室及儿童坐垫。

南宁中影国际电影城　位于青秀区金湖路61号新兴CBD核心区梦之岛水晶城3楼。员工40人。面积2150平方米，有数字3D影厅4个，座位606个。影城大堂面积400平方米，设购票、卖品、休息、电影衍生品购物区、会员专区等场所。

南宁金逸国际影城红星店　位于兴宁区兴宁路商业步行街59号红星城3楼。员工36人。面积2400平方米，有标准观影厅6个，座位728个，是双机巨幕3D影城及金属屏幕。影厅内部采用国际流行的全方位、大坡度、无遮挡式最佳观影视野设计，设置按人体工程学设计的座椅。银幕采用低视点墙对墙的整壁式设计，设数码放映设备、视听设备及按声学原理设计的隔音墙。

南宁泰和电影有限公司民族宫电影城　位于青秀区民族大道新梦之岛商场。员工20人。有VIP影厅4个，座位189个。影城按照国家星级标准设计施工，采用索尼4K数字放映机等国内外先进电影软硬件设备。影城设置时尚、全VIP影厅配置及电动可调式舒适宽大沙发座（躺）椅，选用无遮挡式最佳观影视野设计。

广东大地影院建设有限公司南宁江南分公司　大地影院设有南宁淡村影院、南宁江南梦之岛影院。其中：南宁淡村影院位于江南区五一东路7号淡村商贸城6号楼5楼，属外资企业，注册资金760万元，有员工20人，有放映厅5个，座位760个；南宁江南梦之岛影院位于江南区五一东路3号，属外资企业，注册资金718万元，有员工20人，设放映厅4个，座位718个。

南宁横店电影城　位于江南区五一东路19号江南水街7号楼2楼。横店电影院线有限公司投资兴建，五星级多功能影城。员工35人。影城面积3200平方米，可容纳1151名观众；有数字3D厅6个，其中标准厅5个，采用巴可18CX放映机；双机巨幕厅1个，银幕采用4K-32B双机放映。

南宁橙天嘉禾盛天地影城　位于青秀区中越路8号盛天地购物中心负一层。正式员工23名。有数字3D影厅6个、座位614个，其中六号厅为情侣双座影厅。

南宁橙天嘉禾江南影院　隶属橙天嘉禾集团。位于南城百货江南购物中心4楼。在职员工22人。总面积370平方米，有3D数字影厅7个，可容纳观众1075人。座席采用国际流行的全方位大坡度最佳观影视野设计，座位排距宽阔。

南宁星星影城投资管理有限公司　位于南宁高新技术产业开发区高新南二路5号华成都市购物中心5楼。员工35人。面积5235平方米，有数字放映影厅10个，座位1545个。影厅全部为2K数字播放影厅，其中3D影厅8个、2D影厅2个、贵宾厅1个，均配置高增益金属荧幕、比利时巴可放映机、QSC（一种功放音响）及飞达等音响设备。

南宁新星时代电影有限公司南宁时代电影世界　位于青秀区新民路与七星路交汇处华星时代广场6楼。中国美院根据国际一流声像标准、国家五星级现代影院标准建设，总投资3000万元。员工50人。面积8000平方米，有影厅10个，其中贵宾观影厅（3D厅）1个、豪华巨幕厅1个、国际标准3D厅8个。座位1400个。影院采用国际先进全数字放映技术、比利时进口Barco数字放映机、美国Dolby-CP750数字机器、JBL影院专用扬声器及数字还音系统。（赵　颖）

公共图书与图书经营

【概　况】　2014年，南宁市有公共图书馆14家。其中：市级馆2家（南宁市图书馆、南宁市少年儿童图书馆）；县（区）图书馆12家（兴宁区图书馆、江南区图书馆、青秀区图书馆、西乡塘区图书馆、邕宁区图书馆、良庆区图书馆、武鸣县图书馆、横县图书馆、宾阳县图书馆、上林县图书馆、马山县图书馆、隆安县图书馆）。在编人员193人，其中市本级88人、县（区）105人；具有高级专业技术任职资格4人，中级21人。馆藏图书344.62万册，其中市本级两家图书馆藏书147.82万册，县（区）图书馆藏书196.80万册；接待读者367万人次。有新华书店7家，其中市本级1家（南宁市新华书店有限责任公司）、县新华书店6家。

【南宁市图书馆】　2014年，南宁市图书馆在编61人，其中具有高级专业技术职务任职资格1人、中级35人；设有阅览座位1258个。专项购书经费预算141万元。其中：纸质文献119万元，占购书经费84.40%；数字资源22万元，占15.60%。新增文献入藏1.48万种3.58万册，比上年同期增长77%，随书光盘547张；征集地方文献1273种1333册。接受捐赠书刊334种924册。馆藏书籍105.44万册。总流通195.70万人次，文献外借8.98万人次、30.67万册次，办理借书证8937张，解答咨询4655人次，举办讲座、培训、展览、读者活动173场，官方网站点击率200万人次。馆内设残疾人阅览室面积70平方米，有盲文图书400册，盲文图书外借151册，设30个特制阅览桌椅；盲人视听室配置有声读物200多种、安装有阅屏软件的计算机6台和盲人听书机21台。市图书馆被自治区文化厅评为自治区公共文化服务体系建设先进集体，获中国盲人协会、中国盲文出版社、中国盲文图书馆、全国盲人阅读推广委员会联合授予“2014年全国盲人阅读推广优秀单位”称号，获中国图书馆学会“全民阅读示范基地”称号；市图书馆朱瑾花女子读书沙龙案例获中国图书馆学会阅读推广委员会2014年《图书馆“书友会”优秀案例》征集活动二等奖。

年内，在自治区率先建成城乡一体化公共图书馆服务体系，实现市、县（区）文献通借通还。全市有5个机关单位、2家企业、4所学校、1个社区分馆使用统一自动化管理平台，实现“一卡通”文献通借通还联合服务。“南宁百货大楼股份有限公司图书流通分馆”成为首个加盟“南宁市城乡一体化联合图书馆”项目的企业流通分馆，开启市跨行业联合图书馆服务模式。利用汽车图书馆促使馆外60个图书流通分馆（站）图书流动近10万册。新增图书流通站10家，配送图书2万多册。6月，启动数字图书馆推广工程。采购高性能服务器、磁盘阵列、VPN等设备，更换网络核心交换机、防火墙、IDS入侵检测、UPS不间断电源等设备，完成安装调试，改善网络环境。制定《南宁公共电子阅览室软件实施指导大纲》，调研市、县（区）、乡镇公共电子阅览室116个，确认100个公共电子阅览室符合软件安装条件并完成安装。加强官方网媒互动，对官方微信号进行功能升级，将查询、续借、新书通报等功能由指令式升级为“按钮式”，包括“自助服务”“绿城讲坛”“读者指南”等按钮版块。截至10月，市图书馆微信公众平台关注人数2090人，发布图文257篇，日均阅读图文页118次。加强新浪、腾讯两个平台官方微博管理与推送，设读者指南、读者活动2个固定话题，设新书推介、业界动态、邕图心语、读书郎邕城非遗、老南宁、东盟大烩、阅刊阅精彩、壮人家园、天天向上9个原创专栏。发布官方微博信息946条，其中原创话题876条；日均博文曝光量660次。解答网友咨询101次，收到网友建议11条，接待投诉1起。举办“绿城讲坛”公益讲座63场，受众1.50万人，成为全国图书馆界知名文化品牌。“绿城展廊”推出中华古籍保护计划成果“八桂遗珍——广西少数民族古籍保护成果展”，首届中国—东盟少年儿童作品交流展，市青少年科技创新大赛作品展，“中国梦·美丽南宁”南宁市首届美术、书法、摄影优秀作品展，第八届南宁人著作展，中国广西·新加坡民俗摄影联展等大型展览37场，观众15.60万人次。“绿城舞台”组织“七彩童年”迎元旦·少儿语艺迎新春、第二届南宁市“外来务工者之歌”歌手大赛、亚洲国际音乐舞蹈艺术大赛南宁选拔赛、市少年儿童艺术节暨“艺童璀璨”电视少儿达人秀等活动73场。举办南宁第二十四次“全国助残日”文艺演出、第五次全国“肢残人活动日”以及“文化助残 相约邕图”中国书画展、图书展、国学讲座等活动。（杨粒彬）

【南宁市少年儿童图书馆】　2014年，南宁市少年儿童图书馆在职人员25人，其中具有高级专业技术职务任职资格2人、中级10人、初级13人；大专以上学历人员占总人数88%。设有未成年人阅读中心，分少儿阅览区、中学生阅览区、教学参考室、图书外借库、益智科普乐园等读者服务窗口。有阅览座席724个。

年内，加工分编入库中文图书8819种4.02万册，其中连环画低幼读物1988种6552册。馆藏书籍42.38万册，其中图书3.96万册、期刊合订本1.14万册、视听文献1.10万册、电子图书1.41万册。购买“点点书库”数字动漫平台。馆内流通37.35万人次，其中图书借阅12.48万册次、2.32万人次。新建7个与总馆实现通借通还的分馆、8个流通站和1个流动书架，为流通站（分馆）配送图书23次2.11万册，新办读者借书证6368个。发挥文化信息资源共享

9月13日，市少年儿童图书馆组织开展“读书王之一战到底”青少年读书知识竞赛 雷鸣 摄

工程市级支中心作用，督导上林县、马山县、西乡塘区、良庆区、兴宁区、江南区图书馆等共享工程县（区）级支中心建设。1月18日，纳入以市图书馆为总馆、县（区）二级公共图书馆通借通还服务网络。发展市仙葫学校图书室为市联合图书馆成员馆，将横县端书图书馆、兴宁区图书馆、上林县图书馆、宾阳县图书馆、江南路小学图书馆等图书流通站升级为分馆，在金太阳实验小学、五象中学、金太阳教育机构总部等建成3所分馆，其中金太阳教育机构分馆是市少年儿童图书馆第一所面向社会开放的分馆。每月推出“读书王之一战到底”“爱薇园故事会”“悦读书集一好书分享”“悦读辩论赛”“图书馆寻宝秘籍”“知识银行”“文艺小童星园地”“我们的节日系列民俗体验”“小瓦特物普实验课堂”等活动项目，培养未成年读者阅读习惯。举办“魅力世锦·美丽南宁”南宁市外来务工人员子弟书画比赛等活动，以“绿城蒲公英讲坛”“读书王之一战到底”等活动为平台，开展活动145场次，有2.91万人参加。配合城区图书馆举办农家书屋（社区图书室）管理员暨文化信息共享工程式基层服务点管理员培训3期、市中小学图书馆管理员培训2期、读者图书馆知识培训5期、读者公益讲座42场，7450人参加。（周明）

【南宁市新华书店有限责任公司】 2014年，南宁市新华书店有限责任公司有员工330人。经营总面积约5万平方米。经营网点有南宁书城新华店、金湖店、科园店、邕宁店4个。实现图书销售码洋1.69亿元；国有资产保值增值率125.39%。年内，组织开展“喜迎新年 畅读2014”“阅迎新春 书香好礼”迎春书展、“新年‘心阅读’——青少年阅读图书展”“书香绿城”读书节、“好书伴我成长”“南宁书城休闲文化图书节”“喜迎国庆 唱响金秋”等主题活动，在南宁书城各楼层设置“专台”100多个，展销新书及音像制品2万多种。邀请管家琪、许友彬、芝麻、汤素兰等名家走进南宁市衡阳路小学等23所小学开展“书香校园行”公益讲座及图书展销等活动。发行《习近平总书记系列重要讲话读本》7262册、《论群众路线——重要论述摘编》7010册、《厉行节约 反对浪费——重要论述摘编》6151册、《党政领导干部选拔任用工作条例》3532册、《改革热点面对面/理论热点面对面2014》2755册、《新华字典（第11版）》8916册。销量300册~500册的图书1240种47.80万册；销量500册~1000册的图书842种57.40万册；销量1000册以上的图书512种153.40万册。捐赠图书价值约1.70万元，其中：赠送价值约1200元的图书给市文化新闻出版广电局定点帮扶单位；“六一”前夕，向江南区白沙小学捐赠图书400多册，价值6500多元；开展“关注留守儿童，献出一份爱心”捐书活动，通过南宁大地飞歌集团转赠给贫困学校图书400多册及作业本、铅笔等文具，价值约9000元。

南宁书城新华店 位于兴宁区新华路15号（民生路80号）。是全国首家由企业自筹资金兴建的大型书城，全国新华书店系统中率先全方位使用BIMS图书营销管理系统进行图书进、销、存、调、退管理的书城。经营图书16万多种、音像制品5万多种。年内，销售图书9.01万种214.20万册，其中社科类图书1.08万种16.40万册、文学类图书0.93万种22.80万册、科技类图书3.10万种31.90万册、少儿类图书1.80万种56.30万册、文教类图书2.10万种86.80万册。

南宁书城金湖店 位于民族大道98-1号金湖广场南面，是集读书、休闲、娱乐、四星级酒店为一体的大型综合书城。经营图书16万多种、音像制品5万多种。销售图书8.84万种139.70万册，其中社科类图书1.04万种17.10万册、文学类图书0.94万种16.70万册、科技类图书2.94万种20.40万册、少儿类图书1.74万种38.40万册、文教类图书1.82万种47.10万册。

（谭继来）

文化市场管理

【概况】 2014年，南宁市建成多元化现代文化市场体系，形成网吧、娱乐场所、演艺、美术品经营、出版物经营和印刷复制行业共同发展格局。全市有文化经营场所3201家，其中互联网上网服务（网吧）583家、歌舞娱乐302家、游戏游艺娱乐111家、文艺表演团体15家、演出场所经营4家、演出经纪机构24家、美术品经营10家、音像制品经营282家、出版物发行816家、印刷复制企业472家、复印打印企业582家，文化市场经营场所数量、规模在自治区排名第一，占自治区总量18.90%。年内，建成“12318”文化市场举报电话受理平台，组织开展文化市场参与创建全国文明城市活动，联合市文明办、公安、消防、工商、卫生、食药等部门督查文化市场，开展“扫黄打非”和专项整治8次，重点整治文化经营场所证照不全、接纳未成年人、销售非法出版物、安全生产、禁烟、环境卫生等。武鸣县文化市场综合执法大队办理的一起擅自举办涉外营业性演出案列入2014年上半年全国文化市场重大案件。南宁市文化市场综合执法支队办理的“杨某擅自从事网络游戏虚拟货币交易服务案”于2013年1月25日结案，2014年2月入选2013年度全国文化市场重大案件和2013年度广西文化市场综合行政执法十大案卷，获文化部2013年度全国文化市场重大案件三等奖；12月18日，制作《广西康全药业连锁有限公司未经批准伪造〈康全之家〉出版发行非法出版物案》案卷获2014年度自治区文化市场综合行政执法优秀案卷制作一等奖，《广西韬智图书有限公司侵犯他人专有出版权的出版物案》案卷获2014年度自治区新闻出版广电局优秀案卷一等奖、自治区文化市场综合行政执

法优秀案卷制作二等奖。

【文化市场技术监管与服务平台推广应用】 2014年，南宁市抓好国家文化部文化市场技术监管与服务平台推广应用。选派2人次参加文化部举办的培训，组织40人次参加自治区文化厅举办的培训；并分别于7月、10月自办平台推广和上线应用培训班2期，培训文化市场行政审批、执法人员180多人次。市本级、县(区)文化市场技术监管与服务平台11月10日全面上线，为自治区首批正式上线的城市。

【"12318"文化市场举报电话】 南宁市"12318"文化市场举报电话是国家文化部2005年8月1日开通的全国文化市场统一举报电话。2014年，市"12318"文化市场举报电话实现自动转接至市本级、县(区)、开发区文化市场执法部门，具有IVR(自动语音通话系统)语音转接、语音导航、电话排队、电话录音、通话记录查询等功能，主要受理娱乐场所、营业性演出、艺术品、网吧、网络游戏、网络音乐等市场的群众举报。1月至10月，"12318"举报电话受理举报129起、办结125起，办结率96.90%。

【"绿书签"活动】 2014年，在"4·26"世界知识产权日前后，南宁市部署开展以保护正版、打击盗版为主题的"绿书签"活动，在广场和社区、中小学校、书(音像)店等文化经营场所张贴"绿书签行动"宣传海报，向民众派发"绿书签"。在市新华书店开展为期一周的"绿书签"优惠购书活动，读者凭"绿书签"享受购书优惠。期间，发放"绿书签"1000张、宣传海报250份。

【互联网上网服务(网吧)转型升级】 2014年，南宁市引进"聚网咖"等理念先进、规模较大的互联网上网服务经营单位，建设网吧转型升级示范企业；举办转型升级现场会，组织市、县(区)文化行政及执法机构负责人考察网吧转型升级示范企业，推广转型升级先进经验，推动互联网上网服务行业转型升级展。鼓励上网服务场所实现转型升级，改变灯光昏暗、空气混浊、环境脏乱差等现象，建设整洁、敞亮、健康的上网环境，发展多业态经营，探索与城市社区、农村乡镇公共文化服务业务相结合路径，丰富上网服务场所经营内容。全年完成转型升级网吧6家，筹建10家。

【文化市场专项整治】 2014年，南宁市强化文化市场的日常监管和专项整治，坚持把文化市场监管与规范市场秩序相结合，与加强社会治安综合治理、净化社会文化环境相结合，组织开展"净化社会文化环境""健康暑期""净网""清源""秋风""固边"等专项整治行动，查缴有害非法出版物及淫秽色情文化产品，打击侵权盗版行为，取缔非法报刊，清除互联网有害信息等。出动执法人员5.39万人次，检查经营单位1.88万家次，收缴非法出版物、盗版制品35.63万件，查处取缔无证经营或违章摆卖出版物店(档)94家。立案查处违法违规经营案件376起，办结364起。4月24日，承办2014年全国侵权盗版及非法出版物集中销毁行动广西·南宁分会场活动，公开销毁侵权盗版制品4万件、非法出版物6.80万件。

【大案要案查办】 2014年3月12日，南宁市文化市场综合执法支队立案查处南宁市仕林图书有限责任公司、广西学霸图书有限公司、南宁市智博丰书店等7家书店发行涉嫌侵犯商务印书馆有限公司、外语教学与研究社有限公司享有专有出版权的《牛津高阶英汉双解词典》《现代汉语词典》《新概念英语1》等出版物案件。5月21日，市文化市场综合执法支队立案查处广西大华印刷有限公司接受委托印刷出版物《老干部回忆录资料》未按规定留存样本备查案件；立案调查南宁市日恒升印务有限责任公司接受委托印刷《上网秘籍画册》《灵犀故事海报》等出版物未按规定留存样本备查案件。6月4日，市文化市场综合执法支队、兴宁区文化市场综合执法大队出动检查人员30多人，清查市民族商场三楼，查处、取缔无证经营音像制品店3家，没收非法音像制品3300多张，并将案件移送公安机关立案查处。10月15日，市文化市场综合执法支队检查位于南宁市长堽路五里1号的广西南国印刷有限责任公司，发现该公司印刷生产涉嫌淫秽色情内容的印刷品，涉案非法出版物20.18万份，移送公安机关立案查处。 (张启敏)

文物·博物

【概 况】 2014年，南宁市有文物、博物单位10个(市级3个、县级6个、城区1个)，分别为南宁市博物馆(南宁市文物考古研究所)、南宁孔庙管理所、昆仑关战役博物馆、横县博物馆(横县文物管理所)、宾阳县文物管理所、上林县文物管理所、隆安县文物管理所、武鸣县文物管理所、马山县文物管理所、邕宁区文物管理所。全市文博单位在编人员65人，其中高级专业技术职务任职资格7人、中级22人。年内，全市新增县级文物保护单位6处，其中宾阳县2处、马山县3处、隆安县1处。有全国重点文物保护单位、自治区级文物保护单位、市(县)级文物保护单位242处，其中全国重点文物保护单位5处、自治区级文物保护单位20处、市(县)级文物保护单位217处。南宁市博物馆实行免费开放，所辖展馆邓颖超纪念馆接待观众34万多人次。邓颖超纪念馆被列入第一批自治区廉政教育基地。

【文物调查】 2014年，南宁市文物部门配合南宁市基础设施建设，实地调查邕江综合整治和开发利用精品示范亮化工程、南宁金刚水泥有限公司片区改造、南宁轨道交通2号线、南宁市兴宁公安分局兴宁派出所、西乡塘区雅际片区一期旧改、郁江—龟山堤工程、郁江—仙葫半岛堤工程项目所经线路的贝丘遗址等17个项目地面文物情况，提出保护建议、意见；协助兴宁区政府勘查"三街二巷"规划范围内兴宁路、新华街、解放路、高峰路片区，兴宁路、民生路、新华街片区，解放路小学片区，旧和平商场片区，朝阳路、民生路、兴宁路、新华街片区，金狮巷片区，民族大道兴宁路三角区、水街片区，北宁路望火楼等片区建筑物，对调查范围内文物保护单位、不可移动文物点以及历史建筑提出保护意见；到隆安县乔建镇儒浩村龙钝山调查龙钝洞穴，在地表上采集文化遗物2件；调查武鸣县罗波镇都武二级公路罗波至马头路段工地出土的铜鼓一面，鼓面直径约80厘米，通高约60厘米，鼓面饰多种纹饰、顺时针布饰四蛙，保存较好，初步判断为隋唐时期文物，距今约1500年；实地调查刘圩镇、南阳镇之间的三籁村碑刻，碑刻长约110厘米、宽约50厘米、厚约20厘米，砂岩石制成，碑正面阴刻隶书"宣化县地界至此"7个字，字体宽约10厘米，立碑时间不详，查后将该碑刻运至市博物馆保存。8月至9月，自治区文物保护与考古研究所联合南宁、崇左、百色等市文物部门组成课题组，对左右江流域新石器时代至汉代考古遗存研究展开调查，主要是通过对现有的新石器时代至汉代考古材料的梳理，以实物资料增强左江岩画价值信息来源真实度或可信度，用考古资料证实左江岩画在艺术、历史、社会和科学方面的价值，推进左江岩画的年代、族属、产生原因等内容的研究，丰富岩画研究的内涵。

【文物维修与保护】 2014年，南宁市投入16万元维修文化景观双孖井；投入15万元维修邕宁区徐汉林烈士陵园；投入40多万元维修宾阳县回风塔；投入50万元维修上林县南陔革命旧址；投入38.70万元维修邓颖超纪念馆。建立馆藏文物编目卡、电子档案，登记文物150件(套)，包括藏品总登记账、藏品档案、藏品编目卡片等；委托自治区博物馆修复铜器、铁器文物11件；拓印《虚白公暨其媳广德公主轶事丛拾石碑》《夏黄村志石碑》、梁瀚嵩《重修起凤山记》、陆荣廷题诗碑、黄之裳题诗碑、黄维坚题诗碑、黄诚沅题诗碑、苏来苏起凤山咏诗碑等石刻；整理隆安谷红岭大石铲遗址标本，对谷红岭遗址地表采集品、A区AH1标本和探方内零星出土的约300件标本进行分类、制表、测量、填写器物特征、制作卡片、标本描述等；对凌屋贝丘遗址中保存较为完整的墓葬整体套箱起取，套取仰身屈肢葬式、侧身屈肢葬式等墓葬各1座，俯身屈肢葬式墓葬2座。

【考古发掘】 2014年，市文物考古研究所(市博物馆)配合自治区文物考古研究所进行三江口汉城遗址、高岭坡遗址、凌屋贝丘遗址3项考古发掘。1月，二次发掘三江口汉城遗址，开展三江口地区文物遗迹调查。确认汉城遗址布局、规模及三江口大王庙大石铲遗址、贝丘遗址、古窑址群等遗址；参与高岭坡遗址发掘，出土石制品千余件，发现石器制造场、用火遗迹各1处，完善、纠正该遗址年代序列，为广西史前文化提供实物和年代参考依据。受自治区文物局委托，自治区文物考古研究所、南宁市博物馆组成联合考古队，抢救性发掘邕宁水利枢纽工程用地范围内的凌屋贝丘遗址，发掘面积2000平方米，文化堆积层厚度约1.80米，出土石器、陶片、蚌器、骨器等遗物数百件，遗迹主要为墓葬，清理墓葬300多处，形制完整、葬式多样、分布密集，有仰身屈肢、侧身屈肢、俯身屈肢、蹲踞葬等墓葬形式。

【文物征集与捐赠】 2014年，南宁市博物馆征集到民族民俗文物904件(套)，其中少数民族不同种类背带61件，背带芯织（绣）片800件，瑶族、苗族服饰9件(套)，被面14张，绣花片(帘)12件，苗族帐帘1套，道公服1件，壮锦被面织片1件，绣花背心1件，儿童帽2件，儿童脖兜2件；征集到南宁市生产的“金茶花”牌缝纫机1台，“鱼峰”牌缝纫机1台，对越自卫反击战纪念杯1个，上海“美多”牌收音机1台，市钢精厂生产的铝锅1口，市电风扇厂生产的煤油灯1盏。接收捐赠文物65件。其中：中国—东盟青年艺术品创作大赛组委员会捐赠的第七届“中国—东盟青年艺术品创作大赛”作品5幅；双勾体书法作品1幅；邓颖超肖像石影雕1幅；南宁紫苑服装有限责任公司捐赠的木质“原上海第三衬衣厂”厂牌1块、靠背椅2张、“1956中央”款熨斗1个；南宁市西部时代房地产开发有限公司捐赠书法作品2幅；市民捐赠1973年《工作证》1本、1980年《职工享受劳动保险待遇证》1本；近现代木质储物柜1只，坭兴陶“弟子规”帽筒1个、坭兴陶“弟子规”花口瓶1个、坭兴陶“孙子兵法”葫芦1个；人民公园捐赠近现代石质磨盘上扇46个。

【陈列展览】 2014年，邓颖超纪念馆进行陈展改造，完善陈列展览功能配置，新增邓颖超廉政事迹展和多媒体展项。邓颖超纪念馆免费对外开放，接待观众34.58万人次，接待单位、团体参观488次，提供讲解475批次。

【博物馆建设】 2014年，南宁市博物馆外墙幕墙装修完成验收；完成室外广场铺设、绿化种植、挡墙、深层搅拌桩及门前道路路基施工等；安保系统方案通过评审；智能化系统办理变更手续；完成布展装修工程设计施工一体化招投标。新建南宁市博物馆设南宁历史文化陈列基本展厅1个，红陶情韵展（南宁红陶）、纪·忆—1929南宁兵变展、民歌展、东盟主题国展专题展厅4个。12月26日，市人民公园内的“毛主席接见广西各族人民纪念馆”开馆。横县博物馆加建第三层，闭馆施工。

【第一次全国可移动文物普查】 2014年，南宁市文物部门完成第一次全国可移动文物普查第一阶段工作，进入第二阶段普查工作。南宁市博物馆拍摄馆藏文物800件，上报国家数据库500件；组织3个督查组指导六县六城区8017家国有单位完成摸底排查、统计汇总、数据上报；召开第二阶段工作培训会，培训80人；制定南宁市第一次可移动文物普查文物认定方案，组织专家组到县(区)54个单位开展文物认定。南宁孔庙管理所做好全国第一次可移动文物普查，梳理馆藏文物，建设馆藏文物信息数据库。

（周梅清）

【南宁孔庙】 2014年，南宁孔庙管理所在编15人，其中具有高级专业技术职务任职资格2人、中级5人、初级4人。南宁孔庙管理所办公地点由市滨湖路迁至市青环路9号。年内，南宁孔庙管理所参与斑峰书院、徐汉林烈士陵园、双孖井、广西体育场门楼等文物保护单位维修；协助巡查六城区文物保护单位39处，对部分碑刻进行拍照、测绘、记录及拓片；赴北京及自治区内地市、南宁市周边征集回武官补子、铜香炉、石炉、铁钟、古籍等文物30多件；完成南宁孔庙附属工程建设，文物库房投入使用，园区建设主体建筑完成油漆工程，完善厢房陈列。9月28日，以“传承中华传统文化、共筑和谐中国梦”为主题的“南宁孔庙·中华传统文化教育推广年”系列活动在南宁孔庙启动，包括经典诵读、道德讲堂、国学讲

2014年10月至2015年1月，南宁市邓颖超纪念馆维修。图为竣工后的纪念馆外观

市博物馆提供

座以及开笔礼、拜师礼、敬老礼、成人礼等传统礼仪体验式教育，3000多名中小学生参加。

【中国孔庙保护协会第十七届年会】 2014年10月11日至13日，中国孔庙保护协会、南宁市文化新闻出版广电局主办的中国孔庙保护协会第十七届年会暨会员代表大会在南宁孔庙举行；主题是"孔庙文化功能的当代价值"，来自全国各地孔庙保护单位的224名代表参加。中国孔庙保护协会会长、曲阜市文物局局长、曲阜孔子博物院院长孔德平，中国孔庙保护协会名誉会长、曲阜孔子研究院原副院长、著名学者、研究员孔祥林，中国孔庙保护协会名誉会长、长春市人大常委会原主任、长春市孔子研究会名誉会长祝业精，孔子第79代嫡长孙、世界孔子后裔联谊总会名誉会长、中华大成至圣先师孔子协会会长、至圣孔子基金会会长孔垂长，南宁市文化新闻出版局局长魏永泉等出席开幕式。开幕式由孔德平主持，魏永泉、孔垂长分别向大会致辞。增聘"大成至圣先师奉祀官"孔垂长先生（现居台湾）为中国孔庙保护协会名誉会长，授予南宁孔庙等12家单位"全国孔庙保护先进单位"称号，授予刘安等19人"全国孔庙保护先进个人"称号；吸收武宣文庙、旌德文庙、腾冲文庙等12家孔庙为新会员单位。举办儒学学术研讨会，出版《孔庙文化功能的当代价值——中国孔庙保护协会第十七届年会论文集》；选举确定新一届组织机构成员名单，曲阜市文物局再次当选为会长单位，孔德平继续担任协会会长职务。会后，中国孔庙保护协会向南宁孔庙赠送《先师孔子行教图》。 （黄文波）

档 案

【概 况】 2014年，南宁市有市级、县（区）级国家档案馆13个，城建档案馆1个，房产档案馆1个，国土资源档案馆1个。年内，市国家档案馆接收第45届世界体操锦标赛、"两会一节"档案；完成到期档案鉴定和依法向社会开放；开展"档案走进社区"宣传；联合兴宁区档案局组织广西民族大学管理学院档案专业学生参加自治区暨南宁市第二届"政务公开日"活动。举办机关、团体、企事业单位档案工作人员培训班27期，培训4000多人次。市本级、江南区、青秀区、西乡塘区国家档案馆通过国家二级馆等级复查；邕宁区国家档案馆通过国家三级馆等级复查。市、县两级国家档案馆被评为南宁市业务建设及目标管理年度考核一等奖3个，二等奖6个，三等奖3个。市档案局被评为2012年至2014年度全国省会城市和计划单列市档案宣传工作先进单位。

【档案接收与利用】 2014年，南宁市接收档案1.74万卷22.61万件。市国家档案馆接收第45届世界体操锦标赛纸质档案1356件，实物11件，照片387张，视频光盘49张；接收"两会一节"照片230多张，接收知青档案1753件。宾阳县接收7181卷2575件；武鸣县接收4808卷5.53万件。完成到期档案鉴定和依法开放，开放鉴定1984年以前（含1984年）形成的到期档案，依法向社会开放档案6602卷8.75万件。接待查档3.19万人次，提供档案4.09万卷；为全市党内规范性文件清理提供档案服务，调阅文书档案1364卷，复制档案1436件6358页。开展档案编研，新增编研资料39种，江南区编纂出版《记忆亭子》，市国家档案馆编纂《南宁市国家档案馆馆藏档案精粹》《南宁市名人档案汇集》《2013年南宁市档案工作大事记》，宾阳县编纂《宾阳县山林土地权属纠纷处理决定专题汇编（1988－1998年）》，良庆区编纂《农业农村档案信息汇编》，横县编纂《横县籍志愿军战士参加抗美援朝资料汇编》。

【机关档案】 2014年，南宁市开展机关档案业务指导和年检，列入年检机关单位990个，合格率100%，其中优秀593个、优秀率59.90%。检查市属单位二层机构档案，综合考评19个系统263个二层机构单位。其中：合格229个，合格率87.07%；优秀42个，优秀率16%。横县国家税务局、地方税务局档案室被认定为自治区特级档案室，青秀山风景区公安分局档案室被认定为市直机关一级档案室。

【企事业单位档案】 2014年，南宁市印发《关于进一步加强市属国有及国有控股企业档案工作的意见》，加强档案达标和重大项目档案规范化管理，将市国有资产监督管理委员会监管的8个集团78家企业列入档案年检范围。开展企事业单位档案工作目标管理达标认定，市天桃实验学校、市人民公园档案管理晋升科技事业单位档案管理国家二级；广西博阳电力工程建设有限责任公司档案管理工作通过企业档案管理自治区级认定；市第九人民医院、市教育科学研究所等51个单位档案管理通过科技事业单位档案管理自治区级认定。

【农村与社区档案】 2014年，南宁市档案局在望州南社区开展"档案走进社区"宣传；印制挂图1000多幅，发放至258个社区。开展农村土地承包经营确权登记颁证试点规范建档指导，会同市农业委员会印发《南宁市农村土地承包经营权登记颁证档案归档整理方法》，验收兴宁区、良庆区、南宁经济技术开发区等试点镇（村）档案；横县、马山县、西乡塘区等

2014年，市档案局加大档案依法向社会开放力度，开展"档案走进社区"宣传活动
市档案局提供

开展集体林权制度改革“回头看”档案收集归档;督导乡镇、农科单位、村委、社区档案工作,年检率100%,合格率95%。建立村(社区)干部档案1.27万卷。兴宁区、良庆区获“创建广西社会主义新农村建设档案工作示范县(区)”称号。

【重大项目档案】 2014年,南宁市各级档案部门加强监督指导重大建设项目档案工作,督促档案登记、备案等。市档案局开展五象湖公园(水域部分)、西江航运干线南宁至贵港II级航道、广西郁江老口航运枢纽、邕宁水利枢纽等重大建设项目业务指导、培训和档案专项验收,以上项目均通过自治区重大建设项目档案专项验收。

【档案信息化管理】 2014年,南宁市投入经费806万元,完成纸质档案数字化扫描554.63万页;江南区投入107万元,完成扫描290多万页;西乡塘区投入17.50万元,完成扫描50多万页。完成南宁市电子文件(档案)备份中心项目初步设计及批复。开展全市档案数据采集报送,采集目录数据16.80万条,全文166万页,刻录光盘250张;整合各级国家档案馆婚姻档案目录84.50万条,建立专题数据库。制定《南宁市各级国家档案馆档案数字化工作操作规范》;指导县(区)国家档案馆及市中级人民法院等单位档案信息化工作;验收市工业和信息化委员会及宾阳县档案局等单位档案数字化项目;开展档案信息化培训。将南宁档案信息网站迁移到市政务平台运行,充实栏目内容,网站点击量208万人次,居全国同级同类网站前列。

【市、县(区)国家档案馆建设】 2014年,南宁市国家档案馆新馆、江南区国家档案馆新馆开工建设;宾阳县、横县、武鸣县国家档案馆新馆建设完成施工图设计、审查工作;邕宁区国家档案馆完成施工图设计;西乡塘区、良庆区、青秀区、马山县国家档案馆重新选址。

【档案安全管理】 2014年,南宁市、县(区)两级国家档案馆开展档案安全检查;市财政安排资金29多万元对市国家档案馆进行综合改造;上林县投入195.69万元完善档案馆新馆安防设施;江南区投入近20万元配备监控等设施。市、县(区)完善档案室“三铁”(铁门、铁窗、铁框)“八防”(防火、防盗、防潮湿、防高温、防鼠、防虫、防水、防污染)等设施。开展重点档案抢救,完成抢救档案1825卷5.38万件。 (周心龙)

新闻出版

报　纸

【概　况】 2014年,南宁日报社辖《南宁日报》《南宁晚报》、南宁新闻网和南宁日报社印刷厂;有职工463人,其中新闻专业人员242人、经营管理人员112人、印刷人员109人,具有高级专业技术职务任职资格12人、中级42人、初级132人。《南宁日报》周七刊,对开12版,彩色印刷,期均发行量9万份,总印数3258万份;总印张9774万印张。《南宁晚报》周七刊,四开42版,彩色印刷,期均发行量12万份,总印数4344万份,总印张2.61亿印张。4月,在腾讯视频开设“美丽南宁”栏目,播放总量79.20万次;每天通过新闻网站、微信、微博以及腾讯视频等平台关注南宁新闻网产品的网友10万人次。9月,《南宁晚报》成立“微”(官方微信)小组,负责晚报“微”报运作。年内,南宁新闻网开设25个频道(栏目300多个和子网18个),新闻和信息日更新量5000条以上,南宁新闻网微信公众号综合影响力在南宁(含自治区)媒体中排入前五名。南宁日报社印刷厂获自治区政府采购资质,通过ISO(国际标准化组织)体系检测;获国家安全生产监督管理总局颁发安全生产标准化证书。南宁日报社印刷厂控股的南宁邕之印广告文化传媒有限责任公司成立,承印《南宁日报》被中国报业协会印刷工作委员会评为2014年度全国报纸印刷质量最高级“精品级报纸”,为自治区独家。

【南宁日报社重要宣传与专题报道】

自治区“两会”报道　1月15日至19日中国人民政治协商会议第十一届广西壮族自治区委员会第二次会议,1月16日至20日自治区第十二届人民代表大会第三次会议在广西人民会堂召开。期间,《南宁日报》《南宁晚报》、南宁新闻网分别成立专门采编小组,对“两会”进行采访报道,刊发新闻36篇、照片21幅。

南宁市“两会”报道　2月11日中国人民政治协商会议第十届市委员会第四次会议,2月12日市第十三届人民代表大会第五次会议在南宁人民会堂开幕。期间,《南宁日报》《南宁晚报》、南宁新闻网分别组织采访报道小组,撰写刊发社论2篇,开设“全面深化改革　奋力提升南宁首位度——关注两会”专版10个,设立“两会新风”“人民代表、政协委员侧记”“两会同期声”“提案直击”“代表建议”“关键词解”等栏目,采写编发新闻稿件290篇,照片96幅。

提升南宁首位度报道　中共南宁市委十一届十一次全会提出“全面提升南宁首位度‘三城’(绿城、水城、花城)展魅享誉全国”的目标,邀请专家解读、诠释“首位度”,《南宁日报》开设“全面深化改革　奋力提升南宁首位度”栏目,刊发稿件213篇,照片86幅。开设《为民务实清廉　提升南宁首位度》《向标杆看齐,以榜样引导》栏目,反映南宁市开展教育实践活动进展及成果,栏目刊发100多期。

第45届世界体操锦标赛报道　5月9日至13日,全国体操锦标赛暨第45届世界体操锦标赛测试赛在南宁举行,《南宁日报》《南宁晚报》、南宁新闻网组成世锦赛报道组,分内场、外场两个组采访报道。10月1日至12日世界体操锦标赛期间,推出“南宁绽放体操美”世锦赛专版44个,报道赛事综述、运动员专访、获奖感言、今日看点、全锦赛妙语等。10月3日,推出12个以“世界为南宁喝彩”为主题的世锦赛专版,其中赛事总结8个版;采写专访稿件《精彩瞬间点燃激情永驻脑海》《三年准备十天精彩　永久财富——南宁体操世锦赛更精彩》。10月15日,推出世锦赛综述《世界为南宁喝彩》。开辟《整洁畅通有序大行动迎接体操世锦赛、展现文明南宁新形象》《规范停车管理》专版26个。赛前,《南宁晚报》从场馆建设、赛事组织、城市建设、环境整治、志愿者服务、公众文明等方面进行“体操世锦赛南宁准备好了吗”系列报道;赛事期间,对赛场内外进行全景式报道;赛后,进行“世锦赛给南宁带来了什么”系列报道,推出专版67个,文稿630多篇,图片320多张。

“两会一节”专题报道报道　9月16至19日,第11届中国—东盟博览会、第11届中国—东盟商务与投资峰会、2014南宁国际民歌艺术节在南宁市举行。2014年是中国与东盟贸易合作“钻石十年”新起点,《南宁日报》从城市建设、环境整治、安保、食品安全、交通建设、美化绿化等方面面报道。9月15日,开设“海上新丝路　扬帆正当时”专版、专栏。9月16日,推出20个版的“海上新丝路　扬帆正当时”特刊一份。“两会”期间,安排20多名记者，在博览会各会场发掘新闻，每天以4个~5个版面报道"两会"活动，推出"游华南城逛轻工展品 天下美食"专版2个。刊发"两会"报道324篇、图片100多张，字数25万字以上。开辟"关注'大地飞歌·2014年演唱会'"专栏，每天文体版刊登1篇~2篇民歌节报道；报道民歌稿件62篇，刊发"歌飞十六载壮乡舞风情"专版4个，报道字数8万字以上。

"电视问政"活动报道 《南宁晚报》报道市委、市政府推出的"电视问政"系列活动14期，每期"电视问政"活动派采编人员现场报道，并对"电视问政"涉及相关部门整治情况进行跟踪报道。

"美丽南宁·整洁畅通有序大行动"活动报道 《南宁日报》设置"美丽时刻""曝光台""回音壁""金点子"专栏，采用消息、通讯、图片、评论、系列报道等形式宣传，推出"美丽南宁·整洁畅通有序大行动"专版560个，报道字数260万字以上，图片3000多张。

精神文明建设报道 10月，《南宁晚报》开设《美丽南宁·整洁畅通有序大行动》《猜猜醉美南宁是哪里》《阿武揭丑》《路况导航》《曝光台》《回音壁》《它山之石》《立此存照》等专栏，每天刊载1.50个以上专题专版，刊发报道图文800多篇（幅）。推出《"脱缰野马"电动车：城市道路上刻下七项劣迹》《违法电动车如何踩刹车》《民族大道上的"拦路虎"何时搬家》等196个专题报道。其中《违法电动车如何踩刹车》专题每日最多推出8个整版报道，《民族大道上的"拦路虎"何时搬家》刊发文章5篇。开设"发现南宁正能量"专栏，通过《10万元巨款沉甸甸的分量》《好人撞上好人 坏事变成好事》《八旬老人摔倒 南宁再现"扶人哥"》《身边的榜样加倍传递正能量》等事迹报道，刊发图文稿件180多篇（幅），刊发社会主义核心价值观公益广告58版次。宣传报道城市诚信制度化、道德模范、志愿者服务制度化、"我们的节日"、未成年人思想道德建设、文明旅游和谐创建在基层、星级文明户创建及感恩教育等活动，刊发宣传报道1200多篇（幅），刊发反腐倡廉文章、图片137篇（幅）。

【主题社会活动】

第二届业务技能大赛 2014年，南宁日报社举办第二届业务技能大赛，设汉字听写、挑错别字、猜成语3个分项赛。每个分赛有8支队伍参赛、56名选手参加。

"第45届体操世锦赛交通劝导志愿服务日"活动 南宁日报社组织党员和志愿者开展"第45届体操世锦赛交通劝导志愿服务日"活动，派出3批次、20人次协助交警开展活动。

社区奉献"微心愿"活动 南宁日报社开展服务社区奉献"微心愿"活动，六个党支部全体党员到社区开展"微心愿"服务，赠送60多份价值5000多元的爱心礼物。 （邓家全）

广播电视

【概 况】 2014年，南宁市（含驻市）有省级广播电台1家，地级广播电台1家；省级电视台1家，地级电视台1家；县级广播电视台6家；市级广播电视技术中心一家。广播人口覆盖率98.26%，电视人口覆盖率99.46%。

年内，市广播电视系统围绕提升服务中心工作、新闻快速反应、新闻舆论监督、现代传播技术、社会道德素质水平等内容，创新节目形式，助推媒体融合发展，开展公益广告宣传，履行广电行业监管职能，推出重大主题报道，为推动首府现代化建设提供强有力的舆论支持。安全播出8.44万小时，停播率2.67秒/百小时，低于自治区20秒/百小时的年度停播率定额指标。广播电视系统经营收入2.18亿元，比上年同期增长18.56%。7月，市文化新闻出版局与市广播电影电视局合并为市文化新闻出版广电局。12月，原市广播电影电视局获国家人力资源社会保障部、国家文化部授予"全国文化系统先进集体"称号。覃露莹获广西壮族自治区妇女联合会颁发"广西三八红旗手"称号。局属各单位获省级以上（含省级）各类广播电视奖124个。 （施 鹏）

【南宁电视台】 2014年，南宁电视台与市文化新闻出版广电局为局台合一体制。设总编室、综合部、新闻综合频道、都市生活频道、影视娱乐频道、公共频道、节目部、广告部、大型活动部、互联网站部，成立"全媒体新闻中心""全媒体广告活动营销中心"；管辖广西发扬文化传媒有限公司、南宁广电传播商务发展有限责任公司、南宁广播电视技术开发公司。有员工390人，其中高级专业技术职务任职资格7人、中级74人。出台《南宁电视台新媒体管理纲要》，参加新闻采编人员岗位培训和考试224人，换发记者证225人。10月，外部招聘40人，其中28名劳务派遣人员参加转台聘考核。无线覆盖市辖六县六城区，用户68万人。年内，开设《学习贯彻十八届三中全会精神》《全面深化改革 提升南宁首位度》《美丽南宁·整洁畅通有序大行动》《凡人善举 践行核心价值观》《世锦绽放南宁 世界聚焦广西》《践行群众路线 电视问政看兑现》等专栏40多个。调整新闻综合频道、都市生活频道、大型活动部和广告部。2月，推出《我是大侦探》《爱上生活》新节目，对《听古》节目进行白话改造。3月，开设"世锦绽放南宁 世界聚焦广西""美丽南宁 美丽赛事"节目，老友网开设"世锦绽放南宁 世界聚焦广西""美丽南宁 美丽赛事"节目，设置"体操宝贝 韵动南宁""韵动南宁 助威世锦赛""世锦赛雕塑作品征集活动""壮乡世锦""2014全国体操锦标赛"等栏目，宣传世锦赛。改版官方微信、微博，实现本地重大新闻微博直播、突发事件微信首发常态化。8月1日，"南宁头条"手机客户端正式上线。拥有老友网、"老友""南宁头条"手机客户端及南宁电视台、《新闻夜班》官方微信、微博等新媒体产品。全年网络阅读量超百万，新闻节目初步形成"一云多屏"（将云计算的结果以多种方法显示，如手机、计算机、电视等）格局。推出广西首档大型电视问政节目《向人民承诺——电视问政》直播栏目，最高收视率在自治区32档自办节目中排第三，第七至十一期节目网络浏览点击量146.20万人次，手机观看直播观众4.61万人次。人民日报、新华社、中央人民广播电台等各大门户网站均聚焦此栏目，收到市民反馈问题3000多个，热线电话700多个，整改落实节目曝光问题90多个。新闻综合频道《大地飞歌·2014》第16届南宁国际民歌艺术节演唱会直播收视率4.58%、市场占有率17.48%。制作《我们的节日》《厉行节约·反对浪费》《爱心改变命运》《关注高考》《"双凤还巢""飞龙"进京——见证南宁速度新跨越特别直播》等，宣传"能帮就帮，敢做善成"南宁精神。65条新闻被中央电视台采用，其中《新闻联播》12条。全国城市台联制联播系列纪录片《城市的味道》在各城市台播出。自制《米粉之城》《美丽家园》《弦未殃》等7部纪录片在中国黄河电视台SCOLA（对外汉语教学）频道美国卫星电视网播出；《碧血昆仑》《米粉之城》《弦未殃》等6部纪录片在广西台综艺频道《纪录广西》栏目播出。市外宣品牌《春天的旋律·2014》境外合作方拓展至香港卫视（HKS）、澳门广播电视股份有限公司、马来西亚家娱频道、澳洲天和电视台、泰国中文电视台，被列为

南宁年鉴

国家新闻出版广电总局“2014年中国—东盟文化交流年”系列活动之一。摄制、播出宣传片74条,其中公益宣传片46条,播发“讲文明树新风”公益广告2.94万条次。年内,《故事》《居委会》栏目被评为第19届中国电视纪录片十优栏目;《故事》栏目《忠义赋》专栏、《故事》栏目《那月》专栏、《看法》栏目分别被评为2012年全国社教节目二等创优长纪录片、三等创优专题片、三等创优栏目;故事栏目《烽火少年》被评为第九届“中国纪录片国际选片会”创优评析优秀栏目、创优评析社会(新闻)类三等节目;《故事》栏目《蛇年》专栏在“人文中国第三季—传承中国”全国电视纪录片、专题片推选活动中获二等奖;新闻综合频道被评为2013年全国城市电视台新闻交换工作二等奖;故事栏目《居委会》《天鹅湖畔》分别评为第六届女性题材优秀电视作品一等奖、优秀奖;作品《温暖触觉》《〈城市的味道〉—米粉之城》《烽火少年》《能帮就帮 大爱无疆》分别被评为2013年城市社教一等创优短纪录片、一等创优系列片、一等创优系列片、二等创优专题片。《碧血昆仑》《呢的呀》获2014中国(青海)世界山地纪录片节入围奖。22个作品被评为2013年度广西新闻奖,其中一等奖1个、二等奖10个、三等奖11个;16个作品被评为广西广播电视优秀作品奖,其中一等奖5个、二等奖4个人,三等奖7个。27个作品被评为2013年度广西广播电视奖,其中一等奖4个、二等奖13个,三等奖10个。3个作品获2013年度广西法制好新闻电视新闻奖,其中二等奖1个、三等奖2个。1个作品获2013年度广西保险好新闻二等奖。全年完成经营收入1.32亿元。

（夏启伟）

【南宁人民广播电台】 2014年,南宁人民广播电台隶属市文化新闻出版广电局,设总编室、新闻部、新闻综合广播部、交通音乐广播部、乡村生活广播部、故事广播、播出部、广告信息部、广西声动运达文化传播有限公司9个部室。有员工110人,其中具有高级专业技术职务任职资格6人、中级34人、初级32人。设新闻综合、交通、生活、故事广播电台频率4套,覆盖周边27个县(市),覆盖人口超过自治区总人口三分之一。全年播出稿件8.99万条,其中录音报道0.39万条。中央电台采用24篇(重点栏目10篇)。播出公益广告2.57万条(次)。年内,被评为第45届世界体操锦标赛宣传报道先进集体,获2014年度中央人民广播电台新闻报道突出贡献奖,《让遗体器官捐献者不朽》获2013年度中国广播电视协会城市广播(短消息)二等奖。《公益广告“文明驾驶——车品如人品”》获自治区第二届“讲文明树新风”公益广告作品二等奖,《南宁市80万辆电动自行车今起上牌规范管理》《“12331”为何遇冷》分别获2013年度广西广播电视奖(短消息)一等奖、(公众性节目)一等奖。全年完成经营收入2880万元。

（张　力）

【南宁广播电视技术中心】 2014年,南宁广播电视技术中心设综合部、制作部、播出部、发射台4个部门。有员工97人,其中具有高级专业技术职称6人、中级10人。3月,增设综合部设备维修、制作部演播室、播出部技术维护、发射台技术维护4个副主管岗位,选拔任用4名优秀技术骨干。4月,增选中心副主任1名。完成设备更新改造项目18项、采购资金0.18万元。建设交通信息直播平台,对卫星直播车进行高清升级。直播211场,录播79场。直播任务比上年增加23%。完成2014全国体操锦标赛及第45届世界体操锦标赛直播转播服务。赛事期间,派员到组委会转播部,为电视信号制作及转播设施建设、改造提供技术支持,接待承担国外媒体人员;完成春节、全国“两会”、市“两会一节”等直播转播任务。全年安全播出3.50万小时,发射台安全播出2.90万小时,达总停播率小于15秒/百小时指标。推荐4个科技创新项目参加自治区新闻出版广电局科技进步奖评比,其中获2014年度广西广播电影电视局科技创新奖二等奖1个、三等奖3个。林浩获2014年度广西广播电视技术能手竞赛奖技术能手。

（黄国力）

【南宁广播电视报】 2014年,《南宁广播电视报》每周四出报,4开16版,彩色印刷,每周一刊。

【大型活动与直播报道】 2014年,南宁电视台完成新闻事件直播近200场,日常直播节目430多档,包括跨年直播、“3·15”特别直播、“6·16”宾阳伤人事件、台风“威马逊”、“爱心改变命运”活动、“两会一节”大看台、“双凤还巢飞龙进京”、第45届世界体操锦标赛等新闻事件直播。

第45届世界体操锦标赛　10月2日起,南宁电视台组成30多人的赛事直播报道小组对第45届世界体操锦标赛进行报道。开辟南宁电视台公共频道作为赛事直播专业平台,全天滚动直播世锦赛实时赛况和资讯,推出《直通赛场》《世锦快讯》《我们的世锦赛》3档栏目。10月2日至12日在南宁电视台公共频道整点直播全程赛事。世锦赛期间各栏目直播52场,总时长60小时10分钟。南宁电台在1014新闻台《1014今早报》等黄金时段开设《世锦绽放南宁 世界聚焦广西》《喜迎世锦赛 当好东道主》《美丽南宁·整洁畅通有序大行动》《世锦赛金牌榜》《世锦赛快报》专栏,推出《喜迎世锦赛大家谈》系列报道,报道访谈专家、采访市民等内容。每天派出6名记者到广西体育中心赛场,采用记者体验、连线报道、录音报道等方式,在早、中、晚三大新闻板块全天报道。1074交通台“飞虎队在现场”用体验形式

3月20日,南宁电视台首创《向人民承诺——电视问政》节目启播

市文化新闻出版广电局提供

报道与世锦赛有关情况。电台播发世锦赛稿件1100多篇，其中南宁电台记者采写420多篇。

《向人民承诺——电视问政》直播 是南宁电视台开办的自治区首档电视问政直播节目，3月20日开播。节目由市委、市政府主办，市纪委、市委宣传部、市监察局、市文化新闻出版广电局等部门联合承办，全年推出直播节目14期。利用广播、电视、网络、手机客户端、车载电视等全媒体宣传手段，搭建电视问政、政民互动平台。节目问政内容、方式、话题、点评等在南宁市各级干部、市民和网友中引发热议，收听收视率以及网络点击量节节攀升，形成“百姓参与、百姓评说、百姓监督”舆论氛围。

全国体操锦标赛直播 5月9日，启动“全国体操锦标赛”宣传报道和赛场直播，5天7场直播3个栏目联动，13个小时直播，其中专门独立开辟4个单独直播时段，邀请专业嘉宾解说。

南宁机场新航站楼运行及南宁至北京高铁列车开行直播 9月13日，南宁电视台新闻频道临时开设独立直播窗口对南宁机场新航站楼启用前的运行演练进行直播，长达1小时40分钟。9月25日，南宁机场T2航站楼正式启用，南宁至北京高铁列车开行，推出时长3小时《“双凤还巢”“飞龙”进京——见证南宁速度新跨越特别直播》，派出记者跟随首趟进京高铁，全程发回最新报道。3小时特别直播节目分为12集背景短片，33段各直播点直播连线。首次运用航拍手段直播高铁建设。（夏启伟）

【驻市广播电视机构】

广西人民广播电台 2014年，播出新闻综合广播、经济广播、教育生活广播、交通广播、文艺广播、北部湾之声等6套广播频率节目。全年公共广播节目播出时间4.28万小时。其中：新闻资讯类节目1.09万小时；专题服务类节目8017小时08分；综艺益智类节目4203小时48分钟；广播剧类节目665小时；广告类节目4046小时44分钟；其他类节目1.49万小时。转播中央人民广播电台节目时间1632小时，购买交换节目时间1736小时30分钟。

广西电视台 播出卫星频道、综艺频道、都市频道、影视频道、乐思购频道、新闻频道、公共频道、国际频道、科教频道9个频道节目。公共电视节目播出7.73万小时，其中：新闻资讯类1.20万小时；专题服务类6581小时18分钟；综艺益智类3897小时35分钟；影视剧类3.28万小时；广告类1.59万小时；其他类节目6169小时33分钟。转播中央电视台节目585小时，购买交换节目6.20万小时。播出电视剧667部2.97万集，动画电视1248小时57分钟。

中央人民广播电台广西记者站 在岗6人，其中记者3人。年内，策划重大选题，做好驻地宣传。配合中国之声《踏遍青山》系列报道，对广西东兰、凤山、金秀等地退耕还林、林下经济发展和水源林保护等进行采访，总行程超过1000千米；配合华夏之声《城市新跨越》大型直播节目——柳州的报道；协助做好中国之声及中国广播网等对第11届中国东盟博览会、第45届世界体操锦标赛的现场直播和报道。在中国之声《中国大舞台》节目播出柳州《八桂大歌》和南宁国际民歌艺术节两期特别节目。采写《广西拟调整高速公路通行费 民众质疑声涨》《广西高速路涨价听证会程序涉嫌违规》等报道。

广西广播电视报社 出版《广西广播电视报》52期、《视听》杂志12期。报道CCTV-3《直通春晚》比赛、广西粤剧新发展、中国电视剧编剧2014（南宁）创作年会及广西采风活动、电视剧《农民篮球队》开机仪式、广西电视台新闻频道开播、2014年中泰友谊歌会、2014超模之路罗仑模特争霸赛、“大地飞歌·2014”南宁国际民歌艺术节等。宣传、推介广西电视台《第一书记》《收藏马未都》《一声所爱·大地飞歌》等节目、栏目，为广西卫视新增一版“卫星频道专版”，各频道每期至少增加半版宣传，为广西广电网开辟三个彩色版。11月20日后，《广西广播电视报》全面改版，推出全彩超白纸印刷，增加精美封面，装订成册。改进《视听》期刊，设“视听专论”“新闻专论”“视听研究”等专栏。（蓝业润）

新闻出版管理

【印刷发行】 2014年，南宁市有印刷企业472家，其中参加2015年度核验453家。市印刷企业资产总额52.26亿元，从业1.39万人，工业增加值8.18亿元。印刷工业总产值39.93亿元，比上年同期减少14.35%。按企业类型划分印刷工业总产值：出版物印刷企业16.86亿元，减少9.79%；包装装潢印刷企业20.85亿元，减少8.67%；其他印刷品印刷企业2.22亿元，增长31.36%。实现利润总额2.59亿元，减少10.38%。市出版物发行单位922家，出版物发行网点3956个，从业人员0.76万人。通过年度核验881家，出版物批发单位68家，网点2899个；零售单位813家，网点814个。出版物销售总额59.45亿元（实洋，即打折过后的价格），其中批发单位55.62亿元，零售单位3.83亿元；实现利润总额2.72亿元，其中批发单位2.41亿元，零售单位0.31亿元。

【农家书屋建设与管理】 2014年，市文化新闻出版广电局选定40个基础较好的农家书屋开展示范点建设。安排510家农家书屋更新出版物，完成图书配送。

【2014年中小学教辅教材发行监管】 2014年，市文化新闻出版广电局监管教辅材料征订。针对个别学校组织统一购买《广西壮族自治区2014年春季中小学教辅材料推荐公告目录》之外教辅材料等行为，联合市教育局重申《广西壮族自治区中小学教辅材料发行征订管理办法》，促使南宁市中小学教辅材料使用规范化、科学化、法治化。

【“讲文明树新风”公益广告宣传】 2014年，市文化新闻出版广电局做好“讲文明树新风”公益广告宣传。在《南宁广播电视报》刊登公益广告6.5版，《中共南宁市委党校学报》《红豆》《创新》《南宁职业技术学院学报》等刊登公益广告23页。其中《红豆》杂志出版11期，刊登公益广告14页，完成宣传任务154.50%。

【自治区属报刊驻邕记者站日常监管】 2014年，市文化新闻出版广电局对自治区属报刊驻南宁记者站进行日常监管，完成对广西日报驻南宁记者站、广西法制报驻南宁记者站等4个记者站年度核验登记审核，规范自治区属报刊驻邕记者站采访秩序。

【内部资料性出版物监管】 2014年，市文化新闻出版广电局规范内部资料性出版物出版秩序。严把准印许可审读关，实行出版后复审与互审。年内，审读散页（报纸）型、成册（期刊、图书）型内部资料性出版物89种、324期（批）、94.34万份（册），其中2种（批）4000份（册）未通过审读及出版准印许可。实行新申办内部资料性出版物出版单位负责人签订责任保证书监管制度。将内部资料审读关口前移至行政审批大厅市文化新闻出版广电局窗口，工作人员现场办公、当场受理、立即审读、马上审批，准印许可程序透明化。

（董力嘉 施 鹏 赖克强）

责任编辑 谢萍萍

卫 生

综 述

【概 况】 2014年7月18日，南宁市卫生局、南宁市人口和计划生育委员会合并为南宁市卫生和计划生育委员会；机关设26个职能科室，行政编制81名（含市爱卫办6名）；下属事业单位24个：市第一至第九人民医院（9家）、市红十字会医院、市中医医院、市妇幼保健院、市卫生监督所、市疾病预防与控制中心、南宁中心血站、市卫生学校、市计划生育服务中心、江南片妇幼保健院、南宁急救医疗中心、市卫生信息中心、市计划生育宣传教育信息中心、市药具管理中心和代管的市医药学会办公室、市计划生育协会。在岗职工10032人，其中聘用人员约4500人，具有高级职称926人、中级职称2724人。市辖六县19家公立医院完成综合改革；乡镇卫生院实施国家基本药物制度100%；新农合参保率99.35%；住院分娩率、婚检率、地贫筛查率、在孕建册率、新生儿访视率、产妇AIDS抗体检测率等均超过98%。艾滋病新报告病例数、死亡率连续2年下降。承担9项为民办实事项目建设全部完成。孕产妇死亡率和婴儿出生死亡率均控制在责任指标以内。

市辖区有卫生机构4624个（含计划生育技术服务机构、村卫生室），床位3.74万张，每千人口医疗卫生机构床位5.12张；医院88家（公立医院52家、民营医院36家）；基层医疗卫生机构4354个，其中乡镇卫生院123个，社区卫生服务中心37个，社区卫生服务站49个，门诊部、诊所和医务室2134个，村卫生室2011个（全市1392个行政村）；专业公共卫生机构165个，其中疾病预防控制中心17个、专科疾病防治所1个、健康教育所1个、妇幼保健院9个、急救中心1个、采供血机构5个、卫生监督所15个、计划生育技术服务机构116个；其他卫生机构17个。医院床位2.81万张，其中中医民族医医院床位5618张、民营医院床位1951张、乡镇卫生院床位6223张。

卫生从业人员69203人〔含乡镇卫生院卫生人员数8308人、乡村医生3518人、村卫生室执业（助理）医师294人、卫生员533人〕，每千人口有卫生人员9.48人；卫生技术人员53486人（其中乡镇卫生院卫生技术人员7030人），每千人口有卫生技术人员7.33人；执业医师和执业助理医师18805人，每千人口有执业医师和执业助理医师2.58人；注册护士22623人，每千人口有注册护士3.10人。

【卫生基建项目】 2014年，南宁市实施中央投资卫生建设项目24个，其中市儿童医院1个、重大疾病防控体系项目1个、妇幼保健院项目2个、乡镇卫生院项目11个、村卫生室项目6个、乡镇卫生院周转房项目3个。总规模3.05万平方米，总投资1.52亿元，其中中央补助7388万元。至年末，开工建设18个，未开工6个。

年内，市第一医院门诊大楼、市第二医院外科大楼、市第八医院门诊住院综合楼等项目建设竣工投入使用；市第三医院门诊住院综合楼完成立项，并进行施工图设计等前期工作；市第四医院肝科楼装修改造项目基本完工，负压楼改造项目、广西艾滋病治疗关怀中心（南宁）项目建设基本竣工，工程进入特殊装修阶段；市卫生学校新校址一期一组团工程建设完工，二组团开工建设，二期亚行贷款项目开工建设；相思湖医院项目立项获批，开展征地拆迁及可研编制等前期工作；市疾控中心三期工程开展前期工作；血站业务副楼建设在施工。市第一医院全科楼、医技楼、直加楼，市第二医院的门急诊内科大楼等获立项批复，开展前期工作。

【卫生采购项目】 2014年，市卫生部门集中采购预算资金7450.23万元，成交金额6976.24万元、节约资金473.99万元，节约率6.36%。通过对采购医疗设备的验收和意见反馈，大部分医疗单位对部门集中采购的医疗设备比较满意。

【计生采购项目】 2014年，市计生部门完成委机关年度计生采购确定的建设项目29个，完成率100%。其中：基础设施建设项目2个，硬件采购项目15个，软件采购项目6个，县（区）精品建设项目6个。采购预算资金1485.06万元，节约资金46.70万元。

【社区卫生服务】 2014年，南宁市有社区卫生服务机构86个（社区卫生服务中心37个、社区卫生服务站49个），覆盖服务人口227.51万人；有社区卫生服务人员1962人（含专职防保人员），其中卫生技术人员1736人（执业医师和执业助理医师774人、社区护士613人、其他人员349人）。年内，社区卫生服务机构开展健康

10月14日，南宁市卫生和计划生育委员会正式挂牌　　市卫生和计生委提供

教育讲座578次，居民接受健康教育3.32万人次；出版健康教育专栏932期，发放健康教育处方128.50万份，组织公众健康咨询活动999次；建立居民个人健康档案142.07万份；发放0岁~6岁儿童建证（卡）12.33万张，规范预防接种31.87万人；建立0岁~36个月儿童系统管理档案8.59万人，完成新生儿访视3.05万人；建立孕产妇保健手册2.87万册。实施孕产妇系统管理3万人，65岁以上老年人保健管理17.32万人，高血压、糖尿病等慢病专案管理7.68万人，特殊人群康复管理2.60万人；重性精神病患者健康管理3478人；接收门诊就诊患者176.46万人次，出诊1.10万人次，急诊抢救3133人次。

【医疗服务】 2014年，市辖区医疗卫生机构总诊疗4103.38万人次，比上年增加88.15万人次，其中医院总诊疗1796.08万人次；医疗机构住院127.37万人，增加7.69万人，其中医院住院87.57万人。医院病床使用率95.01%，出院者平均住院10.30日；医师人均日担负诊疗7.20人次，日担负住院床位2.60张；医疗机构门诊病人人均医疗费148.70元，住院病人人均住院费7605.50元。

【卫生应急】 2014年，市卫生部门处置突发事件38起，紧急抢救伤病员348人。其中：影响力较大的事件17起，一般事件21起，未发生由于处置不及时或抢救措施不得力导致危重死亡人数增加现象。组织卫生应急队伍，在钦州市青菜头岛开展海上救援演练拉练活动、在马山县古零镇开展紧急医学救援和野外生存拉练活动2次。9月10日，在南宁化工集团组织开展2014年南宁市群死群伤事件卫生应急演练活动，市公安局、消防支队、气象局、安监局、建委、国资委和江南区人民政府等单位100多人参加演练。11月21日，在上林县明亮镇组织开展2014年南宁市埃博拉出血热疫情防控市县乡三级防控演练活动，现场参与演练单位20多个、人员300多人，现场观摩人数250多人。率先在自治区组织传染病防控体系最基层的各方力量进行演练。11月，市政府办公厅印发《南宁市疾病应急救助实施意见》。同时，将自治区下拨的中央专项资金320万元核拨到相关单位。

【重大活动医疗保障】 2014年，市卫生和计生委完成重大活动医疗卫生保障34项，累计出动卫生监督员1530人次，车辆280辆次，检查接待酒店、生活饮用水单位、医疗机构、大中专院校、病媒生物防控机构1196家次。第45届世界体操锦标赛期间，组织26家医疗卫生机构298名医疗卫生人员参与一线执勤；医疗卫生保障部及驻点指定宾馆保障小组累计出动医疗卫生人员456人次，出动急救车198辆次，接诊伤病员976人次，转诊伤病员到定点医院或官方医院诊治237人次；对重点场所的环境、饮用水、高危食品及餐具等进行采样监测，采集公共卫生监督检测标本1508份（客房空气690份、集中式中央空调456份、其他公共卫生用品362份）；协助国家反兴奋剂中心完成兴奋剂检查30人份。

【国家基本药物制度巩固完善】 2014年，南宁市有乡镇卫生院123个、政府及公立医院举办的社区卫生服务机构53个，全部实施国家基本药物制度并执行“零差率”销售。完成基本药物订单采购金额2.39亿元，两天金额配送到位率97.17%，两天品种配送到位率94.47%，基本药物平均两天到位率95%以上，达到自治区要求90%以上的目标。

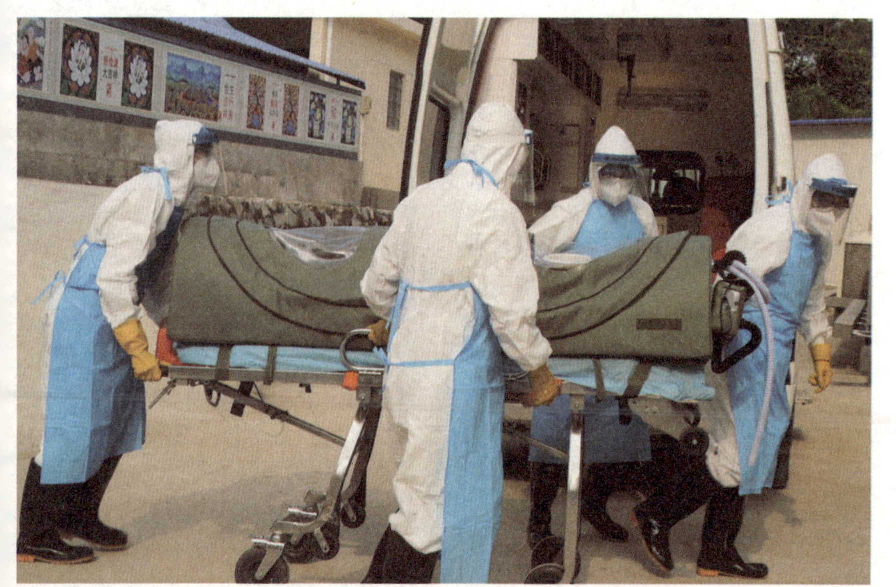

11月21日，“南宁市埃博拉出血热疫情防控市县乡三级防控演练”在上林县明亮镇举行　　市卫生和计生委提供

【基本公共卫生服务】 2014年，南宁市基本公共卫生服务项目的服务人口679.08万人，实际到位项目补助经费2.01亿元。至年末，全市累计建立居民健康档案579.30万份，建档率85.31%；建立电子健康档案562.60万份，建档率82.84%。发放健康教育印刷资料869.07万份，更新宣传栏3101期，播放音像资料14.41万次，播放时间70.34万小时；举办知识讲座2519次，参加群众13.08万人；开展公众健康咨询活动2677次，接受健康教育咨询35.48万；接受个体化健康教育282.62万人次。为适龄儿童建证13.13万人，建证率99.50%；一类疫苗累计接种剂320.52万次，疫苗接种率99.47%。对高血压患者管理28.92万人，管理率89.29%；规范管理23.69万人，规范管理率73.12%。对2型糖尿病患者管理7.24万人，管理率90.29%；规范管理5.97万人，规范管理率74.53%。对老年人健康管理40.43万人，健康管理率70.74%。全市所有登记在册的确诊重性精神疾病患者1.99万人，检出率0.30‰；年内，完成规范管理1.57万人，随访稳定人数1.43万人，稳定率72.01%。诊治登记传染病病例1.82万例，其中网报1.82万例，报告率99.99%，及时报告1.82万例，及时报告率99.95%。发生突发公共卫生事件并及时报告28起，及时报告率100%。设置卫生监督协管站168个，聘任卫生监督协管员801人。开展生活饮用水巡查1529次，发现并报告事件（线索）62件（条）；学校巡查4026次，发现并报告事件（线索）10件（条）；开展对非法行医和非法采供血巡查7933次，发现并报告事件（线索）154件（条）。开展中医药健康管理服务项目，老年人接受中医药健康管理服务率40.15%，0岁~3岁儿童接受中医药健康管理服务率50.04%。

【卫生信息化项目建设】 2014年7月1日，市卫生和计生委在复旦大学举办卫生信息化业务骨干培训班，培训委属各单位和各县（区）卫生局的卫生信息化业务骨干50人。10月，完成全市289家医疗卫生单位接入卫生专网并正式启用。12月5日，南宁市等级医院评审及信息化建设培训会议召开。会上邀请上海市卫生信息中心副主任、研究员范启勇到南宁

12月5日，南宁市卫生系统医院等级评审及信息化建设培训班开班

市卫生和计生委提供

市授课，培训委属单位、县(区)二级以上医院，院长及分管副院长140人。

【依法行政示范点创建】 2014年，市卫生和计生委开展依法行政示范点示范项目创建活动，深化行政审批制度改革。下放县级卫生行政部门卫生行政审批事项10项；清理下放个体诊所794家，公共场所241家，二次供水单位4家。审批事项承诺办结时限比法定办结时限提速62.45%，提前办结率100%。在市政务服务窗口、南宁卫生信息网、南宁卫生监督网等平台公开审批事项名称、设立依据、受理对象、申报材料、申请书示范文本、办理程序、承诺期限、收费标准、收费依据等行政审批信息。做好一站式服务、首问制服务、限时办结服务、AB岗服务、即办件服务，发放各类证件1.26万份。组织行政执法人员培训班10期。

【医疗服务质量】 2014年，南宁市卫生系统开展“三好一满意”(服务好、质量好、医德好，群众满意)活动、创建“平安医院”活动、医保“严管年”活动、抗菌药物临床应用专项整治活动及医院感染等专项督查工作1次，对36家二级以上医疗机构进行医疗质量检查；全市推行临床路径管理的公立医疗机构35家，有7万多份病例纳入临床路径管理，完成率91.50%；有36家二级以上医疗机构开展双休日及节假日门诊、推行检验检查结果互认工作。

【行政立法与规范性文件制定】 2014年，市卫生和计生委代市政府起草《南宁市医疗纠纷预防与处理办法》《南宁市救护车管理办法》等规范性文件，对《南宁市社会急救医疗管理条例》《南宁市献血条例》等地方性法规配套文件制定工作进行部署。参与《南宁区域卫生规划(2011-2020)》《南宁市医疗机构设置规划(2011-2015)》《南宁市医疗纠纷预防与处理办法》《南宁市救护车管理办法》等重大事项决策，征求意见20次，召开座谈会12次。

医政管理

【县级公立医院综合改革】 2014年，南宁市以破除“以药养医”为重点，完善县级公立医院综合改革财政补偿方案，明确政府对医院的投入责任和资金补助范围，落实本县配套资金。落实“一取消两同步”(取消药品加成、同步调整医疗服务价格、同步实施医保支付)政策，实现“两升四降”(门诊量和住院量上升，门诊和出院病人次均费用下降，门诊和住院病人次均药品费用下降)效果。6家县级公立综合医院(各县人民医院)开展病种临床路径管理工作并列入县级公立医院改革绩效考评指标；全市35家公立医疗机构开展临床路径管理，纳入临床路径管理的病例7万多份，完成率91.50%。继续开展“医院管理年”“三好一满意”主题活动，促进医院精细化管理；实施城市三级医院对口支援县级医院项目，市第一医院、市第二医院派出医师62名(高级职称2名、中级职称47名、初级职称13名)到受援医院工作，累计诊疗病人4.61万人次，援助开展手术514例，开展教学查房682次，参加疑难病例讨论429次，指导开展创新技术5项。全市19家县级公立医院门诊急诊326.69万人次，住院27.56万人次，分别比上年同期增长42.51%、18.33%；业务总收入19.47亿元，支出16.35亿元，增长59.98%、42.79%；各级财政补助经费8553.88万元，增长189.52%。以上林县为试点，启动县乡医疗服务一体化管理改革模式，改革后上林县县级公立医院门诊急诊人数52.61万人，上升25.26%；门诊次均诊疗费用125.92元，下降5.56%；住院费用3795.83元，下降3.9%；药品收入占医疗收入比重31.29%，下降5.18%。

【医疗安全管理】 2014年，全市二级以上医疗机构设立警务室的14家。结合“三好一满意”活动对全市36家二级以上医疗机构的医疗服务质量与医疗安全、执业安全、器械和药品安全、临床用血安全等。以改善服务态度、优化就医流程、落实医疗安全为重点，加强医疗质量管理，提高医务人员依法执业和安全意识。各医疗机构所使用的设备、药品、试剂、医用卫生材料均有“三证”(营业执照、生产或经营许可证、产品注册证)，符合要求，无过期或劣质物品；临床用血全部来源于南宁中心血站，血液保存符合要求；均设有医疗纠纷医患沟通办公室，有专职或兼职人员负责接受医疗服务投诉、处理；有18家医院参加医疗责任保险。建立医师定期考核制度，开展登革热防控、埃博拉出血热等传染病防控监督，对全市各级各类医疗机构预检分诊、医院感染管理、医疗救治情况等进行督查指导；参与医疗机构设置审批与执业校验现场审查18家。加强医疗机构日常执业行为监管，组织开展医疗监督、血液安全监督、医疗机构消毒效果监测抽查，同时，对医疗机构使用的灭菌剂、灭菌器械、皮肤黏膜消毒剂等消毒产品、消毒器械使用情况进行监督抽检，重点监督抽检126家医疗机构依法执业情况，检查378家次，监督覆盖率100%；对辖区内6家采供血机构(含输血研究所)以及临床用血机构进行检查，未发现有非法采供血现象。

【医疗纠纷处理与医疗事故鉴定】 2014年，南宁市医学会受理首次医疗事故技术鉴定申请，接到医疗纠纷案件88例。其中：卫生行政部门移交36例，法院委托45例，医患双方共同委托7例；不符合鉴定条件不予受理的12例，受理55例，处于补充材料阶段的21例；作出鉴定结论46例，属于医疗事故的23例。其中：一级甲等16例(主要责任6例、次要责任8例、轻微责任2例);二级乙等1例(主要责任);三级甲等1例(次要责任),三级乙等1例(主要责任),三级丙等2例(主要责任1例、次要责任1例);四级2例(主要责任1例、轻微责任1例)。

【医疗机构药事管理】 2014年,南宁市各医疗机构贯彻落实《处方管理办法》《抗菌药物临床应用指导原则》,建立抗菌药物临床应用管理支撑体系,做到合理检查、合理用药、因病施治。主办抗菌药物临床应用管理知识培训班1期,培训186人。做好医疗机构使用麻醉药品的监管,严把麻醉药品准入关;开展麻醉药品临床使用与规范化管理培训2期,培训80人。

【医院感染管理】 2014年,市卫生和计生委组织市医院感染质量控制中心编印《医院感染管理工作手册》,发行700多本。4月至6月,组织卫生监督员、医疗救治专家和感控专家组成6个督查小组,分别对辖区内50家医疗机构开展医疗机构医院感染及传染病防控专项督查。9月,在全市二级以上医院开展医院感染现患率调查,通过监测、数据分析发现可疑医院感染事件苗头,防止恶性事件的发生。10月1日至10日,组织开展登革热防控救治督导检查,派出车辆18辆次、人员102人次,监督检查医疗机构122家次。10月至12月,出动车辆58辆次、卫生监督人员232人次,检查医疗机构122家次,对医疗机构开展埃博拉防控培训、传染病预检分诊、发热门诊运转情况、医院消毒感染控制、病原微生物实验室安全管理、医疗废物管理等情况进行监督检查。对存在问题的23家机构下达《卫生监督意见书》,要求其进行整改,对医疗机构进行消毒器械的消毒效果监测抽检结果显示消毒器械的消毒效果合格率100%。

【护理管理】 2014年,市护理质控中心组织开展南宁市优质护理服务评价活动,根据《优质护理服务评价标准》(2014版)对全市二级以上医院的护理骨干进行培训,组织专家依据评价细则对全市二级以上34家医疗机构开展优质护理服务情况进行督导检查,各医院优质护理服务全面铺开,病区覆盖率100%。全市护理学会各护理专业学组加强专科知识培训,举办专科培训48场,培训4000余人次。5月30日,市卫生局与市护理质控中心共同举办"纪念2014年国际护士节暨30年护龄护士表彰活动",通过表彰30年护龄护士、礼仪展示、急救技能展示、护理科研成果展示及护理服务技能展示等方式,展示医疗机构护理人员的风采。

【药品集中采购】 2014年,南宁市有市属、县级医疗机构35家,其中市属13家、县级22家,以上医疗机构严格按照国家、自治区有关文件要求,实行药品集中采购制度。市属和县级医疗机构药品网上集中采购总金额11.39亿元,占全部药品采购总额90%以上。

【白内障患者复明工程】 2014年,市卫生和计生委继续组织市第一医院、第二医院、南宁爱尔眼科医院开展贫困白内障患者免费手术治疗200例,按时完成项目任务量及手术信息录入。

【社会救助】 2014年,市卫生和计生委协助市民政局出台《南宁市城乡医疗救助办法》,开展社会救助。年内,救助665人次,累计支出救助资金46万元。按自治区道路交通事故社会救助基金管理要求规范开展审核,完成交通事故受害人社会救助申请材料审核37份。

【"服务百姓健康"大型义诊】 2014年9月14日至20日,市卫生和计生委组织市辖县(区)卫生局及市属医疗机构82名医师、108名护士开展"服务百姓健康行动"大型义诊活动,通过开展公共场所义诊、城乡医院对口支援县级医院义诊等形式,发放宣传资料3.79万份,义诊1.32万人次。

疾病预防控制

【传染病疫情报告】 2014年,南宁市有传染病诊疗机构243家,网络正常运行传染病诊疗机构数243家,传染病诊疗机构网络正常运行率100%;全年无甲类传染病报告。乙类传染病报告发病率321.72/10万,死亡率6.15/10万,病死率1.91%(发病2.20万例、死亡420人)。无传染性非典型肺炎、脊髓灰质炎、人感染高致病性禽流感、乙脑、炭疽、流脑、百日咳、白喉和血吸虫病报告。乙类传染病报告发病率与比上年下降0.22%,主要是疟疾、新生儿破伤风、布病、痢疾、钩体病、狂犬病、梅毒、病毒性肝炎、艾滋病和淋病下降。乙类传染病发病率居前5位依次为:病毒性肝炎、肺结核、梅毒、麻疹和淋病;病死率前3位依次为:狂犬病、艾滋病和钩体病。丙类传染病报告发病率1187.55/10万,死亡率0.44/10万,病死率0.04%(发病8.11万例、死亡30人)。丙类传染病占法定传染病总数的78.68%,手足口病(发病7.15万例)占法定传染病总数的69.37%。报告传染病卡片13.18万张,及时报告13.16万张,及时报告率99.87%;及时审核13.18万张,及时审核99.99%。全市突发公共卫生事件网报41起。其中:较大事件2起,一般事件35起,未分级事件4起。无特别重大、重大事件发生。网络直报系统传染病自动预警信号8171条,排除8106条,疑似事件65条,均及时通知相关业务部门处置。

【免疫规划】 2014年,南宁市适龄儿童建卡13.13万人,出生上卡率18.59‰。国家免疫规划疫苗接种情况:卡介苗接种率99.68%,脊灰疫苗接种率99.50%,百白破疫苗接种率99.50%,麻疹类疫苗(含麻疹、麻风、麻腮风疫苗)接种率99.60%,乙肝疫苗接种率99.65%,乙肝疫苗首针及时接种率95.60%,乙脑疫苗接种率99.46%,A群流脑疫苗接种率99.40%,甲肝疫苗接种率99.53%,A+C群流脑疫苗接种率99.40%,白破疫苗接种率99.19%。报告麻疹病例1630例,发病率23.86/10万;报告狂犬病发病6例,发病率0.08/10万;脊灰监测报告AFP(急性弛缓性麻痹)病例42例,报告率2.93/10万;全市无脊灰野毒株引起的脊灰、百日咳、白喉病例。六城区卫生部门开展对8月龄至7岁儿童麻疹类疫苗强化免疫活动,接种29.24万人,接种率97.08%;为麻疹易感人群应急接种麻疹类疫苗35.29万人。完成204人的预防接种副反应的调查处理,其中一般反应占58.82%、异常反应占35.78%、偶合占4.90%、心因性占0.50%。

【结核病防治】 2014年,南宁市以乡镇为单位,现代结核病控制策略(DOTS策略)覆盖率100%;登记活动性肺结核病人4578例,其中涂阳病人1111例(初治病人924例);利用国际项目对1384例耐多药肺结核可疑者进行筛查,确诊耐多药病人149人,纳入治疗104例;上年登记的新涂阳肺结核病人1151例,治愈1010例,治愈率87.75%(1010/1151)。继续实施城乡贫困肺结核患者提供免费治疗纳入市政府为民办实事项目,年内纳入病人1227人,治愈上年纳入的病人1178人,治愈率90.27%(1178/1305),投入经费75万元,纳入项目的病人均享受市政府提供免费检查和治疗服务。

【手足口病防控】 2014年,南宁市报告手足口病发病7.16万例,其中重症1158

例、死亡28例；发生暴发疫情11起，手足口病危重病例的病原以EV71为主。南宁市手足口病病原学监测检测结果显示，手足口病的病原以其他肠道毒为主。

【艾滋病防治】

疫　情　2014年，南宁市新报告艾滋病病例1645例，比上年同期下降13.78%；病死率下降5.30%。性传播与注射吸毒是南宁市艾滋病传播的两条主要途径，性传播途径所占比例逐渐增大，为最主要的传播途径。新报告的艾滋病病毒感染者中，异性传播比例逐年升高，经同性性途径传播数也明显增加。青壮年仍为艾滋病疫情报告的主体人群，但是60岁以上年龄组疫情有上升趋势，农民（农民工）成为艾滋病病毒感染的主体，疫情由高危人群向一般人群扩散、城镇向周边农村地区扩散。

防治保障　年内，南宁市投入经费1500多万元，加强市防治艾滋病办公室实体化建设，新增疾控中心艾滋病防治人员编制194名。贯彻落实《南宁市艾滋病病毒感染者及病人管理工作实施方案》，进一步巩固艾滋病病毒感染者和病人及早主动发现、及早管理、及早规范抗病毒治疗的“三早”管理模式，逐步实现艾滋病防治管理制度化、规范化。全市1869个街道办、村（居）委会和大部分小型旅店、加油站、汽车客运站均按要求做好工作，安装安全套自取箱1294个、新型安全套智能发放机23台，发放“防艾推套”教育处方等宣传资料38万份，累计发放安全套211.78万只。依托婚育综合平台，为群众提供结婚登记、婚前保健、产前检查等“一条龙”服务，为孕产妇提供免费艾滋病咨询检测并减免阳性产妇部分住院费用。孕28周前服用抗病毒药物孕产妇服药率97.90%，阳性产妇所娩儿童服药率100%，预防艾滋病经母婴传播。加大打击卖淫嫖娼及毒品贩卖力度，对抓获的涉黄人员进行100%艾滋病抗体检测，设立美沙酮维持治疗门诊、清洁针具交换点，控制艾滋病经性与毒品传播。建立完善市—县—乡传染源管理网络，规范艾滋病病毒感染者及病人的管理，实现艾滋病防治各技术部门艾防工作“无缝链接”的目标。85.42%以上二级医疗卫生机构、88.14%乡镇卫生院通过艾滋病筛查实验室（检测点）资格验收。艾滋病抗体检测181万人次，筛查率25.50%。建立自治区首个区域性艾滋病临床治疗关怀中心，建成1家市级治疗点、6家县级治疗点、31家乡镇卫生院抗病毒治疗门诊的市—县—乡三级救治网络，累计抗病毒治疗南宁市现住址的病人7258人，抗病毒治疗质量不断提高。在自治区率先将为首次入注艾滋病抗病毒治疗及复查肝功能费用减免纳入市政府为民办实事项目，全年减免1504例首次上药辅助检查和1309例首次复查肝功能检查费用，减免费用75万元，减轻艾滋病患者诊疗经济负担，提高患者主动接受抗病毒治疗的意愿。启动为期5年的第三轮全国艾滋病综合防治示范区项目，在西乡塘、兴宁区、青秀区创新探索艾滋病防治模式，寻求突破瓶颈的有效办法。为符合艾滋病职业暴露专项资金申请的23人发放精神抚慰金9万元。解除一线工作人员后顾之忧。市民政局、市卫生和计生委、市教育局、市防艾办联合印发《南宁市艾滋病致困人员救助实施方案》，建立艾滋病社会救助的快速通道，完善对艾滋病感染者和患者的关怀救助。贯彻落实国家“四免一关怀”（对农村居民和城镇未参加基本医疗保险等保障制度的经济困难人员中的艾滋病病人免费提供抗病毒药物；为自愿接受艾滋病咨询检测的人员免费提供咨询和初筛检测；为感染艾滋病病毒的孕妇提供免费母婴阻断药物及婴儿检测试剂；对艾滋病病人的孤儿免收上学费用；将生活困难的艾滋病病人纳入政府救助范围，按照国家有关规定给予必要的生活救济，扶持有生产能力的艾滋病病人）政策及有关文件精神，全市符合艾滋病社会救助条件的患者及儿童全部获得民政部门提供的社会救助服务。组织实施艾滋病防治科学研究与技术推广工程示范项目9个，投入经费55万元。

防治宣传教育　南宁市利用各种信息平台及宣传阵地，在艾滋病宣传内容、方式、策略上，既传承传统，又试水新兴媒介，多方位、多角度，用群众的语言传递艾滋病防治信息。第45届世界体操锦标赛期间，所有运动员、教练员所在的宾馆房间、大堂均放置中英文艾滋病宣传折页和安全套。以南宁市第四人民医院感染科护士长杜丽群为先进典型，继续提升社会各界对艾滋病防治工作的关注度。在全市初中、高中学校发放《学校预防艾滋病教育手册》，作为主题班会艾滋病教学参考，增加青少年艾滋病防治知识；与市教育局联合印发宣传画3.30万幅，张贴到全市各初中、高中学校的学生公寓和厕所。在全市各县（区）6000多家小型餐饮业服务场所放置艾滋病固定宣传画。与市委宣传部联合印制宣传画6万幅，在全市公园、影院、医疗卫生单位等公共场所张贴，实现防艾宣传持续化和常态化。继续在各公交线路近2000辆公交车的4000个多媒体终端365天滚动播放《传播途径篇》《救助篇》《关爱篇》《安全套篇》4个艾滋病三维动画视频；利用手机短信数据平台，批量发送艾滋病宣传公益短信覆盖83万名用户。在全市468个邮政网点、储蓄网点、邮政服务三农网点，易拉宝展示及向市民免费邮寄艾滋病防治宣传卡片宣传艾滋病防治知识；在全市2200辆出租车LED顶灯显示屏播放艾滋病防治宣传标语；在公共自行车车身张贴艾滋病防治宣传画。通过广西绿城水务公司水费单，向20万名用户传递艾滋病防治知识；携手社区公益电影放映《艾滋病防治小短片》，播放3070场次、覆盖社区202个、建筑工地20个。艾滋病防治知识知晓率调查结果显示，城市居民、农村居民、校内人群、校外青少年、高危人群、流动人口知晓率达到国家、自治区要求。

【碘缺乏病防治】　2014年，市疾病预防控制中心完成碘盐监测3610份，合格率95.61%，合格碘盐食用率95.13%，碘盐覆盖率99.49%，无碘食盐率0.51%，达到GB5461—2000国家消除IDD（碘缺乏病）标准。5月15日，组织相关单位开展以预防碘缺乏病为主题的宣传活动，发放防治宣传资料5.50万份，接受群众咨询4350人次。

【狂犬病防治】　2014年，南宁市发现狂犬病发病6例，发病率0.08/10万。市卫生部门在农村地区加强狂犬病防治知识宣传；强化医务人员培训，举办狂犬病防控技术培训班1期，培训医务人员120多人。

【血吸虫病防治】　2014年，南宁市连续26年无本地血吸虫病报告。武鸣县、横县、宾阳县3个县全年查螺面积311.56万平方米，宾阳县、武鸣县2个县未发现残存螺点及新螺点；横县复现钉螺面积2.69万平方米，发现新残存螺点面积6190平方米，未发现阳性钉螺；对发现的残存螺点实施药物灭螺面积8.67万平方米。3个县人群查病2770人，未发现血吸虫病患者。

【重点疾病监测】

鼠疫监测　2014年，市疾病预防控制中心采集鼠血400份，鼠疫F1抗体检测结果均为阴性；动物监测50份，结果均为阴性。鼠类内脏鼠疫杆菌培养215份，未培养出鼠疫杆菌。

霍乱监测　监测标本3866份。其中：重点普通人群512份，医院腹泻病人2715份，外环境639份，所有标本检测结果阴性。

疟疾监测　完成未外出居民血检3.19万人次，未检出疟原虫阳性者。流动人口血检4474人次，检出疟原虫阳性142例(间日疟14例、恶性疟70例、三日疟5例、卵形疟50例、混合感染3例)，所有病例得到及时全程治疗，无继发二代病例和死亡病例。

流感哨点监测　完成流感监测采集标本2050份，检出阳性339份。其中：新甲型H1N1流感病毒阳性64份，B型流感病毒阳性40份，季节性H3N2流感病毒阳性235份。

出血性大肠菌O157监测　采集标本973份。其中：腹泻病人粪便标本356份，动物粪便标本400份，苍蝇标本43份，食品标本174份。动物粪便标本检出阳性3份，其余标本均为阴性。

手足口病监测　监测发现手足口病轻症病例724例，检出阳性637例(其中：EV71型阳性196例，COXA16型176例，其他肠道病毒265例)。

慢四病监测　在市辖区二级以上医疗机构首次就诊的"慢四病"(指高血压、脑卒中、糖尿病、冠心病)患者2.53万例。其中：脑卒中8839例，占34.90%；高血压8055例，占31.80%；糖尿病4871，占19.25%；冠心病3574例，占14.12%。

4月21日，南宁市举办乡镇卫生院业务骨干急诊急救理论培训班

市卫生和计生委提供

农村卫生

【新型农村合作医疗制度建设】　2014年，南宁市新型农村合作医疗(简称"新农合")参合农民512.28万人，参合率99.35%；筹资总额19.98亿元。筹资标准由上年的每人每年340元提高至390元，其中各级财政补助标准由上年的每人每年280元提高至320元。市民政局、市残疾人联合会、市卫生和计生委等部门落实相关优惠政策，资助农村五保户、低保对象、残疾人、计生优抚对象等参加新农合20.20万人，资助个人缴费资金1214万元。患者在乡镇卫生院、县级医院、县以上医院住院治疗费用的报销比例分别为90%、70%~75%、50%~65%。参合农民有875万人次获得医疗费用补偿，补偿基金19.26亿元，基金使用率96%。推进重大疾病保障试点工作的开展，保障病种由上年的24种扩大至26种；启动城乡居民大病保险试点，印发《南宁市城乡居民大病保险试点工作实施方案》，从新农合基金中为每位参合农民缴纳25.96元大病保险保费，经新农合报销后个人自付的合规医疗费用超过7000元起付线部分，保险公司将分费用段再给予至少50%的大病保险补偿，减轻参合农民大病医疗费用负担，避免因病致贫、因病返贫。

【基层医疗卫生机构标准化建设】　2014年，自治区下达南宁市的中央投资乡镇卫生院项目11个，建设规模7211平方米，每个项目中央投资100万元，地方配套25万元；项目以垃圾污水处理、配电设备及业务用房建设为主。至年末，所有项目已开工建设。乡镇卫生院职工周转房纳入保障性住房建设，全市下达乡镇卫生院职工保障性住房建设项目24个594套。

【基层医疗卫生人员培训】　2014年，南宁市加强基层卫生人才培养和队伍建设，继续实施基层医疗卫生队伍培养规划，通过集中面授、网络视频教学、临床进修等多种形式培训在岗培训社区卫生服务机构、乡镇卫生院医护人员以及村卫生人员8421人，中央下达培训经费146.50万元。

【城市卫生对口支援农村卫生】　2014年，南宁市根据《自治区卫生厅关于印发2014年度二级以上医疗卫生机构对口支援乡镇卫生院工作实施方案》要求，组织27家县级以上医疗卫生机构对口支援27家乡镇卫生院。12月，对口支援结束并通过考核验收。

【乡村卫生服务一体化管理】　2014年，南宁市根据国家卫生部《关于推进乡村卫生服务一体化管理的意见》和《广西乡村卫生服务一体化管理实施方案(试行)》，以"保基本、强基层、建机制"为目标，以农民群众"一元钱看病"为突破口，紧扣"三制、四有、五统一"这条主线，即实行乡村医生聘任制、绩效考核制、养老保险制；看病有登记、用药有处方、收费有票据、转诊有记录；药品器械统一、基本公卫项目统一、财务管理统一、人员调配统一、管理制度统一，继续推进乡村卫生服务一体化管理。至年末，全市各县(区)1381个标准化村卫生室实施一体化管理模式。

妇幼保健

【妇幼保健机构建设】　2014年，南宁市武鸣县、横县、宾阳县、上林县、马山县、隆安县六县的妇幼保健院和江南片妇幼保健院建立有地中海贫血筛查实验室，但兴宁区、江南区、青秀区、西乡塘区、邕宁区、良庆区六城区仍未建立妇幼保健机构。

【孕产妇保健】　2014年，南宁市分娩产妇12.67万人，活产婴儿12.75万人，其中南宁市户籍产妇分娩9.63万人，活产婴儿9.69万人。建卡9.62万人，早孕建册率99.30%，超过自治区90%以上的目标；产前健康检查5次以上的孕妇有9.47万人，产前健康管理率97.74%，超过自治区88%以上的目标；孕产妇系统管理人数9.36万人，系统管理96.60%，超过自治区85%以上的目标；产后访视9.54万人，访视率98.43%，超过自治区90%以上的目标；住院分娩活产9.69万人，住院分娩率99.96%，超过自治区95%以上的目标。

【儿童保健】 2014年，南宁市活产婴儿9.69万人，新生儿访视9.56万人，访视率98.67%。全市有0岁~6岁儿童71.27万人，健康管理人数65.81万人，管理率92.34%，达到自治区要求的85%以上；0岁~6岁儿童系统管理62.02万人，系统管理率87.03%，达到自治区要求的75%以上；其中城市儿童32.04万人，系统管理25.77万人，管理率80.43%；农村儿童39.24万人，系统管理36.26万人，管理率92.41%，达到自治区要求的城市80%、农村大于72%以上的目标。全市婴儿死亡463人，死亡率4.78‰；5岁以下儿童死亡693人，死亡率7.15‰。没有新生儿破伤风发生。

【救助贫困危重孕产妇】 2014年，南宁市继续将救助贫困危重孕产妇工作列入市政府为民办实事项目，通过加强孕产妇保健管理和健康教育，举办妇幼人员专题培训，建立健全城乡妇幼三级保健管理网络和产科急救网络等措施。抢救危重孕产妇1166人、死亡15人，抢救成功率98.71%，孕产妇死亡率15.48/10万，符合自治区孕产妇死亡率平均低于25/10万的目标。救助贫困危重孕产妇105人，总救助资金150.77万元。其中：市财政救助经费75.38万元，各县（区）配套资金75.38万元，资金到位率100%。

【降消农村住院分娩补助项目】 2014年，南宁市分娩产妇9.63万人，活产9.69万人，住院分娩活产9.69万人，住院分娩率99.96%；孕产妇死亡15人，孕产妇死亡率15.48/10万，控制在自治区要求控制在25/10万以下；没有新生儿破伤风发生。农村户籍产妇住院分娩活产7.47万人，获住院分娩补助产妇7.35万人，补助率98.16%，各县（区）补助金额3006.62万元，补助率达到自治区要求的80%以上，完成全年补助7.39万人任务的99.28%。

【农村妇女增补叶酸项目】 2014年，南宁市新增免费叶酸应服用人数10.33万人，实际服用人数10万人，免费叶酸服用率96.85%，达到自治区要求的75%以上，完成年度任务11.31万人的88.42%；叶酸服用依从人数9.78万人，依从率97.70%，达到自治区要求的50%以上，同比上升5.74%；增补叶酸知识调查人数3.22万人，知晓人数3.15万人，目标人群增补叶酸知识知晓率97.84%，达到自治区要求的80%以上；全市服用叶酸个案《广西妇幼卫生信息管理系统》录入率82.34%。发现围产儿中神经管缺陷15例，神经管缺陷发生率1.17/万。

【农村妇女“两癌”普查试点】 2014年，马山县、武鸣县、上林县、邕宁区4个试点县（区）完成宫颈癌检查人数6万人，完成率89.61%，确诊宫颈癌3例，发现癌前病变43人；完成乳腺癌检查人数4671人，完成率93.42%，确诊乳腺癌4例，乳腺其他疾病1171人。试点县（区）对以上所有检查出疾病的人员都给予针对性的医疗保健指导、建议及跟踪随访等。阳性个案均已按要求录入《国家重大公共卫生服务项目妇幼卫生项目管理系统》。

【婚前医学检查】 2014年，南宁市12个县（区）的婚育综合服务中心运转正常，为新婚对象提供免费婚检服务。全年结婚登记11.42万人，免费婚检11.30万人，免费婚检率98.91%，达到自治区85%以上绩效考核要求。所有的婚检对象都进行地中海贫血、HIV人类免疫缺陷病毒、梅毒的筛查，婚检医师对检查中发现的69例HIV阳性、230例梅毒阳性、2881对地贫初筛双阳夫妇等各类患病人群给予个性化的保健指导、治疗建议和优生咨询。

【产前筛查及新生儿疾病筛查补助】 2014年，南宁市分娩产妇数9.63万人，活产婴儿9.69万人，参加产前筛查的孕产妇7.16万人，筛查率74.31%，其中农村户籍孕妇建卡6.68万人，补助4.25万人，补助金额488.50万元；新生儿疾病筛查9.13万人，筛查率93.10%，其中农村户籍住院分娩活产7.47万人，补助6.95万人，补助金额361.32万元。

【地中海贫血防控】 2014年，南宁市婚前检查中地中海贫血筛查11.88万人，孕妇地中海贫血筛查11.31万人，有3879对已孕双阳夫妇，其中3520对夫妇进行地贫基因诊断，诊断率90.75%；符合基因诊断条件的3189对夫妇获补助，补助率100%，达到自治区要求80%水平，补助经费255.14万元；经基因诊断查出夫妇同型基因需做产前诊断的1245人，其中进行产前诊断1228人，产前诊断率98.63%，符合产前诊断补助条件的1496例（人）获补助，补助率100%，补助经费194.59万元。被确诊为中间型或重型地贫胎儿173例，对169例进行终止妊娠，干预率97.68%。在出生缺陷监测种类排序中，地中海贫血2010年排序第一，2014年排序第三。重型地中海贫血活产1人，较2009年下降97.83%。

卫生监督

【卫生行政许可】 2014年，市卫生和计生委按照加快简政放权深化行政审批制度改革的要求，成立行政审批办公室，实现审管分离。整合原市卫生局、市人口和计划生育委员会行政审批项目，将14项（行政许可7项、非行政许可7项）行政审批项目统一移入市政务服务中心市卫生计生委窗口集中办理。将一级综合医院、护理院等医疗机构审批和监管权限下放给城区、开发区的卫生和计生部门，承接国家（外国医疗团体来华短期行医审批）和自治区下放的行政审批事项2项。

加强窗口能力建设，规范行政审批。全年接待群众现场和电话咨询7368人次，受理办件7154件，办结7150件，按时办结率100%，提前办结率100%，组织开展医院、母婴保健技术服务机构执业校

1月10日，南宁市2014年度新生儿死亡评审会议现场　　市卫生和计生委提供

验50家次。批准设置医疗机构35家，其中社会资本举办的16家；新发证的医疗机构20家，其中营利性医疗机构8家，新增社会资本举办的医疗机构床位数208张。

市卫生和计生委卫生行政审批工作被确定为市级第二批依法行政示范点，其政务服务窗口连续4个季度获"优质服务竞赛流动红旗"，4人被评为"优质服务标兵"，12人获"优质服务岗"。选送5份案卷参加自治区放射诊疗许可案卷评查，全部被评为优秀案卷，其中3份获得最高分评分。

11月3日，自治区卫生行政处罚案卷评查会暨卫生执法办案工作研讨会在南宁召开　　市卫生和计生委提供

【卫生行政处罚】 2014年，市卫生和计生委梳理行政处罚468项，行政强制6项。组织开展执法案卷评查活动2次，评查行政处罚案卷51份；通过自查自评、现场交叉评查等方式对全市行政执法案卷进行全面评查，并及时反馈评查意见，保证行政处罚案卷质量。市卫生和计生委选送的行政处罚案卷被评为自治区优秀案卷、南宁市依法行政案件评查优秀奖。组织专人编写报送典型案例6起，其中3起通过自治区卫生监督所专家审核报送卫生监督中心，作为交流经验材料。全市各级卫生计生行政部门办理行政处罚案件389件，没收违法所得35.05元、罚款225.42元，吊销行政许可证7件，吊销执业证书5件，无行政诉讼、行政复议撤销或败诉案件。

【卫生监督执法】 2014年，市卫生和计生委围绕医药卫生体制改革，重点检查医疗卫生机构、疾病预防控制机构的疫情报告、医疗废物处置、院内感染、菌毒种管理和传染病防治制度的落实情况。监督医疗机构137家，覆盖率100%；量化巡查公共场所961家；监督检查生活饮用水卫生148家；监督检查学校150所；检查开展放射诊疗活动的医疗卫生机构216家。

【医疗机构监督】 2014年，市卫生和计生委规范医疗机构执业行为，监督医疗机构137家，覆盖率100%；医疗机构环境空气、医疗用品、医用消毒剂、无菌器械保存液、医疗午睡、医疗污物抽检合格率均100%。加强对采供血机构和医疗机构临床用血的管理，强化血液安全监督检查；继续加大对非法行医、非法采供血和非医学需要胎儿性别鉴定及终止妊娠手术等违法行为的查处力度。牵头组织计生、食药、公安、武警、警备区等对医疗机构、生活美容机构、零售药店、计生服务机构开展整顿医疗秩序打击非法行医专项行动，严厉查处未经批准擅自开展终止妊娠手术、违法利用B超技术进行胎儿性别鉴定等违法行为，查处案件6起，涉及金额10.42万元。查处违法发布医疗广告案件19起。

【公共场所卫生监督】 2014年，市本级开展量化公共场所961家。其中：住宿业428家（A级65家、B级60家、C级303家）；沐浴场所56家（A级1家，C级35家），游泳场所30家（A级17家，B级8家，C级5家）；美容美发447家（B级4家，C级443家）。所有场所量化实施率均保持100%。完成"量化分级管理率住宿场所和游泳场所达到100%，沐浴场所、美容美发场所达到85%以上"任务目标。

【生活饮用水卫生监督】 2014年，市卫生和计生委开展生活饮用水卫生重点监督检查，检查市本级监管的市政水厂10家、自建水厂2家、二次供水单位148家，对上述12家集中式供水单位的出厂水、管网末梢水现场进行快速检测消毒剂余量取样36份，达标率100%；对二次供水单位中的宾馆饭店19家，居住区7家，文化、娱乐、医疗机构4家进行抽检水样30份，达标率96.67%。在自治区率先开展公共场所、学校、医院管道分质供水卫生安全专项整治，分析管道分质供水管理中存在的卫生安全问题，建立管道分质供水卫生安全管理体系。

【学校卫生监督】 2014年，市卫生和计生委开展中小学校卫生监督监测试点，强化校园及校园周边卫生安全的监督检查，开展以传染病防控、教室环境和饮用水安全为主题的学校卫生监督执法，监督检查学校150所，覆盖率100%，促进学校建立和落实相关的卫生制度，切实提高学生的健康水平；开展学校课桌椅专项卫生监督和直饮水机使用状况专项检查，进一步规范学校卫生管理。

【职业卫生监督】 2014年，市卫生和计生委检查开展放射诊疗活动的医疗卫生机构216家，有效《放射诊疗许可证》持证率87%（市本级100%）；688人（市本级276人）持有效《放射工作人员证》，持证率91%（市本级98.20%）；开展放射诊疗单位的放射工作场所均设置有"当心电离辐射"警示标志和建立质量控制与安全防护管理制度及事故应急救援预案。对市辖区1家放射卫生技术服务机构（市疾病预防控制中心）进行监督检查，持有有效资质，能在许可范围内开展放射卫生技术服务工作；有设备3台、放射卫生技术服务资质人员4名，出具的放射卫生检测与评价报告完整、规范。

【消毒产品卫生监督】 2014年，市辖区有公共用品消毒服务机构19家（因环保问题被责令停产、停业13家），均持有效备案，持证率100%。年内，市卫生和计生委完成监督检查39家次，监督覆盖率100%，各科室加强对48家消毒剂、卫生用品、抗抑菌剂等消毒产品生产企业开展现场监督检查96家次，覆盖率200%。其中：消毒剂企业6家，卫生用品企业30家，抗抑菌剂企业12家；均持有效生产企业卫生许可证，设有检验室并对产品自检；检查的8个品种消毒剂，均实行卫生安全评价，产品包装标签符合规范要求；重点检查卫生巾、卫生护垫、尿布、纸巾、湿巾等卫生用品，确保消费者健康权益得到保障。对45家消毒产品经营使用单位开展监督检查，覆盖率100%。其中：检查大型药店32家、大型超市13家，消毒产品69个品种，产品索证（卫生许可证、产品检验报告等）资料齐全，产品标签及说明书符合《消毒产品标签说明书管理规范》要求，监督抽检合格率100%。行政处罚立案9起，涉案金额4.54万元；结案8起，涉案金额4.19万元。

【传染病防治卫生监督】 2014年，市卫生和计生委落实传染病防治各项措施，组织开展传染病防治专项执法监督检查，重点检查医疗卫生机构、疾病预防控制机构的疫情报告、医疗废物处置、院内感染、菌毒种管理和传染病防治制度的落实情况。监督监测各类医疗卫生机构299家次，规范医疗废物的分类、收集、运送、贮存、处置等工作，促进医疗机构的院感管理逐渐步入科学化、规范化的轨道。继续加强对医疗卫生机构病原微生物实验室及艾滋病检测实验室生物安全的监督管理，对从事病原微生物检验工作的市直属医疗卫生机构、疾病预防控制机构、采供血机构开展病原微生物实验室生物安全专项检查，覆盖率100%。

【卫生监督应急保障】 2014年，市卫生和计生委坚持“预防为主、依法监管”的原则，完成“两会一节”、第45届世界体操锦标赛等重大节庆活动期间的卫生监督任务。对重点接待的宾馆、活动场馆开展公共场所、生活饮用水、消毒产品、传染病防治等卫生保障工作，采取提前介入方式和实施驻点保障的方式，对各环节严格把关，确保突发公共卫生事件“零”发生；加快市本级卫生监督应急体系建设，通过开展环境卫生、放射卫生、传染病防治等应急演练，提高应急处置能力。加强对大明山国家级自然保护区生活饮用水卫生监督监测，开展大明山天坪饮水改水工程水源水质预评价，确保大明山风景区饮水安全。

【卫生监督协管】 2014年，南宁市全面实施卫生监督协管服务项目，在各乡镇、社区设立卫生监督协管站168家，聘任卫生监督协管员809名。其中：专职卫生监督协管员91名，兼职卫生监督协管员718名。建成一个覆盖乡镇、社区的卫生监督协管网络体系。巡查生活饮用水单位1508家次，巡查学校3170家次，巡查医疗机构7198家次，报告线索信息239条。探索和规范卫生监督协管服务运行机制，在《卫生部关于做好卫生监督协管服务工作的指导意见》的基础上，将协管巡查范围向公共场所、消毒产品等方面延伸，扩大卫生监督协管服务的覆盖面。加强协管人员培训、提高人员技能；健全基层卫生监督网络，落实各项监督协管职责。

【食品安全检验监测】 2014年，南宁市食品安全风险监测采用问卷调查、专家咨询和指标验证等方式，组织开展《食品中真菌毒素限量》（GB2761-2011）、食品微生物学检验方法标准（GB4789）、《营养强化剂使用标准》（GB14880-2012）、《蒸馏酒及其配制酒》（GB2757-2012）等食品安全国家标准跟踪评价。全市13家疾病预防控制中心和4家哨点医院的监测网络建设进一步加强。对12个县（区）1605个采样点采集23类7564份食品样品进行127个食品相关项目的监测分析，总合格率91.43%；对455例食源性疾病腹泻病例进行主动监测，致病菌检出率25.05%。

9月14日，南宁市打击“两非”工作督察组对药店进行检查　市卫生和计生委提供

血液采供

【血液采集】 2014年，南宁市献血人数12.32万人次，比上年增加3836人次，增长3.21%。其中全血采集11.61万人次，增加4320人次，增长3.87%；机采血小板采集1.19万人份，减少506.50人份，减少4.10%；互助献血6.14万人次，占总献血人数52.87%，增长18.06%。团体招募献血1.93万人次，增加614人次，增长3.29%。血液采集总量22.45万单位（约44.89吨），减少3901单位，减少1.71%。其中全血采集17.71万单位，增加4030.72单位，增长2.30%；机采血小板采集4.74万单位，减少2026单位，减少4.09%；互助献血量9.37万单位，增加7582单位，增长8.81%，占总采血量的37.69%。采血招募中，城市居民献血占86.80%，增长2.21%；农村居民献血占13.20%，增加10.37%；团体献血占15.31%，增长11.39%；街头献血占17.57%，下降17.99%；固定献血者比例22.83%，下降20.08%；献200毫升率为36.17%，增加2.45%；献300毫升率为21.65%，增加0.05%；400毫升采集8946人次，比例为42.18%，减少251人次，减少0.50%。

【临床供血】 2014年，南宁中心血站向临床提供去白红细胞17.04万单位，比上年同期增加3433单位，增长2.06%；冰冻血浆18.97万单位，增加1.19万单位，增长6.70%；机采血小板1.18万人份，减少519.5人份，降低4.23%；冷沉淀2.42万单位，减少1394单位，降低5.47%。

【血液检验】 2014年，南宁中心血站对12.33万份血液标本进行HBV、HCV、HIV、TP、ALT检测，比上年同期增加1733份，增长1.43%，合格12.03万份，合格率97.55%，不合格3020份，不合格率2.45%。不合格项目中$HBsAg^+$占26.46%，抗-HCV^+占8.68%；抗-HIV^+占5.60%；抗-TP^+占33.05%，ALT为25.23%；核酸标本检测5.40万份，阳性92例；HIV初筛阳性标本151份，送检1份，确证阳性1份。

【血液制备】 2014年，南宁中心血站制备成分血26.66万袋。其中，去白细胞红细胞18.02万单位，比上年同期减少0.31%；新鲜冰冻血浆143.42万毫升，增长7.33%；

2014 年,驻邕医疗机构"医务人员献血月"活动启动仪式　　市中心血站提供

普通冰冻血浆988.20万毫升,增长5.53%;冷沉淀2.46万单位,减少286单位,下降1.15%;其他血液成分制备:冰冻加甘油保存红细胞282.5单位,冰冻解冻去甘油保存红细胞86单位,洗涤红细胞876袋。血液隔离与放行、贴签、包装正确率100%,无质量投诉。

【无偿献血宣传】 2014 年,南宁中心血站发放宣传资料30余万册、宣传海报350张,悬挂横幅130余条,印制宣传展板65块。在各大报纸、网站、杂志等媒体发表献血相关文章418篇次;在电台、电视台播报献血新闻124篇次。到各中小学校及社区举办血液知识专题讲座,发放血液科普宣传资料3万份,血型趣味漫画1万本,接受咨询3000余人次。在全市2000余辆公共汽车上投放无偿献血公益广告,提高民众无偿献血意识。邀请著名演员穆丽艳、中国达人秀冠军卓君拍摄自治区首部无偿献血公益微电影;在五象湖公园设立全国首创的无偿献血模范人物手印墙;与爱心企业合作开展"美丽南宁　关爱生命"大型无偿献血公益爱心回馈活动,通过抽奖的方式向献血者赠送奥迪汽车和苹果手机等;在悦荟广场举行无偿献血快闪创意宣传;与市第二医院首次联合举办全市无偿献血宣传周;聘请CBA八一篮球俱乐部队员许钟豪出任南宁市无偿献血形象大使,发挥榜样带动作用,扩大影响力。开展"捐血救人送温暖"活动、"红红火火过大年大型捐血迎新春"活动、"医务人员献血月"活动、"2·14情人节"你献热血我送花活动、"6·14世界献血者日"庆祝活动、"血站开放日"活动、"公务员献血月"系列活动。

【献血服务】 2014年,南宁市免费用血报账2373人次,比上年同期减少276人,下降10.42%;免费用血金额216万元,减少19万元,下降7.91%;进行常规回访1600多人次。对6280名献血者开展满意度调查,满意率92.88%;对762名ALT不合格献血者进行短信反馈,对2257名其他不合格献血者进行电话反馈。年内,发现765人次发生献血反应情况,其中发生较重献血反应3人次,南宁中心血站都及时进行回访、处置,每位献血者都恢复良好。完成"2012-2013年度全国无偿献血奉献奖"申报,为3983位献血者申报相关奖项。发送慰问短信、感激短信、献血间隔提醒短信等60多万条。

【血液质量管理】 2014年,南宁中心血站完成对去白全血、悬浮红细胞、去白悬浮红细胞等9种血液成分1305袋次的质量抽检任务,抽检合格率98.47%%,比上年同期上升1.53%;完成对血袋、机采耗材、检测试剂(ELISA、血型、ALT)、一次性使用卫生用品等240批次的质量抽检和资质审核,合格率98.75%;完成803台次贮血试剂冰箱、22台次成分用大容量冷冻离心机、116台次高压灭菌器、91台次紫外灯紫外线辐照强度、4台次百级净化台的质量监控,对日常监控发现不符合标准的情况及时反馈并改进;完成164次采血室(车)、成分制备室环境菌落数培养和256台次贮血冰箱菌落数培养。对120人次采血人员手指染菌数进行监测,血液运输箱48台次;开展7次血液辐照仪及周围环境的辐照强度监控,保障采供血环境的质量。完成237台次采血秤、32台次体重秤、233支次温度计/温湿度计、100支次微量加样器、58台次天平砝码校准等计量器具校准。定期做好对采供血关键科室的日常巡检;编制11期质量月报;根据新的标准和规范要求,完成2012版质量体系文件修订。

医学科研与教育

【医学科研】 2014年,南宁市坚持"科技兴医"战略,实施医疗卫生科研创新工作,以科研项目带动科技创新。市卫生和计生委直属医疗卫生单位投入科研经费779.47万元;投入配备先进的科研设备经费投入784.80万元。市医疗卫生单位获省部级科研立项6项,自治区卫生厅科研立项78项,南宁市级科研立项55项。全市医疗卫生科研课题获奖13项。其中:获南宁市科技进步一等奖1项、二等奖3项、三等奖9项。获自治区医药卫生适宜技术推广奖二等奖4项、三等奖10项。获医学技术方面实用新型专利8项。市第二医院放射科主任、副主任医师丁可获第四届南宁市青年科技奖。委属医疗卫生单位获南宁市自然科学优秀论文奖20篇。其中:一等奖2篇,二等奖7篇,三等奖11篇。

【医学继续教育】 2014年,南宁市承办国家级继续医学教育项目3项,自治区继续医学教育项目52项,参加人员6707人;各医疗卫生单位举办学术活动515班次,参加人员5.37万人次,投入培训费1293.21万元。全市选派301名医护人员分别到国内知名医院的相关专业进修学习,派出医疗骨干参加自治区或国内各类短期学习班、研讨会4918人次。

【卫生人才队伍建设】 2014年,南宁市有858名考生参加南宁市考点卫生系列高级专业技术资格专业能力考试,1.04万人参加南宁市考点卫生专业技术资格考试和护士执业资格考试;781人参加住院医师规范化考试。落实70名全科医师转岗培训和21名免费培养医学生工作。开展中壮医学科带头人和基层中医人才等8个项目647名研修人员的培训工作。组织市第一医院、市第二医院30名医护人员参加医用英语培训班学习。开展高层次人才需求调研,向市政府报请并获批引进10名紧缺急需卫生人才,协调委属单位办理引进人才有关工作。推荐2名作为自治区2014年医学高层次骨干人才"139"计划培养人选。根据利用机构合并和医院去行政化改革的要求,全面了解直属单位干部队伍情况,配齐配强各级班子，组织指导直属单位开展干部教育培训，参加干部教育培训干部5250人，参训率97.89%。选派16名后备干部担任贫困村党组织第一书记及“美丽广西”乡村建设(扶贫)工作队员，时间2年。选派40名后备干部到局机关挂职锻炼。

中医·民族医

【中医药基本情况】 2014年，市辖卫生院和社区卫生服务中心的中医科建设实现100%覆盖；能够提供中医药服务的社区中心、卫生院、服务站和村卫生所等4个国家和自治区考核指标，分别提高100%、91.90%、91.80%、66.80%，综合指标排名位列自治区第一；7所二级中医医院通过“二甲”等级评审，指标完成率高于自治区指标25.70%；中医药服务量逐年上升，基层4类医疗机构门诊的中医药服务总量约占47.58%，高出自治区考核指标17.58%。

【中医医院管理】 2014年，市卫生和计生委巩固和完善市中医医院“三甲”服务功能，提升全国中医临床重点专科“脑病科”服务能力，启动广西中医肿瘤专科平台建设；提升“国医堂”中医药服务内涵；在县级中医医院建成一个中医预防保健科(县级中医“治未病”中心)。市中医医院获广西中医药大学A级临床教学基地资格。巩固提升市中西医结合医院全国中医临床重点专科“针灸科”服务功能，开展“朱琏针灸”技术推广和全国名老中医、朱琏嫡传弟子韦立富主任医师临床经验继承工作，初步建成“朱琏针灸”技术传承国际推广总部基地和7个二级基地。加强中医临床重点专科建设，巩固提升中医医院管理水平。市县7所中医医院通过等级评审，再次获“二级甲等”中医医院牌匾，每所中医医院至少建成2个~3个、在建1个~2个省级中医临床重点专科。

【中医科研课题申报与立项】 2014年，南宁市中医医疗机构共申报各级科研课题41项。其中广西中医药民族医药传承创新专项课题30项（宾阳县中医医院2项、邕宁县中医医院1项、武鸣县中医医院2项、武鸣县人民医院4项、隆安县中医医院2项、上林县中医医院1项、市第一人民医院1项、市第二人民医院3项、市第四人民医院2项、市第九人民医院2项、市红十字会医院2项、市第六人民医院1项、市中医医院6项、市第七人民医院1项)；广西中医药民族医药自筹经费科研课题申报11项(武鸣县中医医院2项、市第九人民医院2项、市第一人民医院1项、市第二人民医院3项、邕宁区中医医院1项、市中医医院2项)。获广西中医药民族医药自筹经费科研课题立项7项（市中医医院《艾普拉唑对急性冠脉综合征患者氯吡格雷抗血小板药效的影响》《自制接骨膏治疗老年性桡骨远端骨折的临床研究》2项、市第二人民医院《中西医结合快速康复流程在结直肠手术的应用研究》1项、市第九人民医院《中药外敷结合经筋、手法火针治疗膝骨性关节炎疗效观察》1项、市第一人民医院《自制黄五醇液外涂治疗带状疱疹皮肤损伤的护理研究》1项、武鸣县中医医院《壮医经筋疗法治疗神经根型颈椎病标准化研究》《瑶医火攻疗法治疗功能性便秘临床研究》2项)。

【传统医药非物质文化保护】 2014年，南宁市壮医目诊、壮医经筋疗法、壮医药物竹罐疗法、壮族谭氏草药疗骨法、宾阳封氏烧伤创疡治疗术5个中医药壮瑶医药项目，申报第五批自治区级非物质文化遗产代表性项目名录获成功，并纳入保护范围。

【中医药文化科普】 2014年，市卫生和计生委组织开展为期150天以“转作风、接地气、惠民生”为主题的南宁市百场中医药壮医药科普知识讲座义诊“三进”(进乡村、进社区、进家庭)活动。调动系统52家医疗卫生单位430多名中医药人员，携中医药壮医药科普图书、健康处方等走进乡村、走进社区和困难群众家庭，送医送药上门，与基层群众特别是留守老人面对面、近距离交流，传授中医中药保健科普知识和“治未病”理念及养生保健的基本方法。全年开展中医药健康讲座和义诊活动186多场，发放健康宣教资料3万多份，惠及群众1.92万人。

【中医药壮瑶医药文献整理】 2014年，南宁市中医药壮瑶医药挖掘领导小组指导吴振东整理完成16名民间医生基本信息、口碑资料、手抄本、验方等资料，编写约10万字的《振东壮医骨科》、撰写《南宁市民间医药挖掘之壮医骨科现状的思考》管理文章，发现并将具有120多年传承史的“封氏烧伤创疡医术”秘方，列入“南宁市非物质文化遗产”并纳入保护范围等。

【中医药与壮瑶医药产业发展】 2014年，南宁市中医药壮医药种植产业持续增长。1月至11月，列入统计口径的生物医药生产企业有49家，完成规模以上工业总产值109.24亿元，比上年同期增长15.51%。其中，中成药生产完成产值41.40亿元，增长5.89%，占生物医药产业37.90%；中药饮片加工完成21.36亿元，增长20.36%，占19.55%。中成药及中药饮片(即中医药壮医药制造)占生物医药产业57.45%，处于行业主导地位。中恒南宁生物制药有限公司、深圳海王集团南宁公司、神冠集团生物医药有限公司、四川科创华海国药南宁公司、修正药业南宁公司、柳州医药股份中医药生产项目等落户南宁经济技术开发区。11月，完成投资44.54亿元，市政府给予7家中医药民族药生产企业技改贴息补助3600万元。

【中医药服务能力建设】 2014年，南宁市在123个乡镇卫生院和32个城市社区卫生服务中心全部开展中医民族医科建

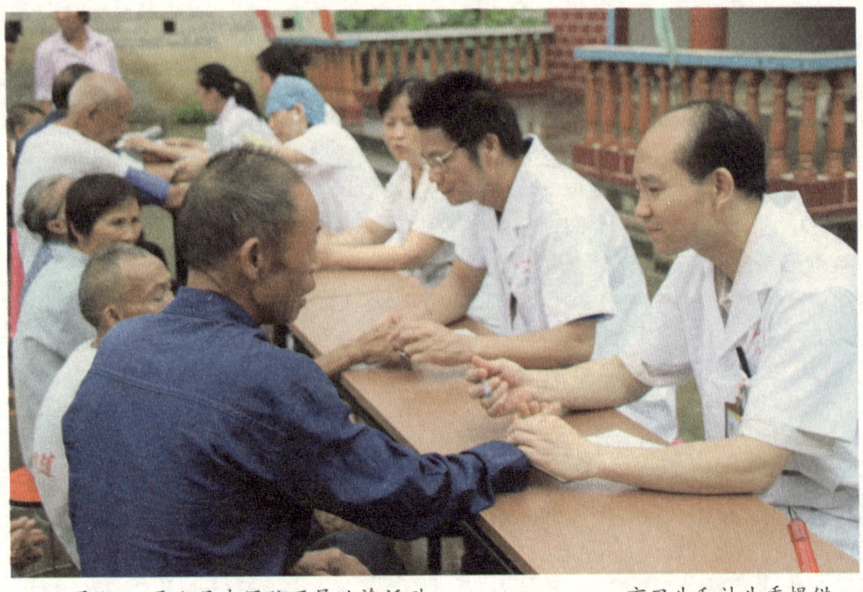

6月5日，马山县中医院开展义诊活动　　市卫生和计生委提供

设，在91.80%的城市社区卫生服务站和66.80%的行政村卫生室配备中医诊疗服务设施和简易设备，培训推广中医药适宜技术，市、县、乡镇、村四级中医药服务网络基本建立。推进"全国基层中医药工作先进单位"示范创建活动。西乡塘区和邕宁区通过"全国基层中医药工作先进单位"国家级评审并获得高度评价；青秀区通过复审，巩固其全国先进单位称号。年内，新闻媒体进行相关报道：《南宁日报》刊登3次，南宁电视台播放2次，广西电视台播放1次，广西新闻网转载3次。

【中医重点专科建设与中医人才培养】 2014年，南宁市推进名医、骨干和基层人才培养，市中医医院、市中西医结合医院各设1个国家级中医临床重点专科，武鸣县中医医院在建1个国家级重点培育专科；开展8个项目640名中医壮医人员研修和培训，其中，选送11名中医医院院领导班子成员到中国人民大学参加院长高级研修、17名基层中医人员参加自治区中医临床优才研修、36名基层中医师参加广西中医骨干研修、45名参加广西中医师承研修、7名参加中西医结合培训、1名参加全国中医临床优才培训、530多名乡村医生参加中医药知识与技能培训。

【基层中医改革试点】 2014年，市卫生和计生委按照自治区医改相关工作要求，将中医药壮医药服务纳入医改重大任务和绩效考核内容进行总体部署；推进公立中医医院改革试点，完成阶段任务。武鸣县中医医院综合病房楼竣工正式投入使用，并实施国家级中医药壮医药服务县乡一体化管理试点，探索"六统一"管理模式（统一规划设置、统一人员调配、统一业务管理、统一宣传普及、统一饮片配送、统一绩效考核），基本达到年度工作目标。武鸣县100%乡镇卫生院设立中医科，所有的村卫生室配备至少1名中医人员或熟悉中医又会西医的乡村医生；乡镇卫生院和村卫生所都能提供中医药服务，可提供10项以上中医适宜技术。 （甘洪流）

爱国卫生运动

【概　况】 2014年，南宁市爱国卫生运动委员会办公室（简称市爱卫办）围绕深化国家卫生城市工作目标，以健康教育、基层卫生创建、农村改厕、病媒生物防制等工作为主要抓手，开展群众性爱国卫生工作。开展健康教育讲座1500余次，受益群众10万人次，发放健康教育宣传资料100万份，接受公众健康咨询3000人次。投入除"四害"（苍蝇、蚊子、老鼠、蟑螂）经费710万元，病媒生物防制投入经费1647万元。实施自治区财政补助地方农村改厕项目，完成改厕9000座。至年末，284个卫生村、21个卫生镇通过自治区级卫生村、卫生镇考核验收；南宁市巩固国家卫生城市工作通过国家卫生城市工作目标考核组委托自治区爱卫办年度监督检查考核组进行的复审。

【国家卫生城市创建】 2014年，南宁市巩固国家卫生城市创建成果，将市民文明、环境卫生"每月一评"整合到"美丽南宁·整洁畅通有序"大行动的综合考评中。市爱卫办向各县（区）和机关企事业单位印发控烟宣传资料11万份，印制农村卫生常识挂图宣传资料5000套；联合市卫生监督所印制爱国卫生法律法规资料2000本，相关宣传画册、彩页、单行本5000多份。成立爱国卫生管理工作监督队伍，开展爱国卫生执法；组织近100名爱国卫生工作人员参加卫生部培训中心举办的新国家卫生城市标准学习培训。南宁市通过自治区爱卫办巩固国家卫生城市工作年度监督检查考核组的复审。

【健康教育与健康促进】 2014年，南宁市组织"健康教育讲师团"成员进社区开展健康教育讲座。在县（区）开展健康教育讲座1500余次，受益群众10万人次，发放健康教育宣传资料100万份，接受公众健康咨询3000人次。开展中央补助广西健康素养促进项目活动，加大控烟履约宣传、督查力度，印制发放控烟宣传资料11万份；开展世界无烟日宣传活动，组织开展以"提高烟草税，保护下一代"为主题的世界无烟日宣传活动。推进健康步道建设，在南宁市南湖公园、人民公园、石门森林公园、狮山公园、新秀公园、邕江滨水公园、凤岭儿童公园各建成健康步道1条。

【爱国卫生月活动】 2014年，南宁市在全市范围内组织开展以"迎世锦、讲卫生、树形象"为主题的第26个爱国卫生月活动。主题宣传日活动当天发放宣传材料30万多份，出版宣传板报200余板，为群众义诊、接受健康咨询3万多人次。活动月（4月）期间，制作宣传板报600余块，内容涉及爱国卫生、健康教育、除"四害"、农村改厕等。组织"健康教育讲师团"成员走进社区，开展健康教育讲座。发动20万人次参与清除蚊虫孳生地，有效控制蚊虫生长繁殖，降低老鼠、蟑螂和苍蝇密度，提高群众卫生意识，取得良好的社会效应，巩固创建国家卫生城市的成果。

【病媒生物防制】 2014年，市爱卫办根据市政府《关于深入实施城乡清洁工程开展除四害统一行动的通知》，坚持每季度第一个月第二周在全市开展除"四害"统一行动，全年开展4次。市本级投入除"四害"经费710万元，采购灭毒谷（60多吨），外环境灭蚊虫、苍蝇、蟑螂消杀药品19吨，家庭用除"四害"套餐1万盒，安装防蚊闸1000个、灭蚊灯200台，投放毒饵盒1万个，其他除四害药品6500多千克，消杀面积2.50亿平方米。落实"两会一节"、第45届届世界体操锦标赛期间病媒生物防控工作，开展秋冬季灭蚊防病工作。市财政投入经费1647万元，全市出动消杀人员29.16万人次，使用灭蚊药物480吨；召开动员会、防控专题会议2543次，开展专项督导2414次，入户调查15.21万户；开展大型健康教育宣传活动8524次，派发灭蚊宣传海报、宣传手册、宣传折页等328万份；通过电视、广播播放防蚊灭蚊专题节目12.64万期，报纸、网站刊登防蚊灭蚊知识821期；开展爱国卫生专项行动8901次，清理蚊幼虫孳生地26.21万处，环境整治面积45.73万平方米、灭蚊面积10.74万平方米。

【农村改厕项目】 2014年，南宁市投入农村改厕资金960万元。其中：自治区财政补助的专项资金630万元，市财政配套资金180万元，项目县（区）财政配套资金150万元，各级资金到位率100%。完成自治区财政补助的地方农村改厕任务9000座，分布在8个县（区）、45个乡镇、168个村、296个屯（坡）。其中：横县2000座、宾阳县1000座、上林县1000座、马山县1000座、武鸣县1000座、兴宁区1000座、青秀区1000座、西乡塘区1000座。10月，项目县（区）实施的改厕工作全部通过市级、自治区级考核验收。

【基层卫生创建】 2014年，南宁市印发《2014年自治区（市）卫生村镇考核实施方案》，采取推磨式、交叉检查的办法进行考核。全市申报的284个自治区卫生村、21个自治区卫生镇的创建，均通过自治区卫生村镇考核验收。

（市爱卫办）

责任编辑　方　明

体　育

第 45 届世界体操锦标赛

【概　况】 2014 年 10 月 3 日至 12 日，第 45 届世界体操锦标赛在南宁市广西体育中心举行，是广西历史上举办的规模最大、规格最高的国际重大体育赛事。设男、女团体，男、女个人全能，以及男子自由体操、鞍马、吊环、跳马、双杠、单杠，女子跳马、高低杠、平衡木、自由体操共 14 个比赛项目。有世界各国、各地区的 2300 名运动员、裁判员、中外媒体记者和国际体联大家庭成员参加，其中参赛运动员 604 名，创体操世锦赛参赛运动员人数新纪录。10 月 7 日举行开幕式，之前安排进行资格赛。经过 10 天的角逐，决出金牌 14 枚、银牌 14 枚、铜牌 15 枚，其中中国队以 3 金、3 银、1 铜，位列奖牌榜第二名，美国队以 4 金、2 银、4 铜，朝鲜队以 2 金分列金牌榜第一名、第三名。

期间，有国内、外的 900 多名记者(境外媒体记者 158 人)对赛事进行采访报道，电视信号覆盖全球 120 多个国家和地区；中央电视台体育频道全程直播(录播)10 月 7 日以后决赛阶段的全部比赛场次。中央宣传部、国家新闻中心等中央单位，韩国果川市、澳大利亚班达伯格市、俄罗斯伊尔库茨克市等南宁市友好城市，中国保利集团、绿地集团、广州恒大集团、修正药业集团、禾田投资集团等知名企业，全国部分省市体育局，自治区 14 个地级市派员观摩比赛盛况；李宁、李小双等体操世界冠军组成的“冠军助威团”现场为世锦赛加油助威。10 万多人次到广西体育中心体育馆观看比赛，世界各地的观众通过广播电视、网络、报纸等各种媒介，共享体操世锦赛盛宴的激情和快乐。

10 月 12 日下午举办闭幕式，国际体操联合会(简称“国际体联”)主席布鲁诺·格兰迪将会旗交给下一届承办城市英国格拉斯哥市代表。世锦赛的成功举办，是一次“美丽广西”“美丽南宁”新形象的大展示、城市建设管理的大考验、市民素质的大提升、干部作风的大锤炼、体育事业的大发展、广西精神及南宁精神的大诠释。一流的办赛水平、一流的公共秩序、一流的城乡环境、一流的社会风尚被各方嘉宾和社会各界一致评价为“奥运水准”。中共中央政治局委员、国务院副总理刘延东指出：经广西壮族自治区、南宁市和有关方面的共同努力，世锦赛实现了“热烈、精彩、难忘、成功”的目标，赢得广泛好评。望以此为契机，再接再厉，加快广西经济社会发展，取得新的更大成绩！国际体联主席布鲁诺·格兰迪认为：赛事组织堪称卓越，这是他职业生涯和国际体联历史上举办的最成功、最精彩的一次赛事，南宁有能力举办任何国际大赛。国家体育总局体操运动管理中心主任罗超毅认为：南宁承办的世锦赛堪称典范，良好的组织服务工作值得颁发一枚“金牌”。

【开幕式】 2014 年 10 月 7 日晚，第 45 届世界体操锦标赛开幕式在南宁市广西体育中心举行。全国政协副主席马飚、国际体联主席布鲁诺·格兰迪、国家体育总局局长刘鹏、缅甸副总统赛茂康、柬埔寨副首相兼内阁办公厅大臣索安及夫人，自治区领导彭清华、陈武及南宁市领导等出席。马飚副主席宣布世锦赛开幕，彭清华书记、刘鹏局长、布鲁诺·格兰迪主席分别致辞。

开幕式文艺表演以“梦聚南宁”为主题，以“中国美、广西韵、民族情”为主线，由开场欢迎礼《鼓振雄风》、民族舞蹈《响银盛装舞》、柔术与舞蹈表演《朱槿绽放》、主题曲《我有一个体操梦》、现代艺术表演《梦在南宁》、民族风情展示《锦绣壮乡》6 个节目组成。其在会鼓、银饰、绣球、铜鼓等最具代表性元素的曼妙呈现中将绚烂的广西风情串珠成链，并通过撷取奥运五环元素、展现广西籍世界冠军李宁与绿城孩童的体操梦等，共同表达体操健儿逐梦南宁的激情力量，展现世界风、中国美、广西韵、南宁秀。整场演出用浓郁的壮乡文化讲述色彩斑斓的中国故事，展现开放自信的国际风范，被媒体誉为一场“简约不简单、精炼而精彩的开幕式文艺表演”。国际体联主席布鲁诺·格兰迪说：“我完全被震撼了！这是我有生之年看过最富有韵味、最独特、最难以忘怀的开幕式。”

【赛　事】

资格赛　2014 年 10 月 3 日至 6 日在广西体育中心体育馆举行。有 74 个代表团 1411 人（团长 60 人、运动员 638 人、教练员 317 人、领队 48 人、医生 91 人、其他官员 28 人、裁判员 203 人、技术官员 15 人、输分员 11 人）参赛。男子组设团体、全能、单杠、双杠、跳马、鞍马、吊环、自由体操 8 个比赛项目；女子组设团体、全能、高低杠、跳马、平衡木、自由体操 6 个比赛项目。经过 4 天的激烈角逐，前 8 名代表团进入团体决赛，前 24 名运动员进入个人全能决赛，前 8 名运动员进入单项决赛。

男子团体决赛　10 月 7 日在广西体育中心体育馆举行。中国、日本、英国、美国、俄罗斯、巴西、瑞士、德国 8 个代表团进行角逐，中国、日本和美国分获前三名。

女子团体决赛　10 月 8 日在广西体育中心体育馆举行。美国、中国、罗马尼亚、意大利、俄罗斯、英国、澳大利亚、日本 8 个代表团进行角逐，美国、中国、俄罗斯分获前三名。南宁市籍的白雅雯代表中国队参赛。

男子全能决赛　10 月 9 日在广西体育中心体育馆举行。有 24 人进入男子全能决赛角逐，日本代表团 UCHIMURA Kohei、TANAKA Yusuke 分获冠军、季军，英国代表团 WHITLOCK Max 获亚军。

女子全能决赛　10 月 10 日在广西体育中心体育馆举行。有 24 人进入女子全能决赛角逐，美国代表团 BILES Simone、罗马尼亚代表团 IORDACHE Larisa Andreea、美国代表团 ROSS Kyla 分获前三名。

男子单项决赛　自由体操决赛，10 月 11 日在广西体育中心体育馆举行，俄罗斯代表团 ABLIAZIN Denis、日本代表团 SHIRAI Kenzo、巴西代表团 HYPOLITO Diego 分获前三名。鞍马决赛，10 月 11 日在广西体育中心体育馆举行，匈牙利 BERKI Krisztian、克罗地亚 UDE Filip、法国 TOMMASONE Cyril 分获前三名。吊环决赛，10 月 11 日在广西体育中心体育馆举行，中国刘洋获第一名，巴西 NABARRETE ZANETTI Arthur 获第二名，中国尤浩、俄罗斯 ABLIAZIN Denis 总分相同，并列第三名。跳马决赛，10 月 12 日在广西体育中心体育馆举行，朝鲜 RI Se Gwang、乌克兰 RADIVILOV Igor、美国 DALTON Jacob 分获前三名。双杠决赛，10 月 12 日在广西体育中心体育馆举行，乌克兰 VERNIAIEV Oleg、美国 LEYVA Danell 和 KATO Ryohei 分获前三名。单杠决赛，10 月 12 日在广西体育中心体育馆举行。荷兰 ZONDERLAND Epke、日本 UCHIMURA Kohei、克罗地亚 MOZNIK Marijo 分获前三名。

女子单项决赛 跳马决赛，10 月 11 日在广西体育中心体育馆举行，荷兰 HONG Un Jong、美国 BILES Simone 和 SKINNER Mykayla 分获前三名。高低杠决赛，10 月 11 日在广西体育中心体育馆举行，中国姚金男、黄慧丹分获金牌、银牌，美国 LOCKLEAR Ashton 获铜牌。平衡木决赛，10 月 12 日在广西体育中心体育馆举行，美国 BILES Simone、中国白雅雯（南宁市籍）、俄罗斯 MUSTAFINA Aliya 分获前三名。自由体操决赛，10 月 12 日在广西体育中心体育馆举行，美国 BILES Simone、罗马尼亚 IORDACHE Larisa、俄罗斯 MUSTAFINA Aliya 分获前三名。

【服务保障】

综合协调 第 45 届世界体操锦标赛筹办和举办期间，南宁市有关工作机构主动对接国际体联，熟悉和掌握世锦赛技术规程、媒体规则、制证规则、器械标准、医疗规则、广告宣传规则等，结合实际做好相关工作，将世锦赛既办出国际规范，又富有地方特色。做好国际体联、国家体育总局、国家体操运动管理中心到南宁市指导检查工作的接待迎检；多次邀请国家体操运动管理中心、新华社、英华博译等部门团队专家到南宁培训组委会工作人员，提高工作人员工作水平和业务素质。制定组委会办文制度、例会制度、车辆管理规定、经费管理办法、报到工作流程等，构建世锦赛现场指挥体系，提升赛事组委会运转效率。抓好各类文稿的起草、各类会议会务安排，协调做好各级领导嘉宾的邀请和重大活动出席安排。科学管理调配赛事各类物资，做好赛事后勤保障。气象部门做好精细化天气预报服务、空气质量预报会商及减轻大气污染人工增雨服务。运用科技创新，开发"第 45 届世界体操锦标赛证件申报管理系统"，制作各类证件 1.08 万个，无一错漏，各国代表团满意率 100%。

监督检查 第 45 届世界体操锦标赛筹办以来，南宁市将服务世锦赛监督检查工作作为"一号督查工程"，由赛事组委会监察部与城市建设和环境综合整治督查组、市"两重两问"（重点工作、重点项目，问责、问效）办公室合署办公进行落实。围绕城市基础设施建设、服务世锦赛重大项目建设、绿化美化彩化、"两违"（违法用地、违法建设）整治、烟囱排放废气污染源整治、绕城高速沿线环境综合整治、违章广告治理和建筑立面改造七大工程，以及服务世锦赛工作落实情况和工作作风进行严格监督检查。通过宣传报道、电视问政、通报曝光等形式强化督查工作声势，对不作为、慢作为、乱作为的单位和个人进行严格问责，确保世锦赛各项工作部署切实落到实处。

资金管理 南宁市按照厉行节约、节俭办赛的原则做好第 45 届世界体操锦标赛有关资金管理。2014 年 1 月至 9 月，通过市属融资平台融资，新增到位资金 143.47 亿元，重点支持市政主要道路、桥梁、城市主干道绿化提升、火车东站片区基础设施、轨道交通、水环境综合整治等一批重大项目建设，保障服务世锦赛重点工程项目实施。统筹安排预算资金，预算追加保障城市建设、环境综合整治及赛事、安保、宣传等 17 个项目工作的开展。通过自治区层面争取 13 亿元地方债券额度，支持五象新区城乡风貌改造和城市基础建设工作。多方筹措资金，确保服务世锦赛项目经费投入，严格把好世锦赛各项经费开支，及时拨付各项工作经费，完成对各参赛团的各项收费。

竞赛组织 南宁市配合国际体联、国家体操运动管理中心、中国体操协会，做好第 45 届世界体操锦标赛竞赛服务和比赛组织，保证比赛（包括 2014 年 5 月 9 日至 13 日全国体操锦标赛暨第 45 届世界体操锦标赛测试赛）各个场次顺利进行。9 月 23 日起，负责安排先期到达的队伍和后续到达队伍的赛前训练。做好裁判服务，满足裁判工作需求，组织召开裁判会议 36 次。做好竞赛信息台信息处理，保证信息台竞赛信息发布的及时和准确。密切与"北京盛泰华夏科技有限公司"体育展示团队合作，出色完成全部比赛场次体育展示，播放音乐 118 组，视频 86 条，计分屏 27 条，播报稿 5 类，观众服务 7 条，自由体操比赛音乐 257 首。

宣传报道 南宁市将宣传工作作为世锦赛筹办工作的重中之重，竭力做好媒体服务。开创"五个首创"：首次规划建设高标准的 MPC（主新闻中心）；首次由兼职人员承担媒体运行；首次构建一支专业化的新闻服务团队；首次采用 MPC 访客卡的机制，为当地媒体报道赛事提供便利；首次采用宽松的安检自我验证模式。2014 年 9 月 28 日至 10 月 12 日，中外媒体有关世锦赛的报道超过 1.20 万条；官网中文版新闻服务栏目吸引 106 个国家和地区网民 48 万多次的浏览量；手机中文版新闻服务栏目吸引 114 个国家和地区网民近 28 万次的浏览量；官网英文版新闻服务栏目吸引 136 个国家和地区网民近 21 万次的浏览量。在美国纽约时代广场中国屏滚动播放世锦赛宣传片 1472 次，在 CCTV-1、CCTV-新闻、CCTV-4 等中央电视台多个频道播放南宁城市形象宣传片。利用大型户外 LED 电子屏、高杆广告牌、公交车候车厅、落地牌、跨街（路）天桥等社会宣传资源，开展内容丰富的社会宣传，营造浓厚的世锦赛氛围。

电视转播 第 45 届世界体操锦标赛举办期间，南宁市有关工作机构与中央电视台合作，共同做好赛事的信号制作转播及国内、外电视媒体转播服务。此次体操世锦赛，中央电视台调配将近 2 亿元的转播设备，以 2012 年伦敦奥运会制作团队为班底组建的 400 人左右的转播团队，按照奥运会的标准，采用 6+1 的最高配置信号，完成转播报道近 26 小时。日本富士电视台转播团队是此次赛事转播投入最大的外媒电视台，南宁市有关工作机构协调服务，为其转播提供便利，协助日本富士电视台完成宣传报道时长 18 小时。同时，做好英国、美国、德国、巴西等电视台电视转播服务；做好广西电视台、南宁电视台转播服务，确保自治区内直播的顺利开展。

招商服务 2013 年下半年开始，南宁市先后在《人民日报》、中央电视台、新华网、广西电视台、《南国早报》《南宁日报》、南宁电视台等媒体发布赛事招商宣传广告，重点对南宁高新技术产业开发区、南宁经济技术开发区、广西—东盟经济技术开发区等辖区企业作宣传推介。吸收专业广告公司参与赛事招商，将票务、特许经营等专业性工作交由社会力量具体运作。落实中恒集团、山东泰山体育器材有限公司、中国移动南宁分公司、李宁（中国）体育用品有限公司等 55 家公司作为赛事各层级合作伙伴（赞助商），累计招商金额 8829.50 万元（含实物），其中票房总收入 500 多万元。特许经营反响良好，赞助回报落实到位，实现赛事、市场"双赢"。

文化活动 南宁市精心策划并出色

完成第45届世界体操锦标赛开、闭幕式,开赛仪式、体育展示、颁奖仪式、欢迎宴会、欢送酒会等活动组织,向世界展示壮乡文化特色和南宁市人文风貌。自治区政府领导,市委、市政府主要领导多次召集自治区有关单位、组委会各工作部门专门研究开、闭幕式等活动流程和工作细节,对开、闭幕式方案进行反复推敲修改,保证开、闭幕式文化活动的质量和效果。开幕式庄重有序的仪式、绚丽多彩的文艺演出,成为此次世锦赛的一大"亮点";闭幕式以浓缩经典彰显和谐理念,体育展示啦啦操表演以青春活力点燃现场气氛,礼仪颁奖以迷人笑容点亮世锦赛场,欢迎宴会、欢送酒会文艺展演以特色展现广西风采,均给各方留下深刻印象。

安全保卫 2014年,南宁市坚持"开放融合、自信包容、张弛有度"的理念,做好体操世锦赛的安全保卫。抽调警力,组织社区干部群众开展"万人巡防",突出社会面、赛事现场、接待宾馆、交通路线"四个环节",层层构筑反恐安全屏障。以情报信息和科技手段为支撑,落实"以面保点"安保措施,打造陆、空、网、电四个维度安防体系。开展矛盾纠纷"大排查、大调处、大化解"工作,协调启动相关通道的治安查控。赛事举办期间,对世锦赛接待宾馆实行24小时外围巡查。全面开展交通秩序整治,加强宾馆住地、运行线路、赛事场馆的交通秩序维护,设立世锦赛交通专用车道和优先车道,配备穿梭巴士安全员,确保与会嘉宾、国际体联官员及参赛人员的交通安全和畅通。对赛场进行全面细致安全、消防检查,加强入场安检和治安秩序维护,实现"大事不出,中事不出,小事不出"的安保工作目标。

接待联络 第45届世界体操锦标赛筹办和举办期间,南宁市精心做好国家领导人、外国政要、国内外嘉宾的邀请和接待服务。高效有序地做好赛事外联外事工作,配备50名高水平翻译人员,完成资料60余万字的翻译及20余场大活动的现场口译;为72个国家代表团配备92名随队志愿者和39名随团人员提供翻译和陪同服务。协调海关、机场等部门,给予各国代表团、国内外嘉宾通行便利。协调督促广西红林大酒店、南宁国际大酒店、金紫荆大酒店、金旺角大酒店、世纪君悦酒店、金禾宫大酒店等10家官方推荐接待酒店提升服务,完成72个国家和地区参赛代表团的运动员、裁判员、教练员、国际体联大家庭成员等1405人、中外媒体记者900多人及国内、外嘉宾的接待任务。科学组织调度,实行1个指挥部、2个中心、14个工作组的交通运输保障运行指挥机构,通过运行指挥中心大屏和手机客户端GPS监控系统对穿梭巴士和接待用车进行全程动态监控,投入交通车辆633辆,运送9.74万人次。协调青秀山风景区、广西民族博物馆、民歌湖等8家旅游景区向世锦赛持证人员免费开放,设计绿城一日游及夜游览胜等4条"南宁·世锦赛之旅"线路,组织嘉宾观看壮族歌舞剧《百鸟衣》、大型民族风情歌舞秀《锦宴》,展示广西、南宁良好风貌和多彩民族风情。

场馆运行 第45届世界体操锦标赛筹办和举办期间,南宁市调配110间办公用房,采购、租赁9000件(套)办公物资,满足赛事办公需求。对广西体育中心所有场馆内部设施和外立面、台阶、广场等共65.30万平方米的区域进行全面清洗,有效提升广西体育中心整体环境卫生。对广西体育中心体育馆、综合训练馆顶棚遮光、国旗升降点、热身馆顶部封闭、热身馆灯光、央视转播低压变配电、媒体看台和电视评论员区、网络数据机房精密空调等20多项设施设备实施完善改造。完成体育馆、训练馆内所有体操器械安装调试,以及赛时的全程保供调整。落实30多辆电动观光车,提供体育馆到综合训练馆、体育馆到媒体餐厅两条线路摆渡服务,接送3.52万人次。

工程保障及监督 第45届世界体操锦标赛筹办期间,南宁市按照"城在林中、水在城中、花在眼中、家在园中"的要求,实施城市基础设施完善建设工程、市容环境整治提升工程、城市绿化美化彩化提升工程、城市道路交通畅通工程、城市环境质量保障工程、铁路沿线环境综合整治工程、文明有序提升工程"七大工程",开展文明城、卫生城创建活动,努力为世锦赛营造整洁、畅通、有序的城市环境。开工建设城市基础设施项目395个,其中五象大道—壮锦大道立交、银象立交一期工程、五象大桥、机场高速公路延长线等305个项目在第45届世界体操锦标赛举办前完成建设;长堽路、枫林路等10条"断头路"被打通,168条城市道路实现"白改黑",新增城市隧道4条。完成市区建筑立面改造3980栋,拆除高杆广告397杆,拆除其他户外广告9053块,拆除违法建设4979栋,清理违法用地2376块。开展"文明礼让斑马线",严肃查处"三车"(残疾车、人力三轮车、两轮摩托车)非法营运,城市交通更加通畅;种植观花乔木55个品种5.70万株、观花灌木177个品种107.13万株、观花片植地被50.56万平方米、三角梅59.90万株,绿化美化彩化水平显著提升;拆除各类烟囱907根、无照锅炉(窑炉)462台,进行清洁能源改造锅炉237台,空气治理明显改善。

医疗卫生及食品安全保障 第45届世界体操锦标赛筹办和举办期间,针对埃博拉出血热和登革热疫情,制定《南宁市服务2014年"两会一节""第45届世界体操锦标赛"埃博拉出血热疫情防控方案》《南宁市应对埃博拉出血热联防联控工作方案》等,自治区和南宁市联动组织开展处置群死群伤事件及卫生应急各项演练,强化防控技能。确定广西医科大学第一附属医院、南宁市第二人民医院、广西体育创伤专科医院3家医疗机构为世锦赛救治定点。安排全市各级医疗机构1699名医务人员全员上岗,调度18辆救护车分3个班次24小时不间断地执行赛场及驻点酒店医疗保障应急、协调等工作。配合国家反兴奋剂中心做好兴奋剂检查工作。制定《第四十五届世界体操锦标赛医疗卫生与食品安全保障部食品安全保障总方案》,对涉赛人员食品安全进行分级保障。派出食品安全监管员进驻接待酒店、媒体餐厅、场馆茶歇区等进行全程食品安全监管,对全市特色风味饮食实行"店堂大清洁、厨房大整理、全店大消杀(除四害)",实现世锦赛期间食品安全"零事故、零投诉、零断供"。

通信保障 第45届世界体操锦标赛筹办和举办期间,南宁市重点保障明园新都、邕江宾馆、邕州饭店、金紫荆国际大酒店等指定接待酒店的互联网带宽业务、商业网电话和公共区域的无线通信信号、广西体育中心体育馆内的办公区100M办公网络、办公电话及电子政务网电路,参与保障车辆73辆,出动人员2632人次;巡检基站556个,巡检线路428千米。加强广西体育中心体育馆、综合训练馆及周边的2G/3G/4G/WLAN进行整体扩容改造,互联网总上行带宽4G;体育场馆AP(无线访问节点)由30个扩容至98个。为赛事媒体和工作人员提供上网连接账号密码卡(发放账号7000张)。加强无线电台站管理和无线电通信保障,保障媒体、浪琴计时计分、国际体联电视制作等关键节点的无线通信正常。

志愿服务 第45届世界体操锦标赛筹办和举办期间,南宁市组织开展"体操宝贝·韵动南宁"世锦赛礼仪志愿者选拔赛、"我为世锦赛添光彩"主题征文演讲比赛、"骑行助力世锦赛"文明宣传、"世锦赛新风进工地"暨"百场电影进工地""绿色出行迎世锦""全民学英语 喜迎世锦赛”等志愿者服务世锦赛系列活动100多场次。在全市建立志愿服务站40个,各站点每天上岗志愿者380多名,累计上岗2.68万人次;在全市47个主要交通路口,每处配置4至8名志愿者,累计上岗2.08万人次。选拔专业志愿者932名,在世锦赛期间提供嘉宾机场迎送、酒店翻译、随团陪同、媒体服务、赛事运行、票证检验、观众引导等服务,累计提供服务1.68万人次、23.30万小时。志愿者热情奉献,倾情付出,获国际参赛各方的高度称赞。国际体联副主席米歇尔·雷格里兹说:“志愿者们脸上始终挂着的招牌微笑让人感觉很温暖”。

【经　营】

赛事招商　第45届世界体操锦标赛筹办期间,南宁市主动作为,开展赛事赞助招商活动,取得丰硕成果。落实中恒集团、山东泰山体育器材有限公司、中国移动南宁分公司、李宁(中国)体育用品有限公司、广西钜荣汽车贸易有限公司、广西桂人堂金花茶产业集团公司、人保财险广西分公司、南宁万达茂投资有限公司、广西保利龙湖蓝湾发展有限公司等55家单位作为赛事各层级合作伙伴(赞助商),行业涉及通信、房地产、汽车、建筑、金融、制药、食品等。此次世锦赛累计招商金额8829.54万元,为世锦赛的顺利运行提供强有力的资金和物资保障。

票务工作　2014年,南宁市有关工作机构经过第45届世界体操锦标赛测试赛的运行检验后,确定北京红马传媒文化发展有限公司南宁分公司(大麦网)作为世锦赛票务运营商。为尽早启动世锦赛票务工作,招商部与票务运营商密切配合,经过门票设计、报批及票务系统搭建等前期准备,6月26日成功上线预售电子票,8月20日正式对外销售实体票。为扩大票务知晓度,吸引更多观众购票观赛,赛前督促票务运营商拓展售票渠道,还积极在自治区和南宁市有关媒体、组委会官网、户外大屏、楼宇电视发布相关票务信息。赛事吸引大量观众,除自治区内观众外,自治区外、国外不少团体和个人也纷纷订票,出现决赛场次一票难求的火爆场面。此次世锦赛票房总收入500多万元。

特许经营　第45届世界体操锦标赛筹办和举办期间,南宁市有关工作机构经过对接,授权李宁(中国)体育用品有限公司独家制作及销售世锦赛体育服装,广西区邮政公司发行纪念邮品,广西壮姑娘特产有限公司制作及销售赛事吉祥物产品,南宁市市民卡信息服务有限责任公司发行世锦赛纪念版市民卡,南宁鑫利纸业有限公司生产销售特定纸品。赛事期间,招商部还协调特许经营商在场馆内、外设置售卖点为观众提供便利服务。运动服、吉祥物、纪念邮资明信片、纪念封、金银币纪念章等赛事特许商品深受市民、观众的喜爱,运动服和纪念邮资明信片供不应求。

保险服务　第45届世界体操锦标赛筹办期间,南宁市有关工作机构通过招商渠道为世锦赛及世锦赛测试赛购买第三方责任险。开赛前,及时对接保险服务商,制定针对未在派出国购买人身保险或者投保责任范围不足、按国际体联的要求需要投保的世锦赛参赛代表团成员的意外伤害保险方案,并协调保险服务商派驻8名工作人员参与制证中心接待组工作,派驻4名工作人员负责场馆现场保险理赔服务。赛事期间,招商部及保险服务商按照组委会的要求及时办理朝鲜等代表团的保险费缴付及理赔事宜,得到组委会及代表团的肯定。

(黄永铁　覃毓芹)

会　徽　2014年4月18日,第45届世界体操锦标赛组委会向社会公布会徽和吉祥物。会徽设计主题是“跨越腾飞”,以南宁的拼音首字母“N”为创意进行设计,简洁大气,寓意南宁“宁静致远,开放发展”的向上精神。红蓝鲜明醒目,表现出体操运动顽强拼搏,勇于竞争的奥林匹克精神;“N”如两个“1”的连接,体现中国体操运动员积极向上,永争第一的精神。

吉祥物　2014年4月18日,第45届世界体操锦标赛组委会向社会公布会徽和吉祥物。吉祥物有2个,代表男孩和女孩,分别取名叫“南南”“宁宁”,寓意“南宁”主办地;整体形象以广西“白头叶猴”为原型,并融入“壮锦、祥云、朱槿花”等元素,整体色彩夸张,呈中国红、黄两色喜庆色彩,身穿内含“壮锦”图案体操服,做出优美的体操动作,体现出顽强拼搏、勇于竞争的奥林匹克体育精神;胸上的“会徽+国际体联”和“中国、南宁”字样传达出世界体操锦标赛的讯息。

竞技体育

【概　况】2014年,南宁市继续做好备战自治区第十三届运动会和第一届全国青年运动会(简称“两运动会”)的各项工作。以实施《奥运争光计划》为目标,根据自治区竞技体育“短、小、灵、水”的发展思路,构建市、县级业余训练网络,以优势项目为突破口,提高竞技体育运动水平。年内,南宁市籍运动员参加世界级比赛,获金牌2枚、银牌2枚;参加洲际级比赛获金牌5枚、银牌2枚、铜牌2枚;参加一般国际比赛获金牌12枚、银牌5枚、铜牌5枚;参加全国比赛获金牌58枚、银牌37枚、铜牌46枚;参加自治区青少年单项比赛,获金牌230枚、银牌191枚、铜牌163枚。完成国家二级裁判员955人、国家二级运动员87人的审批。

【参加体育比赛】

第45届世界体操锦标赛　2014年10月3日至12日在南宁市举行。南宁市籍运动员白雅雯代表中国队参赛,夺得女子平衡木第2名。

2014年全英羽毛球公开赛　3月4日至9日在英国伯明翰举行。南宁市籍运动员唐渊婷和队友在比赛中密切合作,夺得女子双打项目银牌。

2014年世界羽联超级系列赛　4月1日至6日在印度新德里举行。南宁市籍运动员唐渊婷与队友获女子双打金牌。

2014年国际泳联跳水系列赛　南宁市籍运动员黄小惠、何姿参加2014年国际泳联跳水系列赛加拿大温莎站和墨西哥站的比赛。黄小惠获女子十米台、双人十米台第1名;何姿连续两次获女子双人三米板第1名。

第19届国际泳联跳水世界杯　7月18日至20日在上海市举行。南宁市籍运动员黄小惠获女子十米台和男女混合团体第1名；南宁市籍运动员何姿获女子三米板第2名。

第17届亚运会 9月19日至10月4日在韩国仁川举行。南宁市籍运动员黄熙获体操男子团体和男子跳马第3名；南宁市籍运动员白雅雯获体操女子团体第1名；南宁市籍运动员何姿获跳水女子三米板第1名。

广西青少年单项锦标赛 7月至8月，2014年广西青少年单项锦标赛在自治区内举行。设田径、帆板、水球、跳水、蹼泳、游泳、体操、艺术体操、蹦床、技巧、武术散打、武术套路、柔道、跆拳道、摔跤、拳击、篮球、乒乓球、手球、网球、羽毛球、射击、足球、射击、射箭、举重26个项目。南宁市组队参赛，获金牌230枚、银牌191枚、铜牌163枚。

【备战“两运动会”】 2014年，为做好备战“两运动会”工作，南宁市专门召开前期备战汇报会。会议听取各项目召集人、南宁市体育运动学校及举重学校主要负责人、“两运动会”筹备机构办公室关于前期备战工作基本情况、发展战略、主要措施和主要问题等工作汇报，并对各部门提出的问题、意见和建议进行研究讨论。会议要求各部门明确目标，高度重视，继续抓紧“两运动会”备战工作；进一步盘清家底，严密布局，在未来一年备战中时刻关注其他市的进展，各个击破对手；保证训练时间及强度，将训练细化量化；加强责任意识，及时解决问题。日常工作中实时跟踪2014年自治区各单项锦标赛动态，认真研读各项目竞赛规程，科学训练。组队参加2014年广西青少年单项锦标赛，力求高标准、高质量、高水平完成参赛任务。（朱庆邦 覃毓芹）

群众体育

【概 况】 2014年，南宁市举办各级各类运动会、单项比赛和健身活动300多项次，参与人数300多万人次，经常参加体育锻炼人口46%，参加人群涵盖青少年、农民、职工、社区人口、老年人等。有体育协会24个，体育俱乐部59个；各级社会体育指导员1.60万人；晨(晚)练点367个。

【群众体育活动】

冬泳邕江活动 2014年1月1日，南宁市冬泳邕江活动在邕江大桥水域举办。南宁市体育局、南宁市体育总会主办，南宁市体育管理培训中心、广西游泳协会、南宁市冬泳协会承办，南宁海事局、南宁市大桥管理处、滨江公园协办。作为南宁市四大传统体育活动项目之一的冬泳邕江活动，吸引大量冬泳爱好者参与，南宁市和周边市、县有2000多人报名参加。

广西体育节南宁市开展活动 8月8日，第六届广西体育节开幕式南宁市主会场活动在青秀山风景区举行。自治区、南宁市的领导干部及各界群众逾4000人参加。组织进行健步走，以及丰富多彩的全民健身节目展和国民体质监测等活动，营造体育节开幕隆重、热烈的氛围。体育节期间，全市各级体育部门举办全民健身活动60项次，参加活动人数逾3万人，吸引观众50多万人次观摩赛事和活动。市本级组织开展形式多样、群众喜闻乐见的赛事活动，其中参与人数较多、社会影响较大的有：第八届南宁体育黄金周活动、“为世锦而撑”首届“龙光杯”南宁市体育进社区平板支撑全民挑战赛、南宁市第七届气排球联赛、2014年南宁·东盟国际轮滑赛、第五届“喜德盛杯”南宁·东盟国际自行车越野公开赛、第三届慢投垒球公开赛、2014年南宁·东盟徒步大会暨山地户外多项赛、“中国体育彩票杯”第30届南宁市中老年人太极项目比赛、“中国体育彩票杯”第十届南宁市中老年人重阳节门球比赛等。

各县(区)也因地制宜地开展丰富多彩的群众体育活动，影响较大的有：第六届广西体育节武鸣县系列活动、横县体彩杯系列活动、2014年宾阳县篮球赛、上林县“民族杯”拔河比赛、第六届广西体育节马山县分会场活动、马山县“苏博工业·白岫杯”篮球赛、隆安县第四届体育节、兴宁区第九届老年人运动会、迎世锦赛江南区气排球比赛、青秀区贯彻“全民健身月”活动门球赛、西乡塘区第三届全民健身运动会、邕宁区第二届运动会、良庆区第三届运动会。

【全国体育场地普查】 2014年1月，南宁市启动全市第六次全国体育场地普查，以2013年12月31日为时点，历时10个月，10月结束。普查结果：截至2013年12月31日，南宁市(含六县六城区)列入第六次全国体育场地普查范围的各类体育场地1.17万个，场地面积898.58万平方米，用地面积1389.52万平方米，建筑面积96.84万平方米，累计投资5.39亿元。2013年南宁市人口按685.37万人计算，人均场地面积1.31平方米。与第五次全国体育场地普查的数据相比较，近十年来，南宁市体育场地从数量、种类、面积和人均面积等方面均有增长。体育场地的不断完善，体现南宁市贯彻落实《全民健身条例》《全民健身计划(2011-2015年)》等取得实效。

【国民体质测试】 2014年2月，南宁市根据《自治区体育局等十厅局关于开展2014年广西国民体质监测工作的通知》要求，启动全市国民体质监测。成立工作领导小组，组成3支监测队(共54人)；6月9日开始，在南宁市26个监测点开展监测，完成监测人数3792人；8月25日监测完成。

【学校体育】 2014年8月，南宁市派出由南宁市第一中学、南宁市沛鸿民族中学、南宁市第四职业技术学校和横县中学组成的28人代表队，参加在吉林省长春市举行的2014年全国青少年“未来之星”阳光体育大会五人制足球、三对三篮球、跳绳、毽球、拔河、定向越野6个项目比赛。结果：拔河获第三名，二等奖；足球获第十一名；篮球获第十五名；毽球获第十六名；跳绳获第十八名。在文艺展示及颁奖仪式上，表演《壮家绣球》节目。

【农村体育】 2014年，南宁市因地制宜地开展具有地方特色的农民体育健身活动。较有影响的有：2014年中国壮乡·武鸣“三月三”歌圩暨体育竞技大赛、横县2014春节“乡镇杯”篮球赛、宾阳县炮龙节等大赛和活动。活动吸引众多农村体育爱好者参与。

【老年人体育】 2014年，南宁市举办第13届南宁市迎春秧歌舞比赛、第5届南宁市老年人门球甲级队比赛、第11届南宁市老年人气排球比赛、第30届南宁市中老年人太极项目比赛、第10届“重阳节”南宁市老年人门球比赛、南宁市老年人壮乡太极绣球百人团体赛、第五届南宁市“重阳节”长者健身展示联欢活动等十多项全市性老年人体育赛事、活动，有200多支队伍3056人参加。组队参加第七届全国健身气功竞赛功法交流比赛、第13届全国老年人柔力球比赛、中南协作区老年人网球比赛、西南协作区老年人网球比赛4项全国性比赛；参加广西老年人健身球操比赛、广西西南四市(区直)老年人门球比赛、广西老年人民族健身操比赛等5项自治区级比赛。举办健身气功·马王堆导引术骨干培训班，一级、二级社会体育培训班3期，培训540人；派出10名骨干参加全国老年人柔力球培训班、全区中老年人民族健身舞培训班。进一步激发老年群体参加体育运动的积极性，体现南宁市老年人群体老有所为、老有所乐的健康精神风貌。

【社团体育】 2014年，南宁市有体育协会29个、体育俱乐部72个。体育社团不断扩大自身影响力，举办"喜迎世界杯 助力世锦赛"2014年"中国体育彩票杯"五人制足球赛、第六届南宁市象棋比赛、迎世锦·第11届"中国体育彩票杯"南宁市扑克拖拉机超级联赛、迎世锦·第2届中国体育彩票暨第6届邕江香溢杯南宁市业余围棋争霸赛、2014年南宁市"体操进校园"系列活动，赛事活动规模大，影响广，社会反响热烈。体育社团参与公共体育服务，使南宁市全民健身事业绽放出百花齐放的姿彩。年内，培训一级社会体育指导员85人、二级741人，审批二级社会体育指导员488人。此外，由于运营和管理良好，南宁创新青少年体育俱乐部、广西南宁市遂愿青少年体育俱乐部、南宁市李宁体育园青少年体育俱乐部、南宁市美乐青少年体育俱乐部、南宁市沛雨青少年体育俱乐部、南宁三中青少年体育俱乐部、南宁市行健青少年体育俱乐部、南宁吴数德举重学校青少年体育运动俱乐部、南宁市跳水学校、南宁市体育彩票公益金青少年体育发展俱乐部、南宁市"体彩公益金"青少年体育俱乐部11家俱乐部分别获国家经费扶持6万元。

【社区体育】 2014年，南宁市开展体育进社区系列活动，主要有柳州银行2014年爱在被爱中系列活动之"爱在舞动"社区广场舞大赛暨南宁体育进社区活动、"为世锦赛而撑"南宁市体育进社区"龙光杯"首届PLANK平板支撑全民挑战赛等。

【职工体育】 2014年4月11日至20日，市第六届职工体育运动会在南宁市举办。南宁市总工会、市体育局主办。设男子篮球、气排球、羽毛球、乒乓球四个大项，有25支代表队900名运动员参赛。武鸣县职工代表团、市职工文体协会兴宁分会职工代表团分获篮球比赛、气排球比赛第一名，市直机关职工代表团获羽毛球比赛、乒乓球比赛第一名。

【妇女体育】 2014年12月5日至6日，"舞动广西"第六届妇女(家庭)运动会在南宁市举行。南宁市组成42人的代表团参加全部项目的比赛，获"家庭奔小康"100米接力赛一等奖、广场健身舞二等奖、家庭三人篮球接力赛三等奖。

【城乡体育基础设施建设】 2014年，南宁市继续加大公共体育设施建设，投入资金1316万元，建设项目272个，建设面积14.18万平方米，其中南宁市财政投入200万元用于建设60套健身路径器材。年内，南宁市体育设施建设具体项目为：乡镇农民体育健身工程建设项目23个、农民体育健身工程暨"两项工程"村级篮球场建设项目18个、农民体育健身工程暨城乡风貌改造五期工程村级篮球场项目7个、社区多功能运动场4个、农民体育健身工程暨村级公共服务中心篮球场项目136个、全民健身路径84条(中央捐赠4条、自治区体育局捐赠20条、南宁市为民办实事60条)。

(姜碧英 赖超宇)

8月8日，南宁市在青秀山风景区举办第六届广西体育节开幕式南宁市主会场活动

梁 凯提供

承办体育赛事

【全国体操锦标赛】 2014年5月9日至13日，2014年全国体操锦标赛暨第45届世界体操锦标赛测试赛在广西体育中心举行。设比赛项目：男子组有团体、全能、单杠、双杠、跳马、鞍马、吊环、自由体操8个项目；女子组有团体、全能、高低杠、跳马、平衡木、自由体操6个项目。来自国家队、解放军、香港、北京、上海、广东等23支队伍175名运动员参加。国家体育总局竞体司、科教司、宣传司、体操运动管理中心、反兴奋剂中心、体育信息中心等部门派员观摩和考察赛事，肯定南宁市的筹备和组织，并给予支持和指导。美国、日本体操协会也派出代表观摩赛事。经过5天的角逐，决出金牌17枚、银牌11枚，铜牌16枚。

【第十届"中国水城"南宁端午节龙舟邀请赛】 2014年6月1日，"燕京·漓泉杯"第十届"中国水城"南宁端午节龙舟邀请赛在南湖公园下湖水域举行。泰国队、广州国际队、上海国际友人队等47支队伍956名运动员参赛。红牛队、广西民族大学龙舟队分获12人龙舟250米、500米直道竞速第一名；中国大唐集团公司广西分公司获22人龙舟250米、500米直道竞速第一名。

【第四届南宁·东盟国际自由式轮滑邀请赛】 2014年10月2日至3日，第四届南宁·东盟国际自由式轮滑邀请赛在南宁国际会展中心举行。设男、女花式绕桩，男、女速度过桩，双人花式绕桩，花式刹停对抗4个项目，分少年组、青年组和成年组3个组别，国内、外的轮滑爱好者179人参赛。

【中国南宁—东盟棋牌国际邀请赛】 2014年11月6日至11日，2014年中国南宁—东盟棋牌国际邀请赛在南宁市举行。市体育局、市体育总会主办。分设第十届中国南宁—东盟围棋国际邀请赛、第九届中国南宁—东盟桥牌国际邀请赛和第六届中国南宁—东盟象棋国际邀请赛。有14个国家和地区的260名运动员、教练员参赛。

【第五届"喜得盛杯"南宁—东盟国际山地自行车越野公开赛】 2014年11月23日，第五届"喜得盛杯"南宁—东盟国际山地自行车越野公开赛在南宁市青秀山旅游风景区举行。设男子大众组、男子

12月13日，第9届"万科杯"南宁国际半程马拉松比赛暨第32届南宁解放日长跑活动在南宁市举行　梁　凯提供

公开组、女子公开组、国际交流组、男子壮年组，以及极具观赏性的小轮极限组和攀爬组7个组别，国内、外的自行车运动爱好者466人参赛。

【2014年"万科杯"南宁国际半程马拉松比赛】 2014年12月13日，第9届"万科杯"南宁国际半程马拉松比赛暨第32届南宁解放日长跑活动在南宁市举行。设男子、女子半程马拉松，男子、女子10公里，4公里健康跑，老年人健身走4个项目。中国、肯尼亚、美国、芬兰等国家的长跑运动员、长跑爱好者13161人参加。埃塞俄比亚DEGEFA ABEBE NEGEWO获男子半程马拉松赛冠军，埃塞俄比亚I-MANA GUTENI SHONE获女子半程马拉松赛金牌，中国大连市李少壮获男子10公里赛冠军，六盘水市第十中学刘敏获女子10公里赛金牌。（覃毓芹）

对外体育交流

【组团出访交流与对接】 2014年1月13日至15日，南宁市市委常委、宣传部部长、副市长吕洁率工作组赴北京，向国家体育总局及国家体育总局体操运动管理中心汇报第45届世界体操锦标赛赛事筹备情况，与中央电视台体育频道对接主转播商协议事宜，与国家体育总局反兴奋剂中心对接赛事兴奋剂检查事宜。3月12日，广西壮族自治区党委书记彭清华、自治区主席陈武、南宁市市长周红波等区、市领导到北京拜会国家体育总局局长刘鹏等领导。彭清华书记介绍广西近几年体育事业发展的情况，陈武主席汇报第45届世界体操锦标赛的筹备情况，具体对接赛事组织工作，并就扶持广西体育事业发展相关事项进行研究。8月16日至28日，第二届青年奥林匹克运动会在南京市举行。为学习借鉴南京市筹办青奥会的有益经验，为南宁市筹备和服务体操世锦赛打好基础，8月14日至22日，南宁市副市长吕洁、眭国华、郭敏等带队，分三批组织体操世锦赛组委会综合部、宣传部、接待部、安保部、招商部、医疗卫生与食品安全保障部、文化活动部、场馆运行部、电视信号制作及转播部、青年志愿者部10个部门负责人和业务骨干42人赴南京市学习考察。

【来访与业务交流】 2014年1月15日至16日，中央电视台薛昭晖、姜柏宁、张晓同等14人到南宁考察。现场就第45届世界体操锦标赛电视信号制作及转播工作召开协调会，针对场馆布局、灯光设计、机位设置、记者区、评论席、音频制作间、字幕间、广播电视区、综合布线施工、电力需求等问题进行研讨。1月，国家女子手球队到南宁集训。南宁市体育场和南宁市手球训练基地负责提供场地保障和后勤服务保障。3月4日至8日，国际体操联合会官员、国家体育总局体操运动管理中心领导到南宁考察和指导第45届世界体操锦标赛筹备工作。组织召开系列筹备工作对接会，并考察运动场馆、接待酒店等；听取南宁市赛事筹备情况汇报，重点围绕国际体联提供的筹备工作讨论清单，对筹备工作进行细致评估，就其中存在的问题提出解决方案和工作建议。南宁市副市长吕洁、郭敏，以及赛事组委会各工作部的领导和业务负责人参加系列会议和相关活动。5月9日至13日，2014年全国体操锦标赛暨第45届世界体操锦标赛测试赛在广西体育中心体育馆举行。国家体育总局派员到南宁观摩和考察赛事。美国和日本体操协会也派出代表到南宁观摩赛事。8月10日至11日，国际体联副秘书长尼古拉斯·布尔潘尼、国家体育总局体操运动管理中心主任罗超毅等10人到南宁，检查指导第45届世界体操锦标赛筹备工作。组织召开系列筹备工作对接会，对场馆进行考察。南宁市副市长眭国华、郭敏，以及赛事组委会各工作部的领导和业务负责人参加系列会议和考察活动。9月25日，国家体育总局体操运动管理中心主任、世锦赛组委会执行主任罗超毅在南宁主持召开第45届世界体操锦标赛工作汇报会，南宁市副市长吕洁等组委会领导和组委会各工作部负责人参加。9月28日，国家体育总局体操运动管理中心副主任、第45届世界体操锦标赛组委会副主任缪仲一在南宁主持召开第45届世界体操锦标赛组委会第十七次工作例会，中国体操协会副秘书长、组委会竞赛部部长王童洁等组委会各工作部相关领导和业务负责人参加。9月29日，缪仲一、吕洁共同在南宁主持召开第45届世界体操锦标赛组委会第十八次工作例会，组委会各工作部相关领导和业务负责人参加。（卢业锋　黄佳思）

体育产业

【体育彩票业】 2014年，南宁市体育彩票总销量3.16亿元，比上年增长15.40%，产生公益金1600万元，销售总额位列自治区第一。全市新增销售网点57个，有网点数593个。

【本体产业开发】 2014年，南宁市体育场馆接待市民健身、训练39万多人次，实现收入465万元，上缴税金18万元。南宁手球训练基地经营收入922万元。举办游泳、篮球、足球、乒乓球、跆拳道等项目培训班，培训学员2000多人次。

【社会体育产业】 2014年，南宁市继续加强对社会体育产业的指导和扶持，培植社会体育经营项目。年内，体育经营项目主要涉及溜冰、游泳、乒乓球、羽毛球、高尔夫球、保龄球、桌球、棋牌、竞技麻将、康体、健身、技能培训、体育器材、运动装备服装等，体育旅游、健身休闲、竞赛表演、体育文化等相关产业蓬勃兴起。（黄永铁）

责任编辑　李志楠

社会生活

城市应急联动服务

【概　况】 2014年，南宁市城市应急联动中心接听报警求助电话155.92万个，处理有效事件45.93万起（110事件27.33万起、119事件0.70万起、120事件5.09万起、122事件12.81万起）；完成第11届中国—东盟博览会、南宁国际民歌节、第45届世界体操锦标赛、第10届“中国水城”南宁国际龙舟赛及自治区、南宁市各类重大应急演练，为有关单位提供通信用对讲机1563台次，指挥调度警力27万人次；通过广西公安动态信息研判系统收集动态信息2.27万条，分发、流转有价值信息6573条；制作《公安动态信息直报汇总》365篇，《110警情每日通报》365篇，《110警情动态每周分析专刊》51篇，《公安动态信息直报》977期，《每日维稳信息研判工作情况》300余期。

【城市公共安全管理系统】 2014年，市城市应急联动中心推进“平安南宁”建设，构建高效联动的立体化防控体系，市应急联动系统立体化指挥技术保障项目经市政府批准立项建设、通过发改委项目审核，完成项目招标。

【应急管理】 2014年，市城市应急联动中心深化基层应急管理规范化建设，不断健全应急管理体制，基本建立市、县（区）、乡镇（街道）三级应急管理组织体系。全市15个县、区（开发区）成立县（区）应急管理委员会，在政府办（党政办）挂牌成立应急管理办公室，落实应急管理工作人员具体承担值守应急和应急管理日常工作任务；全市125个乡镇（街道）建立应急管理领导机构，明确领导分工和工作负责人；市直相关部门设立或明确一个职能科室负责本单位的应急管理工作，市应急委各专项指挥部的作用进一步加强。修改完善应急预案，指导业务部门修订完成《南宁市自然灾害救助应急预案》《南宁市突发性地质灾害应急预案》《南宁市低温雨雪冰冻灾害应急预案》《南宁市市区重污染天气应急预案》等应急预案。

【应急协调处置】 2014年，市城市应急联动中心统筹开展市级重点综合应急演练，与有关部门共同牵头组织实施2014南宁市防内涝应急演练、2014年南宁市突发供气事故应急演练、2014年南宁市处置群死群伤事件医疗卫生紧急救援应急演练、2014年南宁市食品安全事件综合应急演练、2014年南宁市重大活动大气严重污染应对保障演练、2014年南宁市处置街面突发严暴力事件应急演练、2014年南宁市重大事故（屯里油库）应急演练、南宁市“9·18”防空警报试鸣暨人员疏散隐蔽演练、2014年南宁市反恐应急演练等9个市级应急演练项目。开展突发事件定期会商分析，分析每月全市突发事件基本情况和发展态势，出版《南宁市突发事件定期会商分析报告》12期。

【应急知识普及】 2014年，市城市应急联动中心开展科普宣教活动，组织编印《公众应急避险必读》16万册，面向全市党政机关和企事业单位工作人员发放；在106条公交线路、2000辆公交车，通过滚动播放应急知识专题宣传片，每日进行应急管理知识宣传170万人次。推进南宁市应急管理培训基地建设，与南宁市行政学院合作，完成应急管理培训基地项目立项和初步设计。9月，在市委党校、广州暨南大学举办2014年南宁市突发事件应急处置及舆情监管培训班，培训应急管理人员50人。（欧阳秋电）

婚姻·家庭

【婚姻登记】 2014年，南宁市民政局开展婚姻登记规范化建设，办理结婚登记66527对（内地居民登记66212对、涉外登记315对），离婚登记13524对（内地居民登记13464对、涉外登记60对），补领登记10277件（内地居民10265件、涉外12件），出具婚姻（无）记录证明41306件，合格率100%。

【收养登记】 2014年，南宁市办理收养登记235例（内地居民收养234例，涉港澳台、华侨收养1例），合格率100%。

（市民政局编写组）

【家庭文明建设】

“美丽家庭”工程　2014年，南宁市妇女联合会通过广播、电视、报刊、网络和微博、微信、QQ群等主流媒体，开展寻找“最美家庭”活动，宣传群众身边“最美家庭”的感人故事。在全市“妇女之家”、机关单位举办94场家庭故事会，展出“美丽家庭”照片425幅、摄影作品224幅，举办家风家训评议会111次，收集优秀家规家训206条，评选表彰市级“最美家庭”19户、五好文明家庭63户；通过推荐，1户家庭获全国“最美家庭”称号，4户家庭获自治区级“最美家庭”称号。依托“美丽南宁·清洁乡村”“整洁畅通有序大行动”活动，推动评选“美丽家庭”3000户，“美丽大嫂”1500名；开展“美丽阳台扮靓世锦”活动，组织各城区在迎世锦精品路线上开展“美丽阳台”示范小区（楼栋）创建活动，评出“美丽阳台”100户，“最美阳台”10户。

“文明家庭”工程　开展服务世锦“朱槿之约”志愿服务。组织236名巾帼志愿者在全市118个人流密集、交通拥堵的公交车站，进行文明礼让乘车劝导志愿服务活动，出动巾帼志愿者1.82万人次，宣传教育46.20万人次；开展120场家庭教育“大讲堂”进社区、进村屯活动、举办家庭文化艺术节、“童心向党”——歌咏比赛、感恩母亲演讲比赛、第三届“美德少年”评选、“中国梦 我的梦”亲子读书季、第三届少儿民族服饰大赛等系列活动，2.50万名流动留守儿童及家长受益。

“平安家庭”工程　开展“平安家庭”创建，通过开展禁毒、防艾、防性侵、反家暴、反邪教等法制宣传教育，提高家庭成员保护意识；开展矛盾调解，提高家庭关系融洽意识；开展专项整治，提高家庭安全防范意识；开展疾病预防宣传，提高家庭成员健康意识；开展未成年人思想道德教育，提高家庭成员综合素质。

“关爱家庭”工程　慰问困难妇女干部、妇女、“三八”红旗手等135人。深入各县（区）为留守儿童开展木偶剧巡回展演；开展“六一”慰问活动；为贫困弱视儿童进行免费筛查；开展“春蕾计划”“守护童年 春蕾计划护蕾行动”，筹集社会爱心人士（企业）助学资金10多万元，资助

286 名贫困中小学女生完成学业，全年新增加资助 46 名女生；开展“千名青年志愿者服务百所儿童家园”活动，6000 多名志愿者深入 187 所儿童家园开展“学美德 迎世锦 过暑假”等系列活动。

【“母亲邮包”项目】 2014 年，市妇联发动社会各界采取捐赠邮包的方式资助贫困母亲，开展“把乐带回家——母亲邮包·新年礼物活动”主题推广活动，3000 多名爱心人士新增捐款 7.30 万元，累计募集资金 38.70 万元，为 2748 名母亲发放母亲邮包。

【“巾帼绿色家园”行动】 2014 年，市妇联自筹资金 25 万元，创新“三个结合”(护绿工作和巾帼文明岗创建相结合、植树工作与亲子活动家庭教育相结合、养护工作与巾帼绿色家园行动相结合)等工作方式，动员巾帼文明岗、家庭成员参与责任区的绿化养护，种植苗木 5462 株，施肥 1200 千克，浇水养护 300 多车，投入人力近 500 人次；动员全市 726 个单位、巾帼文明岗 7 万多人次参与义务植树 21.84 万株，开展护绿爱绿志愿活动 300 多次，发动农村妇女在承包地或自留地种植林木 120 多万株，创建 7 个市级以上的三八绿色工程林（含自治区级 2 个）。 （吴颖妮）

人口和计划生育

【目标管理】 2014 年，南宁市进一步完善和落实人口计划生育目标管理责任制。市委书记、市长与 14 个县(区)、南宁高新技术产业开发区、南宁经济技术开发区党政主要负责人及相关市直部门主要领导签订《人口和计划生育目标管理责任状》，计生统计中，沿用将广西一东盟经济技术开发区并入武鸣县统计，实行计划生育“一票否决”。派出由市人口和计划生育领导小组成员单位副处以上领导担任组长、市卫生计生委工作人员为组员的考核组，对 14 个县(区)、高新区、经开区党政线、人口计生线及签状市直部门进行考核评估，结果全部合格，并经自治区考核验收达标。市委、市政府授予武鸣县、兴宁区、江南区、宾阳县、经开区、青秀区、横县“南宁市 2014 年人口和计划生育工作目标管理(党政线)责任制考核一等奖”，邕宁区、西乡塘区、良庆区、上林县、高新区、隆安县、马山县二等奖；授予市机构编制委员会办公室等 28 个单位“南宁市 2014 年人口和计划生育工作目标管理(部门线)责任制考核一等奖”，市交通运输局、市城乡建设委员会、市农业委委员会、市工商行政管理局二等奖；授予宾阳县、邕宁区、武鸣县、西乡塘区、江南区、良庆区、隆安县、市委办公厅、市委组织部、市编办、市发展改革委、市财政局、市法制办“南宁市 2014 年人口和计划生育工作目标管理责任制考核创新奖”；授予兴宁区、宾阳县、武鸣县、邕宁区、江南区、西乡塘区、青秀区人口与计划生育领导小组办公室“南宁市 2014 年人口和计划生育工作目标管理（人口计生线)责任制考核一等奖”，经开区、高新区、良庆区、隆安县、上林县、马山县、横县二等奖。在自治区人口和计划生育目标管理责任制考核中，南宁市获“广西人口和计划生育工作先进单位”称号；武鸣县、兴宁区获“广西计划生育优质服务先进单位”称号；青秀区、宾阳县获“广西人口和计划生育工作先进单位”称号。

【宣传教育】 2014 年，南宁市各县(区)、开发区深入开展单独两孩政策调整培训宣传、新闻宣传和舆论引导、计生宣传环境更新以及出生人口性别比综合治理等工作。年内，推出“40 年计生风雨路”专版系列报道。持续开展关爱女孩、打击“两非”(非医学需要胎儿性别鉴定、非医学需要的人工终止妊娠行为)活动，与市公安部门联合打击“两非”，开展“猎狐行动”，召开新闻通报会，向社会、媒体进行通报，震慑“两非”违法犯罪行为。单独两孩政策宣传到位，通过发送宣传短信、流动宣传车巡回广播、文艺演出宣传、印发宣传资料、流动宣传板报等多种形式进行广泛宣传和解读单独两孩政策。开展疾病防控、健康生活科普、诚信计生等主题宣传教育活动，结合登革热、埃博拉等重大疫情，发挥舆论引导与宣传教育的职责，多角度、多形式做好健康宣传疏导、疫情发布及舆情监控、防控工作报道等。全年利用短信平台发送宣传短信 2.45 万条，出动流动计生宣传服务车巡回广播 1000 多车次；文艺演出和宣传活动 53 场次；印发宣传资料 20 万份。全市更新人口计生宣传标语 3000 多条，打造综合生育文化园、人口文化公园 26 个。全市卫生计生系统涌现出杜丽群、钟日胜、韦英光等全国先进人物。朱琏针灸弟子韦立富主任医师入选“第二届国医大师”人选，获中华医学会“杰出贡献奖”。横县计划生育服务站和江南区福建园街道淡村计生专干、村医黄美莲分别入选 2013-2014 年度全国“群众满意的卫生计生机构”“最美在基层——十佳计生工作者”候选单位和候选人。

【诚信计生】 2014 年，南宁市深入推进“强化利导、优化服务、规范管理、落实保障”的诚信计生工作模式；明确要素责任，建立完善诚信计生责任和权利体系；强化要素内部管理，形成市、县、乡、村、屯小组长等级级有责任、层层抓落实的工作制度；建立和实行诚信计生经常性督查考评、情况通报等制度；加强村级“幸福家园”、人口学校、人口文化大院等阵地建设。全年核准上报当年享受国家部分农村计划生育奖励扶助 6086 人，发放奖扶金 876.38 万元；核准上报享受国家特扶独生子女死亡家庭 624 人（新增 223 人、退出 14 人)、独生子女伤残家庭 283 人(新增 85 人、退出 11 人)、计划生育手术并发症 3 人，发放特别扶助金 937.06 万元。审核确认自治区农村计生家庭奖扶 3.39 万人次、广西提标扩面奖扶对象 2053 人，发放奖扶金 147.82 万元；审核确认农村计生家庭奖扶金 907 人，发放奖扶金 797.59 万元。诚信计生家

11 月 28 日，市卫生计生委、市公安局在南宁市新闻中心联合召开打击两非“猎狐行动”新闻发布会 甘洪流提供

庭奖扶兑现率 100%。在国家、自治区扶助金的基础上，发放 624 名失独家庭人员每人 2 万元的一次性扶助金，并享受国家特扶的独生子女死亡和独生子女伤残家庭，每人每月分别增发 250 元、125 元扶助金。免费基本计划生育技术服务落实率 100%,实现流动人口计划生育技术免费服务率 90%以上。年内,评选表彰黄佩等 1955 名优秀诚信计生小组长;重视并落实计生专干、诚信计生指导员和诚信小组长的经济、政治待遇,以多种方式解决上述人员的津补贴。投入 50 多万元,为 18 个人口计生综合示范点配备电脑等设备。全各县(区)、开发区基本实现诚信计生，市建立诚信计生小组 9.50 万个，参加诚信计生已婚育龄妇女 76 万人，群众对诚信计生和计划生育服务工作满意率 90%以上。

【单独两孩】 2014 年,南宁市开展“单独两孩”政策落实工作,组织市人口计生领导小组学习有关政策，成立工作领导小组，开展单方独生子女调查摸底及生育意愿调查,建立相关档案,并进行调查分析,指导各县(区)、开发区开展工作。将落实单独两孩政策工作纳入年度人口计生目标管理责任制考核中,组成 12 个督导组对各县(区)进行督查。同时加强宣传教育和引导，全市各级开展单独两孩政策实施培训班 568 期、培训 1.80 万人次。各县(区)、开发区通过开展单独两孩政策宣传周、结合广场宣传服务等方式,对群众进行宣传。全市开辟宣传专栏 4569 块,制作宣传板报 356 板,张贴宣传标语 6895 条。印发《关于规范生育证件和计生证明材料办理有关工作的通知》《单独两孩办理须知》,规范办理程序,提高办事效率。从乡镇(街道)受理申请到县(区)审批,从 44 个工作日缩至 15 个工作日左右。对于符合单独两孩政策且有生育意愿的家庭,采取定点服务、优生咨询、专家指导等方式,及时为其提供技术服务。组织符合单独两孩政策夫妇参加免费孕前优生健康检查，指导需要进行生育能力和出生缺陷高风险评估的人群,加强高风险人群追踪随访。设立单独两孩办证问题专线，解答政策实施过程中遇到的问题，及时向自治区请示未明确的问题,为基层和群众解疑答难。

【性别比综合治理】 2014 年，南宁市开展出生人口性别比偏高问题综合治理，通过加大投入、案件查处、专项督查和重点约谈等举措，遏制全市出生人口性别比持续升高势头。全市出生人口性别比 113.75 个比值，低于自治区下达的 115.60 个比值的责任指标。市财政投入 240 万元,在全市 165 家助产医院的 B 超室门口安装 24 小时视频监控摄像头,定期比对监控记录与出生、B 超和终止妊娠登记信息，对不明孕情消失和登记数据不符等情况进行倒查;投入 97.20 万元在省级卫生机构安装使用广西妇幼卫生信息管理系统,完善身份、地址等信息录入，整合比对人口计生管理信息系统数据与卫生系统平台数据。市卫生计生、公安、食品药监和妇联等部门联合开展打击“两非”专项督查行动 55 次,出动执法人员 220 人,查处“两非”案件 27 件,其中孕情消失案件 3 件、非法鉴定胎儿性别 13 件、非法人工终止妊娠行为 10 件、非法出售药物 1 件,处理执业医师及非法行医人员 40 人。组织开展以打击“两非”为主要内容的“猎狐行动”,打掉“两非”团伙 2 个、作案“地下窝点”4 个,涉案金额 125.58 万元,抓获犯罪嫌疑人 14 人、刑事拘留 12 人。是南宁乃至自治区涉案人数最多、处罚力度最大、犯罪行为最严重的“两非”案件,《中国人口报》特派记者对案件进行深度采访并专题报道。

【流动人口服务管理】 2014 年，南宁市流动育龄人口 143.22 万人，其中流出 70.34 万人、流入 72.87 万人。流动人口服务管理以提升流动人口计划生育基本公共服务均等化为主线，以打造流动人口服务示范点为平台，为流动育龄人口提供卫计基本公共服务。西乡塘区万秀村“新市民和谐家园”、邕宁区新江镇汉林村流出人口返乡自主创业示范点和江南区、经开区非公企业富士康集团、盼盼集团流动人口服务平台获自治区人口计生委肯定。兴宁区、江南区、青秀区、西乡塘区、良庆区、武鸣县、横县、高新区、经开区等 9 个县(区)、开发区、26 个镇(街道)、75 个村(社区)的 100 个样本点 2000 名流动人口参加国家卫生计生委组织的流动人口卫生计生动态监测调查。全市流入人口免费技术服务率 92.19%，流动人口免费孕环检率 92.41%，流入已婚育龄群众避孕药具免费发放率 93.09%。

【信息化建设】 2014 年，南宁市继续加大人口计划生育信息化建设投入力度。在实现所有社区信息直报的基础上推进村级信息直报工作。年内,有 311 个村委会设立村级信息直报点。全面推进人口计生考核评估系统、计生奖励扶助系统、计划生育证件办理系统、计生药具恒温恒湿仓库管理系统等业务系统的研发和应用，进一步提升全市人口计划生育信息化管理及服务水平。加强打出“两非”设施设备建设,市财政投入 302 万元,在全市设有妇产科的医院 B 超室和手术室(包括自治区级医院)配置打击“两非”视频监控系统设备，为开展 B 超孕情监控和倒查奠定物质基础。开展人口计生统计数据信得过与信息录入质量提升相结合活动，年末，数据库信息准确率 96.85%,信息更新及时率 97.23%。

（甘洪流）

城镇居民生活

【概　况】 2014 年，南宁市城镇居民人均可支配收入 27075 元,在自治区 14 个市中排名第一，比上年同期增加 1742 元,增长 9.1%。增幅在自治区 14 个地市中排名第五，扣除物价因素，实际增长 7.4%。县(区)城镇居民人均可支配收入:兴宁区 29939 元，增长 9.2%；青秀区 34421 元,增长 9.3%;江南区 25332 元,增长 10.2%;西乡塘区 24507 元,增长 9.9%;良庆区 23393 元，增长 10%；邕宁区 23958 元,增长 10.3%;武鸣县 25831 元,增长 9.6%;隆安县 20840 元,增长 7.8%;马山县 20720 元，增长 7.5%；上林县 20174 元,增长 7.8%;宾阳县 24321 元,增长 8.9%;横县 25152 元,增长 8.8%。

南宁市农村居民人均纯收入 8576 元,在自治区 14 个市中排名第八,比上年同期增加 891 元,增长 11.6%,增幅高于自治区 0.2 个百分点，在自治区 14 个市中排位第六;扣除物价因素影响,实际增长 9.5%。县(区)的农民人均纯收入:兴宁区 9939 元,增长 11.6%;青秀区 10075 元，增长 11.9%；江南区 9903 元，增长 12%;西乡塘区 9171 元,增长 11.8%;良庆区 9398 元,增长 12.1%;邕宁区 8873 元,增长 11.5%；武鸣县 10154 元，增长 12.3%;隆安县 6615 元,增长 10.1%;马山县 6058 元,增长 10.2%;上林县 6334 元,增长 10.2%;宾阳县 9047 元,增长 11.2%;横县 8883 元,增长 11.3%。

【居民消费价格指数】 2014 年，南宁市居民消费价格指数(英文缩写 CPI,Consumer price index 的简称)比上年同期上涨 1.6%,涨幅比 2013 年涨幅回落 0.5 个百分点;涨幅在自治区 14 个地市中排在第十三,在西南地区 5 个直辖市、省会城市中排第四,在全国 36 个大中城市中排第三十二。调查的八大类商品和服务项目价格同比呈现“四涨四降”,其中食品、娱乐教育文化用品及服务、医疗保健和个人用品、居住累计分别上涨 4.1%、

2.5%、1.5%、1.2%,烟酒类、衣着类、家庭设备用品及维修服务和交通通信类价格则分别下降1.4%、2.8%、1.9%、0.3%。

【工业生产者出厂价格指数】 2014年,南宁市工业生产者出厂价格指数(英文缩写PPI,Producer price index的简称)比上年同期上涨0.7%。全年工业生产者出厂价格基本呈现前高后低走势,1月至12月各月同比价格指数分别为101.4、101.6、102.0、101.3、101.2、101.4、101.6、100.9、100.0、99.0、98.9、99.1。

【住宅销售价格指数】 2014年1月至12月,南宁市新建住宅价格比上年同期分别上涨10.9%、9.9%、8.4%、7.8%、6.4%、4.8%、2.3%、0.4%、-1.5%、-2.8%、-3.3%、-4.3%,涨幅逐月收窄。其中,新建商品住宅价格分别上涨11.2%、10.2%、8.7%、8%、6.5%、4.9%、2.4%、0.4%、-1.5%、-2.9%、-3.4%、-4.4%。新建住宅价格环比分别为0.5%、0.4%、0.3%、0.1%、0.1%、-0.7%、-1.2%、-1.1%、-1.3%、-0.5%、-0.3%、-0.5%。其中,新建商品住宅价格环比分别为0.5%、0.4%、0.3%、0.1%、0.1%、-0.7%、-1.3%、-1.2%、-1.4%、-0.5%、-0.3%、-0.6%。

南宁市二手住宅同比价格分别上涨3.6%、3.6%、3.5%、3.5%、1.9%、1.6%、0.6%、-0.5%、-3%、-4%、-2.9%、-4.3%;环比价格分别为0.3%、-0.1%、0.4%、0.4%、-0.8%、0、-0.9%、-1.2%、-2%、-0.6%、1.2%、-0.8%。12月,南宁市新建商品住宅价格环比下降0.6%,在全国70个大中城市中,房价环比下降的有66个,南宁与包头、丹东、牡丹江等8个城市并列第六。南宁市新建商品住宅价格同比下降4.4%,降幅较上月下降1个百分点,在房价同比下降的68个大中城市中,南宁市与上海、哈尔滨、徐州并列第十七。

(王雪梅)

时尚习俗

【礼让斑马线】 2014年3月起,南宁市精神文明建设委员会办公室、南宁市交通运输局、南宁市公安局交警支队在全市公交车、出租汽车行业率先开展"文明出行·礼让斑马线"活动,随后大量私家车主、电动车驾驶员参与其中,"我要礼让"文明行为蔚然成风。全年组织"文明行车·礼让斑马线"活动检查70余次,出动检查人员2160余人次,检查公交车40379辆次、出租车24188辆次,发现不礼让行为全部整改,并纳入行业考核计分。经过整改,公交车、出租车斑马线前礼让率98%以上,公交、出租车行业月投诉量分别从第二季度567件、116件下降到年末195件、56件。中国文明网、网易、新浪、新华网、中国日报网等国内知名媒体均对"文明出行·礼让斑马线"的活动进行报道。

【交友征婚】

网络征婚 2014年,工作压力造成很多青年交友难,很多年轻人缺少交际时间和交友平台,婚恋问题日渐凸显。通过网络聊天工具如QQ、MSN等寻找另一半,成为很多人乐于接受的征婚、交友新模式。网上也专门开设许多征婚交友频道,为寻找爱情的男女提供方便快捷的服务。只要将自己理想爱人的条件输入电脑,便可获得对方资料,进而联系加深了解。部分知名网站还设有"同城约会"栏目,如珍爱网、百合网、世纪佳缘、南宁时空网等,便于人们了解与自己同地的适龄人情况。一些大型网站除提供网络交友平台外,经常举办线下相亲交友活动。很多人通过网络找到自己的另一半,有的通过国际交友征婚网站,在异国他乡找到知己。

大型交友会 3月22日,"心系单身职工,牵手寻爱之旅"——市直机关"寻爱之旅"单身职工联谊活动在乡村大世界举行,来自区市直机关、事业单位,以及驻邕部队、银行、大中型企业的700多名单身职工参加。10月2日,共青团南宁市委主办,江南区团委、南宁市良凤江国家森林公园联合承办的"缘定世锦——将爱进行到底"青年交友主题活动在良凤江国家森林公园情人谷大草坪举行,180多名单身青年参加,其中包括各个单位职工、大学生村官、西部计划志愿者等青年。

【定制婚礼】 2014年,随着人们对个性追求的深入,促使很多年轻人对婚礼要求不断提升,简单的婚庆操作模式已经远远不能适应新人对婚礼的要求。婚庆服务也不再是过去那种司仪全承包或者婚庆公司提供摄像、婚车等的简单服务教堂婚礼、草坪婚礼、烛光婚礼等形形色色的定制婚礼开始出现。定制婚礼是根据新人对婚礼的期望与梦想,对花材的偏好与忌讳,以个人的婚礼预算与酒店硬件设设施等为约束条件,结合个人的恋爱经历、职业、气质、性格、爱好、恋爱中有意义的细节等,设计特定的婚礼风格和仪式流程,体现个性化与人性化。在南宁,不仅有每年定期举办的婚纱、婚宴及结婚服务博览会、天喜花嫁新娘城等大型个性婚庆用品商城,更有为新人提供拍摄婚礼微电影、拍摄海外婚纱照、主题婚礼定制等个性化婚庆服务的专业机构,吸引越来越多的年轻人选择。

【时尚健身】

概 况 2014年,南宁市群众体育活动蓬勃发展,举办各级各类运动会、单项比赛、健身活动300多项次,参与人数300多万人次,经常参加体育锻炼人口46%,参加人群涵盖青少年、农民、职工、老年人等。有单项体育协会29个,体育俱乐部72个,晨晚练站367个,各级老年体协1710个,居委会、社区和行政村普遍建有全民健身活动站点。随着人们生活条件的日益提高,锻炼健身正在成为市民的"必需品"。全年组织开展元旦冬泳邕江活动、第六届广西体育节开幕式南宁市主会场活动、第八届南宁体育黄金周活动、"为世锦而撑"首届"龙光杯"南宁市体育进社区平板支撑全民挑战赛、南宁市第七届气排球联赛、2014年南宁·东盟国际轮滑赛、第五届"喜德盛杯"南宁·东盟国际自行车越野公开赛、第三届慢投垒球公开赛、2014年南宁·东盟徒步大会暨山地户外多项赛、"中国体育彩票杯"第30届南宁市中老年人太极项目比赛、"中国体育彩票杯"第十届南宁市中老年人'重阳节'门球比赛、第十三届南宁市中老年人迎春秧歌舞比赛、"与世锦赛同行"第十一届南宁市老年人气排球比赛、第五届南宁市老年人门球甲级队等大赛和活动,吸引众多体育爱好者参与。各县(区)因地制宜地开展全民健身活动。南宁市组队参加全国自治区群众体育赛事和活动,取得优异成绩。其中:派出由市第一中学、市沛鸿民族中学、市第四职业技术学校以及横县中学组成的28人代表队参加8月在吉林省长春市举办的2014年全国青少年"未来之星"阳光体育大会,与来自全国31个省(区、市)及新疆生产建设兵团上百所中学的近千名学生角逐五人制足球、三对三篮球、跳绳、毽球、拔河、定向越野6个项目比赛,拔河获第3名,二等奖;足球获第11名;篮球获第15名;毽球获16名;跳绳获18名;在文艺展示及颁奖仪式上,表演《壮家绣球》展示青少年的良好精神风貌。加大公共体育设施建设的投入力度,投入资金1316万元,建设项目272个,建设面积14.17万平方米,其中全市财政投入约200万元用于建设60套健身路径和购买器材。全市体育设施建设具体项目:乡镇农民体育健身工程建设项目23个、农民体育健身工程暨"两项工程"村级篮球场建设项目18个、农民体育健身工程暨城乡风貌改造五期

NANNING YEARBOOK

3 月起，礼让斑马线在南宁蔚然成风　　黄小真提供

工程村级篮球场项目 7 个、社区多功能运动场 4 个、农民体育健身工程暨村级公共服务中心篮球场项目 136 个、全民健身路径建设项目 84 条(其中南宁市为民办实事 60 条，自治区体育局捐赠 20 条，中央捐赠 4 条)。扶持社团和体育组织，各社团不断扩大自身影响力，举办的赛事产生较大社会反响。“喜迎世界杯，助力世锦赛”2014 年“中国体育彩票杯”五人制足球赛、第六届南宁市象棋比赛、迎世锦·第 11 届“中国体育彩票杯”南宁市扑克拖拉机超级联赛、迎世锦·第 2 届中国体育彩票暨第 6 届邕江香溢杯南宁市业余围棋争霸赛、2014 年南宁市“体操进校园”系列活动等，体育社团参与公共体育服务促使全市全民健身事业加快发展。

高尔夫　高尔夫运动 2000 年传入南宁，由于大众化程度不高、竞技水平低、赛事运作难等问题阻碍其发展。2004 年 6 月青秀山高尔夫球场建成开放，为 18 洞 72 杆国际标准的高等级高尔夫球场，满足各种级别锦标赛的要求。球场占地约 2400 多亩，球道总长度 7186 码。拥有 60 个练习位高尔夫球练习场，逐渐受到南宁市中、高收入阶层运动爱好者的喜爱。年内，全市有南宁青秀山国际高尔夫球场、南宁嘉和城温泉高尔夫球场、南宁良凤江国际高尔夫球场、南宁快环高尔夫球场、南宁体育场高尔夫球场，高尔夫运动在南宁越来越“平民化”，标准的高尔夫球场每天至少吸引 200 人打球。高尔夫赛事逐年增多，“中信朝向”中国高尔夫业余巡回赛、雷克萨斯中国精英赛—南宁预选赛、“梦之蓝杯”广西高尔夫协会首届高尔夫球邀请赛等有影响力的高尔夫赛事推动高尔夫运动的发展。2014 年 5 月 23 日，捷豹路虎高尔夫精英赛在南宁嘉和城温泉高尔夫球会专业球场开赛，有 60 名选手进入“全国总决赛”，角逐英伦高尔夫体验之旅大奖。

啦啦操　是一项深受广大群众喜爱的、普及性极强，集体操、舞蹈、音乐、健身、娱乐于一体的体育项目。来源于早期部落社会仪式，为激励外出打仗或打猎的战士，族人用欢呼、手舞足蹈的表演来鼓励战士，希望凯旋。操是体育运动中的新兴项目，起源美国，遍布美国 NBA、橄榄球、棒球、游泳、田径、摔跤等比赛现场，至今有 100 多年历史。2000 年传入南宁，以独特魅力深受广大青少年喜爱，成为校园体育文化新亮点。2009 年，市二十六中 ANT 啦啦队获中国首个技巧啦啦队世界冠军。2014 年 6 月 15 日，2014 南宁市迎世锦青少年啦啦操比赛在南宁市第三中学逸夫体育馆举行，来自市十九中、市民主路小学等 10 余所中小学及 20 多所幼儿园的啦啦操队参赛。11 月 14 日至 16 日，由国家体育总局体操运动管理中心、中国大学生体育协会、中国中学生体育协会主办，全国啦啦操委员会和广西啦啦操委员会承办的 2014 年—2015 年全国啦啦操联赛(南宁站)暨中国啦啦操之星争霸赛(南宁站)在广西大学体育馆举行。竞赛组别设幼儿园组、小学组、中学组、大学组、俱乐部组，项目设啦啦操规定动作及啦啦操自选动作、广场操(舞)、全国校园课间啦啦操大赛、中国啦啦操之星争霸赛等四个大项，来自自治区内各个城市，149 个单位参赛，参赛领队、教练员、随队裁判、运动员 3400 多人，人数位居各站比赛首位。

健身舞(操)　健身舞专门针对身体的一些部位，为维持其健康的状态，而做的类似于舞蹈的健身操。健身舞分为普拉提、芭蕾、舍宾、健美操、肚皮舞、街舞、跆拳道、减肥操、瘦身操、拉丁舞、民族舞等。由于健身舞(操)对场地要求低、老幼参与普及性强，深受广大群众喜爱。2014 年 8 月 27 日，广西壮族自治区体育局、广西电视台主办，南宁市体育局、南宁市体育总会、广西电视台都市频道承办的“舞动广西”全区民族健身舞(操)大赛南宁市分赛区在南宁市体育场田径场举行，比赛设规定套路、自选套路、健身舞的规定套路和自选套路。南宁市组织 29 名运动员参赛，获健身操规定套路第三名。9 月 2 日至 4 日，自治区老年人体育协会主办，防城港市人民政府承办的“广西老年人健身球操比赛”在防城港市举行，南宁市派 15 名运动员参赛，获规定套路、自选套路比赛优胜奖。11 月 14 日至 17 日，广西老年人体育协会主办、百色市老年人体育协会承办、田东县老年人体育协会协办的广西老年人民族健身操比赛在百色市田东县举行，南宁市派 14 名健身爱好者参赛，获三等奖。

广场舞　是一种自娱性和表演性为主要形式，以热情欢快、特殊表演内容和娱乐身心以及锻炼身体为目的的集体

符合新人要求的定制婚礼现场　　黄小真提供

舞,因其粗放、自由、随性,以及大众化、非专业化的特点,深受中老年人尤其是中老年妇女的喜爱,也称"大妈舞"。清晨、傍晚,一部录音机、一曲熟悉的旋律,即可在公园、广场、街边小区吸引一群大妈闻声起舞,甚至在菜市场,女摊主们利用午后顾客少、生意淡的空闲时间,在菜市的过道里跳舞健身,将菜市变成欢乐的舞池。广场舞的兴起,促进中老年人改变以前蜗居生活,形成交流互动、增强身心健康的时尚习俗。2014 年 4 月 8 日,广西电视台综艺频道、安利(中国)日用品有限公司举办的"安利·舞出我精彩"第二届广西广场舞大赛举行,自治区 287 支队伍 3000 多名选手报名,其中南宁站 119 支队伍报名。5 月 11 日,第 45 届世界体操锦标赛组委会招商部主办,南宁人民广播电台、广西太和投资有限公司承办的南宁市中老年人舞蹈大赛开赛,吸引 3500 多名广场舞爱好者参加,既有来自广西各市、县(区)的,也有海外友人的参与。11 月 22 日,市老龄办、兴业银行南宁分行、广西科教频道共同举办的"炫舞南宁,安愉人生"南宁市第二届中老年广场舞开赛。来自全市各城区的 230 支代表队 3000 余人参与。为限制广场舞噪声影响,南宁成立城市噪音综合整治专项工作机构,整治广场舞噪音等扰民乱象,6 月 1 日起,严厉整治在公共区域高音播放音乐等噪声扰民行为。夏季 7 时至 9 时和 19 时至 21 时 30 分、冬季 7 时 30 分至 9 时 30 分和 19 时至 21 时,噪声排放不得超过 80 分贝,公安部门在警告无效后可处以 200 元至 500 元罚款。

网　球　90 年代起,网球运动传入南宁,由于技术相对复杂,需要长时间系统训练,高额的训练费用和场地要求水平高等原因,南宁市网球发展起步较晚。随着人民生活水平的不断提高,这项优美而激烈的运动吸引不同年龄的爱好者参与,近年发展速度加快,在市网球协会的组织与推动下,已有本市的球手在自治区赛乃至国内省际赛中取得好成绩。2014 年 4 月 14 日至 18 日,市体育局主办、市老年人体育服务中心承办的第 28 届全国十城市老年人网球比赛在市体育场欧亚网球会所、李宁体育园举行,来自重庆、长沙、成都等 8 个城市 113 名老年网球爱好者报名参赛。4 月 19 日至 27 日,中国网球协会主办、市网球协会承办的中国体育彩票杯 ITF 国际女子网球巡回赛南宁站在广西体育中心举行。ITF 国际女子网球巡回赛是目前国内水平最高的单项网球赛,赛事吸引来自中国、澳大利亚、比利时等 12 个国家和地区的 80 余名运动员报名参赛。比赛分为预选赛、正选赛,设单、双打两个项目。该赛事第二次落户南宁举办,让球迷领略世界高水平球手风采时,为该运动在全市的普及推广起良好的作用。

长　跑　长跑运动在南宁有着悠久的历史和深厚的群众基础。南宁市群众性长跑运动兴起始于 20 世纪 30 年代。1933 年 4 月 4 日,广西省立第一中学率先举行的环城赛跑,是南宁有记载的最早出现的长跑比赛;同年 4 月 30 日,乐群社组织举办南宁市首届长途越野赛,参加比赛者 70 余人,以学生为主。20 世纪 50 年代以来,每年春节或元旦都会举行一次全市性的迎春环城跑。为纪念南宁解放,1983 年起,将每年 12 月 4 日南宁解放日定为传统长跑日,并把"南宁解放日长跑"列入体育工作的议事日程形成制度。1986 年后,长跑规模扩大,比赛一般分成少年、青年、成年、老年组进行,参加长跑运动者来自全市各行各业,年小者七八岁,年长者七十多岁。长跑活动因而成为南宁市民常年普遍开展的传统体育项目。2006 年,国际半程马拉松比赛来到南宁,为解放日长跑这项平民体育盛事注入新的活力,至今已举办 8 届,成为区内外、东南亚乃至世界长跑爱好者欢聚一堂的盛会。2014 年 12 月 13 日,第 9 届"万科杯"南宁国际半程马松松比赛暨第 32 届南宁解放日长跑活动在南宁市举行。运动员 1.32 万名参赛,包括来自肯尼亚、美国、法国、新加坡等 11 个国家的 103 名外国运动员,参赛总人数和国外运动员参赛总人数均创新高。赛事设置男子半程马拉松、女子半程马拉松、男子 10 公里、女子 10 公里、4 公里健康跑及老年人健步走等 6 个竞赛项目,在半程马拉松、10 公里跑及 4 公里跑的报名参赛人员中,女性运动员比例超过 42%,越来越多女性加入到长跑爱好者行列中来。

游　泳　南宁地处亚热带,常年气温偏高,群众性游泳活动甚为活跃。游泳活动以自发为主,游泳场馆是活动的主要场所,有可以俯瞰全景的空中泳池,有游乐设施完备的戏水泳池,也有专业训练的恒温标准池;邕江两岸也是群众游泳的主要去处,多数市民选择南宁大桥两侧水域游泳。冬泳运动是南宁市四大传统体育项目之一。2014 年 1 月 1 日,市体育局、市体育总会主办,市体育管理培训中心、广西游泳协会、市冬泳协会承办的 2014 年南宁冬泳邕江活动在邕江北岸举行,来自柳州、梧州、百色、玉林等地市以及一些自治区外的冬泳爱好者 2500 人参加活动。

羽毛球　南宁市民喜爱的体育项目之一。从 20 世纪 80 年代的露天水泥场地到如今的室内木板球馆,从三五成群、茶余饭后的路边玩耍到有组织的大批业余爱好者参加,羽毛球运动在南宁市开展得越来越活跃。尤其是体育场馆向大众开放后,南宁市掀起羽毛球热,群众性比赛不断,参与者一般都在三五百人左右,多时近千人。每年广西业余羽毛球赛均定期在南宁市举行,各类赛事层出不穷、高手纷至沓来。2014 年 5 月 17 日至 18 日,国家体育总局乒乓球羽毛球运动管理中心、中国羽毛球协会主办,广西球类运动发展中心承办的 2014 年奇瑞瑞虎全国东西南北中羽毛球大赛(南宁站)在广西区体育局江南训练基地羽毛球练习馆举行。来自自治区各市和广东湛江、湖南、河北石家庄等地近 200 名羽毛球爱好者参赛。6 月 22 日,南宁市羽毛球协会、厦门伟士体育用品公司主办,南宁欧亚体育用品公司、南宁市欧亚伟士球馆协办的南宁市"伟士欧亚·中国体育彩票杯"业余羽毛球丙级联赛在南宁市欧亚伟士球馆开赛。52 支球队参赛,参赛运动员 700 多人。8 月 24 日,南宁市羽毛球协会主办的 2014 年"威克多亚太·可口可

苏卢农贸市场内,女摊主们利用闲暇时间跳健身舞　　黄小真提供

乐水动乐杯"南宁市业余羽毛球甲级、乙级联赛在市动力球馆开赛。28 支球队参加比赛，其中参加羽乙联赛的球队 23 支,参加羽甲联赛的球队 5 支,参赛人数近 400 人。10 月 18 日,越南驻南宁总领事馆、北部湾之声、越南留学生协会驻工作南宁分会联合主办的 2014 年驻邕越南留学生羽毛球比赛在南宁举行，来自广西大学、广西民族大学、广西医科大学等 7 所高校的越南留学生参赛。11 月 29 日至 30 日,南宁市体育局、南宁市体育总会主办的第八届南宁体育黄金周 "威克多·誉程翔杯"第十一届南宁羽毛球锦标赛在动力羽毛球馆开赛。来自自治区各地 700 多名羽毛球业余爱好者参加。

马　术　马术运动在南宁市始于 21 世纪初，大部分马场没有正规的跑马场和驯马师，大部分骑马者也只是把骑马作为一种休闲旅游方式。2008 年起,市体育局每年举办马术公开赛，从最初单一的速度赛马逐渐转变为速度赛、障碍赛、绕桶赛、马球赛等较为全面的马术比赛。全市有跑马场 10 余家,注册的马术俱乐部 3 家。随着各种专业马术俱乐部的注册，提供专业马术运动培训服务以及组织、参加马术相关赛事使马术运动得到推广;广西特有的德保矮马品种,独创面向青少年的马术联赛。2011 年起,全市学习马术的青少年人数迅速增长，2014 年,在全市注册的马术俱乐部中,固定每周进行一次马术训练的近 500 人;年内,除举办专业的马术比赛,全市还开展马术进校园的活动，在天桃实验学校等中小学校园中开展马术科普知识讲座、马术亲子体验等系列活动,为更多青少年提供接触马术的机会。12 月 7 日，广西体育总会、广西社体中心主办的广西马术交流邀请赛暨广西马术协会 2014 年青少年联赛在南宁乡村大世界举行，来自群英会、凯比泰、青山、绿野、奔腾等区内 10 家马术俱乐部的 40 余名选手参赛。各跑马场除赛马外,设餐馆、烧烤场、休闲屋、拓展区等为顾客提供各种娱乐和饮食服务场所。

气排球　气排球是一项集运动、休闲、娱乐为一体的群众性体育项目,且运动适量、男女老少皆宜、简单易学，自一开始就很快普及流行开来，拥有广泛的群众基础并深受南宁市民喜爱。从一开始作为老年人单纯的娱乐健身发展成为街道社区、机关单位常办、运动会常设的一项赛事。气排球越打越精细,参与者越来越年轻、比赛规则适时更新、专业俱乐部不断增多加大气排球运动在全市的推广。每年都有不同组织、协会举办的大型气排球比赛，是国内气排球运动开展最红火、普及程度最高的城市。2013 年 11 月 24 日，首届南宁·东盟气排球邀请赛在南宁举行,吸引英国、美国、加拿大、泰国、越南、柬埔寨、香港、台湾等国家和地区的 18 支队伍近 200 人报名参赛,赛事获泰国、缅甸、老挝、越南及柬埔寨五国驻南宁总领事馆的大力支持。2014 年 6 月 14 日,市体育局、市体育总会主办,市社会体育发展中心、市气排球协会承办的南宁市第七届气排球联赛在南宁市老年人活动中心举行,107 支队伍近 2000 名气排球爱好者报名参赛。

自行车骑行　自行车骑行是一种健康自然的运动旅游方式,这种简单、环保的生活方式得到更多人的青睐。市民日常多选择自行车专用道边骑行锻炼边游览自然和人文景观。自行车专用道位于邕江北岸,宽 2 米、长 3.47 千米,两边划有白色保护线，以北大桥下的喷泉为起点,一直向东延伸,穿过民生广场、邕江大桥、桃源大桥,抵达凌铁大桥。自行车道铺有朱红色的颗粒橡胶，标有白色自行车图标和双向指示箭头。沿线景观包括:古邕石刻、雕塑喷泉、冬泳纪念广场、广西神话传说故事长廊等。市内骑行的经典路线有：青环路一线（南宁大桥沿线),单程 16 千米,途经邕江、南宁大桥、滨江公园、广西民族博物馆等。武鸣县甘圩镇一线（科园大道—高新区富士康科技集团—城郊村岔道),单程 23.70 千米，途经罗山古寺(南宁古八景之一)。大王滩水库一线（友谊路—良凤江公园沿线),单程 32 千米,途经少数民族村落、大王滩。杨美古镇一线(江北大道—石埠街道—老口渡口渡船——沿公路线),单程 32 千米,途径老口渡口、美丽南方、杨美古代进士宅邸。西云江水库一线(昆仑大道—五塘镇—沿公路线)，单程 39 千米,途径情人谷、西云江水库。2014 年 11 月 23 日,市体育局、市体育总会主办,市社会体育发展中心、南宁市自行车运动协会承办的第五届"喜德盛杯"南宁·东盟国际山地自行车越野公开赛在青秀山举行，来自全国近 600 名自行车爱好者参赛。12 月 15 日,市体育局、市体育总会主办,市社会体育发展中心、广西体育彩票管理中心南宁分公司、市自行车运动协会承办的"中国体育彩票杯"第四届南宁·东盟山地自行车越野公开赛在良凤江森林公园举行。比赛设男子大众组、男子公开组、女子公开组、国际交流组、男子壮年组 5 个组别，吸引 451 名自行车爱好者参赛。

龙舟赛　又叫扒龙船，是群众喜爱的民间体育活动。南宁市每年农历五月初五端午节有赛龙舟的习俗。民国 23 年(1934 年)南宁民国日报记载:"扒龙船旧习，行见一年一度，在邕江中游驶竞技矣"。新中国成立后,端午节赛龙舟更成为南宁市别具特色的传统体育活动,且规模逐年扩大,赛事越办越好。2014 年 6 月 1 日,市体育局、市体育总会主办,市体育管理培训中心、市龙舟协会承办,市水邕建设办公室、燕京啤酒(桂林漓泉)股份有限公司协办的 "燕京·漓泉杯"第十届"中国水城"南宁端午节龙舟邀请赛在南湖公园下湖水域举行。比赛设 4 个项目，分别是公开组 12 人龙舟 250 米、500 米直道赛;公开组 22 人龙舟 250 米、500 米直道赛。有来自泰国、广州、上海及本市的 47 支队伍 956 名运动员参赛。

武　术　是广大人民群众喜闻乐见、乐于参与的体育活动。南宁民间武术源远流长,随着全民健身活动的推广,各年龄段均有武术爱好者。2014 年 8 月 15 日至 18 日,市体育局、市体育总会主办,

11 月 23 日,第五届"喜德盛杯"南宁·东盟国际山地自行车越野公开赛在青秀山开赛。图为比赛现场　黄小真提供

6月28日，2014豪门中国赛南宁站比赛在广西体育中心举行，广州恒大对阵巴甲豪门米内罗竞技。图为双方开场阵容　　黄小真提供

横县文化广播影视和体育局、市武术协会承办，横县神龙散打搏击俱乐部、横县武术协会协办的“与体操世锦赛同行—中国体育彩票杯”第六届南宁武术大会在横县体育馆举行，比赛设武术套路、武术散打、跆拳道、拳击4个项目，近700名武术爱好者报名参赛。8月23日至27日，自治区体育局主办，广西体操武术运动发展中心、市体育总会承办，武鸣县文化广播影视和体育局、市武术协会、广西博扬体育投资有限责任公司协办的2014年广西青少年武术散打锦标赛在武鸣县举行，来自南宁、柳州、桂林、北海等区内城市202名散打爱好者参赛。9月24日，市老年人体育服务中心主办，市老年人武术协会承办的“中国体育彩票杯”第30届南宁市中老年人太极项目比赛在友爱广场举行，40支队伍600名中老年太极爱好者参赛。

足　球　20世纪30年代，南宁在旧中山公园旁（原址在今广西军区大院一部分和自治区直属机关第一保育院址）建起首个足球场，后在旧跑马场（南宁市体育场）增建一个足球场。当时踢足球者多为学校教职员、军人和商人，主要赛事有友谊赛、公开赛。60年代起，南宁青少年业余体校设立足球班；1982年，南宁市业余体校开设女足训练项目，对足球运动的苗子进行训练、培养。群众性足球运动持续发展，每年举办各种足球杯赛，足球队成员主要有社会人士、大学生、公务员，还有一些外国友人，年龄结构大约在17岁～45岁。2014年6月3日至13日，市体育局主办，市体育彩票管理中心、市体育管理培训中心承办的喜迎世界杯·助力世锦赛——2014年“中国体育彩票杯”南宁市五人制足球赛在江南正发富德球场举行，近800名足球运动员报名参赛。6月28日，虎扑（上海）文化传播有限公司主办，市足球协会承办的“巴西米内罗竞技VS广州恒大足球赛”在广西体育中心举行，2.20万名观众观看比赛。5月2日，市体育局、市体育总会主办，市足球协会承办，铂丽菲酒店、市体育场、柳沙足球训练基地协办的2014迎世锦—“铂丽菲酒店”杯南宁市超级、甲级联赛暨南宁市第二十二届足球联赛在柳沙足球训练基地举行，360人参赛，赛程历时4个月。随着足球进校园活动的兴起，11月29日至12月，南宁市滨湖路小学承办，青秀区教育局组织的2014年青秀区校园小学足球联赛，促进校园足球运动的发展。　　（黄小真）

【饮食习惯】

无鸡不成宴　南宁人的节日食品和宴客菜肴首选白斩鸡（又称白切鸡），有“无鸡不成宴”之说。做法是将肥嫩的本地项鸡（未下过蛋的母鸡）或线鸡（阉鸡）宰杀，掏出内脏后，沥干，在腹腔内抹适量盐及少许切成片的砂姜，放入已烧开的锅内浸泡（水量以浸过整鸡为宜），待水再沸腾后熄火，20分钟后将鸡捞起，待凉后切块上碟，蘸上用砂姜、香葱、香菜、酱油、香油等调制的配料佐食，皮爽肉滑，味道鲜美。

饭前一啖（口）汤　南宁人素来喜欢饮汤。无论是丰盛的宴席或家庭便饭，汤一般不可缺少，习惯先饮汤后进食，有“食饭先饮汤，胜过开药方”之说。汤依四季变化而不同，冬天为滋补抗寒，一般饮用带温补的汤，并多在汤中配少许姜片或补品；夏季为清暑解热，则放些海带、绿豆或清补凉（一般由沙参、淮山、枸杞、玉竹、红枣、桂圆肉等组成）等清凉性食物。有的汤略呈糊状，俗称“羹”。20世纪90年代后，酒家、茶楼推出随时向顾客提供各式汤水的服务项目，有的还设电话预约煲汤。

早餐一碗粉　清末民初，粤商来邕兴办餐饮业时从广东引进，时称沙河粉。此前，本地虽有民间蒸制，但质量不及沙河粉。人们选用大米淘净浸透加水磨浆，掺入用开水冲兑的适量熟浆拌匀（或用适量米饭与米一同磨浆），放入金属托盘（米浆仅铺过盘底），蒸成薄片，折叠切成条，叫作切粉；配上叉烧等配料，淋上调制好的糖醋叫酸粉；在舀米浆入托盘后加入碎肉、葱花、香菇末、碎虾米等配料，蒸煮后卷成筒状则叫卷筒粉（梧州及广东一带叫肠粉）；将用布滤干水成粉团的米浆煮至五成熟，放在石臼中舂成软硬适度有韧性的稠浆（现代多用机械搅拌），用粉榨工具压榨入沸水锅成线煮熟的叫生榨粉。切粉、生榨粉在食用时用沸水烫热加入骨头汤称汤粉，配以肉类的称肉粉，不配肉的称素粉。肉粉又依据不同肉类称为猪肉粉、牛肉粉、鸡肉粉、牛腩粉、鸡杂粉、杂烩粉。用油炒的称炒粉，配以叉烧、卤水相拌的称干捞粉。米粉成为南宁人常吃的一种食品，特别是习惯于早餐吃一碗粉。

热毒饮凉茶　南宁市气候比较湿热，每逢季节变换或偶食煎炸食物，人们比较容易上火（即热气），而凉茶清热祛湿，平时喝些凉茶也能起到防病的作用。南宁市的凉茶多用中草药配制而成，成分有金银花、野菊花、雷公根、茵陈、木棉花、地胆头、槐花、桑叶、夏枯草、水翁花、板蓝根、半边莲、淡竹叶、山芝麻、两面针等。不同的药材配方煲出不同的功效和味道。品种主要有王老吉、生地、雷公根、菊花茶、罗汉果、茅根竹蔗水等。其中生冲雷公根是南宁市的特色凉茶，做法是将黑墨草、雷公根、一点红、车前草几味药用人工臼溶，再用凉开水勾兑，尽可能保持原汁原味。南宁市的凉茶文化历史悠久，最初是一些中草药铺里的药师在店里摆个小凉茶摊，根据药理搭配出不同功效的凉茶，后来发展为一辆小推车、几个凉茶煲的流动摊。原永宁街万昌堂的老牌凉茶、南环路的南环凉茶是老南宁人熟悉的老牌凉茶铺。此外，一些家庭主妇也常常去中药铺买回凉茶的原料或到市场买些如雷公根、茅根、一点红之类的新鲜中草药回家自己煲凉茶。20世纪80年代以后，南宁市的凉茶店遍布市区，郑记本草堂等连锁凉茶店也开进大街小巷，加上各种凉茶冲剂及包装凉茶的问世，给喜欢饮凉茶的南宁人带来很多方便。

闲时一杯茶　饮茶在南宁市不仅是一种生活习惯，也是一种文化传统。南宁人喜爱饮茶，也习惯以茶待客。有的在闲暇时间，自己或是约上几位亲朋好友，泡上一壶清茶慢慢品尝和聊天，有的习惯在餐后喝上一杯茶，借以清理口腔与肠胃。南宁人喜欢饮早茶。茶多为清茶和红茶。20世纪80年代以后，南宁市茶市得到发展，人们也开始习惯去茶楼饮早茶，并由饮早茶进而发展为饮下午茶、夜茶。茶有花茶、普洱、铁观音、乌龙、龙井、香片等等，茶点有马蹄糕、糯米鸡、肠粉、冬菇滑鸡、烧鸭、烧鹅、凤爪、叉烧包、小笼包、水晶包、饺子、排骨、肚片和粥、粉等几十种。人们上茶楼饮早茶、夜茶，或是叙说友情，或是合家共聚，或是洽谈生意。90年代中后期，南宁市开始出现充满闲情逸致、文化内涵丰富的茶艺馆，喝茶、品茗已经成为时尚。

瓜果蔬菜烤着卖　南宁市最常见也是南宁人最喜爱的吃法之一。除烤羊肉串、牛肉串、烤鱼、炭烤生蚝、青口螺等丰富的肉类烧烤外，韭菜、茄子、辣椒、玉米、韭黄、空心菜、菜心、凤尾菇等蔬菜瓜果也成烧烤之物。蔬果烧烤受欢迎，不仅因为其价位比肉类烧烤便宜，而且经过炭烤和烧烤酱料渗透的蔬菜味道更爽口、美味，可说是吃肉吃烧烤之余的开胃菜。南宁人对烧烤的热衷程度非同一般，除品种花样繁多，南宁人吃烧烤还不分寒暑昼夜，部分烧烤店如小福楼、阿里妈妈、〇记烤鱼等已实行连锁经营、全天候经营的模式，从过去单纯夜间经营改为24小时营业。在烧烤食客中尤以年轻人群体最为庞大，从中还诞生许多“觅食高手”，他们很清楚南宁市哪个角落有最好吃的烤生蚝和烤排骨等等。只要在网上搜索南宁哪里有好吃的烧烤”，就有诸如“南宁烧烤精选推荐”“南宁特色烧烤指南”众多帖子、博客文章。中山路夜市、建政小巷、石巷口夜市、中华路、南铁夜市等，是南宁市烧烤的集中地。

行人难过酸嘢(品)摊　酸嘢，即腌(泡)酸食品。南宁人有吃酸嘢的嗜好，故有“行人难过酸嘢摊”之说。针对妇女对酸嘢的偏爱，又有“女人难过酸嘢摊”说法。选用本地所产木瓜、萝卜、黄瓜、莲藕、椰菜、芥菜、菠萝、凉薯、刀豆等时令果蔬，配以酸醋、辣椒、白糖等腌制而成。吃起来酸、甜、香、辣，味味俱到，脆爽可口，生津开胃。家庭可制作，街头有摆卖。

(黄艳阳)

吃夜宵　许多南宁市民喜欢夜晚到街边的饮食摊(店)吃夜宵。一到晚上，各色小食摊档沿街一字摆开，灯火辉煌、烟雾缭绕、人声鼎沸。位于朝阳商圈的中山路夜市是南宁市传统的美食一条街，每天从晚上六七时开始到第二天凌晨四五时，都是人来人往；汇集南宁特色的老友粉(面)、煲仔饭、八宝饭、烧烤、鸭红(血)、酸品、甜品等各种小食菜肴及东盟各国特色小吃。水街是南宁人勾起怀旧情绪老街，这里的店铺普遍都是几十年的老字号，每个店铺常年坚持只提供一两个品种的拿手食品。这里的粽子、粉饺、粉虫、发糕、榨粉、八宝饭等传统食品绝对是原汁原味的老南宁口味。南铁文化宫这一带的田螺煲、炖盅也颇有名气，饺子、馄饨、沙煲螺、炒螺、烤鱼、糖水，糖炒板栗等，想吃的都基本找得到。北大码头附近的大排档，地方较宽敞，除常见的一些宵夜品种，这里还有鼎鼎大名的新疆大盘鸡、越南螃蟹脚、湛江生蚝王等。园湖路粥王一条街不论季节，供应品种繁多的鸽子粥、花鱼粥、鹌鹑粥等，其粥底幼滑，米香诱人，肉质鲜美、火候恰当，令人回味无穷。园湖路西一里、建政路菜市小巷、东葛路、广园路一带也是小食档铺密集地，里面一家接一家的是各式烤鱼、米粉、甜品、小炒。

【休闲娱乐】

泡网咖　网咖俗称网络咖啡厅，在欧美国家流行，以提供舒适又快捷的上网环境而备受追捧。2014年，在南宁，传统网吧在向网咖转型，网咖将上网服务场所逐步改造为适合不同人群，兼具上网服务、社交、休闲娱乐、电子课堂、远程教育等多业态经营的场所。明亮宽敞的环境里，有人喝咖啡，有人看书，有人看电影，有人玩电子竞技……这种融合咖啡吧的休闲、餐饮功能和网吧上网功能的复合型网吧业态——“网咖”正在南宁悄然升温，客户以大学生、年轻白领居多，大型商圈均有网咖进驻，各网咖店铺经常举办电子竞技比赛、主题社交活动吸引客户，上座率在70%以上。

玩桌游　桌面游戏简称桌游，是可供多人在桌子上玩的游戏，涉及战争，贸易，文化，艺术，城市建设，历史等多个方面，以各种不同的主题、游戏规则以及回合规定，变化出至今已有数千种脍炙人口的游戏。“桌游”这种健康休闲、益智有趣的消遣方式传入南宁之后迅速流行起来。桌游可以训练人的思考力、记忆力、联想力、判断力等等，是需要玩家运用思维和逻辑推理力的，有一定的策略性；通过游戏可以学习如何与别人相处、沟通，重在对智力水平和分析计算能力的挑战。桌游对玩家年龄的差别要求不大，适合家庭成员一起游戏从而增进家庭成员间的感情。通过游戏提高参与者的思维及逻辑推理能力，使游戏者认识到各种科学理论的应用和为求达到目标所必须制定出的策略和全盘计划。大部分年轻白领和大学生爱上这项游戏，不做宅一族，纷纷玩起“桌游”。

室内娱乐　为满足市民健身活动与趣味相结合的需求，以“健康时尚、动感阳光”为游乐理念的室内拓展运动、儿童游乐城、亲子拓展训练营、家庭娱乐中心等纷纷出现。以绿色游乐项目对传统游乐行业的改造的提升为亮点，推出即可以锻炼身体机能又可开发胆识与智力、增强动手能力、增进亲情、友情沟通的室内娱乐项目，如室内保龄球、室内旱冰场、室内投球机、小型冰壶场、儿童游乐堡、四驱车跑道、室内舞蹈机等；各大商场、体育馆均有进驻。Play1家庭娱乐中心、大玩家超乐场、宝贝驾到童军营等大型室内娱乐场所每天都吸引不少市民参与其中。

听戏看剧　随着经济社会发展水平的不断提高，人民群众丰富精神文化生活的需求日益增长，看演出、看话剧、听音乐会等，已成为众多南宁市民生活中不可或缺的精神食粮。依托“邕城粤韵—

《锦宴》剧照　　黄小真提供

民族传统文化系列演出”的平台载体，以“每月一场”的方式搭建地方戏曲走进大众的桥梁，粤剧《海棠亭》《皎皎明月金锁情》等剧目演出，场场爆满，培养出一批热爱地方戏曲的青少年受众。解放路的新会书院，设立邕剧展示中心，既有邕剧“天天演”的平台，又有邕剧历史、行当、唱腔、服装和脸谱等文化信息的展示，将物质文化遗产与非物质文化遗产完美结合起来，使广大市民不仅可以在展示中心了解邕剧的历史、行当、唱腔、服装和脸谱等文化信息，还可以在现场感受到邕剧艺术多彩多姿的舞台魅力，传承本土优秀的戏剧文化。邕剧团整理、创编、排演一批优秀邕剧剧目，定期演出；《窦娥冤》《三进士》《唐明皇与杨贵妃》《花好月圆》等都是耳熟能详的剧目。《西河会妻》《未央宫》《歪打正着》等剧目的演出实况录像被香港文化博物馆永久收藏。大型民族风情歌舞秀——《锦宴》2013年8月起在南宁国际会展中心锦宴剧场开演以来，成为南宁市民招待外地贵客和朋友的文化首选。有人评价《锦宴》让来自世界各地的客人在游广西之前，先喝下一缸壮乡窖藏千年的风情美酒，未入画卷人先醉。全年，“大地飞歌·2014南宁市新春大型音乐会”“千与千寻”南宁交响音乐会、“祝福祖国”音乐会、《金秋和韵》交响音乐会、赵洁琵琶独奏音乐会、“一伍一拾 孙伍广艺十年”独弦琴音乐会等不同主题的交响音乐会、民族音乐会、声乐音乐会、室内乐专场音乐会给市民带来别样的艺术享受。“南国之声”周末音乐会是广西演艺集团推出的常态性演出，已发展1600多名会员，市民们越来越懂得融入音乐会的氛围和去欣赏音乐。南宁的文化潮流，也因为层出不穷的文化精品而日益鲜活澎湃。

跳街舞 南宁市街舞爱好者呈发散式发展，不仅初中、高中学生参与人数众多，街舞队、街舞社团数量年年增加，大学生和社会人士也热衷参与。通过街舞，舞出对青春的诠释，释放对青春的热情，街舞大赛更为广大街舞爱好者提供展示自我风采的舞台，推动青少年文化建设，展示当代青年朝气蓬勃、奋发向上的精神面貌，同时丰富广大青少年的业余文化生活，增进青年间的交流。2014年12月7日，共青团南宁市委主办，南宁市青少年活动中心、江南区团委承办，百特旦斯文化传播有限公司协办的2014年南宁市第五届街舞大赛在市民歌湖广场室内演艺厅内举行。大赛邀请海南首席HIP HOP导师Lil Miki、南国舞团实力大将Popcorn和嘻哈红人资深导师安仔担任评委保证大赛的公平公正，以“活力青春 舞动绿城”为主题，吸引技艺精湛的250余名选手及12个团队踊跃参加，其中参赛年龄最小的选手仅6岁；分为Breaking组、Poppin组、Hiphop组的个人项目和团体项目。

【旅游休闲】 2014年，南宁市的旅游资源较为丰富，市区及周边均有大型公园、风景名胜适合居民休闲度假，如避暑胜地大明山；上林县大龙湖、下水源；“地下宫殿”伊岭岩等。高铁开通加快南宁与周边地市的联通，周边游线路天天开团，参团报名火爆。主要线路有：南宁—德天瀑布、通灵大峡谷；南宁—北海银滩、涠洲岛；南宁—桂林漓江、阳朔；南宁—防城港中越边境游等。随着南宁市与东盟国家交往的不断深入，国家实施“一带一路”的战略，推动南宁同东南亚、南亚、中亚等区域旅游合作。除菲律宾、文莱外，东盟十国中的8国均在南宁开通空中航线。其中南宁—泰国的航班每周29班次，平均每天4班。交通的便利促使市民前往东盟国家旅游的数量有了很大增幅，每年暑期到东南亚的游客主要集中在新马泰、越南等东盟国家的线路，游客数量逐年上涨；全年夏秋航季，南宁吴圩国际机场每周进出港的国际航班近140个架次。私人定制旅游也出现在南宁的旅游市场，根据旅游者的喜好、需求量身定制相关行程，一人即可成团，专车专导。由于私人定制旅游消费项目的透明化和线路的独有性，吸引更多白领阶层及商务人士选择这项服务。

【网上生活】

网上购物 2014年，随着互联网的普及，网络购物的优点更加突出，南宁市民越来越多的选择网上购物这种方式进行消费，不仅会选择国内知名的如淘宝网、京东商城、苏宁易购等购物网站购买服装、母婴、数码家电等产品，也会选择本地商家如南宁百货的美美购、南宁电子科技广场的电科速购网等同城购物和团购网站如美团、拉手、大众点评等这些更为划算、快捷的本地购物方式。各大购物网站为抢占商机不断推出促销活动和购物节，仅“双十一”当天，仅淘宝网一家网站上全市买家消费金额3.90亿元，排在自治区首位。11月11日至17日，全市快递业务总量922.10万件，其中日均处理量131.70万件。传统实体百货零售商家也加入其中，自治区第一个涉水电商平台成立网上商城“美美购”的南宁百货公司采用“实体店+电商平台”的模式，开展线上线下联合促销，以“专柜品质、网上价格”吸引不少消费者眼球。推出限时秒杀、网上抢券、网下抵用等优惠活动，效果明显，销售额翻倍。广西电子科技广场电科速购网凭借电科广场在广西电子消费领域的深厚积淀，以线上销售弥补线下区域限制的缺陷，通过快速物流、零风险购物、同城实体店保等落地、七天无理由退换货，先行赔付等优势手段，继续保持着行业领先势头。各团购网站全年在网上推出同城领域内涉足餐饮美食、休闲娱乐、户外活动、生活服务、周边旅游等超值的打折优惠信息。用户如果对团购有兴趣可以点击购买按键，网友就能享受到超低的团购价，通过下载、打印、发送手机短信等获得优惠券进行消费。餐饮美食与休闲娱乐是团购市场的主导，全市各县(区)均有消费点覆盖。

便民平台 随着掌上时代的来临，商贸、文化、旅游、金融、医疗等领域电子商务应用不断深入，方便市民生活。移动电商开设各种APP终端线上服务，通过登录该界面就可以查询到相关信息和办理业务。市社保部门率先建立“网上办事大厅”“掌上社保”平台，可通过手机客户端查询个人养老、医疗、工伤、生育、失业保险缴费记录，待遇发放记录，医保账户消费明细，以及全市最新社保政策、社保服务网点等信息。市车管所“南宁车管”微信公众平台开通车管业务自助查询服务，自助查询功能分为机动车业务、驾驶证业务、电动车业务、网点分布查询四大板块，其中机动车业务涵盖注册登记、变更登记、转移登记等业务11项，驾驶证业务涵盖初次申领驾驶证、申请增加准驾车型、有效期满换证等业务20项，电动车业务则解答办理所需的材料和注意事项，网点分布查询将全市车管所业务站点及机动车登记服务站办理业务的范围、地址和业务咨询电话进行罗列，按照提示回复相关文字或数字，就可获车管业务办理的材料和流程。市交警支队微信公众平台开设事故快处、出行服务、咨询服务三个板块，其中事故快处板块通过交通事故现场拍照传图进行报案，事故双方当事人可以及时将现场图片发送给微信公众服务平台进行审核，民警审核过程中发现事故图片拍摄不规范等问题会及时告知，在现场就能受理。该渠道为快处理理赔带来不少便利，同时拓宽事故当事人报警报案渠道，能更方便当事人接受便捷的引导服务。中国移动推出“掌上公交”服务，市民可通过其查询到公交总公司和白马公交公司所有公交车的实时动态。通过手机登录

http://wxgx.cn，进入“掌上公交”页面，并在“按线路查询”一栏中输入计划乘坐的某路公交车，手机上便显示该条公交线路的实时信息，上面闪烁两个点分别代表从前方开来的最近两辆该路公交车当前开往和到达的站点。其中，红点代表正在停站上下客的公交车，蓝点代表正在朝下一站行驶的公交车。WAP网页版有按站站查、按线路查、按站点查、按车牌查、按地点查、公交收藏6项基本功能；用户还可设置“公交闹铃”，将目标公交车进入预先设置距离范围后手机自动响铃，做到提前“定车”。共青团南宁市委会通过公众平台与广大青年分享时事热点，帮助他们深入了解团的动态与活动。在宣传共青团工作的同时，加强对青少年思想教育引导，把公众微信平台打造成弘扬核心价值观、传播青春正能量、服务青年成才成长的新平台。自治区人民医院、广西医科大学第一附属医院、广西壮族自治区妇幼保健医院、广西中医药大学第一附属医院等市内大型医院均开通网上预约挂号、医生咨询、就诊指南等服务，缩短看病流程，节约就医时间。 （黄小真）

民政事业

【社会福利】

老年福利 2014年初，市民政局、市发展和改革委员会起草《南宁市开展养老服务业综合改革试点城市工作方案》，申报全国养老服务综合改革试点城市，7月获国家民政部和发改委审核批准，南宁市列为全国42个养老综合改革试点城市之一。打破现有的居家养老服务由政府包办的运营模式，尝试采用政府购买服务的方式，引入社会力量参与社区居家养老日间照料中心运营。7月，下发《南宁市开展社区居家养老日间照料中心社会化运营试点实施方案》，筹集社会化运营资金140万元，支持开展社会化运营。至年末，22家日间照料中心全部开展社会化运营。为提高社区和机构老人的康复训练水平，印发《南宁市民政局关于印发资助南宁市养老机构建立康复训练室的工作实施方案的通知》，市本级安排福彩公益金260万元，支持南宁市的养老服务机构建设，推进以养老机构为依托，开展社区居家养老服务；全市养老机构均建立“老年人康复训练室”，提高养老机构的康复训练水平，得到养老机构的高度评价，增加他们投资经营养老服务业的信心。12月5日，在市民政局召开“南宁养老服务协会”成立大会，成立南宁养老服务协会；会议审议通过南宁市养老服务协会章程、选举办法和会费缴纳及管理办法，选举产生第一届理事会，推选南宁市福利院副院长范焕娟担任会长。

儿童福利 市民政局贯彻落实国务院办公厅《关于加强孤儿保障工作的意见》，进一步完善孤儿福利保障制度。按时发放孤儿保障金，做好孤儿保障。全市孤儿基本生活保障金全部下发各县（区）。为提高南宁市儿童福利机构专业技术人员医疗康复技术及教育康复水平，委托南宁儿童康复中心举办特殊儿童诊疗体系系统培训班，培训150余名康复技术人员及40余名残疾儿童家长，另外组织22人参加孤残儿童护理员培训业务学习。春节前夕，市长周红波带队到南宁市福利院慰问，和院内老人孤儿聚餐，欢度春节；对全市126个寄养家庭中的217名寄养孤儿进行慰问，发放慰问金6.50万元。“六一”儿童节期间，为南宁市儿童福利院和南宁儿童康复中心各争取慰问经费5万元，送去党和政府对孤残儿童的关怀。

福利项目 南宁市社会福利医院救助病房大楼、南宁市福利中医医院综合业务大楼2个重大项目建设在建。南宁市第二福利院项目、南宁儿童康复中心综合楼项目报建手续基本完成，开工建设。新建的华侨投资区福利院项目完成部分主体工程建设。武鸣县民政园福利院养护楼项目和老年公寓项目已经立项并落实建设用地；横县、邕宁福利院维修项目也即将完工；推进武鸣县福利院搬迁项目建设。

福利彩票 全市新增2家中福在线营业厅，促进福利彩票发行事业发展。至年末，累计销售额3.43亿元，其中中福在线视频彩票销售额1.99亿元，增长14.37%；全年筹集福彩公益金3430万元。

【慈善事业】 2014年，市民政局开展慈善超市创新，召开专门工作会议，完成慈善超市运营资金下达，全市30个慈善超市，得到国家150万元慈善运营补贴，资金全部下拨到位，五个社区和企业签订协议。6月6日“南宁市慈善日活动”，市政府下发《关于开展2014年南宁慈善日活动实施方案》，收到慈善日捐款429万元，全年收到善款556.85万元。

【医疗救助】 2014年，南宁市修改完善《南宁市城乡医疗救助办法》，完成“一站式”医疗救助结算平台建设。全市20.08万人次获医疗救助，救助资金支出6729.52万元。其中：资助参合参保支出1251.38万元；住院救助支出5434.17万元；门诊救助支出43.87万元。

【社区建设】 2014年，全市有379个社区居民委员会，其中：城市社区居委会211个；乡镇社区居委会168个。南宁高新技术产业开发区增设相贤社区、红豆社区；广西—东盟经济技术开发区增设华侨城社区；横县横州镇增设大竹社区、大桥社区、茉莉社区、龙湖社区、海棠社区。继续实施64个社区居委会用房项目，要求购买、新建的及扩建后的社区居委会用房面积不低于400平方米，64个社区居委会用房项目建设总投资5056万元，其中市财政投入2820万元，县（区）开发区财政配套2216万元。5月13日，召开“四位一体”（由社区联合党委、社区居委会、社区居务监督委员会和社区服务站构成的社区服务管理新体系）社区服务管理创新试点工作现场会，在全市推广试点经验。11月6日，出台《中共南宁市委办公厅南宁市人民政府办公厅关于印发〈关于进一步提升社区建设的意见〉的通知》，从优化布局规模、加快场所建设、建立准入制度、加强队伍建设、提高待遇标准、培育社会组织等六个方面入手，进一步提升南宁市社区建设水平。 （市民政局编写组）

【老龄事业】 2014年，南宁市政府出台《关于对全市80周岁以上老人发放高龄津贴的通知》，南宁市老龄工作委员会办公室出台《南宁市90周岁以上老人高龄津贴发放实施办法》，各县（区）、开发区政府5月前全部出台实施办法（意见）。至年末，各县（区）、开发区对80周岁~89周岁老人高龄津贴发放11.30万人，金额2690.35万元。市本级发放90周岁~99周岁老人1.58万人，金额1795.16万元；发放100周岁以上老人811人，金额238.73万元。各级老龄委办公室运用新闻媒体和其他途径进行宣传，借助乡镇（街道）民政、老龄和社区等网络，为广大老年人提供办证服务，解决在老年优待证制发过程中遇到的问题。全市办理《老年人优待证》1.83万本，其中60周岁~69周岁7417本（绿证），70周岁以上1.10万本（红证）；市老龄委办公室专门为315位外省户籍且长期居住我市的老年人申办《老年人优待证》。

老年人优待 发放高龄老人寿星津贴。发放要求：以属地管理、动态管理、分级负担为原则；高龄津贴对象以户籍为基础，实行属地化、动态管理；保障资金由市级和县（区）、开发区级财政按照不同资金渠道分级负担。享受对象：持有南宁市行政区域户口且年满 80 周岁以上的老年人。发放标准：在核定低保、低收入居民等困难群体时，高龄津贴不计入家庭收入。100 周岁以上(含 100 周岁)的老人，发放高龄津贴每人每月 300 元；90 周岁~99 周岁(含 90 周岁)的老人，每人每月 100 元；80 周岁~89 周岁(含 80 周岁)的老人，每人每月 50 元。各县政府结合实际，参照制定本县对 80 周岁~89 周岁的老人发放高龄津贴的具体办法。资金筹措：全市百岁老人及 90 周岁~99 周岁老人的高龄津贴，由市财政全额预算安排；80 周岁~89 周岁老人的高龄津贴，由县(区)、开发区财政预算安排。保障措施：百岁老人及 90 周岁~99 周岁老人的高龄津贴，由市老龄委办公室、市财政局作为项目责任单位；80 周岁~89 周岁老人高龄津贴实施办法，各县(区)政府、开发区负责制定。发放管理：百岁老人及 90 周岁~99 周岁老人的高龄津贴，每季度发放一次，通过银行社会化发放，每次发放 3 个月；每季度第 2 个月，各县(区)老龄委办公室、开发区社会事务(业)局向市老龄委办公室上报百岁老人和 90 周岁~99 周岁老人增减变动的汇总数据，市老龄委办公室根据汇总数据向市财政局申请经费。80 周岁~89 周岁老人的高龄津贴，由各县(区)政府、开发区负责制定管理办法，每年 12 月将情况报市老龄委办公室。实施时间：全市 80 周岁以上老人高龄津贴发放从 2014 年 1 月 1 日起执行。

敬老慰问　2014 年，市、县(区)各级和有关部门筹集资金，开展敬老慰问活动，特别是重大节日、“敬老月”期间以各种形式走访慰问高龄老人、特困老人。全年慰问百岁以上老人 599 名，发放慰问金(品)18.05 万元。“敬老月”期间，市老龄委办公室和市慈善总会联合开展“慈善助老·情暖夕阳”活动，从南宁慈善日“能帮就帮·慈善一日捐”活动捐款中拨款 50 万元，救助南宁市 500 名城乡贫、特困老年人家庭，帮助老年人解决生活等方面的实际困难；市老龄委各成员单位、县(区)老龄委开展以“传承中华美德　弘扬敬老文化”为主题的“敬老月”活动，并组织人劳等部门走访慰问离退休人员；卫生部门组织开展老年医疗保健讲座、提供义诊或老年病咨询服务；文化、体育部门组织开展文体娱乐活动；教育部门安排中小学校开展尊老敬老教育，组织适当的助老活动；共青团组织团员、青年和志愿者，向高龄孤寡老年人和养老福利机构提供助老义务服务。市属工会、建设、交通、广电、旅游、园林等部门开展老年优待政策和落实情况的检查，解决老年人优待政策落实过程中的突出问题；公安、司法、妇联、总工会等部门开展涉老法律宣传和咨询活动。

为老服务　开展“银龄行动”工作，把活动落实到乡村。主要围绕建设社会主义新农村，构建和谐社会，活动形式多样化；把开展“银龄行动”作为老龄工作品牌，活动目标制度化；为“老有所为”建立平台，把“银龄行动”建成老年人施展才华，发挥光和热的大舞台，活动时间经常化。5 月，与市老科学技术工作者协会一起到横县平马镇开展科技下乡活动。9 月至 11 月，南宁市翠湖医院组织两批医务人员到上林县、武鸣县开展“医疗下乡义诊”活动组织，免费给乡村民义诊，义诊 600 多人次。10 月，组织市“银龄行动”文艺辅导组，到上林县、横县、宾阳县 3 个县，每县开展 3 天的老年文艺辅导。加大老龄宣传力度。联系市属新闻媒体，对出台新的南宁市老年优待政策、老年慰问活动和文体活动等进行宣传报道，使广大群众了解老龄工作情况。安排专人负责处理群众来信来访，站在老年人角度思考问题，以真正为老年人排忧解难的态度做好信访。将《老年人权益保障法》的学习宣传列为全市老龄宣传工作重点，采取多种形式开展宣传活动。市老龄委办公室联合市教育、广电、团委、妇联、关工委等部门，开展第六届全国敬老爱老助老主题教育活动评选表彰，加强公民道德教育，弘扬中华民族尊老敬老的传统美德，营造全社会敬老爱老助老的良好风尚，增进家庭和谐与代际和谐，促进社会主义和谐社会建设。

基层老年协会建设　召开全市创建示范性村级老年协会工作会议，对创建任务进行动员和部署，全年分批举办 3 期基层老年人协会创建业务培训班，组织乡镇(街道)、村委(社区)、老年协会负责人 256 人参加培训。各县(区)向当地党委、政府领导汇报，出台创建实施方案，争取资金和工作经费，形成自治区、市、县(区)多级经费投入机制，加大对各级老年社会组织的资金资助力度，解决基层老年协会建设工作及活动经费。全年争取自治区、市财政支持，下达 84 个南宁市自治区示范性老年协会建设扶持资金 420 万。把示范性村级老年协会创建工作纳入市政府为民办实事督办项目，市老龄委办公室加强督促检查，实行每月一报制度，了解各地老年协会注册、登记备案、设备采购进展情况，不定期深入县(区)、乡镇、农村(社区)，实地检查示范性老年人协会创建情况。10 月至 11 月，组成检查组深入 12 个县(区)开展的创建示范点进行抽查，解决县(区)在创建中存在的问题。至年末，全市 84 个创建示范性村级老年协会完成协会注册登记、“七簿一册”制度建立、制度上墙等。

文体活动　引导老年团体开展文体活动，组织南宁市“绿城之声”老年艺术团参与各类群众文化演出活动，开展节日庆祝演出、慰问演出、文化活动进社区及各类专题展演。全年市“绿城之声”老年艺术团演出 60 多场；组织发动县(区)老龄部门及老年艺术团体和个人参加全国老年文艺比赛；在“第四届中国老年文化节”上，推荐的老年合唱团获金奖、舞蹈《花山传奇》《山水相依情相伴》获银奖，服饰表演节目获铜奖。敬老月期间，市老龄委办公室与市体育局联合举办全市“重阳节”长者健身展示联欢活动；与市老年人活动中心联合举办南宁市敬老月老年艺术活动周；与广西电视台、兴业银行南宁分行联合举办“炫舞南宁　安愉人生”兴业银行第二届中老年广场舞大赛；依托市“绿城之声”老年艺术团继

5 月 30 日，市民政局领导到市福利院慰问孤残儿童　市民政局提供

续开展“关爱老人送戏下乡”活动。

社区为老服务信息平台建设　将社区为老服务信息平台建设纳入全年重点工作。向国家、自治区老龄部门申报南宁市作为全国第四批社区为老服务信息平台建设试点，争取上级部门政策扶持和资金投入。加强部门沟通配合，加快南宁市与12349为老服务平台建设，与市民政局联合下发南宁市开展“老年人基本信息数据采集工作”方案，召开全市辖区老年人信息采集工作推进会议，采取有步骤分批次办法对户籍在南宁市的60周岁以上的老年人信息进行采集登记，建立南宁市老年人信息数据库。至年末，完成全市10个社区老人信息数据采集，数据采集6.96万人。其中：数据导入5.30万人，占总数76.10%；社区采集1.28万人，占18.30%；平台收集3881人，占5.60%。配合做好12349为老服务平台宣传，争取街道、社区支持，为老服务平台建设纳入社区建设整体规划。

（谭邕生）

宗　　教

【概　况】2014年，南宁市宗教局工作按照“保护、管理、引导、服务”的宗教工作理念，贯彻落实各项宗教政策和法律法规，开展以“教风”为主题的和谐寺观教堂创建活动；以“发挥正能量，共筑中国梦”为主题，开展宗教政策法规学习月活动，引导宗教参与公益慈善事业活动。加强宗教干部、宗教代表人士建设，依法管理宗教事务，全市宗教领域和谐稳定、安全有序。

【宗教活动场所】

佛教活动场所　2014年，南宁市佛教活动场所14个（含以堂带点1个）：青秀山观音禅寺、水月庵、泰国园（以堂带点），上林县三教寺、莲音寺、大明山法性寺、三里观音阁；马山县灵阳寺、圆觉寺、普陀寺、佛教居士林，宾阳县黎塘龙岩寺；横县宝华山应天寿寺、横州佛教活动点。

伊斯兰教活动场所　伊斯兰教活动场所为新华街的清真寺（新华街25号）。清顺治年间建于仓西门外和尚仁里。咸丰七年毁于兵乱。1981年重建于新华街。2003年修缮。建筑为砖木结构，具有阿拉伯风格。两进4层。一楼作清真饭店，二楼作南宁市伊斯兰教协会办公室、三楼作会议室、阿訇和部分职工宿舍。四楼做礼拜大殿。

天主教活动场所　天主教活动场所主要有：望州路天主教主教府（望州路南二里11号）、南宁圣家女修会、康乐路天主堂（康乐路2号）、宾阳县的新宾天主教堂（宾阳县芦圩镇仁爱社区西街67号）、武鸣县联新村六塘屯天主教堂。

基督教活动场所　现有经登记的基督教活动场所25个（含以堂带点5个），市级活动场所主要是中山路教堂（中山路65号）、共和路教堂（共和路168号），其他场所分布在除隆安县外的各县（区）。

【宗教安全监督】2014年，南宁市宗教事务局将安全放在第一位，整合各部门力量定期排查不安全、不稳定因素。对辖区内活动场所进行安全检查，摸排安全漏洞，重点检查宗教活动场所消防、建筑、卫生等规章制度落实情况。严格执行大型宗教活动申报制度，重要节点、重大活动认真做好预案，严防安全事故发生。排查宗教领域有可能影响稳定的情况，掌握动态，始终做到底数清、情况明。云南昆明“3·01”、广州“5·06”等暴力伤人事件发生后，及时进行研判，从思想上认识反恐、维稳工作的严峻性与复杂性，结合辖区内宗教场所和信众特点，完善突发事件处置应急预案，落实责任主体，发挥宗教教职人员的作用，号召信教群众发挥爱国爱教的优良传统，强化防范意识，通过宗教和谐理念，将防恐反恐当成自觉的行为。云南昆明“3·01”事件发生后，市宗教局通过南宁市清真寺阿訇，撰写告穆斯林同胞书，通过讲经的方式，向到清真寺过宗教生活的信众宣讲恐怖势力灭绝人性的行为，反对、抵御形形色色的恐怖活动，起到很好的宣传教育效果。各县（区）将宗教活动场所的安全检查和对教职人员的安全教育常态化，坚持做到“一节一检”，构筑安全防范的防线。

【依法管理宗教事务】

宗教事务管理　2014年，市宗教局抓好宗教活动场所登记证换发、宗教教职人员认定备案和宗教活动场所财务监督管理等常规工作，对全市合法登记的39个宗教活动场所登记证进行检查，对4个宗教活动场所登记证全部换发；开展宗教教职人员、场所主要教职人员认定备案，审核拟备案的教职人员24名、主要教职人员16名，报自治区宗教局审批。开展基督教非法聚会、藏传佛教在内地传播的调研和宗教活动场所房产、账户等基本情况的调查。

打击非法传教活动　按照“保护合法，制止非法，抵御渗透，打击犯罪”的要旨，各县（区）坚持“属地管理”的原则，对辖区内发生的各类非法宗教活动，会同国安、国保等部门依法取缔，在非法宗教活动的处置上牢牢把握主动权。2014年全市发生的非法传教活动均得到有效的处置。

协调处理宗教问题　及时协调处理江南区宗教团体违规成立的问题；对计划在上林县金莲湖综合旅游景区露天造像的开发商宣传相关政策和法律法规，防止造像既成事实。协调处理青秀山5A景区标准管理与景区内宗教活动场所合法权益维护的矛盾问题。协调伊协事阿訇与回族公墓承包商的矛盾问题。协助有关部门处理好新疆人涉及刑事案件的有关问题。调解决各宗教团体的矛盾问题。

【宗教政策法规学习月活动】2014年，市宗教局把“学习宣传月”活动与深化“中国梦”的宣传教育相结合，坚持中国特色社会主义宣传教育、突出社会主义核心价值体系，搭建学习平台，组织丰富多样的学习形式，开展宗教政策法规知识答题活动，编印南宁市宗教政策法规知识试卷，挂在市宗教事务局网站并发印各宗教团体、各县（区）宗教局，组织宗教教职人员、信教群众进行答题；开展以“发挥正能量，共筑中国梦”为主题的征文比赛；引导各县（区）宗教局、宗教团体、各活动场所组织举办“教风建设和政策法规教育”主题培训班。

【宗教工作形势分析会暨宗教工作联席会召开】2014年5月30日，市宗教局组织召开由各县（区）宗教局局长、市直宗教联席会议成员单位参加的2014年南宁市宗教工作形势分析暨宗教工作联席会，对宗教领域存在的突出问题进行分析，并以2014年发生的典型宗教渗透活动为例，重点分析当前抵御境外宗教渗透工作形势；部署下一步宗教工作。通过以会代训的形式，对参加会议人员进行宗教法规、宗教知识、依法管理宗教事务的培训。

【宗教队伍建设】2014年，市宗教局组织佛教出家僧众、居士30多人参加中国佛教协会巡讲团在桂林开展讲经活动，提高佛教教职人员佛教学识，推进佛教教风建设。组织宗教干部4人参加自治区统战部、自治区宗教局联合举办的民族宗教干部培训班。组织佛教界人士50多人参加星云法师《梦想的力量》文化交流演讲活动。开展表彰活动，表彰2013年度宗教工作先进单位和先进个人共12名，营造比学先进，赶超先进的宗教工作氛围，提升宗教工作水平。（温　惠）

责任编辑　黄小真

开发区·新区

综　述

【概　况】 2014年,南宁市有开发区(工业园区)16家。其中:国家级开发区3家,分别是南宁高新技术产业开发区、南宁经济技术开发区、广西—东盟经济技术开发区;自治区级开发区4家,分别是广西良庆经济开发区、南宁仙葫经济开发区、南宁六景工业园区、南宁江南工业园区;依法享受自治区级经济开发区政策的开发区1家(隆安华侨管理区);县(区)工业园区8家,分别是南宁市伊岭工业集中区、宾阳县黎塘工业园区、隆安县宝塔医药产业园区、上林县象山工业园区、马山县苏博工业园区、南宁市邕宁新兴产业园区、南宁市兴宁工业园区、南宁市西乡塘产业园区。推进开发区体制机制改革,基本理顺市级层面与开发区的管理体制,赋予开发区245项市级行政审批权限,下放国土、规划、消防等审批权限,开发区真正实现特区式封闭管理,实现项目审批、规划报建、用地报批全部在开发区内办结。南宁经济技术开发区在自治区首创组建行政审批局,实现一枚公章管审批,工业项目审批时限从原来累计需306个工作日缩短至25个工作日;深化人事制度改革,开发区结合实际设置部门和岗位,打破体制和身份界限,实行全员竞聘上岗和企业化管理,南宁经济技术开发区管委会工作机构从42个部门精简至24个,南宁高新技术产业开发区从49个部门精简至28个,广西—东盟经济技术开发区从41个部门精简至19个;建立收入与责任、贡献挂钩,报酬和目标任务相结合的考核奖惩机制,实施以工业税收、新增税收贡献企业和强优企业为核心的七大主要经济指标与员工薪酬、干部任用相挂钩的绩效考核,形成以提高发展质量和效益为核心的内生发展动力。出台《南宁市加快新型工业化跨越发展的若干政策措施》《南宁市关于鼓励建设和使用标准厂房的指导意见》《关于规范标准厂房销售管理的若干意见》等扶持工业园区发展政策。16个开发区、工业园区实现规模以上工业总产值2311.89亿元,占全市比重80.47%,比上年同期增长15.33%。其中:南宁高新技术产业开发区801.41亿元,增长19.12%;南宁经济技术开发区514.92亿元,增长25.64%;广西—东盟经济技术开发区181.18亿元,增长21.56%。全市园区完成规模以上工业增加值881.17亿元,增长10.80%。全市工业园区完成工业投资523.88亿元,增长20%,占全市工业投资比重61.48%。南宁高新技术产业开发区、南宁经济技术开发区、广西—东盟经济技术开发区三大国家级开发区财政收入81亿元,增长21.80%;工业投资311.13亿元,增长26.24%;产值超5亿元企业64家;新开工固定资产投资2亿元以上工业项目34个。六县六城区工业园区规模以上工业税收12.89亿元,增长29.15%;工业投资212.75亿元,增长12.20%;产值超1亿元企业118家;新开工固定资产投资5000万元以上工业项目60个。

年内,五象新区全速推进项目建设,项目投资完成277.44亿元,增长80.60%;开工在建项目275个,在建面积1345万平方米,分别增长74%、174%;新增引进世界500强企业5家、国内500强企业7家、上市公司6家,新增引进金融保险项目6个。

【招商引资】 2014年,南宁市开发区、工业园区大力引进以机械装备、电子信息、食品加工、制药等为重点的先进制造业和现代工业产业,以及以新材料、新能源、节能环保、研发设计、创意产业等为重点的新兴产业。围绕重点产业及其配套产业,引进高投入、高税收、高技术和低能耗、低污染的大项目,提升引进的企业和项目质量,实现招商引资与推动产业升级同步。南宁高新技术产业开发区引进深圳鲁粤盛科技、厦门弘都电子、禾田信息港等投资2亿元以上工业项目14个,总投资超过60亿元;南宁经济技术开发区引进海王保健品、三合兴药业等投资超10亿元的重大工业项目7个,总投资118亿元;广西—东盟经济技术开发区引进品冠食品、荣仁药业等工业项目46个,总投资48亿元,其中投资超亿元项目11个,包括正大集团、凯斯纽荷兰2家世界500强企业;邕宁新兴产业园引进南车集团南宁轨道交通装备基地、正源汽车项目。年内,有22家世界500强企业和50多个国内知名品牌企业项目进驻各开发区、工业园区。

10月26日,自治区首个行政审批局——南宁经济技术开发区行政审批局挂牌成立,市委副书记、经开区党工委书记李泽(左二)出席揭牌仪式

南宁经开区党群工作局提供

【投资环境建设】 2014年，南宁市开发区、工业园区进一步拓宽基础设施投融资渠道，创新投融资方式，加大基础设施建设投入，围绕重点项目、重点企业合理安排资金，加快建设一批主干道及道路关键节点，以及给排水管网及供水加压站、供电线路及变电站等基础设施项目。完成基础设施建设投资74亿元。市财政安排园区基础设施建设资金3亿元和工业土地储备周转资金7亿元，重点支持27个基础设施项目建设，直接撬动投资25亿元，为41个工业项目储备549.13公顷建设用地。年内，新开工标准厂房建设项目44个，总投资近90亿元，竣工标准厂房面积超过200万平方米，改善园区投资环境，促进中小企业孵化发展。南宁高新技术产业开发区通过实施"造园"，加快建设国家高科技生物产业基地、保税物流中心等"园中园"，为打造千亿产业园寻求支撑点、增长极；南宁经济技术开发区通过实施"造地"，成立3个专门征地拆迁公司，加大征地力度，实现征地484.53公顷，为中恒、海王等一批重大项目进驻提供用地保障；广西—东盟经济技术开发区通过"造城"，实施旧城改造、再造乡村工程，解决由于远离市区人气不旺、用工短缺问题，为重点劳动密集型的食品、轻纺加工业创造良好的用工条件，打造北郊工业生态卫星新城；六景工业园区利用西江黄金水道，依托南宁港六景港区发展临港经济；黎塘、伊岭、隆安华侨等园区以产城融合试点为契机，制订产城融合发展规划，推进基础设施和公共服务配套建设，完善生产、生活服务配套，推动产业发展和城镇开发建设融合发展。

【特色园区建设】 2014年，南宁市开发区、工业园区推动产业聚集和特色化发展。南宁高新技术产业开发区的生物工程及健康产业、电子信息、汽车零部件及机电产品制造三大产业有规模以上企业125家，实现产值635.55亿元，占南宁高新技术产业开发区规模以上工业产值79.30%；南宁经济技术开发区随着中恒、神冠、修正、科创、柳药等品牌医药生产企业进驻，将形成产值百亿元级的生物医药产业园；广西—东盟经济技术开发区集聚珠江啤酒、百威啤酒、双汇食品、南宁统一、伊利冷冻食品等33家国内外知名食品加工企业及40多家配套企业，实现产值44.30亿元，占园区规模以上产值30%；江南工业园的石柱岭片区铝加工产值近30亿元，是南宁市投资密度大、技术水平高、专业化程度高的铝加工产业园，沙井片区的富士康集团实现产值223亿元，同时，随着60万平方米的标准厂房投入使用以及厦门弘信电子信息项目进驻，正努力打造成为产值达600亿元的电子信息产业园。 （邹　平）

南宁高新技术产业开发区

【概　况】 2014年，南宁综合保税区规划区域纳入南宁高新技术产业开发区管理范围。南宁高新区管辖面积增至163.41平方千米（心圩26.62平方千米、安宁79.49平方千米、相思湖49.21平方千米、综合保税区8.09平方千米）。南宁高新区实现全部工业总产值806.51亿元，比上年同期增长19.02%；完成规模工业总产值801.41亿元，增长19.12%；完成全社会固定资产304.96亿元，增长17.21%；完成财政收入46.06亿元，增长16.62%；完成社会消费品零售总额72.52亿元，增长14.01%；完成进出口总额25.30亿美元，增长10%；完成内资到位84.23亿元，增长6.59%；完成外资到位8100万美元，增长8.72%。生物工程及健康产业、电子信息、汽车零部件及机电产品制造三大主导产业聚集规模工业企业125家，实现产值635.55亿元，增长19.42%。引进企业240家，注册总资金18.04亿元，其中生产型企业32家，注册资金1000万元以上企业76家。新批"三资"企业（中外合资经营企业、中外合作经营企业、外商独资经营企业）13家；规模以上企业198家（新增5家）；亿元企业161家（新增21家）；高新技术企业108家（新增35家）。园区企业广西一铭软件股份有限公司在"新三板"（指由中国证监会、科技部发起和组织，并经国务院批准设立的专为国家级科技园区非上市科技公司提供的代办股份转让平台）挂牌上市，为南宁市首家在"新三板"挂牌上市的企业，至此，南宁高新区自主培育上市的企业5家。年内，南宁高新区被国家知识产权局批复为国家知识产权试点园区，被国家工业和信息化部、国家发展和改革委员会批复为国家低碳工业试点园区。

【投资环境建设】 2014年，南宁高新区本级财政安排基本建设支出13.36亿元，其中征地拆迁及路网建设支出9亿元。落实各项企业扶持资金6.62亿元，其中技术创新基金8793万元，资助项目49个。补助微型企业23家、51.50万元。完善融资平台建设，创新融资手段，服务园区企业50家以上，实现融资担保及委托贷款总额3.10亿元。建设标准厂房及其他房产建设项目13个，建设标准厂房29.10万平方米，完成投资9.09亿元；建设市政工程项目18个，完成投资5.15亿元；建设水电工程项目60个，完成投资6075.11万元。年内，制定《南宁高新区深化行政审批制度改革实施方案》，推进审批制度改革，确定"集中审批""审管分离""规范标准""并联审批"等重点改革内容；推进办证大厅扩容升级，增设专门服务窗口73个，受理审批（服务）事项245个，增设"综合窗口"2个（累计4个），提供业务导办和综合受理其余行政

11月26日，南宁高新区企业广西一铭软件股份有限公司正式挂牌上市

南宁高新区信息中心提供

审批事项29项。

【项目建设】 2014年，南宁高新区列入市级层面统筹推进的重大项目29个(产业项目17个、基础设施及院校项目12个)。其中:新开工项目4个,续建项目18个,竣工投产项目6个,前期工作项目1个;计划投资15.87亿元,完成投资17.49亿元,完成率110.20%。完成新开工项目4个,开工率100%;竣工项目6个,竣工率100%。

禾田信息港 总用地3.40公顷,总建筑面积17万平方米，计划投资15亿元。10月28日开工,年内完成投资4541万元。

真龙彩印包装生产基地 总用地6.67公顷(一期项目用地4公顷),总建筑面积6.70万平方米,计划投资4.20亿元(一期项目投资2.20亿元),建成年产35万箱烟用配套烟标的生产厂房。7月24日开工,年内完成投资7049万元。

强寿集团生产基地 占地2.05公顷,总建筑面积3.24万平方米,计划投资2亿元;建设生产车间、质检中心、原料仓库、成品仓库,办公楼和实验室及附属配套设施。3月开工,年内完成投资9473万元。

富通电子产品物流园 占地3.47公顷,总建筑面积10.70万平方米,计划投资4.30亿元,建设标准厂房,为园区电子信息企业提供生产、仓储、物流、配送等配套服务。3月开工,年内完成投资2亿元。

南宁综合保税电子科技园、产业园一期 总占地6.80公顷，总建筑面积14.15万平方米，计划投资7.50亿元,建成可适用于电子信息类加工、保税物流、跨境电子商务项目使用的标准厂房。5月开工,年内完成投资2.68亿元。

【招商引资】 2014年，南宁高新区引进企业240家，注册资金18.04亿元,其中生产型企业32家、注册资金在1000万元以上的企业76家、新批"三资"企业13家。完成内资到位资金84.23亿元,比上年同期增长6.59%；完成外资到位资金8120万美元,增长8.99%。其中,森达美信昌广西区域性总部生产基地，占地2.67公顷,计划总投资2亿元。12月,华润怡宝健康饮品南宁生产基地开工建设,占地14.13公顷,总建筑面积11万平方米,计划总投资6.36亿元。

【产业孵化】 2014年，南宁高新区新技术创业者中心新增广西南宁市趣乐动漫科技有限公司、南宁星耀科技有限公司、广西瀚维康生物科技有限公司等孵化企业59家，有广西一铭软件股份有限公司、广西利泰科技有限公司、广西博世科环保科技股份有限公司等15家企业毕业,在孵企业143家,孵化器内总企业数159家;有5家企业工业产值超过500万元,进入规模口企业行列。南宁大学生科技创业基地引入创业孵化企业11家,基地内的创业孵化企业共获得发明专利申请受理6项、实用新型专利5项、软件著作权18项、外观设计专利1项等知识产权保护。生物工程技术中心中试车间累计完成项目服务20项，开展研发5项。药物研发平台建设逐步完善，增加分子生物检测平台，引进国拓生物公司对外开展分子细胞和基因片段检测等对外服务。南宁软件公共服务平台建成公共软件开发平台、软件质量保证平台、软件测试共享平台、3G移动终端软件开发平台、软件与信息服务外包平台,形成一个综合的公共服务平台，为软件企业提供专业化服务。依托南宁软件公共服务平台建立的南宁软件服务外包产业联盟，有盟员企业15家,平台为园区20家企业提供服务，企业使用报告反映良好。年内，园区新增软件服务外包企业20家,新增产值8200万元,新增利税1500万元。

【科技创新】 2014年，南宁高新区企业完成专利申请3597件,比上年同期增长46.04%，其中发明专利申请2702件、实用新型申请804件、外观专利申请91件。年内获专利授权1125件，增长20.06%,其中发明专利授权488件、实用新型授权595件、外观专利授权42件;新增高新技术企业35家，总数108家;获国家知识产权局批准成为国家知识产权试点园区,获国家工业和信息化部、国家发展和改革委员会批准成为国家低碳工业园区试点园区；新增国家级科技企业孵化器1家（中盟科技企业孵化园),累计3家;新增广西院士工作站4家(南宁中诺生物工程有限责任公司、广西田园生化股份有限公司、广西青青农业科技有限公司、广西南宁隆吉维特生物科技有限公司),累计9家;新增广西创新型试点企业4家（广西益江环保科技有限责任公司、广西新晶科技有限公司、广西地凯科技有限公司、广西交通科学研究院),累计18家。组织53个项目申报2015年度广西科技型中小企业创新基金,组织214个项目申报2015年度南宁市科学研究与技术开发项目。帮助园区企业获国家科技型中小企业创新基金立项23个,扶持资金1588万元;获自治区科技型中小企业创新基金立项12个，扶持资金180万元；获南宁市科技型中小企业创新基金立项29个，扶持资金490万元；获广西科学研究与技术开发项目立项97个,扶持资金3173万元;获南宁市科学研究与技术开发项目立项77个，扶持资金2092万元。园区企业广西田园生化股份有限公司参与研究的"防治农作物病毒病及媒介昆虫新农药研制与应用"项目获2014年度国家科学技术进步二等奖,为2014年南宁市唯一获此荣誉的企业；南宁市神华振动时效技术研究所的"神华全自动彩屏振动时效仪"项目,在由中国发明协会、发明者协会国际联合会(IFIA)主办的第八届国际发明展览会上获"发明创业奖·项目奖"金奖。

【南宁软件园】 2014年，南宁高新区软件园有软件企业460家，软件企业从业人员7500人(博士72人、硕士367人，具有高级专业技术任职资格379人),技工贸总产值55.30亿元。新增国家级科技和产业化项目13个,新增地方级科技和产业化项目27个;筹集科技研发经费总额2.45亿元,其中企业自筹资金0.80亿元、国家支持资金0.75亿元、地方政府支持资金0.75亿元、金融机构贷款额0.15亿元;投入科技活动经费2.70亿元,其中研究与试验发展经费1.30亿元、软件研发经费0.70亿元、新产品开发经费0.50亿元、年培训费用0.20亿元;新增获国家和省部级科技奖10项、软件著作权登记数72项、授权专利数57项、软件产品登记数60件,新通过ISO(国际标准化组织）系列认证企业16家、CMM/CMMI("能力成熟度模型"及"能力成熟度模型集成")三级评估企业1家、其他资质认证企业30家。

【南宁综合保税区】 2014年，南宁综合保税区规划区域位于南宁市南面、五象新区西南端，总体规划面积8.09平方千米(包括现状高速公路匝道、银海大道、金坛路、平乐大道以及现状高速公路南半环以南所围合区域),其中申报综合保税区(海关特殊监管区)面积3.43平方千米,其余为服务配套区和产业配套区。2月14日,市委、市政府印发《关于加快推进南宁保税物流中心向综合保税区转型升级的意见》,南宁综合保税区规划区域整体纳入国家级开发区南宁高新技术产业开发区。3月9日,南宁高新区正式接管南宁保税物流中心向南宁综合保税区转型升级工作,并按照"边建设、边招商、边申报"的思路,加快推进综合保税区开发建设。年内，南宁高新区与良庆区合作，完成项目征地拆迁近200公顷。完成土地平整80公顷、土方量608万立方米。综合保税区配套标准厂房项目——南宁综合保税电子科技园一期、南宁综合保税电子产业园一期项目，总建筑面积14.15万平方米，计划总投资7.50亿元，9月11日开工，12月上旬完成主体封顶，年内完成投资2.68亿元。综合保税区保税物流业务办理报关单7505票，比上年同期增长25%；出入保税物流园区货物总重3.29万吨，增长306%；总货值8.71亿美元，增长160%。洽谈落地项目3个。其中：深圳鲁粤盛项目计划投资5亿元，占地8公顷；上海斐讯项目计划投资15亿元，占地5.40公顷；深圳英锐芯二期项目计划投资2.50亿元，占地6.67公顷。

（蒋春敏）

南宁经济技术开发区

【概　况】 南宁经济技术开发区创建于1992年，2001年5月经国务院批准为国家级经济技术开发区。辖区面积504平方千米，人口25万，代管吴圩镇，托管那洪街道、金凯街道。由中心区、空港经济区组成。中心区主要由金凯工业园、银凯工业园、北部湾科技园、南宁生物医药产业园、中央商住区构成，产业有生物制药、机电制造、新材料、轻工食品；空港经济区发展重点是引进空港物流、航空食品、轻型电子和新材料、生物制药及商业住宅配套产业。南宁吴圩国际机场坐落在南宁经开区内，已开通飞往北京、上海、广州、香港、台湾、曼谷、河内、新加坡等国际、国内航线133条。2014年，旅客吞吐量900多万人次。全年南宁经开区完成规模以上工业总产值514.92亿元，比上年同期增长25.64%；规模以上工业增加值145.29亿元，增长19.80%；全社会固定资产投资172.02亿元，增长21.04%，其中工业投资108.01亿元，增长29.23%；财政收入完成27.77亿元，增长26.39%；社会消费品零售总额105.57亿元，增长12.30%；实际到位内资91.23亿元，增长26.21%；直接利用外资6860万美元，增长8.03%。

【投资环境建设】 2014年，南宁经开区完成基础设施投资16亿元。建设友谊路改扩建工程；建成标准厂房36.30万平方米；生物医药产业园内一批道路相继完工，累计建设完成雨污水管网83千米。成立企业建设局，负责重大项目建设和服务，实行重大项目领导挂点联系制度，一个项目由一名管委会领导、一个服务队负责，责任领导每周现场办公，及时解决企业诉求；成立广西唯一的行政审批局，实现一枚印章管住314个审批事项，审批时限从原来累计需306个工作日缩短至25个工作日；在自治区率先启动工商营业执照、组织机构代码证、税务登记证"三证合一"改革，办结时间从15个工作日缩短至1个工作日；开通贯穿银凯工业园、北部湾科技园的新环线免费公交线路，园区300多家企业3万多名员工受益。

【项目建设】 2014年，南宁经开区新开工项目190个，总投资129.81亿元；续建项目75个，总投资120.61亿元；竣工投产项目175个，累计完成投资91.09亿元。2月22日，广西丰业投资有限公司投资的"百会"品牌系列药品生产项目开工建设，总投资3.75亿元，主要生产健骨注射液、维U颠茄铝镁片、菠萝蛋白酶、葡萄糖注射液、肌苷口服液、复方鲜石斛颗粒等中西成药、原料药；南宁鸿基标准厂房项目开工建设，总投资1.21亿元，规划建设工业标准厂房11栋，配套建设16层（地下一层）办公生活综合楼1栋，总建筑面积约15万平方米，12月建成投入使用。

友谊路改扩建工程项目　3月28日，友谊路改扩建工程（外环高速—群益村段、平丹村—机场高速段）项目开工建设。总长度18.90千米，北起南宁市外环高速，南至吴圩机场航站楼附近的高速路，总投资19.70亿元，将322国道扩建为城市主干路，设计速度每小时60千米，路幅宽60米，双向八车道。项目分3段施工，南宁经开区负责外环高速—群益村段、平丹村—机场高速段的建设，长13.60千米，采用沥青混凝土铺设，包括道路、桥涵、排水、照明、绿化、交通设施等工程；南宁城投集团公司负责群益村段—平丹村段建设，长5.30千米。

中美合资年产3万吨预混饲料项目　5月14日，中美合资广西普乐维美动物营养有限公司年产3万吨预混饲料项目在南宁经开区建成投产。位于南宁经开区国凯大道一支路，完成投资6300万元，主要生产预混料，年产单班预混料3万吨。

神冠集团生物制药及胶原食品生产项目　6月29日，神冠集团生物制药及胶原食品生产项目在南宁经开区开工建设。计划总投资18亿元，生产规模为年产固体剂型药物10亿粒（片）、针剂5000万支、生物制剂50万支，胶原蛋白医药用品50万件、胶原蛋白食品2000万件。

海王百亿规模保健品生产项目　7月12日，南宁海王百亿规模保健品生产项目在南宁经开区开工建设，计划总投资15.20亿元，生产规模为年产花草养生茶2000吨、金菊饮1000万瓶、胶原蛋白口服液2亿瓶、海王金樽片30亿片、维生素C咀嚼片30亿片、海王金牡蛎胶囊20亿粒、黄精参芝颗粒1亿袋、博力达软胶囊34亿粒、逸韵软胶囊20亿粒、银杏叶片50亿片、乳清蛋白质粉2000万罐、牛初乳1000万罐。

南宁娃哈哈饮料生产基地二期项目　9月11日，南宁市2014年第六次重大项目开（竣）工活动暨南宁娃哈哈饮料生产基地二期项目竣工仪式在南宁经开区举

5月14日，南宁经开区——中美合资年产3万吨预混饲料项目竣工投产

南宁经开区党群工作局提供

行。项目2013年11月开工建设,新增热灌装线、罐头线、乳饮料线(2条)、水汽线等5条生产线,主要生产娃哈哈八宝粥、启力、爽歪歪、富氧水、营养快线等产品。

台湾三合兴酵素(南宁)生产基地项目 12月6日,台湾三合兴酵素(南宁)生产基地项目在南宁经开区开工建设。计划投资4亿元,生产安神酵素、娇颜酵素、壮固酵素、养命酵素、儿童酵素、益寿酵素等系列产品。

【招商引资】 2014年,南宁经开区强化招商力量,整合资源,组建招商部门3个,分别负责空港区、中心区及总部经济的招商。重点针对生物制药、先进科技装备制造、空港产业等行业的重点企业50强,逐个登门对接招商;制定《鼓励招商单位引资奖励办法》,行政推进与市场运作并重,驻点招商与委托招商并行,以商招商、社会招商、产业招商同步,形成强招商、大招商格局;与中国外商投资协会、戴德梁行、仲量联行等招商中介建立长期合作关系。吸引沃尔玛、三星、通用电气、西门子、强生等73家世界500强企业、国内知名企业走进南宁经开区考察,并建立紧密联系,与13家企业(协会)签订项目投资协议和合作框架协议,签约金额201亿元。全年引进项目112个,总投资318.50亿元,实际到位内资91.23亿元,直接利用外资6860万美元。

【产业发展】 2014年,南宁经开区新增规模以上工业企业11家,新增亿元企业20家。整合组建绿港建设投资集团,拓宽筹融资渠道,基础建设筹融资37.23亿元,直接帮助23家企业融资22.81亿元;出台服务企业政策,制定《2014年南宁经开区关于鼓励工业企业快增长、扩规模、上台阶的实施办法》,发挥财政资金引导和杠杆作用,鼓励企业挖潜改造、增资扩产、提升规模;组织编印《南宁经开区企业重点产品名录》,鼓励园区企业互相采购互为配套。

【大型企业落户园区】 2014年,南宁经开区围绕生物制药、先进科技装备制造、空港产业等产业,以引进世界500强、国内医药行业重点企业50强为主要目标,引进行业龙头企业。1月14日,与海王集团签订南宁海王百亿规模保健品生产项目投资协议,计划总投资15.20亿元;3月4日,与台湾三合兴药业有限公司签订台湾三合兴酵素(南宁)生产基地项目投资协议,计划投资4亿元,并将三合兴药业的东盟区域总部设在南宁经开区;3月24日,与广西粤桂高科技术有限公司签订粤创高新电子产品生产项目投资协议,总投资4亿元,计划整栋租赁经开区金凯工业园11号标准厂房,生产电视机顶盒、裸眼3D等高新电子产品。

(冯梅丽)

广西—东盟经济技术开发区

【概　况】 广西—东盟经济技术开发区总面积180平方千米,人口约7万,其中归侨、侨眷7400多人,是全国归侨、侨眷最集中的聚居地之一,先后安置印度尼西亚、越南、柬埔寨、老挝、缅甸、泰国、马来西亚、新加坡、菲律宾9个国家的归难侨1.20万人。2013年3月,国务院批准东盟开发区升级为国家级经济技术开发区,原"南宁—东盟经济开发区"更名"广西—东盟经济技术开发区"。东盟开发区实行一套人员、三块牌子(广西—东盟经济技术开发区、南宁华侨投资区、广西国营武鸣华侨农场)管理模式,行使市级经济社会管理职能。内设机构14个,分别是:党政办公室(加挂信息中心、精神文明办公室、电视台、政务服务管理办公室)、纪检监察局(加挂审计局、公共投资评审中心)、人力资源和社会保障局(组织部与人力资源和社会保障局合署办公,加挂党建办公室、绩效考评办公室、关心下一代工作委员会)、经济发展局(加挂公路管理养护所、固定资产投资办公室、项目前期办公室)、财政局(加挂国有资产管理办公室、农业综合开发办公室、筹融资办公室、国有企业改革办公室)、招商促进局(加挂投资投诉中心、企业服务中心、北部湾办公室)、建设局(加挂人民防空办公室、墙体材料革新办公室、城市建设档案馆、建设工程招标投标监督管理办公室、"造城运动"指挥部办公室、物业专项维修资金管理办公室)、规划管理局(加挂项目前期建设办公室)、农林水利局(加挂蔗糖生产办公室、扶贫办公室)、外事侨务旅游办公室(加挂对台工作办公室、对台事务办公室)、安全生产监督管理局、社会事务管理局(加挂社会管理综合治理办公室、残联办公室、流动人口办公室、法制办公室、行政执法监督局、司法局)、卫教文体局、食品药品监督管理局(加挂食品安全委员会办公室),信访办、联席办、调处办设在法制办公室。参公单位9个,分别是:人才交流服务中心、城市管理综合行政执法队、动物卫生监督所、房屋征收补偿和征地拆迁办公室、社会保障管理服务中心、国库集中支付中心、机关事务管理局、南宁市建设工程质量监督站广西—东盟经济技术开发区(南宁华侨投资区)分站、土地储备中心。事业单位19个,分别是:林业工作站、招商中心、人口和计划生育服务所、市政环卫管理站、社会福利院、统计中心、疾病预防控制中心、安全生产监察大队、食品药品稽查大队、华侨中学、中心小学、团结小学、正安小学、武帽小学、宁武小学、第一幼儿园、第二小学、医院、里建社区卫生服务中心。直属产业公司有:南宁华强产业投资有限公司、南宁市侨兴房屋拆迁有限公司、建筑工程质量检测试验室。至年末,党政机关核定编制90名,实有人员80人;参公单位核定编制102名,在岗65人;事业单位核定编制496名,在岗314人。2014年,东盟开发区实现规模以上工业总产值181.18亿元,比上年同期增长21.56%;规模以上工业增加值41.62亿元,增长16.70%;全社会固定资产投资115.48亿元,增长18.18%;财政收入7.17亿元,增长42.72%;实际到位内资66.08亿元,增长15.32%;直接利用外资4560万美元,增长12.59%;社会消费品零售总额3.02亿元,增长15.17%。

【投资环境建设】 2014年,东盟开发区持续优化投资软环境,连续第二年投资环境满意度居南宁市各县(区)、开发区之首。建立单层厂房、项目扶持资金、贷款贴息联合审批制度、项目清理、标准厂房管理办法等服务企业长效机制;加强招商、环保、规划、财政、发改、国土等相关部门的沟通联系,做好项目评估,确保入园项目质量,抓好项目前期工作;创建"项目推进微信群",组织有关部门领导、业务骨干及项目业主互动沟通。实行重大项目联合审批、领导挂点服务机制,出台项目建设缺项受理规程,对96个重点项目进行跟踪服务,帮助企业申报专利83件;广西科亮路桥机械有限公司、广西高中阀门制造有限责任公司、广西银钢南益制造有限公司、广西金臣科技有限公司等10家企业获银行贷款2亿多元,百威英博啤酒(南宁)有限公司等企业获扶持资金1.65亿元。推进功能区域规划编制,完善开发区规划编制体系,宁武湿地公园规划完成报批,东盟开发区旅游度假区控制性详细规划、消防专项规划进度可控;推进项目工程规划编制、设计,完成民涵新村项目规划设计及东盟大学城规划前期工作,开发区美丽里建第一批村庄规划编制，并邀请专家对里建湖湿地公园方案进行初步设计，全面启动南部十里画廊景观控制、小地块建筑风貌控制导则、农业科技长廊（农业硅谷）概念性总体规划编制。

东盟开发区湿地公园规划　广西建工集团第五建筑工程有限责任公司设计研究院承担；8月，经东盟开发区管委会审批通过后实施。项目规划用地面积86.70万平方米，新增建筑面积3.29万平方米。湿地公园规划设计挖掘湿地水生动植物的文化，考虑园区更具观赏性、参与性、娱乐性、趣味性，使园区的生态资源与人的活动充分互动，规划建设为集东盟文化、企业文化、湿地水生动植物文化、休闲养生公共服务为一体的湿地公园。

民涵新村修建性详细规划　武鸣县建筑设计院承担；9月，经东盟开发区管委会审批通过后实施。项目占地面积33.33万平方米，用地呈梯形，南高北低，总体高差约6米。位于开发区里建旧城区，属于旧城区农民拆迁回建房用地，用地东面是西江湖、西湖公园，东北面是雷秀山，南面是长庆路，西面是思源北路城市规划主干道，基础设施及配套较完善，项目定位为武鸣县生态民居、休闲旅游的住宅区。

开发区垃圾处理专项规划　中国城市建设研究院广西分院承担；8月，经东盟开发区管委会审批通过后实施。规划范围为东盟开发区的全部行政辖区，包括中心区、宁武农场、里建农场、民涵农场、武帽农场、正安农场、团结农场，面积为180平方千米。根据规划，东盟开发区近期生活垃圾处理方式为焚烧处理，远期生活垃圾以综合处理为主线，同时进一步将餐厨（厨余）垃圾等有机垃圾及建筑垃圾等从生活垃圾中分离并单独处理，提高垃圾处理减量化、资源化水平。

基础设施建设与公共配套项目建设　路网建设完成投资1.51亿元。A标工程（18路、38路、46路、52路）建成4.38千米，累计完成投资3002万元；B标工程（26路、宁武三支路、44路、泉源路）建成1.75千米，累计完成投资2302万元。推进西江西干渠明、暗渠改建工程，武帽农场渠道防渗改造工程，武帽人饮工程，巴朋、马兰人饮工程，那羊山塘改造工程，巴丁渠道防渗改造工程，那珠人饮工程，武帽农场200立方水池工程，团结警备基地改造工程，正安农场渠道防渗改造工程，团结农场渠道防渗改造工程，宁武水系防渗工程等水利设施建设（改造）工程项目，全年累计完成投资1520万元。完成智源孵化基地项目9栋厂房、1栋科技楼、2栋宿舍楼的建设；东盟丽园一标、二标完成1号、2号、3号、5号、6号、8号、9号、10号楼建设，累计完成投资1.24亿元；华侨中学二期工程竣工验收并交付使用；华盛·东盟丽园棚户区改造项目、宁武越侨棚户区改造项目完成主体建设；总投资12亿元的华侨城一期工程竣工交付使用，二期工程完成4栋主体建设及装修；公共租赁住房一期11号、12号、13号、17号楼竣工并投入使用，15号楼完成主体建设及装修，16号楼完成至五层梁板砼浇注；投资2355万元的兴侨小区17号、20号、23号楼工程建成并交付使用。

扶持资金　年内，东盟开发区筹措资金11.50亿元，推动开发区重大基础设施的建设，改善开发区的投资环境、生活环境，为"造城运动""再造乡村运动"提供资金保障。棚户区二期项目贷款通过国家开发银行3.60亿元授信并放款，使用2808万元；棚户区二期项目贷款通过建设银行江南支行授信放款2.70亿元并已使用；第二批棚户区改造贷款项目申报（宁武越侨棚户区改造一期项目，华盛·东盟国际棚户区改造项目一期3号、5号楼，华盛·东盟丽园棚户区改造项目）获国家开发银行授信放款使用4.04亿元；上级财政补助资金1.97亿元（中央补助租赁住房专项资金2629万元、自治区财政全额补助2012年遗留的武鸣华侨农场非归侨危房改造项目地方配套资金1472万元、自治区财政基础设施建设相关补助资金265万元、获解决2011年历史遗留的省道S313线武鸣至平果二级公路建设补助资金350万元、市级财政补助教育基本建设项目定额补助资金1000万元、百威英博啤酒项目市本级财政补助2000万元、2014年新开工标准厂房建设市本级财政补助2858万元、2014年工业用地储备资金9160万元）。

5月19日，东盟10国媒体参观访问广西—东盟经济技术开发区

广西—东盟开发区信息中心提供

【项目建设】　2014年，东盟开发区竣工投产项目有广西农标普瑞纳有限公司农标普瑞纳饲料生产销售项目、南宁双汇食品有限公司高低温肉类食品加工生产项目、百威英博啤酒（南宁）有限公司百威英博啤酒项目、南宁粤玻实业有限公司年产18万吨玻璃瓶生产与销售项目、广西品冠食品有限责任公司快速餐饮业配套食品加工项目等19个。在建项目有南宁中粮制罐有限公司铝制两片饮料罐生产项目、广西大海阳光药业有限公司制药异地改造项目、广西金皇品食品有限公司年产1000万箱的灌装饮料生产基地项目、恒拓集团广西圣康制药有限公司圣康制药生产基地项目等27个。

广西农标普瑞纳有限公司农标普瑞纳饲料生产销售项目　世界500强企业嘉吉投资（中国）有限公司投资兴建，总投资800万美元，占地2.67公顷。项目建设包括约7000平方米的厂房、1.89万平方米的仓库、约800平方米的行政中心，总建筑面积2.67万平方米。年产7.20万吨饲料（预混料0.20万吨、浓缩料4.20万吨、全价料2.80万吨）。2014年初，项目竣工投产，年产值6500万元，税收不低于280万元。

南宁粤玻实业有限公司年产18万吨玻璃瓶生产与销售项目　佛山市粤玻实业有限公司在南宁市成立中外合资企业南宁粤玻实业有限公司，2011年9月在东盟开发区投资建设年产18万吨玻璃瓶生产与销售项目。项目位于开发区永兴南路与宁武路交界处西南侧，占地7.50公顷，总投资3.50亿元（一期工程总投资1.25亿元、二期工程总投资2.25亿元）。2014年2月23日，项目一期建成竣工投产，年内产值1.24亿元。

百威英博啤酒（南宁）有限公司百威英博啤酒项目 2013年8月在东盟开发区动工建设。项目位于东盟开发区食品产业园内的里建大道与永兴南路交叉口西南侧。项目总投资6.50亿元，总用地面积33.33公顷。一期工程建设规模年产百威啤酒3亿升，逐步扩建后年产百威啤酒5亿升；二期工程计划建设时间为2016年末，占地6.67公顷，总投资4亿元。2014年5月13日，项目一期工程建成竣工投产，年产值2亿元，实现税收2060.21万元。

广西品冠食品有限责任公司快速餐饮业配套食品加工项目 广西品冠食品有限责任公司2012年在东盟开发区投资6000万元建设快速餐饮业配套食品加工项目，项目位于东盟开发区思源北路17号。一期项目占地1.67公顷，总建筑面积2.83万多平方米，2014年5月15日竣工投产；2014年4月二期项目与东盟开发区签订项目投资协议，规划用地1公顷，计划投资2000万元，建设大米成品加工及原材料仓储项目。

南宁双汇食品有限公司高低温肉类食品加工生产项目 南宁双汇食品有限公司2011年进驻东盟开发区，项目计划总投资15亿元。一期工程主要建设高低温肉制品生产车间，每天可生产300吨高低温肉制品，2013年12月16日竣工投产；二期工程为生猪屠宰项目，年产高温火腿肠6.60万吨、中西式低温肉制品3.30万吨，同时建设1万吨冷库、区域物流及商业连锁中心、研发检测中心、污水处理设施及其他相关配套设施，2014年3月28日建成竣工投产。

南宁中粮制罐有限公司铝制两片饮料罐生产项目 中粮集团旗下子公司中粮包装投资有限公司2013年6月在东盟开发区投资南宁中粮制罐有限公司建设铝制两片饮料罐生产项目，主要生产和销售铝制两片饮料罐。计划总投资9000万美元，分两期建设，占地6.33公顷。一期工程占地4公顷，新建总建筑面积4.04万平方米，总投资7000万美元，已建成投产；二期供地2.33公顷，土地预留至2015年12月底。

恒拓集团广西圣康制药有限公司圣康制药生产基地项目 2014年8月26日签约，占地约6公顷，建设内容包括提取前处理车间、片剂颗粒剂车间、胶囊剂车间，设备现代化程度高。

广西金皇品食品有限公司年产1000万箱的灌装饮料生产基地项目 2014年6月18日签约，规划用地不少于4.33公顷，计划建设两条饮料生产线，购置全自动化罐装饮料生产线、配套水电气、水处理相关设备等。项目总建设厂区用地面积4.20万平方米，其中主要生产车间（单层）约1万平方米、成品库房及配套设施建筑2.80万平方米、办公综合楼约4000平方米。

广西恒拓仁源制药有限公司中成药制造生产项目 项目位于东盟开发区长岗大道69号，总投资1.70亿元，建设期3年。项目规划用地6.07公顷，建筑面积6.42万平方米，年内竣工。其中：厂房3.90万平方米；仓库6048平方米；办公楼5475平方米；职工宿舍1.10万平方米；化验楼2190平方米；其他附属建筑约444平方米。项目主要对广西恒拓医药投资集团有限公司已投入生产的国药批准文号22个产品进行GMP（生产质量管理规范）制药生产异地改造，推动正在研究及申报中的13个新产品投入生产，形成片剂、颗粒剂、胶囊剂、糖浆剂4个药品剂型35个药号产业化生产。

南宁市东盟中学项目 南宁市东盟中学是百年名校南宁市第二中学与广西—东盟经济技术开发区联合创办的一所全寄宿制完全中学，设高中部和初中部。学校位于广西—东盟经济技术开发区里建园区内，占地12公顷，建筑面积9.20万平方米，建设总投资逾3亿元，教学楼、实验楼、体育馆、运动场、食堂及学生公寓等硬件设施均按照国内一流标准设计配置。东盟中学规划设计48个班级2400人。其中：初中18个班900人；高中30个班1500人。2013年9月开始投入试运行，首批招收学生4个班203人。2014年6月5日，全面启用。从2014年秋季学期起，东盟校区面向广西招收小学优秀毕业生与初中优秀毕业生。年底，在校学生769人。其中：初中6个班，学生311人；高中11个班，学生458人。

【招商引资】 2014年，东盟开发区内资到位66.08亿元，比上年同期增长15.32%；直接利用外资（广西全口径）4560万美元，增长12.59%。引进南宁宝亮升维科技工程有限公司凯斯升维南宁生产运营中心、湖南华宇控股集团有限公司广西东盟机械产业园、广西南宁沃源重工机械设备有限公司徐工沃源装卸机械设备生产与销售、南宁满尔餐饮管理有限公司食品中央厨房生产配送等项目49个，总投资49.44亿元。其中：内资项目45个，引进资金44.05亿元；外商投资项目4个，利用外资4196万美元。超1000万元项目49个，超5000万元项目27个，超亿元项目14个。

年产6000吨高端动物生物源性蛋白与活性肽项目 6月6日，上海杰隆生物制品股份有限公司与东盟开发区签约，投资建设年产6000吨高端动物生物源性蛋白与活性肽项目。总投资9000万元，占地1.67公顷。

徐工集团·徐工沃源装卸机械设备生产与销售项目 8月6日，广西南宁沃源重工机械设备有限公司与东盟开发区签约，投资建设徐工集团·徐工沃源装卸机械设备生产与销售项目。总投资7000万元，占地1.33公顷。

食品中央厨房生产配送项目 9月，南宁满尔餐饮管理有限公司与东盟开发区签约，投资建设食品中央厨房生产配送项目。总投资5100万元。

大帽山樱花乐园游乐场项目 9月15日，滨州生龙投资有限公司与东盟开发区签约，投资建设大帽山樱花乐园游乐场项目。总投资9500万元，占地约2公顷。建设摩天轮、丛林飞鼠、海盗船等20多个游乐项目。11月，开工建设。预计2015年5月建成并投入运营。

【大型企业落户园区】

凯斯升维南宁生产运营中心项目 凯斯纽荷兰（CNH）公司是世界500强菲亚特旗下企业，是世界最大的农用机械和建筑机械制造企业之一。凯斯纽荷兰（中国）管理有限公司授权广西凯斯升维实业发展有限公司在东盟开发区投资建设凯斯升维南宁生产运营中心项目。2014年4月22日，与东盟开发区签约，总投资2.50亿元，总用地10.67公顷。

肉牛屠宰深加工销售项目 6月19日，黑龙江恒阳集团与东盟开发区签约，投资建设年屠宰10万头肉牛及年产10万吨速冻香肠、丸子、牛羊肉制品加工项目。总投资3亿元（固定资产投资2.50亿元），占地6.67公顷，建设宰割间、包装间、制冷间、冷藏库、办公楼、仓库、污水处理等。

广西东盟机械产业园项目 6月17日湖南华宇控股集团有限公司与东盟开发区签约，投资建设广西东盟机械产业园项目。总投资3亿元，总用地6.67公顷。

矿热炉新型节能减排装备异地搬迁技改扩建项目 8月8日，广西麦莎电气集团有限公司与东盟开发区签约，投资建设矿热炉新型节能减排装备异地搬迁技改扩建项目,总投资1.10亿元。

橡胶沥青产业化项目　10月9日,广西交通科学研究院与东盟开发区签约,投资建设橡胶沥青产业化项目,总投资1.05亿元。

年产15000台农用机械项目　11月25日,广西南宁邕江机械有限公司与东盟开发区签约,投资建设年产1.50万台农用机械项目,总投资1亿元。

混凝土搅拌站、混凝土添加剂新型建材项目　12月8日,广西建业混凝土有限公司与东盟开发区签约,投资建设混凝土搅拌站、混凝土添加剂新型建材项目,总投资1.20亿元。

【农业发展】 2014年,东盟开发区完成农作物种植面积9300公顷,其中水果种植面积3720公顷,粮食作物1266.67公顷,甘蔗种植面积733.33公顷,蔬菜646.67公顷,其他2460公顷。完成2013/2014榨季甘蔗砍运榨。投入1400多万元建设农田水利基础设施,改善农业生产环境。优化农业种植结构,发展都市农业,扶持企业做优做特,博元生态蔬菜基地、金佛园生态农业园、南宁东盟农业科技示范园成为南宁市"菜篮子"工程。创新农业经营方式,鼓励建设家庭农场、发展周末经济,武帽农场、农科所、万鲜葡萄种植基地在内的10余家家庭农场获营业执照,年内接待游客约10万人次。

反季节蔬菜大棚基地建设　2000年东盟开发区在宁武农场引进标准农业大棚20多座,种植蔬菜。2014年,东盟开发区管委会通过贷款贴息的方式支持鼓励农场职工大力发展农业大棚;大棚西甜瓜种植200多公顷,有大棚1万多个;主要分布在宁武农场、武帽农场、正安农场、团结农场、民涵农场、茶叶公司,种植户从20多户发展至600多户;总产量1.80万吨,产值1亿元,占东盟开发区农业总产值25%。

火龙果标准化生产基地建设(第二期)　总投资360万元,其中市财政补助资金100万元。完成火龙果种植13.33公顷;安装水肥一体化灌溉设施18.67公顷;建设排水管道950米;搭建栽培架设施18.67公顷。

双季美国黑提标准化生产基地建设　总投资533万元,其中市财政补助资金100万元。引进葡萄新品种24万株;建设三面光渠道3600米;安装水肥一体化滴管系统40公顷;搭建Y型避雨棚架40公顷;新建大棚24个;套袋及绿色防控40公顷。完成项目验收。

兆丰生态农业基地　总投资320万元,其中市财政补助资金100万元。完成打井2口、节水灌溉系统、育苗大棚0.67公顷、库房500平方米建设。

里建桂宁种猪有限公司基地粪污治理项目　总投资463万元,其中市财政补助资金100万元。完成抽送运输加压泵、管道1套,产业无害化处理设施100平方米,生态自动化投料系统10套。

水利与饮水设施项目　2014年,东盟开发区分三批申报市本级财政各项农田水利建设项目76个,计划总投资7444.85万元,其中申请市财政5203.38万元。至年末,南宁市下达项目18个,总投资1050.65万元。其中:农田水利项目10个,投资769.25万元(市财政537.90万元),主要有宁武现代特色农业示范区中的永兴三队山塘、建兴二队等山塘改造工程,外张基地甜瓜高效节水灌溉工程等;人饮工程建设项目8个,计划投资281.40万元(市财政196.70万元),主要分布在里建农场、武帽农场、民涵农场、正安农场等8个生产队管网改造。

造林绿化　3月12日、3月15日,分别组织东盟开发区干部职工及工会、车友会等单位团体开展义务植树活动,参加人数1000人,种植小叶榕200株、西南桦袋苗2000株。完成2013年"绿满八桂"造林绿化工程绩效考评检查验收。

动物疫病防控监管　2014年,东盟开发区使用猪瘟疫苗35万头份,免疫注射11.80万头;使用猪口蹄疫疫苗35万毫升,免疫注射11.80万头,免疫率100%;使用猪蓝耳疫苗25万毫升,免疫注射8.56万头;使用禽流感疫苗150万毫升,免疫注射150万羽,免疫率100%;使用新城疫苗150万头份,免疫注射150万羽,免疫率100%;鸭使用禽流感疫苗6.50万毫升,免疫注射6.50万羽,免疫率100%;牛使用O型口蹄疫疫苗1万毫升,免疫注射0.35万头,免疫率100%。

【侨务工作】 2014年,东盟开发区推进侨务工作,服务归侨、侨眷。鼓励归侨、侨眷参与开发区拆迁攻坚战,归侨拆迁户在评估面积的基础上给予增加20平方米的优惠政策。开展送温暖活动,为困难归侨、侨眷提供救济解困。春节前夕、重阳节,慰问归侨、侨眷特困户178户,发放慰问金5.33万元;为23名无退休金的老归侨发放生活困难补助金共6.34万元。接待信访事项18件,回复率100%。中心区社区被国务院侨务办公室授予"全国社区侨务工作示范单位",华侨城社区被国务院侨务办公室授予"侨法宣传角"称号。　(张向新)

南宁六景工业园区

【概　况】 2014年,南宁六景工业园区规模以上工业总产值完成193.09亿元;固定资产投资完成26.39亿元;项目实际到位资金35亿元;财政收入6.50亿元。

【项目建设】 2014年,南宁六景工业园区有6个列入南宁市领导联系统筹推进的重大项目和重点企业,有部分项目、企业列入横县领导服务队的服务任务,围绕在建、续建、新建项目逐个解决具体问题,推进项目建设。

【基础设施建设】 2014年,南宁六景工业园区坚持科学规划设计,完善基础设施建设。加大基础路网建设,新建项目有景江大道(纬八路至污水处理厂段)、经三路污水泵站至景江辅道路口污水压力管铺设工程、六景镇区污水管网及提升泵站工程等16个工程,续建项目有纬十一路、北经一路、经一路、经二路、纬四路、纬五路等14个工程;实施园区美化、亮化工程,沿园区一期主要道路绿化8千米,植树4.80万株,安装路灯120杆;加快商业娱乐设施开发,推动园区现代服务业发展,重点推进福景新城二期项目、六景大酒店、来源·丽景花园小区一期等一批生活配套项目建设;推动园区功能配套,提升城镇服务功能,加大昆仑莲花天然气、南电供热等项目前期工作的推进力度。

【招商引资与标准厂房建设】 2014年,南宁六景工业园区落实"筑巢引凤"战略,抓好标准厂房建设与招商引资同步开展,引进科技含量较高、资源利用水平较高、附加值较高及富有创新能力的项目和企业,优化整合园区的生产要素,结合园区多元化的产业定位,筛选落实建设投资标准厂房主体,明确建设面积。年内,确定由南宁市和凯投资有限公司投资建设和凯科技园、广西港景造船有限公司投资建设港景科技园、广西乾景投资有限公司投资建设春江产业园,3个标准厂房项目开工建设总面积11.60万平方米。

【安全生产与综治维稳】 2014年,南宁六景工业园区把安全生产、环境保护、综

9月24日,南宁港六景作业区开港运营　　黄永锦提供

治稳定工作作为园区优化发展环境的重要措施,确保园区安全稳定。抓好安全生产工作,保障园区企业的正常生产生活秩序,与63家企业签订安全生产责任书,组织安全生产检查大行动9次,排查出安全隐患478项,完成整改452项、正在整改26项;推进企业安全生产标准化建设,有31家企业标准化达标创建通过评审。加大环保督查力度,在各主要污染物排放企业安装在线监测系统,组织环保大检查9次,开展督查行动104起,排查环保事故隐患274起,调查处理环境污染投诉7起。加强园区治安巡逻,最大限度地预防和制止违法犯罪案件的发生,加强排查,确保重大节日和重大活动期间园区社会稳定,年内妥善处理园区企业与农民工的劳资纠纷3起。

(李　春　黄永锦)

南宁江南工业园区

【概　况】 南宁江南工业园区为自治区级开发区,规划总面积41.03平方千米,其中沙井分区31.97平方千米、富宁经济园7.90平方千米、石柱岭铝加工产业园1.16平方千米。园区东至石柱岭一路,西至津江大道,南以白沙大道、南站大道为界,北至江南大道、锦成路。定位为具有一定规模、技术装备水平领先的铝加工基地和立足广西、面向东盟的电子产业集聚区,重点发展铝深加工产业、电子产业及商贸物流业、清洁能源产业及会展业。2014年,园区有建成投产企业269家,其中工业企业159家(规模以上工业企业34家,产值超亿元企业16家),商贸、仓储企业110家。实现工业总产值154亿元,比上年同期增长37.08%;税收4.30亿元,增长30.07%。园区税收100万元以上工业企业15家,其中新增纳税贡献工业企业2家,2家企业年内税收合计1.78亿元;新增成长性工业项目9个,其中新增计划固定资产投资5000万元~1亿元且开工的工业项目6个、投资1亿元~3亿元且开工的工业项目1个、投资5亿元~10亿元且开工的工业项目1个、投资10亿元以上且开工的工业项目1个;新增强优工业企业4家,其中当年产值1亿元~3亿元企业1家、当年产值5亿元~10亿元企业2家、当年产值50亿元~100亿元企业1家。

【投资环境建设】 2014年,南宁江南工业园区推进建设市政基础设施项目25个,包括市政道路21条,以及凤凰江水系改造、马巢河连通渠水系改造等项目,总投资10亿元。落实工业强市战略,规模建设标准厂房。至年末,竣工标准厂房建筑面积24万平方米,在建面积18.35万平方米。

【项目建设】 2014年,南宁江南工业园区以特色的铝深加工、电子信息、商贸物流等重点产业为核心,推进相关重大项目建设发展。

年产20万吨大规格高性能铝合金板带型材项目　位于石柱岭铝加工产业园。规划总用地87.39公顷,总投资52.80亿元,生产铝合金中厚板、深加工铝带、大型挤压型材和精深加工产品。2010年8月开工,年内,大型材挤压车间挤压机生产线竣工投产。

富士康南宁(沙井)科技园项目　位于沙井分区。厂区规划总用地197.67公顷,总建筑面积146.30万平方米。主要生产电子书、智能手机、GPS、高端路由器、高端交换机网卡等高端电子产品。12月,B厂区一期西南角附房、B厂区二期基本完成建设。年内,完成投资6.96亿元,全年实现工业总产值66.20亿元。至年末,项目累计完成投资27.70亿元。

南宁华南城项目　位于沙井分区。规划总用地227.07公顷,总建筑面积约488万平方米,总投资约120亿元,主要由纺织服装、皮革皮具、化工塑胶、印刷纸品包装、五金工具机电配件、建材装饰、电子电器、医药与器械、日常用品等工业原料和相关产品专业物流市场及其配套设施组成。12月,项目累计完成建筑面积136万平方米。17栋配套住宅建成在售;1号物流广场A、B栋封顶并进行内部装修;2号、3号、4号物流广场A栋竣工,4号物流广场营业,2号、3号物流广场开展招商;江南华府二期和江南上城正在开工建设。年内,完成投资5.14亿元。至年末,项目累计完成投资49.06亿元。

广西海吉星农产品国际物流中心项目　位于富宁经济园。占地40.40公顷,计划投资17.29亿元,建设总建筑面积55万平方米的大型专业农产品物流中心,包括建设农产品物流仓储区、农产品配送区、农产品交易区、电子商务大厦、土特产交易城、农产品博览中心、冷库、办公楼、配套职工宿舍及附属工程。年内,主要建设果蔬批发市场二期、冷链物流中心、商品区的前期工作,完成投资2.08亿元。至年末,项目累计完成投资10.72亿元。

华电分布式能源项目　位于沙井分区。项目利用燃气轮机燃烧天然气发电,经过能源的梯级利用,向项目所在片区的企业集中供冷、供热,达到更高能源利用率、更低能源成本,以及更好的环保性能。项目2011年10月18日开工建设,2014年9月25日首期2×60MW(兆瓦)机组建成投产。至年末,项目累计完成投资12.80亿元,实现工业总产值0.90亿元。

【招商引资】 2014年,南宁江南工业园区加大招商引资力度,重点引进泉港标准厂房、产投(江南)企业工园项目及南宁天健房地产开发有限公司仁兴路房地产、瀚林名门房地产等项目,引进项目总投资50亿元。

【产业发展】 2014年,南宁江南工业园区依托富士康南宁科技园、年产20万吨大规格高性能铝合金板带型材项目、南宁华南城、广西海吉星农产品国际物流中心、华电分布式能源等重大项目建设,发展电子信息、铝加工、商贸物流、会展、新能源等主导产业。电子信息产业主要集中在沙井大道西侧的南宁光电产业园,支撑项目为富士康南宁科技园项目;铝加工产业主要集中在石柱岭铝加工产业园,支撑项目为年产20万吨大规模高性能铝合金板带型材项目;工业物流业主要集中在沙井分区,支撑项目为南宁华南城项目;农产品物流业主要集中在壮锦大道西侧,支撑项目为广西海吉星农产品国际物流中心项目;会展业主要集中在沙井分区,支撑项目为南宁华南城项目。

(翟初明　徐　昂)

南宁仙葫经济开发区

【概　况】 南宁仙葫经济开发区2001年1月成立,为自治区级开发区,位于南宁民族大道东段。辖区面积136.53平方千米(含托管区域),重点开发面积11.30平方千米。辖社区7个(2014年新成立盘古社区),人口8.50万人。辖区有工业、学校、商贸业等大型单位近100家,驻区企业160多家,其中工业企业16家,规模以上工业企业10家(产值亿元以上企业4家),房地产企业37家。2014年,实现工业总产值38.56亿元,其中规模以上工业总产值36.81亿元;全社会固定资产投资93.01亿元;招商引资实际到位资金14.80亿元;社会消费品零售总额4.62亿元。农林牧渔业总产值8046万元;粮食产量4692吨;农民人均纯收入8542元。

【投资环境建设】 2014年,青秀区将伶俐工业集中区、二塘工业园区、青秀区现代农业园划归仙葫开发区统一管理,解决仙葫开发区发展空间不足、经济结构不合理的问题,推动工业经济持续稳定发展,优化经济结构。伶俐工业集中区规划总用地21.75平方千米,重点发展循环经济、清洁能源、汽车工业、消费品工业及物流、通用航空等重点产业。包含伶俐工业集中区在内的伶俐镇总体规划(2012—2030)获南宁市政府批复;现代农业园项目规划占地3800公顷,已形成一定规模,发展前景良好;包含五合工业园区在内的长塘镇总体规划(B区)通过南宁市评审。

【项目建设】 2014年,仙葫开发区通过加大征地拆迁力度、解决开工前后的障碍、加强跟踪服务等措施,推进重点项目建设。6月,上海斐讯南宁电子产品生产综合服务园区一期项目开工建设,预计2015年上半年建成投产;8月,项目二期地块摘牌后即进行土地平整。广西景和停车设备生产项目、伶俐工业集中区标准厂房、广西物宝农业科技有限责任公司年产20万吨复合肥搬迁技改项目、广西超大集团伶俐物流中心项目进入施工阶段。推进自治区层面统筹项目广西国泰粮食集团有限公司30万吨粮油食品精深加工搬迁技改项目二期工程的建设,7栋厂房主体建设完工封顶。广西中医药大学赛恩斯新医药学院、广西检察官学院、广西外国语学院、广西政法学院仙葫校区、广西师范学院仙葫校区、观澜溪谷楼盘等项目建设进展顺利。

【招商引资】 2014年,仙葫开发区工业项目招商引资快速发展。斐讯通信产品南宁产业基地项目落户仙葫开发区,项目总投资100亿元。广西西江木业创新产业基地签约落户伶俐工业园区,西江集团、上海中捷投资管理有限公司共同投资35亿元,建设集木材产品现代深加工、产品展示交易、信息服务、金融服务、期货服务为一体的自治区最大的木材、板材、家具产业基地。北汽延龙汽车、广西卓航水处理膜、通用航空产业园区、汇清科技有限公司的环保产业园、华能风电、龙源电力、广西物资集团有限责任公司物流园等大项目有意向落户仙葫开发区,意向投资总额180亿元,正在推进项目前期工作。

【征地拆迁】 2014年,仙葫开发区加快基础设施建设,加快企业、院校项目的发展,推进安置建设工作,理顺历史遗留问题,推进征地拆迁安置,为项目用地提供保障。

上海斐讯项目　项目计划用地54公顷。其中:一期用地21.93公顷,拟用地为WH2、WH9、WH10号等仙葫储备项目用地;二期用地32.07公顷,拟用地为仙葫皇家1号储备项目用地。完成征地签约、审核地51.21公顷,剩余2.79公顷为国泰1号路市政道路用地。

邕宁水利枢纽工程坝区项目　涉及征地拆迁的工程有左岸进场道路和坝区工程。涉及牛湾半岛9个生产队的征地拆迁。实际征地136.53公顷,完成征地110.20公顷,未征26.33公顷。项目列入南宁市"两重两问"(重点工作、重大项目监督检查问责、问效工作)节点工作,其中左岸进场道路及船闸上游段征地拆迁任务77.80公顷,左岸船闸下游段征地拆迁任务54.07公顷。仙葫开发区完成左岸进场道路及船闸上游段的全部征地任务,住房部分全部完成测量,并动员签订其中25户25栋8757.61平方米的住房拆迁协议书;左岸船闸下游段用地于10月份完成全部内分测量,催促测量单位尽快出图。

轨道交通1号线屯里车辆段项目　项目一期用地2013年全部完成并交地,二期用地2013年12月下达扩征任务,在仙葫开发区范围内的扩征面积4.27公顷,涉及那平坡、细那舅坡。2014年7月31日前完成4.19公顷集体土地的征地签约,已交地施工。

广西政法管理干部学院项目　项目用地81.87公顷,累计完成征地80.04公顷,其中,2014年5月完成校区主体工程项目中心用地征地0.17公顷。

广西师范学院五合新校区项目　项目用地72.47公顷,累计完成征地45.40公顷,2014年完成18.41公顷。

铁路云桂线扩征项目　2013年11月下发补征地任务,用地4.24公顷,2014年5月完成1.16公顷,拆迁1栋房屋57.10平方米。屯里动车所走行线征地签约1.21公顷、屯里动车所云钦联络线2.90公顷,涉及细那舅坡7个生产队的集体土地征收,除争议地外,其他用地部分完成签约,累计完成走行线签约1.01公顷、云钦联络线签约1.54公顷。

(蔡光燊　杜慧俭)

广西良庆经济开发区

【概　况】 广西良庆经济开发区是2007年3月由南宁市大沙田经济开发区、南宁沿海经济走廊开发区整合成立的自治区级开发区,属自治区A类工业园区。位于南宁市的正南部,是南宁市各开发区中距离钦州市、北海市、防城港市等北部湾港口城市最近的自治区级开发区,是南北钦防经济开发和南宁市"南部工业区"的重要组成部分;有南北二级公路、南北高速公路直通北部湾各港口城市,紧邻南宁市中国—东盟国际物流基地、保税物流中心等自治区、南宁市重点建设的园区。规划面积262.84公顷,主要开发建设区域位于银海大道西片区和物流基地28号路以南,布局有机械制造、建材、制药、商贸物流等产业,已逐步形成有色金属深加工、机械制造、制药、建材、轻工、饲料等特色产业群。良庆经开区党工委、管委会为副处级单位，属良庆区党委、政府派出机构，有编制 67 名（机关行政单位编制 45 名、参照公务员管理事业单位编制 17 名、事业单位编制 5 名），在职在编人员 57 人。2014 年，良庆经开区累计引进项目 591 个，实际投入 210 亿元，入园企业 339 家，其中工业企业 213 家，规模口企业 60 家，年产值超亿元企业 34 家。规模以上工业增加值占良庆区 GDP36.66%；规模以上工业总产值完成 141.59 亿元，比上年同期增长 3.27%；规模以上工业增加值完成 41.95 亿元，增长 0.70%；工业投资完成 31.65 亿元，增长 20.34%；完成实际到位内资 50.91 亿元，增长 16.03%；直接利用外资 5000 万美元，增长 25.31%；工业税收 1.53 亿元，增长 4.95%。规模以上企业有 50 家。其中：有色金属加工业企业 1 家，工业产值 18.86 亿元，占园区工业总产值 13.32%，税收 264.82 万元，占园区工业税收 1.73%；饲料工业企业 7 家，工业产值 26.95 亿元，占园区工业总产值 19.03%，税收 1511.08 万元，占园区工业税收 9.88%；机械装备制造工业企业 4 家，工业产值 10.46 亿元，占园区工业总产值 7.39%，税收 1348.64 万元，占园区工业税收 8.82%；建材工业企业 12 家，工业产值 37.17 亿元，占园区工业总产值 26.25%，税收 4850.64 万元，占园区工业税收 31.72%；医药工业企业 7 家，工业产值 23.62 亿元，占园区工业总产值 16.68%，税收 1860.19 万元，占园区工业税收 12.17%；轻工业及其他工业企业 19 家，工业产值 24.53 亿元，占园区工业总产值 17.32%，税收 5455.43 万元，占园区工业税收 35.68%。

【项目建设】 2014 年，良庆经开区"强化责任、提前介入、主动服务"为举措，通过提前培训、实时指导、贴身服务，协调解决项目从落地、报建到建设中遇到的困难和问题，服务企业。年内，8 个续建项目基本完工 6 个，累计用地面积 23.33 公顷，完成建设面积 10 万平方米，总投资 5 亿元；6 个新建项目中，完成土方平整和前期报建手续的项目 1 个、完成土方平整和正在办理前期报建手续的项目 2 个、正开展土方平整和办理前期报建手续的项目 2 个、正在办理前期报建手续的项目 1 个；12 个筹建项目完成土地"招拍挂"程序，其中开展前期报建手续项目 1 个、通过南宁五象新区规划建设管理委员会审批土地出让方案项目 4 个。

标准厂房建设 良庆经开区出台扶持标准厂房建设的政策，2014 年争取到上级补助资金 1088.80 万元，累计完成标准厂房建设 7.04 万平方米。德桑（南宁）电子有限公司标准厂房项目和广西鼎泰顺达实业有限公司标准厂房项目建设进度较快，广西鼎泰顺达实业有限公司 4 号、5 号、6 号厂房已封顶，1 号、2 号、3 号厂房基础圈梁混凝土浇筑完成，基本完成基础回填。

2014 年良庆经开区规模以上工业企业产值结构图

单位：万元

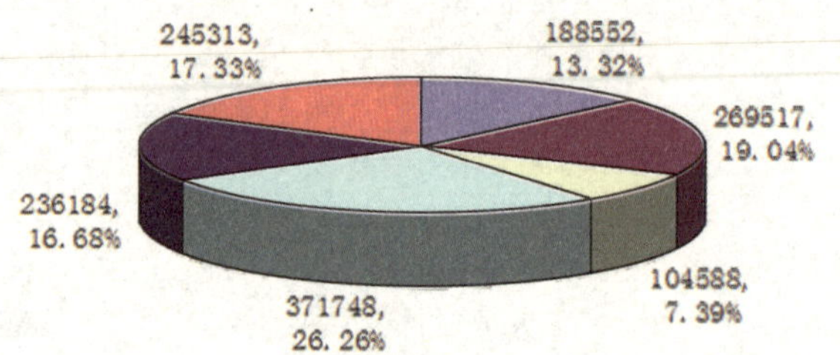

基础设施建设 亮岭路、亮岭一街、亮岭二街、亮岭二街延长线完成工程投资 2300 万元，占合同金额 65%，其中亮岭一街完成路床施工和 90%的排水施工，亮岭路、亮岭二街完成人行道回填土方施工。协调南宁供电局和南宁市大沙田供水公司加快实施银海大道西片区水电改造项目，协调南宁供电局提前至 2014 年 5 月开始实施中高支线路改造项目计划，南宁市大沙田供水公司供水扩建项目正在实施中。

【历史遗留问题处理】 2014 年，良庆区政府出台《原大沙田开发区和沿海开发区历史遗留问题处置工作方案》。良庆经开区为辖区企业和个人处理各种历史遗留问题 3000 多件，配合上级部门处理大沙田新坡村村民住宅用地历史遗留问题。处理金象四区历史遗留问题，办理土地证 1079 本、建设用地规划许可证 866 本、建设工程规划许可证 578 本，基本完成 176 份玉洞商贸城农民安置地的调整。

【安全生产监管与综治维稳】 2014 年，良庆经开区开展安全生产大检查及专项检查 6 次，形成现场检查记录 282 份，检查出安全隐患 22 处 34 项，下达整改通知书 22 份。城区级三级重大隐患德桑（南宁）电子有限公司北侧外围围墙安全隐患完成整改，新增 6 家企业完成安全生产标准化创标工作。开展综治维稳、信访等工作，接待群众来访 7 批 11 人次，无进京、到自治区或南宁市上访事件，未发生集体越级上访或大规模集体上访事件；调处解决矛盾纠纷 6 起，调结率 100%。 （骆　颖）

五象新区

【概　况】 五象新区规划范围东至八尺江，南接那马组团，西邻水塘江，北起邕

7 月 14 日，市长周红波（前左二）在良庆经开区进行标准厂房调研　　骆　颖提供

江,由175平方千米概念性总体规划面积和新兴产业园、现代工业园、龙象谷项目组成。行政区划涉及南宁市的良庆区、邕宁区。2014年,项目投资完成277.44亿元,比上年同期增长80.60%;开工在建项目275个,在建面积1345万平方米,分别增长74%、174%;新增引进世界500强企业5家(累计10家),新增引进国内500强企业7家(累计17家),新增引进上市公司6家(累计12家),新增引进金融保险项目6个(累计10个)。中国房地产协会公布的2014年中国房地产前十名企业有7家入驻五象新区并实施项目建设。

【投资环境建设】 2014年,五象新区以规划统领建设,进一步完善新区功能定位和规划,完成总部基地金融街地下空间规划等一批专项规划,强化规划对项目的调控,谋划新区产城融合发展。年内,累计完成规划定点203个,面积45.10平方千米,比上年同期分别增长55%、212%,规划审批案件、建设审批案件量分别占市本级52%、38%。保障建设用地,土地获批量836.47公顷,占市本级42.75%;完成征地1220公顷、房屋拆迁83.20万平方米,分别占市本级35.68%、33.91%;出让土地293.39公顷,土地出让收入97.34亿元。15个安置房项目完成供地,累计开工9个;1号拆迁安置房正式交付使用,被拆迁群众635户1900多人入住。

【招商引资】 2014年,五象新区实际到位内资105.97亿元,直接利用外资5610万美元。引进重点项目52个,比上年同期增长68%。引进总投资100亿元以上项目1个,实现零的突破;引进10亿元~100亿元项目19个,5亿元~10亿元项目10个,分别增长35.71%、25%。

【项目建设】 2014年,五象新区建设全面提速。五象大桥、平乐大道、玉洞大道等项目建成通车,"三横三纵"骨干路网和区域路网初步形成;全速推进总部基地金融街项目,沿江区域建设形成规模;五象湖及玉洞片区建设全面启动;服务第45届世界体操锦标赛场馆及配套设施按时保质交付使用。新区城市建成区面积35平方千米,比上年同期增长52.10%。总部基地金融街项目竣工3个、开工44个,实现销售项目3个;规划建设楼宇123栋,开工103栋。蟠龙片区规划产业项目59个,开工14个,主体封顶7个、基本完工3个。文旅片区、龙岗片区、玉洞东片区分别有南宁万达茂、宝能城市广场、世茂国际中心等25个重大项目陆续开工。新增园林绿化面积183万平方米。

总部基地金融街　位于五象新区核心区,规划用地面积2.60平方千米。至年末,基本完成项目布局,累计开工50个项目,建成广西政协会馆、邕州海关、市二十六中等项目,产业项目实现销售3个;规划建设楼宇123栋,开工103栋,其中在建100米以上超高层建筑21栋;有中国移动、绿地集团、交通银行等6家世界500强企业,万科、恒大等16家中国500强企业和10家境外上市企业入驻;引进金融保险项目10个。海尔·青啤(东盟)联合广场、南宁绿地中心、中国移动等项目部分楼宇建成。

玉洞片区　位于五象新区核心区,玉洞大道以南、平乐大道东西两侧,规划面积约13平方千米,规划建设成为环境优美、交通便捷、服务配套完善、滨水景观与城市功能有机融合的高端居住区。推进基础设施建设,建成五象湖公园,平乐大道、玉洞大道等重点工程基本完工;轨道交通3号线、机场第二高速公路、玉洞大道拓宽工程、平乐—玉洞立交等工程开工;片区八横十二纵的玉洞西一期路网、五横四纵的玉洞西二期路网、三横三纵的玉洞东片路网等道路工程按计划推进。快速推进公共服务设施项目建设,南宁市第三中学五象校区、广西医科大学口腔医院等在建项目正在加快推进;五象新区第一实验小学、南宁市第四中学五象校区、南宁市十四中五象校区等项目前期工作进展顺利。年内,产业项目完成投资36.62亿元。全国房地产2014年排名前十企业有3家入驻片区建设项目(万科魅力之城、绿地国际花都、华润二十四城)。

蟠龙片区　位于五象新区的门户区域,规划面积4.40平方千米,是以居住为主,集休闲旅游、商贸服务等功能于一体的城市滨水住宅区,将建设成为环境优美、交通方便、生活方便、宜居生态的水岸人居。至年末,五象大桥、蟠龙片区10号路、蟠龙片区51号路等建成通车;南宁博物馆基本完工,广西文化艺术中心开工建设;在建房建项目25个,主体封顶55栋建筑,盛科城、农房·澜湾九里、江悦蓝湾、碧水天和、金源一品等项目陆续封顶建成。20条支路及连接片区的五象—平乐立交桥工程、良庆大桥等将于2015年陆续建成。

龙岗片区　位于五象新区东面的沿江地带,西至现状环城高速、南至玉洞大道延长线(接梁村大道),规划面积27平方千米,发展定位为市级商务中心,兼具行政办公、商业金融服务、生态居住、教育研发、特色休闲等多种功能于一体的片区。至年末,有30多个项目入驻;在建房地产建设项目41个,主体封顶124栋建筑。邕宁区法院、龙庭水岸、昌泰水立方、龙域·香醍等项目建成;宝能城市广场、合景天峻广场、世茂花园、翡丽湾、中铁江湾等项目开工建设。

文旅组团片区　规划总面积1.63平方千米,定位为文化旅游为核心,兼具综合娱乐、商业、商务办公及综合配套等功能于一体的综合型滨水新区。良堤路基本建成通车;连接该片区与江北的青山大桥开工建设;片区内部路网也正在完善中。片区内主要包括3个重点项目,即总投资150亿元的大型室内文化旅游项目南宁万达茂、中国东盟创意乐园(锦园)、沿江超500米高层的城市综合体项目。年内,完成投资13.55亿元。

(邢义波)

2014年,建设中的五象新区远眺　　邢义波提供

责任编辑　陆　靖

南宁年鉴

区 县

兴宁区

【概　况】 兴宁区位于南宁市区东北部。东与青秀区相邻，东北部与宾阳县接壤，南与江南区隔邕江相望，西与西乡塘区相连，西北部与武鸣县毗连。面积751平方千米。辖区有金桥汽车客运站，有朝阳路、中华路、友爱南路、人民路、民主路、望州路、厢竹大道、昆仑大道等128条20米以上的主要道路纵横交错，形成贯穿南北东西的交通路网。主要旅游景区（点）有国家4A级景区广西药用植物园、嘉和城温泉谷、九曲湾温泉度假村、南宁乡村大世界，国家3A级景区昆仑关战役遗址、凤凰谷景区、人民公园、南宁海底世界、狮山公园，邓颖超纪念馆、新会书院、南宁侯哥休闲农庄、广西渔牧生态园等。主要矿产资源有黏土、花岗岩、页岩、高岭土、灰绿岩、煤、金、铜、铅、砂、矿泉水、地热等。主要农副产品有罗非鱼、苦瓜、优质米、茄子、甜瓜、淮山等。有三塘工业园区、五塘工业基地。2014年，辖镇3个、街道3个、村37个、社区34个。户籍总人口30.83万（农业人口11.03万、非农业人口19.80万），流动人口8.64万。人口自然增长率13.16‰。耕地面积1.02万公顷（水田面积5700公顷），有林面积4.06万公顷，森林覆盖率53.30%。地区生产总值299.50亿元；全部财政收入31.59亿元（公共财政预算收入7.34亿元），公共财政预算支出12.65亿元；城镇居民人均可支配收入29939元，农民人均纯收入9939元。被评为全国社区服务型党组织建设示范城区，获自治区2013年度人口和计划生育党政线目标管理责任制考核先进奖。

【经济发展】

第一产业　2014年，实现农林牧渔业总产值15.90亿元。其中：农业产值9.23亿元，林业产值1.15亿元，牧业产值4.53亿元，渔业产值0.73亿元，农林牧渔服务业产值0.25亿元。第一产业增加值9.80亿元。粮食作物种植面积1.11万公顷，总产量5.61万吨。其中：水稻种植面积0.91万公顷，产量4.82万吨；玉米种植面积1692公顷，产量7111吨。经济作物种植面积0.45万公顷。其中：甘蔗种植面积2045公顷，产量13.97万吨；木薯种植面积850公顷，产量1.50万吨。果园面积634公顷，水果产量7051吨。蔬菜种植面积8669公顷，产量17.75万吨。肉类总产量2万吨，水产品产量7568吨。完成人工造林面积267公顷。那安综合示范村新村建设全面完成。以那安综合示范村为核心，规划建设"十里花卉长廊"现代特色农业示范区，示范带动花卉苗木种植1340公顷，年产值4亿元。引进广州常邦、海南润京等企业投资片区建设，促进特色生态休闲旅游农业发展。培育发展专业大户、农民合作社、家庭农场等新型经营主体，新注册农民专业合作社8家、家庭农场5家。

第二产业　有工业企业1011家（个体708户），实现工业总产值41.65亿元。规模以上工业企业28家（亿元以上产值企业9家），实现工业总产值33.70亿元，利税总额1.87亿元（利润1.12亿元）。第二产业增加值60.94亿元（工业增加值11.95亿元）。完成工业投资32.52亿元，技术改造投资35.76亿元。工业主要产品产量：配混合饲料5.68万吨、中成药1070吨、商品混凝土277.29万立方米、沥青和改性沥青防水卷材934.25万平方米、钢材（焊接钢管）11.08万吨。完成标准厂房建设9.63万平方米。加强节能减排工作，万元工业增加值单耗0.19吨标准煤，比上年同期下降6.87%。关停黏土砖厂44家，开发利用关停砖厂闲置用地，采取出租的方式，引进鸿芙轩科教用品公司、屹桂混凝土搅拌站等亿元企业。

2014年兴宁区国民经济主要指标

项　　目	单　位	实　绩	比上年增长(%)
地区生产总值	万元	2995040	5.40
第一产业	万元	97979	4.70
第二产业	万元	609365	-4.20
工业	万元	119454	1.60
第三产业	万元	2287696	8.70
农林牧渔业总产值	万元	158950	4.73
粮食总产量	吨	56075	-0.38
全社会固定资产投资	万元	2099182	17.08
实际利用外资	万美元	3850	30.07
社会消费品零售总额	万元	3427533	10.02
全部财政收入	万元	315892	11.48
公共财政预算收入	万元	73367	14.06
公共财政预算支出	万元	126539	24.75
城镇居民人均可支配收入	元	29939	9.20
农民人均纯收入	元	9939	11.60

第三产业　有企业1.07万家（新增1492家）；个体工商户2.96万户（新增4781户）；市场73个（农贸市场19个，商场、超市54个）。实现社会消费品零售总额342.75亿元。第三产业增加值228.77亿元。完成房地产开发建设投资92.89亿元，商住房地产开发建设施工面积623.83万平方米（新开工面积155.53万平方米），竣工面积50.98万平方米，商品房销售面积147.25万平方米，销售额95.27亿元。完善昆仑大道、明秀东路、长堽路、望州路沿线商业设施，南城百货香樟林店、北京华联盛天果岭店、一汽大众博冠店、西关新天地等一批商业项目顺利开业，大嘉汇汽车配件市场进入试业阶段，西南商都二期项目完成主体施工和装修。推动南宁百货“美美购”等电商培育升级。发展会展经济，鼓励限额以上商贸企业开展各类主题促销活动，承办“南宁首届物流节”金桥农产品批发市场主会场活动、2014年南宁名品推广周兴宁展等大型会展活动5场。发展第三方物流和物流关联产业，优先发展城市统一配送和电子商务物流，解决城市配送“最后一公里”短板问题。实行领导联系服务重大项目制度，安排城区领导联系重点建设项目78个，其中开工建设重大项目18个。全年城区重大项目完成投资82亿元。中央、自治区、南宁市项目建设资金3.90亿元。大力发展旅游业，巩固拓展“时尚兴宁·休闲乐园”旅游品牌，启动三塘镇创建南宁首批特色旅游名镇工作；打造温泉养生游、老南宁文物古迹游、乡村休闲度假游、昆仑关爱国主义教育游等文化旅游线路，推出老城区至昆仑关和“十里花卉长廊”等精品线路；新增家庭农庄136家、广西星级农家乐2家。旅游接待量1213万人次，旅游总收入128.70亿元。

招商引资　资金到位内资项目（企业）42个，其中新引进企业（项目）12个；实际到位内资65.59亿元（区外境内到位资金61.93亿元），比上年同期增长18.05%。直接利用外资（广西全口径）3850万美元，增长30.07%。

城乡建设　昆仑大道（四期）扩建工程开工建设，沿线446.67公顷土地列入市收储计划；松柏路二期、兴工路三期、长堽北二里扩建等重点工程开工建设；长堽路四里扩建、昆仑大道南侧储备地块市政1号路、泸田路、兴工北路一期等工程建设完成；金桥物流园二号路和三号路一期建成；“十里花卉长廊”乡村主干道路竣工；降桥村那道坡内涝点排水治理工程、秀厢大道澳华建材市场片区内涝治理工程等项目竣工验收；完成23条道路“白改黑”（水泥路面改造为沥青罩面）及10条人行道改造；望州路和南梧路2座人行天桥竣工通行。投入5800多万元建设那安综合示范村，采取“整体搬迁、易地新建”模式，建成31栋62户独具特色的新村住宅。开展城乡清洁工程、“三清洁”（清洁家园、清洁水源、清洁田园）等专项活动，重点抓好“村屯绿化”“饮水净化”“道路硬化”，投入资金4834万元，出动执法人员24.80万人次，查处违法违规行为9.80万人次，查处乱摆乱卖1.70万起、跨门槛经营1.50万起、人行道车辆违法停放7241起，清理覆盖小广告11万条，其他“五乱”（摊位乱摆、车辆乱停、垃圾乱扔、广告乱贴、工地乱象）行为1.20万起；查处案件8143起，罚款143.40万元；对79个居住小区和3个城中村开展环境整治，对33个建筑工地进行集中整改；沿街经营户“门前三包”（临街的单位、门店、住户担负门前包卫生、包秩序、包绿化的市容环境三包责任）责任制签约率100%；投入资金2934万元，实施道路硬化、排水沟改造、污水处理、焚烧炉建设、绿化美化等乡村基础设施项目84个；落实保洁人员746人。

【社会事业发展】

文明创建活动　2014年，兴宁区完成城区社区志愿服务站建设项目27个，志愿服务5万多人次。以“十里花卉长廊”建设项目为平台，在沿线打造兴宁区农村生态建设示范带，完成创建市级生态村9个、自治区级生态村1个，生态村覆盖率60%。

科教文卫体事业　下达科技计划项目16项，扶持经费963万元；推进专利倍增计划，城区专利申请294件，万人专利拥有量3.70件。推进义务教育均衡发展与学校特色发展，有幼儿园52所（公办园1所），专任教师655人，在园幼儿9934人；小学46所（公办35所、事业办2所、民办9所），小学在校生3.20万人；初中14所（九年一贯制学校8所，其中公办1所、事业办1所、民办6所），初中学生9825人。有教职工1525人（专职教师1437人）。小学适龄儿童入学率100%，辍学率零，小学毕业生升学率100%；初中阶段入学率100%，辍学率零。投入1.05亿元加大义务教育学校标准化建设，其中城区财政资金9488万元；教育基建项目114个，新建南宁市明秀东路小学，改扩建九曲湾中学（更名兴宁区第一初级中学）；加大学前教育投入，投入资金610万元用于农村闲置校舍改建、增设幼儿园，新建幼儿园16所，创建南宁市示范幼儿园2所；义务教育均衡发展通过自治区督导评估验收。新建成五塘镇五塘社区、两山村与昆仑镇昆仑村3个公共服务中心。提升兴宁区“老城区·新文化”品牌，免费开放图书馆、文化馆，举办文艺演出30场，培训（讲座）58期；“南宁民谣”项目列入第五批自治区级非物质文化遗产名录。辖区有医疗卫生机构270个。其中国有医疗卫生机构10个（市级4个、乡镇4个），集体医疗卫生机构7个，村卫生所40个，个体医疗诊所144个。卫生技术人员4503人（城区属卫生技术人员563人）；医疗病床3016张（市级医院1225张、乡镇卫生院221张）。参加新型农村合作医疗农民13.39万人，参合率99.16%，缴费5221万元。人口出生3978人，人口出生率11.40‰。深化医药卫生体制改革，开展全国基层中医药工作先进单

6月22日，兴宁区组织有关专家组考察三塘镇特色农业片区发展规划

兴宁区志办提供

位创建，通过省级评审验收；在28个行政村建立卫生室，配备有以中医为主或“能中会西”，能提供中医药服务的执业医师及乡村医生。推进卫生镇、卫生村创建，三塘镇同仁村、建新村，五塘镇永宁村、友爱村、王竹村，昆仑镇群星村、太昌村7个村被命名为自治区卫生镇（村）；完成1000座农村改厕任务并通过自治区验收。计划生育工作重点加强诚信计生，邕武路“五点一长廊”综合示范点和流动人口商住小区等计生项目建设推进。落实食品药品监管体制改革，初步形成食品药品监管网络，年内未发生食品药品安全事故。

民政事业　审批城镇居民最低生活保障对象1.75万人次，发放低保金501.90万元；审批农村低保对象救助申请1.21万人次，发放保障金420.15万元。发放各类优抚对象抚恤、定补金333.18万元，退伍义务兵家属优待金156.80万元；发放一次性退役士兵经济补偿金92.95万元。临时救济困难人员69人次资金11.28万元；发放特困户、重灾民救济粮77.25吨（价值43.26万元），救济2154人；发放冬令救灾衣被1222套（床）；确定五保对象5622人，发放五保供养定补金176.73万元。城乡医疗救助523人次，救助金额266.21万元。免费为2871对婚检对象进行婚检和地中海贫血筛查；办理结婚登记3145对，离婚783对。审批社区惠民资金项目272个，金额673万元；村级惠民资金项目70个，金额340万元。完善社会救助体系，推动社会福利由补缺型向适度普惠型转变。

劳动与社会保障　城镇新增就业10054人，帮助城镇就业人员再就业1570人，就业困难人员再就业386人，农村劳动力转移就业新增3386人。城镇登记失业率3.25%。培训农村劳动力400人。开展创建充分就业城区活动，促进就业和自主创业。开展职业技能培训806人。城乡居民社会养老保险参保率89.50%、待遇发放率100%。劳动监察受理投诉案件514件，立案调查案件54件、结案54件；为劳动者追回服装费、押金及工资待遇651.28万元（追回农民工工资645.49万元）。

（庞庆玉　陆冬英　张　丽　潘宇素）

2014年兴宁区镇(街道)情况

名　称	土地面积（平方千米）	村民委员会（个）	社区居民委员会（个）	自然屯（个）	年末人口（人）	农林牧渔业总产值（万元）	粮食产量（吨）	城镇居民人均可支配收入（元）	农民人均纯收入（元）
三塘镇	192.00	13	5	79	51367	72568	20697		10482.00
五塘镇	288.00	13	1	125	66944	67182	26972		9454.00
昆仑镇	133.00	8	1	126	29350	11430	22900	7996	7627.00
朝阳街道	6.07	1	8		75029				
民生街道	10.00	1	12		120000			29942	12123.66
兴东街道	25.90	1	7	10					

江　南　区

【概　况】 江南区位于南宁市区西南部，邕江南岸。东邻良庆区，南连防城港市上思县，西接崇左市扶绥县，北与兴宁区、青秀区、西乡塘区隔邕江相望。面积1154平方千米。湘桂铁路、黔桂铁路、南防铁路和桂柳高速公路、南宁至友谊关高速公路及邕江河道过境，南宁吴圩国际机场、南宁铁路南站坐落辖区内；港口有江南港、西江港、金鸡港，邕江大桥、中兴大桥、白沙大桥、清川大桥、永和大桥、葫芦鼎大桥、北大桥、桃源桥、凌铁大桥横跨邕江两岸。主要旅游风景区（点）有扬美古镇、江西镇智信村田园风光、广西皇氏锦江生态观光园、麻子畲中国文化名人旧居、木村名古树群。主要矿产资源有煤、石灰石。主要地方特产有扬美三宝（豆豉、梅菜、沙糕）、木瓜丁，特色农产品有西瓜、紫色糯玉米、木瓜、豆角。2014年，辖镇4个（吴圩镇由南宁经济技术开发区代管），街道5个（那洪街道、金凯街道由南宁经济技术开发区托管），村68个（南宁经济技术开发区22个），社区45个（南宁经济技术开发区18个），自然村（屯）521个（南宁经济技术开发区203个）；户籍总人口48.22万（南宁经济技术开发区户籍人口12.26万），人口自然增长率7.78‰（含南宁经济技术开发区）。耕地面积34.80万公顷；林地面积4.22万公顷，有林面积1.90万公顷，森林覆盖率35.70%。地区生产总值370.14亿元；全部财政收入16.43亿元（公共财政预算收入3.94亿元），公共财政预算支出11.52亿元；城镇居民人均可支配收入25332元，农民人均纯收入9903元。

【经济发展】

第一产业　2014年，实现农林牧渔业总产值27.89亿元。其中农业产值21.01亿元，林业产值0.51亿元，牧业产值4.16亿元，渔业产值1.19亿元，农林牧渔服务业产值1.03亿元。第一产业增加值17.93亿元。粮食作物种植面积1.26万公顷，总产量6.90万吨。其中：水稻种植面积9406公顷，产量5.47万吨；玉米种植面积2582公顷，产量1.29万吨。经济作物种植面积1.63万公顷。其中：甘蔗种植面积1.26万公顷，产量115.16万吨；木薯种植面积848公顷，产量7579吨。果园面积2593公顷，水果产量3.98万吨；蔬菜种植面积1.67万公顷，产量34.97万吨。肉类总产量1.49万吨。水产品产量1.20万吨。人工造林面积268公顷。新建蔬菜基地20公顷，常年蔬菜基地面积495公顷。实施生猪、优势水产品等规模化标准化养殖项目20个。种植百香果135.50公顷。土地流转93.30公顷。成立农民专业合作社9家。新增南宁东方红饲料有限公司、南宁市旺美米业有限公司、广西优粮米业有限公司3家南宁市农业产业化重点龙头企业。

2014年江南区国民经济主要指标

项　目	单　位	实　绩	比上年增长(%)
地区生产总值	万元	3701377	14.20
第一产业	万元	257265	7.00
第二产业	万元	2426870	17.60
工业	万元	2144614	16.90
第三产业	万元	1017241	7.80
农林牧渔业总产值	万元	278896	3.64
粮食总产量	吨	68971	-6.74
全社会固定资产投资	万元	1501143	17.06
实际利用外资	万美元	2250	7.00
社会消费品零售总额	万元	1531717	10.85
全部财政收入	万元	164281	-10.66
公共财政预算收入	万元	39392	-32.16
公共财政预算支出	万元	115162	3.42
城镇居民人均可支配收入	元	25332	10.20
农民人均纯收入	元	9903	12.00

第二产业　有工业企业350家，实现工业总产值173.03亿元。规模以上工业企业46家，实现工业总产值165.65亿元，利税总额8.69亿元(利润5.76亿元)。第二产业增加值242.69亿元(工业增加值214.46亿元)。完成工业投资55.38亿元，技术改造投资60.75亿元。工业主要产品产量：饲料83.55万吨、电子元件1375万只、平板玻璃623万重量箱、塑料制品2.10万吨、中成药7139吨、大米3.25万吨、食用植物油3.52万吨、铝材23万吨、自来水生产量3.64亿立方米、商品混凝土111.09万立方米等。

第三产业　有国有企业23家，集体企业38家，股份合作企业1家；私营企业4999家，个体工商户1.91万户。从业人员4.59万人，注册资金4.64亿元。实现社会消费品零售总额153.17亿元。第三产业增加值101.72亿元。外贸进出口总额5.70亿美元。完成房地产开发建设投资13.56亿元，商住房地产开发建设施工面积113.18万平方米，商品房销售18.18万平方米，销售额12.19亿元。南宁华南城1-4号广场全面试业，配套的南宁乾龙物流园、兰桂坊美食街开始运营，配套服务区内1668第一广场、江南华府二期加快建设，华南城电子商务产业园开通网上华南城网、奥莱购、东盟购、天鹰茶城等电商。第11届中国—东盟博览会轻工展、第七届广西(南宁)春茶节、2014年南宁·东南亚国际旅游美食节等展会活动在南宁华南城会展中心举行，客流量137.60万人次，意向成交金额40.70亿元，现场成交8.60亿元。广西海吉星农产品国际物流中心果蔬二期项目及冷链物流项目开工建设。北京华联保利城店、横店影城顺利开业。江南南城百货实现销售额3.50亿元。

招商引资　签约引进项目8个，合同意向总投资302亿元。实际到位内资38.77亿元，直接利用外资(广西全口径)2250万美元。富士康南宁科技园项目完成投资6.96亿元，南宁华南城一期项目(即东盟国际工业原料产品物流城)完成投资5.14亿元，广西海吉星农产品国际物流中心项目完成投资2.08亿元，产投(江南)企业公园项目完成投资5.18亿元，江南区电子信息标准厂房二期项目完成投资2亿元，江南区工业标准厂房项目完成投资1.50亿元，公园大地项目完成投资0.88亿元，恒宇国际公馆项目完成投资0.58亿元，凯旋1号项目完成投资1.77亿元，保利城项目完成投资1.74亿元。

城乡建设　英华大桥，沙井—定秋、沙井—智和立交桥，南扶二级公路全线建成通车。完成30条道路沥青混凝土罩面改造。高标准建成朝阳坡综合示范村。标准厂房完成主体工程45万平方米。五象大道延长线、亭洪路(壮锦大道以西735米路段)、定秋路、旧五一西路延长线、沙井—南站立交、江南公园开工建设。完成白沙大道等精品线路、绕城高速沿线17.20万平方米的建筑物立面改造。清理违法建筑92.43万平方米、违法占地173.44万平方米。建成通屯道路34千米，完成水库除险加固4座，实施农村人饮安全工程33个，解决2.40万人饮水安全问题；施工建设土地整治项目14个，建成高标准基本农田3311.33公顷；启动石漠化综合治理项目，总投资1494万元。启动"生态乡村"建设，打造生态文明村重点坡36个、生态文明示范坡8个。

【社会事业发展】

文明创建活动　2014年，江南区推动志愿服务制度化、常态化发展，率先在南宁市成立"志愿服务联合会"，登记注册志愿者3.97万人；志愿服务队伍198支(党员志愿者队伍60支、巾帼志愿者队伍38支、青年志愿者队伍100支)。注重先进典型的培育和宣传，钟日胜荣登"中国好人榜"敬业奉献好人；莫丽英、陈文、姚池玉被评为自治区优秀志愿者；陈美杏、钟日胜、闭小莲被评为南宁市第三届道德模范；莫丽英、姚池玉、陈文、辛宝珍被评为2014年度南宁市五星级志愿者。

科教文卫体事业　投入科技经费1190万元。组织实施科技项目29项，实施到期通过南宁市级验收的科技项目12项。农作物优良品种覆盖率98%，农村先进适用技术普及率100%。举办科技培训班46期，培训1.16万人次。拥有有效发明专利40项、专利产品3个。有获认定的高新技术企业4家，企业研发中心7个(国家级1个、自治区级2个、市级4个)。有幼儿园75所(公办2所)，在园幼儿2.14万人；小学81所(社会办学17所)，在校生4.24万人；初中24所(社会办学13所)，在校生1.08万人；高中2所，在校生1243人。有教职工2098人。小学适龄儿童入学率100%，小学毕业生升学率100%，辍学率为零；初中阶段入学率100%，辍学率0.75%；初中毕业升学率88.20%。实施教育惠民工程，

2月14日，江南区菠萝岭社区举办第24届元宵花灯会　　江南区志办提供

投入义务教育经费2.45亿元。推进学前教育三年行动计划，学前三年、学前一年毛入学率均97%。保障4.99万名学生享受免费义务教育，九年义务教育巩固率71.83%。发放小学、初中寄宿生补助生活费7389人次417.75万元；资助家庭经济困难中小学生2059人次108.71万元。投入专项经费435万元，为学校购买课桌椅4000套、图书10.59万册、床架1000套，为34所学校安装视频监控系统。成功申报扬美龙舟上水节、菠萝岭元宵花灯节为自治区非物质文化遗产项目，城区获"中国平话文化之乡"称号。完成8个村级公共服务中心建设。持续开展扬美古镇保护与旅游开发，申报广西四星级乡村旅游区，启动江西镇创建南宁市首批特色旅游名镇工作。有医疗卫生机构388个。其中国有医疗卫生机构15个(乡镇5个)，村卫生所46个，个体医疗诊所277个。有卫生技术人员4031人。乡镇卫生院医疗病床275张。江南区人民医院、江南区基层卫生服务设施综合楼项目完成主体建设，江南区沙井中段社区卫生服务中心建成并投入使用，江西中心卫生院职工周转房项目开工建设。参加新型农村合作医疗24.29万人，参合率99.30%，筹集资金9497.58万元(农民缴费1700.32万元、财政投入7772.91万元、其他收入24.35万元)。出生人口6206人(南宁经济技术开发区1866人)，人口出生率11.82‰(含南宁经济技术开发区，不含南宁经济技术开发区为10.93‰)。通过村级公共服务中心项目、自治区农民体育健身工程、自治区乡镇农民体育健身工程等项目，建设农村公共篮球场15个，配套乒乓球桌31张，为富士康南宁科技园区建成3000平方米综合体育场1个；组织开展群众性体育活动70多项次。

民政事业　救助城乡低保2.79万人次，实施城乡医疗救助2433人次，为城乡低保、五保对象2892人购买人身意外伤害综合保险。完成46个行政村、27个社区"两委"换届选举、村(居)务监督委员会选举。完成村(社区)服务用房建设项目18个。以新锦社区为试点，探索政府购买社会服务，实践"三社"联动，提升社区管理服务创新水平。江南区被评为南宁市民族团结进步创建"五比五争"活动模范单位、南宁市民政事业统计工作先进单位，获2014年南宁市自然灾害应急救助技能竞赛第三名。

劳动与社会保障　城镇新增就业1.21万人，城镇失业人员再就业4239人，农村富余劳动力转移就业4766人，城镇登记失业率3.11%。农村劳动力转移就业职业技能培训922人，产业工人技能提升培训366人。江南区城乡居民社会养老保险覆盖面继续扩大，参保人数8.92万人，参保率90.66%，收缴保费800.14万元，续保率92.29%；发放养老金2528.80万元，发放率100%。组织开展"民营企业招聘周""春风行动"等促进就业专项活动，举办招聘会15场次，累计进场企业697家，提供岗位5.33万个，参加农民工5.41万人次，达成就业意向6200人次。

(韦艳玲　梁尚家)

2014年江南区镇(街道)情况

名　称	土地面积(平方千米)	村民委员会(个)	社区居民委员会(个)	自然屯(个)	年末人口(人)	农林牧渔业总产值(万元)	粮食产量(吨)	农民人均纯收入(元)
江西镇	214.90	10	1	93	46100	71700	25200	9791
吴圩镇	394.00	10	2	132	130000			9903
苏圩镇	223.00	15	1	120	68500	114850	33900	9652
延安镇	132.00	5	1	69	28300	53903	10767	9950
福建街道	16.68	4	14		200000			
江南街道	24.70	3	6	11	102000			
沙井街道	46.30	9	4	56	44200	30194	866	9922
那洪街道	63.00	7	2	24	100000			
金凯街道	30.00	5	2	22	60000			

青 秀 区

【概 况】 青秀区位于南宁市东南部。东邻宾阳县、横县,南接邕宁区,西、北连兴宁区,与良庆区、江南区隔江相望。辖区总面积865.26平方千米,是自治区、南宁市党政机关所在地及中国—东盟博览会会址——南宁国际会展中心所在地。交通便利,昆广高铁(在建)、湘桂铁路、桂海高速公路、邕江航道过境。辖区有高铁站——南宁东站,铁路有邕宁、伶俐两个火车站。正在修建的南宁地铁1号线在辖区设站15个。有埌东客运站。有县道3条、乡道5条、村道335条。主要景区有国家5A级景区1个(南宁青秀山风景区),国家4A级景区4个(广西民族博物馆、广西科技馆、凤岭儿童公园、南宁民歌湖旅游风景区),国家3A级景区2个(南宁市金花茶公园、南宁金湖地王·云顶观光旅游景区),广西农业旅游示范点2个(青秀区伶俐镇独岭村渌口坡、青秀区长塘镇定西村加踏坡)。主要矿产资源有煤、石英砂、重晶石、石灰石。主要地方特产有龙眼、荔枝、酸梅、竹笋、花生油、甘蔗等。2014年,辖镇4个、街道5个、自治区级经济开发区1个(仙葫经济开发区)、社区62个(城市社区58个、农村社区4个)、行政村46个。至年末,户籍人口67.35万(非农业人口55.03万、农业人口12.32万),流动人口23.50万,人口自然增长率7.23‰;耕地面积1.37万公顷(水田面积6849公顷);有林面积3.92万公顷,森林覆盖率43.85%。财政收入109.68亿元,比上年同期增长16.73%,总量居自治区各县(区)第一,为自治区首个财政突破百亿元县(区),占全市财政总收入20.80%。公共财政预算收入23.71亿元,增长16.99%;公共财政预算支出23.72亿元,增长9.33%。实现地区生产总值637.06亿元,增长6.94%。其中:第一产业增加值17.45亿元,增长4.42%;第二产业增加值90.83亿元,增长1.53%;第三产业增加值528.78亿元,增长7.97%。工业完成增加值16.67亿元,增长3.40%;建筑业完成增加值74.16亿元,增长1.16%;人均地区生产总值96098元,增长3.81%;全社会固定资产投资595.54亿元,增长14.04%,总量位居自治区各县(区)第一;社会消费品零售总额332.91亿元,增长12.35%;全部工业总产值54.87亿元,增长5.90%,其中规模以上工业企业实现工业总产值49.55亿元,增长5.98%;农林牧渔业总产值30.46亿元,增长4.52%;区外实际到位资金90亿元,增长15.07%,实际利用外资6200万美元,增长14.81%;城镇居民人均可支配收入34421元,增长9.30%,居自治区各县(区)第一;农民人均纯收入10075元,增长11.89%。被评为全国"五好"关工委先进县(区)、全国社会主义新农村建设档案工作示范县、全国科技进步先进县(区)、全国社会组织建设创新示范区、全国残疾人社区康复示范区、全国社区建设示范城区、全国社区卫生服务示范城区、广西文明城区等,青秀区法院被评为全国"三八红旗"集体。

【经济发展】

第一产业 2014年,实现农林牧渔业总产值30.46亿元。其中农业12.75亿元,林业2.48亿元,牧业9.25亿元,渔业1.18亿元,农林牧渔服务业4.80亿元。第一产业增加值17.45亿元。粮食作物种植面积1.54万公顷。总产量8.67万吨。其中:水稻种植面积1.18万公顷,产量6.71万吨;玉米种植面积2832公顷,产量1.73万吨。经济作物种植面积0.99万公顷。其中:甘蔗种植面积0.63万公顷,产量50.53万吨;木薯种植面积790公顷,产量0.88万吨。果园面积1031公顷,水果产量1.65万吨;蔬菜种植面积0.76万公顷,产量16.01万吨。肉类产量3.40万吨,水产品产量6200吨。完成人工造林面积922.76公顷。发展现代生态休闲农业示范区建设,在长塘镇定西村团岩坡综合示范村新建双季葡萄20公顷、四季果园33.33公顷,其中双季葡萄园是自治区最大的种植园。建设保健植物园53.33公顷,台湾精品园33.33公顷。投入示范区建设资金1.57亿元,其中市财政投入1406.96万元(综合示范村700万元)、城区财政投入7478.43万元(综合示范村6174万元)、经营主体投入(含农民投入)6799.04万元。建设长塘镇长塘村蔬菜基地,面积26.67公顷,总投资800万元(财政资金220万元)。年内,新建农民专业合作社26家,涉及种植类、养殖类、运输类等,由农业产业化龙头企业牵头,实行"龙头企业+合作社+农户"经营模式。有南宁市必兴龟鳖养殖农村专业合作社山瑞鳖生态养殖示范基地建设与养殖技术推广项目(总投资340万元,其中财政补助资金20万元),南宁市通兴畜禽养殖专业合作社林下养猪示范项目(总投资441.71万元,申请财政直接补助资金10万元)2个。南阳现代农业科技信息园产业化经营项目、双季葡萄标准化种植基地建设农业产业化经营项目、草食动物产业化建设项目获批为市级农业

2014年青秀区国民经济主要指标

项 目	单 位	实 绩	比上年增长(%)
地区生产总值	万元	6370619	6.94
第一产业	万元	174508	4.42
第二产业	万元	908322	1.53
工业	万元	166700	3.40
第三产业	万元	5287800	7.97
人均地区生产总值	元	96098	3.81
农林牧渔业总产值	万元	304600	4.52
粮食总产量	吨	86700	1.62
全社会固定资产投资	万元	5955400	14.04
实际利用外资	万美元	6200	14.81
社会消费品零售总额	万元	3329100	12.35
全部财政收入	万元	1096800	16.73
公共财政预算收入	万元	237100	16.99
公共财政预算支出	万元	237200	9.33
城镇居民人均可支配收入	元	34421	9.30
农民人均纯收入	元	10075	11.89

产业化经营项目，总投资947.20万元，财政扶持资金260万元。粮食作物播种面积1.54万公顷，其中超级稻8866.67公顷、早稻5795公顷、晚稻5970公顷、玉米2838公顷、豆类232公顷、薯类518公顷。实施南宁市冬种项目2个，示范总面积400公顷，总投资345万元，其中申请财政补助资金80万元、农民自筹265万元。发展农业特色种植，推广种植葡萄100公顷、牛蒡40公顷、西甜瓜1098公顷、桑蚕673.33公顷、绿色稻种植生产基地400公顷；农作物间套种面积1376公顷，其中甘蔗456公顷、木薯246.67公顷、水果86.67公顷、粮食作物586.67公顷；秋冬种开发完成3900公顷，其中玉米、马铃薯等粮食作物253.33公顷，蔬菜等经济作物3646.67公顷；"三避"（避雨、避寒、避晒）技术推广面积3733.33公顷，其中粮食613.33公顷、甘蔗333.33公顷、水果213.33公顷、蔬菜240公顷、其他作物2333.33公顷。水利建设投入3499.77万元，完成农村人饮水工程16处，渠道防渗工程13.30千米；山塘除险加固45座。开展农民培训，举办镇、村两级培训班165期，培训1.30万人次，其中农村党员2221人、妇女5658人、计生户2681人、"两委"（村党支部委员会、村民委员会）干部1809人。利用广播、电视、电台、网络等媒体培训1848人，印发资料5.50万份。

第二产业　有工业企业245家，实现工业总产值54.87亿元。其中，规模以上工业企业28家，实现工业总产值49.55亿元，利税总额42.58亿元（利润33.05亿元）。第二产业增加值90.83亿元（工业增加值16.67亿元），工业对经济增长贡献率1.20%，拉动经济增长0.08个百分点。完成工业投资51.57亿元，技术改造投资7.41亿元。伶俐工业集中区标准厂房新建工业标准厂房8幢，占地4.80公顷，建筑面积8万平方米，投资2.90亿元。继续做好广西物宝农业科技有限责任公司年产20万吨复合肥搬迁技改项目及广西超大集团伶俐物流园项目的跟踪服务，配合广西西江木业创新产业基地项目开展项目前期工作。年内，广西物宝农业科技有限责任公司年产20万吨复合肥搬迁技改项目厂房封顶，完成厂区内场地硬化和水电安装，建造复合肥车间（项目一期预计2015年2月建成投产）。2月，广西超大集团伶俐物流园项目开工建设，累计完成投资7341万元；10月17日，广西西江木业创新产业基地项目举行签约仪式，投资35.60亿元。二塘工业园区入驻南宁生源中药饮片有限公司、南宁选矿机械厂、南宁东仔食品公司、南宁卓雨建材有限公司、南宁东旗近代食品厂、南宁龙普科技公司6家企业。

第三产业　有国有企业1470家，集体企业89家，股份合作企业13家；私营企业1.11万家，从业15.90万人；个体工商户3.75万户，从业15万人，注册资金20.43亿元。外贸进出口额4.37亿美元。完成房地产开发建设投资182.58亿元，商住房地产开发建设施工面积125.45万平方米（新开工面积189.35万平方米），竣工面积124.55万平方米，商品房销售161.06万平方米，销售额148.94亿元。投入专项资金2000万元，建立自治区首个楼宇经济管理信息平台，重点楼宇累计入驻世界500强企业17家、全国500强企业22家，亿元税收楼宇6栋（新增3栋）。辖区37栋重点楼宇年纳税19.07亿元，比上年同期增长33.91%，占财政总收入17.39%；青秀万达广场建成开业，金湖中央商务区发展日趋成熟，青秀区获批加入"中国商务区联盟"。电子商务快速发展，广西电子科技广场"电科速购网"上线启用；阿里巴巴·南宁产业带暨O2O"云"展会（指以云计算虚拟会展平台为基础，将线下的商务机会与互联网结合，让互联网成为线下交易的前台）正式运营，阿里巴巴·南宁产业带线下入驻商家485家，线上举办活动1次，上线产品1.69万个，包括广西、东盟特产及服装、美妆日化、化工、家装等商品，年度线上交易额1.60亿元。打造南宁文化旅游中心三年计划实施方案，加快建设广西民族村、团岩坡特色旅游名村等15个文化旅游景点，引进天堂岭一期新加坡文化旅游区等项目。年内，国内旅游人数2482.53万人，增长23.02%；国内旅游收入189.56万元，增长29.56%。

招商引资　引进企业（项目）35个，总投资94.34亿元，全年实际到位内资90亿元，增长15.07%，完成年度任务115.3%；实际利用外资（广西全口径）6200万美元，增长14.81%，完成年度任务105.80%。引进项目31个，总投资500亿元；其中"两会一节"期间签约项目7个，总投资350亿元，创历史新高。招商引资在建项目12个、待建项目5个、在谈项目25个，其中工业项目10个、城市综合体10个、商业项目7个、文化旅游项目5个、旧改项目6个、物流项目1个。投资环境持续优化，城区入选"2014年全国最具投资潜力中小城市百强区"。

城乡建设　为航景巷、仙安路二街、仙葫美思小区、仙葫桥南小区、金牛桥旁小巷、柳园路西一里、驻军某部战备公路、葛村铁路下穿涵洞至长堽路、博物馆侧道路、仙葫宝城小区二期、麻村一、二街、凤岭北7号路南宁铁路局旁、园湖路东一里、金浦一支路、东宝路东一里、长堽西支路16条小街小巷安装路灯。为30条道路实施"白改黑"（混凝土路面改造为沥青罩面）工程，投资4304万元，路面改造面积17.60万平方米。其中：市财政出资改造葛村路、思贤路等13条道路，总投资2006万元；城区财政出资改造麻村路、青山北路等17条道路，总投资2297万元。改造辖区内104条市政道路的956个不规整检查井，全部统一更换直径760重型复合井盖；234条道路的检查井增设3298个防坠网；改造葛村建政东路口铁路涵洞、临胜街2个易涝点；新增安装果皮箱1000个，垃圾桶1万个；新建玉兰路公共停车场，新增停车位80个；在园湖路、古城路等人行道安装隔离柱572根；在越秀路、枫林路、云景路、园湖路等35条道路安装隔离墩3031个；修复辖区人行道、盲人道面积3312平方米，沥青路面维修面积1.51万平方米；更换井盖、雨水箅子467座，小街小巷管道清淤5.89万米；维修路灯1397盏，检查维修路灯线路5746米，新装路灯杆67杆、壁灯31盏，更换路灯灯具270套，路灯亮灯率95%以上，设施完好率96%。在农贸市场安装远程视频监控系统为重点的"5+X"（"5"指电路改造、排水排污改造、活禽区改造、建立远程监控管理平台、推行农贸市场诚信管理办法；"X"指根据各试点农贸市场的实际，灵活进行的硬件设施改造及周边环境整治部分）改造升级，实现农贸市场硬软件全面提升。有39个市场投入1700多万元（含市场开办方投入）对市场的基础设施进行升级改造，新聘市场管理员、保洁员180多名；在15个市场安装数字高清摄像头495个。年内，开展环境综合整治行动521次，参加人数1.74万人次，投入资金304.10万元，清理垃圾8297.30吨；拆除违章搭建、违法建筑454栋（处），面积64.89万平方米；清理违章广告张挂826处5816.56平方米；新增绿化面积16.34万平方米，新种植绿化树3.10万棵。铁路沿线房屋风貌改造1349户28.42万平方米。完成绕城高速公路沿线（青秀段）环境综合整治11千米，清理建筑垃圾约650车次，清理面积2.54万平方米；清理拆除"两违"（违法用地、违法建筑）点32处，面积20.32万平方米；拆除高杆广告26杆、平面落地广告牌7块，1.26万平方米；完成城乡绿化14.61万平方米，种植乔木1523株；完成风貌改造175户5.10万平方米。

【社会事业发展】

文明创建活动　2014年，青秀区在辖区建立南湖广场、金湖广场、万象城广场城市志愿服务站3个，在55个城市社区建立社区志愿服务站，其中新竹社区、凤岭北社区、南湖小区3个志愿服务站属市级社区志愿服务站示范点。有志愿者队伍300余支，志愿者8万多名。开展“志愿服务一条街”“服务世锦赛在行动”“美丽青秀志愿者展风采”“四进社区”“三下乡”等活动。整合爱心款物价值100多万元，慰问困难群体2.65万人，开展整理家务、维修、理发、宣传、法律援助等服务4万多件次，开展文艺演出、放映电影90多场次。开展道德讲堂活动1000多场，提供身边好人推选线索18条，黄利红、林英忠入围“中国好人榜”候选人，黎氏三姐妹、林小苹入围“自治区优秀志参加愿者”候选人；黎素娟入选中国文明网2014年3月“中国好人榜”。开展“美丽南宁·整洁畅通有序大行动”“青秀区十大最美人物”评选活动。在中小学开展“我的中国梦”主题教育活动，南宁市第三届“美德少年”评选推荐活动，“童心向党”歌咏比赛活动。青秀区被评为2011~2013年南宁市未成年人思想道德建设工作先进县（区）。

科教文卫体事业　投入科技经费2543万元，组织实施科技项目62项。实施到期通过上级验收的科技项目39项，其中市级项目7项、自治区级科技项目3项。推进长塘镇现代农业示范园、团岩坡四季果园、“花满人间”生态农业观光园、南阳镇新光村基层党员干部创先争优科技示范基地等12个示范基地建设。推广示范超级稻新品种“特优582”、青铜火鸡养殖关键技术、马铃薯新品种“荷兰15号”引进与高效栽培示范等7项农业实用新技术，打造刘圩“状元”有机米和“紫土”富锌绿色香米，扶持长塘子姜、红心火龙果的精品品牌；推广“U型”复合材料防渗渠工程、云计算分布式管理系统等4个工业类实用新技术。举办科技培训250班期，培训2.78万人次。辖区科研单位获2014年度广西科学技术奖项目53个，其中科学技术特别贡献奖1个、自然科学奖三等奖1个、技术发明奖三等奖1个、科学技术进步奖一等奖1个、科学技术进步奖二等奖20个、科学技术进步奖三等奖29个。辖区机关企事业单位、科研院（所）获2014年南宁市科学技术进步奖二等奖2个、三等奖12个。有幼儿园110所，在园幼儿2.38万人；小学84所（社会办学11所），在校生5.03万人；初中13所（社会办学1所），在校生9377人；特殊教育班3个，在校生87人；教职工3468人（顶岗教师823人）。小学适龄儿童入学率100%，辍学率零，小学毕业生升学率100%；初中阶段入学率100%，辍学率1.80%；初中毕业生升高中毛入学率87%。教育惠民工程投入资金4305.87万元，其中农村义务教育困难寄宿生生活补助金365.31万元、农村义务教育学生营养改善计划补助金1034.74万元、义务教育阶段学生公用经费补助金2768.29万元、学前教育入园资助金80.15万元、中小学学生家庭经济困难补助金57.38万元。各级财政总投资2.14亿元（中央资金333万元、自治区资金2103万元、南宁市资金6436万元、城区财政资金1.25亿元），实施学校软硬件建设项目430个（新建项目372个、续建项目10个、竣工项目23个、前期工作项目25个），完成投资4588万元。教育设备配置投入6765万元，其中为5所迁建扩建学校投入1265万元配备各类教学仪器设备，功能室、安防监控设备等；教育惠民项目投入资金1360万元，为15所学校配置电脑室12间、办公电脑500台、多媒体班班通设备228套；设备类固投投入资金2160万元，为全城区学校及幼儿园配置各类多媒体及空调、课桌椅、办公桌椅、食堂设备等教育、教学、生活设施，完成中考标准化考场监控设备配置；迎接国家教育均衡发展检查投入1980万元，为城区中小学配备各科教学仪器设备、图书等。辖区学校获国家级集体奖4个；教师在国家级赛课中获一等奖5个、二等奖4个，获自治区级一等奖15个。在伶俐镇石塘村、刘圩镇那里村、南阳镇留凤村、长塘镇长大村那叩坡新建村级公共服务中心各1个。元旦、春节期间，各镇（街道）、开发区举办文艺晚会16场、球赛22场。组织辖区业余文艺队伍到4个镇开展文化艺术帮扶培训活动16场，开展文化志愿者书法普及培训暨送春联下乡活动，组织书法家志愿者开展书法授课。向社会公开招募“多彩生活、幸福使者”文化志愿者60人；组织开展普及性音乐舞蹈培训8期、国画书法培训7期，培训600人次；组织开展公益性演出活动10场，观众3万人。举办“当好东道主服务世锦赛”2014年南宁市外来务工人员文化艺术节青秀区专场文艺演出，前来观演农民工800多名。开展“三月三”山歌文化传承培训暨对歌交流活动。9月17日，在青秀大厦大礼堂举行2014南宁国际民歌艺术节“绿城歌台·唱响世锦”青秀区歌台。发挥图书馆资源作用，举办讲座、开展读者活动20次，接待读者2万人次。建设学校图书室、乡镇农家书屋；开展流动服务，送书到基层50多次，流通图书1万多册次；开展“书香绿城”全民阅读活动、图书馆服务宣传周活动、宣传第45届世界体操锦标赛和建设美丽南宁等读者活动10多场次，参与人数1万人次，发放科普读物、宣传单2万多份。《青秀年鉴·2012年》获第八次广西地方志优秀成果三等奖，《青秀年鉴·2013》获第五届全国年鉴编纂出版质量评比二等奖。有医疗卫生机构340家（含自治区直及市直属医疗卫生机构），其中国有医疗卫生机构11家、城区级2家、乡镇5家、村（社区）卫生服务站中心（站）46家、个体医疗诊所20个。医疗机构床位1.04万张，其中市级医院1.01万张，乡镇卫生院208张；卫生人员1.34万人，城区属卫生技术人员785人。年内，投资95.57万元，完成农村卫生户厕建造1000座。参加新型农村合作医疗农民17.72万人，参合率99.15%，缴费1240.42万元。各级财政补助资金到位率85.80%（城区财政补助资金372.14万元）。参合农村居民获医疗费用补偿8.63万人次，基金使用率85.87%。资助五保户、低保对象、

12月31日，青秀区首届民族风情文化旅游节开幕　　青秀区志办提供

残疾人及独生子女户、纯二女结扎户参加新农合2.23万人，资助经费156.12万元。出生人口7729人，人口出生率1.22‰。新建篮球场12个、健身路径8条；组织辖区群众开展全民健身和体育竞技活动，开展乡镇农民迎春篮球友谊赛；组织开展老年人乒乓球、太极拳（剑）、"三八"妇女节门球赛、门球协会成立周年门球邀请赛、"全民健身活动月"门球赛、九九重阳节门球赛等系列赛事20余场。

民政事业 有城市低保对象718人，累计救助4755户次7720人次，发放城市低保金264.28万元（春节补贴15.82万元），月人均补助322元；有农村低保对象3059人，累计救助1.36万户次3.06万人次，累计发放农村低保金435.88万元（春节补贴60.34万元），月人均补助122元；有五保供养对象907人，累计救助9043人次，发放农村五保供养金347.17万元；城区对城乡低保对象进行入户核查，整改96户。救助流浪乞讨等弱势群体人员817人次，发放棉被34床、毛巾被30床、衣服113套、鞋子75双、饮用水和食品一批。城乡医疗救助惠及487人次，发放城乡医疗救助金145.03万元；临时救助34人，发放临时困难救助资金6.41万元。有80岁以上老人1.09万人（80岁至89岁高龄老人9809人、90岁至99岁高龄老人1073人、百岁老人33人），发放80岁以上高龄老人津贴424.55万元。办理接收复员士官、退伍义务兵167人。其中：签《自谋职业协议书》的城镇退役士兵10人，发放一次性安置补偿金、生活费60.33万元；选择自主就业157人，发放自主就业金153.75万元。组织退役士兵23人参加职业教育、112人参加技能培训。发放优抚金总金额830万元，发放一至四级的伤残军人护理费14.18万元。开展零散烈士纪念设施抢救保护，修缮零散烈士纪念碑（墓）6座，其中烈士纪念碑3座、散葬烈士墓3座。开展南宁慈善日"能帮就帮·心系困难群众"活动，募捐善款68.90万元上交市慈善总会。开展助学、助孤、助老、助医工作。其中：救助应届大学生12人，发放助学金4.80万元；救助孤儿7人，发放助孤金1.40万元；救助困难老人40人，发放助老金4万元；救助患有恶性肿瘤、先天性心脏病或慢性肾衰竭（尿毒症）重大疾病人员13人，发放助医金6.50万元。有孤儿11人，发放孤儿保障金6.72万元；接待收养登记10对，受理收养登记10对，经审查合格准予收养登记10对，登记合格率100%。办理婚姻登记9513对，其中办理结婚登记7186对、离婚登记1797对，补发婚姻登记530对，查档出具婚姻证明8600多件；协助发放免费婚检表4900多对，新婚夫妇婚检率95%以上。

劳动与社会保障 开展"就业援助月、春风行动、民营企业招聘周"等招聘会活动，提供岗位3.80万个，达成求职意向4600多人，实现城镇新增就业1.62万人，下岗失业人员再就业3801人；帮助大龄就业困难人员实现再就业1129人；承担自治区为民办实事"职业培训"项目20个，培训750人；承担南宁市"产业工人技能提升培训"项目7个，培训280人；城镇失业登记控制在2.65%以内；实现新增农村劳动力转移就业4939人，实现新增农村劳动力转移就业5000人。接收企业退休人员单位数413个（次），接收档案人数2676人，收取专项管理服务费102.81万元。完成111个基层就业服务平台建设任务，有1637位就业困难人员前来咨询，其中362人通过基层就业平台解决就业问题。青秀区"12333"专线受理求助人员29人，实现就业28人，成功率96.55%。城乡居保参保总人数6.35万人，其中符合待遇发放人数6.19万人，参保率97.5%；正常参保3.96万人，缴费人数3.01万人，缴费率76%；城乡居保发放人数1.99万人，发放率100%。城乡居民基本养老保险基金收入3439.51万元（个人缴费438.10万元、中央财政资金补助1332万元、自治区财政补贴26万元、南宁市财政补助166.05万元、城区财政补贴1391.41万元、利息收入85.95万元），养老保险基础金支出2337.74万元；基金当年结余1101.77万元，历年结余3957万元，累计结余5058.77万元。为4.04万参保人员建立个人账户，建账率100%，准确率100%，累计帮助享受南宁市灵活就业社保补贴人员申领社保补贴1.67万人次614.36万元；帮助享受区直社保补贴人员申领社保补贴1492人次53.46万元；帮助城区公益性岗位人员（含安置27名残疾车车主）申领岗位补贴662人次117.97万元，其中市财政局补贴100.51万元、市民政局补贴17.46万元；帮助9460人次下岗失业人员申领失业保险金824.45万元；帮助辖区居民办理《就业失业登记证》765本（就业登记119本、失业登记646本）。（蔡光桑）

2014年青秀区镇（街道）、开发区情况

名 称	土地面积（平方千米）	村民委员会（个）	社区居民委员会（个）	自然屯（个）	年末人口（人）	耕地面积（公顷）	农林牧渔业总产值（万元）	粮食产量（吨）	农民人均纯收入（元）
长塘镇	265.00	8	1	85	31348	4023.00	43972	15828	8340
伶俐镇	264.00	8	1	64	36354	3971.00	56151	18106	9660
南阳镇	93.56	7	1	45	33363	3815.00	53956	19910	8693
刘圩镇	159.00	14	1	46	55607	4542.00	89472	31191	8312
新竹街道	8.50	1	15	0	200000	0	0	0	8700
中山街道	10.10	2	14	0	150792	6.83	760	0	7835
建政街道	10.10	1	7	5	108000	0	0	0	4750
南湖街道	36.40	2	6	0	138218	59.00	6914	566	5200
津头街道	65.00	3	10	3	98501	46.70	1954	0	92833
仙葫开发区	136.53	0	6	35	85000	800.00	8046	4692	8542

西乡塘区

【概 况】 西乡塘区位于南宁市区中西北部。东邻兴宁区，南与江南区隔邕江相望，西连扶绥县、隆安县，北与广西高峰林场、武鸣县接壤。面积1298平方千米。湘桂铁路、南(宁)昆(明)铁路，南(宁)昆(明)、兰(州)海(口)高速公路，南宁市外环高速公路和快速环城路通过辖区；邕江、左江、右江航道过境。南宁高新技术产业开发区坐落境内。辖区内有中、高等院校30多所和科研院所20多所。旅游景区(点)主要有：相思湖湿地公园、明月湖湿地公园、民生广场、南宁动物园(国家4A级景区)、广西八桂田园(广西现代农业技术展示中心，国家4A级景区)、南宁希望田野（广西现代农业科技示范园)、安吉花卉公园、坛洛金满园(广西甘蔗果树良种繁育中心)、天雹水库(南宁圣天宝风景区)、龙门水都、石埠“美丽南方”景区、下楞民俗文化村、心圩越南育才学校总部遗址等。矿产资源主要有煤、石灰岩等。地方特产有“洛洛香”“甜弯弯”“桂姿”等品牌香蕉。2014年，辖镇3个，街道10个(心圩街道、安宁街道由南宁高新技术产业开发区托管)，村64个，社区77个。户籍总人口76.65万；流动人口25.41万。人口自然增长率6.32‰。耕地面积1.70万公顷；林地面积2.90万公顷（含国有林场)，有林面积2.36万公顷，森林覆盖率26.91%。地区生产总值707.84亿元；全部财政收入38.07亿元（公共财政预算收入10.22亿元)，公共财政预算支出22.09亿元。被评为全国计划生育优质服务先进单位、全国基层中医药工作先进单位、全国平安农机示范县(区)、中国龙舟文化之乡，自治区双拥模范县(区)、自治区知识产权示范县(区)、自治区未成年人思想道德建设工作先进县(区)、自治区人力资源和社会保障工作先进集体。

【经济发展】

第一产业 2014年，实现农林牧渔业总产值35.45亿元。其中：农业产值23.73亿元，林业产值0.43亿元，畜牧业产值8.75亿元，渔业产值1.21亿元，农林牧渔服务业产值1.33亿元。第一产业增加值(在地口径)22.41亿元。粮食作物种植面积1.27万公顷，总产量6.61万吨。其中：水稻种植面积0.76公顷，产量4.26万吨；玉米种植面积0.44公顷，产量2.19万吨。经济作物种植面积1.10万公顷。其中：甘蔗种植面积0.42万公顷，产量34.81万吨；木薯种植面积0.37万公顷，产量3.99万吨。瓜果类种植面积0.53公顷，产量10.40万吨(西瓜、香瓜种植面积分别为0.38万公顷、0.15万公顷，产量分别为7.37万吨、3.01万吨)；果园面积1.95万公顷，水果产量55.15万吨(香蕉种植面积1.77万公顷，产量52.11万吨)；蔬菜种植(含复种)面积1.24万公顷，产量26.10万吨。肉类总产量3.61万吨，禽蛋产量1.74万吨，水产品产量1.20万吨。农业龙头企业累计35家；新建农民专业合作社18家，累计105家。依托龙头企业发展标准化种植养殖基地2个（金陵农牧集团有限公司标准化养殖基地、坛洛香蕉标准化种植基地)，打造香蕉、西(甜)瓜、蔬菜、家禽、罗非鱼、龟鳖和林下经济等农业优势特色产业。土地承包经营权流转新增面积566.67公顷，历年累计7046.67公顷。完成山上绿化造林面积733.33公顷，义务植树51.20万株；完成中华路、人民路、江北大道、明秀西路、友爱南路5条主干道绿化恢复植树，铁路及绕城高速沿线种植乔灌木8.44万株，铺设片植灌木2737.80平方米、草皮2.06万平方米。实施水库除险加固2座；新建农村饮水安全工程26个、农田水利设施工程34个；完成农村通村、通屯水泥路建设175.15千米，总投资1.38亿元。

第二产业 有工业企业695家，实现工业总产值(在地口径)988.02亿元。规模以上工业企业35家（亿元以上产值企业13家)，利税总额8.76亿元（利润5.76亿元)。第二产业增加值(在地口径)412.72亿元(工业增加值346.89亿元)。完成工业投资51.53亿元，技术改造投资62.33亿元。工业主要产品产量：水泥3.70万吨、商品混凝土2.80万立方米、啤酒0.42亿升、配混合饲料7.60万吨。

第三产业 有国有企业78家、集体企业159家、股份合作企业3家；私营企业1.32万家，从业人员5.17万人。有市场17家(农副产品专业市场4家、消费品综合市场3家、工业消费品市场10家)，农贸市场49家。实现社会消费品零售总额290.04亿元。第三产业增加值(在地口径)272.72亿元。大和平华西商业城、正恒国际商业广场开业，沃尔玛、冠超市、屈臣氏等多家大型零售企业入驻。有四星级酒店6家。新增限额以上商贸企业20家，累计129家，其中亿元龙头企业12家。坚持“月月办节”，举办汽车交易会、家居文化节、2014年香蕉文化旅游美食节、唐人文化节、新春购物节、美丽南方休闲农业示范区特色花卉(水果)园开园活动等商贸促销活动。完成房地产开发建设投资58.06亿元，商品房施工面积402.65万平方米(竣工面积0.71万平方米)，商品房销售面积74.17万平方米，销售额58.47亿元。接待游客866万人次，旅游综合收入69亿元。

招商引资 引进“iTechTower数据中心项目”等项目27个，其中内资项目12个、旧改项目13个、外资项目2个。实际到位内资65.11亿元，直接利用外资4259

2014年西乡塘区国民经济主要指标

项 目	单 位	实 绩	比上年增长(%)
地区生产总值	万元	7078443	10.50
第一产业	万元	224124	2.80
第二产业	万元	4127204	13.80
工业	万元	3468873	13.80
第三产业	万元	2727115	6.50
人均地区生产总值(在地口径)	元	92668	10.27
农林牧渔业总产值	万元	224124	2.80
粮食总产量	吨	66052	0.63
全社会固定资产投资	万元	2406500	19.00
直接利用外资(广西全口径)	万美元	4259	8.09
社会消费品零售总额	万元	2900357	12.23
全部财政收入	万元	380732	14.26
公共财政预算收入	万元	102206	10.34
公共财政预算支出	万元	220931	23.25
城镇居民人均可支配收入	元	24507	9.90
农民人均纯收入	元	9171	11.80

万美元。“两会一节”期间，签约项目9个，引进内资39.75亿元、外资9283万美元。

城乡建设　实施自治区级、市级重大项目20个，城区项目133个。配合推进轨道交通1号、2号线、中华—园湖立交桥、云桂高铁、老口水利枢纽、东西向快速路、324国道改扩建、石埠堤、吉兴西路等重大项目建设；新建金水湾南北向道路、新阳路北三里、龙腾路东二巷、荷湖路等一批道路；完成北湖北路延长线、高新大道、秀灵路北延长线桂林理工大学段、19条城区级道路“白改黑”(水泥路面改造为沥青罩面)、衡阳东路人行天桥等项目建设。分两期建设安吉片区标准厂房，一期工程5.40万平方米标准厂房竣工，二期工程正在加快推进。全面实施棚户区改造，实施建设项目17个，涉及改造面积118.07公顷，拆旧面积128万平方米，新建面积488万平方米，总投资233亿元；台湾街、正恒国际一期、翰林新城一期等项目基本建成。正在推进前期工作项目21个，用地面积404.20公顷，征收面积393万平方米，其中11个项目通过公开招标方式确定土地熟化人并落实征收资金。储备华西路片区等13个项目，涉及用地103.67公顷。分两批申报国家开发银行贷款项目4个，其中北湖小区项目落实贷款额度8.30亿元，到位1亿元并支付第一批补偿款。基本建成保障性住房360套(教师周转房188套、卫生院周转房172套)，新开工建设廉租住房1188套、经济适用房1408套、教师周转房124套。推进忠良屯综合示范村、美丽南方休闲特色农业(核心)示范区建设。忠良屯综合示范村建设通过南宁市项目专家组验收，西乡塘区获优秀；美丽南方休闲特色农业(核心)示范区累计引进农业产业化龙头企业8家，开发创建洛克玫瑰园、胤龙生态百果园、台湾水果园、杰克斯奇(国际)水上乐园、水产养殖基地、石埠灵湾青香蔬菜专业合作社基地等，形成水产、蔬菜、水果、花卉四大特色产业，通过自治区专家组验收，获优秀，被列为广西现代特色农业(核心)示范区之一，并获立项为自治区首批农业科技园区之一，为南宁市唯一的自治区农业科技园区。推广乡村住宅推荐户型，完成农村新建、改建推荐户型370户，投入推荐户型建设以奖代补资金1168万元；打造金陵镇宁村坡、双定镇宗泽新村、坛洛镇花盏坡等5个示范点。投入资金2.60亿元，完成城区政府承办的自治区、市级为民办实事项目，以及城区政府承诺的15个为民办实事项目；完成在南宁市“电视问政”承诺的新建农贸市场、治污排涝工程、道路维修工程等事项。97%以上的社区服务用房面积达到400平方米；建成一站式服务大厅45个。实施社区惠民资金项目219个，农村惠民资金项目82个。

【社会事业发展】

文明创建活动　开展创建全国文明城市工作，投入经费120多万元，制作宣传板报1431块、宣传海报2.60万张、“遵德守礼”提示牌5856块，发放“文明迎世锦”宣传手册10万本，《南宁市民文明礼仪知识手册》375本、《迎接体操世锦赛英语一百句》600本等宣传资料；利用LED电子显示屏滚动播放创城宣传语500处，制作立面墙体、“讲文明树新风”公益广告建筑围挡16.98万平方米。开展践行社会主义核心价值观宣讲活动30余场次，受教育者约10万人次。发展社会志愿服务，设立火车站站前广场、友爱广场市级志愿服务站，设立社区(村)志愿服务站40个，打造明秀南社区、北湖南路社区、百会社区3个市级社区志愿服务工作示范站。举办“邻里守望”社区志愿服务展示交流活动、“学雷锋·军民共建”活动、“学雷锋·情暖中秋”活动、“礼让斑马线，你我齐参与”文明交通引导宣传志愿服务活动；有城区网络文明传播志愿者单位181个，网络文明传播志愿者220名，开通博客432个、微博411个。广泛开展“讲文明树新风”公益广告宣传、“种文化工程”建设，悬挂“讲文明树新风”宣传横幅1.03万条，制作宣传板报2390块、宣传画报1.68万张，发放张贴宣传资料2.60万份，刊发活动信息217篇，利用LED电子显示屏播放宣传语1509处，制作立面墙体和建筑围挡宣传画面47.64万平方米，制作格言警句文化墙7438幅16.93万平方米、电子屏幕1208幅。抓好未成年人思想道德建设，组织开展“西乡塘区第三届美德少年”评选表彰活动，分别评选出孝老爱亲、助人为乐、环保节约、诚实守礼等美德少年100名，向南宁市精神文明建设委员会办公室推荐美德少年12名，其中秀田小学杨玄烨等8名同学获市级“美德少年”，清川小学卢薇竹等3名同学获市级“美德少年”提名奖。组织开展“美德少年”事迹微电影拍摄，开展“童心向党”歌咏比赛活动，选送北湖北路学校的《光荣与梦想》、华衡小学的《美丽的中国梦》参加市级比赛获一等奖，城区获得优秀组织奖；组织开展优秀童谣推荐、传唱活动，征集到童谣100多篇，其中清川小学万钊伶的《站在队旗下》获市级二等奖、衡阳路小学谭皓天的《做有正确价值观的好少年》获市级三等奖；组织参加南宁市“感恩教育”征文比赛，城区获优秀组织奖；组织开展“洒扫应对”主题活动，衡阳路小学、北湖北路学校参加南宁市“我为世锦赛添光彩”演讲比赛分别获一等奖、二等奖；华衡小学代表西乡塘区参加2014年南宁市“迎世锦　文明伴我行”校园师生礼仪风采大赛获一等奖，城区获优秀组织奖。抓好校园周边文化环境整治，城区联合执法队伍开展净化校园周边文化环境集中整治活动3次，检查文化经营场所538家次，收缴非法出版物7400册(份)，盗版光盘400张，处罚款1.53万元。城区2011年以来先后建成城市学校少年宫3所(秀田小学、南师附小、明天学校)，乡村学校少年宫3所(金陵中心校、坛洛中心校、双定中心校)。在城区各级文明单位中深入开展以“道德讲堂”“志愿服务队”“公益广告

2014年，西乡塘区美丽南方休闲农业(核心)示范区洛克玫瑰园

西乡塘区地方志办公室提供

宣传牌”“文明餐桌”“网络文明传播”“帮扶共建”为主要内容的“六个一”精神文明创建活动。城区各级文明单位(学校)、社区每月道德讲堂活动开展率均在90%以上。组织“身边好人”、道德模范推荐,每月报送“我推荐、我评议身边好人”,推荐敬业奉献、孝老爱亲、助人为乐、见义勇为、诚实守信“身边好人”34名,推荐彭月珍等10人为第三届南宁市道德模范候选人;“助人为乐” 好人陆志东、“孝老爱亲”好人梁焕金入选“中国好人榜”。抓好文明村镇、农村集贸市场等创建,金陵镇龙达村沙洲坡和石埠街道办事处永安村一队被评为第二十七批南宁市文明村镇。继续开展农村(城中村)“星级文明户”创建评比活动,评选出“星级文明户”955户。

科教文卫体事业　投入科技经费2125万元。实施自治区、南宁市、城区科技项目115项(自治区、南宁市立项项目27项),主要有国家富民强县项目“西乡塘区香蕉产业升级关键技术集成与示范推广”和自治区科技厅农业产业(香蕉)科技重点示范区项目;城区开发工业新产品4个,引进工业先进技术4项,引进、示范、推广农业优良品种3个,农业种养新技术13项,通过自治区验收项目1个,城区企业项目获南宁市科技进步二等奖、三等奖各1个;组织辖区企事业单位申报2015年自治区、南宁市科技项目83个,其中西乡塘区“美丽南方”休闲农业示范区获自治区科技厅审批立项为自治区首批农业科技园区之一;辖区企事业单位发明专利申请量3152件;举办科技培训班55期,培训9118人次,发放培训资料3万多份;开展“科技活动周”“科技三下乡”等科普活动1015场次,参与人数51.26万人次,发放科普资料66.04万份。城区有幼儿园134所(公办5所),在园幼儿2.74万人;小学(不含市直属学校、高新区学校,下同)95所,在校生7.40万人;中学35所(普通初中13所,九年一贯制学校22所),在校初中生2.54万人。在岗教职工5086人。幼儿学前三年毛入园率111.72%,学前一年毛入园率139.09%;小学适龄儿童入学率100%,辍学率零,小学毕业生升学率100%;初中入学率99%,辍学率控制在2%以内,初中毕业升学率93%。九年义务教育巩固率106.29%。有学习能力的残疾儿童入学率95%以上。实施教育基建项目272个,增添一批教学设备。资助家庭经济困难学生1.38万人次902.50万元,办理生源地信用助学贷款972人561.38万元。继续举办香蕉文化旅游节、唐人文化节等活动;继续举办下楞龙舟文化节,获“中国龙舟文化之乡”称号;《安龙歌会》被列入自治区级非物质文化遗产保护名录;举办群众文化活动300多场次,参与群众60多万人次;广播电视“村村通”覆盖率不断提高,受益群众3万多户;依法开展文化市场专项整治行动,出动执法人员7700多人次,检查文化经营单位7780家次,立案处理73件;收缴非法卫星地面接收设施器124台,数字卫星接收机60台,劝导居民自行拆除卫地接收设施22套;开展打击“六合彩”行动5次,收缴非法“六合彩”资料4500份;完成文体基建项目9个,增添文体设备一批。有医疗卫生机构607个。其中:自治区、市、部队医院9家,城区直属卫生院10家,社区卫生服务中心(站、所)35家,村卫生室76家,民营医院(门诊)10家,个体诊所467家。城区直属卫生院有医务人员426人,医院病床257张。参加新型农村合作医疗农民27.04万人,参合率99.97%。城区疾病控制预防中心、急救中心、妇幼保健院、卫生监督所等业务用房项目开工建设。地中海贫血筛查人数1.05万人;减免艾滋病病毒感染者及病人诊疗费42例;救治贫困肺结核病患者16人;救治贫困高危孕妇1名。出生人口8701人,人口出生率9.13‰,人口自然增长率6.32‰,控制在责任指标7.5‰以内;出生人口性别比为115.88;受理“单独两孩”申请670件,审批发证670件;为2214对新婚夫妇提供免费孕前优生健康检查,目标人群覆盖率103%;为14426户计划生育家庭购买爱心保险,完成年度任务193%;为85户农村计划生育家庭发放小额贴息贷款145.56万元,为贷款到期的444户计生家庭发放贴息金额33.07万元,完成南宁市下达的任务。开展体育活动190多场次,参与体育健身40万余人次。

民政事业　城市低保救助2.60万户次、5.12万人次,1642万元;农村低保救助1.89万户次、3.85万人次,530万元。发放定补金、抚恤金和生活补助1925人591.86万元。发放特困户383户、383人次,8.65万元。2014年~2015年度冬寒救助1375户2018人,发放衣被2597件,春荒救助1809户2932人,发放大米20.86万千克,投入资金170.15万元。农村五保供养3441户次3909人次,124.17万元。城乡医疗救助、临时救助、“两病”(先天性心脏病、急性白血病)救助763人次392.96万元。发放孤儿养育金290人次23.20万元。开展社区居家养老日间照料服务中心社会化运营试点,初见成效。依法办理结婚登记7248对,离婚登记2129对。办理收养登记32例。整治、救助流浪乞讨人员500人。完成老口水利枢纽下闸蓄水阶段移民安置,通过自治区、南宁市验收。完成城区140个村(社区)“两委”换届选举,选举出村(社区)“两委”班子成员1384人。

劳动与社会保障　城镇新增就业2.07万人,下岗失业人员再就业6997人,大龄困难人员再就业1426人。城镇登记失业率控制在2.89%以内。培训农村劳动力1736人,农村劳动力转移就业新增人数3515人。城乡居民参保人数9.22万人,参保率93.37%。受理、处理劳资纠纷案件455件,涉及766人,为劳动者追回工资、押金266.85万元;处理拖欠农民工工资案件17件,涉及农民工596人,追回拖欠农民工工资177万元。

【“平安万秀”经验推广】 2014年,开展“平安万秀”试点。西乡塘区北湖街道万秀村是南宁市流动人口最多、村情最复杂的“城中村”之一。2013年12月,自治区、南宁市决定以万秀村为试点,全面推行网格化管理和信息化建设,建立和完善社会管理工作机制,打造“平安万秀”,建成自治区级平安示范村。针对万秀村辖区人口密度大、村情管理严重缺位、治安情况复杂、乱象突出等诸多难题,西乡塘区以“网格化管理、信息化支撑、便民化服务、立体化防控”为抓手提升万秀村社会管理科学化、现代化水平。投入2000多万元,建设完善基础设施,改变村容村貌。以村委会为依托,建成村级网格管理中心;以6个村民小组为单位,建立6个网格管理站和25个工作室;以每500户、1500人为标准,将全村科学划分为50个网格单元,聘请120名优秀大学毕业生为网格员,开展网格管理和服务。聘请保安员40名,24小时巡防;组织村党员、楼栋长、房东和热心公益事业的村民,建立义务巡防队,进行全方位治安防控;整合流动人口、社保、司法等各部门力量,组建基本公共卫生服务队、社区矫正服务队等25支服务团队,专门处理网格员无法解决的各类问题。建成“村一队一格”三级社会管理服务平台,实现网格间无缝对接,管理区域无盲点,服务对象不遗漏,大事小事有人管。至年末,万秀村总警情比上年同期下降45%,案件、矛盾纠纷下降50%,刑事案件下降80%,群众安全感明显提升。7月18日,自治区党委常委、政法委书记、综治委主任任温卡华到万秀村视察调研。11月15日,中央综治办调研组到万秀村视察调研。年内,万秀村接待前来视察调研、参观学习的各级领导和各地代表团人员20多次、500多人次。

(张增清　陆寿成　黄　源)

2014年西乡塘区镇(街道)、农场情况

名 称	土地面积(平方千米)	村民委员会(个)	社区居民委员会(个)	自然屯(个)	年末人口(人)	农林牧渔业总产值(万元)	粮食产量(吨)	农民人均纯收入(元)
金陵镇	221.00	14	2	114	74256	84336.00	14947.00	10175
坛洛镇	335.00	19		160	79922	151691.00	29714.00	9856
双定镇	187.00	6		32	33751	61275.00	11313.00	8933
西乡塘街道	20.00	1	13	1	164920			22350
北湖街道	14.50	2	16	2	152902			
衡阳街道	8.20	2	13	2	154041			
华强街道	2.30		5		52588			
新阳街道	4.50	2	13		102511			
上尧街道	10.00	3	4	3	48530			
安吉街道	16.00	4	7	7	101319	6254.00		
安宁街道	28.00	6	2	37	49718		5538.00	7618
石埠街道	128.00	11	2	69	47177	41370.00	10078.00	8650
心圩街道	19.00	8	6	39	104109	2898.31	277.20	7785
金光农场	88.48	2	1		9651	97048.00		

邕 宁 区

【概 况】 邕宁区位于南宁市区东南部。东邻横县，南接钦州市钦北区、灵山县，西交良庆区，北与青秀区接壤。面积1255平方千米。有湘桂线黎(塘)南(宁)铁路南环线、南(宁)北(海)高速公路、省道101线和邕江河道过境；南宁五象大道东段、龙岗大道及在建的玉洞大道东段过城区；蒲庙大桥、龙岗大桥横跨邕江两岸连接青秀区；有邕宁至浦北二级公路通过。2014年开通的南宁外环高速公路经过蒲庙镇的张村、良勇村(设出入口接南宁浦北二级公路)、良信村、广良村等村及新江镇境内。途经邕宁区的2条高速公路设蒲庙、八鲤、新江3个出入口。主要旅游景区(点)有蒲津公园、清水泉、顶蛳山贝丘遗址、灵龟山、雷婆岭摩崖石刻、五圣宫、那莲街古建筑等。主要矿产资源有石灰石、铜、铅、锌、重晶石、泥岩、黏土、河砂等。地方特产有甘蔗、桑蚕茧、淮山、火龙果等。2014年，辖镇4个、乡1个，行政村65个，社区9个(城市社区4个)，自然村(坡)455个；总户数10.10万户，总人口34.96万，其中农业人口30.26万；男性18.79万，女性16.17万。流动人口1.49万。人口自然增长率7.83‰。耕地面积4.51万公顷(水田面积1.38万公顷)；森林面积4.11万公顷，森林覆盖率33.34%。地区生产总值58.62亿元；财政收入6.65亿元；公共财政预算支出12.68亿元，其中民生资金支出9.78亿元；城镇居民人均可支配收入23958元；农民人均纯收入8873元。年内，邕宁区被评为全国"平安农机"示范县(区)、自治区级平安县(区)、南宁市住房保障工作先进县(区)、南宁市民族团结进步创建"五比五争"活动模范县(区)、南宁市依法行政先进单位；获南宁市投资和重大项目建设工作三等奖、2013年度先进县(区)工业园区三等奖；南宁市楼顶绿化、蒲庙高速路收费站入口绿化提升获南宁市考核评比第一名；中和乡、百济镇被评为南宁市清洁乡村"十佳乡镇"，那楼镇、中和乡被评为"南宁市科学发展进步乡镇"。

【经济发展】

第一产业 2014年，实现农林牧渔总产值38.85亿元。其中：农业总产值20.51亿元；林业总产值1.16亿元；牧业总产值15.54亿元；渔业总产值1.21亿元；农林牧渔服务业产值4246万元。第一产业增加值23.27亿元。粮食产量13.76万吨，甘蔗产量116.48万吨，油料产量1.25万吨，蔬菜产量22.45万吨，水果产量3.82万吨，果用瓜6.27万吨，肉类产量5.83万吨，生猪出栏26.29万头，蚕茧产量5303吨，水果品产量1.24万吨，禽蛋产量641吨，家禽出栏2095.27万羽，出栏肉猪26.29万头。加大农业招商力度，引进田野、山外山、尚农等农业龙头企业7家，成立农民专业合作社9家，通过"公司+农业专业合作社+基地"和探索农民土地入股等模式，推动农业产业化发展。新增土地流转面积398.89公顷。整合支农资金1658万元，重点扶持特色产业发展。新增种植火龙果352.67公顷，累计种植火龙果1533.33公顷，年产2.70万吨，产值2.16亿元；新增种植常年无公害蔬菜406.67公顷、园林苗木400公顷、绿色水稻348.60公顷。发放农资综合补贴2939.53万元，受益农户6万户。在蒲庙镇广良村建成香流溪热带水果基地333.33公顷，通过南宁市现代特色农业(核心)示范区验收。推进农业品牌化，实现那云韭菜、振企火龙果等一批无公害农产品、绿色食品产地认证，逐步打造邕宁品牌。推进高标准基本农田土地整治，开工15个项目；开工道路596条、渠道52条，累计完成投资1.70亿元；加大农村水利项目建设，投入3774万元，完成蒲庙镇那贵坡山塘等48个水利项目建设，改善灌溉面积1026.67公顷；解决群众饮水安全问题，完成那楼镇镇龙集中供水、中和乡方村杨坡等人饮工程7个，受惠人口2.30万人；新增农机具522台套，发放农机购置补贴196.99万元；实施百济那学坡等村屯道路项目建设52条62千米，改善群众出行条件。完成新江镇那蒙综合示范村建设，以农民土地入股模式推进农业产业发展，农民亩产年均增收1万元。完成30个贫困村对象信息采集录入；投入923.50万元，完成自治区、市级村屯扶贫道路建设27条32.03千米；投入1450多万元扶贫专项资金，发展百香果、园林苗木、中草药等特色优势产业668.24公顷，扶贫产业覆盖95%以上的贫困村，贫困户年均增收1500元以上，实现脱贫10458人；发放贫困户贴息贷款960.33万元，惠及扶贫对象农户1291户；投入89.60万元实施“雨露计划”，补助贫困家庭读书子女96名、培训农民871人。

第二产业　有工业企业1060家（含个体），实现工业总产值16.73亿元。其中：轻工业收入2.57亿元，重工业收入14.16亿元；国有企业收入4.36亿元，股份制企业收入10.90亿元，外商及港澳台企业收入8609万元。工业销售产值16.33亿元，工业产品销售率97.60%。实现第二产业增加值14.43亿元；工业增加值实现6.02亿元，其中规模以上工业增加值4.15亿元。建筑业增加值8.41亿元。

第三产业　有国有企业27家、集体企业72家、内资公司92家、私营企业410家、个体工商户4290户。市场（含农贸市场）13个。实现社会消费品零售总额16.87亿元。外贸出口总额150万美元。全社会固定资产投资完成93.67亿元。商品房施工面积173.56万平方米，竣工面积3.59万平方米，商品房销售额23.88亿元。施工项目142个，建成投产61个。商品销售总额30.69亿元。

招商引资　实际利用外资1230万美元，实际利用内资34.60亿元。引进国际、国内500强知名企业香港绿地集团，计划1年至5年在邕宁区投资110亿元。年内，储备恒大安置房、源正新能源汽车、南南铝等在谈项目30多个；签约项目12个，总投资超188亿元（含框架协议投资110亿元），其中南宁市“两会一节”期间签约项目10个，签约总投资78.82亿人民币（含3.37亿美元）。引进南宁万达茂、宝能城市广场、合景天峻广场等城市综合体及高档住宅项目，其中南宁万达茂计划3年投资150亿元，建设世界级室内主题公园、南宁高档科技电影城、五星级度假酒店、商业、美食中心配套精品江景住宅等；标准厂房边建设边招商，意向入驻信息科技、电子、金属制品等企业17家，入驻意向率70%。中国—东盟电子商务产业园落户邕宁区，填补邕宁区电子商务产业的空白。

城乡建设　牛湾港区东西主干道建成通车，南向疏港大道、玉洞大道二三期等工程有序推进。南宁东外环高速公路邕宁段竣工通车。19条续建道路完成21.19千米沥青路面铺设，八鲤临3路、临6路全线建成通车，龙岗商务区3号路等8条道路部分路段竣工，打通八鲤临2路等7条“断头路”。水电、排污等配套设施建设同步实施，建成污水管网20.80千米，完成杆线迁移74处。加快一批临时性供水供电排污管道建设，龙岗龟山供水加压站首个泵站投入建设。邕宁人民医院整体搬迁项目门诊综合楼、邕宁高中新校区主体工程基本建成。优化新区公交体系，新开通邕宁新兴广场—南宁火车东站、梁村—邕宁客运站2条公交线路。投入1905万元在乡镇政府所在地实施一批小街小巷硬化、停车场、文化广场等基础设施建设；投入1087万元改造蒲庙龙岗、百济、那楼等农贸市场；投入327万元改善驻镇干部办公、住宿、饭堂设施。蒲庙镇定甲坡、那力坡等7个坡获“自治区卫生村”称号；那楼镇获“自治区卫生镇”称号；坛等坡、那逻坡、坛墩坡、大林坡获南宁市清洁乡村“百佳村屯”。新江镇以打造市级综合示范村——那蒙示范村，打造集农业产业、休闲旅游的农村综合体；完成征地693.33公顷，房屋征收入31.86万平方米，确保袁隆平种业基地、中铁城市综合体、万达茂、五象一号安置地、邕宁水利枢纽工程等重大项目如期交地。加大项目前期准备工作，获建设用地转用指标201.33公顷，实现土地出让150.84公顷。年内，累计筹措建设资金26.35亿元。龙岗商务区A13、A14等4个续建项目稳步推进，完成投资4.25亿元；A5安置房项目进入实质性开工；新建临时安置房312套，安置拆迁群众1200人。

2014年邕宁区国民经济主要指标

项　　目	单　　位	实　　绩	比上年增长(%)
地区生产总值	万元	586161	8.90
第一产业	万元	232686	3.30
第二产业	万元	144267	16.20
工业	万元	60167	13.10
第三产业	万元	209209	8.00
人均地区生产总值	元	16801	7.27
农林牧渔业总产值	万元	388454	3.32
粮食总产量	吨	137564	-5.74
全社会固定资产投资	万元	936670	38.38
实际利用外资	万美元	1230	17.14
社会消费品零售总额	万元	168666.80	13.50
全部财政收入	万元	66483	13.11
一般公共预算收入	万元	17685	-22.32
一般公共预算支出	万元	126825	14.08
城镇居民人均可支配收入	元	23958	10.30
农民人均纯收入	元	8873	11.50

【社会事业发展】

“美丽邕宁”建设　2014年，邕宁区

以服务第45届世界体操锦标赛为契机，开展“整洁畅通有序大行动”“清洁乡村”、农村户型推荐等工作。完成和美巷、和平一街“白改黑”(水泥路面改造为沥青罩面）和新兴步行街人行道改造等工程13个,更换一批路灯、井盖等设施,增设便民停车位3500个;实施彩虹南路、新兴街等4项景观绿化美化提升工程;完成棚户区改造1680户。在南宁市“整洁畅通有序大行动”每月一评活动中，邕宁区7月至9月连续三个月获全市第一，首创“三连冠”。保持“两违”(违法建设、违法用地)整治高压态势，拆除违法建设53万平方米。2013年5月以来，累计投入2.10亿元用于乡村建设，配备村级保洁员1114名(2014年新增98人)，配备乡村环卫工人280名(2014年新增100人);建设垃圾池1323座，清理陈年垃圾1800多处，清运垃圾3万吨;启动建设那楼、新江、百济、中和4个乡镇垃圾中转站；强化“三清洁”(清洁田园、清洁水源、清洁家园)、镇圩市场管理,建成新江镇那蒙坡、蒲庙镇石康坡、坛等坡生活污水治理等基础设施,创建市级垃圾综合处理示范村2个、“清洁田园”示范点13个和县(区)级重点示范坡5个，一般示范坡40个。完成农村住宅采用推荐户型改造918户，完成年度任务550%。

科教文卫体事业　投入1398万元实施城区科技项目22项，重大科技专项项目6项;引进新技术18项，发明专利申请量52件。实施学前教育基本覆盖工程、义务教育均衡发展工程、中小学校舍安全工程，投入4624.39万元，实施224套教师周转房、新建2所幼儿园等103个教育基建项目;投入447万元，建设城区考务指挥中心、11所初中学校标准化考场、网络阅卷系统;出台边远乡村教师补助政策，乡村教学点教师每人每月补贴250元，补助215人、补贴资金37.08万元;聘请临时顶岗教学人员300名，招聘特岗教师14名；为辖区中小学校聘请保安174人;投入656.22万元在那楼中学等39所农村义务教育学校试点学生改善营养计划，惠及学生1.89万人。年内，组织实施教育设施建设项目103个，竣工验收34个。加强控辍保学，小学返校率100%，初中返校率98%，九年义务教育巩固率123.93%。学前3年毛入园率82.27%。有幼儿园45所，在园人数9608人，公办幼儿园专任教师59人;小学72所，在校学生2.21万人;普通初级中学12所，在校学生1.54万人;特殊教育学校1所，在校学生85人;每万人口在校生：幼儿园275人、小学630人、初中469人。小学学龄儿童入学率100%，初中毛入学率101.06%，小学生辍学率零，普通初中辍学率1.51%，小学毕业生升学率100%，初中三年级在校生5423人，初中毕业生升学率90.85%。《那莲赛巧节》被列入第五批自治区级非物质文化遗产名录。广播电视村村通工程项目全面完成。启动蒲庙镇创建南宁市特色旅游名镇，新增广西三星级乡村旅游区1家、广西三星级农家乐2家。举办“我们的中国梦”——2014年邕宁区新春系列文体迎新春活动、“喜迎世锦、体彩献爱心”体彩户外演出活动等群众性活动450多场次;举办八尺江壮族民俗风情表演文艺演出48场;放映公益电影828场。有医疗卫生机构148个，其中国有卫生机构9个、村级卫生所70个、个体医疗诊所49个、护理院1个、学校卫生室2个。有卫生技术人员1384人（城区级医院卫生技术人员634人);医院病床952张(城区级医院574张，乡镇卫生院378张)。投入572.97万元奖励帮扶诚信计生家庭，投入427万元实施计划生育“五项工程”(富民、幸福、助民、爱心、强基工程)，为1806对婚育夫妇免费进行孕前优生检查，在全市率先建成三级计生信息平台，单独二孩政策稳妥实施，年度区间人口自然增长率7.83%。新农合筹资标准提高至每人每年390元，参合人数27.95万人，参合率99.69%、提高0.91个百分点；获新农合补偿26.60万人次，补偿金额6855.60万元。累计建立居民健康档案27.85万份，建档率80.41%。成功创建全国基层中医药工作先进单位，创建自治区卫生镇1个(那楼镇)、卫生村9个。举办2014年邕宁壮族八音文化旅游节、邕宁区第二届运动会。2个农民体育健身工程项目及2个城乡风貌改造六期工程村级篮球项目、2个全民健身路径建设项目完工。

民政事业　发放城乡低保、五保、优待抚恤、高龄津贴等保障资金3130.93万元，其中为辖区7331名农村残疾人代缴新农合费；审批城镇最低生活保障对象和各类生活补贴困难人员6818人次，发放低保金170.64万元;救助农村最低生活保障对象7.54万人次，发放低保金909.95万元。发放优抚对象定期抚恤和生活补助金539.86万元，发放义务兵优待金181.40万元;接收退役士兵74人(选择自主就业73人，申请自谋职业1人)，确定五保老人1.91万人次，发放五保补助金及各类补贴680.59万元。城市医疗救助60人次、21.89万元，农村医疗救助634人次、113.86万元。免费为3017对新婚夫妇进行地中海贫血筛查。办理结婚登记3017对，离婚登记439对。以“政府购买服务”形式，在红星、新兴、那元3个城市社区推行居家养老社会化运营新模式。推进移民扶持安置，水库移民户均增收近1000元;启动新江镇大化异地安置移民生态工程前期工作，完成安置用地征收。

劳动与社会保障　完成农村新增劳动力转移就业3141人，城镇新增就业人员1708人，下岗失业人员实现再就业276人，大龄就业困难人员再就业75人。城镇登记失业率3.46%。农村劳动力转移就业引导性培训1146人，城乡劳动者转移就业职业培训674人；劳保举报投诉18起，受理立案18起，结案18起。追发劳动工资13.88万元，涉及46人。处理因劳资引发群体事件10起，追发劳动工资525.30万元，涉及671人。（玉鼎艾）

5月，农业专家为邕宁区果农介绍火龙果管理经验　梁婷　摄

2014年邕宁区乡镇情况

名 称	土地面积（平方千米）	村民委员会（个）	社区居民委员会（个）	自然屯（个）	年末人口（人）	农林牧渔业总产值（万元）	粮食产量（吨）	农民人均纯收入（元）
蒲庙镇	250	17	4	160	140894	107624	35767	9718
那楼镇	354	20	2	92	93969	132271	42650	8781
新江镇	165	8	1	61	32480	47259	12823	9100
百济镇	310	13	1	105	47671	55442	28786	8590
中和乡	176	7	1	37	34631	45842	17539	7898

良 庆 区

【概 况】 良庆区位于南宁市区南部。东邻邕宁区，南接上思县、钦州市钦北区，西连江南区，北隔邕江与青秀区相望。面积1369平方千米。南宁至北海高速公路、市外环高速公路、南宁至北海二级公路、南宁至防城铁路、湘桂铁路过境，设有良庆、那马、玉洞3个高速公路出入口，宁村、那铺、大拟、百浪4个火车站。处于南宁市城市发展“重点向南、重点建设五象新区、再造一个新南宁”发展战略的核心区域。主要旅游景区（点）有五象岭森林公园、大王滩风景区、凤亭湖、绿温泉、竹泉岛、那兰生态自然村（白鹭村）、蕾帽岭摩崖石刻。主要矿产资源有铁、铅、锌、铜、钛、重晶石、花岗岩、石灰石。地方特产有南晓土鸡、芝麻鸭、龙眼、荔枝、芒果、西瓜、红龙果、菠萝、柠檬、淮山、彩色蚕茧等。2014年，辖镇5个，街道2个，社区15个，行政村62个，村民小组1654个；自治区级经济开发区1个（良庆经济开发区）。户籍总人口26.35万（农业人口14.48万）。人口自然增长率9.73‰。耕地面积3.69万公顷（水田8304公顷）；有林面积5.61公顷，森林覆盖率38.92%。地区生产总值116.21亿元；全部财政收入14.14亿元（地方财政一般预算收入3.85亿元），一般预算支出11.35亿元；城镇居民人均可支配收入23393元，农村居民人均纯收入9398元。被评为2013年度南宁市安全生产目标管理优秀单位，获2013年度南宁市招商引资工作先进县（区）三等奖、2013年南宁市扩大消费工作先进县（区）三等奖、南宁市2013年度投资和重大项目工作先进县（区）三等奖。

【经济发展】

第一产业　2014年，实现农林牧渔业总产值32.16亿元。其中：农业产值19亿元；林业产值2.98亿元；畜牧业产值8.53亿元；渔业1.31亿元；农林牧渔业服务业0.33亿元。第一产业增加值20.06亿元。粮食作物种植面积1.98万公顷，总产量10.08万吨。其中：水稻种植面积1.56万公顷，产量8.18万吨；玉米种植面积0.3万公顷，产量1.62万吨。经济作物种植面积2.24万公顷。其中：甘蔗种植面积1.79万公顷，产量107.94万吨；木薯种植面积0.16公顷，产量1.88万吨。果园面积1.08万公顷，水果产量6.96万吨；蔬菜种植1.15万公顷，产量29.75万吨。肉类产量3.61万吨。水产品产量1.24万吨。完成木材生产22.90万立方米，植树造林1097公顷，其中人工造林403公顷。集体林权改革完成勘界面积5.25万公顷，累计发放林权证9641本。引进超级稻新组合品种5个，瓜菜新品种12个。引进示范推广农业新技术面积2.52万公顷。培训农民7256人次。扶持龙头企业和农民专业合作社，新建农民专业合作社7个。南宁市农业产业化项目8个，获财政扶持资金480万元。投资438.09万元，完成农村饮水工程15个。争取上级财政扶贫资金323万元，修建村屯道路8条、10.80千米。农村基础设施建设投入水利建设资金4466.06万元，建设农田水利项目59个，修建饮水工程15个、渠道防渗工程11.38千米。

第二产业　实现工业总产值146.74亿元。其中，规模以上工业企业60家，实现工业总产值141.59亿元，利税总额5.44亿元（利润3.76亿元）。第二产业增加值69.97亿元（工业增加值43.91亿元）。有亿

2014年良庆区国民经济主要指标

项 目	单 位	实 绩	比上年增长（%）
地区生产总值	万元	1162051	8.20
第一产业	万元	200595	3.20
第二产业	万元	679708	10.00
工业	万元	439120	1.00
第三产业	万元	281748	7.30
人均地区生产总值	元		
农林牧渔业总产值	万元	321614	3.20
粮食总产量	万吨	10	1.26
全社会固定资产投资	万元	1716012	38.89
直接利用外资	万美元	5610	14.49
社会消费品零售总额	万元	287041	13.01
全部财政收入	万元	141420	38.37
公共财政预算收入	万元	38499	38.27
公共财政预算支出	万元	113510	16.16
城镇居民人均可支配收入	元	23393	10.00

元以上工业企业34家，完成工业总产值129.57亿元。工业主要产品产量：机制纸3.59万吨、混合饲料69.91万吨、中成药1.59万吨、成品糖6.41万吨、服装41万件、人造板61.45万立方米、商品混凝土272.74万立方米。

第三产业　有个体工商户1.68万户；从业人员3.21万人；注册资金5.86亿元。实现社会消费品零售总额28.70亿元。实现外贸进出口1.96亿美元。有农贸市场15个，较大超市5家，年成交额3.14亿元。限额以上商业企业实现营业额157.89亿元。累计建成农家（农资）店66家。第三产业增加值28.17亿元。完成房地产开发建设投资52.29亿元，房屋施工面积510.58万平方米，竣工面积24.77万平方米；商品房销售75.04万平方米，销售额57.53亿元。接待国内外游客414.52万人次，旅游总收入46.80亿元。

招商引资　实际到位内资52.02亿元；直接利用外资（广西口径）5610万美元。“两会一节”期间，签约内外资投资项目18个（内资签约项目16个、总投资98.60亿元，外资签约项目2个、总投资10.81亿美元）。考察项目34个，审批同意入区项目13个。引进广西鼎泰顺达实业有限公司、德燊（南宁）电子有限公司电子公司、广西中博交通能源投资有限公司3家企业建设标准厂房。

城乡建设　投资2801万元，完成30条街道总长5145米的“白改黑”（水泥路面改造为沥青罩面）工程。完成11处、23栋楼宇亮化。基本完成五象社区等7个社区25条屋后小巷整治工程以及金象三区市场、祥荣市场周边内涝整治工程。推进建成区路网建设，银海大道拓宽工程已与平乐大道相接；银海大道拓宽工程二期2标道路工程、建设路（吉象路—五象大道）工程均完成总工程量85%。投资8000万元，完成五象大道、银海大道1282栋建筑的立面刷新、屋顶改造，立面改造面积约40万平方米，天面整治面积约2.60万平方米。出动执法人员8.30万人次，办理城市管理行政处罚案件1.70万件，处置数字城管案件1.30万件，查处“五乱”案件2.20万件，处罚摊点乱摆、跨门槛经营行为1.40万起，开具人行道车辆违章停放罚单4400多份，罚款320多万元。组织25万人次开展“清洁家园”活动3700多次，清理垃圾16万吨；组织15万人次开展“清洁水源”活动1300多次，清理水源2700多处；组织16万人次开展“清洁田园”活动1700多次，清捡田园1.33万公顷，清理垃圾1.30万多吨。南晓镇、大塘镇被评为南宁市“清洁乡村”活动“十佳乡镇”。

【社会事业发展】

文明创建活动　参与首府南宁创建全国文明城市活动，发放文明宣传手册20万份，制作宣传板报100块。开展培育和践行社会主义核心价值观活动，组织宣讲团到大沙田、玉洞街道及中小学校开展宣讲活动10场次。组织城区和基层党（工）委中心组学习社会主义核心价值观。开展星级文明户创建、婚育新风进万家、关爱女孩和阳光计生行动，开展“三下乡”活动20场次，发放科普手册、挂图、书籍等5万多份，近万人参与活动。评选出“美丽示范户”821户，“美丽大嫂”504名；城区“乡村建设”办公室向南宁市“乡村建设”办公室推荐南宁市“乡村最美人物”候选人7名、“美丽南宁”先进集体2个、“美丽南宁”先进个人17名。开展军民共建、警民共建、企村共建、文明单位结对共建等活动，投入500万元，打造“美丽乡村”建设示范点13个。开展“讲文明树新风”公益广告宣传活动，设置“中国梦”“社会主义核心价值观”宣传牌200块，喷绘道德文化墙近5000平方米。在单位、小区设立文明标识牌500块，张贴“中国梦”“社会主义核心价值观”宣传画3000张。推进志愿服务常态化、制度化，开展“小眼睛看大世界”爱眼护眼活动、社区文艺演出和老年人免费体检等社区志愿活动30多场。坚持每天安排50多名志愿者在城区5个主要交通路口、10个公交站点、1个汽车站开展文明出行劝导志愿活动。巡查辖区内网吧30多次，发放宣传资料3000多份，出动执法人员500人次，检查网吧383家次。开展“我们的节日”主题活动，举办文艺演出90场，观众10万人次；开展民俗文化体育主题活动100多场次，参加群众32万人次。

科教文卫体事业　获南宁市级以上科技计划项目立项12项，科技经费267万元；组织实施本级科技计划项目42项，本级财政科技投入1290万元；完成项目验收结题13项，市级验收项目3项（鉴定2项），获南宁市科学技术奖、发明奖2项。组织实施工业类创新项目11个（自治区级和市级项目5个，城区本级项目6个），投入本级科研经费230万元。引进推广农业种养新品种7个，其中火龙果、茂谷柑、黑皮冬瓜、铁皮石斛、鳄龟、旱鸭等6个品种推广应用千头万亩以上。有农村科技书屋25个。有新农村科技示范基地3个、农业科技示范基地12个，面积1433.33公顷，参与农户7200多户。完成发明专利申请82件。组织大型科普活动6次，发放科技知识有奖问卷300份、技术资料1.80万份（册），蔬果科普小册等资料1600份；举办科技培训班21期，培养技能型人才1045人，培训农村实用型人才1400人。有幼儿园58所（公办5所），在园幼儿1.60万人（公办2405人）；小学66所（社会办学6所），在校生3.40万人；初中17所（社会办学10所），在校生1.40万人；高中1所，在校生192人。有教职工2495人（社会办学教师605人）。小学适龄儿童入学率99.99%；初中阶段入学率99.96%。资助家庭经济困难学生1.06万人次、595.20万元。新开办良庆镇、南晓镇、大塘镇公办镇中心幼儿园。接收安排进城务工人员随迁子女接受义务教育1.50万人（小学1.20万人、初中0.20万人），免收杂费709.20万元。投资250万元，新建村级公共服务中心5个。

良庆区以“南宁最好”为标准，投入1.28亿元建设那马镇坛板村坛板坡综合示范村。图为11月5日建成后坛板坡外景一角　黄祥心　摄

新建无线广播电视发射站台2个，解决周边村坡看电视难的问题。安装“户户通”231户。开展“广场月月演”等群众文化活动32场次。面向57个行政村放映电影684场次。良庆区“良庆壮族嘹啰山歌”“壮族毬丝歌会”分别以民间文学类、民俗类别入选自治区级非物质文化遗产代表性项目名录。开展良庆区第一次可移动文物普查，经普查有33件待定文物（影像资料）。有医疗卫生机构264个，其中国有医疗卫生机构8个（城区3个、乡镇5个），村卫生所63个，个体医疗诊所169个；卫生技术人员2084人（城区属954人）；医院病床1312张（市级医院1172张、乡镇卫生院140张）。参加新型农村合作医疗21.03万人，参合率98.15%。举办第二届良庆区跆拳道精英赛、良庆区磐威杯羽毛球比赛、良庆区庆祝国庆65周年拔河比赛等体育赛事；组织南宁市奥体青少年体育俱乐部良庆区运动员参加全国青少年举重赛、中日韩青少年竞技对抗赛等，获全国奖牌6枚、自治区奖牌9枚，市级比赛冠军4个。

民政事业　审批城镇最低生活保障对象申请2695人次，发放保障金90.43万元。审批农村低保对象申请5.87万人次，发放低保金953.58万元；发放抚恤金、定补金338.75万元，发放退伍义务兵家属优待金103.96万元。给特困户、重灾民发放救济粮100吨，救济6566人。发放冬令救灾衣服6900件（套）。确定五保老人945名，发放五保供养定补金462.91万元。城乡医疗救助7367人次，发放医疗救助金453.08万元。办理结婚登记2709对，离婚登记532对。

劳动与社会保障　城镇新增就业5961人，城镇失业人员再就业人数196人，就业困难人员就业人数55人。对符合灵活性就业和公益性岗位的50名就业困难人员给予社保补贴。城镇登记失业率3.12%。开展职业技能培训572人，农村劳动力转移就业新增3027人。推进劳动合同签订，巡查用人单位3926家，涉及职工2.08万人，督促企业补签订劳动合同1422人，督促个体户签订劳动合同500多人，合同签订率90%以上。查处劳动保障监察案件10起，办结10起，结案率100%；接待职工群众来访400多人，处理群体性事件11起。依法为劳动者追回工资、押金、经济补偿金102.92万元。发放劳动保障监察年审通知书722份。

社会综合治理　立刑事案件2385起、比上年同期下降4.33%，刑事拘留1062人。查获传销人员2500余人，捣毁涉传销窝点78个，教育遣返传销人员4000余人，落实矛盾纠纷滚动式排查调处工作制度，开展排查37次，排查出矛盾纠纷1195件，调结1168件，调结率97.74%。投入维稳安保人员1.20万人次，调处五象新区施工纠纷、阻工事件等矛盾纠纷150多起。开展“人人积小安，共建大平安”活动。在大沙田街道前进社区900多栋自建房安装楼宇智能化门控系统。

【坛板坡综合示范村建设】 2014年，良庆区政府贯彻落实李克强总理2013年7月9日重要指示精神，以“南宁最好、广西甚至全国一流”的标准，推进那马镇坛良村坛板坡综合示范村建设。累计完成投资1.28亿元，基本完成基建项目建设；引进南宁振企农业科技有限公司等4家龙头企业建设自治区级现代农业核心示范区。 （潘艳明）

2014年良庆区镇（街道）情况

名　称	土地面积（平方千米）	村民委员会（个）	社区居民委员会（个）	村民小组（个）	年末人口（人）	农林牧渔业总产值（万元）	粮食产量（吨）	农民人均纯收入（元）
良庆镇	61	6	1	252	49795	39381	13619	9302
那马镇	168	7	1	211	28921	45150	11590	8484
那陈镇	295	15	1	264	35452	54931	15351	9058
大塘镇	498	13	1	411	49525	93910	33152	10469
南晓镇	294	13	1	404	45091	78930	24695	9825
大沙田街道	16	–	8	–	27036		–	
玉洞街道	47	3	2	112	27726	2477	2397	

武　鸣　县

【概　况】 武鸣县位于广西中南部、南宁市北部。东与上林县、宾阳县交界，南靠南宁市兴宁区，西邻平果县、隆安县，北与马山县接壤。面积3378.36平方千米。县政府驻城厢镇。都（安）南（宁）高速公路、国道210线、省道20321线过境，有武鸣至南宁二级公路和城市大道。主要旅游景区（点）有伊岭岩旅游区（国家4A级景区）、大明山风景旅游区（国家4A级景区）、灵水、明秀园、春霞园、黄道山、起凤山、三十六弄自然保护区、花花大世界园林区等。主要矿产资源有铜、锰、钨、金、铁、铅、锌、煤、磷等20多种，其中已探明铜矿储量2600万吨，占广西蕴藏总量30%。主要地方特产有“灵水”牌龙眼、“伊岭”牌香米、“淝阳”牌红橙、“石牛”牌干笋、“旋力威”牌辣椒、“锣皎”牌木薯淀粉、玉泉土鸡、灵马鲶鱼等。广西—东盟经济技术开发区、东风农场驻县内。2014年，辖镇13个、村198个、社区20个、自然村（屯）1795个。年末户籍总人口70.01万，其中非农业人口20.64万；壮族人口59万，占总人口84%。人口自然增长率11.70‰。耕地面积11.86万公顷；林地面积16.77万公顷，其中森林面积16.07万公顷。地区生产总值266.07亿元；全部财政收入19.46

亿元（县财政收入12.29亿元，公共财政预算收入11.90亿元），公共财政预算支出28.89亿元；城镇居民人均可支配收入25831元，农民人均纯收入10154元。连续八年获全国生猪调出大县奖励；被评为全国文化先进县、自治区文明县城、自治区卫生县城、自治区"六五"普法中期先进县称号；获自治区第九届市容"南珠杯"竞赛特等奖。

【经济发展】

第一产业　2014年，实现农林牧渔业总产值115.46亿元。其中：农业产值67.42亿元，林业产值4.61亿元，牧业产值36.24亿元，渔业产值4.41亿元，农林牧渔服务业产值2.79亿元。第一产业增加值70.05亿元。粮食作物种植面积7.33万公顷，总产量37.99万吨。其中：水稻种植面积6.05万公顷，产量34.89万吨；玉米种植面积2.09万公顷，产量11.98万吨。经济作物种植面积5.96万公顷。其中：甘蔗种植2.45万公顷，产量195.62万吨；木薯种植2.10万公顷，产量25.64万吨（干片）。水果产量64.65万吨。蔬菜种植3.93万公顷，产量95.74万吨。肉类产量15.23万吨，水产品产量4.45万吨。推进农业农村"万千百十"工程（"万"即推进"吨粮万元田""万羽养殖场"工程，实现农民人均纯收入突破万元；"千" 即打造10个千亩连片标准化、规模化现代农业示范基地；"百"即打造100个特色村；"十"即发展十大优势特色农业产业，扶优扶强10个产值超亿元的农业产业化龙头企业），稳定粮食生产，创建"吨粮万元田"生产基地3333.33公顷，农业综合机械化水平59.40%，发放良种、农机等补贴9176万元，农产品质量安全检测合格率99.90%。改善农田水利设施，累计投入3.60亿元，改善农田灌溉面积2340公顷、完成农村人饮安全工程98处、加固病险水库15座。实施新农村"百村示范"工程，宁武镇伏唐综合示范村通过市级验收；结合南宁市农村住宅推荐户型奖励，投入3347万元，推进20个村744户实施"百村示范"工程建设。打造特色农业示范基地，富安居休闲农业（核心）示范区通过自治区验收，辐射带动润宇生态园、康佳龙生态农庄等现代特色农业规模化、产业化发展；市级以上农业产业化重点龙头企业19家（新增4家）；农业专业合作社357家（新增64家）。在9个镇20个村打造"双高"（高产量、高糖分）糖料蔗基地1013.33公顷，基地平均亩产6吨以上，糖分14%以上。集约节约高效利用土地，农村土地流转面积1.75万公顷、新增4400公顷，"小块并大块"、耕地整治累计完成5800公顷。稳步推进农村土地承包经营权确权登记试点，完成确权颁证1200公顷。开展政策性农业保险，全年承保能繁母猪2.05万头，水稻、糖料蔗1.20万公顷，商品林、公益林4.84万公顷。林下经济产值3.90亿元，比上年增长2.17%。

第二产业　工业企业实现工业总产值412.31亿元。规模以上工业企业204家，实现工业总产值386.92亿元（其中县本级205.73亿元），县本级出口交货值2.35亿元，利税总额（县本级）16.44亿元（利润10.98亿元）；亏损企业11家（县本级），亏损额0.12亿元。第二产业增加值137.45亿元（工业增加值120.40亿元，其中县本级工业增加值70.36亿元）。规模以上万元工业增加值综合能耗下降11.70%。县本级规模以上工业主要产品产量：发酵酒精1.60亿升、配混合饲料14.12万吨、塑料纺织品6.25万吨、瓷质砖1.60亿平方米、水泥312.97万吨、人造板102.96万立方米。伊岭工业园区入驻企业138家，实现工业总产值143.38亿元。其中，规模以上工业企业75家，实现工业总产值140.06亿元，税收收入2.05亿元。

第三产业　有企业3134家，个体工商户1.61户。有市场（含农贸市场）48个。实现社会消费品零售总额65.02亿元。第三产业增加值58.58亿元。完成房地产开发投资25.63亿元，其中住宅投资19.48亿元。房屋新开工面积69.28万平方米，其中住宅新开工面积59.96万平方米。商品房销售面积53.05万平方米。接待游客329万人次，实现旅游总收入15.70亿元。

招商引资　组织武鸣县招商小分队赴江苏、贵州、广东、北京等地开展专题招商活动，邀请和接待凯宁国际大学、新希望六和集团、广西中海油能源公司、广西闽商投资股份有限公司、重庆时间汇发现投资有限公司等20多批公司及商会的项目业主到县内投资考察调研。举办"三月三"歌圩暨骆越文化旅游节投资洽谈活动，邀请国内外知名企业200多名客商参会。引进项目29个，项目总投资165亿元。实际到位资金42.75亿元，实际利用外资1810万美元。投资5000万元以上的项目18个，总投资163亿元。

城乡建设　完成县城市总体规划、红岭休闲公园修建性规划、定罗湖水库及周边区域控制性详细规划等8项规划初步设计方案。实施城镇建设"1346"工程，富鸣城投1号综合楼A楼建成投入使

2014年武鸣县国民经济主要指标

项　目	单　位	实　绩	比上年增长(%)
地区生产总值	万元	2660717	10.00
第一产业	万元	700481	4.70
第二产业	万元	1374467	7.90
工业	万元	1203996	7.70
第三产业	万元	585769	22.70
人均地区生产总值	元	38039	10.70
农林牧渔业总产值	万元	674195	4.70
粮食总产量	万吨	38	2.90
全社会固定资产投资	万元	2761232	18.70
实际利用外资	万美元	1810	8.40
社会消费品零售总额	万元	650220	15.00
全部财政收入	万元	194561	20.50
公共财政预算收入	万元	119017	16.00
公共财政预算支出	万元	288818	6.80
城镇居民人均可支配收入	元	25831	9.60
农民人均纯收入	元	10154	12.30

用，兴武大厦、公安局业务技术用房基本完工，开工建设新档案馆，有序推进滨河路沿河道路及景观工程等基础设施建设。九个半岛新区规模不断扩大，建成商住楼15栋，春霞园酒店建成运营，春华路、上河路建成通车。投入3350万元，完成13个镇、155项城镇基础设施建设。城镇生活垃圾填埋场竣工试运营，开工建设锣圩污水处理厂。投资3506万元，完成农坛路(北段)景观改造工程；投资800万元，完成定罗湖东岸休闲公园建设，建设面积2.97万平方米；投资150余万元，更换破损井盖7套、排水板6套，更换香山大道隔离栏208幅、柱头208个，维修、硬化、绿化、铺设人行道面积约2万平方米。完成主干道安装路灯8185杆、8433盏灯，路灯安装率100%。检修路灯2830杆次、电缆故障105处，维护路灯变压器1台、节能控制器2台，检修电源线、空气开关、接触器、电表、时控设备等故障63处，处理挖断路灯电缆事件14起。完成宁武路、农坛路、香山大道北段改造工程，基本完成绕城大道北段路基工程。都安至武鸣二级公路武鸣段全线通车，马山至平果高速公路武鸣段路基工程基本完成，宾阳至隆安二级公路武鸣段进展顺利。投入2122万元，完成农村公路提级改建8千米、危桥改造2座。投入900万元，实施南武大道、香山大道等6个园林绿化示范带建设。新建绿道7千米，改造提升绿地5.50公顷，新增绿地面积9.30公顷。绿地率35.50%，城镇化率40.03%。

【社会事业发展】

文明创建活动　2014年，以创建全国文明县城为目标，做好全国文明城市提名城市(县级)的申报工作，重点做好政务、法制、市场、人文、社会文化、生活、社会环境、生态"八大环境"建设。11月，通过自治区考评组对创建文明县城的实地考察(暗访为主)、材料审核和创建汇报。城厢镇、武鸣县实验学校被评为自治区第十五批文明镇、文明单位。开展"道德讲堂"主题活动，在食品行业、窗口行业、公共场所等重点领域，针对诚信缺失、公德失范等问题开展道德领域突出问题专项教育和治理；建立道德讲堂总堂1个，镇道德讲堂13个，县、市、自治区级文明单位道德讲堂185个，县、市、自治区、国家级文明村(社区)道德讲堂60个。以培育和践行社会主义核心价值观为主线，加强公民思想道德建设。抓好"讲文明　树新风"公益广告宣传，利用报纸、电视等新闻媒体和户外广告、墙面、公交站牌、LED显示屏、工地围挡等媒介刊播发布"讲文明　树新风"公益广告，投入经费27.50万元，喷制墙体广告1800条，制作宣传专栏448个，发放宣传册11万册、倡议书30万份，悬挂公益宣传横幅1.20万条，张贴公益宣传海报、温馨提示语2.30万张，在集贸市场制作提示牌350块，建立建筑工地围挡公益广告5000平方米，设置灯杆、公交站牌、公共场所等公益广告1105幅，道德文化墙面积5700平方米。开展"志愿服务活动和谐建设在基层"活动，有志愿服务队80多支、志愿者1500多人。

科教文卫体事业　申报自治区、市、县科技项目66项(自治区科技项目4项、南宁市科技项目25项、县本级科技项目37项)。获自治区立项2项，经费支持70万元；市级立项14项，经费支持316万元；县本级立项28项，经费350万元。引进农作物新品种92个，示范推广优良品种24个，良种覆盖率99%以上。推广农业先进技术18项，先进农业实用技术普及率98%。加强工业企业的技术创新工作，有15家企业拥有自主发明专利，5家企业获"高新技术企业"认定。有自治区工程技术中心2家，南宁市级工程技术中心4家。有健丰牌、古府牌(东江糖厂)等广西著名商标7个，广西名牌产品3个。举办科技培训班135期，培训2.80万人次。有幼儿园244所，在园幼儿2.20万人；小学138所(社会办学1所)，在校生3.46万人；初中20所，在校生1.82万人；高中5所，在校生9800人；特殊教育学校1所，在校生96人；中等职业学校1所，在校生954人。教职工5320人，其中专任教师5059人，职工261人。完成"民生幸福工程"教育惠民主要任务，实现学前三年毛入园率93%、九年义务教育巩固率91%、高中阶段毛入学率85%、职业教育毕业生初次推荐就业率96%目标；农村义务教育阶段家庭经济困难寄宿生生活费补助覆盖率占在校寄宿生的55%，普通高中国家助学金发放覆盖率占在校生33%；完成贫困大学新生上学路费、短期生活费资助任务。学前教育资助幼儿4719人次、219.58万元。补助家庭经济困难寄宿生生活费2.34人次、1396.07万元；获南宁市初中、小学资助资金54.31万元，资助972人(次)。普通高中免学费36人次、12.07万元；普通高中国家助学金资助7033人次、462.65万元；资助中等职业教育学费208人次、15.47万元。投入4605万元，实施学生营养改善计划，在全市率先实现义务教育学校学生营养改善计划全覆盖。投入470万元，完成2013年农村薄弱学校改造项目建设，为60所学校配备实验教学仪器、图书等。教学点数字教育资源装备覆盖率100%。落实教育专项项目单项工程122个(包括县资金食堂、餐厅扩建项目)，总建筑面积11.97万平方米，总建设资金1.96亿元。武鸣体育馆、全民健身馆投入使用；建成村级公共服务中心19个。举办2014年中国壮乡·武鸣"三月三"歌圩暨骆越文化旅游节、武鸣县第六届运动会。《壮族三月三》列入国家级非物质文化遗产扩展项目名录，壮族"罗波庙会""壮族四月四"列入自治区级非物质文化遗产代表性名录。有医疗卫生单位20家(县直医疗卫生单位7家、中心卫生院5家、普通卫生院8家)。有卫生技术人员3097人(含聘用工1539人)，其中县直医疗卫生单位1981人(含聘用工1180人)、镇卫生院1116人(含聘用工359人)、县合管中心47人。有病床2423张(县直医疗卫生单位1494张、镇卫生院929张)。有

2014年，武鸣县城兴武大道东段景色　　武鸣县志办提供

村卫生所201个，乡村医生387人，村妇幼保健员265人；有计划生育技术服务站(所)15个，营利性医疗机构(民营医院、个体诊所和综合门诊部)149个，合作医疗经办点13个。参加新型农村合作医疗58.06万人，参合率99.92%，缴费4064.20万元，报销医疗费79.78万人次2.29亿元。人口出生8514人。

民政事业　审批城镇最低生活保障对象1488人次，发放低保金508.63万元；审批农村低保对象1万人次，发放保障金1563.99万元。发放抚恤金224万元、定补金387万元，义务兵家属优待金295.56万元；安置退役士兵246人，发放地方就业补助金296万元。临时救济13人次。发放特困户、重灾民救济粮302吨（折款123.89万元），救济5348户、1.12万人。发放冬令救灾棉被1700床、蚊帐1400顶、解放鞋2900双、衣服5950件套。投入资金27.67万元，重建水毁民房49户、87间。确定五保老人1157人，发放五保供养定补金598.03万元。农村医疗救助1972人、257万元。免费为6718对新婚夫妇进行地中海贫血筛查。办理结婚登记6718对，离婚登记1084对。

劳动与社会保障　开展“就业援助月”“春风行动”“民营企业招聘周”等活动，举办招聘会13场，181家企业提供岗位1.70万个，达成用工意向6798人。农村劳动力转移就业新增1.22万人，城镇新增就业2675人，城镇下岗失业人员再就业492人，城镇登记失业率3.41%，控制在3.60%的指标范围内。基本养老保险、失业保险、基本医疗保险、生育保险、工伤保险实现市级统筹。参加基本养老保险4.65万人，征缴保险费1.41亿元；参加城乡居民社会养老保险29.63万人，征缴保险费1984.73万元；参加失业保险1.89万人，征缴保险费1622.19万元；参加基本医疗保险6.90万人，征缴保险费8329.80万元；参加生育保险1.61万人，征缴保险费234.96万元；参加工伤保险2.35万人，征缴保险费437.18万元。企业签订劳动合同2.86万人，新签、续签劳动合同787人。劳动人事争议仲裁立案70件，结案68件，涉案金额192.15万元。实施农民工工资保证金制度，收取89家单位的工资保证金1835.55万元，按规定退还63家单位的工资保金968.92万元。

【中国壮乡·武鸣“三月三”歌圩暨骆越文化旅游节】 2014年4月1日至7日，在武鸣县城举行。以“大展演、大巡游、大竞技、大研讨、大经贸”为主题，活动主要有开幕式、彩车巡游、千人竹竿舞、千人武术、千人广场舞展演、壮乡歌王大赛、壮乡歌海活动、“昂逢逢”街舞大赛、骆越始祖王祭祀大典、乡村文艺汇演、旅游文化产业发展研讨会、文学笔会、书画摄影大赛、传统民族体育竞技(包括武术散打擂台赛、抢花炮、板鞋舞、抛绣球)、斗鸡斗鸟活动、马术表演、“木棉花盛开”壮民族服饰展示活动以及大明山杜鹃花主题游。经贸活动主要有重大项目开(竣)工仪式、投资环境说明会暨项目签约仪式、“壮家美食·武鸣特产”展销会。在投资环境说明会暨项目签约仪式上，签约水暖商贸物流产业园、汽车配件生产等项目9个，总投资104.53亿元。　（潘星环）

2014年武鸣县各镇情况

名　称	土地面积(平方千米)	村民委员会(个)	社区居民委员会(个)	自然屯(个)	年末人口(人)	农林牧渔业总产值(万元)	粮食产量(吨)	农民人均纯收入(元)
城厢镇	247.48	21	8	146	106358	130391	36240	
太平镇	371.10	12	1	157	39994	77334	27345	
双桥镇	213.32	15	1	129	58236	97026	37994	
甘圩镇	102.70	4	1	18	25432	46063	12590	
宁武镇	253.98	13	1	92	39587	109645	22191	
锣圩镇	401.51	25	1	227	65626	145512	38738	
灵马镇	194.95	13	1	127	52704	50583	21001	
仙湖镇	208.98	10	1	146	40968	75406	33543	
府城镇	268.09	23	1	226	59567	95527	31008	
陆斡镇	254.31	23	1	202	63280	112747	39934	
两江镇	200.14	14	1	135	42291	47137	31080	
罗波镇	162.47	13	1	97	38099	41853	20751	
马头镇	165.15	12	1	93	24362	46079	16682	

横县

【概况】横县位于广西东南部，南宁市东部。东邻贵港市覃塘区，南接钦州市灵山县、浦北县，西界南宁市青秀区、邕宁区，北与南宁市宾阳县接壤。面积3464平方千米，县政府驻横州镇。郁江上通南宁、百色，下通粤、港、澳。桂海、南广、六钦高速公路以及国道209线、湘桂铁路等交通要道过境。有六景港口。主要旅游景点有九龙瀑布群国家森林公园（国家3A级景区）、西津湖旅游景区、中华茉莉园、宝华南山旅游风景区、伏波庙、六景泥盆系标准剖面保护区。主要矿产资源有金、铜、芒硝、膨润土、石灰石、三水铝等20多种，其中石灰石储量3000亿吨、芒硝矿储量10亿吨，居全国同类县（区）第二。有优质稻、糖料蔗、茉莉花、桑蚕、蘑菇、甜玉米、水产畜牧、商品林等优势农业产业。有南宁六景工业园区（自治区级开发区）和那阳工业集中区。2014年，辖镇14个、乡3个、村（社区）307个；人口124.55万，其中少数民族人口47.60万。人口自然增长率8.63‰。地貌以丘陵、平原为主，耕地总面积11.05万公顷（水田4.91万公顷）。林地面积15.95万公顷，森林覆盖率48.55%。地区生产总值238.65亿元；财政收入16.79亿元。一般预算支出34.22亿元。农林牧渔业总产值完成105.90亿元；规模以上工业增加值完成77.51亿元；全社会固定资产投资完成198.20亿元；社会消费品零售总额完成75.21亿元。城镇居民人均可支配收入25152元，农民人均纯收入8883元。城镇新增就业6086人，新增农村劳动力转移就业1.51万人。年内，横县创建国家现代农业示范区，获批设自治区首个国家地理标志产品保护示范区，被评为广西出口食品农产品质量安全示范区、广西粮食生产先进县。被评为全国文明县城；校椅镇龙省村龙省自然村、马岭镇振兴村龙山自然村被评为全国文明村；峦城镇中心医院、横县中学等21个单位被评为自治区级文明单位；百合镇六答村、马山乡六村新岭自然村等20个村被评为自治区级文明村；横州镇城东社区被评为自治区级文明社区1个；县供电公司与县人民武装部、县国税局与武警横县消防大队、县地税局与武警横县中队军（警）民3对单位被评为共建精神文明先进单位。

【经济发展】

第一产业　2014年，实现农林牧渔业总产值105.90亿元。粮食作物播种面积7.86万公顷，总产量42.24万吨。其中：水稻种植面积6.06万公顷，产量34.29万吨；玉米种植面积1.42万公顷，产量7万吨。经济作物种植面积7.78万公顷。其中：甘蔗种植面积2.40万公顷（包括果蔗），产量208.04万吨；木薯种植面积3060公顷，产量2.89万吨。果园面积1.37万公顷，水果产量12.52万吨；蔬菜种植面积3.47万公顷（包括甜玉米），产量69.75万吨。肉类产量8.29万吨，水产品产量4.34万吨。新增土地流转面积733.33公顷，全县累计土地流转面积1.13万公顷。新增农民专业合作社100家，累计504家；新增家庭农场19家，累计21家。培育新增国家级农民专业合作社示范社4家，累计5家；新增自治区级示范社9家，累计23家。新增市级农业产业化重点龙头企业3家，累计24家，其中自治区级3家、国家级1家。农民专业合作社、农业龙头企业获扶持资金564万元。农业招商引资签订引资合同8000万元。建设农业优势特色产业生产基地24个；建设校椅镇青桐片区、石塘镇古逢片区万亩甜玉米高产示范基地和朝阳大垌333.33公顷水稻全程机械化基地；建设高产高糖糖料蔗示范基地6个、蔬菜基地100个、农产品标准化示范基地60个。农业耕种收综合机械化水平46.60%。北部湾现代农业年产20万平方米新型食用菌综合开发项目完成投资3000万元。建设中央预算内养殖项目9个，自治区水奶牛专项资金项目3个，市本级财政“菜篮子”工程项目1个，总投资2000多万元。发放农作物良种补贴688.72万元，补贴面积3.06万公顷。水利建设投入1.49亿元，完成水库除险加固20座、水毁工程修复14处、农村人饮水工程37处，渠道防渗工程158.36千米；开展低产田改造，新建高标准基本农田4400公顷；实施水库除险加固、中小河流综合治理等农田水利项目建设248项，完成投资2.30亿元。投资1234.17万元解决农村饮水安全问题，涉

2014年横县国民经济主要指标

项目	单位	实绩	比上年增长(%)
地区生产总值	万元	2386498	3.13
第一产业	万元	650484	4.54
第二产业	万元	1077301	-1.06
工业	万元	822762	-4.20
第三产业	万元	658713	9.87
人均地区生产总值	元	239623	2.38
农林牧渔业总产值	万元	105900	
粮食总产量	万吨	42.24	
全社会固定资产投资	万元	1982018	2.37
实际利用外资	万美元	3680	
社会消费品零售总额	万元	752074	13.60
全部财政收入	万元	167954	11.34
地方财政一般预算收入	万元	119663	13.13
一般预算支出	万元	342205	8.94
城镇居民人均可支配收入	元	25152	8.80
农民人均纯收入	元	8883	11.30

及10个乡镇，受益群众2万人，其中投资395.90万元解决农村学校饮水安全问题，项目涉及11个乡镇的18所中小学校，受益学生1.14万人。

第二产业　有工业企业462家，实现工业总产值265.43亿元。其中规模以上工业企业97家，实现工业总产值252.88亿元，利税总额31.11亿元。第二产业增加值107.73亿元（工业增加值82.28亿元），完成工业投资61.87亿元，技术改造投资45.82亿元。主要产品产量：大米2.57万吨，饲料15.81万吨，成品糖25.87万吨，鲜、冷藏肉4.32万吨，罐头4.39万吨，食品添加剂3.88万吨，精制茶5.64万吨，蚕丝1970吨，轻革53万平方米，人造板83万立方米，纸浆(原生浆及废纸浆)50.87万吨，机制纸及纸板(外购原纸加工除外)22.74万吨，纸制品23.03万吨，中成药7121吨，塑料制品2.71万吨，硅酸盐水泥熟料193.05万吨，水泥334.79万吨，商品混凝土9万立方米，钢材32.08万吨，民用钢质船舶2万载重吨，发电量68.21亿千瓦时(火力发电量54.86亿千瓦时、水力发电量12.28亿千瓦时)。

南宁六景工业园区规模以上工业总产值完成193.09亿元，固定资产投资完成26.39亿元，项目实际到位资金35亿元，财政收入6.50亿元。那阳工业集中区完成固定资产投资21.17亿元，规模以上工业总产值56亿元，招商引资到位资金8.20亿元，工业税收1.12亿元。

第三产业　有企业4144家，从业人员4.81万人，个体工商户2.38万户，从业人员3.84万人。有市场70个。实现社会消费品零售总额75.21亿元，第三产业增加值65.87亿元。外贸出口总额1783万美元。接待游客173.30万人次，旅游营业收入13.40亿元。

招商引资　完成区外境内实际到位资金58.45亿元，其中区外境内到位内资51.54亿元，直接利用外资3680万美元。2014年中国(横县)茉莉花文化节期间举办投资贸易洽谈会，签约投资贸易合作项目9个，投资总额62.86亿元。南宁市“两会一节”期间，签约重大项目3个，其中自治区重大签约项目1个、南宁市重大签约项目2个，签约额12.96亿元。“以商招商”落地项目3个，投资总额8.20亿元，分别为广西云燕特种水泥建材有限公司引进的与阿尔博波特兰公司(丹麦)共同建设的新型干法白水泥生产项目、南宁祈顺纸业有限公司引进与新加坡MTI Holding Singapore(Pte) Ltd共同投资建设的轻质碳酸钙生产线项目、广西横县威林木材市场投资有限公司引进与广西南宁绿园北林木业有限公司合资建设的木材综合深加工项目。

城乡建设　推进县城总体规划修编，完成蒙垌、大竹、建政等片区控制性详细规划编制。完成县城至校椅公路亮化一期、长安大道改造一期、横州公园改造一期、洪德街历史文化街区改造、江北大道污水管网工程、海棠溪污水管网及配套提升泵站等工程；加快建设市民活动中心、龙池湖改造、城市道路“白改黑”等重点市政工程以及贵源城市新都、太阳城、福建城、御江西街等商业房地产项目。县城污水处理率由60%提升至80%。县城建设完成投资35.57亿元。六景工业园产城融合加快发展，疏港大道、纬十一路、经一路延长线以及六景客货运输服务中心和污水管网、供热管网等基础设施项目加快推进，开工建设福景新城二期、来源丽景、六景星级酒店等生活配套项目，园区完成固定资产投资26.39亿元。加大资金投入，支持校椅、马山、峦城、马岭、那阳等乡(镇)基础设施改造和绿化美化亮化；完成校椅、云表、马岭、百合4个乡(镇)垃圾中转站建设。如期建成市级新农村综合示范村——仁和村，新建县级新农村精品村10个、县级新农村示范村20个。建成通村、通屯水泥路342条、601千米。实施“绿满八桂”工程，完成800公顷速生桉整治，建成自治区级生态村2个、市级生态村38个。推进县城网格化管理和整洁畅通文明有序大行动，推动数字化城管有效运营并加快向乡(镇)延伸，县城“五乱”现象整治效果明显。处理县城违章车辆491辆次，清理小广告“牛皮癣”3000多处，取缔县城范围内“马路市场”5个。整治“两违”(违法用地、违法建筑)，拆除违章建筑4.50万平方米。开展“美丽横县·清洁乡村”活动，开展清洁家园、清洁水源、清洁田园，投入1.70亿元加强乡村基础设施建设，添置环卫设备，所有乡(镇)均成立环卫站，所有村屯制定“村规民约”和卫生保洁制度，配备保洁队伍。粉刷固定清洁乡村宣传标语2700多条，制作大型户外广告牌100多块，发送手机短信3次、36万条，制作宣传板报9000多块，开展“美丽讲坛”400多场，演出“美丽戏台”190多场次。南乡镇、那阳镇、云表镇、镇龙乡、新福镇、马山乡等6个乡镇获南宁市“十佳乡镇”称号。

【社会事业发展】

科教文卫体事业　投入科技经费1191万元（不含县科技经费，包括国家251万元、自治区315万元，市2013年345万元和2014年280万元）。组织实施科技项目60项，其中国家级科技项目4项、自治区级科技项目15项、市级科技项目33项(不包括市人才小高地项目6项)。年内实施到期通过验收的项目27项。获广西科技进步三等奖2项（中国人民解放军第三〇三医院、南宁市人口和计划生育服务中心、横县计划生育服务站共同实施的“广西重症地中海贫血现状调查及其出生缺陷预防”项目；广西农垦永新畜牧集团有限公司良圻原种猪场、广西农垦永新畜牧集团有限公司、广西农垦永新畜牧集团格林饲料有限公司共同实施的“瘦肉型猪健康养殖关键技术研究与应用”项目)、南宁市科技进步三等奖1项（横县六六八大棚蔬菜种植专业合作社与广西壮族自治区农业科学院蔬菜研究所共同实施的“南方大棚蔬菜高效节本技术集成研究与示范”项目)、广西第四届发明创造展览交易会银奖1项。举办科技培训班16期，培训1.63万人次。有幼儿园196所，在园幼儿3.50万人；小学271所(社会办学1所)，另有小学教学点128个，在校生7.56万人；初中36所(社会办学4所)，在校生3.61万人；普通高(完)中6所，在校生1.52万人；职业教育中心1所，在校生3953人；特殊教育学校1所，在校生63人。有教职工7920人(公办学校教职工7770人、社会办学校教职工150人)。小学适龄儿童入学率102.37%，辍学率零，小学毕业生升学率100%；初中阶段入学率104.18%，辍学率1.27%；初中毕业生升高中毛入学率87%。实施农村九年义务教育学生营养改善计划，春季学期受惠学生10.75万人、秋季学期受惠学生10.94万人，补助膳食资金6507.57万元。落实普通高中库区移民子女免学费、农村义务教育阶段家庭经济困难寄宿生生活补助、中等职业教育免学费、南宁市资助家庭经济困难大学新生、普通高中国家助学金、南宁市资助小学、初中家庭经济困难学生、中职国家助学金、中职奖学金、学前教育资助、中央彩票公益金滋蕙计划、其他部门和社会资助大中小学生、在校大学生和大学新生生源地信用贷款等三大方面13个项目的资助，资助大中小学生、幼儿8.11万人次，资助金额7969.20万元。组织实施中小学校舍维修长效机制、农村义务教育薄弱学校改造计划食堂建设、农村义务教育薄弱学校改造计划县镇学校扩容改造、扩大学前教育资源、农村边远艰苦地区学校教师周转宿舍建设等5类8批300个项目建设，建筑面积12.12万平方米，计划投资1.65亿元。至年末，竣工项目257个、在建项目43个，完成投资1.10亿元。实施教育重大项目建设，横县中学新校区建设项目完成土建工程3.39万平方米，完成投资9000万元；横县民族中学新校区项目的项目建议书、可行性研究报告、规划选址、用地预审、环评、节能报告、林地使用情况、建设工程场地抗震设防要求审核意见书等已或批复；横县特殊教育学校新校区建设项目已建设完成教学楼2栋、学生宿舍楼1栋、学生食堂楼1栋，正推进附属工程建设。投资2462万元，完成2012年、2013年农村义务教育薄弱学校教学实验设备和图书配置；投资127万元，完成教学点数字教育资源建设项目138个；投资161.50万元，为义务教育阶段学校购置学生架床2176套。建成南宁市村级公共服务中心建设点22个。建成“村村通”乡镇广播电视无线发射站2个（石塘镇无线发射站、六景镇无线发射站）。“户户通”工程完成1610户安装。举办2014年横县迎春文艺晚会、新春群众广场文艺演出、新春山歌表演、文艺下乡系列活动；完成“2014年中国（横县）茉莉花文化节”开幕式开场文艺演出、“茉莉情韵”文艺大展演、民俗展演活动以及中国茉莉之乡·横县特色名优产品和旅游文化展（非遗展）等活动；组织节目参加“中国梦”全区小戏小品曲艺及舞蹈大赛、南宁市第五届乡村社区文艺大展演、2014年“建设大南宁·服务世锦赛”第二届南宁市“外来务工者之歌”歌手大赛、广西第八届少儿艺术比赛（声乐、舞蹈类）；组织县文化馆代表南宁市参加在钦州市举办的2014第六届广西“魅力北部湾”群众文化活动暨2014年“春雨工程”—全国文化志愿者活动。《百鸟衣传说》被列入第四批国家级非物质文化遗产代表性项目名录；舞蹈《呗侬》获2014第三届全区基层群众文艺会演总决赛舞蹈类一等奖。有医疗卫生机构1008个，其中国有医疗卫生机构23个（县属5个，乡镇18个），集体医疗卫生机构276个，村（屯）卫生所519个，个体医疗诊所164个。卫生技术人员3314人（县属卫生技术人员1760人）。医疗病床2235张（县级医院1277张，乡镇卫生院958张）。投资180万元，完成农村卫生户厕建造2000座。参加新型农村合作医疗农民108.08万人，参合率99.81%，缴费7565.78万元。出生人口16667人，人口出生率15.77‰。农村医疗救助（孕产妇住院分娩降消项目补助）1.65万人，发放医疗救助金611.68万元。免费为8916对新婚夫妇进行地中海贫血筛查，为203名生活困难的城乡肺结核患者提供治疗，为6名贫困高危孕产妇提供救治，救助金额5.26万元。建成六景镇利垌村委仁和村、峦城镇格木村委、百合镇庙庄村、那阳镇勒竹村委、那马经联社、石塘镇三联村委万春村等5个村屯的全民健身路径，云表镇飘竹村委南路经联社、那阳镇那市社区、峦城镇峦城社区等3个单位农民体育健身工程。组织举办2014年“金花杯”国际男子篮球争霸赛，“五一节”职工气排球、篮球比赛，“迎世锦”县直单位篮球、气排球比赛，端午节传统龙舟比赛，第六届广西体育节“体彩杯”横县系列活动等体育比赛；组织横州镇蒙垌村委万雄村参加2014年“中国水城”南宁市端午节龙舟锦标赛，在200米、500米比赛均获第五名；组织男子篮球队参加在百色市德保县举办的2014年广西“拔群杯”篮球赛决赛，获第七名。

5月23日，广西大学学生到横县六景工业园区开展课题调研　　黄永锦提供

民政事业　审批城镇最低生活保障对象救助申请3.71万人次，发放低保金1074.96万元。审批农村低保对象救助申请37.59万人次，发放保障金4653.11万元。发放抚恤金、定补金2457万元，退伍义务兵家属优待金374万元；安置退役士兵318人，发放一次性经济补偿金326万元。发放临时救助金13.74万元，临时救助245户次。给特困户、重灾民发放救济粮200吨（折款99.20万元）。投入资金171.70万元，发放冬令救灾棉被2500床、蚊帐4000床、毛巾被4000床、衣服5000件（套），救助灾民1.89万人；拨付资金56.80万元，重建水毁民房36户121间。确定五保老人6457名，其中集中供养5200名；发放五保供养定补金948.25万元；发放五保户救济粮折款436.80万元，食用油补助款62.40万元。实施城乡医疗救助4.33万人次，救助金额736.08万元，其中资助参加新农合3.87万人次、270.59万元，门诊救助1729人次、9.48万元，大病救助2919人次、456.01万元。办理结婚登记9359对，离婚登记1658对。

劳动与社会保障　城镇新增就业6086人，下岗失业人员实现再就业605人。城镇登记失业率3.47%。培训农村劳动力1306人，农村劳动力转移就业新增1.51万人。参加基本养老保险企业650家、4.90万人，征缴保险费142.83万元，支出4.91亿元；参加失业保险1.90万人，征缴保险费1136万元，支出1167万元；参加基本医疗保险7.90万人，征缴保险费1.03亿元，支出9028万元；参加工伤保险1.80万人，征缴保险费351万元，支出518万元；参加生育保险1.40万人，征缴保险费132万元，支出130万元。发放劳动保障宣传资料2.41万份；检查用人单位205家；下发《劳动保障监察询问通知书》102份、《劳动保障监察限期改正指令书》63份、《劳动保障监察行政处理（罚）决定书》24份，办理违法案件95起，移送司法机关案件4起；为2956名劳动者追回被拖欠、克扣的工资2069.62万元；督促用人单位补签劳动合同1930份；督促缴纳社会保险费12.65万元，涉及人数23人；检查劳务派遣单位2家，涉及用工单位30家、派遣劳动者1005人；查处非法使用童工2起。

（李清俏）

2014年横县乡镇情况

名　称	土地面积（平方千米）	村民委员会（个）	社区居民委员会（个）	自然屯（个）	年末人口（人）	农林牧渔业总产值（万元）	粮食产量（吨）	农民人均纯收入（元）
横州镇	182.24	21	1	161	169708	73126	34182	10459
峦城镇	77.55	15	1	46	58696	25512	20027	6765
南乡镇	342.17	18	2	181	97191	49938	31858	5712
六景镇	316.79	27	2	105	104490	76233	32937	7880
百合镇	184.17	27	1	139	109072	56668	31906	7157
那阳镇	139.95	15	1	97	65061	43981	24719	7485
莲塘镇	154.47	11	1	49	43898	28929	14221	7335
平马镇	144.09	8	1	55	38255	35103	14210	5822
新福镇	347.53	16	2	149	57358	25251	23129	4219
石塘镇	221.93	15	2	88	76049	69918	31273	6668
陶圩镇	184.48	18	1	126	91510	82957	47755	7758
校椅镇	248.84	21	1	132	106381	169814	47283	10140
云表镇	255.05	13	1	120	83220	163225	23451	8139
马岭镇	83.55	12	1	32	30618	68905	12282	8900
平朗乡	125.60	13	1	52	30161	14177	12004	5772
马山乡	130.03	16	1	132	64058	18499	15482	5590
镇龙乡	226.23	10	1	83	19822	13613	5302	4650

宾　阳　县

【概　况】 宾阳县位于广西中南部，南宁市东北部。东邻贵港市覃塘区，南连南宁市横县、青秀区，西接南宁市兴宁区、武鸣县，北与南宁市上林县、来宾市兴宾区接壤。面积2308平方千米。县政府驻宾州镇。为桂中南重要交通枢纽，湘桂铁路、黎（塘）湛（江）铁路、黎（塘）钦（州）铁路在县内黎塘镇交汇，南（宁）柳（州）、南（宁）广（州）高速铁路在县境内并轨；桂海高速公路、南（宁）梧（州）二级公路（国道324线）、南（宁）柳（州）公路（国道322线）过境，有宾阳至上林、宾阳至横县、忻城周安至宾阳新桥3条二级公路。主要旅游景区（点）有宾州古城文化景区、白鹤观竹海旅游度假区、程思远故居与陈列馆、古辣蔡氏书香古宅群旅游景区（国家3A级景区）、情人谷相思潭旅游风景区、昆仑关战役旧址（国家3A级景区）等。宾阳炮龙节列入第二批国家级非物质文化遗产名录，每年农历正月十一举办；游彩架、丝弦戏、宾阳壮锦、宾阳酸粉列入自治区级非物质文化遗产名录。主要矿产资源有钨、钼、铋、铜、铅、锌、三水铝、铁、金、石灰石、毒砂、花岗岩等。主要地方特产有瓷器、皮革、小五金、壮锦、莲藕、香米等。是全国商品粮生产基地县、广西“小五金之乡”。有黎塘工业园区（广西A类工业园区）。2014年，辖镇16个、村192个、社区41个、自然村（屯）1742个。户籍总人口104.38万（农业人口73.80万、非农业人口30.58万）。人口自然增长率8.16‰。耕地面积9.16万公顷；林地面积9.34万公顷，森林覆盖率41.69%。地区生产总值173.02亿元；全部财政收入15.60亿元（公共财政预算收入11.09亿元），公共财政预算支出34.05亿元；城镇居民人均可支配收入24321元，农民人均纯收入9047元。被评为广西知识产权示范县、南宁市招商引资工作先进单位；连续4届获广西城市市容环境综合整治“南珠杯”竞赛特等奖。

【经济发展】

第一产业　2014年，实现农林牧渔业总产值68.51亿元。其中：农业37.31亿元，林业2.65亿元，牧业23.51亿元，渔业4.10亿元，农林牧渔服务业0.95亿元。第一产业增加值41.93亿元。粮食作物播种面积7.03万公顷，总产量36.87万吨。其中：水稻种植面积5.70万公顷，产量31.69万吨；玉米种植面积7500公顷，产量3.65万吨。经济作物种植面积3.06万公顷。其中：甘蔗种植面积2.15万公顷，总产量166.51万吨；木薯种植面积3157公顷，产量2.81万吨。蔬菜种植面积2.77万公顷，产量55.96万吨；果园面积1852公顷，水果产量1.72万吨。肉类总产量6.41万吨。水产品产量3.85万吨。人工造林面积478公顷。以高产高糖甘蔗生产示范片区建设为重点，打造8个甘蔗优质高产高糖生产基地；新增流转土地面积833公顷，累计6787公顷；发放农资综合补贴7355.46万元；发展农民专业合作社37家。完成古辣镇水丽村市级城乡统筹发展综合示范村建设；抓好桂合现代桑蚕产业（核心）示范区创建，投入资金3520万元，引进新品种7个，推广应用先进生产技术6项；广西荷香人间现代农业科技有限公司列入市级农业产业化重点龙头企业（累计8家）。投入1.20亿元，建设以莲藕、葡萄、百香果等为重点的30个特色农业示范基地。推进农村基础设施建设。投入2000多万元继续推进53个水库移民村建设；投资7500多万元建设水库除险加固、中小河流治理等水利项目；获市本级农田水利项目投资2498.42万元；投资2717.97万元建设104处农村饮水安全项目，解决7.09万农村人口饮水安全问题；建设贫困村屯级砂石道路16条14千米，硬化道路32条27.80千米。落实各项惠农资金2649.37万元，减轻农民负担1500万元；发展种植类扶贫产业面积279公顷，受益8020人。实施“绿满宾阳”造林绿化工程，植树造林面积2060公顷，义务植树150.20万株；开展“百万珍贵树种送农家”活动，植树15.02万株；铁路沿线500米可视一面坡绿化面积45公顷、村屯绿化120个；完成“绿满八桂”村屯绿化项目任务45个；开展村屯及通道绿化补植、补造，其中村屯绿化56个、通道绿化1条。

第二产业 有工业企业2903家，全部工业总产值158.87亿元。规模以上工业企业73家(新增2家)，其中亿元以上产值企业39家(新增9家)，规模以上工业企业实现工业总产值129亿元，利税总额7.47亿元（利润2.72亿元）。第二产业增加值65.12亿元（全部工业增加值46.52亿元，规模以上工业增加值32.80亿元)。投入资金5890万元，落实科技兴企扶持资金1594.80万元，完成技术创新15项。对华润红水河水泥等12家重点企业给予财政扶持2000万元；为桂合丝业有限公司等30多家企业争取到技术改造扶持资金和中小企业发展专项资金1500万元；帮助本地企业争取担保贷款2.40亿多元。在建工业项目574个，年度完成投资74.16亿元；完成工业技改投资71.98亿元。规模以上工业企业主要产品产量：大米34.90万吨、成品糖21.58万吨、人造板48.13万立方米、机制纸及纸板8.99万吨、水泥188.77万吨、钢材11.96万吨。以黎塘工业园区建设为工业发展重点，推进园区基础设备建设，加快园区路网、供水、供电以及标准厂房建设，完成标准厂房建设总面积13.30万平方米，其中主体建筑面积10.90万平方米；推进力拓矿微粉渣、万东塔式起重机生产项目等11个重大项目建设；加大对工业园区简政放权力度，拟下放到黎塘工业园区管理委员会的行政审批事项79项；工业园区全年完成工业总产值105.73亿元，迈入百亿元园区行列。举办用工招聘会5场，为企业招聘人才3150名。

2014年宾阳县国民经济主要指标

项　目	单 位	实 绩	比上年增长(%)
地区生产总值	万元	1730158	8.00
第一产业	万元	419340	3.40
第二产业	万元	651189	8.10
工业	万元	465190	6.90
第三产业	万元	659629	10.80
人均地区生产总值（按户籍人口计算）	元	15828	6.90
农林牧渔业总产值	万元	685104	3.88
粮食总产量	吨	368660	-2.75
全社会固定资产投资	亿元	1941329	19.04
实际利用外资	万美元	1530	
社会消费品零售总额	万元	830784	14.20
全部财政收入	万元	155953	10.94
公共财政预算收入	万元	110851	15.50
公共财政预算支出	万元	340489	17.61
城镇居民人均可支配收入	元	24321	8.90
农民人均纯收入	元	9047	11.20

第三产业 第三产业增加值65.96亿元。有国有企业452家，私营企业3243家(新发展731家)，从业人员2.50万人；个体工商户2.65万户(新发展3305户)，从业人员4.50万人。新发展微型企业278家(累计1334家)、农民专业合作社44家(累计285家)，新增限额以上商贸企业10家(累计52家)。有民营企业2630家，占企业总数85%。完成房地产开发建设投资13.62亿元，商住房地产开发建设施工面积89.85万平方米（新开工面积12.85万平方米），竣工面积4.57万平方米；商品房销售36.68万平方米，销售额14.49亿元。实现社会消费品零售总额83.08亿元，外贸出口额709万美元。南宁市重大旅游项目黎塘“荷香人间”景区通过广西3星级农家乐评审。扩大宾阳炮龙节、露圩四月八歌圩、邹圩端午节龙舟赛、和吉葡萄节等文化节庆旅游活动的影响力。炮龙节活动吸引游客38万人次，带动消费1.01亿元；旅游项目完成固定资产投资4450万元；接待游客63万人次，旅游总收入3.50亿元。扩大消费需求，引进南宁百货等一批大型零售商；建立宾阳县商贸展销中心，举办汽车、服装等展销会7场，其中首届宾阳汽车交易会直接成交汽车122辆，直接成交额1300多万元。

招商引资 引进桂冠电力马王风电场项目，计划投资22.50亿元；南宁浮法玻璃生产线异地搬迁升级改造项目，计划投资12.88亿元；安佑酵母粉及相关产品生产项目，计划投资2亿元；万东塔式起重机生产项目，计划投资1亿元。全年合计引进重大项目16个，计划总投资88.07亿元。全年实际到位内资55.60亿元，实际利用外资1530万美元。

城乡建设 完善城乡发展规划，实现县城控制性详细规划100%覆盖。加快交通网络建设。境内南柳高速公路四改八项目开工建设，G322南宁至宾阳(宾阳段）改扩建工程上报交通部申请列入国家“十三五”交通路网建设规划；实施非贫困村通屯道路硬化项目29个，26.80千米，投资1018.40万元；开展12条村级路网维修改造，完成投资1455.50万元；黎塘新汽车客运站项目竣工，投资5600万元。加强城镇基础建设，投入3295万元实施县城小街小巷维修改造项目39个；完成凤凰湖公园项目投资8754万元；完成南广高铁宾阳站前路建设；完成农村危房改造980户；完成高铁沿线房屋外立面改造4561栋，面积159.60万平方米，累计投资1.36亿元。推进供排水系统建设，县城城市供水(一期)工程项目完成投资3000万元并供水，黎塘污水处理工程(一期)完成投资5600万元，建设大桥镇、新桥镇污水处理管网。投入655万元对县城新建道路进行补植绿化，种植乔木2400多株、花灌木1.14万平方米；投资1502万元对县城老城区和新建成区16条道路进行路灯亮化建设改造，实现县城大街小巷亮化全覆盖；完成23个县直单位及楼盘和思远路楼宇彩化亮化建设。筹措整合资金5.94亿元，拨付使用4.63亿元，推进"美丽宾阳·清洁乡村"活动，清理路段2.58万千米、池塘1.61万个、水渠及河道2218千米、田园9.31万公顷，清运垃圾16.12万吨。全县1715个自然村全部制定村规民约，聘请"三员"（党员、团员、少先队员）3503人，建设垃圾池2636座，焚烧炉536座；继续巩固农村住宅推荐户型奖励，开工建设古辣镇大陆村、武陵镇蒙寨村等208户农村住宅推荐户型。实施完成减排项目57个，对77家排放废气的企事业单位进行整治；投资400多万元对全县集中式生活饮用水源地进行保护；投资449万元的南河防洪治理工程已完工；投资410万元对沙江、枫江、黎塘五化干渠等5条河流进行清淤疏通。

【社会事业发展】

文明创建活动 2014年，宾阳县参与首府南宁创建全国文明城市活动。开展文明单位创建活动，宾阳公路管理局获自治区第十五批文明单位，8家单位获第二十七批南宁市文明单位。开展科技、文化、卫生"三下乡"活动5次。开展文明单位跟村镇"一对一"共建帮扶，各级文明单位与村镇结成50多个帮扶对子。在第三届南宁市道德模范评选表彰活动中，中华镇"代理妈妈"群体获助人为乐模范，大桥镇大桥社区木埠村杨秀兰获孝老爱亲模范；向南宁市推荐身边好人33名，其中宾阳县"代理妈妈"群体2014年1月上榜中央文明网主办的"中国好人榜"，获"助人为乐"好人称号。开展道德讲堂活动360多场；在县属媒体刊播"讲文明　树新风"公益广告30个版面、80个视频，树立大型户外宣传牌26个、宣传牌270个，悬挂宣传横幅、刷写社会主义核心价值观公益广告标语1000多条，电子显示屏滚动播出7600多次，设置文化墙290平方米、建筑围挡3000多平方米。组织"我们的节日"主题活动，开展经典诵读活动5场。在生产企业开展"做精工产品、做诚信企业"活动；在商场、集贸市场开展创建"诚信经营示范店"活动；在食品行业开展"学习双桂坊、诚信做食品"活动。推进志愿服务制度化，完善志愿服务领导体制和工作机制，成立宾阳县青年企业家志愿服务中心，"代理妈妈"志愿服务队获2014年自治区优秀志愿服务组织；开展"邻里守望"志愿服务活动等志愿服务活动500多次，志愿服务小时1.50万多小时；组织开展中小学校"美丽宾阳·清洁乡村"征文比赛，深化"洒扫应对"主题教育活动，开展南宁市第三届"美德少年"评选推荐；开展净化社会文化环境专项整治活动、"扫黄打非"活动、打击"六合彩"专项整治集中行动。

科教文卫体事业 实施知识产权强县示范、科技兴企、科技兴农、科技惠民等四大工程，完成开发工业新产品5个、先进技术4项，推广应用农业优良品种3个、新技术3项，支持企业成立科技研发中心3家，培育高新技术企业3家，完成南宁市第五轮创新计划年度任务。投入科技经费3613万元，组织实施县级科技计划项目29项；投入261万元，组织实施上级科技项目16项，其中国家级科技项目1项、自治区级科技项目4项、市级科技项目11项。专利申请量139件，其中发明专利申请量64件，国家科技富民强县专项行动计划项目通过验收。开展科技下乡助春耕行动2次，举办科技培训班12期（次），培训2320人次，发（赠）送科技资料（书籍）7000多份（册）。举办2014年宾阳县中小学生科普作品创作比赛，收到科普作品652个。有幼儿园278所（公办3所），在园幼儿3.64万人；小学203所（社会办1所），在校生6.57万人；初级中学32所（社会办3所），在校生3.66万人；高中9所（社会办2所），在校生1.85万人；特殊教育学校1所，在校生83人；中等职业技术学校1所，在校生7875人；教师进修学校1所。有教职工9739人。小学适龄儿童入学率100%，辍学率零，小学毕业生升学率99.90%；初中阶段毛入学率113.74%，辍学率零；初中毕业生升高中毛入学率87.40%。补助就读普通高中的库区移民子女1177人次、53.98万元；资助家庭经济困难大学新生1366人次、208.60万元；资助家庭经济困难学生5.69万人次、3661.99万元（小学生4305人次、215.25万元；初中生3.99万人次、2491.50万元；高中生1.15万人次、867.20万元；中等职业学校学生1276人次、88.04万元）。拨付义务教育公用经费9121万元，营养改善计划膳食补助资金5546万元；免费提供教科书资金1346.59万元，受益学生9.69万人；推进农村中小学校舍维修改造、农村义务教育薄弱学校改造计划食堂建设等项目，累计完成投资7440万元；投资416万元实施学前教育校舍改建类专项资金项目15个；实施教育信息化建设工程，投入1156万元为28所中小学购置图书，为50所学校建设"三通两平台"（宽带网络校校通、优质资源班班通、网络学习空间人人通，建设教育资源公共服务平台、教育管理公共服务平台）一期工程项目；投资1080万元建设边远地区农村学校教师周转宿舍192套，投资600万元建设教师周转房100套。举办宾阳县第五届乡村社区和谐文艺大展演、"生态乡村·我们在行动"送戏下乡演出。建设村级公共服务中心13个，农村文化室390个，培训基层文艺骨干3600多人次；投入200万元实施文化惠民"双百"工程，扶持壮大基层文艺队伍330支、健身队伍260多支，组织文艺演出630多场次、体育竞赛800多场次；公益电影进乡村2400多场次；列入市、自治区、国家级名录的非物质文化遗产保护项目24个。有医疗卫生机构428个，其中国有医疗卫生机构28个（自治区级1

2014年，"中国好人"——宾阳县中华镇"代理妈妈"群体　　宾阳史志办提供

个、市级1个、县属6个、乡镇卫生院20个），村卫生所208个，个体医务室诊所192个。卫生技术人员3654人（县属专业技术人员1333人）；医院病床2911张（自治区级医院80张，市级医院500张，县级医院1193张，乡镇卫生院1138张）。县人民医院、县中医医院列入全国第二批县级公立医院改革行列。推进县妇幼保健院保健业务大楼等一批卫生基础设施重点项目。自治区慢性病综合防控示范区通过考评验收。投资4358.40万元，完成农村卫生户改厕建造9080座，累计完成20.43万座，其中补助1000座，改厕普及率90%。参加新型农村合作医疗农民85.93万人，参合率98.96%，缴费6015.35万元。开展经常性基础性人口计生工作，稳妥实施单独二孩政策，开展打击“两非”（非医学需要的胎儿性别鉴定、非医学需要的人工终止妊娠行为）综合治理出生人口性别比，促进人口均衡发展；出生人口13856人，人口出生率14.02‰。

民政事业　审批城镇最低生活保障对象救助申请2.35万人次，发放低保金584.80万元；审批农村低保对象救助申请22.47万人次，发放低保金2307.50万元。发放抚恤金、定补金1666.30万元，义务兵家庭优待金536万元，安置城镇转业士官3人，发放退役士兵自谋职业、自主择业一次性经济补助金353.41万元。发放特困户、重灾民救济粮51吨（折款24.50万元），救济3826户1.61万人次。发放冬令救灾救济被、棉衣2.40万床（套），折款161.80万元。投入2.50万元，重建水毁民房24户76间。确定五保老人2.50万人次，发放五保供养金574.90万元。农村医疗救助2.85万人次1228.08万元。办理结婚登记8753对，离婚登1664对，补领结婚证1612对。

劳动与社会保障　城镇新增就业4101人，下岗失业人员再就业726人，帮助大龄就业困难人员实现再就业227人。城镇登记失业率2.91%。农村劳动力转移就业培训1541人，农村劳动力转移就业新增1.29万人。参加城乡居民社会养老保险36.10万人，征缴保险费3006.40万元，发放待遇10.40万人，支出9873万元；参加城镇职工基本养老保险企业694家、6.08万人，征缴保险费1.75亿元，支出5.33亿元；参加失业保险2.25万人，征缴保险费1222.80万元，支出511.13万元；参加基本医疗保险10.92万人，征缴保险费1.13亿元，支出1.23亿元；参加工伤保险3.03万人，征缴保险费503.48万元，支出395.68万元；参加生育保险1.65万人，征缴保险费228.42万元，支出133.69万元。受理劳动保障监察36件、劳动争议39件，结案率100%。

【宾阳炮龙节】　2014年2月8日至10日（农历正月初九至十一）宾阳炮龙节在县城举行，宾阳炮龙协会、宾阳县商会主办；除舞炮龙活动外，还开展书画摄影展暨鉴宝活动、宾阳景点旅游观光、庙会、宾阳美食一条街等活动。8日，举办宾阳山歌对唱擂台赛。9日，举行炮龙表演暨宾阳非物质文化遗产展演活动、宾阳县“魅力宾阳·唱响宾阳好声音”决赛。10日，举办投资推介暨项目签约会，50多家企业和国内外客商120多人参加，签约项目6个，签约投资13.21亿元；在宾州镇南街等街道举办灯酒宴活动；举行南宁（宾阳）—台南（盐水）双炮交流活动；19时，炮龙节开幕，舞炮龙活动正式拉开帷幕，67条炮龙在县城各街道同时起舞，来自自治区内外的中外游客与当地居民参与盛会。期间，接待游客38万人次，旅游消费总收入1.01亿元；中央、区内外多家媒体的100多名记者前来采访报道，其中新华社媒体、南宁电视台对“双炮”交流活动进行现场直播。

（卓家林）

2014年宾阳县各镇情况

名　称	土地面积（平方千米）	村民委员会（个）	社区居民委员会（个）	自然屯（个）	年末人口（人）	农林牧渔业总产值（万元）	粮食产量（吨）	农民人均纯收入（元）
宾州镇	223.83	33	15	267	225027	81106	53677	10275
黎塘镇	219.51	14	9	79	122021	79981	29472	11026
甘棠镇	191.51	14	1	97	53863	44177	22627	8675
思陇镇	173.66	15	2	233	62337	16488	15512	8481
新桥镇	107.80	15	1	132	84214	29281	27444	8506
新圩镇	75.80	6	1	48	30341	27930	15188	7635
邹圩镇	143.92	14	1	112	49397	41007	24435	7980
大桥镇	114.68	16	1	128	77665	66798	34665	8950
武陵镇	158.41	13	1	104	63312	35665	23455	7662
中华镇	77.22	5	1	78	36765	30269	17865	8509
古辣镇	113.92	9	2	80	53282	55653	23192	8251
露圩镇	124.76	5	1	49	38945	30764	17263	7683
王灵镇	160.53	9	1	70	42884	39892	20089	9056
和吉镇	119.61	8	1	52	42539	37542	17741	8152
洋桥镇	138.22	8	1	80	35006	35340	17249	8782
陈平镇	154.78	8	2	133	25203	14489	8142	7877

上林县

【概况】上林县位于广西中南部，南宁市东北部。东邻来宾市兴宾区，南连宾阳县，西南毗武鸣县，西北交马山县，北与来宾市忻城县接壤。面积1869.64平方千米。县政府驻大丰镇。有宾阳至上林、上林至马山、忻城周安至宾阳新桥3条二级公路。主要旅游景区(点)有三里·洋渡风景区、大龙湖风景区、大明山龙头峡谷景区、金莲湖综合旅游景区、云里湖现代农业观光园、石门龙母圣殿、不孤村人文景区、唐智城垌古城垌遗址、东红湿地公园等。主要矿产资源有黄金、煤炭、钒矿、石煤、滑石、锰矿、水晶石、石英石、大理石、花岗岩、铁、铅、铜、锌等31种。其中钒矿已探明储量2.70亿吨，属全国最大钒矿矿床之一。主要地方特产有优质米、茶叶、果蔗、八角等。"上林大米""上林八角"列入国家地理标志保护产品。有象山工业园区。2014年，辖镇7个、乡4个(瑶族乡1个)、村115个、社区16个、自然村(屯)1355个。户籍总人口49.22万；流动人口1370人。壮族人口38.23万人，占总人口77.67%。人口自然增长率15.99‰。耕地面积4.82万公顷(水田面积1.20万公顷)；林地面积6.62万公顷，有林面积5.10万公顷，森林覆盖率52.49%。地区生产总值45.10亿元；人均地区生产总值9183元。财政收入3.99亿元，其中一般预算收入2.44亿元；财政一般预算支出20.15亿元。全社会固定资产投资完成额52.56亿元。外贸出口总额10万美元。社会消费品零售总额16.51亿元。城镇居民人均可支配收入20174元，人均消费性支出13185元。农村居民人均纯收入6334元，人均生活费支出4599元。城乡居民年末储蓄存款余额53.25亿元。社会用电量2.58亿千瓦时。农业机械总动力49.55万千瓦。被评为广西特色旅游名县创建中期评估进步县。明亮、白圩、三里、木山等乡镇被评为南宁市"美丽南宁·清洁乡村"十佳乡镇。

【经济发展】

第一产业　2014年，实现农林牧渔业总产值31.15亿元。其中：农业产值13.98亿元，林业产值1.74亿元，牧业产值13.31亿元，渔业产值2.01亿元，农林牧渔服务业产值1.52万元。第一产业增加值18.43亿元。粮食作物种植面积3.89万公顷，总产量18.71万吨。其中：水稻种植面积2.69万公顷，产量13.94万吨；玉米种植面积8450公顷，产量4.13万吨。经济作物种植面积1.48万公顷。其中：甘蔗种植面积1万公顷，产量59.34万吨；木薯种植面积1115公顷，产量0.70万吨。桑园面积8525公顷，鲜茧产量1.41万吨；果园面积756公顷，水果产量5815吨；八角种植面积1万公顷，干八角产量2936吨；茶园面积145公顷，茶叶产量370吨；油菜种植721公顷；蔬菜种植面积6034公顷，产量12.04万吨。肉类总产量3.93万吨。水产品产量2.01万吨。完成造林2313公顷。优质稻种植2.20万公顷，占水稻种植面积84.30%。完成土地流转493.33公顷。上林县明珍源桑技菌业有限公司、上林县明山菌业有限责任公司、上林县大山源有限责任公司、上林县闽和菌业有限责任公司等4家食用菌企业建成投产，生产鲜菌3050吨，产值1104万元。建成澄泰乡高顶村"双高"(高产量、高糖分)糖料蔗示范基地100公顷，明亮镇五里、大罗、罗堪、云业、洋内5个庄生态观光农业示范园287公顷。建立塘马百家鸡养殖场、巷贤镇六三农民养鸡合作社、巷贤镇桂红生态养殖专业合作社、巷贤镇大山种养合作社等林下生态养殖基地，养殖鸡18万羽。建成白圩镇龙楼养羊合作社、木山乡白境黑山羊养殖小区、澄泰大坡李海军黑山羊养殖场等黑山羊养殖基地，山羊存栏3.71万只。发放粮食直补、良种补贴、农机具购置补贴704.83万元，兑现生态公益林6.71万公顷，补偿基金1186.17万元。新建农民专业合作社36家（累计186家）；新成立农村家庭农场8个。建成农村户用沼气池1000座，完成综合示范村人畜分离养殖小区项目沼气池建设1350立方米。农业基础设施建设投入1.51亿元，完成水库除险加固3座，渠道防渗等五小水利工程65处，农村人饮水工程86处。完成山上造林2313公顷。

第二产业　实现工业总产值27.63亿元，工业对经济增长贡献率25.10%，拉动经济增长1.8个百分点。规模以上工业企业14家，实现工业总产值25.72亿元，利税总额8456万元(利润2383万元)。第二产业增加值10.09亿元（工业增加值5.87亿

2014年上林县国民经济主要指标

项　目	单　位	实　绩	比上年增长(%)
地区生产总值	万元	450999	7.30
第一产业	万元	184289	4.80
第二产业	万元	100927	11.80
工业	万元	58685	8.80
第三产业	万元	165783	6.10
人均地区生产总值	元	9183	5.70
农林牧渔业总产值	万元	310946	5.08
粮食总产量	吨	187124	8.49
全社会固定资产投资	万元	525626	19.03
实际利用外资	万美元	320	
社会消费品零售总额	万元	165082	14.00
全部财政收入	万元	39898	8.89
公共财政预算收入	万元	24358	－6.13
公共财政一般预算支出	万元	201544	12.55
城镇居民人均可支配收入	元	20174	7.80
农民人均纯收入	元	6334	10.20

元)。推进“抓大壮小扶微”工程,发放重点企业、微型企业补助资金850万元,新发展微型企业206家,累计761家;完成工业固定资产投资19.35万元,工业技术改造投资19.10亿元。新增产值超亿元企业1家,累计11家。工业主要产品产量:滑石400吨,供电量2.58亿千瓦时,明山优质米1.16万吨,成品糖6.26万吨,白厂丝0.24吨,水泥60.57万吨。投资7150万元,完成4个技术创新和工业化、信息化融合项目,规模以上万元工业增加值能耗同比下降14.28%。投资5000万元,实施上林县斯尔顿丝绸搬迁技改项目,安装12组自动缫丝机组;投资5000万元,实施上林县中兴丝业搬迁技改项目,安装8组自动缫丝机组;完成投资1600万元,实施林发松香技改项目。按照自治区A类产业园区标准重新修编园区总体规划,园区规划面积12.32平方千米,通过专家组评审。投资7.40亿元,实施象山工业园区道路建设1.80千米,完成标准厂房挡土墙2处,标准厂房主体工程建设5.23万平方米,完成园区征地68.60公顷,迁坟805座,平整土地27.53公顷;开工建设象山大道和象狮互通路灯、供水工程;园区新增企业6家。继续推进汇吉源建筑机械铁塔生产基地项目建设,累计完成投资5800万元;百香果种植仓储深加工项目,累计投资1000万元;大米综合开发项目,累计投资2000万元。工业园区入园企业21家,投产企业7家,实现园区工业总产值17.68亿元,规模以上工业增加值完成3.91亿元,利税3094.57万元。

第三产业　实现社会消费品零售总额16.51亿元。第三产业增加值16.58亿元。外贸出口额10万美元。完成房地产开发建设投资2.65亿元,商住房地产开发建设施工面积39.20万平方米(新开工面积7.17万平方米),竣工面积13.53万平方米,商品房销售12.48万平方米,销售额3.27亿元。年内,恒力龙湖新城二期、三期工程完成投资2800万元;永安福园投资7481万元;恒达东郡投资1.23亿元,御景富丽园投资3270万元,寨柳城市花园投资75万元,总建筑面积101万平方米;风景名胜及游览景区等旅游项目固定资产投资8.80亿元,其中云里湖项目完成投资5300万元、金莲湖项目完成投资4500多万元、鼓鸣寨项目完成投资5187万元。接待游客206.50万人次,旅游营业收入18亿元。

招商引资　实施“生态立县、旅游兴县、工业强县”战略,借助参加南宁市举办的“两会一节”、2014年“中国旅游日”南宁主会场活动暨上林生态旅游养生节等平台,以工业园区为依托,以发展新型工业为重点,以生态旅游、生态农业、新能源、机械制造等领域开展招商。年内,先后签约鼓鸣寨养生旅游度假基地项目、东红湿地爱情公园旅游项目、上林农耕文化园旅游项目、上林县百香果深加工项目等项目27个,意向总投资88.90亿元;新开工建设项目9个,占新签约项目33%。实际到位内资7.73亿元,外资到位资金320万美元。

城乡建设　城乡建设固定资产完成投资11.70亿元,城镇化率34.50%。完善西燕镇、乔贤镇总体规划调整修编;启动白圩镇控制性规划修编、巷贤镇总体规划调整、50个村庄规划工作;完成龙湖新城二期、三期及农贸市场、幼儿园总规、永安御花园、龙湖一品、清华阁、旧武装部地块、皇周片区公寓式安置小区等房产开发项目的规划审查。投资4700万元,推进明澄大道绿化提升改造和县城会堂广场、政府大院、明山路、八寨路、林康路等地段的绿化。投资2700万元,实施明山大道立面改造工程;12月底,有22个临街单位、4个乡镇完成立面改造;全面完成城乡统筹示范村内里庄建筑立面改造,下水源庄91户风貌改造完成58户。完成白圩镇、巷贤镇、明亮镇、澄泰乡太阳能路灯500杆安装;完成县人民会堂广场、同乐广场、三区公园亮化改造,安装景观灯杆140杆,澄洲路更换新路灯杆83杆,对明山路、新丰路、澄州路、丰岭路、八寨路等主要街道的沿街建筑物采用LED线形光源进行装饰,完成明澄大道更换“渡河公”造型的新路灯杆168杆;完成县城绕城路、茶场至下水源路段和三里、木山、塘红、镇圩、西燕等5个乡镇街道太阳能路灯建设。投资1.60亿元,对明山大道、解放路、霞客路等26条道路实施“白改黑”(水泥路面改造为沥青罩面),完成明山大道管线下地。投资4513万元,实施思览江防洪整治工程。投资8500万元,实施棚户区改造1045户(城市棚户区改造任务900户,危旧房改住房改造任务145套)。完成投资3689万元,实施公租房建设434套(续建296套、新建138套)。投资2880万元,实施农村危房改造1500户。投资574万元,完成农村推荐户型建设287户。深入开展“美丽上林·清洁乡村”活动,落实网格化管理责任,明亮、白圩、三里、木山等乡镇获南宁市“十佳乡镇”称号。加强城市管理,治理工地乱象240多处,清运建筑材料及建筑垃圾400吨,查处摊点越线经营165摊、车辆乱停1105辆次,查处乱丢垃圾125人次,清理广告乱贴8000多平方米;县城生活垃圾做到日产日清;拆除污染烟囱19座、违章建筑831处26万平方米,整治违法占地20宗4.67公顷。取缔解放路、明城路、古祥路等马路市场,把上林农贸市场周边的临时经营户383户,分流到城东三区、文化小区、城西小区农贸市场。县城绿化覆盖率35.80%。完成投资7.47亿元,实施交通基础设施建设项目18个(新建项目14个、续建项目4个),竣工项目13个。其中:投资1749万元,完成四级水泥路建设24.70千米;投资2130万元,完成旅游公路建设3条、16.66千米;投资560万元,完成非贫困村通屯道路建设17.50千米;投资311万元新建、改建(续建)危桥改造项目2座;投入2315万元,修建贫困村、革命老区村、少数民族村通屯道路升级硬化61条、74.51千米,人饮工程5处,独立桥4座。

【社会事业发展】

文明创建活动　2014年,组织开展“讲文明树新风”公益广告宣传、“道德讲堂”“我推荐、我评议身边好人”“我们的节日”“学雷锋　能帮就帮　志愿服务满上林”志愿服务月、“三关爱”志愿服务活动、“志愿服务·快乐返乡”志愿服务行动、网络文明传播志愿服务活动、“文明迎世锦、礼让我文明”主题活动;加强和改进未成年人思想道德建设,开展“做一个有道德的人”主题实践活动、“我的中国梦”主题实践活动、“网上祭英烈”“学习和争做美德少年”“童心向党”歌咏比赛、“向国旗敬礼”网上活动、“践行价值观　共筑中国梦”文艺汇演、“洒扫应对”主题系列教育、“优秀少年影片进校园”等未成年人思想道德建设主题教育活动。开展文明县创建活动,在南宁市第八轮文明县活动测评中位居六县六城区之首。继续开展文明社区、文明村镇、文明单位、小康生态文明示范村等群众性精神文明创建活动。上林县人民法院被评为第十五批自治区文明单位;上林县公安局交通管理大队被评为南宁市第二十七批文明单位;上林县塘红乡那君村六卢庄、上林县西燕镇西燕社区拉最庄被评为南宁市第二十七批文明村镇;白圩镇覃排社区被评为南宁市第十一批文明社区;上林县地税局与上林县人民武装部被评为军(警)民共建精神文明先进单位;白圩镇、三里镇、澄泰乡被评为自治区级生态乡镇。

科教文卫体事业　投入科技经费135万元,组织实施科技项目4项,实施到期通过上级验收的科技项目3项(自治区级1项、市级2项)。举办科技培训班25期,培训4000多人次;举办科普讲座、报告会

5场;发放科技书籍8000册、科技资料1.50万份,制作科技展板30块,出版墙报、黑板报60板。建设镇圩乡排红村、澄泰乡下江村、大丰镇内里庄3个科技示范村;建设完善明亮明珍源桑枝食用菌生产基地、西燕江卢食用菌基地、塘红中可小蚕共育示范基地、西燕江林桑树新品种种植基地等农业科技示范基地。引进药用菌猴头菇、优良桑树新品种"抗青10号"及桑黄菌丝粉生产技术等新品种、新技术。完成"优质高效蚕业生产模式与关键技术集成示范""优质高效蚕业生产模式与关键技术集成示范""上林县八角农业专家大院建设与能力提升"等3个项目结题并通过验收。有幼儿园86所(公办幼儿园8所,民办幼儿园78所),在园幼儿1.64万人;小学111所,在校生2.74万人;初中13所,在校生1.37万人;高中4所(社会办1所),在校生6940人;特殊教育学校1所,在校生62人;中等职业技术学校1所,在校生4694人(全日制在校生111人、成人在职培训4583人);教师进修学校1所。有教职工3507人。小学适龄儿童入学率100%,辍学率零,小学毕业生升学率100%;初中适龄儿童少年入学率100%,辍学率1.20%;初中毕业生升高中毛入学率90%;九年义务教育巩固率78.50%。投入8505万元,实施教学、学生宿舍、食堂等项目37个,总建筑面积5.13万平方米。资助家庭经济困难学生10.79万人次(学前教育阶段2559人次、义务教育阶段9.46万人次、高中生9820人次、中职学生111人次),7393.73万元。落实社会资助资金47.91万元,资助学生729人。在南宁六县六城区率先实行农村义务教育家庭困难寄宿生生活补助费和学前教育入园补助资金"集中统发模式"。实施农村义务教育学生营养改善计划,拨付专项经费2388.44万元,受益学生4.06万人。上林县教育局被评为南宁市2011~2013年度未成年人思想道德建设工作先进单位、2013年南宁市学生资助工作先进集体,获南宁市第一届中小学体育教师教学技能比赛团体二等奖、第二十一届全国青少爱国主义读书教育活动组织优秀奖;石兰松被评为"全国优秀教师""全国中小学德育课优秀教师";韦杰仁、白昌、韦小武等3人被评为"广州助学基金"八桂优秀乡村教师;李丽娟等14人被评为南宁市优秀教师;蒙陆萍等2人被评为南宁市优秀教育工作者;李薇被评为南宁市"我最喜爱的老师"。实施文化体育惠民工程,举办红红火火过大年迎春晚会、元宵晚会、"爱心涌动·情满上林"慈善捐款文艺晚会、上林县第五届乡村社区和谐文艺大展演比赛、南宁国际民歌艺术节"绿城歌台"上林分歌台文艺演出、中国旅游日南宁主会场和上林生态养生节文艺演出、"激情广场"广场舞比赛、第九届"中国文化遗产日"活动、巷贤镇"灯酒节"、木山乡"二月二"卢於春社、白圩镇"万寿公王节"山歌擂台赛、塘红乡"三月三"壮族龙母文化节、三里镇"五月五"渡河公活动等一系列文艺演出。实施"千村万户文艺惠民工程",新建村级公共服务中心15个,扶持农村业余文艺团队8个;开展文艺演出240场次;电影进村放映1380场次。投入10万元支持建设上林县壮族歌圩示范基地1个。渡河公项目走出国门,到新(加坡)马(来西亚)泰(国)参加展示宣传活动4次。《猴鼓舞》《瑶山鼓》《芭蕉舞》2次到自治区、南宁市参加非物质文化遗产保护活动的宣传展演。上林县壮族龙母节被列入自治区级第五批非物质文化遗产保护代表项目名录。县乡图书馆、文化馆(站)免费开放,接待读者9.79万人次,借阅图书7.98万册次;开展送书上门服务8次,送书3658册次。韦汉创作的歌曲《等你来》在中央电视台3套综艺频道播放;舞蹈《打夯》《瑶寨迎亲》参加南宁市第五届乡村社区和谐文艺大展演比赛获一等奖,《粘粘藕丝情》获二等奖;舞蹈《万寿公王颂》参加在香港举办的全国中老年文化艺术节获银奖;少儿舞蹈《踩茶》《我是一把小小茶壶》获自治区少年儿童舞蹈比赛A组、B组金奖,严一鸣获民乐二胡金奖、卢雅琴获葫芦丝银奖、李德威获电子琴银奖。实施广播电视直播卫星户户通工程建设,调制接收设备1250套;完成无线覆盖工程建设1个。有医疗卫生机构230家,其中国有医疗卫生机构129家(县属3家、乡镇11家、村卫生所115个),个体医疗诊所84个。卫生技术人员1570人(县属774人)。医院病床1277张(县级医院694张、乡镇卫生院563张、民营医院20张)。在全国率先实行医疗卫生服务县乡一体化改革,乡镇卫生院、村卫生室基本药物制度覆盖率100%。参加新型农村合作医疗农民42.40万人,参合率99.20%。完成农村卫生户厕建造8900座。县城生活垃圾无害化处理率90%,县城生活污水集中处理率100%,农村生活垃圾处理66.50%,农村饮用水质合格率75%。人口出生6340人,人口出生率13.65‰。开展全国第六次体育场地普查,完成国民体质监测,建成农民体育健身工程项目3个、全民健身路径2个。上林县体校手球队代表南宁市参加广西青少年女子手球锦标赛获冠军,参加全国体校手球比赛获女子组冠军;县体校组织代表队参加南宁市第十届"举城杯"举重比赛,获女子团体第二名、男子团体第六名。

民政事业 审批城镇最低生活保障对象救助申请3.75万人次,发放低保金918.62万元;审批农村低保对象救助申请25.29万人次,发放保障金2630.18万元。发放"三属"抚恤金53户43.37万元、老复退军人生活补助204人152.76万元、残疾军人优抚金103人139.94万元;发放带病回乡军人定补金31人12.69万元;发放参战退役人员生活补助692人286.49万元;发放参战民兵生活补助2270人299.64万元。安置退役士兵144人,发放自谋职业补偿金148.55万元。有农村五保对象1708人(集中供养对象603人、分散供养对象1105人)。为优抚对象1029人缴纳农村新型合作医疗保险金7.20万元。参加农村住房政策性保险农户9.52万户,收缴保险费90.96万元。发放社会散居孤儿基本生活

2014年,上林县新貌——进城大道　　上林县志办提供

费76人54万元。发放优抚对象医疗救助金25人、8.45万元。有敬老院13个、五保村84个，床位802张，入住老人392人，入住率49%。救济农村困难户7286户2.34万人，发放救济口粮150吨；发放救济衣4000套、棉被3000床、毛巾被2000床、蚊帐2000床、衣物4000套、鞋4000双、袜4000双，救助7179户2.15万人。扶助因灾倒房恢复重建31户96间。办理结婚登记3884对，离婚登记674对，补办登记656对。

劳动与社会保障　城镇新增就业2400人，下岗失业人员实现再就业477人，帮助大龄困难人员再就业167人，享受灵活就业社会保险补贴246人。城镇登记失业率2.30%。举办职业技能服务培训9期，培训1424名，发放职业培训补贴资金77.57万元；举办"春风行动"和夏季单位用工招聘会，99家次区内外及县内企业进场招聘，提供就业岗位1万多个，农村劳动力转移就业新增人数1万人。发放小额担保贷款245万元，扶持创业48户，带动就业100多人。参加企业职工基本养老保险企业198个、1.81万人，征缴保险费6038万元，支出1.44亿元；参加失业保险9880人，征缴保险费520万元，支出401万元；参加基本医疗保险3.45万人，征缴保险费3658万元，支出3252万元；参加工伤保险0.83万人，征缴保险费213万元，支出112万元；参加生育保险0.50万人，征缴保险费77万元，支出41万元。参加城乡居民社会养老保险16.26万人，参保率91.45%，征缴保险费1078万元，发放养老金对象5.71万人，发放率100%。劳动人事争议仲裁委员会立案处理劳动争议案件35件，结案率100%。

【2014年"中国旅游日"南宁主会场活动暨南宁后花园·上林生态旅游养生节】2014年5月19日至25日在上林县举行，南宁市政府主办，上林县委、上林县政府承办，主题是"美丽南宁　养生上林"，口号为"智慧旅游　健康生活"。5月19日上午，开幕式在县人民会堂广场举行，大龙湖景区、金莲湖景区、三里·洋渡风景区（澄泰乡下金庄）、国有大明山农场等地设分会场。中新网广西新闻、人民网广西频道、新华通讯社广西分社、《光明日报》《广西日报》、广西电视台、《南宁日报》《南宁晚报》、南宁电视台、南宁新闻网等媒体记者报道；在明山大道举行风情上林民俗方阵表演；在金莲湖景区莲音寺举行祈福法会、放生活动、施福活动；在各项目点举行重点项目开竣工仪式；在大龙湖景区、莲音寺景区、霞客古渡景区举行霞客视界活动；在龙头路举行十大养生产品评比大赛和十大美食烹饪大赛；在天龙湾大酒店举行2014年中国旅游日南宁主会场暨上林生态旅游养生节招商推介会及项目签约仪式，签约项目14个，签约资金75.23亿元。5月20日，在国营大明山农场举行万名霞客登山行活动。5月22日，在大龙湖风景区举行生态上林·乐在骑中2014年广西环大龙湖自行车越野赛。期间，在县城霞客东路和天通路南段举办特色产品、美食展，设置展位240个（商品展位200个、美食展位40个），产品销售额2000万元。

【国道来宾迁江至马山古零二级公路开工】　2014年2月28日，来宾迁江至马山古零二级公路开工建设。总投资4.96亿元，至10月累计完成投资8378万元，占总投资量38.40%。路线起于来宾市兴宾区迁江镇，途径兴宾区平阳镇，上林县木山乡、乔贤镇、塘红乡、镇圩瑶族乡等地，止于马山县古零镇里民村里民小学，与省道S314马山至上林二级公路相接。路线全长约82千米，其中来宾平阳至上林乔贤段、上林洋造至马山里民段35.70千米，上林乔贤至上林洋造段32.30千米。

【"上林八角"获国家地理标志产品保护认证】　2014年12月1日，国家质检总局发布公告（2014年第129号），批准对上林八角实施地理标志产品保护，"上林八角"成为全国首个由国家质检总局批准实施地理标志保护的八角产品，也是上林县继"上林大米"之后被列入地理标志保护的第二个地理标志保护产品。

（樊守辉）

2014年上林县乡镇情况

名称	土地面积（平方千米）	村民委员会（个）	社区居民委员会（个）	自然屯（个）	年末人口（人）	农林牧渔业总产值（万元）	粮食产量（吨）	农民人均纯收入（元）
大丰镇	176	9	4	72	63428	34246	13160	6978
明亮镇	120	8	1	75	32658	23848	15418	5512
巷贤镇	172	12	1	92	45626	41974	22457	6262
白圩镇	234	17	2	172	82795	54006	28985	6165
三里镇	192	14	1	156	54949	32681	29563	6401
乔贤镇	126	7	1	92	36689	17991	11958	5851
西燕镇	292	11	1	131	45007	26562	16768	5990
澄泰乡	112	11	1	119	42096	24057	17721	6270
木山乡	124	6	1	72	20864	14521	4179	5958
塘红乡	181	10	2	242	42905	30925	11994	5750
镇圩瑶族乡	113	10	1	162	25147	10643	4921	5846

马山县

【概　况】马山县位于广西中部略偏西位置，居红水河中段南岸，大明山北麓，南宁市北部。东与上林县、来宾市忻城县交界，南与武鸣县相邻，西与百色市平果县、河池市大化瑶族自治县相连，北与河池市都安瑶族自治县隔红水河相望。面积2345.33平方千米。县政府驻白山镇。水任（河池）至南宁高速公路、国道210线过境，有马山—大化、马山—上林—宾阳二级公路。主要旅游景区景（点）有金伦洞（国家4A级旅游景区）、弄拉生态自然保护区、百龙滩红水河风光、灵阳寺、永州暗河、金钗石林城堡、小都百综合示范村、水锦·顺庄、西山庄园、古寨金银花公园、加方石田景观、四季花果农庄、聚贤山庄等。主要矿产资源有煤、锰、铁、钨、铜、滑石、重晶石、方解石、叶腊石、石灰石、高岭土等23种。主要地方特产有黑山羊、金银花、旱藕粉、八角、黑豆等。是中国黑山羊之乡、中国民间文化艺术之乡、中国会鼓之乡、国家生态示范区。马山三声部民歌被列入国家第二批非物质文化遗产扩展项目名录。有苏博工业集中区、百龙滩工业集中区。2014年，辖乡镇11个（瑶族乡2个）、村133个、社区18个、自然村（屯）2866个。户籍总户数15.90万，总人口55.58万（农业人口46.69万、非农业人口8.89万）；流动人口9.90万。壮族人口41.52万，占总人口75%。人口自然增长率15.30‰。耕地面积4.62万公顷（水田面积1.28万公顷）；林地面积15.96万公顷，其中有林面积5.72万公顷，森林覆盖率62.95%。地区生产总值45.41亿元；全部财政收入3.29亿元（公共财政预算收入2.11亿元），公共财政预算支出18.61亿元；城镇居民人均可支配收入20720元，农民人均纯收入6058元。

【经济发展】

第一产业　2014年，实现农林牧渔业总产值25.50亿元。其中农业产值12.20亿元，林业产值1.71亿元，牧业产值10.36亿元，渔业产值1.16亿元，农林牧渔服务业产值782万元。第一产业增加值15.34亿元。粮食作物种植面积5.89万公顷，总产量18.33万吨。其中：水稻种植面积1.59万公顷，产量8.36万吨；玉米种植面积1.94万公顷，产量9.22万吨；黄豆（大豆）种植面积3240公顷，产量4000吨；红薯种植面积760公顷，产量1600吨。经济作物种植面积9750公顷。其中：甘蔗种植面积3715公顷，产量22.05万吨；木薯种植面积1880公顷，产量1.88万吨；花生种植面积1189公顷，产量2848吨。金银花等中药材种植面积3666.67公顷，产量399吨，产值3200万元。桑园面积2066.67公顷，桑蚕饲养量6.35万张，产鲜茧3170吨，产值1.30亿元。旱藕种植面积733.33公顷。蔬菜种植面积8260公顷，产量19.35万吨。果园面积2021公顷，水果产量1.44万吨。黑山羊出栏5.78万只，年末存栏5.92万只；肉牛出栏2.48万头，存栏9.91万头；生猪出栏38.55万头，生猪存栏42.85万头；家禽出栏424.92万羽，家禽存栏231.85万羽。肉类总产量4.05万吨，水产品产量1.18万吨。继续推广“弄拉模式”，完成荒山造林533.33公顷，石漠化治理封山育林1329.33公顷，迹地更新1333.33公顷，义务植树90万株；建设自然生态保护小区29个，涉及10个乡镇，总面积1.33万公顷。发展林下经济面积6666.67公顷，建成林下经济示范点3个。农特产品深加工企业发展到18家，土地流转面积6200公顷，连片流转6.67公顷（百亩）以上并进行规模化经营的农业基地211个。继续采取“公司+基地+农户”模式，培育特色农产品基地。在金钗镇龙塘村百权屯建立现代农业一村一品（桑园）示范基地；在加方、白山、古零等乡镇建立“南藕一号”旱藕新品种种苗繁殖基地；在古寨、白山等乡镇建立山豆根、广佛手、牛大力等中药材示范基地；在白山、林圩、乔利、周鹿、古零等乡镇建立玉米标准化高产示范基地1333.33公顷、超级稻高产示范基地240公顷；在白山镇建立玉米间套种大豆技术示范基地133.33公顷；创建乔老河休闲农业（核心）示范区，示范区面积200公顷。新增农民专业合作社37家，累计150家。在马山第八届文化旅游美食节期间（12月27日至29日）举办农特产品展销会。发放粮食直补、良种补贴9.29万户、722.06万元，农机购置补贴1163台（户）、259万元。投入2.10亿元，实施水库除险加固、中小河流治理、农村人饮等水利项目185个，新增、恢复及改善灌溉面积1333.33公顷，解决8.80万农村人口饮水安全问题。投入1200万元建设小型农田水利项目52处、高效节水项目2处。投入220万元实施小水电增效扩容项目3处，即龙厚、红旗、百合小水电站，年增加发电65千瓦时。投入963.10万元，实施水库移民基础设施建设项目及增收项目19个，改建道路30.04千米。投入210万元，建成沼气池440座。完成39个贫困村贫困人口建档立卡，建立贫困人口数据库；投入1925万元，硬化屯级道路55条、66.50千米；投入2255万元，扶持种植桑苗630公顷、百香果133.33公顷、辣椒80公顷，养殖黑土肉猪2000头、里当土鸡10.63万羽。资助家庭困难学生875名，实施扶贫培训3600人。全年减少贫困人口3.10万人。

第二产业　有工业企业1440家，实现工业总产值16.57亿元。规模以上工业企业16家，实现工业总产值13.45亿元，利税总额1.61亿元（利润9500万元）。第二产业增加值12.47亿元（工业增加值6.20亿元）。规模以上工业主要产品产量：机制糖2.48万吨；纸浆2.09万吨；水泥26.37万吨；酒精2537.50万升；发电量500.30万千瓦时（小型水电站），供电量3.09亿千瓦

2014年马山县国民经济主要指标

项　目	单　位	实　绩	比上年增长(%)
地区生产总值	万元	454056	4.50
第一产业	万元	153446	4.30
第二产业	万元	124657	2.50
工业	万元	61960	-6.18
第三产业	万元	175953	6.30
人均地区生产总值	元	11698	5.56
农林牧渔业总产值	万元	255015	4.37
粮食总产量	吨	183257	3.50
全社会固定资产投资	万元	517697	15.20
社会消费品零售总额	万元	188390	14.16
全部财政收入	万元	32945	0.91
地方财政一般预算收入	万元	21115	-5.98
一般预算支出	万元	186069	3.90
城镇居民人均可支配收入	元	20720	7.50
农民人均纯收入	元	6058	10.20

时。投入7440万元,实施苏博工业园区基础设施建设,新建成标准厂房2.27万平方米;新增入驻企业4家,新增竣工投产企业3家,完成工业投资2.70亿元,实现产值1.60亿元。引进金德管业集团西南地区生产基地项目。工业基础设施投入13.95亿元,投入6.45亿元,完成广西马山和发强纸业有限公司、马山县远洋工贸有限责任公司等传统企业技改并投产。协调金融机构为17家企业发放贷款2.59亿元,累计贴息399.20万元;新增规模以上工业企业2家;新发展小微型企业82家。

第三产业　有内资企业314家,注册资金2.52亿元;私营企业1308家,注册资金11.96亿元(微型企业702家,注册资金6938.30万元,雇工人数1813人);农民专业合作社150家,出资总额1.34亿元;个体工商户1.39万户,资金数额4.68亿元,从业人员2.12万人。其中新发展内资企业4家、私营企业199家、农民专业合作社37家、个体工商户1418户。有市场(含农贸市场)16个。新增限额以上商贸企业2家。全年社会消费品零售总额18.84亿元,增速居全市各区县前列,获南宁市扩大消费进步奖。金融机构存款余额65.45亿元,贷款余额28.07亿元,金融业增加值2.13亿元。第三产业增加值17.60亿元。在建房地产项目9个,总建筑面积66.62万平方米,总投资9.26亿元;完成房地产开发建设投资6.82亿元,商住房地产开发建设施工面积22.40万平方米(新开工面积11.76万平方米),竣工面积3.74万平方米,商品房销售6.22万平方米,销售额5200万元。推进环弄拉生态旅游区建设发展;弄拉景区、西山庄园、水锦·顺庄等重大旅游项目进展顺利;挂牌建立大弄拉石漠化国家公园;12月,举办马山第八届文化旅游美食节,推动文化旅游产业一体化发展,带动小都百综合示范村等乡村旅游发展。新增星级农家乐2家(聚贤山庄、四季花果农庄)。全年接待游客152万人次,实现旅游收入9.40亿元。

招商引资　重点做好苏博工业园区、环弄拉生态旅游区、城西综合交易市场的招商引资。建立招商引资项目协调工作联席会议和县处级领导挂点联系招商引资项目制度。组织招商小分队赴株洲、广州、东莞、佛山、深圳、成都等地开展招商引资活动6次;引进企业(项目)6个(广西万祥矿业有限公司年产6万吨碳酸钙系列产品项目、南宁市墙友科技装饰建材有限公司非金属矿产品深加工项目、金德管业集团PPR全塑料管材项目、广西天物农业科技有限公司申请建设马山县黑山羊文化生态园项目、广西盛源中凯投资有限公司马山黑山羊文化产业基地项目、广西马山县汉邦水泥有限公司申请建设马山汉邦仓储物流基地项目)。合同引进资金6.03亿元,实际到位内资1.83亿元、外资320万美元。苏博工业园区引进企业(项目)4个,总投资2.12亿元,完成投资5000万元。

城乡建设　完善马山县城总体规划修编及城西新区和统筹城乡发展规划;筹措项目建设资金6.17亿元,争取到项目建设用地30.07公顷,实施项目758个,竣工项目505个,完成投资24.50亿元。完成威马大道、南蛇岭大道、金伦大道南段、原步行街改造等项目,完成姑娘江南段房屋立面改造和北段河道整治、县城道路维修、弄北隧道灯光亮化、城中村和后街背巷环境整治,实施江滨路、城西小广场绿化和姑娘江、银峰大道彩化亮化工程。推进兴科供水工程、城西综合交易市场路网、司法业务用房等项目建设;征地64.67公顷,安排1390万元用于小城镇建设;完成古寨瑶族乡30周年乡庆项目,打造一个富有民族特色的风情瑶乡;完成小都百综合示范村建设项目,成为马山县乡村旅游的重要景点之一;推进林圩新区开发前期工作,启动乔利新区开发前期工作;投资4416万元,实施农村危房改造2300户;保障性住房新开工370套,基本建成812套,分配入住952套;建成农村住宅推荐户型485户。投入为民办实事资金2.90亿元,完成为民办实事工程64个(自治区级41个、南宁市级13个、县本级10个)。开展车辆停放乱象专项整治和县城机动三轮车专项整治;拆除违法建筑4万多平方米。整合资金4.90亿元,用于"清洁乡村"活动基础设施建设和清洁家园、清洁水源、清洁田园专项活动综合整治,完善乡村保洁、垃圾清理、督查问责等制度;建成县城供水管网改造项目一期工程,姑娘江两岸道路"白改黑"(水泥路面改造为沥青罩面)工程,城西环城40米、30米大道扩建和人行道扩建及绿化改造工程;落实全县村屯保洁员奖补经费;建成垃圾中转站5个,在建3个;在周鹿镇、古寨瑶族乡、百龙滩镇、林圩镇建成小型焚烧炉一批;建成垃圾池2036个,配备垃圾桶8万多个,新配置中型垃圾运输车11辆、小型垃圾收集车37辆、清障车1辆、扫路车1辆、洒水车1辆、后推车和人力三轮车一批。整治"五乱"(垃圾乱扔、广告乱贴、摊位乱摆、车辆乱停、工地乱象)现象6万多处,处罚违章车辆4100辆,清运、填埋、焚烧垃圾10万多吨,清理江河鱼塘、水库1万多处,清捡田园面积3.56万公顷,回收农药瓶10.92万个,清捡废弃物21.36吨。对在"清洁乡村"工作中履职不力的11个单位和42人进行问责通报批评,6个单位和10人,责令5个单位和33人分别作书面检查,责令2个单位在电视上作公开检查,约谈、诫勉谈话12人,免职1人。加强环弄拉生态旅游区环境保护和生态控制,加大对环弄拉生态旅游区等重点区域环境监管及治理力度。建成生态自然保护小区29个,新增绿地3333.33公顷,白山镇上龙村、林圩镇将军村、里当瑶族乡加荣村等27个行政村被命名为自治区级生态村;百龙滩镇大完村、乔利乡三乐村、古零镇上级村等36个行政村被命名为市级生态村。白山镇、古寨瑶族乡、百龙滩镇、加方乡、里当瑶族乡等5个乡镇获南宁市"十佳乡镇"称号,白山镇巴苏拉琴屯等10个村屯获南宁市"百佳村屯"称号。

【社会事业发展】

文明创建活动　2014年,马山县首次以县文明委员会名义与各乡镇、各单位签订精神文明创建责任状。结合道德讲堂开展"学礼仪、懂礼仪"培训15场次,参加人员800多人;利用电子显示屏、宣传栏、文化墙、工地围挡等刊登"讲文明树新风"公益广告550幅、950平方米;举办第二届"金银花"杯公益广告创作大赛,征集作品76件,奖励优秀作品48件;组织城北小学"少年中国梦"、金伦中学"光荣与梦想"参加南宁市未成年人"童心向党"歌咏比赛,分别获小学组二等奖、中学组三等奖;古寨中心小学获得中央福利彩票专项资金20万元建成国家级乡村学校少年宫;投入配套资金16万元建设白山镇造华小学、周鹿镇石塘小学和乔利、林圩、永州、加方、里当、金钗中心小学等8所市级乡村学校少年宫;印发《马山县2014年志愿服务工作实施方案》,挂牌成立"马山县志愿服务联合会"并招聘专职工作人员2名,11个乡镇成立志愿服务中心,18个社区建立志愿服务站,组建"黑黑""金银花"等志愿服务队伍23支,投入8万多元采购300多套志愿服务标志马甲服装及完善示范街1条、示范广场1个、示范社区3个;开展"迎新春送吉祥""红红火火过大年"志愿服务活动,服务返乡农民工8万多人,赠送春联年画4千件(幅);开展"邻里守望"活动救助252人次,发放棉被35床、衣服160套、鞋子85双,慰问困难群体652人,发放救助及慰问物资折款50多万元;开展"星级文明户"评选活动,表彰示范点20个、"十星级文明户"103户。黄日耀、陆荣艳、农海年、蓝莉芬获得南宁市道德模范提名奖,李荣光被评为南宁市敬业奉献道德模范，李荣光、张天金、陆荣艳、黄美京、张洁琼入选"中国好人榜"候选人，农海年、蓝莉芬上榜"中国好人榜"。县文化广播影视和体育局、县地方税务局白山税务分局、古寨瑶族乡、百龙滩镇、古寨瑶族乡民兴村分别被评为南宁市第二十七批市级文明单位、文明镇(村)。

科教文卫体事业　投入科技经费1354万元，实施市级科技项目5项；实施到期通过上级验收的科技项目2项。推广应用新技术项目7项，即"南藕一号"旱藕新品种、中薯5号马铃薯、荔浦芋、"艳红"指天椒新品、组培山葡萄、桂糖03-1137和桂糖29号、粤糖55号等新品种。通过组织有关专家现场查定，"南藕一号"亩产3774.10千克，"艳红"指天椒新品种亩产1584千克，"桂糖03-1137"亩产7136.90千克、"桂糖29号"亩产7310.30千克、"粤糖55号"亩产6636.70千克；中薯5号马铃薯稻草免耕覆盖栽培方式亩产1781.50千克，比常规栽培方式亩增产275千克，增幅18.30%。举办科技培训班5期，培训680人次。有幼儿园249所（公办幼儿园157所，民办幼儿园92所），在园幼儿2.08万人；小学140所(另有教学点78个)，在校生3.66万人；初中17所，在校生1.64万人；高中3所，在校生6449人；特殊教育学校1所，在校生95人；中等职业学校1所，在校生67人。有教职工4279人。学前一年毛入园率98.80%，学前三年毛入园率97.80%；小学适龄儿童入学率99.90%，小学毕业生升学率100%；初中阶段入学率96%，辍学率0.16%；初中毕业生升普通高中毛入学率55%。撤销小学教学点15个，涉及学生161人。继续推进贫困县农村义务教育学生营养改善计划，下拨营养改善计划资金3294.01万元。其中：春季学期下拨1378.40万元，受益学生5.11万人；秋季学期下拨1915.61万元，受益学生5.19万人。投入1907.50万元，建成义务教育学生食堂30个，资助家庭经济困难小学、初中生生活费1428人次、78.93万元，资助高中家庭经济贫困学生生活费5557人次、416.65万元，中职学生生活费42人次、3.15万元，大学新生生活费795人次、83.65万元；补助贫困寄宿生生活费2.50万人次、1453.58万元。免除高中学生学费1.25万人次、574.90万元，中职学生学费56人次、4.31万元。办理大学生生源地信用助学贷款3250人、1937.10万元。实施基础建设项目97个(含续建、改扩建项目)，建筑面积7.59万平方米，计划总投资1090万元，完成投资3930万元。建成村级公共服务中心20个；公益电影放映1740场；发放"村村通"工程设备1500套，受益村60个、屯417个；巩固发展文艺团队90个；有文学协会、山歌协会、书画协会、摄影协会、音乐协会、舞蹈协会、钓鱼协会等13个，会员652人；文化馆、图书馆、民俗文化展示馆免费对外开放。建立书目数据库，完成第一阶段5万多册图书的目录数字加工和录入。整合70万元，在加方乡加方村建设壮族打扁担保护传承示范基地及村级文化综合服务活动中心。举办壮族三声部民歌培训班10期，壮族会鼓培训班8期，壮族打扁担培训班5期。举办舞蹈、声乐、文学创作、美术、书法等学习班，培训文艺人才骨干193人次，培训其他人员2800多人次。举办中国黑山羊之乡——广西南宁·马山第八届文化旅游美食节、庆祝2014年全国第九个"文化遗产日"暨首届"马山文化三宝"进校园工作成果展演活动、第四届姑娘江中秋欢乐节、第五届乡村社区和谐文艺大展演、2014年壮族"欢哈节""红河商都购物中心·春暖2014马山慈善募捐晚会""巾帼建新功、共筑中国梦"暨庆祝2014年度三八国际劳动妇女节广场舞大展演、"劳动者之歌"——马山县2014年职工文艺汇演、"我们的节日——元宵节"乐平村专场文艺演出、"我的中国梦·美丽马山"好声音大奖赛等。新增大同会鼓、古寨打榔等民俗文化展示馆；组织3个节目分别参加南宁市文化新闻出版广电局举办的南宁市第五届乡村社区和谐文艺大展演、2014年广西侨乡文艺联欢晚会、"韵动世锦赛"文艺专场活动。搜集、整理壮族会鼓资料申报自治区级"中国民间文化艺术之乡"及申报第四批国家级非物质文化遗产扩展名录，搜集、整理壮族刺绣、瑶族蚩尤舞、壮族传扬歌等3个优秀民俗民间文化遗产相关材料申报第五批自治区级非物质文化遗产名录。组织编排具有马山特色的6个文艺节目参加市级文艺比赛，其中《把哥拉进金窝窝》获音乐类二等奖，《山路弯弯》获舞蹈类(乡村成年组)一等奖，《羊儿鼓》《擂鼓喜迎宾朋来》获舞蹈类(乡村中老年组)三等奖，《竹林梦》获小品类二等奖，《打榔迎世锦》获"韵动专场"文艺专场演出。有医疗卫生机构272个，其中国有医疗卫生机构14个(县属4个、乡镇11个)，社会办医疗卫生机构4个，村卫生室145个(含诊点)，个体医疗诊所85个。卫生技术人员2099人(县属卫生技术人员1388人)。医院病床1429张(县级医院728张、乡镇卫生院544张、社会办医疗卫生机构127张)。投资225万元(含个人投资)，完成农村卫生户厕建造1000座，累计建成9.54万座，卫生户厕普及率85.44%。参加新型农村合作医疗农民50.03万人，参合率98.70%，个人缴费3502.60万元。为7502名贫困孕产妇提供补助292.96万元，免费为9422名婚检对象进行地中海贫血筛查，为13名贫困危重孕产妇提供救助，为143名贫困肺结核患者提供救助。区间人口出生12091人，人口出生率21.69‰。建设村级篮球场15个，安装健身路径5套，开展2014年迎新春老年人运动会、庆"三八"妇女节气排球比赛、县直机关庆祝中国共产党成立93周年气排球比赛、第六届广西体育节马山县分会场(气排球、羽毛球、乒乓球、中国象棋、篮球、民族健身舞)比赛、第二十五届"苏博工业·白岫杯"篮球赛等群体竞赛活动230场(次)，参加活动2.20万人。组织马山县民族健身操参加"舞动广西"全区民族健身舞(操)大赛南宁市预赛获第

10月15日，马山县古寨瑶族乡成立三十周年。图为庆祝大会现场民间文艺表演
陆惠华提供

一名，马山县民族健身操代表南宁市参加广西第十三届少数民族体育运动会健身操项目比赛，获健身操项目规定动作第一名、自选动作第二名、总分第一名。马山代表队参加南宁市第六届职工体育运动会篮球比赛获优秀组织奖。

民政事业　审批城镇最低生活保障对象救助申请2.33万人次，发放低保金585.91万元；审批农村低保对象救助申请30.39万人次，发放低保金3220.73万元。发放“三属”(烈士遗属、因公牺牲军人遗属、病故军人遗属)抚恤金59人101.26万元；老复退军人生活补助定补金156人172.79万元；残疾军人优待金96人129.06万元；退伍义务兵家属优待金246人147.34万元；带病回乡军人定补金21人12.20万元；参战民兵生活补助1558人206.30万元；安置退役士兵138人，发放一次性经济补偿金152.97万元。发放应急救灾物资折款180万元，救助受灾群众3.36万人；发放冬春救济粮200吨、棉被4000床、夏凉被2000床、衣物1万件套、蚊帐2000顶(折款239.11万元)，解决8000户、2.26万人冬春期间缺粮缺衣困难。投入118.80万元，重建水毁民房73户、210间。确定五保老人2463名(集中供养对象472人，分散供养1991人)，发放五保供养定补金735.82万元；有养老机构123个(敬老院13个，五保村110个)，入住五保老人478人。城乡医疗救助2268人、776.01万元；免费为4702对婚检对象进行地中海贫血筛查。发放贫困家庭大学生补助金38人、1.72万元。办理结婚登记4711对，离婚登记515对；补办结婚登记742对，补办离婚登记27人。办理收养登记2例。

劳动与社会保障　城镇新增就业1502人，下岗失业人员再就业427人，帮助大龄困难人员再就业112人，城镇登记失业率2.61%。职业技能培训644人，职业技能培训补贴支出资金27.42万元；开展产业工人技能提升培训200人；农村劳动力转移就业新增9007人。参加城镇企业职工基本养老保险1.80万人，征缴保险费4590万元，支出1.75亿元；参加失业保险8541人，征缴保险费778.11万元，支出418.37万元；参加城镇基本医疗保险3.29万人，征缴保险费4581.38万元，支出4366.07万元；参加工伤保险1.04万人，征缴保险费395万元，支出343.43万元；参加生育保险5501人，征缴保险费77万元，支出87.91万元。受理劳动保障监察举报投诉32起，立案32件，结案率100%；受理劳动人事争议仲裁案件49件，结案49件。

【广西南宁·马山第八届文化旅游美食节】 2014年12月27日至29日，在马山县城、弄拉景区、小都百市级综合示范村和有关乡镇景点举行。以“山欢水笑好地方，我们一起去马山”为主题，围绕提升“乡村旅游、生态美食、特色文化”三大品牌为主线，开展文体活动、运动休闲旅游活动、特色美食农特产品展及招商活动等三大类活动20项。包括马山第八届文化旅游美食节开幕式及文艺演出、八桂名鼓荟萃大展演、姑娘江欢歌——2014马山民俗风情之夜、奇石书画壮绣摄影展、马山山歌擂台赛及六县山歌邀请赛、马山县第二十五届“苏博·白岫杯”篮球赛、第四届“黑山羊杯”环弄拉生态旅游区山地自行车巡游赛、环弄拉生态旅游区——“陆路上的漓江”一日游及二日游活动、首届中国弄拉石漠化地理公园露营大会、“中凯杯”第二届环弄拉生态旅游区钓鱼比赛、弄拉景区及小都百市级综合示范村书画活动、古寨瑶族乡民俗风情展演活动、马山县黑山羊文化产业园民族风情主题活动、环弄拉生态旅游区主题摄影活动、环弄拉生态旅游区旅游项目竣工揭牌仪式、“千羊万鱼”鲜席宴马山特色美食街、马山农特民俗产品展、招商广告活动、马山籍成功人士代表座谈会。期间，首次举办八桂名鼓荟萃大展演(邀请东兰、都安、南丹壮族铜鼓队、灵山烟墩大鼓队、上林猴鼓队、隆安狮鼓队及本土会鼓队等15个鼓队的300多面鼓、近600名演员同台会鼓)；举办首届中国弄拉石漠化地理公园露营大会，“陆路上的丽江”一日及二日游活动；推出马山特色美食“九个千”活动(千羊万鱼鲜席宴、千只烧羊蹄、千碗炒旱藕粉、千块香煎豆腐、千条香煎红水河油鱼、千米龙棒、千杯羊肾酒、千杯金银花茶、千杯百香果汁)，推出马山三声部民歌、壮族会鼓、壮族打扁担、打榔等本土文艺精品亮点活动。接待游客15万人次，现货交易金额近800万元，旅游综合收入2000万元。

【“7·5”特大洪灾】 2014年7月5日0时至11时，马山县出现大范围强降雨天气，其中白山镇和乔利乡出现特大暴雨，降雨量分别是362.60毫米、303.50毫米。此次强降雨造成县城以及11个乡镇的24个村屯出现严重内涝，县城沿姑娘江路段居民住房和沿街商铺、机关单位、农贸市场等低洼地段受淹，水位最深处达一二层楼高，车辆被淹1000多辆，民房被淹5650间。受灾人口18.10万，因灾死亡1人，紧急转移安置1280人；农作物受灾面积4441.27公顷，其中成灾面积2256.46公顷、绝收696.07公顷；因灾倒塌农房64户、123间，严重损坏农房90户、232间，一般损坏农房17户、24间；因灾死亡大牲畜621头、家禽6000只，鱼类损失532.30吨；灌溉设施毁坏18处，人饮工程毁坏4处，白山镇六洪水库出现险情，东风水电站排洪道严重水毁，水利设施多处损毁，白山镇大同村六新屯出现山体滑坡。直接经济损失2.38亿元，其中农业损失3836.70万元、工矿企业损失8166.85万元、基础设施损失5233.88万元、公益设施损失5082.79万元、家庭财产损失1493.15万元。灾情发生后，马山县立即召开防汛抗洪会议布置救灾救助，启动洪涝灾害Ⅰ级响应，启动马山县自然灾害救助应急预案，启动自然灾害应急Ⅳ级响应。7月6日上午，县城受淹区域水位完全消退。7月7日16时，马山县洪涝灾Ⅰ级响应终止。7月6日至8日，组织县城干部职工、村(居)委会干部、群众等人员组成10个卫生整治工作队6.20万人次，投入37万元，对县城受淹街道、市场、路面的淤泥、垃圾进行清理，组织440辆运输车、铲车、消防车清理、运送受淹街道淤泥、垃圾3500吨；组织医务人员140多人，对全县11个受灾乡镇的污染源进行消毒处理，消毒街道和公共场所115.55万平方米，发放消毒药31.65万片，发放“百消净”305瓶，重点场所杀虫1.35万平方米，开展疫情监测点108个，被动开展疫情监测点320个，开展饮用水水质和供水管网监测，检测出厂水2份、末梢水2份；在电视台开展健康教育滚动宣传224次，发放宣传单、海报1.35万张；组织县食药监局排查医院1家、药店25家、诊所(含牙科)30家、餐饮服务单位195家、食品流通单位165家、食品生产企业7家、药品批发企业1个；安排38万元临时农资抢救补助金，购买1万千克种子免费发放给受灾群众，组织受灾农民做好灾后农业生产恢复工作；组织县交通、住建、供电、通信、水利等部门对水毁的交通、市政、电力、通信、农田水利以及防汛专用通信设施进行修复。7月5日至10日，投入30万元，购买大米3.20万千克、毛巾被1000床、夏衣服1000套、面条1000千克、蛋黄派117件、方便面93件、矿泉水53件等物资，调拨救灾仓库大米420千克、毛巾被180床、蚊帐145顶、棉被70床、帐篷7顶等价值约5.27万元的物资，接收广西运德汽车有限公司和世界宣明会马山项目办捐赠矿泉水1000件、面条1000千克、蛋黄派32件、大米510千克等价值约3.57万元的救灾捐赠物资，紧急救助县人民医院患者及县城、村屯受淹居民等受灾群众8282人。7月15日，全县供电、电信、移动、联通等设施恢复正常。 (陆惠华)

2014年马山县乡镇情况

名　　称	土地面积（平方千米）	村民委员会（个）	社区居民委员会（个）	自然屯（个）	年末人口（人）	农林牧渔业总产值（万元）	粮食产量（吨）	农民人均纯收入（元）
永州镇	215.68	18		176	56547	32800	20087	5689
周鹿镇	336.62	19		221	95447	37008	31427	5136
林圩镇	306.24	19		240	96651	30553	30307	5763
乔利乡	172.75	10		111	41013	28095	17355	5663
白山镇	223.36	15	6	243	84603	25617	19532	6360
百龙滩镇	87.83	6		134	22237	14078	7143	6283
古零镇	255.49	14		190	57465	22695	20024	5384
金钗镇	126.03	8		267	31238	19622	8259	5192
加方乡	204.69	17		443	31261	12715	10443	5163
古寨瑶族乡	152.61	9		260	21334	9374	6885	4630
里当瑶族乡	145.85	10		295	21296	7486	5344	3690

隆　安　县

【概　况】 隆安县位于广西中部偏西南，右江下游两岸，南宁市西北部。东邻武鸣县和西乡塘区，南连崇左市江州区、扶绥县，西接崇左市大新县、天等县，北与百色市平果县接壤。面积2305.59平方千米。县政府驻城厢镇。南宁至云南高速铁路(在建)、南宁至昆明铁路、南宁至百色二级公路、南宁至百色高速公路及右江航道过境。主要旅游景区(点)有龙虎山自然保护区、渌水江漂流、布泉河景区、雁江古镇。主要矿产资源有金、银、煤、水晶石，其中凤凰山银矿藏量居全国第三、自治区第一。主要地方特产有板栗、荔枝、龙眼、香蕉、叮当鸡等。有“中国板栗之乡”“那文化之乡”之称。2014年，辖镇6个、乡4个、村118个、社区13个、自然村(屯)1239个。年末户籍总人口41.53万（农业人口33.38万、非农业人口8.15万)；流动人口5.26万。壮族人口40.09万，占总人口96.54%。人口自然增长率7.47‰。耕地面积6.24万公顷(水田面积1.55万公顷)；林地面积13.65万公顷，有林面积8.64万公顷，森林覆盖率58.35%。地区生产总值56.44亿元，比上年增长5.10%；财政收入5.13亿元，增长10.54%，其中非税收入占公共财政预算收入的比重由2013年46.76%下降至34.87%。全社会固定资产投资64.38亿元，增长15.19%；规模以上工业增加值10.16亿元，增长1.52%；社会消费品零售总额15.72亿元，增长12.20%；农林牧渔业总产值37.66亿元，增长4.83%；城镇居民人均可支配收入20879元，增长8%；农民人均纯收入6639元，增长10.50%。土地收储入库77.67公顷，相当于全县近十年的储备总量。县城教育集中区标准化学校、体育健身活动中心等民生项目扎实推进，铭玉“那”城、宝塔嘉园等房地产项目顺利实施，县城新区开发呈现东渐、南延的新格局。

【经济发展】

第一产业　2014年，实现农林牧渔业总产值37.60亿元(现行价，下同)。其中：农业23.04亿元，林业1.46亿元，牧业10.50亿元，渔业1.57亿元，农林牧渔服务业1.04亿元。第一产业增加值23.14亿元。粮食作物种植面积3.73万公顷，总产量16.85万吨。其中：水稻种植面积1.55万公顷，产量8.37万吨；玉米种植面积1.52万公顷，产量7.62万吨。经济作物种植面积2.07万公顷。其中：甘蔗种植面积1.07万公顷，产量60万吨；木薯种植面积6575公顷，产量7.59万吨；桑园面积110公顷，蚕茧66吨。果园面积1.75万公顷，水果产量33.07万吨；蔬菜种植面积1.20万公顷，产量25.57万吨。肉类总产量25.70万吨，水产品产量1.46万吨。水利建设投入8492万元，完成水库除险加固5座，水毁工程修复2处，农村安全饮水工程23处，渠道防渗工程完成23.30千米。完成荒山造林2457.30公顷；完成人工造林面积1866.70公顷。以农产品供给和农民增收为目标，以创建现代特色农业(核心)示范区为载体，抓好土地经营权流转和适度规模经营，发展现代农业，土地流转累计2.02万公顷，占耕地总面积的32.50%，其中新增流转5006.67公顷。农林水事务投入2.93亿元，增长22.27%；发放农资综合补贴资金3160万元，兑现各项惠农政策。粮食生产安全、稳定，总播种面积3.73万公顷，总产量16.85万吨，增产11.37%。特色产业进一步发展壮大，富凤鸡、汇生牛成为第45届世界体操锦标赛指定食用产品。金穗香蕉产业(核心)示范区顺利通过自治区级创建验收，定典屯综合示范村获“中国特色村”“全国一村一品示范村”等称号。帮助农业企业筹措资金1000多万元，在那桐镇建设面积千亩火龙果基地2个；扶持指导粒粒谷公司建设蔬菜大棚基地，平整土地100公顷，建设蔬菜大棚21座，完成道路硬化3千米、田间道路30千米、三面光渠道3千米项目，建设生态农业园区；筹措资金扩建那桐镇九龙岛葡萄基地，面积由33.33公顷扩大至66.67公顷，将定典33.33公顷葡萄基地、龙江村66.67公顷葡萄基地、九龙岛66.67公顷葡萄基地整合成集观赏、休闲、采摘、品鲜于一体的特色农业示范区，全县葡萄种植面积200公顷；投资900万元，建设首乌种植基地101.27公顷，发展栀子、金银花等药材种植，全县特色中药材基地面积2000公顷；实现大棚温室栽培茶树菇100万袋以上；连片种植淮山66.67公顷。开展劳务扶贫，实现劳动力输出就业7000人以上，完成33个基层信息就业平台建设，开展实用工种培训1700多人次；整合扶贫资金2201万元，扶持种植栀子133.05公顷、茶树菇98万袋、铁皮石斛2.60万平方米；

开展精准扶贫建档立卡工作，按标准识别贫困农户3.03万户、10.68万人。投入1.89亿元，修通、硬化屯路169条359.34千米，解决3.10万户、12.73万人行路难问题。投入2606万元，兴建人畜饮水工程80处，解决7.73万人饮水难问题。减少贫困人口1.97万人，减贫率18.42%。

第二产业　第二产业增加值完成17.90亿元。全县实现工业总产值55.81亿元，工业增加值11.13亿元。其中，规模以上工业企业36家（产值超亿元企业15家），实现工业总产值53.24亿元，利税总额3.82亿元（利润2.60亿元）。完成工业投资35.09亿元，技术改造投资24.83亿元。工业主要产品产量：成品糖3.36万吨、水泥144.50万吨、饲料48.47万吨、酒精1.67亿升、人造板28.23万立方米、发电量2.97亿千瓦时。华侨管理区入园企业105家，投产企业54家，其中规模以上企业19家；完成工业产值29.71亿元（规模以上企业工业产值25.54亿元），税收3285.65万元（工业税收2434.50万元）。宝塔医药产业园入园企业11家，其中投产工业企业2家，工业总产值1271.10万元。筹措扶持工业发展资金1亿元，扶持推进重点产业、优势企业、开发区发展。标准厂房建设完成9.90万平方米。推进开发区道路等基础设施项目，污水处理厂、水厂扩建、标准化幼儿园等配套设施顺利启动，廉租房二期建设完成。在建工业项目31个，竣工11个，竣工投产企业达到92个，完成规模以上工业总产值25.55亿元，税收3800万元。全县完成建筑业产值1.52亿元，完成建筑业增加值6.77亿元，建筑业营业税达到4700万元。

第三产业　有内资企业1812家；私营企业1566家（商贸流通私营企业472家），从业人员3727人；个体工商户1.11万户，从业人员1.31万人。其中：新登记个体工商户1228户，注册资金6546.20万元；新登记私营企业178户，注册资金7.40亿元；新登记农民专业合作社18家，注册资金1375万元。实现社会消费品零售总额15.72亿元。第三产业增加值完成15.36亿元。有商标注册48件，其中新注册商标3件。加强市场监管，立案235件，结案235件，罚没款18万元，其中无照案141件、商标案12件、广告案21件、合同案5件、质量案7件、其他49件。发展以旅游业为重点的现代服务业，推进粒粒谷生态农业园、潜龙旅游度假山庄项目、定典屯农家乐项目等项目建设，围绕布泉山水开发、雁江生态农业养生、乔建下汤慕农业休闲旅游等策划包装一批旅游项目，与国旅联合公司、广东盛誉投资集团有限责任公司等国内知名旅游企业对接，推进农业观光种植、加工、生态旅游一体化项目。龙虎山风景区被评为国家4A级景区，布泉河稻浪景观获“2014中国美丽田园景观”称号，定典屯生态农业园成为新的休闲旅游热点。全年旅游接待人数47万人次，总收入1.50亿元。

招商引资　围绕生物医药产业、旅游休闲产业、生物质新能源产业、农产品、林木产品深加工产业及现代机械制造等开展产业和产业链招商，洽谈项目52个，其中通过项目联审的14个。到位内资完成25.40亿元，利用外资670万美元。新签约项目10个，开工建设项目7个，竣工项目6个。标准厂房开工建设面积7.91万平方米，竣工5.40万平方米。引进国内500强企业、全球光伏行业排名第一的英利绿色能源控股限公司投资兴建广西首个同时也是自治区最大的光伏农业生态示范项目。“两会一节”期间邀请客商47家，签约项目14个，其中列入自治区签约项目1个、列入南宁市签约项目2个，合同总金额18.20亿元。

城乡建设　完成县城土地利用总体规划、城镇建设总体规划修编，把震东片区和宝塔片区有效衔接起来。公共服务设施建设进展顺利，县城教育集中区标准化学校动工建设，县体育健身活动中心完成招投标。铭玉“那”城项目完成118栋连排商住楼一期主体工程；金耀御龙湾、泰鑫宝塔嘉园房地产项目完成45栋单体主体工程建设。完成西宁水厂项目前期工作和县城主要出入口“三化”（绿化、美化、彩化）改造一期工程。城镇化率27.55%。投入6027万元，建设通村水泥路9条85.70千米；投入870万元，建设非贫困村通屯道路28条29千米；开通城乡公交客运线路7条，推进城乡公交一体化；投入1103万元，实施农村人饮工程综合治理，改善农民生活条件。投资150万元，对县城2条高速公路进城通道公路沿线9公里实施“三化”景观改造提升工程。宝塔工业集中区生活配套中心一区（金耀地产）、二区（泰鑫地产），隆南大道“那城”项目、浪侨明珠等在建房地产项目完成投资7.50亿元；全县（县城、华侨管理区）有25个小区、6421套住宅，销售6070套，待销售351套。完成新开工建设保障性住房340套（廉租住房新开工建设116套，公共租赁住房新开工建设194套，经济适用住房新开工建设30套）；基本建成保障性住房707套（氮肥厂一期120套、宝塔医药园区144套、教师产权型107套、氮肥厂二期108套、公租房项目228套），其中竣工验收374套。完成廉租住房租赁补贴新增发放60户审查、公示、上报工作，完成率100%；完成分配入住624套，完成率87%。完成1200户农村危房改造；完成第一批

2014年隆安县国民经济主要指标

项　目	单　位	实　绩	比上年增长(%)
地区生产总值	万元	564437	5.10
第一产业	万元	231771	4.80
第二产业	万元	179017	5.70
工业	万元	111345	1.80
第三产业	万元	153649	4.70
人均地区生产总值	元	18419	3.11
农林牧渔业总产值	万元	375996	4.66
粮食总产量	吨	168505	11.35
全社会固定资产投资	万元	643772	15.19
社会消费品零售总额	万元	157235	12.2
全部财政收入	万元	51260	10.54
公共财政预算收入	万元	31654	8.39
公共财政预算支出	万元	167652	13.29
城镇居民人均可支配收入	元	20840	7.80
农民人均纯收入	元	6615	10.10

整村改造村屯，其中整村改造269户、分散改造302户。投入135万元，对隆南铁路桥、城北铁路桥、蝶城路、教育路、金塔路等内涝路口进行改造；投资100万元维修改造蝶城路、文塔路、国泰街、民安街等道路。投入5600多万元，开展"清洁家园、清洁水源、清洁田园"活动，推进示范村建设。办理房屋所有权初始登记385宗，建筑面积18.05万平方米，变更登记、转移登记491宗，建筑面积9.08万平方米；商品房预售合同备案1278份，建筑面积15.22万平方米，合同金额3.67亿元；办理预购商品房预告登记1160宗，建筑面积14万平方米，合同金额3.35亿元；办理房地产交易登记215宗，建筑面积2.77万平方米，成交金额5217.77万元；办理房屋持证抵押、在建工程抵押权登记404宗，建筑面积52.58万平方米，债权数额4.41亿元；预售商品房贷款预抵押登记867宗，建筑面积10.09万平方米，债权数额1.37亿元。

【社会事业发展】

文明创建活动 2014年，隆安县推进农村精神文明创建，组织全县150多名志愿者在那桐镇云桂高铁、南昆铁路周边村屯开展环境卫生整治志愿服务活动；完成南宁市综合示范村——那桐镇定江村定典屯乡风文明建设工程，推进"星级文明户"创建，制订完善村规民约，建立"善行义举榜""荣誉墙"。利用"道德讲堂"宣传平台，进行以社会主义核心价值观、"迎世锦讲文明"为轴心的道德文化建设，开展活动160场次；县法院、县公安局分别获南宁市"十佳道德讲堂示范点""十佳道德讲堂精品课"称号。在县城公共场所建立"我们的价值观"宣传展示阵地。黄秀明获第三届南宁市"助人为乐模范"称号，并获自治区向中央级推荐参加全国优秀志愿者评选。推进"感恩教育"十大主题活动进机关、进学校、进企业、进农村、进社区、进家庭，在参加南宁市"感恩教育"主题征文比赛中，隆安县推荐的8篇作品获一等奖3个、二等奖3个、三等奖2个。开展"礼让斑马线 你我齐参与""文明出行·礼让斑马线""文明迎世锦、礼让我文明""'迎世锦 讲文明树新风'文明有序提升工程"等活动。开展未成年人思想道德建设工作典型树立，获南宁市第三届"美德少年"称号6人；隆安县获"南宁市2011-2013年度未成年人思想道德建设工作先进县"称号。完成乡村学校少年宫的定点工作，实现少年宫乡镇全覆盖，城厢镇中心小学被推荐为2014年中央专项彩票公益金支持乡村学校少年宫项目学校。

科教文体卫事业 获自治区、南宁市科技计划项目立项支持11项，获科技资金资助275万元；开发工业新产品3个；引进、开发工业先进技术2项；引进、培育和推广应用农业优良品种1个；引进、开发、推广种养新技术1项；辖区内各企事业申报自治区级计划项目2项、市级23项。完成"隆安县南圩镇光明村黑山羊品种改良及种草圈养技术应用示范""隆安县乔建镇廷罗村板栗高产栽培新技术集成应用示范项目""隆安县雁江镇红良村菜——稻高效种植模式推广项目""隆安板栗地理标志产品知识产权保护与产业化开发示范"4个项目的验收结题；组织群众性科技活动7次；举办水稻、龟鳖、甘蔗、板栗等高产高效栽培技术培训8期，培训技能人才1000多人，培训农村实用人才1300多人；选派农村科技特派员5人；接受咨询700多人次，发(赠)送科技资料(书籍)1.60万份(册)。教育投入3.32亿元，比上年增长4.60%。投入资金8120万元实施基建项目55个，累计新建、改扩建校舍面积4.20万平方米；完成新型课桌椅配套2.05万套，实现一人一桌一椅；投入156万元进行教育信息化建设，实现教学点数字教育资源全覆盖，全县155所中小学校(含教学点，中职校)有111所接入互联网，服务教师2100人、学生3万人；全县中小学、幼儿园在职教师、特岗教师参加各级培训1800多人次；招考农村义务教育学校特设岗位教师48名，选派27名优秀中青年骨干教师到边远山区小学进行走教支教；有1030名义务段教师可以享受每月至少200元的生活补助。巩固隆安中学"合作课堂"教学成果，承办广西合作课堂展示活动、南宁市高中教学改革现场会。继续推进实施义务教育学生营养改善工作；开展学生资助活动，资助资金2439.22万元，受惠学生4.27万人次；生源地助学贷款申请贷款人数2169人，实际发放贷款2144人，贷款金额1280.48万元。有幼儿园124所，在园幼儿1.82万人；小学125所(社会办学1所)，在校生2.98万人；初中13所(社会办学1所)，在校生1.15万人；高中3所(社会办学1所)，在校生4429人；特殊教育学校1所，在校生67人；中等职业学校1所，在校生1985人。有专任教师2923人。小学适龄儿童入学率100%，辍学率零，小学毕业生升学率100%。学前三年毛入学率116%，义务教育巩固率91.12%，高中毛入学率92.30%。组织举办迎春联欢晚会、更望湖歌圩、"多彩那文化 魅力四月八"、庆"七一"文艺晚会、南宁市第五届乡村社区和谐文艺大展演、2014年南宁国际民歌艺术节"绿城歌台"隆安歌台、以党的群众路线为主题的系列文艺下乡宣传演出等大型群众文化活动17场。组织县文化馆下乡辅导人均每年60天(次)，辅导团队12个，编排节目14个，创作和选编文艺作品30多篇(件)，制作板报、海报，下乡开展《反腐倡廉》《计划生育进万家》等专题演出20多场；利用南圩"二·一九"建街节、布泉"更望湖歌圩节"、那桐"四月八"、城厢镇"五·一三"庙会、乔建六月六"稻神祭"等传统节日，组织开展文艺演出、山歌比赛等文化活动。《高山行云》《故乡的三月》《隆安更望湖》等作品获2014年"中国梦·美丽南宁"南宁市首届美术、书法、摄影作品展优秀奖；在第五届全区群众艺术馆、文化馆业务干部专业技能比赛南宁市选拔赛中，隆安县覃健获器乐类一等奖、谭春桃获音乐类三等奖；在第六届广西"魅力北部湾"群众文化优秀论文评奖活动中，隆安县《看非物质文化遗产"四月八"》《探析隆安县红良打铁技艺及传承保护》获优秀奖，《隆安"那"文化与非物质文化遗产的联系》获二等奖；在第五届南宁市乡村社区和谐文艺大展演精品节目中，隆安县选派的舞蹈《那家喜事》获乡村成年组一等奖，舞蹈《那里寻源》《壮乡织布》《稻草人欢歌》分别获乡村成年组二等奖、三等奖，无伴奏小合唱《那是幸福的天堂》获社区组三等奖；快板《那里的人在迎世锦》在参加南宁市韵动世锦赛文艺专场比赛中获银奖。"南圩谭氏草药疗骨法""更望湖壮族歌圩""隆安构树造纸技艺"3个项目被列入第五批自治区级非物质文化遗产保护名录。推进第一次全国可移动文物普查工作，文化遗存总数101件，市级认定为文物94件。大龙潭石器遗址的发掘146个探方，总面积3600多平方米，出土完整石铲200多件。出动文化执法检查983人次，检查各类文化经营场所312家次，立案查处违法案件2件，取缔游商地摊7家次，没收非法出版物8500余本册(盘)，收缴盗版音像制品、书报刊、"六合彩"赌博资料等非法出版物3万余册(张)；开展打击非法销售卫星电视地面接收设施专项整治行动，检查经营门店40多家，暂扣非法销售地面设施接收天线67面、接收机18台、高频头43个。有医疗卫生机构216个，其中国有医疗卫生机构15个(县级3个，乡镇12个)、村卫生所131个、个体医疗诊所70个。卫生技术人员1331人(县属卫生技术人员847人)。医疗病床1686张(县级医院1208张，乡镇卫生院478张)。全县118个行政村卫生室全部实施基本药物制度，

短缺基本药物上报受理率达100%。中央财政补助资金584万元、自治区财政补助资金114万元、县级财政补助资金69.99万元拨付到位。累计完成居民健康档案建档28.21万份，建档率92.70%，电子建档率92.60%。疾病控制工作进展顺利，6岁以下儿童各种疫苗总接种率95%以上；全县无报告突发公共卫生事件4起，均规范报告及处置，无危重病例和死亡病例；救治贫困肺结核患者105例；将艾滋病防治经费40.20万元列入年度财政预算并落实到位，新发报告HIV感染者/AIDS病人145例，比上年同期下降7.05%，报告死亡59例，病死率下降12.66%。年内，做好埃博拉出血热及登革热防控，无埃博拉出血热病例，出现登革热病例2例，均得到有效救治。接受婚前医学检查人数2806对。参加新型农村合作医疗保险人数36.33万人，中央财政补助7993.46万元、自治区财政2870.38万元、县财政763.01万元，使用资金1.17亿元，资金使用96.99%。续建完成2013年乡镇卫生院公共租赁住房项目，建设108套，总建筑面积4320平方米，总投资734.40万元，2014年乡镇卫生院公共租赁住房项目开工建设84套。投资250万的乡镇卫生院污水垃圾处理、配电及业务用房项目竣工；隆安县人民医院门急诊医技综合楼9月开工，总投资1亿元。区间（2013年10月1日至2014年9月30日）出生人口5627人，人口自然增长率7.47‰，人口出生性别比115.38。完成免费孕前优生健康检查任务2400对，为4204户计生家庭购买爱心保险，扶持109户农村计划生育家庭小额贷款，完成贴息户数133户，贴息金额9.51万元。推进全民健身活动，先后举办迎春气排球比赛、那桐"四月八"农具节篮球赛、龙舟赛和第四届体育节活动等主题体育活动50多种，活动场次上千场，参与人数达7万人次。获第十届"中国水城"南宁端午节龙舟邀请赛第二名2个、第四名3个、第六名2个，"舞动广西"全区民族健身舞（操）大赛健身舞规定套路第三名，广西第十三届民运会第二名3个、第三名5个，南宁市第十届"举城杯"举重锦标赛金牌9枚、银牌9枚、铜牌5枚和第四名1个、第五名1个、第六名1个，广西青少年举重锦标赛金牌4枚、银牌2枚、银牌1枚，全国少儿游泳锦标赛（南宁赛区）金牌2枚。完成对全县132个小区、658个体育场地的普查登记和审核工作。推进为民办实事项目建设，完成村级公共服务中心建设、全民健身路径项目3条、农民体育健身工程项目、送公益电影下乡村，受益群众21.70万人；扶持8支业余文艺队在当地开展文艺活动近252场，观众22.85万人；开展"送百戏下乡镇、社区"文艺演出活动14场，观众2.50万人；推进户户通广播电视工程建设，安装3207套，完成率达93%。

民政事业 两次提高城乡居民最低生活保障标准，城市低保从205元提高到260元，农村低保从84元提高到110元，发放城乡低保救助金3675.88万元，发放农村五保供养保障金368.30万元；城镇居民基本医疗保险补助标准从360元提高到400元，发放医疗救助714万元；发放临时救助资金2.66万元，受益25人。建立冬春荒救助人口台账，发放救济粮140吨、冬衣裤8000套、被子1000床、救助卡988张，受益1.87万人次，安排因灾倒房恢复重建资金14.40万元，帮助重建农房12户；发放251户义务兵家属优待金100.59万元；完成93座零散烈士墓和8座革命烈士纪念设施抢救维修；发放2013年退役士兵和复员士官自主就业补助金120.10万元，军休干部住房补贴9万元；发放百岁老人和高龄老人慰问金和补贴301.21万元，办理《老年优待证》398件。救助流浪乞讨人员163人次，发放被子15床、衣裤56件（套）、鞋子28双，提供符合卫生的食品，未发生流浪乞讨人员非正常死亡事故；发放孤儿生活保障金297人次28.16万元；办理殡葬惠民免费项目33例，免费金额5.03万元；收到慈善捐赠款14.1万元，发放慈善助学13人、救助金5.20万元，助孤10人、救助金2万元，助医19人、救助金9.50万元；支付8.63万户农村住房政策性保险县本级保险费16.41万元。完成63个贫困村识别，识别出贫困农户3.03万户10.68万人。办理结婚登记2806对，离婚登记332对，补发婚姻证件500对，出具证明886份；办理收养登记7例。

劳动与社会保障 城镇新增就业人数1613人，登记失业率3.06%；完成农村劳动力转移就业7108人；完成职业技能培训1362人，支出培训补贴44.04万元；完成职业技能鉴定1250人，核发职业资格证书365人；帮助就业困难人员实现再就业86人；帮助175名就业困难人员享受优惠政策；为35个公益性岗位人员发放岗位补贴20.58万元、社保补贴7.91万元；为257名大龄就业困难人员核发社保补贴28.17万元。参加城镇企业职工基本养老保险2.03万人，其中在职职工参保人数1.11万人，养老保险费征缴收入5074.87万元。参加失业保险1.06万人，失业保险费征缴收入629.62万元。参加城镇基本医疗保险4.23万人（城镇职工2.38万人，城镇居民1.85万人），医疗保险费征缴收入3808.29万元。参加工伤保险1.05万人，工伤保险费征缴收入135.39万元。参加生育保险0.94万人，生育保险费征缴收入107.33万元。参加城乡居民基本养老保险15.36万人，参保率90.40%；签订代扣代缴三方协议书9.10万人，代扣代缴金额857.22万元；累计缴费人数8.55万人，参保金额964.69万元；累计发放养老金待遇4.54万人、3673.27万元，发放率100%；续保13.10万人，续保率77.10%。调整提高企业退休人员基本养老金，月人均养老金从1539.20元提高至1698.40元。受理并调查核实工伤事故26例，下达工伤认定书24份。监察用人单位263家，涉及劳动者6957人；审查单位规章31件，书面材料审查258户；劳动保障监察立案8件，结案8件，结案率

5月6日，隆安县那桐"四月八"农具节上表演敬牛仪式　　何宏生摄

100%；协调帮助劳动者追讨欠薪383.13万元，涉及职工274人；敦促各类企业签订劳动合同7720份，合同签订率90.33%。处理劳动争议案件52件，其中案外调解35件，涉及劳动者136人，涉及金额396万元。

【政府机构改革】 2014年11月，隆安县印发《隆安县人民政府职能转变和机构改革的实施意见》，进行机构改革。改革后县政府设置工作部门24个，整合或重新组建的机构4个：县卫生局与县人口和计划生育局整合为县卫生和计划生育局；重新组建县食品药品监督管理局，加挂县食品安全委员会办公室牌子；重新组建县农业局，职责包括原县农业局（县水产畜牧兽医局）、县农业机械化管理中心（县农业机械化管理局）的行政管理职责，以及县经济贸易信息化局的生猪定点屠宰监督管理职责；组建县工商行政管理和质量技术监督局，由自治区级垂直管理调整为县人民政府管理；县文化广播影视和体育局更名县文化新闻出版广电和体育局，不再保留加挂的县新闻出版管理办公室牌子；县发展和改革局更名县发展改革和科学技术局，兼挂县物价局、县粮食局、县知识产权局牌子。

【布泉“更望湖歌圩”】 2014年4月3日（农历三月初四），在隆安县布泉乡举行，参与群众5000人。每年的“三月三”期间，隆安更望湖周边村屯都有赶歌圩对歌的习俗，当地的农民在春播、春种之余，都会自发聚集到一起，用最原始质朴的歌声唱响对美好生活的追求和热爱。集中对歌的草坪称为“歌央”。青年男女所吟唱的山歌属广西西部壮话山歌，每句大多为五字或七字，每四句为一节。曲调婉转悠扬但变化不大，易唱易记。歌词全部为现场依据情况脱口而成，押韵自由，可押韵尾也可押韵头、韵腹。山歌内容包罗万象，有感情交流、生产生活、社会知识和自然知识等。2013年“更望湖壮族歌圩”被列入南宁市非物质文化遗产名录。

【那桐“四月八”农具节】 2014年5月6日（农历四月初八），在隆安县那桐镇举行。农具节以“多彩那文化　魅力四月八”为主题，节日吸引本地的和周边县市的民众将各种农具摆满那桐街的集市、街头巷尾、公路两旁售卖，有扁担、泥箕、箩筐、锄头、铲子、斧头、镰刀、柴刀、犁、耙、木车、水车、脚踏脱谷机、牛轭等传统农具，也有小铁牛、插秧机、电动打谷机、水稻收割机、割蔗机、榨油机等经过革新改良的现代农具。现场包括非遗文艺节目展演、山歌对唱、斗狗比赛、粤剧表演、现代歌舞表演等文艺演出、篮球比赛、美食一条街、商贸展销等活动。

【第八届美食商品展销活动】 2014年5月5日至9日，在隆安县那桐镇举办。有320家商家、85种美食参加展销活动，总交易额5000多万元。

【全国一村一品示范村镇授牌和村企对接活动】 2014年9月22日，农业部在隆安县那桐镇定江村定典屯举行全国一村一品示范村镇授牌和村企对接活动；宣读农业部关于认定第四批全国一村一品示范村镇的决定，并为第四批全国一村一品示范村镇颁发证书。活动同时宣布广西开展村企对接的合作成果，举行村企对接签约仪式，一村一品示范村镇和龙头企业进行签约。与会人员参观部分广西一村一品产品及广西金穗农业投资集团有限责任公司现代化香蕉生产基地、广西金穗生物科技有限责任公司组培苗基地。国家农业部副部长陈晓华，自治区党委常委、副主席唐仁健，自治区农业厅副厅长王健，南宁市副市长黄宁等领导出席活动。陈晓华、唐仁健为获“全国一村一品示范村镇”称号的那桐镇定江村揭牌。

【新华社签约摄影师聚焦隆安县】 2014年10月16日至19日，新华社广西分社记者和签约摄影师采访团一行11人到隆安县对当地的旅游风光、经济文化、生态文明和社会发展等各方面成就进行摄影报道。活动期间，采访团的摄影师们深入屏山、布泉、南圩、乔建、雁江、那桐、城厢、宝塔医药产业园等地拍摄采访。播发新华社通稿9组稿件、30张照片，中国全球图片总汇展示9组稿件、83张照片。

（黄东明）

2014年隆安县乡镇情况

名称	土地面积（平方千米）	村民委员会（个）	社区居民委员会（个）	自然屯（个）	年末人口（人）	耕地面积（公顷）	农林牧渔业总产值（万元）	粮食产量（吨）	农民人均纯收入（元）
城厢镇	386	14	3	287	71962	4788	59800	26800	7115
南圩镇	314	18	2	185	67136	55485	42790	23180	6735
雁江镇	117	9	1	86	28279	3401	27811	17150	4379
那桐镇	223	11	1	138	50268	11533	57338	29129	6798
乔建镇	217	14	1	75	43743	77163	39216	7200	5962
丁当镇	277	10	1	103	36173	8000	56200	10765	6910
古潭乡	108	6	1	56	26723	2400	31800	4979	6100
都结乡	214	19	1	199	41364	1967	10300	15046	4780
布泉乡	174	8	1	111	24270	3117	11327	8840	4010
屏山乡	234	9	1	102	18416	947	11084	6573	4684

责任编辑　陆　靖

人 物

新闻人物

“中国好人榜”——助人为乐好人

宾阳县“代理妈妈” 宾阳县中华镇张秀清、戴小珍、吴小兰、张小枝等52名普通农村妇女，自觉、义务照顾400多位留守儿童，用母爱为孩子们撑起一片蓝天，被留守儿童家长称为“代理妈妈”。宾阳县中华镇是劳务输出大镇，全镇有留守妇女2400多人，留守儿童730多人。2012年，中华镇为解决农村家庭家长外出打工、无人照顾留守儿童生活学习的难题，倡议成立“妇儿之家”，邀请留守妇女儿童加入。张清秀曾外出打工近20年，对留守儿童成长深有体会，她第一个响应镇里提出的“代理妈妈”计划，代理4个孩子的“妈妈”。她了解孩子们的学习生活情况，关注他们的精神世界，陪他们学习、生活、锻炼、做功课，从孩子们口中的“阿姨”变成“张妈妈”。2014年，育才村委兴隆村一位4岁的留守小女孩突患地中海贫血，急需手术治疗，而女孩家里拿不出这笔钱。张清秀发动“代理妈妈”及广大村民为小女孩捐款，筹集2万元的救助资金，帮助患病女孩进行手术、康复治疗。与张秀清等人一样，中华镇52名农村妇女加入了“代理妈妈”的行列，她们平均年龄40多岁，每人结对帮扶、管理留守儿童2至4人。她们要扮演孩子妈妈的角色，不仅从衣食住行多方面关照孩子们，更要关注孩子们的身心健康，同时也要辅导孩子们的学业。在代理妈妈的引导下，在外闲逛、上网的留守儿童们少了，打球跳舞、看书学习的多了。

张清秀

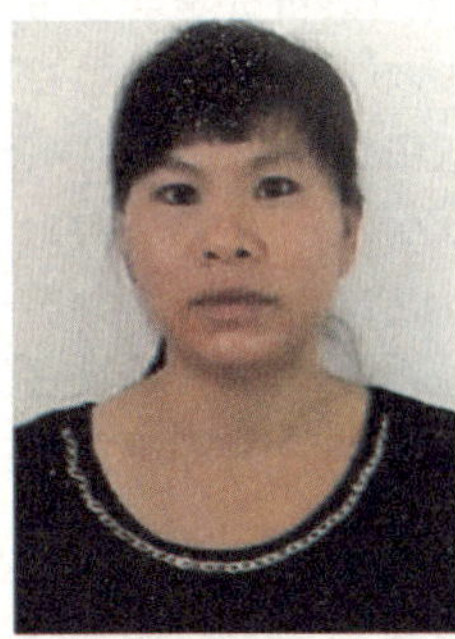

戴小珍

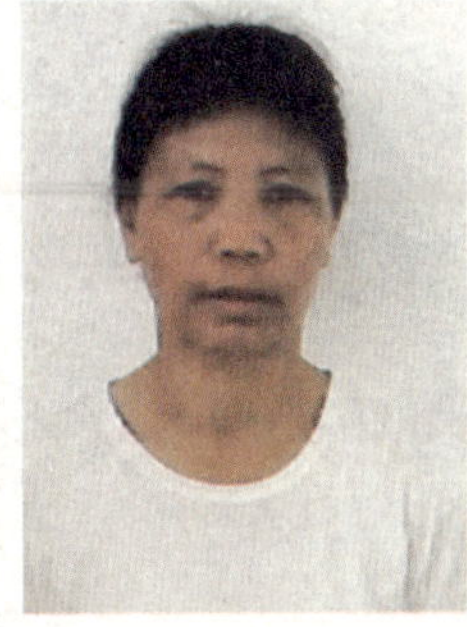

吴小兰

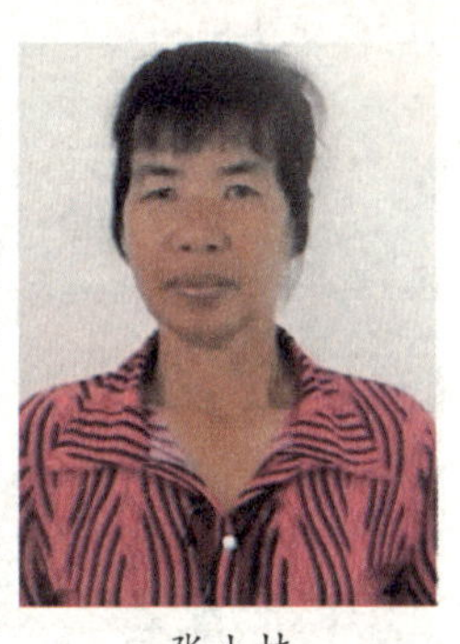

张小枝

在代理妈妈的带动和社会各界的支持下，中华镇成立“代理妈妈”先锋示范基地、“代理妈妈”创业基地，建立爱心基金。

图为代理妈妈与孩子们在一起

“中国好人榜”——敬业奉献好人

钟日胜 壮族，南宁市第二人民医院副主任医师，中共党员，研究生学历，1970年4月生，1991年8月参加工作，广西崇左市人。2004年以来，钟日胜2次主动请缨参加援外医疗队赴非洲工作，时间长达4年。2004年11月赴非洲尼日尔期间，正逢当地发生大面积疫情，他克服缺医少药、疾病肆虐的条件限制，完成2100多例麻醉手术，抢救危重病人200多例。他所在的中国援非医疗队诊治各类门诊病人3.60万人次，抢救危重病人700多人次，施行各类手术2900多例，2005年8月受到联合国秘书长安南的接见；同年钟日胜获尼日尔共和国卫生部颁发的“优秀医疗专家”证书。2012年7月，钟日胜说服母亲、妻子，告别尚在襁褓中的儿子，再次参加援外医疗，前往科摩罗联盟首都马鲁夫医院工作。他运用精湛的技术成功为刚出生6天新生儿的巨大肿瘤切除术施行麻醉，是该医院有史以来为年龄最小的患者施行麻醉。因工作出色受到科摩罗各界的好评和赞誉，受到总统的接见。2009年初，钟日胜创作的我国第一部反映援非医疗队员工作和生活的纪实文学作品《非洲小城的中国医生》获第十届全国少数民族文学创作“骏马奖”。2014年，他以第二次援非经历、思考为原形，写成著作《卢旺达往事》。钟日胜先后获南宁市第八批专业技术拔尖人才、第八批南宁市新世纪学术和科技带头人第一层次培养人选、南宁市先锋示范岗、南宁市道德模范、广西最美劳动者、全国医疗援外先进个人、全国十大最美职工、全国先进工作者、中国敬业奉献好人等称号。2014年5月，尚在非洲执行任务的钟日胜获中华全国总工会授予全国五一劳动奖章证书及奖章。

“中国好人榜”——见义勇为好人

黄世国 广西万里出租汽车有限公司驾驶员，中共党员，1967年10月生，广西都安县人。黄世国2009年起开出租车，五年来，行驶几十万千米，未被乘客投诉1次，未发生过交通事故1起，他每年参加南宁市爱心送考（学生参加高考）活动，别的出租车一天送2次，他送4次，每天比别人多2次，不仅把高考考生送去考场，考试结束还送回休息地。2011

年9月初的一天早上，黄世国驾车途中发现一个拖着行李、神情慌张的女孩，他主动上前搭话。女孩告诉他被骗没钱回家。黄世国先把女孩送到客运站，后来感到不妥，又将女孩直接送回防城港市上思县的家中，来回200多千米没有收费。2012年12月27日凌晨，黄世国不顾自己患有胆结石不能做太剧烈运动的危险，奋不顾身追赶1名抢劫女人提包的歹徒；与附近酒店的值班员直追上千米，合力将歹徒制服。五年来，黄世国安全驾驶，拾金不昧、见义勇为，上交客人遗留的物品有钱包（含现金5200元）、袋子、花生油、手机、手提电脑等物，被大家尊称为“马路英雄”，他连年被公司评为优质服务司机、安全生产标兵、先进个人；被市交通局、市运管处授予“文明使者”“先锋示范车” 等称号。2013年12月29日，被中华见义勇为基金会授予第十届“昆仑奖”全国见义勇为英雄司机。2014年4月上榜“中国好人榜”。

黄世国参加2013年爱心送考活动

“中国好人榜”——诚实守信好人

黎素娟 女，青秀区桃源北社区保洁员，1964年3月生，广西南宁市人。黎素娟家境贫寒，负责社区楼道的卫生清洁，她严格按照各项规章制度要求自己，不谋私利，时常帮助邻居接送孩子、看门，深得街坊、同事们的信任，平日里同事临时有事，都爱找她代岗。2014年1月15日上午9时，黎素娟像往常一样在南宁市天桃路保洁。当她处理农业银行门口ATM取款机旁一个塑料袋时发现里面装有好几扎百元钞票，一数有10万元。10万元，对于黎素娟这样一个工资微薄、身体患有腰椎间盘突出的普通清洁工而言，是个天文数字。然而面对这笔从天而降的钱财，黎素娟想到的是失主会比自己更着急，她拎着钞票苦苦等候半个多小时；考虑到这笔钱的安全性，黎素娟给社区书记何燕琳打电话求助。何燕琳到场后，她们仔细询问周边店铺人员，而后向派出所报案。原来这笔钱是一位姑娘的购房款。姑娘丢钱后几近于绝望，通过黎素娟一分不少找回这笔钱，姑娘感激万分，无以言表。2014年3月，黎素娟因拾金不昧上榜“中国好人榜”。

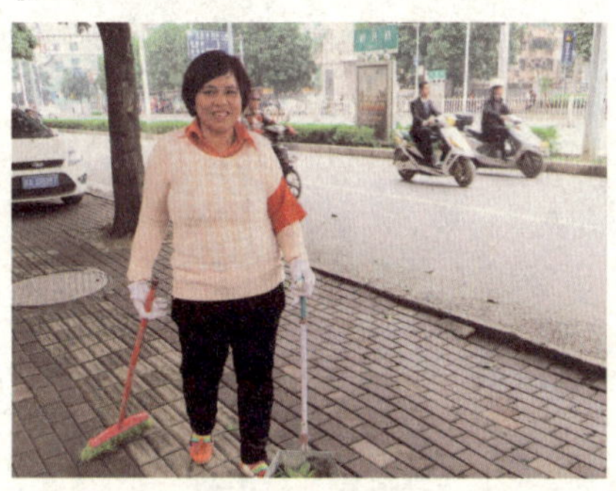
黎素娟在做保洁工作

黄爱娟 女，兴宁区五塘镇村民，1961年生，广西南宁市人。2012年，退休老工人陈伟基75岁的老伴患老年痴呆症、大小便不能自理，先后换了几家养老院都住不久。于是请黄爱娟到家做保姆照顾老伴。刚开始时，陈家老婆婆经常神志不清、发脾气、使性子打保姆……黄爱娟很不适应，好几次都想辞工走人。但是，她想起曾经中风瘫痪在床，孤苦无助的父母，于是放弃这种想法，反而精心伺候老婆婆。她别出心裁为老婆婆缝制隔尿布，她想着法子教老婆婆做运动练习，陪她玩奖励游戏，带她下楼玩等等。老婆婆被她训练得越来越灵活，能慢慢挪步，思维也愈发清晰。黄爱娟在照顾老人的同时，自学积累一定的中医药治疗知识；一次，陈伟基老人外出时摔伤头和左手，细心的黄爱娟立即去买回草药帮他擦拭、按摩。另有一次，陈伟基老人外出淋雨受风寒，回家后大病一场，可是家里却拿不出住院的医疗费，他强忍着不去住院。黄爱娟知道后，找老中医并买回几种草药给他调理，很快把病治好。为给老人省钱，黄爱娟每天坚持步行2千米上街买菜、抓药，每天节省往返车费2元钱；为节约水电费，她每天都坚持手洗老婆婆更换的衣服、垫布、床单。2014年春节前夕，老人家从刚获补发的工资中拿出2万元作为年终奖励感谢黄爱娟，但黄爱娟坚决不受，过完年后的第三天就又急忙赶回南宁照顾老人。她的真心，让老人感动得掉下眼泪。2014年6月，黄爱娟荣登“中国好人榜”。

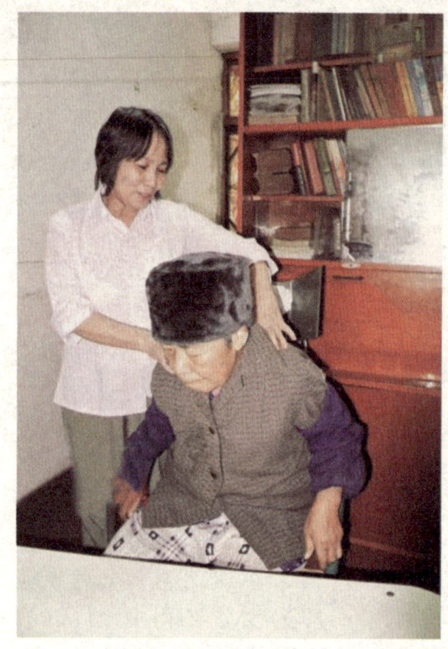
黄爱娟在照顾病患老人

蓝莉芬 女，马山县金钗镇东屏村农民，1975年5月生，广西马山县人。金钗镇地处山区，素有种桑养蚕的传统，但近年蚕虫染病率高，成活率低。为解决这个问题，蓝莉芬出资建立“小蚕共育”基地，直接将育好的三龄蚕以价格的70%赊给蚕农（卖蚕丝再还），降低农民的风险。2004年，天气变化异常，许多蚕农因经验不足、应对失误，蚕虫大批死亡，损失惨重。蓝莉芬看在眼里急在心上，她决定凡是继续种桑养蚕的，蚕农损失的部分，由她全额赔付。几年来，她为这一承诺，垫付近30万元。为了让蚕农致富，她扶持蚕种、桑苗资金40多万元，自费轮训蚕农600人次，扶持393户贫困户养蚕，带动、辐射养蚕户8911户，全镇桑园面积1000公顷。她的努力得到农民的认可，目前周边乡镇都掀起种桑养蚕的热潮，桑蚕成为当地农村的支柱产业。2014年7月，蓝莉芬上榜“中国好人榜”。

蓝莉芬讲诚信高于市价收购农户蚕茧

农海年 壮族，马山县永州镇平山村村民，中共党员，1967年3月生，广西马山县人。上世纪九十年代起，农海年立足山村搞种养。2012年，他建起永州镇平山南生养鸡场，从事脱温鸡苗出售。由于他严格执行防疫程序、技术过硬，他育出的鸡苗体质健壮，成活率高，市场认可率高，鸡苗一直供不应求。一些不法商贩想冒充农海年的鸡苗并给他一定提成，被农海年一口回绝。农海年热心帮扶困难村民脱贫，以诚信赢得市场；12年来，农海年累计赊账给困难群众禽苗3.68万元，少收、免收苗款1.85万元，直接免费送给困难农户鸡苗3200多羽。他成为附近闻名的致富带头人，每年他的养鸡场出栏鸡苗2万多羽，肉鸡2000羽，肉鸭5000羽，鱼2万多斤，他先后获"全国青年星火带头人""南宁地区十佳青年突击手"南宁市"诚实守信"模范提名奖等称号。2014年8月上榜"中国好人榜"。

农海年在养殖场喂鸡

"中国好人榜"——孝老爱亲好人

班秀英　女，横县云表镇邓圩村六旺自然村12组村民，1952年生，广西横县人。1979年9月29日，班秀英的小叔子李亦允因采矿场事故受重伤，治疗出院后再也无法站立行走，生活上需要人照顾。班秀英与丈夫把小叔子接回家中疗养。因为公公婆婆早逝、丈夫早年当村干部时常忙于公务，卸任后又为生计到县城打工，所以家里的大小重担全部压在班秀英一人身上。班秀英除了搞好家里的农业生产、养育儿女，还要花费大量精力照顾伤残的小叔子，帮助他吃喝拉撒、为他疗伤治病。35年来，班秀英把照顾小叔子的重任全部揽在自己身上。每天从地里干活回来，她就做好晚饭给他送去，吃完饭，她又端上热水到小叔子床前，让他自己擦身体，然后为他清洗衣物，帮他打开电视递上遥控器。小叔子大小便困难，她就买回尿壶，让丈夫将床板割个排泄孔，在床底置个草灰盆，每天不怕脏臭为小叔子端屎倒尿。为让小叔子健康地活下去，班秀英挤出拮据的收入不间断为他买药品、买水果吃，还买回象棋，动员村里人来家里跟小叔子对弈。班秀英三十五年如一日，像慈母一样精心照顾因伤致残的小叔子李亦允，让他有尊严地活了下来，她的举动，感动群众。2014年9月，班秀英上榜"中国好人榜"。

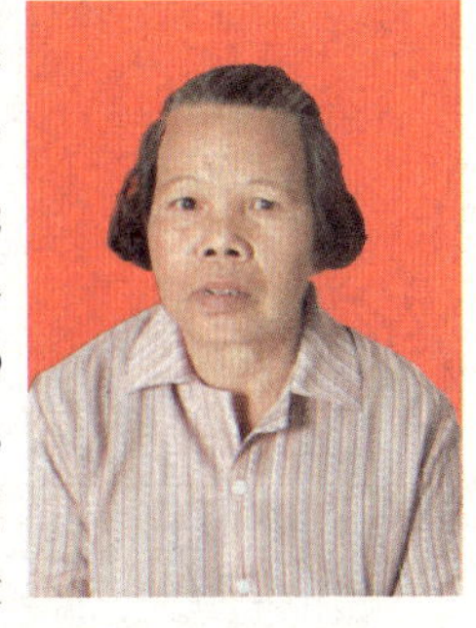

蓝　川　上林县城关中学学生，共青团员，1997年11月生，广西上林县人。2001年蓝川4岁，他父亲蓝忠国因修车事故意外受伤致高位瘫痪。蓝川母亲无法接受现实，撇下父子俩远走他乡。从此，4岁的蓝川就肩负起照顾父亲的重担，用弱小的身躯撑起半个家。他早早就学会洗衣煮饭、拖地板，为父亲端饭、洗脚、捶背；10多岁时，学会赶牛耙田锄地，耕种庄稼换取口粮，承担起成年人的生活重担。蓝川父亲病情稍好后，勉强坐着轮椅为人修车补贴家用。蓝川上中学后每到周末都要回家，家内家外，田间地里，都有蓝川的身影，他帮收拾父亲修车后留下的杂物，为父亲擦身、洗脚。由于父亲长期在轮椅上修车，经常腰酸背痛、双脚发肿发黑，蓝川便经常给父亲擦身、洗脚、按摩。返校前，蓝川都要清洗好父亲换洗的衣物，准备好青菜留父亲备用。蓝川父亲为了生计，每天早出晚归，风雨无阻。一天，他为多挣一点生活费迟回家，孰料天降暴雨，摔倒在归途中邻村的一条水沟里。蓝川从地里干活回来不见父亲，急忙四处寻找，最后借助闪电的光亮，终于找到摔倒的父亲。他连拉带抱，费了半个晚上才把父亲从沟里救上来。蓝川同学孝敬父亲、爱护父亲的感人故事在村里、校内传为佳话；2012年12月以来，他被评为南宁市第二届孝老爱亲美德少年、第三届南宁市"孝老爱亲"模范提名奖、镇圩瑶族初中孝老爱亲标兵。2013年10月，当选中央电视台主办的大型公益活动"寻找最美孝心少年"2013年度30佳。2014年10月上榜"中国好人榜"。

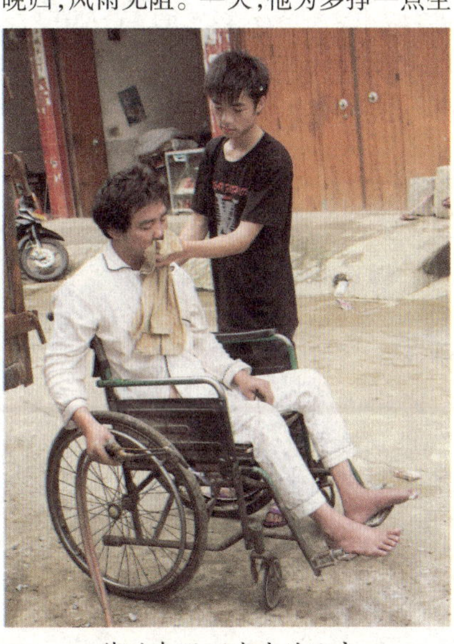

蓝川在照顾残疾的父亲

李美珍　女，邕宁区蒲庙镇华康村卫生所医生，中共党员，1943年11月生，广西南宁市人。1973年，李美珍成为华康村的村医，后来任村计生专干、村党支部副书记、村委副主任和村妇女主任。40多年来，她村医村委工作一肩挑，兢兢业业，为群众排忧解难，深获群众爱戴。2006年，村里建起敬老院却没有专职管理人员，留守、孤寡老人无法集中养老。李美珍主动请缨，无偿担当起敬老院管理员，她一边当村医为群众看病，一边无微不至地照顾帮助敬老院的老人们，为老人煮饭做菜、剪头发修指甲、做心理疏导，像儿女一样关心照顾老人。80岁的李凤兰体弱多病且与儿媳矛盾，看病拿药却没有钱。李美珍就记账登记着，短短几年就累计数百元。华康村石康坡的孤儿黄丽珠，8岁时失去双亲，学习生活无着落。李美珍多次到镇民政等部门反映，为她申请孤儿津贴、困难补贴，解决她的基本生活问题，同时经常拿出粮食、生活费无偿支援黄丽珠。黄丽珠成人后让自己的小孩称李美珍为外婆。2003年，李美珍被评为南宁市"十佳婆婆"，2004年，被评为"全国孝亲敬老之星"。2014年12月，李美珍上榜"中国好人榜"。

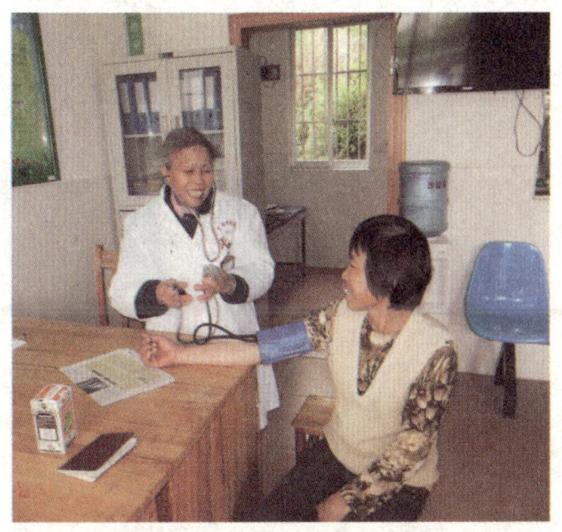

李美珍给困难群众诊治

（温金华）

模范人物

全国五一劳动奖章

钟日胜 事迹详见新闻人物“中国好人榜——敬业奉献好人”。

舒志强 广西运德汽车运输集团有限公司南宁客运总站快班司机，1964年8月生，1984年参加工作，广西南宁市人。参加工作30年以来，舒志强无论是驾驶货车、客车，都特别爱护车子，注重做好车辆例保。每次出车前和收车回库，他都跟要亲自与清洁、维修师傅一道，清洗车辆、加油、检查轮胎和刹车系统、转向灯等，及时对车辆进行维护保养，发现问题及时报修，始终将车辆保持在良好状态，随时都能够投入运输生产。驾驶过程中，舒志强把“安全生产”放在首位，把“优质服务”贯穿始终，在自己平凡的工作岗位上，他凭借对各地气候条件、各种路况和车辆性能的把握，熟练运用驾驶技巧，创下30年安全行车287万千米的好成绩；他所驾驶的车辆在所在集团公司维修费用，燃、润滑油消耗和轮胎损耗等方面，大大低于公司规定的指标，节能减排工作在全体驾驶员中名列前茅。近年来，舒志强先后获自治区“八桂工人之星”、南宁市先进生产（工作）者、南宁市交通运输行业春运工作先进个人、自治区交通运输行业安全行车百万公里优秀驾驶员、自治区劳动模范、全国建设系统劳动模范“全国五一劳动奖章”等称号。

牙庭科 广西建宁水务股份有限公司营业处抄表一班班长，中共党员，第十二届全国人大代表，1962年12月生，广西东兰县人。参加工作以来，牙庭科19年如一日从事抄水表工作，他以“热情、耐心、细致”的态度全心全意为用户服务，以务实的精神和朴实的言行诠释“干一行爱一行，爱一行干好一行”的人生格言。他所在的抄表一班担负全市大口径（口径大于50mm的总表）水表的抄表、催费工作，年抄录量占全公司85%；他不仅负责班里的日常管理、顶班抄表、送水费单、传授新抄表员经验等工作，还主动承担起重点难点用户抄表催费与联系。在他的努力下，2014年收回重点难点用户水费1700万元；查处某单位黑表，追回2006年以来的水费5万多元；追回某系统无表用水4.50万立方米水量，水费12.60万元。近年来，牙庭科被授予南宁市“十佳窗口行业标兵”“十佳员工”“最美劳动者”“劳动模范”称号及自治区“劳动模范”“全国五一劳动奖章”等称号。 （张文苑）

全国人力资源和社会保障系统先进工作者

陈美杏 女，江南区劳动保障监察大队副大队长，中共党员，1961年7月生，1987年1月参加工作，广西崇左市人。1997年11月以来，陈美杏一直工作在劳动保障监察第一线，她始终把农民工当作亲人，做农民工的贴心人，不怕困难千方百计维护农民工的合法权益，为众多农民工讨回工资。18年来，陈美杏为10万多名农民工追回4亿多元欠薪，帮助上万个家庭解决燃眉之急。2014年，陈美杏帮助农民工协调案件72起，处理群体性讨薪事件10余次，协调有关单位支付2478名农民工工资4462.35万元，件件得到落实，结案率100%。农民工及其他用人单位都亲切地称她为“陈姐”。2013年10月，市委、市政府授予她“南宁市优秀共产党员”称号，作出“向陈美杏同志学习的决定”。2013年11月，陈美杏入选中央文明办主办的“中国好人榜”敬业奉献好人。2014年，国家人力资源社会保障部授予陈美杏“全国人力资源和社会保障系统先进工作者”称号。 （农　健）

全国公安系统二级英雄模范

潘少锋 壮族，南宁市公安局出入境管理支队三大队副大队长，中共党员，本科学历，1974年12月生，1996年毕业于中国人民公安大学法语专业，1996年7月参加工作，广西武鸣县人。参加工作以来，潘少锋忠诚为民、开拓进取、奋发向上，始终自强不息、不折不挠、顽强拼搏、忠于职守、精研业务、热情服务，被市民称为南宁的“外事110”。2001年10月，潘少锋作为中国首批、广西首名联合国维和警察远赴海地维和防暴。2005年1月16日，潘少锋等中国维和警察防暴队员获联合国授予“联合国和平勋章”；4月，获公安部授予“中国维和警察荣誉章”。2014年10月，潘少锋获公安部、人力资源社会保障部授予“全国公安系统二级英雄模范”。 （黄静洁）

最高人民检察院个人一等功

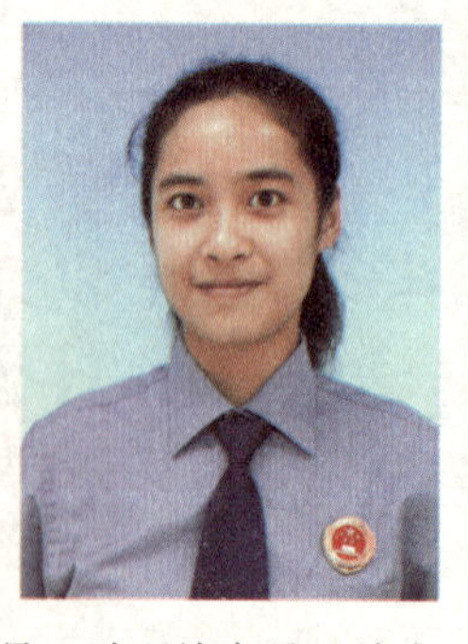

宋　萍 女，南宁市人民检察院公诉二处副处长，中共党员，法学本科学历，1981年1月生，2004年参加工作，广西南宁市人。历任市检察院公诉二处书记员、助理检察员、检察员，兴宁区检察院公诉科副科长。宋萍坚持“忠诚、公正、清廉、严明”的检察职业道德，严于律己，公正执法，自觉做好表率作用。她以“事实为根据，以法律为准绳”原则办案，以高度负责的态度严格审查每一起案件，先后办理案情疑难复杂、涉案金额高，影响重大的职务犯罪案件和经济犯罪案件上百件，如全国广泛关注的“日记门”案（原来宾市烟草局局长韩峰受贿案）、南宁市源洲公司非法吸收

公众存款系列案、涉案数额240万的陈恳受贿案、涉案数额上千万的杨飞燕集资诈骗、虚开金额近4000万的邓春瑞虚开增值税专用发票案、海关总署督办偷逃税额上亿元的王武等人走私普通货物案等。2013年3月，获自治区检察院授予“广西十佳公诉人”称号；6月，获最高人民检察院授予“全国十佳公诉人”称号。2014年1月，获自治区检察院记个人二等功；2月，获广西妇女联合会授予“广西三八红旗手”称号；4月，获最高人民检察院记个人一等功。（蒙　旗）

全国税务系统先进工作者

王惠颖　女，青秀区地税局局长、党组书记，中共党员，在职研究生学历，1979年10月生，2001年参加工作，广西南宁市人。从事税务工作以来，王惠颖以“做一名人民满意的勤廉好税官”自勉。她立足实际，开拓创新，任劳任怨，默默奉献。2012年以来，她带领的青秀区地方税务局干部职工，创新管理模式，深化依法治税，加强税收征管，成绩显著。2012年成为广西地税系统首个突破40亿元大关的基层征收单位，她所在的单位先后被授予“全国税务系统先进集体”“全国青年文明号”“全国税务系统文明单位”“广西地税系统集体二等功”、自治区局“和谐单位”、南宁市“2012年创建先锋示范城市直机关先锋示范点”等称号。王惠颖连续多年被评为南宁市地税局先进工作者、优秀公务员、优秀共产党党员、一次荣立三等功，2011年获广西地税系统“十佳”稽查能手，获2012年—2013年度“广西青年岗位能手”称号。2014年2月，王惠颖获“全国税务系统先进工作者”称号。（李　冰）

全国助残先进个人

王　芳　女，广西“安琪之家”康复教育活动中心院长、广西康复协会副秘书长、市政协委员，工商管理研究生学历，1967年10月生，山西省临汾市人。2002年6月，王芳放弃公职，创立广西第一所服务于脑瘫人士的公益机构——“安琪之家”康复教育活动中心，为脑瘫儿童及其家庭提供康复、教育、日常护理、心理辅导、社交培训、生活资助等一系列服务。在社会爱心机构和爱心人士的帮助下，王芳克服资金短缺、专业人员匮乏等困难，全身心地投入这一公益慈善事业。12年来，“安琪之家”从初创两间房、3名员工，发展到目前拥有明秀路、奥园小区2个校区，使用面积上千平方米，40多位员工（含康复教育老师）的规模。中心收录并提供康复服务的特殊儿童80人，分别来自全国12个省市。2006年以来，王芳先后获“首届中国百名优秀母亲”“广西十大女杰”“广西三八红旗手”“南宁市十佳市民”等称号。2008年9月15日，获联合国颁发“服务残疾人事业——杰出人士奖”。2012年4月10日，获“中华慈善奖”。2014年5月16日，获“全国助残先进个人”称号；12月，获“2014年度中国优秀社工”称号。

2014年度中国优秀社工人物

王　芳　（事迹详见模范人物　中国助残先进个人）

中国最美社工

雷名媛　女，广西“安琪之家”康复教育活动中心社区中心督导，1986年12月生，大学学历，广西南宁市人。2011年，雷名媛进入“安琪之家”成为一名社工，她的主要工作是户访和带领家长自助组。4年来，她走进南宁市各社区，入户为脑瘫人士家庭提供200次家庭辅导、法律援助、危机干预等专业社工个案服务。她参与筹建“雨露”脑瘫儿童家长互助中心，为近300名家长提供相互交流与支持的平台，组织开展亲子活动、家长讲堂、康复分享会等活动，带领家长们到10个社区开展助残宣传。同时，雷名媛参加或负责社会工作服务项目设计的项目有《世界宣明会的CBR项目》《中央财政支持社会组织参与社会服务示范项目》《汇丰社区伙伴联盟项目》等。2014年12月，雷名媛获中国社会工作协会授予“2014年度中国最美社工”称号。

（高小琴）

广西五一劳动奖章

贺建光　南宁康福交通有限公司司机

玉燕玲（女）　南宁市西乡塘区环境卫生管理站清保公司质检员

黄　猛（壮族）　佛山佛塑科技集团股份有限公司南宁经纬分公司拉丝车间主任

梁树华　南宁邦尔克生物技术有限责任公司副总经理

苏景昌　广西佳信企业投资集团董事长

胡盛品（壮族）　南宁百货董事会党委副书记、工会主席

黄　芳（女）　南宁市总工会职工技协办公室主任

黄启年（壮族）　南宁市中小企业服务中心主任、党支部书记

舒　燕（女）　建筑第五工程局有限公司广西分公司党委书记兼工会主席

（韦文宁）

广西三八红旗手

宋　萍　市人民检察院公诉二处副处长

朱　妍　市公安局刑侦支队犯罪对策科科长

覃露莹　南宁电视台副台长、新闻综合总监

莫莎莎　市五象小学校长

林汉文　南宁振企农业科技开发有限公司董事长

韦凤花　市西乡塘区北湖南路社区党委书记

李桂芝　广西全通投资集团有限公司董事长

马小云　市百佳汇商场管理有限公司董事长、总经理

马秀玉　宾阳县中华镇纪委副书记、党政办公室主任、妇联主席

（吴颖妮）

第三届南宁市道德模范

助人为乐模范

黄秀明（女） 隆安县都结乡妇联主席
张清秀等 "代理妈妈"宾阳县中华镇育才村52名村民
李彪庆 西乡塘区"标哥电动车维修"残疾人主创业服务中心创始人
李凤玲（女） 兴宁区民生街道办事处高峰社区副主任

见义勇为模范

田爱民 南宁市中鹿出租车公司司机
潘必静 横县石塘镇古逢村老村自然村村民
苏日桂（女） 横县校椅镇六味村六味自然村村民
梁超炎 广西林业科学研究院保卫处保安
蒙焕南 上林县人民法院党组成员、纪检组组长

诚实守信模范

黎素娟（女） 青秀区中山街道办事处桃源北社区保洁员

敬业奉献模范

钟日胜 南宁市第二人民医院麻醉科医生
潘少锋 南宁市公安局出入境管理支队外管大队副大队长
李荣光 马山县弄拉旅游专业合作社理事长、党支部书记
陈美杏（女） 江南区劳动监察大队党支部书记、副大队长
徐 华 南宁市第二中学副校长
黄连冬 南宁市金花茶公园园容管理科基因库技术主管

孝老爱亲模范

彭月珍（女） 西乡塘区永宁街47号"亚娃"美发店店长
闭小莲（女） 广西送变电建设公司职工家属
蓝梅高（女） 上林县西燕镇云灵村云童庄村民
杨秀兰（女） 宾阳县大桥镇大桥社区木埠村村民

第三届南宁市道德模范提名奖

助人为乐模范提名奖

卢基敏 武鸣县公安局预审大队民警
农新福 横县马岭镇莲新村村民
蓝凤秀（女） 上林县西燕镇邑独村上绸庄村民
周 鑫（女） 上林县巷贤镇中心卫生院药剂师
陆荣艳（女） 马山县古寨乡古寨村党支部书记、村委会主任
甘武居 隆安县那桐镇镇流村村民
冯乙洲 广西中医药大学附属瑞康医院水电工
姚池玉（女） 南宁发电设备厂退休工人
黄钊英 南宁市阿英宠物诊所负责人
陆志东 南宁机械厂退休工人
李冬兰（女） 邕宁区蒲庙镇良勇村委会副主任
黄理佳（女） 南宁电视台"帮得行动"栏目组记者

见义勇为模范提名奖

肖继林 江南区淡村商贸城市场管理部职工
黄日耀 马山县林圩镇七贤村东林屯村民
蓝 章 广西机电职业技术学院汽车工程系2012级学生

诚实守信提名奖

农海年 马山县永州镇平山村南生养鸡场场长
黄晓光 武鸣县城厢镇五海村晓光果蔬种植家庭农场场主
谢世凤（女） 南宁市九州出租汽车有限公司司机
蓝莉芬（女） 马山县金宜桑蚕专业合作社社长

敬业奉献提名奖

牙庭科 广西绿城水务股份有限公司营业处抄表一班班长
玉燕玲（女） 西乡塘区环卫站清扫保洁队质检员
甘富东 宾阳县人民医院心内科主任兼ICU主任
苏文欢 南宁市公安局交警支队二大队大队长
苏 燕（女） 武鸣县府城镇人民政府副镇长
陆 安 隆安县乔建镇廷罗村村民
陈永花（女） 上林县西燕镇云灵小学良望教学点教师
莫莎莎（女） 南宁市五象小学校长
黄英武 良庆区司法局副局长兼大塘司法所所长
龚旭忠 宾阳县陈平镇陈平社区陈平街清洁工
曾春晖 兴宁区民生街道党工委委员、办事处副主任
詹明强 武鸣县电影发行放映公司副经理

孝老爱亲提名奖

卢丽莉（女） 兴宁区民生街道兴宁社区北五里3号居民
米肖华（女） 江南区福建园街道办事处江南路东社区居民
李美珍（女） 邕宁区蒲庙镇华康村卫生所医生
杨国辉 南宁市人口和计划生育宣传教育信息中心职工
班秀英（女） 横县云表镇邓圩村六旺自然村12组村民
梁国颂 中国农业银行武鸣县支行大堂经理
覃紫芸（女） 横县平马镇中心学校（分校）教师
蓝 川 上林县城关中学学生
廖品荣（女） 武鸣县城厢镇灵水社区育才路12号居民

（温金华）

南宁五一劳动奖章

李明谦 南宁糖业股份有限公司明阳糖厂车间安全员
吴玉娟（女） 南宁糖业股份有限公司伶俐糖厂
韦贤科 富士康科技集团南宁科技园工业园MTS工程师
甘元苗（女） 富士康科技集团南宁科技园工业园线长
韦仕宁 广西南宁高级技工学校（南宁技师学院）教师
陈忠球 宾阳县职业技术学校教师
马智云 隆安供电公司安全员
方 堃 南宁职业技术学院教师
潘志名 南宁市第三运输公司出租车汽车分公司驾驶员
黄勤艳（女） 南宁高新技术产业开发区市政环卫管理站保洁员
覃聪聪（女） 广西南宁高级技工学校（南宁技师学院）教师
周羿均（女） 广西南宁壮家女家庭服务有限公司育婴师
严佳明（女） 南宁市第九人民医院药师
黄娇玲（女） 老百姓大药房连锁（广西）有限公司员工
陆雅才 南宁市绿化工程管理处植保班长
李师影（女） 南宁职业技术学院教师
龚相吉 广西南宁高级技工学校（南宁技师学院）教辅员
梁品鑫 广西南宁高级技工学校（南宁技师学院）教师

（张文苑）

南宁市"三八"红旗手标兵

李玉红 南宁北部湾现代农业有限公司总经理

农少梅　兴宁区昆仑镇黄宣村村委委员、妇代会主任
陈美杏　江南区劳动保障监察大队副大队长
陈华捷　青秀区人民法院民一庭庭长
卢凤梅　西乡塘区环境卫生管理站清扫保洁公司副经理
刘秋华　市公共交通总公司五一车队驾驶员
颜　英　市公安局良庆分局政治处主任
徐玉飞　南宁高新技术产业开发区管理委员会办公室副主任
潘凤莲　市体育运动学校跳水教练
张尚颖　市教育局计财科科长
韦　娜　市发展和改革委员会国民经济综合科科长
方　杰　市工业和信息化委员会重大项目科科长
杨海翔　市国土资源局政策法规科科长
陈　红　市人民政府办公厅人事科科长
高国萍　中共南宁市委、南宁市人民政府信访局接待科科长
黄淑娟　市城市管理局市政管理科科长

（吴颖妮）

南宁市三八红旗手

黄燕芳　武鸣县公安局治安管理大队民警
谢雪花　武鸣县妇联主席
苏　燕　武鸣县府城镇副镇长
苏　玲　武鸣县城厢镇妇联主席
黄小竹　南宁市源化生态科技有限公司执行董事、武鸣县小竹生态养殖示范基地总经理
滕翠兰　横县人口和计划生育局副局长
张丽明　横县马岭镇妇联主席
周　晓　横县妇联副主席
廖乃清　宾阳县宾州镇第一初级中学教师
黄青连　宾阳县洋桥镇妇联主席、人事助理、计生助理
戴小珍　宾阳县中华镇赖村农民、“代理妈妈”组长
张清秀　宾阳县中华镇育才村妇代会主任
陈振宁　宾阳县妇联主席
覃斯斯　上林县人民检察院副检察长
覃美华　上林县直属机关工作委员会副书记、纪工委书记
韦翠兰　上林县西燕镇江卢村委文书
玉　珏　马山县财政局国库支付管理中心主任
蒙凤姬　马山县马山中学政教处副主任
李玉艳　马山县白山镇中学社区居委会会计
陆雪梅　隆安县妇联主席
黄瑞文　隆安县都结乡达利村妇代会主任
周柳宁　隆安县南圩镇中心小学教务处副主任
凌小丽　广西运德汽车运输集团隆安汽车客运服务站站长
罗　萍　市公安局兴宁分局兴宁派出所民警
邓玉莲　兴宁区朝阳街道办事处妇联主席、党政办主任
谢　芳　江南区菠萝岭社区党委书记
刘锦屏　富士康南宁园区工会办公室主任
莫小东　青秀区妇联副主席
欧小玲　青秀区津头街道办妇联主席
唐雅萍　西乡塘区唐山路社区居委会主任
韩英蓓　西乡塘区教育局教育研究室主任
杨海燕　西乡塘区妇联副主席
胡　坚　邕宁区纪委副书记、监察局局长
李燕萍　邕宁区蒲庙镇副镇长
黄美才　邕宁区那楼镇屯良村党支部书记
刘肖平　邕宁区新江镇团阳村团阳坡农民
刘海清　良庆区大沙田街道办事处志远社区党支部书记
刘丽玲　南宁市大鹏标准化生态养殖基地负责人
谢　婵　良庆区那马镇莲山村妇代会主任
叶丹洲　南宁百货大楼股份有限公司新世界店总经理
奚晓红　市公安局交警支队车辆管理所副教导员
吴凤清　南宁经济技术开发区普罗旺斯小学校长兼书记
莫兰青　南宁侨虹新材料有限责任公司办公室经理兼工会委员
陈相余　市北部湾办公室综合科科长
刘　蔚　市中级人民法院民一庭助理审判员
石玲玲　市国家税务局稽查局局长
谭　靖　市妇联副主席
苏黔玲　市妇联副主席
李秀乔　市妇联副调研员兼妇女儿童活动中心主任
凌小冰　市第四职业技术学校副校长
周　霓　市妇幼保健院妇产科主任
黄　滨　市第九人民医院护理部主任
李燕清　市农工商集团公司工会副主席
何　旻　市妇联组联部部长
潘　莹　市妇联权益部部长
张　杏　市妇联宣传部部长
苏　宁　市妇联儿童部负责人、主任科员
孟　群　广西恺撒国际旅行社总经理

南宁市巾帼建功标兵

潘月清　武鸣县农业局副主任科员
雷东兰　横县人民医院妇产科主任兼妇科主任
宾　东　宾阳县地方税务局大桥分局副局长
韦珊婷　上林县人民法院研究室主任
陆　平　马山县教育局副局长
黄秀兰　隆安县人口和计划生育局副局长
林玉霞　兴宁区三塘镇妇联主席
张　琳　江南区延安镇那齐小学教师
王　伶　青秀区新竹街道党工委书记
覃丽梅　西乡塘区环卫站清扫保洁队质检员
梁雪峰　良庆区教育研究室教研员
黄萧莉　邕宁区朝阳中学教务处副主任
张丽琼　南宁经开区那洪街道办事处银凯社区居委会主任
王燕红　南宁高新区国税局副局长
莫桂萍　广西—东盟经济技术开发区社会福利院护士长
郑　洪　市司法局政治部组培科科长
梁　群　市财政局教科文科科长
罗　燕　市邮政局局长
梁秋娟　市中级人民法院司法统计科副科长
牟艳艳　市国税局妇委会副主任
徐伍蒂　市金花茶公园人事科副科长
谢　尔　市第四中学副校长
沈惠娟　市第二十六中学副校长
林珏瑛　市第一人民医院产科主任
周　燕　南宁中心血站输血医学研究所科员
黄　俪　南宁轨道交通集团机电设备部副部长
韩秀清　南宁富丰集团总裁
庞雪妮　广西金富田生态农业科技有限公司董事长
蒋燕萍　市妇联发展部副部长
叶美华　市妇联办公室主任科员
柳忠翊　市妇联宣传部科员
刘洪娥　市妇联组联部副主任科员
吴颖妮　市妇联权益部科员

南宁市城乡妇女岗位建功先进工作者

廖幼新　武鸣县教育局基础教育股副股长
谢芬芳　横县百合镇新圩村妇代会主任
韦　敏　上林县白圩镇妇联副主席
蓝　燕　马山县总工会经审会主任
凌崇芳　隆安县城镇环境卫生管理站保洁班班长
梁　红　兴宁区五塘镇人民政府妇联主席
唐小红　江南区福建园街道妇联主席
廖雪蓉　广西女子监狱一监区监区长
卢娇娥　西乡塘区石埠街道办事处妇联副主席

韦丽清　良庆区大沙田街道办事处计生办主任
李　慧　邕宁区妇联主席
张瑞池　南宁经开区吴圩镇妇联主席
陆广平　市委副秘书长、南宁市接待办主任
马军红　西乡塘区地税局局长
李新萍　市第一人民医院女工委主任
王　翔　市公安局巡警支队110警务大队教导员
吴　玮　南宁国际会展有限责任公司企划管理部部长
沈进东　市妇联机关党支部专职副书记
韦宇航　市妇女儿童活动中心办公室文秘
陆　莹　市妇联办公室出纳

（吴颖妮）

逝世人物

（享受副厅级以上待遇）

蔡兆麟　（1933年2月—2014年8月2日），男，汉族，广西南宁人。1951年7月参加工作，1954年4月加入中国共产党。历任南宁市税务局办事员、科员、股长、副科长，南宁市财政局副科长、科长、副局长、局长，南宁市革委会生产指挥组财贸小组、计划小组副组长，南宁市革委会财贸办公室副主任、党组副书记、主任、党组书记，南宁市人民政府副市长，南宁市人民政府经济研究中心主任，南宁市人大常委会副主任。1996年7月退休。

邓其新　（1952年10月—2014年9月14日），男，回族，广西南宁人，1969年7月参加工作，1981年5月加入中国共产党。历任广西崇左县插队知青，南宁铝厂炼铝车间工人、团委干事、大庆办干事、政工科干事、工会专干、党委组织科科长、党委秘书（兼）、党委办公室主任，南宁市委办公室秘书科秘书、秘书科副科长、信息科副科长、信息科科长，南宁市委政研室副主任，南宁市委副秘书长（正处级），南宁市人民政府秘书长、办公室主任、政府党组成员、办公厅党组书记，南宁市人大常委会副主任。　（市委组织部）

百岁老人

武鸣县（34人）

黄　氏　女，1908年8月25日生，武鸣县人，村民。住南宁市武鸣县双桥镇平陆村坦雷屯422号。

潘似琼　女，1910年10月23日生，武鸣县人，村民。住南宁市武鸣县宁武镇长安村东庄屯114号。

韦乃玲　女，1911年7月21日生，武鸣县人，村民。住南宁市武鸣县两江镇两江顺政路67号。

周朝花　女，1911年8月2日生，武鸣县人，村民。住南宁市武鸣县双桥镇腾翔村圩上244号。

梁松青　女，1913年5月18日生，武鸣县人，村民。住南宁市武鸣县太平镇葛阳村坛立屯24号。

韦　氏　女，1913年6月11日生，武鸣县人，村民。住南宁市武鸣县锣圩镇宾武路218号

方美莲　女，1913年9月19日生，武鸣县人，村民。住南宁市武鸣县太平镇朱董村伏留屯42号。

李月桂　女，1913年10月6日生，武鸣县人，村民。住南宁市武鸣县府城镇富良村定富屯77号。

姆桂荣　女，1913年11月3日生，武鸣县人，村民。住南宁市武鸣县锣圩镇天马村天马街73号。

刘秀云　女，1913年12月1日生，武鸣县人，村民。住南宁市武鸣县太平镇文溪村兰务屯42号。

李连英　女，1914年1月1日生，武鸣县人，村民。住南宁市武鸣县灵马镇清水村顶官屯76号。

陆安妹　女，1914年1月10日生，武鸣县人，村民。住南宁市武鸣县宁武镇英烈村科瑶屯204号。

黄桂芳　女，1914年1月13日生，武鸣县人，村民。住南宁市武鸣县双桥镇新二街7号。

苏杰连　女，1914年1月17日生，武鸣县人，村民。住南宁市武鸣县双桥镇孔镇村坛都屯26号。

农何小　女，1914年1月18日生，武鸣县人，村民。住南宁市武鸣县双桥镇平陆村坦雷屯422号。

黄　孙　女，1914年1月18日生，武鸣县人，村民。住南宁市武鸣县城厢镇灵水路1号5栋506号。

潘秀英　女，1914年2月11日生，武鸣县人，村民。住南宁市武鸣县锣圩镇玉泉村那立屯4号。

王生乐　女，1914年2月11日生，武鸣县人，村民。住南宁市武鸣县双桥镇合美村伏巷屯35号。

莫芝宾　女，1914年3月10日生，武鸣县人，村民。住南宁市武鸣县宁武镇雄孟村杜轩屯36号。

农美芳　女，1914年3月27日生，武鸣县人，村民。住南宁市武鸣县宁武镇双卢村双卢屯288号。

姆美秀　女，1914年4月15日生，武鸣县人，村民。住南宁市武鸣县两江镇明山村下韦昌屯93号。

黄英妹　女，1914年4月20日生，武鸣县人，村民。住南宁市武鸣县太平镇文坛村独女屯11号。

李　瑞　女，1914年5月15日生，武鸣县人，村民。住南宁市武鸣县罗波镇坛李村四李屯107号。

黄彩珍　女，1914年6月9日生，武鸣县人，村民。住南宁市武鸣县城厢镇大梁村大梁屯103号。

冯元英　女，1914年6月9日生，武鸣县人，村民。住南宁市武鸣县罗波乡布凌村九队。

周梅花　女，1914年7月4日生，武鸣县人，村民。住南宁市武鸣县双桥镇双桥中街32号。

周显声　女，1914年7月6日生，武鸣县人，村民。住南宁市武鸣县双桥镇苏宫村那宫屯171号。

兰朝兴　女，1914年7月15日生，武鸣县人，村民。住南宁市武鸣县锣圩镇板新村庚榄屯32号。

梁　芳　女，1914年8月6日生，武鸣县人，村民。住南宁市武鸣县府城镇永共村山脚屯94号。

黄开宠　女，1914年8月8日生，武鸣县人，

村民。住南宁市武鸣县城厢镇翠英村10组。

隆莲香 女，1914年8月26日生，武鸣县人，村民。住南宁市武鸣县罗波镇天马村上坛屯11号。

黄碧珍 女，1914年10月4日生，武鸣县人，村民。住南宁市武鸣县府城镇三吉街79号。

韦　氏 女，1914年10月12日生，武鸣县人，村民。住南宁市武鸣县太平镇文坛村坛槐屯156号。

韦巨莲 女，1914年12月2日生，武鸣县人，村民。住南宁市武鸣县太平镇葛阳村葛雷屯202号。

横县（35人）

黄业英 女，1913年9月14日生，横县人，村民。住南宁市横县莲塘镇张村村委张村154号。

杨树芝 女，1913年11月8日生，横县人，村民。住南宁市横县平朗乡淮晚村委淮晚村226号。

廖灼光 女，1913年12月1日生，横县人，村民。住南宁市横县莲塘镇龙田村委龙田村15号。

陆运英 女，1913年12月18日生，横县人，村民。住南宁市横县平马镇苏光村委黄塘村44号。

谢云清 女，1913年12月20日生，横县人，村民。住南宁市横县校椅镇校椅村委校椅北街733号。

陈玉英 女，1914年1月10日生，横县人，村民。住南宁市横县横州镇清江村委黎屋村018号。

谢文英 1914年1月18日生，横县人，村民。住南宁市横县百合镇芦塘村委大塘村350号。

陈登科 1914年3月2日生，横县人，村民。住南宁市横县陶圩镇杨梅村委旺才村4队69号。

谢红华 女，1914年3月29日生，横县人，村民。住南宁市横县百合镇武留村委文水村260号。

覃凤新 女，1914年3月27日生，横县人，村民。住南宁市横县陶圩镇六秀村委替厘村3队89号。

覃秀文 女，1914年4月6日生，横县人，村民。住南宁市横县云表镇甲俭村委下甘村359号。

闭秀均 女，1914年6月2日生，横县人，村民。住南宁市横县百合镇山江村委山脚村73号。

黄伟英 女，1914年6月5日生，横县人，村民。住南宁市横县陶圩镇旺塘村委旺塘村11队28号。

黄宗理 1914年6月8日生，横县人，村民。住南宁市横县那阳镇政华村委古凡村75号。

郑少兰 女，1914年6月24日生，横县人，村民。住南宁市横县马山乡罗板村委矛田村82号。

蒙如金 女，1914年7月11日生，横县人，村民。住南宁市横县校椅镇石井村委上村53号。

林文品 女，1913年7月14日生，横县人，村民。住南宁市横县马山乡罗板村委矛田村271号。

蒙秀辉 女，1914年7月15日生，横县人，村民。住南宁市横县横州镇龙首村委张屋村009号。

麦开堂 女，1914年7月22日生，横县人，村民。住南宁市横县云表镇福塘村委福龙村15号。

雷再芝 女，1914年8月12日生，横县人，村民。住南宁市横县横州镇长淇村委铺岭村110号。

韦其连 女，1914年8月12日生，横县人，村民。住南宁市横县百合镇录岭村委录岭村63-2号。

杨金莲 女，1914年8月13日生，横县人，村民。住南宁市横县横州镇洪德路西一巷22号。

孟礼文 女，1914年8月15日生，横县人，村民。住南宁市横县马山乡罗板村委新屋村11号。

陈启强 1914年8月15日生，横县人，村民。住南宁市横县镇龙乡凤丹村委大田村5号。

邓秀贞 女，1914年8月24日生，横县人，村民。住南宁市横县平马镇长安村委马山村88号。

邓家香 女，1914年9月4日生，横县人，村民。住南宁市横县横州镇魁星路92号。

唐丽清 女，1914年9月14日生，横县人，村民。住南宁市横县南乡镇松柏村委铁灵村123-1号。

颜受仁 女，1914年9月20日生，横县人，村民。住南宁市横县六景镇良村村委王玉村225号。

甘顺玖 1914年10月7日生，横县人，村民。住南宁市横县云表镇站圩村委古城村2-2号。

黄居连 女，1914年11月12日生，横县人，村民。住南宁市横县六景镇高沙村委美塘村51号。

何桂英 女，1914年11月21日生，横县人，村民。住南宁市横县镇龙乡马兰村委下白面村33号。

黄金连 女，1914年11月21日生，横县人，村民。住南宁市横县陶圩镇陶圩社区荔枝村1队86号。

陈秀锦 女，1914年11月22日生，横县人，村民。住南宁市横县马山乡公平村委和平村75-40号。

李振盈 女，1914年11月26日生，横县人，村民。住南宁市横县六景镇大浪村委独田村108号。

梁秀英 女，1914年12月7日生，横县人，村民。住南宁市横县校椅镇校椅村委校椅西街48号。

宾阳县（27人）

张凤英 女，1906年2月1日生，宾阳县人，居民。住南宁市宾阳县宾州镇中和街224号。

卢春永 1909年7月28日生，宾阳县人，居民。住南宁市宾阳县黎塘镇永安西路西225号。

黄桂芳 女,1913年5月6日生，宾阳县人,村民。住南宁市宾阳县新圩镇公义村委老木棉村217号。

周秀容 女,1913年5月19日生，宾阳县人,村民。住南宁市宾阳县露圩镇上塘村委君庄村一队21号。

巫超才 女,1913年10月12日生,宾阳县人,村民。住南宁市宾阳县黎塘镇帽子村委姚村301号。

沈丽兴 女,1913年11月14日生,宾阳县人,居民。住南宁市宾阳县甘棠镇甘正街43号。

廖善修 1913年12月6日生，宾阳县人,村民。住南宁市宾阳县黎塘镇青山村委高塘村87号。

唐少连 女,1914年1月1日生，宾阳县人,居民。住南宁市宾阳县思陇镇西街95号。

余桂英 女,1914年1月10日生，宾阳县人,村民。住南宁市宾阳县洋桥镇茂凌村委太章村20号。

华秀珍 女,1914年2月2日生，宾阳县人,村民。住南宁市宾阳县新桥镇甘村村委欧塘村146号。

农少英 女,1914年2月22日生，宾阳县人,村民。住南宁市宾阳县甘棠镇邓村村委山田村174号。

黄玉兰 女,1914年2月27日生，宾阳县人,居民。住南宁市宾阳县黎塘镇永安西路北一里33号。

覃锡琪 1914年3月6日生,宾阳县人,村民。住南宁市宾阳县甘棠镇旺龙村委那妙村122号。

葛志娇 女,1914年3月18日生，宾阳县人,村民。住南宁市宾阳县洋桥镇蓬塘村委布机村205号。

屈玉英 女,1914年5月13日生，宾阳县人,村民。住南宁市宾阳县武陵镇马王村委下荷村43号。

文爱珍 女,1914年5月15日生，宾阳县人,村民。住南宁市宾阳县古辣镇稔竹村委谈道村102号。

张少中 女,1914年6月5日生，宾阳县人,村民。住南宁市宾阳县思陇镇南关村委六农村24-1号。

黄清兰 女,1914年6月24日生，宾阳县人,村民。住南宁市宾阳县和吉镇伶俐村委三奇村72号。

黄树英 女,1914年7月10日生，宾阳县人,村民。住南宁市宾阳县思陇镇六合村委六华村60号。

林茂奇 女,1914年8月8日生，宾阳县人,村民。住南宁市宾阳县黎塘镇司马村委超常村240号。

吴玉春 1914年8月12日生，宾阳县人,村民。住南宁市宾阳县宾州镇中兴村委六碳村21号。

毛彩芬 女,1914年10月2日生，宾阳县人,村民。住南宁市宾阳县黎塘镇司马村委超常村97号。

柳青芳 女,1914年10月9日生，宾阳县人。村民,住南宁市宾阳县思陇镇黄冠村委六进村4号。

韦秀才 女,1914年11月4日生，宾阳县人,村民。住南宁市宾阳县古辣镇稔竹村委平地村124号。

陆一丰 女,1914年11月20日生,宾阳县人,村民。住南宁市宾阳县陈平乡名山村委马圩村10号。

连乙生 1914年12月8日生，宾阳县人,村民。住南宁市宾阳县宾州镇镇安街549号。

韦秀良 女,1914年12月24日生,宾阳县人,村民。住南宁市宾阳县陈平乡陈平村委松关村34号。

上林县(22人)

罗连琴 女,1913年7月15日生，上林县人,村民。住南宁市上林县镇圩瑶族乡东罗村岜尖庄14号。

潘玉和 女,1913年11月21日生,上林县人,村民。住南宁市上林县塘红乡塘红社区路马庄29号。

邱秀文 女,1913年12月3日生，上林县人,村民。住南宁市上林县澄泰乡云龙村新田庄99号。

陆世丰 1913年12月28日生,上林县人,村民。住南宁市上林县镇圩瑶族乡正浪村内化庄32号。

莫蓝秀 女,1914年1月11日生，上林县人,村民。住南宁市上林县乔贤镇龙头村板樊庄1号。

蓝宾建 女,1914年1月14日生，上林县人,村民。住南宁市上林县塘红乡塘红社区有理庄22号。

莫爱清 女,1914年4月1日生，上林县人,村民。住南宁市上林县白圩镇龙宝村龙榜庄11号。

樊春联 女,1914年4月25日生，上林县人,村民。住南宁市上林县塘红乡万福村大岭庄43号。

蓝月明 女,1914年5月15日生，上林县人,村民。住南宁市上林县镇圩瑶族乡排红村拉省庄3号。

莫玉凡 女,1914年5月20日生,上林县人,村民。住南宁市上林县塘红乡塘红街7号。

蒙桂贞 女,1914年6月19日生，上林县人,村民。住南宁市上林县大丰镇大丰社区北关庄137号。

覃月兰 女,1914年6月21日生，上林县人,村民。住南宁市上林县巷贤镇苏仁村苏桥庄227号。

樊秀芬 女,1914年6月29日生，上林县人,村民。住南宁市上林县塘红乡古春村东乐庄1号。

韦克力 女,1914年7月6日生，上林县人,村民。住南宁市上林县明亮镇甘六村保义庄81号。

蓝春蕃 1914年7月10日生,上林县人,村民。住南宁市上林县木山乡木山街12号。

韦桂兰 女,1914年8月13日生，上林县人,村民。住南宁市上林县大丰镇皇周社区温边庄42号。

谭秀芳 女,1914年8月24日生，上林县人,村民。住南宁市上林县白圩镇繁荣村韦汉庄203号。

黄绍连 女,1914年9月13日生，上林县人,村民。住南宁市上林县三里镇云姚村拉约庄23号。

蓝利生 女，1914年11月1日生，上林县人，村民。住南宁市上林县塘红乡万福村大岭庄5号。

蓝美英 女，1914年11月8日生，上林县人，村民。住南宁市上林县西燕镇寨鹿村云蒙庄1号。

韦树平 女，1914年11月13日生，上林县人，村民。住南宁市上林县澄泰乡大坡村委大良庄25号。

兰玉仙 女，1914年12月27日生，上林县人，村民。住南宁市上林县塘红乡古春村东乐庄11号。

马山县（28人）

黄乃柏 女，1913年7月23日生，马山县人，村民。住南宁市马山县古零镇古零村古零旧街43号。

覃凤明 女，1913年11月20日生，马山县人，村民。住南宁市马山县百龙滩镇龙昌村龙糯屯6号。

潘育廷 1913年12月25日生，马山县人，村民。住南宁市马山县白山镇四达街195号。

韦秀连 女，1914年1月3日生，马山县人，村民。住南宁市马山县永州镇三村下山屯057-3号。

黄秀地 女，1914年1月17日生，马山县人，村民。住南宁市马山县周鹿镇南邦村朝南屯71号。

郭玉春 女，1914年1月27日生，马山县人，村民。住南宁市马山县古零镇石丰村塘甲屯69号。

李 氏 女，1914年2月6日生，马山县人，村民。住南宁市马山县林圩镇林圩村坛中屯7号。

蓝奶良 女，1914年3月4日生，马山县人，村民。住南宁市马山县加方乡内金村排九屯1号。

陈 氏 女，1914年3月7日生，马山县人，村民。住南宁市马山县乔利乡那料村定月屯25号。

郑生煌 1914年3月10日生，马山县人，村民。住南宁市马山县永州镇造加村龙板屯78号。

唐奇花 女，1914年3月17日生，马山县人，村民。住南宁市马山县白山镇西华街220号。

黄秀英 女，1914年3月27日生，马山县人，村民。住南宁市马山县林圩镇合理村上林屯22号。

廖月香 女，1914年4月20日生，马山县人，村民。住南宁市马山县古零镇新黄村古辣屯31号。

蓝吉芳 女，1914年4月24日生，马山县人，村民。住南宁市马山县乔利乡古楼村兑道屯63号。

蒙连方 女，1914年5月5日生，马山县人，村民。住南宁市马山县加方乡龙开村下路屯3号。

覃仕英 女，1914年5月13日生，马山县人，村民。住南宁市马山县白山镇合作村下刁屯3号。

黄秋香 女，1914年6月6日生，马山县人，村民。住南宁市马山县白山镇新兴街62号

罗梅花 女，1914年6月19日生，马山县人，村民。住南宁市马山县古零镇里民村内岷屯57号。

陆秀先 女，1914年7月19日生，马山县人，村民。住南宁市马山县周鹿镇武平村双料屯89号。

杨 氏 女，1914年7月20日生，马山县人，村民。住南宁市马山县古零镇杨圩村平六屯。

林三妹 女，1914年8月4日生，马山县人，村民。住南宁市马山县周鹿镇石塘村石塘街96号。

曾小梅 女，1914年8月6日生，马山县人，村民。住南宁市马山县永州镇大旺村感鸡屯30号。

蒙月花 女，1914年9月16日生，马山县人，村民。住南宁市马山县加方乡加乐村下乐屯5号。

韦治成 女，1914年9月26日生，马山县人，村民。住南宁市马山县白山镇西华街266号。

曾玉川 女，1914年10月6日生，马山县人，村民。住南宁市马山县乔利乡乔利村新红屯11号。

马金连 女，1914年11月13日生，马山县人，村民。住南宁市马山县白山镇新汉村国兴屯54号。

罗瑞英 女，1914年12月22日生，马山县人，村民。住南宁市马山县里当乡太平村肖上屯12号。

程金莲 女，1914年12月24日生，马山县人，村民。住南宁市马山县古零镇杨圩村旧街3号。

隆安县（18人）

赵朝庆 1913年11月4日生，隆安县人，村民。住隆安县都结乡平荣村陇荣屯45号。

林秀连 女，1913年12月18日生，隆安县人，村民。住隆安县南圩镇新南街25号。

陆青山 女，1914年3月2日生，隆安县人，村民。住隆安县南圩镇南圩社区潭芦屯8号。

黄兰松 女，1914年3月19日生，隆安县人，村民。住南宁市隆安县屏山乡屏山街三组。

卢理财 1914年4月9日生，隆安县人，村民。住南宁市隆安县丁当镇白马村合塘屯63号。

李茂青 女，1914年5月13日生，隆安县人，村民。住南宁市隆安县都结乡红光村蒙外屯。

胡 氏 女，1914年6月5日生，隆安县人，村民。住南宁市隆安县乔建镇乔建村兰潘屯114号。

甘青梅 女，1914年8月6日生，隆安县人，村民。住南宁市隆安县那桐镇那桐村兰宋屯。

马娇才 女，1914年8月13日生，隆安县人，村民。住南宁市隆安县古潭乡中真村礼梁屯79号。

余可利 女，1914年8月23日生，隆安县人，村民。住南宁市隆安县城厢镇四兴村龙球屯48号。

黄月海 1914年8月30日生，隆安县人，

村民。住南宁市隆安县那桐镇那桐村头房屯57号。

潘致忠 女，1914年9月3日生，隆安县人，村民。住南宁市隆安县丁当镇丁当村浓泽屯7号。

李美杏 女，1914年10月1日生，隆安县人，村民。住南宁市隆安县乔建镇鹭鸶村鹭鸶屯254号。

农瑞儒 女，1914年10月21日生，隆安县人，村民。住南宁市隆安县都结乡都结村那堪屯。

凌月年 女，1914年11月2日生，隆安县人，村民。住南宁市隆安县城厢镇西宁村花凌屯4号。

陆元美 女，1914年12月10日生，隆安县人，村民。住南宁市隆安县乔建镇新都村都榄屯7号。

陆上红 女，1914年12月15日生，隆安县人，村民。住南宁市隆安县乔建镇博浪村博浪屯156号。

陆美凤 女，1914年12月30日生，隆安县人，村民。住隆安县乔建镇鹭鸶村鹭鸶屯257号。

兴宁区（3人）

谢彩英 女，1913年12月6日生，南宁市人，村民。住南宁市兴宁区鸡村大鸡8队三家村8号。

韦秀青 女，1914年2月16日生，南宁市人，村民。住南宁市兴宁区三塘镇创新村王村坡2队76号。

雷秀群 女，1914年10月5日生，南宁市人，村民。住南宁市兴宁区五塘镇王竹村那里坡89号。

江南区（23人）

奚光侵 1914年1月3日生，南宁市人，居民。住南宁市江南区苏圩镇联英村下坡十二队124号。

凌丽芳 女，1914年1月4日生，南宁市人，居民。住南宁市江南区那陈镇六眼村平上坡9号。

邓赤忠 1914年1月16日生，南宁市人，居民。住南宁市江南区苏圩镇那海小学101号。

黄玉肖 女，1914年2月7日生，南宁市人，村民。住南宁市江南区大塘镇南荣村那派坡66号。

黄月娥 女，1914年3月13日生，南宁市人，村民。住南宁市江南区大沙田平乐村二冬坡一十九队19号。

黄启英 女，1914年4月2日生，南宁市人，居民。住南宁市江南区沙井镇三律村二冬坡12队113号。

梁翠珍 女，1914年4月6日生，南宁市人，居民。住南宁市江南区苏圩镇定计村计东坡五队137号。

梁　珍 女，1914年5月16日生，南宁市人，居民。住南宁市江南区苏圩镇新德村新安坡61号。

陆文统 1914年6月21日生，南宁市人，居民。住南宁市江南区江西镇同新村那汪坡63号。

李少平 女，1914年7月5日生，南宁市人，村民。住南宁市江南区南晓镇桂村南骨坡102号。

马平波 1914年7月7日生，南宁市人，居民。住南宁市江南区亭子村一组亭高路44号。

李秀群 女，1914年7月8日生，南宁市人，村民。住南宁市江南区大塘镇团垌村团垌坡422号。

杜秀琼 女，1914年8月15日生，南宁市人，居民。住南宁市江南区江西镇杨美村和平街27号。

乐宣华 女，1914年8月15日生，南宁市人，村民。住南宁市江南区大塘镇南荣村那甫坡25号。

陈兰英 女，1914年8月16日生，南宁市人，居民。住南宁市江南区江西镇杨美村共和街22号。

黄建真 女，1914年8月25日生，南宁市人，村民。住南宁市江南区那陈镇文林村坛排坡97号。

何显英 女，1914年10月4日生，南宁市人，居民。住南宁市江南区苏圩镇那海村那海坡80号。

李秀娟 女，1914年10月20日生，南宁市人，居民。住南宁市江南区大塘镇南北大道59号。

黄金凤 女，1914年11月10日生，南宁市人，居民。住南宁市江南区亭洪路周屋坡2号。

王秀珍 女，1914年11月11日生，南宁市人，居民。住南宁市江南区菠萝岭东四街186号。

梁海珍 女，1914年11月12日生，南宁市人，居民。住南宁市江南区吴圩镇明阳五路。

杭冬肖 女，1914年11月28日生，南宁市人，居民。住南宁市江南区白沙路北二里56号。

黄桂莲 女，1914年12月16日生，南宁市人，居民。住南宁市江南区白沙路北二里62号

青秀区（18人）

韦秀英 女，1912年11月14日生，南宁市人，居民。住南宁市青秀区教育路7号。

潘积形 1913年9月1日生，南宁市人，村民。住南宁市青秀区刘圩镇大里村那稔坡38号。

文丽珍 女，1914年1月16日生，南宁市人，村民。住南宁市青秀区麻村一街一巷18号。

滕桂连 女，1914年1月17日生，南宁市人，村民。住南宁市青秀区长塘镇长大村大东瓜坡64号。

韦其珍 女，1914年2月22日生，南宁市人，村民。住南宁市青秀区刘圩镇禄强村214号。

李婆赛 女，1914年4月12日生，南宁市人，村民。住南宁市青秀区刘圩镇大里村大里坡283号。

刘道珍 女，1914年4月14日生，南宁市人，居民。住南宁市青秀区星湖路71号2栋3单元7-5号。

何春兰 女，1914年4月15日生，南宁市人，村民。住南宁市青秀区刘圩镇三来村

三来坡59号。

李燕青　女,1914年4月22日生，南宁市人,居民。住南宁市青秀区建政路10号10栋2单元303号。

黄连英　女,1914年5月20日生,南宁市人,村民。住南宁市青秀区麻村一街19号。

邓秀玲　女,1914年8月8日生，南宁市人,居民。住南宁市青秀区屯里路79号红光区278号。

李秀珍　女,1914年8月9日生，南宁市人,村民。住南宁市青秀区伶俐镇独岭村咘蒙坡三队66号。

刘桂安　1914年9月17日生，南宁市人,居民。住南宁市青秀区柳沙路16号C6栋8号。

刘汉平　女,1914年10月15日生,南宁市人,居民。住南宁市青秀区七星路125号402房。

滕碧云　女,1914年10月24日生,南宁市人,居民。住南宁市青秀区长塘镇长秀路3号。

董一欧　1914年11月22日生,南宁市人,居民。住南宁市青秀区建政路49号石化11栋3单元02号。

郑英进　女,1914年12月5日生，南宁市人,村民。住南宁市青秀区伶俐镇独岭村良和坡九队332号。

唐秀华　女,1914年12月15日生，南宁市人,居民。住南宁市青秀区民族大道38-3号

西乡塘区(25人)

胡美球　女,1911年11月15日生,南宁市人,居民。住南宁市西乡塘区北湖北路51号15栋1-201号。

黄三姐　女,1912年6月22日生，南宁市人,村民。住南宁市西乡塘区石埠街道办事处永安村4队3号。

黄福太　1913年5月6日生,南宁市人,居民。住南宁市西乡塘区金陵镇新秀路276号。

韦寿英　女,1913年10月21日生,南宁市人,居民。住南宁市西乡塘区秀灵路西二里12号11栋11331号。

卢玉玲　女,1913年12月4日生，南宁市人,村民。住南宁市西乡塘区金陵镇广道村张邓坡128号。

聂喜秀　女,1914年1月17日生，南宁市人,居民。住南宁市西乡塘区南铁北一区4栋4-8号。

陈秀英　女,1914年1月23日生，南宁市人,居民。住南宁市西乡塘区南铁北四区20-1栋1-3房。

黄丽娟　女,1914年2月5日生，南宁市人，居民。住南宁市西乡塘区大学东路188号8坡7栋611号。

萧银秀　女,1914年2月6日生，南宁市人,居民。住南宁市西乡塘区秀灵路21号1栋7单元101号。

陆桂英　女,1914年2月26日生，南宁市人,村民。住南宁市西乡塘区坛洛镇富庶村富庶街62号。

邓杰春　女,1914年3月1日生，南宁市人,村民。住南宁市西乡塘区坛洛镇坛洛村旧街24号。

梁彩昆　女,1914年3月16日生，南宁市人，居民。住南宁市西乡塘区明秀东路210号4栋1单元301号。

刘桂枝　女,1914年6月4日生，南宁市人,居民。住南宁市西乡塘区广西机电学院东区3栋302号。

覃线西　女,1914年6月23日生，南宁市人,居民。住南宁市西乡塘区秀厢大道东段53号C区8栋1-102号。

杨秋姨　女,1914年7月3日生，南宁市人,居民。住南宁市西乡塘区南铁北三区779栋1单元3号。

颜庆英　女,1914年7月8日生，南宁市人,村民。住南宁市西乡塘区石埠街道办事处乐洲村5队1号。

莫影珍　女,1914年7月27日生，南宁市人,村民。住南宁市西乡塘区永和村永和里83号。

荣三业　女,1914年8月20日生，南宁市人,居民。住南宁市西乡塘区衡阳西路2号冶金楼3-2号。

邓加连　女,1914年8月21日生，南宁市人,村民。住南宁市西乡塘区坛洛镇坛洛村细乡坡32号。

卢振华　女,1914年8月26日生，南宁市人,居民。住南宁市西乡塘区南铁北一区37栋1-1号。

赵　芳　女,1914年9月10日生，南宁市人,居民。住南宁市西乡塘区金光实业总公司青年分场47号。

封智盛　女,1914年9月10日生，南宁市人,居民。住南宁市西乡塘区新阳路292号14栋102号。

谢秀娟　女,1914年9月25日生，南宁市人,居民。住南宁市西乡塘区新阳路288号9栋1单元5楼10号。

任杏梅　女,1914年11月28日生,南宁市人,居民。住南宁市西乡塘区秀灵路26号8栋3单元34号。

黄　瑾　女,1914年12月17日生,南宁市人,村民。住南宁市西乡塘区解放路41号1单元302号。

邕宁区(4人)

林　秀　女,1913年3月5日生，南宁市人,村民。住南宁市邕宁区百济乡八联村水口塘坡9号。

陆秀兴　女,1914年2月15日生，南宁市人,村民。住南宁市邕宁区蒲庙镇良勇村蕾赖坡121号。

郭进兰　女,1914年5月17日生，南宁市人,村民。住南宁市邕宁区那楼镇镇龙街3号。

杨菊英　女,1914年11月6日生，南宁市人,村民。住南宁市邕宁区新江镇屯亮村屯亮坡65号。

良庆区(1人)

罗　健　1914年3月28日生,广东省信宜县人,村民。住南宁市良庆区大塘镇南州林场场部3-5号。　（谭邕生）

责任编辑　陈洪毅

专题调研与经济分析

2014 年南宁市国民经济发展统计公报

南宁市统计局

2014年，面对复杂严峻的宏观经济环境和经济下行压力，南宁市主动适应经济发展新常态，以抓改革、促发展、惠民生为主基调，统筹抓好全面深化改革、产业转型升级、新型城镇化建设、保障和改善民生，经济社会发展总体平稳，主要经济指标增幅保持在合理区间，结构调整实现新进展，发展质量持续向好，民生保障持续改善，为完成"十二五"规划奠定坚实基础。

一、综合

经济增长

全年南宁市地区生产总值3148.30亿元，按可比价格计算，比上年增长8.50%；按户籍人口计算，人均地区生产总值43303元，按平均汇率折算7049美元。三次产业中，第一产业增加值355.09亿元，增长4.30%；第二产业增加值1251.54亿元，增长9.90%；第三产业增加值1541.67亿元，增长8.20%。

2010 年至 2014 年南宁市生产总值及增长速度

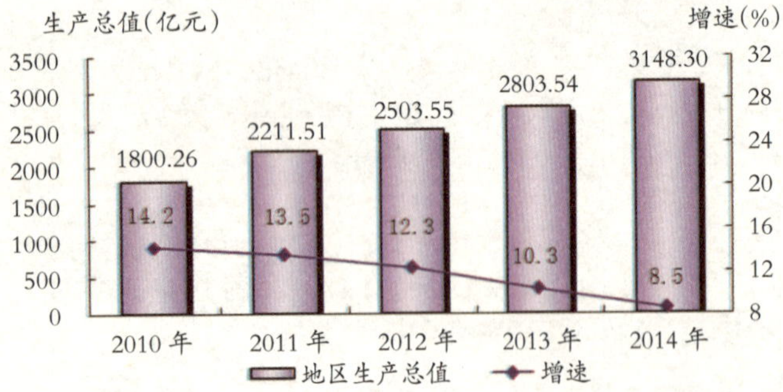

三次产业比重为11.28:39.75:48.97。比上年同期相比，第一产业比重回落1.20个百分点，第二产业比重上升0.13个百分点，第三产业比重上升1.07个百分点。

2014年南宁市生产总值及第三产业增加值构成

生产总值构成

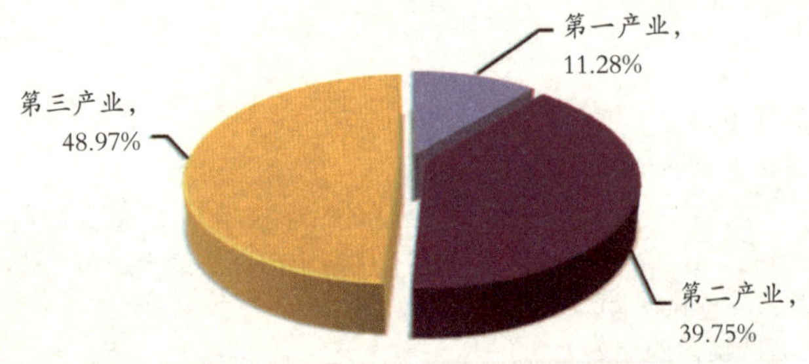

第三产业构成

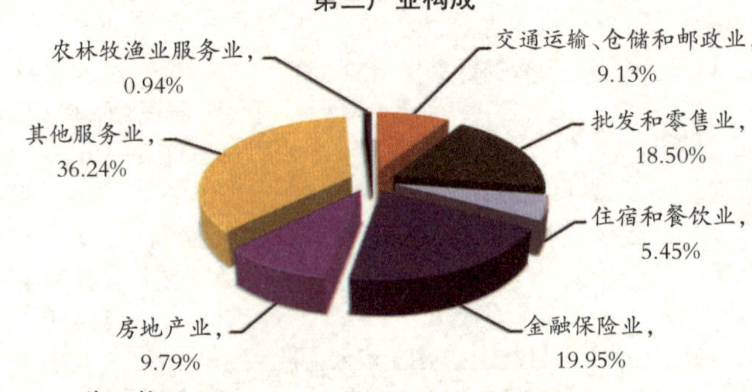

价　格

居民消费价格指数为101.6，比上年上涨1.60%，分类别看，八大类消费价格指数呈"四升四降"。

2014年南宁市居民消费价格指数

指　　标	2014 年	比上年涨跌(%)
居民消费价格总指数	101.6	1.6
食品	104.1	4.1
烟酒及用品	98.6	-1.4
衣着	97.2	-2.8
家庭设备用品及维修服务	98.1	-1.9
医疗保健和个人用品	101.5	1.5
交通和通信	99.7	-0.3
娱乐教育文化用品及服务	102.5	2.5
居住	101.2	1.2

2010 年至 2014 年南宁市居民消费价格涨跌幅度

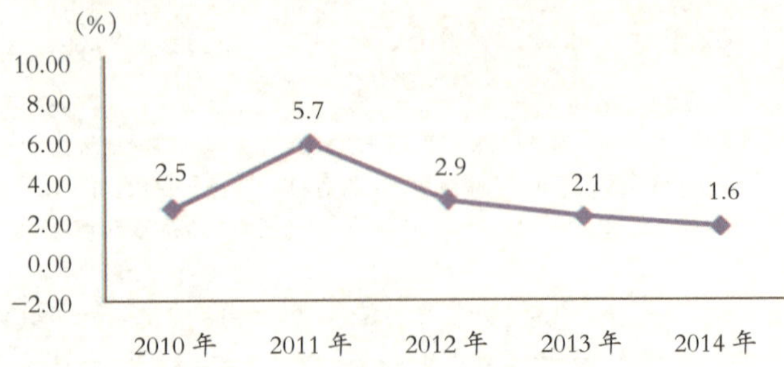

二、农　业

产　值

全市实现农林牧渔业总产值609.33亿元，比上年增长4.55%。其中：农业产值337.90亿元，增长6.45%；林业产值28.63亿元，增长0.52%；畜牧业产值184.26亿元，增长0.71%；渔业产值25.42亿元，增长6.07%；农业服务业产值33.12亿元，增长11.50%。比重分别为：农业55.46%，比上年上升1.48个百分点；林业4.70%，下降0.34个百分点；畜牧业30.24%，下降1.80个百分点；渔业4.17%，上升0.26个百分点;农业服务业5.43%,上升0.40个百分点。

2013 年至 2014 年南宁市农林渔业总产值构成(%)

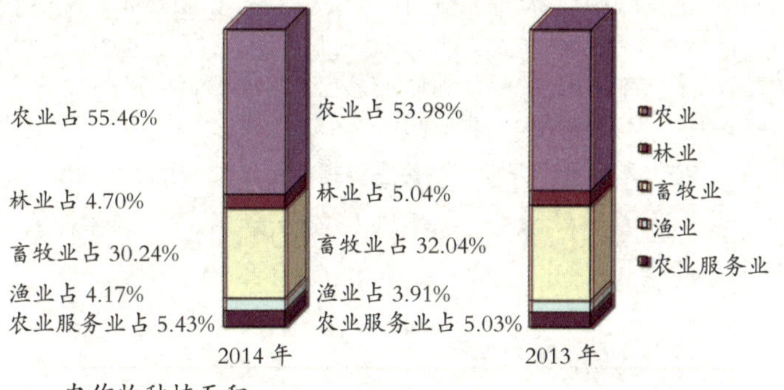

农作物种植面积

农作物播种面积96.83万公顷,增长2.09%。其中,粮食种植面积44.14万公顷,下降0.33%;经济作物种植面积26.56万公顷,下降3.28%,其中甘蔗种植面积16.25万公顷,下降3.80%,油料种植面积4.92万公顷,增长5.20%;其他农作物种植面积26.08万公顷,增长12.88%,其中蔬菜种植面积20.25万公顷,增长13.83%。经济作物与其他农作物种植面积占播种总面积54.42%,全年粮食作物种植面积与其他农作物种植面积比例1:1.19。

农作物产品产量

粮食总产量225.27万吨,比上年增产0.82%;蔬菜产量443.97万吨,增产14.61%;水果产量182.69万吨,增产7.14%;甘蔗产量1239.98万吨,增产0.24%;花生产量14.30万吨,增产9.13%;木薯产量52.00万吨,下降4.63%。

2010 年至 2014 年全市粮食总产量及增长速度

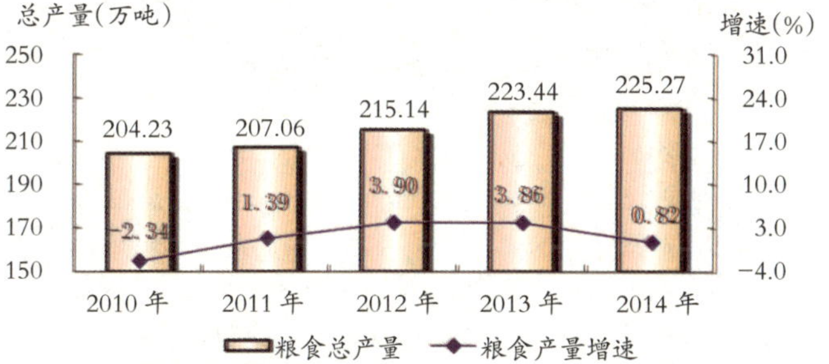

养殖业产品产量

肉类产量65.37万吨,比上年下降0.25%。其中猪肉产量39.28万吨,增长1.95%。全年生猪出栏530.40万头,增长1.35%;生猪存栏429.98万头,增长0.14%;禽蛋产量3.21万吨,增长2.93%;牛奶产量5万吨,增长1.20%;水产品产量24.46万吨,增长5.01%。

林业生产

木材产量273.98万立方米,比上年下降1.81%。全年造林8467公顷,其中用材林7409公顷,增长6.12%;经济林149公顷,下降10.78%。中幼林抚育作业面积4.97万公顷,增长17.49%;育苗面积516公顷,下降58.52%。全市森林覆盖率47.50%。

农村基础设施

农村用电量10.69亿千瓦时,比上年增长22.51%。化肥使用量(折纯)46.82万吨,增长3%。有效灌溉面积25.36万公顷,比上年增长3%。全市1378个村,自来水受益村1328个,占总数96.37%,比上年增加30个。

三、工业和建筑业

工　业

全部工业总产值2984.23亿元,比上年增长11.94%。规模以上工业总产值2872.85亿元,增长12.21%;其中国有企业增长2.55%,集体企业下降18.74%,股份制企业增长12.93%,外商及港澳台投资企业增长19.86%。全年全部工业增加值923.49亿元,增长10.47%。工业对经济增长的贡献率37.34%,拉动经济增长3.17个百分点。

2010 年至 2014 年全市规模以上工业总产值及增长速度

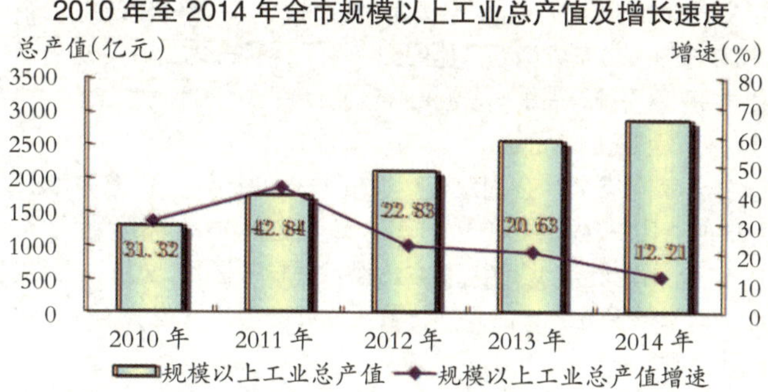

按轻重工业分,全市规模以上轻、重工业总产值分别为1227.85亿元、1645.00亿元,分别增长6.01%、17.33%,轻重工业产值比重42.74:57.26,重工业产值比重高于轻工业比重14.52个百分点,重工业增速快于轻工业11.32个百分点。

规模以上工业产值最高的六个行业(食品加工业、生物医药产业、金属非金属(以铝为主)加工业、电子信息产业、化学原料与化学制品制造业、电气机械制造业)完成工业产值1517.18亿元,占规模以上工业总产值52.81%,拉动规模以上工业总产值增长8.60个百分点。其中农副食品加工业产值436.03亿元,增长5.20%;产值316.88亿元,增长33.59%;化学原料和化学制品制造业产值234.13亿元,增长16.51%;非金属矿物制品业产值221.88亿元,增长26.42%;电气机械与器材制造业产值161.94亿元,增长9.58%。木材加工和木、竹、藤、棕、草制品业产值146.33亿元,增长20.85%。

全市规模以上工业企业主营业务收入2650.86亿元,比上年增长10.80%;利税总额297.39亿元,增长5.12%,其中,税金137.35亿元,增长1.48%,利润160.03亿元,增长8.46%。全年规模以上工业产销率95.38%,下降0.45个百分点。

全市有规模以上工业企业967家,工业产值超亿元的企业592家,比上年增加44家。

2014年南宁市规模以上工业企业主要产品产量

产品名称	单位	产量	比上年增长(%)
配混合饲料	万吨	502.65	5.20
成品糖	万吨	130.26	-10.50
乳制品	万吨	14.82	-13.00
啤酒	千升	303137.00	31.30
卷烟	亿支	392.26	2.10
机制纸及纸板	万吨	56.55	-55.20
纸浆	万吨	58.98	-45.10
中成药	万吨	3.88	-4.80
塑料制品	万吨	72.25	11.80
人造板	万立方米	727.33	23.99
水泥	万吨	1620.50	3.25
商品混凝土	万立方米	2110.46	18.85
平板玻璃	万重量箱	623.00	-2.40
铝材	万吨	23.31	94.50
小型拖拉机	万台	13.90	-7.00
发电设备	万千瓦	4.51	490.40

建筑业

全市有资质等级的建筑企业467家,比上年下降13.52%。全年实现建筑业增加值328.05亿元,增长8.60%。全市建筑施工企业(资质企业)完成施工产值933.92亿元,增长11.72%;实现利润12.39亿元,下降4.69%;利税38.51亿元,增长1.03%。

四、固定资产投资

全年完成全社会固定资产投资2933.87亿元,比上年增长18.54%。其中,固定资产投资(不含私人建房)2886.68亿元,增长18.66%。固定资产投资中,基本建设投资1299亿元,增长17.05%;更新改造投资853.48亿元,增长17.18%;房地产开发投资551.82亿元,增长32.53%。

按投资主体分,国有经济投资926.70亿元,增长16.71%,占全社会固定资产投资的31.59%;集体经济投资60.97亿元,增长23.56%,占2.08%;私营个体投资944.95亿元,增长14.88%,占32.21%;其他经济投资1001.26亿元,增长23.75%,约占34.13%。

2010年至2014年全社会固定资产投资及增长速度

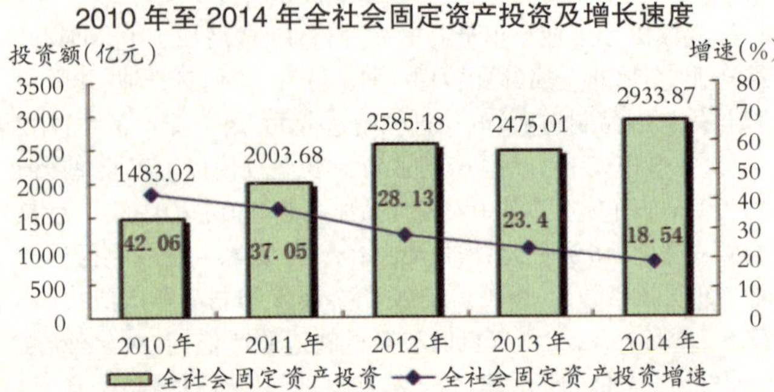

按产业分,第一产业投资84.52亿元,增长19.83%;第二产业投资904.40亿元,增长19.76%,其中工业投资852.05亿元,增长17.02%;第三产业投资1944.96亿元,增长17.93%。全市固定资产投资主要集中在房地产业、制造业、水利、环境和公共设施管理业、交通运输、仓储和邮政业、批发和零售业等行业。

2014年分行业全社会固定资产投资及增长速度

行业名称	投资额(亿元)	比上年增长(%)
全社会固定资产投资	2933.87	18.54
农、林、牧、渔业	84.52	19.83
采矿业	33.51	1.31
制造业	735.60	16.68
电力、燃气及水的生产和供应业	82.95	28.36
建筑业	52.34	93.64
交通运输、仓储和邮政业	292.09	3.64
信息传输、计算机服务和软件业	29.95	-16.83
批发和零售业	150.73	14.67
住宿和餐饮业	44.85	-18.92
金融业	18.41	-21.93
房地产业	789.32	31.74
租赁和商务服务业	72.90	12.63
科学研究、技术服务和地质勘查业	27.32	9.26
水利、环境和公共设施管理业	311.93	26.71
居民服务和其他服务业	15.19	-19.51
教育	84.51	27.54
卫生、社会保障和社会福利业	33.82	13.81
文化、体育和娱乐业	36.72	-9.35
公共管理和社会组织	37.20	21.23

全年房地产开发投资551.82亿元,比上年增长32.53%。其中,商品住宅投资368.23亿元,增长21.77%;办公楼投资41.09亿元,增长139.97%;商业营业用房投资60.82亿元,增长54.52%。商品房施工面积4519.36万平方米,增长18.55%;商品房竣工面积465.43万平方米,增长42.95%;商品房销售面积802.57万平方米,增长14.23%;商品房销售额531.87亿元,增长8.77%。

2014年房地产开发与销售主要指标完成情况及增长速度

指标	单位	绝对数	比上年增长(%)
房地产开发投资	亿元	551.82	32.53
其中:住宅	亿元	368.23	21.77
商品房施工面积	万平方米	4519.36	18.55
其中:住宅	万平方米	3107.84	12.30
本年新开工面积	万平方米	1051.03	45.76
其中:住宅	万平方米	669.12	22.83
商品房竣工面积	万平方米	465.43	42.95
其中:住宅	万平方米	329.78	40.65
商品房销售面积	万平方米	802.57	14.23
其中:住宅	万平方米	720.95	13.87
商品房销售额	亿元	531.87	8.77
其中:住宅	亿元	440.03	12.92
本年资金来源合计	亿元	852.53	24.09
其中:国内贷款	亿元	141.14	11.51
自筹资金	亿元	241.83	34.94
定金及预付款	亿元	267.87	31.43

五、交通和邮电通信业

交通运输

全年货物运输总量3.31亿吨,增长7.35%;旅客运输总量8697.01万人,增长3.98%。其中,铁路货物运输量392.67万吨,下降21.49%;铁路旅客运输量1502.21万人,增长39.87%;公路货物运输量3.00亿吨,增长7.76%;公路旅客运输量6702万人,下降2.40%;水路货物运输量2713.50万吨,增长8.53%;民航旅客发送量492.80万人,增长16.36%;航空货邮发送量5万吨,增长2.04%。

邮电通信

全年邮电业务总量127.71亿元,比上年增长26.55%,其中电信业务总量122.32亿元,增长27.36%;邮政业务总量5.39亿元,增长10.56%。

六、国内贸易

全年全市社会消费品零售总额1616.90亿元,比上年增长12.10%。其中限额以上企业零售额728.19亿元,增长7.60%。按地域分,城镇消费品零售额1523.15亿元,增长11.90%;乡村消费品零售额93.75亿元,增长14.20%。全年商品销售总额4035.72亿元,增长12.20%。

2010年至2014年社会消费品零售总额及增长速度

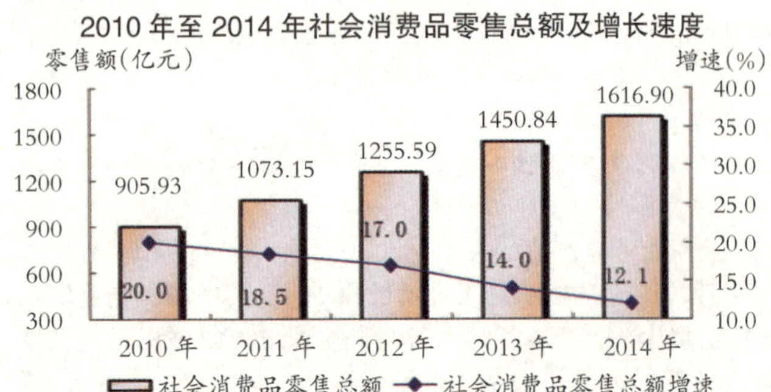

限额以上企业商品零售额中，汽车类零售额比上年增长8.17%，家用电器和音像器材类增长0.95%，通讯器材类下降12.36%，体育娱乐用品类下降16.01%，文化办公用品类增长0.24%，家具类增长17.99%，建筑及装潢材料类下降21.69%，日用品类增长5.35%，粮油、食品、饮料、烟酒类增长10.72%，服装、鞋帽、针纺织品类下降3.34%，化妆品类增长23.30%，金银珠宝类下降9.06%，中西药品类增长13.39%。

七、对外开放和旅游业

对外贸易

全年外贸进出口总值48.14亿美元，比上年增长9.00%。其中，出口总值26.17亿美元，增长11.25%；进口总值21.97亿美元，增长6.44%。

2010 年至 2014 年全市进出口总值及增长速度

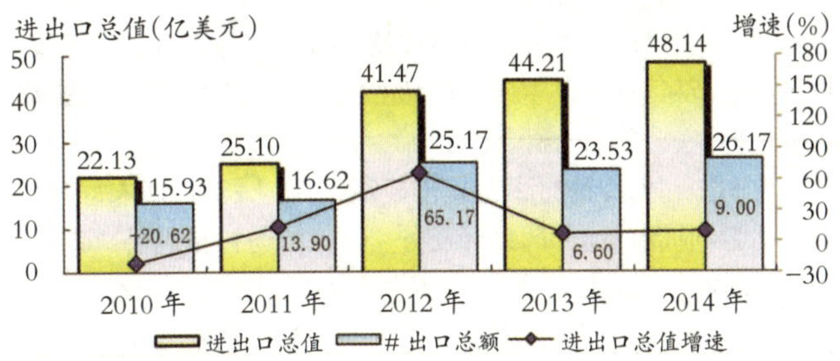

招商引资

区外境内实际到位内资856.46亿元，增长15.63%。外商直接投资6.40亿美元，增长10.22%；对外借款1287.40万美元，下降61.13%。年末全市有三资企业949家，其中建成投产三资企业566家。

开发区

年末有开发区（工业集中区）15个。其中南宁高新技术产业开发区、南宁经济技术产业开发区、广西—东盟经济开发区3个开发区年末累计入园企业1.14万家，比上年增加1378家；财政收入81.00亿元，比上年增长21.80%，占全市财政收入15.38%；实现规模以上工业总产值1497.52亿元，增长21.73%；完成全社会固定资产投资592.51亿元，增长18.49%。

旅　游

全年接待国内旅游者6905.19万人次，比上年增长18.23%；接待境外旅游者43.30万人次，增长23.33%。其中，外国旅游者30.95万人次，增长32.79%；港、澳、台同胞12.35万人次，增长4.63%。国内旅游收入585.74亿元，增长24.72%；国际旅游收入1.84亿美元，增长33.77%。年末全市有星级宾馆50家；有5A级旅游景区1个、4A级旅游景区16个；有旅行社93家，其中出境旅行社24家。

八、财政、金融和保险

财政收入

全年财政收入526.59亿元，比上年增长11.17%，占生产总值的16.73%，比重比上年下降0.17个百分点。财政收入中，公共财政预算收入274.85亿元，增长7.26%；公共财政预算收入中，税收收入204.65亿元，增长12.59%。

全年公共财政预算支出465.77亿元，增长11.32%。财政支出中，投向医疗卫生、科学技术、节能环保及农林水事务的资金增长较快。其中，医疗卫生支出44.67亿元，增长24.38%；科学技术支出7.25亿元，增长16.83%；节能环保支出8.88亿元，增长16.43%；农林水事务支出42.39亿元，增长13.60%。

金　融

全市有金融机构30家，营业网点1136个。金融机构存款余额7064.49亿元，增长8.96%。其中，单位存款余额4225.35亿元，增长8.92%；个人储蓄存款余额2321.74亿元，增长7.65%。金融机构贷款余额7091.46亿元，增长15.95%。

2010 年至 2014 年城乡居民储蓄存款余额及增长速度

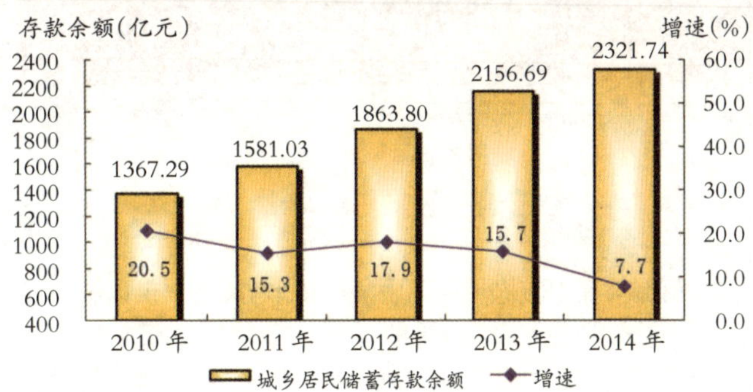

保　险

全市有保险公司34家，与上年持平，其中，财险公司20家，寿险公司14家。全年保费收入107.65亿元，增长6.74%。其中，财产险保费收入56.63亿元，增长2.57%；寿险保费收入51.02亿元，增长11.79%。全年保险赔款及给付37.02亿元，其中财产险业务赔款及给付27.04亿元；寿险、健康险和意外伤害险赔款及给付9.98亿元。

九、人口、人民生活和社会保障

人　口

全市户籍人口729.66万人，比上年增加5.23万人，增长0.72%，其中市区人口284.38万人，增加4.65万人，增长1.66%。全市人口出生率13.1‰，比上年下降0.71个千分点；人口死亡率5.06‰，比上年下降0.38个千分点；人口自然增长率8.04‰，比上年下降0.33个千分点。

城乡居民生活

全年城镇居民人均可支配收入27075元，比上年增收2258元，增长9.10%。全年农民人均纯收入8576元，比上年增收891元，增长11.60%。

2010 年至 2014 年城镇居民人均可支配收入及增长速度

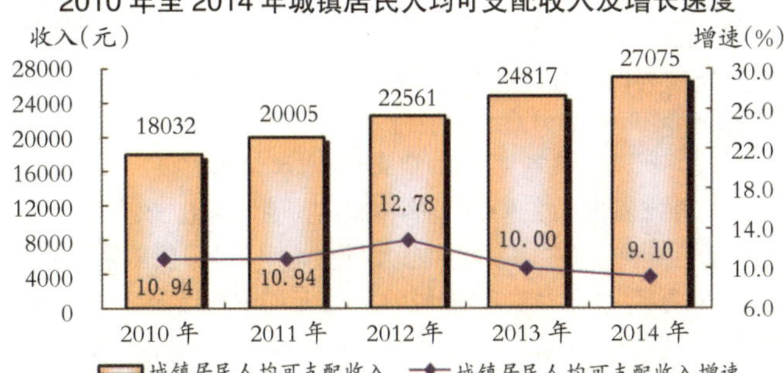

2010 年至 2014 年农民人均纯收入及增长速度

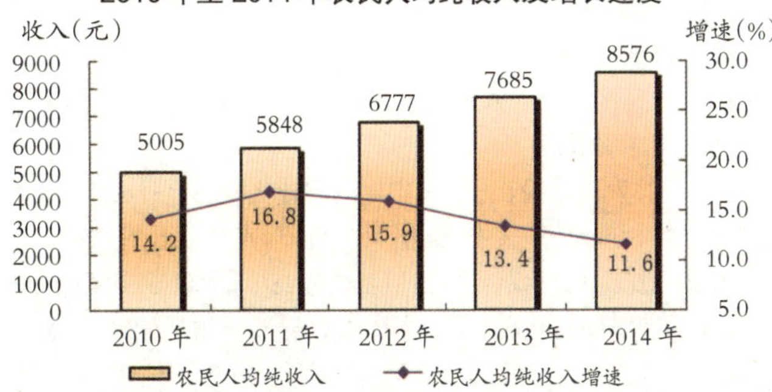

说明：

1.本文数据来自市统计局统计公报。

2.地区生产总值、三次产业增加值、工业增加值、农业产值绝对数按现行价格计算，增长速度按可比价格计算。

3.规模以上工业企业指年主营业务收入2000万元及以上的全部法人工业企业；限额以上批发零售企业指年主营业务收入2000万元及以上批发企业和年主营业务收入500万元及以上零售企业。

2014—2015年南宁市社会发展形势分析与预测

李　耕　　赖承略　　李　泽　　周圣果
毕　雯　　李　梅　　麦智德　　刘　炫

2014年,面对复杂多变的宏观经济形势,南宁市以科学发展观为指导,把握好稳中求进的总基调,着力推进稳增长、调结构、促改革、惠民生,加快健全基本公共服务体系,积极推动科技、教育、卫生、文化、就业、社会保障等民生社会事业发展,建设美丽南宁,经济社会持续平稳健康发展,结构、质量、效益延续向好态势,人民生活水平持续提高。

一、2014年南宁社会发展总体形势

(一)经济平稳增长,结构调整步伐加快

1.经济运行平稳。在全国、自治区经济增速放缓的大背景下,南宁市国民生产总值(当年价)3148.30亿元,增长8.50%。主要经济指标平稳运行,年内增长速度波幅较小,财政收入、固定资产投资增长速度持续高于全国、自治区,规模以上工业增加值、社会消费品零售总额、进出口总额、外商直接投资继续保持两位数增长。经济运行处在合理区间,经济基本面未发生大的变化。

2.经济结构调整优化。三次产业比重11.28:39.75:48.97,第二产业占比提高1.36个百分点;财政收入结构优化,非税收入占一般公共预算收入25.54%,比自治区低5.70个百分点,比上年下降3.53个百分点,南宁市财政收入占自治区24.35%,比上年提高0.67个百分点;工业结构优化,工业对经济增长的贡献率38.50%,非公有企业产值占规模以上工业产值78.07%,亿元企业产值占全市规模以上工业产值94%,建材、化工等五大高耗能行业工业增加值占规模以上工业的比重下降2.80个百分点,能耗占比下降1.90个百分点。

(二)科技发展环境优化,产业技术创新加强

1.科技创新支撑重点产业结构调整。围绕工业、农业等重点领域精心组织实施10项年度重大科技专项项目;获国家、自治区科技项目立项272项,资金9708.50万元;市本级财政支持围绕战略性新兴产业领域立项实施科技项目47项,总投资1.75亿元,科技投入1325万元;培育高新技术企业,新增高新技术企业58家,总产值突破1100亿元,高新技术企业数量位居自治区首位;开展专利质押融资试点,支持科技型中小企业迅速成长,首批11家科技型中小企业获专利质押贷款1933.40万元,实现南宁市专利质押融资零的突破。

2.科技发展惠及民生。推广应用农业优良新品种62个,示范推广面积1.08万公顷,带动农户1.74万户,直接受益农民6.90万余人;引进、试验、示范推广实用新技术25项,示范推广面积3.48万公顷,新增产值1.66亿元。支持人口健康、节能减排与生态环境、公共安全、防灾减灾、食品安全、交通、应急管理、社会管理等民生领域的关键核心技术创新与示范推广,实施民生科技项目103项,比上年同期增长24%,科技经费投入1205万元,增长13.70%,项目数和资金投入为历年最多。

3.科技管理机制完善。加强科研项目和经费管理,出台《南宁市本级技术研究与开发经费管理办法》《南宁市科技企业孵化器认定和管理办法》;建立科研项目绩效评估机制,出台《南宁市本级技术研究与开发计划项目绩效考评管理暂行办法(试行)》。

4.科技资源整合与成果转化加快。新增自治区级工程技术研究中心2家、新建市级工程技术研究中心5家,新增广西创新型试点企业7家,新增院士工作站5家;加强科技企业孵化,建成南宁高新技术产业开发区中盟科技园、申能达科技、广西—东盟经济开发区科技企业孵化基地一期等一批孵化器;拓宽国内外科技合作,建成国家科技成果转化(南宁)示范基地综合信息服务平台,为企业提供科技服务等事项9000多项,协助推广3种技术项目或成果到东盟国家、10种以上技术产品对接东盟技术市场、2项国家科技成果落地南宁。至年末,全市有自治区级工程技术研究中心41家、广西创新型试点企业36家、院士工作站10家;有科技企业孵化器7家,科技企业孵化基地在孵企业142家,引进、开发工业新产品、新技术188(项)个,引进、试验、示范推广农业新品种、农村实用新技术87项,研发农产品加工新产品、新技术35项;重点建设或提升企业工程技术研究中心能力27家、新农村科技示范村38个;自主研发产品89项;新认定国家级技术转移示范机构1家。全年专利申请量8875件,比上年同期增长53.84%,万人发明专利拥有量3.02件,提前超额完成"十二五"期末每万人口发明专利拥有量3件的目标任务。全年取得科技成果2764项,增长21.50%。完成技术合同认定登记263项,交易额4.46亿元。

(三)城市空间布局优化,城市规划和管理水平提升

1.城市空间布局不断优化。围绕首府城市定位优化城市空间布局,编制《南宁市空间发展战略规划》,开展五象新区、凤岭北片区等重点区域规划修编,完成火车东站周边地区、邕江沿岸重点地段等区域的城市设计,空间利用、综合交通、园林绿化、城市风貌等规划水平提升;优化产业空间布局,完成南宁空港经济区、南宁综合保税区、南宁生物医药产业园等相关产业规划编制。

2.加快五象新区建设。实施重点基础设施项目97个,完成投资67亿元,比上年同期增长28.20%,建成五象大桥,开工建设平乐大道—玉洞大道立交桥、五象大道—平乐大道立交桥,加快实施南宁博物馆、南宁市第三中学五象校区等一批公共服务配套项目;实施重点产业项目100个,完成投资183亿元,增长80.50%,海尔·青啤(东盟)联合广场、南宁绿地中心等总部基地金融街40多个项目加快建设;引进宝能、万达等项目52个,总投资700亿元,其中世界500强企业5家、中国500强企业3家、超100亿元项目1个(万达茂),实现百亿项目零的突破。五象新区全年完成投资277亿元,增长80%。

3.城市品质提升。以筹办第45届世界体操锦标赛为契机,深入实施城市基础设施完善、城市绿化美化彩化提升等"八大工程",加大"中国绿城"提升工程项目投入,完成投资14.48亿元,种植乔木15万株、灌木180万株。提升花量花品,"多彩花城"特色彰显;"中国水城"建设完成投资31.03亿元,邕江综合整治示范段等重要节点景观工程基本完成。

4.城市管理水平提升。加快诚信体系建设,出台《南宁市城市管理领域失信联合惩戒办法(试行)》等文件,对单位及个人失信行为进行惩戒;开展食品药品专项整治,出台《南宁市食品安全监管能力提升实施方案》等政策措施;继续推进"美丽南宁·整洁畅通有序"大行动,完成市区37个易堵点段治理,车辆平均通行能力提高20%;启动电动自行车注册登记,实现畅通有序大行动"500天新形象"目标;开展灯箱广告、占道经营、人行道车辆静态停放、"泥头车"运输、违章夜市等专项整治行动;查控"两违"(违法占地、违法建设)建筑拆除违法建设面积596.87万平方米,清理违法占地929.29万平方米。

（四）教育综合领域改革深化，教育质量提升

1.推进教育现代化建设。发展多元普惠学前教育，学前三年毛入园率91%；推动城乡义务教育均衡发展，九年义务教育巩固率93%，高于自治区下达任务1个百分点；推动普通高中发展，培育普通高中现代化学校、示范性高中、特色高中；加快推动现代职业教育发展，全日制招生2.13万人，完成任务数106.30%，向富士康旗下的南宁企业推荐中职学生1341人，录用992人；重视发展特殊教育，特殊教育学校和随班就读吸纳适龄残疾儿童2421人，市盲聋哑学校成为自治区第二所自治区示范性特殊教育学校。

10月1日，南宁民族大道夜景　　刘广铭　摄

2.提升育人质量。将核心价值观融入学校教育教学全过程，开展“节俭养德”教育和“洒扫应对”主题实践活动，促进未成年人思想道德建设由学校向家庭辐射、向社会延伸；重视教育科研，打造“精彩学堂”品牌，提升育人质量，在自治区中等职业学校技能比赛中获奖人数、获奖总数连续4年居自治区各市首位；2014年高考600分及以上的学生1015人，进入自治区总成绩前10名、100名的学生分别有5人、55人；连续7年高考总分在自治区各地级市排第一。

3.创新教师管理机制体制。开展“三进三访三表率”师德践行活动，加强师德师风建设；创新教师研修管理模式，开通全区首个教师终身学习平台——“南宁市教师网络研修社区”；依托广西师院等高校培训农村骨干教师204名、中小学班主任3950名；推行教师综合管理信息化与教师编制动态管理，开展自治区中小学教师招聘统一考试制度试点，实行阳光招聘；深化中小学教师职称制度改革，中小学副高级职称实行异地交叉评审；探索教师轮岗轮教新模式，继续给予乡村教师生活补贴，年内发放乡村教师生活补助612.69万元。

4.改善学校办学条件。争取到中央预算内资金1.10亿元，建设（改造）教育基础薄弱的县级普通高中建设、农村初中校舍、艰苦地区农村学校周转宿舍、中等职业教育基础能力建设、农村学前教育推进工程等教育项目42个；下达市本级教育基建投资17.50亿元，安排教育基建项目134个。至年末，建成并投入使用青秀区在水一方小区配套小学（银杉路小学）等6所小学，基本建成邕宁高中等3所中学，开工建设市三中国际学校等8个教育重点项目，“教学点数字教育资源全覆盖”项目学校653所完成验收。

5.保障教育民生。推进中考、招生制度改革，自治区示范性普通高中指令性定向名额分配比例提高到40%，实现平安考试、阳光招生；落实农村义务教育经费保障机制，下拨2014年农村义务教育学校公用经费补助专项资金3.35亿元；关心关爱13.77万名农村留守儿童的学习成长，接收进城务工人员随迁子女入学14.62万人；推进为民办实事“教育惠民工程”，拨付学生资助经费2.20亿元，受益学生30.14万人次；发放生源地信用助学贷款1.61亿元，受益学生2.70万人；实施农村义务教育学生营养改善计划投入2.22亿元。

（五）医药卫生体制改革深化，卫生计生事业稳步发展

1.完成年度医疗改革任务。2014年12月，在青秀区启动《南宁市城乡居民大病保险试点工作方案》，在自治区率先实施城乡居民大病保险；稳步推进县级公立医院综合改革，全市六县公立医院综合改革19家，覆盖率100%；乡镇卫生院实施国家基本药物制度100%覆盖；实施壮瑶医药振兴计划和中医药发展8大重点工程，建设朱琏针灸技术二级推广基地7个，在武鸣县开展国家中医药壮医药服务县乡一体化管理试点。

2.提升医疗卫生均等化服务水平。新农合参保率逐年提高，2014年新农合参保率99.35%，人均筹资提高至390元；有效防控艾滋病、登革热、埃博拉等传染病；印发实施南宁市区域卫生规划和医疗机构设置规划，促进医疗资源优化配置、合理布局。印发《关于进一步鼓励和引导社会资本举办医疗机构的实施意见》《南宁市社会办医（国家）联系点工作方案》，推进社会办医（国家）联系点工作；加快推进南宁市卫生学校相思湖校区、南宁市儿童医院、南宁市妇幼保健院妇产妇幼保健门诊楼等重点项目，加快建设南宁埌东医院、凤岭医院等社会办医重大项目。

3.稳妥推进单独两孩政策。落实单独两孩政策，制定单独两孩政策实施方案，开展生育意愿调查、政策宣传引导，规范审批流程，简化手续，全年审批办理《二孩生育证》3359本。

（六）文化体育事业成果丰硕，文体产业发展壮大

1.打响城市特色文化品牌。成功承办第45届世界体操锦标赛、国际半程马拉松等国际性重大赛事；拍摄以“南宁兵变”历史事件为原型的电视剧《兵变1929》并上映；南宁电台与北京音乐台携手合作直播“大地飞歌2014”演唱会，覆盖全国听众人口5.60亿。

2.完善公共文化服务体系。建成村级公共服务中心136个；有序建设市级重大公共文体服务设施，其中民族影城、广西体育中心综合训练馆、南宁市民族艺术基地、南宁博物馆主体竣工，南宁市群众艺术馆重建项目开工，南宁市图书馆、广西文化艺术中心、顶蛳山遗址保护设施等项目加快推进。

3.发展壮大文化产业。文化产业示范基地（园区）建设成效显著，获批第五批自治区文化产业示范基地16个、自治区首批文化产业示范园区单位1个，南宁印象壮都文化创意产业园、中国—东盟青年艺术品创作大赛项目等14个项目被文化部列为文化产业重点项目，编入《2014中国文化产业重点项目手册》。

（七）就业形势总体稳定，城乡社会保障体系进一步健全

1.就业形势稳定。在自治区率先开展“创建充分就业县（区）活动”，向富士康南宁公司推荐员工6000人；2014年10月28日，建成启用广西首家24小时免费求职公寓，每年可为6000名求职者提供服务；组织开展“就业援助月”“春风行动”“民营企业招聘

周”“高校毕业生就业服务月”等系列活动，提供就业岗位30万个；创新农民工工作，在自治区率先建设农民工综合服务中心，促进服务平台互联互通和信息共享，提供“一站式”服务。全年新增城镇就业8.58万人，完成目标任务7.50万人的114.34%；下岗失业人员再就业2.02万人，完成目标任务1.80万人的111.94%；帮助就业困难人员再就业0.50万人，完成目标任务0.40万人的124%；农村劳动力转移就业新增9.10万人，完成目标任务113.74%；城镇登记失业率2.95%，比计划控制数4%低1.05个百分点。

2.社会保险事业发展。利用六县组建社会保险事业局的契机，加强社会保险扩面征缴；开通首批8家试点定点医院异地就医结算业务；调整企业退休人员养老保险待遇（连续第10次），调整后企业退休人员基本养老金月平均增加164.27元；推进“智慧社保”信息化服务体系建设，社保经办服务向网络和移动终端扩展；研究制定广西北部湾经济区内职工大额医疗费用统筹最高支付限额以下医疗费用、报销办法、公务员住院医疗补助标准等，完善医疗保障政策措施。至年末，全市社保参保630.54万人(不含新农合)，其中城镇职工基本养老、城镇基本医疗、工伤、失业和生育保险分别参保98.36万人、182.37万人、53.27万人、44.97万人、45.15万人；城乡居民社会养老保险参保206.42万人，参保率89.05%。城镇职工基本养老、城镇职工基本医疗、工伤、失业和生育保险征缴收入分别为54.89亿元、23.29亿元、1.07亿元、5.17亿元、0.93亿元，完成目标任务113.10%、113.62%、128.71%、126.22%、108.40%。

(八)民政工作取得新进展，民政公共服务能力增强

1.推进养老服务业综合改革试点。在上林县福利院开展公建民营养老服务机构试点，在14个社区开展居家养老社会化服务购买试点，6家公司进入中标开展多样性服务；投入260万元帮助每个养老机构建设一间老年人康复训练室；推进社会组织管理改革，实行行业一业多会、放开自治区内外异地商会登记，培育扶持慈善公益服务类社会组织，市本级社会组织总数758个，发展速度及总数居自治区首位；深化社会救助体制机制改革，实行社会救助“一门受理、协同办理”工作机制，社会救助工作实现100%受理、100%交办、100%办理；深化殡葬改革，免除城乡困难对象基本殡葬服务费用；加快马岭生态公墓转型为城市公益性公墓建设步伐。

2.民政重大项目建设取得新突破。市社会福利医院救助病房大楼、南宁市福利中医医院综合业务大楼项目顺利推进，预计2015年投入使用，开工建设南宁市第二福利院项目、南宁儿童康复中心综合楼项目，南宁市备灾中心已落实用地指标，完成项目选址、用地预审、环评编制等工作；武鸣县民政园福利院养护楼项目和老年公寓项目立项和落实建设用地，预计2015年上半年开工建设。

3.提升民生保障水平。完成“城乡居民最低生活保障项目”“农村住房政策性保险”自治区为民办实事项目2个；推进市级为民办实事项目，其中2个乡镇敬老院示范点新改扩建项目已立项；安排社区惠民资金5478万元，其中市财政资金使用率100%；25个社区居民委员会工作用房和居民公益性服务设施建设项目年内完工；乡镇干部周转房项目完成主体工程20个；按时发放高龄津贴，截至10月发放90周岁以上老人高龄津贴10.12万人、2366.03万元；创建村级老年人协会示范性84个。

4.持续提升社会救助水平。下拨城乡低保、五保、医疗救助等补助资金3.36亿元，发产城乡低保、农村五保资金3.48亿元，惠及困难群众237.20万人次。提高城乡居民最低生活保障月人均补助水平，城乡低保对象月人均补助水平比上年同期分别提高19元、14元。

5.救灾应急工作取得实效。成立南宁市减灾委员会，修订完善自然灾害应急救助预案；2013—2014年冬春救助期间，全市投入资金2002.70万元，救助灾民和困难群众13万人；2014年投入救灾资金288.28万元，用于救灾物资采购发放和灾民转移安置，救助受灾困难群众3.17万人；继续开展因灾倒房重建，向232户倒房重建户发放各级倒房重建补助资金369.63万元。

(九)旅游事业加快发展，旅游发展环境优化

1.旅游收入增长较快。接待国内旅游人数6905.19万人次、比上年同期增长18.23%，国内旅游收入585.74亿元、增长24.72%；接待入境旅游者43.30万人次、增长23.33%，国际旅游收入1.84亿美元、增长33.77%。接待旅游总人数6948.49万人次、增长18.26%，旅游总收入597亿元、增长24.86%。

2.旅游公共服务体系不断完善。加快建设南宁国际旅游中心，完善通达景区的旅游公共交通；打造南宁“智慧旅游”品牌，加大旅游信息化建设，开设南宁旅游微信公众账号，目前南宁旅游微博位居全国旅游局微博累计影响力第26位；建设南宁旅游咨询服务中心，完成南宁旅游咨询服务中心鲤湾路咨询点、广西民族村咨询点建设。

3. 加大旅游景区创建力度。指导推动青秀山创建国家5A级旅游景区、上林县金莲湖、马山县金伦洞、凤岭儿童公园、南宁市人民公园创建国家4A级旅游景区。其中青秀山风景区11月28日获国家旅游局批准为国家5A级旅游景区（南宁市第一家），马山金伦洞景区、凤岭儿童公园12月18日获批为国家4A级旅游景区。

4.推进重大旅游项目建设。重点推进青秀山、东盟国际旅游风情小镇、大明山、昆仑关、广西龙门水都文化生态旅游景区等重点旅游项目28个；旅游业发展列入县(区)绩效考核。

1月29日，市长周红波与市社会福利院老人孩子共进新春团圆饭并致新年贺词

市民政局提供

5.开展形式多样的民俗节庆活动。南宁·东南亚国际旅游美食节接待游客106万人次，实现销售额4350万元；组织开展"南宁月月旅游节"活动，其中举办旅游节庆或主题活动28个，丰富南宁市旅游市场，拉动旅游消费。

二、2014年南宁市社会发展存在的主要问题

（一）经济下行压力较大，增长速度逐年回落

"十二五"以来，南宁市经济增长速度逐年回落，2013年以来回落幅度持续大于全国、自治区，2014年部分主要指标完成不够理想，生产总值增速、规模以上工业增加值增速、社会消费品零售总额速分别低于预期目标2、5.20、2个百分点，经济存在持续下行风险。

（二）工业经济拉动能力减弱，第三产业支撑不足

南宁市工业底子薄，以传统产业为主，市场竞争能力不强，新兴工业大多处于培植阶段，转型压力大、增长困难、对国民经济增长的支撑作用不足，全年工业对经济增长的贡献率38.50%，比上年同期降低3.90个百分点。同时，第三产业发展层次较低，居民消费能力有限，加上自治区各地市商贸业、网上购物快速发展，南宁作为首府对自治区消费的吸纳能力不断降低，重点商贸企业销售出现不同程度下滑，住宿餐饮、批发零售等传统产业快速增长困难较大，围绕居民生活的健康、养老、信息服务等新兴服务业还未形成规模。

（三）教育发展均等化水平不高，教育服务社会经济发展能力不强

南宁市教育总体发展水平与教育现代化建设、人民群众的需求仍然有较大差距，主要表现在：教育发展不均衡，城乡、区域、校际之间办学水平差距明显，优质教育资源偏少，无法满足需求；一些教育热点、难点问题未得到完全解决，如公办幼儿园、普惠性幼儿园资源少，"入园难""入园贵"的现象，进城务工人员随迁子女入学问题较为突出等；教师队伍综合素质还有待提升，少部分教师的教育教学水平未完全适应教育现代化要求，教育发展理念、管理水平需进一步提升；职业教育服务经济社会发展能力有待增强，职业学校培养技能型人才的数量、质量、结构与经济社会发展需求有一定差距；高等教育整体水平有待提升，科学研究重大成果缺乏，应用型人才培养模式还需进一步改进。

（四）医改深层次矛盾逐步显现，健康服务业基础薄弱

随着医改深入，一些深层次问题开始凸显：县级公立医院改革应配套的管办分开、医保支付、医疗费用管控、分级诊疗、人事薪酬制度等方面改革难以落实；基层卫生计生机构基础设施、服务能力仍较薄弱，信息化建设滞后；新农合制度存在资金使用过快、透支风险较高、统筹层次低、抗风险能力弱等；非公立医院发展起步晚，基础薄弱，目前普遍存在规模小、市场占有率低、服务功能局限性大，未能形成与公立医院互为补充、错位发展的格局；医疗卫生服务仍主要依靠政府提供，健康服务业亟待加快发展。

（五）文化领域高级人才缺乏，文化产业支撑力不足

由于起步较晚、高等院校文化方面专业较少等原因，南宁市文化产业发展仍以原有企业、项目为主，文化领域高级人才仍较缺乏，文化产业重大项目储备不足，文化产业发展后劲不足。

三、2015年南宁社会发展思路

（一）实施创新驱动发展战略，大力加强科技创新

1.推进科技发展体制创新。探索改革科技项目验收评价制度，建立科技成果评价回归社会和市场评价机制；强化协同创新机制，鼓励科技资源开放共享，引导企业与高校科研院所联合建设校企协同创新中心；促进科技与金融深度融合，鼓励社会资本投入创新领域，建立多元化科技创新投入机制。

2. 继续加大科技对产业的支撑作用。以重点产业为突破口，利用科技计划项目引导企业加大科技创新投入，加快产业转型升级，加快构建现代产业体系。2015年，组织实施市重大科技专项10项、科学研究与技术开发计划项目200项、创新计划项目60项；开展六大重点产业科技攻关项目30项；围绕肉猪、桑蚕、食用菌、香蕉等优势产业，大力推进农业科技创新，加快农业科技创新服务体系建设；围绕群众关心的热点难点问题，加大食品安全、医疗卫生、公共安全和社会管理等领域科技创新。

3.加速搭建科技创新平台。加快建设国家科技成果转化服务（南宁）示范基地，引导有条件的企业建设企业工程技术研究中心、企业技术中心等。重点培育南南铝加工研究院、富士康南宁科技园、广西田园生化股份有限公司、广西南宁百洋饲料集团有限公司、博世科环保科技公司等强势企业（研究单位），力争这些企业（研究单位）升级为国家级研发机构。提升企业工程技术研究中心创新能力30家。引导各县（区）、开发区依托在建标准厂房建设科技企业孵化器。建成科技企业孵化器14家，建成创新创业公开服务平台3个。

（二）大力改善生态环境，加快生态宜居城市建设

1.着力构建宜居城市。完成"中国绿城"提升工程，围绕创建国家生态园林城市和申办第十二届中国国际园林博览会，重点打造森林式火车东站和凤岭北片区、生态式五象新区"两个片区"，推进市政道路绿化改造提升、城市立交（人行天桥）花化彩化等"九大工程"建设。加快推进"中国水城"建设，积极争取国家"海绵型城市"建设试点，推进老旧城区居民排水、雨、污分流

2014年，南宁市加快县（区）、开发区标准厂房建设。图为宾阳县黎塘工业园区建成的标准厂房

宾阳史志办提供

改造，加快建设邕江整治工程自治区党校至三岸大桥段绿化景观工程，加快提升南湖—竹排冲水系、五象湖水系、相思湖—明月湖水系三大湖泊文化底蕴。推进旧城改造，投资56亿元以上，推进朝阳商圈北面片区、五一中路片区等64个项目建设。

2.突出做好节能减排。组织实施国家节能减排财政政策综合示范市示范项目25个，计划投资31亿元；建立高耗能高排放项目联合审查制度，从源头上控制“两高(高耗能、高污染)”项目准入；探索排污权有偿使用和交易；新建机动车环保检测站10个以上，淘汰“黄标车”、老旧车辆1万辆以上，做好高污染排放车辆市区限行，推进机动车尾气减排；新增清洁能源公交车500辆、清洁能源出租车700辆，加快推进天然气加气站等配套设施建设力度；实施《南宁市节能减排工作行政过错问责暂行办法》，严格落实问责制。

3.推进生态文明建设。开展大气细颗粒物污染来源解析工作，继续推进每小时10蒸吨及以下燃煤锅炉淘汰及清洁能源改造50台，力争环境空气质量(AQI)优良率75%；继续抓好饮用水源保护，推动城市内河水质改善，实现地表饮用水源地水质达标率100%；开展1000人以上农村集中供水工程饮用水水源地保护区划定，完成12个行政村农村连片整治工程；启动划定生态保护红线，建立南宁市生态保护红线矢量数据库，编制《南宁市生态保护红线划定技术报告》。

(三)加快首府教育现代化建设，提升教育在自治区的首位度

1.加快推进教育基础设施建设，实现扩容增量。继续推进城市中小学校建设，加强对住宅小区配套中小学校、幼儿园建设的监督和管理；实施全面改善薄弱学校办学条件工程，逐步实现中小学校办学条件标准化的目标；优化中小学布局调整，2015年计划新建小学9所、初中5所、县城(城区)幼儿园4所、乡镇中心幼儿园15所，改扩建普通高中16所。

2.统筹推进教育领域综合改革，力争提质进位。实施第二期学前教育三年行动计划，加大多元普惠性幼儿园的扶持力度，积极扶持民办学前教育发展，学前三年毛入园率91%以上；启动实施义务教育均衡提质工程，城乡统筹教育，力争义务教育巩固率95%；扩大优质高中教育资源和县城普通高中办学规模，谋划普通高中突破发展，建设市级现代化示范普通高中6~8所、市级特色普通高中4所，力争自治区示范性普通高中立项2~3所，全市高中阶段毛入学率93%；加快发展现代职业教育，深化产教融合、校企合作，特色办学、提高质量；扩大教育国际与对外交流合作，推进广西北部湾经济区内教育同城一体化。

3.加强教师队伍建设与管理，确保育人质量。开展师德教育系列活动，自觉培育和践行社会主义核心价值观，实行师德表现一票否决制。继续实施基础教育和中等职业教育人才小高地建设和“666”人才培养计划，加快名师队伍建设。加大教师培训力度，建设教师网络研修社区，强化中职学校“双师型”教师培训。推进资源配置改革，建立县(区)域内义务教育教师定期交流与互助机制，探索建立县域内学区教师轮岗轮教新模式，开展城镇优质师资对口支援农村学校活动。

4. 推进立德树人工程，提升教育首位度。做好未成年人思想道德建设，培育和践行社会主义核心价值观，建立学校、家庭、社会三位一体的德育体系；推进义务教育“体育、艺术2+1”项目，积极开展校园中华经典诵读比赛等校外教育活动，打造校外活动品牌；加强教育科研，开展“高端人才巡讲”等送教、支教活动，提升服务教育教学的能力和水平。

5.推进教育为民办实事，促进教育公平。贯彻落实学生资助政策，完成为民办实事教育惠民工程项目；筹措资金3亿元，实施南宁市农村义务教育计划，将补助标准提高至每生每天4元；抓好中小学招生，妥善安排进城务工人员随迁子女接受义务教育，保障特殊困难群体入学；实施教育信息化提速推进工程，建设义务教育阶段学校“宽带网络校校通”150所。

(四)深入推进医药卫生体制改革，提高基本公共卫生服务水平

1.继续推进医药卫生体制改革。深入推进县级公立医院综合改革，完善财政、医保、价格三联动补偿机制，建立激励与约束并重的支付制度，加强基层卫生人员队伍建设，多渠道补助乡村医生；总结试点经验，全面推开城乡居民大病保险；深化医保支付制度改革，实现大病保险信息系统与基本医疗保险信息系统、医院端信息系统的衔接，提供“一站式”即时结算服务；探索建立医疗卫生机构分工协作机制及分级诊疗制度。

2.加快完善公共医疗卫生服务、重大疾病防控、儿童医疗服务等体系建设，提高基本公共卫生服务均等化水平。深入实施壮瑶医药振兴计划和中医药发展重点工程，加强妇幼健康管理；开工建设市儿童医院、市妇幼保健院保健综合楼等项目；进一步鼓励社会办医，完善社会办医的鼓励政策和行政审批。

3.推进优生优育工程，抓好计生技术服务。做好免费孕前优生检查跟踪随访；继续抓好人口性别比偏高综合治理工作；加强流动人口服务管理，加强流动人口信息掌控，做好流动人口动态监测工作，完善全员流动人口信息数据库；统筹推进单独二孩政策。

(五)加快文化体育事业产业发展，提升文化软实力

1.加强公共文化阵地建设。推进南宁博物馆布展工程、广西文化艺术中心、南宁市图书馆、南宁市群众艺术馆、顶蛳山遗址博物馆等重大文化项目建设；完善城乡一体化联合图书馆、城乡一体化应急广播建设，推进县级数字影院建设；继续开展村级公共服务中心建设、公共文化设施免费开放、送百戏下乡、电影公益放映、直播卫星户户通、乡镇无线覆盖等文化惠民工程，

9月13日，实施绿化美化亮化彩化提升工程后，白沙星光立交桥风景如画

市重点项目办提供

夯实保障人民群众基本文化权益设施平台。

2.打造城市特色文化品牌。加强历史文化遗产保护，组织开展可移动文物普查及古建筑、古文化遗迹调查，推进南宁市非物质文化遗产展示中心建设，打造历史文化名城；探索在“民歌嘉年华”产业框架下运作《大地飞歌》晚会等重点活动的新路径，推动民歌节庆的品质升级和产业发展；加强对外文化交流，积极促成大型壮族舞剧《妈勒访天边》赴欧洲6国巡演，持续开展“文化走亲东盟行”活动。

3.推动文化产业加快发展。加强对文化企业创新发展资金扶持，出台加快推进文化创意设计和服务与相关产业融合发展的实施意见，促进文化科技融合发展；开展动漫精品培育工程，扶持文化产业示范基地和动漫骨干企业；打造、推介《锦宴》等自主演艺品牌，加大影视剧精品生产投入；推进南宁市印刷工业园园区建设，力争2015年底建成，入住企业10家以上。

（六）加强促进劳动就业，完善覆盖城乡的社会保障体系

1.推动充分就业。围绕全市中心工作，做好重大项目和重点企业人才、用工等服务；启动实施绿城南宁产业工人培训三年行动计划，协调市财政预算500至1000万元每年的专项资金用于重点产业、重点企业在岗职工岗位技能提升培训；继续实施就业优先战略，深入实施离校未就业高校毕业生就业促进计划，推进建设示范性大学生创业孵化基地，促进农民工、大学生等群体创业；完善、落实创业扶持政策，启动实施广西北部湾经济区各地级市社会保险同城化政策；全面铺开“创建充分就业县区”活动，推动就业实名制登记，建立健全县（区）政府促进就业责任制度。

2.完善社会保障体系。坚持“促扩面征缴、保待遇发放、护基金安全、强经办能力、创服务品牌”主线，做好“智慧社保”应用建设和广西北部湾经济区医疗生育保险同城化政策施行；抓好扩面征缴、待遇发放和基金监管等基础性工作，推进医疗保险付费方式改革，推动经办服务能力提升创新。

9月，少年体校的学生在教练指导下学习体操　　周家志　摄

（七）强化民政领域建设，进一步完善社会救助和福利体系

1.抓好民政项目建设，夯实为民服务基础。抓好2015年自治区、市政府为民办实事项目；加快推进市福利中医医院业务大楼、市第二社会福利院、南宁儿童康复中综合楼、市备灾中心等重大民政项目建设；继续抓好五保村建设、社区日间照料中心、乡镇政府业务用房、村委办公与服务用房等项目建设；开展马岭生态公墓、天鹅岭生态墓园、永安墓园项目建设。

2.推进社会救助体系建设。完善城乡低保制度，按时足额发放低保金并适当提高城乡居民最低生活保障月人均补助水平；完善低收入居民家庭核对工作体系，实现自治区、市、县三级核对平台有效衔接；开展医疗救助“一站式”即时结算；推进乡镇敬老院社会化管理改革及农村五保村改革。

3.加快社会福利与养老服务体系建设。引导市场力量参与养老服务，力争2015年民办养老床位新增2000张以上；以“信息惠民国家示范城市”为契机，建立养老信息中心共享平台，完善居家养老服务工作网络；继续实施社区日间照料中心、100个农村幸福院项目建设；建立养老服务评估制度，培养一批养老服务业优秀品牌；制定养老服务市场行为制度，规范服务收费项目和标准；完善全国儿童福利信息系统，足额发放孤儿保障金；加强基层老年协会建设，创建自治区示范性村级老年人协会98个；做好高龄老人寿星津贴发放，推进12349为老服务平台建设。

（八）积极提升旅游资源优势，加强旅游开放合作

1.加快推进重点旅游项目建设，着力打造优质景区景点。推动龙象谷国际旅游度假区、百里秀美邕江、十里花卉长廊、广西龙门水都文化生态旅游景区、广西渔牧生态园景区、马山县弄拉景区建设。推进大明山风景旅游区按照国家5A级旅游景区的标准加快建设；推进昆仑关旅游风景区、相思湖湿地公园、南湖公园、南宁城市规划馆、凤岭儿童公园、西乡塘龙门水都等旅游景区等级创建，提升改造市区和县域其他景区景点建设。

2.打造特色旅游精品，推进特色旅游名县、名镇（乡）、名村建设。重点打造大明山、上林旅游精品线路，树立南宁天天游、中国—东盟出境旅游中心及桂西南旅游龙头品牌，丰富旅游产品；突出城市旅游特色，加快壮锦、绣球、民族服饰、红陶、竹编等旅游商品开发；组织2015年“南宁礼物”大赛，推出系列产品；加快推进特色旅游名县建设，力争2016年上林县创建成为广西特色旅游名县；加快创建一批特色旅游名镇（乡），力争2016年底，每个县（区）创建1个以上特色旅游名镇（乡）。

3.建设高星级酒店及旅游配套服务设施建设，促进旅游与其他产业融合。积极推动旅游饭店星级评定，推进高星级饭店建设；推动县（区）旅游星级饭店创建，力争上林县、横县实现星级饭店零突破；举办2015年旅游饭店服务技能大赛，选拔优胜选手参加自治区决赛。

4.加强旅游开放合作与旅游营销，打造民族节庆旅游品牌。开展旅游市场推广，入境客源市场重点开拓韩国、泰国等国家和中国的台湾、香港等地区，国内客源市场重点开拓南宁至广州、南宁至北京、南宁至上海高铁沿线城市，以及差异性大的大中城市，推进高档客源市场开发；组织好2015南宁月月旅游节活动，重点办好南宁旅游开年仪式、中国旅游日南宁主会场活动、南宁乡村休闲旅游节、南宁东南亚国际旅游美食节、南宁购游节等大型旅游主题活动；组织北部湾旅游联盟各成员单位联合开展系列宣传促销。

责任编辑　陈洪毅

城市竞争力

2014年全国37个大中城市综合经济竞争力

城　　市	综合经济竞争力		综合增量竞争力		综合效率竞争力	
	指数	排名	指数	排名	指数	排名
南　宁	0.109	30	0.169	29	0.005	35
深　圳	1.000	1	0.775	6	0.314	1
上　海	0.801	2	0.986	2	0.154	2
广　州	0.578	3	0.849	5	0.088	3
天　津	0.502	4	1.000	1	0.053	7
苏　州	0.490	5	0.761	7	0.068	6
北　京	0.482	6	0.920	3	0.053	8
无　锡	0.414	7	0.471	11	0.079	5
武　汉	0.348	8	0.535	9	0.045	10
南　京	0.341	9	0.453	13	0.053	9
成　都	0.318	10	0.579	8	0.032	12
青　岛	0.287	11	0.483	10	0.031	14
厦　门	0.269	12	0.174	28	0.086	4
大　连	0.267	13	0.467	12	0.027	16
郑　州	0.264	14	0.365	17	0.036	11
长　沙	0.261	15	0.452	14	0.026	17
宁　波	0.249	16	0.352	18	0.032	13
杭　州	0.247	17	0.448	15	0.023	19
沈　阳	0.246	18	0.422	16	0.024	18
重　庆	0.241	19	0.857	4	0.007	32
济　南	0.217	20	0.290	23	0.028	15
西　安	0.200	21	0.305	21	0.021	20
合　肥	0.191	22	0.312	19	0.017	22
福　州	0.175	23	0.280	24	0.015	25
长　春	0.164	24	0.306	20	0.010	27
石家庄	0.162	25	0.260	25	0.014	26
南　昌	0.160	26	0.199	26	0.019	21
哈尔滨	0.134	27	0.293	22	0.004	37
昆　明	0.122	28	0.198	27	0.007	29
太　原	0.115	29	0.110	33	0.016	24

续表

城市	综合经济竞争力		综合增量竞争力		综合效率竞争力	
	指数	排名	指数	排名	指数	排名
呼和浩特	0.109	31	0.158	30	0.007	30
贵　阳	0.104	32	0.116	32	0.010	28
乌鲁木齐	0.101	33	0.131	31	0.007	31
兰　州	0.087	34	0.100	34	0.006	33
海　口	0.082	35	0.042	37	0.017	23
银　川	0.072	36	0.063	35	0.006	34
西　宁	0.066	37	0.055	36	0.005	36

2014 年全国部分西部省会城市综合经济竞争力

城市	综合经济竞争力		综合增量竞争力		综合效率竞争力	
	指数	排名	指数	排名	指数	排名
南　宁	0.109	4	0.169	4	0.005	9
成　都	0.318	1	0.579	1	0.032	1
西　安	0.200	2	0.305	2	0.021	2
昆　明	0.122	3	0.198	3	0.007	4
呼和浩特	0.109	5	0.158	5	0.007	5
贵　阳	0.104	6	0.116	7	0.010	3
乌鲁木齐	0.101	7	0.131	6	0.007	6
兰　州	0.087	8	0.100	8	0.006	7
银　川	0.072	9	0.063	9	0.006	8
西　宁	0.066	10	0.055	10	0.005	10

2014 年广西部分城市综合经济竞争力

城市	综合经济竞争力		综合增量竞争力		综合效率竞争力	
	指数	排名	指数	排名	指数	排名
南　宁	0.109	1	0.169	1	0.005	2
柳　州	0.091	2	0.119	2	0.005	3
桂　林	0.075	3	0.090	3	0.002	9
北　海	0.069	4	0.044	7	0.009	1
玉　林	0.069	5	0.061	4	0.004	4
梧　州	0.062	6	0.051	5	0.003	5
钦　州	0.059	7	0.048	6	0.003	6
贵　港	0.050	8	0.030	9	0.003	7
防城港	0.048	9	0.027	10	0.003	8
百　色	0.046	10	0.033	8	0.001	11
崇　左	0.045	11	0.023	12	0.001	12
来　宾	0.044	12	0.026	11	0.002	10
贺　州	0.038	13	0.012	14	0.001	13
河　池	0.035	14	0.013	13	0.001	14

2014 年全国 37 个大中城市可持续竞争力

城市	可持续竞争力		知识城市竞争力	和谐城市竞争力	生态城市竞争力	文化城市竞争力	全域城市竞争力	信息城市竞争力
	指数	排名	等级	等级	等级	等级	等级	等级
南　宁	0.441	30	★★★★	★	★★★★★	★★★★	★★★★	★★★★★
上　海	0.887	1	★★★★★	★★★★★	★★★★★	★★★★★	★★★★★	★★★★★
北　京	0.861	2	★★★★★	★★★★★	★★★★	★★★★★	★★★★★	★★★★★
深　圳	0.816	3	★★★★★	★★★★★	★★★★★	★★★★★	★★★★★	★★★★★
广　州	0.763	4	★★★★★	★★★★★	★★★★★	★★★★★	★★★★★	★★★★★
杭　州	0.718	5	★★★★★	★★★★★	★★★★★	★★★★★	★★★★★	★★★★★
苏　州	0.672	6	★★★★★	★★★★★	★★★	★★★★★	★★★★★	★★★★★
南　京	0.652	7	★★★★★	★★★★★	★★★	★★★★★	★★★★★	★★★★★
厦　门	0.630	8	★★★★★	★★★★★	★★★★	★★★★	★★★★★	★★★★★
大　连	0.625	9	★★★★★	★★★★★	★★★★★	★★★★	★★★★★	★★★★★
宁　波	0.614	10	★★★★★	★★★★★	★★	★★★★★	★★★★★	★★★★★
天　津	0.608	11	★★★★★	★★★★★	★★	★★★★★	★★★★★	★★★★★
武　汉	0.607	12	★★★★★	★★★★★	★★★	★★★★★	★★★★★	★★★★★
青　岛	0.606	13	★★★★★	★★★★★	★★★★★	★★★★★	★★★★★	★★★★★
无　锡	0.605	14	★★★★★	★★★★★	★★★★	★★★★★	★★★★★	★★★★★
成　都	0.604	15	★★★★★	★★★★★	★★★★	★★★★★	★★★★★	★★★★★
沈　阳	0.583	16	★★★★★	★★★★★	★★★★	★★★★★	★★★★★	★★★★★
长　沙	0.578	17	★★★★★	★★★★★	★★★★	★★★★★	★★★★★	★★★★★
福　州	0.572	18	★★★★★	★★★★★	★★★★★	★★★★★	★★★★★	★★★★★
济　南	0.565	19	★★★★★	★★★★★	★★★	★★★★★	★★★★★	★★★★★
重　庆	0.547	20	★★★★★	★★★	★★★★★	★★★★★	★★★★	★★★★★
西　安	0.540	21	★★★★★	★★★★★	★	★★★★★	★★★★★	★★★★★
南　昌	0.520	22	★★★★★	★★★★	★★★★★	★★★★★	★★★★	★★★★★
合　肥	0.502	23	★★★★★	★★★★★	★★★★	★★★★	★★★★	★★★★★
长　春	0.498	24	★★★★★	★★★★	★★★★★	★★★★	★★★★	★★★★★
海　口	0.460	25	★★★★	★★★★	★★★	★★★★★	★★★★	★★★★★
哈尔滨	0.458	26	★★★★★	★★★★	★★★	★★★★★	★★★	★★★★
郑　州	0.454	27	★★★★★	★★★★	★	★★★★★	★★★★★	★★★★★
呼和浩特	0.448	28	★★★★★	★★★★★	★★★	★★★★★	★★★★	★★★★

续表

城市	可持续竞争力		知识城市竞争力	和谐城市竞争力	生态城市竞争力	文化城市竞争力	全域城市竞争力	信息城市竞争力
	指数	排名	等级	等级	等级	等级	等级	等级
太原	0.444	29	★★★★★	★★★★	★	★★★★★	★★★★★	★★★★★
昆明	0.426	31	★★★★★	★	★★★	★★★★★	★★★★	★★★★★
乌鲁木齐	0.420	32	★★★★★	★	★★★	★★★★	★★★★★	★★★★
贵阳	0.409	33	★★★★★	★★★★	★★	★★★★	★★★★	★★★★
银川	0.378	34	★★★★★	★	★★	★★★★★	★★★★★	★★★
石家庄	0.373	35	★★★★★	★★★★	★	★★★★	★★★★	★★★★
兰州	0.333	36	★★★★★	★★	★	★★★★	★★★★	★★★
西宁	0.327	37	★★★★	★★	★	★★★	★★★★★	★★★

2014年全国部分西部省会城市可持续竞争力

城市	可持续竞争力		知识城市竞争力	和谐城市竞争力	生态城市竞争力	文化城市竞争力	全域城市竞争力	信息城市竞争力
	指数	排名	等级	等级	等级	等级	等级	等级
南宁	0.441	4	★★★★	★	★★★★★	★★★★	★★★★	★★★★★
成都	0.604	1	★★★★★	★★★★★	★★★★	★★★★★	★★★★★	★★★★★
西安	0.540	2	★★★★★	★★★★★	★	★★★★★	★★★★★	★★★★★
呼和浩特	0.448	3	★★★★★	★★★★★	★★★	★★★★★	★★★★	★★★★
昆明	0.426	5	★★★★★	★	★★★	★★★★★	★★★★	★★★★★
乌鲁木齐	0.420	6	★★★★★	★	★★★	★★★★	★★★★★	★★★★
贵阳	0.409	7	★★★★★	★★★★	★★	★★★★	★★★★	★★★★
银川	0.378	8	★★★★★	★	★★	★★★★★	★★★★★	★★★
兰州	0.333	9	★★★★★	★★	★	★★★★	★★★★	★★★
西宁	0.327	10	★★★★	★★	★	★★★	★★★★★	★★★

2014年广西部分城市可持续竞争力

城市	可持续竞争力		知识城市竞争力	和谐城市竞争力	生态城市竞争力	文化城市竞争力	全域城市竞争力	信息城市竞争力
	指数	排名	等级	等级	等级	等级	等级	等级
南宁	0.441	1	★★★★	★	★★★★★	★★★★	★★★★	★★★★★
桂林	0.404	2	★★★★	★	★★★★★	★★★★★	★★★	★★★
北海	0.337	3	★★★	★★	★★★★★	★★★	★	★★★
柳州	0.333	4	★★★★	★★	★★★	★★★★	★★★	★★★
防城港	0.266	5	★	★★★	★★★★	★	★★★	★★★
梧州	0.215	6	★★	★	★★★	★	★	★★
崇左	0.169	7	★★	★	★★★	★	★	★★
钦州	0.155	8	★	★	★	★	★	★★★★
百色	0.149	9	★★	★	★★	★	★	★
玉林	0.144	10	★	★	★★	★	★	★★
贺州	0.097	11	★	★	★	★	★	★
河池	0.088	12	★★	★	★	★	★	★
贵港	0.066	13	★	★	★	★	★	★
来宾	0.043	14	★	★	★	★	★	★

责任编辑　李　康

统计资料

2014年南宁市行政区划

单位：个

县区名称	乡镇、街道办				村民、居民委员会		
	总计	乡	镇	街道办	总计	村委会	社区居委会
总计	127	16	86	25	1753	1383	371
市区	49	1	23	25	586	350	236
兴宁区	6		3	3	71	37	34
青秀区	9		4	5	108	46	62
江南区	9		4	5	101	68	33
西乡塘区	13		3	10	160	77	83
良庆区	7		5	2	72	57	15
邕宁区	5	1	4		74	65	9
武鸣县	13		13		219	198	21
隆安县	10	4	6		131	118	13
马山县	11	4	7		151	133	18
上林县	11	4	7		131	115	16
宾阳县	16		16		233	192	41
横　县	17	3	14		302	276	26

说明：行政区划青秀区含青秀山风景区；西乡塘区含南宁高新技术产业开发区；江南区含南宁经济技术开发区；武鸣县含广西—东盟经济开发区。

南宁市历年主要经济指标

年　份	年末总人口（万人）	GDP（亿元）	GDP指数（%）	财政收入（亿元）	农林牧渔业总产值（亿元）	工业总产值（亿元）	社会消费品零售总额（亿元）	全社会固定资产投资（亿元）
1950	228.55	1.43	100.00	0.08	1.47	0.12	0.58	0.04
1965	329.84	5.34	116.80	0.63	3.18	3.26	2.56	0.87
1978	451.77	14.74	111.50	2.32	8.16	13.68	5.44	2.03
1980	470.05	18.01	105.50	2.75	9.70	15.71	7.69	2.02
1985	519.06	30.93	112.70	4.26	17.25	26.08	16.73	5.10
1990	558.20	70.88	109.60	8.25	36.17	67.17	35.65	8.84
1995	594.92	235.81	114.50	21.96	99.52	198.44	108.85	71.11
2000	625.27	377.94	107.70	37.54	137.79	241.73	212.43	113.17
2001	629.75	418.17	108.80	45.29	140.72	260.81	231.35	121.41
2002	634.68	463.18	110.90	52.53	145.57	291.19	256.78	145.56
2003	641.67	521.78	110.90	61.06	151.93	334.20	288.45	190.36
2004	648.85	619.12	113.20	74.63	179.29	404.07	332.05	262.76
2005	659.54	727.90	113.40	100.22	207.10	490.92	378.00	362.90
2006	671.89	880.10	116.80	120.36	241.51	639.28	435.51	447.22
2007	683.51	1089.07	117.40	150.84	294.46	830.21	515.62	560.22
2008	691.69	1320.43	114.70	191.17	338.07	1050.62	631.68	693.44
2009	697.90	1527.71	115.10	231.37	351.20	1175.76	757.01	1043.91
2010	707.37	1800.26	114.20	300.88	403.24	1501.18	905.93	1483.02
2011	711.49	2211.44	113.50	363.52	507.16	2000.23	1073.15	2017.63
2012	713.50	2503.18	112.30	421.99	536.41	2287.90	1255.59	2585.18
2013	724.43	2803.54	110.30	473.66	578.15	2661.97	1450.84	2475.01
2014	729.66	3148.30	108.50	526.59	609.33	2984.23	1616.90	2933.87

说明：全社会固定资产投资统计口径：2012年以前统计起点为50万元以上的投资项目，2013年以后为500万元以上的投资项目。

南宁市历年主要人均指标

年 份	人均GDP（元）	人均财政收入（元）	城镇居民人均可支配收入（元）	农民人均纯收入（元）
1950	62	3		54
1965	165	19		66
1978	331	52		88
1980	387	59		107
1985	602	83		367
1990	1282	149		624
1995	3987	371		1326
2000	6086	605		1791
2001	6656	722		1954
2002	7327	831		2111
2003	8176	957		2231
2004	9595	1157	8059	2467
2005	11057	1532	9203	2680
2006	13071	1808	10193	3033
2007	16070	2226	11877	3462
2008	19204	2780	14446	4001
2009	21945	3330	16254	4385
2010	25624	4282	18032	5005
2011	31172	5124	20005	5848
2012	35138	5923	22561	6777
2013	38994	6588	24817	7685
2014	43303	7243	27075	8576

说明：1.南宁市统计局从2003年起开展城镇住户调查，故城镇居民人均可支配收入数据从2004年起收录。
2.农民人均纯收入数据2000年以后为现行政区划数据，2000年以前为当时行政区划数据。
3.人均指标按户籍人口计算。

2014年南宁市人均主要经济指标

指标名称	单位	2014年	增减量
地区生产总值	元	43303	4309
农业牧渔业总产值	元	8381	340
工业总产值	元	41046	4021
固定资产投资额	元	39704	5279
财政收入	元	7243	655
个人储蓄存款余额	元	31934	1937
社会消费品零售总额	元	22239	2059
城镇居民人均可支配收入	元	27075	2258
农民人均纯收入	元	8576	891

说明：除城镇居民人均可支配收入、农民人均纯收入采用抽样调查外，其余人均指标按户籍人口计算。

2014年南宁市社会经济主要指标

指标名称	单位	2014年	比上年增长(%)
人口、土地面积			
土地面积	平方千米	22099.00	
# 城市建成区面积	平方千米	285.00	0.73
年末户籍总人口	人	7296565.00	0.72
# 市区人口	人	2843789.00	1.66
市辖县人口	人	4452776.00	0.13
# 男性	人	3826517.00	0.88
女性	人	3470048.00	0.54
#18岁以下人口	人	1580734.00	4.63
18-60岁人口	人	4599105.00	-1.09
60岁以上人口	人	1116726.00	3.04
人口密度	人/平方千米	330.00	0.72
年出生人数	人	142243.00	-12.04
年死亡人数	人	35425.00	36.04
年末总户数	户	2200923.00	0.11
年平均人口	人	7270437.00	1.12
市区人口比重	%	38.97	0.36★
市辖县人口比重	%	61.03	-0.36★
男性人口比重	%	52.44	0.08★
女性人口比重	%	47.56	-0.08★
地区生产总值			
地区生产总值(当年价)	万元	31482973.00	8.50
第一产业	万元	3550862.00	4.30
第二产业	万元	12515391.00	9.90
工业	万元	9234941.00	10.30
建筑业	万元	3280450.00	8.60
第三产业	万元	15416720.00	8.20
交通运输仓储邮政业	万元	1407627.00	5.10
批发和零售业	万元	2852253.00	6.10
住宿和餐饮业	万元	840727.00	6.00
金融保险业	万元	3076087.00	13.20
房地产业	万元	1508880.00	9.00
营利性服务业	万元	2338484.00	9.80
非营利性服务业	万元	3247795.00	5.90
人均地区生产总值(当年价)	元	43303.00	7.30
地区生产总值构成	%	100.00	
第一产业	%	11.28	-1.20★
第二产业	%	39.75	0.13★
工业	%	29.33	0.06★
建筑业	%	10.42	0.07★
第三产业	%	48.97	1.07★

说明:1.人口数据由市公安局提供,年出生人数、年死亡人数含历年出生、历年死亡而在本年等级的人数。 2."★"为增减百分点(后同)。3.地区生产总值增长速度按可比价计算。4.人均生产总值按户籍人口计算。

续表一

指标名称	单位	2014 年	比上年增长(%)
农业			
农林牧渔业总产值(当年价)	万元	6093295.00	4.55
农业	万元	3379031.00	6.45
林业	万元	286257.00	0.52
牧业	万元	1842637.00	0.71
渔业	万元	254212.00	6.07
服务业	万元	331157.00	11.50
农林牧渔业总产值(构成)	%	100.00	
农业	%	55.46	1.48
林业	%	4.70	-0.34
牧业	%	30.24	1.80
渔业	%	4.17	0.26
服务业	%	5.43	0.40
播种面积			
粮食	公顷	441391.00	-0.33
甘蔗	公顷	162473.00	-3.80
油料	公顷	49184.00	5.20
蔬菜	公顷	202494.00	13.83
粮食总产量	吨	2252668.00	0.82
油料产量	吨	143744.00	9.12
甘蔗产量	吨	12399757.00	0.24
蔬菜产量	吨	4439699.00	14.61
肉类总产量	吨	653693.00	-0.25
# 猪肉	吨	392753.00	1.95
牛羊肉	吨	26046.00	4.02
禽肉	吨	227625.00	-4.59
猪年末存栏数	万头	429.98	0.14
当年出栏肉猪	万头	530.40	1.35
大牲畜年末存栏数	万头	73.62	1.50
# 牛	万头	71.09	0.06
羊年末存栏数	万只	32.39	27.37
水产品产量	吨	244635.00	5.01
禽蛋产量	吨	32098.00	2.93
牛奶产量	吨	50011.00	1.20
水果产量	吨	1826919.00	7.14

说明：农林牧渔业总产值增长速度按可比价计算。

续表二

指标名称	单位	2014年	比上年增长(%)
工业			
全部工业总产值(当年价)	万元	29842285.00	11.94
# 规模以上工业总产值	万元	28728501.00	12.21
规模以下工业总产值	万元	1113784.00	5.30
规模以上工业			
按等级注册类型分:			
国有企业	万元	2326278.00	2.55
集体企业	万元	112544.00	-18.74
股份合作企业	万元	61168.00	22.28
股份制企业	万元	19093721.00	12.93
外商及港澳台	万元	5750997.00	19.86
其他经济类型企业	万元	1383792.00	-3.92
按轻重工业分:			
轻工业	万元	12278523.00	6.01
重工业	万元	16449977.00	17.33
按企业规模分:			
大中型企业	万元	13930158.00	9.14
小微型企业	万元	14798343.00	15.26
规模以上工业企业			
主要经济指标			
企业单位数	个	967.00	-0.10
# 产值超亿元企业	个	592.00	8.03
亏损企业	个	109.00	11.22
工业总产值(现价)	万元	28728501.00	12.21
工业增加值(现价)	万元	8811702.00	10.80
资产总计	万元	18479787.00	8.57
负债总计	万元	10523623.00	7.79

说明:1.规模以上工业是指年主营业务收入达到2000万元以上的工业企业。2.工业增加值增长速度按价格指数缩减法计算。

续表三

指标名称	单位	2014 年	比上年增长(%)
主营业务收入	万元	26508596.00	10.80
# 主营业务税金及附加	万元	659693.00	12.17
主营业务成本	万元	21703069.00	12.03
实现利税总额	万元	2973878.00	5.12
# 利润总额	万元	1600335.00	8.46
亏损企业亏损额	万元	96924.00	2.32
销售费用	万元	616251.00	2.89
管理费用	万元	1004517.00	1.57
财务费用	万元	215822.00	-5.92
# 利息支出	万元	194516.00	-8.93
主要工业产品产量			
成品糖	万吨	130.26	-10.50
罐头	吨	45581.00	-40.60
乳制品	吨	148230.00	-13.00
啤酒	千升	303137.00	31.30
软饮料	吨	1563113.00	12.30
卷烟	万支	3922560.00	2.10
配混合饲料	万吨	502.65	5.20
纱	吨	25989.00	-4.60
布	万米	67.00	-85.40
家用电风扇	万台	33.63	-19.80
塑料制品	吨	722463.00	11.80
机制纸及纸板	吨	565544.00	-55.20
纸浆	吨	589822.00	-45.10
电力电缆	千米	1716376.00	-4.50
小型拖拉机	台	138972.00	-7.00
发电设备	万千瓦	4.51	490.40
水泥	万吨	1620.50	3.20
平板玻璃	万重量箱	623.00	-2.40
铝材	吨	233055.00	94.50

说明：1.规模以上工业是指年主营业务收入达到 2000 万元以上的工业企业。2.工业增加值增长速度按价格指数缩减法计算。

续表四

指标名称	单位	2014 年	比上年增长(%)
固定资产投资			
全社会固定资产投资	万元	29338739.00	18.54
# 固定资产投资	万元	28866773.00	18.66
# 基本建设投资	万元	12990015.00	17.05
更新改造投资	万元	8534828.00	17.18
其他投资	万元	1147817.00	2.56
房地产开发投资	万元	5518214.00	32.53
新增固定资产	万元	17754500.00	17.98
房屋施工面积	万平方米	7286.15	-38.89
# 住宅	万平方米	3459.23	14.79
房屋竣工面积	万平方米	946.08	-5.12
# 住宅	万平方米	472.56	47.10
商品房施工面积	万平方米	4519.36	18.55
# 住宅	万平方米	3107.84	12.30
商品房竣工面积	万平方米	465.43	42.95
# 住宅	万平方米	329.78	40.65
商品房销售面积	万平方米	802.57	14.23
# 住宅	万平方米	720.95	13.87
商品房销售额	万元	5318663.00	8.77
# 住宅	万元	4400254.00	12.92
国内商业			
商品销售总额	万元	40357211.00	12.20
批发业商品销售总额	万元	24069341.00	11.00
# 限额以上	万元	17412852.00	3.60
零售业商品销售总额	万元	16287870.00	14.00
# 限额以上	万元	5928750.00	6.50
住宿业营业额	万元	418285.00	5.10
# 限额以上	万元	202634.00	-1.80
餐饮业营业额	万元	1623362.00	16.70
# 限额以上	万元	229559.00	6.40
社会消费品零售总额	万元	16169020.00	12.10
按销售地域分			
城镇零售额	万元	15231506.00	11.90
乡村零售额	万元	937514.00	14.20

说明：固定资产投资统计起点为计划投资 500 万元以上。

续表五

指标名称	单位	2014年	比上年增长(%)
居民收入、物价			
城镇居民人均可支配收入	元	27075.00	9.10
农村居民人均可纯收入	元	8576.00	11.60
居民消费价格指数	%	101.60	1.60
食品类	%	104.10	4.10
# 粮食	%	101.90	1.90
肉禽及其制品	%	103.50	3.50
水产品	%	109.60	9.60
鲜菜	%	102.90	2.90
烟酒及用品	%	98.60	−1.40
衣着	%	97.20	−2.80
家庭设备用品及服务	%	98.10	−1.90
医疗保健和个人用品	%	101.50	1.50
交通和通讯	%	99.70	−0.30
娱乐教育文化用品及服务	%	102.50	2.50
居住	%	101.20	1.20
对外经济、旅游			
海关进出口总额	万美元	481410.00	9.00
出口总额	万美元	261702.00	11.25
进口总额	万美元	219708.00	6.44
外商直接投资(广西全口径)	万美元	63950.00	10.22
对外借款	万美元	1287.00	−61.13
期末实有三资企业个数	个	949.00	6.63
# 建成投产企业个数	个	566.00	2.91
国内旅游人数	万人次	6905.00	18.23
国际旅游人数	万人次	43.30	23.33
国内旅游收入	万元	5857436.00	24.72
国际旅游收入	万元	113796.00	33.77

续表六

指标名称	单位	2014年	比上年增长(%)
财政、金融、保险			
财政收入	万元	5265905.00	11.17
# 上划中央税收收入	万元	1923649.00	15.86
上划自治区税收收入	万元	593938.00	15.55
公共财政预算收入	万元	2748518.00	7.26
公共财政预算支出	万元	4657665.00	11.32
财政收入占GDP比重	%	16.73	-0.17*
金融机构存款余额	亿元	7064.49	8.96
# 个人储蓄存款	亿元	2321.74	7.65
金融机构贷款余额	亿元	7091.46	15.95
# 短期贷款	亿元	1501.45	10.46
中长期贷款	亿元	5378.95	14.85
# 个人贷款	亿元	1296.06	15.88
保费收入	万元	1019664.00	13.36
# 财产险保费收入	万元	475191.00	14.47
人身险保费收入	万元	544473.00	12.41

2014年南宁市市区主要经济指标

指标名称	单位	2014年	比上年增长(%)
土地面积	平方千米	6647.00	
#城市建成区面积	平方千米	285.00	0.74
年末户籍总人口	人	2843789.00	1.66
#男性	人	1464967.00	1.58
女性	人	1378822.00	1.75
#18岁以下人口	人	588404.00	6.52
18-60岁人口	人	1807355.00	-0.40
60岁以上人口	人	448030.00	4.12
人口密度	人/平方千米	441.00	1.66
年出生人数	人	53283.00	-7.13
年死亡人数	人	10869.00	19.19
年末总户数	户	871336.00	1.14
年平均人口	人	2820548.00	1.77
人口结构			
男性人口比重	%	51.51	-0.04*
女性人口比重	%	48.49	0.04*
地区生产总值	万元	23314449.00	9.20
第一产业	万元	1355918.00	4.80
第二产业	万元	9031514.00	12.20
工业	万元	6534683.00	14.10
建筑业	万元	2496830.00	7.50
第三产业	万元	12927018.00	7.50
交通运输仓储邮政业	万元	1175477.00	4.90
批发和零售业	万元	2474836.00	5.30
住宿和餐饮业	万元	695351.00	5.60
金融业	万元	2868510.00	13.10
房地产业	万元	1250885.00	10.20
其他服务业	万元	1705454.00	5.30
人均地区生产总值(当年价)	元	82659.00	7.30
地区生产总值构成	%	100.00	
第一产业	%	5.81	-0.55*
第二产业	%	38.74	0.85*
工业	%	28.03	1.13*
建筑业	%	10.71	-0.28*
第三产业	%	55.45	0.30*

说明:1.人口数据由市公安局提供,年出生人数、年死亡人数含历年出生、历年死亡而在本年等级的人数。

2."*"为增减百分点。

3.地区生产总产值增长速度按可比价计算。

4.人均生产总值按户籍人口计算。

续表

指标名称	单位	2014 年	比上年增长(%)
农林牧渔业总产值(当年价)	万元	2254621.00	4.69
农业	万元	1195515.00	5.17
林业	万元	127061.00	9.53
牧业	万元	598210.00	-1.32
渔业	万元	77215.00	8.96
服务业	万元	256619.00	14.50
全部工业总产值(当年价)	万元	20476196.00	17.03
# 规模以上工业总产值	万元	20014485.00	17.34
规模以下工业总产值	万元	461711.00	5.17
全社会固定资产投资	万元	20993765.00	20.41
# 固定资产投资	万元	20860810.00	20.47
# 基本建设投资	万元	9919647.00	18.18
更新改造投资	万元	5065822.00	19.50
其他投资	万元	943611.00	0.39
房地产开发投资	万元	4909850.00	34.81
社会消费品零售总额	万元	13425235.00	11.70
批发业商品销售总额	万元	21983105.00	10.10
# 限额以上	万元	17188508.00	3.40
零售业商品销售总额	万元	13282562.00	11.80
# 限额以上	万元	5796046.00	6.20
住宿业营业额	万元	404112.00	4.60
# 限额以上	万元	200078.00	-2.30
餐饮业营业额	万元	1246209.00	16.40
# 限额以上	万元	210941.00	6.10
财政收入	万元	2400996.00	15.50
# 上划中央税收收入	万元	987825.00	16.40
上划自治区税收收入	万元	482557.00	212.90
公共财政预算收入	万元	930614.00	14.40
公共财政预算收入	万元	1386645.00	15.20

说明:农林牧渔业总产值增长速度按可比价计算。

2014年南宁市县(区)统计资料

县区名称	年末人口数		人口自然增长率		地区生产总值		第一产业增加值	
	总量(人)	比上年增长(%)	人口自然增长率(‰)	比上年增减千分点	总量(亿元)	比上年增长(%)	总量(亿元)	比上年增长(%)
全市	7296565.00	0.70	7.00	-0.10	3148.30	8.50	355.09	4.30
兴宁区	308311.00	1.70	7.30	1.00	299.50	5.40	9.80	4.70
青秀区	673527.00	3.30	7.20	0.60	637.06	6.90	17.45	4.40
江南区	482178.00	1.40	9.00	0.20	370.14	14.20	25.73	7.00
西乡塘区	766582.00	0.70	7.10	0.80	707.84	10.50	22.41	2.80
良庆区	263546.00	2.60	10.20	0.80	116.21	8.20	20.06	3.20
邕宁区	349645.00	0.40	4.70	-1.30	58.62	8.90	23.27	3.30
武鸣县	700090.00	0.20	4.20	-0.10	266.07	10.00	70.05	4.70
隆安县	415286.00	0.50	5.40	-1.40	56.44	5.10	23.18	4.80
马山县	555887.00	-0.60	6.70	0.70	45.41	4.50	15.34	4.30
上林县	492164.00	0.40	7.60	0.70	45.10	7.30	18.43	4.80
宾阳县	1043801.00	—	7.10	-0.10	165.18	8.00	41.93	3.40
横　县	1245548.00	0.30	7.60	-1.50	238.65	3.10	65.05	4.50

说明:1.年末人口数数据为户籍人口。2.人口自然增长率数据按户籍人口中本年出生和本年死亡人口计算。

县区名称	第二产业增加值		第三产业增加值		城镇居民人均可支配收入		农民人均纯收入	
	总量(亿元)	比上年增长(%)	总量(亿元)	比上年增长(%)	总量(亿元)	比上年增长(%)	总量(亿元)	比上年增长(%)
全市	1251.54	9.90	1541.67	8.20	27075.00	9.10	8576.00	11.60
兴宁区	60.94	-4.20	228.77	8.70	29939.00	9.20	9939.00	11.60
青秀区	90.83	1.50	528.78	8.00	34421.00	9.30	10075.00	11.90
江南区	242.69	17.60	101.72	7.80	25332.00	10.20	9903.00	12.00
西乡塘区	412.72	13.80	272.71	6.50	24507.00	9.90	9171.00	11.80
良庆区	67.97	10.00	28.17	7.30	23393.00	10.00	9398.00	12.10
邕宁区	14.43	16.20	20.92	8.00	23958.00	10.30	8873.00	11.50
武鸣县	137.45	7.90	58.58	22.70	25831.00	9.60	10154.00	12.30
隆安县	17.90	5.70	15.36	4.70	20840.00	7.80	6615.00	10.10
马山县	12.47	2.50	17.60	6.30	20720.00	7.50	6058.00	10.20
上林县	10.09	11.80	16.58	6.10	20174.00	7.80	6334.00	10.20
宾阳县	62.75	7.90	60.50	11.10	24321.00	8.90	9047.00	11.20
横　县	107.73	-1.10	65.87	9.90	25152.00	8.80	8883.00	11.30

县区名称	财政收入		公共财政预算收入		公共财政预算支出	
	总量(亿元)	比上年增长(%)	总量(亿元)	比上年增长(%)	总量(亿元)	比上年增长(%)
全市	526.59	11.17	274.85	7.26	465.77	11.32
兴宁区	31.59	11.48	7.34	14.06	12.65	29.45
青秀区	109.68	16.73	23.70	16.99	24.56	14.32
江南区	16.43	−10.66	3.94	−32.16	11.52	2.50
西乡塘区	38.07	14.26	10.22	10.34	22.10	22.26
良庆区	14.14	38.37	3.85	38.27	11.50	17.70
邕宁区	6.65	13.11	1.77	−22.32	12.68	14.13
高新区	46.06	16.62	28.76	25.14	28.77	16.20
经开区	27.77	26.39	13.01	16.94	13.62	4.45
武鸣县	19.46	20.53	11.90	16.03	28.48	4.56
# 武鸣县本级	12.29	10.50	7.90	9.86	22.75	3.26
广西—东盟经济开发区	7.17	42.72	4.01	30.48	5.72	10.05
隆安县	5.13	10.54	3.17	8.39	16.77	13.29
马山县	3.29	0.91	2.11	−5.98	18.61	3.90
上林县	3.99	8.89	2.44	−6.13	20.15	12.61
宾阳县	15.60	10.94	11.09	15.50	34.05	12.47
横　县	16.80	11.34	11.97	13.13	34.51	8.65

县区名称	农林牧渔业总产值	
	总量(亿元)	比上年增长(%)
全市	609.33	4.55
兴宁区	15.90	4.73
青秀区	30.46	4.52
江南区	40.47	7.26
# 江南区本级	27.89	3.64
经开区	12.58	15.28
西乡塘区	36.83	2.49
# 西乡塘区本级	35.01	2.97
高新区	1.82	−6.64
良庆区	32.16	3.20
邕宁区	38.85	3.32
武鸣县	115.46	4.71
隆安县	37.66	4.83
马山县	25.49	4.36
上林县	31.09	4.88
宾阳县	68.25	3.49
横　县	105.90	4.61

说明:农林牧渔业总产值本表增长速度按可比价计算。

县区名称	规模以上工业增加值		规模以上工业总产值		规模以上工业综合能源消费量		万元工业增加值能耗	社会消费品零售总额	
	总量(亿元)	比上年增长(%)	总量(亿元)	比上年增长(%)	总量(万吨标准煤)	比上年增长(%)	上升或下降(+-,%)	总量(亿元)	比上年增长(%)
全市	881.17	10.80	2872.85	12.21	524.25	-11.09	-19.76	1616.90	12.10
兴宁区	8.92	0.80	33.70	0.45	1.68	-6.12	-6.87	342.75	10.00
青秀区	14.65	3.30	49.55	5.98	1.04	-14.24	-16.98	332.91	12.40
江南区	186.59	21.46	680.57	28.30	46.74	-1.58	-18.97	258.74	11.40
# 江南区本级	41.31	27.80	165.65	37.31	18.51	-17.99	-35.83	153.17	10.80
经开区	145.29	19.80	514.93	25.64	28.23	13.28	-5.44	105.57	12.30
西乡塘区	251.72	12.89	862.00	15.80	60.85	-0.30	-11.68	362.55	12.60
# 西乡塘区本级	14.04	-9.80	60.58	-15.34	47.80	-2.62	7.96	290.04	12.20
高新区	237.68	14.70	801.41	19.12	13.06	9.20	-4.80	72.52	14.00
良庆区	41.95	0.70	141.59	3.31	12.13	-15.23	-15.82	28.70	13.00
邕宁区	4.15	18.60	16.73	18.48	6.50	-16.47	-29.57	16.87	13.50
武鸣县	111.99	8.80	386.92	11.23	78.13	-3.93	-11.70	65.02	15.00
# 武鸣县本级	70.36	4.69	205.73	3.48	64.23	-6.19	-10.40	62.00	15.00
广西东盟经济开发区	41.63	16.70	181.19	21.56	13.90	8.05	-7.41	3.02	15.20
隆安县	10.16	1.50	53.24	2.04	32.85	-3.20	-4.63	15.72	12.20
马山县	5.01	-8.10	13.45	-15.83	9.00	7.54	17.02	18.84	14.20
上林县	5.27	10.00	26.06	9.35	9.10	-5.71	-14.28	16.51	14.00
宾阳县	32.80	8.40	129.00	8.61	53.81	-7.53	-14.70	83.08	14.20
横　县	77.51	-5.00	252.88	-10.67	182.33	-17.21	-12.85	75.21	13.60

说明:1.规模以上工业增加值的增速按价格指数缩减法计算。2.规模以上工业总产值的增速按现价计算。

县区名称	全社会固定资产投资		固定资产投资	
	总量(亿元)	比上年增长(%)	总量(亿元)	比上年增长(%)
全市	2933.87	18.50	2886.68	18.70
兴宁区	209.92	17.10	208.33	17.10
青秀区	597.03	13.90	595.21	13.90
# 青秀区本级	595.54	14.00	593.72	14.10
青秀山风景区	1.49	-28.60	1.49	-28.60
江南区	322.19	19.10	318.58	19.30
# 江南区本级	150.11	17.10	148.11	17.10
经开区	172.07	21.00	170.48	21.20
西乡塘区	545.90	18.10	544.95	18.10
# 西乡塘区本级	240.94	19.10	239.99	19.20
高新区	304.96	17.20	304.96	17.20
良庆区	171.60	38.90	167.69	39.50
邕宁区	93.67	38.40	92.25	38.90
武鸣县	276.12	18.70	271.98	18.50
# 武鸣县本级	160.64	19.00	156.50	18.80
广西东盟经济开发区	115.48	18.20	115.48	18.20
隆安县	64.38	15.20	61.82	15.00
马山县	51.77	15.20	48.03	15.70
上林县	52.56	19.00	50.28	20.00
宾阳县	194.13	19.04	184.26	19.70
横　县	198.20	2.37	186.90	1.91

说明:固定资产投资统计起点为计划总投资500万元及以上。

2014年全国、广西、南宁主要指标及南宁市占广西比重

指标名称	单位	全国		广西		南宁		南宁市占广西比重(%)
		绝对数	增长(%)	绝对数	增长(%)	绝对数	增长(%)	
年末总人口	万人	136782.00	0.50	5475.00	1.00	730.00	0.72	13.33
国内生产总值	亿元	636463.00	7.40	15673.00	8.50	3148.00	8.50	20.09
第一产业	亿元	58332.00	4.10	2412.00	3.80	355.00	4.30	14.72
第二产业	亿元	271392.00	7.30	7336.00	10.10	1252.00	9.90	17.07
工业	亿元	—	—	6065.00	10.10	923.00	10.30	15.22
第三产业	亿元	306739.00	8.10	5925.00	8.10	1542.00	8.20	26.03
固定资产投资	亿元	502005.00	15.70	13288.00	16.70	2887.00	18.66	21.73
# 基本建设	亿元	—	—	5418.00	20.40	1299.00	17.05	23.98
更新改造	亿元	—	—	5039.00	16.70	853.00	17.18	16.93
房地产开发	亿元	95036.00	10.50	1838.00	13.90	552.00	32.53	30.03
城镇居民人均可支配收入	元	28844.00	6.80	24669.00	8.70	27075.00	9.10	—
农村居民人均纯收入	元	9892.00	9.20	7565.00	11.40	8576.00	11.60	—
粮食总产值	万吨	60710.00	0.90	1534.00	0.80	225.27	0.82	14.69
社会消费品零售总额	亿元	262394.00	12.00	5716.60	12.50	1616.90	12.10	28.28
进出口总额	亿美元	43026.00	3.40	405.53	23.50	48.14	9.00	11.87
# 出口	亿美元	23426.00	6.00	240.30	30.20	21.97	6.44	9.14
财政收入	亿元	—	—	2162.40	8.10	526.59	11.17	24.35
# 公共财政预算收入	亿元	140350.00	8.60	1422.05	7.90	274.85	7.26	19.33
公共财政预算支出	亿元	151662.00	8.20	3455.44	7.70	465.77	11.32	13.48
金融机构存款余额	亿元	1138600.00	9.10	20079.00	9.90	7064.00	8.96	35.18
# 个人储蓄存款	亿元	485261.00	8.40	10499.00	10.50	2322.00	7.65	22.11
金融机构贷款余额	亿元	816800.00	13.60	15585.00	14.20	7091.00	15.95	45.50
居民消费价格指数(上年=100)	%	102.00	2.00	102.10	2.10	101.60	1.60	—

2014年27个省会城市主要经济指标及排位

城市	地区生产总值				第一产业增加值				第二产业增加值			
	总量（亿元）	位次	增速(%)	位次	总量（亿元）	位次	增速(%)	位次	总量（亿元）	位次	增速(%)	位次
南宁	3148.30	18	8.50	19	355.09	5	4.30	15	1251.54	16	9.90	12
太原	2531.09	20	3.30	27	38.93	22	4.30	15	1012.31	17	1.00	25
合肥	5158.00	14	10.00	9	257.60	10	4.80	11	2872.00	7	11.40	8
福州	5169.16	13	10.10	7	416.09	3	4.60	14	2352.15	10	11.50	6
南昌	3667.96	17	9.80	11	166.10	15	4.70	12	2017.01	13	11.50	6
郑州	6782.98	8	9.50	13	149.52	16	3.10	20	3771.09	5	10.20	10
长沙	7500.00	7	10.50	4								
石家庄	5100.20	15	7.90	23	488.30	2	2.60	22	2439.30	9	7.10	21
海口	1005.51	26	9.20	15	54.58	20	−2.40	27	215.68	24	5.60	23
★西宁	1077.14	25	13.50	2	37.75	23	5.40	7	560.73	23	16.70	1
★银川	1395.67	24	9.50	13	56.66	19	5.30	8	760.27	22	11.60	5
★乌鲁木齐	2510.00	21	10.50	4	30.00	24	5.60	6	955.00	19	12.20	4
★兰州	1913.50	23	10.40	6	53.60	21	6.30	4	829.20	21	9.10	14
★贵阳	2492.27	22	13.90	1	108.02	18	6.60	2	976.59	18	13.90	3
★昆明	3712.99	16	8.10	21	187.57	14	6.20	5	1642.03	15	8.20	17
★呼和浩特	2894.05	19	8.00	22	125.46	17	3.10	20	848.19	20	8.20	17
沈阳	7510.00	6	6.00	26								
长春	5382.00	11	6.60	25	340.10	7	4.70	12	2862.80	8	6.90	22
哈尔滨	5332.70	12	6.90	24	639.80	1	7.00	1	1785.30	14	5.10	24
南京	8820.75	5	10.10	7	223.96	12	3.50	19	3671.45	6	8.80	15
杭州	9201.16	4	8.20	20	274.36	9	1.80	23	3858.90	4	8.10	19
济南	5770.60	9	8.80	17	299.11	8	4.20	17	2215.16	11	8.80	15
武汉	10069.48	2	9.70	12	350.06	6	5.00	10	4785.66	2	10.20	10
广州	16706.87	1	8.60	18	237.52	11	1.80	23	5606.41	1	7.40	20
★成都	10056.60	3	8.90	16	370.80	4	3.60	18	4561.10	3	9.80	13
★西安	5474.77	10	9.90	10	214.55	13	5.10	9	2205.37	12	11.30	9
★拉萨	347.45	27	10.90	3	12.94	25	6.40	3	127.75	25	14.80	2
南宁在11个西部省会城市排位★		4		9		2		9		4		7
南宁在5个自治区首府城市排位		1		4		1		4		1		4

续表一

城市	第三产业增加值				公共财政预算收入				规模以上工业增加值			
	总量（亿元）	位次	增速（%）	位次	总量（亿元）	位次	增速（%）	位次	总量（亿元）	位次	增速（%）	位次
南宁	1541.67	16	8.20	19	274.85	20	7.30	22	881.17	16	10.80	13
太原	1479.85	19	5.10	25	258.85	21	4.70	25	647.24	19	0.40	27
合肥	2028.30	13	8.50	16	500.34	12	14.10	11	2126.59	10	12.30	3
福州	2400.92	10	9.40	8	510.87	11	12.50	18	1837.93	12	12.10	6
南昌	1484.85	18	7.80	22	342.21	17	17.20	5	1380.60	13	11.90	9
郑州	2862.37	9	8.80	14	833.88	6	15.20	10	3094.00	5	11.20	10
长沙					632.80	8	17.90	4	3042.05	6	12.00	7
石家庄	2172.60	12	9.90	5	343.50	16	13.00	15	2071.70	11	8.00	21
海口	735.26	22	11.20	4	100.12	26	15.40	9	122.07	24	3.50	26
★西宁	478.66	24	9.70	6	168.13	23	14.10	11	406.80	23	17.30	2
★银川	578.74	23	7.20	23	153.62	24	14.10	11	471.70	22	10.50	14
★乌鲁木齐	1525.00	17	9.30	10	340.62	18	12.80	16	654.95	18	12.00	7
★兰州	1030.65	21	11.80	2	152.33	25	22.40	2	565.00	21	8.10	19
★贵阳	1412.66	20	14.30	1	331.60	19	19.60	3	636.06	20	12.20	4
★昆明	1883.40	15	8.10	21	477.97	13	6.00	23	969.00	15	7.00	23
★呼和浩特	1920.40	14	8.30	18	211.54	22	16.20	7		26	10.00	16
沈阳					785.50	7	−1.90	27	3614.90	2	4.90	25
长春	2179.10	11	6.60	24	397.30	15	4.10	26	2415.70	9	6.70	24
哈尔滨	2907.60	8	8.20	19	423.50	14	5.30	24	849.40	17	7.70	22
南京	4925.34	5	11.50	3	903.49	5	8.70	19	2999.44	7	9.50	17
杭州	5067.90	3	8.50	16	1027.32	3	8.70	19	2805.25	8	8.90	18
济南	3256.33	6	9.10	11	543.10	10	12.70	17		26	10.10	15
武汉	4933.76	4	9.50	7	1101.02	2	15.60	8	3453.35	3	10.90	12
广州	10862.94	1	9.40	8	1241.53	1	8.70	19	4859.55	1	8.10	19
★成都	5124.70	2	8.60	15	1025.20	4	14.10	11	3272.87	4	12.20	4
★西安	3054.85	7	9.00	12	583.76	9	16.30	6	1195.28	14	11.10	11
★拉萨	206.77	25	8.90	13	64.79	27	29.20	1	29.67	25	21.00	1
南宁在11个西部省会城市排位★		5		9		6		10				7
南宁在5个自治区首府城市排位		2		4		2		5		1		3

说明：规模以上工业增加值总量南宁在西部省会城市排位，因缺值较多，故不排位。

续表二

城市	固定资产投资				居民消费价格总指数				海关进出口总额			
	总量（亿元）	位次	增速(%)	位次	指数	位次	增速(%)	位次	总量（亿美元）	位次	增速(%)	位次
南宁	2886.68	18	18.70	8	101.6	24	1.60	24	48.14	21	9.00	17
太原	1746.09	19	4.50	25	102.2	10	2.20	10	106.71	16	16.50	9
合肥	5302.60	7	16.90	11	102.0	17	2.00	17	200.87	11	10.50	12
福州	4388.62	12	14.90	20	101.8	23	1.80	23	346.10	7	10.40	13
南昌	3434.25	15	18.60	9	102.5	8	2.50	8	122.26	15	25.90	6
郑州	5259.65	8	20.10	6	102.0	17	2.00	17	464.31	6	8.60	18
长沙	5435.75	5	18.30	10	102.7	5	2.70	5	772.50	2	26.00	5
石家庄	5076.40	9	16.20	13	102.0	17	2.00	17	143.00	14	2.10	24
海口	821.53	25	26.50	2	102.2	10	2.20	10	34.01	24	−29.70	26
★西宁	1176.61	24	27.10	1	102.8	3	2.80	3	15.97	27	28.70	4
★银川	1392.76	23	21.20	4	102.1	16	2.10	16	47.80	22	99.80	1
★乌鲁木齐	1526.00	22	20.00	7	102.8	3	2.80	3	82.85	18	6.30	19
★兰州	1610.70	21	22.30	3	102.2	10	2.20	10	45.60	23	12.20	10
★贵阳	3489.41	14	15.10	17	102.7	5	2.70	5	78.42	19	24.10	7
★昆明	3138.17	16	7.00	23	103.1	1	3.10	1	177.87	12	5.30	20
★呼和浩特	1736.50	20	15.80	16	101.2	27	1.20	27	21.95	25	37.50	3
沈阳	6564.10	3	2.80	26	102.2	10	2.20	10	158.00	13	10.60	11
长春	3924.50	13	15.10	17	102.2	10	2.20	10	207.20	10	1.60	25
哈尔滨	6361.00	27	12.20	22	102.0	17	2.00	17	68.10	20	4.10	22
南京	5430.77	6	6.60	24	102.6	7	2.60	7	572.21	4	2.60	23
杭州	4952.70	10	16.20	13	102.0	17	2.00	17	679.98	3	4.50	21
济南	3063.40	17	16.10	15	102.2	10	2.20	10	105.00	17	9.70	16
武汉	7002.85	1	16.70	12	101.9	22	1.90	22	264.29	8	21.40	8
广州	4889.50	11	14.50	21	102.3	9	2.30	9	1306.00	1	9.80	15
★成都	6620.40	2	1.80	27	101.3	26	1.30	26	558.50	5	10.40	13
★西安	5903.98	4	15.00	19	101.4	25	1.40	25	249.83	9	38.90	2
★拉萨	455.39	26	21.10	5	103.0	2	3.00	2	20.76	26	−35.20	27
南宁在11个西部省会城市排位★		5		6		8		8		6		8
南宁在5个自治区首府城市排位		1		4		4		4		2		3

续表三

城市	社会消费品零售总额				城镇居民人均可支配收入				农民人均纯收入			
	总量（亿元）	位次	增速（%）	位次	总量（元）	位次	增速（%）	位次	总量（元）	位次	增速（%）	位次
南宁	1616.90	17	12.10	18	27075	18	9.10	14	8576	25	11.60	12
太原	1411.13	19	10.10	24	25768	21	7.90	27	12616	14	10.40	18
合肥	1666.75	16	12.90	6	29348	13	9.40	8	14407	11	12.20	7
福州	2991.98	9	14.60	1	32451	10	9.40	8	14012	12	11.20	14
南昌	1429.21	18	12.50	15	29091	15	10.00	3	12414	16	11.00	17
郑州	2913.61	11	12.70	9	29095	14	9.30	12	15470	7	10.40	18
长沙	3162.07	7	12.90	6	36826	5	9.40	8	21684	27	10.00	27
石家庄	2423.50	13	12.50	15	26071	20	8.30	25	10542	20	10.40	18
海口	541.27	24	10.50	22	22632	26	9.60	6	10630	19	12.40	4
★西宁	412.86	25	13.30	2	21291	27	9.50	7	10097	23	12.10	9
★银川	382.47	26	9.90	26	26118	19	9.10	14	10275	22	10.00	24
★乌鲁木齐	1070.00	21	10.30	23	23755	23	11.50	1	13335	13	16.00	1
★兰州	944.90	22	12.70	9	23030	25	10.90	2	8067	26	13.40	2
★贵阳	888.58	23	13.10	4	24961	22	9.40	8	10826	18	12.70	3
★昆明	1905.89	15	12.00	20	31295	12	8.90	20	10366	21	12.10	9
★呼和浩特	1256.08	20	10.00	25	34723	7	8.50	24	12538	15	10.00	24
沈阳	3570.10	6	12.10	18	31720	11	9.10	14	15945	6	10.20	23
长春	2217.50	14	12.60	12	28585	17	9.80	5	27299	1	9.70	26
哈尔滨	3070.90	8	12.60	12	28816	16	9.30	12	12125	17	12.20	7
南京	3957.97	4	13.00	5	42568	3	8.80	22	17661	4	10.30	21
杭州	3838.73	5	8.70	27	44632	1	9.10	14	23555	2	11.10	16
济南	2964.40	10	12.60	12	38763	4	8.70	23	14726	8	11.20	14
武汉	4369.32	2	12.70	9	33270	8	9.90	4	16160	5	12.30	5
广州	7697.85	1	12.50	15	42955	2	8.90	20	17663	3	10.30	21
★成都	4202.40	3	12.00	20	32665	9	9.00	19	14478	9	11.50	13
★西安	2872.90	12	12.80	8	36100	6	9.10	14	14462	10	11.90	11
★拉萨	180.33	27	13.30	2	23057	24	8.10	26	9258	24	12.30	5
南宁在11个西部省会城市排位★		4		6		5		5		10		8
南宁在5个自治区首府城市排位		1		2		2		2		5		3

2014年广西14个城市主要指标及排位

城市	地区生产总值				第一产业增加值				第二产业增加值				全部工业增加值			
	总量（亿元）	位次	增速（%）	位次	总量（亿元）	位次	增速（%）	位次	总量（亿元）	位次	增速（%）	位次	总量（亿元）	位次	增速（%）	位次
全区	15672.97		8.50		2412.21		3.80		7335.60		10.10		6065.34		10.10	
南宁	3148.30	1	8.50	4	355.09	1	4.30	2	1251.54	2	9.90	8	923.49	2	10.30	6
柳州	2208.51	2	8.50	5	157.12	7	3.80	8	1312.54	1	8.50	10	1191.11	1	8.60	10
桂林	1827.05	3	8.00	10	323.07	2	4.90	1	865.05	3	9.90	9	717.27	3	10.00	7
梧州	1064.82	5	6.20	11	119.58	12	4.20	5	646.06	4	7.00	11	595.31	4	7.80	11
北海	856.01	7	12.50	1	151.36	8	3.00	12	454.51	7	18.70	1	407.80	7	19.70	1
防城港	588.94	12	10.40	2	70.84	14	3.60	10	340.36	8	15.20	2	298.41	8	17.10	2
钦州	854.96	8	9.80	3	193.91	4	4.00	6	338.94	9	13.90	3	250.57	10	11.20	4
贵港	805.40	9	5.20	14	160.82	5	2.90	13	325.51	10	5.20	14	270.65	9	5.20	14
玉林	1341.75	4	8.40	7	248.81	3	3.40	11	591.66	5	10.90	6	479.54	5	9.90	8
百色	917.92	6	8.40	6	158.69	6	4.20	3	490.03	6	9.90	7	417.90	6	8.70	9
贺州	448.38	14	6.10	12	97.99	13	4.20	4	192.02	14	5.50	13	134.23	14	5.60	13
河池	601.39	11	8.10	9	137.27	10	3.70	9	205.27	13	12.40	4	152.08	13	13.10	3
来宾	551.24	13	6.10	12	133.43	11	2.30	14	228.21	12	5.90	12	173.67	12	6.30	12
崇左	649.72	10	8.30	8	147.37	9	3.80	7	277.45	11	11.50	5	232.64	11	11.00	5

城市	第三产业增加值				农林牧渔业总产值				规模以上工业总产值				规模以上工业增加值			
	总量（亿元）	位次	增速（%）	位次	总量（亿元）	位次	增速（%）	位次	总量（亿元）	位次	增速（%）	位次	总量（亿元）	位次	增速（%）	位次
全区	5925.16		8.10		–	–	–	–	20460.30		12.35				10.70	
南宁	1541.67	1	8.20	3	609.33	1	4.55	3	2872.85	2	12.21	6	881.17	2	10.80	7
柳州	738.85	2	9.50	1	274.16	6	3.97	8	4308.68	1	10.50	10	1148.86	1	8.90	10
桂林	638.93	3	6.60	9	514.05	2	5.00	1	2116.65	3	10.94	8	657.66	3	10.60	8
梧州	299.18	7	5.00	13	202.21	12	4.66	2	1917.18	4	10.40	11	572.21	4	8.20	11
北海	250.15	10	5.30	12	232.41	9	3.11	13	1597.86	5	22.72	1	388.44	6	21.50	1
防城港	177.74	13	4.20	14	118.04	14	3.85	11	1138.20	8	18.04	2	288.54	8	18.00	2
钦州	322.12	5	7.00	8	314.19	4	4.14	6	1291.44	7	13.87	5	222.03	11	12.51	4
贵港	319.07	6	6.50	10	278.65	5	3.14	12	796.81	10	8.14	12	246.16	9	5.40	14
玉林	501.27	4	7.20	7	426.92	3	3.92	9	1439.27	6	16.88	3	410.89	5	11.30	6
百色	269.20	8	7.80	5	257.50	7	4.30	4	1110.38	9	13.90	4	386.30	7	9.40	9
贺州	158.36	14	8.10	4	157.65	13	4.20	5	381.73	13	5.30	13	106.15	14	6.10	13
河池	258.85	9	5.60	11	231.68	10	4.11	7	374.33	14	10.78	9	137.26	13	14.50	3
来宾	189.59	12	9.30	2	219.07	11	2.30	14	517.70	12	2.98	14	158.70	12	6.60	12
崇左	224.90	11	7.50	6	240.69	8	3.90	10	584.21	11	11.70	7	226.33	10	11.50	5

城市	固定资产投资				社会消费品零售总额				进出口总额				金融机构存款余额			
	总量(亿元)	位次	增速(%)	位次	总量(亿元)	位次	增速(%)	位次	总量(亿元)	位次	增速(%)	位次	总量(亿元)	位次	增速(%)	位次
全区	13287.60		16.70		5716.60		12.50		4055300		23.50		20078.97		9.90	
南宁	2886.68	1	18.66	2	1616.90	1	12.10	11	481410	4	9.00	8	7064.49	1	8.96	12
柳州	1765.49	2	16.00	9	858.20	2	13.20	1	226825	6	−21.30	13	2553.66	2	8.96	11
桂林	1536.88	3	17.46	6	682.87	3	13.10	2	94327	8	2.12	9	2269.76	3	9.81	10
梧州	876.04	6	9.41	12	328.30	6	12.30	9	124948	7	−29.20	14	853.32	7	12.56	3
北海	786.16	7	16.50	8	185.81	10	11.20	13	350016	5	29.70	4	699.52	10	7.37	14
防城港	478.31	12	4.94	14	91.67	14	12.60	5	546866	2	27.30	5	470.24	13	8.44	13
钦州	658.97	8	17.88	4	303.25	7	12.80	4	533447	3	51.10	1	768.10	9	10.75	7
贵港	547.17	10	18.10	3	359.56	5	11.80	12	30603	12	38.30	3	905.75	5	10.80	6
玉林	1123.71	4	17.84	5	545.71	4	13.00	3	44654	11	16.70	7	1302.45	4	10.54	8
百色	895.23	5	11.56	11	201.06	9	12.60	6	72845	9	21.84	6	880.56	6	14.23	1
贺州	530.28	11	17.40	7	133.63	12	12.30	9	17306	13	−13.30	12	459.85	14	13.59	2
河池	343.22	14	15.60	10	223.79	8	12.50	8	47929	10	−0.45	10	812.26	8	11.96	5
来宾	431.18	13	5.10	13	134.17	11	11.00	14	10688	14	−10.70	11	494.84	12	10.40	9
崇左	548.64	9	21.70	1	108.44	13	12.50	7	1469407	1	43.00	2	561.55	11	12.10	4

城市	个人储蓄存款余额				金融机构贷款余额				财政收入				公共财政预算收入			
	总量(亿元)	位次	增速(%)	位次	总量(亿元)	位次	增速(%)	位次	总量(亿元)	位次	增速(%)	位次	总量(亿元)	位次	增速(%)	位次
全区	10499.47		10.50		15585.46		14.20		2162.40		8.10		1422.05		7.90	
南宁	2321.74	1	7.65	12	7091.46	1	15.95	2	526.59	1	11.17	5	274.85	1	7.26	9
柳州	1061.01	3	7.24	14	1770.26	2	9.63	13	316.55	2	11.05	6	133.16	2	6.42	10
桂林	1334.22	2	8.28	11	1389.55	3	13.36	9	195.18	3	8.21	9	123.89	3	11.61	5
梧州	529.52	6	10.14	9	620.27	6	15.41	4	122.42	7	3.60	10	90.45	4	5.50	12
北海	432.53	10	7.50	13	434.02	10	16.37	1	127.39	6	12.14	4	47.25	9	12.19	3
防城港	272.87	14	10.04	10	380.21	11	13.36	10	65.33	11	10.24	7	45.45	10	11.64	4
钦州	486.35	9	13.04	2	524.37	8	6.33	14	138.31	4	1.61	12	47.64	8	5.99	11
贵港	659.96	5	12.60	6	546.92	7	13.90	8	66.11	10	15.10	1	36.45	12	16.70	2
玉林	993.04	4	12.62	5	747.87	4	15.72	3	128.17	5	12.60	3	88.81	5	17.70	1
百色	528.67	7	14.78	1	673.33	5	14.36	6	108.70	8	0.94	13	70.91	6	7.93	8
贺州	284.53	13	12.69	4	279.00	14	15.30	5	40.60	14	13.50	2	24.41	14	11.20	6
河池	506.86	8	12.72	3	467.18	9	13.13	11	54.67	13	8.84	8	29.93	13	10.97	7
来宾	285.47	12	12.20	8	330.15	13	10.10	12	58.11	12	3.50	11	37.95	11	4.30	13
崇左	355.91	11	12.30	7	335.72	12	14.00	7	73.16	9	0.20	14	48.40	7	1.90	14

城市	公共财政预算支出				居民消费价格总指数				城镇居民人均可支配收入				农村人均纯收入			
	总量(亿元)	位次	增速(%)	位次	指数	位次	增速(%)	位次	总量(元)	位次	增速(%)	位次	总量(元)	位次	增速(%)	位次
全区	3455.44		7.70		102.10		2.10		24669		8.70		7565		11.40	
南宁	465.77	1	11.32	3	101.60	13	1.60	13	27075	1	9.10	5	8576	8	11.60	6
柳州	261.11	4	8.91	8	102.60	3	2.60	3	26693	3	9.60	2	8606	7	12.30	4
桂林	304.43	2	7.89	9	102.00	10	2.00	10	26811	2	9.20	4	9431	2	12.80	2
梧州	184.05	7	4.60	12	102.10	9	2.10	9	24272	9	7.70	13	8342	9	11.60	6
北海	104.97	13	5.36	11	102.80	1	2.80	1	25818	6	10.30	1	9079	5	10.20	11
防城港	97.52	14	10.22	7	102.60	3	2.60	3	26523	5	8.60	10	9524	1	11.30	9
钦州	141.27	10	5.75	10	102.50	6	2.50	6	25425	7	7.30	14	8892	6	10.40	10
贵港	146.84	9	4.50	13	101.80	12	1.80	12	23262	12	8.90	6	9131	4	11.50	8
玉林	229.10	5	10.70	4	102.60	3	2.60	3	26681	4	9.50	3	9314	3	12.60	3
百色	261.13	3	12.24	1	102.30	8	2.30	8	23282	11	8.50	11	6145	13	13.60	1
贺州	118.32	12	10.60	5	101.90	11	1.90	11	23590	10	8.80	8	7337	12	11.90	5
河池	222.24	6	12.22	2	102.80	1	2.80	1	21363	14	8.70	9	5723	14	10.10	12
来宾	129.05	11	4.40	14	101.50	14	1.50	14	25401	8	7.80	12	7751	10	9.40	13
崇左	155.51	8	10.40	6	102.40	7	2.40	7	23184	13	8.90	6	7707	11	8.90	14

责任编辑 李 康

附 录

《南宁政报》2014 总目录

类别	文 件	发文字号	期数	页码
政府工作报告	2014年2月12日在南宁市第十三届人民代表大会第五次会议上　市长周红波		5	1
	坚定信心　凝心聚力　奋力完成全年经济发展目标任务——2014年7月30日在全市年中经济工作会议上的讲话　市长周红波		15	1
南委	中共南宁市委　南宁市人民政府关于表彰2013年南宁市优秀市管军转干部的决定	南委〔2014〕19号	5	40
南发	中共南宁市委　南宁市人民政府关于创建全国民族团结进步示范市的意见	南发〔2014〕7号	6	1
	中共南宁市委　南宁市人民政府关于加快建设"智慧南宁"的决定	南发〔2014〕11号	14	1
	中共南宁市委　南宁市人民政府关于全面深化农村改革加快推进农业现代化的实施意见	南发〔2014〕15号	17	1
	中共南宁市委　南宁市人民政府关于加快改革创新全面推进教育现代化的实施意见	南发〔2014〕16号	18	1
	中共南宁市委　南宁市人民政府关于表彰2013年度南宁市科学发展十佳乡镇和科学发展进步乡镇的决定	南发〔2014〕17号	21	1
	中共南宁市委　南宁市人民政府关于加快新型工业化实现跨越发展的决定	南发〔2014〕19号	23	1
南办发	中共南宁市委办公厅　南宁市人民政府办公厅关于进一步严肃会议纪律切实改进会风的通知	南办发〔2014〕8号	5	41
	中共南宁市委办公厅　南宁市人民政府办公厅关于印发《开创我市招商引资工作新局面的若干措施》的通知	南办发〔2014〕9号	5	42
	中共南宁市委办公厅　南宁市人民政府办公厅印发《关于加快推进南宁保税物流中心向综合保税区转型升级的意见》的通知	南办发〔2014〕13号	6	5
	中共南宁市委办公厅　南宁市人民政府办公厅关于印发《2014年南宁市新闻发布计划》的通知	南办发〔2014〕14号	6	8
	中共南宁市委办公厅　南宁市人民政府办公厅关于印发《南宁市2014年标准厂房建设实施方案》的通知	南办发〔2014〕17号	6	15
	中共南宁市委办公厅　南宁市人民政府办公厅关于印发《南宁市推进县域经济跨越发展实施方案》的通知	南办发〔2014〕30号	7	23
	中共南宁市委办公厅　南宁市人民政府办公厅关于转发《中共南宁市委组织部　南宁市人力资源和社会保障局关于公布第四批南宁市人才小高地名单的通知》的通知	南办发〔2014〕31号	7	29
	中共南宁市委办公厅　南宁市人民政府办公厅关于表彰2013年度全市人口和计划生育工作先进单位的通报	南办发〔2014〕50号	9	6
	中共南宁市委办公厅　南宁市人民政府办公厅关于印发《"美丽南宁"乡村建设重大活动规划纲要(2013-2020)》的通知	南办发〔2014〕53号	12	1
	中共南宁市委办公厅　南宁市人民政府办公厅印发《关于进一步加强人民政协提案办理工作的实施意见》的通知	南办发〔2014〕66号	17	7
	中共南宁市委办公厅　南宁市人民政府办公厅关于印发第二批南宁市特聘专家名单的通知	南办发〔2014〕71号	17	11
	中共南宁市委办公厅　南宁市人民政府办公厅关于2013年度南宁市机关绩效考评结果的通报	南办发〔2014〕72号	17	12
	中共南宁市委办公厅　南宁市人民政府办公厅关于印发《南宁市乡镇(街道)推动经济发展增加城乡居民收入差异化考核指导意见(试行)》的通知	南办发〔2014〕79号	17	13

续表一

类别	文件	发文字号	期数	页码
南办发	中共南宁市委办公厅　南宁市人民政府办公厅关于印发《南宁市人才安家费补贴暂行规定》的通知	南办发〔2014〕84号	17	18
	中共南宁市委办公厅　南宁市人民政府办公厅关于印发《南宁市引进急需紧缺人才奖励暂行办法》的通知	南办发〔2014〕114号	19	3
	中共南宁市委办公厅　南宁市人民政府办公厅关于印发《关于进一步提升社区建设水平的意见》的通知	南办发〔2014〕124号	21	1
政府令	南宁市餐厨垃圾管理办法	第20号	4	1
	南宁市个人信用信息征集使用管理办法	第22号	8	1
	南宁市房屋使用安全管理规定	第23号	9	1
	南宁市罚没财物、追回赃款赃物和查封、扣押物品管理办法	第24号	10	1
	南宁市控制吸烟规定	第25号	10	3
	南宁市建筑安装工程劳动保险费管理办法	第26号	18	8
	南南宁市人民政府关于废止南宁市燃煤二氧化硫污染防治办法的决定	第27号	19	1
	南宁市人民政府关于修改〈南宁市荣誉市民称号管理办法〉的决定	第28号	19	1
南府字	南宁市人民政府关于划定畜禽养殖禁养区和限养区的通告	南府字〔2014〕1号	9	1
	南宁市人民政府关于高考中考期间严格控制环境噪声污染的通告	南府字〔2014〕2号	10	6
	南宁市人民政府关于调整南宁市市区城镇土地使用税应税土地等级范围的通告	南府字〔2014〕4号	15	11
	南宁市人民政府关于在2014“两会一节”和第45届“世锦赛”期间禁止进行放飞民间飞行器活动的通告	南府字〔2014〕5号	16	1
	南宁市人民政府关于在2014“两会一节”期间停止运输、使用危险物品的通告	南府字〔2014〕6号	16	1
南府发	南宁市人民政府中国人民银行南宁中心支行中国银监会广西监管局中国证监会广西监管局中国保监会广西监管局关于建立南宁市金融业发展联席会议制度的通知	南府发〔2013〕59号	1	1
	南宁市人民政府关于进一步加强和改进道路交通安全工作的实施意见	南府发〔2013〕60号	1	2
	南宁市人民政府关于印发南宁市电子商务发展规划(2013-2018)的通知	南府发〔2014〕2号	3	1
	南宁市人民政府关于市长副市长工作分工的通知	南府发〔2014〕3号	4	4
	南宁市人民政府关于印发2014年政府立法工作计划的通知	南府发〔2014〕4号	5	45
	南宁市人民政府关于公布第八批南宁市新世纪学术和技术带头人第一、第二、第三层次培养人选名单的通知	南府发〔2014〕5号	7	3
	南宁市人民政府关于印发《南宁市行政调解办法》的通知	南府发〔2014〕6号	7	19
	南宁市人民政府关于表彰2013年度南宁市招商引资工作先进单位先进集体和先进个人的通报	南府发〔2014〕7号	7	21
	南宁市人民政府关于进一步加强和完善预算执行管理工作的通知	南府发〔2014〕10号	10	6
	南宁市人民政府关于印发南宁市创建国家环境保护模范城市规划的通知	南府发〔2014〕8号	11	1
	南宁市人民政府关于市长副市长工作分工的通知	南府发〔2014〕13号	14	5
	南宁市人民政府关于表彰南宁市第十二次社会科学研究优秀成果的通报	南府发〔2014〕14号	14	7
	南宁市人民政府关于开展全市第二次全国地名普查的通知	南府发〔2014〕15号	14	18
	南宁市人民政府关于印发“智慧南宁”建设总体规划(2014-2020年)的通知	南府发〔2014〕12号	15	14
	南宁市人民政府关于公布2014年企业工资指导线的通知	南府发〔2014〕16号	15	57
	南宁市人民政府关于表彰南宁市2013年度依法行政先进单位先进集体先进个人以及推进依法行政先进单位的通报	南府发〔2014〕17号	16	2
	南宁市人民政府关于市政府党组成员覃卫国同志工作分工的通知	南府发〔2014〕18号	17	20
	南宁市人民政府关于做好下半年经济工作努力实现全年稳增长目标的意见	南府发〔2014〕19号	17	21
	南宁市人民政府关于授予布鲁诺·格兰迪南宁市荣誉市民称号的决定	南府发〔2014〕21号	19	3
	南宁市人民政府关于印发南宁市加快新型工业化跨越发展的若干政策措施的通知	南府发〔2014〕22号	22	1
	南宁市人民政府关于公布南宁市第十批农业产业化重点龙头企业名单的通知	南府发〔2014〕23号	22	4

续表二

类别	文　件	发文字号	期数	页码
南府发	南宁市人民政府关于废止《南宁市城镇居民基本医疗保险办法》等三个医疗生育保险文件的通知	南府发〔2014〕24号	22	5
	南宁市人民政府关于调整增加吕洁副市长和市政府党组成员刘为民同志工作分工的通知	南府发〔2014〕25号	23	7
	南宁市人民政府关于授予南宁糖业股份有限公司等企业首届南宁市市长质量奖的决定	南府发〔2014〕26号	23	7
南府办	南宁市人民政府办公厅关于印发南宁市电子信息产业发展三年行动计划(2013-2015年)的通知	南府办〔2013〕183号	1	7
	南宁市人民政府办公厅关于印发南宁市食品工业产业发展三年行动计划(2013-2015年)的通知	南府办〔2013〕184号	1	16
	南宁市人民政府办公厅关于印发南宁市生物医药产业发展三年行动计划(2013-2015年)的通知	南府办〔2013〕185号	1	28
	南宁市人民政府办公厅关于印发南宁市清洁能源产业发展三年行动计划(2013-2015年)的通知	南府办〔2013〕186号	1	38
	南宁市人民政府办公厅关于印发大王滩水库环境综合整治工作方案的通知	南府办〔2013〕187号	1	47
	南宁市人民政府办公厅关于印发2014南宁月月旅游节活动总体方案的通知	南府办〔2013〕188号	1	52
	南宁市人民政府办公厅关于印发南宁市"十二五"控制温室气体排放工作方案的通知	南府办〔2013〕189号	2	1
	南宁市人民政府办公厅关于印发南宁市实行最严格水资源管理制度实施方案的通知	南府办〔2013〕190号	2	5
	南宁市人民政府办公厅关于印发南宁市"十二五"节水型社会建设实施方案的通知	南府办〔2013〕191号	2	7
	南宁市人民政府办公厅关于印发南宁市实行最严格水资源管理制度考核办法的通知	南府办〔2013〕192号	2	9
	南宁市人民政府办公厅关于对全市80周岁以上老人发放高龄津贴的通知	南府办〔2013〕193号	2	12
	南宁市人民政府办公厅关于印发南宁市气象灾害防御规划(2013-2020年)的通知	南府办〔2013〕194号	2	13
	南宁市人民政府办公厅关于印发推进农村住宅建设管理及推荐户型奖励工作实施方案的通知	南府办〔2013〕195号	2	43
	南宁市人民政府办公厅关于印发储油库加油站和油罐车油气污染治理工作方案的通知	南府办〔2013〕196号	2	47
	南宁市人民政府办公厅关于印发南宁市食品药品监督管理局主要职责内设机构和人员编制规定的通知	南府办〔2013〕197号	2	52
	南宁市人民政府办公厅关于印发南宁市推行流动人口居住证制度工作方案的通知	南府办〔2013〕198号	3	28
	南宁市人民政府办公厅关于印发《政府储备土地登记管理暂行规定》的通知	南府办〔2014〕2号	3	32
	南宁市人民政府办公厅关于印发《南宁市推进旅游项目建设责任制考核评价办法(试行)》的通知	南府办〔2014〕3号	3	34
	南宁市人民政府办公厅关于认真贯彻落实广西壮族自治区人民政府关于加快供销合作社改革发展的实施意见的通知	南府办〔2014〕4号	3	37
	南宁市人民政府办公厅关于印发南宁市低温雨雪冰冻灾害应急预案的通知	南府办〔2014〕5号	3	41
	南宁市人民政府办公厅关于印发南宁市天然气分布式能源发展规划(2013-2020)》的通知	南府办〔2014〕1号	4	5
	南宁市人民政府办公厅关于进一步明确市区划拨土地使用权价款计收问题的补充通知	南府办〔2014〕8号	5	47
	南宁市人民政府办公厅关于印发道路停车场点规范管理实施方案的通知	南府办〔2014〕9号	5	47
	南宁市人民政府办公厅关于做好城市排水防涝设施建设工作的通知	南府办〔2014〕10号	5	58
	南宁市人民政府办公厅关于进一步加强政府信息公开回应社会关切提升政府公信力的实施意见	南府办〔2014〕12号	5	59
	南宁市人民政府办公厅关于扶持鼓励类商贸服务产业项目用地出让的通知	南府办〔2014〕13号	6	18
	南宁市人民政府办公厅关于表彰2013年南宁市扩大消费工作先进县区的通报	南府办〔2014〕14号	6	20
	南宁市人民政府办公厅关于进一步简化农民产业和回建住宅以及配套公益项目规划用地审批工作的通知	南府办〔2014〕16号	6	21
	南宁市人民政府办公厅关于在全市开展清理审批事项和优化办事流程工作的通知	南府办〔2014〕17号	6	22
	南宁市人民政府办公厅关于分解落实2014年南宁市及南宁市承办的自治区为民办实事工程目标任务的通知	南府办〔2014〕18号	6	26
	南宁市人民政府办公厅关于表彰2011-2012年度南宁市自然科学优秀论文奖获奖作者的通报	南府办〔2014〕20号	7	31

续表三

类别	文　件	发文字号	期数	页码
南府办	南宁市人民政府办公厅关于成立南宁市应对气候变化及节能减排工作领导小组的通知	南府办〔2014〕21号	7	34
	南宁市人民政府办公厅关于落实2014年政府工作主要目标任务的通知	南府办〔2014〕22号	7	36
	南宁市人民政府办公厅关于调整南宁综合保税区筹建工作领导小组及办公室的通知	南府办〔2014〕23号	8	3
	南宁市人民政府办公厅关于印发创建充分就业县（区）有关工作的通知	南府办〔2014〕25号	8	5
	南宁市人民政府办公厅关于印发2014年南宁市投资促进工作指导意见的通知	南府办〔2014〕26号	8	15
	南宁市人民政府办公厅关于印发南宁市建设沿边金融综合改革试验区实施方案的通知	南府办〔2014〕28号	8	19
	南宁市人民政府办公厅关于做好2014年依法行政工作的通知	南府办〔2014〕29号	8	31
	南宁市人民政府办公厅关于印发市区重污染天气应急预案的通知	南府办〔2014〕30号	8	33
	南宁市人民政府办公厅关于市人民政府秘书长市长助理副秘书长工作分工的通知	南府办〔2014〕31号	8	42
	南宁市人民政府办公厅关于印发推进新建住宅项目配套小学校建设实施意见的通知	南府办〔2014〕32号	8	43
	南宁市人民政府办公厅关于印发《南宁市公共资源交易管理办法（暂行）》的通知	南府办〔2014〕34号	8	47
	南宁市人民政府办公厅关于成立南宁市减灾委员会的通知	南府办〔2014〕36号	9	7
	南宁市人民政府办公厅关于印发南宁市扩大消费工作考评奖励办法的通知	南府办〔2014〕37号	9	8
	南宁市人民政府办公厅关于印发2014年全市政务服务政务公开政府信息公开工作要点的通知	南府办〔2014〕38号	9	10
	南宁市人民政府办公厅关于印发畅通南宁行动计划（2014-2015）的通知	南府办〔2014〕39号	9	13
	南宁市人民政府办公厅关于切实做好预防青少年儿童溺水工作的通知	南府办〔2014〕43号	10	9
	南宁市人民政府办公厅转发广西壮族自治区人民政府办公厅关于开展行政审批设定依据限制非公有制经济发展规定工商登记前置性审批依据清理工作的通知	南府办〔2014〕44号	10	12
	南宁市人民政府办公厅关于分解下达居民消费价格指数调控目标任务的通知	南府办〔2014〕45号	10	15
	南宁市人民政府办公厅关于调整南宁市家畜屠宰管理工作领导小组成员的通知	南府办〔2014〕46号	10	17
	南宁市人民政府办公厅关于印发畅通南宁行动计划（2014-2015）的通知	南府办〔2014〕39号更正重印件	12	5
	南宁市人民政府办公厅关于印发南宁市土方施工作业管理暂行规定的通知	南府办〔2014〕48号	12	34
	南宁市人民政府办公厅关于进一步明确生产安全事故调查处理权限的通知	南府办〔2014〕49号	12	36
	南宁市人民政府办公厅关于印发突发性地质灾害应急预案的通知	南府办〔2014〕50号	12	38
	南宁市人民政府办公厅关于印发关于促进外经贸发展的实施意见的通知	南府办〔2014〕51号	13	3
	南宁市人民政府办公厅关于印发南宁市自然灾害救助应急预案的通知	南府办〔2014〕53号	13	5
	南宁市人民政府办公厅关于印发南宁市农民人均纯收入倍增计划实施方案的通知	南府办〔2014〕54号	13	13
	南宁市人民政府办公厅关于南宁市企事业单位开展创建劳动模范·技术标兵创新工作室工作的通知	南府办〔2014〕55号	13	22
	南宁市人民政府办公厅关于将南宁市国有土地使用权招标拍卖挂牌委员会更名为南南宁市人民政府办公厅关于将南宁市国有土地使用权招标拍卖挂牌委员会更名为南宁市国有建设用地使用权招标拍卖挂牌委员会并调整组成人员的通知	南府办〔2014〕56号	13	25
	南宁市人民政府办公厅关于印发南宁市限价普通商品住房转化为商品住房管理规定的通知	南府办〔2014〕57号	14	20
	南宁市人民政府办公厅关于市人民政府秘书长市长助理副秘书长工作分工的通知	南府办〔2014〕58号	14	21
	南宁市人民政府办公厅关于印发南宁市非公有制强优企业培育计划的通知	南府办〔2014〕59号	14	23
	南宁市人民政府办公厅关于表彰2013年度南宁市强优工业企业和优秀企业家的通报	南府办〔2014〕60号	14	30
	南宁市人民政府办公厅关于2013年度南宁市工业发展目标考核结果的通报	南府办〔2014〕61号	14	32
	南宁市人民政府办公厅印发关于创新体制机制加快学前教育发展的实施意见的通知	南府办〔2014〕62号	16	4
	南宁市人民政府办公厅关于印发南宁市关于政府购买公共服务的实施意见的通知	南府办〔2014〕63号	16	9
	南宁市人民政府办公厅关于印发南宁市推进重大招商引资项目快速落地实施意见的通知	南府办〔2014〕64号	16	11
	南宁市人民政府办公厅关于表彰南宁市2013年度投资和重大项目推进工作先进单位和个人的通报	南府办〔2014〕65号	16	16
	南宁市人民政府办公厅关于印发南宁市关于加快推进限额以上商贸企业发展若干意见的通知	南府办〔2014〕66号	16	17

续表四

类别	文　件	发文字号	期数	页码
南府办	南宁市人民政府办公厅关于转发市财政局等七部门2014年对我市种粮农民实行直接补贴与储备粮订单粮食收购挂钩实施方案的通知	南府办〔2014〕67号	16	19
	南宁市人民政府办公厅转发市发展改革委关于南宁市推进西江经济带基础设施建设大会战实施方案的通知	南府办〔2014〕68号	16	23
	南宁市人民政府办公厅关于南宁市2014年上半年中央预算内投资项目督查情况的通报	南府办〔2014〕69号	16	32
	南宁市人民政府办公厅转发市发展改革委卫生计生委等部门关于进一步鼓励和引导社会资本举办医疗机构实施意见的通知	南府办〔2014〕73号	17	30
	南宁市人民政府办公厅关于印发南宁市旅游发展委员会主要职责内设机构和人员编制规定的通知	南府办〔2014〕74号	17	35
	南宁市人民政府办公厅关于南宁市房地产开发项目实行备案管理的通知	南府办〔2014〕75号	17	37
	南宁市人民政府办公厅关于调整食品安全委员会组成人员的通知	南府办〔2014〕77号	17	39
	南宁市人民政府办公厅印发关于进一步加强全市流浪乞讨人员救助管理工作的意见的通知	南府办〔2014〕78号	17	40
	南宁市人民政府办公厅关于印发南宁市城乡医疗救助办法的通知	南府办〔2014〕79号	17	44
	南宁市人民政府办公厅印发南宁市关于加快改革创新全面推进首府教育现代化的实施方案的通知	南府办〔2014〕70号	18	10
	南宁市人民政府办公厅印发南宁市关于加强教师队伍建设的实施意见的通知	南府办〔2014〕71号	18	20
	南宁市人民政府办公厅关于印发南宁市卫生和计划生育委员会主要职责内设机构和人员编制规定的通知	南府办〔2014〕76号	18	25
	南宁市人民政府办公厅关于印发南宁市鼓励和扶持企业上市(挂牌)若干规定的通知	南府办〔2014〕80号	18	31
	南宁市人民政府办公厅关于印发南宁市首席技师评选管理办法的通知	南府办〔2014〕81号	18	34
	南宁市人民政府办公厅关于做好2015年我市1%人口抽样调查工作的通知	南府办〔2014〕82号	18	36
	南宁市人民政府办公厅关于印发南宁市农业委员会主要职责内设机构和人员编制规定的通知	南府办〔2014〕84号	19	4
	南宁市人民政府办公厅关于印发南宁市林业和园林局主要职责内设机构和人员编制规定的通知	南府办〔2014〕85号	19	8
	南宁市人民政府办公厅关于印发南宁市工业和信息化委员会主要职责内设机构和人员编制规定的通知	南府办〔2014〕87号	20	1
	南宁市人民政府办公厅关于印发南宁市加快加工贸易产业发展的若干措施的通知	南府办〔2014〕88号	21	12
	南宁市人民政府办公厅关于印发南宁市民族事务委员会主要职责内设机构和人员编制规定的通知	南府办〔2014〕89号	21	14
	南宁市人民政府办公厅关于印发南宁市文化新闻出版广电局主要职责内设机构和人员编制规定的通知	南府办〔2014〕90号	21	17
	南宁市人民政府办公厅关于印发南宁市人力资源和社会保障局主要职责内设机构和人员编制规定的通知	南府办〔2014〕91号	21	21
	南宁市人民政府办公厅关于印发南宁市发展和改革委员会主要职责内设机构和人员编制规定的通知	南府办〔2014〕92号	21	26
	南宁市人民政府办公厅关于建立南宁市疾病应急救助制度的实施意见	南府办〔2014〕93号	21	34
	南宁市人民政府办公厅关于印发南宁市人民政府办公厅主要职责内设机构和人员编制规定的通知	南府办〔2014〕96号	22	5
	南宁市人民政府办公厅关于印发南宁市金融工作办公室主要职责内设机构和人员编制规定的通知	南府办〔2014〕97号	22	11
	南宁市人民政府办公厅关于印发大气污染防治三年行动方案(2014—2016)的通知	南府办〔2014〕98号	22	13
	南宁市人民政府办公厅关于印发《南宁市无人认领遗体处理办法》的通知	南府办〔2014〕100号	22	32
	南宁市人民政府办公厅关于印发南宁市强优工业企业奖励办法的通知	南府办〔2014〕102号	23	8
	南宁市人民政府办公厅关于印发南宁市企业技术创新奖励办法的通知	南府办〔2014〕103号	23	10
	南宁市人民政府办公厅关于印发南宁市优秀工业企业家奖励办法的通知	南府办〔2014〕104号	23	15

续表五

类别	文　件	发文字号	期数	页码
南府办	南宁市人民政府办公厅关于印发南宁市全面推进深化农村金融改革强化金融服务“三农”发展实施方案的通知	南府办〔2014〕105号	23	17
	南宁市人民政府办公厅关于印发南宁市推进黄标车及老旧车淘汰工作实施方案的通知	南府办〔2014〕106号	23	31
南府干	关于张军驰等同志任免职的通知	南府干〔2014〕1号	1	57
	关于吴凯等同志任职的通知	南府干〔2014〕2号	1	58
	关于蓝宗耿同志任职的通知	南府干〔2014〕3号	2	56
	关于杨玉山同志提前退休的通知	南府干〔2014〕4号	2	56
	关于朱亚明、张先进同志任免职的通知	南府干〔2014〕5号	2	56
	关于黄海韬、朱沫同志任免职的通知	南府干〔2014〕6号	4	56
	关于汪述斌、蓝岚同志任职的通知	南府干〔2014〕7号	6	42
	关于陈伟刚同志任职的通知	南府干〔2014〕8号	6	42
	关于许强初等同志试用期满正式任用的通知	南府干〔2014〕9号	8	50
	关于蒙文虎等同志任免职的通知	南府干〔2014〕10号	8	50
	关于张沛同志任职的通知	南府干〔2014〕11号	8	52
	关于王海云同志免职的通知	南府干〔2014〕12号	9	42
	关于李文免职的通知	南府干〔2014〕13号	9	42
	关于李南彦等同志任免职的通知	南府干〔2014〕14号	10	18
	关于施杰等同志试用期满正式任用的通知	南府干〔2014〕15号	10	18
	关于许成免职的通知	南府干〔2014〕16号	10	20
	关于高虹同志免职的通知	南府干〔2014〕17号	10	20
	关于黄候勇等同志退休的通知	南府干〔2014〕18号	12	48
	关于孙志强同志免职的通知	南府干〔2014〕19号	12	48
	关于陈健等同志任免职的通知	南府干〔2014〕20号	13	26
	关于覃元臻同志任职的通知	南府干〔2014〕21号	14	33
	关于梁明志等同志任免职的通知	南府干〔2014〕22号	14	33
	关于李永华等同志任职的通知	南府干〔2014〕23号	15	58
	关于魏喜勇等同志退休的通知	南府干〔2014〕24号	16	37
	关于蒋宁华同志免职的通知	南府干〔2014〕25号	16	37
	关于李秋生、龚选林同志任免职的通知	南府干〔2014〕26号	17	50
	关于黄平等同志任免职的通知	南府干〔2014〕27号	17	50
	关于周俊等同志任免职的通知	南府干〔2014〕28号	19	12
	关于张自英同志任免职的通知	南府干〔2014〕29号	19	13
	关于劳以卫免职的通知	南府干〔2014〕30号	19	13
	关于蔡志忠等同志试用期满正式任用的通知	南府干〔2014〕31号	19	13
	关于孙桂南等同志退休的通知	南府干〔2014〕32号	20	14
	关于程文科同志任职的通知	南府干〔2014〕33号	20	14
	关于陈子剑等同志任免职的通知	南府干〔2014〕34号	21	37
	关于曾积敏等同志任免职的通知	南府干〔2014〕35号	21	37
	关于司马平等同志试用期满正式任用的通知	南府干〔2014〕36号	21	38
	关于蓝飞等同志任免职的通知	南府干〔2014〕37号	22	34
	关于廖勇、韦贵乐同志任免职的通知	南府干〔2014〕38号	22	34
南府办函	关于印发南宁市做好2014年普通高等学校毕生业就业创业工作实施方案的通知	南府办函〔2014〕314号	20	5
	关于印发《南宁年鉴》2015年卷编撰方案的通知	南府办函〔2014〕316号	20	9

2014年南宁市第十三届人民代表大会常务委员会任免人员情况

时　间	会　议	姓　名	任、免、辞职务
1月14日	第19次会议	徐爱清	任市人大常委会办公厅副主任
		张小宏	任市政府副市长
		伍　娟(女)	任市政府副市长
		黄　海	任市城市管理局(市城市管理综合行政执法局)局长
		杨玉山	免市城市管理局(市城市管理综合行政执法局)局长
		邢桂枝(女)	任市中级人民法院审判员
		韦　欣(女)	任市中级人民法院审判员
		何　莉(女)	任市中级人民法院审判员
		黄　琴(女)	任市中级人民法院审判员
		肖燕青(女)	任市中级人民法院审判员
		包林辉(女)	任市中级人民法院审判员
		卢玉梅(女)	任市中级人民法院审判员
		唐荣娜(女)	任市中级人民法院审判员
		张漪帆(女)	任市中级人民法院审判员
		盘　佳(女)	任市中级人民法院审判员
		晏　琼(女)	任市中级人民法院审判员
		欧云略(女)	任市中级人民法院审判员
		杨智军	免市中级人民法院副院长、审判委员会委员、审判员
		王长风	免市中级人民法院审判员
		张惠林	免市中级人民法院审判员
3月19日	第20次会议	陆文勇	免市中级人民法院行政审判第一庭庭长
		李荣良	免市中级人民法院审判员
		林少平	免市人民检察院检察委员会委员、检察员
5月21日	第21次会议	蒙文虎	免市文化新闻出版局局长
		李幼丽(女)	免市中级人民法院审判员
		陈庚阳	免市中级人民法院审判员
		孙曹文(女)	免市中级人民法院审判员
		唐　波	任市人民检察院副检察长、检察委员会委员、检察员
		黄朝炳	免市人民检察院检察员
		高新华(女)	免市茅桥地区人民检察院检察员

续表一

时间	会议	姓名	任、免、辞职务
7月23日	第22次会议	周尚海	免市人大常委会副秘书长
		梁　展	任市科学技术局局长
		韦好鹏	任市环境保护局局长
		杨　敏(女)	任市农业委员会主任
		蓝　岚(女)	任市林业和园林局局长
		魏永泉	任市文化新闻出版广电局局长
		谢宗务	任市卫生和计划生育委员会主任
		周序喜	任市工商行政管理局局长
		李善钦	任市质量技术监督局局长
		黄永久	任市旅游发展委员会主任
		李　森	任市粮食局局长
		苏道勇	任市金融工作办公室主任
		覃永武	免市科学技术局局长
		李　森	免市环境保护局局长
		覃善开	免市粮食局局长
		韦庆松	任市中级人民法院行政审判第一庭庭长、审判委员会委员
		宋桂芬(女)	任市中级人民法院审判员、审判委员会委员
		林忠明	免市中级人民法院审判员
		肖志钢	辞去市政府副市长
		吴双喜	辞去市第十三届人民代表大会常务委员会委员
9月26日	第23次会议	覃卫国	任市政府副市长
		文　莲(女)	任市中级人民法院审判委员会委员
		蒙文琦(女)	任市中级人民法院审判委员会委员
		张　茹(女)	任市中级人民法院审判委员会委员
		郑肖肖(女)	任市中级人民法院审判员
		郑晓霞(女)	任市中级人民法院审判员
		欧阳杰	任市中级人民法院审判员
		郑　磊	任市中级人民法院审判员
		丘　毅	任市中级人民法院审判员

续表二

时间	会议	姓名	任、免、辞职务
9月26日	第23次会议	韦 婷(女)	任市中级人民法院审判员
		刘 蔚(女)	任市中级人民法院审判员
		王文强	任市中级人民法院审判员
		黄影颖(女)	任市中级人民法院审判员
		陆 宁(女)	任市中级人民法院审判员
		朱菲菲(女)	任市中级人民法院审判员
		许 威	任市中级人民法院审判员
		陈 阳	免市中级人民法院立案庭副庭长
		韦 文	任市人民检察院检察委员会委员
		刘军辉	任市人民检察院检察委员会委员
		秦浩原	任市人民检察院检察委员会委员
		胡耀先	免市人民检察院副检察长、检察委员会委员、检察员
		彭安明	免市人民检察院检察委员会委员、检察员
		蔡 娟(女)	免市人民检察院检察员
		石文怀	辞去市政府副市长
11月21日	第24次会议	韦景峻	免市人大常委会调查研究室主任
		杨 萍(女)	免市人大常委会调查研究室副主任
		李伟进	任市水利局局长
		叶 盛	任市扶贫开发办公室主任
		叶 盛	免市水利局局长职务
		覃思源	免市扶贫开发办公室主任
		陈传胜	免市中级人民法院审判员
		李 专	免市中级人民法院审判员
		段五岭	免市人民检察院检察委员会委员、检察员
		王海涛	免市茅桥地区人民检察院副检察长
		韦景峻	辞去市第十三届人民代表大会常务委员会委员
12月30日	第25次会议	刘为民	任市政府副市长
		黄 宁	免市政府副市长
		张小庆	免市中级人民法院审判委员会委员
		磨长宪	免市中级人民法院审判员
		韩 民	免市中级人民法院审判员
		孙乡平	任市检察院副检察长、检察委员会委员、检察员
		黄素卿	免市人民检察院检察员
		王俊珑	免市人民检察院检察员
		何顺生	免市人民检察院检察员

（市人大常委会办公厅编写组）

2014年南宁市道路命名情况

序号	标准名称	起止	走向	长（米）	宽（米）	道路所属城区	备注
1	淡村路南一里	北起淡村路，南至星光大道（淡村路进入福建园派出所通往星光大道小巷）。	南北	250	2	江南区	10月31日
2	白沙南二里一巷	东起白沙馨园小区，西至白沙南二里（中国农业发展银行围墙外）。	东西	200	3	江南区	10月31日
3	白沙南二里二巷	东起荣和景江园小区，西至白沙南二里（江南区检察院至景江园小区门前）。	东西	200	3	江南区	10月31日
4	馨园巷	白沙馨园小区门前路段（白沙村回建房前）。	南北	120	3	江南区	10月31日
5	西耐路西一里	东起西耐路，西至本路末。	东西	200	10	西乡塘区	10月27日
6	安达路	南起吉兴西路，北止高新大道。	南北	748	12	西乡塘区	10月27日
7	吉政路	东起安阳路，西止发展大道。	东西	560	12	西乡塘区	10月27日
8	家兴街	南起安和街，北止新峰路。	南北	750	12	西乡塘区	10月27日
9	东宁巷	南起金汇巷，北至双拥路转民族大道辅路。	南北	100	4	青秀区	10月28日
10	金湖路西二巷	南起金湖南路，北止汇春路北一里。	南北	50	4	青秀区	10月28日
11	振竹巷	南起民族大道，北至新竹路	南北	238	6	青秀区	10月28日
12	安湖北巷	南起安湖路，北至本路末。	南北	110	5	青秀区	10月28日
13	竹南巷	北起竹园巷，南至本路末。	南北	100	4	青秀区	10月28日
14	竹江路	北起东葛路，南至本路末。	南北	300	15	青秀区	10月28日
15	裕信巷	东起盘龙路，西止凤翔路。	东西	350	12	青秀区	10月28日
16	盘林巷	南起丹凤路，北止佛子岭路。	南北	640	12	青秀区	10月28日
17	桐林巷	北起民族大道，北止规划中道路。	南北	1000	6	青秀区	10月28日
18	那庙路	南起长虹路，转西再转北至规划路。	南北	0	30	青秀区	12月火车东站命名
19	祥开路	南起长虹路，北止那庙路。	南北	181	40	青秀区	12月火车东站命名
20	通达东路	东起高坡岭路，西止东站南广场。	东西	647	24	青秀区	12月火车东站命名
21	通达西路	东起东站南广场，西止南四支路。	东西	290	24	青秀区	12月火车东站命名
22	广岳岭路	南起长虹路，北规划至南梧大道。	南北	0	50	青秀区	12月火车东站命名
23	平安东路	东起高坡岭路，西止站北二支路。	东西	210	30	青秀区	12月火车东站命名
24	平安西路	东起站北三支路，西止凤凰岭路。	东西	589	30	青秀区	12月火车东站命名
25	站北东路	东起高坡岭路，西止东站北广场。	东西	340	51-84	青秀区	12月火车东站命名
26	站北西路	东起东站北广场，西止平安东路。	东西	580	51-84	青秀区	12月火车东站命名
27	站北一支路	南起站北东路，北止平安东路。	南北	104	30	青秀区	12月火车东站命名
28	站北二支路	南起站北东路，北止长虹路。	南北	225	30	青秀区	12月火车东站命名
29	站北三支路	南起站北西路，北止长虹路。	南北	219	30	青秀区	12月火车东站命名
30	站北四支路	南起站北西路，北止长虹路。	南北	189	30	青秀区	12月火车东站命名

续表一

序号	标准名称	起止	走向	长（米）	宽（米）	道路所属城区	备注
31	站北五支路	南起站北西路，北止长虹路。	东西	197	30	青秀区	12月火车东站命名
32	站南东路	东起高坡岭路，西止东站南广场。	东西	768	48-78	青秀区	12月火车东站命名
33	站南西路	东起站南东路，西止凤凰岭路。	东西	580	48-78	青秀区	12月火车东站命名
34	站南一支路	南起凤岭北路，北止站南东路。	南北	168	41	青秀区	12月火车东站命名
35	站南二支路	南起凤岭北路，北止站南东路。	南北	233	30	青秀区	12月火车东站命名
36	站南三支路	南起通达西路，北止站南西路。	南北	127	30	青秀区	12月火车东站命名
37	站南四支路	南起凤岭北路，北止站南西路。	南北	192	30	青秀区	12月火车东站命名
38	东盟一街	南起合作路，北至民族大道。	南北	941	12	青秀区	1月东盟商务区命名
39	东盟二街	东起铜鼓岭立交，西至桂雅路。	东西	375	30-40	青秀区	1月东盟商务区命名
40	东盟三街	南起朱槿路，转西至4号路	南北	216	12	青秀区	1月东盟商务区命名
41	东盟四街	东起朱槿路，西至桂雅路。	南北	440	20	青秀区	1月东盟商务区命名
42	东盟五街	东起桂花路，西至4号路。	东西	305	12	青秀区	1月东盟商务区命名
43	东盟六街	南起桂花路，北至朱槿路。	南北	195	12	青秀区	1月东盟商务区命名
44	万景巷	西起锦春路南一里，东达南湖·万昌景园小区。	东西	200	15	青秀区	1月
45	华府路	东起沙井大道，西至三津大道。	东西	2744	20	江南区	9月29日
46	凤宁巷	南起佛子岭路北至凤岭北路。	南北	400	5	青秀区	6月
47	长园一支路	西起长园路，东转北至金花路。	东西	300	6	青秀区	6月
48	景天巷	南起金花路，北至本路尾。	东西	100	5	青秀区	6月
49	凤湖路	东起清风路，转北至银岭路。	东西	640	6	良庆区	9月玉泉社区命名
50	凤湖路一里	东起清风路，西至凤湖路。	东西	130	6	良庆区	9月玉泉社区命名
51	凤湖路二里	东起清风路，西至凤湖路。	东西	150	6	良庆区	9月玉泉社区命名
52	凤湖路三里	东起清风路，西至本路尾。	东西	140	6	良庆区	9月玉泉社区命名
53	凤湖路四里	东起清风路，西至本路尾。	东西	150	6	良庆区	9月玉泉社区命名
54	凤湖路五里	东起清风路，西至凤湖路。	东西	220	6	良庆区	9月玉泉社区命名
55	龙海路	东起龙海路一巷，西至凤湖路。	东西	550	6	良庆区	9月玉泉社区命名
56	龙海路一巷	南起玉泉路一里，北至玉泉路四里。	南北	200	6	良庆区	9月玉泉社区命名
57	龙海路二巷	南起春阳路，北至红霞路。	南北	320	6	良庆区	9月玉泉社区命名
58	龙海路三巷	南起春阳路，北至红霞路。	南北	320	6	良庆区	9月玉泉社区命名
59	龙海路四巷	南起玉泉路一里，北至玉泉路四里。	南北	200	6	良庆区	9月玉泉社区命名
60	玉泉路	南起华阳街五里，北至红霞路。	南北	420	15	良庆区	9月玉泉社区命名
61	玉泉路一里	东起红玉路，西至清风路。	东西	510	15	良庆区	9月玉泉社区命名
62	玉泉路二里	东起红玉路，西至清风路。	东西	500	15	良庆区	9月玉泉社区命名
63	玉泉路三里	东起红玉路，西至清风路。	东西	500	15	良庆区	9月玉泉社区命名

续表二

序号	标准名称	起止	走向	长（米）	宽（米）	道路所属城区	备注
64	玉泉路四里	东起红玉路，西至清风路。	东西	500	15	良庆区	9月玉泉社区命名
65	文德街	南起春阳路，北至玉兰街六里。	南北	250	5	良庆区	9月玉泉社区命名
66	玉阳街	南起春阳路，北至玉阳街六里。	南北	240	6	良庆区	9月玉泉社区命名
67	玉阳街一里	东起文德路，西至红玉路。	东西	90	6	良庆区	9月玉泉社区命名
68	玉阳街二里	东起文德路，西至红玉路	东西	130	6	良庆区	9月玉泉社区命名
69	玉阳街三里	东起文德路，西至红玉路。	东西	150	6	良庆区	9月玉泉社区命名
70	玉阳街四里	东起文德路，西至红玉路。	东西	170	6	良庆区	9月玉泉社区命名
71	玉阳街五里	东起文德路，西至红玉路。	东西	190	6	良庆区	9月玉泉社区命名
72	玉阳街六里	东起文德路，西至红玉路。	东西	190	6	良庆区	9月玉泉社区命名
73	华阳街	南起春华路，北至春阳路。	南北	260	10	良庆区	9月玉泉社区命名
74	华阳街一里	东起华阳街，西至玉田街。	东西	155	6	良庆区	9月玉泉社区命名
75	华阳街二里	东起红玉路，西至玉田街。	东西	250	6	良庆区	9月玉泉社区命名
76	华阳街三里	东起华阳街，西至玉田街。	东西	150	6	良庆区	9月玉泉社区命名
77	华阳街四里	西起玉田街，东转南至华阳街二里。	东西	280	6	良庆区	9月玉泉社区命名
78	华阳街五里	东起红玉路，西至玉泉路。	东西	320	10	良庆区	9月玉泉社区命名
79	华阳街六里	东起华阳街，西至玉泉路。	东西	260	6	良庆区	9月玉泉社区命名
80	玉田街	南起华阳街一里，北至春阳路。	南北	310	6	良庆区	9月玉泉社区命名
81	昌华路	西起鹏飞路，东转南至邕隆路。	东西	0	20	高新区	1月
82	文贤路	南起罗文大道，北至罗贤路。	南北	0	30	高新区	1月
83	相思湖东路一里	西起相思湖东路，东至清川大道。	东西	0	20	高新区	1月
84	相思湖东路二里	西起相思湖东路，东至银华路。	东西	0	20	高新区	1月
85	相思湖东路三里	西起相思湖东路，东至银华路。	东西	0	20	高新区	1月
86	红豆东街	南起红豆南路，北至大学西路。	南北	0	30	高新区	1月
87	红豆南街	东起西宁路，西至红豆西路。	东西	0	30	高新区	1月
88	红豆西街	南起江北大道，北至红豆北路。	南北	0	30	高新区	1月
89	红豆北街	东起红豆东路，北至思圣路。	东西	0	30	高新区	1月

（市民政局编写组）

2014年南宁市重点建设项目

名称	主要建设内容、规模	总投资（万元）	年度计划投资（万元）	项目业主
南宁市昆仑大道扩建工程(三塘下丹桥至五塘收费站)	城市主干道Ⅰ级,长13.40千米,路基红线宽41-60米	149499	14000	南宁市兴宁区住房和城乡建设局
南宁友谊路延长线改扩建工程(外环高速公路至群益村)	城市主干路Ⅰ级,长4.78千米,路基红线宽40米	43000	15000	南宁绿港建设投资集团有限公司
南宁良庆大桥	全长约3.12千米,其中主桥长420米,宽38米	176010	50000	南宁纵横时代建设投资有限公司
深圳海王集团保健品生产项目	生产海王金樽、牛初乳、眼之宝、金得菲等保健品	100000	30000	深圳海王集团 南宁市城市建设投资发展有限公司
马山县杨圩风电场	装机4.80万千瓦	40112	20000	马山协和风力发电有限公司
横县六景风电场	装机5.28万千瓦	49675	20000	广西龙源风力发电有限公司
中恒(南宁)生物制药产业基地——制药及保健食品项目	中药、化学药品及生物制品研发、生产及包装中心	270000	50000	南宁中恒投资有限公司
神冠集团生物制药及胶原食品生产项目一期	生产原料药、首仿制药,胶原蛋白医疗用品、专利药	80000	30000	广西神冠投资有限公司
“百会”品牌系列中成药、西药生产项目一期	建设口服固体制剂、口服液体制剂、小容量注射剂、原料药、外用酊剂和中药材提取6大生产车间,以及仓库、质控中心、研发中心、污水处理站、锅炉房等	37500	20000	广西丰业投资有限公司
中国—东盟(南宁)农产品集散交易中心	建设农产品交易中心、冷库、仓储物流服务中心、货物配送中心、农产品安全检测中心及相关配套设施,总建筑面积31.40万平方米	128000	30000	广西地大集团有限公司
广西南宁东盟国际旅游风情小镇建设项目	建设游客集散服务设施、商业街等商贸服务设施,总建筑面积101.70万平方米	250000	45000	广西名都生态科技发展有限公司
广西上林云里湖现代农业观光园建设项目一期	建设农业种植观光园，休闲旅游设施以及配套服务设施,总建筑面积53万平方米	120000	20000	广西上林云里湖现代农业发展有限公司
广西龙门水都文化生态项目	建设综合服务区、观光休闲游憩区、文化博览体验区和生态养生度假区,总建筑面积18.65万平方米	124300	15000	广西隆门水都旅游开发有限公司
南宁武鸣千艺大观建设项目一期	建设生态观光农业设施、那文化博物馆、造物文化博物馆、休闲长廊,总建筑面积23.20万平方米	70000	25000	南宁市千艺大观投资有限责任公司
南宁市平里静脉产业园—垃圾焚烧发电厂	建设2台1.80万千瓦汽轮发电机，日处理生活垃圾2000吨	96000	15000	南宁市三峰能源有限公司
南宁市平里静脉产业园—生活垃圾卫生填埋场及配套工程	日均填埋量1135吨（使用年限15年），填埋场总库容606万立方米，渗滤液日均处理600吨;进场道路6.48千米,路基红线宽6.50米	69854	32600	南宁建宁水务投资集团有限责任公司、高峰林场、兴宁区城管局
宾阳县黎塘污水处理厂一期工程	日处理污水2万吨	12000	4000	宾阳县住房和规划建设局
南宁高斯特有限公司综合利用生产环保生物燃料油项目	以废弃食用油脂为原料,年产20万吨环保生物燃料油	35000	20000	广西南宁高斯特科贸有限公司
郁江老口航运枢纽工程	水库总库容28.80亿立方米,正常蓄水位75.50米,防洪库容为3.6亿立方米,发电装机容量15万千瓦	546172	100000	南宁交通投资集团有限责任公司
南宁港六景港区覃寨村作业区永凯码头	6个2000吨级多用途泊位（水工结构按3000吨级预留）,设计年吞吐量219万吨	55812	20000	广西永凯糖纸集团有限责任公司
南宁市邕宁水利枢纽工程	正常蓄水位67米，设计洪水位74.84米，校核洪水位76.75米,水电站装机6万千瓦	614862	80000	南宁交通投资集团有限责任公司
南宁市邕宁区防洪工程(一期)	按防御50年一遇洪水标准修建蒲庙老城区堤段、蒲庙新城区堤段和龙岗堤老城区段,长17千米	105997	10000	南宁交通投资集团有限责任公司

续表

名称	主要建设内容、规模	总投资(万元)	年度计划投资(万元)	项目业主
宾阳县清平水库补水工程	建设拦河坝1座，引水压力管2.23千米，隧洞6.64千米，拆除重建拦水坝1座	20522	7000	广西宾阳县鲲鹏水利投资有限公司
南宁市江北引水干渠工程	干渠总长34千米，流量每秒17.50立方米	111253	30000	南宁建宁水务投资集团有限责任公司
南宁轨道交通1号线工程	西起石埠站，东至南宁东站，全长32.08千米，设置车站25座	1988885	300000	南宁轨道交通集团有限责任公司
南宁轨道交通2号线工程	南起玉洞站，北至西津站，全长21千米，设置车站18座	1554646	120000	南宁轨道交通集团有限责任公司
南宁市五象大道延长线（罗文大桥－壮锦大道）	城市主干道Ⅰ级，全长9.47千米，路基红线宽60米	66347	12000	南宁市城市建设投资发展有限责任公司
南宁市罗文大桥	全长1.41千米，其中主桥长460米，宽41.50米	79892	30000	南宁市城市建设投资发展有限责任公司
广西建工集团建筑机械制造有限责任公司整体搬迁技术改造项目	年产塔机3500台、施工升降机2000台、静力液压压桩机200台、机械式停车设备10000车位、混凝土设备100台套、非标钢结构2000吨	151000	45000	广西建工集团建筑机械制造有限责任公司
南宁广发重工集团有限公司整体搬迁项目	年产铸锻件6.50万吨、水电设备制造总装机容量200万千瓦、重型装备加工9万吨	350000	30000	南宁广发重工集团有限公司
广西恒拓医药投资集团有限公司中成药制造生产项目	建设片剂、胶囊、颗粒、糖浆等生产车间及配套设施，总建筑面积16.80万平方米	48000	20000	广西恒拓医药投资集团有限公司
中国联通集团南宁总部基地	建设西南区域数据中心功能模块、西南区域服务外包呼叫中心功能模块、南宁国际局综合枢纽功能模块、中国—东盟交流中心综合功能模块、基地配套综合模块等，总建筑面积19万平方米	240738	35000	中国联合网络通信有限公司广西壮族自治区分公司
自治区社会化养老服务试点项目--广西和正康乐城一期工程	建设养老公寓、养生保健及接待中心、图书馆等，1641个养老床位，总建筑面积16.50万平方米	100000	40000	广西太和投资有限公司
南宁大商汇商贸物流中心项目	建设建材家具、电子数码等物流仓储设施，总建筑面积90万平方米	350000	40000	南宁大商汇实业有限公司
南宁市东盟国际工业原料产品物流项目(华南城)	建设工业原料展示交易、商务金融等物流仓储设施，总建筑面积230万平方米	600000	50000	南宁华南城有限公司
南宁市海尔(东盟)商贸物流中心一期	建设智慧物流城和物流配套区，建筑面积73万平方米	176256	30000	广西海尔投资有限公司
南宁玉洞交通物流中心一期	建筑面积10.60万平方米	37556	12000	广西超大运输集团有限公司
南宁机场配套高速公路延长线工程(至新航站楼)	主线长5.40千米，双向六车道，路基宽42.50米，设计时速每小时80千米	75005	45000	南宁市城市建设投资发展有限责任公司
南宁市英华大桥	长915米，其中主桥长500米，引桥长415米，引道长173.20米	88959	32000	南宁纵横时代建设投资有限公司
南宁市五象大桥	长872米，其中主桥590米，引桥282米，引道长682米	81515	26000	南宁纵横时代建设投资有限公司
南宁百威年产30万吨啤酒项目	年产30万吨啤酒	65000	30000	百威英博啤酒（南宁）有限公司
广西得力木业开发有限公司年产30万立方米地板基材及年产500万平方米强化地板项目	年产30万立方米地板基材、500万平方米强化地板	25000	10000	广西得力木业开发有限公司
富士康南宁科技园一期标准厂房及配套设施项目	建设标准厂房附属房以及厂区配套设施，建筑面积40万平方米	252000	45000	南宁城市建设投资集团有限责任公司
南宁－东盟科技企业孵化基地建设项目(原东盟开发区生物科技孵化标准厂房及配套设施项目)	总建筑面积9.69万平方米，其中标准厂房建筑面积7.89万平方米，科技研发办公1.80万平方米	20620	3000	南宁智源科技企业孵化器有限公司
南宁中央直属储备糖库	总建筑面积5.86万平方米，储备库容13万吨	21372	20000	广西中糖糖业发展有限公司

2014年南宁市获国家科学技术进步奖项目

等级	序号	名称	主要完成单位
二等奖	1	防治农作物病毒病及媒介昆虫新农药研制与应用	贵州大学、全国农业技术推广服务中心、江苏安邦电化有限公司、广西天元素生化股份有限公司、广西壮族自治区植保总站、云南省植保总站、贵州省植保植检站

2014年南宁市获广西技术发明奖项目

等级	序号	名称	主要完成单位
二等奖	1	长效的增效氮肥研制及应用	广西壮族自治区农业科学院、广西新方向化学工业有限公司、广西壮族自治区农业科学院农业资源与环境研究所、广西大学、广西壮族自治区农业科学院甘蔗研究所
三等奖	2	环保型黄金选矿剂的研制开发及应用	广西森合矿业科技有限公司

2014年南宁市获广西科学技术进步奖项目

等级	序号	名称	完成单位
二等奖	1	桂特一号大叶韭等系列野生蔬菜新品种选育与示范推广	广西壮族自治区农业科学院蔬菜研究所、南宁市蔬菜研究所、广西壮族自治区农业科学院微生物研究所、广西壮族自治区农业科学院农业资源与环境研究所
	2	广西野生毛葡萄种质创新研究及石漠化地区应用	广西壮族自治区农业科学院生物技术研究所、广西植物组培苗有限公司
	3	优质高产广适糯玉米新品种桂糯518的创制与应用	广西壮族自治区农业科学院玉米研究所、广西壮邦种业有限公司
	4	茄果类、瓜类蔬菜集约化高效育苗关键技术研究与示范	广西壮族自治区农业科学院蔬菜研究所、南宁市尚农农业科技有限公司
	5	广西农作物水肥一体化技术研究与推广	广西壮族自治区土壤肥料工作站、广西捷佳润农业科技有限公司
	6	广西水稻病毒病及持续控制技术的研究应用	广西壮族自治区植保总站、广西大学、广西田园生化股份有限公司、桂林市植物保护站
	7	南方高温高湿环境下规模化猪场母猪系统营养技术集成与应用示范	广西商大科技有限公司、四川农业大学
	8	桑椹深加工关键技术的研究及产业化应用示范	广西壮族自治区农业科学院农产品加工研究所、广西石埠乳业有限责任公司
	9	电网操作票智能设计与开票系统	南宁邕科鼎科技有限公司、广西大学
	10	大容量SD/MMC控制器片上系统芯片关键技术研究及产业化	北海华澜微电子有限公司、杭州电子科技大学、杭州华澜微科技有限公司、广西朗科科技投资有限公司、广西内联网络系统有限责任公司
	11	城市突发性暴雨灾害的神经网络预报方法研究和应用	广西壮族自治区气象减灾研究所、广西壮族自治区气象台、柳州师范高等专科学校、南宁市气象局
	12	木薯淀粉行业污染控制新技术研发与示范工程	广西壮族自治区环境保护科学研究院、广西农垦明阳生化集团股份有限公司、广西大学

续表

等级	序号	名称	完成单位
三等奖	1	甘蔗、马铃薯间套种模式高效栽培技术研究与应用	广西壮族自治区农业科学院农业资源与环境研究所、来宾市兴宾区经济作物推广站、隆安县农业技术推广站
	2	光倒刺鲃人工繁育与标准化健康养殖关键技术示范应用	广西壮族自治区水产引育种中心、南宁市珂嘉水产畜牧科技开发有限公司、贺州市水产技术推广站、昭平县水产技术推广站
	3	热带水果特色果干原味无硫加工技术研发及产业化	广西壮族自治区亚热带作物研究所、广西亚热带作物研究所饮料厂、南宁华侨投资区森景园食品有限公司、广西南宁人人想食品有限公司
	4	淀粉基复配型面制品添加剂的研制开发及工业化应用	广西农垦明阳生化集团股份有限公司
	5	低容量高工效农药制剂产品及配套药械研发与产业化	广西田园生化股份有限公司
	6	高品位细纤度生丝加工技术集成研究与示范	广西大学、广西华佳丝绸有限公司、广西暨阳丝绸工贸有限公司
	7	智能控制水温分层整体平移的中央空调蓄冷系统	广西申能达智能技术有限公司
	8	糖厂无线调度指挥系统	广西宏智科技有限公司、广西宏智信息技术有限公司、广西华盛集团廖平糖业有限责任公司
	9	大型活动交通管理组织方案智能决策支持系统设计开发与应用	桂林电子科技大学、南宁市公安局交通工程科学研究所
	10	氧化锑生产过程集成智能化控制系统的研究与应用	广西华锑科技有限公司、广西大学自动化研究所、广西华锑化工有限公司
	11	移动通信网络综合告警监控系统开发与应用	中国移动通信集团广西有限公司、亿阳信通股份有限公司
	12	反应粘结型绿黑交叉强力膜高分子湿铺防水卷材的产业化	广西金雨伞防水装饰有限公司
	13	新型营养补充剂——复合氨基酸钙研制及产业化	广西大学、南宁富莱欣生物科技有限公司
	14	广西重症地中海贫血现状调查及其出生缺陷预防	中国人民解放军第三〇三医院、南宁市人口和计划生育服务中心、横县计划生育服务站

2014年南宁市科学技术进步奖项目

等级	序号	名称	完成单位
一等奖	1	轨道交通用6005A铝合金大规格铸锭的开发	广西南南铝加工有限公司
	2	现代分子免疫血液和遗传技术的建立和应用	南宁输血医学研究所(南宁中心血站)
	3	林业高产高效智能化施肥模式研究及在桉树造林中的应用	广西力源宝科技有限公司、广西大学、广西力源肥业科技农化有限公司
	4	玉米新品种亚航639的选育及繁育推广	广西亚航农业科技有限公司
	5	上流式多相废水处理氧化塔的开发及产业化	广西博世科环保科技股份有限公司、广西大学

续表一

等级	序号	名称	完成单位
二等奖	1	基于三维CT影像的计算机辅助肺结节检测方法和临床应用研究	南宁市第二人民医院、华中科技大学
	2	重型卡车用发动机铜质硬钎焊双波浪带水冷散热器	南宁八菱科技股份有限公司
	3	可再生能源建筑应用远程监测平台关键技术研究与应用	南宁市合辰科技有限公司、广西大学
	4	跨境流动人口艾滋病综合防制模式创新研究	南宁市疾病预防控制中心
	5	后备母猪营养关键技术与应用	广西商大科技有限公司、四川农业大学动物营养研究所
	6	中低温低流量体外循环在婴儿先天性心脏病心内直视手术的临床研究	南宁市第一人民医院
	7	以木薯废渣为原料的生物燃气高效制备技术及成套设备的研发	广西武鸣县安宁淀粉有限责任公司、杭州能源环境工程有限公司、广西科学院
	8	三味清热止痒洗剂的研制及产业化关键技术研究	广西盈康药业有限责任公司、广西药用植物园
	9	低烟环保型三氧化二锑阻燃剂的研制	广西华锑科技有限公司、广西大学、广西华锑化工有限公司
	10	船联网北斗智能控制集成装备关键技术研究及应用	广西卡西亚科技有限公司、广西经济管理干部学院、广西西江开发投资集团有限公司、广西感知物联网生产力促进中心
	11	高产优质抗病苦瓜新品种选育与示范	南宁集源农业科技有限公司、广西农业科学院蔬菜研究所
	12	智能远程通信基站图像监控系统的研制与应用	润建通信股份有限公司、广西大学
	13	木薯加工废弃物生物转化蔬菜育苗基质研究与应用推广	广西南宁赛绿农业科技有限公司、广西农业科学院农业资源与环境研究所、广西农业科学院微生物研究所
	14	亚磷酸盐防锈颜料的研制	广西新晶科技有限公司
	15	中国杂交水稻新组合在越南的试验示范与推广	广西万川种业有限公司、广西农业科学院水稻研究所、广西农业科学院植物保护研究所
三等奖	1	香蕉褐足角胸叶甲发生规律与防治技术规程研究制定及示范应用	南宁市植保植检站、广西农业职业技术学院、南宁立标新生物科技有限公司、南宁市老科技工作者协会
	2	间歇煮糖自动控制系统	广西宏智科技有限公司广西永凯糖纸集团有限责任公司崇左左江分公司
	3	来氟米特对脂多糖诱导下HaCaT细胞增殖及对分泌IL-8、I-CAM-1的影响	南宁市第二人民医院
	4	葑醇系列产品——乙酸葑酯、葑酮的研究和开发	南宁辰康生物科技有限公司
	5	骨髓间充质干细胞联合富血小板血浆治疗骨病的实验研究	南宁市第二人民医院
	6	人类血小板抗原基因在广西地区主要少数民族中的表达差异	南宁市第二人民医院
	7	广西地方鸡种质资源保护及创新利用研究与应用示范	广西金陵农牧集团有限公司、广西畜牧研究所
	8	出口蜂蜜加工关键技术研究与应用	广西蜜博士蜂业有限责任公司

续表二

等级	序号	名称	完成单位
三等奖	9	南宁市地理信息共享服务平台的研究与建设	南宁市勘察测绘地理信息院
	10	HIV/TB患者抗结核治疗强化期药物性肝损伤调查	南宁市第四人民医院
	11	基于物联网的运营和传感设备接入中间件研究开发	广西金中软件有限公司
	12	南宁市分娩镇痛技术服务平台建设	南宁市妇幼保健院
	13	高效节能太阳能光电发电智能控制系统	广西申能达智能技术有限公司
	14	金蛤口服液治疗白血病的药效学研究	南宁市第二人民医院
	15	豇豆新品种“甜脆1号”的繁育及推广	南宁市蔬菜研究所
	16	智慧社区网格化管理信息系统及应用示范	南宁市勘察测绘地理信息院
	17	南方大棚蔬菜高效节本技术集成研究与示范	横县六六八大棚蔬菜种植专业合作社、广西农业科学院蔬菜研究所
	18	基于物联网的农村分散污水自动处理系统	广西普华科技有限公司、广西宏智科技有限公司
	19	SL系列全自动连续分蜜机	广西盛誉糖机制造有限责任公司
	20	超细粉末氧化锑连续配料包装过程实时智能监控系统的研究与应用	广西华锑科技有限公司、广西华锑化工有限公司、广西大学
	21	中医的实证和虚证理论对椎－基底动脉供血不足的临床研究	南宁市第一人民医院
	22	大棚西、甜瓜主要病害防控技术研究与应用示范	南宁市青秀区长塘镇农业服务中心、广西农业科学院植物保护研究所、南宁集源农业科技有限公司
	23	新型水溶肥料的研发与应用	广西新方向化学工业有限公司
	24	25%烯啶虫胺·异丙威可湿性粉剂研制开发	广西田园生化股份有限公司
	25	南宁市城市空间数据库	南宁市规划信息技术中心、南宁市城规地理信息技术中心、广州市十力位置智能技术有限公司、上海数慧系统技术有限公司
	26	中低温室颤性停搏对心内直视术心肌保护效果的临床研究	南宁市第三人民医院
	27	椎体成形术治疗骨质疏松性椎体压缩骨折及其他脊柱疾病的临床研究	南宁市第一人民医院
	28	蔬菜规模化高效育苗关键技术研究与示范推广	南宁市尚农农业科技有限公司、广西农业科学院蔬菜研究所
	29	采用新型预热技术延长荧光灯整灯寿命的技术研发	南宁市朗能环保科技有限公司
	30	基于SOA的药械智能实时监管平台	南宁超创信息工程有限公司

2014年南宁市技术发明奖项目

等 级	序号	名称	完成单位
二等奖	1	重要乳结泰蕉农的新技术研究和产业化应用	广西昌弘制药有限公司
三等奖	2	生物酶稀土型麻前卫油的研制	南宁飞日润滑油有限公司

2014年南宁市文物保护单位名录

级别	名称	年代	公布年份	位置(地址)
国家级	顶蛳山遗址	新石器时代	2001年	邕宁区蒲庙镇新新村九碗坡东面
	昆仑关战役旧址	民国	2006年	兴宁区昆仑镇昆仑村
	智城城址	唐代	2006年	上林县白圩镇爱长村下石检屯
	越南中央学舍区(广西南宁育才学校)总部旧址	1951年	2009年	西乡塘区心圩街道和德村九冬坡
	伏波庙	明清	1994年	横县云表镇站圩村东南3千米处
自治区级	豹子头遗址	新石器时代	1981年	青秀区柳沙园艺场(那坝村)
	灰窑田遗址	新石器时代	1981年	青秀区三岸园艺场
	中共广西省第二次代表大会旧址	民国十八年(1929年)	1981年	青秀区河堤路雷屋
	青龙江口遗址	新石器时代	1981年	青秀区长塘镇定西村北面的青龙江口
	天窝遗址	新石器时代	1981年	青秀区长塘镇天窝村东面的邕江南岸
	共青团南宁地委旧址	民国十五年(1926年)	1981年	兴宁区北宁街47号
	革命烈士纪念碑	1956年	1963年	兴宁区公园路人民公园内
	新会书院	清代	2000年	兴宁区解放路42号
	石船头遗址	新石器时代	1981年	良庆区良庆镇那黄村北面邕江南岸
	明秀园	民国	2000年	武鸣县城西郊蒙村附近
	思恩府试院	清代	2000年	宾阳县宾州镇宾阳职业中专内
	宾州南桥	明代	2009年	宾阳县宾州镇南街与三联街交接处
	南宁魁星楼	清代	2009年	江南区江西镇扬美村希望小学内
	邕江防洪古堤	清代	2009年	青秀区邕江北岸距邕江大桥以东约300米处
	邕宁五圣宫	清代	2009年	邕宁区蒲庙镇团结街
	惠迪公祠	清代	2009年	隆安县南圩镇发立村积发屯
	镇宁炮台	民国	2009年	兴宁区公园路人民公园望仙坡西南
	广西高等法院办公楼旧址	民国	2009年	兴宁区朝阳路3-5号
	施恒益大院	民国	2009年	横县横州镇城司街东二巷
	广西省土改工作团第二团团部旧址	1951年至1952年	2009年	江南区江西镇锦江村麻子畬坡
市级	新华路水塔	民国二十六年(1937年)	1994年	兴宁区新华路南段
	望火楼	1953年	2001年	兴宁区新华路1号
	西关路铁桥	民国二十三年(1934年)	2001年	兴宁区西关路北段

续表一

级别	名称	年代	公布年份	位置(地址)
市级	两湖会馆	清代	2001 年	兴宁区解放路 38-40 号
	冬泳亭	1974 年	2001 年	兴宁区邕江一桥北端西南面
	邕州知州苏缄殉难遗址	北宋	2002 年	兴宁区兴宁路西二里
	南宁商会旧址	清代	2002 年	兴宁区解放路 54 号
	安徽会馆	清代	2002 年	兴宁区石巷口 12 号
	董达庭商住楼	民国	2002 年	兴宁区解放路 35－1 号、37 号
	金狮巷民居群	清代至民国	2002 年	兴宁区兴宁路西二里 50、52、54、56、58、60、62、64、66、68 号
	滕甫墓	宋代	1989 年	兴宁区五塘镇沙平村
	南宁会议旧址	1958 年	2002 年	兴宁区新民路明园饭店内
	黄旭初旧居	民国	2002 年	青秀区明德街 53 号
	邕宁电报局旧址	民国十一年(1922 年)	2002 年	青秀区明德街 55 号
	桂南战役阵亡将士纪念亭	民国三十年(1941 年)	1996 年	青秀区植物路自治区第一保育院内
	雷沛鸿故居	清代	2001 年	青秀区河堤路雷屋 16 号
	陶公馆	民国二十四年(1935 年)	2002 年	青秀区河堤一街 37 号
	中共广西省委机关秘书处旧址(雷经天故居)	民国十八年(1929 年)	2001 年	青秀区河堤路雷屋 17 号
	广西省体育场门楼	1954 年	2002 年	青秀区桃源路 62 号
	那北咀贝丘遗址	新石器时代	1989 年	青秀区长塘镇五合村那窝坡南面邕江边
	凌屋贝丘遗址	新石器时代	1989 年	青秀区长塘镇五合村
	斑峰书院	清代	1998 年	青秀区刘圩镇刘圩街
	南宁古城墙	明、清	2007 年	青秀区邕江一桥北端
	青秀山摩崖石刻	明代	1983 年	青秀山风景名胜旅游区内
	董泉	明代	1983 年	青秀山风景名胜旅游区内
	凌铁水塔	民国二十三年(1934 年)	2010 年	青秀区植物路 53 号凌铁水厂内
	刘圩大寨屋	20 世纪 70 年代	2010 年	青秀区刘圩镇麓阳村新阳坡和启蒙坡
	宗圣源祠	明万历三十七年(1609 年)	2010 年	青秀区七星路一巷 25 号
	烟墩岭烽火台	明代	1996 年	江南区福建园街道烟墩脚村烟墩岭
	梁烈亚故居	清代	2001 年	江南区江西镇扬美村解放路 35 号
	千人坟	民国三十年(1941 年)	1996 年	江南区沙井街道乐贤村黄樟岭
	周家坡古建筑群	清末至民国	2010 年	江南区江南街道东南村周家坡
	莫文骅故居	清道光十年(1830 年)	2010 年	江南区亭子莫屋角 12 号
	粤东会馆	清代	1982 年	西乡塘区壮志路 22 号
	那龙恐龙出土点	中生代白垩纪	1996 年	西乡塘区金陵镇大石村石火岭
	黄氏家族民居	清代	2001 年	西乡塘区中尧南路东三里 88 号
	林氏祖屋	明、清	2002 年	西乡塘区心圩街道四联村林屋
	罗文村韦氏祖屋	明、清	2002 年	西乡塘区罗文村

续表二

级别	名称	年代	公布年份	位置(地址)
市级	铜鼓陂水利	清代	2002年	西乡塘区安宁街道永宁村东北面
	老口村覃氏民居和宗祠	清代	2010年	西乡塘区石埠街道老口村那告坡
	老口村李氏民居	清代	2010年	西乡塘区石埠街道老口村建宁坡
	驮罕码头	民国初年	2010年	西乡塘区金陵镇龙达村龙江街
	驮罕炮楼	民国初年	2010年	西乡塘区金陵镇龙达村龙江街
	邕宁县第十三区政府旧址	1956年	2010年	西乡塘区石埠街道老口村贤湾街19号
	老口村黄氏宗祠	清代	2010年	西乡塘区石埠街道老口村三民坡
	刚德村卢氏民居	清同治年间	2010年	西乡塘区金陵镇刚德村大石坡154号
	那莲戏台	清代	1989年	邕宁区蒲庙镇孟莲村那莲街
	北帝庙	清代	1989年	邕宁区蒲庙镇孟莲村那莲街
	新江桥(皇赐桥)	清代	1989年	邕宁区新江镇新江街北端
	雷婆岭石刻	清代	1989年	邕宁区那楼镇那蒙村雷婆岭
	徐汉林烈士墓	1950年	1998年	邕宁区新江镇汉林村
	蕾帽岭摩崖石刻	清代	2010年	良庆区那陈镇那徐村委和平丙坡之间的蕾帽岭顶峰
	良庆五帝庙	清同治十二年(1873年)	2010年	良庆区良庆镇良庆街西二巷
	孔总桥	20世纪70年代	2010年	良庆区南晓镇团东村平朗坡
	雷殷故居	清末	2010年	良庆区南晓镇晓元村达庄坡32号
	陵桂村钟氏民居	清光绪二十年(1894年)	2010年	良庆区南晓镇陵桂村大陵坡
县级	陆荣廷墓	民国	1983年	武鸣县城厢镇大皇后村
	葛阳文昌阁	清代	1983年	武鸣县太平镇葛阳村葛阳圩
	蜡烛山遗址	新石器时代	1988年	武鸣县双桥镇伏林村敢汉山附近
	岜勋贝丘遗址	新石器时代	1998年	武鸣县锣圩镇岜勋村水响龙水岸
	文江塔	清代	1988年	武鸣县县城香山河与西江河汇流处
	坛李塔	清代	1988年	武鸣县罗波镇坛李村坛李屯西面
	剧院石狮	民国	1988年	武鸣县武鸣会堂正门前
	全才城岭石墙	明代	1988年	武鸣县两江镇公泉村全才屯城岭上
	虚白公暨其媳广德公主轶事丛拾石碑和夏黄村志石碑	民国	1988年	武鸣县城厢镇夏黄村小学校园内
	灵水石刻	民国二十三年(1934年)	1988年	武鸣县县城灵水湖岸边
	甲泉石刻	清代	1988年	武鸣县双桥镇伊岭村雅亭屯东面
	镇武桥	民国	1988年	武鸣县县城内西江河上
	仙山石刻	宋代	1988年	武鸣县双桥镇伊岭村广寺屯仙山西面
	起凤山庙及其石刻	清代	1988年	武鸣县城厢镇夏黄村西北面
	府城高中李彦章石刻	清代	1988年	武鸣县府城镇府城高中校园内
	“至圣先师孔子赞屏序”石碑	清代	1988年	武鸣县府城镇府城粮所院内

续表三

级别	名称	年代	公布年份	位置(地址)
县级	罗波庙及其周围石刻	清代	1988 年	武鸣县罗波镇罗波潭东岸
	元龙坡古墓群遗址	西周	2009 年	武鸣县马头镇马头社区东面 500 米处
	安等秧坡古墓群遗址	战国	2009 年	武鸣县马头镇马头社区南面 1 千米处
	蔼阳戏台	清嘉庆二十四年(1819 年)	2013 年	武鸣县太平镇蔼阳村蔼阳圩
	文桐戏台	清道光十年(1830 年)	2013 年	武鸣县陆斡镇文桐村谢桐屯
	都文宋代遗址	宋代	2013 年	武鸣县宁武镇旧琴村都文屯西面 300 米狮子山东面和南面山脚
	高井兵寨遗址	元至清	2013 年	武鸣县锣圩镇大扬村青山屯西面的三宝山上
	“阳明先生过化之地”石刻	明代	2013 年	武鸣县府城镇喜庆村那浪屯西面 900 米处
	卧牛石李彦章石刻	清代	2013 年	武鸣县府城镇府城社区四喜街
	“琴筑泉”石刻	清代	2013 年	武鸣县罗波镇凤林村板龚屯西面 1 千米南潮泉边
	敏山“阳明洞”石刻	民国十九年(1930 年)	2013 年	武鸣县陆斡镇苞桥村张岭屯南面 200 米敏山东面半山腰
	岜孟山敢公司陆荣廷石刻	民国十年(1921 年)	2013 年	武鸣县宁武镇梁新村南面 3 千米处岜孟山敢公司内
	极星桥	民国十四年(1925 年)	2013 年	武鸣县府城镇府城社区四喜街
	韦波村红泥岭	战国	1986 年	宾阳县露圩镇韦波村红泥岭
	回风塔	清光绪二年(1876 年)	1988 年	宾阳县宾州镇城北合岭村
	秀峰塔	清道光十四年(1834 年)	1988 年	宾阳县大桥镇水美村
	革命烈士梁瀚嵩将军之墓	现代	1987 年	宾阳县黎塘镇新梁村
	邓村烈士墓	1950 年	1988 年	宾阳县甘棠镇邓村
	白岩	宋代	1988 年	宾阳县新桥镇白岩村
	安城古城门	明、清	1988 年	宾阳县黎塘镇安城村
	领方古城址	汉代	2006 年	宾阳县宾州镇古城村
	蔡氏古宅	清代	2006 年	宾阳县古辣镇蔡村
	谭屋小洋楼	民国	2007 年	宾阳县新桥镇林堡村
	老牌楼	民国	2007 年	宾阳县宾州镇三联街 378 号
	施氏家庙	明、清	2008 年	宾阳县中华镇施村
	陈良佐旧居	近、现代	2008 年	宾阳县武陵镇白沙村
	陈氏宗堂	明、清	2008 年	宾阳县古辣镇义陈社区
	程思远故居	现代	2008 年	宾阳县大桥镇大程村
	那宁杨家大屋	清代	2013 年	宾阳县甘棠镇那宁村委那宁村
	梁翰嵩“小休楼”	现代	2013 年	宾阳县黎塘镇新圩村委梁村
	卢炎山故居	近代	2013 年	宾阳县黎塘镇黄茶村委
	廖氏民居	清代	2013 年	宾阳县新桥镇清平村委廖村
	廖村小洋楼	近代	2013 年	宾阳县新桥镇清平村委廖村
	武陵磨家大院	清代	2013 年	宾阳县武陵镇武陵村委高荣村

续表四

级别	名称	年代	公布年份	位置(地址)
县级	梁村革命烈士纪念碑	近代	2013 年	宾阳县黎塘镇新圩村委梁村西面象山顶上
	太守抗日万人墓	近代	2013 年	宾阳县思陇镇太平社区
	蒙知州墓	宋代	2013 年	宾阳县宾州镇宝水村委大浪塘村西侧六羊岭
	六卢牌楼	近代	2013 年	宾阳县露圩镇百合村委六卢希望小学内
	中共南宁地委专员公署	1950 年	2014 年	宾阳县宾州镇宾阳中学校园内
	开智中学老行政办公室	民国三十二年(1943 年)	2014 年	宾阳县黎塘镇开智中学校园内
	舜婆山遗址	明代	1999 年	上林县白圩镇覃排社区
	九龙窑遗址	宋代	1999 年	上林县明亮镇九龙村
	韦厥墓	唐代	1999 年	上林县三里镇双罗圩北面
	张鹏展墓	清代	1999 年	上林县澄泰乡下江村外云屯
	通观桥	明代	1999 年	上林县三里镇三里村
	金鸡山石刻	明万历七年(1579 年)	1999 年	上林县乔贤镇高祥屯金鸡岭
	汇水桥畔碑林	明、清	1999 年	上林县三里镇汇水桥畔船山
	平山石刻	清代	1999 年	上林县巷贤镇六联村留仙屯
	黄忠立墓	清代	1999 年	上林县澄泰乡澄泰村
	杨腾辉旧居	民国二十二年(1933 年)	1999 年	上林县大丰镇
	南陔革命旧址	民国三十一年(1942 年)	1999 年	上林县巷贤镇卢柱村大卢屯
	石南海遗址	新石器时代	2012 年	上林县塘红乡石门村
	南丹卫城址	明代	2012 年	上林县大丰镇皇周村
	厂圩冶炼遗址	清代	2012 年	上林县木山乡厂圩村
	鼓岩书院遗址	清代	2012 年	上林县白圩镇高长村
	黄忠立故宅遗址	清代	2012 年	上林县大丰镇东春村
	瓦窑古城	清代	2012 年	上林县白圩镇覃排社区
	宿岭桥	清代	2012 年	上林县三里镇大黄村
	鲤龙桥	清代	2012 年	上林县西燕镇覃浪村
	清秀山石刻	明代	2012 年	上林县三里镇云姚村
	明镜岩石刻	清代	2012 年	上林县三里镇黄楚村
	马湾石刻	明代	2012 年	上林县西燕镇覃浪村
	敢王洞石刻	清代	2012 年	上林县镇圩瑶族乡镇马社区
	巷贤抗日阵亡将士公墓	民国	2012 年	上林县巷贤镇高贤村
	大丰抗日阵亡将士公墓	民国	2012 年	上林县大丰镇皇周村
	海棠桥	清代	1983 年	横县横州镇西郊
	横县六秀会议议址(中共广西省工委横县会议旧址)	解放战争时期(1947 年)	1983 年	横县陶圩镇六秀村
	天窟归云岩(青龙岩)	明代	1983 年	横县横州镇谢圩村北面 500 米
	丞露塔	清代	1983 年	横县峦城镇高村西南 2 千米金龟岭

南宁年鉴

续表五

级别	名称	年代	公布年份	位置（地址）
县级	南山应天寺	明、清	1983 年	横县那阳镇宝华村南山林场场部
	龙王庙（龙母庙）	明、清	1983 年	横县横州镇洪德社区居委会
	尹屋村宋窖及宋墓群	宋至元	1990 年	横县横州镇尹屋村
	李萼楼大院	清代	2005 年	横县马山乡翰桥村
	笔山花屋	清代	2012 年	横县平朗乡笔山村
	王堂口苏宅	清代	2012 年	横县峦城镇峦城社区王堂口 15 号
	天成大屋	清代	2012 年	横县那阳镇滏塘村上村屯
	万尤府	清代	2012 年	横县六景镇亭茶村西
	亭茶杨氏祖屋	清代	2012 年	横县六景镇亭茶村东北部
	中国人民解放军粤桂边纵第八支队暨横县人民政府成立旧址	1949 年	2012 年	横县平马镇平马社区中心小学内
	秀林书院	清代	2012 年	横县县城横县中学内
	鳌山寺	清代	2012 年	横县百合镇百合社区鳌山山脚下百合中学内
	魁星楼遗址	清代	2012 年	横县横州镇登高岭
	蒋上国夫妇墓	明代	1989 年	马山县乔利乡白马山脚
	八仙板桥	明代	1989 年	马山县周鹿镇东侧码头边
	石塘北帝庙址	清代	1989 年	马山县周鹿镇石塘村北侧
	佛洞石刻	清代	1989 年	马山县周鹿镇坛沙村伏下屯
	头零拱桥	清代	1989 年	马山县古零镇乔老村头零
	苏渌拱桥	清代	1989 年	马山县古零镇乔老村苏绿屯
	旧圩拱桥	清代	1989 年	马山县古零镇扬圩旧街
	那崩山石刻	明代	1989 年	马山县古零镇古统村动期屯
	扬圩书岩石刻	明代	1989 年	马山县古零镇扬圩南面约 1 千米处
	下巴拱桥	清代	1989 年	马山县白山镇大同村下巴屯
	“205”上坳石刻	清代	1989 年	马山县白山镇上龙村六代屯
	卧云洞	清代	1989 年	马山县县城北郊
	题诗岩石刻	明代	1989 年	马山县永州镇西南 3 千米处
	五埂隘石刻	明代	1989 年	马山县永州镇东面二埂隘
	罗汉山石刻	清代	1989 年	马山县永州镇烈士塔西侧
	栖真洞石刻	清代	1989 年	马山县县城伴雲山西面
	南屏山石刻	清代	1989 年	马山县县政府南侧
	鳌鱼山石刻	清代	1989 年	马山县县城西南
	中共那马中心县委旧址	近代	1998 年	马山县永州镇平山村坡马屯
	感应岩（第一革命大本营）	近代	1998 年	马山县永州镇平山村坡马屯
	思恩府城墙址	明代	1998 年	马山县乔利乡乔利街拉旧屯
	灵阳寺	宋代	2000 年	马山县古零镇荔枝岩
	群贤桥	清代	2011 年	马山县古零镇古零街东北面 500 米

续表六

级别	名称	年代	公布年份	位置(地址)
县级	金华拱桥	明代	2011 年	马山县乔利乡乔利街西约 100 米
	乔利炮楼	清代	2011 年	马山县乔利乡乔利街上
	坛基交流桥	清代	2011 年	马山县林圩镇林圩村坛基屯
	六卓岭遗址	新石器时代	2011 年	马山县金钗镇独秀村那烂屯红水河右岸
	尚朗岭遗址	新石器时代	2011 年	马山县金钗镇独秀村红水河右岸
	索塘岭遗址	新石器时代	2011 年	马山县金钗镇独秀村那烂屯索塘岭
	古楼坡遗址	新石器时代	2011 年	马山县金钗镇乐江村上凌屯古楼坡
	拉如岭遗址	新石器时代	2011 年	马山县金钗镇乐江村九一屯拉如岭
	白马山石刻	明代	2011 年	马山县乔利乡东鸡村白马屯西北约 400 米处
	双涌泉石刻	明代	2011 年	马山县林圩镇甘豆村邑沓屯后山
	林朋石刻	明代	2011 年	马山县白山镇大同村下岭屯后山
	周鹿独秀山摩岩石刻	明代	2011 年	马山县周鹿镇周鹿街东北约 300 米
	那马临时革命委员会旧址	民国十八年(1929 年)	2011 年	马山县周鹿镇周鹿街上
	徐泽长故居	民国	2011 年	马山县永州镇州圩街上
	韦成篇故居	民国	2011 年	马山县永州镇平山村江庄屯
	坡鉴革命烈士陵园	1956 年	2011 年	马山县永州镇州圩村坡鉴屯
	天鹅寨右江地委会议旧址	解放战争时期(1948 年)	2011 年	马山县永州镇亲爱村感锦屯南面山上
	古零革命烈士陵园	1958 年	2011 年	马山县古零镇上级村外官屯巴滚山
	苏绍普故居	民国	2011 年	马山县古零镇上级村外官屯
	六利胜利渡槽	1975 年	2011 年	马山县周鹿镇坛利村六利屯西北 50 米
	罗明文进士故居	清代	2011 年	马山县百龙滩镇大隆村板龙屯
	李生梅故居	民国十七年(1928 年)	2014 年	马山县永州镇平山村坡马屯
	定罗古城址	明代	2014 年	马山县永州镇永州村定罗街西北约 100 米
	洪津古渡	清代	2014 年	马山县百龙滩镇大球村六常屯西北约 500 米(红水河南岸)
	大龙潭古遗址	新石器时代	1989 年	隆安县乔建镇博浪村
	保湾佛子石器遗址	新石器时代	1989	隆安县丁当镇保湾村
	陆岭石器遗址	新石器时代	1989	隆安县南圩镇灵利村
	定坤邑横石器遗址	新石器时代	1989	隆安县丁当镇定坤村
	三岗岭石器遗址	新石器时代	1989	隆安县那桐镇那桐社区
	龙床石器遗址	新石器时代	1989	隆安县那桐镇上邓村
	浪湾农场石器遗址	新石器时代	1989 年	隆安县浪湾华侨农场第三分场
	南圩红岭石器遗址	新石器时代	1989	隆安县南圩镇发立村
	榜山文塔	清代	1985 年	隆安县县城东 2 千米独秀山上
	潭荒孔明井	三国	1989 年	隆安县雁江福颜村潭荒屯
	鸳鸯九门桥	明、清	1989 年	隆安县乔建镇鹭鹚村陆海屯
	白鹤岩	明代	1989 年	隆安县县城西北
	隆安烈士陵园	现代	1989 年	隆安县县城西南
	望朝摩崖题记	明代	1989 年	隆安县南圩镇望朝村多劝屯
	周氏宗祠(百朝岩)	近、现代	1989 年	隆安县南圩镇百朝村
	榜山	新石器时代	2013 年	隆安县乔建镇儒浩村东面 3 千米处

(周梅清)

2014年南宁市籍运动员荣誉榜

姓名	时间	地点	比赛名称	项目	比赛成绩	
					小项	名次
白雅雯	10月3日至10月12日	广西南宁	第45届世界体操锦标赛	体操	女子团体	2
					平衡木	2
张智云	7月8日至7月12日	法国巴黎	第24届世界技巧锦标赛	技巧	团体	5
黄小惠	7月17日	上海	第19届国际泳联跳水世界杯	跳水	男女混合	1
	7月18日				女子10米跳台	1
鲁恺	8月25日至8月31日	丹麦	“李宁杯”世界羽毛球锦标赛	羽毛球	混合双打	5
黄明淇	4月7日至4月13日	加拿大	泛太平洋体操锦标赛	体操	男子自由体操	1
					双杠	2
					单杠	3
黄小惠	6月6日	墨西哥蒙特雷	2014年国际泳联跳水系列赛墨西哥蒙特雷站	跳水	女子双人10米跳台	1
	6月1日	加拿大温莎	2014年国际泳联跳水系列赛加拿大温莎站		女子10米跳台	1
韦颖	5月3日	加拿大加蒂诺	2014年国际泳联跳水系列赛加拿大加蒂诺站	跳水	女子3米跳板	1
	5月18日	墨西哥瓜纳华托	2014年国际泳联跳水系列赛墨西哥瓜纳华托站		女子3米跳板	2
鲁恺	2013年12月	澳门	澳门黄金赛	羽毛球	混合双打	1
	2月11日至2月16日	中国	国际锦标赛		混合双打	5
	3月25日至3月30日	马来西亚	马来西亚黄金大奖赛		男子双打	1
	4月8日至4月13日	新加坡	新加坡公开赛		男子双打	1
	4月15日至4月20日	江苏常州	中国黄金大师赛		男子双打	3
					混合双打	1
	6月17日至6月22日	印度尼西亚	印度尼西亚公开赛		混合双打	5
	6月24日至6月29日	澳大利亚	澳大利亚明星公开赛		男子双打	5
	10月21日至10月26日	法国	法国公开赛		混合双打	1
唐渊渟	1月7日至1月12日	韩国	韩国公开赛	羽毛球	女子双打	5
	1月14日至1月19日	马来西亚	马来西亚公开赛		女子双打	5

续表一

姓名	时间	地点	比赛名称	项目	比赛成绩	
					小项	名次
唐渊渟	3月4日至 3月9日	英国	全英顶级赛	羽毛球	女子双打	2
	4月1日至 4月6日	印度	印度公开赛		女子双打	1
	6月17日至 6月22日	印度尼西亚	印尼公开赛		女子双打	2
	6月10日至 6月15日	日本东京	日本超级赛		混合双打	5
					女子双打	5
	7月15日至 7月20日	台北	中华台北公开赛		女子双打	3
	10月21日至 10月26日	法国	法国公开赛		女子双打	2
	10月14日至 10月19日	丹麦	丹麦公开赛		女子双打	3
	10月28日至 11月2日	德国	比特堡公开赛		女子双打	3
	6月10日至 6月15日	日本东京	日本超级赛		混合双打	5
黄月珍	11月19日	乌兹别克斯坦	举重亚洲杯	举重	女子48kg级	1
						1
						1
黄 熙	9月19日至 10月4日	韩国仁川	第十七届亚运会	体操	男子跳马	3
					男子团体	3
白雅雯	9月19日至 10月4日	韩国仁川	第十七届亚运会	体操	女子团体	1
					平衡木	7
许艺川	11月8日	泰国布吉岛	第14届亚洲蹼泳锦标赛	蹼泳	女子4×100米 蹼泳接力	1
					女子4×200米 蹼泳接力	2
黄小惠	10月2日	韩国仁川	第17届亚运会	跳水	女子10米跳台	2
蒙珊珊	3月5日	泰国	亚洲青少年锦标赛	举重	女子青年组63kg级	1
						1
						1
黄月珍	4月17日	河北迁安	全国女子举重锦标赛	举重	48kg级	2
						7
罗 冰	4月17日	河北迁安	全国女子举重锦标赛	举重	48kg级	3
						5
郭金演	4月17日	河北迁安	全国女子举重锦标赛	举重	53kg级	6
						6

续表二

姓名	时间	地点	比赛名称	项目	比赛成绩	
					小项	名次
蒙珊珊	4月17日	河北迁安	全国女子举重锦标赛	举重	53kg级	4
						4
						4
罗冰	10月10日	山东淄博	全国女子举重冠军赛	举重	48kg级	6
						3
						5
黄月珍	10月10日	山东淄博	全国女子举重冠军赛	举重	48kg级	7
						6
						6
覃钎	2014年3月	福建莆田	全国射箭冠军赛	射箭	男子团体淘汰赛、决赛	6
阮世安	2014年6月	内蒙古乌拉盖	全国奥林匹克锦标赛	射箭	混双	3
邓楚彬 文缸华	5月10日至 5月19日	四川南充	2014年全国艺术体操集体锦标赛和个人冠军赛	艺术体操	成年个人团体	4
					团体总分	4
邓楚彬 文缸华	5月10日至 5月19日	四川南充	2014年全国艺术体操集体锦标赛和个人冠军赛	艺术体操	成年个人团体	4
					团体总分	4
邓楚彬文缸华	9月2日至 10月10日	福建大田	2014年全国艺术体操锦标赛	艺术体操	成年个人团体	5
吴蔚羚	9月2日至 10月10日	福建大田	2014年全国艺术体操锦标赛	艺术体操	个人团体总分	7
黄明淇	5月6日至 5月13日	广西南宁	2014年全国体操锦标赛暨第45届世界体操锦标赛测试赛	体操	男子跳马	1
古柏森	5月6日至 5月13日	广西南宁	2014年全国体操锦标赛暨第45届世界体操锦标赛测试赛	体操	男子自由操	2
黄熙	5月6日至 5月13日	广西南宁	2014年全国体操锦标赛暨第45届世界体操锦标赛测试赛	体操	男子团体	2
古柏森	5月6日至 5月13日	广西南宁	2014年全国体操锦标赛暨第45届世界体操锦标赛测试赛	体操	男子团体	2
黄明淇	5月6日至 5月13日	广西南宁	2014年全国体操锦标赛暨第45届世界体操锦标赛测试赛	体操	男子团体	2
黄熙	5月6日至 5月13日	广西南宁	2014年全国体操锦标赛暨第45届世界体操锦标赛测试赛	体操	男子跳马	3
					男子自由操	4
白雅雯	5月6日至 5月13日	广西南宁	2014年全国体操锦标赛暨第45届世界体操锦标赛测试赛	体操	女子平衡木	2
					女子自由操	7
古柏森	10月28日至 11月4日	上海	2014年全国体操冠军赛	体操	男子个人全能	5
方海亮	10月28日至 11月4日	上海	2014年全国体操冠军赛	体操	男子自由操	8
陆麟	5月13日至 5月18日	天津	2014年全国蹦床冠军赛	蹦床	男子网上团体	5
张世鹏	5月13日至 5月18日	天津	2014年全国蹦床冠军赛	蹦床	男子单跳团体	6

续表三

姓　名	时　间	地　点	比赛名称	项　目	比赛成绩	
					小　项	名　次
廖浩良	5月13日至5月18日	天津	2014年全国蹦床冠军赛	蹦床	男子单跳团体	6
陈汉铭	5月13日至5月18日	天津	2014年全国蹦床冠军赛	蹦床	男子双人同步	5
陆　麟	5月13日至5月18日	天津	2014年全国蹦床冠军赛	蹦床	男子双人同步	5
申晓芳	5月13日至5月18日	天津	2014年全国蹦床冠军赛	蹦床	女子双人同步	3
谢海欣	5月13日至5月18日	天津	2014年全国蹦床冠军赛	蹦床	女子单跳个人	8
黄海洋 崔启南	5月18日至5月23日	江苏沛县	2014年全国技巧锦标赛	技巧	女子三人全能	4
					女子三人第一套	4
					女子三人第二套	4
张智云	5月18日至5月23日	江苏沛县	2014年全国技巧锦标赛	技巧	女子双人第一套	1
					女子双人第二套	1
					女子双人全能	1
黄东盛	5月18日至5月23日	江苏沛县	2014年全国技巧锦标赛	技巧	团体	3
张智云	5月18日至5月23日	江苏沛县	2014年全国技巧锦标赛	技巧	团体	3
黄海洋	5月18日至5月23日	江苏沛县	2014年全国技巧锦标赛	技巧	团体	3
崔启南	5月18日至5月23日	江苏沛县	2014年全国技巧锦标赛	技巧	团体	3
黄东盛 张智云	5月18日至5月23日	江苏沛县	2014年全国技巧锦标赛	技巧	集体项目	3
黄海洋 崔启南	5月18日至5月23日	江苏沛县	2014年全国技巧锦标赛	技巧	集体项目	3
黄海洋 崔启南	11月17日至11月23日	重庆铜梁	2014年全国技巧冠军赛暨青少年锦标赛	技巧	女子三人第一套	3
					女子三人第二套	2
					女子三人全能	3
张智云	11月17日至11月23日	重庆铜梁	2014年全国技巧冠军赛暨青少年锦标赛	技巧	女子双人第一套	1
					女子双人第二套	1
					女子双人全能	1
黄东盛	11月17日至11月23日	重庆铜梁	2014年全国技巧冠军赛暨青少年锦标赛	技巧	集体项目	2
张智云	11月17日至11月23日	重庆铜梁	2014年全国技巧冠军赛暨青少年锦标赛	技巧	集体项目	2
黄海洋	11月17日至11月23日	重庆铜梁	2014年全国技巧冠军赛暨青少年锦标赛	技巧	集体项目	2
崔启南	11月17日至11月23日	重庆铜梁	2014年全国技巧冠军赛暨青少年锦标赛	技巧	集体项目	2

续表四

姓名	时间	地点	比赛名称	项目	比赛成绩	
					小项	名次
曹翔盛	3月24日至3月27日	广东广州	2014年全国武术套路冠军赛(传统项目)	武术套路	男子猴棍	8
陈晓彤	3月24日至3月27日	广东广州	2014年全国武术套路冠军赛(传统项目)	武术套路	集体项目全能	3
陆品鑫	6月9日至6月12日	内蒙古巴彦淖尔	2014年全国武术套路锦标赛(男子赛区)	武术套路	男子二人对练	8
曹翔盛	6月9日至6月12日	内蒙古巴彦淖尔	2014年全国武术套路锦标赛(男子赛区)	武术套路	男子二人对练	8
陈晓彤	9月4日至9月7日	云南玉溪	2014年全国武术套路冠军赛	武术套路	女子三人对练	7
陆品鑫	9月4日至9月7日	云南玉溪	2014年全国武术套路冠军赛	武术套路	男子二人对练	5
曹翔盛	9月4日至9月7日	云南玉溪	2014年全国武术套路冠军赛	武术套路	男子二人对练	5
谢全炎	7月11日至7月13日	山东济南	全国田径冠军赛暨大奖总决赛	田径	男子4×100米接力	5
赵耀柯	7月11日至7月13日	山东济南	全国田径冠军赛暨大奖总决赛	田径	男子4×100米接力	5
栗克锋	7月11日至7月13日	山东济南	全国田径冠军赛暨大奖总决赛	田径	男子4×100米接力	5
谢全炎	7月11日至7月13日	山东济南	全国田径冠军赛暨大奖总决赛	田径	100米	7
钟兴云	5月20日至5月23日	山西太原	全国男子自由式摔跤锦标赛	自由式摔跤	70公斤级	5
钟兴云	10月21日至10月24日	内蒙古集宁	全国男子自由式摔跤冠军赛		70公斤级	5
许艺川	4月27日	广东湛江	2014年全国春季蹼泳锦标赛	蹼泳	女子4×100米蹼泳接力	1
吴振辉	4月19日	广东湛江	2014年全国春季蹼泳锦标赛	蹼泳	男子200米双蹼	2
吴振辉	4月27日	广东湛江	2014年全国春季蹼泳锦标赛	蹼泳	男子50米双蹼	2
许艺川	4月27日	广东湛江	2014年全国春季蹼泳锦标赛	蹼泳	女子200米蹼泳	2
陈曦	4月28日	广东湛江	2014年全国春季蹼泳锦标赛	蹼泳	女子4×200米蹼泳接力	2
吴振辉	4月28日	广东湛江	2014年全国春季蹼泳锦标赛	蹼泳	男子100米双蹼	3
许艺川	4月27日	广东湛江	2014年全国春季蹼泳锦标赛	蹼泳	女子800米蹼泳	3
	4月29日	广东湛江	2014年全国春季蹼泳锦标赛	蹼泳	女子400米器泳	4
	4月28日	广东湛江	2014年全国春季蹼泳锦标赛	蹼泳	女子400米蹼泳	5
	4月28日	广东湛江	2014年全国春季蹼泳锦标赛	蹼泳	女子800米器泳	6
许艺川	4月29日	广东湛江	2014年全国春季蹼泳锦标赛	蹼泳	女子400米器泳	6
许艺川	8月16日	广西柳州	2014年全国蹼泳锦标赛	蹼泳	女子4×100米蹼泳接力	1

续表五

姓 名	时 间	地 点	比赛名称	项 目	比赛成绩	
					小 项	名 次
许艺川	8月16日	广西柳州	2014年全国蹼泳锦标赛	蹼泳	女子200米蹼泳	2
陈 曦	8月16日	广西柳州	2014年全国蹼泳锦标赛	蹼泳	女子4×200米蹼泳接力	2
吴振辉	8月16日	广西柳州	2014年全国蹼泳锦标赛	蹼泳	男子200米双蹼	3
许艺川	8月16日	广西柳州	2014年全国蹼泳锦标赛	蹼泳	女子400米蹼泳	3
					女子400米器泳	3
					女子50米双蹼	3
吴振辉	8月16日	广西柳州	2014年全国蹼泳锦标赛	蹼泳	男子100米双蹼	4
					男子50米双蹼	4
许艺川	8月16日	广西柳州	2014年全国蹼泳锦标赛	蹼泳	女子800米蹼泳	4
					女子800米器泳	4
陈 曦	8月16日	广西柳州	2014年全国蹼泳锦标赛	蹼泳	女子400米蹼泳	6
莫明东	4月30日	江苏昆山	2014年全国男子水球冠军赛	水球	男子水球	4
雷振瑞	4月30日	江苏昆山	2014年全国男子水球冠军赛	水球	男子水球	4
韦日升	4月30日	江苏昆山	2014年全国男子水球冠军赛	水球	男子水球	4
莫明东	10月23日	广东顺德	2014年全国男子水球锦标赛	水球	男子水球	4
雷振瑞	10月23日	广东顺德	2014年全国男子水球锦标赛	水球	男子水球	4
韦日升	10月23日	广东顺德	2014年全国男子水球锦标赛	水球	男子水球	4
陈 媛	4月15日	广西南宁	2014年全国女子水球冠军赛	水球	女子水球	2
李晨颖	4月15日	广西南宁	2014年全国女子水球冠军赛	水球	女子水球	2
陈 媛	10月31日	上海	2014年全国女子水球锦标赛	水球	女子水球	3
李晨颖	10月31日	上海	2014年全国女子水球锦标赛	水球	女子水球	3
黄小惠	3月29日	江苏常州	2014年全国跳水冠军赛	跳水	女子双人10米跳台	1
黄小惠	3月30日	江苏常州	2014年全国跳水冠军赛	跳水	女子10米跳台	2
黄小惠	4月1日	江苏常州	2014年全国跳水冠军赛	跳水	女子团体	2
韦 颖	4月1日	江苏常州	2014年全国跳水冠军赛	跳水	女子团体	2
韦 颖	4月1日	江苏常州	2014年全国跳水冠军赛	跳水	女子1米跳板	3
黄小惠	3月28日	江苏常州	2014年全国跳水冠军赛	跳水	女子3米跳板	5
韦 颖	3月28日	江苏常州	2014年全国跳水冠军赛	跳水	女子3米跳板	6
韦 颖	3月31日	江苏常州	2014年全国跳水冠军赛	跳水	女子双人3米跳板	6
谭 冰	4月1日	江苏常州	2014年全国跳水冠军赛	跳水	混合全能	7
韦 颖	9月1日	上海	2014年全国跳水锦标赛	跳水	女子团体	2
黄小惠	9月1日	上海	2014年全国跳水锦标赛	跳水	女子团体	2
黄小惠	9月3日	上海	2014年全国跳水锦标赛	跳水	女子双人10米跳台	3
韦 颖	9月5日	上海	2014年全国跳水锦标赛	跳水	女子双人3米跳板	3
谭 冰	9月2日	上海	2014年全国跳水锦标赛	跳水	女子1米跳板	4
黄小惠	9月3日	上海	2014年全国跳水锦标赛	跳水	女子3米跳板	4
韦 颖	9月2日	上海	2014年全国跳水锦标赛	跳水	女子1米跳板	5
	9月3日	上海	2014年全国跳水锦标赛	跳水	女子3米跳板	5
黄小惠	9月2日	上海	2014年全国跳水锦标赛	跳水	女子10米跳台	7
	9月5日	上海	2014年全国跳水锦标赛	跳水	混合全能	8

续表六

姓名	时间	地点	比赛名称	项目	比赛成绩	
					小项	名次
李爱军	2013年10月30日至11月7日	江苏苏州	2013年“联众体育杯”全国保龄球锦标赛	保龄球	女子团体	1
钟澎波	2013年10月30日至11月7日	江苏苏州	2013年“联众体育杯”全国保龄球锦标赛	保龄球	女子团体	1
黄彩云	8月22日至8月30日	辽宁沈阳	2014年“天成宏日”杯全国保龄球锦标赛	保龄球	女子团体	2
黄彩云	8月22日至8月30日	辽宁沈阳	2014年“天成宏日”杯全国保龄球锦标赛	保龄球	女子四人队际赛	4
俞永生	8月22日至8月30日	辽宁沈阳	2014年“天成宏日”杯全国保龄球锦标赛	保龄球	男女团体总分	4
程功	8月22日至8月30日	辽宁沈阳	2014年“天成宏日”杯全国保龄球锦标赛	保龄球	男女团体总分	4
黄彩云	8月22日至8月30日	辽宁沈阳	2014年“天成宏日”杯全国保龄球锦标赛	保龄球		
俞永生	8月22日至8月30日	辽宁沈阳	2014年“天成宏日”杯全国保龄球锦标赛	保龄球	男子五人队际赛	6
程功	8月22日至8月30日	辽宁沈阳	2014年“天成宏日”杯全国保龄球锦标赛	保龄球	男子五人队际赛	6
鲁恺	2013年8月31日至9月12日	辽宁锦州	第十二届全运会	羽毛球	混合双打	1
陆璐	7月24日至7月31日	辽宁锦州	全国羽毛球锦标赛（团体）	羽毛球	团体	7
邓羽婷	7月24日至7月31日	辽宁锦州	全国羽毛球锦标赛（团体）	羽毛球	团体	7
雷利	7月24日至7月31日	辽宁锦州	全国羽毛球锦标赛（团体）	羽毛球	团体	7
陈家媛	7月24日至7月31日	辽宁锦州	全国羽毛球锦标赛（团体）	羽毛球	团体	7
刘彦伶	7月24日至7月31日	辽宁锦州	全国羽毛球锦标赛（团体）	羽毛球	团体	7
黄蒙苗	7月24日至7月31日	辽宁锦州	全国羽毛球锦标赛（团体）	羽毛球	团体	7
唐渊渟	11月27日至12月3日	广东佛山	全国单项锦标赛	羽毛球	女子双打	3
黄蒙苗	11月27日至12月3日	广东佛山	全国单项锦标赛	羽毛球	女子双打	3
		广东佛山	全国单项锦标赛	羽毛球	混合双打	5
唐相琨	5月16日至5月23日	天津	2014年全国蹦床年龄组比赛	蹦床	男子乙组单跳个人	5
麦静云	5月16日至5月23日	天津	2014年全国蹦床年龄组比赛	蹦床	女子丙组双人同步	2
麦静云	5月16日至5月23日	天津	2014年全国蹦床年龄组比赛	蹦床	女子丙组网上团体	2

续表七

姓 名	时 间	地 点	比赛名称	项 目	比赛成绩	
					小 项	名 次
陈 强	3月8日	江苏南京	全国室内田径锦标赛	田径	男子60米	7
陈 强	4月19日至 4月20日	广东肇庆	全国田径大奖赛(第一站)	田径	男子4×100米接力	4
赵耀柯	4月19日至 4月20日	广东肇庆	全国田径大奖赛(第一站)	田径	男子4×100米接力	4
谢全炎	4月19日至 4月20日	广东肇庆	全国田径大奖赛(第一站)	田径	男子4×100米接力	4
孙胤晟	3月26日至 3月31日	江西新余	全国青年男子举重锦标赛	举重	69kg级20岁以下组	8
莫博鸣	3月26日至 3月31日	江西新余	全国青年男子举重锦标赛	举重	62kg级	8 8
莫博鸣	7月14日至 7月18日	安徽合肥	2014年全国少年男女举重锦标赛	举重	62kg级	2
班定康	8月8日至 8月13日	山东淄博	2014年全国男女举重分龄(U13–U16)锦标赛	举重	77kg级(15岁)	1 1 1
莫博鸣	10月16日	浙江江山	全国男子举重冠军赛	举重	青年组62kg级	1 2 2
孙胤晟	10月16日	浙江江山	全国男子举重冠军赛	举重	青年组69kg级	7 7 7
林冰莲	3月26日	江西新余	全国青年女子锦标赛	举重	15－17岁组53kg级	1 3 1
玉玲珑	3月26日	江西新余	全国青年女子锦标赛	举重	20岁以下组48kg级	3 5
岑 利	3月26日	江西新余	全国青年女子锦标赛	举重	21–23岁组53kg级	1 1 1
蒙珊珊	3月27日	江西新余	全国青年女子锦标赛(亚洲青少年赛带入)	举重	21–23岁组63kg级	1 1 1
黄兰芯	10月10日	山东淄博	全国女子举重冠军赛	举重	青年组44kg级	3 3 3
玉玲珑	10月10日	山东淄博	全国女子举重冠军赛	举重	青年组53kg级	5 3 4
林冰莲	10月10日	山东淄博	全国女子举重冠军赛	举重	青年组58kg级	2 8 6

续表八

<table>
<tr><th rowspan="2">姓 名</th><th rowspan="2">时 间</th><th rowspan="2">地 点</th><th rowspan="2">比赛名称</th><th rowspan="2">项 目</th><th colspan="2">比赛成绩</th></tr>
<tr><th>小 项</th><th>名 次</th></tr>
<tr><td rowspan="3">李炫霓</td><td rowspan="3">8月8日至
8月13日</td><td rowspan="3">山东淄博</td><td rowspan="3">2014年全国男女举重分龄（U13-U16）锦标赛</td><td rowspan="3">举重</td><td rowspan="3">53kg级（16岁）</td><td>3</td></tr>
<tr><td>3</td></tr>
<tr><td>3</td></tr>
<tr><td rowspan="3">陆海冰</td><td rowspan="3">8月8日至
8月13日</td><td rowspan="3">山东淄博</td><td rowspan="3">2014年全国男女举重分龄（U13-U16）锦标赛</td><td rowspan="3">举重</td><td rowspan="3">44kg级（14岁）</td><td>1</td></tr>
<tr><td>1</td></tr>
<tr><td>1</td></tr>
<tr><td rowspan="3">韦洁媚</td><td rowspan="3">8月8日至
8月13日</td><td rowspan="3">山东淄博</td><td rowspan="3">2014年全国男女举重分龄（U13-U16）锦标赛</td><td rowspan="3">举重</td><td rowspan="3">58kg级（15岁）</td><td>3</td></tr>
<tr><td>2</td></tr>
<tr><td>2</td></tr>
<tr><td>阮世安</td><td>2014年7月</td><td>内蒙古乌拉盖</td><td>全国青少年射箭锦标赛</td><td>射箭</td><td>团体决赛</td><td>8</td></tr>
<tr><td>覃 钎</td><td>2014年7月</td><td>内蒙古乌拉盖</td><td>全国青少年射箭锦标赛</td><td>射箭</td><td>团体决赛</td><td>8</td></tr>
<tr><td>阮世安</td><td>2014年7月</td><td>内蒙古乌拉盖</td><td>全国青少年射箭锦标赛</td><td>射箭</td><td>个人50米</td><td>8</td></tr>
<tr><td rowspan="2">隆明哲</td><td rowspan="2">6月14日至
6月22日</td><td rowspan="2">广东深圳</td><td rowspan="2">2014年全国青年体操锦标赛</td><td rowspan="2">体操</td><td>男子甲组鞍马</td><td>5</td></tr>
<tr><td>男子甲组单杠</td><td>7</td></tr>
<tr><td>黄若彤</td><td>6月14日至
6月22日</td><td>广东深圳</td><td>2014年全国青年体操锦标赛</td><td>体操</td><td>女子乙组团体</td><td>6</td></tr>
<tr><td>黄若彤</td><td>6月14日至
6月22日</td><td>广东深圳</td><td>2014年全国青年体操锦标赛</td><td>体操</td><td>女子乙组跳马</td><td>7</td></tr>
<tr><td>陆品鑫</td><td>7月6日至
7月9日</td><td>福建福州</td><td>2014年全国青少年武术套路锦标赛</td><td>武术套路</td><td>男子A组南棍</td><td>5</td></tr>
<tr><td>余 万</td><td>7月6日至
7月9日</td><td>福建福州</td><td>2014年全国青少年武术套路锦标赛</td><td>武术套路</td><td>男子B组南拳</td><td>6</td></tr>
<tr><td>唐相琨</td><td>10月16日至
10月21日</td><td>上海</td><td>2014年全国青少年蹦床锦标赛</td><td>蹦床</td><td>男子13-14岁组单跳个人</td><td>1</td></tr>
<tr><td>钟永康</td><td>10月16日至
10月21日</td><td>上海</td><td>2014年全国青少年蹦床锦标赛</td><td>蹦床</td><td>男子11-12岁组网上团体</td><td>3</td></tr>
<tr><td>麦静云</td><td>10月16日至
10月21日</td><td>上海</td><td>2014年全国青少年蹦床锦标赛</td><td>蹦床</td><td>女子11-12岁组网上团体</td><td>5</td></tr>
<tr><td>苏 漫</td><td>10月16日至
10月21日</td><td>上海</td><td>2014年全国青少年蹦床锦标赛</td><td>蹦床</td><td>女子11-12岁组单跳团体</td><td>1</td></tr>
<tr><td rowspan="2">麦静云</td><td rowspan="2">5月15日至
5月20日</td><td rowspan="2">天津</td><td rowspan="2">全国蹦床年龄组比赛</td><td rowspan="2">蹦床</td><td>丙组网上二人同步</td><td>2</td></tr>
<tr><td>丙组女子团体</td><td>2</td></tr>
<tr><td rowspan="3">张晓林
彭铭珊
黄诗雨</td><td rowspan="3">5月18日至
5月23日</td><td rowspan="3">江苏沛县</td><td rowspan="3">2014年全国技巧锦标赛（少年甲组4级）</td><td rowspan="3">技巧</td><td>女子三人全能</td><td>1</td></tr>
<tr><td>女子三人第一套</td><td>1</td></tr>
<tr><td>女子三人第二套</td><td>1</td></tr>
<tr><td rowspan="3">陈梦云
潘思懿
麦祺钰</td><td rowspan="3">5月18日至
5月23日</td><td rowspan="3">江苏沛县</td><td rowspan="3">2014年全国技巧锦标赛（少年甲组4级）</td><td rowspan="3">技巧</td><td>女子三人全能</td><td>1</td></tr>
<tr><td>女子三人第一套</td><td>2</td></tr>
<tr><td>女子三人第二套</td><td>2</td></tr>
<tr><td rowspan="3">谢佳尉
罗晨月
农晓凡</td><td>11月17日至
11月23日</td><td>重庆铜梁</td><td>2014年全国技巧冠军赛暨青少年锦标赛（少年甲组）</td><td>技巧</td><td>女子三人全能</td><td>1</td></tr>
<tr><td>11月17日至
11月23日</td><td>重庆铜梁</td><td>2014年全国技巧冠军赛暨青少年锦标赛（少年甲组）</td><td>技巧</td><td>女子三人第一套</td><td>1</td></tr>
<tr><td>11月17日至
11月23日</td><td>重庆铜梁</td><td>2014年全国技巧冠军赛暨青少年锦标赛（少年甲组）</td><td>技巧</td><td>女子三人第二套</td><td>1</td></tr>
</table>

续表九

姓 名	时 间	地 点	比赛名称	项 目	比赛成绩	
					小 项	名 次
黄俊铭	11月17日至 11月23日	重庆铜梁	2014年全国技巧冠军赛暨青少年锦标赛(少年甲组)	技巧	混合双人全能	1
					混合双人第一套	1
					混合双人第二套	1
麦海鹏 覃羽峰 黄思皓 谭卓凡	11月17日至 11月23日	重庆铜梁	2014年全国技巧冠军赛暨青少年锦标赛(少年甲组)	技巧	男子四人全能	2
					男子四人第一套	2
					男子四人第二套	2
谢佳蔚	11月17日至 11月23日	重庆铜梁	2014年全国技巧冠军赛暨青少年锦标赛(少年甲组)	技巧	集体项目	1
农晓凡	11月17日至 11月23日	重庆铜梁	2014年全国技巧冠军赛暨青少年锦标赛(少年甲组)	技巧	集体项目	1
罗晨月	11月17日至 11月23日	重庆铜梁	2014年全国技巧冠军赛暨青少年锦标赛(少年甲组)	技巧	集体项目	1
黄俊铭	11月17日至 11月23日	重庆铜梁	2014年全国技巧冠军赛暨青少年锦标赛(少年甲组)	技巧	集体项目	1
麦海鹏	11月17日至 11月23日	重庆铜梁	2014年全国技巧冠军赛暨青少年锦标赛(少年甲组)	技巧	集体项目	1
覃羽峰	11月17日至 11月23日	重庆铜梁	2014年全国技巧冠军赛暨青少年锦标赛(少年甲组)	技巧	集体项目	1
黄思皓	11月17日至 11月23日	重庆铜梁	2014年全国技巧冠军赛暨青少年锦标赛(少年甲组)	技巧	集体项目	1
谭卓凡	11月17日至 11月23日	重庆铜梁	2014年全国技巧冠军赛暨青少年锦标赛(少年甲组)	技巧	集体项目	1
谢佳蔚	11月17日至 11月23日	重庆铜梁	2014年全国技巧冠军赛暨青少年锦标赛(少年甲组)	技巧	团体	1
农晓凡	11月17日至 11月23日	重庆铜梁	2014年全国技巧冠军赛暨青少年锦标赛(少年甲组)	技巧	团体	1
罗晨月	11月17日至 11月23日	重庆铜梁	2014年全国技巧冠军赛暨青少年锦标赛(少年甲组)	技巧	团体	1
黄俊铭	11月17日至 11月23日	重庆铜梁	2014年全国技巧冠军赛暨青少年锦标赛(少年甲组)	技巧	团体	1
麦海鹏	11月17日至 11月23日	重庆铜梁	2014年全国技巧冠军赛暨青少年锦标赛(少年甲组)	技巧	团体	1
覃羽峰	11月17日至 11月23日	重庆铜梁	2014年全国技巧冠军赛暨青少年锦标赛(少年甲组)	技巧	团体	1
黄思皓	11月17日至 11月23日	重庆铜梁	2014年全国技巧冠军赛暨青少年锦标赛(少年甲组)	技巧	团体	1
谭卓凡	11月17日至 11月23日	重庆铜梁	2014年全国技巧冠军赛暨青少年锦标赛(少年甲组)	技巧	团体	1
邓楚彬	2月11日至 2月16日	北京体育大学	2014年全国青少年艺术体操锦标赛	艺术体操	个人全能A组	3
					棒 操	1
					圈 操	2
					球 操	3
					绳 操	3
					带 操	3

续表十

姓名	时间	地点	比赛名称	项目	比赛成绩	
					小项	名次
谢全炎	6月20日至6月22日	浙江丽水	全国青年田径锦标赛	田径	男子100米	3
粟克锋	6月20日至6月22日	浙江丽水	全国青年田径锦标赛	田径	男子4×100米接力	3
谢全炎	6月20日至6月22日	浙江丽水	全国青年田径锦标赛	田径	男子4×100米接力	3
粟克锋	6月20日至6月22日	浙江丽水	全国青年田径锦标赛	田径	男子4×400米接力	6
苏其观	6月20日至6月22日	浙江丽水	全国青年田径锦标赛	田径	男子4×400米接力	8
赵振宇	4月2日	重庆	全国少年(16-17)田径锦标赛暨青奥会选材赛		男子4×400米接力	8
李彩妮	8月7日至8月11日	江苏泰兴	全国少年男女柔道锦标赛	柔道	52公斤级	7
郑钧瑞	7月29日至8月1日	安徽合肥	全国少年古典式摔跤锦标赛	古典式摔跤	63公斤级	8
黄园园	8月25日	四川乐山	2014年全国青少年水球锦标赛	水球	少年组团体	1
黎德汗	8月15日	湖南永州	2014年全国青少年水球锦标赛	水球	男子水球	5
邓冬冬	8月15日	湖南永州	2014年全国青少年水球锦标赛	水球	男子水球	5
陈琦	8月15日	湖南永州	2014年全国青少年水球锦标赛	水球	男子水球	5
丁耀忠	8月15日	湖南永州	2014年全国青少年水球锦标赛	水球	男子水球	5
韦颖	2月23日	重庆	2014年全国青年跳水冠军赛	跳水	女子1米跳板	1
					女子3米跳板	1
谭冰	2月26日	重庆	2014年全国青年跳水冠军赛	跳水	混合全能	3
谭冰	2月23日	重庆	2014年全国青年跳水冠军赛	跳水	女子1米跳板	3
韦颖	2月22日	重庆	2014年全国青年跳水冠军赛	跳水	女子双人3米跳板	4
李良健	6月30日	广东中山	2014年全国跳水青年跳水锦标赛	跳水	混合全能	5
谭冰	6月30日	广东中山	2014年全国跳水青年跳水锦标赛	跳水	混合全能	5
谭冰	6月27日	广东中山	2014年全国跳水青年跳水锦标赛	跳水	女子1米跳板	7
梁子华	8月25日至8月28日	安徽黄山	2014年全国少年游泳锦标赛	游泳	50米蝶泳	2
					100米蝶泳	3
梁子华	3月29日至3月30日	广西南宁	全国少儿游泳分区赛南宁赛区	游泳	50米自由泳	1
	3月29日至3月30日	广西南宁	全国少儿游泳分区赛南宁赛区	游泳	100米自由泳	1
	3月29日至3月30日	广西南宁	全国少儿游泳分区赛南宁赛区	游泳	100米蝶泳	1
	3月29日至3月30日	广西南宁	全国少儿游泳分区赛南宁赛区	游泳	混合接力	1
	3月29日至3月30日	广西南宁	全国少儿游泳分区赛南宁赛区	游泳	自由泳接力	1
	3月29日至3月30日	广西南宁	全国少儿游泳分区赛南宁赛区	游泳	混合接力	1
	3月29日至3月30日	广西南宁	全国少儿游泳分区赛南宁赛区	游泳	自由泳接力	1
	3月29日至3月30日	广西南宁	全国少儿游泳分区赛南宁赛区	游泳	100米蝶泳	6

续表十一

姓名	时间	地点	比赛名称	项目	比赛成绩	
					小项	名次
岑俊兴	3月29日至3月30日	广西南宁	全国少儿游泳分区赛南宁赛区	游泳	50米自由泳	1
	3月29日至3月30日	广西南宁	全国少儿游泳分区赛南宁赛区	游泳	100米自由泳	1
	3月29日至3月30日	广西南宁	全国少儿游泳分区赛南宁赛区	游泳	100米蝶泳	1
	3月29日至3月30日	广西南宁	全国少儿游泳分区赛南宁赛区	游泳	混合接力	1
	3月29日至3月30日	广西南宁	全国少儿游泳分区赛南宁赛区	游泳	自由泳接力	1
	3月29日至3月30日	广西南宁	全国少儿游泳分区赛南宁赛区	游泳	混合接力	1
	3月29日至3月30日	广西南宁	全国少儿游泳分区赛南宁赛区	游泳	自由泳接力	1
	3月29日至3月30日	广西南宁	全国少儿游泳分区赛南宁赛区	游泳	100米蝶泳	6
冯梓洋	8月19日	广西柳州	2014年全国青少年蹼泳锦标赛	蹼泳	男子100米双蹼	3
					男子50米双蹼	4
黎海	8月19日	广西柳州	2014年全国青少年蹼泳锦标赛	蹼泳	男子1500米蹼泳	2
					男子200米蹼泳	2
					男子400米蹼泳	2
					男子800米蹼泳	2
韦淞耀	8月19日	广西柳州	2014年全国青少年蹼泳锦标赛	蹼泳	男子100米蹼泳	2
					男子50米屏气潜泳	2
					男子50米蹼泳	2
					男子200米蹼泳	4
					男子400米蹼泳	5
梁泷懿	8月19日	广西柳州	2014年全国青少年蹼泳锦标赛	蹼泳	男子4×100米蹼泳接力	1
冯梓洋	8月19日	广西柳州	2014年全国青少年蹼泳锦标赛	蹼泳	男子4×100米蹼泳接力	1
韦淞耀	8月19日	广西柳州	2014年全国青少年蹼泳锦标赛	蹼泳	男子4×200米蹼泳接力	1
黎海	8月19日	广西柳州	2014年全国青少年蹼泳锦标赛	蹼泳	男子4×200米蹼泳接力	1
陈曦	8月19日	广西柳州	2014年全国青少年蹼泳锦标赛	蹼泳	女子1500米蹼泳	1
					女子200米蹼泳	1
					女子400米蹼泳	1
					女子800米蹼泳	1
					女子100米器泳	2
					女子400米器泳	2
					女子100米蹼泳	3
					女子50米屏气潜泳	3
					女子50米蹼泳	3
					女子200米双蹼	6
					女子4×100米蹼泳接力	1
					女子4×200米蹼泳接力	2
刘彦伶	4月15日至4月20日	浙江宁波	全国青少年分站赛	羽毛球	甲组混双	2
黄蒙苗	5月4日至5月14日	上海	全国羽毛球青年锦标赛	羽毛球	甲组女子团体	3
刘彦伶	5月4日至5月14日	上海	全国羽毛球青年锦标赛	羽毛球	甲组女子团体	3
刘彦伶	10月22日至10月27日	安徽淮北	全国青少年分站赛	羽毛球	甲组女子双打	4
					甲组混双	4

（覃毓芹）

说明

一、本索引是《南宁年鉴(2015)》内容分析索引。正文(包括条目、文献、资料、图片和表格)中凡具有独立检索意义的完整资料,都可以通过本索引进行检索。

二、本索引按汉语拼音字母(同音字按声调)顺序排列。类目、分目、次分目作索引款目用黑体字排印,其余款目均用宋体字排印。表格、图片、示意图在其款目后分别注明"表""图"或"示意图"。

三、索引款目后的数字表示内容所在的页码,数字后的拉丁字母(a、b、c)表示栏别(即版面的1、2、3栏)。空2字起排的款目为上一主题的"附见"。同一主题的"参见",只标页码。内容有交叉的款目,为便于读者检索,在本索引中重复出现。

四、"专题调研与经济分析""图片专辑""附录"在栏目的内容不作索引。阿拉伯数字开头的款目排在索引的末尾。

NANNING YEARBOOK

A

B

D

E

F

G

H

J

K

L

NANNING YEARBOOK

N

P

Q

R

S

T

W

X

Y

Z